世界华文传媒年鉴 2019

世界

华文

传媒年鉴

2019

世界

传媒年鉴

2019

世界华文传媒年鉴

2019

Yearbook of Global Chinese Language Media

中国新闻社

世界华文传媒年鉴社

ISSN 1672-1713

世界华文传媒年鉴 2019

Yearbook of Global Chinese Language Media

版权所有 侵权必究

装帧设计：曾 腾 助理设计：陈 帅
版式设计：刘 辉 王京晶
主 管：国务院侨务办公室
主 办：中国新闻社
出版发行：世界华文传媒年鉴社
地 址：北京百万庄南街12号中国新闻社(邮编:100037)
电话/传真：010-68326158 68316651
E-mail：xiachunping@chinanews.com.cn
印 刷：北京博艺印刷包装有限公司
开 本：787×1092mm 1/16
印 张：43
字 数：150万
插 页：176
版 次：2019年9月第1版 2019年9月第1次印刷
刊 号：ISSN1672-1713
CN11-4884/G2
广告经营许可证：京西工商广登字20170288号
定价：人民币598.00元 港币600.00元 美元120.00元

世界华文传媒年鉴（2019）编辑委员会

主　任：谭天星
副主任：许玉明　章新新　王晓晖

委　员：李国红　夏春平　孙永良　张明新　张　雷　王　旻
谢　添　程曼丽　彭伟步　刘康杰　黄少华　黄耀柏
谢　萍　尚金增
王佳斌（香港）　李远毅（香港）　施清彬（香港）
蔡曼丽（香港）　龙土有（澳门）　黄肇松（台湾）
俞雨霖（台湾）　彭伟祥（美国）　孙　冉（日本）
吕少威（日本）　余瑞冬（加拿大）　林永传（印尼）
张　平（英国）　王修君（俄罗斯）　王国安（泰国）
关向东（菲律宾）　黄耀辉（柬埔寨）　曾　鼐（韩国）
彭大伟（德国）　陶杜兰（澳大利亚）
王　曦（南非）　德永健（比利时）　莫成雄（巴西）
李　洋（法国）　陈　悦（马来西亚）

主　编：夏春平

副主编：蔺安稳　张爱莲　满秀芳
编　辑：刘　辉　杨燕芳

向世界各地为传播中华文明默默耕耘的华文媒体人致敬

向关心和支持《世界华文传媒年鉴》出版的机构和朋友深致谢意

《世界华文传媒年鉴》编辑部全体同仁

中新社新媒体产品

微信

中新社

中新网

中国侨网

华舆

中国新闻周刊

国是直通车

客户端

中新网

侨宝

华舆

中新经纬

微博

中新社

中新网

中国侨网

中国新闻周刊

国是直通车

编辑说明

一、《世界华文传媒年鉴》是一本展现港澳台及海外华文媒体发展状况的资料性、实用性、学术性兼具的大型年刊。2019年卷是继2003年开卷以来编辑出版的第九卷。

二、2019年卷《世界华文传媒年鉴》设置“传媒风采”（图片）、“华文传媒发展综述”、“港澳台及海外华文传媒简介”、“华文传媒协会”、“华文网站名录”、“专题”、“传媒大事记”等7个栏目。在栏目之下再分类、分条目。其中“传媒风采”、“华文传媒发展综述”、“港澳台及海外华文传媒简介”等栏目按地区和国家分类。“港澳台及海外华文传媒简介”条目收集到了800多家媒体。

三、《世界华文传媒年鉴》2019年卷中的绝大部分资料为第一手资料，由港澳台及海外华文传媒机构或专业研究人员提供、撰写。本卷《年鉴》主要收录2017—2018年港澳台及海外华文传媒资料，为了保持资料的连续性和新鲜感，有些文章和条目适当追溯了历史，有的则将资料延长至2019年。

四、《世界华文传媒年鉴》2019年卷得以顺利出版，得到了港澳台及海外华文传媒机构及传媒界朋友的大力支持和热情帮助，在此致以诚挚的感谢。但由于条件所限，时间仓促，有些资料收集不全或有误，恳请广大读者批评指正。

传媒风采
MEDIA HIGHLIGHTS
2019

The Ninth Forum on the Global Chinese Language Media

第九届世界

2017 年 9 月 10 日，由中国国务院侨务办公室、福建省人民政府、中国新闻社共同主办的第九届世界华文传媒论坛在福建福州举行。来自五大洲 60 余个国家和地区的 460 多位海外华文媒体高层人士、中国中央主要新闻机构及部分地方媒体负责人等近 700 位嘉宾齐聚一堂，以"'一带一路'与华文媒体新发展"为主题展开高层对话。

全国人大常委会副委员长兼秘书长王晨致辞

时任国务院侨务办公室主任裘援平致辞

福建省省长于伟国致辞

左：马来西亚世华媒体集团执行董事张聪致辞

右：中国新闻社社长章新新发表主旨演讲："一带一路"与华文媒体新发展

华文传媒论坛

中国新闻社社长章新新、凤凰卫视控股有限公司董事局主席兼行政总裁刘长乐、欧洲时报文化传媒集团总裁张晓贝、马来西亚星洲日报总编辑郭清江、台湾旺报社长黄清龙、美国世界日报总管理处社长助理兼中国新闻中心总编刘其筠参加高端论坛，论道“如何面对融媒体”。

“一带一路”华媒协作云平台上线

百家华文媒体签约入驻“华舆”客户端

“一带一路”大型主题采访活动启动

中国新闻社与福建省签署对外传播战略合作协议

时任国务院侨务办公室副主任谭天星、福建省副省长杨贤金、中国新闻社社长章新新向《家园》主题征文活动获奖代表颁奖。

第九届世界华文传媒论坛为优秀论文获奖者颁奖

左：中新社－海外华文媒体“瞬间中国·感知五年”联合图片展，受到与会嘉宾的关注。

右：留下精彩瞬间

参加论坛的海外媒体代表参访

参观福州规划馆

参观古韵悠长的三坊七巷

在南平市建阳区实地探访建窑建盏烧制技艺

观看泉州南音表演

在独山县深河桥抗战纪遗址纪念馆合影留念

在贵安新区探访贵州大数据

在平塘县国际天文体验馆内观测体验中国天眼“FAST”

采访中车长春轨道客车股份有限公司

福建、贵州、山东、吉林、四川

在吉林松原前郭灌区红光农场绿色水稻示范基地采访

在通榆县拍摄向海大雁

参观青岛西海岸新区

在趵突泉留影

参观山东省博物馆

参观雅安“中国藏茶村”

考察成都“侨梦苑”

探访中国大熊猫保护研究中心雅安碧峰峡基地

2018 年 3 月 24 日，中国新闻社在中国广西省北海市召开海外客户工作交流会，来自印尼、泰国、马来西亚、菲律宾、缅甸、柬埔寨及港澳台地区的 38 家华文媒体代表与中新社各业务部门负责人展开交流，探讨新媒体转型中新社的新闻报道如何在更适应海外读者的需要。

中新社客户编辑工作交流会

2019 年 2 月 22 日，中国新闻社在在中国四川省都江堰市召开海外客户工作交流会，中新社各采编部门的负责人与来自印尼、泰国、马来西亚、菲律宾、缅甸、柬埔寨及港澳台地区的 48 家华文媒体代表进行了工作交流，拓展在新时代下的合作空间。

左：中国新闻社社长章新新（右一）与台湾中央通讯社副社长曾嬿卿（左一）在会上交流

右：中国新闻社副总编辑夏春平在客户交流会上发言

媒体代表发言交流

媒体代表参观崇左一新能源电动车产业园

探访中国—东盟边境贸易国检试验区

在广西凭祥友谊关合影

参访东坡父子故居——眉山三苏祠

参访中国泡菜博物馆

媒体代表在武侯祠前合影留念

台湾 聯合報 UNITED DAILY NEWS

▲ 2018 年 5 月 24 日，中共中央政治局常委、全国政协主席汪洋在北京会见了王文杉率领的联合报系访问团一行。

◀ 2019 年 3 月 1 日，联合报前社长项国宁（左）升任联合报执行董事，联合报社长一职由联合报前副社长游美月（右）升任，由联合报董事长王文杉（中）监交。三人并持着联合报创办人王惕吾生前所书“正派办报”的墨宝合照。

联合报系的联合在线公司继 2017 年荣获 Google for Publisher“年度全方位创新大奖”后，2018 年再度荣获“前瞻性杰出”大奖。

联合晚报李树人等 14 人采访团队，以“儿虐悲歌－抢救哭泣的孩子”专题获得 2018 年第 32 届吴舜文新闻奖深度报导奖，由时任新北市长朱立伦（左一）颁发奖座。

2018 年 5 月，联合报系王文杉董事长及联合报系代表团参访新华社。

2018 年 9 月，经济日报愿景专题“终结农殇系列”，获 2018 年社会光明面新闻报导奖，黄素娟社长（中）与得奖团队员工合影。

2018 年 5 月，联合报系王文杉董事长及联合报系代表团参访人民日报社。

▲ 2018 年 6 月 15 日，闽台交流协会常务理事钟志刚（右五）等一行七人参观联合报，项国宁社长（右六）接待。

◀ 2018 年 5 月，联合报系董事长王文杉及联合报系代表团访问上海，与上海市台办王立新副主任（右二）参访上海传媒集团。

2018 年 6 月 15 日，闽台交流协会常务理事钟志刚等一行在项国宁社长陪同下参观联合报新闻部。

2017 年 10 月 16 日，由联合报主办的两岸海洋大学篮球赛在上海举行。▶

2018 年 12 月 22 日，旺旺中时媒体集团举行“第 39 届旺旺・时报文学奖颁奖典礼”，集团副总裁王绰中（后排中）与合作单位以及评审与获奖作家一同合影。

2017 年是南京大屠杀惨案发生 80 周年。7 月 15 日，《旺报》特别邀请中国华艺广播公司及中华妇女党，共同举办“悼念南京大屠杀死难同胞 80 周年——对年轻世代的启发与影响”纪念论坛和“悼念南京大屠杀死难同胞 80 周年”两岸青年征文比赛。图为中华妇女党党主席涂明慧（左三）、中国时报兼旺报总编辑王绰中（左二）、中国国民党代理主席林政则（左一）、中华民族发展基金会董事长林中森（右二）、孙文学校总校长台大政治系教授张亚中（右三）、中华两岸人道关怀协会荣誉理事长朱瓯（右一）共同出席在台北举行的启动仪式。

旺旺中时媒体集团

2018 年 9 月 20 日，“2018 两岸新经济论坛”在北京登场，旺旺中时媒体集团董事长蔡衍明致词。

2019 年 6 月 24 日，第九届两岸征文颁奖典礼在台北举行，旺旺中时媒体集团副总裁王绰中（右）颁奖给获得首奖的台湾世新大学陆生廖海珊（左）。

2018 年 10 月 30 日，旺旺中时媒体集团数字媒体事业群副总裁、中天电视董事长潘祖荫（左）与湖南广播电视台副台长、总编辑张华立（中）共同催生湖南广播电视台为“全国海峡两岸青年就业创业示范点”。

◀ 2018 年 12 月 14 日，由《旺报》、《海西晨报》与新浪网共同主办的“海峡两岸年度汉字评选”揭晓为“望”，与会书法家现场挥毫。

▶ 2018 年 11 月 4 日，由旺旺中时媒体集团和海峡卫视共同举办的“第十届海峡两岸电视主持新人大赛台湾赛区决赛”在新北市举行。图为评审、台湾知名主持人许效舜。

2018 年 8 月 30 日，“第十四届穗台校长论坛”在广州召开。旺旺中时媒体记者采访报道。

2018 年 6 月，厦门海沧区青礁村院前社成立“院前两岸青年之家”，多位台湾籍小区主任助理在牌匾前合影。

2018 年 8 月 31 日，由旺旺中时媒体集团主办的“健康・活力・食享会”在青海西宁举行。

2018 年 8 月 22 日，旺旺中时媒体集团记者报道第七届 Eelin Star 璀璨之星总决赛。

左：2018 年 6 月 7 日，旺报记者现场报道在厦门举办的第六届中华文化发展论坛，一台湾青年以“两岸族”自许，立志扮演两岸融合的桥梁。

右：2018 年 4 月 29 日，旺旺太阳星创客营在上海复旦大学开幕。

2018 年 3 月 14 日，旺旺中时媒体集团记者采访报道在台北举办的“立足台湾，前进大陆：如何布局两岸影视市场”座谈会。

2019 年 7 月，旺旺中时媒体集团记者采访报道“2019 海峡两岸台北夏季旅展”。

2019 年 4 月 20 日，旺旺中时媒体集团记者采访报道“第九届北京国际电影节”，图为台湾电影展区。

ETtoday 东森新闻云

2019 年 3 月 27 日下午，国务院总理李克强在海南博鳌会见台湾两岸共同市场基金会荣誉董事长萧万长一行。《ETtoday 东森新闻云》记者摄影报道。

2018 年 10 月 18 日，首届“海峡两岸网络新媒体大陆行”活动在北京举行启动仪式。两岸 50 家网络新媒体，百余名记者组成联合报导团，进行了历时 16 天、横跨 6 省市的大规模采访活动。《ETtoday 东森新闻云》记者参加了此次采访活动。

《ETotday 东森新闻云》副董事长马咏睿，受邀在首届“海峡两岸网络新媒体大陆行”开幕式上致词。

2018 年 12 月 5 日，前海基会董事长江丙坤出席在厦门国际会议中心举办的“两岸企业家峰会”，两岸媒体纷纷在旁捕捉画面。《ETtoday 东森新闻云》记者摄影报道。

2019 年 3 月 26 日，高雄市长韩国瑜（中）出席在厦门国际会议中心举行的农产品采购签约仪式，左为高雄副市长叶匡时、右二为厦门副市长韩景义。《ETtoday 东森新闻云》记者摄影报道。

2018 年 12 月 4 日，鸿海、富士康集团创办人郭台铭出席在厦门国际会议中心举办的“两岸企业家峰会”，《ETtoday 东森新闻云》记者摄影报道。

2019 年 5 月 7 日，台湾王氏宗亲会荣誉理事长王金平率家人、宗亲近百人回福建漳州白礁村祭祖。《ETtoday 东森新闻云》记者摄影报道。

2018 年 6 月 20 日，由上海市台办主办，《ETtoday 东森新闻云》协办的“WE 爱第二届两岸青年短片大赛”，入围的两岸青年作者齐聚上海，参加为期一周的电影大师交流营。《ETtoday 东森新闻云》记者摄影报道。

2019 年 6 月 1 日，“两岸妈祖缘”交流活动在天津天后宫举办启动仪式，两岸妈祖宫庙代表包括颜清标，与湄洲妈祖祖庙董事长林金赞等人，进行“众水合一”仪式。《ETtoday 东森新闻云》记者摄影报道。

2018 年 9 月 29 日，参加“掌上蜀秀”两岸新媒体采访活动的《ETtoday 东森新闻云》采访团队，跟随大熊猫巡护员上山寻访兽迹。

2018 年 9 月 30 日，《ETtoday 东森新闻云》采访团队与《四川在线》对谈，从两岸新媒体、自媒体人角度，就四川商贸、科技、农业、生态、饮食、观光等领域进行交流。

2018 年 9 月 15 日，《ETtoday 东森新闻云》记者参加河南省台办主办的“小康路上·看乡村振兴”两岸媒体联合采访活动，走进“绝壁人家”郭亮村，村委书记宋宝群（左）与开山英雄（右），讲述人工开凿“绝壁长廊”的故事。

2018 年 9 月 18 日，《ETtoday 东森新闻云》记者参加“海峡两岸媒体记者精准扶贫联合采访”活动，前往甘肃省临夏回族自治州广河县希望小学采访报道。

2018 年 10 月，《ETtoday 东森新闻云》记者在上海报道 NBA 美国职篮 76 人队举办的球迷日活动。图为 76 人队球星 Joel Embiid（中）接受“NBA 小小特派员”的采访。

台湾 南华报 NAN HUA TIMES

台湾南华报社长赖连金

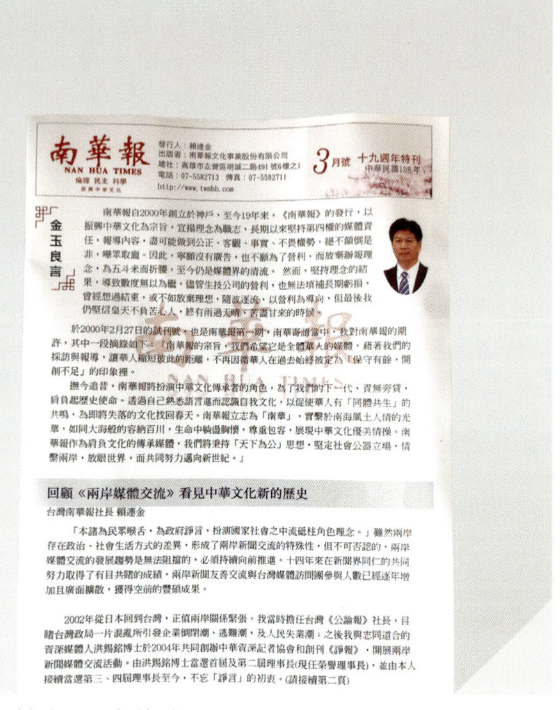

南華報
NAN HUA TIMES
倫理 民主 科學
振興中華文化

發行人：賴連金
出版者：南華報文化事業股份有限公司
地址：高雄市左營區明誠二路491號6樓之1
電話：07-5582713 傳真：07-5582711
http://www.twnhb.com

3月號 十九週年特刊
中華民國108年

金玉良言

南華報自2000年創立於神戶，至今19年來，《南華報》的發行，以振興中華文化為宗旨，宣揚理念為職志，長期以來堅持第四權的媒體責任，報導內容，盡可能做到公正、客觀、事實、不畏權勢，絕不顛倒是非，嘩眾取寵。因此，寧願沒有廣告，也不願為了營利，而放棄辦報理念，為五斗米而折腰，至今仍是媒體界的清流。然而，堅持理念的結果，導致數度無以為繼，儘管生技公司的營利，也無法填補長期虧損，曾經想過結束，或不如放棄理想，隨波逐流，以營利為導向，但最後我仍堅信皇天不負苦心人，終有雨過天晴，苦盡甘來的時候。

於2000年2月27日的試刊號，也是南華報第一期，南華寄語當中，我對南華報的期許，其中一段摘錄如下：「南華報的宗旨，我們希望它是全體華人的媒體，藉著我們的採訪與報導，讓華人縮短彼此的距離，不再因循華人在過去始終被定為「保守有餘，開創不足」的印象裡。

撫今追昔，南華報將扮演中華文化傳承者的角色，為了我們的下一代，責無旁貸，肩負起歷史使命。透過自己熟悉語言進而認識自我文化，以促使華人有「同體共生」的共鳴，為即將失落的文化找回春天。南華報立志為「南華」，實繫於南海風土人情的光華，如同大海般的容納百川，生命中輸盡胸懷，尊重包容，展現中華文化優美情操。南華報作為肩負文化的傳承媒體，我們將秉持「天下為公」思想，堅定社會公器立場，情繫兩岸，放眼世界，而共同努力邁向新世紀。」

回顧《兩岸媒體交流》看見中華文化新的歷史

台灣南華報社長 賴連金

「本諸為民眾喉舌，為政府諍言，扮演國家社會之中流砥柱角色理念。」雖然兩岸存在政治、社會生活方式的差異，形成了兩岸新聞交流的特殊性，但不可否認的，兩岸媒體交流的發展趨勢是無法阻擋的，必須持續向前推進。十四年來在新聞界同仁的共同努力取得了有目共睹的成績，兩岸新聞友善交流與台灣媒體訪問團參與人數已經逐年增加且廣面擴散，獲得空前的豐碩成果。

2002年從日本回到台灣，正值兩岸關係緊張。我當時擔任台灣《公論報》社長，目睹台灣政局一片混亂所引發企業倒閉潮、逃難潮，及人民失業潮；之後我與志同道合的資深媒體人洪錫銘博士於2004年共同創辦中華資深記者協會和創刊《諍報》，開展兩岸新聞媒體交流活動。由洪錫銘博士當選首屆及第二屆理事長(現任榮譽理事長)，並由本人接續當選第三、四屆理事長至今，不忘「諍言」的初衷。(請接續第二頁)

南华报创刊 19 周年特刊

2019 年 3 月 3 日，南华报社在高雄举办感恩茶会纪念创刊 19 周年。

2018 年 10 月，赖连金赠字予中国新闻社社长章新新（左）。

2017 年 4 月，赖连金随国际中文记者联合会访问中国记协。

2019 年 3 月，台湾中华资深记者协会理事长赖连金、荣誉团长洪锡铭率河南访问团在河南参访。

香港中国通讯社

HONG KONG CHINA NEWS AGENCY

香港中通社APP二維碼

香港新聞網二維碼

通說臉書二維碼

通傳媒臉書二維碼

香港中通社部分新媒体产品

香港中通社记者在 2019 年全国“两会”部长通道上采访提问

2018 年 6 月中旬，香港中通社社长王佳斌（右四）率团拜访印度尼西亚千岛日报，进行业务交流。

香港中国通讯社新址办公场景

香港中通社员工在新办公室工作

2019 年 3 月 29 日，香港中国通讯社迁往新址：香港岛南区黄竹坑道 21 号环汇广场 30 楼。

2017 年 4 月，“2017 北京国际艾美日”活动在北京拉开序幕。来自世界五大洲 17 个国家的国营或私营电视机构创始人、高级管理层近 60 位嘉宾聚首北京，出席这场电视人的国际媒体盛会。图为凤凰卫视董事局主席、行政总裁、国际艾美奖世界电视节主席刘长乐（右一）向国际艾美主席 Bruce Paisner（右二）赠送合影。

2017 年 8 月 22 日，首届凤凰卫视“一带一路”电视论坛在北京凤凰中心落幕。论坛由凤凰卫视主办，来自政商学界、主流媒体的各种声音汇聚一堂，共同探讨“一带一路”时代背景下，中国企业如何审时度势，在激烈的海外竞争中实现从民族品牌到世界级图腾品牌的华丽转身。

2019 年 3 月 4 日上午，香港特别行政区行政长官林郑月娥及其随行人员莅临凤凰卫视北京总部—凤凰中心视察。

2018 年 10 月 12 日，日本首相安倍晋三在东京首相官邸接受凤凰卫视信息台执行总编辑吕宁思和凤凰卫视驻东京首席记者李淼的独家专访。

2018 年 8 月 29 日，由世界品牌实验室和世界企业家集团共同编制和发布的 2018 年《亚洲品牌 500 强》排行榜揭晓。凤凰卫视连续 13 年入榜，并再次入选亚洲电视传媒品牌四强。

2017 年 4 月，纽约国际电视电影节于美国举行颁奖典礼。凤凰卫视《五彩凤凰 20 周年形象片》获得“艺术指导类金奖”及“特殊视觉效果类入围奖”两奖。

2017 年 5 月 19 日，首届国际中医药文化节于香港开幕，香港民政事务局副局长许晓晖（中），全球华人基金会创办人胡仙（左二），凤凰卫视董事局主席、行政总裁刘长乐（右二）等知名人士出席及担任主礼嘉宾。

2017 年 12 月 13 日，由港澳台湾慈善基金会主办、凤凰卫视协办及制作的第十二届“爱心奖”颁奖典礼在香港科学园举行。

2018 年 5 月 18 日，由故宫博物院与凤凰卫视联合研发的《清明上河图 3.0》高科技互动艺术展演在北京开幕。时任故宫博物院院长单霁翔、凤凰卫视董事局主席、行政总裁刘长乐等出席了仪式。

◀ 2019 年 3 月 22 日，凤凰卫视澳门记者站正式启动。

香港大公文汇传媒集团

2017 年 6 月 13 日，创办于 1902 年的香港大公报，举办酒会庆祝 115 岁“生日”。

2018 年 9 月 9 日，香港文汇报举办庆典酒会庆祝创刊 70 周年暨“文汇之友”成立。

2017 年 7 月 24 日，海外华文传媒合作组织 2017 宁夏年会在银川举行。本次年会由宁夏回族自治区党委宣传部、香港大公文汇传媒集团和海外华文传媒合作组织联合主办，宁夏报业传媒集团承办，来自全球五大洲近 30 个国家和地区的 69 家海外华文媒体的 110 名代表出席。

2018 年 8 月 10 日 -12 日，香港大公文汇传媒集团举办“共享伟大荣光——纪念改革开放 40 周年 港澳同胞参与改革开放奉献祖国”大型图片展览，为“香港特别行政区庆祝国家改革开放 40 周年认可计划”的首个大型活动，拉开了香港及特区政府系列纪念活动的序幕，逾千名社会各界人士出席。

2017 年 10 月 7 日，由香港特区政府教育局、香港大公文汇传媒集团和未来之星同学会联合主办的“回归杯”第七届全港学生中国国情知识大赛吸引逾千名学生参与。

2017 年 12 月 4 日，由中国文联、香港大公文汇传媒集团共同主办的首届香港青少年书法大奖赛，逾百名中小学生即席挥毫写下“同心创前路，掌握新机遇！”。

2018 年 12 月 2 日，由香港大公报创办的大型青年活动“范长江行动”在香港举办五周年庆典。

2018 年 12 月 5 日，由香港大公文汇传媒集团联合香港、北京多家机构共同举办的第八届“中国证券金紫荆”颁奖典礼，香港特别行政区行政长官林郑月娥出席并致辞。

2018 年 6 月 27 日至 7 月 6 日，香港大公文汇传媒集团董事长、未来之星同学会主席团主席姜在忠（前排右四）率“2018‘未来之星’国际青年交流团”，访问捷克、波兰、罗马尼亚。

映像长沙

2017 年 8 月，香港中国旅游出版社联合世界华人摄影联盟和中国新闻社湖南分社举办了“映象长沙”主题摄影活动，来自世界各地的华人摄影师们，摄影师们分为 9 个小组，赴长沙市 9 个区县进行摄影创作，记录和传播长沙独特的城市形象、文化魅力与创新发展，向世界展现山水洲城、快乐长沙的独特魅力，讲述长沙动人的风情故事。活动结束后，部分精彩作品集结出版了城市意象文学摄影集《映像长沙》。

印象长崎

2017 年 11 月，香港中国旅游出版社、世界华人摄影联盟、长崎县和日本亚洲太平洋观光社携手举办了“两岸及港澳、华侨华人摄影家‘印象长崎’”拍摄活动。中日摄影家共20 名，悄然分散到了长崎的街头巷尾、海岛渔村，连手聚焦长崎丰富多彩的自然风光和风土人情，用手中的镜头挖掘了长崎不为人知的魅力。活动结束后，部分精彩作品集结出版了城市意象文学摄影集《印象长崎》。

香港 明報 Ming Pao Daily News

2019 年 5 月 20 日，《明报》创刊 60 周年酒会在金钟万豪酒店举行。香港特区行政长官林郑月娥、世界华文媒体主席张翼卿、《明报》总编辑梁享南等共同祝酒，祝贺《明报》生日。

香港特区行政长官林郑月娥致辞，寄语《明报》以扎实报道，秉持中立、客观、尊重事实及公正的编采方针，推动社会进步。

香港商報 Hong Kong Commercial Daily

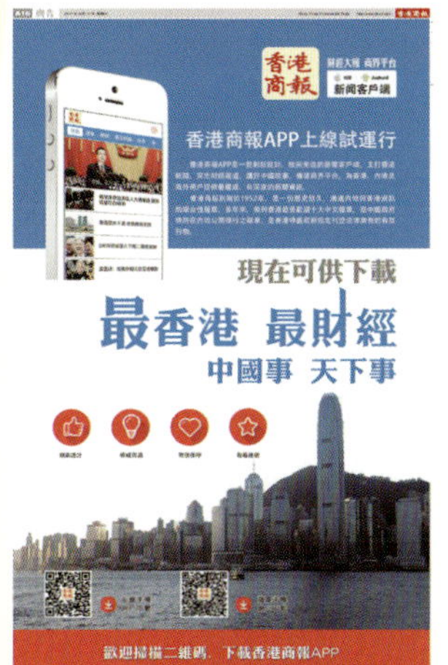
香港商報APP上線試運行

現在可供下載

最香港 最財經

中國事 天下事

歡迎掃描二維碼，下載香港商報APP

2017 年 3 月，香港商报 APP 上线试运行，形成较完整的“一报一网，一端多微”新媒体矩阵。

香港商報

習近平蒞港視察 冀行穩致遠

香港一直牽動我的心

2017 年 6 月 30 日，香港商报头版隆重报道习近平主席视察香港。

國產航母最快明天下水

艦島三大變化

高鐵盒飯價符合商業邏輯

香港商报全球独家报道首艘国产航母 001A 舰将于 2017 年 4 月 26 日在辽宁大连下水。

林鄭月娥爲本報撰寫專文

貫徹落實一國兩制 融入國家發展大局

香港商報

志不求易民爲本 事不避難開新篇

2018 年 7 月，香港特区行政长官林郑月娥在一个月之内，为商报两次独家撰写专文。

2017 年 12 月 7 日，香港商报庆祝创刊 65 周年。香港特区行政长官林郑月娥、中联办副主任杨健等莅临主礼。

2017 年的“香港商界最关注的十件大事”评选活动颁奖典礼上，香港财政司司长陈茂波、香港中联办副主任杨健等各界名流出席。这是香港商报连续第 11 年举办该项评选活动。

2018 年 6 月 14 日，由香港商报联合经济导报、全球商报联盟主办的第三届“一带一路再出发 国际旅游新商机论坛”在香港隆重举行。

2018 年 10 月 25 日，由香港商报主办、多家香港商会及机构等支持的“改革开放 40 周年积极贡献大奖颁奖典礼”在香港举行。

2018 年 12 月 19 日，由香港商报主办的品牌活动“2018 杰出商界女领袖评选颁奖典礼”隆重举行，中联办副主任仇鸿主礼，林贝聿嘉博士等 16 位杰出商界女领袖获颁殊荣。

鏡報 THE MIRROR

2017 年 11 月 2 日，香港《镜报》庆祝创刊 40 周年联欢晚宴在金钟万豪酒店举行。全国政协副主席梁振英，香港特区行政长官林郑月娥，中联办副主任杨健，特区政府政务司司长张建宗、财政司司长陈茂波等出席主礼。

《镜报》连续七年主办杰出企业社会责任奖评选活动，共有 22 位企业家、169 家企业获奖。该项评选已成为香港具有影响力的品牌活动。

2018 年 7 月 18 日，《镜报》开创性的举办了第一届学校社会责任奖颁奖典礼，两岸三地共有 56 所大中小学获选。图为获奖学校合照。

2019 年 2 月 26 日，由香港《镜报》主办的第八届杰出企业社会责任奖、大中小幼学校社会责任奖讲座暨春茗聚会在香港举行。

近年来，《镜报》主办的“活力香港 成就动力”大型社会责任活动进入香港大学、中学和小学面授推广，帮助香港学生认识、学习传统文化。

澳門日報

2018 年 8 月 15 日下午，澳门日报创刊 60 周年庆典酒会在澳门旅游塔会展娱乐中心举行，全国政协副主席何厚铧、代理行政长官陈海帆、中联办副主任张荣顺等出席主礼。

2018 年 8 月 14 日，澳门日报在澳门回归贺礼陈列馆举行“澳门日报 60 周年书画邀请展”。

逾千嘉宾出席澳门日报创刊 60 周年酒会，场面盛大。

“澳门日报 60 周年书画邀请展”展出了内地及港澳书画艺术界合共百余幅书画佳作。

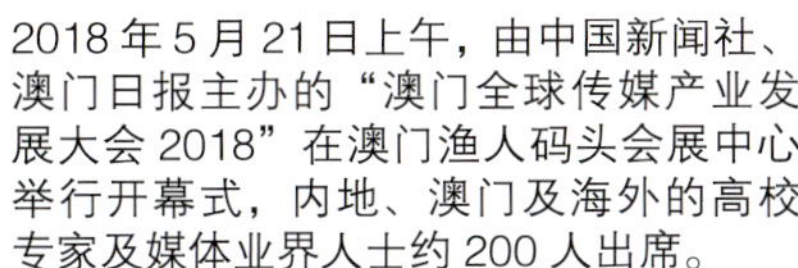

2018 年 5 月 21 日上午，由中国新闻社、澳门日报主办的“澳门全球传媒产业发展大会 2018”在澳门渔人码头会展中心举行开幕式，内地、澳门及海外的高校专家及媒体业界人士约 200 人出席。

“澳门全球传媒产业发展大会 2018” 主题为“‘一带一路’与传媒创新合作发展”，大会举行多场演讲。

2018 年 12 月 9 日上午 10 时，由澳门日报读者公益基金会主办的“第 35 届公益金百万行”在澳门新口岸观音像附近隆重举行，共筹得善款近 2000 万元，均破历届纪录。

澳门特别行政区行政长官崔世安及各界人士近 5 万人参加“第 35 届公益金百万行”。

澳門商報
Macao Commercial Post

www.maccpnews.com

办有影响力的主流媒体

2018 年 6 月 6 日晚，澳门商报举办第三届财经风云榜颁奖盛典。本届风云榜共设置 18 大奖，旨在表彰行业内表现卓越的企业和个人，鼓励各行各业为粤港澳大湾区发展尽心尽力。

2018 年 6 月 6 日，由澳门商报主办的“澳门国际经贸合作峰会暨粤港澳大湾区发展论坛”成功举行。

2018 年 12 月 11 日，澳门商报携手澳门文化传媒联合会举办第五届澳门国际文化传媒论坛。

2018 年 6 月，中共中央政治局委员、中央书记处书记、中央宣传部部长黄坤明会见澳门媒体界高层，澳门商报参加会见。

2018 年 6 月，澳门商报等澳门媒体界高层与港澳办主任张晓明合影留念。

2018 年 8 月，中央人民政府驻澳门特别行政区联络办公室副主任薛晓峰（左）会见澳门商报社长朱海生。

2018 年 6 月，澳门社会文化司司长谭俊荣（右）会见澳门商报社长朱海生。

澳門月刊

一九九三年创刊

2019 年 2 月 13 日，澳门立法会宴请传媒。澳门立法会主席贺一诚（右）与澳门月刊社长王定昌（左）交流并合影留念。

2018 年 2 月 30 日，澳门社会文化司司长谭俊荣接待澳门月刊社长王定昌、主编王春芳及记者一行，对澳门月刊多年来以立足澳门、宣传澳门、推广澳门的办刊宗旨予以肯定和支持。

2019 年 2 月，澳门月刊代表参加 2019 行走中国・海外华文媒体四川行活动。

2018 年 10 月，澳门月刊代表参加海外华文传媒湖北行活动，考察当地经济文化发展状况。

CCTV 大富

WWW.CCTVDF.COM

2018 年 7 月 1 日，“CCTV 大富”迎来开播 20 周年大庆。大富员工及来宾抚今追昔，为“CCTV 大富”庆生。

2017 年 4 月起，CCTV 大富和中国五洲传播中心、日本富士电视台联合摄制讲述中日民间友好交往的大型系列纪录片《中国故事》，并在富士电视台陆续播出，一个个真实感人的故事受到日本民众的广泛好评。

2019 年 1 月，中国驻日本大使程永华连续第七年亲往“CCTV 大富”向电视观众发表新春电视贺辞，并看望大富员工，与“CCTV 大富”董事长张丽玲女士等亲切交流，对“CCTV 大富”实现本土化日中双语播出以来的发展和作用给予高度肯定。

“CCTV 大富”于 2012 年 1 月实现本土化中日双语播出，这是央视首次也是唯一在海外实现整频道本土化全天候播出的双语国际频道。目前 CCTV 大富已进入日本三大主流电视播出平台，进入日本千家万户。

日本株式会社大富董事长兼社长张丽玲因其纪录片及文化传播屡获殊荣，包括国内颁发的“中华文化人物”和“中国纪录片学院奖”的“特别贡献奖”等。

2018 年 9 月，为纪念中日和平友好条约缔结 40 周年并庆祝央视落地日本“CCTV 大富”开播 20 周年，日本株式会社大富策划主办“2018 回望长安？中日文化交流活动”。包括乃木坂、川口郁子和坂井音重等艺术家的三场演出活动取得圆满成功，受到中日广泛瞩目与高度评价。

网站二维码

微信二维码

中文導報

中国語の総合週刊新聞

日本中文导报版样

2019年1月，中文导报社长杨文凯作为海外列席代表，参加广东省政协大会第十二届二次会议。

2017年11月，中文导报社长杨文凯在柬埔寨金边参加世界中文报业协会第50届年会。

2017年12月20日，首届"千代田杯日本华文文学奖"举办颁奖典礼，中文导报社参与了评奖活动。

2018年7月12日，中文导报社、日本华文文学笔会联合举办"侨日·瞧日"丛书日本发布会。

2018年7月，由中文导报社承办的"水立方杯"海外华人中文歌曲大赛日本赛区举行总决赛。

2017年9月7日，中文导报社成为"助力北京创新发展海外特约媒体"首批签约机构。

2018年11月，中文导报社主办第十届"中日友好杯高尔夫大会"。

2019年2月，中文导报社举办2019华侨华人版尾高原案滑雪活动。

關西華文時報

沈鹏题

日本明星中野良子访问关西华文时报，与关西华文时报社长黑濑道长（左）合影。

關西華文時報

追求纵度深
为民鼓与呼
第345期

每月1日、15日発行

歌剧《鉴真东渡》震撼日本大阪

日本观众长时间起立鼓掌表达对鉴真的感恩之情

ASAHI美容外科

免費

- 美容咨询
- 美学指导
- 美容翻译
- 手术陪同
- 术后解答

扫一扫 知多少

0120-120-435

第二次微整时 玻尿酸免费 (2cc为止)

安心

- 总院长亲自执刀
- 30年整形经验
- 50人医疗团队
- 中国客服团队完备
- 最新器械齐全

用一点点的勇气，换取美丽人生。

微整形 成功案例

2018年8月，关西华文时报总编丛中笑（左一）在日本山梨县采访四川省长尹力（中），并获得尹力省长题词。

2018年1月，日本前首相鸠山由纪夫与关西华文时报总编丛中笑交流中日友好，并合影留念。

2018年7月，西日本地区遭遇特大暴雨，关西华文时报总编丛中笑冒着生命危险到冈山实地采访。

2019 年 2 月 24 日，日本亚太观光社积极参与筹备、鼎力支持“东京塔点亮中国红”活动。图为中国驻日大使程永华（右）颁表扬状给亚太观光社社长刘莉生。

2019 年 2 月 4 日，程永华大使夫妇与东京侨领、亚太观光社社长刘莉生在东京塔下赏花灯庆春节。

亚洲太平洋观光社

2019 年 2 月 3 日，亚太观光社旗下的《和华》杂志社邀请中国改革友谊奖章获得者、日本前首相大平正芳的孙女渡边满子举行演讲会。

2019 年 2 月 15 日，日本前首相鸠山由纪夫携夫人观看亚太观光社承办的四海同春文艺演出。

2018 年 11 月 6 日，由福建省文化和旅游厅与亚太观光社共同成立的“福建文化海外驿站”日本站揭牌。

《和华》杂志社牵线搭桥，促成日本和服团体向福建捐献名贵和服。

亚太观光社举办 2019 元宵节首届东京灯会，吸引十万日本民众参与。

2019 年 1 月 19 日，亚太观光社和华侨团体成功举办东京华侨华人少儿春节晚会。

2018 年 4 月 7 日，亚太观光社协助，日本道观在福冈举行中国道教真武大帝开光大典。

亚太观光社积极支持“大使杯”中文演讲大赛，推动华文教育的开展。

日中通信社作品连续获得国际影奖。短片电影《SAKURA》于2017年8月获第五届美国纽约电影节国际短片奖，2018年8月获得印度加尔各答国际异典电影节最佳短片奖。图为《SAKURA》海报。

2019年1月，纪录片《魂的共鸣——丰浜太鼓台祭》一举夺得美国影响力影展纪录短片优秀奖；并获选为加拿大创作国际电影节公映作品。

日中通信社已连续21年在日本全国范围举办"日本人唱中国歌，中国人唱日本歌"为特色的"日中卡拉OK大赛"，并发展成为中日文化交流盛事，获得了中国驻日本大使馆文化部的表彰。

第20届日中卡拉OK大赛决赛现场，中国驻日本大使馆文化部参赞陈诤（左）为日中通信社会长张一帆（右）颁发表彰奖状。

2017年11月29日晚，由日中通信社主办的第20届日中卡拉OK大赛决赛在东京练马文化中心举行。在中日两国都人气颇高的"岛歌王子"中孝介作为特邀嘉宾，演唱了《花海》等经典歌曲。

2018年8月18日，由日中通信社主办的第21届日中卡拉OK大赛在东京都内光之丘IMA音乐厅落幕，日本著名女星酒井法子出席并为选手颁奖。

現代中國報

海外日本　华人媒体

在日华人的生活信息报
日本华人华侨中文新闻资讯媒体

www.xiandaichina.com.cn

媒体合作 | 人物专访

《现代中国报》与国内媒体展开合作，围绕中日热点话题，对日本政界、商界及各界机构、代表人物、专家等进行深入专访。无论文字报道还是视频报道，专业记者团队打造出中日信息交流的通常平台，将独家、真实地报道传向国内。

《现代中国报》对日本政界、商界等人物做专访

媒体合作 | 专题报道

日本企业经营战略具有坚韧、明确、效率、信用、长远的思维，被全世界广泛认可。《现代中国报》紧抓日本产经情报，专题报道，深刻解析日本企业管理、技术、服务的经营精髓。

日本文化丰富多彩，传承完好。歌舞伎、日式料理、茶道、相扑、温泉、和服、动漫等都是日本文化的代名词。然而，这里又是传统与现代的结合，是时尚之都，追求前卫是永恒的话题。

风景如画，服务一流，日本旅游享誉世界，专题报道日本之旅，了解各地精彩之处。

产业经营　文化交流　特色观光

《现代中国报》专题报道日本之旅

菲律宾

聯合日報 UNITED NEWS

▲ 菲律宾联合日报社与菲律宾中华善举总会坚持40多年“圣诞济老”活动。图为2018年12月29日，菲律宾联合日报社与菲律宾中华善举总会向华侨养老院捐款。

▲ 菲律宾联合日报社、中国石狮日报社在马尼拉联合举办《石狮日报・菲律宾版》创刊发行仪式，联合日报社总编辑董拔萃（右）与石狮日报总编辑茅罗平（左）在签署两报合作协议后握手。

◀ 2019年3月6日，菲律宾联合日报社、菲律宾中华善举总会向马尼拉华人区义诊中心捐款。

奋斗在韩国中文网 bbs.icnkr.com

◀

2018 年 5 月 14 日下午，中国驻韩国大使馆王鲁新公参一行人到访《奋斗在韩国》中文网首尔公司考察指导。网站创始人王俊霖、张津凯向王鲁新公参一行介绍了公司发展情况。左起彭旻昱领事、邓琼总领事、网站创办人王俊霖、王鲁新公参、网站创办人张津凯、朱纪忠副总领事、牛晓峰领事。

▲

2019 年 1 月 12 日 中国驻韩国大使馆领事部邓琼总领事一行前往韩国江原道伊利希安滑雪场进行安全检查，《奋斗在韩国》网站记者全程采访。

2018 年 9 月 15 日，中国驻韩国大使馆举办在韩华人领保讲座活动。《奋斗在韩国》中文网协助举办并进行报道。

邓琼总领事与参加领保讲座活动的在韩华人合影

阿联酋迪拜

鼎星传媒 TOPSTAR

《鼎星传媒》创办于 2010 年，总部位于阿联酋迪拜国际城

2018 年 6 月 1 日，为响应阿联酋政府倡导的“2018 扎耶德年”的倡议，鼎星传媒董事长张涛与华人社团为当地劳工营派发开斋饭。

▲ 2018 年 11 月，辽宁省政协代表团到访阿联酋，与迪拜金龙集团、阿联酋华侨华人联合会座谈。鼎星传媒董事长张涛（右一）参加座谈。

▲ 2018 年 12 月 19 日，中国侨联副主席李卓彬一行走访阿联酋侨联，鼎星传媒作为侨联会员单位参加座谈并拍摄报道。

2019 年 2 月 22 日，“四海同春”慰侨演出代表团走访阿联酋侨联，鼎星传媒参加座谈会并拍摄报道。

2018 年 9 月，在阿中国籍劳工被不法商人被骗事件，鼎星传媒董事长张涛协助阿联酋华侨华人联合会秘书长徐小平（右一）前往了解情况，并拍摄报道。

2018 年 6 月 15 日，中国新闻社副社长夏春平（左三）一行参访鼎星传媒，与鼎星传媒董事长张涛（中）等合影。

柬埔寨

高棉日報

KHMER DAILY

自 2015 年起，高棉日报记者连续 5 年参加中国“两会”采访报道。

中国“两会”外交部长记者会上，高棉日报记者向王毅外长提问。

2018 年 5 月 17 日，高棉日报记者参加国务院侨办主办的海外华文媒体高极研修班。

2018 年 3 月，高棉日报记者参加中新社主办的“感知中国”海外华文媒体采访活动。

2018 年 6 月 2 日，由高棉日报驻北京分社与北京外国语大学联合主办的“中柬建交 60 周年：历史、人文与现状”学术研讨会在北京分社举行。

柬埔寨 華商日報 The Commercial News

1993年12月17日创刊

華商日報
The Commercial News
第六届王国政府内阁名单揭晓
总理：洪森
副总理
国务部长
部长

“不当沉默的羔羊”！王毅记者会上的这些话掷地有声
记者会
《国际锐评》：民主协商参政议政 中国“合力”持续赋能

华商日报办公室

华商日报社编辑部

2019年3月，华商日报总编辑刘晓光在中国驻柬埔寨大使馆新闻发布会上提问。

2018年11月19日，中国记协党组书记、常务副主席胡孝汉（中）率中国记协代表团访华商日报社。

www.jianhuadaily.com

柬華日報 Jian Hua Daily

《习近平谈治国理政》柬文版首发式在金边举行

柬华理事总会多位领导参加

《习近平谈治国理政》柬文版首发式

盛大开业

柬華日報 Jian Hua Daily

为澜湄合作与中柬友好架桥铺路

中华人民共和国国务院总理 李克强

2017年4月11日，《习近平谈治国理政》柬文版在柬埔寨首都金边和平大厦隆重发行，柬华日报总编安佳参加发行仪式。

2017年2月，柬埔寨首相洪森与柬华理事会和华人共进“团结饭”，柬华日报社社长黄焕明（左二）参加这一盛宴。

▲ 2017年9月，柬华日报社社长黄焕明参加“第九届世界华文传媒论坛”，并在会中发言。

▲ 2019年2月，柬华日报总编安佳（左）出席中新社海外客户交流座谈会，与中新社社长章新新合影。

◀ 2019年1月3日，中方主办的“湄公河中小学生视力健康光明行”走进柬埔寨，为金边华校近视学生赠送了247副眼镜。柬潮州会馆副会长、柬华日报社社长黄焕明致答谢词。

柬埔寨 柬中时报

www.cc-times.com

2019 年 2 月 1 日，柬中时报社社长阮志强（中左）率领工作团队，拜会柬埔寨新闻部部长乔干那烈。

柬埔寨新闻部部长乔干那烈（右四）寄语柬中时报：为促进柬中两国的友好做出贡献。

2018 年 11 月 12 日，柬中时报记者森沙蒙在暹粒省采访旅游局局长吴兴卡。

2018 年 10 月，柬中时报社长阮志强（右）参加在北京举办的“一带一路”沿线国家华文媒体高级研修班暨第十八期海外华文媒体高级研修班。

除提供新闻文字、图片外，柬中时报还是柬埔寨唯一一家提供华语视频新闻的媒体。

柬中时报视频部

马来西亚

星洲日報

SIN CHEW DAILY

星洲日報 情義九十 90

90 年报庆标

马来西亚星洲日报总社外观

创刊于 1929 年的星洲日报迎来 90 周年报庆

▲ 世华媒体董事部主席拿督斯里张翼卿（左四）率领高层同事一同按动水晶球，为星洲90周年报庆掀开序幕。左一起为许春、翁昌文、张聪；右一起为郭清江、黄康元、梁秋明、张裘昌。

◀ 星洲日报社长丹斯里张晓卿爵士

▶ 世华媒体董事部主席拿督斯里张翼卿医生

世华媒体集团执行董事张聪

世华媒体行政总裁张裘昌

星洲日报总编辑郭清江

马来西亚中国报

中国报外景大楼

创办于 1946 年 2 月 1 日的马来西亚《中国报》已经走过了 70 年的历程。图为该报举办的“腾越 70，e 路同行”创刊 70 周年庆典。

在创刊 70 周年庆典上，世华媒体集团主席张翼卿率《中国报》高层向乐善儿童残障福利中心、普爱残障儿童协会捐款。

在《中国报》2019 职工会晚宴上，《中国报》总执行长廖深仁、总编辑张映坤与众同仁合影。

南洋商報

您的创富伙伴

NANYANG SIANG PAU www.nanyang.com

2018 年 4 月 18 日，马来西亚《南洋商报》庆祝创刊 95 周年。世华媒体集团执行董事张聪（前排中）与《南洋商报》职员在总社大堂高呼“南洋商报，您的创富伙伴”口号，为报庆活动掀开序幕。

2018 年 1 月 20 日，由《南洋商报》和《中国报》联合主办的“十大义演”，为马来西亚华文教育筹款 32 载，突破 5 亿令吉善款里程碑。

光华日报

《光华日报》是 1910 年 12 月 20 日由中国革命先驱孙中山先生在马来西亚槟城一手创办的，至今已有 109 年历史，是全球历史最悠久的中文报纸之一。图为光华日报大厦。

自由日報

MERDEKA DAILY NEWS

自由日報

MERDEKA DAILY NEWS

地址：LOT 23-25, HOCK SENG LIGHT IND EST.BATU 3, JLN UTARA
P.O.BOX 332,90703 SANDAKAN,SABAH,MALAYSIA
电话：6089214517,6089226161
传真：6089275537，6089211136
网址：mdn.chiefeditor@gmail.com

创刊日期：1968 年 12 月 1 日
发行地区：沙巴
领导人：社长拿督丘绍平局绅
总编辑洪观胜

社长拿督丘绍平局绅

总编辑洪观胜

自由日报于一九六八年十二月一日创刊，至今已五十年，在这五十一年的历史，世界在激烈演变，资讯工艺一日千里，大马社会也在世界改革的洪流里，从农业社会迈向工商社会。

自由日报是一份独立的民营报纸，创刊至今，不但坚持报章的立场，尽力要求公正，报导翔实及客观，同时担当官民沟通的中间角色，推动文化、更重要的是与时并进，不断改革，再改革，以期这份在沙巴山打根硕果仅存的华文报纸以更佳的姿态站稳岗位，向前迈进。

自由日报创刊时，创办人故拿督丘锡洲局绅认为沙巴独立加入大马不久，一切刚开始，有必要加强东西马的统合，民智仍待启迪，官民之间留有很大的合作空间，而文化更须提升，以提升民间的文化素质，故毅然创办自由日报。

自由日报创刊头十年在不良环境之下，经历了一段艰苦岁月，在故社长丘陶章的求变情况下，大事改革，也率先采用柯色印刷，马上出现新气象，由当初的每日十版增至十六版，广受欢迎。

随著电脑资讯的发展突飞猛进，一日千里，现任社长拿督丘绍平局绅认为必须随著时代的发展向前迈进，在这股欲求下，拿督丘局绅进行大刀阔斧的改革，采用电脑打字和电脑排版，其中八版为彩色印刷，报纸由每日十六版增至廿八版。

二零零二年八月一日，自由日报和北马拥有逾百年悠久历史的光华日报正式打开交流与合作之门，每天在自由日报出版光华精编版共八版，其中二版彩色版，精美的编排广受读者欢迎。同时于 2010 年开始与香港文汇报合作，为读者提供八版中港台及国际新闻。

自一九九七年八月卅一日出版第一份彩色新闻版迄今，这二十余年来，自由日报的改革赢得山打根华社的口碑，社长拿督丘绍平局绅也认为改革有成绩，但是他仍不断鼓励员工勿因有一点成就而满足，他认为每一位员工都须努力，把工作做得更好，报纸一天比一天精彩，明天更好。

马来西亚

光明日報

Guang Ming Daily

馬來西亞

光明日報

走過31年

创刊于1987年12月18日的《光明日报》，从马来西亚半岛北部华人聚居的槟城州出发，并以服务当地华社为使命。

创刊初期，由于缺乏资金和人才流失，最初5年，筚路蓝缕，艰辛经营，以致数度易主。1992年11月，《星洲日报》社长丹斯里张晓卿爵士收购了《光明日报》，从此《光明日报》和《星洲日报》联手合作，为各阶层华人服务。

走彩色化、图像化、杂志化路线的《光明日报》，深受普罗大众欢迎，发行量扶摇直上，成为北部社区首屈一指的华文报。1994年，《光明日报》开始在吉隆坡印刷出版不同的版本，从地方报蜕变为全国性报章。

2004年10月，《光明日报》和《星洲日报》及其它刊物正式组成星洲媒体集团，并在马来西亚证券交易所主要交易板上市。2008年1月，星洲媒体、南洋报业以及香港明报集团合并，《光明日报》成为新集团“世华媒体”的一员。

《光明日报》秉持提供最新资讯的目标，继续探讨新的概念、方向和策略。随着资讯数据化时代来临，《光明日报》刻不容缓转型而积极发展跨媒体业务，除了架设网页和开设脸书，也开拓电子报（e Paper）市场，通过网上把讯传达给读者。

今天的《光明日报》脸书已拥有接近100万粉丝，光明网页每月吸引了接近300万人次点击。

WhatsApp 推新聞

http://bit.ly/gmrbWhatsApp

新闻不打烊

http://www.facebook.com/GuangMingDaily

光明电子报

epaper.guangming.my

@GuangMingRibao

地址：67, Jalan Macalister, 10400 Penang, Malaysia.

電郵：editorial-pg@guangming.com.my・網址：www.guangming.com.my

光明日報首席執行員：容耀群・總編輯：陳東郡

马中企业家

MALAYSIA CHINA ENTREPRENEURS

《马中企业家》杂志创办于 2018 年。图为创刊号

2019 年 2 月 20 日，《马中企业家》杂志社社长、拿督李中平向马来西亚副首相、拿督斯里旺阿兹莎介绍杂志内容。

Asia Times

www.asiatimes.com.my

马来西亚 亚洲时报

亚洲时报社长张丹华

《亚洲时报》于 1976 年 8 月 7 日由拿督张丹华、拿汀符永芳在马来西亚沙巴州亚庇市创刊，是一份没有政治背景的民营报纸。社长及总编辑由张丹华及赖赐传担任。

《亚洲时报》不仅在新闻报导方面力求「内容充实」和「提高水准」，在印刷效果及发行时间上，也不断求进步。是全州最早最快运售 各地供读者阅读的报章。

《亚洲时报》的员工，目前共有百余人，他们除了在总社工作外，也分别驻在州内各主要城镇及首都吉隆坡。

亚洲时报执行董事符永芳

《亚洲时报》每天出版 12 大张至 14 大张，其中有 36 版全页彩色，除了风格独特杂志式的《亚洲魅力》附报赠送外，另特别创设《学风》与本土草药等具特色副刊，除了为沙巴读者带来广阔的国内外新闻外也提供活泼鲜明富吸引力副刊内容。

《亚洲时报》与香港《文汇报》，中国《人民日报》，《中国生命时报》，《中国新闻社》，马来西亚《光华日报》达成合作协议，由以上五家报社每日传送专版予《亚洲时报》刊登，丰富了《亚洲时报》在中国大陆、香港与国际之宏观政经动态及中华文化艺术、娱乐、旅游等资讯。

亚洲时报的文化气息，正道刚直的报格定位与办报精神获得各界好评与读者的热烈共鸣！

亞洲時報總社大廈

文化交流 图辑

热烈欢迎到访的人民日报海外版代表与嘉宾们。

亚洲时报设欢迎宴欢迎沙巴董联及深圳侨办举办的夏令营活动老师们，图为中国驻亚庇总领事梁才德（右四）将赠送给亚庇中学及山打根中华中学的华乐乐器移交给董联主席林克光。

拿督张丹华社长接待中国新闻社及中通社香港分社高层到访亚洲时报。

亚洲时报参加沙巴电子企业展。

亚洲时报成为婆罗洲四驱及户外活动展的官方媒体。

《泰国风》杂志

《泰国风》办公室外观

泰国亚洲大众集团

2018 年 9 月 27 日，由 ANJERI 独家冠名、泰国亚洲大众集团主办的“2018 泰国头条新闻年度风云人物”颁奖典礼在泰国曼谷暹罗百丽宫隆重举行，5000 余位来宾共同见证参与。图为泰国亚洲大众集团董事长郭蕊致辞。

“2018 泰国头条新闻年度风云人物”颁奖典礼现场

2018 年 7 月，导致 47 名中国游客遇难的普吉海难发生后，泰国头条新闻受泰国国家旅游警察总署邀请多次作为独家中文媒体前往普吉跟进救援、沉船打捞、事故追责及家属补偿的进展，为事故后续处理起到了积极的监督和促进作用。

2018 年 7 月 16 日，泰国副总理巴逸上将通过泰国头条新闻就普吉海难事件发表的不当言论致歉，并通过泰国头条新闻向中国表达整治旅游环境、重视旅游安全的决心。

2017 年 10 月 11 日，泰国亚洲大众集团主办电影《战狼 2》泰国首映礼，弘扬中华文化。

2018 年 7 月 20 日，泰国头条新闻入选世界华文新媒体 100 强暨 2018 泰国头条新闻年度风云人物颁奖礼发布会

2019 年 2 月 16 日，泰国亚洲大众集团董事长郭蕊因多年来为中泰友好关系牵线搭桥、积极促进中泰旅游业发展被授予“2019 泰国国家贡献奖”之促进旅游贡献奖。

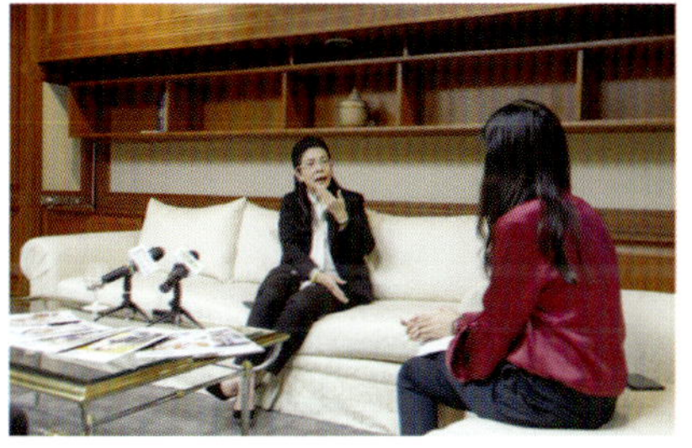

2019 年 6 月，泰国头条新闻、《@ 曼谷》杂志记者采访 2019 泰国大选总理有力竞争者、为泰党选举战略委员会主席 —— 素达拉贵夫人。在本次大选中，素达拉带领为泰党拿到下议院议员席位第一名，有权领衔组阁。

2019 年 1 月，泰国政府举行“我们在乎您”万人芒果糯米饭吉尼斯世界纪录活动，泰国头条新闻为官方协办媒体，受到泰国政府表彰。

亚洲大热泰剧《天生一对》男女主角 Pope&Bella 登上《@ 曼谷》封面，首次合体接受采访。

印度尼西亚

国际日报
GUO JI RI BAO

2017 年 6 月 21 日，国际日报集团与上海电视台合作拍摄一年 52 期《非常亮点》节目之最后一期圆满收宫。图为国际日报集团董事长熊德龙（右）与上海电视台领导合影留念。

www.guojiribao.com

《非常亮点》节目由国际日报集团旗下的“亮点国际新传媒”策划，该节目邀请香港商界领袖罗康瑞、梁锦松等名人，为中国首个自贸实验区 – 上海自贸区建设建言献策。

国际日报集团董事长熊德龙在节目中，倡议上海自贸区为中国企业参与一带一路建设发挥独特作用。

亮点国际新传媒核心合影

2018 年 5 月 29 日，第三届海外华文新媒体高峰论坛在浙江杭州召开，国际日报集团董事长熊德龙出席，并在开幕式上做主题演讲。

大公文汇传媒集团总编李大宏（左）与熊德龙（中）、国际日报集团副社长、亮点国际新媒体总编张萍（右），在第三届海外华文新媒体高峰论坛开幕式合影。

2018 年 12 月 11 日，亮点国际新媒体总编张萍与大公文汇传媒集团、新华社亚太总分社、人民日报香港分社，紫荆杂志等香港媒体高层参加第五届澳门国际文化传媒论坛。

印度尼西亚国际日报执行社长张春梅参加行走中国 – 海外华文媒体青海行活动。

国际日报负责人张春梅、张善华参加“改革开放 40 年 · 海外华文媒体高层郴州行”采风活动。

国际日报集团副社长张萍参加海外华文媒体上海奉贤采访活动。

千島日報

千岛安祥 人民幸福

HARIAN NUSANTARA
QIANDAO RIBAO

千岛日报网页

千島日報 千島安祥 人民幸福

HARIAN NUSANTARA
QIANDAO RIBAO

www.qiandaoribao.co.id
email: qiandao.ribao@gmail.com

2019年4月13日 - 21:07:25

搜索

首页 言论/评论 国内 经济 东爪哇 华社 印中友好 体育 文娱 副刊 校园 侨讯 特稿 游记 通告 图库

在马国出现投票纸已被戳刺 佐科维促警方严…

在马国出现投票纸已被戳刺 佐科维促警方严查 (2019年4月13日)

伯拉波沃与乌诺在雅加达开展盛大竞选大会 (2019年4月8日)

佐科维乐观称西爪哇选区必胜 (2019年4月6日)

点击收阅电子报

国内 更多>>

阿库斯·尤多约诺竞选大会上求民众为前国母痊愈祈祷

2019年4月13日

（独立网讯）选举竞选造势不仅由正副总统候选人开展。

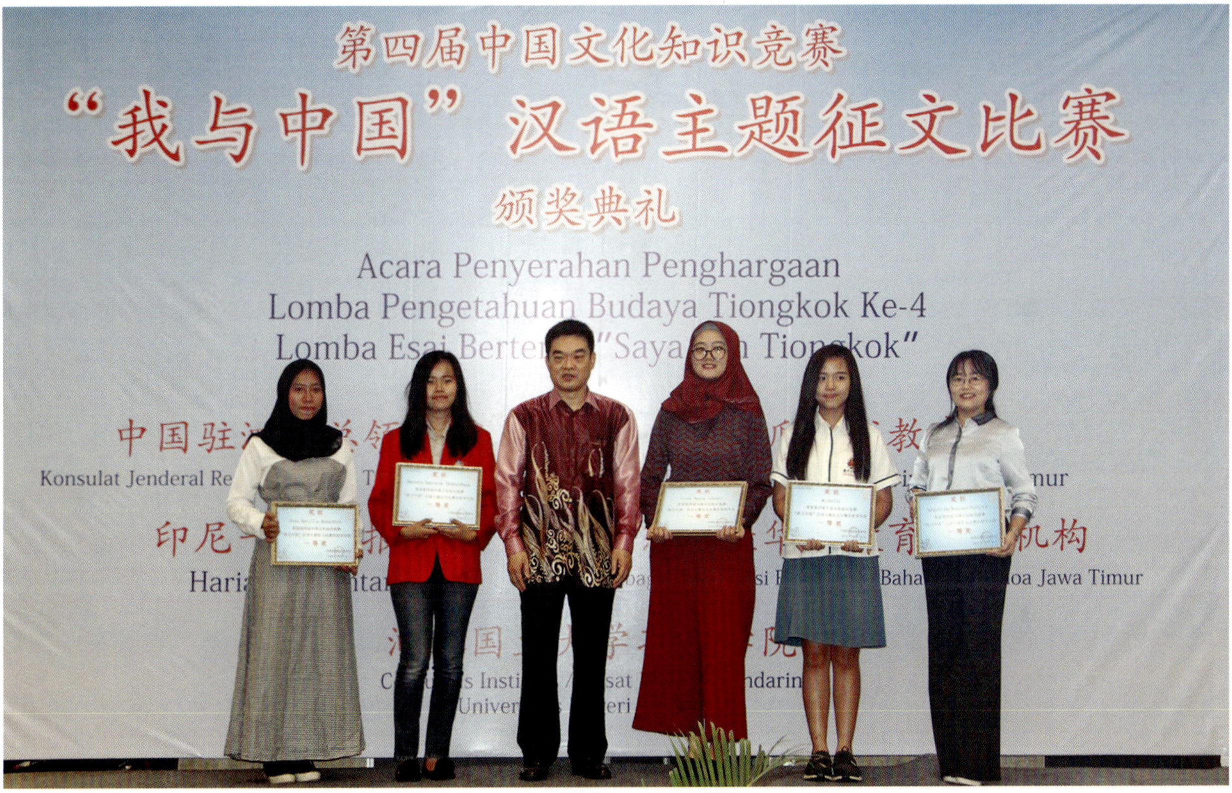

2018 年 10 月 30 日，中国驻泗水总领馆联合千岛日报、东爪哇华文教育统筹机构主办的第四届中国文化知识竞赛“我与中国”汉语主题征文比赛举行颁奖典礼，图为顾景奇总领事（左三）为学生组一等奖获得者颁奖。

2019 年 1 月 17 日，玛琅国立大学孔子学院院长廖桂蓉及中国志愿者教师、交换生一行参观泗水千岛日报社，受到吴萌暄代社长、何敦明总编及报社同仁的热情欢迎。双方就共同关心的话题进行友好交流。

2018 年 6 月 26 日，中新社香港分社、香港中通社社长王佳斌一行人走访泗水千岛日报社，受到社长林豪、总编何敦明，副社长吴萌暄、谢英法、林胜源及报社同仁的热情欢迎。

印度尼西亚 一带一路报

2017 年 7 月，一带一路报在印度尼西亚首发。

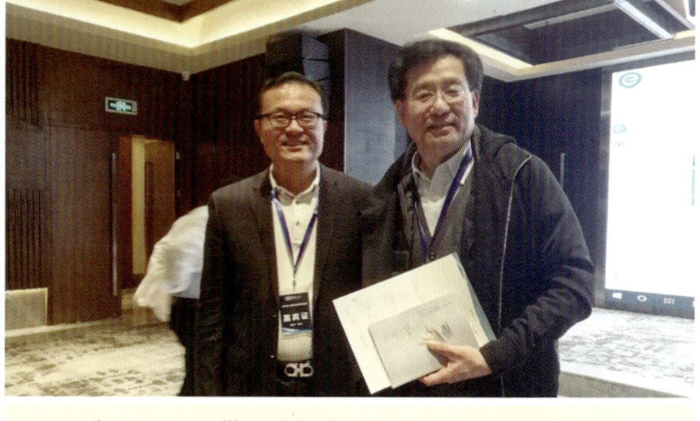

2019 年 2 月，一带一路报社社长兼总编曾惠阳（左）与中国新闻社社长章新新合影。

2018 年 10 月 27 日，澳大利亚（国际）一带一路创业家联合总会执行会长、一带一路报社社长兼总编曾惠阳（左）参加第九届世界福建同乡恳亲大会时与印尼福建社团联谊总会总主席俞雨龄合影。

一带一路报参加 2019 年中新社香港分社、四川分社联合组织的“中新社海外客户交流座谈会”。

2018 年 11 月，一带一路报参加中新社福建分社组织的“行进中国·海外华文媒体福建行”采访活动。

www.harianbaru.com

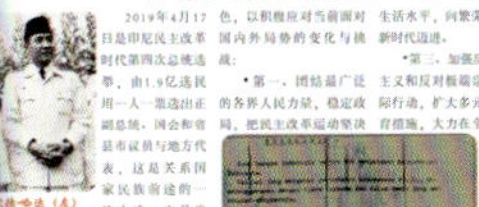

2018 年 3 月 12 日，印度尼西亚华文报《印尼新报》（www.harianbaru.com）正式面市。这是以新媒体形式发行的华文报。

该报在创刊词中表示，进入新时代，印尼和中国一样，都面临重大机遇和挑战，如何克服重重困难，掌握新时代的变化和黄金机遇，为国家人民创建美好幸福的家园，实现民族复兴的中国梦和印尼梦是《印尼新报》创刊的出发点。

2019南亚东南亚国家商品展暨投资贸易洽谈会推介会在印尼巴厘岛举

巴厘省宗教和谐论坛（FKUB）与中国总领馆联欢

学好中文，展示形象—— 苟皓东总领为巴厘岛机场海关官员传授中文

印尼巴厘风采 Indonesia Bali Fengcai

——522骚乱前因后果初步分析

2019年4月大选各政党国会议员选举得票表

苟皓东总领事走访巴厘岛孔庙

苟皓东总领事拜会登巴萨市长曼特拉

哈萨克斯坦 今日丝路

2017年6月，《今日丝路》进入阿斯塔纳世博会场馆。

《今日丝路》受到参展商关注

在阿拉木图最著名的中餐馆“公主饭店”内，顾客正在阅读《今日丝路》。

2018 年 5 月 29 日，在杭州举行的第三届海外华文新媒体高峰论坛上，菲律宾世界日报副董事长吴仲振（右三）与其他海外媒体代表同人民日报海外版领导出席合作启动仪式。

2018 年 6 月 2 日，中共中央政治局委员、中宣部部长黄坤明在北京会见第三届海外华文新媒体高峰论坛的部分代表，菲律宾世界日报副董事长吴仲振参加会见。

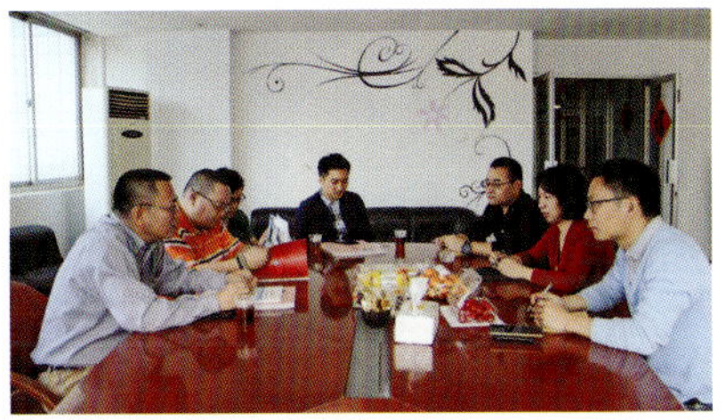

2018 年 3 月 29 日，菲律宾世界日报工作访问团一行拜访厦门鹭风报。图为世界日报资深编辑吴朝辉（左）与鹭风报社长林希（右二）等负责人商讨合作事宜。

2017 年 10 月 18 日至 24 日，世界日报记者范宗鼎在北京采访中共十九大。

2018 年 8 月 14 日，菲律宾世界日报、菲华联谊会和旅菲各校友会联合会的代表在马拉干鄢宫向杜特尔特总统移交马拉威重建捐款。

菲律宾世界日报副董事长吴仲振（左）向人民日报社编委、人民日报海外版总编辑王树成（中）赠送《菲律宾华人通史》一书，右为菲律宾世界日报主编侯培水。

2018 年 12 月 7 日，《晋江乡讯》与菲律宾世界日报达成战略合作协议。图为中共晋江市委常委、统战部部长、市海联会会长黄文福（右）为《晋江乡讯》菲律宾出版中心授牌，菲律宾世界日报副董事长吴仲振接收。

2017 年 5 月 23 日至 10 月 23 日，菲律宾南部爆发长达半年之久的马拉威冲突，数十万民众痛失家园。世界日报联合菲华联谊会和旅菲各校友联合会，响应杜特尔特总统支持马拉威重建的号召，率先在菲华发起募捐。图为 2017 年 10 月 27 日，也就是马拉威冲突结束后的第四天，三个单位的负责人商讨启动募捐事宜。

2018 年 5 月 30 日，菲律宾世界日报主编侯培水参观杭州西湖旁的“五四宪法”起草地时留影。

菲律宾 菲華日報

CHINESE JOURNAL TODAY

2019 年 2 月 15 日，菲华日报董事长兼社长陈永年（前排左二）设宴款待同仁，致以新春祝福，并与董事陈文姜、李荣美、陈松山、苏世庆、陈德芳、刘德霖、张明华和周树珊等职员合影。菲华日报于 1998 年创刊，是菲律宾较早的华文报之一。

2018 年 11 月 2 日，中新社香港分社总编辑王丹鹰（二排左三）、中新社马尼拉分社长关向东（二排右三）一行访问菲华日报社，受到报社副总编辑蒋阳辉（二排左一）和周树珊女士等的热情接待。

2019 年 2 月 22 日，“中新社 2019 年海外客户工作交流会在中国四川省都江堰市举行，菲华日报副总编辑蒋阳辉教授应邀出席并发言。

2018 年 11 月 20 至 21 日，中国国家主席习近平对菲律宾进行国事访问，在马尼拉同菲律宾总统杜特尔特举行会谈。菲律宾华商纵横传媒社长黄栋星在香港凤凰卫视作专门评述。

菲律宾 华商纵横

2019 年 3 月 15 日，菲律滨晋江同乡总会达沃分会暨菲律滨达沃晋江商会举行首届职员就职典礼。黄栋星将刊登达沃晋江缔结友好城市的《华商纵横》赠予来宾中共晋江市委书记刘文儒（右）。

菲律宾华商纵横传媒社长黄栋星向中国驻达沃总领事黎林（右）赠送《华商纵横》

2018 年 6 月 25 日，菲律宾华商纵横传媒策划“世黄总商会向黄帝陵国家文化公园捐赠族谱仪式”。

◀ 2018 年 10 月 29 日，世界中文报业协会第 51 届年会在北京人民大会堂开幕，菲律宾华商纵横传媒社长黄栋星应邀出席年会。图为黄栋星在会议期间与故宫博物院院长单霁翔交流并合影。

▶ 2018 年 9 月，黄栋星参加“海外华文媒体青海行”采访活动，与中国新闻社副社长兼副总编夏春平合影。

新加坡 时代财智 Fortune Times

2018 年 10 月 24 日，新加坡华文财经杂志《时代财智》举办年度大奖颁奖典礼，以“智能时代，财富永续”为主题，总编宋娓在颁奖晚宴上致辞。

宋娓总编（右四）与 2018《时代财智》年度大奖获得者合影

菲律宾华商领袖施至成获得 2017《时代财智》年度大奖

《时代财智》2017 年度颁奖晚宴现场

2018 年 5 月，《时代财智》的姊妹杂志《时代丽智》在新加坡举办论坛，主题为“颠覆科技如何影响女性社会和经济角色”

印度尼西亚资深律师卡提尼·穆尔亚迪（Kartini Muljadi）获得 2018 年丽智卓越女性奖成就奖。

2019 年 3 月，博鳌亚洲论坛举办期间，宋娓总编（左）与香港特别行政区行政长官林郑月娥合影。

2019 年 2 月，《时代财智》记者张俊在新加坡采访台湾高雄市市长韩国瑜。

缅甸 金凤凰

2017 年 9 月 16 日至 18 日，第 14 届世界华商大会在缅甸仰光举行。《金凤凰》作为本次大会的唯一官方指定中文媒体，承担了大会全部中文宣传工作。

金凤凰报社制作出版的部分刊物

华商大会嘉宾阅读《金凤凰》当日发行的大会特刊

2019 年 1 月 19 日，金凤凰报社与云南人民出版社联袂打造出版《汉缅大词典》修订版在缅首发，填补了中缅互译领域工具书 30 余年的空白。双方合作成立的“中缅文化互译出版中心”于同日揭牌运行。

2018 年 12 月 29 日，为促进中缅文化交流，中国云南民族文化音像出版社、上海交通大学出版社与缅甸金凤凰报社整合各自资源，成立“中国主题与民族文化缅甸联合出版（数字）编辑部”。图为“中缅联合出版（数字）编辑中心”在仰光中国文化中心揭牌。

◀ 2018 年 12 月 19 日，金凤凰报社成为云南大学新闻学院首个“海外示范实习基地”。

2018 年 11 月 19 日，金凤凰报社员工前往缅甸 Maven 孤儿院进行慈善捐赠。▶

巴基斯坦

CHINESE BUSINESS VIEW

奉献最有价值的新闻和信息

WWW.HSW.CN

2017 年 9 月 25 日，巴基斯坦国内唯一发行的华文报纸《华商报》与巴发行量最大的英文报纸《新闻报》在伊斯兰堡签署合作协议，双方将合作在《新闻报》上开设中文专版，刊登中国新闻。图为《华商报》社长耿思萌（右）与《新闻报》总经理萨尔马德·阿里在签署合作协议后握手。

2017 年 7 月，前国务院侨办副主任郭军访问巴基斯坦期间，莅临华商报社，并慰问全体员工。

丝路新观察

Шелковый путь
культурное развитие
Жибек жолу маданий өнүгүү

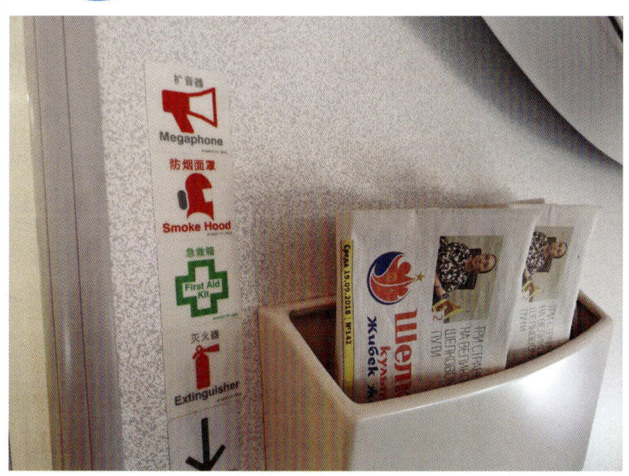

2017 年 4 月 10 日，吉尔吉斯共和国议会议员、对华友好合作工作组组长贾玛利丁诺夫·孜亚丁·伊斯拉莫维奇（左三）率领考察团参观报社。

2019 年 3 月 29 日，吉尔吉斯斯坦中亚华侨华人协会代表在吉华侨华人为报社赠送锦旗。

美国 侨報 THE CHINA PRESS

《侨报》与地方政府官员一直保持良好关系，以便向其反应侨胞的心声和需求。图为 2019 年 1 月 22 日，纽约市主计长斯静格（中）访问《侨报》，与《侨报》总裁游江（左）、副总编卢仲维（右）合影。

2018 年 5 月，美国联邦交通部长赵小兰与父亲赵锡成接受“做客侨报”栏目的视频专访。

《侨报》一贯重视开展海外中华文化传播和华文教育，自 2012 年起每年举办少年儿童中文大赛。图为 2019 年 1 月 19 日《侨报》主办的第七届全美少年儿童中文大赛总决赛颁奖典礼。

自 2013 年《侨报》小记者俱乐部成立后，每年暑假期间组团赴华采访。图为 2018 年 7 月《侨报》小记者俱乐部旁听中国外交部新闻发布会后，与外交部发言人华春莹亲切交流并合影留念。

2016 年《侨报》发起成立“北美中文作家协会”后，开展各种活动，鼓励和繁荣中文文学创作。图为 2019 年 2 月 2 日北美中文作家协会举办的新春联欢活动。

2019 年 1 月 29 日，《侨报》旗下的《侨报周末》与北卡华人企业家协会(NCCBA一起，协办了北卡华人首次走进州长官邸迎接猪年活动。图为州长夫妇和部分嘉宾合影。

2018 年 8 月 5 日，由纽约布碌仑区长亚当斯主办并得到《侨报》支持的第五届国际友谊日热闹登场，《侨报》在现场搭起了帐篷向民众赠送报纸和礼物。

《侨报》鼓励员工锻炼身体，保持健康。图为 2017 年 6 月 3 日，侨报员工组队参加北京、纽约同日举行的全球太极气功日活动。

2018 年 10 月，《侨报周末》与北卡罗莱纳州华人联合会组织了首届“北卡中国美食节”，美食节异常火暴，吸引上万人前来品美食、看表演。

世界日報 World Journal

在美国 2018 年 11 月大选前，洛杉矶世界日报为鼓励华人踊跃参政，积极投票，首开华文媒体之先，特别设计投票指引公益广告，让华人充分了解公投法案与参选人资料。

2018 年 5 月 24 日，中共中央政治局常委、全国政协主席汪洋在京会见了王文杉率领的台湾联合报系访问团一行。图为汪洋主席（前排左五）与联合报系董事长王文杉（前排左六）率领的代表团合影。代表团成员包括联合报，经济日报，联合晚报，联合新闻网，联合数字文创及美国世界日报主管。

2019 年 1 月 4 日，联合报系董事长王文杉（中）飞到纽约，主持世界日报总管理处总经理兼纽约社社长的交接仪式。原任联合报副社长的周正贤调任世界日报总管理处总经理兼纽约社长。图为卸任总管理处总经理兼纽约社长张汉升（左）把象征传承的创刊号头版交予周正贤。

世界日报积极投入小区活动，推广中华文化。纽约华埠及法拉盛两大华人聚居地的农历新春大游行中，世界日报的龙队与花车是最亮眼的队伍之一。图为世界日报主管群在 2019 年 2 月 17 日的华埠新春大游行队伍前，集体向民众拜年。

王文杉董事长与世界日报总管理处及纽约社主管合影。图左起为：世界日报总管理处中国事务处长刘其筠，接任洛杉矶世界日报社长的纽约社原副社长于趾琴，张汉升，王文杉，世界日报执行董事李德怡，周正贤，世界日报总管理处内容长兼纽约社总编辑张宗智。

每年于农历春节前举办的年节展，是洛杉矶世界日报社年度重大活动，更是南加州同庆中国传统春节的盛会。图为 2019 年 1 月 26 日与蒙市合办的“2019 猪事大吉迎春年节展”，吸引了超过 30 万华洋民众参与。

www.world journal.com

由全球知名的华裔鉴识科学专家李昌钰博士主持的“世界日报 CSI 夏令营”，是世界日报的品牌活动之一。每年吸引许多海峡两岸及北美的华裔学生参加。图为 2018 年营队学员与李昌钰博士在康涅狄格州议会合影。

世界日报每年与赞助商合作在美国东西两岸举办的教育博览会，也是该报与小区互动最频繁的品牌活动之一。每年吸引上千名家长及学子参加。

2018 年 9 月 22 至 23 日，洛杉矶世界日报与天普市首次合办中秋盛会“天普饕中秋”，让不同族裔的民众共度中秋佳节。美国国会众议员赵美心（左四）、加州州议会众议员周本立（左三）、圣盖博市议员廖钦和（左二）感谢主办方对小区的贡献，由世界日报时任社长郭俊良（左一）和天普市市长文尚丞（右四）代表接受。

世界日报自 2011 年起举办“大家来写书”活动，鼓励华人以文字或图片记录人生故事，留下华人移民的历史，八年来已出版 193 本书。图为 2018 年 12 月 7 日入选作家在洛杉矶世界日报举办新书发表会。

旧金山世界日报和哥伦比亚大学共同举办模拟创业竞赛，每年均吸引上百位高中生报名，并在英特尔展演厅决赛。

旧金山世界日报在寒暑假举办硅谷科技营，带领学员参访硅谷知名公司及美国名校。

旧金山世界日报和 NBA 金州勇士篮球队合作，带领学员到金州勇士篮球队训练主场训练。

中国驻旧金山总领事馆总领事王东华（左三）偕副总领事任发强（右一）到访旧金山世界日报。与旧金山世界日报社长骆焜祺（右二）、总编辑黄美惠（左二）、副总编辑刘玉昕合影。

2018 年 8 月 7 日，羊城晚报集团总经理李和平率团访问世界日报总管理处。后排左一至左四依序为：刘其筠，新快报社长兼总编辑许志权，世界日报总管理处时任总经理张汉升，李和平。

美国鹰龙传媒举办 2018 美国新丝路模特大赛、中国新歌声美国海选、妈妈咪呀美西地区招募等多项活动。图为 2018 美国新丝路模特大赛决赛现场。前排右一为美国鹰龙传媒公司董事长苏彦韬。

2018 年 11 月，美国鹰龙传媒公司主办的第 14 届中美电影节、中美电视节盛大举行。洛杉矶市政府再次将 11 月 1 日命名为“中美电影节、中美电视节日”，洛杉矶郡政府再次将 11 月命名为中美电影节月。

美国 EDI MEDIA INC. 鹰龙传媒有限公司

2019 年 1 月，由上海市人民政府外事办公室等主办，美国鹰龙传媒公司等合作支持的 2019 “欢乐春节” 上海文化周在美国旧金山拉开帷幕。

2019 年 1 月，美国鹰龙传媒公司举办“中国评弹《四大美人》戏曲盛宴”惊艳洛杉矶，向公众展现中国传统音乐和表演的丰富与深度。

2019 年 1 月，美国鹰龙传媒公司举办“2019 鹰飞龙腾新年新春音乐会”，奏响中美建交 40 周年新乐章。

美国鹰龙传媒公司扎根美国本土，每年自制超过 2000 小时视频节目 20000 小时音频节目。

▲ 2018 年 8 月至 10 月，美国鹰龙传媒的中英文广播电视节目《对话好莱坞》、《Dream》、《East Meets West》等分别荣获美国传播奖、缪斯国际创意大奖、泰利奖和全球趋势奖等多项美国主流奖项。

◀ 2018 年 8 月 3 日，美国鹰龙传媒有限公司联合出品的院线电影《解码游戏》全国上映。

美国鹰龙传媒每年举办中美文化艺术节暨欢乐家庭贺中秋、美亚新春嘉年华等活动吸引数万民众参与，众多中美政要到场祝贺，共庆中国传统佳节。

2019 年 3 月，美国鹰龙传媒公司连续七年作为官方媒体合作伙伴全程现场报道“2019 年博鳌亚洲论坛”。

2019 年 2 月 2 日，美南新闻传媒报业集团成立 40 周年暨休斯敦第 23 届国际农历新年游园会在美南新闻前广场盛大举行。休斯敦市长塞尔维斯特・特纳、中国驻休斯敦总领馆副总领事王昱、美国国会议员艾尔・格林等嘉宾与美南新闻传媒集团董事长李蔚华一起剪彩。

美南新聞

美南新闻传媒报业集团

由美南新闻主办的新年游园会已经举办了 23 届，每年的游园会都有来自休斯敦各族裔丰富多彩的文艺节目表演，共同庆祝农历新年。

2019 年 4 月 10 日，美国国务院负责非洲事务的助理国务卿蒂伯・纳吉参访休斯敦美南新闻总部，与董事长李蔚华合影。

2019 年 3 月 16 日，2020 美国总统候选人杨安泽（右三）前来休斯敦希尔顿花园酒店筹款竞选，与美南新闻传媒报业集团董事长李蔚华等合影。

蒂伯・纳吉助理国务卿接参观美南集团所属的电视新媒体，赞扬美南新闻是美国新移民成功之典范。

由商业界跨足政坛的杨安泽，是民主党史上第一位争取总统候选人提名的亚裔人士。

2018 年 12 月 9 日，为缅怀美国第 41 任已故前总统乔治・H・W・布什，美南新闻传媒集团在美南国际贸易中心举行了追思回忆老布什总统音乐会，并宣告李蔚华朱勤勤基金会成立。

2017 年 11 月 1 日，美国职棒大联盟休斯敦太空人队以 5 比 1 击败洛杉矶道奇，拿下队史 55 年以来第一座世界大赛冠军。美南新闻采访报道。

2017 年 8 月 25 日晚，德州 50 年来最强哈维飓风在德州 Corpus Christi 登陆，挟带狂风暴雨和龙卷风。图为美南新闻报道德州被侵袭后满目疮痍的场景。

太空人队封王游行，全城民众为之疯狂，热情欢迎英雄归来。图为美南新闻报道现场。

2019 年 3 月 2 日，休斯敦第 87 届牛仔节在 NRG 体育场举行。图为美南新闻报道的牛仔竞技赛场景。

左：文艺复兴节目前已成为德州的一大盛事，每年都会吸引无数精心打扮的人士及超过 50 万游客参与。

右：2018 年 9 月 29 到 11 月 25 日，德州文艺复兴节 Texas Renaissance Festival 举行。这是全美规模最大且最受欢迎的 16 世纪文艺复兴为主题的活动，仿佛穿越时空来到文艺复兴年代的欧洲。

美国中文电视成立于 1989 年，总部位于纽约，在华盛顿、洛杉矶、旧金山、芝加哥、波士顿等地设有分部，是北美地区最有影响力最具规模的中文电视之一。
美国中文电视连续五年获得纽约少数族裔及社区媒体奖 (IPPIES Award) 媒体金奖以及 2018 年纽约艾美奖提名。

图为美国中文电视节目播出中心。

节目播出中心

纽约会客室

《纽约会客室》是美国中文电视的原创访谈类节目。节目邀请华裔政要、文化大家、行业名人、话题达人等做客节目，分享其人生路上的精彩故事。

洛城会客室

《洛城会客室》聚焦美西华人故事，搭建文化桥梁。

安家纽约

《安家纽约》提供北美最全面的房地产信息及数据分析

天生我才

由美国中文电视、美国中文网主办的“天生我才・美国青少年才艺大赛”已经成功举办了八届。

美国中文电视原创和制作的美食烹饪节目《亚洲色香味》

亚洲色香味

2017 年 11 月，《美国海外电视台、美国海外电视网》副社长、世界国际品牌大会名誉主席李立主持首届中美共同开发第三市场高峰会。

2019 年 1 月 20 日，《美国海外电视台、美国海外电视网》台长李若弘博士荣获国际马丁・路德・金奖。

美国海外电视台 美国海外电视网

US Oversea Community TV Network usocctn.com

2018 年 3 月，莫利人在参加”海外华文媒体美丽四川广元行”活动中接受采访。

2018 年 10 月 22 日，《美国海外电视台、美国海外电视网》台长、总编辑莫利人为上海复旦大学师生讲述“美国华文媒体的沧桑”。

2018 年 10 月 23 日，美国海外电视台记者在杭州三花江虹创意园采访《丝绸之路——乡亲》油画展。

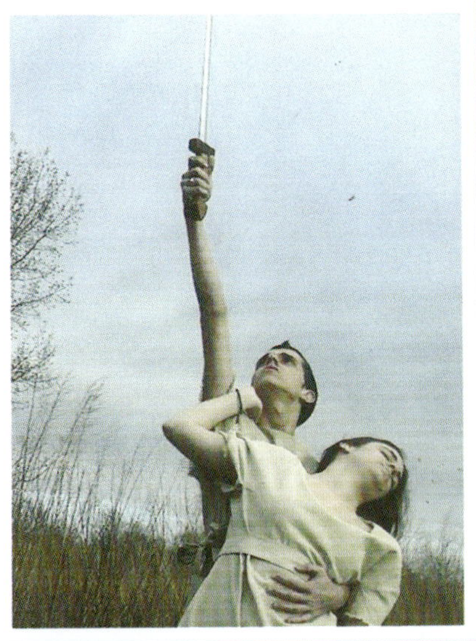

《美国海外电视台、美国海外电视网》导演赵兵导演的作品《杀死奥赛罗》剧照 ▶

夏威夷中文电视台

Chinese Community Broadcasting, Inc.

www.hawaiichinesetv.com

由美国夏威夷中文电视台主编、承制《美国夏威夷潮州会馆成立三十周年纪念特刊》，于 2019 年中国农历新年推出。

2018 年 3 月 3 日，夏威夷福建联合总会主办“庆祝 2019 中美建交 40 周年人文交流晚会”，夏威夷中文电视台参与统筹、录像并报道。

2018 年 4 月 17 日，夏威夷中文电视台台长何要应邀出席戊戌年黄帝故里拜祖大典。

2018 年 5 月 17 日，何要应邀参加“海外媒体看广东”活动。

2018 年 5 月 16 日，何要应邀来京参加第 17 期海外华文媒体高级研修班。

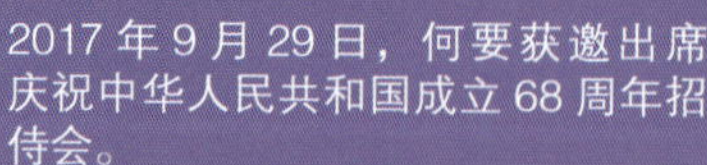

2017 年 9 月 29 日，何要获邀出席庆祝中华人民共和国成立 68 周年招待会。

2017 年 9 月 10 日，何要应邀参加第九届世界华文传媒论坛，与国务院侨办宣传司副司长李国红（中）、国侨办宣传司处长谢添（左二）等合影。

左：2017 年 6 月 11 日，夏威夷中文电视台董事长张璞（右）、台长何要应邀参加“海外媒体看广东”活动。

右：2018 年 10 月 17 日，夏威夷中文电视台副台长王贝拉应邀参第 18 期海外华文媒体高级研修班。

2019 年 1 月 28 日至 2 月 14 日，由魅力中国主办的“2019 欢乐春节”系列活动在南加州六大地标场地隆重举行，这已经是魅力中国从 2017 年开始，连续三年举办该盛事，为中国文化走向国际推波助澜。

2018 年 7 月 14 日，魅力中国现场报道第 38 届荷花节，洛杉矶市市长 Eric Garcetti 接受该台记者专访。

2018 年 9 月 12 日，魅力中国承办了“锦绣潇湘”走进美国湖南旅游推介会。

2018 年 10 月 3 日，魅力中国现场报道 2018 好莱坞文创科技节，并对好莱坞著名导演 Robert Stromberg 等贵宾进行了独家专访。

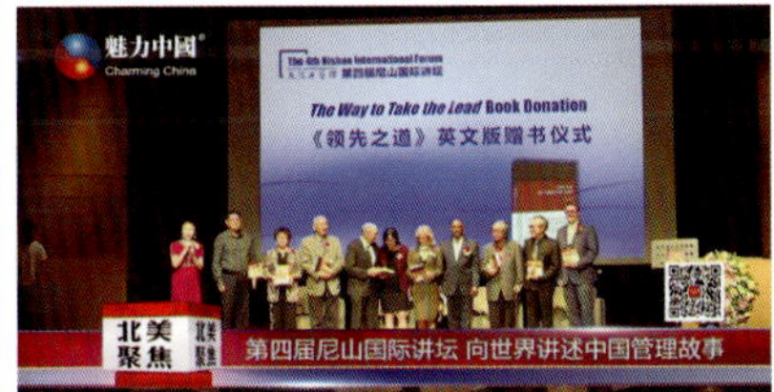

2018 年 10 月 19 日，魅力中国应邀出席第四届尼山国际讲坛，现场录播、报道中国首次在海外举办的讲述中国管理故事的学术论坛。

2018 年 10 月 30 日，魅力中国应邀出席第九届中美文娱产业峰会及颁奖晚宴，并对中国国家一级导演尤小刚、电影《巨齿鲨》制片人 Belle Avery 等嘉宾进行了一对一专访。

2018 年 12 月 13 日，魅力中国现场报道纪念中美建交 40 周年招待会。

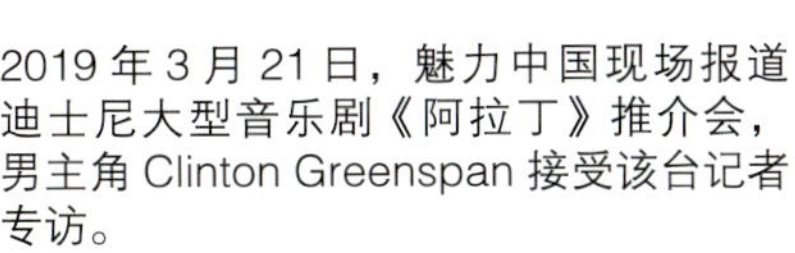

2019 年 3 月 6 日，魅力中国应邀现场报道洛杉矶县立美术馆永久收藏中国著名艺术家曾梵志作品发布会。

2019 年 3 月 21 日，魅力中国现场报道迪士尼大型音乐剧《阿拉丁》推介会，男主角 Clinton Greenspan 接受该台记者专访。

2017年5月20日，首届江苏发展大会在南京召开，西雅图中文电台台长苏小元（左）和微软执行副总裁沈向洋在晚宴中合影。

2017年10月11日，时为候选人的西雅图市长珍妮.德肯在西雅图中文电台接受专访。

2018年2月18日，西雅图中文电台主办的西雅图华人春晚盛大举行。

2018年3月13日，西雅图中文电台台长苏小元回到母校江苏省木渎高中，为500多名高中生做专题讲座。

2018年6月8日，西雅图中文电台作为西雅图国际电影节的独家中文报道媒体，记者们和来自国内参展的导演合影。

2018年8月18日，由西雅图中文电台主办的中美企业家论坛西雅图高峰会圆满举行。

2018年12月2日，由西雅图中文电台主办的华盛顿州华裔小姐总决赛的前三名参加在中国广州举行的世界华裔小姐总决赛，并取得佳绩。

2019年2月14日，西雅图中文电台主办的2019年西雅图华人春晚落下帷幕。

中美郵報

CHINESE AMERICAN POST

2018 年 2 月 22 日晚，中国国务院侨办春节送年饭暨驻芝加哥总领馆春节招待会于2月26日在芝加哥中国城举行，中美邮报社长屠新时应邀参加（右二）。

2017 年 8 月 21 日，美国联邦众议员考夫曼先生（中）向中美邮报颁发嘉奖状。

2017 年 10 月，中美邮报派出专业团队全程采访中共十九大。

中国驻芝加哥总领事洪磊（左）向中美邮报社长屠新时颁发首批州领事保护联络员证书。

2017 年 9 月 17 日，中美邮报社长屠新时参加河南嵩山论坛，并作“多元文化双向传播”大会发言。

2018 年 2 月 24 日晚，“欢乐春节・祖国陪你过年”广东省艺术团首场演出在科罗拉多州丹佛市举行，中美邮报是此次演出的主要承办方。

中美邮报社长屠新时（左）、中美邮报网社长冯咪咪（右），与 CCTV 新闻主持人合影。

中美邮报和丹佛孔子课堂一起，十年来向当地中小学生推介中华文化。

2018 年 11 月，中美邮报专业团队全程采访上海首届进口博览会。

亚省時報

AZ CHINESE NEWS

www.azcnews.org

【寻人启事】请帮这位老太太回家

2019-02-21

更多精采内容请下载官方APP：苹果(iPhone)、安卓(Android)、安卓国内下载(APK)

【本报讯】凤凰城警局今天下午将一位记忆模糊的华人婆婆张秀英送到华人餐馆Redwok Buffet，大概60岁左右，江苏人。老太记忆有点模糊，只记得自己家附近有个很大的湖和一条很大的路，自称张秀英，女儿名字叫吴娟娟 ，其余再说不出什么。

警方在今天下午三点左右在44th st and McDowell Phoenix 找到老太太，她现在人和警方一起红锅餐馆，Redwok buffet 联系号码是6029558889。

2019 年 2 月 21 日，一位华裔老婆婆走失，被警员送至一家华人餐馆。餐馆员工在社交媒体发出求助后，亚省时报官网第一时间发布消息，并遍传各大微信群，网友很快获得老婆婆家人信息，由警方将其送回家。从官网发布消息到老婆婆回家，时间不过一小时。

凤凰城中国文化中心于 2017 年夏天转手，新业主要求拆除中心的中国元素，迫迁华人商户的消息经亚省时报首发后，亚利桑那华人社区群情汹涌，纷纷走上街头抗议，开展了长达一年半的维权运动。

亚省时报社长甄凯婴连续多年参加在人民大会堂举行的国庆招待会等一系列国庆活动

亚省时报关注祖国大事，除每年派遣记者走访中国各省市，为读者提供直接的祖国新貌新政外，还积极参与两会、2017 年首届一带一路峰会等重大活动报道。

2019 年 2 月 9 日，亚省时报创刊 29 周年联欢会上，亚利桑那州财政厅长余艳芬（左二）、亚利桑那州平权委员会主任黄仕均（右一）到贺。

2019 年 2 月 24 日，1996 年成立的“亚省华文笔会”重新恢复活动，亚省时报社通讯员、作家欢聚一堂，以文会友。

華夏時報 Chinese Times

2019 年 1 月 5 日，华夏时报荣誉顾问王维力的雕塑作品、荣誉顾问陆德才的书法作品、社长于建一的摄影作品和副社长常君睿的国画作品，参加了休斯敦庆祝中美建交 40 周年图片展暨纪念张大千诞辰 120 周年中美现代名人艺术展。图为社长于建一（右一）等在展会合影。

2017 年 9 月，华夏时报社长于建一参加了第九届世界华媒传媒论坛，并应邀在分论坛的讨论会上发言。

2018 年 8 月，华夏时报社主编陆钢参加了北京“文化中国·水立方杯”闭幕式等系列采访活动，与中央统战部副部长谭天星（中）合影。

2018 年 10 月 17 日，华夏时报社副主编饶汉文参加了在北京国家行政学院举办的“一带一路”沿海国家华文媒体高级研修班。

2019 年 2 月，华夏时报社副社长常君睿参加“行走中国·一带一路国家海外华文媒体天府行”采风活动。

2019 年 4 月 6 日，华夏时报荣誉顾问、中国舞蹈家、知名影视演员周洁获得休斯敦国际电影节主席托德·亨特颁发的“电影成就奖”。华夏时报社长于建一参与采访报道。

神州時報 CHINA JOURNAL

全美地区及加拿大同步发行

2017年9月1日，广东省侨办侨史采风团一行抵达芝加哥，拜访神州时报。图为侨办赖雯靖女士（右）向神州时报副社长卢安杰赠送书和锦旗。

神州时报副社长卢安杰及记者们与广东侨办侨史采风团合影

神州时报记者陈怡（左）采访伊利诺伊州库克郡财长帕帕斯（Maria Pappas）

神州时报记者陈怡（左）采访中国驻芝加哥总领事馆副总领事余鹏

神州时报记者王茜（左）采访电影《引爆点》演员之一陈家逵（右）

神州时报记者王茜（左）采访电影《生生》导演安邦（右）、主演金像奖得主鲍起静（中）

维加斯 新聞報 新華雜誌

维加斯《新闻报》
美国新华杂志

Las Vegas Chinese News Network

www.LVCNN.com

2019年1月18日，美国内华达州新任州长Steve Sisolak举行就职感恩餐会。维加斯新闻报社长吴治欧（左）、美国新华杂志社长林佳（右）受邀参加，与州长伉俪（中）合影。

中国驻旧金山总领事馆王东华总领事（大使衔），接受维加斯新闻报社长吴治欧（右）专访。

中国驻旧金山副总领事邹永红（左二）和Henderson市议员Gerri Schroder(中)及社团领袖合影。左一为维加斯新闻报发行人、美国新华杂志社长林佳。

拉斯维加斯大都会警察局总警长Sheriff Joseph Lombardo专程到维加斯新闻报拜会并接受专访

维加斯新闻报社长吴治欧、美国新华杂志社长林佳（右）受邀参加画展，并和旗袍会会员合影。

台湾新生报副刊主编吴玉珠偕夫婿到维加斯新闻报拜会老同事，前台湾新生报总编辑吴治欧。

维加斯新闻报发行人、美国新华杂志社长林佳和州参议员合影

维加斯新闻报发行人、美国新华杂志社长林佳和州长Steve Sisolak合影

“随口秀”创新人那威先生接受维加斯新闻报社长吴治欧专访

维加斯新闻报社长吴治欧参加华文媒体论坛，接受媒体专访

2018 年 12 月 15 日，江维社长（右）、李强民总领事（中）和美国智库人士出席在亚特兰大举行的座谈会，纪念中美建交 40 周年。

2019 年 1 月 17 日，全美华人协会举办“庆祝中美建交 40 周年”晚宴。参加晚宴的《美中报道》社长江维（左一）与崔天凯大使、李强民总领事、李小林会长等合影。

2018 年 7 月，中共陕西省省委书记胡和平（右）在亚特兰大出席经贸合作洽谈会后，接受《美中报道》采访。

2019 年 2 月，《美中报道》联合佐治亚州孔子学院在亚特兰大宣传中国文化和旅游。

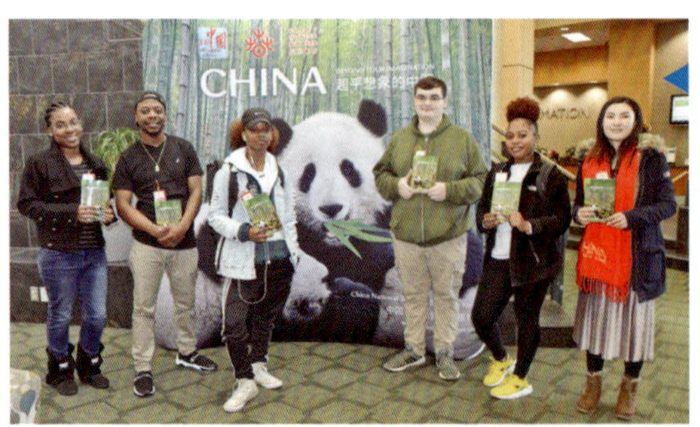

2019 年 2 月，《美中报道》联合北卡大学举行“美丽中国——欢乐春节”活动。

2018 年 10 月，中国著名藏族导演万玛才旦（中）在亚城接受记者王菁野、江维专访。

左：2017 年 11 月，《美中报道》总编辑缎志文应邀参加“2017 行走中国 · 海外华文媒体走进新疆”活动时，接受当地媒体采访。

右：2018 年 10 月，江维社长出席“对外经济贸易大学美东南（亚特兰大）校友会”成立活动。

纽约商务传媒集团

纽约商务出版社举行新书发布会和研讨会

2018 年 11 月，纽约商务出版社与浙江省天台县白鹤镇、浙江工商大学杭州商学院人文学院在美国联合创办《中国·白鹤镇》杂志。

2009 年 1 月，在《华人》杂志创刊 40 周年庆典表彰大会上，《华人》杂志总编辑冰凌（左）荣获“特殊贡献功勋奖”。

纽约商务传媒集团在耶鲁大学推介中国漆艺家连旭云教授（右三）

2018 年 9 月 15 日，纽约商务传媒集团董事长冰凌在河南“嵩山论坛”发表演讲。

纽约

中國醫藥導報

The Chinese Medical Report Semimonthly 半月刊

2018 年 11 月 14 日至 17 日，世界针灸学会联合会主办的“世界针灸科学与文化对话”在巴黎科学与工业城举办。纽约中国医药导报发行人李艳翠全程参与。

2018 年 6 月 14 日，纽约中国医药导报主办并联合美国中医针灸联盟等多个中医针灸医疗团体在纽约法拉盛举行联合免费义诊。图为纽约中国医药导报发行人李艳翠（左中）与义诊医师们合影。

2018 年，全美各州针灸医师推动支持 H.R.2838 和 H.R.2839 两联邦针灸保险法的法案成立而游说美国国会法案团，纽约中国医药导报发行人李艳翠（右）和主编赵广智（左）参加游说并采访，与美国国会众议员赵美心（中）合影。

李艳翠（左三）与 2018 年全美各州针灸医师游说美国国会法案团部分团员在国会前合影

◀ 李艳翠（左二）获聘为“庆祝美国史上纽约市华裔市议员顾雅明三连任宣誓就职”的美国邮政纪念卡筹备委员会委员，与筹备委员会委员们合影。

▶ 李艳翠接受美国纽约法拉盛市议会顾雅明市议员颁赠的美国邮政纪念卡

新时代电视主办的“华裔小姐竞选”是加拿大最受瞩目的选美活动，每年在华人密集的温哥华及多伦多举行，冠军代表加拿大到香港参加“国际中华小姐竞选”。在过去的岁月里，栽培出多位同时赢得“华裔小姐”与“国际中华小姐”双冠军的佳丽，在演艺圈中大放光芒。

▲ 2017 年 10 月 12 日，新时代电视新闻及公共事务部制作的《26 分钟见证实录》，探讨当地年轻人毕业去向的故事《流・留加港》，获得 2017 年 Jack Webster 传媒报导大奖，这次是新时代电视第 14 次获得此项殊荣。

CANADA FAIRCHILD MEDIA GROUP
加拿大新时代传媒集团

2018 年 6 月 20 日，新时代电视银禧呈献的《经典・忘不了歌唱大赛》完美谢幕。8 位晋级总决赛的参赛者经过星级导师团的专业培训，在舞台上蜕变成光芒四射的闪亮新星。

2018 年 10 月，新时代电视新闻主播及编辑陈瀚生，连同来自另外 23 个不同国家和地区的新闻工作者应邀赴美，出席由美国国务院及外国新闻中心举办的“打击误导讯息及虚假新闻国际交流会议”。

新时代电视举行的“TVB Anywhere 新时代点播专区启动大派对”，邀请华姐红星钟嘉欣和邓佩仪与观众近距离见面，两位美女同样踏上选美的华丽轨迹，藉国际中华小姐冠军开展璀灿星途，成为深受欢迎的花旦。

新时代电视主办的《魅力凝聚新时代》是加拿大东西两岸电视迷最期待的开心好玩大派对，每年从香港邀请而来的星级红人都阵容鼎盛，闪耀全城。

2018 年 9 月 28 日，新时代电视银禧庆典之一《星光经典夜》隆重举行，从香港邀请到特别表演嘉宾胡渭康载歌载舞，与现场观众一起重温昔日情怀。

◀ 2017 年 10 月 12 日，由中国驻多伦多旅游办事处、日本政府观光局及韩国观光公社联合主办，新时代电视制作的《唱游中日韩》歌唱比赛举行。比赛分华日韩语三组进行，每组各有两位参赛者进入决赛。

新时代电视宣传及大型节目经理雷凤娟获日本驻温哥华总领事推荐参与日本外务省策划的北美交流计划，赴日本进行访问交流活动。

加拿大中文电台 Fairchild Radio

加拿大中文电台“农历新年除夕夜”是华人年度盛事之一，云集加拿大政要。图为加拿大中文电台(多伦多)台长罗爵晖(中)、加拿大国会议员暨小企业和出口促进部部长伍凤仪(左)、加拿大国会议员暨保守党党领 Andrew Scheer(右)合影。

加拿大中文电台多年来开展圣诞募捐活动，在圣诞节前夕为多伦多低收入家庭儿童送上惊喜。

知名歌手熏妮(左)积极加入“圣诞节玩具募捐”活动。

知名演员及名嘴林嘉华(后排右四)带领加拿大中文电台一众男主持前往 Care First 耆晖护老院探望长者。图为 Care First 管理层表示感激，赠予纪念礼物。

加拿大中文电台一众女主持前往孟尝阁长期护理中心与长者互动。节目总监李亭(左三)率领女同事们，陪伴长者午餐，亲切谈心，更用环保袋素材编制成一张柔软舒适的床单，赢得喝彩。

加拿大中文电台全台主持齐聚 Sick Kids 病童医院进行筹款。各位同事从早 7 点开始通过电波进行爱心呼吁，足足 11 小时，最终筹得超过 37 万加币的善款，再创筹款纪录。

加拿大中文电台为多伦多西区医院举办 11 小时马拉松筹款及挑战“爱心一万步台阶”行动，善款突破 19 万加币。图为主持们合照。

加拿大中文电台(多伦多)联手资深演员岳华及专业剧团“壹剧场”呈现仅限四场的《寄不出的情书》，精湛演技赢得观众掌声连连。

加拿大中文电台主持张文虹（左）请来中国驻卡加利总领馆总领事陆旭（右），与听众畅谈2018年"中加旅游年"及"大熊猫一家"从多伦多搬到尔卡加利动物园等消息。

在"CCTV全国少儿春节联欢晚会"获"最佳编排导师奖"、"年度最具影响力教育机构"及"全场表演金奖"的"莫凡太极武术传播中心"的莫凡师傅（右），和卡城听众分享与一群青少年前住北京进行武术交流的花絮。

被誉为"台湾骄傲"世界知名钢琴家陈毓襄（左），接受加拿大中文电台主持张文虹（右）采访。

加拿大中文电台多年参与"荣基百万行"活动，为卡城长者服务筹款。

加拿大中文电台为卡尔加利动物园举行的一个别开生面的音乐宴作传媒赞助，除当地钢琴演奏家Jessica袁嘉颐小姐（中），还有人称"两根弦的大师"果敢（右）的精彩演出。

张玛莉（左）于1975荣获香港小姐冠军，之后被选为香港十大杰出青年、香港十大杰出女性及十大爱心之星，她来到卡尔加里和听众分享人生故事。

加拿大财经一号电视台

2018 年 3 月，加拿大财经一号电视台董事长金普明率记者参与中国“两会”报道。

加拿大财经一号电视台台长王爱民参与中国“两会”报道。

2018 年 9 月，加拿大财经一号电视台与中国教育电视台合作，组织中国书法绘画名家走进多伦多，共同举办大型书画展览。

2018 年 4 月，加拿大财经一号电视台组织举办中尼文化艺术节，访问尼泊尔。

2018 年 5 月，加拿大财经一号电视台高层领导参加 2018 世界中小企业大会、第二届“一带一路”沿线国家中小企业合作论坛。

2018 年 9 月 25 日，由加拿大财经一号电视台参与组织举办的首届加中道文化节在大多伦多中华文化中心隆重开幕。

2018 年 5 月，加拿大财经一号电视台采访报道多伦多万锦多福医院筹款资助的珠穆朗玛峰登山队员凯旋归来。

2018 年 4 月，加拿大冰雪运动协会正式启动，加拿大财经一号电视台与加拿大轻松传媒达成战略结盟。

2018 年 5 月，加拿大财经一号电视台与融邦国际互助联盟签约合作。

2019 年 1 月，加拿大财经一号电视台与中国教育电视台合作举办“泼墨中华情”2019 春节书画联欢晚会。

2018 年 10 月 1 日，加拿大财经一号电视台采访报道大多伦多地区各界华侨华人庆祝中华人民共和国成立 69 周年暨欢迎韩涛总领事到任晚宴。

2018 年 6 月，加拿大财经一号电视台采访报道鼓励华裔参政议政、多伦多华社呼吁人人投票。

2017 年 11 月，加拿大视传媒 CCTVmedium 荣获加拿大国家族裔广播电视类优秀奖。图为加拿大安大略省省督伊丽莎白·杜德斯韦尔为加拿大视传媒 CEO wilson Song 颁奖。

2018 年 12 月，加拿大视传媒与大连新闻传媒集团在大连达成合作意向，双方将在旅游、文化交流、教育等多个领域进行深入合作。

加拿大视传媒

2017 年 9 月，加拿大视传媒在参加第九届世界华文传媒论坛的时候，与《侨园》杂志签约合作，实现内容资源的互换。图为签约仪式。

自 2018 年起，加拿大视传媒与中国驻多伦多总领馆、中国侨联合作，每年举办一届以讲述中国故事为题材的“中国故事中国年”加拿大华人华侨春晚。图为中国驻多伦多总领事韩涛出席活动时接受加拿大视传媒采访。

2017 年是加拿大建国 150 周年，加拿大视传媒围绕这个主题，策划组织华文媒体走进国会山采访活动。

2017 年，加拿大中文媒体记者协会组织策划了“当代白求恩在行动”，来自大多伦多地区十余家媒体对加拿大白求恩发展协会进行了联合采访。

2018 年 12 月，加拿大视传媒董事长朱枫杰应中国侨联的邀请，参与安徽采访活动。图为朱枫杰（左）与中国侨联文化与交流部部长刘奇合影。

2018 年 3 月，应西安市侨联邀请，加拿大视传媒派记者参加海外华文媒体西安行采访活动。

2018 年 11 月，加拿大视传媒派员参加“行进中国·海外华文媒体福建行”采访团，对福建进行了为期 10 天的深入采访和报道。

2017 年 9 月，加拿大视传媒参与中新社“行走中国·海外媒体湖北行”活动。图为在湖北神农架采访。

AM1320 華僑之聲 CHMB

华侨之声电台

2017 年 6 月 24 日，华侨之声再次作为唯一的华文传媒赞助参与了一年一度的温哥华国际龙舟节，并主办当日龙舟节开幕仪式，在主舞台上演了精彩的开幕表演。

2017 年 4 月，加拿大联邦移民部部长 Ahmed Hussen 到访华侨之声，与华侨之声董事长贺鸣笙亲切交谈并合影留念。

继 2016 年 11 月之后，加拿大联邦国防部长 Harjit Sajjan 于 2017 年 4 月再次到访华侨之声，与华侨之声董事长贺鸣笙（右）亲切交谈。

2017 年 7 月 1 日，华侨之声电台作为唯一华文传媒赞助加拿大国庆日活动并上演多元文化演出。

2018 年 4 月，华侨之声作为媒体赞助，组队参加一年一度的 Vancouver Sun Run 温哥华太阳长跑活动。

2018 年 5 月，一年一度的华侨之声 AM1320 台庆晚宴吸引了 400 多名听众参与，大温地区各大侨团的侨领也欣然出席华侨之声 45 周年台庆晚宴，与华侨之声同贺生日。

2018 年 9 月 29 日至 10 月 7 日，华侨之声新闻公共事务部与当地主流媒体 Shaw 多元文化电视台四频道联合主办了三场“2018 市选论坛”，让市民更好的了解今年市选的情况，提升了华裔社群对加拿大的政治的关注度和参与度。

2018 年 11 月 8 日，中国驻温哥华总领馆总领事佟晓玲携文化领事蔡洁及驻馆工作人员兴致勃勃地观看了华侨之声电台举办的“2018 心情金曲歌唱大赛”。

2019 年 2 月，卑诗省省长贺谨到访汇声广播华侨之声电台，与华侨之声董事长贺鸣笙及员工合影。

2019 年 2 月 6 日，大年初二，卑诗省自由党领袖 ANDREW WILKINSON，与省议员屈洁冰，李耀华及叶志明到访汇声广播华侨之声电台拜年。

主持人在直播间

2018 年 8 月 25 日，由中国驻多伦多总领事馆主办的 2018 年“中国熊猫杯”学生中文演讲大赛举行决赛，FM105.9 电台副台长郭然主持了中文大赛和颁奖仪式。

2018 年 5 月 29 日，华语广播网（多伦多）FM105.9 电台作为特邀合作媒体，参加了多伦多千人集会要求设立南京大屠杀纪念日活动。副台长郭然担任成立南京大屠杀纪念日集会的现场主持活动。

FM105.9
多伦多华语广播网

2018 年 6 月 7 日，加拿大安大略省省选。为了加强华人群体投票的影响力，FM105.9 电台 6 月份推出了安省省选特别节目《议呼百应》，主持人们兵分六路，前往各位候选人开票现场，为听众们带来最新的大选信息。

2018 年 9 月 22 日，大型中华传统文化活动第二届“龙狮节”举行，百名来自 FM105.9《熊猫学堂》的“熊猫宝宝”诵唐诗，贺中秋。

《百名熊猫诵唐诗》活动由 FM105.9 电台《我爱我家》、《熊猫学堂》两档节目主持人张力、Masha 共同策划组织参演。

2018 年 7 月 15 日至 16 日，FM105.9 电台主持人郭然和 Rebakah 在多伦多中国文化节中，让加国的多族裔民众更好地了解中国文化。

2018 年 10 月 18 日，应 FM105.9 电台《魅力多伦多》节目的邀请，大山接受主持人玛莎的专访。

2019 年 2 月 13 日，FM105.9 电台现场采访了林书豪加盟多伦多猛龙队。

FM105.9 电台与中国央视《华人世界》节目现场连线，就大麻合法化的各种传闻进行澄清。

2018 年 9 月 18 日，加拿大联邦小型企业和出口促进部的部长伍凤仪，开始了她上任部长之后的首次中国之旅。FM105.9 电台独家报道了此次活动。

加国传媒集团

2017 年 4 月 5 日晚，中国驻加拿大使馆为新任大使卢沙野举行到任招待会。加国传媒集团创始人兼 CEO 朱远晨（左）、林伟文（右）参加招待会，与卢沙野大使（中）合影。

加国传媒集团旗下 OTTAWAZINE 作为指定合作媒体，参与组织策划 2017 年 10 月 4 日至 8 日在渥太华举办的“北京文化周”活动。图为 2017 年 7 月，渥太华市政府接待“北京文化周”筹备组。

加拿大国会议员 Chandra Ayra 在办公室接待“北京文化周”筹备组。

2017 年 10 月 4 日，“北京文化周”活动期间，渥太华市长 Jim Watson 会见时任北京市副市长程红。

2017 年 7 月 31 日，OTTAWAZINE 记者采访时任加拿大移民部长 Ahmed Hussen。

2018 年 6 月 18 日 加中餐企领袖高峰论坛在渥太华举行，图为与会代表在加拿大参议院合影。OTTAWAZINE 摄影报道。

2018 年 1 月 25 日，OTTAWAZINE 创办的吃喝玩乐杂志发刊，这是渥太华史上第一本中文月刊杂志。图为渥太华市长 Jim Watson 连任后登上了 OTTAWAZINE11 月杂志封面人物。

2019 年 2 月 16 日，卢沙野大使夫妇举办中日联合茶艺展示活动。OTTAWAZINE 记者受邀参加并摄影报道。

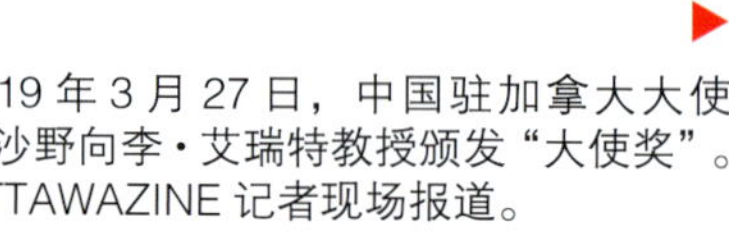

2019 年 3 月 27 日，中国驻加拿大大使卢沙野向李·艾瑞特教授颁发“大使奖”。OTTAWAZINE 记者现场报道。

www.redmaplenews.com

The Red Maple Journal 红枫林

2017 年 5 月，红枫林传媒董事长、一带一路通讯社社长谷剑云率领一带一路世界媒体联盟赴陕西采风。图为陕西省侨办领导为谷剑云授旗。

2017 年 4 月，谷剑云应邀在山东曲阜举办的“中华传统文化与两岸社会发展研讨会”发言。图为南怀瑾之子南一鹏与谷剑云握手。

2017 年 12 月，谷剑云随加拿大访华团访问中国。图为在丝绸之路起点陕西西安启动“一带一路全球行”活动。

左：2018 年春节，谷剑云采访万锦市长薛家平。

右：2018 年，在 2018 年，大麻即将合法化前夕，谷剑云在伦敦街头采访抗议市民。

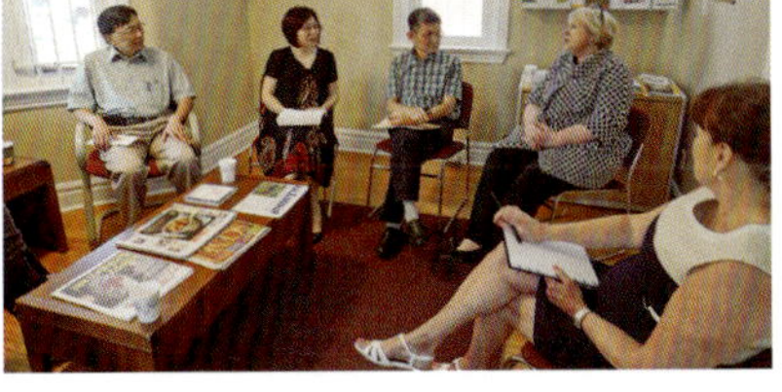

2017 年 8 月，作为伦敦专商协会副会长的谷剑云与当地侨领一同会见安大略省副省长 Deb Matthews，要求安省设立南京大屠杀纪念日。

2017 年 5 月，红枫林记者采访加拿大驻华大使麦家廉。

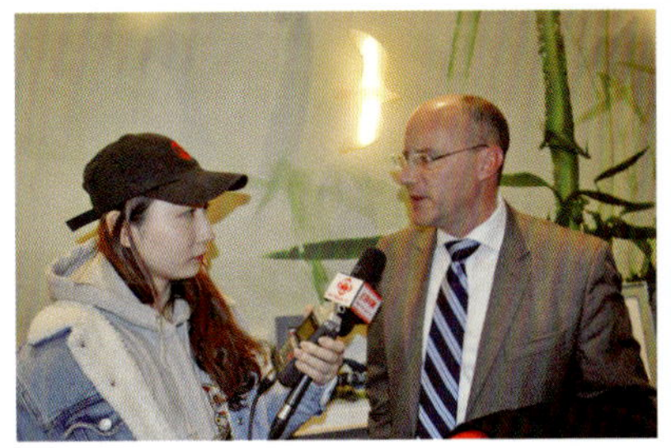

2018 年 6 月，伦敦市长 Matt Brown 出席专商协会活动，接受红枫林记者采访。

2018 年 6 月 22 日，加拿大七天传媒举办“星光耀蒙城”活动，庆祝由七天传媒出版社《加拿大华人精英录》出版发行。

七天传媒主席尹灵在“星光耀蒙城”活动上致辞

2018 年 5 月 30 日，七天传媒主席尹灵在加拿大广播公司直播间做关于移民对加拿大社会贡献的直播节目。

2017 年 6 月 16 日，七天传媒举办“中魁经济论坛”，邀请魁北克驻中国总代表 JF Lépine、中国驻蒙特利尔副总领事石晓滢（左二）演讲。

由七天传媒推动的“当代白求恩在行动”慈善活动获得麦吉尔大学表彰。图为尹灵（右一）与“当代白求恩”岑颖干医生（中）在麦吉尔大学超级医院星光大道上合影。

2018 年 9 月 17 日，“当代白求恩在行动”公益活动走进山西省汾阳医院，尹灵（右三）、岑颖干医生（前排左四）与当地医护人员合影。

2019 年 1 月 13 日，中国女子冰球队访问加拿大。七天传媒主席尹灵（左一）、中国驻蒙特利尔总领事陈学明（中）、加拿大女子冰球队总经理 Meg H、中国女子冰球队总经理刘楠（右一）在开球仪式上合影。

2018 年 10 月 25 日，由七天传媒协办的四川旅游论坛在巴中光雾山开幕，尹灵在论坛开幕式上致辞。

2017 年 7 月，七天传媒组织“童眼看世界”系列夏令营活动。

2018 年 8 月 25 日，七天传媒举办读者俱乐部朗诵会活动。

2017 年 11 月 17 日，《枫华之声》第七次获得加拿大民族传媒协会大奖。图为《枫华之声》多伦多分部负责人王鑫（右）代表总编王虹和杂志社全体同仁接受颁奖。

《枫华之声》报道温尼伯华人、西人共贺春节

加拿大 枫華之聲 THE MANITOBA CHINESE TRIBUNE

2018 年 10 月，第 16 届枫华之声中秋晚会开创多元文化新场面。

2017 年 12 月 2 日，《枫华之声》总编辑王虹因其长期义工经历荣获加拿大国会议员颁发的“加拿大 150 周年社区服务大奖”。

2018 年 2 月，《枫华之声》组织义工与曼尼托巴省议员见面，反映华人心声。

2018 年 2 月 18 日，加拿大联邦议员向枫华义工发红包。

轻松传媒集团

Easycan Inc.

2019 年 1 月 31 日，轻松传媒集团总裁王虹受加拿大联邦政府邀请，出席渥太华国会山庄的加拿大联邦政府庆祝华人春节晚宴活动。图为王虹总裁（右）与加拿大移民部部长合影。

2018 年 9 月 28 日，轻松传媒记者受邀参加中国驻多伦多总领事馆在烈治文山市举行的庆祝中华人民共和国成立 69 周年招待会。

2019 年 2 月 5 日，轻松传媒集团统筹策划并参加了由加拿大辽宁总商会在烈治文山市举办的规模盛大的新春晚宴。图为晚会特邀嘉宾、中国著名音乐人火风老师表演歌曲三联唱。

2018 年 5 月，轻松传媒集团总裁王虹与加拿大财经一号电视台在战略结盟仪式新闻发布会上宣布加拿大冰雪运动协会正式启动，共襄中加冰雪文化艺术交流盛举。

2018 年 6 月，轻松加拿大记者受邀参加并报道了 2018 第二届 CCTV“星光青少年才艺大赛”多伦多分赛区的总决赛活动。

2018 年 7 月，轻松加拿大记者 Jeff 高对多伦多藏传佛教创古中心开光大典进行采访报道。

2017 年 9 月，轻松加拿大记者 JEFF 高参加第九届世界华文媒体论坛，采访报道莆田湄洲女的一帆风顺发型。

2018 年 5 月，轻松加拿大记者 JEFF 高参加北美最大的医疗健康投资者年会。

2018年3月3日，共生传媒首席记者胡宪入场采访中国“两会”，图为接受安检。

2018 年 3 月 2 日，共生传媒记者在中国“两会”新闻发布会紧张工作。

加拿大共生国际传媒

2018 年 4 月 4 日，共生传媒影视部主任记者胡海（右一）参加“行走中国 · 2018 海外华文媒体高层重庆行”代表团，在重庆渝北区仙桃数据谷参观考察。

2018 年 3 月 6 日，胡宪接受河南广播电视台采访，转达加拿大河南同胞对祖国亲人的问候和希望。

2018 年 12 月 21 日，中国驻蒙特利尔总领事陈学明（右三）在蒙特利尔总领事馆会议室主持“当代白求恩行动”纪录片筹备会议。副总领事邢文健（右一），加拿大当代白求恩行动促进会会长马楠（右二）、名誉会长孙公铎（左三），摄制组成员魏宏伟，共生传媒社长胡宪（左二）合影留念。

星島日報 加东版

SING TAO DAILY

2018年9月7日，加拿大星岛传媒集团假烈治文山喜来登北多伦多公园大道酒店举行星岛日报（加东版）创刊40周年酒会及晚宴。加拿大星岛传媒集团主席吴友安（左三）、集团行政总裁佩嘉露（左二）、集团总裁黄敬强（右三）、香港星岛日报海外区行政总裁邝景廉（右二）、集团广告及市场部高级副总裁袁树燊（左一）以及集团财务部副总裁黎文华（右一）向来宾祝酒，感谢光临。

加拿大星岛传媒集团主席吴友安在晚宴上致辞

吴友安、佩嘉露、黄敬强、邝景廉、袁树燊、黎文华共同切蛋糕庆祝 40 周年报庆

数百嘉宾聚首一堂，祝贺星岛日报（加东版）创刊 40 周年。

星岛 A1 中文电台一班节目主持人及其他表演者作精彩演出，把当晚气氛推上高峰。

加拿大维多利亚传媒集团

2018 年 2 月 8 日，维多利亚传媒采访报道加拿大尼亚加拉大瀑布首次点亮中国红活动。图为在“中国红”亮灯仪式上，中国驻多伦多总领事何炜（左）和尼亚加拉市市长迪奥达蒂恭贺中国春节。

维多利亚传媒记者采访参加汉语桥比赛的非华裔选手

2018 年 7 月 15 日，维多利亚传媒董事長王燕雲在采访天津杨柳青年画时，接受当地媒体采访。

维多利亚传媒记者参加 2018 海外华文媒体福建行采访团

2018 年 3 月，维多利亚传媒全程报道中国深圳昆仑鸿星女子冰球队首次闯进加拿大克拉克森杯总决赛，并组织华人啦啦队为中国女冰赛事加油。

2018 年 11 月，维多利亚传媒记者在福建湄洲采访报道第三届世界妈祖文化论坛活动。

2017 年 10 月 11 日，安大略－江苏友好协会代表专程前往加拿大白求恩纪念馆，向纪念馆捐赠江苏画家的白求恩中国画作品。图为纪念馆馆长（左）接受安大略－江苏友好协会代表转交的江苏画家作品。

加中新闻 CCNEWS

加中新闻网

www.CCNews.ca

2019 年 2 月 18 日晚，第七届多伦多秦淮灯会圆满落幕。来自加拿大、美国各地近 50 个城镇的民众近 3000 人次来到秦淮灯会活动现场。图为灯会活动义工在接受记者的现场采访。

多伦多牡丹花节广受华人移民喜爱。图为 2108 年 6 月 8 日，参加牡丹花节的华人向当地镇长赠送“和谐共荣”牌匾。加中新闻网采访报道。

2018 年 3 月 24 日，加中新闻网现场采访报道第 17 届“汉语桥”世界大学生中文比赛多伦多领区决赛。来自滑铁卢大学的 11 号选手张汉娜（Hannah Gardiner）摘得桂冠。

2018 年 11 月 14 日，加拿大华裔数学家吴建宏教授接受加中新闻网采访。

2017 年 7 月 4 日，四川省长尹力率领四川省政府代表团在多伦多举办了四川省与安大略省友好合作省份签约仪式，并举办了经贸合作推介会。图为加拿大经贸官员利用同声传译系统收听四川省长的推介会发言。加中新闻网现场报道。

加国生活网

打造移民 **新生活** www.life416.com

2019 年 1 月 17 日，加国生活网现场采访报道加拿大邮局猪年生肖邮票发行活动。

2017 年 6 月 26 日晚，中国驻多伦多总领馆举行庆祝香港回归 20 周年酒会，加拿大三级政府、当地商界以及各社区代表超过 400 人出席。加国生活网现场采访报道。

2017 年 9 月 10 日，第九届世界华文传媒论坛在福建省福州市隆重开幕。加国生活网代表参与了此次活动并进行全程采访报道。

位于加拿大安大略省汉密尔顿市的国家历史景点每年都会在 6 月初举办盛大的表演，用于纪念在 1813 年 6 月 5 日发生的美加战争的重要战役。加国生活网小编专程去现场采访报道，以助华人了解加拿大历史。

2017 年 9 月 5 日起至 9 月 9 日，中国新闻社湖南分社主办了“行走中国・感知五年”海外华文媒体郴州行，加国生活网编辑受邀参加，采访和感受湖南郴州的发展与变化。

2018 年 11 月 14 日，中国新闻社福建分社主办的“行进中国・海外华文媒体福建行”主题采访活动在福建宁德市正式启动。包括加国生活网在内的 36 名海外华文媒体嘉宾在 12 天内对福建宁德市、莆田市、漳州市三地进行了采访报道。

2017 年 11 月，加拿大皇家农业冬季展览会在多伦多举行。加国生活网现场采访纯种奶牛比赛。

2018 年 2 月 16 日至 25 日，加国生活网采访报道多伦多国际车展。加国生活网每年都会去加拿大国际车展采访，向华人介绍当年最流行、最时尚的车型和车讯。

加拿大總理杜魯多專程造訪與烈治文山孟嘗閣長者暢敘

新一届万锦市市议会成员宣誓就职典礼

楊綺清榮任萬錦市財政預案主席

第一位被任命為財政預算案主席的華人

多伦多上海协会二周年庆典圆满成功

加拿大生活传媒

2018 年 7 月 20 日，加拿大总理特鲁多造访列治文山孟尝阁与华人长者畅叙。加国生活报社长 Jennifer Jin 应邀出席并对加拿大总理的活动进行跟踪采访报道。

2018 年 12 月 22 日下午，加拿大多伦多万锦市第六区市议员杨绮清在万锦市 Angus Glen 社区中心举办圣诞 Party。加国生活报对杨绮清进行采访报道。

2019 年 1 月 5 日，加拿大联邦保守党魁安德鲁・希尔（右）在列治文山的青花庄中餐厅参加中国新年活动，接受加国生活报社长 Jennifer Jin 采访并合影留念。

2019 年 3 月 8 日，加拿大云南商会会长田荣兰在家中举办别开生面的私人派对与各界名流共庆“三八国际妇女节”。加国生活社长 Jennifer Jin 被邀全程采访报道。

今日北美

North America News　Nouvelles Nord-Amériques

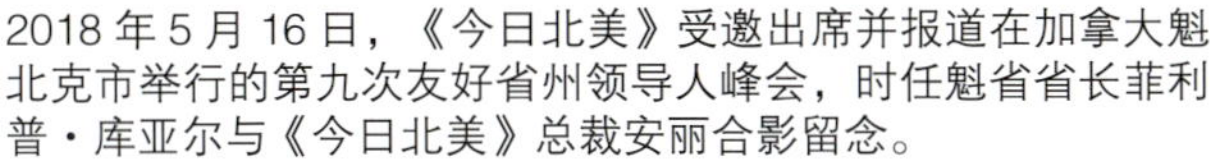

2018 年 5 月 16 日，《今日北美》受邀出席并报道在加拿大魁北克市举行的第九次友好省州领导人峰会，时任魁省省长菲利普・库亚尔与《今日北美》总裁安丽合影留念。

2017 年 9 月，第九届世界华文传媒论坛在福州举行，《今日北美》总裁安丽（前排左五）受邀出席盛会。

2018 年 1 月 28 日，“中加旅游高峰论坛”在加拿大蒙特利尔启幕。《今日北美》作为论坛官方合作媒体与参会代表就传媒推广、商务合作等签署数十项协议。

2017 年 6 月 2 日，加拿大华人企业家理事会（CCEC）在蒙特利尔隆重成立。《今日北美》全程参与主办并报道此次活动。

2018 年 8 月 9 日，加拿大华人企业家理事会（CCEC）和加拿大中国商会（CCCC）魁北克分会在蒙特利尔举办商务活动，新任中国驻蒙总领事陈学明出席。《今日北美》为活动主办提供独家媒体支持。

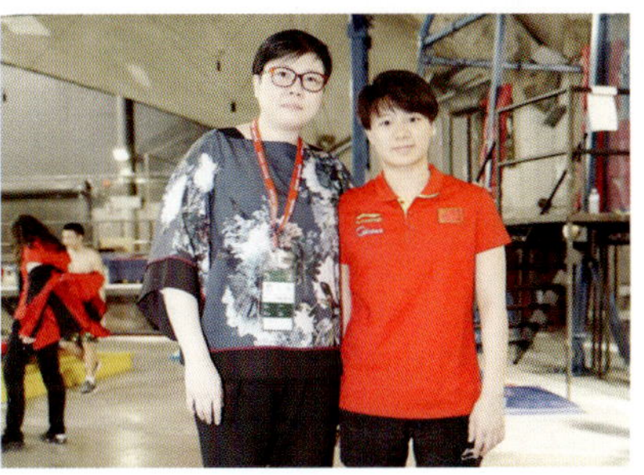

2018 年 4 月 26 日，FINA 国际泳联世界跳水系列赛在蒙特利尔奥体中心精彩上演，《今日北美》作为大赛官方合作伙伴全程参与赛事报道，实地探班世界冠军的备战历程。

2018 年 5 月，第二届中加创新创业论坛在蒙特利尔举办，《今日北美》作为论坛合作媒体专访深度学习创始人、AI 巨擘，蒙特利尔大学教授 Yoshua Bengio。

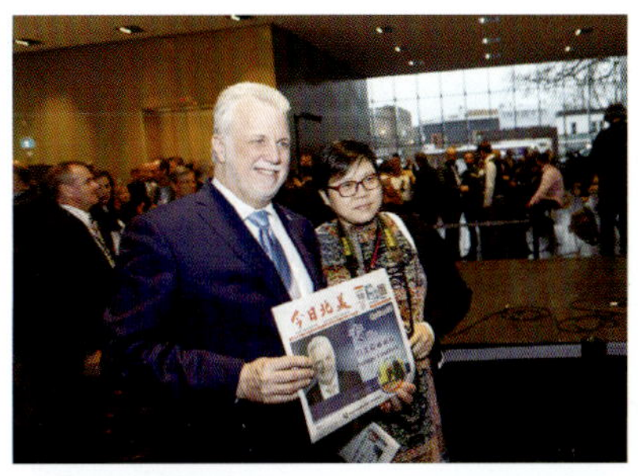

加美国际商报

Canada & China International Business

2019 年 1 月 22 日，加拿大驻中国大使麦家廉在多伦多召开华人媒体座谈会，力挺孟晚舟。加华国际商报现场采访报道。

2019 年 2 月 24 日，加华国际商报报道海外华人学习习近平主席在《告台湾同胞书》发表 40 周年纪念会的讲话。

2019 年 3 月 27 日，加华国际商报报道加拿大总理特鲁多探望耆老协会老人。

2019 年 1 月 20 日，加华国际商报报道胡润到多伦多颁发加中杰出贡献奖。

2018 年 1 月 20 日，由加拿大中文媒体记者协会主办的“中国故事中国年”第一届春晚成功举行。

2019 年 2 月 19 日，加华国际商报报道加拿大安省省长福特在安省政府大楼和华人同庆中国元宵节。

2019 年 2 月 16 日，加华国际商报报道多伦多江西同乡会联合江西商会等举办“赣江情春晚”颁发公益奖。

2018 年 1 月 28 日，加华国际商报现场报道京剧名家于魁智、李胜素海外推广国粹，与多伦多京剧爱好者在“新年戏曲晚会”联袂演出。

大華商報

2018 年 10 月 21 日，大华商报社长马在新作为海外嘉宾，在厦门召开的第十届中国文化软实力研究高层论坛暨第二届嘉庚论坛上演讲“文化如何先行才能铺平一带一路”。

2018 年 10 月 24 日，大华商报副社长韩彬（前排左二）作为参与首届中国国际进口博览会加拿大团成员，在行前与中国驻温哥华总领事、加拿大 BC 省贸易厅官员交流。

2018 年 3 月中旬，加拿大 BC 省旅游、艺术及文化厅在温哥华举行新书发布会，推出表扬 BC 省华裔加拿大人贡献的图片册《礼赞篇》。该书由 BC 省传承计划咨询委员会编辑，大华商报社长马在新（右四）是 BC 省传承计划咨询委员之一。

2018 年 5 月 28 日，第九届世界广东同乡联谊大会在温哥华召开，大华商报社长马在新担任大会宣传部长。

2018 年春节期间，由江苏凤凰出版传媒集团、大华商报主办的“阅读中国·凤凰文化庙会暨欢乐春节·2018 温哥华春节庙会”在温哥华中山公园开幕。图为时任加拿大联邦司法部长兼检察总长王洲迪（Jody Wilson-Raybould）、中国驻温哥华总领事佟晓玲和江苏凤凰出版传媒集团、大华商报的代表在庙会上合影。

2018 年 8 月 15 日，加拿大华人社团联席会在温哥华举办“纪念抗日战争胜利吁请加拿大国会订定南京大屠杀纪念日”座谈会。联席会顾问、大华商报社长马在新（图左一）在会上陈词，敦促加拿大国会支持这一动议。

2018 年 11 月 5 日至 10 日，首届中国国际进口博览会在上海举行。大华商报参与进博会开设摊位，并与江苏凤凰国际贸易公司签下进口加拿大农产品的订单。

2019 年 2 月 2 日，大华商报举办的 2019 温哥华春节庙会首次走出唐人街，来到温哥华市中心图书馆，向温哥华各族裔宣传中华文化。

2018 年 9 月 30 日，嘉华时报社长周志华（左）在参加国庆 69 周年活动时与中国驻多伦多总领事韩涛（右）合影。

CCL Chinese Journal

嘉华时报

www.cclchinese.com

2018 年 2 月 4 日，嘉华时报与阳光文化中心联合主办 2018 年 Hamilton 春节晚会。

嘉华时报主编徐进在 2018Hamilton 春晚发表新年贺词

嘉华时报社长周志华、主编徐进在 2019 年 Hamilton 春晚后宴请著名相声演员大山。

2018 年 11 月 24 日，周志华社长出席华人社团活动。

2017 年 3 月 19 日，周志华社长参加加拿大安省西部华人联盟活动。

加中時報 Chinese Canadian Times

2019 年 1 月 4 日，由中国新闻社主办的“2018‘侨鑫杯’全球华侨华人年度评选”颁奖典礼在北京举行。图为评委代表、加中时报创办人林蔡亮亮宣布获奖名单。

加中时报荣获 2017 加拿大少数族裔媒体协会奖。图为安省省督为加中时报创办人林蔡亮亮颁奖。

林蔡亮亮和加拿大安省少数族裔媒体协会获奖会员与安省省督合影

2018 年林蔡亮亮获少数族裔媒体协会奖，与前安省省长韦恩合影。

金泰传媒

加拿大金泰传媒旗下拥有纸媒《地产周刊》、网络平台《加拿大第一生活》、 微信公众号《加国第一生活》。

金泰传媒积极组织参与社区的重大社团活动

中文热点 加拿大多伦多中文热点

2018 年 12 月 9 日，由加拿大华人出资修建的南京大屠杀遇难者纪念碑在多伦多揭幕。中文热点负责人韩笑出席揭幕仪式并报道。

2019 年 3 月 17 日，由加拿大励德青年创新联合会发起、多伦多大学社团 CBIA 联合主办的首届“中美加·新经济·创新峰会”成功举行。中文热点参会并报道。

2018 年 12 月 11 日下午，加拿大中国学生学者联谊会为 2019 加拿大中国学生乙亥年 CSSA 春节联欢晚会举办了新闻发布会。图为新闻发布会工作人员合影。中文热点负责人韩笑参会并报道。

2018 年 11 月 23 日晚，李云迪《云指肖邦》加拿大巡回演奏会多伦多站获圆满成功，图为中文热点现场报道。

2018 年 10 月 13 日，中文热点报道由中国网主办的首届“我是中网小画家”少儿国际公益书画大赛－加拿大分赛场颁奖典礼。

2018 年 11 月 23 日，中文热点报道民族室内乐加拿大巡演多伦多站圆满落幕。

加拿大社区网 Chinese Canadian Voice

一份有温度、有洞见的媒体！

社区网(CHINESE CANADIAN VOICE)期待您发声！！

头条

社区热点

Community Focus

国际学生如此打工，该不该？

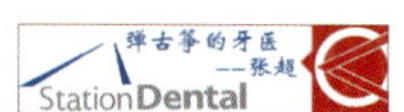

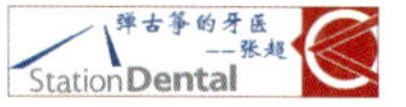

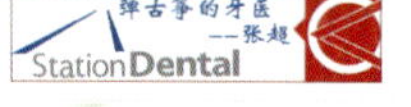

与社区报同时运行的“社区网”

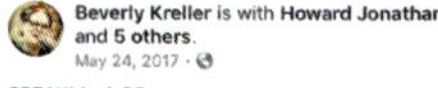

Beverly Kreller is with Howard Jonathan Druckman and 5 others.
May 24, 2017

SPEAKMusicPR:
World Fiddle Day Toronto that took place this past Saturday at Aga Khan Museum, was attended by Chinese Canadian Voice Here's the article. Thx Patrick Long!

CHINESECANADIANVOICE.CA
世界就是舞台，舞台属于您们 | ccvoice

5 Shares

社区网的报道被专业音乐推广机构在 Facebook 推广

Canadian Automotive Museum
April 2, 2018

Great coverage in Chinese Canadian Voice this month of the Canadian Automotive Museum.

William Drozwik and 15 others

Like Comment Share

社区报的报道得到主流博物馆 Canadian Automotive Museum 在 Facebook 推广

Community newspapers are essential for Ontarians in rural and agricultural areas to receive municipal notices. That is why I spoke in favour of Motion 78 last week.

Non-English newspapers play an important role in Ontario. Produced in Waterloo Region, the monthly Chinese Canadian Voice magazine covers community news and they should be included in discussions like this.

Although I support this motion, government members cannot support local media on the one hand, while on the other the Premier consistently attacks the media. It is hypocritical and dangerous to our democracy.

安省省议员 Catherine Fife 在省政府发言中，将社区报作为非英文族裔媒体典型之一，提议政府支持。该发言通过 Facebook 推广。

Mount St. Louis Moonstone
March 21 at 10:42 AM

Thanks to Patrick for the great article in Chinese Canadian Voice about his experience Night Skiing this past season! http://www.chinesecanadianvoice.ca/119273/

#gowherethesnowis

CHINESECANADIANVOICE.CA
雪季的最后一滑，很过瘾！ | ChineseCanadianVoice.ca

You, James Nelson and 5 others

社区网的报道被主持滑雪胜地的 Mount St. Louis Moonstone 在 Facebook 推广

加拿大中文媒体记者协会

CANADIAN ASSOCIATION OF CHINESE REPORTERS

2017 年 6 月 22 日，应加拿大联邦参议员胡子修邀请，加拿大中文媒体记者协会的部分成员前往国会山进行为期一天的采访活动。

参议员胡子修（中）正式接受了加拿大中文媒体记者协会的聘任，出任加拿大中文媒体记者协会名誉会长。

2019 年 2 月，由加拿大新动力传媒、中国电视艺术家协会联合主办的“首届中加电视节”在多伦多举行开幕典礼。

2018 年 6 月，由广东卫视和新动力传媒合办的“粤语好声音”加拿大赛区举行颁奖典礼。

2018 年 9 月，新动力集团协办国际辣妈大赛，图为董事会主席 MEL 给获奖者颁奖。

2018 年 11 月，在新动力演艺厅举办的耆晖慈善筹款演唱会。

2018 年 10 月，由新动力和河南卫视在大多地区万锦市联合举办的中加武林风比赛现场。

加拿大枫景影视

MAPLEVIEW ENTERTAINMENT INC

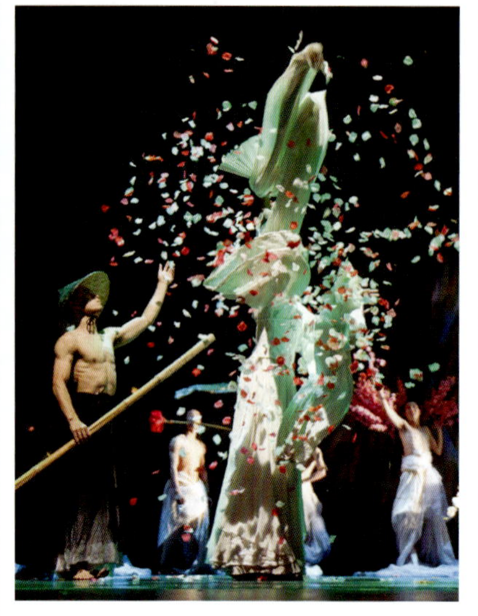

2018 年 7 月 11 日，枫景影视承办的由中国国家艺术基金支持的现代舞剧《二十四节气》在多伦多首演获得成功。

《二十四节气》演员在首演成功后，与中国驻多伦多总领馆副总领事庄耀东、加拿大联邦国会议员马万里、参议员胡子修等嘉宾合影。

2018 年 3 月，枫景影视与多伦多交响乐团合作，共同组织了《郎朗钢琴音乐会》。图为时任中国驻多伦多总领事何炜与夫人在演出结束后，会见郎朗钢琴家和指挥家。

HEALTH TIMES

健康時報

2018 年 8 月 11 日，第二届国际传统医学大会在温哥华举办。加拿大健康时报社长兼大会顾问何瑞娜（右）与著名中医抗癌专家王三虎教授（左）在会上合影。

2018 年 9 月 30 日，健康时报社长何瑞娜（右）参加庆祝中华人民共和国 69 周年国庆活动中，与中国驻温哥华总领事佟晓玲合影留念。

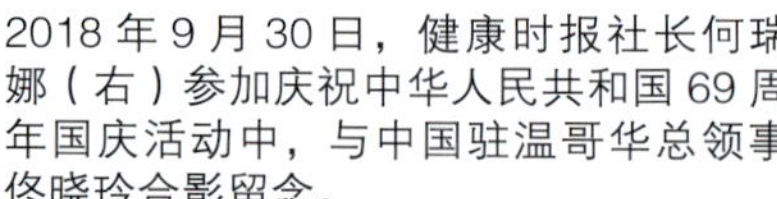

左：2018 年 4 月，健康时报报道了温哥华市政府就歧视华人历史正式道歉。图为市长罗品信、市府议员在道歉大会上与华人代表合影。

右：2018 年 5 月 29 日，健康时报参加并报道在温哥华举办的第九届世界广东同乡联谊大会。

今日加拿大

▲ 今日加拿大网站截图

▶ 2018 年 11 月 7 日，在上海国际进口博览会举行期间，今日加拿大传媒、加中经济贸易促进会在上海举行第二届“今日加拿大论坛”，来自全国及上海地区的企业家、商界精英近 200 人出席了此届论坛。

北美财经

北美財經 周刊
North American Financial Weekly

2018 年 1 月，北美财经社长钟坚石获华社慈善晚宴颁发的“社区贡献奖”。

北美财经社长钟坚石（右）、北美财经总编滕忠勤（中）等合影

乐活蒙城传媒　乐活蒙城

2017 年 5 月 20 日，乐活蒙城传媒作为加拿大独家合作媒体，在蒙特利尔市中心第一街为 CGTN 央视法语大赛录制宣传片。

2019 年 5 月 4 日，乐活蒙城传媒社长薛翔（右）应邀出席第八届九鼎奖学金颁奖慈善晚会，与中国驻蒙特利尔总领事陈学明（左）合影。

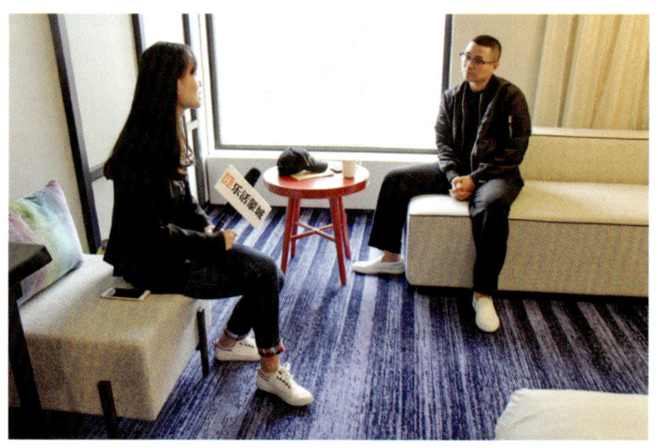
2018 年 9 月 3 日，《我不是药神》导演组参加蒙特利尔电影节，乐活蒙城传媒记者独家采访导演文牧野。

2018 年 9 月 3 日，乐活蒙城传媒记者独家采访《我不是药神》编剧钟伟。

2017 年 8 月 29 日 乐活蒙城传媒记者采访《刀背藏身》演员春夏。

2017 年 8 月 29 日 乐活蒙城传媒记者采访《刀背藏身》演员耿乐。

2019 年 3 月 29 日，乐活蒙城传媒作为“春分庙会”活动的合作媒体，在蒙特利尔唐人街做展示。

A&C Media 传媒

www.acmedia.us

美华传媒是由创办于 1994 年的《中华文萃》和 1997 年的《美华商报》发展而来，目前已由原来四开 16 版的月刊发展成一个拥有《美华商报》和《美华财经》《美华地产》《美华教育》《养生保健》《LIFE 周刊》等纸媒专刊的大型周报。

奥地利

海内外

Home and Abroad

2018 年 4 月，《海内外》杂志举办创刊见面会。

2018 年 5 月，《海内外》杂志社代表在内蒙古鄂尔多斯市参加蒙商大会，受到中共中央委员、内蒙古自治区主席布小林的接见。

南美僑報

DIARIO CHINES PARA A AMERICA DO SUL LTD

www.br-cn.co

南美侨报网于 2005 年开通

由南美侨报社牵头，拉美 13 国中文媒体加盟的手机 APP《今日拉美》首页

《今日拉美》巴西首页

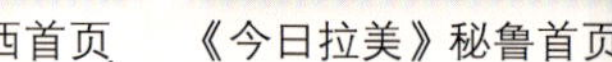

《今日拉美》秘鲁首页

《南美侨报中美洲版》于 2018 年 2 月创刊

《南美侨报智利之窗》于 2017 年 2 月创刊

《南美侨报今日巴拉圭》于 2018 年 9 月创刊

2019 年 1 月，南美侨报正式搬入新大楼办公。

2019 年 3 月，南美侨报印刷厂正在赶印“习近平拉美行”专刊

美侨报记者视频采访中国高访团

2019 年 1 月 1 日，南美侨报记者采访报道巴西总统波尔索纳罗就职典礼。

018 年 6 月 26 日，巴西前总统特梅尔签署法令，正式将每年 8 月 15 日设立为“中国移民日”。南美侨报记者现场采访报道。

南美侨报记者采访巴西参议员。

▲ 南美侨报记者采访巴西企业协会负责人

▲ 2018 年 12 月 9 日，南美侨报记者采访巴西羽协与圣保罗亚文中心联合举办的巴西羽球公开赛。

◀ 2019 年 2 月 11 日，南美侨报记者拍摄春节舞龙舞狮活动，庆祝中国农历春节。

墨西哥

华文时报

HUAWEN TIMES

2019年1月13日，由墨西哥中华青年联合会与其它七家商会联合主办的2019年墨西哥华人华侨新年晚会成功举办。华文时报社长、青年会会长耶天慧和华文时报董事陈海桥在联欢会上致辞。

2018年6月29日，以中国侨联副主席康晓萍为代表的访问团在墨西哥中华青年联合会召开了在墨侨领座谈会。

2018年10月15日下午，浙江省新闻出版广电局局长寿剑刚率浙报集团新闻代表团访问墨西哥华文时报。华文时报社长耶天慧等接待代表团一行，双方进行了座谈。

2017年9月，由墨西哥中华企业协会、墨西哥中华青年联合会、墨西哥浙江商会、墨西哥温州商会等联合筹集的地震救灾捐赠物资在墨西哥城最高法院会议中心进行交接仪式。

2017年10月，北京市侨办访问团一行参观访问墨西哥中华青年联合会。

2018年6月，墨西哥中华青年联合会组织当地华人企业家与墨西哥总统候选人Jose Antorio Meade举行座谈。

2018年5月，墨西哥中华青年会组织当地华人企业家和墨西哥Nueva Alianza党主席座谈。

2018年9月，墨西哥中华青年联合会在浙江大学与胡炜主任签订捐赠协议，成立墨西哥教育基金会。

2018 年 9 月 1 日晚，委内瑞拉华人华侨联合总会新任委员就职典礼在委内瑞拉华恋社中华会馆礼堂隆重举行。图为《南美新知》杂志社高层与委内瑞拉华人华侨联合总会主席陈坚辉合影（右起：余腾波、郑小平、陈坚辉、陈坚辉夫人、余欣）。

《南美新知》杂志社总编辑余欣（前排左五）应邀为巴伦西亚中文学校的委内瑞拉学生作双语讲坛，向当地学生传播汉语文化。

南美新知

N&Gmagazine

2017 年 10 月 28 日，委中贸易商会举办 10 周年庆典晚会，《南美新知》杂志社社长余腾波（左三）与中国驻委内瑞拉使馆参赞李克海（右四）及侨领们合影。

《南美新知》总编辑余欣（右二）在委中贸易商会 10 周年庆典晚会上，为委中贸易商会主席陈伟麟向作现场翻译。

《南美新知》杂志社副社长郑小平与委中贸易商会10周年庆典的礼仪小姐合影。

2018 年 2 月 15 日，《南美新知》杂志社总编辑余欣在巴拿马举办的“行走的年夜饭”美食活动上担任中西双语主持人。

在“2018 巴拿马春节联欢晚会”上，《南美新知》杂志社总编辑余欣（右）与中国驻巴拿马大使魏强（中）及中国对外文化交流协会秘书长助理时坚冬（左）合影。

《南美新知》杂志社副社长郑小平在“2018 巴拿马春节联欢晚会”高歌《我的祖国》

《南美新知》杂志社总编辑余欣（右三）应邀参加巴拿马电视台 21 频道的直播采访节目。

巴拿马当地电视台多家媒体采访《南美新知》杂志社总编辑余欣。

阿根廷 | 华人在线

WWW.ARGENTONG.COM

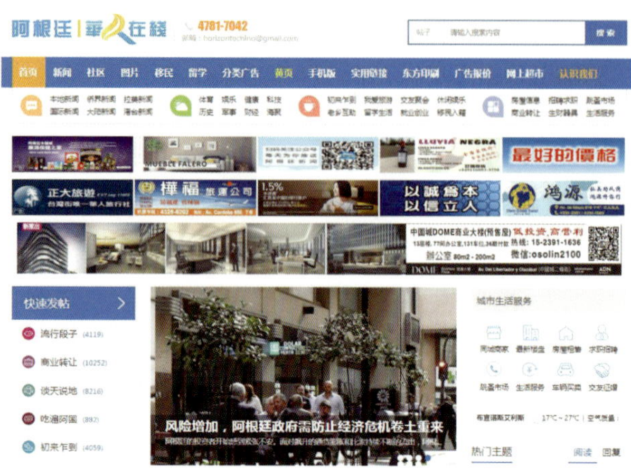

《阿根廷华人在线》是《新阿根廷周刊》创办的阿根廷第一个中文门户网站

2018年第四季度世界华文传媒**网站**影响力 海外地区榜TOP30

排名	媒体名称	国家	分值
1	文学城	美国	437.19
2	老中地方新闻-老中网	美国	407.13
3	倍可亲	美国	399.76
4	澳纽网	新西兰	375.87
5	澳华财经在线	澳大利亚	370.24
6	多维新闻网	美国	359.2
7	拉斯维加斯时报	美国	351.33
8	世界日报	美国	344.77
9	新西兰天维网	新西兰	344.36
10	侨报	美国	337.33
11	51.ca 加国无忧	加拿大	335.13
12	加西网	加拿大	335.04
13	中国报	马来西亚	331.26
14	泰华网	泰国	322.55
15	英国侨报	英国	319.62
16	澳洲新闻网	澳大利亚	312.08
17	菲龙网	菲律宾	305.63
18	欧浪网	西班牙	304.13
19	澳洲新快报	澳大利亚	302.17
20	阿根廷华人在线	阿根廷	301.94
21	中国侨声杂志社	美国	295.93
22	迪拜中华网	阿联酋	295.74
23	棉兰市好报	印度尼西亚	295.02
24	亿忆网	澳大利亚	295.02
25	日本小春网	日本	291.83
26	联合早报	新加坡	291.15
27	今日悉尼	澳大利亚	290.41
28	千岛日报	印度尼西亚	288.57
29	泰国头条新闻	泰国	287.18
30	世界日报	菲律宾	286.12

2018年第四季度世界华文传媒**社交媒体**影响力 海外地区榜TOP30

排名	媒体名称	国家	分值
1	联合早报	新加坡	631.36
2	先驱报	新西兰	457.42
3	中国报	马来西亚	453.35
4	新加坡眼	新加坡	448.04
5	荷兰一网	荷兰	441.59
6	澳洲网	澳大利亚	426.14
7	阿根廷华人在线	阿根廷	402.71
8	新西兰天维网	新西兰	399.81
9	美国中文电视	美国	381.27
10	侨报	美国	363.02
11	洛杉矶华人资讯网	美国	361.62
12	星洲日报	马来西亚	359.49
13	欧浪网	西班牙	355.55
14	泰国网	泰国	349.83
15	今日悉尼	澳大利亚	348.42
16	中阿卫视	阿联酋	343.29
17	星暹日报	泰国	337.63
18	东方日报	马来西亚	335.94
19	西雅图中文电台	美国	332.66
20	南洋商报	马来西亚	331.21
21	华页报	新西兰	328.55
22	星岛日报欧洲版	英国	327.93
23	星岛日报美东版	美国	321.56
24	最西澳文化传媒	澳大利亚	318.27
25	明报（加拿大）	加拿大	317.21
26	世界日报	菲律宾	311.34
27	东方新报	日本	309.67
28	菲龙网	菲律宾	303.75
29	新岛周报	爱尔兰	297.74
30	美国天下卫视粤语台	美国	293.44

2018年第四季度世界华文传媒**新媒体**影响力 海外地区总榜TOP30

排名	媒体名称	国家	分值
1	联合早报	新加坡	1482.79
2	中国报	马来西亚	1186.63
3	新西兰天维网	新西兰	1145.16
4	侨报	美国	1142.17
5	洛杉矶华人资讯网	美国	1038.95
6	菲龙网	菲律宾	1006.83
7	美国中文电视	美国	1002.64
8	今日悉尼	澳大利亚	988.73
9	世界日报	菲律宾	987.71
10	阿根廷华人在线	阿根廷	985.46
11	先驱报	新西兰	978.01
12	星洲日报	马来西亚	972.05
13	多维新闻网	美国	939.74
14	澳洲网	澳大利亚	927.34
15	51.ca 加国无忧	加拿大	911.24
16	南洋商报	马来西亚	910.10
17	欧洲时报	法国	894.57
18	新欧洲	法国	893.72
19	世界日报	美国	892.39
20	新加坡眼	新加坡	892.25
21	泰国网	泰国	875.60
22	星暹日报	泰国	873.89
23	老中地方新闻-老中网	美国	867.12
24	东方日报	马来西亚	861.09
25	荷兰一网	荷兰	857.84
26	欧浪网	西班牙	852.43
27	文学城	美国	847.50
28	华人街	法国	842.43
29	英中时报	英国	841.51
30	加拿大中文电台	加拿大	840.63

2018年5月24日，世界华文传媒新媒体影响力榜单在北京发布。《阿根廷华人在线》位列世界华文传媒网站影响力榜第14位。

中東僑報

MIDEAST CHINESE

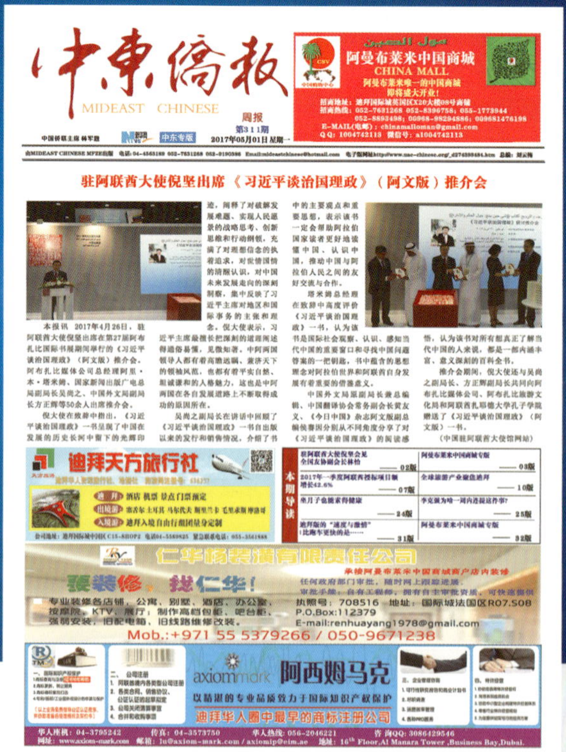
中東僑報 MIDEAST CHINESE 周报 第311期 2017年05月01日 星期一

阿曼布莱米中国商城 CHINA MALL

驻阿联酋大使倪坚出席《习近平谈治国理政》（阿文版）推介会

迪拜天方旅行社

仁华精装修有限责任公司

装装修，找仁华！

Mob.:+971 55 5379266 / 050-9671238

阿西姆马克

迪拜华人圈中最早的商标注册公司

《中东侨报》是阿联酋华侨华人联合会的机关报，创刊于2009年12月。

2018 年 12 月，委内瑞拉当地电视台 VENEVISION TV 采访委国侨报社长郑洪山（左）并合影。

委国侨报网站

委国侨报手机 APP 截图

委国侨报公众号内容节选

委内瑞拉 委國僑報

2018 年 2 月 18 日，委国侨报副社长聂国常（右二）与中国驻委内瑞拉大使李宝荣（中）等在新春联欢晚会上合影。

2018 年 9 月 22 日，中国海军和平方舟医院船抵达委内瑞拉首都加拉加斯，委国侨报副社长聂国常与记者及当地侨团一起迎接。

2017 年 12 月 18 日，委国侨报副社长聂国常（左四）、总编龙涛（右三）率团访问广东省侨务办公室并举行座谈。

2018 年 10 月 26 日，委国侨报总编龙涛（右）应邀参加委内瑞拉驻广州总领馆开幕并与委内瑞拉驻华大使合影。

巴拿马
中文广播电台

2018 年 12 月，习近平主席访问巴拿马，与巴拿马总统巴雷拉举行会谈。巴拿马中文广播电台记者全程报道。

2017 年 9 月 17 日，中国外交部长王毅在巴拿马城与巴拿马总统巴雷拉共同出席中国驻巴拿马使馆揭牌仪式。巴拿马中文广播电台记者现场报道。

2018 年 2 月 18 日晚，国务院侨办组织的“中餐繁荣 · 春节送年饭”慰侨活动在巴拿马举行。图为中国驻巴拿马大使魏强致辞。巴拿马中文广播电台记者摄影并报道。

时任国务院侨办主任裘援平在“中餐繁荣·春节送年饭”慰侨活动中，与巴拿马中文广播电台总经理古嘉敏（左）合影。

2019 年 2 月 2 日晚，中国驻巴拿马使馆在巴拿马城洲际酒店举办 2019 年春节招待会，巴雷拉总统亲临招待会现场。巴拿马中文广播电台记者摄影并报道。

2017 年 10 月 14 日，中国新闻社副社长兼副总编辑夏春平（左四）率中新社访问团一行走访巴拿马中文电台。图为中新社访问团成员与巴拿马中文电台总裁古文源（左三）、电台总经理古嘉敏（右三）合影。

巴拿马 拉美侨声

2018 年 2 月 18 日，时任国务院侨办主任裘援平走访拉美侨声报社。

2018 年 9 月 22 日，深圳市侨办访问一行团参访拉美侨声报社。

2018 年 7 月 1 日，广东公安代表团访问巴拿马，探访及关怀侨社治安问题。拉美侨声现场报道。

2018 年 11 月 21 日，“一带一路连中巴故事会”举行。拉美侨声现场报道。

巴拿马 中国文化中心

2019 年 1 月 31 日，巴拿马文化部司长 Shantell Jurado 颁发”中巴文化友谊贡献奖“荣誉证书给巴拿马中国文化中心创办人张雪云。

2018 年 10 月 8 日，巴拿马中国文化中心举办书画展，庆祝中国国庆节暨巴拿马中国文化中心成立 18 周年。图为张雪云赠书法给巴拿马外交部礼宾司司长 Roberto Zuñiga。

2017 年 9 月 27 日，世界知识出版社与巴拿马中国文化中心在北京签署战略合作协议。

2018 年 6 月 2 日，张雪云参加在巴拿马城举行的全球华侨华人促进中国和平统一大会。

歐洲時報

NOUVELLES D'EUROPE

www.oushinet.com

意大利中国电影节海报

2018 年 10 月 4 日，意大利中国电影节在罗马开幕。

电影节主席、欧洲时报传媒集团总裁张晓贝在开幕式上接受意大利各大媒体的采访。

2018 日年 3 月 29 日，第三届“中法人才交流会”在欧洲时报文化中心盛大举行。

参加第三届“中法人才交流会”的 50 余家企业提供 700 多个岗位，吸引了千余位求职者。

中国驻法国大使馆教育处公使衔参赞杨、欧洲时报文化传媒集团总裁张晓贝、欧洲时报常务副社长钟诚、法国94省让蒂伊市市长帕特里夏·道乐曼、巴黎大都会第十二大区地方公共管理单位企业房地产和生产业务副主席帕特里斯·迪格等出席“中法人才交流会”开幕式。

2019 年 2 月 20 日晚，由欧洲时报主办的第四届德国中国电影节在德国西部城市杜塞尔多夫开幕。

在第四届德国中国电影节期间，中国驻杜塞尔多夫总领馆总领事冯海阳（左四）、杜塞尔多夫市市长盖泽尔（左五）、欧洲时报文化传媒集团总裁张晓贝（右四）、评委会主席刘杰导演（左三）与参会电影人合影。

2018 年 10 月 17 日，由巴黎中国文化中心和欧洲时报文化传媒集团联合主办的第三届巴黎中法文化创意博览会在巴黎中国文化中心举办。图为参会嘉宾合影。

2018 年 11 月 12 日，由欧洲时报文化传媒集团承办的“花开敦煌”——常沙娜艺术研究与应用展览在巴黎欧洲时报文化中心举行。图为常沙娜为到场嘉宾介绍作品。

“花开敦煌”展览以“守望”、“凝萃”、“传承”为三大主题词，贯穿了常沙娜在不同时期的艺术经历。

2018 年 10 月 27 日下午，历时三个月的“来怼吧”2018 辩论赛降下帷幕。该赛事由欧洲时报旗下新媒体资讯服务平台欧时代发起，旨在打造法国华语价值。

2018 年 10 月 23 日至 25 日，“世界知名城市－南京周”巴黎站开幕式在位于巴黎的联合国教科文组织总部举行。欧洲时报文化传媒集团总裁张晓贝出席并剪彩。

“南京周”期间，熊猫人偶与法国民众在活动现场互动

北歐時報 NORDIC CHINESE TIMES

CHINANEWS.SE

2018 年 12 月，北欧时报在香港承办区块链会议，探讨媒体发展和新经济模式。图为北欧时报社长何儒（左）参会。

2018 诺贝尔医学奖公布现场，北欧时报记者提问评委会。

诺贝尔医学奖评委回答北欧时报记者提问

北欧时报充分利用中国迅速发展的人工智能，引入新译科技在诺贝尔医学奖公布现场同步多语种和即时报道。

2019 年春节，北欧时报承办点亮哥本哈根大型活动。

麦首相拉尔斯·勒克·拉斯穆森接受北欧时报记者（右）采访，通过北欧时报向中国人民拜年。

2018 年 12 月 7 日，北欧时报社长何儒（左）拜会中国驻丹麦大使馆。

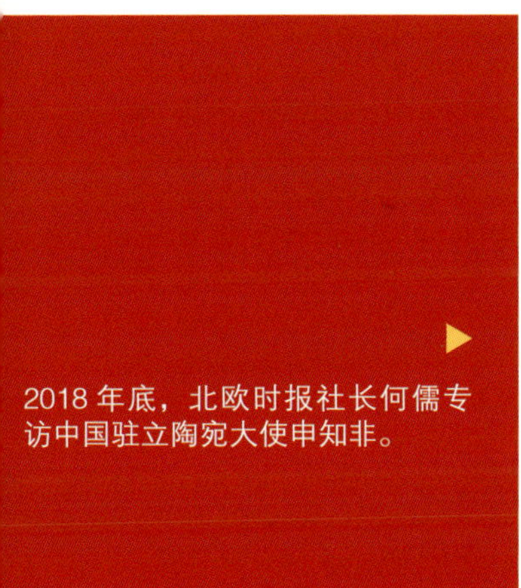

2018 年底，北欧时报社长何儒专访中国驻立陶宛大使申知非。

北欧时报在芬兰采访中国熊猫入住圣诞老人故乡，图为中国驻芬兰大使陈立在接受北欧时报记者采访。

北欧时报与华商通过媒体平台，成功将中国酒文化推广进入北欧。图为茅台在芬兰议会的推广活动，圣诞老人也来了！

一年一度的瑞典中国留学生春晚成为一道靓丽的文化品牌，北欧时报成为留学生春晚最强大的合作伙伴。

2017 年 5 月，北欧时报承办武汉对外文化交流项目获得成功，武汉杂技震撼瑞典。

在海外华媒“十月看北京”摄影大赛中，北欧时报的作品《聚焦中国》获一等奖。

2019 年 4 月，在刘三姐故乡罗城，北欧时报社长何儒采访少数民族仫佬族后留影纪念。

歐亞時報 瑞士 SWISS
EurAsia Info

欧亚时报社创办人及现任社长朱爱莲，持中英文双语特刊杂志欧亚时报在苏黎世办公室合影。

2019 年 1 月，中国国家副主席王岐山访问瑞士并出席达沃斯世界经济论坛 2019 年年会。欧亚时报社全程近距离的采访报道。

朱爱莲社长与中外企业家代表欢迎中国国家副主席王岐山访问瑞士达沃斯

2019 年 3 月 14 日，中央统战部副部长、国务院侨办主任许又声等领导会见采访中国“两会”的 19 位华文媒体记者代表，并合影留念。

2018 年 6 月 2 日，朱爱莲社长应邀出席第三届海外华文新媒体高峰论坛。图为中共中央宣传部部长黄坤明等领导邀请部分海外华媒代表座谈并合影留念。

欧亚时报社助力一带一路建设，为中国企业走向国际提供信息服务。图为 2019 年 1 月 23 日，欧亚时报社与中国电建集团江西省电力建设有限公司签署紧密战略合作协议。

2018 年 6 月 22 日，欧亚时报社与江西省文化旅游厅签署紧密战略合作协议。江西省副省长吴忠琼等领导在捷克布拉格见证。

2018 年 7 月 16 日，欧亚时报等多家海外华文媒体获颁证书，成为“助力北京创新发展海外特约媒体”。

2019 年 3 月 30 日，欧亚时报社参与助力，备战 2020 冬奥海外选才暨全球华人滑雪大赛在瑞士采尔马特成功举办。

2018 年 2 月 27 日，欧亚时报社社长朱爱莲在瑞士组织“中国风时尚派对”国际文化交流的活动。

2019 年 5 月 28 日，由中国新闻网、中国驻佛罗伦萨总领馆指导，欧洲华文传媒协会、欧洲时报、欧洲华文新媒体协会主办，欧联通讯社、欧洲青年企业家协会承办的“2019 欧洲华文新媒体论坛”在意大利佛罗伦萨成功举办，来自欧洲 40 多家华文媒体负责人和代表出席了论坛活动。论坛以“数据时代的华文媒体发展”为主题，旨在为欧洲华文媒体之间，以及中国主流媒体、西方媒体搭建分享沟通交流的平台，共同面对在新媒体领域华文传播发展的机遇和挑战，探讨欧洲华文媒体借助新媒体平台实现与其他行业的跨界合作、无缝链接与融合发展。

中国驻佛罗伦萨总领事王文刚致辞

意大利总理府部长会议主席、欧联通讯社名誉社长
卡罗卡・普里亚致辞

意大利前国家众议院议长、欧联通讯社名誉社长
艾琳・皮维蒂致辞

参加论坛的媒体代表发言

俄罗斯 ЛОНГ БАО 龍報

WWW.DRAGONNEWSRU.COM

俄罗斯 ЛОНГ БАО 龍報

切尔诺贝利的转身

本期导读

中国再发新疆白皮书 从敏感问题源头讲起

快闪老街

俄罗斯 ЛОНГ БАО 龍報

俄罗斯人养生有一套

本期导读

海南再推开放新政 免签入境可待30天

城市论坛

2017 年 10 月，俄罗斯龙报社长李双杰、总编辑商永（左）采访中共十九大。

2018 年 6 月，俄罗斯龙报记者林喆（左）在圣彼得堡国际经济论坛参加中央电视台的现场访谈。

2017 年 7 月，俄罗斯龙报社长李双杰接受中央电视台的连线采访。

奥地利

欧洲华语播客

2019 年 2 月，欧洲华语播客总编辑常晖（右）采访奥地利最大律师事务所相关律师。

2018 年，欧洲华语播客为第二届莫扎特国际钢琴大赛主持庆典音乐会。

2017 年 8 月 17 日，欧洲华语播客为江苏淮安代表团在维也纳的教育对接活动牵线搭桥。

欧洲华语播客促成淮安市高级职业技术学校与奥地利维也纳应用技术大学合作。

2018 年 6 月 25 日，欧洲华语播客为山东德州政务团在维也纳举办高层座谈会。

2017 年，欧洲华语播客为中国爱乐乐团安排萨尔茨堡卡拉扬中心演出活动。

2018 年 2 月，欧洲华语播客主持维也纳佛光山佛教与文化互动节目。

2017 年 10 月 21 日，维也纳中文教育中心赠送纪念品，感谢欧洲华语播客成功安排中心学生云南“寻根之旅”。

北欧华人报 NORDIC CHINA NEWSPAPER

2018 年 3 月，北欧华人报、北欧国际新闻中心记者团采访中国“两会”。

2018 年 3 月，北欧国际新闻中心副总裁刘继明采访“两会”。

2017 年 10 月 17 日下午，北欧国际新闻中心启动仪式在北京举行。

2017 年 10 月，北欧华人报社社长宗金波、网络总编辑刘慧采访中共十九大，与时任国务院侨办主任裘援平（中）合影。

2018 年 6 月，宗金波代表北欧华人报、北欧国际新闻中心与新民晚报社长、总编辑朱国顺签署合作协议。

2018 年 9 月，北欧华人报社社长、北欧国际新闻中心总裁宗金波会见来访的河南省政协代表团。

2019 年 2 月 14 日，中国驻瑞典大使馆举办新春招待会，桂从友大使接受北欧国际新闻中心记者现场采访。

2018 年 5 月，“双北欧”与吉林白山凡市签署战略合作协议。

宗金波与瑞典侨界接待来访的三亚市政协主席容丽萍一行

北欧绿色邮报网

WWW.CHINESEONLINE.SE

北欧中华网

WWW.GREENPOST.SE

2019 年 3 月，北欧绿色邮报网、北欧中华网主编陈雪霏来北京采访中国“两会”。

陈雪霏与采访两会的记者同行聚会交流

左：陈雪霏在北京梅地亚新闻中心体验中国的 VR 技术

右：2018 年 4 月 21 日，陈雪霏出席“一带一路”北欧之春国际和平文化节并致开幕词。

陈雪霏与出席“一带一路”北欧之春国际和平文化节的中国驻瑞典大使桂从友，美国记者瓦瑟曼和意大利记者托尼・希查合影留念。

2019 年 3 月 10 日，陈雪霏与玉雕大师邵忠田和夫人在北京会面交流。

罗马尼亚 欧洲侨报

WWW.OUQIAO.NET

2019 年 3 月 5 日，欧洲侨报社长兼总编高进在北京人民大会堂采访中国“两会”。

欧洲侨报】2338期电子版（2018年7月19日出版）

欧洲侨报 2338

罗马尼亚的5G战略将在年底前完成

罗马尼亚国有铁路公司需要122亿欧元用于基础建设投资

罗马尼亚是欧盟2017年人口减少幅度最大的成员国之一

2018 年 9 月 11 日，高进在新疆接受当地电视台采访。

2018 年 4 月 30 日，欧洲侨报记者朱荣富（左）、高进（右）驱车几千公里赴德涅斯河左岸共和国首都蒂拉斯波尔采访。

◀ 2018 年 6 月 3 日，欧洲侨报社记者到世界著名的保加利亚玫瑰节采风。

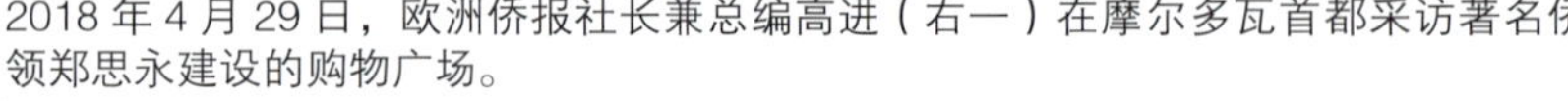
2018 年 4 月 29 日，欧洲侨报社长兼总编高进（右一）在摩尔多瓦首都采访著名侨领郑思永建设的购物广场。

高进的摄影作品《妇女能顶半边天》荣获海外华文媒体“十月看北京”摄影大赛时政类三等奖

英国 头条辰报

2018 年 11 月，《头条辰报》记者与来自 21 个国家和地区的 38 名海外华文媒体代表参加“行进中国 · 海外华文媒体福建行”采访活动。

2018 年 10 月 5 日，《头条辰报》参与协办的第 15 届世界精英青年领袖高峰会暨 2018 伦敦中国论坛在英国伦敦国家自由精英会所举行。

2018 年 11 月 3 日，《头条辰报》参与协办的以“阳光正能量”为主题的“2018 全球华裔小姐 / 先生大赛”总决赛暨授奖盛典在伦敦举行。图为来自苏格兰的贺漓洒夺得华裔小姐冠军桂冠。

2019 年 1 月 24 日，“2018-2019 大本钟奖全球颁奖盛典暨第十六届世界精英青年领袖高峰会”在英国伦敦国议会大厦举行。《头条辰报》作为协办方之一参与盛会。由《头条辰报》提名的 BBC 高级编辑 Leisha Santorelli（左）获得 2018 年度大本钟奖英国十大杰出华人青年以及年度卓越记者成就奖。

UK CHINESE JOURNAL

英国侨报

2017 年 6 月 13 日，英国侨报社长何家金（左一）、总编辑曹馨荻（右二）出席首届天津“华博会”。

英国侨报总编辑曹馨荻（前排左二）于华博会期间与“津云”达成战略合作意向，入驻“津云·云上海外”平台。

2017 年 4 月 3 日，英国侨报总编辑曹馨荻、副总编艾娟作为领队，带领海外华裔青少年“中国寻根之旅”春令营天津营，在天津梁启超故居书斋饮冰室参观。

2017 年 6 月 12 日，英国侨报副总编艾娟出席广东省侨办主办的“海外华媒与广东‘走出去’”合作流会暨合作备忘录签署仪式。

2017 年 5 月 20 日，英国侨报编辑参加海外华文媒体代表团远赴首届江苏发展大会采风。

2016 年 7 月 21 日，由欧洲华文传媒协会主办、英国侨报承办的第 12 届欧洲华文媒论坛在伦敦举行。

2016 年 6 月 20 日，英国侨报副总编艾娟与来自海外 13 家华文媒体记者团在黔南采风，于惠水县好花红镇和布依族同胞合影。

欧华联合时报报版

欧华联合时报

IL TEMPO EUROPA CINA

习近平主席到访意大利

——2019“一带一路”中意全面战略合作开启

16 “一带一路”中意特刊——活动篇

《欧华联合时报》

“一带一路”中国品牌世界行

2018年6月2日，中宣部组织召开海外华文媒体座谈会，欧华联合时报社社长兼总编辑吴敏（中）向中共中央政治局委员、中宣部部长黄坤明（右）汇报欧华联合时报策划组织的“一带一路”中国品牌世界行等系列活动。

意大利 欧华联合时报

2018年10月16日，由人民日报海外网意大利频道、世界华文媒体合作联盟、“一带一路”中国品牌世界行组委会、温州日报报业集团、欧华联合时报、欧洲青年企业家协会联合举办的2018“一带一路”中国品牌世界行活动在佛罗伦萨隆重举行。

2017年7月3日晚，由国务院新闻办公室支持，中国驻俄罗斯大使馆和广东省政府新闻办公室共同举办的“2017感知中国·广东文化欧洲行暨一带一路中国（广东）品牌世界行”活动在莫斯科拉开帷幕。

2017年5月10日，由中国亚洲经济发展协会、中国创业创新发展委员会联合主办的“2017一带一路中国品牌高峰会”在北京举行。欧华联合时报社长、一带一路中国品牌世界行组委会秘书长吴敏（右二）与领导嘉宾共同“点亮”水晶球。

欧洲华人报记者采访意大利民主党皮埃蒙特大区负责人

2018 年 4 月，欧洲华人报总编辑徐文山在意大利地震灾区现场报道。

欧洲华人报董事长周小燕（右）采访中国苏宁集团收购意大利国米俱乐部

欧洲华人报董事长周小燕（右三）、总编辑徐文山（右一）与意大利外国人记者协会负责人座谈

欧洲华人报记者采访来意大利参加米兰时装周的明星小 S

观看欧洲华人报的当地人

欧洲华人报社成为中国传媒大学海外实习基地

欧洲华人报总编辑徐文山接受传媒大学外访组采访

欧洲华信报

EUROPE HUAXINBAO NEWSPAPER

2017 年 9 月 28 日，中国驻奥地利大使李晓驷、中国常驻维也纳联合国和其他国际组织代表史忠俊大使在维也纳亲王饭店联合举办庆祝中华人民共和国成立 68 周年招待会。欧洲华信报摄影并报道。

2018 年 9 月 17 日，欧洲华信报记者在奥地利维也纳报道国际原子能机构第 62 届大会。

2018 年 11 月 30 日晚，奥中企业交流协会成立招待会于维也纳 Jasmin 饭店隆重举行。欧洲华信报采访报道。

2017 年 6 月 22 日，首届“和平发展领袖网络暨一带一路文化经济论坛”在维也纳举行。欧洲华信报采访报道。

2018 年 11 月，欧洲华信报记者参加“首届国际维也纳传统医学大会”新闻发布会

2018 年 12 月 16 日，由联合国妇女协会组织的 2018 年度儿童慈善义卖盛会在维也纳奥地利中心举办。欧洲华信报采访报道。

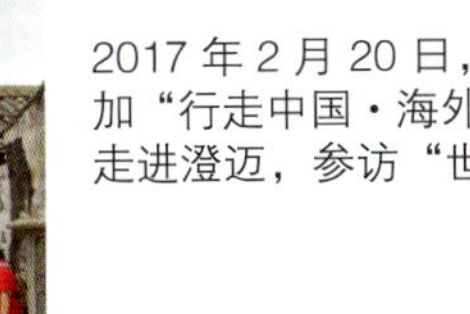

2017 年 2 月 20 日，欧洲华信报记者参加“行走中国·海外华媒海南行”活动，走进澄迈，参访“世界长寿之乡”。

2017 年 9 月，欧洲华信报记者与海外华文媒体代表一起参观武汉高精尖产业。

2017 年 11 月 27 日，国务院总理李克强访问匈牙利，《新导报》创办人、总编辑滕维杰等华侨代表受到接见。

2018 年 9 月，《新导报》社长耿洁参加“海外华文媒体宁夏行”活动，接受中新社记者采访。

2019 年 3 月，《新导报》创办人、总编辑滕维杰在北京采访“两会”。

匈牙利 新导报 XINDAOBAO ÚJ SZEMLE www.xindb.com

2019 年 1 月，《新导报》社长耿洁（右三）通过匈牙利电视台推广中国春节传统文化。

2018 年 8 月 匈牙利《新导报》社长耿洁携匈牙利民族合唱团参加济南国际合唱节

2019第三届匈牙利中国春活动全体志愿者留念

2019 年 1 月 25 日至 27 日，《新导报》、匈中文化交流协会成功主办美丽中国 · 欢乐春节 --2019 第三届“中国春”文化节。文化节由使馆新春招待会、文艺演出以及春节庙会组成，吸引约 3 万余匈牙利民众以及旅匈侨胞的热情参与。图为第三届匈牙利中国春活动全体志愿者合影。

The World and China 世界中国

匈牙利

2019 年 3 月,《世界中国》报道匈牙利前总理、十余位驻华大使热议中国“两会”

2017 年 9 月，由《世界中国》杂志社承办的首届中欧微电影展在欧盟驻华大使馆举办颁奖活动

2018 年 5 月，《世界中国》杂志社应尼泊尔驻华大使馆的邀请赴尼泊尔考察并做专题报道。

2019 年 2 月，《世界中国》受西安市外办委托组织驻华大使，外交官到西安过大年，并做专题报道。

2017 年 3 月，《世界中国》报道欧盟驻华代表团与意大利驻华大使馆在中国人民大学联合举办纪念《罗马条约》缔结 60 周年学术活动。

2018 年 9 月，《世界中国》杂志社受“第三届一带一路文博会”的委托，组织 10 家驻华海外媒体对会议进行报道。其图片报道被世界 20 多家主流媒体转载。

2018 年 12 月，《世界中国》杂志社承办的第八届“梦想中欧”青少年画展在北京人民大会堂闭幕。该画展通过欧盟国家孩子的画笔，以及中国孩子的画笔各自画出他们心中的对方国家。

2019 年 3 月，《世界中国》报道外国驻华使节参加河南老子故里诵读《道德经》活动。

西班牙欧华传媒集团

2018 年 2 月 26 日，西班牙欧华传媒被西班牙期刊协会授予“西班牙职业传媒奖”；董事长裘诚谦（左二）代表欧华传媒领奖。

2018 年 6 月 20 日，欧华传媒被国际新闻记者协会授予“西班牙杰出移民媒体奖”；董事长裘诚谦代表欧华传媒领奖。

国际记者协会颁奖现场；颁奖典礼由西班牙著名主持人 Lara Siscar 女士担任。

西班牙媒体表彰欧华传媒社长兼总编辑陶辛夷，十几年来为新闻事业培养很多年轻人。

2017 年中西建交 45 周年，欧华传媒主办第二届“声动西班牙”全国歌唱大赛。

CHINESE NEWS OU HUA BAO **WWW.OUHUA.INFO**

2018 年 5 月 18 日，欧华传媒连续三年策划承办“西班牙青少年才艺大赛”，图为总决赛现场。

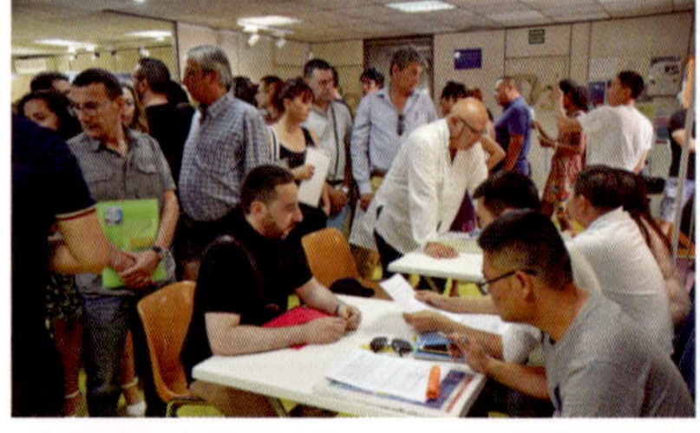

2018 年，欧华传媒连续四年策划承办“超级面试”中西企业招聘会，为中西企业搭建人才招聘平台，并帮助西班牙社会解决就业问题。

西班牙
联合时报

2018 年 11 月，西班牙侨界千余人齐聚在马德里皇宫前，热烈欢迎习近平主席到访，联合时报现场采访。

联合时报记者（左四、左五）在欢迎习主席人群中

2018 年 2 月，国务院侨办副主任郭军走访马德里侨社，与华侨华人代表座谈，中国驻西班牙大使吕凡出席座谈，联合时报采访并报道。

2017 年 10 月，联合时报常务副社长陈胜勇来北京采访中共十九大。

2017 年 8 月，以中国记协书记处书记季星星为团长的中国新闻工作者代表团到访西班牙联合时报。

2018 年 2 月，联合时报记者在马德里春节庙会上采访西班牙贵州商会会长谭悦。

西班牙

侨声报

La Voz China　www.qiaoshengbao.info

2017 年 11 月，侨声报社长兼总编戴华东（右一）应邀参加西班牙加泰罗尼亚自治区政府庆典活动。

2018 年 3 月，戴华东总编（右）参加庆祝中国 – 西班牙建交 45 周年活动，与中国驻西班牙大使吕凡合影。

2018 年 7 月，戴华东总编在布拉格参加欧洲华文传媒协会第 13 届年会，与欧洲时报副总编刘建（左）合影。

2018 年 6 月，戴华东总编应邀出席第三届海外华文新媒体高峰论坛并受到中共中央政治局委员、中宣部部长黄坤明的会见。

2019 年 3 月，侨声报应邀参加“中国发展高层论坛”的采访活动。图为戴华东与俄罗斯记者佐娅在采访现场。

2019 年 3 月，在中国“两会”浙江省媒体开放日上，侨声报副总编张自如代表海外华文媒体提问。

2019 年 3 月，在中国“两会”上，张自如副总编专访医药科技界人大代表、千人计划专家丁列明。

2019 年 3 月，张自如副总编在中国“两会”上专访全国政协委员、西湖大学校长施一公。

葡萄牙 葡華報

WWW.PUHUABAO.PT

2019 年 3 月 26 日，葡华报创刊 20 周年庆典在葡萄牙 Casino Estoril 隆重举行。中国驻葡萄牙大使馆蔡润大使、万东武官、徐伟丽参赞、韩晓燕参赞，葡萄牙文化部部长助理 Francisco Guerra，葡萄牙新闻协会主席 Joo Palmeiro，葡萄牙中华总商会会长蔡文显等旅葡华侨代表和葡国各界友人近四百余人出席了庆典活动。

2018 年 12 月 4 日，习近平主席对西班牙进行国事访问。葡华报当天即出版“欢迎习主席访葡”特刊，成为欢迎队伍中的一道靓丽风景。

2019 年 2 月 9 日，葡萄牙欢乐春节庆祝活动在里斯本五一广场开幕，葡华报在现场设立“新闻直播间”进行报道。

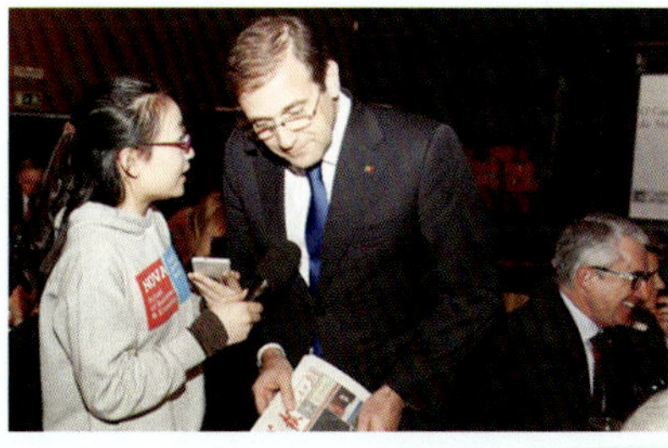

2017 年 1 月 27 日，葡华侨联新春联欢会在 Casino da Póvoa 举行，葡萄牙前总理、社会民主党主席 Passos Coelho 现场接受葡华报记者采访。

2017 年 2 月 1 日，葡萄牙现任总统马塞洛来到里斯本华人聚居区—Mouraria 社区福利院看望当地老人。走访期间，马塞洛总统接受葡华报等媒体记者现场采访。

2017 年 8 月 29 日，原国务院侨办主任裘援平参观伊比利亚传媒，并接受伊比利亚传媒总裁詹亮的独家专访。

2017 年 11 月 3 日，由葡萄牙新闻协会和伊比利亚传媒共同发起的“一带一路”葡语媒体联盟在葡萄牙阿威罗市成立，这是葡语国家间成立的第一个世界性媒体合作平台。

2017 年 10 月 15 日，葡萄牙总统顾问、新任葡萄牙驻华大使 José Augusto Duarte 前往葡萄牙维拉贡德华商批发区走访参观，当地侨领向大使介绍葡华报。

2019 年 2 月 20 日，在中葡两国建交 40 周年之际，中国驻葡萄牙大使蔡润接受葡华报等中文媒体的联合采访。

2018 年 11 月，由葡萄牙新闻协会主席 Joo Palmeiro、伊比利亚传媒总裁詹亮率领的“一带一路”葡语媒体联盟代表团访问中国。

葡新国际文化传媒 JORNAL PUXIN

葡新华人传媒
2018年12月12日
第五百二十三期
周报

中葡关系翻开新篇章

中国国家主席习近平对葡萄牙进行国事访问 第3版

葡新华人传媒
2019年02月09日
第五百二十五期

广东向世界问好！

广东省省长马兴瑞新春祝福贺词 第3版

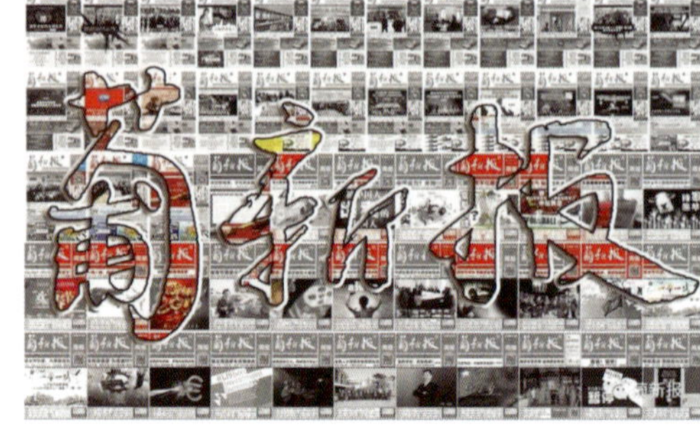

葡新报创刊 500 期纪念

◀ 葡新报版面

▲ 2019 年 2 月，中国驻葡萄牙大使蔡润（左）就中葡建交 40 周年接受葡新国际文化传媒总裁马丽梅（右）采访。

2019 年 3 月，马丽梅来北京采访中国“两会”。

▶ 2019 年 2 月，由葡新国际文化传媒与中国新闻社摄影部、图片网络中心联合举办，2019 年全球华人“新春”、中国银行一带一路“一路前行”手机摄影大赛（葡萄牙分赛区）开幕。

2017 年 9 月，马丽梅荣任广东省政协海外列席侨胞，由广东省政协主席王荣颁发证书。

2017 年 8 月，马丽梅参加中国和平统一促进会海外华文媒体甘肃藏区行采风留念。

2018 年 9 月，马丽梅在采访新疆阿拉尔兵团活动中，接受阿拉尔电视台访问。

2018 年 10 月 29 日，世界中文报业协会第 51 届年会在北京人民大会堂举行。《欧华天下》社长曹望恺出席会议。

欧华天下
Europe China Journal

曹望恺与参会的故宫博物院前院长单霁翔合影

2018 年 5 月 20 日，《欧华天下》派员参加在澳门举办的第三届“澳门全球传媒产业发展大会”。图为参会代表合影。

希华时讯 SINO HELLENIC POST　第01期　FREE　人民日报海外版 合作专刊　出版商：EASTWEST MECENTER LTD

本期发行日期：2018年7月1日 | 农历：戊戌（狗）年农历五月十八日

官方网站：china.greekreporter.com/　联系电话：0030 210 14048108　联系地址：Rethimnou 9,Athens,Greece 10682

我们创刊啦！

书写梦想 奋力前行

在热情似火的2018年7月，《希华时讯月刊》与读者见面了！

纸媒式微是不争的事实。在此时推出中文刊物，希腊的阳光会将其烤焦？还是会帮其扩展能见度？对这个问题，在创刊之前，编辑部同仁心里各种忐忑。

但是，作为职业媒体人的我们，依然深信纸媒可以承担起媒体融合探路者的使命，成为新媒体内容的刊播者。

以“打头阵”姿态出现的希华时讯电子平台，一直致力推动和促进中国与希腊的关系发展，向读者快速并深入地展示真实的、全面的、客观的希腊，同时，助力中国“一带一路”倡议，积极参与沿线国家与中国的文化交流、经贸合作、人文旅游等领域的宣传工作，在中希两国间架起一道沟通的桥梁。

《希华时讯月刊》的顺利创刊，得益于希华时讯多语种新媒体平台的长期积累和沉淀，得益于广大读者和新闻同业的大力支持，得益于中希两国外交和新闻主管部门领导的关怀和指导。

让我们与读者一起，携《希华时讯月刊》这份新生的刊物进入一个新境界，尽情抒发爱琴海畔的梦想、在媒体工作的理想、对希腊和中国的念想......

我衷心祝贺希华时讯月刊在每一个阶段所取得的成功。同时，希望这份雅典本土刊物的出版能够为希腊和中国的发展做出贡献，并将两国的关系拉得更近，特别在创意文化领域、视听产业领域和新型媒体领域中取得更大的成绩。

希腊共和国新闻与通讯处总秘书长

莱夫泰里斯.克莱索斯博士

I would like to wish Sino-Hellenic Post every success! I sincerely hope this newspaper on Sino-Greek affairs published in Athens, will make important contributions in bringing Greece and China closer, especially in the fields of Creative - Cultural Industries, most notably in the area of New Media and Audiovisual Industries!

Secretary General for Media and Communication

Lefteris Kretsos

2018 年 7 月 1 日，希腊中文刊物《希华时讯》月刊创刊。

2018 年 5 月，希华时讯总编辑梁曼瑜参加在澳门举行的“全球传媒产业发展大会”。

2018 年 5 月，希华时讯总编辑梁曼瑜参加在杭州举行的“第三届海外华文新媒体高峰论坛”。

捷克

中欧新闻社

2017年6月7日，9家欧洲华媒与上海新民晚报在维也纳签订“新民桥梁”新媒体合作协议。图为中欧新闻社社长王跃秋（左）与新民晚报社长陈启伟签署合作协定。

2017年8月，中国新闻代表团应中欧新闻社社长王跃秋邀请访问捷克。图为代表团成员与布拉格华文媒体在中欧社办公室合影。

2018年9月，新民晚报副总编辑阎小娴（中）等一行人应中欧新闻社社长王跃秋邀请访问捷克。

波兰

環球周報 中文版

2019年1月27日，海外华文媒体参访三明侨报社合影，前排右一为波兰环球周报副社长陈章云。

2018年10月，波兰环球周报社长陈彪（右）来京参加第18期海外华文媒体高级研修班，与杨毅将军合影。

2018年11月21日至28日，17家海外华文媒体与国内媒体齐聚福建考察采访。图为新西兰乡音报主编钱漓虹（左一）、欧洲华文电视台台长林珠晴（左二）、波兰环球周报社长陈彪（左三）、党报头条社长陈主标（右一）、香港大中华通讯社记者林昌瑞（右二）合影。

2017年9月4日，“全球华文媒体高层甘肃行”活动在敦煌启幕，图为16个国家12家媒体大合影。

AC MEDIA GROUP
澳大利亚华厦传媒集团

2018 年 9 月 21 日，“2018 澳大利亚多元文化艺术节水墨书画展”在墨尔本隆重举行。此次活动由华厦传媒筹办，近 60 家华人社团联合协办。来自中澳两国的优秀艺术家在本次艺术节上展示出了高水准的书画作品。

安徽省书画创作院常务副院长、安徽代表团团长陈飞翔致词

澳大利亚维多利亚州多元文化部长 Robin Scott 向陈飞翔颁发特别奖

澳籍华人艺术家、2018 澳大利亚多元文化艺术节评委主席萧美玉（右五）为中国男艺术家们颁发优秀作品奖

澳大利亚维多利亚州上议院议长 Bruce Atkinson 为中国女艺术家们颁发优秀作品奖

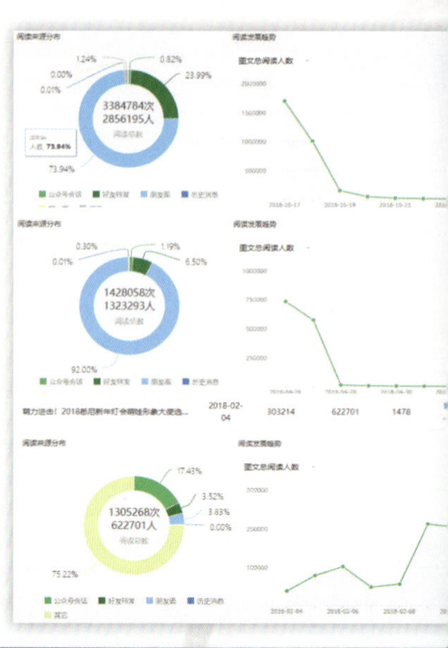

澳大利亚南海文化传媒集团

南海传媒旗下微信公众号“微悉尼”百万级别阅读量文章接连不断，综合数据在澳大利亚名列前茅

▲

2019 年 2 月 16 日，由澳洲南海文化传媒集团承办的 2019 “文化中国·四海同春”大型歌舞音乐会在悉尼情人港国际会议中心盛大登场。

◀

2019 年 2 月 15 日至 17 日，由澳洲南海文化传媒集团承办的“悉尼中国新年灯会”在悉尼情人港举行，吸引了成千上万游客到访。

2018 年 9 月，澳洲南海文化传媒集团协助中国中央电视台在悉尼分会场拍摄中秋晚会。

2017 年 10 月 27 日，中国著名“网红”画家老树的悉尼画展在澳洲南海文化传媒集团旗下的亚洲艺术空间举行。

南海文化传媒集团于 2019 年全新推出的高端生活方式杂志《尚城 C Magazine》创刊号

南海文化传媒集团与国际权威时尚杂志《VOGUE》合作推出《COSMETIC》澳洲中文版杂志

由南海文化传媒集团独家战略合作的 2018“理查德·克莱德曼浪漫辉煌 40 年”全球巡演音乐会悉尼站演出火暴

由澳洲南海文化传媒集团协办的 2018 张靓颖“珍相”演唱会悉尼站大获成功

APM 大洋傳媒
AUSTRALIA PACIFIC MEDIA

2019 年 3 月 17 日晚，由中国文艺志愿者协会和澳大利亚大洋洲文联共同主办、大洋传媒集团承办的“金秋盛典——庆祝大洋洲文联成立二十周年文艺晚会”在墨尔本市政厅举行。

墨尔本华人华侨等共 1500 人观看了“金秋盛典”的演出

2018 年 3 月 5 日，中国国际关系协会和大洋传媒集团联合主办的 2018 中澳自贸论坛在墨尔本召开，超过 120 位来自澳大利亚和中国的政界，商业精英出席。

由大洋传媒集团承办的 2019 澳中博览会将于 7 月举行，图为澳中博览会主委会在中国进行推荐。

2018 年 2 月，由大洋传媒集团和吴墨琴社倾情呈现的古琴音乐剧《寻琴记》，成为澳大利亚华人社区庆祝中国农历新年嘉年华的压轴大戏。

2018 年 7 月，大洋传媒集团成功举办墨尔本华人召聘会。

大洋传媒集团《筑梦澳洲》新华商大型纪录活动启动会现场

多位华人移民通过视频讲述了他们筑梦澳洲的故事

大洋传媒旗下报纸在墨尔本至中国的航班上受到乘客喜爱。

大洋日报和大洋时报为唯一在澳大利亚主流超市发行的非英文纸媒

大洋传媒集团旗下“澳洲网”、微信公众号、APP 等多元化新媒体矩阵赢得粉丝喜爱

2017 年 9 月，澳大利亚联合时报传媒集团旗下的企鹅新闻网正式上线。图为庆祝酒会上全体员工合影。

澳大利亚 **联合** 时报传媒集团

2018 年 10 月，联合时报传媒集团董事长单宝明来北京参加第 18 期海外华文媒体高级研修班时留影。

联合时报社长王立（左）在参加 2018 年墨尔本华人春节活动上与维州州长安德鲁合影

2018 年 2 月 18 日，企鹅新闻网记者采访中国驻墨尔本总领馆侨务领事周育江。

企鹅新闻网现场直播 2018 墨尔本华人春节联欢晚会

企鹅新闻网开播视频节目“话说澳洲”，与达奇谈电影。

企鹅新闻网记者采访墨尔本市议员刘乐

企鹅新闻网记者采访参加竞选 2018 墨尔本市长的华裔候选人杨千慧（右）

2018 年 8 月 24 日，由澳大利亚联合时报传媒集团和留筠馆联合主办的“苏季群书法作品展”在澳华历史博物馆开幕。

澳大利亚时报

澳大利亚时报员工和家人一起向祖国人民拜年

澳大利亚时报庆祝乔迁之喜

2018 年 12 月 9 日，澳大利亚时报举办创刊 20 周年庆典，并对西澳华人优秀企业和个人给予表彰。

澳大利亚时报创始人、社长张野（前左）与西澳州长（前右）参观时报 20 年报纸展。

澳大利亚时报记者采访澳大利亚首位女总理朱莉娅・吉拉德

澳大利亚时报连续举办了八届华人偶像歌手大奖赛，如今已经成为一个品牌。

2017 年 8 月 26 日晚，澳大利亚时报举办“2017 华人偶像歌手大奖赛”总决赛暨颁奖典礼。图为社长张野（前排右一）向获奖歌手颁奖。

2018 年 2 月 24 日，由大华联会、澳大利亚时报、珀斯马会联合主办的中国新年赛马文化节在阿斯科特赛马场成功举行。图为社长张野在马会现场留影。

澳洲讯报 ASIAN MULTIMEDIA

澳洲讯报参加义务灭罪计划，荣获澳大利亚维多利亚州警察局颁赠奖状。图为社长徐启成手持奖状留影。

澳洲讯报每年都承办“国际金茶王大赛－澳洲墨尔本赛区”比赛，挑选澳洲金茶王冠军。图为2018年6月30日的比赛场景。

左：澳洲华人主办“新年慈善餐舞会”已有23年，每年为弱势社群捐赠，受到主流社会认同。澳洲讯报社长徐启成是此会创办人之一。

右：2018年4月，澳洲讯报社长徐启成参加在墨尔本举行的中澳交流活动“登堂入奥——澳大利亚艺术交流作品展”。

2019年2月25日，香港贸易发展局举办新年团拜，澳洲讯报社长徐启成、总编梁明恩受邀参加。

澳洲讯报社长徐启成访问延安，了解当地风土人情。

澳洲讯报社长徐启成参加庆祝中华人民共和国成立69周年华诞活动

2019年1月24日，徐启成参加维州越南柬埔寨老挝华人团体联合庆祝澳大利亚国庆活动。

2017 年 9 月，澳大利亚中华电视董事长宿陲婴前往福州，参加第九届世界华文传媒论坛后，将所见所闻撰写了六篇《福州行思随笔》。

澳大利亚中华电视

中华电视采用中英文双语制作，旨在真实记录华人在澳洲生存的经历，记录华人与多民族融合共生的故事。

澳大利亚中华电视董事长宿陲婴在做现场报道

左：中华电视摄影记者团队跟随四驱车队探险沙漠

右：2017 年 9 月 21 号，参加第九届世界华文传媒论坛的代表，到福建永泰县春光村茉莉花种植基地参访。

左：2017 年 9 月 13 日，第九届世界华文传媒论坛——海上丝绸之路与妈祖文化主题论坛在莆田召开，图为宿陲婴在妈祖庙和身着妈祖服饰的湄洲女合影。

右：在建阳闽北非物质文化遗产博物馆馆里，宿陲婴观看茶艺师的“斗茶”表演。

澳洲财富

《澳洲财富》杂志于 2010 年创刊。

2017 年 3 月 23 日，李克强总理访问澳大利亚，澳洲财富杂志社社长郑少华沿途采访夹道欢迎的人群。

2017 年 9 月 10 日，郑少华社长来福州参加第九届世界华文传媒论坛，与原国务院新闻办主任赵启正合影。

2017 年 5 月 17 日，郑少华社长采访第十届中国中部投资贸易博览会。

2017 年 7 月 30 日，郑少华社长参加第三届国际深圳社团大会暨深圳 – 澳大利亚经贸交流会。

2017 年 9 月 27 日，庆祝中华人民共和国成立 68 周年暨中国澳大利亚建交 45 周年，郑少华社长与赵建总领事和夫人，副总领事黄国斌合影。

2019 年 3 月 17 日，在“金秋盛典”大洋洲文联 20 周年庆典晚会上，郑少华社长荣获“大洋文化贡献奖”。

2018 年 10 月，“澳洲财富”参加“一带一路”沿线国家和地区华文媒体高层湖北行。

2017 年 9 月 4 日，“澳洲财富”参加“2017 海外华文媒体聚焦广西”采风活动

2018 年 10 月，郑少华社长参加“一带一路”沿线国家华文媒体高级研修班，获中央统战部副部长谭天星（左）颁发结业证书。

澳华财经在线

2017 年 12 月 8 日，由《澳华财经在线》、嘉富诚基金和中关村股权投资协会共同主办的“2017 中澳主题投资论坛”在北京粤财万豪酒店顺利举办，来自中澳两国政商界逾百名代表参加了此次论坛。图为部分参会嘉宾合影。

2017 年 3 月，《澳华财经在线》记者现场报道李克强总理与澳洲前总理 Malcom Turnbull 在堪培拉国会大厦共同主持的中澳重大经贸合作协议签署仪式。

2018 年 5 月，《澳华财经在线》现场报道澳大利亚本土华人保健品企业在 ASX 澳交所上市。

2018 年 8 月，《澳华财经在线》总编辑牛建明参加达尔文“一带一路”论坛 。《澳华财经在线》受主办方邀请成为该论坛澳洲本地唯一中文媒体支持单位。

2018 年 10 月，《澳华财经在线》总编辑牛建明（左二）应邀参加在北京举办的海外华文媒体高级研修班。

2018 年 8 月 14 日，a2TM 牛奶公司与中国农垦（集团）总公司旗下的中国农垦控股上海有限公司续签新的战略合作，《澳华财经在线》记者应邀在堪培拉国会山庄采访报道。

《澳华财经在线》报道 2018 年澳中合作悉尼研讨会

2019 年 2 月，《澳华财经在线》总编辑牛建明应邀出席澳洲主流券商 Morgans 举办的投资沙龙并做主题分享。

2018 年 10 月，《澳华财经在线》采访报道中澳投资论坛。

澳大利亚 光明画报

2018 年 3 月 2 日，2018“文化中国·四海同春”大型慰侨演出在悉尼国际会展中心举行。《光明画报》记者摄影报道。

▲ 2019 年 4 月 9 日 中国原创歌剧《汤显祖》音乐会在悉尼歌剧院隆重上演，图为演出后大合影。《光明画报》记者摄影报道。

◀ 《汤显祖》剧照。

2018 年 7 月 24 日，少林寺两位武僧在悉尼表演少林功夫。澳大利亚《光明画报》报道。

2019 年 1 月 1 日，悉尼的跨年烟火表演绚丽震撼，《光明画报》记者摄影报道。

時代传媒 I AGE NEWS

時代 时代周报 I AGE NEWS ISSUE 578

创造更多机遇 促进华人社区发展

中国农历新年到来之际，为华人朋友送上祝福!

2019 年中国新年前夕，时代传媒记者采访澳大利亚阿德莱德新任市长 Sandy Verschoor 和市议会华人议员 Simon Hou，回答有关华人社区发展问题。

時代 时代周报 I AGE NEWS ISSUE 535

远隔千里，情谊亦浓

阿德莱德青岛玫瑰园盛大开幕

本行房屋贷款顾问为您提供温馨的专业服务

请立即联络ANZ移动贷款顾问

2018 年 2 月 25 日，阿德莱德－青岛玫瑰园开幕，阿德莱德市长 Martin Haese 出席揭幕仪式。时代传媒报道

時代 时代周报 I AGE NEWS ISSUE 573

150余家澳大利亚企业参展中国“进博会”

2018 年 11 月，首届中国“进博会”在上海举办，当月《时代周报》对“进博会”进行了宣传报道。

時代 时代周报 I AGE NEWS ISSUE 576

东风已来，中澳自贸协定第五轮降税开启

2019 年 1 月 1 日，“中澳自贸协定“第五轮降税开启。《时代周报》新年首刊对此进行了封面报道。

腾飞 澳大利亚华人通讯社

TENG FEI CHINESE NEWS (AUSTRALIA) & CO

▲ 2017 年 9 月 26 日，腾飞社长（左）出席“相聚上海，共谋发展”活动开幕式，与上海侨办主任徐力合影

◀ 2018 年 9 月，腾飞社长（左）应非洲佛教协会邀请，赴南非等 4 个非洲国家，采访了佛教协会和当地政府合作救济灾民及孤儿的慈善活动。

前任新西兰总理 John Key 到中华电视网接受记者采访

2017 年 9 月时任总理 Bill English 到中华电视网接受访问

2017 年 9 月现任总理 Jacinda Ardern 到中华电视网接受访问

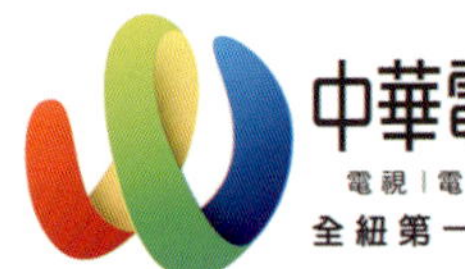

新西兰中华电视网

2017 年新西兰大选，中华电视网举办华人参选人问政会。

2017 年中华电视网第八次举办凤凰卫视中华小姐环球大赛新西兰赛区决赛

中国驻奥克兰总领事馆总领事许尔文，新西兰民族事务部长 Jenny Salesa 等政要和各界嘉宾出席了 2018 狗年新春嘉年华，数万民众到现场参加联欢。

2018 年 2 月 3 日，中华电视网举办 2018 狗年新春嘉年华，黑龙江艺术团献上了精彩的节目。

2018 狗年新春嘉年华，中华电视网 Managing Director 张书豪迎接大奥克兰市长 Phil Goff。

2019 年 1 月 19 日，中华电视网的全体主持人在 2019 猪年新春嘉年华给大家拜年。

2019 年 1 月 19 日，中华电视网举办 2019 猪年新春嘉年华，实现创纪录的八小时电视电台网络现场直播。

2018年9月28日，新西兰信报报业集团在基督城凯什米尔山上的好客松庄园举办庆典，庆祝创刊15周年。华都集团宣布：华都国际并购控股新西兰信报，即日起更名为华都新西兰信报媒体集团。

信報
NEW ZEALAND MESSENGER
华都新西兰信报媒体集团

新西兰政府内阁部长、工党国会议员梅根·伍兹讲话，就华都对信报的并购给与了很高评价。

华都国际建设集团董事长王建平讲话，表示华都在新西兰的发展战略是“搭建平台、优势互补、合作共赢、利益共享”。而华都集团并购控股新西兰信报，是展现这个战略开展强强合作的重要一步。

新西兰信报前员工代表，目前任新西兰内政事务部顾问专员的张伍翠群讲话，回顾了作为信报记者、编辑的经历。

华都国际集团董事长王建平（右），新西兰信报创始人、总编辑王浩（左）在签字后握手。

主宾合影：（自左至右）基督城市长代表、市政议员陈金龙，新西兰政府内阁部长、工党国会议员伍兹，华都国际建设集团董事长王建平，中国驻基督城副总领事龚春森，新西兰信报社总编辑王浩。

左：华都国际与新西兰信报社主要员工第一次合影

右：新西兰信报全体员工

新西兰中文 先驱报 CHINESE HERALD

2018 年 1 月，中文先驱报与新西兰最大的国际旅客综合指南杂志 Arriva 合作，推出中文杂志《抵达》。

2017 年 3 月 26 日至 29 日，李克强总理访问新西兰，接见先驱报总裁王力力等当地华侨。

先驱报与新西兰传媒集团 NZME 签约，宣布新西兰先驱报中文网成立。

2017 年 9 月 19 日，新西兰大选前夕，工党候选人 Jacinda Ardern 接受先驱报记者采访，畅谈执政主张。

2018 年 6 月 15 日，先驱报获得 Newmarket 商业协会年度大奖“最佳大、中型企业奖”，获奖后部分员工合照。

新西兰华页

《华页》的圣诞户外广告

《华页》封面

《华页》为人民日报海外版合作媒体，每期转载望海楼专栏。

2017 年 10 月，时任新西兰总理 Bill English 到访《华页》，接受采访后与报社人员合影。

新西兰 华新时报

NEW ZEALAND SOUTH ISLAND CHINESE NEWSPAPER

华新时报是新西兰南岛但尼丁唯一的一份中文周报，创刊于 2012 年 2 月。图为华新时报刊登的吉林专刊和新西兰华裔参加抗战的文章。

环球广域传媒集团

Global Max Media Group

非洲華僑週報

非洲华侨周报暨人民日报海外版非洲周刊创刊于 2009 年 5 月

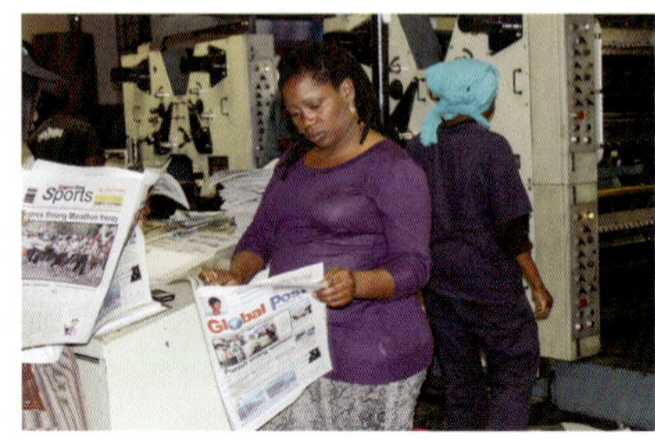

环球广域传媒集团合作单位——环球邮报（Global Post）第一份报纸出炉

当地印刷工人在检查报纸

非洲华文传媒集团董事长、环球广域传媒集团总裁南庚戌获第五届“中华之光——传播中华文化年度人物”殊荣

2017 年 12 月 12 日，由中国驻赞比亚使馆主办的首届中赞友媒体表彰会在首都卢萨卡市成功举办。新华社和非洲华侨周报得了优秀华文媒体奖。图为非洲华侨周报赞比亚分社集体合影。

2018 年 5 月 2 日，非洲华侨周报安哥拉分社成立，并举行“非洲华侨周报暨人民日报海外版非洲周刊”首发仪式，安哥拉分社社长黄跃权（右一）、时任中国驻安哥拉大使崔爱民（右二）与非洲华侨周报社长南庚戌（左二）观看首发的报纸。

中国驻乌干达大使郑竹强（右一）视察环球广域传媒集团合作位——环球邮报

GMMG

018 年 7 月 7 日，由中央广播电视总台办、环球广域传媒集团承办的“多彩中”走进卢旺达电影展映活动在卢旺达首基加利拉开帷幕。国务院新闻办公室副任郭卫民，卢旺达语言与文化协会会长姆斯·乌宁戈马，卢旺达电影协会会长、旺达国际电影节主席埃雷克·卡贝拉，国国际广播电台非洲总站站长江爱民，球广域传媒集团总裁南庚戌，以及中卢国影视、媒体界人士近百人参加了启动式。

旺达人载歌载舞庆祝电影展映活动开幕

2019 年 3 月 8 日，“中国电影走进非洲”项目走进南非约翰内斯堡学校。图为为环球广域传媒集团电影放映团队在现场放映电影。

环球广域传媒集团电影放映团队工作人员与南非约翰内斯堡学校师生们合影

2017 年 8 月 3 日，由赞比亚农业与商业协会、环球广域传媒集团和中国农业电影电视中心联合主办的首届中非农业合作与发展高峰会在赞比亚首都卢萨卡市举行。环球广域传媒集团总裁南庚戌（左）、中国农业电影电视中心总编辑傅雪柳（中）与 Sibuka 电视台总裁乔治（右）在签订合作备忘录后握手。

2018 年 10 月 17 日，环球广域传媒集团总裁、非洲华侨周报社长南庚戌专访南非国民议会事务主席弗罗里克。

2019 年 3 月 4 日，由中国新闻社副社长兼副总编辑夏春平率领的中新社访问团一行造访了赞比亚首都卢萨卡，在环球广域传媒集团总裁、非洲华侨周报社长南庚戌的陪同下访问了华侨周报社、5FM 电台和中国援赞比亚医疗队。

马达加斯加 中非日报

LE JOURNAL MADAFRIQUE-CHINE

中非日报照片

2017 年 12 月 23 日下午，中非日报社社长许自树代表报社同仁抵达塔那郊区 Ambatolampy 马达加斯加国家警察孤儿院中心，看望烈士孤儿，并送去了书包、饼干、糖果等节日礼物。

许自树发放书包等礼物给孩子们

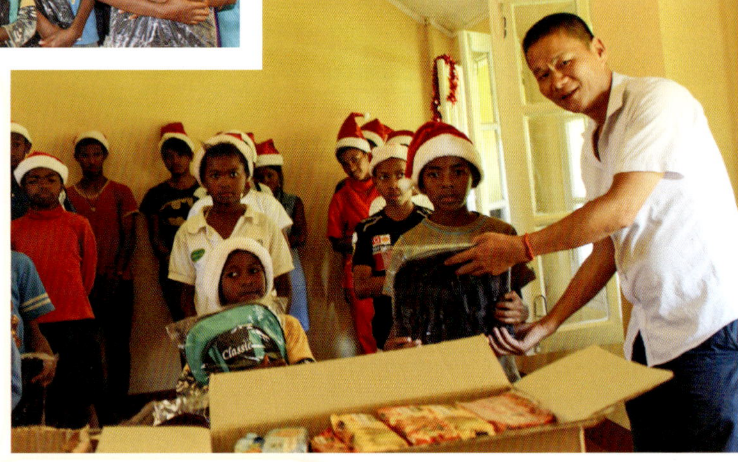

2017 年 9 月，《中非日报》副社长兼总编许自默来福州参加第九届世界华文传媒论坛。

中非日报记者与海外传媒代表合影留念

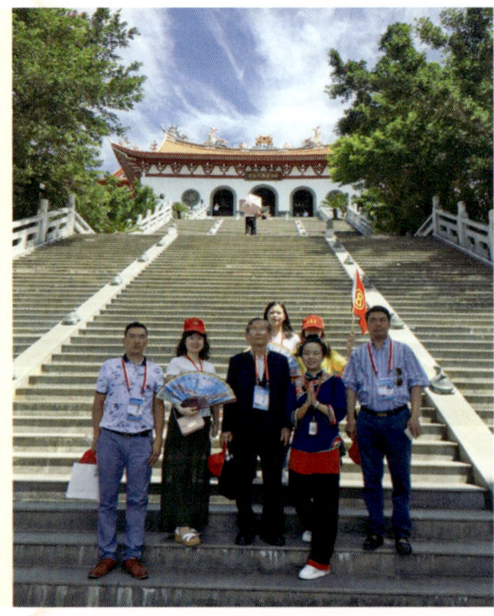

2018 年 12 月 14 日，尼日利亚发生三名中国人被害案，西非统一商报用三个版面首次向当地读者全面客观报道案件详情，引起强烈反响。

尼日利亚

西非统一商报

2017 年 5 月 15 日至 18 日，以桑麟榆秘书长为团长的中国友谊促进会代表团访问尼日利亚，出席在当地举办的“反恐、反金融洗钱”高层研讨会。西非统一商报现场报道。

2017 年 9 月 10 日，第九届世界华文传媒论坛在中国福州开幕。《西非统一商报》董事长胡介国应邀出席。

2017 年 8 月 14 日，塞拉利昂首都弗里敦发生泥石流和洪水特大灾难，中国医疗队赶赴受洪水和泥石流围困的灾区展开救援。西非统一商报及时报道救援进展。

2018 年 3 月 23 日，尼日利亚纳姆迪·阿齐克韦大学授予《西非统一商报》董事长胡介国经济学荣誉博士学位。

2018 年 12 月 15 日，中国中央电视台国际频道“世界听我说”栏目向全球播出了非洲第一位华人酋长胡介国的故事，胡介国以讲述者在节目中亮相。

尼日利亚西

西非華聲報

Voice of China (West Africa) Weekly

2018 年 9 月 15 日，西非华声报董事会成员倪孟晓（右二）、郑俊泽（左二）、陶锦宝（右一）拜会尼日利亚前总统奥巴桑乔（中）。

Voice of China (West Africa) Weekly

西非華聲報

GREE 格力

大国重器，西非亮剑！征战国际，勇挑重担！

巨无霸海洋石油202船抵拉各斯

开启丹格特石化特大项目海上施工

•03•

我和1100多名师生渡过了一个难忘的大PARTY

•04•

尼国民间大使周姐 经历似战狼

曾大年初一协助总领馆救同胞

•05•

人在非洲 05

27岁中国小伙竟在尼日利亚当上阿丹酋长

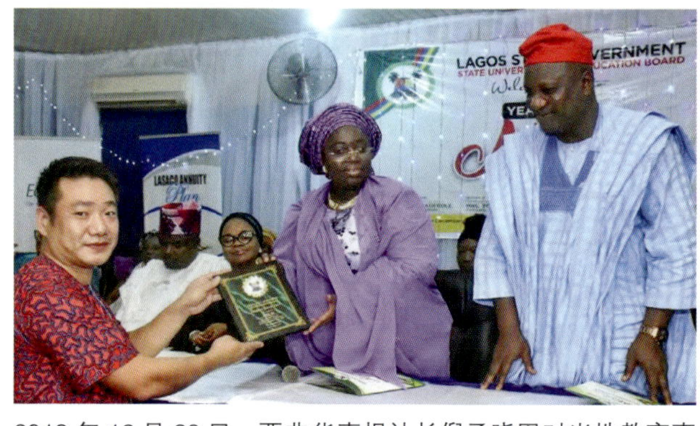

2018 年 12 月 20 日，西非华声报社长倪孟晓因对当地教育事业的贡献，获拉各斯州政府教育厅颁发“Merit Award”最佳社团组织奖。

2018 年 12 月 8 日，尼日利亚知名法制类刊物的发行及主办单位授予西非华声报法人代表郑俊泽“尼日利亚标志人物”称号。

2019 年 1 月 20 日，郑俊泽因长期回馈当地社会，被尼日利亚当地大土王封为酋长。

2018 年 10 月 1 日，尼日利亚华星艺术团团长、西非华声报社长倪孟晓携艺术团演员拜师川剧变脸大师赵冷松。

西非华声报董事会成员倪孟晓、郑俊泽、陶锦宝为优秀学生颁奖并赠送生活用品

西非华声报董事长倪孟晓为拉各斯小学生提供助学金

2019 年 2 月，尼日利亚华星艺术团主办“中尼文化交流 · 华星走进校园”活动，华星艺术团团长、西非华声报社长倪孟晓手把手在教当地学生舞狮。

科特迪瓦 西非在线

2018 年 12 月 21 日，非洲儿童基金会举办阿比让孤儿院捐赠仪式。图为中国驻科特迪瓦大使唐卫斌（后排左）和瓦塔拉总统夫人多米尼克（后排右）在捐赠仪式上合影。西非在线摄影并报道。

西非在线社长孔辉（中）应邀参加科特迪瓦总统夫人组织的儿童慈善捐赠仪式，与总统礼宾合影。

2018 年 4 月 10 日，西非在线社长孔辉应邀参加“多姿多彩的乌克兰摄影展”开幕式。

2017 年 5 月 16 日，西非在线总编辑邓敏应邀参加“首届黄檗禅文化与海上丝绸之路高级论坛”活动。

2019 年 2 月 18 日，西非在线总编辑邓敏应邀参加四川天府新区“一带一路”国家和地区主流媒体采风活动。

嵩山论坛2018年会与会嘉宾合影留念 2018.9.15 河南·登封

2018 年 9 月 15 日，河南省嵩山论坛召开，西非在线总编辑邓敏应邀参加论坛。

2019 年 4 月 2 日，中国驻科特迪瓦大使唐卫斌及夫人举行离任招待会。西非在线现场采访报道。

2019 年 1 月，西非在线摄影并报道科特迪瓦 2019 欢乐春节音乐会。

非洲時報

AFRICAN TIMES (PTY) LTD
Reg No.:2005/013567/07 VAT: 4440219337
Add:No.50 Marcia Street Cyrildene Johannesburg South Africa 2198
Tel: 011-615 9988 Fax: 011-616 5888 Email: africantimes@gmail.com

2018 年 7 月 25 日，非洲时报常务副社长梁铨（左一）率报社团队采访在南非约翰内斯堡举办的金砖国家领导人会晤。

西非华声

2018 年 10 月，《西非华声》主编金浩（右）参加“一带一路”沿线国家华文媒体高级研修班时，中央统战部副部长谭天星（左）颁发结业证书。

2019 年 2 月 18 日，金浩应迪拜龙城华人商会会长金国中（左）、阿联酋湖北商会会长王耀斌（右）邀请到迪拜进行座谈。

南非凤凰传媒

2018 年 10 月，在南非凤凰传媒的促成下，旅南华人作家许琳向南非国家博物馆和国书馆捐赠了她创作的两本反映华人在南非创业生活的纪实作品《拿着南非万花筒中的女人》和《酒窝》，以及由中国著名雕塑家为她创作的塑像。

2019 年 1 月 15 日上午，华裔作家许琳（中）在南非凤凰传媒董事长张晓梅（右）的陪同来到国家博物馆，接受图书馆授予的捐赠证书，并接受了图书馆的回馈礼品。

许琳（左二）在自己作品展示柜前与侨胞合影

许琳（左）接受南非国家图书馆授予的捐赠证书

中国周报

中国周报
传播共享 连接中阿

中国周报
友谊特刊
埃及—中国
两个文明的交融

الصين

埃及《中国周报》于 2010 年创办，为中文、阿拉伯文双语报纸。

2017 年 11 月，《中国周报》副社长朱新娥参加海外华文媒体新疆采访团活动。

2018 年 10 月，《中国周报》副社长朱新娥与海外华文媒体代表参访青岛。

安哥拉华人报

安哥拉華人報

习近平同安哥拉总统洛伦索举行会谈

中国城三期
HOT INVESTMENT
火爆招商
CHINA CITY
CIDADE DA CHINA
招商热线: 937 425 999
934 757 111

安哥拉華人報

洛伦索总统当选为执政党主席

A03

迎中秋
庆国庆
为迎中秋庆国庆

安哥拉華人報

驻安大使龚韬向安总统递交国书

A03

陈志好先生高票当选安哥拉浙江总商会首任会长

A03

安哥拉華人報

中国驻安大使龚韬履新

旅安华人华侨隆重举行欢迎仪式

深耕安哥拉 推广国产汽车

——专访ALTA公司董事长应慧仁

A03

《安哥拉华人报》创办于2009年10月17日，是第一份也是唯一一份在安哥拉注册的华文周报。

中国★新闻周刊

影响有影响力的人

★ 国际视野 中国立场 原创诉求 专业精神

邮发代号：2-837 征订热线：010-88395237 免费咨询电话：800-800-9999 网址：www.chinanewsweek.com.cn

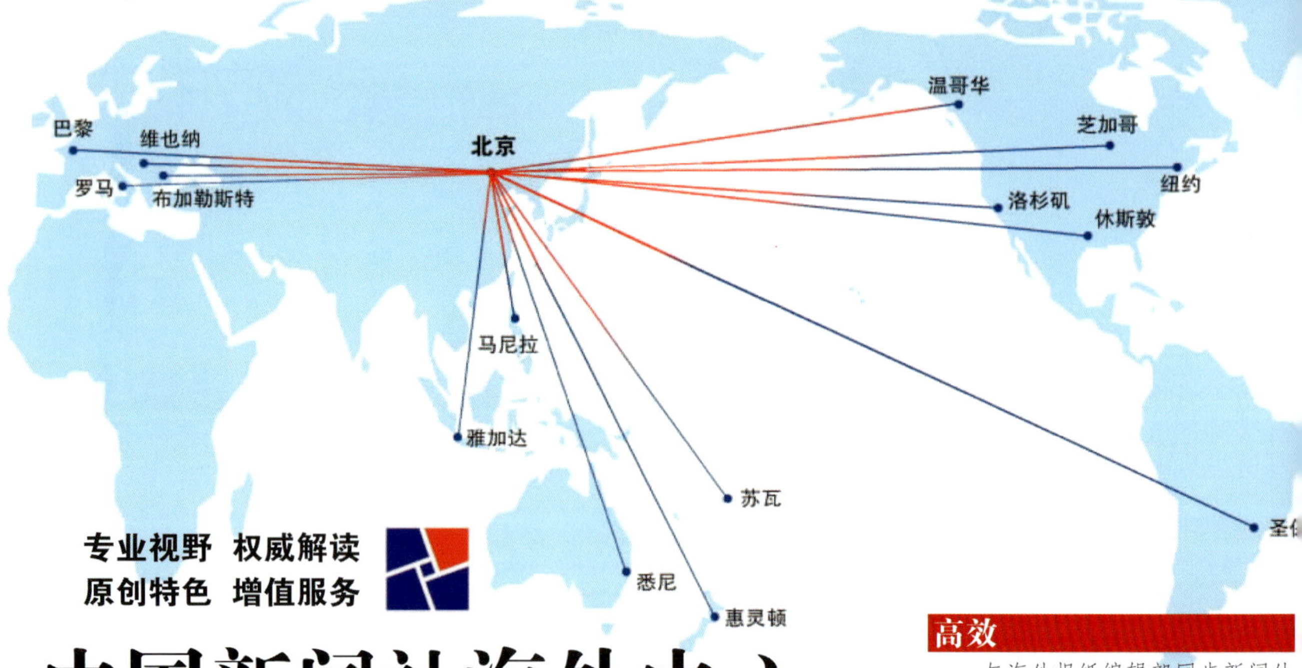

中国新闻社海外中心

OVERSEAS EDITING CENTER OF CHINA NEWS SERVICE

海外中心系中新社旗下向海外华文报纸新闻供版服务的专设机构，成立于1996年10月。目前客户包括美国、法国、巴西、意大利、澳大利亚、新西兰、印尼、加拿大、奥地利等国家和地区的华文日报和周报，每日编辑制作传送对开报版，内容涵盖：焦点专题新闻、时事评论、中国大陆新闻、台港新闻、中国经济新闻、环球新闻、体育娱乐新闻、图片新闻、休闲养生知识、时尚生活动态、古今轶闻和文学副刊类版面等近百个，强调新闻冲击力和原创影响力。

高效

与海外报纸编辑部同步新闻处理，在重大新闻事件中作出同步解读。

权威

充分发挥中新社整体资源优势，成为大陆对外供版服务唯一专业化窗口。

专业

从人才到技术，捕捉专业化的新闻，从采编到管理，构建专业化的团队。

原创

在信息海洋中挖掘深度整合报道，在舆论焦点中发出独家时评观点。

服务

以境外华文报纸的需求为方向，以境外华文读者的兴趣为目标。

增值

不断提升新闻供版服务的增值点，持续增强华文报纸客户的竞争力。

地址：中国·北京
西城区百万庄南街12号
邮编：100037
电话：0086-10-88387088
传真：0086-10-88387322

1、传媒风采

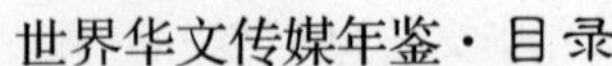

2、华文传媒发展综述

3、港澳台及海外华文传媒简介

香港

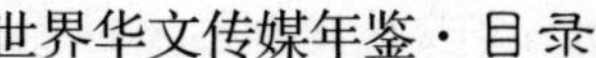

澳门

台湾

文莱

印度尼西亚

缅甸

泰国

马来西亚

菲律宾

新加坡

巴基斯坦

印度

柬埔寨

越南

老挝

朝鲜

韩国

日本

阿联酋

蒙古

土耳其

澳大利亚

新西兰

巴布亚新几内亚

斐济

美国

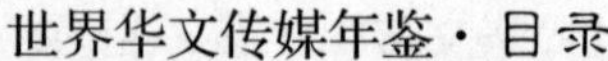

多米尼加

智利

巴西

阿根廷

古巴

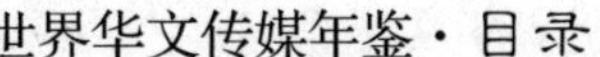

巴拿马

秘鲁

苏里南

委内瑞拉

毛里求斯

坦桑尼亚

南非

博茨瓦纳

科特迪瓦

尼日利亚

肯尼亚

马达加斯加

埃及

安哥拉

比利时

匈牙利

4、华文网站名录

5、专题

第九届世界华文传媒论坛

马来西亚《星洲日报》90周年报庆

香港《文汇报》70周年报庆

香港《明报》60周年报庆

《澳门日报》60周年报庆

《华人》杂志40周年庆典

美国《中美邮报》创刊25周年

新西兰中文《先驱报》创办25周年

葡萄牙《葡华报》20周年报庆

《澳大利亚时报》20周年报庆

6、华文传媒协会

7、传媒大事记

华文传媒发展综述

Yearbook of Global Chinese Language Media

东南亚华文传媒发展综述

彭伟步

东南亚华人众多，华人经济发达，实力雄厚，中华文化也在华人社会当中得到广泛传承。数百年来，华人的心态虽然从落叶归根转变为落地生根，但是对母语文化的眷恋仍然持久不忘。二百多年来，众多华人在东南亚办起华文报刊，面向华人传播中华文化，互通商业信息，不仅推动了中华文化在东南亚的发展，而且也促进了华人经济的内部循环。然而，随着新媒体迅速发展，传统的华文报纸、华语电台与电视台受到强烈冲击，传播力降低，话语权面临被解构的局面，必须向新媒体进行转型，以便在新媒体空间中获得生存与发展。

华文报纸面临生存困难
销量呈下跌趋势

在新媒体冲击下，具有悠久历史的东南亚华文传媒面临生存问题，华文报纸销量下跌，广告锐减，一些报刊也结束历史使命。例如在泰国，华文报纸均面临严重的生存困难问题，甚至濒临关门停刊的危险境地。《星暹日报》与《南方都市报》展开合作，曾经风光无限，但是由于迟迟无法获得更多的收入，再加上《南方都市报》本身处于经济困难时期，无法支援《星暹日报》，一度传出合作结束，《南方都市报》回撤中国的消息，反映了华文报纸生存艰难的现实。

泰国华人虽多，而且在经济上雄厚，但是出现系统性、结构性的母语危机之后，华文报纸就逐渐失去了读者群，又受到新媒体的冲击，处境越来越困难。与之相反，微信在泰国迅速发展，网上代购兴起，各种提供旅游服务信息的自媒体账号如同雨后春笋般在泰国涌现，严重分流了华文报纸的广告。一些华文网站也解构了华文报纸的传播能力。例如立足于新媒体的泰国新泰日报媒体集团旗下“泰国华人论坛”,自2008年建立网站以来，注册会员近30万，发帖170万篇，稳居泰国中文论坛榜首，是目前为止注册会员最多，日均访问量最大，最活跃的泰国华人社区。手机品牌“VIVO”、“OPPO”，红牛饮料、希尔顿酒店、格力、海尔、海信、曼谷医院、美团等来自中国与泰国本地30家大型机构在“泰国网”及媒体集团客户端等均在其上面投放广告。亚洲大众媒体有限公司设立的“泰国头条新闻”网站、微信公众号、微博平台等自2013年上线之后，迄今发送了15800条新闻，20亿阅读量，成为华人在泰工作、生活、学习、旅游等重要信息来源，以及中国媒体乃至全球各大华文媒体获取泰国新闻信息的重要源头。这些网站或自媒体拉走了大量广告，分解了传统华文传媒的传播话语权与广告传播平台，华文报纸的生存自然陷入经营困境。

在新媒体的影响下，年轻读者转向新媒体，华文报纸的受众不断流失，只能由老年受众来支持，严重影响广告客户的投入意愿，加剧了华文报纸的财政窘况。在新媒体冲击下，华文报纸越来越像会馆通讯，市场越来越萎缩。近年中国企业大量在东南亚投资，中国游客也赴东南亚旅游，本可以为华文报纸提供众多广告，但是均因为新媒体迅速发展，华文网站和微信公账号以及其他自媒体大量涌现而分流甚至拉走了华文报纸的广告。华文报纸营收出现大程度的跌幅。2010年前大宗广告，例如汽车、房地产、酒店等在泰国《世界日报》时有刊登，但是2010年之后，这些大宗广告越来越少，2018年几乎见不到大宗广告在该报刊登。

作为东南亚华文传媒的重镇，马来西亚不仅有华文报纸，而且有华语广播和电视、网络华语电视为华人提供大量新闻。目前该国有14家华文报纸和1家专注于华文报业的上市公司——世界华文媒体集团。马来西亚华文报纸在当地华人社会仍然拥有数量庞大的读者群和较大的影响力。然而，华文报纸的销量呈现下

滑趋势，《星洲日报》、《光明日报》的销量下跌态势较为明显。《星洲日报》、《光明日报》、《中国报》、《诗华日报》、《联合日报》的日均总销量从2012年911787份下降到2018年631259份，下降幅度为30.8%。第一大报《星洲日报》从2012年407349份下降到2018年293,804份，跌幅为27.9%。

新加坡的华文报纸销量呈现下降趋势。以年度计算，2017年8月，三份华文报纸（《联合早报》、《联合晚报》、《新明日报》日均总销量为291,800份，但是2018年8月，销量下跌至267,600份，跌幅为8.3%。最大华文报《联合早报》的销量虽然下跌幅度没越过双位数，但是每年的销量均呈现下降态势。其2017年8月日均销量为137,100份，2018年8月日均销量跌至126,400份，下跌了7.8%。总体来说，东南亚华文报纸的印刷版前途令人忧虑。

华文新媒体发展迅猛　数量暴涨

随着新媒体的迅速发展，华人创办的华文网站数量越来越多，推动了华人社会的信息传播。传统华文媒体纷纷转型，开办网站、手机客户端，在各种社交媒体如脸书、推特、微信等建立公众号，如在泰国，几乎所有传统华文媒体设立了网站，有些还发展客户端，并在微信上开设公众号，例如《星暹日报》、《世界日报》等均开设了微信公众号。许多传统华文媒体利用自身的采编队伍，在网络和手机移动端发布经过核实的权威性信息，通过新媒体之间的互联互通，广泛传播，在海外内外形成了比较大的影响，不仅为东南亚华人提供了许多有针对性、独家的新闻，而且也在当地主流社会中传播了中华文化。

在华人众多的柬埔寨，《华商日报》和《柬华日报》不仅建立了网站，而且开设客户端，为华人服务。柬埔寨第三代华人阮志强，曾在《柬埔寨星洲日报》担任记者，于2018年1月创办华文电子报刊《柬中时报》，秉持“创造最快、最中立新闻，服务华社社会”的宗旨，通过线上新闻网站和手机软件形式向华人提供最快、最中立新闻讯息。在《柬中时报》的读者群中，56岁以上的群体占据较大的比重，说明柬埔寨老华人也开始慢慢改变阅读的习惯。这种转变，对华文报刊造成了相当大的冲击，《柬埔寨星洲日报》不得已于2018年底停刊，这一方面说明纸媒转型的必要性与重要性，另一方面说明华文新媒体迎来广阔空间。例如，《柬中时报》创办一年后，已在当地产生了一定的知名度，拥有大量读者和用户，并受到官方、中国大使馆、华团、商会和民众的关注。《柬中时报》不仅致力为华人提供中立的信息，而且还希望在此基础上发展“柬中通讯社”，把柬埔寨的声音传播到中国和世界各地，把中国的好声音传递到柬埔寨，努力发展成为一个全方位的媒体企业，并开办柬文和英文网站。

在印度尼西亚，华文报纸努力转型，通过微信订阅号或公众号向华人提供信息，例如《印尼星洲日报》开设《印星》，《国际日报》开设《巴厘之窗》，《印度尼西亚商报》开设《印尼华商》等，希望社交媒体为华人报道最新资讯。一些华人办起自媒体，受到印度尼西亚华人及相关人士的欢迎。

印度尼西亚归侨周新创办于2016年创办《印尼视角》微信公众号，创办仅两个月，就取得了印度尼西亚所有微信公众号中唯一“10万+”的业绩。创办2年来，该公众号已经有2万多人的订阅户，成为印度尼西亚最具影响力的公众号，其中很多阅读者遍布世界各地，既有华人华侨、智库及高校研究学者、归侨侨眷，也有赴印度尼西亚经商、工作及留学的中国公民，此外，公众号还建了一个印尼视角群，活跃度很高。《印尼视角》微信公众号主要发布印度尼西尼的时政及社会最新动向，信息量大，涉及面广，快速准确，可读性强，既从历史层面记述归侨、华人族群生存状态，冷静客观，学术色彩较浓，也不乏轻松休闲娱乐文章。因为内容严谨、活泼，深受华人欢迎。许多印度尼西亚归侨通过该公众号了解故土的情况，勾起他们往时的回忆。许多从故乡出来的华人养成每天翻阅《印尼视角》文章的习惯，每当看到出生地的图片，乡愁就会得到极大的释放，从而形成了奇特的缓解华人乡愁的人文景观。

马来西亚华文报纸努力转型，大力发展新媒体，提供电子书下载服务，在脸书和推特设立账户发布即时新闻，取得了不错的业绩。例

如《星洲日报》的电子书销量上涨迅速，2013年日均销量仅有4,642份，但是到了2018年6月日均销量达到117,656份。电子书销量的增长不仅弥补了纸质报纸销量减少的份额，而且纸质报纸与电子书销量的总和还比2012年的纸质报纸销量高出1万份；《联合日报》与《光明日报》的电子书销量上升幅度也比较可观。《星洲日报》《联合日报》《光明日报》与《中国报》4家报纸的电子书在2016年底日均总销量突破了15万份。这说明华文报纸的读者基础非常稳固，如果能为读者提供电子、移动阅读，华文报业仍然可以维持比较高的销量。这也反映了华文教育和读者阅读习惯为华文报业的转型与发展提供了极大支撑力的事实。从马来西亚华文报纸转型所取得成绩来看，华人仍然喜欢阅读华文报纸，仍然习惯通过华文报纸获取资讯，但是由于越来越多的华人特别是年轻华人转向新媒体获取资讯，而且移动媒体为他们提供了即时信息分享的便利，这使华文报纸面临读者从纸质报纸流向新媒体的压力，必须加大力度进行转型。

移动媒体迅速发展，功能不断完善，传播更加快捷，内容愈加丰富，信息趋向多元化，过去由华文报纸掌控的传播话语权面临去中心化，华人社会去平台化的危险。例如在微信上开设的各种五花八门的微信公众号，不仅种类齐全，涉及华人生活的各个角落，只要在微信搜索有关越南的公众号，就会出现数以百计介绍越南文化、历史、旅游、商业市场等公众号，吸引了大量年轻华人，也推动了自媒体的发展，导致华文报纸销量下降，年轻读者大量流失。年轻华人更喜欢从手机客户端和社交媒体（脸书Facebook、推特Twitter）获取信息。一些华人在脸书和推特设立公众号发布消息，粉丝量非常可观。网站、自媒体绕过政府对报纸的监管，发布消息更加自由，例如菲律宾的《菲龙网》、《华语社区PH》、泰国的《泰国网》、老挝的《老挝资讯网》、缅甸的《缅甸中文网》、越南的《越南华人圈》等网站，刊发了许多一手信息，传播迅速及时，在当地华人社会具有非常大的影响力。

许多华人在脸书和推特分享来自华人第一手的见闻，如用手机拍摄的照片、视频，比华文报纸的报道更加详尽，发布和传播速度更快。华人社团在脸书和推特开设公众号，在上面发布社团举办活动的通告，不再依靠和通过华文报纸发布社团信息。华文报纸虽然仍具比较高的权威性，但是内容生产、流通与消费的掌控能力已经大不如前，华文报纸过去作为华人社会最重要的传播平台的功能正面临被解构的危险。例如，为满足年轻读者转向脸书和推特获取信息的需求，华文报纸在脸书和推特上载即时新闻。在2018年马来西亚大选期间，华文报纸无一例外利用网站、脸书和推特发布最新的选举进展，但是这种信息发布方式虽然能够得到读者的关注，却无法为他们带来持续性的赢利与收入。实际上，华文报纸利用脸书和推特发布即时信息，为读者提供最新的资讯，严重弱化了华文报纸的传播渠道作用，降低纸质媒体的发行量。

新媒体的发展，使华文报业和华人社会共同面临一些新的问题，即华文报纸试图向新媒体转型，从过去一个信息平台发展到数个信息平台，会不会因此消解甚至瓦解华文报纸的传播权力，从而无法继续承担报纸作为联结华人并形成想象共同体的角色。华文报纸努力转型，却无法获得商业回报，财收不断下滑甚至亏损，会不会因为无法承担亏损而减少权威性的内容生产，以致华人社会缺乏理性、严肃、有深度的新闻内容，从而失去了一个宝贵的可以表达华人诉求和理性思考的平台，也由此失去文化传播的渠道等。这些因应新媒体发展所出现的新问题值得东南亚华人社区思考，要未雨绸缪地进行规划，使中华文化不至于传统华文传媒的衰败而失去传承的渠道。

华文媒体融合加速
信息传播全媒体化

大数据、人工智能等科技的发展，进一步推动了东南亚华文媒体的发展。东南亚华文媒体融合速度在加快。例如新加坡报业控股于2018年1月开办华语电台“96.3好FM”，以中年听众为主要对象，通过播放华语歌曲与生活资讯、即时新闻、乐活保健以及财务规划等资讯，希望吸引收听华语广播的华人听众。之前，新加坡报业控股已经开设了“优频道”，这样该集团就拥有华文报纸、华语电视和电视

台、华文网站、手机客户端等，显示其朝全媒体方面发展的设想。新加坡报业控股通过创建各种数字传播平台，帮助客户把信息传达给新的受众，促进了信息传播的全媒体化。

新加坡《联合早报》进行媒体融合的尝试，例如利用3D技术，通过3D虚拟博物馆等多媒体方式，配合新加坡纪念开埠200年推出《新加坡前传》系列，探索新加坡鲜为人知的历史片段。该系列于2019年1月25日正式推出。该系列通过文字、长篇网络特制、视频、动画，以及3D虚拟博物馆等多媒体方式，探索新加坡的历史，使读者能够以虚拟方式近距离观看16件具有代表性的历史文物。这些历史文物以3D虚拟真实的方式呈现。《联合早报》的摄制数字团队从不同角度，对这些文物各拍摄二三十张照片后，制作成立体图像，使人们能以360度旋转视角，进行全方面观看。该报尝试采用不同的互动科技，为读者的游览体验增值，为读者提供虚拟真实的获取信息的视听体验环境，显示了华文新媒体朝虚拟真实、动感体验的传播方向发展。

马来西亚星洲媒体集团加快媒体融合速度，利用新媒体技术形成从单一媒体到多媒体交叉互动的局面，突破国界、地域甚至人种等方面的局限，实现跨区域传播，开拓了新的市场。除了华文报纸外，该集团还开办网络华语电视，通过脸书、推特、手机短信和微信订阅号《星洲网》、《百格》等，向读者定制和传播信息，通过全球性的网络向世界华人进行传播。星洲媒体集团创办的《百格》网，专注于华语视频制作，为华人提供了丰富的视频资讯，截止2019年4月25日凌晨1点，该网站在脸书设立的公众号有152202个粉丝，有165839个订阅户。此外，星洲媒体集团还向年轻创业者提供“网络创业平台”，为创业者提供资金与资讯服务，加强与年轻华人联系。通过多种形式的产业延伸，星洲媒体集团利用市场化运作与资本运营，打造了一个涵括报纸、电视台、网站、手机客户端、自媒体等全媒体集团，推出网红，加强与受众的联系，并从中开掘商业空间，尝试新的商业运营模式，对集团的内容生产规模化，符号传播的跨媒体化，以及实现商业产业链的延伸，传播渠道的拓展有积极的推动意义，对其他华文媒体的数字化生存、商业化运作具有启示意义。

中国影视在东南亚持续升温
文化交流渠道得到拓展

近年来，中国影视节目制作质量不断提高，受到东南亚华人观众甚至所在国主流社会的欢迎。中国影视节目不仅受到华语电视台的热捧，而且被东南亚许多国家电视台购买。新加坡星和播出平台的数据显示，2018年收视率最佳的十大综艺节目中，几乎都出自中国，包括《梦想的声音》和《爸爸去哪儿》，这些节目的质量比过去有了很大的提升。与2017年前半年比较，对比同个播出时段的电视剧，中国电视剧的收视率显著增加30%。数据显示，2017年，中国影视内容产品和服务出口超过4亿美元，出口规模不断扩大，出口类型不断丰富，出口的市场从东南亚向中东、非洲、欧美等地区拓展。

在影视节目与流行音乐方面，“中国制作”的品牌在东南亚的口碑越来越好，例如许多华人通过视频网站爱奇艺观看中国电视剧。2017年，中国古装电视剧《三生三世十里桃花》登上搜索引擎谷歌热搜排行榜，是新加坡人最关注的十大电视剧之一。在娱乐节目方面，《我是歌手》在新加坡收视率居高不下，新加坡歌手向洋、董姿彦相继在《中国好声音》取得优异成绩，在竞赛过程中受到新加坡华人的关注，也推动了新加坡歌手参加中国的娱乐竞赛节目。

在越南，年轻网民通过网络欣赏题材多样的中国电影和连续剧，《花千骨》、《三生三世十里桃花》、《延禧攻略》等古装电视剧受到越南观众的喜爱，形成“华流”，例如，越南有很多的字幕翻译小组，效率很高，中国电视剧晚上在中国大陆播出，一小时后就能配好越南文字幕，供越南网民收看。据越南网民反映，字幕翻译小组曾为英文剧、日剧和韩剧翻译字幕，但通过点击率的比较，显示中国电视剧较受越南网民欢迎，其中言情剧、青年励志剧和现代剧的欢迎度最高。中国剧热播带动了越南人学习汉语的兴趣。“华流”席卷年轻人圈子，推动汉语学习热的形成。越南网民通过学习汉语，不用等字幕出炉就能看懂中国剧，

并梦想有一天能以汉语与中国影视偶像交谈。

除了中国电视剧在网上吸引年轻人观看，中国电影也在越南电视频道热播，进一步散发出中华文化的魅力。越南近年来电视频道不断增加，但本土制作的电视节目产量有限，而且质量较低，无法满足市场需求，于是向外采购中国影视成了经济实惠的选择。中国影视的价格比韩国便宜，题材又多，文化又与越南相近，剧情类、历史类、侦探类等影视节目的故事情强，剧情发展常出现悬念，演员清新亮丽，道具华丽，越来越受到越南观众的欢迎，一些歌曲还因此在越南街头巷尾到传唱。中国利用影视作品拉近与东南亚民众的距离，促进文化交流与民心相通，是值得推广的做法。

总　结

东南亚华文媒体行业前景严峻，特别是传统华文媒体面对的挑战更大。马来西亚华文媒体因为有完整和系统的华文教育，能够为华文媒体提供源源不断的受众。华文报纸虽然面对新媒体的强烈冲击，大量自媒体的出现拉走大量广告，但是华文报纸仍然在内容生产具有优势，只要努力转型，通过资本化运营和市场化操作，深耕内容生产，牢牢抓住服务华人社会的宗旨，守护族群文化传承的话语空间，强化为华人表达诉求的喉舌角色，其仍然能够在激烈的竞争中获得生存与发展空间。对于新加坡华文媒体来说，由于传播力与影响力均出现下滑趋势，但是在国家的支持下，其在新媒体时代中寻找新的发展空间也不是难事，更何况中国庞大的商业市场与信息服务市场为其提供了广阔的空间。

然而，对于其他国家的传统华文传媒而言，由于缺乏资本，又面临市场空间的萎缩，其生存倍加艰难，很有可能因为长期亏损而面临两种选择：一是得到华人社团的资助，而变成社团刊物，褪去商业色彩，专注于社团信息与文化传播；二是关门停刊，结束媒体的历史与使命，当地华人社会从此失去一个重要的传承中华文化，推动文化发展的工具与桥梁。

传统华文媒体面临命运终结的现实，但是华文新媒体却异军突起，利用便捷、低成本的传播方式与充满活力的运营模式，成为华人社会新的信息互动工具，并且在当地华人社会与中国之间搭建了新的互动平台，例如柬埔寨的《柬华日报》和《华商日报》着力发展新媒体，不仅为当地华人提供信息服务，而且也为中国企业和游客提供丰富资讯，从中获得大量中国企业和旅游业广告。大量挂靠在微信的订阅号或公众号为中国游客提供各种旅游商业信息，成为华文新媒体的传播盛况。然而，这些自媒体聚焦于商业信息，对于文化传播却重视不够，缺乏担当文化传承的角色。这就使华人社会面临一个严峻的现实问题：当华文报纸无法生存而停刊，其文化教育功能的自然属性也随之丧失，华人社会的文化教育的阵地就会萎缩，以后的中华文化传承如何开展下来，值得华人社会思考与预早谋划。

新媒体迅速发展，为中国的文化产品输出提供了十分良好的环境。大量制作精良、内容丰富、情节生动的中国影视作品通过网络在东南亚落地，推动了中国文化在东南亚的传播，对于拉近中国与东南亚各国公众的文化交流，促进公众之间的文化互动有着极其重要的意义。中国要从中总结经验，利用高质量的影视产品，推进中国与东南亚的文化交流，既占领东南亚的影视市场，也增进文化相互了解，实现文化传播与拓展影视产业市场的目的。

马新华文传媒发展综述

陈　悦

继《南洋商报》2018年迎来95周年报庆之后，《星洲日报》又于2019年迎来90周年报庆。而以马来西亚槟城为基地的《光华日报》，则将在明年迎来110周年报庆。如此多华文报成为“百年老店”或准“百年老店”，是世界各国华文媒体中罕有的景象，代表了马来西亚及新加坡华文传媒的光荣历史。无怪在马来西亚，华文报纸与华文教育、华社并称为华人社会“三宝”。

目前马来西亚最大华文媒体集团为世界华文媒体集团，其同时在香港股票交易所和马来西亚股票交易所上市，是中国大陆、香港、台湾以外最大的中文媒体集团，旗下有香港《明报》，纽约、多伦多和温哥华《明报》，马来西亚发行量最大的《星洲日报》、《中国报》、《南洋商报》、《光明日报》，印尼《星洲日报》，还有多家杂志。

世华多媒体有限公司还管理马来西亚最大的4个中文报业网站（星洲网、南洋网、中国报新闻网和光明网）和多家网上杂志，目前可以说在马来西亚华文媒体市场居于绝对优势地位。

此外，启德行企业集团之下的《东方日报》则是在世华集团之外别树一帜的华文报纸。《东方日报》创刊于2002年9月29日，目前有员工逾250人，其读者群不但来自马来西亚，也有3成左右来自新加坡、港台地区和世界其他国家与地区。

其余的华文报纸则大多扎根所在地域，凭借在地优势取得一定市场份额。如《光华日报》扎根北马槟城，《诗华日报》号称东马第一大中文报等。

早前统计表明，在马来西亚700多万华人中，每天阅读中文报章的人数大约保持在230万到260万之间。华文媒体所涵盖的华人家庭则达到60%。近年来，这一数字虽有所下降，但华文报纸在马来西亚华人社会依然保持有巨大覆盖范围，有着忠实的受众基础。

对马来西亚华文媒体而言，其所经历的光辉岁月值得称道，但更值得关注的是其近年来求新求变求“融”的发展趋势。

在新媒体传播欣欣向荣之际，求变是马来西亚华文传媒必然的趋向。

马来西亚颇具权威性的组织马来西报纸发行量稽查局数据统计表明：从2012年1月到2018年7月，以每半年为统计单位考察，马来西亚大部分华文报纸的纸质版日均发行量都呈现下滑趋势。

如《星洲日报》在2012年1月到7月间，日均发行量逾40万份，到2018年1月到7月，日均发行量约为29万份；《光明日报》从接近12万份下滑到约5.6万份；《中国报》从24万份下滑到15万份；含沙巴版在内，《诗华日报》相对受冲击较小，只下滑不到10%。

总体而言，大部分马来西亚华文报纸纸质版发行量都出现了三分之一左右的下滑；虽然相较英文报与马来文报“腰斩”的表现（同期主要马来文报纸从日发行量总计逾220万份缩减到100万份出头，英文报从日均发行量总计68万份缩减到40万份出头）较佳，但依然受到巨大冲击。

为了应对纸质版报纸的下滑，主要华文媒体积极推出电子版，迎合新的阅读习惯需要。此一策略也确实收到效果。

以《星洲日报》为例，马来西报纸发行量稽查局统计称，其2018年1月7月电子报发行量日均可达11万份以上，比2014年同期增长了7倍左右，这意味着传统纸质报在过去7年间丧失的份额，实际上已经被电子报所“收复”。其他如《中国报》、《光明日报》等，虽然电子版发行量没有那么耀眼，也一定程度弥补了纸质报发行量的下滑。

但仅仅依靠电子报之变显然不足以应对汹汹而来的新媒体浪潮，马来西亚各华文媒体还积极推出新媒体平台，从纯粹的文字阅读附加

以视频、图片等新媒体传播方式，以开拓新的读者群。

马来西亚近年来产生的新媒体大多由传统媒体衍生而来，并且手段日益多元化，从早期的网站发展到开设视频、设立社交媒体账号等。

同样以《星洲日报》为例，其“触网”时间很早，于1995年就推出《星洲日报》网站。马来西亚数码协会的统计称，在2018年7月，《星洲网》的不重复浏览为270多万，在马来西亚各大网站中跻身前十。

《星洲日报》又于2014年发现，越来越多的用户通过移动客户端接触星洲网。世华多媒体有限公司随后投资建立视频摄影棚，首开先河推出马来西亚首个以移动装置为目标的中文线上视频“百格”，无论在手机、平板电脑或者是其他的移动装置都可以无时无刻观看视频。以新闻视频以及清谈节目为主的百格很快崭露头角，每月视频浏览超过千万。去年马来西亚大选，百格的开票日直播节目更是马来西亚最多人观赏的Youtube直播中文节目。

《星洲日报》还积极经营“脸书”等社交媒体账号。目前，《星洲日报》马来西亚官方“脸书”粉丝群已超过150万，Instagram粉丝群也在马来西亚居于领先地位。

《星洲汇报》也在2018年登场，这一产品主要是针对当前资讯爆炸现象，通过纸媒作为传统平台所积累的新闻判断力和读者信任度，为读者整理出一天的可靠且重要之资讯，并在逢周一到周五早上推送新闻到用户邮箱。这一产品也同样受到读者欢迎，短短一年内，用户就增加到10万人。

在今年2月《星洲日报》90周年报庆推介礼上，《星洲日报》更进一步大力推介其“融媒体”产品，由“变”向“融”发展。世华媒体集团主席张翼卿表示，《星洲日报》融媒体系统采用全新客户端平台APP，采用融媒体系统，记者可以通过手机在新闻现场第一时间发布文稿以及影像。这些内容经过审核后在最快速的时间发布到各个平台，同时让目前的采编团队可以全面转型，生产适合不同平台的内容。

全新的星洲网与手机应用程式，也能加快读者用手机和桌机浏览新闻的速度，清楚明了的新闻分类，简化读者轻易地搜索到新闻。

此外，手机应用程式的通知功能，让读者不错过任何重大新闻；定位功能，可锁定读者所在位置，自动切换星洲遍布全国各地的地方新闻。

《东方日报》也同样在积极探索求新求变之路，先后推出了电子报、东方网页、东方视频和《东方美食》等新媒体业务。其打造的“东方网”新闻以即时和可信度著称，新闻内容以马来西亚国内及世界各地最新发展时事为要，并尽以图表呈现，务求让网民读取最详尽及多样性的资讯。同时，“东方网”也提供中文简繁体版本，方便来自不同各地的网民阅览资讯。根据独立流量鉴定机构的报告，《东方网》是马来西亚浏览人次最多的新闻网站之一，每月浏览页面次数达4000到5000万次。此外，东方日报的脸书账号也累计超过140万的粉丝。东方网还开设了微信公众号。

从整体来讲，马来西亚华文新媒体主要由传统华文报纸衍生而来，由于借助传统媒体强大的新闻采集能力，这些新媒体时效性较强，新闻量大，其消息来源相对比较权威，事实相对准确，报道质量亦能得到保证。正由于此，新媒体的发展不仅稳固了传统媒体生存基础，而且打开了新的局面，为报章长期发展打下良好的基础。

传统上，一般认为广播媒体正处于式微阶段，但马来西亚近年来广播媒体却不沉寂。仅2017年一年，马来西亚就有两家新广播电台开播，令当时的广播电台数量由5家一跃为7家。尤其于当年10月开播的GOXUAN，成为探索与社交媒体融合的数字电台，其节目内容以视觉呈现为重，以网络世代的青年为主要传播对象，同样也体现了马来西亚媒体求新求变求融合的趋向。

马来西亚全部或部分使用华语的电视频道包括隶属于首要媒体集团旗下的八度空间、ntv7等频道及astro媒体集团旗下的Astro华丽台、Astro全佳HD、Astro喜悦HD、Astro AEC、Astro欢喜台、Astro On Demand、Astro双星、Astro小太阳等频道，处于astro媒体集团和首要媒体集团两大广电集团两强对立的局面。但其中大多数频道也夹杂其他语种，纯粹采用华语的不多。

其中，首要媒体集团旗下的八度空间从2018年3月起成为全中文频道，播放内容涵括新闻、电视剧、休闲娱乐节目等。此外，同属

首要媒体集团旗下的ntv7从去年5月起将原有的两档华语新闻合并到下午5时至6时播出，成为马来西亚历史上第一个长达一小时的华语新闻节目。而回顾ntv7在20年前甫开始制播华语新闻时，每天播出时间仅5分钟而已。

Ntv7还将其华语新闻节目在脸书专页上提供网页直播。值得一提的是，去年7月1日，ntv7一度中止其在脸书专页上直播，结果引发网友不满，仅3天后就被迫恢复，从中也可窥见新时代民众收视习惯的转变。

新加坡全国人口330万，华人约为250万人。新加坡有4种官方语文，其中独尊英文，以之作为行政、经济和教育的主要媒介语。根据2000年的人口普查，新加坡人口中，通晓华文（看得懂华文报）的人数有149万，通晓英文的则为164万人。

新加坡媒体也反映了新加坡社会多语文的特色，无论报章或电视、电台都以4种语文出版或广播。媒体集团主要有两个，一是新加坡报业控股有限公司（简称报业控股），是家私营的上市公司；一是新加坡传媒公司（简称新传媒），是一家官营企业。由于新加坡政府对传媒控制极严，新加坡华文传媒也一直处于相对稳定的状态中，甚少变化。

1923年，新加坡华人社群领袖陈嘉庚创办《南洋商报》。1929年，新加坡商人胡文虎创办《星洲日报》。1967年，著名武侠小说作家和时评家查良镛（金庸）与生产斧标驱风油的商人梁润之联合创办《新明日报》。1983年3月15日，《星洲日报》和《南洋商报》正式合并，出版《联合早报》与《联合晚报》。1989年，新加坡华文报章再一次改组，《新明日报》与《联合早报》、《联合晚报》组成新加坡报业控股旗下的华文报集团。报业控股旗下分别有华、英、马来文报章，包括《联合早报》、《联合晚报》、《新明日报》、《海峡时报》、《新报》、《商业时报》、《每日新闻》等。

新加坡华文传媒近年来同样在积极求变，力求适应新的媒体生态环境。如新加坡报业控股华文媒体集团推出旗舰数码产品zaobao.sg，集合《联合早报》、《联合晚报》和《新明日报》三报内容，以及原创数码内容，还融合入视频和直播节目。

在2017年，新加坡报业控股华文媒体集团进行大改组，集中《联合早报》、《联合晚报》和数码部的采访资源，成立新闻中心，由原任数码部总编辑兼联合早报副总编辑韩咏梅出任新闻中心总编辑，从12月1日起正式投入运作。 根据相关报道显示，新闻中心团队多达百人，增设经营深度报道的特稿组并集成原有的摄影摄像组，以便统一调配新闻资源，更快速地为集团的数码平台zaobao.sg与zaobao.com，以及2018年初开播的FM96.3好电台供应新闻，同时为纸版的《联合早报》与《联合晚报》提供更多深度与优质报道。

泰国华文传媒发展综述

王国安

中泰两国地理相邻，文化相通，血缘相亲。泰国约有800万华侨华人，是海外华侨华人最多的国家之一。2018年赴泰国的中国大陆游客超过1000万人次，在泰中国留学生达3万多人。同时，在"一带一路"倡议下，近年大批中资企业投资泰国。中泰之间日益密切的经贸合作、人文交流和人员往来，使得学习汉语在泰国成为一股热潮，也为泰国华文媒体创造了新的发展空间。

泰国华文媒体拥有100多年的历史。在当前新的形势下，具有百年传统的泰国华文媒体积极转型，形成了纸媒、电视台、网站、社交媒体等多种形式融合的业态，呈现出新的发展趋势。

百年历程曲折前行

泰国华文传媒业起源于20世纪初，经历百年风雨，至今仍是维系泰华社会的重要渠道之一。其间，约有340家华文报刊相继出现。学术界一般认为，泰国华文媒体的发展经历了萌芽、发育、发展、挫折、复兴、萧条与稳定7个阶段：

——萌芽阶段(1903年—1911年)。20世纪初，泰国华人创办华文报纸的动机主要是政治上的觉醒、中国资产阶级民主革命派在海外与保皇派进行文字论战。目前学界普遍认为，《汉境日报》是泰国第一家华文报纸。该报具体创办始末与年代不详，但有文字记录说明1903年已有该报发行。随后，泰国出现多家华文报纸，其中比较著名的有《美南日报》、《同侨报》以及《华暹新报》等。

——发育阶段(1912年—1925年)。中华民国成立后，海外华人社会中革命与保皇的"文斗"热潮消退。泰国华文报纸开始作为信息传播媒介，内容拓展到社会、经济、文化等各个方面，活跃程度增强。这一时期，一些新华文报纸如《天汉公报》、《群报》、《侠报》、《暹京日报》等相继创刊。

——发展阶段(1926年—1938年)。1926年，《国民日报》在曼谷出版，首先采用白话文报道新闻和发表文章；1928年，《华侨日报》提倡"报纸大众化"，充实内容，并在泰国率先改用卷筒机印刷，标志着泰国华文传媒业开始进入成熟发展期。之后1931年"九·一八"事变爆发，泰国华文报纸的反日言论激烈，泰国政府吊销报纸执照或勒令停刊也时有发生。为此，泰国华文报纸实行"姐妹报"机制应对。

——挫折阶段(1939年—1944年)。1938年，泰国亲日的銮披汶政府上台后，华文学校几乎都被封闭，华文报同样纷纷遭禁。到1939年，泰国华报仅存《中原报》，后来该报也被日本当局接管，被称为"伪中原报"。不过，即便在政治高压下，仍有"地下"泰国华文报纸出版，其中最具影响力的为《真话报》，宣传抗日。进入40年代，泰国当局有所"放松"，批准《泰华商报》在曼谷出版。

——复兴阶段(1945年—1958年)。1945年第二次世界大战结束后，泰国政府解禁华文报纸，华文报业复兴，开始步入"黄金时代"。这一时期，除了《中原报》回归原主人外，泰国先后出现了约100家华文报纸，具有代表性的报纸有《光华报》、《公言报》、《文化报》等。目前仍然出版的《星暹日报》、《世界日报》便是创办于这个时期。

——萧条阶段(1959年—1970年)。1958年，泰国沙立政府上台，实行限制华文报纸政策，华媒厄运再次降临。华文报纸只要涉及到中国大陆信息或稍有倾向新中国便被查封。这一时期只有4家华文报纸得以发行，包括《星暹日报》、《世界日报》以及新创办的《新日报》（后易名《中华日报》）、《京华日报》。

——平稳阶段(1970年至今)。1969年，泰

国《东南日报》首先打破"冰封"局面，开始报道中国大陆信息。随后，泰国华文报纸逐渐"开放"，内容趋向多样化。随着中泰建交、中国在全球影响力上升等形势变化，华文报刊也跟泰国华侨华人一样融入泰国社会，定位成为泰国媒体。这一阶段，先后有20多家华文报纸在泰创办，并有各类型华文期刊出版，泰国华文传媒业进入平稳发展时期。1993年，《亚洲日报》创刊后，形成曼谷6家华文日报并存发展的格局至今。

勇于创新拓展空间

近年来，随着中泰经贸、文化、旅游等领域交流合作日益密切，以及新兴媒体技术迅猛发展，泰国华文媒体抓住机遇，迎接挑战，从经营、合作、内容、形式等各方面进行改革，逐渐形成了以传统华文报纸为基础，报刊、电视台、电台、网站、社交媒体、移动客户端等融合发展的新态势。

一、六大华文日报的创新及特点

泰国现今主要有6份华文日报，分别为《世界日报》、《星暹日报》、《京华中原联合日报》、《中华日报》、《亚洲日报》以及《新中原报》。总体而言，目前这些报纸不同程度存在经营困难、人员流动较大等问题。其中创办时间最短的《亚洲日报》曾于2015年年底暂停出版，半年后复刊。

《星暹日报》是泰国现存历史最长的华文报刊之一，由当时的南洋著名侨商胡文虎、胡文豹兄弟俩创办于1950年1月1日。1971年，胡文豹女儿胡清心及其丈夫李益森先生执掌该报；2010年，该报由华裔企业家郑芷荪为首的康蒂集团接办，郑芷荪亲任董事长，其公子郑鹏飞任社长。2013年初，中国南方报业集团入股该报，同年进行全面改版。2015年，南方报业派驻该报的采编人员撤出。2018年8月，《星暹日报》在原有董事会基础上进行改组，郑芷荪升任顾问主席，华商蔡上新出任董事长，郭颖桥担任CEO。改组后的《星暹日报》致力打造以报纸龙头，结合免费商业杂志、户外广告、新媒体（包括中文网站、微博、微信等）为一体的泰国华文主流媒体。

《世界日报》于1955年7月由时任泰国盘古银行总裁陈弼臣先生创办，首任社长为陈弼臣夫人姚文莉。1986年台湾联合报系接办该报，1988年开始增辟中国大陆新闻。2016年4月，《世界日报》成立新媒体部，改版升级官方新闻网站，并新设微信公众号、微博新闻平台、脸书粉丝专页三个新媒体平台。2018年7月，《世界日报》原社长黄根和调升为发行人，台湾联合报系资深媒体人邱光盛接任社长。2018年9月，该报电子报PDF正式上线，读者可通过官网免费阅读该报当日所有纸本新闻。

《中华日报》前身为《新报》，1960年3月更为现名。该报曾创造了泰国华文媒体的多个第一：泰国第一家采用柯色印刷机的华文报；泰国唯一一家自购土地建筑报社大厦的华文报；唯一一家获准上市的泰国华文报；第一家自主完成电脑化转型的华文报。近年来，《中华日报》也积极参与到数据时代媒体发展中。泰国中华网为泰国中华资讯有限公司（大众）旗下PC网站，也是泰国中华日报的官方网络媒体，每日更新泰国新闻与资讯，尤其侧重泰国商业资讯。

《京华中原联合日报》由《京华日报》和《中原日报》于1984年7月合并而成，其主干报《京华日报》创刊于1957年6月，是泰国有史以来唯一由泰民联厅（新闻局）直接向泰国务院申请获准出版的华文报。《中原日报》则创刊于1980年。合并后的《京华中原联合日报》在原有基础上，不断进行创新改革，不但加强与中新社的合作关系，还与《汕头日报》、香港《文汇报》等合作，形成了重视中国新闻尤其是潮汕乡情的报道特色。该报目前已开通新浪微博官方认证公号，每天更新微博资讯。

《亚洲日报》是泰国目前最年轻的一家华文日报，由一批泰华企业家和侨领合资创办于1993年。2015年11月1日起，《亚洲日报》暂停出版，进行内部调整，包括重组董事局、大幅增资、更新设备、充实人员等。在经过半年的整顿后，于2016年5月2日恢复出版。新董事局委托著名报人吴金城全权负责报社业务，进行改革，延聘资深报人出任总编，目前报纸出版正常。

《新中原报》是泰国现存历史最悠久的华文报纸，其前身是1938年创刊的《中原报》，

由侨领蚁光炎、陈景川、郑子彬等集资创办。1958年，泰国政局发生动荡，《中原报》被封，1974年6月18日正式复刊，更名为《新中原报》。此后报社历经改组，目前泰国盘谷银行为其大股东。该报现时日出对开纸5张20版左右。

二、其他华文平面媒体

除了六大华文日报外，泰国还有多家具有一定影响力的华文平面媒体。

泰国亚洲大众集团旗下的《@ManGu曼谷》杂志，2012年10月1日正式推出后即成为泰华社会的热门话题，杂志以独家深度报道和提供曼谷前沿娱乐、旅游、购物、美食等资讯为基础，集泰国社会、泰国文化和泰国生活观点之大成，兼顾公众与旅居泰国个人之诉求，融合人文关怀与生活趣味，成为一份泰国全新的大型中文全资讯半月刊免费取阅杂志。

2008年7月由泰国普吉海南同乡会理事长云大江先生创办的《暹泰日报》，在当年北京举行奥运会期间，该报与中新社合作每天刊出8个中文版面的奥运专版，对北京奥运会资讯在泰国南部地区的传播起到了积极作用。2012年伦敦奥运会期间，该报再度与中新社合作，开办《中国新闻报》普吉版，每天刊出8个奥运会专版。《暹泰日报》在泰南地区及中国游客中具有一定影响。

《曼谷国际时报》成立于2010年2月，是一份全方位信息性报纸，以宣传国际东盟宏观经济政策，报道国内外财经热点焦点新闻，反映各领域最新动态，关注国际财经信息，传递市场动态，展示知名企业风采为主要特点。该报能够深入、长期性的跟踪报道泰国政经热点问题，受到高端读者群体喜爱。

泰国《东盟博览》杂志创刊于2016年，是中国—东盟博览会泰国版权威官方杂志。该月刊致力于为广大中泰读者传递中国、泰国以及东盟国家经贸、投资等方面信息，与泰国各大商会、泰国中小型企业发展研究院、泰国商业部、泰国进出口贸易促进局等单位有良好的合作与往来，并拥有线上线下多个平台宣传展示。

《熊猫客》是《星暹日报》在2019年精心打造的互动性旅游资讯类免费中文双月刊，以服务来泰旅行度假的华人游客为宗旨。《熊猫客》有纸质版、电子版以及结合新媒体矩阵推广，为泰国旅游业、房地产业、酒店业、娱乐业、餐饮业、教育业等行业提供新商机。

此外，泰国还有《东盟商界》、《泰国风》及《今日泰国》等多家有影响力的华文杂志。这些具有各自侧重点的平面媒体的“百花齐放”，得益于中泰旅游业及商业的日益繁荣，标志着泰国华文媒体逐渐走向市场的精准定位及资讯的专业化。

三、华文电视台与电台的本土化

文化交流是加强国与国之间合作交流的基础，更是维系族人相互认同感的纽带。而海外华文媒体则承载着弘扬中华文化的重任，肩负着促进中国与世界文化交流的使命。其中电视媒体以其受众广泛、真实感强等优势，逐渐成为海外华文媒体的重要组成部分。近年来，泰国出现了4家华文电视台及一家商业华文电台，即泰国中央电视台、泰华卫视、丝绸之路电视台、东盟卫视及泰国中文国际广播电台。

泰国中央电视台（Thai CCTV）于2009年2月28日正式开播。该台本着“立足泰国、关注中国、面向亚洲、放眼全球”的经营理念，具有传播新闻、社会教育、文化娱乐、信息服务等多种功能。Thai CCTV可通过太空5号卫星调频收看，电视信号覆盖整个东半球（亚洲、欧洲、大洋洲、非洲），泰国地区机顶盒入户数量超过2000万户。2018年，该台进行商业转型，开创电视购物栏目，颇受欢迎。

泰华卫视（TCITV）前身为泰国国际中文电视台，2011年5月1日正式开播，2013年11月1日起更名为泰华卫视，信号可覆盖20多个国家和地区，播出语种为中文和泰语。

丝绸之路电视台（SRTV）经泰国政府批准注册成立，总部位于曼谷，中泰双语同步播出。电视台拥有先进的演播设备以及节目制作流程，可进行新闻类、访谈类、综艺类等节目的现场直播、录播。该台资讯类栏目有“东盟资讯”、“泰国gogogo”等。

东盟卫视（MGTV）于2012年12月1日正式开播，办台宗旨是将MGTV打造成一个以经济、旅游、娱乐节目为特色，以中文传播为基调，以东盟一体化为支撑，尽显世界魅力的中文电视台。该台公布的收看方式是泰星5号C–band，符号率30000Msym/s，另外开办有官方微信公众号及微博。

泰国中文国际广播电台正式开播于2018年5月，调频FM103.75，以“传播中华文明，服务华侨华裔”为宗旨，是目前全泰唯一一家24小时播出的华语调频电台。

四、华文PC网站及社交媒体

进入互联网时代，网络媒体打破了地域的限制，泰国华文媒体也开始将更多的注意力转向互联网。近年来，社交媒体在泰国得到普及应用，泰国大多数华文媒体也陆续进驻腾讯微信、新浪微博、Twitter、Facebook等平台，扩大影响力，开拓新空间。如“泰国头条新闻”、泰国华人论坛、星暹日报等的微博粉丝数都达数十万。

泰华网于2008年5月正式上线，通过网络向全世界呈现泰华社团各宗亲会、同乡会、慈善机构、商会公会、华文教育、文化交流、华文媒体等整个泰国华人社会面貌。该网由“泰华网”门户、“综合资讯”、“泰华TV”、“泰1号店”等板块组成。尤为难得的是，该网站已逐渐建立起较为完善的泰国华人资料库。

泰国网创立于2009年，总部设于曼谷拉差达披色路，由泰国领跑电子商务有限公司运营，其前身为2008年成立的“泰国华人论坛”。泰国网由2个网站1个手机端和2个平台组成，在新浪微博同时运行4个微博账号，内容涵盖泰国新闻、投资咨询、求职招聘等版块。泰国网创建以来，以促进中泰文化交流、扩大两国经济贸易、关注泰国华人民生、服务泰华社会为宗旨，赢得了泰华各界的良好口碑。2018年3月，以泰国网与“泰国华人论坛”为基础，泰国新泰日报传媒集团正式成立。

泰国头条新闻于2013年8月开通，是泰国亚洲大众集团创建的线上新闻媒体品牌，现拥有独立网站、官方微博、微信公众号、华舆曼谷城市频道、凤凰大风号、Facebook、Twitter等多个发布平台，迄今已发布逾3.2万条新闻，目前已成为泰国较有影响力的线上华文新闻平台。

与此同时，泰国许多华商企业、机构也纷纷开办了社交媒体账号，提供求职、旅游咨询、代购导购、房产中介、商业资讯等各种服务。这些具有新闻媒体属性的服务平台在泰国华文读者群中影响广泛，对于融合泰国华社起到积极作用。

网络媒体的快速发展，使得在泰华侨华人获取信息的方式更加便捷，适应了中泰经济文化交流与合作快速发展的新形势。随着中泰各方面交往日益紧密，泰国华文媒体未来依然有着长足发展的空间，这就需要业界抓住机遇，积极创新，跟上时代发展步伐。

印尼华文传媒发展综述

林永传

2017年7月，中、英、印尼文三语报纸《一带一路报》在巴厘岛创刊，成为步履艰难的印尼华文报业的一抹亮光。

2017年至2018年，虽然有人不断披挂上阵加入华文报业的队伍，但对于印尼华文媒体来说，整体下滑的趋势仍在继续。“靠情怀和责任感办报”，更多的是想传承中华文化而办报刊杂志的状况没有改变。

2019年初，为减少成本，印尼最大华文报纸《国际日报》缩减了地方版面，并调整版式开张以节约纸张。

认识到新媒体重要性，在网络报、电子报、社交媒体公众号等领域想有所作为是这两年印尼华文媒体的“共性”，但除了改版网络版、推出微信公号号外，因为资金、技术、人才的不足，新媒体的发展举步维艰，效果并不理想。

虽然如此，印尼华文“媒体人”的执着和信念却未曾改变。

截止2019年3月，印尼全国性华文报纸有7家，即《国际日报》、《印尼星洲日报》、《千岛日报》、《印度尼西亚商报》、《讯报》、《印华日报》、《一带一路报》。地方华文报纸有棉兰的《好报》和《苏北快报》2家，还有《泗水晨报》、《坤甸日报》、《中爪哇快报》和《万隆快报》附在《国际日报》一起发行。同时，尚有《丰众》、《印尼巴厘风采》、《印华天声》、《印华文友》等华文期刊。美都电视台开设有每天半小时的华语新闻栏目“美都新闻”；98.3FM雅加达第一华语广播电台每周7天24小时连续进行中文广播；《和平日报》网络报每天更新印尼国内新闻及国际新闻，特别是中国大陆和台湾的新闻。此外，还有老报人李卓辉先生在辛勤坚守的通过邮件发送的《新报》。

《国际日报》、《印尼星洲日报》、《千岛日报》、《印度尼西亚商报》、《好报》、《和平日报》等开设有新闻网站或电子报，为全球读者提供免费上网阅读。

《印尼商报》开设有“印尼华商”微信公众号。《国际日报》开设有“巴厘之窗”微信公众号。《印尼星洲日报》开设有“印星”微信公众号。

以上“坚守”充分显示了印尼华文媒体在新的历史条件下，生生不息的强大生命力。

《国际日报》是著名企业家熊德龙于2001年4月1日创办的。2001年9月2日，《国际日报》与《爪哇邮报》、香港《文汇报》合作，用网络传递，在雅加达、泗水、万隆、棉兰、三宝垄、坤甸同时印刷发行《国际日报》，附送香港《文汇报东南亚版》、《人民日报海外版》和《福建侨报印尼版》。自2009年10月1日起，随报发行《国信早报》和《香港商报》。《国际日报》每天出版32版到40版，分销印度尼西亚近100个城市，成为印度尼西亚最大华文日报。

《国际日报》从创刊开始就与时俱进，详细报道印度尼西亚政治、经济、华社及国际、中国大陆、台港澳新闻，每日都有社论或评论评议国内外时局。

《国际日报》属下有《万隆快报》、《苏北快报》、《泗水晨报》、《坤甸日报》、《中爪哇快报》地方报，每天随《国际日报》印刷发行，报道地方华社和当地要闻。《国际日报电子报》于2011年1月开通，让全球读者免费网上阅读。

《印度尼西亚商报》（简称《印尼商报》）创办于2000年4月17日，是1998 年印尼进入民主改革时代后首家创刊的华文报纸。该报适应时代要求，满足印尼华文读者的需求，尽量成为印尼华裔族群获得信息的媒体，力求做到信息准确、快速、客观、可信。

《印尼商报》最初时期仅以12个版面出版，两年之后即2002年，增加到16个版面，至

今最少20个版面。每日的读者群有10.5万人。

《印尼商报》的读者群中，企业家占55%，专业人士20%，家庭主妇10%，劳工15%。读者性别中，男性55%，女性45%。教育程度：大学40%，专科20%，高中40%。

《印尼商报》新闻网站辟有即时新闻、印尼新闻、印尼财经、国际新闻、国际财经、华社新闻、陆港台新闻、陆港台财经、东盟新闻、社论、论坛等栏目，供全球读者免费上网阅读。

2016年，《印尼商报》又推出了“印尼华商”微信公众号，进入移动阅读市场。

《印尼星洲日报》创刊于1966年9月12日，前身为中文、印尼文双语的《印度尼西亚日报》，是目前印度尼西亚历史最久的中文报纸。《印度尼西亚日报》于2006年12月1日由马哈卡媒体集团和马来西亚星洲媒体集团携手合作，以全新面貌和内容面世，并易名为《印尼星洲日报》。编辑内容由星洲媒体集团负责。

《印尼星洲日报》每天出20版，新闻内容涵盖国内、区域、华夏、国际、财经、华社动态、娱乐、体育和万象。副刊有小说／艺文、健康、言论、星云、家庭亲子、家居风水和国际视野等。

《印尼星洲日报》每周六出版中文、印尼文双语的学生刊物《嗨！Hi Young Mandarin》，鼓励年轻读者学习中文。

《印尼星洲日报》网站供全球读者免费阅读，辟有国内、华社、言论、活动、副刊、专题、华社动态栏目。2018年推出微信公众号“印星”。

《千岛日报》创刊于2000年10月10日。其办报的宗旨是：争取和维护华人正当权益，促进各族和谐共处，共创国家社会的繁荣。

《千岛日报》销行印尼全国，以印尼东部地区为主。服务对象是广大印尼华人读者。为目前印尼国内销行量较多、销行地区较广泛、影响面较大的华文报刊之一。

《千岛日报》立场鲜明，维护国家和民族的根本利益，争取和维护华人正当权益，促进各族和谐共处，共创国家社会的繁荣。在新闻报道方面，该报立足于本地和本国，面向全世界，充分报道华人社会关心的，与华人利益和权益相关的国内国际事件。

华社新闻是《千岛日报》报道的重点，是维系与华社融洽关系的主要渠道。凡华社重要活动，特别是公益活动，该报都派记者采访并作详细报道。外埠的华社新闻，由本报通讯员采访报道，或由活动主办方供稿。在泗水和东区的华社新闻的报道上，与其他华文媒体相比，该报占据较大的优势。

该报除了在泗水配备外勤记者外，在印尼各地大都有通讯员，及时报道各地的新闻。此外，在中国广州、香港等地设有记者站，报道印尼华人在中国大陆和香港的活动，以及当地印尼归侨的动态与印尼华人有关的各种新闻。

2010年2月1日，《千岛日报》开设网站，每天更新当日的重要信息，方便海内外华文读者点击阅读，还可翻阅当日报纸的电子版面。

《讯报》创刊于2007年5月21日，总部设在印尼第三大城市棉兰，由当地华人企业家林荣胜创办。

《讯报》是一份面向当地华人，以报道当地和大中华区域新闻为主的日报，为苏门答腊岛第一大华文报纸、全印尼主流华文报刊之一，日销量逾1.2万份。

2011年5月21日，《讯报》在印尼首都雅加达成立分社。至此，《讯报》开始在雅加达同步发行。

《讯报》秉持“弘扬中华文化、传播华文教育”的理念，报纸刊头为“创造人生的意义与目的”，努力让华文成为印尼民族文化的一部分。

《讯报》立足于服务当地华人社会，致力于提供更多资讯及促进华文教育的发展，以中文为工具促进印尼和中国的文化交流及各领域合作。

《讯报》自创刊以来，不断改革进取，以“快捷、创新、深度”为办报原则，坚持印尼本地的大众路线，努力为读者提供最新最实用的资讯服务。该报不管是在销量还是广告方面，已领先于同城媒体，成为苏门答腊岛、乃至全印尼的第一份全彩色华文大报。

2010年2月3日，《讯报》推出首份专供印尼大、中、小学生阅读的中文报刊——《青讯报》，主要面向当地华裔大、中、小学生。《讯报》社长林荣胜在《青讯报》推介礼上致辞说，在印尼创办中文报刊与其他国家不同，

他负有一种使命感，就是要让华文成为印尼民族文化的一部分。他强调，要将中华文化的薪火代代相传，必须从学生做起。《青讯报》每天出8版，随《讯报》免费附送，内容包括适合小学、中学和大专学生等阅读的各类文章和信息。

《印华日报》由印尼各地数十位企业家联手出资于2014年10月17日创刊发行。《印华日报》创刊词宣布六大宗旨为：一、报道佐科维总统改革政策；二、增进印中友好全面战略合作；三、积极促进华社团结合作；四、推动华文教育蓬勃开展；五、参与东盟一体化活动；六、公正客观分析时局发展。

《印华日报》方针为：立足印尼，发展东盟，弘扬中华，展望世界。报纸内容包括：重大新闻、焦点评论、政治专栏、印尼新闻、首都动态，印尼经济、中国新闻、国际要闻、专题报道（突发新闻）、印华新闻、中华会馆（华教历史）、各地华社、军事科技、体育新闻、亚太纵横、娱乐新闻、华社贤达、印华文艺、东盟园地、华教园地、医药健康、印尼风采、女性天地、华裔文化（印尼文）等。每日出版24至32大版，图片突出，色彩精美。

《好报》于2008年12月4日在棉兰创刊，最初以周刊面世，2010年5月10日改为日报。目前每天出版28版（星期刊24版），广告拥挤时出版32版。内容以本国新闻为首选，尤其着重本岛本省本市与华族社会生活密切相关的新闻。由于读者多来自工商界，将财经及工商界相关信息列为重点。《好报》发行网涵盖亚齐、苏北、苏西、廖岛及雅加达部分地区。

《好报》新闻网站开辟有要闻、国际新闻、国内经济、商海、娱乐、体育、养生、搜奇、大观园、学园、文艺等栏目，全球读者可免费点阅。

《一带一路报》是在 2008 年创办于澳大利亚的英文、中文双语杂志《中澳企业家》基础上，于 2017年7月在印尼设立的印尼文、中文、英文三种文字、专门服务“一带一路”

沿线国家，重点是服务印尼及东南亚国家的国际政论为主的综合性报纸，是澳大利亚一带一路（国际）创业家联合总会设立于印尼的国际媒体平台。它是迄今为止全球唯一一份以《一带一路报》发行所在国国家文字、中文、英文三种文字发行的报纸。

其办报宗旨是：为印尼等“一带一路”沿线国家和地区提供高端政论与商务服务。目前，印尼《一带一路报》每月在印尼发行6000份、在柬埔寨发行1500份、在澳大利亚发行1000份、新加坡和香港等地发行1000份，在中国内地寄发1200份，已经初步形成了一定规模的读者群，形成了独到的影响力与品牌知名度，组建了颇具实力与创新精神的资深媒体专家人才队伍。在未来几年中，该报将成为印尼等“一带一路”沿线国家政府、专家学者、投资家、企业家、商务精英等高端人群的参谋与助手，将为“构建人类命运共同体”作出应有贡献。

《丰众》期刊于2010年6月独资在雅加达创刊，系印尼千禧国际集团媒体总公司属下的一份期刊。该刊内容侧重财经方面的解读和有关国内等其它最新财经信息，以及关于华夏文化等方面的介绍。该刊旨在“为公众提供丰富的信息，破译世界财富密码，解密国际金融骗局，道出股市涨跌的真相，揭示不为人知的金融历史。展现第五金砖之国——印度尼西亚风采。”目标在不久的将来办成周刊或者日报。

《印尼巴厘风采》于2013年12月1日由印尼华人沈德民医学博士创刊，半月刊，全彩色。宗旨：推进中印尼人民的文化交流，让两国文化旅游健康兴旺发展。在巴厘岛出版首份中文期刊杂志，把印尼各地和仙女岛的旖旎风光、优美文艺、神奇故事和风俗民情介绍给大中华地区的兄弟姐妹，为中印尼文化全面深化合作发展，为21世纪海上丝绸之路作出贡献。该刊印刷精美，内容丰富多采，每期印刷数万份免费分送中国旅客和各大旅馆。2015年，该刊开办中文旅游课程，培训当地青年学习中文华语。

《呼声》创办于1999年5月，月刊。1998年5月惨案发生后，苏哈托独裁政权倒台，印度尼西亚进入民主改革新时期。面临1999年大选，许多华裔心有余悸，仍在观望，不知何去何从。正是在这样历史背景下，由原从事教育工作的一些华人创办该月刊。该月刊的宗旨是鼓励华裔公民积极参政，争取正当权益，提倡恢复华族母语教育，支持民主改革，为经济复苏作努力。最初十几期，使用中文、印尼文、

英文。20几期后，全部使用中文。内容有印尼政经评论、华人社会、华文教育动态、文艺创作等。

《印华天声》创刊于2010年1月，月刊。原名为《印华之声》，16开本，50余页，主要栏目有时事、经济、特别报道、侨教史集、散文、诗词等。

《印华文友》是印华作协出版的刊物，季刊。16开本，70余页，主要栏目有散文、杂文、诗词、小说、文艺评论等。

美都电视台于2000年11月25日成立，由印尼媒体集团总裁苏立亚·巴罗创办，目前共有约1700名员工。美都电视台是印尼首家以新闻为主的电视台，新闻包括了印尼文、英文以及中文等三种语言。观众主要为受过良好教育、收入稳定的白领阶层。最初在全国7个城市首播，每天12小时播出。自2001年4月1日开始，升级为全天24小时不间断播出，并逐步增加其它内容的栏目，其中包括每天半小时的华语新闻栏目"美都新闻"，成为印尼首家播放华语栏目的电视台。自2015年2月开始，美都新闻每天播出时间为上午9点30分至10点，晚上0点30分至1点重播。

美都新闻播出内容为印尼国内外新闻时事、经济、政治、教育、文化、人物访谈、体育、健康保健、时尚娱乐等，尤其关注印尼华人问题及有关中国的报道，在印尼华人社会有较大影响。美都电视台于2002年4月与中国中央电视台就两台新闻交换、人员培训及定期互访等签署谅解备忘录。

随着中国的强大崛起，中文备受关注，世界各地掀起了学习中文的热潮，许多国家的学校也将中文作为必修课程之一，印尼也不例外，当地多所院校已培养出不少优秀的中文人才，包括非华裔学生。美都新闻为这些本地优秀的中文人才提供学习及工作的机会，培养出真正属于印尼自己的中文传媒人才。美都新闻的出现，也为传播中华文化、促进文化交流、增进印尼华裔与各种族之间的和谐共处起到了极其重要的作用。

雅加达第一华语广播电台成立于1971年。从1993年开始以新面貌播出华语歌曲。如今有员工50多名，其中播音员20多名，每周7天24小时连组不间断播出音乐、新闻、民生、健康、宗教、社会、心理、生活等各类节目。该台听众大部分居住在雅加达西区、北区、南区、中区、东区，唐格郎、勿加西、格拉旺、芝干北、德博、茂物、西冷、苏加武眉、连旺、万隆、苏眉当。听众大部分是企业界、工商界、职业上班族、大中学生等，大多属印尼社会的上层阶级。

和平日报网络媒体是《和平日报》创办的网络媒体。《和平日报》于2000年1月由印尼著名侨领吴能彬博士独资创办，以"唯有和平，才能避免分裂"为办报宗旨。吴能彬博士期望以"和平"为最大追求，以"和平"为终极目标，以"和平"为远大理想。因此，《和平日报》创办以来，深受各界好评。如今，《和平日报》已停止纸质媒体的发行，创办了网络报纸与和平电视，秉持一个中国原则，提供专业的新闻报道，为印尼华裔争取平等权利、积极融入主流社会，参与建设美丽的印度尼西亚积极贡献力量。

菲律宾华文媒体发展综述

关向东

随着新媒体时代的到来，菲律宾传统五大华文报纸及纸版杂志，巩固纸媒读者群的同时，积极展开新媒体业务，老树新枝再显生机；千禧人创办的一批主要以微信公众号为传播平台的新媒体、以及社交媒体也迅速成长，吸引大批年轻读者，尤其新华人；中英菲三语新闻台节目在菲律宾国家电视台重要时段播出，让华语为基础的新闻走进菲律宾千家万户……走过转型期瓶颈，菲律宾华文媒体，呈现出郁郁葱葱景象。

菲律宾华文媒体现状

菲律宾华文传媒历经百余年兴衰更替，从发展规模和社会影响力来看，《世界日报》、《商报》、《联合日报》、《华报》、《菲华日报》等五大华文日报，一直都是菲律宾华文传媒业的主力，被誉为菲华报业“五朵金花”。近年，这些传统华文媒体老树新枝，不仅深耕纸媒内容，也多积极展开新媒体业务，呈现多元化发展态势。菲律宾华文出版的纸版媒体还有彩色杂志《菲律宾华商纵横传媒》。

华文网络媒体、公众号方面，有传统媒体办的菲律宾世界频道、菲商网；也有全部新媒体运营的菲龙网、菲华网、菲信网、芒果派等。其中，菲龙网同时也是菲律宾最大的华文网络社区，组织各种社区活动，承办大型演唱会等；芒果派则在菲律宾新华人中颇有影响，承接“一带一路”倡议下菲律宾的许多活动。

华语电视台方面，当地两家华人投资电视机构，在菲律宾国家和商业电视台购买时段播报华语节目。其中菲中电视台CHINATOWN TV暨菲中新闻台CNTV播映于国家电视台IBC13频道，是全菲律宾首创以华语、英语、菲语和闽南语制作的综合电视台，在全菲各角落，包括有线和无线电视都能清楚的收看得到。菲中新闻台CNTV周一到周五播映，是全菲唯一一档华文新闻台。菲华电视台电视节目“Chinoy TV菲华电视台”在菲律宾最大媒体集团ABS-CBN新闻频道（ANC）中，每周六晚上8点到8点30分播出半小时华语新闻。两家电视台在菲都参与举办各种华语活动，其中菲中电视台2013年成功举办了首届“菲中先生、菲中小姐”华人选美比赛，并在全菲现场直播；并已连续4年与东盟13个国家和地区联合在南宁举办跨国春晚活动。菲华新闻台自2016年至2018年间，成功地举办了菲律宾菲华先生和菲华小姐的选美活动。

以下对主要华文媒体做简介：

《世界日报》由菲华知名人士吴永源博士、陈华岳律师等人于1981年6月1日创办。从上世纪90年代至今，《世界日报》始终为菲律宾发行量最大的华文报纸。该报的宗旨是：报道真实的世界、真实的中国，服务菲华社会，促进菲中友谊。

近年，《世界日报》董事会对全球新媒体、融媒体时代发展趋势做出了清晰的判断，稳步落子布局，引进新的资本与技术力量，新老平台齐头并进发展。既稳固了传统华人社会纸媒读者群，同时以新媒体、融媒体吸引了新华人，事实上扩大了读者群。

目前，《世界日报》每日出版新闻32版，包括要闻/本岛版、中国/国际版、经济版、华人版、言论版以及十多种新闻版面和副刊。广告最多200多版，最高纪录为单日版面320版。同时，在新媒体、融媒体方面逐步推进，多平台发展。

2015年，该报从单一纸媒向多媒体方向发展，创办微信公众号。2017年，微信公众号改名为“菲律宾世界频道”并进入发展的快车道，扩充新闻来源和内容，增加真人语音播报系统；不仅发布菲律宾的时政和财经类新闻，每周还推出一期聊天类节目，直击热点话题。2018年，世界日报手机客户端（App）上线，

不仅整合“世界频道”公号的内容，还增加中国、国际、财经、体育、娱乐、生活、评论等板块。

在中国新闻社最新发布的“2018年第四季度世界华文传媒新媒体影响力海外区总榜”中，菲律宾世界日报在全球57个国家400多个华文媒体中高居第9位。

《世界日报》与中新社海外中心有海外供版合作，与香港《大公报》、福建省委统战部的《福建侨报》、广东省委统战部（侨办）的《侨乡广东》、福建省南安市政府的《海丝商报》、福建晋江市政府侨务办公室的《晋江乡讯》以及厦门市外侨办《鹭风报》合作，印制发行上述报纸的菲律宾版。

截至2019年，《世界日报》在菲律宾已发展成为菲律宾传统纸媒领先、新媒体蓬勃发展、与中国众多媒体广泛合作的综合性华语媒体平台。

近年来，《世界日报》多次派员报道中国全国人大、政协“两会”，中共十九大等，浓墨重彩地报道中菲两国交往盛事，受到读者欢迎。

《商报》创刊于1919年,是菲律宾现存最老牌的华文报纸之一，今年将迎来百年华诞。

《商报》（日报）创刊于1919年10月，原名《华侨商报》，初为月刊，是马尼拉中华商会的会刊，由当时中华商会秘书于以同担任总编辑，蓝琛任经理。1922年初，由实业家吴纪霍提倡，招股组成华侨商报出版公司，推举吴克诚为经理，杨忠信为司库，将月报改为日报，于4月15日正式出版。

1927年，《华侨商报》在菲华报界首创编印画刊，1933年增印周刊。1941年12月底，日军侵占马尼拉，商报社长于以同先生因拒绝复版，不愿充当日寇宣传工具而惨遭杀害，报社产业被没收。1944年马尼拉光复后，于翌年4月15日于以同烈士就义纪念日复刊。在于长城、于长庚诸兄弟姐妹及叶向民、陈祖涛等艰苦奋斗下，到60年代，商报销售额已居华文报之首。1970年于氏兄弟遭蒙冤狱被遣送台湾，由《华侨商报》案辩护律师JuanQuijano任社长，1972年9月21日同当时所有民间媒介一并被停刊。1986年6月12日在菲律宾独立节日再度复刊，改名为《商报》。

《商报》办报宗旨：一、鼓励华人融于菲律宾大社会；二、推动华人积极参政；三、促进华人积极投入菲国经济建设；四、联络和团结菲华各社团；五、传达工商消息，普及财经知识；六、翔实客观地报道中国实况。

该报平均日出对开纸8.5张34版左右。主要版面有国际新闻、中国新闻、菲国新闻、华社动态、经济新闻、体育新闻等。该报与中新社海外中心有海外供版合作，大量采用中新社、中通社图文通稿，与《晋江经济报》、《香港文汇报》、《泉州晚报》、《新民晚报》和《福建侨乡科技报》均有版面合作。2018年，《商报》开设微信公众号和脸书等社交媒体账户。

近年来，历届菲律宾总统访华，中国全国人大、政协“两会”，中共十九大等，该报均派记者随总统府记者团赴华采访，浓墨重彩地报道中菲两国交往盛事，受到读者欢迎。

《联合日报》是由创于1911年的《公理报》和创于1945年的《大中华日报》，于1973年2月3日合并创办。创刊初期，报头印有《公理大中华报联合日报》，不久改用现名。

《联合日报》从2014年12月开始，随报免费发行英文版。2016年12月，《联合日报》与《石狮日报》合作，创刊发行《石狮日报?菲律宾版》。在新一届管理层领导下，该报对新闻采编、来稿采用严格把关，努力提高办报质量，促进中菲友好和华社团结，坚持“一个中国”原则、反对“台独”的立场坚定。该报的国际、港澳、台湾版，大量采用中新社、中通社电讯图文通稿，较为完整地将两社播发的新闻报道，传递给菲华读者。该报与中新社海外中心有海外供版合作，2019年与特稿中心合作开辟舆论栏目。

该报现有的版面有：本岛新闻每天3版以上；国际新闻1至2版；海峡两岸新闻2版以上；港澳新闻1版；“世界百态”1版；中华透视1版；小说连载2版；卫生医药1版；石狮新闻·菲律宾版1版；联合舆论场每星期2版（时评、政论）；中华风采每星期1版。其他文学艺术方面的版面：耕园每星期1版；辛垦每星期1版；薪传专栏每月2版；菲华文协专栏每月2版；信望爱（基督教）每月1版；英文版每星期4版。以及其他商业广告，社团贺词版。

《菲律宾华报》是菲律宾首家以简体中文印刷出版的报纸。该报创刊十多年来，在菲律宾默默承载着传播中华文化的使命，“以新移

民为主要读者群、力图与世界接轨”，站在菲律宾华人的立场上，为来自中国的新移民争取合法权益，致力于促进和巩固菲律宾华人与当地主流社会的融合，营造一个不同民族间的和谐社会。同时，致力发挥海外华侨华人与海外媒体合作良好的独特优势，利用“一带一路”发展机遇，当好中国与菲律宾华侨华人凝心聚力的桥梁纽带。

该报与人民日报海外版联合主办《人民日报》海外版“菲律宾版”，根据菲华社会读者的需求，每天精选人民日报海外版的内容，随当日报章发行。近年来，该报曾推出网站、手机短信息、及微信公众号等形式的新闻信息服务，力求向新媒体方向发展。

《菲华日报》原名《菲华时报》，于1978年创刊。报社几度改组,更名《菲华日报》。该报开设有国际、本岛、中国大陆、台湾、侨团等新闻版，以及经济、体育、言论、小说天地、新闻线外、社会万花筒、医药卫生等和广告、贺词等等20多栏目。

该报秉承“政治中立、言论自由”方针，各方稿件图文并茂、彩色黑白版兼顾，为弘扬中华文化，促进菲、中美术创作与世界交流，为“一带一路”宏伟蓝图增添一道亮丽的“美术”风景线，为菲律宾中国美术协会、亚洲太平洋区域美术家联合会和椰风文艺社以《文艺副刊》形式免费每月不定日期出版一期彩色《美术》、《椰风》版，刊登国内外文艺作品，并为推动中国统一大业早日成功作出更大贡献。

《菲律宾华商纵横传媒》1996年12月成立,出版菲律宾有史以来第一本全彩月刊杂志,主要发行在菲律宾航空公司国际航班及菲华社团,迄今已出版近265期。该杂志“以菲为本,全球华人齐关怀”，面向全球华人读者，致力于弘扬中华文化，促进世界华商交流，为海外华商提供一个沟通联系的平台。刊物内容以菲及东南亚华商为主要报导内容，以财经、休闲与旅游为主。该刊经常与菲华主要社团联办活动,出版专刊,并与国内外主要华媒组织联动,参加会议采访等活动。

华文新媒体，近两年来以“菲龙网”等为代表的菲律宾华文新媒体如雨后春笋般崛起，成为华裔新人与新华人爱用的媒体平台。

菲龙网创建于2013年5月，以是一家菲律宾华文网络媒体，也是菲律宾第一家属于华人自己的线上媒体平台。致力于服务菲律宾华人社区以及所有希望了解菲律宾当地信息的全球华人。经过近几年逐步发展，菲龙网现已成为目前菲律宾最具影响力的线上华文媒体。为增进华人对菲律宾的了解、为菲华社会团结、华社与菲律宾主流社会的融合作出积极贡献。

菲龙网通过旗下多个传输平台（如微信公众号、手机客户端APP、网站等），向用户提供菲律宾本地、国际、中国、财经、娱乐、华社等新闻信息，以及各种生活资讯、便民信息。

在中国新闻社最新发布的“2018年第四季度世界华文传媒新媒体影响力海外区总榜”中，菲律宾世界日报在全球57个国家400多个华文媒体中高居第6位。

菲龙网投资人及工作人员千禧人为主，传统华裔三、四代与新华人共同运作，不仅在华语社区、新闻等方面领先，也主办大型华语活动，将大陆、港澳台、马来西亚华语歌星演唱会带进菲律宾市场。

芒果派是一家立足菲律宾本土，凝聚华人情怀，具有国际传播视野全媒体资讯平台。芒果派早期脱胎于香港卫视东南亚中心旗下新媒体品牌，依托具有资深国际媒体运作经验的中菲专业团队，整合近十年在亚太尤其是东盟地区的媒体资源，于2017年3月正式成立上线。

芒果派汇聚中菲两地核心资讯、侧重深度精品报道，致力提供独树一帜的华文资讯阅读、观看体验；同时挖掘全媒体产业链，提供新闻以外的多元化商业、生活、旅行等服务资讯，致力打造气质独特的“本土华人精神新地标”。

以数代本土华人和关注菲律宾的全球华人需求为导向，从“Know more about the Philippines，有料有态度，读懂菲律宾”出发，线上平台涵盖：芒果头条、芒果智库、商业内参、芒果食堂、芒果房产、芒果人看世界等多个子版块。

同时，在“一带一路”时代背景下，依托中菲两地政治、商业、文旅等丰厚资源，芒果派旗下成立的“LEGENDOR”“MANGO THINK TANK”等商业、公关品牌，成为中菲两地媒体提供“中英双语独家全媒体资讯订制”的内容交流商，长期服务近30家中菲两地主流、网络媒体；同时也主办、承办“中菲对话”、“投资高峰论坛”等论坛、智库活动，为政府机构之间对话沟通、企业出海、文化交流等贡献出一定力量。

菲中电视台（CHINATOWN TV）播映于菲国家电视台IBC13频道，是全菲律濱首创以华语、英语、菲语和闽南语制作的综合电视台，在全菲各角落，包括有线和无线电视都能清楚的收看得到。该电视台创办于2001年，是菲律宾首个华语电视台，收视覆盖全菲的各个角落。18年来坚持和拥护“一个中国”原则，弘扬菲中优秀传统文化，积极宣传“一带一路”伟大倡议。近年来与中央电视台“华人世界”节目合作，经常连线直播报道菲律宾重要事件，深受中国驻菲大使馆的信任和关怀。

该台创台宗旨为服务社会，弘扬中华文化，促进菲中友谊及文化交流，培育土生土长的华裔青年对华语产生兴趣。本台节目内容以生活方式为主，包括美食、旅游、娱乐、时尚风格等主题。2013年，该台成功举办了首届“菲中先生、菲中小姐”选美活动，并在全菲现场直播，是至今在菲规模最大的华人选美比赛。

菲中电视台衍生出的菲中新闻台CNTV，于2017年10月份开始从周一到周五播映，是全菲唯一一档华文新闻节目。菲中新闻台是以中文为主播，而以英文和他家禄语为第二语言。该台节目同时以广播、社交媒体的样式，活跃于菲律宾媒体群。根据菲律宾相关权威收视率权威调查机构的资料显示，该台在同类型的电视台中，收视率达到60%以上。

该台与中国中央电视台、中新社、国际广播电台、湖南卫视、南宁电视台、泉州电视台、海峡卫视、江西卫视等电视台保持密切合作关系，并已连续四年与东盟十三个国家和地区联合在南宁举办跨国春晚活动。

菲华电视台(CHINOY TV)成立于2010年，该台定位为：1.透过菲华电视台不同的媒体平台(电视节目，印刷品，网上)和活动，宣扬和保存菲律宾的中华文化。2.为菲律宾华人社区杰出的伙伴，提供工作和生活灵感。3.为菲籍华人青年提供不同的途径，以便在各种媒体，娱乐和表演艺术领域发挥最大的才能。4.作为华人与菲人之间的桥梁。

“CHINOYTV菲华电视台”是一档电视节目，是目前菲律宾唯一以中华传统文化为主题的电视节目，探讨中华文化如何和谐地存在于菲律宾文化中。电视节目“ChinoyTV菲华电视台”目前在菲律宾最大媒体集团ABS-CBN新闻频道（ANC）中播出，首播时间为每周六晚上8点到8点30分，重播时段为每周日10点到10点30分。

自2016年至2018年间，“CHINOYTV菲华电视台”成功地举办了菲律宾华人圈最大的活动，菲华先生和菲华小姐的选美活动，活动宗旨在于寻找能够成为年轻人榜样的Chinoys（菲籍华人）。这项活动在菲律宾已成为发扬中华文化，突显中华传统艺术和文化的大型活动。

值得关注的是，随着菲中两国关系提升，菲律宾的华文媒体与中国两岸三地的媒体互动热络，多家华文报纸随报发行大陆、香港、台湾三地报纸版面，为当地读者提供更多元的资讯。目前，《世界日报》随报发行香港《大公报》、《福建侨报》、《海丝商报》等报纸的菲律宾版；《商报》随报发行《晋江经济报》、《新民晚报》、《泉州晚报》、香港《文汇报》等报纸的菲律宾版；《联合日报》随报发行《石狮日报》菲律宾版；《华报》随报发行《人民日报海外版》及《厦门日报（海外版）》部分版面，《菲华日报》则随报发行《人间福报》。

2016年11月1日，《海丝商报》在福建南安正式创刊，并同步推出《海丝商报·菲律宾版》。2016年12月22日，《石狮日报·菲律宾版》正式在马尼拉创刊发行，随《商报》发行。来自南安、石狮两大著名侨乡的地方媒体与菲律宾华文报纸合作，为旅菲南安籍、石狮籍侨胞了解家乡信息提供新的平台，让家乡的文化漂洋过海贴近他们，满足了他们对家乡信息的需求。

菲律宾华文媒体发展分析

综上所述，新媒体、融媒体时代的菲律宾华文媒体，整体基本完成转型，或者对转型迫

切性有了认识。对已完成转型的菲律宾华文媒体，可以做以下几个判断：

——**读者不降反升**。菲律宾本是一个融合社会，对新鲜事物的接受能力非常强。因此，新媒体时代的菲律宾华文媒体，读者不降反升，读者老、中、青各有偏好，老侨、新侨各有发声平台。

——**外部环境持续向好**。近年，杜特尔特政府推动“大建特建”基础建设计划，吸引投资，增加就业，提高劳动力素质，菲律宾经济持续向好，同时菲中关系经历转圜、提升、巩固阶段，更是新鲜事不断，为媒体成长提供良好外外部环境。

——**多元化发展吸引投资**。菲律宾整体经济发展向好，反应在菲律宾华文媒体上，就是新老华文媒体纷纷吸引投资，拓展平台，媒体业务纸媒网媒、线上线下、电视、客户端多元发展，其中不少华媒公司还涉足公关、演艺、甚至华文网络技术行业，客户除了来自传统华人社区，已拓展至“一带一路”菲中合作项目，甚至菲主流社会也给予关注的赛事。

——**起到了菲中民间沟通的桥梁作用**。华文媒体在菲律宾的融合发展，与菲华在菲律宾社会的地位基本相匹配。据观察，菲律宾华文媒体多立足菲中友好，既积极融入菲律宾，关注本国政治、经济、社会、文化以及华社的新闻，也侧重报道菲中关系，并及时刊发“一带一路”倡议下中国与世界各国交往的新闻。在中国与菲律宾建立战略合作关系后，菲律宾华文媒体更加主动、有创造性发挥起菲中民间沟通的桥梁的作用。

展望未来，随着中菲关系的发展，新华人将成为菲华新媒体平台、尤其是移动客户端为依托华人社区的主要读者群，因此菲律宾华文媒体仍有较大的发展和上升空间，将呈现出更加多元化的态势。

美国华文传媒发展综述

黄天波

自从特朗普2017年1月20日在华盛顿宣誓就职正式成为美国第45任总统以来，美国的媒体生态基本可以用“成也特朗普、败也特朗普”来形容。说“成也特朗普”，是指本来在互联网和社交化平台面前疲于应对的美国主流传统媒体，终于焕发了“第二春”，媒体话题剧增，关于特朗普个性、家族丑闻以及施政方针、具体政策的报道和讨论，裹挟着党派政治的硝烟，每天呈现在观众面前。说“败也特朗普”，主要是指真实、客观、平衡、公正、独立的传统新闻观，在基于政治观点甚至党派利益的争斗面前，逐渐式微。几乎任何一个时间打开CNN、纽约时报，很难看到不是在攻击特朗普的新闻，而福克斯(Fox News)新闻等，则完全是一边倒的谴责自由派，配合特朗普反击所谓的媒体“猎巫”和丑化行动，特朗普甚至宣布美国部分媒体就是全民公敌。更为关键的是，本来传统观点认为“推特”、“脸书”等社交化平台的崛起，会给传统媒体插上“互动”和“分享”的双翼，进一步促进网络自由、民主前景和充分表达，但事实证明完全是一厢情愿。

由于社交化媒体通常是根据用户阅读习惯来推送新闻，导致了想法类似的人会聚集抱团，观点一致，并只从相同渠道获取信息。美国法学家桑斯坦将这种现象称为“回声室”，比喻网民只承认或接受与自己观点相近的信息，从而更加依赖自己的政治属性，投入大量认知资源来驳斥异己之见，更加坚定一己之见，导致社会的公共表达更加分化甚至走入极端。

美国是海外华文媒体最发达的地区之一，在海外华文传媒史上占有特殊的地位。自从全世界最早的一份华文日报1856年12月在美国出现，美国的华文媒体经历了160余年的发展历程。近年来，美国华媒则呈现以下特点。

自媒体登堂入室

近几年大量中国大陆新移民大量抵达美国，留学生也大量增加，美国人口普查局的最新数据显示，美国华人人口已达452万。华人是美国亚裔中最大的族群，也是所有少数族裔中仅次于西语的第二大族群。他们对新闻、影视等娱乐产品的需求，和几十年前背井离乡来异国打拼的华工以及改革开放初期来美国求学从零开始的学生学者都有很大变化。另外，中国大陆近些年来经济的迅猛发展以及移动互联网应用如“微信”等的普及，也深刻改变了美国华文媒体内容传播的版图，大量以北美原创内容为主的自媒体公众号大行其道，蔚为壮观，成为越来越多海外华人获取信息的渠道。

综合类新闻资讯自媒体：

“美国华人公众号”由在美国的华人志愿者于2014年初创办，总部在加州硅谷，秉持客观、理性和包容的原则报道美国华人关心的事件和人物，多视角观察和分析美国政治、经济和社会问题。其内容特点在于深度、综合、接地气，在促进华人公共参与及权益保护等方面佳作迭出，影响力越来越大，截止到2019年4月1日，已发表原创文章1500余篇。

另外一个初期定位于北美留学生的自媒体账号“北美留学生日报”，在资本运作、内容生产和商业拓展三方面正在打造新形态海外媒体的典范。“北美留学生日报”成立于2015年，初期获小站教育、北美省钱快报等的1000万元Pre-A轮融资和天使轮融资。2017年11月，“北美留学生日报”完成2000万元人民币A轮融资，资方为腾讯、华人文化与华盖资本。目前美国约有35万中国留学生，在迎来送往中，有100万学生、家长、相关人群关注

"北美留学生日报"。作为一个在美国度过大学时光的垂直群体中，几乎不可能有人没听过、没看过北美留学生日报的文章。其业务占尽了"痛点、刚需、高频"三个互联网创业成功的要件。这部分人群需求固定（申请、考试、签证、课程、医疗）、信息来源有限、转化率高、消费能力强。其以精准内容为起始，提供资讯、消除信息不对称，并拓展到社群运营，提供更多种、更深度的产品和服务。"北美留学生日报"的平均文章打开率高达40%，月均PV（页面浏览量）超过1300万，月均UV（独立访问量）超过530万。2017年，"北美留学生日报"的总营收约在1000万人民币，其中广告营销类收入占到70%，其他留学后服务相关的收入占到30%，2019年已经基本达到收支平衡。近期，他们试水知识付费以及留学后服务小程序，更多留学生和家长的需求比如生活费学费支付、法律援助、医疗需求、签证移民等，都可以找到入口寻求帮助。

由于资本的加持，"北美留学生日报"能够随行就市在美国名校如哥伦比亚大学及密苏里新闻学院的专业新闻院系毕业生中聘用英才，专业化运作，分别在纽约和北京有十几人和三十几人的团队，负责内容、编辑、市场、技术，做到24小时更新内容和对接服务。在2018年的刘强东美国"性侵案"报道中，"北美留学生日报"一骑绝尘，独家报道迭出，遥遥领先于其他媒体，甚至一度成为其他主流华文报章的信息来源和议题制定者。更为难得的是，京东的资方也是腾讯，"北美留学生日报"在整个报道中基本做到了高度专业性。另外，"北美留学生日报"在意大利奢侈品牌D&G辱华事件中，是海内外率先整合信息发布的自媒体。在最新的中国四川凉山30名救火队员牺牲的报道中，以一篇"30人全部壮烈牺牲、我多希望这是愚人节假新闻"获得400万点击。

在新闻资讯类自媒体中，还有一股不可忽视的力量即政论性节目，此类节目大多由在国内有多年新闻工作经验的资深媒体人担纲，借助于Youtube平台进行直播，点评热点事件，辅之以各类八卦，也颇吸引了一大批对时政特别话题热衷的海外读者追捧。

生活类、社区类、兴趣类垂直自媒体的崛起：

微信公众号的盛行让创办媒体的门槛大大降低，一大批与日常生活吃喝玩乐密切相关的自媒体如雨后春笋般蓬勃发展起来，仅仅以纽约为例，就有"纽约情报站"，"纽约潮报"、"纽约吃点啥"等深受当地吃货的喜爱。这些自媒体在内容创作上图文并茂，网络潮语迭出，从阅读习惯上看，已经和字斟句酌、中规中矩的传统媒体写作及发布方式大相径庭。同时，这些生活类公众号往往和线下活动结合起来，既为增加用户活跃度，也是向商家收取费用的"实锤"。

同时美国华人尤其是专业人士充分利用结社自由的特点，成立各类组织报团取乐，同时也用自媒体账号进行内部管理、通讯和对外推广。仅以纽约为例，就有华人金融协会、旅美科技协会、美国中国总商会等组织经常使用微信公众号推广相关活动。除了兴趣以外，地域属性也是自媒体的一个鲜明特点，华人集中的北美大都市比如纽约、波士顿、华盛顿、芝加哥、旧金山、洛杉矶等都有大量服务于本地华人的公众号和微信群。由于这两类人群兴趣点集中，内容相关度极强，都能起到非常有实效的传播效果。

华裔维权话题带动媒体大协作

虽然媒体形式有多种分工，比如自媒体及传统媒体、纸媒和电子媒体、全国性媒体与地方性媒体等等，他们的内容侧重和传播方式均有所不同，但在触及华裔社区底线和族群根本利益的大是大非问题上，各种媒体都尽力发声相互促进，成就了美国华文传媒发展史上的壮丽篇章。继2013年华裔抗议美国广播公司辱华案、2014年华裔警员梁彼得司法不公案后，近两年影响最大的非陈霞芬案莫属。

陈霞芬一案缘起于2012年5月24日，一名美国政府雇员发电子邮件举报美国气象局华裔水务专家陈霞芬，说她"虽然是美国公民，但却是中国人"，说她有间谍嫌疑。作为一名入籍美国将近20年，已经把美国中西部当作自己家乡的水文学家，陈霞芬开发的俄亥俄河谷洪水预测模型挽救了无数生命，也让她获得许多赞誉和嘉奖。

2014年10月20日，当陈霞芬踏入美国国家气象局办公室时，办公室的后门突然打开，6名美国联邦调查局探员走了进来，指控陈霞芬盗用密码下载有关美国水坝的敏感、机密信息，并透露给一位中国官员。当天，陈霞芬戴着手铐，当着同事的面被带走，同时面临100万美元罚金和25年囚禁指控，而且还被打上了“间谍”的标签。那天晚上，当她返回位于郊区的家里时，几辆电视新闻采访车已经停在她家门前。她被指控为间谍的新闻已传遍全世界，就连她在中国的家人都已获知这一消息，全美华人社区更是引起极大震动。

5个月后，2015年3月10日，在案件开审前的一周，检察官却主动撤销了对陈霞芬提起的所有指控，并且没有作任何解释，也没有作任何道歉。然而，留给陈霞芬的，却是高昂的法律费用和名誉扫地——她为之奋斗一生的工作和她的声誉被毁之一旦。更糟的是，2016年3月11日，陈霞芬被美国商务部（国家气象局的主管单位）解雇，理由却与被撤销的指控类似。

2018年4月23日，审核陈霞芬被解雇一案的行政法官Michele Szary Schroeder女士出具了一篇长达120页的裁决意见书，认为美国商务部官员隐藏了那些本来能够还陈女士清白的证据，解雇陈女士的两位官员“更关心的是让自己显得公正，而不是做公正的事情”。除了责令美国商务部恢复陈女士的工作、补发拖欠的工资，并支付法律费用，这位法官还指出，“从他们死不认错的证词来看，如果他们不承认2+2等于4，我也不会感到惊讶。”

2018年6月18日，不服上述判决的美国商务部提起上诉。陈霞芬也至今没能重返她在国家气象局的她献出了毕生心血的工作岗位。

陈霞芬的遭遇除了获得华语媒体的空前关注，集体发声为其鸣不平，博客、微博、微信群、微信公众号、社区公告板/BBS、亚裔为主的各类论坛都予以大篇幅报道，各种解析、观点彼此激荡。华语自媒体充分发挥灵活机动、易于传播、社群渗透力强的特点，而传统媒体则严守主流新闻关，在事实准确性上为舆论奠定坚实基础，从而带动了美国主流媒体乃至主流社会的关注和参与，在案件推动关键节点上居功至伟。 同时陈霞芬案也得到众多亚裔团体和民权机构的关注，包括美国民权委员会、国会亚太裔核心小组、百人会、美国华人联合会、亚太联盟等。

在媒体和社区组织的协同努力下，陈霞芬维权案也取得了长足进展。2019年1月23日，陈霞芬法律维权基金会向媒体发布消息，称陈的律师团队已于1月18日向俄亥俄南区的联邦地区法院提起了联邦诉讼。他们依据《联邦侵权赔偿法》，状告美国政府对陈霞芬恶意起诉（malicious prosecution）和错误逮捕（false arrest）。

除了像类似于陈霞芬案的典型华人维权案件报道外，面对美国政坛部分以歪曲事实、哗众取宠的部分政客对华语媒体的不实指控，主要华媒都会正面回应，强硬回击。美国知名智库加州斯坦福大学胡佛研究所11月29日发表了213页的重量级报告中——“中国影响与美国利益，提高建设性警惕”，警告中国全面渗透和操弄美国政府、大学、传媒、智库、企业和侨界，其中22页的篇幅声称北京对美国境内华文媒体控制，媒体独立性大受影响。北美《世界日报》等主要华文报刊随即予以回击，迫使该报告进行了一定修改。

知名传统媒体整装再出发

全美发行最大的三家综合性华文日报分别为：《世界日报》、《侨报》、《星岛日报》。

《世界日报》1976年在纽约创刊，系美国三家华文日报中发行量最大、影响最强的一家，也是美国少数几家发行全国的日报之一。《世界日报》在纽约、洛杉矶、旧金山、芝加哥、德州、温哥华、多伦多等地拥有独立的发行业务。

该报隶属于台湾联合报系，以报道台湾新闻见长，近些年随着大陆新移民群体的崛起，关于该群体以及中国大陆的报道大幅增加。其采编队伍专业且相对稳定，一年365天全年无休，创办初期每日高达128个版面，后来在印刷媒体整体下滑的态势面前，缩减到64–80个版面左右，内容包括当天的全球重大新闻、美加要闻、经济、政治新闻，还有最新的大陆、台湾、港澳、东南亚新闻，以及地方华人社区新闻。此外，《世界日报》也提供体坛焦点、影艺动态、金融、艺文、论坛、儿童世界、

家园、科技资讯、医药保健、消费、工商等报道。发展至今，《世界日报》获奖无数，得到北美主流社会的肯定。

在因应数字化媒体时代及营收压力方面，《世界日报》做了大胆而且持久的努力，电子版由收费变成免费，并且在波士顿、纽约布鲁克林、华盛顿等地创办免费周报，回馈广告客户，同时全力抢占免费报读者份额。近些年，《世界日报》推出的主要新产品和服务包括：

世界新闻网 worldjournal.com为《世界日报》旗下的新闻网站，于1999年元月正式开站，迄今已是北美(包括美国与加拿大)涵盖地区最广、最具权威、最有影响力，以及最受欢迎的中文新闻暨华文社区资讯的网站。发展迄今，世界新闻网除了新闻网站之外，还有数位化电子报ePaper、世界分类网、世界黄页网、世界部落格，以及世界电邮报等次产品。在新闻之外，更全面性扩展电商，开办了北美生活食衣住行育乐等一次性解决方案。

世界电子报ePaper，将全真报纸版面上网，搭配《世界日报》纸本发行版本，而且突破地理区域限制，只要有网络的地方，就可以阅读到每日更新的电子报内容，为北美涵盖地区最广的华文电子报。

世界分类广告网每日更新数千则分类广告，并且结合了平面《世界日报》美、加地区的分类广告，将所有资讯一一刊登上网。各地《世界日报》广大客户所登列的分类广告，不论买卖房屋、车辆，或寻觅笔友、征婚，或是求才、求职，均被囊括于世界分类广告网。各地网友也可每天透过这个分类广告平台，直接上网刊登网络分类广告讯息。

世界黄页网搜集全北美超过5万笔以上的华商资讯，并将纸板工商电话簿放上网，同时建设并完善北美华商数据库索费与搜寻服务。

《侨报》1990年1月5日在纽约创刊,是美国唯一一家以简体中文印刷发行的大型综合性日报。《侨报》自创刊伊始,便著力向读者提供及时、客观、准确、公正的中国两岸三地新闻、国际新闻、美国新闻、本地新闻、工商新闻、财经新闻和大量的生活、娱乐资讯。随着中国大陆移民的迅猛增长,《侨报》报道重点随之调整，包括中国国家主席、全国人大常委会委员长和国务院总理在内的许多中国高层官员都接受过《侨报》的独家专访,从而奠定了其在报道中国大陆新闻方面的权威地位。

《侨报》强力推行“覆盖全美”战略,其印刷媒体已经在纽约、洛杉矶、旧金山、大华府、费城、波士顿、芝加哥、休斯顿、达拉斯、奥斯汀、西雅图、波特兰、南北卡等16个华人最为集中的城市同步发行,同时在这些地区设立办事处派驻记者,形成了强大的新闻采编网络,致力为受众提供全面和第一手的美国华人新闻。

《侨报》的子报——《侨报周末》创刊于1999年元旦。这份周刊对中国大陆以及美东地区纵深权威的分析报道和严谨的评论,赢得全美读者的广泛好评,被公认为美国发行量最大的一份华文周报。《侨报周末》美东和美中地区发行网覆盖纽约、新泽西、费城、华盛顿特区、波士顿、芝加哥、南北卡罗来纳州,已经成为当地发行量最大的中文周报之一。

《侨报》利用自己在大陆报道方面的超强影响力，在社交媒体平台发力最猛，成效显著。侨报官方微博，有粉丝220万,已成为中国大陆以外拥有最多粉丝的中文媒体官方微博,在新浪“报纸影响力排行榜”上名列前50强。侨报微信于2013年12月4日正式开通,成为海外华文媒体第一家官方微信公共平台, 以非常贴近华人华侨生活实际的内容吸引了大量用户；侨报纽约网(NY.USCHINAPRESS.COM)是以美东《侨报》为基础的网络新闻平台。网站以大纽约地区为中心,重点关注美东地区的时事新闻、生活指南、商业资讯、休闲娱乐等资讯。网站本着扎根侨社、服务华人的原则,依托《侨报》和《侨报周末》专业的采编团队,为读者和网友送上最新、最全面、最准确的信息。侨报纽约网的日点击量已超过每天10万人次。

《星岛日报》美国版创立于1965年，依托于总部位于香港的星岛日报集团进行运作，在纽约、旧金山市、洛杉矶拥有地方版，也各自拥有对方网站。《星岛日报》早期主要读者为粤语移民，但近些年来，其编辑队伍几乎清一色变成了能用普通话流利采写的美国知名传媒院校大陆才俊，其遣词造句也全面告别了粤语专用词，越来越受社区欢迎。《星岛日报》在深耕社区方面可圈可点，在因应新媒体方面也有长足进步，开设了微信公众号等。

美国中文电视成立于1990年，总部位于纽约曼哈顿中城，在曼哈顿下城、皇后区和布鲁克林都设有分部，并在波士顿、华盛顿、芝加哥、旧金山、洛杉矶和休斯敦设有记者站。作为北美地区最有影响力最具规模的中文电视之一，为全美观众提供高素质的电视节。近些年在频道落地和网络媒体应用方面进展迅猛，进入了Time Warner、Verizon等主流有线频道，并开辟了美国中文网、微信公众号等新阵地。

虽然北美传统媒体在转型方面倾注了大量心力，但挑战仍然严峻，最突出的痛点就是如何保护版权以及将线上用户转化成真金白银的商业营收，各家传统媒体在这方面都是绞尽脑汁，全力尝试。对于版权保护，除了大力呼吁业内同行提高版权意识之外，业内专家还建议需要充分利用美国版权保护法律比较健全的优势，捍卫自身权益。对于互联网上的眼球转化成收入，目前比较有效的方式是利用媒体的知名度和美誉度，结合市场细分的需求，和线下活动以及服务结合起来，产生新的赢利点。但总的来说，没有令人耳目一新、行之有效的杀手锏式新模式出现，还需要传统媒体继续摸索和尝试。

媒体平台运营商的华丽转型

“内容为王还是平台为王”一直是自互联网进入媒体领域以来全世界争议不休的话题，美国流媒体平台Netflix、Hulu、Amazon Prime等的成功实践也让充满高科技和创业基因的华人企业家们杀入华语视频内容的细分领域，麒麟电视的实践是最好的例证。

麒麟电视创立于2006年，借业界尖端的视频压缩、传输以及播放技术，麒麟电视一直引领海外互联网视听潮流。2011年，麒麟电视成为海外第一家实现高清播出中文电视频道和节目的运营商，其多终端融合技术除支持麒麟电视机顶盒、个人电脑、iPad外；还于2012年，发布“KyLinTV Everywhere的高质量播出服务”。

麒麟电视近10年来在媒体平台业务取得长足发展的同时，也面临着业界共同存在的严峻挑战，即华语内容版权保护不够严谨造成的正版运营商必须在争取新用户和打击盗版两个战场同时作战的局面。麒麟电视因势利导，参考美国主流运营商电视+电话的二合一模式，在2013年在北美地区全新推出“麒麟电话”服务，向客户提供清晰、高品质的本地、长途以及国际电话服务。

在媒体平台用户深度变现上，麒麟电视也走出了新路。2017年，麒麟电视团队创建了独立运营的优选生鲜美食移动电商平台Freshgogo，为北美华人提供新鲜高品质的蔬果、肉类、海鲜、半成品、熟食以及纽约50多家知名餐馆美食。客户不但可以通过智能手机、平板或电脑等多渠道采买所需商品，还可以实时追踪订单递送状态：从下单那一刻起，到何时装车、何时到货，通过短信、App推送等方式，提供即时通知。一旦货物送到自提点，客户将收到FreshGoGo的取货通知，直接就近取货。

自创办以来Freshgogo发展迅猛，已经基本覆盖整个美东地区15个州广东华人家庭，客户订购踊跃，营收数字靓丽，为华语媒体平台成功商业化摸索出了宝贵经验。

华语广播在困境中不断发展

进入19世纪及20世纪时，各项新的传播工具迅速走入大众的生活。除报纸之外，莫过于电讯时代的来临，包括电话、广播电台、电影及电视等。

20世纪的美国虽然在传播媒体上执世界的牛耳，有商业广播电台、无线电视台及有线电视台数百家，各州并有独立的非商业的广播及电视台等。华人虽然早早开始以中文发行报纸，但想要做无线电这一行，要向美国政府申领执照，因此需要购买执照的广播及电视仍无人尝试。

1970年，华人小区在媒体上出现变化。这时在纽约华埠的一位会计师李惠弼先生，开始尝试。虽然上世纪70年代的纽约，广播电台、电视已相当发达，但是李先生开始的中文广播电台采用的是相当保守的一种方式。他利用电话公司提供线路到家服务的模式，在线路终端装置一个喇叭，将节目播出。当时的节目是以广东话为主，此种方式非常适合在纽约华埠的各家衣厂。只要有一条电话线，加上一个终端的大喇叭，就可以将电台的广东话节目，从播音室送到在纽约华埠的各家衣厂，让女工一边

工作，一边听听传统的广东大戏或流行歌曲。

1975年，刘恕先生经营的华语广播电台正式成立。在此之前他先经营过一段时间华语电视，主要代理的是来自台湾的电视连续剧在曼哈顿的有线电视系统播出。但是广告市场反应不佳，客户很难拓展。他注意到在纽约华埠的上百间衣厂，有很好的听众集中市场特性，适合开发听众群。华埠的商户集中也是他主要的节目广告客户。终于，他找到了另一种广播电台经营的方式，利用调频频率的副载波SCA技术，华语广播公司提升了广播的播音效果，也克服了用电话线挨家挨户装线的繁琐，使得70年代的中文广播电台在美国纽约跨出了一大步，也开启了中文广播在东西两岸，包括旧金山、洛杉矶，分别有来自台湾、香港的华侨经营华语节目。语言还是以广东话为主，这是做为一个经营市场的考虑，当时讲广东话的华埠，与讲普通话的华人在美国是分别生活在两个不同的地区。

进入1980年，纽约的华人传媒界迎来了脱胎换骨的转变。始终关注媒体变动的刘恕先生，在1982年注意到一家FM105.9电台被FCC吊销其经营执照，并且开放给大众申请。他在律师协助之下，报着试试看的心情到华府送表申请。但是他并没有想到这个申请手续之后，他等待了足足10年，直到1992年才正式接手经营这个WNWK AM105.9频道。

从1980到2000年的这20年，是美国华人社区涌入大量移民人口之年。尤其在80年代之后，华人人口快速增加，讲普通话的人口比例快速地超过了广东话。中文传播媒体使用的语言也因此从广东话转向了普通话。

1988年，从台湾移民到美国的程蕙开始经营副调频广播电台，定名为中国广播网，并利用NPR美国公共卫星频道系统，将节目送到洛杉矶、旧金山，加拿大蒙特利尔，以及达拉斯、休士顿等地，同步播出24小时全天的普通话节目。

在创台开始，中国广播网为了争取来自中国各地听众购买副波收音机收听节目，与中国国际电台开始普通话节目合作。自1990年起，每天用电话直播新闻，也借着寄送大量的录音带，带来许多评书、相声、戏曲等节目。这种在海外听乡音的感受，是今天网络四通八达，点指之间即可能看、能听所不能相比的。直到90年代后期，各地想要自己经营媒体的人愈来愈多，这种用中央厨房提供节目、节省制作经费的构想才解体。

90年代初期，是华文媒体很活跃时期的开始，因为大量华人涌入美国的东西两岸。有人就有市场，使得媒体得以飞跃发展。报纸、电视、广播，从硬件到软件都有许多的加强及改变，而其中以中文广播电台的变化最大。

在1992年，一直埋首在广播频道上奋斗前进的刘恕先生，在获得FCC的批准之下拥有了在纽约的一个调频广播WNWK频道FM105.9。在经营这个频道上，他把发射塔移到帝国大厦，提高收听范围，也提升了它的经济价值。然后他将这个频道售出给一个西班牙媒体集团，而且换来48个在全美各地的AM广播电台，使他得以在全美有华人的地方成立它的华语广播，包括洛杉矶、旧金山、西雅图、芝加哥、波士顿、纽约等地都有普通话及广东话的广播节目。

在此同时，纽约中国广播网自1997年购买了在长岛的WGBBAM1240，以调幅广播服务纽约听众。来自洛城的苏彦韬分别在旧金山、洛杉矶租用AM广播频道提供中文节目。香港星岛日报在旧金山租用AM电台提供广东话及普通话的双语节目。

因为环境的特殊性，华人接触广播电视频道的经营是有某些限制及困难，造成了这个行业中的陌生及其稀有性。但是伴随着网络的快速发展及其无远弗届的特色，是否给无线广播带来影响，华人在美经营媒体是否会变得更容易？我们乐观期待。

回顾2017年和2018年，美国华文媒体的发展不仅和世界媒体发展趋势相一致，而且向中国大陆新的媒体形态和运营模式的借鉴明显加强。在华文媒体面临多变甚至不利的媒体环境下，华文媒体不约而同发出了维权声音。

过去的几年中，我们发现一部分华文媒体已经退出市场，但新的媒体也在不断出现。美国的华文媒体不仅在求生存，也在求创新。从世界范围看，美国作为世界华文媒体的聚集高地，未来可期！

加拿大华文传媒发展综述

余瑞冬

加拿大华文媒体的数量，据粗略统计，现有报纸、期刊、电台、电视台、网站等（不含依托第三方平台的自媒体）近百家。

根据加拿大官方2016年的人口普查数据，该国华人180.57万，在当时3611万全国总人口中占5%。以汉语普通话为第一语言的人口61.08万，以粤语为第一语言的人口59.4万，共计120.48万。而在2011年，以中文为第一语言的人口尚为108.5万（含普通话人口25.5万，粤语人口38.89万，其他方言人口44.1万）。加拿大的华人90%聚居于多伦多、温哥华、蒙特利尔、卡尔加里、埃德蒙顿、渥太华和温尼伯这七大都会区。绝大多数华文媒体也都集中于多伦多、温哥华、蒙特利尔等地。尤其大多伦多地区，华媒数量居于首位，林林总总的华文媒体约四五十家。

180多万华人人口，近百家华文媒体。如此规模的华媒，得益于加拿大持续增长的华人移民数量和该国的多元文化政策。1家媒体近2万受众的比例，既折射出华文媒体的繁荣，也从一个侧面道出华媒竞争的激烈和生存的不易。

一、加拿大华文媒体格局扫描

加拿大华媒数量较多，且近年变化频繁，难免挂一漏万，本文仅择部分较具代表性的媒体作一简述。

1、报纸期刊

自台湾《联合报》系旗下的《世界日报》在2015年底退出加拿大后，加拿大华文日报市场至今仍由港资背景的《星岛日报》和《明报》两大收费报纸扛鼎。他们均以广东话读者、尤其香港移民为主要读者群。1978年进入加拿大的星岛传媒集团，如今早已从报纸出版公司发展为多平台媒体集团，拥有报纸、杂志、电台广播、网站、手机APP及社交媒体平台，传播面覆盖加拿大东西多个大城市，并由加拿大英文主流媒体《多伦多星报》集团控股。《明报》1993年进入加拿大，如今同样是地跨加东加西，报纸、网站、新媒体同步发展的重量级华文报纸。

另一份重要的全国性报纸是《加拿大商报》。拥有自置印厂的该报在多伦多每周6天出报，在蒙特利尔、渥太华、卡尔加里及温哥华发行周报，使用繁体字，是目前加拿大最大的免费华文报刊集团。总部设于首都渥太华的《健康时报》，也是为数不多的覆盖全国多个城市的免费报，其在多伦多、温哥华、蒙特利尔各自独立发行。

市场上最多的华文印刷媒体仍是免费周报或月报。在大多伦多地区，常见的有台湾移民林蔡亮亮创办于2002年的《加中时报》，大陆移民主办的《星星生活周刊》《地产周刊》《北美财经周刊》《创业周刊》《加国生活》《传奇杂志》等；安大略省西部有《嘉华时报》《红枫林》《社区报》等；在温哥华有《环球华报》《大华商报》《加西周末》以及近年异军突起的《高度》周刊和《她乡华闻》等；蒙特利尔有《华侨时报》《华侨新报》《蒙城华人报》《七天》《新加园》《今日北美》等；首都渥太华有《中华导报》《渥京周刊》等；内陆阿尔伯塔省的埃德蒙顿有《光华报》，卡尔加里有《加拿大88社区报》《东方周报》等；曼尼托巴省温尼伯有《枫华之声》；东部海洋省份爱德华王子岛有《加华国际商报》等。

部分纸媒有特定的定位及受众方向。如，总部设于多伦多的简体中文刊物《搜罗SOLO》，以及星岛传媒旗下使用繁体字的《eliteGen星尚》是两份较有代表性的时尚杂志。虽纸质版都为付费读物，但均可在网上免费阅读。又如《号角月报》《加国佛教》两份宗教类媒体，也有各自相对稳定的投入和受众群。

值得一提的是，由加拿大华人促进中国

统一委员会（大多伦多地区）创办于2000年的《海峡纵横》杂志，自2007年停刊10年后，于2017年12月复刊，目前为半年刊。

2、广播电视

建立于1993年、港资背景的新时代传媒集团（Fairchild Media Group）目前综合实力仍在加拿大华语广播电视界居前。其总部设于温哥华，并在多伦多及卡尔加里设有分支，旗下经营的传媒业务包括新时代电视（粤语）、城市电视（普通话）、加拿大中文电台以及网站、社交网络新媒体和杂志。加西、加东的华裔小姐年度竞选等自制综艺节目已成为其品牌节目。

广播方面，自1973年启播、立足大温哥华地区的加拿大华侨之声广播电台AM1320，是目前持续运营时间最悠久的华语广播电台。它全天候运行，并且也覆盖到温哥华岛纳奈莫地区及卡尔加里等阿尔伯塔省的城市。在多伦多，华卫传媒集团旗下的华语电台，其前身是1988年创建的美加华语电台。目前其运行模式转型，于2018年全面转战至互联网发展。星岛传媒集团旗下的A1中文电台是大多伦多地区另一个拥有广泛听众群的广播媒体，每周以普通话、粤语广播超过65小时。

总体而言，上述电台均以粤语节目起家或为主。在多伦多，2016年11月正式开播的华语广播网FM105.9则是加拿大目前屈指可数的主打普通话节目的电台之一。它租用当地The Region电台每天18时至24时的黄金时段，向大多伦多地区华人聚居的城市群播出，同时提供网站和微信收听方式。

另一个华语广播，是加拿大唯一的国有传媒企业加拿大广播公司（CBC）旗下的加拿大国际广播电台（RCI）的中文节目。CBC国际部对外播音始于1945年2月，而汉语普通话节目开播至今已有30年。因受预算削减影响，RCI于2012年6月全面停用短波播音，转为互联网广播。目前RCI节目只保留有英语、法语、西班牙话、阿拉伯语和汉语普通话五个语种。设在蒙特利尔的RCI中文团队现有六七人。依托CBC强大的内容采集资源，他们每个工作日通过网络发布的中文报道，往往成为诸多华文媒体的主要信息来源之一。

华语电视（及网络视频）行业近两三年则是潮起潮落。新时代传媒集团旗下新时代电视及城市电视发展相对而言尚算稳定。成立于2008年3月、总部设于多伦多的加华视讯WOWtv，是通过加拿大三大有线网络向全国播出的华语高清电视台。近年较注重与中国内地传媒机构合作，承办电视节目、赛事及演出等。

在多伦多，一度活跃的加拿大国家电视台（CNTV），其创办人在2017年被披露在跨国经济刑事案件中涉案，导致电视台业务明显萎缩。2016年年中开播的加拿大华人国际电视台（CCITV），业务方向几经调整，仍在两年多后黯然淡出。加拿大国际电视台（CCCTV）在投入难以持续的情形下，也不得不在2019年上半年悄然停摆。

新动力（Xinflix）传媒集团创立于2011年，其母体Distributel电讯集团是加拿大最大的独立第三方网络服务供应商。2017年以来，依托母体扶持的新动力传媒逆势发力，与中国内地电视台等合办“武林风”、歌手选秀等节目，并自制加拿大首档中文少儿节目《海狸家族》、文化节目《搜城记》等。其开办的“600新闻”频道以普通话、粤语及英文24小时滚动播放，通过电视盒子、户内外挂屏及新媒体平台等传播。此外，在多伦多地区现有主要的电视或视频类媒体还包括：创办于2003年的多伦多网上电视、2007年开播的加拿大中文电视台，以及2016年11月开播的加拿大财经一号电视台（CMETV）等，大多在积极谋求转型、推进改版或寻求业务突破。

不应忽视的还有加拿大多元文化电视台（OMNI TELEVISION）的中文节目。总部设在多伦多的OMNI于1986年被加拿大通讯巨头罗渣士（Rogers）通讯集团收购，现已是覆盖全国的私营综合电视台。自30多年前开始，OMNI就制作和播出包括中文在内的多语种节目。目前其在多伦多和温哥华均有中文制作团队，每日播出普通话和粤语新闻等节目。2017年9月起，由于为改善收支等因素，OMNI中文新闻被外包给作为竞争对手的新时代电视，一度引发舆论争议。

3、网络新媒

从加东到加西，近年都陆续有新的中文资讯类网站及新媒体出现。但总体而言，所谓“头部媒体网站”的格局并无大的变化。

在大多伦多及加东地区，成立于2001年的

加国无忧（51.ca）仍是规模和影响力数一数二的网站。其网站设有新闻、资讯、地产、工作、黄页、商城、美食及团购等十余个频道，内容和服务覆盖华人在加国生活的各个方面。传播平台覆盖网站、APP、微信、微博等。其数据称注册用户逾77万，日访问IP近12万。此外，多伦多目前日常较活跃的华文媒体网站还有超级生活网、约克论坛、轻松加拿大、多伦多在线、北美好生活、枫桥网、加中新闻网、加中生活网、中文热点、环球华语播放平台、加国活动网，等等。

在大温哥华地区，创办于2003年的加西网是该地区最早的中文网站之一，目前影响力名列前茅。它曾于2004年在北美率先推出北美中文博客。现同样拥有APP、微博、微信、推特等传播渠道，并在中国开设有办事处。加新网、温哥华港湾、人在温哥华等也是大温地区较主要的中文网站。此外，2012年成立的加拿大乐活网注重原创内容经营及线下活动策划，并积极打造手机客户端及微信公众号等传播平台矩阵，近年发展势头较明显。

其余华人分布相对较多的城市，均有立足当地的中文网络媒体，譬如渥太华的Ottawazine、CFC新华侨网，蒙特利尔的蒙城华人网、蒙城汇、魁北客、乐活蒙城，卡尔加里的卡城华人网，埃德蒙顿的埃德蒙顿中文网，哈利法克斯的加东华缘网，等等。

另外，在传统媒体为母体的网站中，加拿大星岛与加拿大明报旗下的网站同样受到较多受众、特别是香港移民社区的关注。

以微信公众号、微博、头条号等为代表的、建立于（多为中国内地）第三方平台上的新媒体，近年来在加拿大同样如雨后春笋般出现。

二、加拿大华文媒体在困境中的变局

从加拿大首份华文报纸——1903年8月在温哥华创办的《日新报》算起，加拿大华文媒体业已走过116年历程。但对于加拿大华媒同行而言，在今日全球媒体业的大变局和北美经济近年疲软的大环境下，“办报不难、维持不易”的局面并未改变。笔者近两年走访加东加西诸多华文媒体，大家普遍反映媒体生存发展的压力日愈加大。诸如多伦多的北辰传媒、蒙特利尔的《路比华讯》等，则已悄然“淡出江湖”。

总体而言，加拿大华媒面临的挑战大致有几点，且往往互为因果：

其一，受众流失，市场萎缩。尽管加拿大华人群体数量持续增长，但在传播形态变革的大背景下，纸媒和电视的受众却在不断减少。而在目前的市场环境下，广告收入并未能相应地完全转至网络及新媒体，因而营收大幅缩水，印刷媒体发行量和电视媒体收视率下滑。甚至有的较具实力的华文报纸，已不得不悄然关停其自办印厂。加西的《中华时报》、加东的《北美时报》《名人名商》等，均已停印纸质版，全面转入网络阵地。

其二，人员流动加剧，人才流失严重。经营的困难，令媒体难以充实专业人才队伍。华媒间走马换将现象近年较为频繁，对媒体经营思路、编辑思路的稳定性难免构成影响。囿于采编力量的短缺，有的媒体资讯内容缩水，内容趋向同质化，质量下降，差错率上升。个别经营多年的媒体在人员青黄不接的情形下，只能由同行并购。

其三，存在恶性竞争，尚难抱团取暖。在缺乏清晰的定位调整及内容经营的思路下，面对有限的市场，广告竞相压价，或是“剑走偏锋”、在社区中采取“有偿报道”或“有偿不报”，成为一些华文媒体谋求生存的选择。这也导致一定程度的恶性循环，对华媒生态造成一定程度的负面影响。

加拿大现有多个媒体社团。成立于2008年的多伦多华裔媒体工作者协会是目前当地历史最长的华媒组织。2016年，北美华文传媒协会、加拿大中文媒体记者协会、加拿大中文记者和编辑协会、加拿大中文记者联合会、国际中文记者联合会相继在加拿大宣告成立。笔者在走访华媒同行的过程中，不时听到期待媒体社团更多地发挥务实作用、团结华媒同行共谋发展的声音。媒体社团能否帮助华媒同行在业务上共同提高，能否推动华媒与华人社区建立更加良性、有益的互动及共生共赢关系，能否助力构建华媒与当地主流社会更好的对接、融入的机制？这些都是值得华文媒体社团思考的问题。

但也同样在变革与冲击的大环境下，加拿大一大批华文媒体同仁仍不忘媒体初心，力求在转型中谋求更好的发展。他们的坚守更显难能可贵。近年加拿大华媒创新求变的做法，归

纳如下：

（一）内容建设上，开拓新的发力点。

——积极拓展网络及新媒体业务，是各类华媒普遍的做法。

继全面网络化之后，加拿大华媒近年继续在新媒体化、全媒体化方向上积极探索。加拿大《明报》、《加拿大商报》等传统纸媒均在近年试水网络视频。《明报》记者在进行文、图采访的同时，亦会拍摄现场视频。纸媒读者可通过手机扫码方式，观看报社上传至社交网络平台的短视频画面。《明报》亦尝试推出网络视频播报节目“明报五点半新闻直播”。《加拿大商报》于2018年尝试在其网站开辟“直播间”栏目，推出视频访谈等内容。各家广播电台的网络版均已成为标配，甚至会在电台直播时同步以网络视频方式呈现。一些媒体更积极搭建多个传播端口，打造其新媒体平台的矩阵。但在变现不易的情况下，网络及新媒体业务的可持续性仍面临相当的挑战。

——部分华媒加强原创，深耕特色，既折射出对定位、品质的追求和服务族群的情怀，也是对话语权的争取。

多伦多的《加中时报》一向致力增进加中两国及来自大陆、港澳台同胞间的了解、融合，促进华人社会与主流社会的交往，推动华社在加国发挥多方位影响力。该报不仅设置对加国议员及华裔成功人士的专访栏目，近来更着眼华人社区发展，推出一系列较具深度的原创述评报道作为封面文章，如《山头林立，海外华社特色？》《华人参政热潮背后的冷思考》《国庆，改一改华社庆典老三件！》等，其中不少引发当地华社热议。向来关注新移民奋斗历程的《星星生活周刊》曾策划一系列独家专题。2019年推出的“农场访谈系列”深度聚焦投身加拿大农业的华人群体，已刊发的10余篇故事生动细腻、耐人寻味。

在大温哥华地区，加拿大乐活传媒旗下涵盖传统纸媒、网站及新媒体。其《高度》周刊继2017年卑诗省省选周期内编辑出版“省选专刊”后，2018年又为市政选举出版“大温市选专刊”，对当地选举格局、参选人等作较详尽的整理、介绍，积极推动华人参政议政。

有的媒体则强化其特色服务，如加国生活网率先推出“周末好去处”栏目并坚持每周更新，已形成其品牌。已有20年历史的温哥华《健康时报》专注于提供寻医问药、医疗健康的专业信息，与加拿大医药行业建立了广泛的联系与合作。

——适应中国内地移民增加之趋势，重视中国内地资源开拓。

诸多加拿大华媒不断加强与中国内地媒体在内容及传播渠道等方面的合作。多家报纸与中国内地媒体合作开设专版，多家电视广播媒体与中国同行合作录制节目。2001年创刊的《大华商报》是温哥华地区现有历史最长的华文报纸之一。该报2013年与上海东方网正式签署合作协议，2017年又合作推出“加拿大头条”新闻APP。

传统的粤语、中文繁体字媒体也越来越重视普通话及简体字内容的生产。星岛传媒集团的免费刊物《加拿大都市报》《都市地产》，《明报》旗下的《加拿大明声报》均使用简体中文。《星岛日报》加西版目前的总编张晓军则是该报历来首位中国内地移民背景的总编辑。

在拓展新媒体业务的过程中，对中国内地的微信、微博以及各类“头条号”等PGC/OGC平台的利用，成为众多加拿大华媒共性的选择。但这也不可避免地令这些海外媒体需要适应中国内地网络平台的相关机制。孟晚舟事件发生后，2018年底、2019年初，个别在跟进报道中较为活跃的加拿大华媒的微信公众号就遭遇了账号被关闭的问题。即便是倾向中方立场的一些文章，也因触及“敏感词汇”而被删除、屏蔽，难免令华媒同行感到困扰。

——语种突破中文，触角向主流社会延伸，华文媒体扩展为华人媒体。

多伦多市2016年的人口调查数据显示，按照在家庭中主要使用的语言分析，说普通话和粤语的华裔人口为17.1万人，比华裔总人口数少了5.5万人。媒体分析认为，这显示许多华裔移民二代已放弃将中文作为自己的母语。华文媒体可否更好地扮演沟通华人社区和主流社会的角色，这是当下和未来华媒发展中面临的一个问题。今天已经有一些华媒在语种上突破中文，使用加拿大官方语言英文或法文进行内容传播。正如七天传媒主席尹灵所说：“海外华文媒体的功能和使命正在悄然发生变化。海外华媒不再仅仅是几千万海外华侨华人与祖国相互联系的信息平台，更逐渐成为华人社会与当地社会之间不可或缺的沟通渠道。”

在大多伦多地区，2012年9月1日创刊的《约克时报》是一份以英文为主的月刊，旨在向主流社会介绍华人社区资讯。其网站则以中、英文并重。星岛传媒旗下、每年发行9期的《eliteGen星尚》杂志是首本中英双语时尚杂志。加拿大视传媒则建立了英文的全媒体网络发布平台cctvmedium.com。在蒙特利尔，始于2010年的《新加园》是首份华人创办的中法双语周报，其法语名为《?ventuel》。七天传媒在2016年推出法文报纸《La Connexion》，2018年则进一步改版为中英法三语杂志《一带一路》。在新斯科舍省的哈利法克斯，则有创刊于2013年3月的中英双语季刊《打开加东》。

但在现阶段，华人创办的英、法语或双语媒体总体规模不大，或内容更新不足。要建立面向主流社会有影响力的媒体，尚需时日。

（二）经营方式上，扩展多元化发展模式。

面对转型压力和激烈的市场竞争，加拿大众多华媒积极调整定位，发掘自身优势特点，寻找新路子。不论是着眼社区服务，开展线下活动，还是采取多种经营，实现业务多元、以商养媒，其中一些媒体同仁已经或正在走出对自身发展行之有效的道路，或仍在不懈努力探索。

在大多伦多地区，成立于2008年的轻松传媒集团，除“轻松加拿大”新闻门户网站以及多个微信公众号外，还拥有轻松传媒广告公司、轻松演艺活动策划公司等多个子公司，业务涵盖新闻媒体、公关策划、品牌推广、活动策划和设计创意等多个领域。

在蒙特利尔，七天传媒全称为加拿大七天旅游文化传媒集团，集文化传媒、教育交流、高端定制旅游服务为一体，除经营报纸、期刊的发行外，亦开展广告业务和文化交流、教育活动、旅游服务、商业项目对接、攻关策划等业务，在多元化经营方面有声有色。

温哥华的《环球华报》近年着力拓展线下活动，举办多项中加文化交流活动及社区活动，诸如全球华人春联大赛、二战华裔老兵系列纪念活动、关爱老人义工活动、关爱留学生联谊活动、环球大讲堂，以及加拿大少年儿童创意绘画比赛等。

温尼伯的《枫华之声》依托与当地华人社区团体的紧密联系，通过积极举办各类文化活动、培训青年义工、成立读者之家等方式服务社区，也由此获得主流社会各机构的更多支持。

在渥太华，加国传媒集团由几位理工科留学毕业生于2014年8月创办，经营手段灵活，充分结合线上和线下平台，现旗下有OTTAWAZINE网站、《吃喝玩乐》杂志、微信平台、BBS、电商购物平台等，并着眼于生活服务，提供收费会员项目、同城黄页以及公关服务，目前正尝试向渥太华之外的城市扩展网络资讯等业务。渥太华的CFC新华侨网同样拥有一支年轻的团队，其负责人则主营移动支付业务。

一个有些特殊的故事是多伦多的“女仕界”。这是一个成立于2015年10月的致力于引导创业女性成长的平台。尽管其负责人并不认为“女仕界”是一个媒体，但该平台已完成对约百位职场女性的原创深度访谈，每篇文章在微信公众号都有平均四五千的阅读量，并不亚于当地较活跃的媒体公众号平均水平。且在多伦多国际电影节等若干公开活动场合，“女仕界”也以媒体身份参与采访。较为精准的发展定位已使其快速成长为较有影响力的、具有传播属性的社交平台。

三、中加关系困局考验华媒角色

2018年12月初，加拿大在美国要求下拘捕在温哥华转机的华为公司副董事长、首席财务官孟晚舟。急转直下的中加关系自然成为华人社区最为关切的话题。

面对这一全球舆论的焦点事件，如何切入报道？如何进行解读？应体现何种立场？应发出怎样的声音？这都成为加拿大华文媒体需要面对的问题。

从大部分华文媒体报道的内容看，多数报道都是对主流英文媒体——主要是《环球邮报》、加拿大广播公司（CBC）、《温哥华太阳报》等——内容的编译转载。特别是加拿大国际广播电台（RCI）中文网的报道，因是为数不多的加国主流媒体中文信息源，其内容也获得华媒更多的转载。

12月中旬，在华人社区的微信圈里，一篇出自新移民之手、题为《惩罚加拿大完整指南》的自媒体网文一度疯传。这篇基调实际是

为加拿大"说情"、并不全面客观的文章，折射了华人社区相当一部分受众对事件的部分认知态度，也体现出华人群体对事件深度、客观解读内容的渴求。该文之后也受到多篇中国内地网文的批驳。

加拿大主流媒体长期以来对中国持缺乏客观、负面为主的报道倾向，加之在此事件报道中加媒对加所谓"司法独立"的刻意描画，对华为公司的质疑，对中方反应以及后续反制措施的批评及歪解，决定了加整体舆论态度对中方并不友好。在此环境下，一些华媒的总体态度基本与主流加媒基调亦步亦趋。个别华文媒体刊载的华社来稿，也是站在加方立场对华批评，而非作出相对客观的、建设性的思考。更多的华文媒体因相对缺乏深度原创力量，对此时敏感的两国关系更感到难以把握，难免"有心无力"。

也有一些华文媒体及媒体人积极作出自己的尝试。比如，温哥华的资深华人媒体人丁果，在不同报章撰文，对加拿大的价值观、加方外交取态、中加两国民间认知等作了冷静、深入的剖析，并牵头编纂《危机——加中关系的重挫与重建》一书。他认为，中加关系的发展中，除了外交、经贸、人文交流以外，华人社区扮演着重要角色。加拿大华人社区了解两国文化和历史，理应成为全面反思加中关系、找出解决困境方案的先锋。在蒙特利尔的加拿大共生国际传媒，采访多位民众、加拿大前驻华官员、法学专家、企业高管等，发出系列报道，内容涉及对"加拿大是否无辜"、"是司法案件还是政治事件"、"加美中三国关系"等问题的追问，既传递出民众对两国关系发展的担忧，也展现不同观点的交锋，同时也及时反映中国驻加外交官表态，对华人读者深入观察和思考提供了多角度的信息。其负责人胡宪认为，在中加关系处于低谷的阶段，加国华文媒体人更需保有冷静的头脑、全局的观念和高度负责的精神，不能为了追求新闻轰动效应而损害华人的整体形象和根本利益。

海外华文媒体的话语权，其实是海外华人社区话语权的体现。孟晚舟事件尚未完结，海外华媒在类似敏感议题和特殊时期如何克服短板、体现自身价值、发挥积极作用，仍是一个值得继续深入探讨的课题。

四、结语

加拿大华媒面对的危与机，对全球各地华媒而言都应具有一定的代表性。

2019年3月，由多伦多网上电视及多伦多华媒网络统筹主办的"多伦多华人媒体奖"举行第十届、也是最后一届颁奖礼。这是一个以华文媒体界名义表彰对当地华人社区有贡献的人士及团体的奖项。十年来，共有300位华人议员、社区领袖及逾100个社团荣获"华媒奖"。这项评奖活动也成为华媒之间，以及华媒与社区间增强交流、沟通的平台。"华媒奖"负责人刘穗安表示，选择十周年作为"华媒奖"的终结，象征一段历史任务的完成，功成身退。

但面对不平坦的前路，加拿大的华文媒体还要继续前行。埃德蒙顿的《光华报》于2018年合并当地《爱华报》，成为目前埃城唯一的华文报纸。展望前路，该报社长李惠琦认为，北美经济正进入严重衰退时期，加上电子媒体不断发展，平面媒体的竞争越来越激烈，"这既是困难，也是动力。因为只有良性的竞争，才有高质量的媒体素质，才有健全的社会舆论监督机制。"

海外华文媒体是海外华人社区重要的有机组成部分，华媒是华社活力的重要来源之一。华媒的变迁，亦无可避免受到媒体业自身发展变革的影响，也是海外华社变迁、发展的写照。今日的侨情，与百年前或半世纪前相较，都已有了很大不同。今天的华媒，需要在今日华社的新形态下，找定位、找市场、找人才。

但无论如何，华媒服务华社的初心，传播资讯、奉献社群的功能没有改变。我们期待华媒同行秉持初心，在创新中谋得更好的明天。

拉丁美洲华文传媒发展综述

莫成雄

拉丁美洲，是指美国以南的美洲地区，包括墨西哥、中美洲、西印度群岛和南美洲。东临大西洋，西靠太平洋，北部有墨西哥湾和加勒比海，共有36个国家和地区。

目前中国移民遍布拉美国家和地区，其中秘鲁、巴西、委内瑞拉、巴拿马等国华侨华人的人数都在15万以上，给华文媒体创造了生存和发展的空间和条件。

拉丁美洲第一批华文媒体诞生于20世纪初期，出现在早期中国移民聚集较多的古巴、秘鲁、巴拿马和墨西哥等国家。这一时期的华文报纸主要有古巴的《华文日报》、《民生报》、《开明公报》和《光华报》，秘鲁的《兴华报》、《民醒日报》和《东方月报》，巴拿马的《共和报》、《民治星期报》和《严报》，墨西哥的《国民日报》、《正言月刊》和《大公报》。此外，还有苏里南的《生活日报》、《南风日报》，牙买加的《中华商报》、《华侨公报》以及特立尼达和多巴哥的《侨声报》等。时过境迁，如今这批早期报纸大多已不存在。

目前拉丁美洲大多数华侨华人人数较多的国家都有华文媒体。近年来，拉丁美洲华文媒体向多媒体发展，纷纷开办了网站、微信公众号、微博以及音频、视频等新媒体，发展势头良好。与此同时，华文网络更是异军突起，发展迅猛，对传统华文媒体构成强烈冲击。现今，拉美地区几乎所有华人移民较多的国家都有华文网络，网络对当地华侨华人生活的影响日益扩大。

巴　西

巴西位于南美洲东南部，是南美洲面积最大的国家，与乌拉圭、阿根廷、巴拉圭、玻利维亚、秘鲁、哥伦比亚、委内瑞拉、圭亚那、苏里南、法属圭亚那10国接壤。

巴西是拉丁美洲地区华侨华人移民历史较长、人数较多的国家，华侨华人的人数现为30万左右，绝大多数居住于圣保罗、里约热内卢等大城市。

目前，巴西主要的华文媒体有《南美侨报》、《美洲时报》、“巴西侨网”和“巴西华人网”。此外，还有“巴西25街”、“巴西快讯”、“巴西美食”、“巴西中国商报”和“IEST巴西商业”等微信公众号。

《南美侨报》（日报）创刊于1960年3月29日，前身为《巴西侨报》，1999年10月1日更名为《南美侨报》。该报以服务侨胞为宗旨，想侨胞所想，急侨胞所急，文当侨胞所需之文，言为侨胞所欲之言，是当地侨胞生存发展的有力助手。

《南美侨报》是一份日报，目前每天出版24个彩色版面。其中包括：国际新闻、大陆新闻、台湾新闻、港澳新闻、图片新闻、天下华人、每日焦点、新闻追踪、南美新闻、巴西新闻、体育新闻、娱乐新闻、网评言论、健康养生、古今轶闻、多彩生活等；周末版面有：专题新闻、国际新闻、大陆新闻、港澳台新闻、体育新闻、八卦星闻、军事天地、旅游天地、华文园地、数独笑话等。另外,周末版还有今晚报、今日广东、今日西藏、今日江苏、义乌商报等专版。

该报总部设在巴西圣保罗，拥有自己的印刷厂，在巴西各大城市设有办事处，在里约热内卢设立了记者站，报纸发行遍布巴西各地，是巴西以至中南美洲发行量最大的华文报纸之一。

2005年《南美侨报》开通中文网站，依托《南美侨报》全部资源而设立的“南美侨报网”是报社唯一的官方网站。2014年11月，南美侨报网改版，成立新媒体团队，并设置服务器在美国和香港，大大提升了点击上网的速度，新版南美侨报网辟有：中国新闻、国际新闻、巴西新闻、南美新闻、南美中资与侨界新闻、移民百花园、专题报道、精彩图库、巴西百科、巴西人看巴西等栏目，网站还设有视频

播报和音频广播专栏，播出和报道巴西以及巴西侨社发生的重要活动，南美侨报网还设有电子报，方便网友阅读，网站同时专门开通专属微博和微信公众号以及葡语的推特，及时向粉丝和读者推送消息。

从2016年起，《南美侨报》采取合作或独资办报的形式，逐步开拓支助发行了“南美侨报阿根廷周报”、“南美侨报智利之窗”、“南美侨报厄瓜多尔华人周报”、“南美侨报中美洲版”、“南美侨报拉美侨声”、“南美侨报今日巴拉圭”等7份纸质媒体，覆盖了中南美洲80%的地区。

2018年3月，《南美侨报》推出了手机App“今日拉美”，现已有巴西、阿根廷、智利、哥伦比亚、秘鲁、玻利维亚、厄瓜多尔、巴拿马、哥斯达黎加、委内瑞拉、苏里南、古巴、巴拉圭等13个国家的新媒体加盟，专向关注拉美的读者推送新闻资讯、移民投资、政策法规、美食健康、华人社会等多方面的信息，是一款带有服务性、实用性的手机移动终端。“今日拉美”可从各软件商店下载。

《美洲时报》（周二报）于2017年11月7日在圣保罗创刊，创办人是移民巴西40年的台湾同胞斯碧瑶女士。该报是在1983年10月4日创刊而于2017年9月28日停刊的《美洲华报》基础上新出版的一份华文媒体。该报每周二、四出报，每期2大张半10版。其中，头大张4版为彩色版。该报主要版面有：巴西新闻、巴拉圭新闻、大陆新闻、港澳新闻、台湾新闻、国际财经、国际新闻、医疗保健、娱乐新闻、侨讯和副刊。

《美洲时报》发行范围包括巴西、巴拉圭、阿根廷、智利、乌拉圭以及台湾、香港等地。

“巴西侨网”2006年1月创办，以服务侨界和传播弘扬中华文化，提供中国侨务政策及巴西法规，增进中巴两国人民的友谊以及经贸文化交流为已任。该网以反映华侨华人在巴西的工作生活动态为主要特色，并将尽最大努力为侨胞提供各种资讯，为华侨华人在巴西谋生和发展提供帮助。

“巴西华人网”成立于2009年12月，目前基本建成以巴西中文资讯、巴西华人论坛、巴西华人实用信息为主的三大板块，兼顾巴西华人信息交流、商务服务、娱乐休闲的需求，成为首家巴西华人信息门户站点。

巴拿马

巴拿马位于中美洲的巴拿马地峡上，国土呈S形，连通太平洋与大西洋的巴拿马运河，是世界上最重要的运河之一，被称为“黄金水道”。2017年6月13日，巴拿马与中国正式建交。

巴拿马现有近30万华侨华人，占巴拿马总人口的7%。这些华侨华人中，绝大多数是由中国大陆移民至巴拿马，广东省人占多数。巴拿马现有《拉美快报》、《新报》、《拉美侨声》、《人民日报》巴拿马版4份华文报纸以及巴拿马中文广播电台和“巴华网”。

《拉美快报》创刊于1992年7月1日。由著名华商岳枫先生、胡晋光先生、白能通先生共同出资，创刊初期由郭笃为先生负责管理，是一份无党派、独立经营的当地发行量最大的华文报纸。办报的宗旨是弘扬中华文化，坚持一中立场，促进巴中友好，维护侨社团结，传播政经资讯，服务于海外华人社会。创刊之初每日4版，因受到当地印刷条件的限制及发行代理网点的相对滞后等原因，使发行量受到一定的制约，几年来每日的版面也一直在4版、6版、8版之间徘徊。直到1999年4月，李冰女士接手管理报社后，将每天的版面固定在12版，逢星期日16版。

2003年2月，为了适应市场的需要，加大信息量，回馈广大读者，在社长李冰、总编辑李勇恩的主持下再次扩版至日出16版，其中2版彩色，每周6天出报，发行覆盖巴拿马国内各省及哥斯达黎加境内各地。经过10多年的努力，该报读者群目前稳定，发行量日升，是中美洲地区发行量最大的华文报纸，居拉丁美洲发行量第二。

《新报》创刊于2004年8月，是一份综合性华文报纸。每天出版16版，头版和第八版均为彩色。除在巴拿马发行外，从2007年8月开始在哥斯达黎加发行。

《拉美侨声》创刊于2004年，早年由老华侨创办，原名《海外侨报》，1998年更名为《海外侨声》，2002年8月再更名为《拉美侨声》。每周6期，对开16版。主要发行巴拿马和哥斯达黎加，同时发行周边其它国家，总部位于巴拿马城。现与巴西的《南美侨报》抱团合作，联名为《南美侨报拉美侨声》。

《人民日报》巴拿马版于2007年11月25日由《人民日报海外版》与巴拿马《新报》联合主办。《新报》根据华侨华人读者的需求，每天精选《人民日报海外版》的内容，编辑出版一块版，随当日《新报》发行。

“巴拿马中文广播电台”创建于1996年，频道为1180AM，中波频段，覆盖范围为巴拿马城。该台自创立以来，一直致力于服务当地的华侨华人，为当地华人社会提供各种法律、保险等有关信息，并经常举办各类文娱活动，以丰富当地华侨华人的文化生活，增进相互间的联系。该台于2001年与中国国际广播电台签订合作协议，每日转播10个小时中国国际广播电台制作的中文节目。

“巴华网”创建于2002年7月1日，目前设有侨社快讯、新闻搜索、侨社发展、巴国风情、艺文天地等栏目。

阿根廷

阿根廷位于南美洲东南部，东濒大西洋，南与南极洲隔海相望，西邻智利，北与玻利维亚、巴拉圭交界，东北与乌拉圭、巴西接壤。旅居阿根廷的华侨华人数量约12万人。

阿根廷首家华侨民办报纸创刊于1984年，此后先后有10余家华文报刊问世。目前，阿根廷华文媒体主要有《新大陆周刊》、《世界周刊》、《新阿根廷周刊》和“华人头条”、“阿根廷华人网”、“阿根廷华人在线”。

《新大陆周刊》创刊于1997年12月，经过20多年的发展，已成为集平面出版、网站、音视频为一体的新型传媒，并在此基础上成立了拉丁华人出版社，下辖《新大陆周刊》、阿根廷中闻网、新大陆音视频工作室、亚洲旅行社等机构。

2011年4月，《新大陆周刊》与新华社阿根廷分社合作组建的阿根廷中文门户网启用，网站侧重原创稿件和经济信息。2012年，网站转由拉丁华人出版社管理，并更名为“阿根廷中闻网”。

此外，《新大陆周刊》长期为中新社提供新闻稿件，迅速及时地反映阿根廷华侨华人工作生活的各方面情况，并参加中新社组织的各种采风和报道活动。

《新大陆周刊》还与《人民日报》海外版合作，从2011年7月1日开始，在当地出版《人民日报》海外版阿根廷周刊，随《新大陆周刊》发行。目前，《新大陆周刊》还推出微信公众号：“阿根廷新大陆周刊”。

《世界周刊》前身为创刊于上世纪90年代初的《世界新闻》周刊，由旅居阿根廷的台胞创办，以编译所在国新闻，网摘中国国内新闻、国际新闻和刊发当地广告为主。在阿根廷发行，每周五出版。

《新阿根廷周刊》创刊于1984年6月1日，是阿根廷发行最早的华文平面媒体，主要在阿根廷、智利、乌拉圭、巴拉圭等地发行，每周发行量为1000–1500册。该刊2016年与巴西《南美侨报》合作，刊名改为现名《南美侨报阿根廷周刊》，并以8开对开印刷，每期共有136页，设阿国侨讯、今日阿根廷、西班牙美洲、大中华、演艺体育、海外华人、新阿文化杂志等栏目等。

“华人头条”是福建可比信息科技有限公司倾力打造的国际化新媒体综合服务平台。自2015年5月在阿根廷首发上线后，迄今已在62个国家设立了105个站点和运营中心，以汉语、英语、法语、西班牙语、俄语、葡萄牙语、意大利语7大语种版本，通过以“华人头条APP”为龙头、PC、微网和微信小程序四大传播平台，与主流社交平台实现无缝联接，为海内外互联互通提供资讯传播、生活交友等综合性服务。据介绍，截止2019年3月31日，“华人头条”注册用户量4053万；公司总部从业人员为60多人，如包括海外各加盟合作站点公司管理总人数约达800多人。

“华人头条”基于大数据的移动新媒体和生活服务聚合型双核心服务平台特性，兼具开放性与共享性特质，可叠加融合各类型在线知识付费、直播、短视频、华文教育、高端旅游、跨境电商等服务功能，拥有庞大用户量和牢固用户粘性。

“阿根廷华人网”创建于2007年5月，隶属于阿根廷南美创想文化传媒公司。目前该网除中文版外，还推出微信公众号“阿根廷华人网”、“阿根廷华人网”手机APP和“阿根廷

中阿新闻网”西语版，在阿根廷华人社区及阿根廷当地社会具有广泛的影响。

“阿根廷华人网”及“阿根廷中阿新闻网”致力于服务旅阿华侨华人，传播阿国华人正能量。积极宣传中国文化，传播中国好故事，让阿根廷人正面了解中国，加深两国的友好关系。“两网”现已成为阿根廷地区最综合、最具代表性的华人重点网站之一。

“阿根廷华人在线”于2008年4月由《新阿根廷周刊》创办并上线，目前已发展成为阿根廷第一大中文门户网站。新闻版块包括中国新闻、国际新闻、阿根廷新闻、拉美新闻、阿根廷侨界新闻等专栏，广泛地向读者提供阿根廷及拉美邻国的政治、社会、科技、文化、旅游等信息。网站还设立了视频服务，弥补了阿根廷当地华文电视媒体的不足。

“阿根廷华人在线”2015年和平面媒体《新阿根廷周刊》相结合，推出了全新的移动端手机APP“阿根廷通”，并入驻巴西《南美侨报》开发的“今日拉美”新闻APP平台。

此外，该网还推出微信公众号：“阿根廷华人在线”、“阿根廷中文资讯”和“阿根廷中文通”，以及新浪微博账号“阿根廷中文资讯”、youtube账号“阿根廷中文电视”。

秘　鲁

秘鲁位于南美洲西部太平洋沿岸，安第斯山纵贯南北，是印加文化的发源地。秘鲁是拉丁美洲华侨华人最多的国家之一，华人移民秘鲁始于1849年，目前生活在秘鲁的华裔已超过300万，占秘鲁总人口的十分之一。

近年来，随着海外华侨移民的增多，投资秘鲁的中资公司的快速增长，华文报纸也出现了新发展和变化。目前在秘鲁发行的华文媒体有《公言报》、《秘华商报》、《新世界日报》以及《今日中国》西班牙文版月刊。

《公言报》创刊于1910年3月7日。最初的名字是《兴华报》，由何海珊主办，不久因经费困难而停刊。因袁世凯复辟帝制，为了声讨其叛逆行为，在旅秘富商谢宝山的资助下，主笔何励儒重整旗鼓复刊改名为《救国报》，后又易名《侨声报》，之后1928年定名《公言报》，至今已经109年的历史，是秘鲁历史最悠久的中文报纸。目前，该报还推出微信公众号：“公言报”。

在《公言报》一路走过来的过程中，得到广大侨胞的鼎力支持，特别值得一提的是戴宗汉、张耀明、罗振中等老前辈，以及在复刊时提供过大力支持的万志新先生。

《公言报》2017年与中国《环球时报》合作，主要报道秘鲁新闻和侨界新闻。随着近些年中资企业大批投资秘鲁，《公言报》的报道侧重点也集中在秘鲁的中资企业方面。特别是《公言报》与当地知名的律师事务所合作，开设专版为在秘中资企业提供法律服务，赢得了几乎所有在秘中资企业的欢迎。

《公言报》目前正适应新形势，筹备开设微传播平台和视频直播，并与秘鲁当地有影响力的微传播媒体合作，打造一个传播力更大的的海外华文媒体。

《秘华商报》（日报）创刊于2000年11月8日，是秘鲁历史最久、规模最大的爱国侨团“秘鲁中华通惠总局”的机关报，每日出版20多个版面，面向秘鲁全国发行，是秘鲁华文传媒中销量最多、影响最广的报纸。其宗旨是反映侨情侨声，维护华侨华人利益，关心祖国建设，促进祖国和平统一，介绍当地时事，推动中秘合作。报纸还与中新社、人民日报海外版、广东省侨办长期合作，开设专版报道中国、国际和侨乡新闻。

《秘华商报》还推出微信公众号：“秘华商报”和“秘华纪闻”，并入驻巴西《南美侨报》的“今日拉美”手机客户端APP。

《新世界日报》于2013年1月8日在秘鲁首都利马出版发行，其前身是2007年创刊的秘鲁《新视野》杂志。该报由秘鲁秘中友谊基金会主办，是秘鲁乃至南美洲唯一一份中、西文双语日报。该报每期出4开20个版面，其中中文16版，西班牙文4版。中文版包括本地、中国大陆、国际、港澳台、华人、娱乐、军事、科技、健康、历史等版面，是秘鲁华侨华人了解当地、了解中国的一个重要资讯平台。西班牙文版向秘鲁民众和华裔人士提供了解中国政治、经济、文化的平台，受到有意到中国投资或旅游人士的欢迎。

《新世界日报》受到秘鲁政府官员的重视。2016年9月，该报被秘鲁政府邀请，陪同秘鲁总统库琴斯基访华。该报还以媒体身份，经常举办中秘两国政治、文化交流活动。

《今日中国》西班牙文版是在秘鲁全国超市和报亭销售的唯一的中国杂志，主要介绍中国政治、经济、文化和旅游内容，经常发表秘鲁政要和专家的专访。

委内瑞拉

委内瑞拉位于南美洲北部，北临加勒比海与大西洋，西与哥伦比亚相邻，南与巴西交界，东与圭亚那接壤。目前，委内瑞拉的华侨华人有20多万。其中，广东恩平人最多，恩平话因而成了旅委侨胞通用的“中国话”。

2006年创刊的《委华博览》（月刊）和2008年创刊的《南美新侨报》（周报），由于人手不足和经济原因，已停刊。目前，委内瑞拉的华文媒体有《委华报》、《委国侨报》、《南美新知》杂志以及“委国华人网”。

《委华报》于2000年4月1日创刊，逢星期一出版，为38个版面。主要的版面有重要新闻（头版）、委国新闻、国际新闻、广东侨乡。此外，还有体育、娱乐、趣闻轶事、大千世界、妇女与家庭、卫生与健康、文摘园地等版面。《委华报》还与南美国家一些报刊进行合作，报道南美国家的新闻。报纸除在委国发行外，还发行到周边的国家。

《委华报》2008年成立的“旅委华人文学爱好者联合会”经常开展华文创作、书画展、歌咏大赛等活动。2017年还协办了欢乐春节庙会，为活跃华人文化生活做了大量工作。

《委华报》2018年推出微信公众号：“南美委华报”，旨在通过此平台，联络委内瑞拉华侨华人，立足所在国，借中国“一带一路”的东风，讲好中国故事，传承中华民族优良文化传统，沟通侨情、联系乡情、凝聚侨心，谱写中委友谊新篇章。

《委国侨报》于1999年底在委内瑞拉内政部注册成立，2000年2月份正式创刊发行。该报为周报，逢周四出版，每期40-80版，是委内瑞拉华人圈中极具影响力的一份周报。这份对开的彩色潮流小报，每逢大型活动和节日时推出大型综合性特刊。该报在委内瑞拉巴伦西亚印刷发行，并行销委内瑞拉众多华人聚居的城市，主要有巴伦西亚、加拉加斯、麻拉街、巴基斯梅托、马拉开波等大中城市。

《委国侨报》2007年6月，与《江门日报》就稿件互换学习培训等达成合作协议，启动两报跨国合作，促进了委国与广东江门五邑地区的民间与商务交往，提升了广东江门五邑在委国的影响力。

2014年，《委国侨报》推出了微信公众号“委国侨报”，这是委内瑞拉第一家华文媒体开办的微信公众平台，受到了广大侨胞和全世界关注委内瑞拉信息的人的欢迎。2015年，《委国侨报》推出了网站“委侨新闻网”和“委国侨报”手机APP。

《南美新知》创刊于2007年3月，是委内瑞拉华文媒体史上首家经委内瑞拉政府正式注册、公开发行的中西双语的月刊杂志。《南美新知》以中委新闻、人物、专题、历史、文化、旅游、生活时尚等为主要内容，精美的全彩印刷成为吸引读者的特点之一。该刊以双语形式出版，除面向广大华侨华人外，更主要定位于对中文不甚了解的华裔后代，以及对中国文化有浓厚兴趣的委内瑞拉本地读者。

《南美新知》于2008年创办了南美新知印刷厂，逐步形成以印刷、出版、发行为一体的文化企业。为迎合传统媒体逐渐走向数字化的新趋势，南美新知微信公众平台于2016年9月面世，微信公众号为：ngmagazine。南美新知微信公众号是委内瑞拉少有坚持原创性的华文媒体公众号，除了客观真实地报道委内瑞拉的政治及经济局势，还给委内瑞拉华人提供了各种学习西班牙语的专题教程。

“委国华人网”是委内瑞拉唯一一家华文网络传媒公司，创办于2006年8月8日。网站主要内容为委内瑞拉当地新闻、分类广告以及互动交流社区。2010年3月，网站与《委国侨报》达成战略合作关系，并于同年4月与《委国侨报》共同推出委内瑞拉第一份华人电子报。

苏里南

苏里南位于南美洲北部，无论以面积还是人口排名，都是南美洲最小的一个国家，也是西半球不属于荷兰王国组成体的地区中，唯一以荷兰语为官方语言的国家。另外，汉语中的

客家语是苏里南共和国的法定语言。目前，苏里南的华文媒体有《中华日报》和《洵南日报》。

《中华日报》创刊于1982年6月12日，是由苏里南中华会馆创办的。1994年下半年，由于苏里南政局不稳，为了增强报社实力，将更多信息及时传递给广大侨胞，把报纸办得更好，中华会馆邀请华侨商会共同办报，此后《中华日报》便由中华会馆和华侨商会共同主办。随着科技的发展、时代的进步，2011年10月5日创办了《中华电子报》，电子报含本地新闻、国际新闻、侨社信息、广告天地、四海文坛、走进苏里南等栏目，是苏里南首家中文版电子日报。

《中华日报》和《中华电子报》让侨胞们充分了解家事、国事、天下事，是苏里南侨民之间沟通信息的重要渠道，为宣传和弘扬中华文化、增加苏里南华人社团凝聚力以及促进中苏两国友谊发挥了积极的作用。

《洵南日报》1972年3月7日由苏里南影响力较大的华人社团广义堂创办，是苏里南创办较早、影响力较大的最主要的华文媒体。该报版面是4开4张8版，主要发行苏里南首都帕拉马博市。该报坚持"服务侨胞，弘扬中华文化"的办报理念，努力为苏里南华侨华人提供内容新颖而广泛的信息。

为适应科技时代，广义堂在报社的硬件和软件上进行了改善，更新了报社的印刷设备，改善了办公环境，增加了报纸版页，提高了报纸质量。2012年，在报纸创办40周年之际，创办了《洵南日报》电子版，以扩大该报的覆盖范围，提高信息的传播速度，使信息内容及表现形式更加丰富多彩。

古　巴

古巴位于中美洲加勒比海西北部，是西印度群岛中最大岛国。1847年6月3日，206名中国劳工搭乘西班牙货船抵达哈瓦那港，从此开始了华人在古巴的历史。170多年来，华人的足迹遍及甘蔗种植园、工厂、农村、战场以及古巴革命前沿等各个角落。鼎盛时期，华人人口一度高达十几万。1902年，古巴的第一份华文报纸《华文日报》在首都哈瓦那创刊，这也是拉丁美洲地区最早的华文报纸。该报创办人广东番禺人易绮茜，曾任清政府驻古巴领事，旅古中华总会馆创办人之一。易氏亲任《华文日报》主笔，首任总经理兼总编辑为华人李叔腾。独立经营的《华文日报》创办时采用石印，发行量仅60份。之后，在古巴创办的华文报纸还有《民生报》、《开明公报》、《民声日报》、《联合月刊》，《工农呼声》等。斗转星移，时代变迁，现在古巴的华文报纸唯一存在的只有《光华报》一家。

《光华报》1928年由进步华侨黄淘白创刊，报名《工农呼声》，月刊，油印。1932年改为铅印，报名改为《前进报》。1937年，中国抗日战争爆发后，易名为《救国报》。由于经济原因曾一度停刊，后复刊。1944年改为《光华报》，周报，后遭蒋介石政府在古巴机关迫害而关闭。上世纪50年代，古巴革命胜利后复刊。1987年由古巴规模最大的华人社团中华总会馆管理，并成为中华总会馆的新闻机关报。

《光华报》曾数十年如一日帮助传播古巴华人社会动态、中国要闻、古巴要闻、国际新闻等，是古巴华侨华人了解世界、古巴和中国大事的窗口，为团结华侨华人、传播中华文化和古巴革命的胜利作出贡献。由于条件困难，这份报纸已有5年多没有出版。

为纪念华人抵达古巴170周年，2017年5月31日《光华报》复刊，在首都哈瓦那华人社区重新印刷出版。该报目前每月1期，每期共4页，3页为中文，1页为西班牙文，发行量600份。

智　利

智利位于南美洲西南部，安第斯山脉西麓。东同阿根廷为邻，北与秘鲁、玻利维亚接壤，西临太平洋，南与南极洲隔海相望，是世界上地形最狭长的国家。据史料记载，华人在智利的生存历史，有据可查的可以追溯到近200年前。智利华侨华人现有2万人，主要来自广东鹤山和中山等地。目前，智利的华文媒体主要有"南美新闻网"、《智利之窗》等。

"南美新闻网"是在中智律师专业团队南美映墨盟拓投资咨询公司的主导下，在参与2010年世博会智利馆活动的背景下启动并发展起来的。该网于2010年3月8日在智利圣地亚哥

上线，主要是为希望了解南美，想去南美投资，开拓市场的中小企业提供了解南美当地政经信息，投资政策等的资讯网站，也是响应在智利建立海外华侨华人自己的宣传中国和中国发展情况的媒体渠道的号召而成立的。该网站于2014年1月9日开通了微信公众号“南美新闻网”，开始了向手机移动网络信息源的转变。

《智利之窗》是智利华人创办的一份周报。2017年，《智利之窗》与巴西《南美侨报》合作，改报名为《南美侨报智利之窗》，为旅智华侨华人提供中国和智利两国新闻以及国际资讯，让更多的智利读者了解中国的政治、经济、文化，促进中智文化交流，增进中智两国人民的友谊。

墨西哥

墨西哥北部同美国接壤，南侧和西侧滨临太平洋，东南濒临加勒比海，与伯利兹、危地马拉接壤，东部则为墨西哥湾。墨西哥现有华侨华人约30万。目前，墨西哥的华文媒体有《华文时报》和《墨城华报》两份报纸。

《华文时报》于2014年4月16日在墨西哥首都墨西哥城创刊首发，由墨西哥中华青年联合会、浙江省侨联青年联合总会墨西哥分会主办，合作方为墨西哥中华企业协会、墨西哥浙江商会、墨西哥温州商会。股东除上述单位外，更有多位企业家个人。

该报为周报，是墨西哥第一份简体中文专业报纸。办报宗旨是，传播中华文化，传递祖国声音，为在墨西哥的华侨华人提供最全面的新闻资讯及服务信息，促进中墨两国政治、经济、文化等领域的交流与合作，增强海外华人的凝聚力，全面提升华人的海外形象。

2014年10月，该报与墨西哥航空公司合作，登上了每周往返墨西哥城与上海的航班。同期，与《人民日报海外版》合作，每期刊登“人民日报海外版墨西哥专版”，成为人民日报合作伙伴及人民日报海外版墨西哥代理处。

2014年，《华文时报》同步推出了微信公众号huawentimes，每周一至六与报纸协同推介墨西哥相关信息。报纸自创刊以来，受到了旅墨华侨华人的热烈欢迎，也被西班语读者所关注。

《墨城华报》为台湾同胞创办的一份华文报纸，为在墨的华侨华人提供中国、墨西哥两国以及国际新闻资讯，促进中墨文化交流。

哥斯达黎加

哥斯达黎加是拉丁美洲的一个总统共和制国家，北邻尼加拉瓜，南与巴拿马接壤。根据宪法，哥斯达黎加没有军队，只有警察和安全部队维护内部安全，是世界上第一个不设军队的国家。2007年6月7日，哥斯达黎加与中国正式建交。目前，哥斯达黎加的华侨华人有10多万。华文媒体主要有“哥斯达黎加华人网”。

“哥斯达黎加华人网”创办于2010年，旨在让旅居哥斯达黎加的所有华侨华人能够了解当地新闻。栏目主要有：独家编译的哥斯达黎加当地新闻，华人论坛、分类广告、供求，求职招聘、商铺买卖 互助平台等特别栏目，已成为哥斯达黎加华人交流、娱乐、互助的综合信息交流和服务平台。该网站以服务侨胞为本，利用网络搭建一条友情、亲情、乡情、民族情之桥，同时不定期举办各种活动，为哥斯达黎加各个领域的华人朋友提供更好的交流机会。目前，该网还推出微信公众号“哥斯达黎加华人网”。

厄瓜多尔

厄瓜多尔位于南美洲西北部，北与哥伦比亚相邻，南接秘鲁，西滨太平洋。目前，厄瓜多尔华文媒体主要有《厄瓜多尔华人周报》和《厄华侨报》。

《厄瓜多尔华人周报》创刊于2015年6月5日，报社在首都基多，其前身是厄瓜多尔《华人月刊》。该报由中国驻厄瓜多尔大使馆及厄瓜多尔华侨华人联合会为指导单位，是厄瓜多尔唯一一份公益性的华人刊物，主要经费来源于使馆和联合会的赞助，还有一些在厄华人社团的赞助，并且以收取部分广告经费来维持。承办单位是由厄瓜多尔Andywei Travel S.A承办及发行，周发行量1500份，是一份免费发放给在厄华侨华人及中资机构的中西文版的华人刊物。

该报内容主要转载于国内的各大网站及厄

瓜多尔当地报纸媒体，还有翻译厄瓜多尔当地的法律条例，让广大在厄华侨华人特别是新侨同胞可以更好地了解厄瓜多尔法律，更好地融入当地社会，和谐同处。该报每期16版，首尾封面为彩色版，主要版面是头条新闻、本地新闻、国内国际新闻、广告天地、衣食住行、华人生活、海外侨务、西语学习和实用信息。

2017年，《厄瓜多尔华人周报》与巴西《南美侨报》签订合作协议，并更名为《南美侨报厄瓜多尔华人周报》。

《厄华侨报》总部在瓜亚基尔，主要为在厄的华侨华人提供中厄两国和国际新闻资讯，推动中厄文化交流。

多米尼加

多米尼加位于加勒比海伊斯帕尼奥拉岛东部，西接海地，南临加勒比海，北濒大西洋，东隔莫纳海峡同波多黎各相望。2018年5月1日，多米尼加与中国正式建交。

多米尼加现有华侨华人约3万。目前，多米尼加只有一份华文媒体《侨讯》。

《侨讯》创办于1980年代，其前身是《华侨月刊》。上世纪60年代，旅居多米尼加的华侨华人创立了多米尼加华侨总会，华侨总会创办出版了《华侨月刊》，至1980年代改名为《侨讯》。

《侨讯》是多米尼加唯一的华文刊物，初期是用手工式蜡纸油印出版，于1980年代末改为铅字中文打字机出版。1990年代中期有了互联网，改用电脑排版编印。

欧洲华文传媒发展综述

刘　建

侨团、侨校与侨报是海外华侨社会的“三宝”。作为中欧关系的桥梁，欧洲华文媒体见证并助推了中欧关系近年来的快速发展。

欧洲华媒总体发展趋势

据不完全统计，目前欧洲华文媒体超过80家，分布在法国、英国、爱尔兰、荷兰、比利时、葡萄牙、西班牙、希腊、意大利、德国、奥地利、瑞士、捷克、斯洛伐克、匈牙利、波兰、罗马尼亚、俄罗斯、乌克兰、塞尔维亚、挪威、瑞典、丹麦等国。在欧洲，从南到北、从东到西都有华文媒体的声音。

社会的进步和时代的发展必然体现在媒体形态的演进变化中。欧洲华文媒体在自身发展过程中，也面临着诸多挑战，总体呈现如下三个特点：

1、纸媒继续呈下滑趋势

信息时代，网络发达，快捷便利，改变着人们获得资讯的方式。随之而来的是读者阅读习惯的改变，为因应这一变化，欧洲各地华媒向新媒体发展已成趋势，加之欧洲经济危机的双重影响，传统媒体的压力和挑战继续增加，纸质媒体的运营成本不断攀升，广告收入明显下降。

2、多媒体、自媒体发展迅速

为继续生存，纸媒主动改变发展模式，纷纷向多媒体、移动媒体、自媒体等新形式媒体转移，从而降低成本、节约人力，同时大大增强机动性，通过新颖、便捷的传播形式，适应当今读者群的需求，并发挥各自特长，加强对读者和客户的服务。

3、发挥各自优势，谋求转型

目前，尽管遇到前所未有的困难的挑战，报纸、期刊依然是欧洲华文媒体的生力军，广播与电视继续在规模与影响上稳定发展。其中一些媒体在保留传统媒体业务的同时，还积极利用所在国的资源优势，通过与国内有关方面主办、协办、承办大型活动，搭建文化、经贸交流平台，扩大影响，实现互利共赢。

欧洲华文媒体现状

一、华文报刊：不断探索新的发展路径

1. 困境中的坚守

近年来，在新媒体冲击和经济危机的双重压力下，欧洲华文媒体整体进入经营困难期。随着全球互联网广告投入量的持续增长，平面媒体广告整体下滑严重。加之规模所限，出刊费用高，华文纸媒普遍面临困局，一些报纸或延长出版周期，或大幅缩减页码，更有一些纸媒已无法坚持正常按期出版，曾兴盛一时的多家华文报刊相继关停，现存纸媒都在苦苦寻找新的发展出路。

在这种不容乐观的大环境下，一些华媒人选择了担当与坚守，依然顽强地生存、发展，不断探索新的发展路径，并及时调整战略，在逆境中拼搏开创。英国的《星岛日报·欧洲版》与法国的《欧洲时报》是欧洲华媒中著名的老牌日报，它们都曾在最近的距离感受到同行关停的引起的震动。如今，两家报纸都继续在欧洲华语世界里发挥着传统媒体特有的影响与作用。其中，《欧洲时报》是欧洲时报文化传媒集团的旗舰日报，总部设在法国巴黎，是目前唯一发行覆盖全欧、发行量最大、最具影响力的华文纸媒。

在中东欧国家的政局变化与经济浪潮的冲击中，也有一些华文报刊坚守至今。巴尔干半岛国家中的华文媒体数量相对较少，但特色鲜明。1999年和2000年在罗马尼亚相继创刊的《旅罗华人报》与《欧洲侨报》发行范围已拓展到周边多国和地区，其中包括摩尔多瓦、保加利亚等尚无华文媒体的国家，成为当地华侨华人社会重要的精神食粮和交流平台。

在西欧国家里，多家老牌报刊历久弥坚。于1992年在荷兰创刊的华文报纸《联合时报》

与《华侨新天地》已将市场拓展到周邻的比利时、卢森堡与德国；1995年创刊的《葡新报》在问世2年后即由月刊改为周刊；1997年创刊的《华商报》（德国）每期64版，发行量达2万份/期，发行点遍布全德和部分欧盟国家；1999年创刊的《葡华报》已从月刊改为周报；同年在意大利创刊的《新华联合时报》（原名《新华时报》）成立一年后就在威尼斯开设分社；同年创刊的《华商黄页》每年出版一本，向包括本国（意大利）在内的西欧6个国家的对口华商企业免费发放，且已推出网络版和手机版；同样于1999年在奥地利创刊的6 版小报《青田同乡报》（后改名为《欧洲华信报》）发展至40版之多；《英国华商报》随千年交会而生，标志着英国华人媒体本土化的开始。

进入新千年，几乎每年都有新的纸媒诞生。2001年创刊的《华商导报》（捷克）、《中国报》（西班牙）、意大利的《欧洲侨报》与《世界中国杂志》、2002年创刊的《头条辰报》（英国）、《英国侨报》（原名《新欧侨报》）、《欧华报》（西班牙）、《中欧华报》（斯洛伐克）、《乌克兰华商报》、2003年创刊的《捷通日报》（俄罗斯）、《英中时报》、《新岛周报》（爱尔兰）、《侨声报》（西班牙）、《中荷商报》（荷兰）、《南华时报》（2007年11月加入欧洲联合周报报系并更名为《欧洲联合周报·塞尔维亚版》）、2004年创刊的《欧洲华人报》（意大利）、《斯中商报》（斯洛伐克）、2005年创刊的《葡新报》、《欧华商报》（比利时）、《中希时报》（希腊）、《欧洲万事达报》（匈牙利）、2006年创刊的《俄罗斯侨报》、2007年创刊的《波兰环球周报）与《波兰华人月刊》、2008年创刊的《联合时报》（西班牙）、2009年的《北欧时报》（瑞典）与同年成立的欧洲联合华文通讯社（前身是1997年在匈牙利创刊的《中华时报》）。一些最初并没有纸质报刊的网站也加入到欧洲华文纸媒的大家庭，如2006年创立的“华人街网”（法国）在2009年开始出版《华人街》月刊等。这些纸媒，也已走过近20个年头。面临新媒体压力和传统市场猥琐的压力，其中一些报社已停刊纸媒。

2010年，香港环球商系传媒集团在英、法、荷兰等国推出《欧洲商报》，首份全英发行的简体中文周报《华闻周刊》也在伦敦创刊；2010年和2011年，《布拉格时报》与《华商导报》相继在捷克创刊；2011年，《北欧华人报》与《欧洲华声报》分别诞生在瑞典与挪威；2012年1月，法国《侨报》创刊；2015年，西班牙《欧侨迅播报》与瑞士《欧亚时报》创刊；2016年，捷克《中欧文联报》创刊；2017年，《新侨报》在西班牙诞生；2018年，逢中西建交45周年之际，《欧洲时报?西班牙版》在马德里正式创刊，是《欧洲时报》继英国版、中东欧版、德国版和意大利版之后开设的第五家分社。

2. 自觉承担传承中华文化使命

维护欧洲华人华侨权益，建立华语精神家园

欧洲华文媒体虽然创刊时间不同、经历有别、规模有大有小，但在为华侨华人提供信息资讯、帮助华人融入当地社会、保障华人权益等诸多方面，都起着不可替代的作用。其中一些是各自国家甚至邻近地区里唯一的华文报刊，对于当地华侨华人来说，更有着难以用经济效益来衡量的精神凝聚作用。

总部设在巴黎的《欧洲时报》以大量篇幅报道中国，开设了中国20多个省市专版，让旅欧侨胞了解“家乡事”，并辟出相当版面，长期刊登法律和生活服务信息，帮助侨胞安居乐业，促进融入主流社会；“比利时法律常识专栏”是《华商时报》（比利时）自创办30年以来从未间断的栏目，早已成为华侨华人了解当地法律的最便捷的窗口；西班牙《欧华报》曾于2007年在马德里“杰出移民企业和移民媒体”首届评选中上榜，是几十家参选的移民媒体中唯一获奖的华文媒体，并获得“为移民提供最佳服务的媒体”特别奖；捷克的中欧新闻社密切关注在中欧占华裔人数比例较大的浙江籍华人的生存状态；为了充分满足华人读者的需要，《欧华商报》（比利时）从2013年11月16日起为藏族侨胞增加了藏文版；《中希时报》是希腊及南巴尔干半岛唯一一份华文报纸，近年来受经济危机影响，但始终坚守，在希腊经历的非常时期里安抚并鼓舞着当地华侨华人，共度坎坷曲折、峰回路转。

很多成功的华文媒体以新闻质量为立身之本，努力为读者提供及时、详实和权威的当地

新闻资讯，不断完善和充实记者队伍，坚持公正客观的报道立场，以对所在国新闻的编译为主，同时注重本地华埠新闻的原创，提供深度报道与全方位服务。

《华闻周刊》以报道世界华人生存状况和思想动态为基本内容，以专题为特色，集中对某一社会事件和热点进行全方位报道和评论，并多次以独家专访在国内外引起强烈反响；捷克的中欧新闻社密切关注本国与奥、德等周边国家反对种族歧视、反对新纳粹主义的报道，很多独家新闻被广泛转载；匈牙利的《新导报》与当地政府保持良好关系，是经常参与采访国家及政府各种事件的亚洲（裔）媒体；《世界中国杂志》社曾获罗马市2007年外国移民新闻优秀奖，也是意大利在新闻领域获得该奖项的首家华人媒体。

在提升自身作为新闻媒体的声誉的同时，欧洲华文媒体不忘以贴近百姓生活的特色栏目贴近读者，并注重提升"颜值"，通过个性鲜明的版式设计扩大自身影响，努力扩大发行范围。一些华文报刊以所在国和周边欧盟国家为主要市场，并将订户发展到包括中国在内的世界其它各国。在联结中国的国际航线上，总部设在巴黎的《欧洲时报》、《欧洲侨报》（罗马尼亚）、《联合时报》（荷兰）等多家华文报刊已成为华语读者熟悉并喜爱的航机读物。

与中国媒体合作，讲好中国故事

为将中国的地方资源和优秀的传统文化更好地推向世界、更快捷有效地向华人华侨传递祖籍国的新动态，向关注中国政情商情与文化民生的其他华语读者讲好中国故事，欧洲众多华文报刊与中国媒体发展建立密切的合作关系。

《欧洲华人报》（意大利）与中新社长期合作开辟专版；《新导报》（匈牙利）2005年签约为凤凰卫视欧洲台布达佩斯特约记者站；《欧洲时报》从2005年起与上海新民晚报合作出版《欧洲联合周报》（后更名为《欧洲时报周刊》）；《欧华报》（西班牙）是中新社和新华社的海外合作伙伴、中国多个省市侨办的海外合作媒体，也是中央电视台四套、凤凰卫视欧洲台、上海《新民晚报》的合作伙伴，在中国设有代表处；《侨声报》（西班牙）与中新社、《福建侨报》、《浙江侨声报》保持着多年合作；中欧新闻社（捷克）向中新社及欧洲和世界其它地区的华文媒体提供本国及周边国家新闻；《龙报》（俄罗斯）与中国中央电视台、中新社、天津《今晚报》、上海《新民晚报》、《哈尔滨日报》、北京电视台、上海东方卫视等中国主流媒体建立合作关系；欧洲唯一的中意双语杂志《世界中国杂志》从2010年开始与《中国新闻周刊》合作，成为《中国新闻周刊意大利版》；《华侨新天地》是唯一与新华社、中新社，新民晚报等新闻单位合作的荷兰华文报社；《布拉格时报》与上海《新民晚报》、天津《今晚报》、广东《广东侨报》和青田《青田侨报》进行版面合作、奥地利《欧洲华信报》与《人民日报海外版》合作出版《奥地利周刊》、2014年底，《侨报》（法国）与天津《今晚报》签订战略合作协议；《北欧时报》于2016年10月与人民日报海外版签署战略合作，每期出版4个海外版专版；《华商报》（英国）相继于2016年和2017年与《南京日报》、《人民日报海外版》合作签约;《葡新报》从2017年起与《瞭望中国》（香港）杂志建立合作关系；2017年1月，《新华联合时报》（意大利）与中新社签署全球编辑室暨"华舆"客户端战略合作协议。

中国的"一带一路"倡议为欧洲华文媒体提供了海量的新闻素材和发展机遇，而欧洲华文媒体在"一带一路"建设中也起着不可替代的桥梁作用。意大利作为丝绸之路上的终点，当地多家华文媒体如《欧洲侨报》、《欧洲华人报》等纷纷辟出专版进行报道，为促进中国与其它国家互利合作助力。

与所在国主流媒体合作，谋求共同发展

欧洲的华文媒体都面临着如何被主流社会认识、认可，进而谋求共同发展、提高实力的问题。在积极的探索与实践中，一些华文报刊已成为所在国的主流媒体了解本国新闻（政治、经贸、文化等）及欧洲华人社会发展与变化的重要平台，其中实力较大的华文媒体还与当地媒体联手，一道讲好中国故事，传播中国好声音，为传承中华优秀文化，增进中欧友好做出更大贡献。

《龙报》与俄罗斯全俄影视制作中心、圣彼得堡波罗的海传媒集团等当地主流媒体建立起合作关系；总部设在法国巴黎的《欧洲时报》与《巴黎竞赛画报》从2001年起合作出版

《巴黎竞赛周刊·中国特刊》，每期发行超过10万册，受到主流社会的热情欢迎；《欧洲时报》与上海《新民晚报》于2004年合作创办《欧洲联合周报》（2016年6月全新改版并更名为《欧洲时报?生活周刊》）；2014年6月，欧洲时报社与英国《每日电讯报》合作在副刊中推出《每日电讯报》中文版，现发行量已达3.5万份；《欧华报》是国际期刊协会和西班牙期刊协会的正式会员刊物，2016年，其隶属的欧华传媒集团与西班牙埃菲社签订战略合作协议，建立中西媒体间交流沟通的桥梁；欧洲华通社用匈牙利文向国家电视台及当地多家报刊提供新闻和评论；英国的《头条辰报》与欧洲华文公关与传媒研究院达成战略合作伙伴关系；《北欧时报》是瑞典记者协会会员，并于2017年3月与芬兰最大的报社赫尔辛基日报交流互相供版事宜，为融入主流社会迈出新的一步。2018年11月，伊比利亚传媒及旗下《葡华报》联合葡萄牙新闻协会联合发起“一带一路”葡语媒体联盟，从而搭建更加开放、融合、创新的合作平台，互通有无、资源互补。

出版国别版，更好地服务当地华人华侨

为了更好地服务当地华人华侨、建好华人社会与欧洲联系的桥梁，总部设在法国巴黎的《欧洲时报》于2011年起在伦敦创立《欧洲时报·英国版》；于2012年8月在奥地利创立《欧洲时报?中东欧版》，目前已覆盖中东欧22个国家和地区，使《欧洲时报》成为“一带一路”进入欧洲沿线国家最具影响力和传播能力的华文报纸和移动媒体；2013年9月，《欧洲时报?德国版》在法兰克福创刊，至2016年上半年，发行已覆盖荷、比、卢三国和北欧四国；2014年12月，《欧洲时报?意大利版》在罗马创刊，发行范围现已覆盖全意大利、希腊、马耳他和塞浦路斯。

发挥资源优势，促进欧中对话

只有了解才能理解，有了理解才会包容，唯有包容才能共存，这可说是欧洲华文媒体人的共识。在做好新闻报道的同时，多家媒体发挥自身特有的品牌与资源优势，组织包括经贸合作、旅游推介、人才引进、学术对话等各类活动，对主流社会产生影响。

有些国家或地区的华文媒体数量不多且历史较短，但各自充分发挥自身特色，积极促进欧中对话，如挪威的《欧洲华声报》多次组织举办“中国文化年”、“中国梦”欧洲高峰论坛等活动；2015年12月，《北欧时报》在屠呦呦赴瑞领取诺贝尔奖期间，组织诺贝尔医学院三大评委、瑞典中医学院院长与中国医学科学院专家代表团进行“了解中医，瑞典对话中国医学”学术对话，近200位瑞典本土专家、20家主流媒体现场聚焦，将中国文化面向世界进行深度传播。

从2017年起，法国的新欧洲易能传媒集团开始举办中法跨境电商论坛，并已经成功举办了两届。法国《欧洲时报》继续发扬作为欧洲老牌华文媒体的资源优势，更抓住时代赋予的机遇，推出或协助组织形式多样、覆盖多个领域的文化与经贸交流活动。据不完全统计，从2018年至今，《欧洲时报》主办、承办或协办的大型活动就包括：2018年与2019年两届新春海报设计比赛、“2018年吉狗迎春嘉年华”联欢、感知中国《中国设计40周年》展览、“万物一体——徐善循人体绘画展”、“文化中国?名家讲坛”与昆曲讲座、“多彩贵州?风行天下”巴黎推介会、“南京周”巴黎户外展会、“汉字之美”UNESCO研讨会、山东文化旅游活动推广、“花开敦煌”、中法建交55周年“舞诗武”全球功夫春晚、“光影流年55”中法友好故事会、第四届中法人才交流会等。

2018年，匈牙利《新导报》与匈中文化交流协会、欧中汉学会共同主办了“诗文雅集”比赛，将企业品牌文化建设与推广中华传统文化成功地结合，在当地社会得到了良好反响。2019年春节期间，法国的“华人卫视”连续第二年参与组办华人春晚，受到此间华人和主流社会观众的欢迎。

为年轻一代华人提供发声平台

在欧洲很多国家里，“华二代”和“华三代”已成长并发展起来，他们不忘祖籍国，热切需要立足于所在国的中文信息，由于受到所在国的语言和文化教育，具有更高的国际化程度和宽阔视野，能够更加深入地参与所在国的政治文化生活。随着越来越多的中资企业在欧洲国家落地，这些企业的华人员工需要发声的平台，很多外籍员工也希望学习中文。欧洲华文媒体不仅成为向世界展示中国的窗口，更以自身为媒介，增进新生代华人华侨与祖籍国

的联系，促进更好地融入当地社会，如英国的《英中时报》覆盖华人中产市场，沟通英国主流社会；《华商导报》（捷克）主要针对华人华侨的中青年读者；《北欧华人通讯》（挪威）以采访华裔二代为主要特色；《捷华通讯》是捷克国家机构和布拉格市政府官方机构“外国人融入捷克社会”项目的合作单位，并曾多次荣获捷克移民组织“多元文化传播奖”。

双语办报，用当地语言发出“中国声音”

为了更快更好地融入当地主流社会，也让当地国读者更好地了解中国，欧洲一些华文媒体推出所在国语言刊物，使自身成为当地民众与主流研究机构了解中国政治走向、经济态势、文化习俗、民众生活的窗口。

《欧洲侨报》（罗马尼亚）用中文、英文与罗文出版报道欧洲经济和文化方面新闻；2002年创立的欧华传媒（西班牙）一直立足于双语办报建网；《欧洲时报》多年来坚持在春节期间推出法语春节特刊；《欧华报》于2005年推出西班牙语版；2001年创办的月刊《世界中国杂志》从2007年开始以中意双语出版，成为意大利第一份双语月刊，以政界、商界人士为主要读者；《龙报》（俄罗斯）从2012年起与中新社联手，对中文版进行扩版并创刊俄文版；《华侨新天地》是荷兰境内规模最大的中荷双语报纸；2011年创刊的《德中汇报》月刊是第一份“发出中国声音的德文报纸”；《欧洲时报》从2015年6月起出版德文月刊，发行覆盖欧洲整个德语区；2015年8月，《中希时报》希腊文版正式对外发行。2017年底，欧洲时报文化传媒集团又推出《Le 9》（九州）法文月刊，满足了法国和法语区渴望了解日益发展变化中的中国的需求。

3. 积极转型，将纸上阅读延伸到网络传播

随着互联网技术的广泛应用，传统媒体纷纷与新媒体相融合、加速转型，进行“全媒体发展”以适应新环境。在具体实践中，各媒体根据自身规模、人力资源、发展状况等现实条件，努力突出特色、实现均衡发展。

保留纸质发行的同时开设配套的新闻网站，实现报纸电子版的在线阅读，突破发行上的地域限制，可说是大批传统媒体的“必由之路”。如法国的“欧洲时报网”与“华人街网”、西班牙的“欧华网”与“欧华网”、意大利的“欧联网”和“欧洲侨网”、“荷华网”（《华侨新天地》）、英中网（《英中时报》）、“希中网”（《中希时报》）、“法国侨网”（《侨报》）、“欧桥网”（罗马尼亚《欧洲侨报》、“华文网”（英国《华闻周刊》）等，都是各自国家内知名的华语新闻网站。英国首部华人黄页《英国华页》抓住机遇、拓展网络平台，现已成为英国最大、最权威的华人黄页网站。

一些华文媒体与中国媒体合作打通网上媒体平台，如西班牙的欧亚传媒集团和人民日报海外网于2015年合作开通“西班牙频道”、法国新欧洲集团与人民日报海外网于2016年4月正式推出的“法国新闻网”（海外网法国频道）等，都是传统媒体积极回应网络时代的要求而推出的新的媒体产品。

二、华语广播与电视：积极探索，稳步推进

进入21世纪，欧洲的华语广播和电视立足于“中国文化、本土表达”，坚定地开辟新的阵地。

比利时华人电台YVCHINA于2005年开播并运营至今，通过电波，用中英法三语每月两次为当地华侨华人传递中国声音。2005年，“欧桥电视传媒”在罗马尼亚《欧洲侨报》基础上成立，向罗马尼亚有线电视网提供中国大陆电视专题节目，并向中国中央电视台及部分省市电视台提供新闻和专题报道。奥地利的“中国脉动”调频广播电台于2009年开播，后又于2012年推出电视平台，定期向欧洲观众和听众以中德双语播出节目。2006 年8 月28 日，由法国陈氏传媒担任欧洲独家代理的包括14个中国电视频道在内的“中国电视节目长城（欧洲）平台”于在法国正式开播。2010年，北京一家文化公司在德国注册成立德中传媒（DCM），开创性地与德国六家主流电视台合作，向华人华侨传送来自祖籍国的声画节目。2011年1月25日，意大利第一家正式获得当局批准的华文电视台“欧洲华文电视台”正式开播。

2014年10月，法国最高视听委员会CSA官方授权的唯一一家全天时播放的民营法中双语广播电台欧洲华语电台（法国）在大巴黎地区开播，并通过官网、Facebook、推特、微信、APP等新媒体平台向全世界开放。电台还引进

中国优秀的广播节目，传统文化纪录片和介绍中国当今国情的宣传片，制作法语版视频，在电台官网进行播放，并在各大社交平台进行推送。法国的“欧洲中谊文化传媒”以“着眼中国，立足法国，辐射欧洲，以电视和网络媒体为主体传播平台，履行传播中国文化、促进中法及中欧交流与合作”为己任，从2010年创立起，经不懈努力，于2014年底获得法国最高视听委员会颁发的开办24小时电视台许可证，这是法国及欧洲华人华侨首次成功获得全频道电视台运营许可证。2015年11月2日，华人电视台（Mandarin TV）在巴黎举行试播启动仪式，标志着法国华人媒体正式进入了当地主流电视传播平台。

今年正值中法建交55周年，不仅是两国外交史上的重要里程碑，也成为两国文化交流与合作的新起点。在中国驻法使馆和旅法商界侨界不遗余力的支持下，法国华人卫视与中国国际文化传播中心在巴黎成功主办了“庆祝中法建交55周年暨2019年春节联欢晚会”，来自中法各界3000多名观众观看了精彩纷呈的演出，法国前总理让-皮埃尔?拉法兰也应邀参加了晚会并致辞。这是法国华人电视台主办的首届电视春晚，为提升华人影响力和话语权、向世界展现一个真实的中国做出了崭新的贡献。

三、门户网站迅速发展

随着互联网技术的飞速发展，欧洲各国涌现出大批网络新媒体，凭借发达的门户网站，以国际新闻、本国新闻和中国新闻为主，并提供论坛、群组、空间、黄页、博客、聚会版块等，为当地华人华侨与留学生提供便捷的资讯服务。如西班牙历史最悠久的综合性华人门户网站“西华网”、德国的“开元网”、“德国热线”、法国的“新欧洲”网站、“法国侨网”、“华人街”等，都已成为当地华人华侨中知名的中文门户网站。

还有一些网站突出华商经贸研究、学术交流的特色，在扩大欧洲与本国商贸交流、引导和服务华商回国投资、帮助本国政府及企业招商引资、宣传华商等多方面发挥着重要作用。2011年，意大利著名华商及华文媒体资深人士合作创办“侨网”，与世界各地华文媒体及国内主流媒体建有广泛的联系及合作，并推出欧洲系列杰出华商人物专访，是国内及各国专家学者、华商经济研究爱好者交流学术、阐述观点的重要平台。

四、“融媒体”时代：建设“全媒体”立体平台

抓住新媒体技术飞速发展带来的机遇，结合自身状况，不断进行新产品的开拓、增强实力，是华文媒体在新时期共同面临的挑战与任务。

1. 新闻网站扩容，建设综合性媒体平台

为适应互联网时代的传播需求，众多已开设新闻性网站的传统媒体对网站进行扩容，从报纸内容出发，融合论坛与信息服务，建设综合性网络传播平台。西班牙《华新报》所隶属的西班牙华文传媒集团于2004年推出“欧浪网”，现成为本国内最大的华文新媒体及重要的分类信息平台。德国的“华商报网”、“欧洲新报网”，法国的“欧时网”、“法国侨网”等、英国的“英侨网”、“英中网”等，都是各个国家内点击率非常高的综合性网站。

微博作为互联网时代里出现的社交化媒体平台，以便捷性、全民性、互动性、信息发布的迅速及时等特点，极大地影响着新时期的新闻制作与传播的方式。欧洲多家传统华文媒体纷纷涉足这个平台，其中一些媒体还根据自身发展状况进行平台细分，如欧洲时报文化传媒集团的集团官方微博“欧时微博”与旗下服务类网站“欧时代”开设的“欧时代微博”等。

2. 手机移动端，建设移动平台

高科技移动终端在全世界范围发展速度惊人。欧洲多家华文媒体在网络平台之外继续加强移动平台的建设，推出手机客户端版，实现当期报纸即时在线浏览。如《侨声报》目前是西班牙唯一一家自行开发APP手机版新闻客户端的华文媒体；“欧华网”2016年推出移动手机版，开设“玩赚微商”、“欧华视频”等极富“移动”色彩的新栏目；《葡新报》成为手机新闻应用综合平台“华人头条”在葡萄牙的唯一合作华人媒体。

为回应读图时代和新媒体形势下读者的需求，欧洲华文媒体纷纷开通微信公众平台订阅号号，直接向订户推送新闻资讯，与读者开展更直接的交流互动，通过文字与视频等多种形式，即时发布重要政情、反映民生状态。2016年9月4日，法国华人群体在巴黎组织“反暴力、要安全”大游行，各种网络载体在第一时

间发布信息，形成了扩散广泛、关注度极高的传播效应。

在互联网的推动下，媒体已经进入“融媒体”时代。充分利用新媒体技术，在人力、内容、宣传等多方面整合传统媒体与新媒体的各自优势，增加竞争力，是欧洲华文媒体的共同追求。一些发展较快的媒体已建成纸媒、网站与“微媒体”（微博、微信公众号）三线互动、同步发行的全媒体立体传播平台。如2016年成立的“新欧洲侨报”（意大利）在创立之初即同时推出报纸、网站与微信公众号；荷兰的《华侨新天地》添增Facebook、推特、微博、微信公众号等社交网络模式，成为本国华文移动媒体中的领军；法国欧洲时报文化传媒集团已拥有以新闻为主的“欧时网”、以社区资讯为主的“欧时代”和视频新闻“欧时网络TV”三家新媒体，其中的“欧时网”先后于2013年1月、2015年1月和2016年1月正式开通法语、英语与德语三个外语频道。为了更有针对性地为全欧华侨华人、华人社团、华校和华商服务，欧洲时报文化传媒集团在移动端相继开通多个微信平台，包括集团官方微信“欧洲时报内参”、集团官方侨社微信公众号“向东向西”以及“食尚亚洲”、“想法”、“英伦圈”（英国）、“道德经”（德国）、“维城”（奥地利）和“意烩”（意大利），形成了网站“一中三外”、移动端“一端多微”的产品格局。

3. 媒体集团不断涌现，致力多元化发展

欧洲华文媒体不懈寻求拓宽发展道路，实力不断增强，媒体集团不断涌现，如欧洲时报文化传媒集团、法国中谊传媒集团、西班牙的欧华传媒集团、欧亚传媒集团、《英中时报》隶属的欧美嘉新闻集团、爱尔兰的新岛传媒集团、意大利的欧洲华人传媒集团、罗马尼亚欧桥传媒集团、匈牙利的万事达传媒集团等，通过发展包括报刊发行、网站、官方微博、微信公众平台、APP手机终端、网络广播或视频、电视台等在内的多元化业务，打造“中央厨房”式全媒体报道平台，全方位吸引受众。其中的欧洲时报文化传媒集团经过34年的发展，已从单一纸媒发展成为欧洲唯一一家综合性全媒体文化传媒集团，旗下拥有中文日报、周报、周刊、德文版月刊、中法英德跨语种多媒体网站、视频节目、网络电视、微博与微信等终端移动平台、中法英三种文字书籍出版发行平台、大型跨国文化交流传播平台和华文教育推广平台，其中日报、周报和周刊等在内总发行量超过10万份，坚定捍卫着传统华文媒体的阵地。

五、欧洲华文传媒协会：以“华”为本，团结合作，分享共赢

1997年，在法国《欧洲时报》的倡导下，欧洲华文媒体成立了“欧洲华文报刊协会”，并于1998年正式更名为“欧洲华文传媒协会”。协会在法国巴黎注册，常务秘书处设在欧洲时报社，负责日常事务和联络工作。经过多年努力，该协会会员单位已发展至60余家，分布在法国、德国、意大利、英国、奥地利、西班牙、葡萄牙、捷克、匈牙利、罗马尼亚等国家。

欧洲华文传媒协会成立20多年来，在各会员单位的共同努力下，会务稳步发展，在团结带领欧洲华文媒体客观报道中国、向欧洲各国民众介绍中国国情民情、讲好中国故事、维护侨胞权益、弘扬中华文化、促进中欧友好及交流等方面发挥了并继续发挥着独特作用，取得了可喜成绩。

作为欧洲华文媒体沟通、合作、交流的平台，协会每两年举行一次年会和主题研讨会。第一届年会于1997年10月在法国巴黎举行，由法国《欧洲时报》社承办。此后，大会在各会员所在国轮流举办，并由承办媒体单位担任研讨会主席。迄今为止，已分别在法国（巴黎 / 2届）、匈牙利（布达佩斯 / 2届）、奥地利（维也纳 / 2届）、西班牙（马德里）、意大利（罗马），罗马尼亚（布加勒斯特）、葡萄牙（里斯本）、德国（汉堡）、英国（伦敦）及捷克（布拉格）成功举办了13届研讨会。

欧华传媒协会已成为世界华文传媒协会的重要标志，与中国国内媒体紧密联系，与世界华文传媒一起积蓄力量，努力搭建交流合作平台、提供多方面务实服务。去年于捷克举办的第十三届年会恰逢“一带一路”倡议提出5周年和中国改革开放40周年，来自欧洲18个国家的40多家华文传媒的60余位代表出席了会议，与中国海外交流协会、中新社等国内代表一起，交流经验、互动联谊，共同探讨欧洲华文传媒如何在“一带一路”倡议下更好地发挥优势、加强合作、形成合力，讲好中国故事，推

动中欧友好合作关系深入发展，并就2020年欧洲华文传媒协会第十四届年会的承办地进行了讨论。与会代表还就如何在尊重知识产权的前提下，对包括原创文字稿件、自拍图片和视频等新闻资讯的共享达成了意向，从而更好地传播华人声音、实现共赢。

欧洲华文媒体在如今的历史形势下处在极为有利的地位，具有独特的力量，发展前景广阔。正如欧洲华文传媒协会秘书处代表、欧洲时报文化传媒集团总裁张晓贝在上届年会所言：欧洲华媒的关键词是“华”，这个大家庭的所有成员都因祖（籍）国而联系团结在一起，有着很强的生命力。欧洲华文媒体将凝聚侨心侨力，关注新时代的中国发展脉动，做好增信释疑、凝心聚力的桥梁纽带，做好中国故事的生动讲述者、中华文化的热情传播者、中外交流的积极推动者、阐释者和践行者，为汇聚世界各地中华儿女、塑造中国良好国际形象、推动中外友好合作发挥作用，共同书写中华民族伟大复兴的新篇章。

澳大利亚华文传媒发展综述

黄成威

2018年，是欧洲白人殖民者正式登陆南方大陆建立澳大利亚国家的230周年，澳大利亚人口此时刚刚达到了2500万。这一年，也正是华人抵达澳大利亚大陆定居第200年，澳大利亚华裔人口也刚刚登上了百万级的台阶。

在这个具有纪念意义的年份，澳大利亚土地上的华文媒体，积极参与了有关纪念活动并作了大量的报道。

有200多年建国历史的澳大利亚，传媒业素称发达。这个产生了世界级传媒巨头默多克及其澳大利亚新闻集团以及菲尔费克斯传媒集团等传媒大亨的国度，也是华文传媒诞生和成长发展的沃土。早在一个半世纪之前，淘金时代的澳大利亚已经出现了最早的华文报纸，成为世界华文传媒的一个重要发祥地之一。经过了100多年的发展，澳大利亚如今也成为华文传媒业比较兴盛的西方大国。

近30年，在世界华文传媒的许多重大活动中，都少不了来自澳大利亚华文媒体记者的身影。本世纪初开始已举行过的九届世界华文传媒论坛，澳大利亚华文媒体的参会代表团队一直是各国（地区）参会团队中人数最庞大的其中一个团队。

单从媒体数量上来看，澳大利亚已是当今除中国以外华文传媒业最为发达的少数几个国家之一，而养育着澳大利亚华文传媒的的华裔人口只有区区不过百万左右。

2018年12月，主要在西澳大利亚州出版发行的华文报纸《澳大利亚时报》隆重庆祝创刊20周年,包括西澳州州长和中国驻珀斯副总领事在内的600多位宾客参加了该报举行的盛大庆祝晚宴。

在州长和副总领事等嘉宾的晚宴致辞中，除了盛赞《澳大利亚时报》在20年的岁月中所取得的职业成就之外，都特别提到了该报纸在联系华人社区与主流社会、促进中澳两国人民的经济文化友好交流方面所能起到的桥梁和纽带的作用。可以说，大家都承认，协助华侨华人了解和联系侨居国主流社会、促进侨居国与中国的友好交往，也是海外华文传媒的历史使命之一。

同样的赞誉，也常常出现在澳大利亚其它较有成就的华文媒体的生日庆祝活动中。

最近几年，在澳大利亚创办较早的几家华文日报，纷纷进入了“而立之年”。2017年，《星岛日报》（澳洲版）度过了35岁生日，《澳洲日报》和《澳洲新报》也先后达到了30周岁。较晚点出生的《澳洲新快报》，也在2019年6月迎来15岁生日。这几家华文日报都以华人最多的新南威尔士州悉尼市作为立足点，向澳大利亚多个主要的大城市发行。

在悉尼一座城市里同时生存着4家华文日报，还同时养育出包括周报、期刊、广播电台、电视台、网络媒体等数十家华文媒体，堪称繁荣兴旺。这在30多年前的澳大利亚，是不可想象的。近30年间，除了新南威尔士州之外，在维多利亚州、昆士兰州、西澳大利亚州、南澳大利亚州、塔斯马尼亚州和首都特区，也陆续涌现了大大小小数十家乃至上百家的华文媒体，产生了大量有规模的华文传媒集团，形成了“百家争鸣”的兴盛局面。

澳大利亚华文传媒的发展历史可以追溯到160多年前。

华文报业早期历史的追溯

在澳大利亚出现的第一张华文报纸名叫《唐人新闻纸》（英文名“The Chinese Advertiser”），1856年4月19日在维多亚利殖民地Ballarat创刊，由一位热爱中国文化的当地欧裔人Robert Bell创办，以中英文双语出版。面向的读者大都是淘金时代从中国南方来到“新大陆”参与开发的华工。初期的《唐人新闻纸》基本上不刊登新闻，每期4版刊登英文或粤方言中文广告。到后期，报纸的内容逐渐丰富，除了广告，还刊登一些政府公告、文化

介绍等。报纸从月刊发展到双周刊及周刊，每期发行500份。

《唐人新闻纸》出版两年多停刊。再过36年后，《广益华报》（英文名The Chinese Australian Herald.Kwong Yik Wah Bo）1894年9月1日在悉尼创刊。《广益华报》的创办人是著名侨领梅光达(Quong Tart)，以及李益徽(Robert George Lee)与孙俊臣（Jason Sun）等人。

《广益华报》半年一刊，每期8版，刊出较多本地新闻，还有国际新闻和少量中国新闻，以及一些市场信息，还发表评析时事的社论，可读性很高。从1894年创刊直到1923年停刊，前后刊行了30年，一共出刊60期。

晚清戊戌维新运动期间，宣扬维新思想的《东华新报》于1898年6月29日在悉尼创刊。维新派领袖梁启超流亡海外时曾于1900年间来到澳洲活动半年之久，坊间传说梁曾居于《东华新报》报社楼上。后来，《东华新报》成为保皇会的机关报，于1902年改名《东华报》。

1906年，墨尔本一批有志于共和革命的华侨青年集资创办了《警东新报》，旗帜鲜明宣扬革命，抨击保皇，支持推翻清廷以建立共和的政治纲领。1910年辛亥革命前夜，澳洲华侨组织洪门致公堂主持创办了宣扬革命的《民国报》。辛亥革命后，《民国报》坚持出版了多年，在讨袁和反北洋军阀的斗争中发挥了“匕首投枪”的积极作用。

辛亥革命后在澳出版的华文报纸还有《平报》、《民报》、《公报》等。《平报》创刊于1916年，而《民报》从1920年创刊，直到1950年方停刊，刊行了30年。

1955年10月10日，由中国国民党从台湾出资创办的《澳华时报》在悉尼出版。作为当时的党派政治宣传产物，该报极少刊登澳洲华人新闻，出版一年多便停刊。

此后的20多年，在澳洲大陆上没有一家华文媒体。

华文报刊业近三十年的繁荣兴盛

1982年，香港《星岛日报》进军澳洲，在第一大城市悉尼创办了《星岛日报》澳洲版，成为第一家在澳洲出版的华文日报。该报创办初期，除了一版澳洲新闻由本地人员编制，其余版面都在香港大本营制作并通过卫星传送到澳洲报社，制成胶片后再送到印刷厂印刷。

1987年3月19日，香港《新报》也登陆澳洲，在悉尼创办了《新报》澳洲版。次年10月，《澳洲新报周刊》创刊，作为《新报》周末版的一部分，随日报附送。1990年，《新报》率先将竖排版面改为横排版面，并开始直接采用新华社、中新社等权威通讯社的新闻稿。1991年，《新报》澳洲版正式更名为《澳洲新报》。

1986年由来自东南亚的华侨在悉尼创办的周报《华声报》，经过了几年运营和股权转让，90年代初改名《华声日报》，再经过一段时间的渐进，于1997年11月再更名为《澳洲日报》，成为澳洲的第三家华文日报。

1988年，当代维多利亚州的第一张华文报纸《海潮报》周报在墨尔本创刊。

1992年，免费赠阅的《综合周刊》在悉尼创刊。该刊每星期五在悉尼各区派发，一度成为悉尼发行量最大的免费华文刊物。

踏入90年代，华文报刊在悉尼如雨后春笋般涌现。《移民导报》、《雪梨周报》、《百家信息》、《东方邮报》、《华联时报》、《东华时报》、《信报》、《社区周报》等周报和《满江红》、《南半球》、《大世界》、《新移民》等期刊相继面世。90年代中后期，还有《澳华时报》、《2ac月刊》、《银河娱乐周报》、《澳洲国际商报》、《澳洲商报》、《华文镜报》、《唐人商报》、《华商报》、《车天车地周报》、《新时代报》等报刊陆续登场。当中的大部分只能维持几年，坚持出版10年以上的没有几家。

进入21世纪，在悉尼出版的华文周报，还有《澳华时报》、《新时代报》、《澳中周末报》、《海天物业周报》、《华声地产》、《新市场报》、《澳洲汽车杂志》等多种。此外，悉尼还陆续涌现了一批主要面向年轻读者免费发行的精美期刊，如《喂喂杂志》（澳洲中文生活双周刊）、《乐城》（City Walker）、《i·Me》等。当中有些是与海外机构合作出版的，有双周刊、月刊等。

在墨尔本，华文媒体群芳争艳的景象也出现在上世纪90年代。继《海潮报》之后，《新海潮报》、《大洋时报》、《澳洲侨报》、《华夏周报》、《大华时代》、《健康报》、《澳华导报》、《时代周报》、《老子周报》、《联合时报》、《澳洲讯报》、《同路人》等一大批周报、周刊也相继涌现。当中既有免费赠阅，也有收费发行。与悉尼《澳洲日报》同一集团的《墨尔本日报》、《昆士兰日报》也乘时面世。创刊于1985年1月的《汉声》杂志，则一直保持着严谨的编辑风格，以刊载精品的时评文章而享誉。

2011年4月30日，《大洋日报》在墨尔本创刊。该报每星期二至星期六出报。每期48版，分为“澳洲国际”、“中国新闻”、“轻松天地”三叠。该报发行数量达3万份。

在澳洲其它几个州的首府布里斯班、阿得莱德、珀斯等，华文传媒也日渐发展起来。堪培拉的《东方都市报》、布里斯班的《华人商报》和《多元文化报》、阿德莱德的《南澳时报》、珀斯的《澳大利亚时报》及《东方邮报》等较为知名的华文周报，都在当地各领风骚。

2009年创刊的《东方都市报》曾是堪培拉唯一的华文报纸，每周一期，发行5000多份。2017年3月，《澳大利亚新报》的创刊打破了这“唯一”局面。

2009年7月，塔斯马尼亚州首府霍巴特诞生了本地首家华文媒体《塔州华人》月报。该报每期16版，主要报道当地华人社区信息及国内外的重大新闻。

华语广播电台电视的发展进步

华语电台播音一直在澳洲华文传媒中占有重要的一席。

墨尔本的ABC澳大利亚广播电台（澳广）早在上世纪50年代初已有华语播出的节目。该公司的中文部成立于1942年，经过70多年，现已步入全媒体形态。

创建于1975年的国家广播机构SBS（民族电台），播放华语节目的历史也已逾40年。电台华语节目以新闻和社区信息为主，加上一些关于中华文化及当地华人比较关心的话题，每周各有一定的播音时段，分别以广东话（每周7小时）和普通话（每周9小时）播出。

1994年9月，悉尼首家民办的华语电台2CR澳洲中文广播电台在华埠开播。电台以一个频道分别用广东话和普通话在不同的时段播音，听众向电台购买专用的收音机收听。

1995年7月15日，另一家华语电台2AC澳洲华人电台在悉尼开播，同样需要专用收音机收听。2AC电台由原香港知名播音员牵头创办，以两个频道分别用广东话和普通话24小时播音。目前，2AC已通过Niche Radio实现全澳播音。

1999年9月18日，澳星国际传媒集团的3CW澳大利亚中文广播电台在墨尔本诞生。覆盖整个维多利亚州的3CW每天24小时播音，普通话播音占8成以上，广东话节目占一成多，还有少量的客家话节目。该电台用一般收音机中波频率便可收听。

2007年2月8日，澳星国际传媒集团的西澳华语广播电台在珀斯开播。播音以普通话为主，每天播音10小时，覆盖大珀斯地区大约15万华语听众。

2007年12月，由来自中国大陆移民创办的2OR澳洲东方华语电台正式开播。初期以普通话播音，随后增加了部分时段的广东话节目。

2008年9月26日，澳华国际传媒集团的澳华之声中文台在布里斯班开播，是昆士兰州唯一全天播音的华语电台。澳华之声英文台则于2010年10月4日开始每天12小时的播音。

2011年3月8日开始，华厦传媒集团的华厦之声华语广播电台网络频道已先后在堪培拉、布里斯班、墨尔本等大城市开通24小时播音，其中自办节目9小时。

华语电视播放在澳洲始于上世纪90年代。

悉尼中文电视于1993年创办，经营电视节目制作和播出。1994年至2004年间，悉尼中文电视通过31频道播出每周6小时节目。观众以华人为主，约有8至10万固定观众。2004年改由OPTUS B3卫星播出。2006年起，悉尼中文电视开设网站，配合卫星播出。2010年起，电视网站改版为视频网站。

SBS民族电视台普通话新闻节目每周三下午5:30–6:00在第二套节目首播，在每星期日早上6:30–7:00第一套节目回放。SBS电视台还每天播出中国央视四套“普通话新闻”和香港电视台的“广东话新闻”。

由电视广播（澳洲）有限公司（TVB Australia Pty Ltd）提供的翡翠互动电视，开播于2000年5月，其中文电视服务，为澳洲华人打造了一个很好的中文卫星电视平台，10多条电视频道，内容涵盖中国内地、香港及台湾三地，包括中国中央电视台海外频道（CCTV 4）、香港凤凰卫视、上海东方卫视、湖南卫视、重庆卫视等电视台的节目，每天24小时播放。该电视还有本地制作节目，提供与本地华人生活息息相关的各类信息。

华厦传媒集团的澳洲华语电视台，2005年6月成立，在维多利亚州以31频道播出。主要播放来自中国的电视节目。

天和电视台2012年6月22日在悉尼开播，是悉尼首家华语网络电视台。通过网络以普通话、广东话每天24小时播放节目，包括新闻、娱乐、生活等频道。

澳星电视中文台2012年10月建立。拥有全方位、立体式传播平台。ACTV.com.au澳星电视网络台，集电视、新闻、活动三大板块为一体。

澳洲中文电视台于2013年5月在悉尼成立，隶属澳洲新快传媒集团。目前拥有手机APP、Tvbox、网站、微信平台等多媒体平台。主要制作新闻、服务、娱乐、纪录片等。

华文传媒在困境中转型发展前景可期

进入21世纪的互联网时代，澳洲华文网络媒体的大量涌现冲击着传统媒体的旧有秩序，各种类型的华文门户网站、新闻网站、专业网站、微信公众号、自媒体平台等越来越多。

许多传统媒体也纷纷建立起自己的网站，以适应时代及读者阅读习惯的改变。《澳洲日报》、《星岛日报》、《澳洲新快报》等主要纸媒早已建成了自己的网站。各大华语传媒集团都纷纷以旗下的网络媒体作为营运的重要一环，如澳华国际传媒集团的《澳华网》、大洋传媒集团的《澳洲网》、华网传媒集团的《澳奇网》、澳洲新快传媒集团的《新快网》等。

近年来，澳洲不少华文媒体正走向集团化、多媒体共融的新的发展道路，以集团的力量同时经营广播、电视、平面媒体、网络、手机Apps等多种媒体，资源共享，相互支持，谋求新的发展。

近年在澳大利亚比较活跃的网络新媒体还有：《澳财网》、《澳华财经在线》、《微悉尼》、《今日悉尼》、《今日墨尔本》、《今日阿德》、《今日昆士兰》、《最西澳》、《今日珀斯君》、《悉尼印象》、《今日传媒》、《侨居澳洲》、《澳洲红领巾》、《澳洲微报》、《微珀斯》、《大堪村》、《澳洲新鲜事》等。

澳洲华文网络新媒体的发展，也出现了一些恶性竞争，甚至出现了有违职业操守的行为，受到了行业内和受众的鄙夷。

2018年4月4日，澳大利亚20多家华文媒体联署发了一个声明，对某家媒体做出严重有违道德准则的行为表达强烈的谴责。

参与发表这个联合声明的澳大利亚华文媒体包括：微悉尼、今日悉尼、悉尼印象、澳洲新鲜事、1688传媒、澳洲日报、星岛日报澳洲版、澳洲新快网、澳洲第一传媒、今日传媒、澳财网、澳华财经在线、侨居澳洲、澳洲红领巾、澳洲微报、微珀斯、大堪村、今日墨尔本、今日阿德、今日昆士兰、最西澳、今日珀斯君等。

最近几年，澳大利亚政界和部分主流媒体刮起了一阵阵歪曲、抹黑中国与华人群体的政治阴风，大肆渲染、炒作所谓中国对澳大利亚社会的“渗透”、“干涉”、“政治献金”等话题，中国在澳留学生、在澳企业、澳洲华人社团和某些社团领袖纷纷成了被怀疑被歧视被打压的对象，澳大利亚华文传媒也不能幸免。

可见，在今天的澳大利亚，真正严守职业道德同时肩负着维护澳中友好使命的华文媒体，在艰难的生存和发展的道路上，不时还要面对不良的政治环境，要抵御反华政客及媒体的中伤和打压，实在有太多的不容易。

新西兰华文传媒发展综述

胡耀华

新西兰为南太平洋的一个美丽岛国，全国人口473.3万。华侨华人23万，主要集中在奥克兰，其次为惠灵顿、基督城。

自上世纪20年代至今的近100年间，新西兰先后出现过两次华文媒体办报热潮。第一次是华人移民开始日益增多阶段（1921—1989年初），以1921年出现的首份以拥护孙中山先生第二次革命为宗旨的《民醒报》为开始，以后断断续续地出现了国民党新西兰党部办的《民铎报》，华侨创办的《中国大事周报》及《屋仑华侨季》等。这次办报热潮，华文传媒仅以报刊单独形式出现，不存在同行竞争，也不存在连续性及媒体的多种性。后来，这些报纸停刊，新西兰没有华文媒体。

上世纪80年代新西兰实行开放政策，大量移民涌入，形成新一轮移民潮。在此形势下，出现了第二次华人办报热潮。沉寂多年的华文媒体，于1989年3月16日出现了首份华文报纸——《星岛日报新西兰版》。这份以崭新面目出现的华文媒体，将新一轮的华文办报热潮带动起来，一直延伸到现在。

新西兰现存的主要华文媒体

新西兰现在的华文传媒既有传统的报纸、杂志平面媒体，广播电台、电视台电子媒体，也有现代的网站、微信、微博、APP及移动影视等立体新媒体。

一、平面媒体

新西兰现存的平面媒体报纸、杂志的历史都不长。近30年来先后出现过20多家，保留到今天的主要是以下几家：

《新西兰中文先驱报》在新西兰华文传媒中影响最大，实力十分雄厚。该报是从英文《先驱报》分支出来的。英文《先驱报》于1994年创办《中文先驱周刊》，作为当地首家洋人出版的中文刊物。1997年起由华商独立运作并更名为《新西兰中文先驱报》，简称《先驱报》。《先驱报》坚持以新闻事实为依据，以传承中华文明为己任，守望社会公义，中西并蓄，沟通华洋族群，是新西兰历届政府、执政党、总理刊发文章、广告、中国农历新年贺信的中文平面媒体。

《华页》报创办于1991年7月1日，由马来西亚华裔移民苏文德创办。该报由两年前1周6期改为现在的1周3期，分类广告和华人超市广告为两大强项。该报的出版总期数位居新西兰华文媒体首位。华页线上有几个平台，包括网站，一个微信公众号和一个微信订阅号，一个脸书企业号以及华人头条。该报自2009年起成为人民日报海外版的合作媒体，每期转载“望海楼”专栏。

《乡音》报创办于1998年10月。2004年4月，《乡音》建成了自己的网站。2013年5月，开通了网上在线广播电台，并在当地少数民族广播电台Access Radio 每周六播放2个小时的节目。《乡音》及乡音网站旨在为漂泊风城惠灵顿的炎黄子孙架起一座了解中国、世界及当地政治、经济、社会、风土人情的桥梁，提供一个可以停靠的文化驿站。

《新西兰信报》创刊于2003年，为一份综合性华文周报，面向全国免费发行。该报与新华社、中新社、中央社、新民晚报、香港文汇报等有签约或授权等合作关系。2018年9月28日，中资华都国际建设集团并购并控股新西兰信报。

《怀卡托周报》2005年1月创刊，是新西兰中部怀卡托地区（Waikato）发行的一份中文周报。该报与当地的Sky Digital Creations Ltd.广告公司合作，以此公司作为经济实体进行运作，保证了广告收益和经济来源。该报内容上坚持积极向上的舆论导向，着力推出与华人学习、生活和工作相关信息，为华人在本地的生存与发展提供信息。

《华新时报》由当地华侨蒋佳柽于2012年2月2日创办，是新西兰南岛但尼丁市唯一的一

份中文报纸。该报强调以提供中国、新西兰和但尼丁当地新闻，服务当地华侨华人大众。该报是但尼丁政府的注册媒体，与当地政府建立了良好的合作关系。市政府的重要信息都会通过该报告知当地华侨华人，为当地华侨华人了解市政府的动向提供了方便。

《中文时代》由新西兰中文传媒集团于2014年3月29日创办，对开彩印，是新西兰首份运用报纸与广播互动方式的中文报纸，同时发行的还有《中文时代电子报》。该报在海南航空和天津航空往返奥克兰与中国的航班上同步发行。

《中新时报》为博亚传媒集团旗下刊物，2015年5月创办。该报秉承“关注天下事，服务新华人”的宗旨，着力搭建中新两国政治、经济、文化交流的桥梁。目前已发行至新西兰北岛的怀卡托、路托洛瓦、陶朗加、纳毕尔、威灵顿，及南岛的基督城、皇后镇和但尼丁。每期头版有该报记者独家采写报道，新西兰总理办公室专栏；二版为“新西兰周新闻”版块。

《新西兰生活消费指南》杂志为新西兰首个高端中文杂志。该杂志致力于向新西兰本地华人及游客展示新西兰独具特色的生活和文化，在海南航空和天津航空往返奥克兰与中国的航班上同步发行。

《精彩》杂志为新西兰信报报业集团出版，2015年创刊。创刊之初为中文版，定位为华人精英读者。主要考虑是大批精英移民这些年陆续增长，他们高学历，知识和社会阅历都与高速发展的新时代贴近，工作和事业也逐渐进入当地主流社会，这部分华人移民更需要一份媒体，能表达他们的思想，展现他们生活和事业的真实而详细的世界。2019年2月，《精彩》改版为中英双语，全面拓展当地英语阅读群。

《任我行》杂志于2004年创刊，为高端消费指南杂志。这份杂志印刷精美，广受新西兰年轻读者欢迎。

二、广播电台、电视

新西兰中文广播电台是运用微信及公众微信平台与听众联系的电台，也是中国国际广播电台CRI授权节目转播的新西兰唯一电台。该台精心打造早晚黄金时段节目，已成为当地最有影响力的传媒平台。

新西兰华人之声广播电台共有三个频度：AM936；FM104.2；FM99.4。其中，AM936国语广播频道，覆盖全新西兰；FM104.2、FM99.4国语广播频道，为新西兰华语交通、音乐广播电台，最受年轻人喜爱。同时，该电台还拥有多个家喻户晓的精品节目，与电视台同步直播。

Freeview28，29，是两个免费中文电视频道，覆盖全新西兰，位居全国华人电视收视率前两名，90%以上的华人收看。其电视自制节目12小时，7天24小时不间断放送。

TV 37熊猫电视台，为新西兰政府Freeview商业频道， 是新中传媒旗下的中文电视台。该台是新西兰节目最丰富的频道之一，每周7天24小时全天候节目播出。除各式自制节目之外，还与CCTV4等中国电视台合作，为新西兰目前最受欢迎的中文电视频道。

三、门户网站

天维网是新西兰最具影响力的网站。该网站创办于2001年，其宗旨是为读者和网友提供高质量的本地及国际资讯。天维网拥有当地最具影响力和实用性的华文论坛，注册用户达到31万，为华人加深对新西兰了解、加强社会沟通提供了优质高效的平台。近年来，新西兰天维网非常重视移动端和新媒体业务的发展，建立了社交媒体矩阵，双微矩阵（微博、微信）账号粉丝总数超过35万；全新升级了手机天维APP，为华人提供更方便快捷的新西兰新闻资讯、生活百科、企业黄页、电商团购等一体化服务。

先驱报中文网是新西兰中文先驱传媒集团2016年8月与英文《先驱报》股东、新西兰最大主流英文传媒集团NZME成立合资企业，联合推出的网站。这是新西兰历史上第一个由英文主流媒体和中文媒体合作的网站。

新西兰华文门户网站有20多个，除“天维网”、“先驱报中文网”外，比较有影响的还有新西兰信报、华页报、乡音报、中新时报、中文时代报等华文报纸创办的网站以及“发现新西兰”、“新西兰官微”、“走进新西兰”等网站。

新西兰华文传媒特点

近30多年来，新西兰华文传媒人士以辛勤

的汗水，随着世界潮流，将纸质媒体从开始时的一二份发展到先后出现20多份；广播电台、电视台从租借洋人频道发展到拥有自己的多个华文广播电台、电视台。媒体形式从单一的报纸推进到电台、电视台和现在的网站、微信、微博、APP及移动影视等的立体新媒体。当前，新西兰华文传媒呈现出以下特点：

一、传统媒体与新媒体融合趋向深化

最近几年来，网络媒体发展极为迅速，华文媒体已呈现出由单一的传统媒体向互联网平台趋向深化转变的局面。传统的纸质媒体，往往是创刊之后，发行时间不长就停刊，保留到今天有15年历史的只有5家：奥克兰两家，分别是《华页》（1991年创刊），《先驱报》（1994年创刊）；其余三家分别位于威灵顿、基督城和怀卡托地区，他们是《乡音》（1998年创刊），《新西兰信报》（2003年创刊）和《怀卡托周报》（2005年创刊）。这几份能保留到今日的华文报纸，关键的一着是他们在2015年前后，在互联网以前所未有之势显现时，抓紧机遇，及时转型，不断推进。

2016年8月，新西兰中文先驱传媒集团推出中文网，从平面媒体进军网络，与新西兰最大主流英文传媒集团NZME及英文《先驱报》合作，强强联手，兴办全新的互联网媒体平台，每周7天滚动更新。此中文网建立后4个月，即2016年12月，又联手中新社，打造全新的全球编辑室暨“华舆”客户端项目，与全球华文媒体联手形成矩阵格局，构建规模化的新媒体传播平台。与此同时，该报又先后建立微信、微博、Facebook、Twitter和Instagram等社交媒体电子平台，通过这些平台使其报道内容不断获得延伸。目前，拥有微信粉丝超过4万，每月有25万独立用户访问和5万次转发；Facebook粉丝近5万。最近，该报又进一步推出“中文先驱”专业视频业务。

《新西兰信报》在互联网大潮的推动下，不失时机地于2015年6月建立起微信公众号，并调整原有的信报网。调整后，信报网与《新西兰信报》、信报集团下的《精彩》中文杂志、信报公众号一起，建立时下的一线平台，使之成为立体的、全方位的新媒体。

《乡音》报亦适时地在平面媒体的基础上，建立起自己的新媒体，同时进一步巩固已开通的在线广播电台，从而使该报走势看好。

《怀卡托周报》在2015年间建立网站，开通微信公众平台，还拥有一个广告公司作为经济实体支撑其运作。

二、做精纸媒体，开拓新兴媒体

在网媒的冲击下，新西兰的华文纸媒日渐走向式微。《先驱报》已从原来的1周4期改为3期，《华页》报从1周6期改为1周3期。但当地业界人士认为，尽管网媒占据新闻首发和动态跟踪的绝对优势，时效性纸媒无法与网媒抗衡，但纸媒的公信力、权威性及报道的深入性是网媒无法替代的。

新西兰历届政府、执政党、总理刊发文章、广告、中国农历新年的贺信，中国国务院侨办刊发的新年贺词，中国领使馆在当地的通告等，都是指定刊登于华文纸媒，以确认其公信力。因此，当地业内人士认为，华文纸媒要立足于市场，争一席之位，就必须精心办好自己的报纸，发挥自身的优势，与新媒体融合发展——将纸媒的优势资源转移到新媒体市场。

新西兰属于元老级的华文报纸《华页》当初不为业界所看好。因其通篇几乎都是广告，曾被业界人士讥之为只是“看似像一份报纸”，但该报不为所动。该报立足于原来主打的广告业务作为基础，开设专栏，采写独家文章，刊登独家图片，精心策划，与同行合作，加大原创文章的刊载量，终于打造出同行中的最具特色的“报纸分类广告”和“华人超市广告”两大强项。该报由此将这两大强项的资源转移到新媒体的网线上，如虎添翼，成效显著。

2019年是中文《先驱报》创刊25周年。该报自从英文《先驱报》脱胎出来后，既保持着主流社会传媒的传统，又有中国大陆、台湾、香港、新加坡及马来西亚等地华文报业人士先后加盟所带来的独特视角，始终保持着一支优秀的编辑与制作团队，兢兢业业，精心办报，从而使该报成为新西兰规模最大、最具影响力的华文报纸。2014年起，该报连续3年被新西兰一中国关系委员会授予“新西兰中国媒体奖”。该报以积累起的资源优势，在2016年进军网络，将平面媒体积累的丰厚资源，在融合中转移到网络市场中去，整体上增强了该报业集团的实力。2018年1月，在纸媒萎缩的态势下，该报与当地另一家英文旅游杂志合作，创

刊了中文版高端杂志《抵达》（季刊），年发行量超过30万册，覆盖新西兰所有国际机场、国际航线以及各著名景点。

做精纸媒体，着力拓展新媒体已成为新西兰华文传媒的一个共识。2003年创刊的《新西兰信报》，以严肃、专业和执着称著，用足功夫经营，业绩卓著，业内人士认为这份报纸是“海外非华语地区最好的中文报之一”。该报在精心办报的同时，着力拓展网站与新媒体，仔细研究考量媒体的发展轨迹与方向。在一片唱衰纸媒的形势下，反其道而行之，在2015年创办了精致高端的中文月刊《精彩》杂志。2019年2月，进一步将《精彩》杂志改版为中英双语刊。

《中文时代》报在2015年创刊时便攀上互联网的快车道。该报与《中文时代电子报》同时发行，相互呼应，在同行中率先运用微信及公众微信平台与电台的听众互动，生动活泼，独具一格，深受年轻一代受众欢迎。

三、电视媒体在新兴网络中稳步发展

新西兰电视媒体与网络媒体相比，仍具备一定的优势。目前，新西兰华文电视媒体主要有两家，一为中华电视网；另一家为新中传媒旗下的Panda TV37,通称熊猫电视台，都深为受众欢迎。近年，新西兰华文媒体市场原有的两家电视台均已关闭。其关闭的原因，一方面来自同行的竞争，一方面也有内部管理的问题。

相较于平面的纸质媒体，新媒体对新西兰华文电视媒体的冲击较小。中华电视网与Panda TV37这两家电视台，都各自按照自己的特色走。内容上，中华电视网和Panda TV37节目样态类似；从本地新闻讲，都为本地华社提供当地及时的新闻资讯。但从节目源上，中华电视网以香港节目为主，Panda TV37则除自制本地节目外，主要精选了大陆CCTV4，湖南、浙江卫视的节目。目前两家电视台平稳发展，共同致力打造品牌节目，提高播放内容质量，通过新媒体延伸出去。

在新西兰华文媒体兴起的新一轮热潮中，华文电视媒体起步比纸媒迟约10年。在2000年间，新西兰曾一度出现一个名为“金水滴”中文电视收费台。该台只在周六晚免费播放一次华文文艺节目。除广告外，该台以转播为主，很少自制节目，受众有限，远远达不到华侨华人受众对文化的需求。2000年6月，中华电视网横空出世，一下子提供TV28、TV29两个免费频道，其每天传播信息之及时广泛，传播画面之直观易懂，受众文化层次之不受限制，使久居于新西兰的华侨华人受众大有“久旱逢甘露”的感觉。中华电视网诞生后，面向全国，在不断开创电视、电台的新局面之时，网络媒体不期而至。该电视网顺应新兴媒体潮流，建立起了网站、APP手机客户端、微信等多媒体平台，打造出新西兰独有的融媒体平台，进而将电视、电台的资源与新媒体共享。

为了保证电视、电台播放质量，充实新媒体的内容，中华电视网建立起一支强大的制作团队，拥有30多位专业电视、电台主持人和制作人员。每天电视自制节目12小时，电台自制节目22小时，7天24小时不间断放送。在主持人和制作人员的共同努力下，打造出与受众互动形式，推出时事评论分折的两大王牌经典节目“我爱新西兰”、“新闻今日谈”。同时，还拥有多个精品节目，包括以新西兰首个原创英语为教学内容的“快乐说英语”，引导当地出生的儿童学习中华文化的“诗词大世界”；邀请新西兰当地华社或来自全球各地拥有特殊经历的华裔人物，分享各行各业有趣故事的“今晚谁来做客”及新西兰优质原创儿童亲子教育“草莓智慧屋”等。这些品牌节目有效地提高了该台的播放质量。

四、华文媒体传播力整体提高

新西兰华文传统媒体与新媒体的融合，将移动媒体的快、网站的多、公众号的杂、纸媒的深统一在一起，从而整体地提高了华文传媒的传播力。

2019年3月15日基督城重大枪击案轰动全球。对此突发案件的报道，已经不是多年前，如2011年2月基督城6.3级大地震那样，纸媒只在一星期的1期、3期或4期的出报日才刊登有关大地震报道，而是24小时不停地在网站滚动式播出，完全打破了几年前的报道模式。

在这次重大的突发事件中，《新西兰信报》在事件发生的一个小时内，文字记者、摄影记者及时赶至现场，用视频直播、图片报道，将事件迅速报道出去。同时，利用自身的网站、微信公众号、报纸及杂志，在事件发生后近3周的时间里，采访、摄制、撰写编辑了

大量独家现场新闻、照片、视频等，总计超过300多篇。在这当中，该报对事件的报道注意掌握分寸，不制造恐慌，不哗众取宠，体现了严谨、准确的专业精神。

中文《先驱报》通过旗下报纸、网站和社交媒体，特派记者奔赴前线对枪击事件进行了全面、详实和快捷的报道，共推出富有深度和广度系列文章上百余篇。在微信公众平台文章取得10w+阅读量的同时，网站浏览量也破百万。新中传媒集团在事件发生后，第一时间以微信公众平台滚动形式播报，创造了10万加的阅读量。同时，利用集团旗下电视、电台、报纸等平台，以特别节目、特别板块等形式全天候多方位跟踪事件，与受众互动，解读事件要点。

这次枪击事件在当天中午1时25分发生，其时中华电视网正在进行下午2时到4时的电台电视同步直播节目“新闻今日谈”。消息传来，立即在专题节目中将这个不幸消息加插进去播出。接着，新闻主编、记者在第一时间乘坐班机赶赴基督城现场。正休息在家的主持人，生病在家的制作人员，正在度蜜月的摄影记者也都放弃休假，主动赶回公司。15日当晚，便制作了两个小时的《基督城恐怖袭击特别报道》直播节目。事件发生后第二天的下午4点和晚上8点，又分别进行了一个小时的《基督城恐怖袭击特别节目》的电视电台直播。与此同时，中华电视网旗下的FM1042音乐台和994粤语在第二天也都分别做了3个小时的特别节目。在特别节目中，主持人和在基督城现场记者连线，与受众互动，加深了对事件的了解。

小　结

新西兰的华文传统纸媒整体下滑，继续衰落，但在华人较集中的大城市仍有增长的空间和实力。传统媒体与新媒体的融合走向深化，各媒体单位皆建立起自己的网站、移动媒体、公众号，加速推进新闻主阵地从纸媒向移动转播平台转移。媒体人对受众年龄段的重视已日益明显，多个华文媒体已明确地将受众定位于青年，此举应不失为上策。可以预料，受众年龄随着时间的推进，会给华文媒体带来愈来愈大的影响甚至威胁。但是，随着中国与新西兰两国友好关系的继续发展，“一带一路”建设的不断推进，新西兰华文传媒的前景是光明的，将会迎来一个新的发展机遇。

非洲华文传媒发展综述

南庚戌

非洲是阿非利加洲的简称，有50多个国家和地区,是世界上发展中国家最集中的洲。据资料显示，目前旅居非洲的华侨华人已经超过100万人。

非洲的华文传媒是与华人在非洲的历史相联系的。最初的华文媒体主要集中在早期中国移民较多的毛里求斯、马达加斯加、南非和塞舌尔等国。据李安山博士《非洲华侨史》记载，1999年以前在非洲创刊的华文报刊不完全统计是47种。在历史的进程中，华文报刊经历了由少到多，由多到少,再由少到多的过程。

进入21世纪后，中国与非洲的政治、经贸往来日益密切。特别是最近五年来，随着“一带一路”倡议在非洲落地生根、开花结果，一大批中非合作项目落地，中国在非洲投资超过千亿美元，有力促进了非洲经济社会发展。中非关系日益紧密的背后，非洲的华文媒体发挥着举足轻重的作用。

在非洲的大多数国家和地区，现在都有华文媒体。南非有《华侨新闻报》、《南非华人报》、《非洲时报》，毛里求斯有《华声报》、《华侨时报》，博茨瓦纳有《华侨周报》,安哥拉有《安哥拉华人报》等。这些媒体都在传承中华文化，关注当地社会，服务华人社区，促进华人事业发展以及中非友好交往。

东非的肯尼亚首都内罗毕是联合国粮食署与环境署的办公地，也是各国新闻机构的一个重要基地。东非几个国家的侨领，组建了“东部非洲华文传媒联盟”，集《肯尼亚华声报》、《非洲之声》每日电讯、非洲之声网站、肯尼亚经贸快讯、《东非瞭望》杂志等华文媒体为联盟成员。

在西非的尼日利亚，《西非统一商报》发行覆盖尼日利亚、加纳、贝宁、多哥等国华侨华人聚集的城市和社区。《西非华声报》是在尼日利亚、加纳、贝宁和多哥等多个西非国家发行的重要华文报纸，在当地华人社区具有较大影响力。西非另有科特迪瓦的《科华之声》、《西非华声》。

在北非，《中国周报》是埃及新闻总署批准注册的中、阿文双语综合性报纸，也是向埃及等中东国家传达中国国情的综合新闻报纸。此外，埃及还有一份《旅埃华人报》，面向埃及的华侨华人发行。

非洲各国的华文媒体是应运而生的。随着中国加大“走出去”的步伐，不断深入地“走进非洲”，中国移民数量在快速增加，这为当地华文媒体的发展创造了必要的市场条件。相信在不久的将来，非洲各国将有更多的华文媒体问世，为新移民们提供更多精彩的新闻资讯。

传统的海外华文媒体肩负着双重使命：一是提供信息服务，为华侨华人的生活带来便利；二是利用传媒平台和影响力，促进华侨华人的向心力，拉近与祖籍国的距离。而在新时代的大背景下，肩负着双重使命的海外华媒应当如何取得进一步突破?

海外华文媒体通过实践得出结论，不应止步于过去单一的新闻报道，“媒体+”应成为媒体融合背景下海外华文媒体发展的关键词，即以媒体为核心展开跨领域结合，实现“1+1大于2”的效果，包括“媒体+活动”、“媒体+平台”、“媒体+渠道”、“媒体+服务”等。

以环球广域传媒集团与非洲华文传媒集团为例。该集团是总部在南部非洲博茨瓦纳的华人综合传媒集团，目前在南非、博茨瓦纳、赞比亚、坦桑尼亚、津巴布韦、纳米比亚、安哥拉、尼日利亚等多个国家有分支机构。

多年来，在保证华文媒体传统的使命外，集团发起并承办了多场大型文化和公共外交活动。“非洲万里行”电影放映工程团队走进博茨瓦纳、南非、赞比亚、坦桑尼亚、卢旺达等多国孤儿院、学校，为当地青少年放映中国电影，帮助孩子们实现了大荧幕观影的梦想，并通过放映活动使中国电影走进千家万户，为非洲人民了解中国增添了浓墨重彩的一笔；“多彩中国·走进卢旺达电影展映活动”、“中国电影走进非洲”等活动，为国家领导人对非洲国家访问起到了预热的作用；“中非国际电影节”更为中非电影合作填补了空白。

除此之外，近几年还发起并承办了多场大型文化和公共外交活动，如“中非公共外交论坛”、“中非野生动植物保护论坛”，为国家树立负责任、勇担当的大国形象贡献力量，“中非农业合作与发展高峰会”、“坦桑过大年”、“中非大学生对话”、“中非知识竞赛”、“非中摄影比赛”、“水立方杯华人歌唱大赛”、“中非民间艺术嘉年华”等活动，为中国与非洲国家在农业、教育、艺术等领域的交流互鉴提供了更多的可能，为促进中非文化艺术领域的交流与合作提供了全新的契机。

多年来，环球广域传媒集团与非洲华文传媒在媒体策略的框架下，在传媒、文化及慈善公益事业等方面进行了全新的尝试。发展传媒产业让非洲人民更加了解客观真实的中国，发展慈善事业让旅非侨胞进一步融入当地主流社会，发展文化事业有利于促进中华文化在海外的传承发展。一直以来，集团在非洲大陆致力发展传媒、慈善、文化教育等事业，为中非文化互通、民心相通及非洲侨社的和谐发展、为增进中非人民的传统友谊发挥了积极的作用。

近年来，随着电子科技和互联网的强势渗透，全球信息化浪潮汹涌而至，非洲国家的华文媒体开始呈现百花齐放、百家争鸣的可喜画面。除传统的纸质媒体外，在南非、博茨瓦纳、加纳、津巴布韦、尼日利亚、埃塞俄比亚、埃及、肯尼亚等国则出现了一批以网站、微信等为主的新媒体，如南非侨网、博茨瓦纳华人网、加纳华人网、东非经贸在线、津巴布韦时报、西非华声等。

在新闻内容上，非洲的华文媒体目前主要有自采新闻和编译新闻两大类。其中，自采新闻包括以华人为主体的使馆、中资企业、侨团侨社、华侨华人的活动报道，和以当地人为主体的节日庆典活动报道（如非洲解放日庆典、国际劳动节游行、文化节汇演等），以及围绕当地特色美食小吃、服饰发饰、风俗习惯、风土人情等话题展开的专题报道；编译新闻则主要以非洲各国本土媒体及Africanews、AllAfrica等泛非媒体机构的媒体平台为素材来源，进行翻译与编辑，话题多以与中国或华人生活息息相关的政策法规、社会现象、治安状况、商品价格调整等为主，如油价上涨、通货膨胀、最低工资标准、天气预告、传染性疾病的传播与控制等。

非洲华文媒体在努力运作，意欲强势影响当地华人社会，有效传递中国声音的今天，但也正在面临着许多挑战：

一，记者编辑的业务能力不足，职业素养有待提升。

目前，非洲华文媒体的采编团队人员的来源主要以国内招聘和当地招人为主。从国内招聘专业对口且有工作经验的媒体人才，但实践证明很多优秀人才以路途遥远、非洲工作生活环境未知、国内有牵挂等为由，不愿意前往非洲。因此，很多媒体更加倾向于从当地选拔人才，然而这就出现专业不对口、水平参差不齐、业务上手慢等现象。

二，媒体表现形式单一，内容质量勉强。

当前，传统的纸质媒体虽然在非洲依然有较强的生命力，但应读者的需要，许多非洲华文媒体已经开始选择运营微信公众号的方式服务受众，目前主要以图片和文字的表现形式为主，缺少视频、直播等多元化的传播与较新的互动方式。另外，不少华文媒体的微信公众号力求一天一推，每天有不少于5篇推文，较高的更新频率和有限的时间精力，导致准备不足，质量勉强。

三，融资困难，形势严峻。

这个问题可能引发的后果非常多，而且华文媒体极易陷入恶性循环。首先，资金紧张使得鲜有专门的人做记者编辑，不少都是身兼数职。其次，不少媒体还是依靠商业广告这一传统的盈利模式，很多微信公众号出现了广告篇幅远远超过正文占比的现象，让读者不停地滑动屏幕，只为了阅读那几百字，很容易引起读者的排斥。

此外，有些侨团侨社为媒体平台出资支持，本是好事，但由于华人社区“帮派斗争”现象屡见不鲜，有的媒体就沦为侨团侨社的宣传工具，报道有失偏颇，偏离客观公正的立场。

综上所述，非洲华文媒体必须高扬传媒本质的大旗，发挥其服务大众的新闻传播职能，提高公信力。那么，未来，非洲华文媒体应该怎么做？如何更好地发挥自己的作用？

一，坚持内容为王，要做到：主题健康阳光，立场公平公正，力度不偏不倚，语言客观精准，形式丰富多样。

二，拥抱互联网和新技术，创建新媒体平台。

三，聘用当地记者，与华人记者编辑协同工作，做到中国故事非洲表达。

四，加强团队内部建设，并与驻在国的华文媒体同行，甚至与来自非洲其他国家的华文媒体同行保持交流，分享经验。

五，加强与驻在国当地媒体同行的交流与合作，分享经验、新闻互换。

六，加强与使馆、企业、侨团侨社的对接与沟通，可以通过定期组织召开workshop工作坊的形式，探讨特定时期内，针对某一特定国情、社情，企业的公关人员应该如何与媒体打交道，媒体人员将从业经验与上述单位的新闻公关部门的人员分享借鉴。

七、加强与国内相关部委和媒体的交流，积极参加国内相关部委组织的海外华文媒体研修班，学习国内先进的媒体技术和经验。

八，非洲华文媒体是华侨华人与当地社会之间的桥梁和纽带，肩负着艰巨的双重责任，即不仅要以“丰富侨胞精神家园”为己任，更要主动地向当地民众讲好中国故事，承担起民间外交的光荣使命。

九，媒体的新闻职能，单一而关键。另一方面，关于媒体的商业职能，不必局限于商业广告的杯水车薪的形式，还可以通过媒体发展智库，进行风险预测，开展公关应对危机问题。华文媒体平台大多深耕驻在国数年，应充分利用自身的平台优势，广泛挖掘信息渠道，深入研究当地政治、经济、社会等成果形成智库，为国内企业的投资提供便利。同时，在应对公关危机、亟待面对媒体时，华文媒体也应向企业提供本土化的公关建议，帮助企业以本土化的方式、用当地人乐于接受的视角和口吻来处理公关危机。

日本华文传媒发展综述

曼达琳

日本最早的华文媒体是1898年6月29日在神户创刊的《东亚报》。这100多年的华文传媒历史，见证了中日关系的发展，也成为中日两国交流的记录者。上世纪90年代初，在日本关东、关西地区留学的公费留学生们创办了一批以杂志为主的华文媒体，像住在东京后乐寮的留学生们创办的《新大陆》就是其中的代表。从90年代中期开始，一批自费留学生开始了新的挑战。《中文导报》、《东方时报》、《日本新华侨报》等现代日本代表性的华文报纸相继创刊，至20世纪末、21世纪初，出现了日本华文报刊史上的办报高潮。

日本华文传媒现状概要

中国实行改革开放以后，旅日中国人创办的华文报刊，出现了前所未有的兴旺景象。原因主要有以下几点:

一是旅日华侨华人的基数成倍地增长。据日本政府发表的最新统计，截止2019年初，在日中国人总数超过76万，连续多年超过在日韩国人、朝鲜人，成为日本273万外国人社会里最大的群体，占比30%。还有，学习中文的日本朋友据说有百万之多，这些都为日本华文媒体的发展壮大提供了有利的条件。

二是中日两国关系的不断向前发展，为日本的华文传媒发展提供了良好的政治保障。1972年中日邦交正常化，特别是1978年改革开放以来，中日两国的交流越来越频繁，来日本寻求发展的中国人也越来越多。因此，华侨华人充分利用日本言论自由的环境，不管是什么立场的媒体，在日本都可以自由地出版发行。

三是中国人的勤奋、努力，期望在异国他乡成功。这种动力促使众多思想不同、价值观各异的华人，在激烈的竞争中发挥各自的聪明才智，使各自的报刊越办越好。加上华人社会各行各业的蓬勃发展，为华人传媒提供了丰富的广告资源，这就使华人传媒有了较好的经济基础。因此，华文媒体依靠华侨华人社会，服务华侨华人社会，不仅自己本身发展壮大，也为华社的发展壮大作出贡献。

现在，日本的华文传媒业，除了传统的印刷版报刊外，还有卫星电视，新媒体也发展迅猛，除了网站及BBS讨论区以外，近几年各种自媒体的兴起逐渐改变了华文媒体的发展格局，如微博、微信公众号、KOL网红、直播等。华文媒体也不仅仅只满足华文，开始双语媒体，进军日本主流媒体。下面就这几个方面的传媒发展情况做一个介绍：

一、纸媒产业

以《中文导报》、《东方时报》、《东方新报》、《新华时报》、《阳光导报》、《华风新闻》、《华人周报》、《联合周报》、《半月文摘》、《日中新闻》、《网博周报》为代表的日本十大华文周报，每周坚持发行，成为日本华媒史上最重要的报纸，带动了日本华媒的发展。

另外有几家旬报、半月报、月报，如《日本新华侨报》、《中华时报》、《21世纪新闻》、《闻声报》（原《知音报》）、《大富报》、《日中商报》、《留学生新闻》、《新民晚报》（日本版）、《中国经济新闻》、《中和资讯》、《日本侨报》，大阪的《中日新报》、《关西华文时报》，名古屋的《中日商报》，福冈的《西日本侨报》等。2009年和2010年创刊的主要报纸，还有《天下文选》、《现代中国报》、《情报》等。

印刷版杂志有：《华声女性》半月刊，至今已坚持了10多年；还有《爱华》、《精彩》以及2009年6月创刊的《在日华人指南》，2015年创刊的《旅日》、《中国纪行》、《和华》等。

以上华文报刊，在东京池袋等华人聚居的地区，均可以免费拿到。池袋作为华人集中居

住地之一，吸引了10多家华文媒体落户。

二、电视产业

日本首家华文电视台——CCTV大富，已开播13年，是日本华人电视业的代表。该台24小时播出中文电视节目，现在拥有3个频道：CCTV大富，与中国本土同步播出“CCTV中国中央电视台”的节目；TVB大富，与香港·台湾同步播出“TVB香港电视广播有限公司”的节目；凤凰卫视，与香港同步播出“凤凰卫视控股有限公司”的节目。CCTV大富台每天有一个10分钟的“日本新闻”节目，专门采访、报道日本和华人社会的新闻。后来又创办了15分钟的访谈节目“大富时空”，由活跃在日本的华人学者等主讲，受到观众的欢迎。

三、新媒体产业

随着互联网的不断发展，华文传媒产业也出现了前所未有的新气象。《中文导报》、《东方时报》、《日本新华侨报》、《日中商报》等在加强印刷版报纸的同时，加大力气制作主页，运营报社的微信公众号。

日本新华侨报网在报道华侨华人和中日关系新闻方面独树一帜，发表的消息大量被国内网站转载。日本侨报社2010年2月开设新闻中心，不仅提供中文消息，还提供日文消息，多篇中日文稿件被国内网站转载。

《中文导报》和《华人周报》还于2009年、2011年开通了手机报，读者可以随时在线阅读原版原式的最新报纸。《东方时报》创办的“携带梦想”手机短信服务和电子版东方日报，开创了日本华文媒体的崭新一页，粉丝曾达到10万人之多。

小春网是日本最著名的华人资讯网站，粉丝最高峰达到百万。其作为生活资讯类的同城分类信息网站，现在依旧成为在日华人利用率最高、最知名的实用网站。

自媒体的兴起，使得办媒体变得门槛越来越低，目前和日本话题相关的自媒体多到数不清，其中有在日华人主导经营的，也有在国内的懂日语的人经营的，但是因为做得时间早定位准等，真正做得有知名度和流量的以《东京新青年》、《日本窗》这样的百万粉丝的微信大号为代表。前者以日本好玩有趣的资讯为主，后者则以代购感兴趣的日本美妆产品信息为主。目前微信自媒体已经过了发展的黄金期，能超过此两个微信大号的已经不多。

日本华文媒体近10年发展概况

一、2010年—2013年发展情况

日本华文媒体在进入2010年后，新媒体化和本地化愈发突出，同时在中国国内的发声和涉足也日益宽广。

1、本地化发展突飞猛进

许多华文媒体老板都曾感叹，在日本做华文媒体多年，面向华人的市场已经饱和，要想继续发展，必须把影响力转向所在国的主流人群。这种尝试在2012年出现了新的飞跃。

日本首家华文电视台——CCTV大富从2011年底已经开始了24小时无间断地日语同声播出。双语内容包括“新闻联播”、“中国新闻”等定期新闻节目，也涵盖了中国重大政治日程，如“两会”等。

日本《新华侨报》也在2011年底同《人民日报》海外版合作，推出了日语版《人民日报》海外版月刊。该刊每期采访日本政经界高层，并采取每期寄给所有国会议员的方式，在日本主流社会形成了一定的影响力。2012年，该刊拟计划组织数名日本国会议员访华，后因钓鱼岛国有化事件而搁浅。

日中通讯社和中国新闻社合作出版的《中国NEWS》日语月刊杂志，至2012年已经出版了5年，是日本出版界唯一在出版流通领域发行的中国杂志。2013年1月，该刊进行了改版，改名为《月刊中国》日语月刊杂志。

《关西华文时报》2012年开始出版中国经济信息日语专刊，刊登中国最新的经济信息，以及中国国内各地到日本进行招商引资的情况。该专刊定期供给大阪商工会所等商界，为关西地区的中日经济交流搭建了新的平台。

2、新媒体化竞争激烈

日本的华文媒体在进入2012年后，多数都在新浪微博上开设了个人账户及报纸账户。作为报纸和网站以外，又一个发挥影响力的阵地。其中，尤其以日本新华侨报总编辑蒋丰和亚洲通讯社社长徐静波的个人微博最具影响力，蒋丰的新浪微博粉丝超过345万，徐静波的新浪微博粉丝超过59万。通过微博发声，尤其在日本重大新闻发生时，极好地发挥了自身的影响力。

日本《新华侨报》2012年起开始了华文媒体里首家提供视频新闻的服务，定期为大连电视台以及环球网进行供稿。

中文导报电子报2010年3月起先后登陆最新阅读终端iphone和ipad，受到关注，是在日华文媒体里首个进军APP领域的媒体。

3、来自中国的发声和涉足日益宽广

2012年9月，日本政府对钓鱼岛进行了所谓的国有化后，中日关系陷入历史低点，关于中日关系的出路和日本问题的解读成为新的热点。许多在日华文媒体的媒体人在这股热潮下，频频参加国内电视台的出镜嘉宾，在个人名气迅速扩大的同时，也使得日本华文媒体被更多国人所了解。其中尤以日本新华侨报总编辑蒋丰和亚洲通讯社社长徐静波的出境频率最高，包括香港凤凰卫视、深圳卫视、东方卫视、大连卫视等电视台的节目。

《中文导报》2011年起与上海《外滩画报》合作出版《全日本》双月特刊，内容以介绍日本旅游、文化、饮食等为主。初期曾与日本主流媒体《朝日新闻》3家合作，2012年后《朝日新闻》退出合作。

日本华文媒体参与“两会”报道已经成为常态，亚洲通讯社社长徐静波连续报道“两会”已经多年。2013年“两会”，《关西华文时报》总编辑从中笑也赴北京进行了全程报道。

4、华文媒体业界重新洗牌

由于中日关系在近几年一直多有摩擦，并在2012年下半年跌入谷底，中日关系的低迷对在日华文媒体的影响逐渐显现出来。广告量减少，受到右翼恐吓及排挤，使得若干家华文媒体缩小规模或转手易人。其中最为代表性的为《华人周报》，作为东京地区规模居中的华文媒体，该报2012年出现经济危机，报纸老板及主创全部易人，水平大不如前。

而与此同时，诞生了一批新华文媒体。2010年底，《现代中国报》于东京创办，创始人是郭均成。该报诞生后迅速打开局面，2011年首次参加世界华文传媒论坛大会之际，利用在四川汶川灾区采访的机会，又联系日本宫城东日本地震灾区，计划组织中日地震灾区的农作物合作，为华文媒体搭建祖籍国与所在国的友好互利平台进行了极好的尝试。2012年，由日本新华侨会发起的，日本福建同乡会经手的华文媒体《闽声》月刊在东京创办。该杂志定位于两岸关系，在日本华文媒体中风格独树一帜。

二、2014—2017年发展情况

日本华文媒体在中国游客大量赴日游的巨大商机到来背景下，媒体性质发生了改变，由传统为华人服务的媒体，变为为游客服务的日本资讯媒体，媒体业的发展重心转移至新媒体乃至其他产业。

1、报纸继续受到互联网冲击，各大华媒巨头将报纸的投入转向新媒体

华文报纸在这3年中，继续受到互联网的冲击，通过报纸来获取信息的传统阅读模式已经过时，大部分华人是通过互联网或者手机进行阅读。阅读习惯的转变，也导致了广告商家不再将广告投给报纸，转而投向拥有大量粉丝的在日微信公众号和微博。因为报纸的发展式微，也导致了多家媒体将报社发展重心转向新媒体，乃至其他行业。

多家报社减少了报纸的印数，有的报社将旬刊变为了半月刊，有的报社停止了实体印刷改为电子报。总体来说，大家不再把报社的发展与报纸印得多少挂钩，媒体变成了一个品牌概念。各家媒体对新媒体的投入已逐渐超过报纸本身，报纸的微信公众号变成了每天对外发布的第一重要平台。对媒体影响力的指标，不再是报纸的印数，而是媒体微信公号的阅读量，举办活动的次数，读者覆盖人群的数量等等。

2、中国游客大量访日带来商机

自2013年起，伴随着日元的贬值和中国游客赴日签证手续的放开，中国游客赴日游大潮开始了，这也带来了巨大的商机。华文媒体在这股浪潮中，也迎来了发展机遇。

华文媒体的传统发展模式是为在日华人提供各种实用资讯，但当大量游客到来以后，华文媒体增加了一个新的功能，即为中国游客提供日本的实用资讯。这反应在几个层面：

第一，多家华文媒体的发行渠道增加了酒店、旅行社、巴士公司、百货商店、免税店等游客集中的地方，作为免费的资讯中文报纸，而被中国游客所取阅。值得一提的是，《东方时报》出品的高端新闻报《东方新报》，更是从2015年夏天开始，突破了日本华文媒体的发展局限，成为中国南方航空和厦门航空的机上报纸。每周覆盖300班中日航线的航班，成为

了“飞机报”。由此，《东方新报》的读者群从传统的在日华人转变为中日游客、中日商务人士及在日华人。因此，以《东方新报》为代表的华文媒体，媒体性质不再仅仅作为服务于在日华人的媒体，也成为了服务于中国游客的日本资讯媒体。

第二，中国游客赴日游带动了巨大商机，使得旅游业、导游业、酒店业、代购业、医疗业、百货业、房地产业等行业空前的火爆。多家华文媒体在继续发展传统业务的同时，也开始了多种经营。如《日本新华侨报》的“霓虹医疗直通车”项目，做起了赴日体检和医疗的产业。《日中商报》的医疗翻译培训、导游资格证培训、商品展销会等，而华文媒体兼职做旅行社、代购业、跨境电商等也很普遍。

3、华文媒体业继续洗牌

伴随着新媒体的发展，中国国内的强势媒体平台也开始抢占日本的华文媒体资源，如腾讯网、今日头条、凤凰网、网易新闻开始主动将海外华文媒体拉入到此阵营中来。如《东方新报》、《新华侨报》、《小春网》等老牌日本华文媒体已经率先成为企鹅号、头条号、大风号、网易号的用户，即每天发布的新闻内容同步推送腾讯、今日头条、凤凰新闻、网易新闻的客户端平台。这意味着以非同于传统媒体报道的方式，而是一种新的模式，提升了日本华文媒体在中国国内的影响力，使得老牌华文媒体在大平台上，获得了新的发展机遇。

此外，在这些老牌报社转型的同时，一些草根媒体也纷纷崛起。其中以微信公众大号《东京新青年》最为典型。这个微信公号，因为紧抓日本热点资讯，在短短几年之内，迅速成为拥有上百万粉丝的微信大号，也因为其粉丝量大，吸引了大量的广告商家

三、2018-2019年的最新变化

1、媒体靠举办各类活动赢得新发展空间

多家华文媒体最近两年频繁举办各类活动，一方面增加媒体影响力，一方面增加同读者的粘性，做到名利双收。活动类型分为如下几类：

⑴娱乐文化类

《东方新报》同国内多家电视台的知名综艺节目合作，举行日本海选，如2016年和2019年两次同江苏卫视《非诚勿扰》节目合作，主办了《非诚勿扰》日本海选；2017年开始连续3年同浙江卫视《中国好声音》节目合作，主办了日本海选；2017年开始连续3年同德云社合作，主办了东京和大阪的演出。因为综艺节目的知名度和明星的知名度，每个活动都成为轰动在日华人圈的事件。

出版多本《旅日》、《中国纪行》、《和华》、《chinanews》杂志的亚洲太平洋观光社也举办了多场文化类活动，比如2019年春节东京灯会；以及2018年在东京、大阪和长崎举行中华文化大乐园优秀才艺学生交流团公演等。活动多面向在日华人家庭，很多华人带着孩子参加活动，感受中华文化。

⑵微商展会类

《日中商报》是在日华文媒体中唯一瞄准在日侨商群体的，2019年3月举行的在日华人微商展，已经是第8届，出展商超过百家，当天到场人数超过了3千人，成为在日微商的一次交流和拓展业务的平台。

⑶中日交流

《新华侨报》2018年开始在日本各地举行了中国深圳创新创业大赛日本分站赛，以总编辑蒋丰为召集人，通过日本分站赛，让深圳创新之城的城市形象以及海外知名度得到进一步提升，同时也为深圳科技创新，从日本华人人才中寻找并提供源动力。

2.KOL网红崛起，改变华文媒体形态

伴随国内网红现象的火爆，一些在日华人的网红，也逐渐利用在日的便利性，在微博上发布日本的吃喝玩乐资讯，成为了百万粉丝的大V网红博主。在日网红的崛起，改变了华文媒体的形态，没有传统的媒体形态，只要有粉丝有流量，个人也能成为一种自媒体。发布的直播和网帖阅读量过百万，成为一种现象接受日本媒体采访等。这其中由以“林萍在日本”和“这里是日本”最有代表性。

“林萍在日本”新浪微博粉丝443万，“这里是日本”新浪微博粉丝640万。两者都是团队经营，靠广告收入支撑。主要发布内容以日本的吃喝玩乐资讯为主，发布形式主要为直播和微博发帖。因为2014年开始的中国游客大量来访日本，让这类日本旅游资讯的自媒体成长发展迅速。同时，他们的崛起也分流了许多本该流向传统华文媒体的广告资源。

3. 本地化主流化加速

日本华文媒体的本地化的发展在2011年已经开始，主要以CCTV大富的双语播出，《新华侨报》同人民日报海外版合作出版日本月刊，以及《中国新闻周刊》日文版在日本持续出版发行这3方发展。

2017年开始，《东方新报》也开始了本地化发展，除了自身《东方新报》报纸和网站变成了双语报和双语网站以外，还同日本的主流媒体雅虎新闻和宝石周刊线上版进行合作，推出《东方新报》频道和专栏，真正实现了本地化和主流化。据悉，日本雅虎新闻是日本最大的门户新闻网站，在《东方新报》入驻前，该网站的中国新闻长期被日本媒体垄断，负面新闻较多，《东方新报》除了报道在日华人新闻，也多就中国国内新闻进行跟进报道，在雅虎新闻上起到了舆论引导的作用。另外《中国新闻周刊》日文版与2017年恢复出版发行，由亚洲太平洋经济观光社发行的《chinanews》，每期杂志都在日本全国书店同意发售，并进入多个航空公司的休息室。

日本华文传媒新特点

这两年来，日本华文传媒有哪些新的动向与特点呢？笔者认为有以下几点值得关注：

一、微信让华人社会更加紧密团结，也开辟华文媒体的新发展空间

微信的普及，微信群的发展，让一个个散落的华人通过互联网联系起来，各种各样的社团和华人组织蓬勃发展，也为华文媒体开辟了新的发展空间。华文媒体的记者们活跃于各种华人活动中，关于活动的报道又被大家转载在各自的微信朋友圈中。类似于上世纪90年代的一纸风行，今日的华文媒体变成了大家在自己朋友圈不停转载的一种传播。

通过微信进行民意调查、组织线下活动、购买演出票、参加活动投票等等，微信的便利功能使得用户和媒体之间的联系变得日益紧密。读者粘性不再等同于往日的读者来信，这让华文媒体前所未有地同读者增加了互动。

二、华文媒体同中国国内的联系日益紧密，媒体人频繁在中国主流媒体上出镜，成为读懂日本的代表

2012年中日关系因为岛屿问题触礁后，引发了国内对于日本问题的重视，一批熟悉日本的华文媒体人，成为了中国各大电视台的座上宾，对日本问题侃侃而谈。《日本新华侨报》的主编蒋丰、亚洲通讯社社长徐静波、《阳光导报》特约记者毛峰等一批媒体人逐渐声名鹊起。

徐静波的喜马拉雅频道阅读量超过1.9亿，已经成为名副其实的大V。徐静波频繁在中国进行各种公开演讲，成为了读懂日本的第一人。蒋丰也频频在中国出书，他以采访过5名日本前首相，60多名日本国会议员的经历，被称为“评介日本第一人”。

问题与展望

我们在看到日本华文传媒这些年所取得的成就的同时，也不能忽视存在的问题。本着有利于今后日本华文传媒的发展出发，现把有关问题整理如下：

一、原创报道日益减少，尊重知识产权意识有待加强

因特网的发展，为华文传媒产业带来了空前的方便。也正因为这样，从网上抄来转去的现象越来越严重。有时同样的文章出现在不同的报纸上；有的转载时标题、正文都有错；有的转载时去掉了作者的署名（包括照片的作者名字）；有时把别人发的消息冠以本报讯等等。这影响了华文传媒的质量，也降低了华文传媒形象。

此外，因为现在报纸效益不好，多家报社对新闻从业人员的数量进行了削减，现有的记者也要大部分精力做广告软文、微信贴的撰写，进行严肃的原创新闻报道的记者越来越少。出来采访的记者越来越看不到了，更不要提策划和追踪一些重大新闻事件的情况了。

原创新闻的减少在中国国内的媒体也普遍出现，但这种现象在日本的华文媒体尤其普遍。写出一篇符合在日华人心声，反映在日生活问题的好报道，越来越珍贵。

二、华文传媒从业人员青黄不接，亟需加强采编队伍建设

日本华文媒体数量越来越多，但是优秀的华人记者并不多。如何发掘和培养新一代青年记者，是当前及今后相当一段时期日本华人

传媒界的任务。还有，日本华文传媒界至今没能成立行业组织，作为一个课题如果今后能够实现的话，将会大大地推动日本华文媒体的发展。因此，日本华文媒体的团结与合作，可以说是任重道远。

三、本地新闻报道有限

华文媒体在全球化和互联网时代，应该发挥自身的优势，多在本地新闻上下功夫，即社区新闻的采集。本地新闻则主要围绕本地突发新闻及服务类新闻。比如日本多出现研修生暴力事件，留学生意外事件等。这类新闻很少被中国国内媒体关注，但在日本的华人圈里却成为话题。比如2013年初发生的研修生砍杀老板事件，在日本引起极坏影响，而根据日本媒体的报道完全无法得知该研修生的心理状况，这时则需要华文媒体前往报道挖掘还原真相。一是为在日华人进行解读，二也是向日本社会进行一个正面合理的解释。

此外，服务类新闻也非常稀缺，比如财经理财类、留学咨询、家庭教育指南、法律援助等等，都应成为华文媒体最专业的地方。但目前，除了东京3大报《中文导报》、《东方新报》、《日本新华侨报》有涉及，其他华文媒体的本地新闻的意识依然欠缺。

四、提高媒体报道的公信力

在日华文媒体在2012年中日关系紧张期间，多次扮演了报道的急先锋角色。其报道被国内媒体转载，形成了极高的传播力。与此同时，一些华文媒体为了寻求报道快速转载，在翻译日媒报道以及发布第一手新闻报道时，欠缺谨慎，经常报出一些不实新闻甚至假新闻。经国内媒体转载后，在中日两国间引起极为不好的影响。在日华文媒体需平衡转载率和公信力的比重，且在中日关系的特殊时期，更不应扮演导火索的角色，要在媒体报道的公信力上下功夫，珍惜媒体品牌。

五、自媒体需要增强新闻意识

活跃在日本的许多自媒体，这两年吸引了大量的关注度，多数自媒体的内容远离新闻，以传播吃喝玩乐资讯为主。但是在一些大新闻事件前，也不乏有自媒体写热点新闻，其中因为从业人员未受过新闻训练，采写新闻存在大量事实错误，或为博眼球和流量，未经确认事实就发文，导致出现传播假新闻的情况。

香港中文传媒发展综述

施清彬

香港是全球信息产业最发达的地区之一。根据香港特区政府的资料显示，截至2017年底，香港大众传播媒介有68份日报（包括电子报章）、607份期刊、3个本地免费电视节目服务持牌机构、2个本地收费电视节目服务持牌机构、15个非本地电视节目服务持牌机构、1个公共广播机构，以及2个声音广播持牌机构。

一、平面媒体

香港平面印刷媒体有逾百年的发展历史，1858年就有第一份中文报纸面世。港府资料显示，截至2017年底，以香港为基地并在此注册的报章有37份中文日报、13份英文日报、13份中英文双语日报和5份日语报章。在中文报纸中，31份以报道香港和世界新闻为主，其余集中报道如财经新闻等专题。规模较大的报纸，分销范围远及海外华人社会，有些还在香港以外地区(主要在澳洲、加拿大、英国和美国)印行海外版。

1、传统报纸

近年互联网和移动通讯的日益普及，加上免费报纸争夺市场，传统售价报纸经营艰难。由于成本上升和销量下跌，为了改善收支平衡，报纸再度掀起加价风潮。香港报纸上一次加价是在2016年11月，售价由7元加至8港元，随后《信报》在2017年头由8元加至10元，成为首份售价10元的香港本地中文报纸。后来多份报纸陆续跟进，《苹果日报》2019年元旦起售价由8元加价至10元，《香港经济日报》2019年2月11日起加价至10元，《东方日报》2019年2月17日起加价至10元，《明报》2019年3月1日起加价至10元。

整体而言，多数报业集团经营情况有所转差。东方报业集团是香港第一大报业集团，1987年8月成为香港上市公司，拥有《东方日报》和旗舰网站“on.cc东网”，以及“ontv东网电视”、“东方日报网”及“东网Money 18”等主要网站和手机应用程序。东方报业集团截至2018年3月31日止年度业绩公告指出，集团拥有人应占经审核综合溢利为1.58亿港元，与前一?同期比较，减少575万港元，下跌约3.5%，主要由于报纸广告收入下跌所致。

业绩报告指出，《东方日报》连续42年销量第一，为香港读者人数最多的收费报纸。由全球第二大市场调查公司Kantar Group附属公司Kantar TNS于2017年9月进行的读者调查显示，《东方日报》读者人数达348万人。在中美贸易战的阴霾笼罩下，香港投资气氛显著转淡，广告客户放在印刷媒体的资源较为审慎，加上地产发展商推销新盘的力度受港府房屋政策所左右，以上因素均令《东方日报》的广告收入下跌，截至2018年9月30日止6个月，整体收入录得3.77亿港元，与前一年同期相比减少约11%；另一方面，数码媒体近年备受市场重视，该集团在数码媒体业务的市场占有率不断扩大，整体收入上升至6114万港元，较2017年同期上升约6%。

经营《苹果日报》的壹传媒集团，截至2018年9月30日止6个月，总收益减少14.7%至6.61亿港元（2017年同期为7.75亿元），其中2.91亿及3.7亿分别源于数码业务分部及印刷业务分部。由于广告收入下跌，该集团于期内录得未经审核综合亏损2.87亿港元，较前一年同期，亏损额增加67.6%（1.16亿港元）。业绩报告指出，客户喜好持续由印刷刊物转移至数码媒体，《苹果日报》由2018年1月至6月期间，每日平均净发行量为110177份，而前一年同期为每日124967份。期间，《苹果日报》的总收益为1.17亿港元，较前一年同期之1.41亿港元减少17.3%。当中，广告收益占3250万港元，而发行收入为8450万港元，较前一年分别减少30.1%及11.0%。

拥有《头条日报》、《星岛日报》和《英文虎报》的星岛集团业绩报告指出，该集团的主要业务包括：报章、杂志、招聘媒体、新媒体及其他相关业务等，截至2018年6月30日止6

个月，录得综合收入约6.97亿港元（综合溢利约50万港元），而2017同期则约7.34亿（综合溢利约2050万港元）；尽管香港经济2018年上半年按年增长4%，但整体广告市场在2018年上半年较2017年上半年仅增长1%（根据admanGo的统计），而印刷媒体市场（包括报章及杂志）的广告收入继续录得减少。此外，纸价也因供应短缺而持续上涨，该集团业务受到这些因素的不利影响。

经营《明报》的世界华文媒体有限公司业绩也盈转亏，该集团坦言，2017/2018财政年度充满挑战，截至2018年3月31日止年度，总营业额由上一财政年度3.02亿美元减少5.8%至2.84亿美元；受消费需求疲弱及广告收紧等不利影响，年度录得除所得税前亏损687万美元，而前一年录得溢利2077万美元。市场从实体店到网上购物的消费变化趋势，也加速广告从印刷品转移至数码平台，该集团出版及印刷分部之营业额由前一年2.33亿美元减少9.9%至2.1亿美元。

在众多报业集团中，香港经济日报集团属于为数不多表现较好的企业，业务录得较好增长，主要也是新媒体收入弥补传统业务的萎缩。业绩报告表示，该公司截至2018年9月30日止6个月的收益为6.46亿港元，较2017年同期上升12%。虽然印刷广告市场走下坡，但该集团数码平台的广告收入录得增长，新媒体取得广告市场的较佳份额。此外，该集团投放资源专注提升内容素质、发展科技及培育人才，致力将媒体业务的重心从印刷出版转型至数码平台。

此外，香港两家爱国爱港报纸《大公报》和《文汇报》在2016年头进行业务整合后，致力推动传统报纸和新媒体的融合发展。香港《文汇报》创刊70周年暨“文汇之友”成立酒会2018年9月9日晚在港举行，香港大公文汇传媒集团董事长、香港文汇报社长姜在忠致辞表示，自2016年1月香港大公文汇传媒集团成立，通过整合资源，大力发展新媒体和推动融合发展，初步实现了《文汇报》和《大公报》的错位发展，实现了生产方式的全业态，实现了集团媒体的全融合，初步构建了集报、网、端、微和社交媒体于一体的立体传播体系，传播力、影响力进一步提升。

2、免费报纸

免费报纸市场竞争仍然相当激烈。香港发行量较大的中文免费报纸，主要包括：《都市日报》、《头条日报》、《am730》、《晴报》、《香港仔》等，估计每天总发行量约200多万份。《香港仔》是香港《文汇报》创办的一份免费报纸，于2018年4月诞生，走的是更贴近市民口味的路线。

《头条日报》是香港发行量最大的免费报纸。星岛集团业绩报告指出，根据香港出版销数公证会2018年第一季的报告，《头条日报》周一至周五的平均发行量超过799000份，为香港发行量最多的报章。根据Ipsos Media Atlas2018年第一季的调查结果，《头条日报》为香港最多人阅读的报章，平均读者人数为121万人，占中文免费日报读者市场的78%。同时，根据admanGo的统计，《头条日报》2018年上半年占报纸广告市场的最大份额。

《晴报》是香港经济日报集团旗下的免费报纸，逢周一至五免费派发，目标读者为25至45岁具消费力的中产上班族。《香港经济日报》及《晴报》社长麦华章2017年3月24日表示，《晴报》为全港第二大发行量的报纸，读者人数占免费报第二位，拥有独特的市场定位。

《am730》免费报纸创办人施永青表示，《am730》除了在始创的头23个月没有盈利之外，随后的10年就年年都赚钱。经过10年的盈利，我们在财政上有一定的积累，有能力去承受一段较长的消耗期。“再者，《am730》只是占我生意的一小部分，用我的主业去支撑这个传媒业务，负担不多。所以，我会告诉我的朋友，只要《am730》仍能发挥它的社会功能，我都会尽我的能力办下去。”

《都市日报》是香港首份中文免费日报，2002年在香港发行，近年来多番易手。商人黄浩在2017年7月以4亿港元作价，将都市新闻多媒体出售予萧作利有份的财团，并由萧先生出任都市新闻多媒体主席一职，其间集团除继续发行实体印刷本《都市日报》、文化生活杂志《metro Pop》及政经月刊《都市盛世》外，也加强在多媒体的业务发展。2018年2月，市场传出商人黄浩有意回购都市新闻多媒体。2018年12月，市场又传出萧作利正与日资背景投资者及本地发展商接洽出售都市新闻多媒体的相关事宜。

新创办的免费报纸《香港仔》，是《文汇报》旗下的一份报纸，2018年4月出版，逢星期一至五在部份港铁车站、屋苑大堂及街头免费派发。《香港仔》在FB的自我介绍：《香港仔》是一个主打年轻基层的信息平台，让大家可浏览到紧贴时事的专题报道、人物专访、消费、宠物、旅游、科技及职场等信息。

另外，《环球新闻时讯报》2018年1月1日在港创刊，属双周免费报纸，5月改革后改为周报，每逢周五在港铁车站23个地点派发，内容涵盖本地及环球政经、专题、人物新闻；副刊包括旅游、科技、美食、时尚等，以及不同层面名家专栏。

3、期刊杂志

网络时代新媒体对传统媒体有巨大冲击力，不仅传统报纸经营环境艰难，传统期刊杂志也出现经营模式调整，纷纷开拓网络平台，由印刷版转为网络版。根据admanGo的统计，香港杂志广告市场在2018年上半年持续录得收入减少，经营环境的恶化，加快了传统期刊杂志转型。为了节省经营成本，近两年不少期刊宣布停止纸本印刷，完全转向网络平台来播发新闻。

壹传媒旗下有多份期刊，受到主业营收萧条，杂志经营也陷入困境。壹传媒旗下的《饮食男女》杂志，2017年8月2日出版最后一期纸本版杂志，把出版转向网络平台。

《壹周刊》曾经风靡一时成为香港读者人数最多的杂志，近年也经营艰难。2018年3月，《壹周刊》宣布转型为网媒，结束纸本出版。当时，《壹周刊》的壹观点以“印刷版的朋友，我们分手了！”为题，声称该杂志的生存空间受到科技及广告制裁双相逼迫，不得不结束印刷版转战网络市场。

以时事焦点为封面的消闲杂志《100毛》，2017年7月中，也宣布将实体印刷版停刊。持有《100毛》的上市公司毛记葵涌印刷媒体业务，在截至2018年3月底止的过去一年业绩中，整体收入按年减8.9%至8670万港元。该公司指出，收入下跌，其中一个原因便是数码化趋势的影响，令印刷媒体服务分部收益减少，在2016、2017年度除税前分别亏损100万港元及330万港元。

香港电视广播有限公司旗下的《TVB周刊》，1997年5月20日创刊，主要报道无线电视艺员和节目信息、以及其他生活信息，一书两册售13港元，为节省印刷及发行成本，2018年10月由印刷版转为网络版。《TVB周刊》2018年9月30日推出第1110期的印刷版“告别号”，转为网络版之后改名为《TVB Weekly》。

《香港01》周报2016年3月11日创刊，逢星期五出版，售价为20港元。内容包括周报新闻，以及《世界 Being Global》和《本土 Being HK》2本杂志，每月首期再附上《女生?Being Ms》月刊。2017年1月20日曾经宣布暂时停刊，直至2月13日复刊，改为逢星期一出版，售价减为10港元。

不过，也有个别杂志经营表现不错。星岛集团业绩报告指出，就广告收入而言，根据admanGo的统计，其旗舰杂志《东周刊》的表现优于市场平均水平，在不同广告类别包括药物及娱乐等方面继续录得增长。根据Ipsos Media Atlas2018年第一季的调查结果，《JobMarket求职广场》的读者人数按年上升28%至28万人，为业内最高的读者人数。根据admanGo统计，《JobMarket求职广场》在2018年上半年是唯一录得广告收入增长的招聘刊物。

香港期刊杂志百花齐放，种类繁多，包括儿童杂志、成人杂志、商业财经杂志、旅游杂志、政论杂志，以及娱乐八卦杂志等等。较具规模的时政和财经期刊，包括《紫荆》、《镜报》、《明报月刊》、《信报财经月刊》、《广角镜》、《资本杂志》、《亚洲周刊》、《经济导报》、《超讯月刊》等，仍继续在市场上售卖。

二、广播电视

香港广播电视产业发展蓬勃。根据香港特区政府的《香港年报》，截至2017年底，香港有3个本地免费电视节目服务持牌机构、2个本地收费电视节目服务持牌机构、15个非本地电视节目服务持牌机构、1个公共广播机构，以及2个声音广播持牌机构。3家免费电视持牌机构合共提供11条免费电视频道，包括3条模拟频道和8条高清制式的数码频道。在电台广播方面，有2个声音广播持牌机构合共提供6条模拟广播频道。香港约有800条数码化的卫星及收费电视频道，网络电视技术在全球处于领先位置，网络电视用户超过100万个。此外，香港有15个持牌卫星电视广播机构，为亚太区提供超过180条频道。

1、免费电视

香港有3家免费电视持牌机构，分别是香港电视广播有限公司（无线电视）、奇妙电视有限公司（奇妙电视）和香港电视娱乐有限公司（香港电视娱乐）。现时，无线电视、奇妙电视和香港电视娱乐使用频谱及固定网络来传送免费电视信号，播放新闻、纪录片、时事节目、文化艺术节目、儿童节目（包括专为青少年观众而设的教育节目）、年轻人节目及长者节目。香港电台是公共广播机构，现有5条数码地面及模拟电视频道，其中两条频道“港台电视31A”及“港台电视33A”，为两年前接收亚洲电视频道所得。

无线电视自1967年11月19日启播，现经营5条数码高清广播频道，每年制作约600小时剧集和23000小时新闻、时事、综艺、旅游等信息和娱乐节目。2017年，无线电视推出“Big Big Channel”免费手机应用程序，开拓直播平台，提供大量无线艺人及网络红人短片。无线电视还积极发展电子商贸平台，推出全新一站式网购服务平台“Big Big Shop”，结合观看电视及网购服务。

根据香港电视广播有限公司业绩报告指出，2017年是过去十年所经历最严峻的年度之一，业务面对多方面的挑战，包括香港广告市场表现呆滞，以及全球数码革命对许多传统业务模式带来重大冲击。不过，无线电视扭转先前3年收入下跌的情况，期内经营业务收入按年增加3%，至43.36亿港元。

无线电视2018年中期业绩报告表示，电视广播仍然是该公司最大收入来源，占集团收入64%；2018年上半年，来自外部客户的分部收入，按年上升9%，至14.35亿港元。无线电视的地面电视频道，即翡翠台、J2台、无线新闻台、明珠台及无线财经——信息台，每周吸引560万名观众。无线新闻台应用程序2018年5月改版，收看直播可从3个画面之间转换，进一步改进用户经验及加强互动。面对新媒体冲击，传统电视广播转向数码平台，拓展新的传播渠道。

香港电讯盈科旗下的香港电视娱乐，2015年4月1日获得免费电视牌照，为期12年。首条免费粤语电视频道ViuTV在2016年4月6日启播，另一条免费英语电视频道ViuTV Six在2017年3月31日启播。ViuTV自2016年启播后仍未扭亏，电讯盈科主席李泽楷2017年5月表示，ViuTV及OTT两项业务年增长率达18%至26%，短期不会赚钱。

香港有线宽频通讯有限公司旗下的奇妙电视，2017年5月14日启播，主打合家欢娱乐，包括自家制作的实况娱乐节目（真人骚）、娱乐新闻、旅游饮食、生活信息等。此外，奇妙电视24小时英语频道“香港国际财经台”（HKIBC）2017年6月底启播，主要提供财经信息，每日还提供4小时普通话新闻及财经节目，并计划扩建广州新闻中心，网罗更多大湾区信息。

亚洲电视2016年4月2日凌晨结束免费电视广播后，2条模拟播放频道由香港电台接收，频道名称改为“港台电视31A”和“港台电视33A”，但是观众收视效果不佳。香港特区政府审计署报告指出，“港台电视31A”和“港台电视33A”在2018年1月至6月期间，平均收视率为0.1点，即仅有6400名观众。“港台电视31A”的回放节目播放时数，由2014至15年度的2358小时增至2017至18年度的4877小时，增幅为107%。

此外，香港特区政府采取“开放天空”的政策，香港市民可透过卫星电视共享天线系统接收电视信号，免费接收由香港或其他地区上传而无锁码的卫星电视频道。香港现时有超过400条该类型的免费卫星电视频道，约87万个多层大厦单位可透过大厦卫星共享天线系统接收有关卫星电视频道。一般而言，此类住宅单位市民现可接收观看约10条免费的卫星电视频道。

2、收费电视

香港收费电视市场自2000年起全面开放，现时两家收费电视持牌机构，分别是香港有线电视有限公司和电讯盈科媒体有限公司。近年不少传媒公司通过互联网来提供电视节目，最受注目的是over-the-top(下称OTT)娱乐和电视服务的兴起。OTT是透过互联网的网络向用户提供服务，不受香港特区政府《广播条例》发牌制度规管。香港受众可很方便通过智能手机、智能电视机、机顶盒、游戏机、电脑和平板电脑等接收OTT视频内容。

香港观众可观赏到多元化的收费电视节目。据香港通讯事务管理局数据显示，自1993年推出收费电视以?，持牌机构提供的电视节目频道数目，已由最初的8条增至现时超过

300条。现时，收费电视服务的用户渗透率约为85%。收费电视营办商的服务水平也?断提高，例如所有收费电视的播发平台已数码化，并发展超高清电视、3D立体电视及互动节目等崭新服务。

电讯盈科公布2017年的业绩，期内该企业的OTT媒体及免费电视业务都有增长，惟收费电视Now TV为应付减价战推出优惠令业务收益减5%，至27.47亿港元。至2017年年底，已安装收费电视服务的客户数目为130.1万名，期内每客平均消费为179元，按年减少20元。

香港有线宽频通讯有限公司旗下的有线电视，1993年10月31日启播，现每年制作超逾1万小时节目。过去数年，除成功将新闻、电影及体育节目发展为具有代表性的旗舰频道外，更不断增添不同类型的本地及国际节目。香港通讯事务管理局2017年9月12日正式批准，永升（亚洲）9月中入主有线宽频，从公开发售所得的7.04亿港元新资金已经注入有线电视，以巩固财务状况。

香港有线宽频通讯有限公司公布的业绩，截至2018年6月30日止6个月，由于订户及广告收入下降，来自电视分部的收入减少约11%至约4.16亿港元。有线电视客户跌6.3%至83.3万名。互联网及多媒体分部EBITDA的收入为5600万元，按年增加3.7%。

无线电视2017年1月退出香港本地的收费电视市场，向特区政府交还本地收费电视牌照。放弃收费电视牌照后，无线电视转战网络电视OTT。无线电视业绩报告指出，自2016年4月推出以来，旗下OTT的myTV SUPER的订户人数快速增长，2018年8月12日，登记用户人数已超过660万。myTV SUPER带动了无线电视整体电视收视率，是旗舰频道翡翠台外，第二多人观看的平台。myTV SUPER黄金时段播出的节目达到平均收视点3.30。

乐视网2015年9月24日正式进军香港收费电视市场，近年连番遭多家广告及服务公司追讨欠款。2017年12月，乐视自行入禀高院申请清盘，案件在2018年2月下旬得到处理，法官在无人争议的情况下颁发清盘令，乐视正式清盘。其提供体育直播的“乐视体育”也在3月15日停止服务。

以移动通讯和OTT服务提供电视节目的香港电视（港视），2018年3月27日，其董事会确认不会继续申请香港本地免费电视节目服务牌照，并撤回2014年向香港通讯事务管理局提交的申请，表明将专注发展网购平台。香港电视主席王维基指出，现时媒体生态较其首次申请时已大为不同，目前市面上已有3个免费电视台，加上有不同的网络电视，可谓百花齐放。港视公布业绩，2017年度亏损2.05亿港元，前年同期亏损2.57亿元。

亚洲电视在2016年4月停止运作后，协盛协丰完成收购亚洲电视大多数股权，2017年12月18日，协盛协丰旗下亚洲电视数码媒体宣布以亚洲电视为品牌推出OTT平台网络电视服务，2018年1月29日正式启播。亚洲电视以OTT重新开台，首3个月提供免费接收，3个月后提供收费服务，并启用新标志。2018年4月20日，协盛协丰改名为亚洲电视控股有限公司。

3、广播电台

在电台广播方面，香港有13条本地模拟电台频道，其中7条由公共广播机构香港电台营办，还有6条则由两家商营广播机构，即香港商业广播有限公司（商业电台）及新城广播有限公司（新城电台）各自营办3条频道。

商业电台自1959年8月启播以来，现在每天提供24小时多元化广播节目，“雷霆881商业一台”以信息、时事和娱乐节目为主，是香港听众人数最多的电台，“叱咤903商业二台”以青年人和学生为对象，经常播放流行曲，及制作“广播剧”，以轻松、活泼、娱乐及创意为节目方针。

新城电台是香港另一间商业广播电台，1991年创办，由长江和记实业旗下的长江实业、和记黄埔各持一半股权。目前营运3个频道，同时提供AM及FM广播，“新城财经台”是24小时广东话财经电台频道。新城电台的网站也提供电台节目，登记会员数目已接近60万。

香港电台是香港唯一的公营广播机构，在新闻、时事、艺术、文化和教育方面提供相关节目。现时共有7条经模拟制式传送的电台频道，于2018至2019年度计划制作共58739小时不同类型的粤语、普通话、英语和其他语言节目。2017年9月3日，香港电台于当晚午夜12时正式终止本地数码声音广播服务。9月4日起部分数码台节目调动至第一台、第五台及普通话台播放；原于第六台全日转播的英国广播公司国际频道（BBC World Service）改为每晚11时至早上7时由第四台转播。

根据香港电台的年度电台收听调查，电台频道收听人数由2013年的294.9万人增加至2017年的337万人，增幅为14%。其电台、电视和学校教育电视节目的总制作时数分别为57359、1409及19小时。超过75%的港台节目是自制节目。

香港特区政府审计署报告指出，香港电台的7条电台节目，有4条的听众人数有所减少，尤其是第六台和第七台的听众人数，分别从2013年的181000人和232000人减至2017年的78000人和155000人，减幅分别为57%和33%；部分电台频道的欣赏指数和认知率下跌。至于香港电台网站方面，审计署表示，留意到网站的每天网页浏览次数，由2015年4月的510万次，下跌至2018年6月的280万次，减幅为45%。

香港特区政府2017年3月28日宣布，经考虑香港数码声音广播发展检讨报告后，决定停止香港的数码声音广播服务。前几年，新城电台、凤凰优悦广播有限公司及香港数码广播有限公司(dbc)掀起“还牌潮”后，政府检讨了数码声音广播政策，认为3家商营机构以经营困难和没有足够听众群为由退出市场，显示市场已对数码声音广播失去兴趣。在缺乏商营机构参与下，单靠香港电台独自营办数码声音广播平台，要建立足够听众群，并不切实可行，而且互联网及移动通讯应用程序发展迅速，在一定程度上取代了传统声音广播服务，故决定终止数码广播有关服务。

三、新媒体

香港市民通过新媒体阅读新闻、收听广播和观看电视，已经成为潮流。根据香港大学2017年底的民意调查，与回归之初的2000年相比，2017年以互联网作为主要新闻来源的人上升了46%，而以报纸作为主要新闻来源的人则下降了近3成。为了顺应这种潮流，传统新闻媒体近年更加重视新媒体业务发展，增加投入开设新闻网站和移动通讯应用程序，例如《东方日报》、《苹果日报》、《明报》、《星岛日报》、《香港经济日报》、《香港商报》、《都市日报》、《am730》等媒体机构，都拓展了新媒体业务，并有较高的阅读流量，电子传媒包括无线电视、nowTV、有线电视和香港电台，也致力发展新媒体平台。

传统媒体扩展的新媒体业务，近年取得不少成效。东方报业集团截至2018?9月30日止6个月的业绩报告指出，“on.cc东网”继续成为香港浏览量最多及浏览时间最长的新闻媒体网站，单月重复浏览人次达559万，活跃用户逾1000万，单月最高浏览?6200万页次，手机应用程序下载逾787万次。“on.cc东网”为方便用户清晰浏览新闻，将版面重新划分为“港澳”、“?岸”、“亚欧非”及“美洲”。此外，“on.cc东网”?断提升功能，手机应用程序新增“乘?助手”，为用户提供公共交通路线信息，旗下“马场Boss”手机应用程序增设“聪明钱”图标功能，为马迷提供专业数据分析。

另外，“ontv东网电视”在互联网平台提供24小时实时新闻影片播放。“ontv东网电视”扩阔的直播体育赛事版图，除连续多?获香港超级足球联赛及甲一篮球赛事的直播权外，更延展至自由搏击、单车、棍网球及美式足球等赛事。“东网Money18”为香港最高浏览量的财经信息网站之一，手机应用程序下载逾198万次，其Facebook专页粉丝人数已接近8万人，成为香港最受欢迎的财经信息社交平台。

壹传媒集团近年全面调整业务策略，以把握数码媒体带来的商机，加大网上内容创作投资，并为广告商发展数码内容合作产品。因此，其数码平台在独立非重返用户及页面浏览人次方面均见提升。截至2018年9月30日止6个月的业绩报告表示，综合《苹果日报》平台可让读者阅览集团所有杂志，包括《壹周刊》、《饮食男女》及《Ketchup》，并继续吸引大量读者及页面浏览人次。香港及台湾的综合平台每月平均页面浏览人次合共录得21亿。《苹果日报》用户基础庞大，香港每月独立非重返用户500万人。

香港大公文汇传媒集团副董事长、总编辑李大宏2018年5月30日表示，香港传媒业正在经历媒体格局、舆论生态、受众对象、传播技术的深刻变化。大公文汇传媒集团自2016年1月成立以来，转向报纸与新媒体融合发展，成为拥有报纸、网站、视频、网络广播、电子屏、微博、微信、客户端，以及Facebook、Twitter、YouTube等十多种平台和载体，有较大传播影响力的香港全媒体传媒集团。实现内容、渠道、平台、经营、管理等方面的全面融合，让大公文汇两家传统纸媒长期累积起来的内容生产优势、传播公信力优势，与新媒体技

术优势充分结合，成为平台多样、手段先进、具有竞争力的新型主流媒体。

近年，香港还出现一些专门以新媒体为主业的公司，包括：香港01、毛记葵涌、橙新闻、巴士的报、坚料网等，不断开拓网络受众市场。经营《100毛》、“毛记电视”等新媒体及白卷出版社的毛记葵涌有限公司，2017年7月底向港交所递交主板上市申请，2018年3月底正式上市。毛记葵涌现时有三大业务，包括数码媒体服务、印刷媒体服务、活动策划及艺人管理，其“毛记电视”2015年3月16日成立，同年5月18日以网络电视形式启播，新闻内容主要以“恶搞”、“抽水”及“曲线”等形式讽刺时弊，报道方式备受争议。毛记葵涌的数码媒体服务收益，截至2017年9月30日止6个月有约3820万港元，截至2018年9月30日止6个月增至约4140万港元，增幅8.3%。

“香港01”是一家从事互联网媒体的企业，2015年6月4日注册为“香港零一媒体有限公司”，2017年12月5日更改为“香港01有限公司”，以香港01网站、手机App、周报和01空间为本，构建跨媒体多维平台。据传媒资料显示，“香港01”在2018年高峰时期一度达800多名员工。为打造一个无纸化生活平台，“香港01”2018年8月1日推出名为“e肚仔”的饮食外卖平台，现有逾250间餐厅参与，提供便捷的O2O外卖服务。

以“不问立场，只问是非”为口号，2015年9月成立的“坚料网”，因为面临财政危机，2017年1月31日全面停止运作。2018年9月5日，“坚料网”又宣告重新出发，恢复运作。“坚料网”发表声明称，作为香港一份子，我们有责任以公平公正的态度剖析时弊，谋策献计共创香港未来。《坚杂志》也一如过往，以双周刊形式印刷出版，在港九、新界人流旺点免费派发，与“坚料网”互动，他们推送的新闻内容，包括香港、两岸、国际、生活及娱乐等信息。

“香港01”前总编辑龙景昌2018年3月离职后，另行开办“就係媒体”的新媒体，并印刷季刊。“就係媒体”在网站上介绍，他们由一群来自传媒、出版、设计创意、文化、艺术及市场推广等界别的工作者组成；通过各种形式与想象，说香港与香港人的故事；他们将通过Being HK《就係香港》季刊纸本为核心，并辅以网络平台及实体活动，发掘未完的香港故事。

香港浸会大学传理学院2018年11月29日发表《香港媒体数码发展报告2018》，以电话调查、网上问卷、个人专访、技术观察和大数据分析等方式进行研究，涵盖香港87家媒体（40间传统媒体及47间原生网媒），主要从市场受众、内容生产、商业运营、技术平台以及社交平台，五方面深讨香港媒体的发展。报告指出，近9成市民以免费的方式获取新闻信息，电视仍是香港市民获取新闻信息的主要来源，但有4.5成市民会通过社交媒体获取新闻信息，当中主要是透过Facebook平台。调查还显示，高达87.4%人愿以免费方式获取新闻资讯，付费用户较多花费在报纸和电视。

根据浸大的研究，不少香港媒体负责人在推行数码发展方面，显得较为审慎保守。目前，香港大多数传统媒体机构仍以原有的传统媒体平台作为核心，缺乏长远而明确的新媒体发展战略，对采用人工智能技术使新闻内容制作自动化方面，仍心存疑虑。2018年4至6月中，Facebook、Twitter、YouTube和Instagram中，《南华早报》的发帖总量最高，其次是“香港01”和《明报》。浸大新闻与社会研究所总监李文表示，在受访问的传媒高层中，普遍对香港媒体业短期前景感忧虑，认为新媒体发展是未来重点，但未有具体发展方案。但是，与其他国家和地区相比，香港人使用社交媒体作为主要新闻信息来源的比例偏高（46%），而Facebook更是香港媒体最重要的信息发布平台。不过，市民较为信任的新闻信息来源始终还是电视新闻，其次为电子版的报纸，最后才是社交媒体，市民对“个人分享”以及“转发”的新闻信息最不信任。

香港是世界上媒体竞争最为激烈的城市之一，弹丸之地，人口740万，拥有数百家各种各样的媒体机构。在新媒体挑战下，近年传统媒体的印刷业务有不断滑坡现象，而且广告也在流失，从近两年报业集团公布的业绩，可以清楚看到，多数报纸经营出现倒退。面对读者市场萎缩和经营成本上涨等困境，大部分传统售价报纸再度选择调高售价，每份报纸由8港

元加至10元，希望以此改善入不敷出的财政状况；不过，在移动通讯的信息免费年代，报纸大幅涨价难免会带来销量下滑的代价。

近两年，网络新媒体影响力提升，加上网购消费风行，商业广告投放进一步转向新媒体。从报业集团经营来说，更加着重传统印刷媒体业务与新媒体的融合发展，利用传统媒体业务优势，支援和充实网络新媒体的新闻内容。此外，免费报纸受到纸张价格上涨和新媒体竞争等冲击，经营环境比前几年要差。还有不少期刊杂志亏损也在继续恶化，纷纷调整经营模式，告别纸本印刷，全面转向网络平台出版。

传统电视媒体运营乏善可陈。香港3家免费电视持牌机构，无线电视业务经营有稍微回稳，但是奇妙电视和香港电视娱乐尚未扭亏。有线收费电视方面，用户不断减少，Now TV和有线电视的业务继续下跌。近年不少传媒公司通过OTT向用户提供视频服务，不受香港特区政府《广播条例》发牌制度规管，包括无线电视和亚洲电视，都透过OTT提供收费服务，其发展趋势值得关注。

数码科技发展正在冲击整个新闻传播行业，受众获取新闻信息的渠道和习惯正在发生改变。有些新媒体确实取得不错的成绩，盈利持续增长，甚至成功集资上市，但是还是有不少新媒体，仍然在苦苦支撑，面临被市场淘汰。受制于香港受众市场的规模，以及传媒激烈竞争环境，整体而言，其潜力和空间也会影响他们的长远战略部署。

澳门中文传媒发展综述

龙土有

澳门现有人口67万，以中文为日常用语的居民约94%。澳门地方虽然细小，但传媒事业颇为发达。澳门特区政府努力提高施政透明度，加强与传媒的沟通与对话，使特区政府的信息能及时和准确地向公众传达，确保各种信息流通。澳门还设有专门的法律保障新闻工作者采访、报道和接收信息的权利，确保新闻工作者执行职务时的独立性。

澳门华文报业

澳门报业的出现，是19世纪的事情。1822年，葡萄牙立宪党澳门分部的首领巴波沙创办葡文周报《蜜蜂华报》，该报是澳门历史上的第一份报纸。

1833年，基督教传教士马礼逊创办不定期中文刊物《杂闻篇》，这是最早以金属活字印刷术印刷的中文期刊，也是在中国境内最早出版的中文期刊，同时是澳门历史上最早出版的中文期刊。自此，近代西方报业技术和思想传入中国，澳门也因此成为近代中国报业发展的源头。

1839至1840年林则徐在广东禁烟期间，曾命人摘译英文《澳门月报》，在广州出版《澳门新闻纸》以供施政参考。1893年7月18日，孙中山与澳门土生葡萄牙人飞南第等合作创办以中文、葡文刊印的《镜海丛报》。1897年2月22日，康有为、梁启超创办《知新报》。辛亥革命后，澳门中文报业蓬勃发展，《澳门时报》、《濠镜晚报》、《澳门通报》、《濠镜日报》等多家报纸创刊。

20世纪80年代末、90年代初，受澳葡政府在1988年颁布的报业津贴制度影响，澳门的中文报业曾经一度异常繁荣，短时间内有众多新出刊物，当中有部分坚持出版至今。

跨入21世纪之后，澳门中文报业亦迎来了一个蓬勃发展的新时期。尤其是中文周报如雨后春笋般涌现，形成了以《澳门日报》、《华侨报》、《市民日报》、《濠江日报》、《新华澳报》、《力报》中文日报为主干，10多家中文周报群星璀璨的华文媒体新格局。

澳门新闻局负责对报刊企业、编印企业及定期刊物的登记。根据《出版登记规章》规定，刊物登记后，如日刊在180天期限内仍未出版、其它刊物在一年期限内仍未出版，或刊物出版中断的时间与上述期限相同的情况下，登记将被吊销。

《澳门日报》1958年8月15日创刊，发行量和广告量长期居澳门中文报纸首位，是澳门地区规模最大、最具代表性的日报。服务对象以澳门读者为主，兼顾香港、台湾、北美、欧洲、东南亚以及珠江三角洲和内地各大城市的读者。每天出本埠版12至20大张、外埠版9至16大张，以内容丰富、讯息量大、言论权威、弘扬中华文化见称。除了设有网站，还有手机APP版，其脸书专页创立于2016年4月8日。2018年10月9日，《澳门日报》创办《澳日学生报》，该报集合社会时事、校园生活、本地历史、科学技术、亲子教育、艺术文化等，内容丰富多元。

《力报》是目前全澳门发行量最高的免费报纸，2011年9月2日以《力周报》名义推出试刊版，于9月23日正式以周报形式创办，逢周五免费派发。2012年4月3日易名为《力报》并加印周二版，成为一周两刊。于同年9月23日报庆纪念日，正式以日报形式推出，逢周一至五出版（周六、日及公众假期休刊）至今。

另外，澳门奉行资讯自由流行政策，刊物进入澳门市场不用经过特别审批。因此，除了本土出版的报纸杂志以外，澳门市面上还可以买到不少在中国香港特区、中国台湾地区、内地以至世界其他地方出版的报纸杂志，当中以香港报刊在澳门的流通量最大。

澳门广播电视

为保障居民收看基本电视频道的权利，澳门特区政府将电视服务划分为免费和收费电视两种模式。2014年4月设立澳门基本电视频道

股份有限公司。该公司利用地下传输网络，向居民免费提供接收基本电视频道的服务。

收费电视地面服务方面，特区政府于2014年4月2日，通过非专营模式与澳门有线电视股份有限公司进行批给合同的续期，创造收费电视服务市场全面开放的条件。

澳门的广播电视机构包括一间电视台、两间广播电台、一间有线电视台和3 间以澳门为基地、提供卫星电视广播服务的公司。

澳门广播电视股份有限公司（简称澳广视）提供的电视节目由1988 年2 月正式启播，提供广播公共服务。2008 年开始提供数码广播，现时模拟和数码广播并行，频道包括：中文和葡文两个24小时频道、体育、信息、高清、中央电视台新闻频道、中央电视台综合频道、中央纪录片、海峡卫视、湖南国际、广东国际等。

澳门两间电台分别是澳广视属下的澳门电台和私营的绿村电台，每日均24小时广播。澳门最早成立的本地电子传媒是澳门广播电台，该台由无线电爱好者建立，1931年8月26日启播，1948年改由政府经营，1982年10月拨归澳广视管理，改称澳门电台，以中葡文两条频道广播。

澳门有线电视股份有限公司于2000 年7 月正式启播，每日24 小时广播，汇聚了世界各地约60多个不同类型的频道节目，以粤语、国语、英语为主，也有葡语、德语及意大利语等节目。现阶段自制节目正在试行中。

澳门卫视股份有限公司（原宇宙卫星电视股份有限公司，是澳门首家获准提供卫星电视服务的公司）现有澳门卫视新闻台1 个频道，每日24 小时广播。澳亚卫视有限公司开设的澳门卫视中文台于2001 年6 月开播，每日广播24小时。目前信号覆盖全球60多个国家和地区。

澳门莲花卫视传媒有限公司于2008年12月2日获发提供卫星电视广播电信服务的准照，准照期限15年。现有澳门莲花卫视24 小时频道，于2009年1 月1日正式启播。

澳门新媒体

澳门的互联网和流动电话的渗透率接近9成，居于世界前列。就硬件而言，广义中的新媒体（包括手机和互联网）在澳门具有良好的技术基础。

澳门在1994年由澳门大学设立了首条连接国际互联网的专线，供大学师生使用。1995年，澳门电讯公司以专营方式经营互联网业务，向澳门公众提供接驳国际互联网的服务。1997年8月，《澳门日报》创设网络版，成为首家附设网站的澳门中文传统媒体。2015年12月，澳门日报新媒体中心正式启用，大大充实了手机报的内容，实时新闻播报尤受读者欢迎，点击率节节上升，有力推动了《澳门日报》的“报网融合”。

澳广视2013年推出手机移动通讯应用程序，让公众更容易接收各种信息，并推出网上社交媒体Facebook专页等。

另外，《力报》近年也积极投入力量开拓新媒体传播平台，推出手机移动平台APP、网络版、iPad阅读版及微信平台等，除每天提供《力报》的新闻内容之外，更有旅游、美食、文化、娱乐、交通、天气及生活信息等提供给读者。

目前，澳门大部分中文报纸均设有网络版，广播电视台、电台以及卫星电视台也有网站，个别周报及月刊等不同刊期的杂志也设有网络版。不过普遍版面设计比较简单，内容也做不到随时更新。

驻澳传媒

澳门没有自己的通讯社。新华通讯社及葡萄牙新闻社在澳门设有分社或代表处； 人民日报社和中国新闻社在澳设有分社；中央电视台、中央人民广播电台、中国国际广播电台、中国广播电视、上海文汇报、信报财经新闻、亚洲新闻社、香港电台、电视广播有限公司（香港）等传媒机构都在澳门驻有记者。

澳门新闻团体

澳门的新闻从业员团体，包括：澳门新闻工作者协会、澳门记者联会、澳门传媒工作者协会、澳门传媒俱乐部、澳门体育记者协会、澳门葡英传媒协会和澳门传媒工作者组织福利会。

澳门新闻工作者协会简称“澳门记协”，成立多年来，为澳门新闻事业的发展，维护澳门新闻工作者的正当权益做了许多工作。1986

年，“澳门记协”成立了“记协福利基金会”，以支持和发展澳门新闻从业人员的福利事业。

每年“国庆节”其后，“澳门记协”都会举行联欢餐会，庆祝新中国成立以及颁发会员服务年资奖。服务年资奖颁奖活动是澳门新闻工作者协会一年一度的盛事。1997年，时任大丰银行总经理的何厚铧倡议并支持设立“澳门新闻工作者协会会员服务年资奖”，为从业满5年以上的新闻工作者颁发服务年资奖奖牌，以表彰勉励广大新闻工作者的敬业乐业和奉献精神。

另外，“澳门记协”还与广州市新闻工作者协会、香港新闻工作者联会展开交流，每年举办穗港澳“新闻杯”足球赛、穗港澳新闻界新春团拜会。活动已成为穗港澳三地新闻工作者相互了解、深化友谊的桥梁。

澳门业界动向

2018年5月21日，以“一带一路”与传媒创新合作发展为主题的“澳门全球传媒产业发展大会2018在澳门举行。大会由澳门日报社及中国新闻社主办，澳门特区政府新闻局、澳门归侨总会协办。

2018年8月15日，《澳门日报》在澳门旅游塔会展娱乐中心举行酒会，隆重庆祝创刊60周年。当天《澳门日报》推出92版纪念专刊，在头版刊发了题为《不忘初心，继往开来》的社论。文章回顾了《澳门日报》创刊60年来各时段的艰辛历程和巨大变化。同时还以一整版的篇幅追溯和介绍了《澳门日报》前身《新园地》报及其创办人陈满的简况。

另外，为纪念《澳门日报》创刊60周年，澳门邮政局于8月15日发行了“澳门日报创刊60周年”邮票一套4枚和小型张1枚，其面值分别为澳门币15元和12元，由澳门设计师吴卫坚设计，小型张边纸为澳门日报创刊号报眉头条新闻图录和郭沫若、马师曾为该报创刊五周年时的题词。

2018年12月11日，“第五届澳门国际文化传媒论坛暨2018澳门融媒体发展论坛”在澳门举行。论坛以“融时代 创未来”为主题，探讨在新媒体变革环境下，如何确保营销传播的实效，以及强化媒体对使命自律和社会责任的思考。

2019年5月13日是澳门电视广播35周年的纪念日。为庆祝这个属于澳门人的大日子，澳门电视广播股份有限公司从5月20日至6月1日，《澳门早晨》时段内播出《庆祝澳广视电视广播35周年特辑》，通过访谈不同界别的知名人士，细诉澳广视多年的广播历程；澳门电台也有专访系列，介绍电视广播35年的演变；5月31日晚，举行《共筑光影35载》大型综艺晚会。

结　论

澳门是一个享有新闻自由、言论自由和出版自由的地区，澳门特区政府重视新闻界的意见和建议，尊重澳门居民享有的言论、新闻和出版自由。

澳门虽是一个小城市，但由于政府对符合资格的媒体提供资助，故传媒业颇为发达，在新闻局登记的刊物，仅日报就有11家，还有各类周刊和杂志，以及英文和葡文刊物。此外，广播和电视等传媒机构数目也不少。

整体而言，澳门媒体市场运作有序，媒体间关系和谐，但当中实力雄厚和影响力大的传媒，数目不是很多。

另外，媒体融合已经成为新闻传播业发展的趋势，在新的媒体环境下，传统媒体需要重新定位，寻找创新转型之路。但迄今为止，澳门还没有一家以互联网为主要发布途径的网上报纸，也没有出现可以与传统媒体抗衡或直接影响其市场份额的新媒体，澳门新媒体市场还有很大的发展空间。

台湾媒体现况与趋势分析

倪炎元

要为台湾媒体的现况与趋势做一个探讨与分析并不是件容易的工作，毕竟不论是从产业面、生态面乃至文化与意识型态层面，台湾媒体的风貌每时每刻都在变化，这其中特别是互联网科技的日新月异、传媒产业的兼并重组、新兴世代对媒体使用习惯的改变等等，让这个议题很难做到定论式的结论。因此，本文除了打算从纵面的媒体面切入，还选择从水平的趋势面切入，对台湾媒体的趋势进行探讨。

传统媒体：台湾的四大报系和五大电视系统

台湾四大报系一般所指的主要是《中国时报》、《联合报》、《自由时报》与《苹果日报》。目前台湾报纸的发行量与获利率一直在下挫，影响力也相当低。

在台湾传统媒体的发展历程上，1987年解除报禁之后，原本《中国时报》与《联合报》并称“两大报”。《自由时报》在1992年至1994年间经过三次大规模的订报促销活动，最高时曾将发行量冲到120万份，让台湾一举进入“三大报”的时代。

2003年《苹果日报》在台创刊后，发行量很快地赶上原本的“三大报”。目前台湾依旧维持“四大报”争雄的状态，尽管读者与发行量一直下跌，但四报瓜分的基本结构一直没变。

四大报系政治立场对立鲜明。“两大报”时期的《中国时报》与《联合报》，因为报老板都与国民党有渊源，基本上都亲国民党，只有些微的开明与保守之分。《中国时报》在被旺旺企业并购后，在两岸交流政策上主张积极进取，因此在台湾经常被其它媒体抹红，指为“统媒”，但目前与《联合报》皆被视为亲蓝媒体。

《自由时报》老板本是国民党本土派，最早支持李登辉，加上系房地产出身，对两岸交流持抵制立场，最终形成亲独、反国民党且与亲民进党的立场。《苹果日报》来自香港，蓝绿立场不鲜明，但反共是基本要求，近年也较为亲绿。

台湾主流电视产业，当下一般指的是有线电视事业者，包括提供平台的有线电视系统业者，以及提供内容产制节目的频道业者，亦即阅听大众每个月定期付费给系统业者，再由系统业者搭设缆线至家中，传送频道的节目讯号至电视供民众收看。有线电视系统在全台湾原本划分为 51 个经营区，由 62 家系统业者经营，随后多个经营区逐渐形成独占或双占局面，各自划分经营版图，并先后将股份卖给五大多系统经营者，形成“五大系统业者瓜分市场”，这五大家分别为：凯擘、中嘉、台固、台湾宽带以及台湾数字光讯，有效掌握台湾近7成的用户。五大多系统业者又可分为三大势力：以富邦集团蔡明忠为首的凯擘与台固媒体（35%）、中嘉集团（23.57%）以及由年代集团董事长练台生结合其它系统业者如台湾宽带、台基网及独立系统台（约 30%）。

这些财团同时兼营频道代理商，作为中介代表国内外频道处理频道与系统业者之间的权利义务关系，既掌握平台也拥有内容，台湾频道代理商处理的主要频道共68个。这中间年代集团共掌握了28个频道，富邦集团拥有了29个主要频道。中嘉旗下的频道代理商全球数字媒体，代理了八大、TVBS、中天等11个主频道。

从频道业者观点谈，台湾过去10年来获利良好的主流电视台首推三立、民视、TVBS、东森，少则3-5亿，多则10多亿。它们主要获利来源不同，三立、民视的戏剧是获利轴心，TVBS大部份依赖新闻，东森靠的是每年超过10亿的有线电视收视费。

谈到电视台的政治立场，台湾阅听众对政论节目一向热中，尤其是深蓝与深绿的选民对政论节目的关注，更到了举世罕见的程度，因

此电视台各自依政治倾向发展出拥护蓝或绿的政论节目，而且历经十多年而不衰，成了台湾电视圈奇特的现象。

新兴媒体的几项趋势

一、社群媒体绝对凌驾传统媒体

讨论台湾媒体现况，不能再掉入昔日的惯性框架，动辄就以四大报与五大有线电视系统出发切入，这些所谓传统媒体的影响力创天固然都在，但他们的存在早就融入了网络媒体。造成这种现象最主要的因素，还是因为台湾的阅听众与全球所有的阅听众一样，对讯息接收的模式已完全改变。随着网络在台湾的普及率逐年提升，已经超越电视与报纸等传统大众媒体，成为最具主宰地位的信息管道。这当中社群媒体已成为最主要获取新闻信息的管道。根据资策会的行动上网用户调查显示，从2013年开始，使用社群媒体（社交网络）的行为就已经超过半数。根据英国牛津大学“路透新闻学研究所”（Reuters Institute）所发布的《2018数字新闻报告》数据显示，台湾阅听众从网络（包含社群媒体）取得新闻的比率达到86%、电视74%、纯社群媒体58%、平面媒体37%、广播21%，而取自博客的则有9%。这意味今天的台湾阅听者相当仰赖社群媒体，尤其是Facebook和Line，有56%的人以此取得新闻。台湾人最常使用的社群和通讯平台依序为Facebook、Line、YouTube、PTT、Facebook?Messenger，以及Instagram。台湾阅听众者有75%的人透过手机看新闻、57%的人使用计算机，22%的人则使用平板。此外，有46%的人会透过社群媒体或电子邮件分享新闻，有25%的人会在社群媒体或网站上对新闻留言。从这组数据所显示的事实是，过往所谓“传统媒体／新媒体”、“大众媒体／社群媒体”的分类已全无意义，社群媒体已稳稳凌驾大众媒体了。

同样的一份报告也指出，台湾阅听众最常使用的网络媒体（不含入口网站Yahoo新闻）依序为ETtoday、苹果日报、联合新闻网、TVBS新闻网、三立新闻网、自由时报电子报、风传媒、巨亨网、中时电子报、商业周刊、China TV online、天下杂志、NOWnews今日新闻、中天电视，以及壹周刊等。最受信任的媒体排名依序为公共电视、天下杂志、商业周刊、TVBS新闻网、ETtoday、中央社、联合报、中国时报、报导者The Reporter、苹果日报、民视新闻、中天电视、风传媒，以及自由时报。台湾阅听者对于总体新闻的信任度有32%、对个人所使用的新闻信任度为36%、搜索引擎的新闻信任度有31%，而对社群媒体上的新闻信任度则为23%。值得注意的是，继去年九合一之后，如果仅检视有线电视新闻与谈话节目的收视率，中天电视从以往的四、五名进升到第一，且一直维持到现在。

从上述的讨论不难发现，过往传统媒体与新媒体的分类已毫无意义。为了分食社群媒体广大阅听人注意力的大饼，新闻媒体无不大举进驻、利用社群媒体接口与平台，因而所有曾经被定义为传统媒体的报纸、杂志、电视、广播等早已全部转化为网络媒体，与其它原生的网络媒体放在同一个平台上来评比，这种变化的另一重趋势就是广告市场已大量移转网络媒体，早在2017年到2018年之间，网络媒体获得广告预算的占比已大幅超越传统媒体，根据台湾数字媒体应用暨营销协会（DMA）公布的报告显示，台湾2018年整体数字广告量达389亿台币，再创新高，相较于2017年的330.97亿，成长率为17.7%。但金额却在下降，这也同步意味台湾所有类型的媒体，在营收数据上都不会好看。尽管如此，各类型的网络媒体，依旧在申设成立，台湾也成各类型媒体分布最密集的国度。

二、网络论坛媒体与内容农场成为主要消息来源

迈入社群媒体主导的年代，阅听众接收讯息的管道变得相当多元，不仅是各类型网络媒体的管理员与小编取代了传统媒体的记者与编辑，最重要的是相较于传统媒体，整个讯息的生产与消费链完全都颠覆了，传统媒体记者的查证与截稿程序已成美好的古典岁月，曝光露出与扩大流量才是新的王道。于是超载过量的讯息生产也在这个大趋势下应运而生，如今一个网络媒体小编完全不用出门采访，就可透过网络搜寻、下载甚至复制，产制出大量的所谓“新闻”，这种快餐且量产的新闻，当然谈不上专业与质量，出现伪造、扭曲、误导的新闻

也同样在量产，这种量产可以主导政客形象的正负塑造、更可以操纵关键议题的立场走向，因而社群媒体多样化的另一面，就是提供讯息生产的消息来源更加多样化了。

目前台湾提供媒体消息来源的主要平台包括1、爆料公社、爆废公社（以及其它针对爆料设计的 Facebook 社团）：原本设计就是提供爆料内容。2、个人 Facebook、Twitter：通常都是名人的 Facebook粉丝页的发文与留言。3、LINE：亲友群组互相传递的各类型讯息。4、内容农场：大量转载八卦及引发争议的内容，并伪装成新闻媒体。5、BBS 论坛PTT，主要是志同道合的人所组成的网络讨论平台。这其中爆料公社、爆废公社这类 Facebook 社团的把关机制，就是社团管理员。面对每天大大小小的爆料，把关机制就看社团管理员的管控能力。个人 Facebook、Twitter 可说没有把关机制，代表的就是某人的个人立场，因此这类爆料，把关的人就是阅听人自己，其中有不少可能是假账号，发文的甚至可能是机器人，可信度有多少很难判定。LINE 由于是实时通讯软件，基本上封闭在不同群组中，其中散布很多来源不明的贴文，或是一些似是而非的文章，或是看起来很惊悚的新闻，这些消息扩散能量很强。至于内容农场本质就是要吸引点击骗流量，内容是真是假并不是他们的重点。PTT 是 BBS 论坛，多数人上 PTT目的只是为了与一群志同道合的朋友好好讨论事情，看看有什么与自己兴趣相关的最新话题。下一篇发帖的可能就是该领域重量级的专家，因为讨论度高，开放性强，比较能纠正错误。

可想而知，在形形色色的社群平台出现之后，新闻媒体的影响力就大幅变小了，每天的新闻来源很快速地从过去的新闻网站，转移到 Facebook、PTT等平台，“爆料”这种过去被视为小道消息、谣言的来源，现在很可能直接变成了新闻。最关键的是新闻讯息的产制流程整个被逆转，过往是大众媒体主导讯息来源与新闻产制，社群媒体则是被动跟进分享与提实时响应而已，如今则是社群媒体提供大量的讯息与观点，大众媒体跟进复制、改写与转贴。问题是这些社群平台由谁分辨真假，谁负责把关呢？一开始多数社群平台表示自己只是“平台”，是服务提供商，不参与内容讨论，希望使用者自己辨识真假，甚至有人主张真相越辨越明，透过广泛讨论最终总能辨真伪。事实证明大多使用者根本没法辨识真假，反而演成“带风向”的情况，甚至演成假新闻泛滥，而这也不是任何一家媒体或一个平台改变就能解决的事。

三、以政治讽刺谈话秀为主调的网络视频媒体大兴其道

以戏谑、嘲讽、仿真与拼贴手法来影射现实政治的影视搬演，一直是讨论台湾媒体文化不可或缺的一部分。其影响力一直不容低估，这种政治讽刺的戏剧搬演，从2000年到现在，基本上是从有线电视到网络视频，从模仿秀到谈话秀，从艺人模仿到素人搬演的趋势在进行。21世纪的第一个十年基本上是模仿秀赏道，2002年中天有线电视台策画推出“2100全民乱讲”，刻意选择跟当时另一家有线台TVBS的谈话节目“全民开讲”同时段live播出，让艺人扮演政治人物，以“假人讲真话”的型态，企图颠覆“全民开讲”，并与真实Call-in观众互动，在真真假假当中衍生不少漫天笑料。“2100全民乱讲”之后，2004年原班人马再推出“全民大闷锅”，一直播出至2007年9月，同年再推出“全民最大党”，一直播到2012年9月停播，并改舞台剧“闷锅出任务”型式推出，也宣告台湾电视模仿秀的时代结束。

随着网络新媒体的兴起，由素人自制的谈话秀节目，借着群众自行募资，并在google、Facebook等平台播出，开始受到瞩目。最早出现的是“台湾吧（Taiwan Bar）”，标榜“让台湾成为数字内容的灯塔。透过诙谐、活泼具美感的方式，酝酿人们探索知识的热情！”，2014年9月推出动画台湾史，2015年11月推出《123募投人》，以动画等方式介绍台湾的选举及政治文化。

2018年8月由萨泰尔娱乐制作的台湾单口喜剧秀《博恩夜夜秀》正式推出，主持人曾博恩透过现场观众及网络分段观看。这是台湾第一个开放网络募资的美式脱口秀，并正式制作第一季共10集，《博恩夜夜秀》主要是模仿美国电视节目《每日秀》或是《上周今夜秀》等类型的脱口秀节目。内容以诙谐方式批判当前发烧时事，并加入自身观点，并刻意挑战当前最敏感两岸政治话题，让观众知道最新时事及

政治脉动。《博恩夜夜秀》在2019年4月到7月已在制作第二季。截至目前《博恩夜夜秀》已有68万人订阅，观看次数已达8500万以上。

四、社群媒体主导的时代趋势特微：

1、这是一个被定义为“后真相”的媒体时代

2017年慕尼黑安全会议，主办方德国前驻美大使伊辛格发表的《后真相、后西方、后秩序？》的一篇研究报告，首度提出了“后真相”这个概念，认为民众对媒体和政治家的信任正在进一步丧失。但“后真相”代表的意义绝不只是对媒体信任的丧失，它不仅意味“忽视真相、不顾事实”，更意味“真相不再重要，真相已不可判定，甚至变得无关痛痒，媒体根本不必费神经营出一个让人们信服的真相”，特别是今天的政客与政治顾问正在大量“创造自己的真相”；当媒体努力研究其真伪时，他们已采取行动制造新的事件。政客们刻意说谎，不是为瞒骗，而是巩固目标群众的偏见，换取共鸣与支持。这使得后真相不是“事实胜于雄辩”，而是“雄辩胜于事实”，意见重于事实，立场决定是非；人们把情感和感觉放在首位，证据、事实和真相沦为次要（甚至毫不重要）。这种大的氛围，弥漫于整个台湾的媒体文化，今天所有台湾阅听众，都非常清楚各个媒体的立场光谱，谁是蓝谁是绿截然分流，所谓的“真相”基本上是要看究竟是蓝的真相还是绿的真相，所有的主流媒体都有它的政治偏见，民众只愿意阅听符合自己立场媒体的报道。

2、众听众是以各个同温层连结形式存在

“后真相”的媒体大环境，特别是社群媒体凌驾一切的年代，就在阅听众这一端形成某种同温层效应（echo chamber）。在这里所谓的同温层效应，指的是人们在社群平台上接收到的信息，往往与自己以及朋友圈的喜好相关；而人们也往往习惯与和自己有相同经历、喜好甚至相同立场与价值观的人交好，因此久而久之就容易在个人化的媒体平台上看不见其它多元的观点或立场，形成意见的同温层，而使阅听众失去批判反思的能力。如今“同温层效应”甚至被营销界视为扩大效应的策略，藉由不同世代群体所重视的关系及连结，因此产生的内容（不论是否为广告），必须能引起他们的兴趣、具真实性，且能够反映出目标族群的价值与想法，才能进一步分享、互动与做出实际行动。它的负面效应就是每当阅听众游离在同温层里，就根本看不到没兴趣或不喜欢的内容，因此不会想阅听其它的信息。同温层愈来愈密，媒体也可投放更精准的信息来掌控阅听众的喜好，这种现象表现在台湾，就是各种议题永远在舆论中呈现两极分化，互相无法沟通。

海外华文媒体网站发展综述

杨凯淇

过去20多年间，“互联网”始终是全球华文媒体发展路上绕不开的关键词。虽然难舍油墨香味中的那份坚守与传承，敏感的华文媒体人更懂得“互联网时代”的势不可挡。

顺势而为 华文网站遍地开花

正所谓科技改变生活。移动通信技术的不断升级，推动了传播方式的变革，也引领着受众阅读习惯的改变。人们对“互联网”的态度由最初的观望迟疑，到后来的接纳直至依赖，仅用了短短数年。根据德国信息经济、电信和新媒体协会2000年初发布的调查报告显示，1999年全球“网民”数量为1.76亿。2019年，“We Are Social”和“Hootsuite”发布的数字报告称，全球网民已达43.88亿人。

为了顺应潮流，1995年前后，新加坡联合早报网、香港大公网等最早一批海外华文媒体网站应运而生。这种借助互联网的传播形式，能够跨越地理上的障碍，克服海外发行的困难，将华文媒体的报道内容迅速传送到世界上的各个角落，受到广大华文读者的欢迎。

此后，海外华文媒体网站开始大量涌现，前所未有地冲击着传统华文媒体的旧有秩序。时至今日，绝大多数华侨华人聚集的国家和地区，都能够发现华文网站的身影，并已成为华文媒体不可或缺的传播渠道。

受区域互联网技术发展和配套设施建设的速度影响，同一时间段内，全球各地华文媒体网站的发展情况也有所不同。通常而言，经济科技实力相对发达的国家和地区的华文媒体，对新兴技术的掌握和运用，以及对旧有资源的迭代与更新，都会明显早于欠发达地区。与此同时，这种不均衡地发展也切实带动了欠发达地区华文媒体对新兴网络技术的关注与引用。

过去数年，记录世界华文传媒发展历程的《世界华文传媒年鉴》定期梳理并收录华文网站名录，在一定程度上可以侧面反应出海外华文媒体网站的总体规模和发展情况。不难发现，每一期名录的变动，都意味着平台和资源的重新配置，这期间不断有网站关停谢幕，也不断有新面孔补位登场。事实上，他们只是跟随历史的脚步前行，无关成败，只关乎这个时代的取舍。

深耕细作 贴近海外受众需求

进入21世纪以来，随着一大批海外华文媒体网站“飞入寻常百姓家”，可供受众选择的信息渠道越来越多。早期传统意义上的网络版“电子报”或填鸭式的新闻推送，已经无法满足日益增长的受众阅读需求，这就迫使华文网站又开启了新一轮的探索——尝试细分市场。各类华文门户网站、新闻网站、专业网站如雨后春笋般出现。

事实上，不仅华文媒体抢滩借力互联网发展，海外社团组织、教育机构、商业集团等也纷纷“触网”。在很长一段时间内，海外华文网站呈现出百家争鸣之态。不过“打江山易，守江山难”，明确受众群体并为其提供高质量的服务内容，才是华文网站能够站稳脚跟的长久生存之道。

过去几年，为贴近受众需求，华文媒体网站大多热衷于向两个极端方向发力：要么追求大而全，要么打造小而美。

追求“大而全”的华文网站通常借助增加资讯、友情链接、提高互动等方式扩大信息量，再用合理的页面布局将信息集纳展示，以期为受众提供“一站式”服务。例如美国倍可亲中文网、新西兰天维网、法国欧洲时报网等，都是当地华侨华人获取资讯的首选平台之一。

打造“小而美”的华文网站则多以特定领域为关注焦点，以期为特定受众群体提供“垂直式”精准服务。例如澳华文学网、新加坡时代财智网等，成为了海外华侨华人以文会友、洞悉商业的重要渠道。

纵观全球华文媒体网站，各家华文媒体网站在视觉上虽各具特色，但从内容侧重、页面布局等方面仍有规律可循。以新闻类网站为例，各家网站的栏目设置多以住在国新闻、中国新闻、国际新闻、侨团要闻为主，辅以娱乐、美食、生活服务等资讯内容；稿件形式上，多以文字稿件为主，但为了迎合受众阅读习惯，图片、视频稿件所占的比重正逐步上升，展示区域也在不断扩大；页面布局上，逐步在向简化的大趋势过渡，注重感官舒适度；市场运作方面，绝大多数网站开放并承接广告业务，内容多为当地企业或品牌。

值得庆幸的是，尽管华文媒体的传播渠道从纸张、电视、广播电台，扩展到了网页等新媒体平台上，传播方式也逐步趋向碎片化、娱乐化，但华文媒体人始终没有放弃“内容为王”的信条。尤其在重大突发、时事热点等领域，华文媒体网站创作出一大批优质原创报道，成为国际舆论环境下的一枝独秀。

作为海外华侨华人了解世界的窗口，海外华文媒体网站从出现伊始便扎根华社、服务华社。这些努力不仅为推动海外华人社会发展做出了突出贡献，也向全世界展示了中华文化的魅力与风采。

迎难而上　抱团探索融合发展

在一个瞬息万变的互联网时代，对于看似繁华的华文媒体网站市场而言，革新图存的重要关口正步步逼近。长期以来，海外华文媒体网站在迅猛发展的同时，也一直面临着多重挑战：西方媒体和英语世界的强势包围、多媒体业态的冲击、同业竞争、资金短缺、人才匮乏、传播力弱、话语权微等。为了冲破这些发展瓶颈，华文媒体人做出了很多尝试。

一方面懂得审视自我。许多华文媒体开始从转型升级做起，认真调研受众市场，重新定位谋划，主动走向集团化、多媒体共融的道路。如西班牙欧华报、新西兰信报、葡萄牙葡华报等，都在尝试以集团的力量同时经营报纸、杂志、网站、社交媒体平台等多元传播渠道，实现资源共享，各个平台相互支持，探索融合发展。

另一方面改善行业环境。早在华人靠“三把刀”闯荡海外的时期，“抱团取暖”就是华人社会的传统。现如今，华文媒体人同样敢于直面挑战，通过参加各类研修班、主题论坛、加入世界华文媒体合作联盟等方式，寻找人才支持和技术支撑，与兄弟媒体互通有无、开阔思路、共克时艰。

港澳台及海外华文传媒简介

Yearbook of Global Chinese Language Media

编者说明：本栏目介绍港澳台及海外华文传媒近800家，所收文字资料基本由各家媒体直接提供，亦有极少量依据本年鉴2017（年）卷及从报刊、网站搜集的资料编辑而成，若发现所述内容与媒体情况有差异，盼能见谅！

媒体序列先依地区、国别，同一地区、同一国别则依次为报纸、杂志、通讯社、传媒集团（公司）、电台、电视台、新媒体（“华文网站名录”另辟栏目），同类媒体则按名称的笔划笔顺排序。

近年来，华文媒体在世界各地迅速发展，分布也愈来愈广，本年鉴完整呈现华文传媒资料的目标愈难实现，我们对此深表歉意！期盼大家关心这一栏目，协助我们充实这一栏目。

香港

am730

《am730》(日报）于2005年创刊，是香港发行的一份免费中文报纸，由香港地产代理商中原集团董事施永青先生创办。每日平均发行量超过40万份。该报在各主要商业区、港铁东铁沿线地区及市区主要车站、西铁全线车站、指定屋苑、专业团体及学术机构免费派发。

该报为8开，全彩色印刷，主要版面内容有：要闻、新闻（包括本地、两岸、国际）、财经、投资、娱乐、体育、创科、世+事、健康以及不同专栏等。除印刷版外，《am730》亦通过不同的电子管道，如网页及手机应用程序等，让读者免费阅读即日的《am730》或重温昔日报纸。

主席：施永青

社长：卢觉麟

副社长：冯振超、卢觉威、李相雄

地址：香港湾仔告士打道160号海外信托银行大厦10楼

电话：(852) 3408 3730

传真：(852) 3408 3993 / 34083737

网址：www.am730.com.hk

电邮：info@am730.com.hk

大公报

《大公报》1902年6月17日创刊于天津，是现存历史最悠久的中文报纸。报名释义：“忘己之为大，无私之谓公”，曾获美国密苏里大学新闻学院授予“新闻事业杰出贡献奖”，是迄今唯一获此殊荣的中文媒体。

《大公报》重点做好经济、政治和文化类新闻，主打政经评论，每天刊发“大公评论”亦附有“井水集”、“北京观察”、“隔海观澜”、“经济观察家”、“青年有话说”等多个品牌栏目，副刊报道注重知识性、趣味性。还有定期与不定期的专题版面，以时事新闻、热点话题等为题材进行全面、深入的评述。

集团董事长兼《大公报》、《文汇报》社长：姜在忠

集团副董事长、集团总编辑：李大宏

地址：香港仔田湾海旁道7号兴伟中心3楼

网址：http://www.takungpao.com

电话：（852）28738288

传真：（852）28345104

电邮：tkp@takungpao.com

文汇报

香港《文汇报》1948年9月9日在香港创刊。以爱国爱港为宗旨，坚持“文以载道、汇则兴邦”的理念和“包容、合作、创新、拓展”的准则。2013年，香港《文汇报》创刊65周年，习近平总书记发来贺信，高度评价文汇报：与祖国同心，与香港同行，支持特区政府依法施政，增进香港与内地的相互理解，面向全球华人，弘扬中华文化，取得了骄人的成绩。

香港《文汇报》在强化时政新闻同时，增加贴近市民的社会民生新闻和专题，增设服务读者的互动栏目，开设有“来论”“廿四味”“官员有say”“网议政事”“神州有情”等一批栏目。社评密切关注社会热点，立场鲜明，以理服人，以情感人，受到香港社会各界和特区政府的重视，被香港电视台及电子媒体引用的数量始终高居香港报章前列。

集团董事长兼《大公报》、《文汇报》社长：姜在忠

《文汇报》执行总编辑：吴明

地址：香港仔田湾海旁道7号兴伟中心3楼

网址：http://www.wenweipo.com

电话：（852）28738288

传真：（852）28735133

电邮：admoffice@wenweipo.com

头条日报

《头条日报》（日报）于2005年7月11日创刊，由香港星岛集团出版，周一至周五在香港1500个地点免费派送，读者人数逾120万，每日发行量85万份，是香港发行量较大的免费报纸。《头条日报》除了印刷版本外，亦通过不同的网上及移动平台提供电子版本，逢周日及公众假期备有电子报。

该报新闻报道和资讯以精简为主。主要版面有“要闻”、“港闻”、“国际”、“中国”、“地产”、“财经”、“体育”、“副刊”、“专栏”、“娱乐”等。

主席：何柱国

行政总裁、社长：卢永雄

总编辑：萧世和

地址：香港将军澳工业邨骏昌街7号星岛新闻集团大厦

网址：http://hd.stheadline.com/

电话：（852）31813683

传真：（852）21105529, 31015556

电邮：info@hkheadline.com; marketing@hkheadline.com

东方日报

《东方日报》（日报）创刊于1969年1月22日，创刊时原为一张小报，初期出对开纸一张，1972年出纸增至两张，突出港闻报道。自1976年起销量一直居香港各报之冠，1987年组成东方报业集团上市，1990年代中日销量由30多万份增长至突破50万份。据2017年9月的调查，《东方日报》读者人数348万，连续43年香港第一。

东方报业集团斥巨资兴建的新社址于2004年落成启用，新社址配置先进电脑设备和印刷机组，以适应市场需要。目前该报的读者定位是涵盖各个年龄、教育水平和专业的不同阶层。

版面：每日平均出对开纸20张，80版左右。主要版面有“要闻”、“本港新闻”、“国际新闻”、“两岸新闻”、“体育新闻”、“产经新闻”、“娱乐新闻”、“专题”、“投诉”、“马经”及“副刊”等。

总编辑：王耀祥

主笔：蔡先杰

地址：香港大埔工业邨大昌街23号东方报业中心

网址：https://on.cc

电话：（852）36008811

传真：（852）36008800

电邮：news@on.cc

成报

《成报》（日报）创刊于1939年5月1日，由何文法、何文允、汪玉亭等合资经营。早期为3日刊，后改为日报。2001年5月，香港《东方魅力》及中策集团买下《成报》。2003年1月，又由阳光文化集团购入。2004年3月起，《成报》由星美集团控股。该报主要在香港、

澳门地区销售。

该报每日出对开纸18至22大张，72至88版。主要版面有要闻、突发新闻、香港新闻、两岸新闻、国际新闻、法庭新闻、财经地产新闻、投资、环球奇趣、娱乐、体育、波经、马经、副刊等。

总编辑：刘美仪

地址:观塘开源道48号威利广场23楼

网址：http://www.singpao.com.hk/

电话：（852）26269999　25702201

传真：（852）28870348

电邮：localnews@singpao.com.hk

苹果日报

《苹果日报》（日报）创刊于1995年6月20日，与《壹周刊》同为壹传媒集团属下的姐妹报。该报彩色化、杂志化的倾向十分明显，它以普通阶层为主要读者对象。发行香港、澳门。

该报版面：日出对开纸23张至31张，92至124版左右，新闻与副刊的比例各占一半。新闻版面包括“本港新闻”、“两岸新闻”、“国际新闻”、“世界之窗”、“财经要闻”、“中国财经”、“国际金融”、“股市投资”、“论坛”等；副刊主要有“娱乐”、“体育新闻”、“国际娱乐”、“名人时尚”、“健康生活”等。

社长：张剑虹

主编：陈沛敏

地址：香港将军澳工业邨骏盈街8号

网址：https://hk.appledaily.com

电话：（852）29908388

传真：（852）27410830

电邮：webmaster@nextdigital.com.hk

明报

《明报》创刊于1959年5月20日，是一份知识型综合性日报，读者对象以知识界和专业人士为主。创办人是查良镛先生和沈宝新先生。1991年明报集团在香港招股上市。1995年10月，马来西亚华人企业家丹斯里拿督张晓卿爵士购入明报企业股份成为该报最大的股东。2008年4月，明报企业、星洲媒体及南洋报业控股完成合并，成立世界华文媒体有限公司，于香港联合交易所及马来西亚证券交易所双边挂牌上市。

1993年5月《明报》第一份海外版在加拿大多伦多创刊，同年10月在温哥华创办了加西版。《明报》发行网遍及香港、澳门及加拿大的海外华人社区。1995年推出“明报新闻网”，设多个主题网站，涵盖新闻、时事、财经、健康、教育、亲子、旅游等题材。2011年开始陆续推出专为智能手机及平板电脑用户而设的“明报新闻”、“明报教育”和“明报电子报”等行动应用程序。

《明报》主要版面有“要闻”、“港闻”、“中国”、“国际”、“经济”、“地产”、“教育”、“英文”、“观点”、“体育”、“娱乐”和“副刊”等。另有每周一期的专题版面“健康”、“星期日生活”、“Money Monday”和“HappyPaMa 教得乐”。此外，还有专为校园订户而设的《通通识》、《语文同乐》和《Smarties’ Power English》等随报附送教育杂志。

主席：张翼卿

集团行政总裁：张裘昌

总编辑：梁享南

地址：香港柴湾嘉业街18号明报工业中心A座15楼

网址：www.mingpao.com

电话：（852）2595 3111

传真：（852）2898 3783

电邮：mingpao@mingpao.com

星岛日报

《星岛日报》（日报）创刊于1938年8月1日，由著名华侨企业家胡文虎创办，为香港历史最悠久的报章之一。从上世纪50年代起，《星岛日报》业务一直由胡文虎之女胡仙主持。1980年代组成星岛报业集团在香港股票市场上市。1999年3月，胡仙将星岛集团售给Lazard Asia。2001年1月，该集团再度易主，被“泛华国际”全面收购。2003年，胡仙把《星岛日报》股权卖给何柱国，属星岛新闻集团旗

下报纸。

目前《星岛日报》以香港为总部，在全球多个主要城市设有海外办事处，包括纽约、洛杉矶、旧金山、华盛顿、多伦多、温哥华、卡加利、伦敦、巴黎、阿姆斯特丹及悉尼，出版16个海外版本，在全球超过100个城市发行。该报在美国纽约设有国际新闻中心，进行24小时信息收发运作。发行香港、澳门、台湾地区及海外华埠。

该报每日出对开纸25至58张，100至232版左右。主要版面有“要闻”、“港闻”、“法庭”、“政治”、“国际”、“每日杂志”、“中国”、“财经”、“股经”、“体育”、“教育”、“娱乐”、“副刊”、“地产”、“马经”等。

星岛新闻集团主席：何柱国

行政总裁、社长：萧世和

总编辑：黎廷瑶

执行总编辑：徐国才

主笔：林志明

地址：香港将军澳工业邨骏昌街7号星岛新闻集团大厦

网址：www.stheadline.com

电话：（852）27982323

传真：（852）27953017

电邮：newspaper@singtaonewscorp.com; info@singtao.com

香港经济日报

《香港经济日报》于 1988 年 1 月 26 日创刊，以“知识为本、与时并进”为办报方针，致力为工商界、行政人员、投资者及专业人士提供金融、工商业、地产、社会，及优质生活等第一手新闻及市况分析。据尼尔森媒介指针 2016 年全年报告显示，《香港经济日报》为全港第一的财经报章。

《香港经济日报》网站 hket.com 是一个多元化内容平台，重点提供专业的财经、地产及宏观经济分析，用户可透过手机、平板电脑及桌面电脑浏览。该平台亦提供全份《香港经济日报》电子报、《投资理财周刊》及《置业家居》电子杂志。

香港经济日报集团是一家多元化的多媒体公司，除出版报章、杂志及书籍外，集团亦经营财经通讯社、资信及软件业务，以及招聘广告、行政人员培训、优质生活网站业务。经济日报集团于2005年8月3日在香港联合交易所有限公司主板挂牌上市。

该报主要栏目有：要闻、金融及社评、中国要闻、国际动态、港闻、政情、投资理财、地产、生活副刊等。

集团主席：冯绍波

集团董事、社长、总经理：麦华章

副社长、总编辑：陈早标

副社长、研究部主管：石镜泉

执行总编辑：曾世明

副总编辑：区达明

地址：香港北角渣华道321号柯达大厦2期6楼

集团网址：www.hketgroup.com

报社网址：www.hket.com

电话：(852) 2880 2888

传真：(852) 2811 1926

电邮：info@hket.com

香港商报

《香港商报》于1952年10月11日创刊发行，2000年5月获中央特许，成为惟一一份可在内地公开自办发行的香港报纸。

作为香港历史最悠久的中文财经报章，商报67年来坚守爱国爱港的立场，恪守公正持平、必尽言责、服务社会的报格，以沟通两岸四地经贸往来为己任，秉承“财经大报，商界平台”的宗旨，努力打造“精品报、桥梁报、服务报”，多年荣列“香港最受欢迎十大中文报章”，忠实地为香港书写了一份从未中断的笔墨春秋。

商报尤其重视香港商界和内地港商心声，积极争取港府及内地政府对港商的政策关怀和资源支持，成为“香港商界自己的报纸”。

近年来，商报加速融媒体转型，建成了报纸，官网，商报APP，官方微博，微信、脸书、推特公众号多元融合的全媒体平台矩阵，在传统媒体和互联网网际、网端3大领域高质量地发挥了传播新闻资讯、报道香港和内地重大发展成就的作用，切实提升了商报的公信力、竞争力、影响力。

商报同时通过打造精品品牌活动，如“全球商报联盟”论坛、“香港商界最关注的十件大事”年度评选、“年度香港杰出商界女领袖评选”等，积极有效地促进了内地和香港、海外企业界、商业界的沟通和合作，为当地走出去、港商跨进来发挥了作用，是全球华文财经传媒舞台上一支不可忽视的力量。

董事局主席、社长 陈寅

地址：香港九龙观塘道332号香港商报大厦

网址：www.hkcd.com

电话：（852）2564 0768

传真：（852）2565 8947

信报财经新闻

《信报财经新闻》（日报）简称《信报》，于1973年7月3日创刊，与香港经济同步成长，是香港较早专业报道财经信息、深入分析时事的中文报刊。根据香港中文大学新闻及传播学院在1998、2001及2006年的调查，《信报》均获得新闻同业评定为最具公信力的报章。近年大中华经济区迅速崛起，《信报》在海峡两岸及海外华人社区同样赢得口碑，享有信誉。

《信报》信奉利伯维尔场经济，尊重知识与财富创造；经济、政治、理财、文化、艺术、健康与科技是主要报道内容。主要版面有“要闻社评”、“财经”、“中环纵横”、“独眼香江”、“政情”、“中国经济”、“两岸消息”、“时事评论”、“国际金融”、“国际时事”、“投资分析”、“港股分析”、“财富管理”、“国际脉象”、“品味生活”、“副刊专栏”、“文化评论”等。

该报以财经金融专业人士和知识界为主要读者对象，主销香港、澳门地区，读者还包括海峡两岸财经高端人士及海外华人。2008年推出《信报》网站，2010年开始推出iPhone App及Android App，积极进军电子媒体。

总编辑：郭艳明

督印人：信报财经新闻有限公司

地址：香港九龙观塘励业街11号联侨广场地下

网址：www.hkej.com

电话：（852）2856 7567

传真：（852）2811 1070

都市日报

《都市日报》（日报）2002年4月15日创刊，是香港首份在地下铁路免费派发的大众化报章，对象是200多万乘地铁上班的乘客。

其母公司Metro International S.A.集团自1995年在瑞典出版首份免费报章以来，数年间已在全球20个国家超过100个城市，包括亚洲、欧洲、南美和北美洲出版免费报章，并已获健力士世界纪录承认为全球最大之国际报章。

《都市日报》每日平均发行40万份，每天经“回收再阅计划”再派发的报纸为10万份。读者主要是上班族，人数约60万。

该报主要版面包括“新闻”、“专题”、“财经”、“地产”、“娱乐”、“副刊”、“健康”、“专栏作家”、“都市特辑”等，每日出纸约32面，其中广告占6成篇幅。

主席：萧作利

社长：李永康

行政总裁（新媒体）：曹雪聪

地址：香港九龙新蒲岗太子道东698号宝光商业中心12楼

网址：http://www.metrodaily.hk

电话：（852）31961636，31961600

传真：（852）31961666

电邮：info@metrodaily.hk

晴报

《晴报》于 2011 年 7 月 27 日创刊，逢星期一至五免费派发，为香港发行量第二大报章，读者人数为全港免费报第二位，以“中产·生活·智慧”为定位，派点遍布全香港，包括所有重要交通枢纽。

该报是一份中肯持平、正能量、轻松活泼的免费中文报章，内容针对25至45岁中产具消费力上班族，包括港闻、国际、中国、财经、娱乐消闲、亲子、健康及旅游等。另外设有网上阅览版及手机程序以配合读者不同需要。

社长：麦华章

总编辑：潘少权

地址：北角渣华道321号柯达大厦二期8楼

网址：www.skypost.hk
电话：(852)28802888
传真：(852)28112068，28110318
电邮：skypost@hket.com

香港大公文汇传媒集团

香港大公文汇传媒集团2016年1月在香港正式成立。集团旗下有《大公报》、香港《文汇报》等多份报章，以及大公网、文汇网、点新闻和覆盖移动端、社交媒体的多个新媒体平台，是爱国爱港全媒体传媒旗舰，也是香港日报发行量最大的传媒集团之一。

《大公报》创刊于1902年，是迄今为止全球历史最悠久的华文报章，主要定位为面向政界、工商界、知识界、专业界人士的精英报。香港《文汇报》创刊于1948年，定位为面向基层读者的准市民报。《大公报》和香港《文汇报》以其专业性和公信力，在香港报业公会年度新闻奖评选中，获冠军奖和各类奖项的总数，均居同行前列。

集团积极发展新媒体，推进媒体融合发展，构建立体传播体系，形成了“中央厨房”采编模式，实现了新闻信息的即采即发，音频、视频、动漫、AI、无人机等全业态生产，以及报纸、PC、手机等终端的全覆盖。

集团新闻采集和发行网络覆盖香港、内地及海外。在香港，《大公报》和香港《文汇报》发行覆盖报摊、便利店、大专院校、图书馆、机场、航班等所有公众区域。在内地，集团在北京、上海、广州、深圳、郑州、哈尔滨、西安、昆明设有覆盖中国各地的8大新闻中心，发行覆盖全国。集团还同步在美国、加拿大、法国、俄罗斯、南非、澳大利亚、东南亚等国家和地区发行33个海（境）外版，每期发行近200 万份，读者遍及5大洲。

集团发挥资源优势、区位优势，开展多元化、跨行业经营，搭建了发行、广告、公关、印务、出版、学院、青少年交流等平台。打造了“中国证券金紫荆奖”、“大公央视财经论坛”、“特区政府施政十件大事”等品牌活动，以及“未来之星同学会”、“范长江行动”、“中国国情知识大赛”、“青少年书法大奖赛”等青少年交流平台。

集团董事长兼《大公报》、《文汇报》社长：姜在忠
集团副董事长、集团总编辑：李大宏
集团董事：姜亚兵
地址：香港仔田湾海旁道7号兴伟中心3楼
电话：（852）28738288
传真：（852）28732606

e-zone杂志

《e-zone》是《香港经济日报》旗下的科技杂志，综合报道资讯及通讯科技的最新动态，该刊内容包括：“PC+TAB”、“Phone”及“DIGI+DIY”，专门提供有关资讯及通信技术的最新潮流趋势，以及电脑软硬件应用、专题报道、平板电脑、数位相机及智能手机操作指南。

2003年底，《e-zone》从《香港经济日报》分拆出来作独立零售。根据HK Media Atlas (2011年1月1日至12月31日)调查报告，《e-zone》在科技杂志类刊物中，读者人数全港最多。

《e-zone》更因其杰出的市场策划，荣获由香港管理专业协会颁发的“2005 年度HKMA/TVB杰出市场策略奖”银奖及小预算市场策划奖两项殊荣。另外，《e-zone》由2011起至2016年连续6年勇夺由权威市务杂志Marketing Magazine举办的 “年度最佳杂志”中的最佳消费者电子产品杂志第一名。

出版人：香港经济日报有限公司
总编辑：林灿辉
地址：香港北角渣华道321号柯达大厦2期5楼
网址：www.e-zone.com.hk
电话：(852) 2565 4288
传真：(852) 2565 0777

iMoney智富杂志

《iMoney智富杂志》是《香港经济日报》旗下，于2007年10月27日推出的财富周刊，逢星期六出版，内容以投资创富资讯为主，兼备营商、职场及进修等多元化题材，提供生活化、贴身务实的投资理财建议，更涵盖香港及中国内地市场，以满足“求知、求真、求富”

新时代对财经信息的要求。

《iMoney智富杂志》每周追踪市场焦点、抢先披露第一手资讯，更经常远赴海外实地采访，剖析港人最关心的环球经济投资大趋势，是香港具国际视野的知识型投资理财杂志。《iMoney智富杂志》的出色报道更令其在“花旗集团杰出财经新闻奖 2010”中夺得香港区选拔赛冠军。

出版人：香港经济日报有限公司

主编：孙运喜

行政主编：何美华

地址：香港北角渣华道321号柯达大厦2期1009室

网址：www.imoneymag.com

电话：(852) 25654288

传真：(852) 25643900

U 周刊

《U 周刊》于2005年12月创刊，是《香港经济日报》旗下旅游生活周刊，以追求时尚及优质生活为宗旨。一书3册（Travel, Food, Life+Weekend），内容包括有：环球旅游资讯及专题深入报道、饮食指南、独有特色城市专题、香港城中节目预告及尽览一周娱乐要闻、人物专访等。

《U 周刊》自创刊以来屡获殊荣。2007年获颁“Asian Publishing Management Awards”的亚洲最佳新杂志奖，2008年于“第7届亚洲媒体奖”中荣获两项金奖，包括最佳封面设计奖金奖（杂志组）及最佳专题报道奖金奖（杂志组）。2009年《U Magazine》再接再厉，在“亚洲最佳旅游摄影奖2008”中夺得风景组铜奖。另外，《U 周刊》由2011起至2014年连续4年勇夺由权威市务杂志Marketing Magazine举办的 “年度最佳杂志”中的年度最佳旅游杂志（本地）。

出版人：香港经济日报有限公司

总编辑：陈乐思

副总编辑：冼美璋

地址：香港北角渣华道321号柯达大厦2期5楼

网址：www.umagazine.com.hk

电话：(852) 2565 4288

传真：(852) 2579 0192

广角镜

《广角镜》（月刊）创刊于1972年10月，是一本综合性时事刊物。该刊主要读者对象以知识界和关心中国事务人士为主，每期刊登20多篇文章，以中国大陆动态为主、香港和台湾问题为辅。该刊为16开本，横排、每期98页。发行香港、中国内地和海外华埠。

该刊主要栏目有“中南海动向”、“战略研究”、“军事特写”、“香港政情”、“台湾观察”、“国际焦点”等。

董事长：吴征

出版人、总编辑：鲁薇

地址：香港湾仔轩尼诗道302-308号集成中心16楼1608室

电话：（852）25753877

传真：（852）28381079

电邮：wapress@wideanglepress.com; wapress@aliyun.com

中国评论月刊

《中国评论》月刊1998年1月在香港创刊，是目前唯一同时在两岸及港澳地区公开销售的中文时事政治杂志。其办刊宗旨是为融汇东西文化，创造新的时代，建设21世纪之新中国广泛集纳、传播海内外中国人的优秀思想。以“摆事实、讲道理、明是非、求共识”为原则，言论文章不论党派、不拘立场、不分地域，只要有利于中国的统一富强、有利于中华民族的团结合作、有利于世界的和平发展，只要是善意的建议，就是传播的重点。

《中国评论》月刊主要栏目：编思语、智囊阔论、智库报告、智库之声、智库评析、智库研究、智库观察、智库回眸、智库荟萃、智库思考、思想者论坛等。

《中国评论》月刊的特点是具有浓厚的思想、思潮、思辩、思考色彩，是一份思想性杂志。其作者由大陆、台湾、香港、澳门及海外的专家学者、高层官员、专业人士、工商业者、资深记者等组成。

《中国评论》月刊向香港、澳门、台湾、大陆及海外公开发行。经中国国家新闻出版总署及台湾行政院新闻局批准，可以在中国内地与台湾公开销售。

《中国评论》月刊在出版杂志的同时，经常举办各种研讨会、演讲会等交流活动。

董事长：徐鹰

执行董事长、社长：郭伟峰

副董事长：蒙建强

董事：周建闽、徐超平、王平

常务副社长：俞雨霖、周建闽

总编辑：罗祥喜

地址：香港鲗鱼涌华兰路20号华兰中心201室

网址：http://hk.crntt.com

电话：(852)28816391

传真：(852)25042131

电邮：crntt@crntt.com

中国旅游

《中国旅游》（月刊）创刊于1980年7月1日。《中国旅游》坚持以高质量的摄影作品与翔实生动的文字，介绍中国风光名胜、风俗文化，是香港最专业的中国旅游期刊。

《中国旅游》读者为港澳台及世界各地的旅游、摄影爱好者。主要栏目有“主题故事”、“探索之旅”、“自由行”、“我的旅行故事”、“风情园”、“文化廊”、“图片故事”、“旅游摄影”、“短线游”、“龙的华彩”等。

该期刊立足香港，在中国大陆、港、澳、台及海外均有发行。

副社长、总编辑：周锋

地址：香港鲗鱼涌华兰路20号华兰中心24楼

网址：www.hkctp.com.hk

电话：（852）25618001

传真：（852）25618196

电邮：hotline@hkctp.com.hk

凤凰周刊

《凤凰周刊》（旬刊）创刊于2000年，是一本由香港凤凰卫视主办，追求民主、法制、公正、客观、中立、文明和进步，凭籍媒体人的良知和敏感，忠实纪录转型期中国社会经济、政治、民主和法制发展进程，以海外视角，解读大陆及两岸三地重要事件，为全球华人提供独立意见。

该刊10天一期，发行中国内地与香港、澳门、台湾、马来西亚等国家和地区。16开本，每期104页，全彩色印刷。

《凤凰周刊》主要栏目有“封面故事”（主要以两岸三地发生的时政、文化、生活大事为主的报道）、“现在时讯”（港澳台最新消息）、“论语”（时政要闻的实时评论）、“图谋天下”（以新闻图片为主的图片栏目）、“文化感官物”(东西方文化的比较、冲突)、“财经线(海外及港澳台对中国内地经济产生影响力的焦点事件)”、“鲜时事”、“机密档”等。

董事长、出品人：刘长乐

行政总裁：崔强

社长：孙谦

副社长：丁晓曙

执行主编：周宇

地址：香港大埔工业村大景街2-6号

网址：www.ifengweekly.com

电话：（852）22008790

传真：（852）22008533

电邮：weekly@phoenixtv.com.cn

东方新地

《东方新地》(周刊)是香港娱乐杂志，原是东方报业集团旗下的杂志，2001年被英皇集团收购，由新传媒集团管理。

《东方新地》周刊一书2册，分别有《东方新地》主书及《More》。《东方新地》主书以报道娱乐新闻、艺人生活动态及歌影视信息为主，提供最新的娱乐信息和八卦新闻。《more》以女性读者为对象，提供护肤美容、潮流服饰、购物扮靓、时装名牌等信息。

主要栏目有：最新娱乐、潮闻、韩闻、娱乐快片、玄学、艺人专访、专栏、剧情等。

社长、总编辑：曹雪聪

副总编辑：骆诗雅　张英姿

地址：香港观塘鸿图道82号新传媒集团中心２楼

网址：http://www.orientalsunday.hk

电话：(852)29609888 29603504

传真：(852)29605701， 29605702

电邮：marketing@newmediagroup.com.hk
anniekwan@newmediagroup.com.hk

东周刊

《东周刊》（周刊）于1992年10月由东方报业集团创办，星岛新闻集团于2003年4月收购《东周刊》，现为香港星岛新闻集团旗下的综合性中文杂志，每月销量约12万本，主要发行香港和澳门。

该刊主要报道香港娱乐圈及时事新闻，一书两册，逢周三出版，内容以时事、国际、财经、娱乐为主。主要栏目有：东观点、政官庄、时事猛片、新闻内幕、都市刺针、投资乐园、财智名人、健康、名气派、专栏、名星汇、娱乐一针、娱乐头条、全城热话、名人、生活等。

社长、总编辑：关慧玲

副社长、执行总编辑：黄庭桄

地址：香港新界将军澳将军澳工业邨骏昌街七号星岛新闻集团大厦

网址：http://www.eastweek.com.hk

电话：（852）21109480

传真：（852）27070873

电邮：eastweek@singtaonewscorp.com

世界佛教

《世界佛教》（季刊）由秦孟潇居士于2012年3月创办。办刊宗旨：立足香港，面向世界，不分国界与宗派，以刊物为弘法平台，践行并传播“人间佛教”思想。

《世界佛教》是一份具有全球视野的综合性佛教刊物，以佛教宇宙观、人生观为基点，将佛法融入生活，探讨人类关注的生、老、病、死等切身问题。该刊融知识与趣味于一体，深入浅出，引人入胜，多角度展现佛教智慧，具有独特的风格。

《世界佛教》栏目有：编者的话、特稿、人生佛教、慈云法语、业露法雨、生死哲学、禅机妙境、海外佛教、祛邪扶正、南传佛教、藏传佛教、虚空明灯、佛法修炼、佛学常识、佛法知见、智慧启迪、慈善事业、医佛之缘等。全年4期，逢2、5、8、11月出版，发行于世界各地。该刊版面活跃，多姿多彩，以图说文，以文解图，彰显旨趣，适合不同层面读者的需求。

创办人：张芸

社长、总编辑：李潇芸

地址：香港九龙旺角新填地街470号海岛中心1102室

电话：（852）23987675 69468168
（86）13802585619 13625082648

传真：（852）23808635

电邮：worldbuddhist@yahoo.com

印度尼西亚焦点

香港《印度尼西亚焦点》（半年刊）于1999年5月创刊，是香港印度尼西亚研究学社的社刊。该刊从华人观点出发，纵观印度尼西亚政经，是香港唯一研究印度尼西亚问题的中文时政杂志，主要介绍印度尼西亚社会动态、华人社会活动、华人社会发展，增加社会公众对印度尼西亚政治、经济、社会、民族、文化发展之认识和了解，用中文、英文、印度尼西亚文发表，促进中印友谊的发展。

《印度尼西亚焦点》设置“政治透视”、“经济论坛”、“学术 景观”、“文化斑斓”、“历史回眸”、“归侨之家”“华人之窗”等栏目，并根据需要不定期设立一些其它栏目。

该刊每期发行2000份，除在香港发行，还销往中国内地和印度尼西亚以及海外一些地方。发行对象是关心印度尼西亚问题的知识分子和学者、研究机构、侨务单位、侨联、华人社团以及媒体。

该刊坚持民间、独立和大众化结合学术化，坚持“一国两制”的办刊方针，所刊载的论文转载率颇高，在香港以及东南亚学术研究界获得认同。

主席：杨平

主编：张茂荣

地址：香港九龙九龙湾宏通街1号启福工业中心1楼4室

电话：（852）27952369 91919117

传真：（852）27951862

电邮：siel615@yahoo.com.hk;

地平线

《地平线》（月刊）创刊于1997年11月，是一本面对华人读者的综合性杂志。该刊立足香港，面向海内外，分析海峡两岸及港澳地区政经形势、社团动态，报道海外华侨华人政治、经济、文化生活，介绍海外华人居住国投资环境、社会状况，为海归派提供相关就业、生活信息。

该刊为16开本，每期76页。发行香港、澳门、台湾，内地以及海外华埠。其栏目设有“本刊特稿”、“专题评论”、“两岸四地”、“他乡故事”、“海外追踪”、“杰出华人”、“故国寻梦”、“投资宝典”、“华文荟萃”、“侨史知识”、“养生保健”等。

社长：饶桂珠

总编辑：陈思迪

副总编辑：饶淦中

地址：香港湾仔轩尼诗道393-407号东区商业大厦904室

网址：http://www.skylinemonthly.com

电话：（852）25597199

传真：（852）25597263

电邮：dpx001@netvigator.com

亚洲周刊

《亚洲周刊》1987年12月创刊，是全球首本国际性中文时事周刊。原是英文Asiaweek的姊妹刊物，属美国时代华纳集团。1994年由明报企业集团收购。现属世界华文媒体集团成员。该刊为16开本，彩色印刷，每期出版约50页。该刊在香港、澳门、台湾、马来西亚、新加坡及其它华人社会发行。

该刊辟有“封面专题”、“中华天地”、“亚洲焦点”、“世界动态”、“全球商务”、“画中有话”、“笔锋”、“新思维”、“新闻眼”等栏目。

总编辑：邱立本

副总编辑：江迅

执行编辑：汤宝珊、萧伟基

地址：香港柴湾嘉业街18号明报工业中心A座15楼

网址：www.yzzk.com

电话：(852)25155358

传真：(852)25059662

电邮：yzzkeditor@gmail.com

华侨与华人

《华侨与华人》杂志为香港华侨华人总会出版的会刊。该会成立于1993年12月，早期以对开的会讯形式刊发，1996年9月改为现在的16开本，大约半年出版一期，读者主要为该会会员和中国内地、港澳台、世界各地的侨界人士及华人社团。

该刊主要栏目有“卷首语”、“爱国爱乡”、“爱港建港”、“侨务政策”、“领导关怀”、“爱侨为侨”、“侨团和谐”、“侨青风舞”、“创业殊荣”、“海丝华章”、“侨情侨声”、“香港侨界”、“访问侨贤”、“侨友游踪”、“敬老保健”、“文艺走廊”、“海峡两岸”、“反独促统”、“岁月情怀”、“友好往来”等。

社长：李碧葱

副社长：梁淦基、蔡碧葱

总编辑：林秋明

副总编辑：陈新

地址：香港铜锣湾摩顿台5号百富中心9楼

电话：（852）25631362（852）25459037

传真：（852）25974933（852） 25791015

电邮：hocgahk@yahooo.com.hk

良友画报

《良友》画报于1926年在上海创刊，被中国报刊史誉为“中国的第一本彩色大型画报”，一直遵奉弘扬中华文化为宗旨，以图文并茂、雅俗共赏的形式实录见证了中华历史的嬗变、社会的改革和文化的流变，镌刻下华夏民族的心路历程。从创刊至今，《良友》的足迹遍及全球的华人地区。

《良友》于上世纪1930年代率先采用铜版印刷的画页，曾出版《孙中山纪念特刊》、《北伐画史》、《日本侵略东北》、《甲午战争》、《九一八事变》等数十本特刊，用图文忠实地记录了震撼历史的瞬间。1932年，《良

友》制作一本辑录有2000多帧珍贵图片的《中华景象》，让全世界目睹神州大地的民情风貌，了解中国的博大。在倡导新思想、新文化上，《良友》引领了当时进步前卫的思潮。名重一时的文坛硕彦如鲁迅、老舍、郁达夫、冰心、林语堂等，都曾亲自为《良友》执笔。1954年，《良友》从上海迁移到香港出版，继续秉承为时代造像的一贯传统，邀得梁厚甫、余光中、林海音、倪匡、胡菊人等名家执笔著文。其后《良友》经历暂时停刊后复刊。

21世纪的今天，《良友》一如既往以弘扬中华文化为宗旨，立足华人社会，拓展全球视野，把握时代律动，探索华人未来的生存方式，倡导和实践新世纪的健康人生新理念。现今，良友已从当初的出版机构，转型成为一个信息时代的文化事业群，包括纪录片、出版、网站、文化传习基地、戏曲艺术整理传播、以良友为原点的文化传承教育等6个层面，开创多媒体文化传播的新模式。

出版总监: 李以建

督印人：王立兴

地址：香港九龙尖沙咀中间道18号半岛办公室大楼4楼

网址：www.1926hk.com

电话：（852）21177677

传真：（852）21177666

电邮：liangyou@1926sh.com

现代中医药

《现代中医药》（季刊）于2001年1月创刊，以推广中医中药及促进传统中医药现代化、国际化为宗旨，是兼有专业性、实用性、普及性的中医药高级科普读物。

《现代中医药》为中医药业界人士提供一个交流平台，并广为邀请行内的专家学者、名医大师撰写文章，解答读者养身健体、寻医问药的问题。主要栏目有“百家论坛”、“学术园地”、“名家把脉”、“本草演绎”、“养生有道”、“药食同源”、“杏林漫步”、“他山之石”、“读者信箱”等。

《现代中医药》16开本，逢1、4、7、10月出版，主要在华人地区发行。该刊由现代中医药杂志社主办出版。

社长：刘大庆

副社长：靳桂贞

主编：杨俊清

副主编：董莹

地址：香港轩尼诗道342号国华大厦16字楼D1室

电话：(852)25756398 / 60385207 / 90131908

传真：(852)25756368

电邮：tcmthk@gmail.com

明报月刊

《明报月刊》创办于1966年1月，是明报企业集团旗下的刊物，由查良镛先生创办并担任第一任主编。它是以知识界和中上层人士为读者对象的泛文化杂志。现该刊为16开本，116页。由明报报业有限公司在香港、澳门以及海外华埠发行，为海内外汉学研究机构和图书馆所订阅刊物之一。

该刊内容包括“专题·特辑”、“特稿”、“卷首语”、“社会·时事”、“批评与响应”、“文学·艺术”、“思潮·动向”、“生活·资讯”、“历史·人物”、“语文·书话”等。“社会·时事”包含世界、中国大陆和台港澳华人关心的大事；“文学·艺术”着重每年诺贝尔文学奖的介绍，以及音乐、绘画、电影、表演等各种艺术评介；“思潮·动向”包括宗教哲学类文章；“生活·资讯”包括茶、酒、财经小品和在职医生专栏；“历史·人物”特设“六十年报坛经纬”、“日本眼中国情”、“香港出版史话”等栏目；“语文·书话”包括书评、书介；此外还有由各界杰出人士题写“心田集”，名家撰写“十方小品”等专栏。

自2014年1月开始，随《明报月刊》附送《明月》附册，主要以香港本土文学为主，内容包括“人物专题”、“文学评论”、“艺术”等。

社长：张晓卿

总编辑、总经理：潘耀明

地址：香港柴湾嘉业街18号明报工业中心

A座15楼

网址：www.mingpaomonthly.com

电话：（852）2515 5111

传真：（852）2898 2566

电邮：mpmeditor@mingpao.com

知识杂志

《知识》（月刊）杂志于2009年在香港创刊，是一本以香港中小学生为主要读者群的杂志，在维基词条“香港杂志”中排在第三位。办刊宗旨为“帮助香港青少年学习中华文化，补充课外知识，拓宽国际视野”。主力推广中华传统文化，普及国情知识，介绍香港校园动态和青少年励志成长故事，最新科技信息资讯等。杂志集历史、文化、艺术、科技、生活于一身，为香港青少年提供具有知识性、趣味性、可读性的优秀文章。

《知识》杂志每期发行量超过 30,000本，覆盖全香港中小学校，是香港发行量最大的学生类知识类阅读杂志。杂志有订阅版、赠阅版，并开设知识网暨系列新媒体、网上免费补习平台“功课帮”等，举办有主题知识竞赛、“紫荆杯”两岸暨港澳青少年书画大赛”和两地青年校长论坛等3大定期品牌活动，在香港学校、学者、学生中有较大影响。

社长、总编辑：杨勇

副总编辑：许上福

地址：香港德辅道中287号长达大厦16楼E室

知识杂志网址：www.upknowledge.com.hk

功课帮网址：www.hkbud.com

电话：（852）28976300

传真：（852）28979690

电邮：akisun.upknowledge@gmail.com

经济一周

《经济一周》创刊于1981年6月，是香港具代表性及权威性的财经周刊。该刊由新传媒集团出版，逢周六发行。

该刊紧贴环球经济脉搏，报导快、准、精辟的财经信息，分析和报道香港经济、金融、地产、股票等动向，读者群主要为关注环球经济、投资信息及市场营商环境的企业家、银行家、投资者、高级管理层及行政人员。发行香港、澳门、中国大陆、台湾地区以及海外华埠。

《经济一周》Facebook平台，融入大量生活化及富创意内容，吸纳一群年青上班族，透过具创意的形式发放理财、职场及中产消费这类与“钱途”及“前途”相关内容。

《经济一周》内容包括投资、理财分析及营商情报等。《经济一周》凭借30年财经市场经验，为读者提供最贴近的投资策略；“牛熊证专家 / 窝轮赢家”， 专业分析各种指数、行业窝轮及牛熊证，让读者捕捉每个短炒获利机会。主要栏目有“楼市”、“投资”、“职场”、“理财”、“创业”、“消闲”、“热话”、“专栏”、“财经冷知识”、“保险攻略”、“经一channel”、“经一活动”等。

总编辑：吕树发

助理总编辑：朱嘉蒂

地址：香港九龙官观鸿图道82号新传媒集团中心6楼

网址：http://www.edigest.hk

电话：（852）29609888

传真：（852）29605770

电邮：edigest@nmg.com.hk

经济导报

《经济导报》（双周刊）创刊于1947年1月1日，创刊至今已连续出版超过3440期，为香港经济导报社编辑出版，是香港出刊历史最悠久的财经刊物。《经济导报》根植香港，沟通两岸，秉承汇聚高端人才、服务高端人群的宗旨，广邀海内外顶级专家学者，致力于对中国和世界经济的大趋势、大热点、大事件、大举措进行深入观察剖析，打造专家学者、决策者、管理者、企业家等高端人群思想交流与碰撞的平台。该刊设有“卷首语”、“封面专题”、“经导人物”、“专家论坛”、“外媒速览”、“热点追踪”、“财经透视”、“观察时评”、“国际舞台”、“香港财经”、“台湾观澜”等栏目。

目前，《经济导报》发行至世界60多个国家和地区，是被准许在中国内地发行，同时被特许在台湾发行的财经类刊物。经济导报社在内地多个城市设有办事处及记者站。

社长：陈寅

副社长、总编辑：颜安生

执行总编辑：康剑波

副总编辑：邓明宇、赵启东

地址：香港九龙观塘道332号6楼

网址：www.jdonline.com.hk

电话：（852）25738217

传真：（852）28345645

（852）28388304

电邮：edit@jdonline.com.hk,

xgjjdb@vip.163.com

香港文学

《香港文学》（月刊）创刊于1985年1月1日，是一本具全球视野的华文文学杂志。其创办宗旨为：立足香港，兼顾海内海外；不问流派，但求作品素质。该刊以发表原创文学作品为主，文学评论为辅。服务对象为华人社会的文学爱好者。

该刊收录的文章种类十分广泛，包括小说、散文、戏剧、史料、诗歌、文学研究、评论、论文、报道、访问、专辑等，亦有座谈会、文学活动记录及马来西亚、印度尼西亚、新加坡、泰国、美国、加拿大等国的华文作品特辑。

该刊主要栏目包括“专辑”、“小说”、“散文”、“评论”、“文艺漫谈”、“诗歌”、“编者语”等。

《香港文学》在香港、中国内地、澳门、台湾、东南亚、澳大利亚、新西兰、美国、加拿大等地发行。

总编辑：周洁茹

地址：香港鲗鱼涌华兰路20号华兰中心24楼

网址：www.hklit.lib.cuhk.edu.hk/journals/xgwx

电话：（852）25618001

传真：（852）25618196

电邮：hklp@on–nets.com

信报财经月刊

《信报财经月刊》创刊于1977年4月，是《信报》的姊妹刊物。内容以香港、中国内地和国际财经、金融、投资、管理、文化为主。作者多为专业人士和学术专家，以经济界、工商界、高等教育和文化界为主要读者对象。该刊以月刊形式出版，每期约170页。发行于香港、台湾、澳门，订阅客户遍及大中华和海外。

该刊主要栏目有“封面专题、“人物”、“特别报告、“中港台政治”、“投资智慧”、“经济透视”、“文化品味”等。

督印人：信报财经新闻有限公司

总编辑：邓传锵

地址：香港九龙观塘励业街11号联侨广场4楼

网址：www.hkej.com

电话：（852）28567567

传真：（852）28567690

电邮：hkejmonthly@hkej.com

资本杂志

《资本杂志》（月刊）是南华传媒的旗舰财经刊物，创刊于1987年12月。该刊主要报道上市公司或大型公司的营商之道，以及财经分析、地产投资、最新市场动态等。此外，亦有生活时尚的内容，包括旅游、健康、高级消费品、钟表、汽车及IT产品等讯息。

《资本杂志》为16开本，每期约200页，全彩色印刷。发行香港、澳门，并成为数家航空公司机上读物。主要栏目有“资本论”、“编者语”、“封面故事”、“国际视野”、“迎战16度”、“大学之道”、“特别报告”、“神州商机”、“企业策略”、“风云人物”、“品牌故事”、“资本旅情”等。

主席、行政总裁、社长：吴鸿生

执行副主席: 吴旭茉

副社长：吴旭峰、吴旭洋

地址：香港柴湾丰业街5号华盛中心3楼A1室

网址：www.capital–hk.com

电话：（852）22025162

传真：（852）25560426

电邮：capital@scmedia.com.hk

读者文摘（中文版）

《读者文摘》（月刊）于1922年2月在美国纽约创刊，该刊在全球共有50个版本，以21种文字印刷，在世界60多个国家发行。中文版于1965年3月在香港创刊，是有史以来最受欢迎的中文月刊，主要的发行地区为香港、台湾、新加坡和马来西亚。

该刊内容涵盖健康保健、大众科学、体育运动、美食烹饪、旅游休闲、金融政治、政府与国际事务、家居与园艺、艺术与娱乐、商业与文化。

主要栏目有“开怀篇”、“各行各业”、“浮世绘”、“童心童话”、“珠玑集”、“活出健康”、“字辞辨正”、“仁勇风范”、“人间有情”、“动物情谊”等。

亚太地区总编辑：Louise Waterson

执行编辑：张青

电话：（886）2- 27461535,
（852）25681117

传真：（886）2- 27679485,
（852）25690370

电邮：friends@rdasia.com.hk

紫荆杂志

《紫荆》（月刊）杂志创刊于1990年10月，是香港出版的一本以政治、经济、新闻评论为主，集社会、民生、军事、文化、历史等多方面内容的综合性新闻期刊，以其权威性、知识性在香港众多刊物中独树一帜，并获准在内地发行。《紫荆》杂志坚持爱国爱港的立场，贯彻“一国两制”方针，权威解读中央对港政策，深入报道港情民意，密切关注国际涉港动向，为促进香港的政治发展和繁荣稳定、为支持香港特区政府依法施政、为推动香港与内地的交流与合作，发挥特殊的舆论先导作用。

《紫荆》杂志读者包括香港政商高层及爱国爱港人士、世界160多个国家的华侨领袖及内地正部级以上官员等。在北京、广州、深圳等11个内地城市设有办事处（联络站），在英国、美国、日本、西班牙、法国、澳门等国家和地区均有发行代理。该刊是国际社会了解中国内地和香港信息的重要媒介，是内地政府官员洞察国际形势和香港政经的重要参考。

《紫荆》杂志在2018年第四季度世界华文传媒社交媒体影响力港澳台地区榜评比中，以250.13分位列华文期刊第一名。《紫荆》杂志是香港期刊传媒公会创会会长机构。

《紫荆》杂志还注重打造网络新媒体平台，开设有综合性新闻信息官方网站“紫荆网”和观点类新媒体“紫荆时评”APP。紫荆网海外读者的访问量超过总量的38%。“紫荆时评”APP是香港地区少有的观点类新媒体平台。

社长、总编辑：杨 勇

副社长：许俐丽

副总编辑：刀书林

总经理：张春生

地址：香港干诺道中200号信德中心西座10楼1001室

紫荆网：www.zijing.org

电话：（852）28583902

传真：（852）25464582

电邮：info@baumag.com.hk

紫荆论坛

《紫荆论坛》杂志（双月刊）于2011年7月在香港创刊发行，16 开本，彩色印刷。《紫荆论坛》秉承“包容、理性、权威、客观”的宗旨，以研究港澳问题为已任，具学术性和决策参考性，在拥护“一国两制”、爱国爱港的基础上，广泛吸纳各方观点。杂志设有专题、政治、经济、文化、科技、政策研究、人物、教育、历史等栏目。《紫荆论坛》填补了香港没有研究港澳问题专刊的空白,创刊定位为“香港出版发行的最有影响力的研究港澳问题的理论性学术性刊物”。

《紫荆论坛》的作者及读者群已覆盖香港8所主要高校，澳门4所主要高校以及台湾高校，还有北京大学、清华大学、中山大学、中国社会科学院等数10所内地知名高校或研究机构，以及新加坡国立大学、大马新闻资讯学院、悉尼科技大学、挪威斯塔万格大学等海外高校。

《紫荆论坛》还努力打造学术交流平台，牵头主办有“‘一国两制’与香港基本法研讨会”品牌活动，迄今已举办3届。

社长、总编辑：杨勇

副总编辑：刀书林

地址：香港干诺道中200号信德中心西座1001室

网址：www.zijing.org

电话：(852) 28583902

传真：(852) 25464582

紫荆养生

《紫荆养生》杂志成立于2012年。在香港OK便利店及VANGO便利店和小区主要报档均有销售。《紫荆养生》杂志在北京、武汉、深圳、广州、福州、成都等地均有办事处代理分销，该刊还向法国、英国、加拿大、巴西、日本等地发行。

《紫荆养生》杂志全彩印刷，通过采访养生达人、各界名人，邀请海峡两岸暨港澳地区知名大学医科教授、健康养生专家等，为广大读者提供权威养生知识。主要栏目有“药食同源”、“名人养生”、“专家指点”、“营养主义”、“信息荟萃”等。

社长：杨勇

副社长：许俐丽

地址：香港干诺道中200号信德中心西座1001室

网址：www.zijing.org

电话：（852）28583902

传真：（852）25464582

摄影杂志

《摄影杂志》（月刊）1987年4月1日创刊。该刊为综合性摄影期刊，内容以报道最新的摄影器材、介绍多种摄影技术及潮流为主，是香港摄影消费潮流的休闲性摄影期刊。该刊主要栏目有：相机测试、镜头测试、摄影会客室、摄影专题、新机速递、摄影角度、观点角度、摄影随笔、今日焦点、产品快讯等。

总编辑：任振荣

执行编辑：姜荣杰

地址：香港九龙荔枝角永明街1号恒昌大厦8字楼B座

网址：http://photonews.hk

电话：（852）25423231，28153476

传真：（852）28151521

电邮：photonews.hk@gmail.com

镜报

《镜报》（月刊）1977年8月创刊于香港。创办人徐四民先生（1914年7月3日－2007年9月9日）是享誉海内外的著名爱国人士，也是知名度极高的政论家，以“敢言”著称。徐四民先生于1949年6月应邀出席在北平举行的全国政治协商会议第一次会议，担任第一届全国政协委员，1954年当选首届全国人大代表，并连任五届全国政协委员、两届全国政协常委。香港回归后，他荣获香港特区政府颁发的最高荣誉“大紫荆勋章”。

《镜报》创刊42年来，立足香港、胸怀祖国、面向世界，不仅成为香港的主流媒体，也是一份全球性的大型政论月刊。该报关注香港大事、国家大政及全球动态，聚焦热点，克尽言责，以立论公正、见解独到、分析精辟而受到广大读者和精英阶层的喜爱，获特许在中国内地发行。

《镜报》在美国、法国、北欧、日本、韩国、新西兰、东南亚、台湾及澳门等10多个国家和地区设有分社和代表处。其开设的主要栏目有：社评、封面特稿、神州动态、港澳政经、企业社会责任专辑、青年论坛、国际聚焦、台海两岸、华裔精英、特稿、文体视野、行医问道等。

执行社长：徐新英

地址：香港湾仔告士打道227-228号生和大厦2楼

网址：www.themirror.com.cn、www.mirrorpost.com.hk

电话：852-25769288

传真：852-25774130

电邮：mpjb@mirrorpost.com.hk

中国记录通讯社

中国记录通讯社是2013年创办于香港的国际性通讯社。中国记录通讯社是国际媒体组织（IMO）创始成员。中国记录通讯社主办

有中国记录网络电视台、中国记录网、《中国记录》杂志（月刊）、《中国形象》报（周刊）、《中国演艺》杂志（电子刊）以及中国记录摄影家协会等机构。

中国记录通讯社立足香港，放眼全球，深入报道中国及海外华人世界社情民意，关注国内外经济形势和热点问题，促进经济文化交流；让世界了解港、澳、台的经济社会动态，了解中国大陆的改革开放、招商引资的政策。为香港的发展和繁荣稳定、为香港特区政府依法施政、为香港与内地的交流与合作，营造良好的舆论环境。

《中国记录》（CHINA RECORD）是中国记录通讯社主办，2013年11月经香港特别行政区政府电影、报刊及物品管理办事处批准，由中国记录杂志编委会编辑出版的新闻时政、人物类综合性杂志。《中国记录》是一份以弘扬中华优秀传统文化，记录世界各地华人社会生活和经济文化活动的史志式出版物。

社长、总编辑：陈学刚（18611791688 one@iitv.tv）

地址：Rm 1502-15,Easey Commercial Building,253-261 Hennessy Road,Wan Chai,H

电话：00852-2865 5706 5538 1688

电邮：info@isrecord.com

香港大中华通讯社

香港大中华通讯社于2017年1月1日在香港注册成立。通讯社宗旨:向世界宣传中国，让世界了解中国。该社以新闻网站运作，专注于优质新闻和思想观点的传播。网站设有栏目：国际新闻网、中国新闻网、港澳专栏、台湾专栏、琉球专栏、蒙古专栏、世界经济等。

社长：陈捷

执行社长：魏吓强

总编辑：陈彪

顾问：孙玉玺

地址：香港新界屯门新合里5号美基工业大厦7楼c座

网址：华通网 http://www.hkhtnews.com

电邮：1535935672@qq.com

电话：00852-23109768?23109728

传真：00852-23109099

香港中国通讯社

香港中国通讯社（简称中通社）于1956年11月13日在香港正式注册成立。作为立足香港、关注台湾、报道内地、面向海外的香港一家本地通讯社，中通社一直秉持真实、客观、公正、专业的新闻理念，向全球华文媒体用户提供文字、图片和视频信息。

中通社主要服务对象是港澳台、东南亚及美欧等地的华文报纸、电台、电视台，目前采用中通社电讯新闻的客户约300家。

中通社在香港有一支经验丰富的采编队伍，在中国深圳设有新媒体基地。在中国内地及海外设有一支特约记者队伍定期供稿，并与内地其它新闻机构交换稿件。目前每年提供的文字通稿近两万篇，新闻图片过万张。

数十年来，中通社积极参与重大新闻事件采访，及时、客观地报道世界各地新闻事件，包括：港澳各种政治事件，港澳与内地的经贸合作，两岸交流和台湾政局，北京的全国人大，政协会议和中共党代会，东盟峰会、财富论坛和亚太经合年会。

1995年7月1日起，中通社新闻进入全球信息网络，2009年9月启用“香港新闻网”，播发网络新闻。紧跟全球媒体变革趋势，中通社近年来加快媒体融合发展步伐，2015年9月组建新媒体中心，在微信、脸书（Facebook）、推特（Twitter）3个社交平台上同步开通中通社公众号“通说”；2016年推出全新移动新闻客户端“通传媒”，向全球华人和中国手机用户提供及时而丰富的新闻信息。

社长：王佳斌

地址：香港岛南区黄竹坑道21号环汇广场30楼

网址：www.hkcna.hk

电话：(852)29116088

传真：(852)25647453

香港电台

香港电台（简称港台）属政府部门，是香港的公共广播机构，为香港民众提供编辑自主、专业及高质量的电台、电视及新媒体服务。《香港电台约章》明载该台享有编辑自主的权力，并明确了该台创立的公共目的和使命。

香港电台目前营运7个电台频道，分别透过AM、FM传送，提供粤语、英语及普通话广播。2016年4月，港台营运3条数码地面电视频道外，还接管两条模拟电视频道；港台电视31的广播时段则增加至每日19小时。全年制作约1,369小时的电视节目，在港台数码频道、模拟频道、本港免费电视台和收费电视频道播放。随着6个数码地面电视辅助发射站落成，港台电视网络现已覆盖超过全港80%人口。港台将按规划进行其余16个辅助发射站的工程，以便将覆盖范围扩大至约99%人口，与其它商营数码地面电视广播机构的覆盖范围看齐。

为配合政府的教育政策，港台除了制作20.7小时新的学校教育电视节目和学前教育节目外，还经互动学习平台eTVonline提供教育信息。港台亦就公众关注的活动提供拍摄及技术支持，并为本地和海外广播机构提供影音信号。

港台网站每天的平均浏览页次达510万。港台继续在不同的新媒体平台上拓展多媒体服务，包括提供流动程序，以及供智能电视使用的应用程序，以满足市民的不同需求。

广播处长：梁家荣

地址：香港九龙广播道30号

网址：www.rthk.hk

电话：（852）23396300

传真：（852）23380279

电邮：ccu@rthk.hk

香港商业广播有限公司

香港商业广播有限公司简称商业电台，于1959年首播，在资讯、时事和娱乐3方面为香港市民提供多元而丰富的广播节目。商业电台设有两个粤语广播频道（分别是雷霆881商业一台及叱咤903商业二台）和一个英语广播频道(AM864)，每天均为24小时不间断广播。

雷霆881商业一台（超短波88.1-89.5兆赫）为香港听众人数最多的电台，听众遍及社会各阶层，以播放资讯、时事和娱乐节目为主，每天提供全面快捷的新闻报道、财经、天气及交通消息，该台口号是“雷霆881 讲香港人话”。叱咤903商业二台（超短波90.3-92.1兆赫）以青年人与学生为对象，播放流行曲及制作广播剧，以轻松、活泼、娱乐及创意为节目方针，是香港年青人社群中具影响力的电子传媒频道。

商业电台制作的新闻及公共事务节目，掌握时代脉搏，为听众提供详尽而准确的新闻节目。除每日制作晨早、午间、傍晚及晚间新闻专辑外，另有每日半小时世界各地新闻报道。

商业电台网页 (881903.com) 每日不断更新、强化网页内容和质素，透过互联网将最新的讯息传送至世界各地。

主席：何骥

总经理：陈静娴

营运总裁：卢瑞盛

新闻及公共事务总监：黄永亨

地址：香港九龙广播道3号

网址：www.881903.com

电话：（852）23365111

传真：（852）23384247

电邮：cs@881903.com?

新城广播有限公司

新城广播有限公司（新城广播）于1991年7月启播，由香港上市公司长江实业（集团）有限公司及和记黄埔有限公司共同持有。新城广播共营运3个频道，分别为新城财经台、新城知讯台、新城采讯台，同时提供AM及FM广播。3条频道分别为听众提供环球财金、音乐、生活、娱乐、多元文化等信息。

新城财经台2001年2月5日启播，是全球首个全天候、24小时广东话财经电台频道，旨在为香港以及世界各地听众提供准确、实时以及紧贴环球金融市场的重要资讯。新城财经台开创了广播史先河，分别与广东电台、上海第一财经频道及深圳广播电台新闻频率(先锋898)同步直播节目“粤港股市快讯”、“粤港财金

纵横”、“沪港一线通”及“深港通“钱线”，第一时间报道沪深粤港市场财金信息。新城知讯台于2008年1月2日启播，为一站式生活信息平台，提供多元化节目，内容集知识、音乐、生活文化、自我增值、娱乐等于一身。新城采讯台以推广多元文化交流为宗旨，致力为不同国籍听众提供以其母语作广播之多元文化节目，实现广播语言无限界。

新城广播是发展智能手机应用程序的先驱者之一，早于2009年已开始于主流智能手机平台推出免费Apps，现时新城电台Apps的总下载人次已超过367万，网站登记会员数目已接近60万。“新城电台App "已于2016年第4季升级，以节目分类加入不同元素，内容更见丰富。

董事总经理：马健生

副董事总经理、知讯台台长：宋文禧

地址：香港九龙红磡黄埔花园第六期地库二层

网址：http://www.metroradio.com.hk

电话：（852）36988000

传真：（852）21239889

电邮：prenquiry@metroradio.com.hk

Now宽频电视

Now宽频电视2003年9月启播，由电讯盈科全资拥有的电讯盈科媒体负责经营。Now宽频电视是香港最具规模的收费电视服务商,也是全球规模最大的商用IPTV业务之一，2007年成为香港首家提供高清广播服务的电视台，2012年起以Over-the-top形式透过互联网把部分内容传送至计算机、平板计算机及智能型手机。其客户数目、每户平均收入、年度营业额及年度溢利皆为香港各收费电视台之冠。

Now宽频电视现时提供207条频道，包括180条Now TV频道（82条为高清频道），另有30多类自选影像服务；其亦自资制作节目，包括两条新闻及财经频道，及一系列多元化的娱乐信息类节目。其频道总数目、高清频道数目及自选影像内容数量均为香港各电视台之冠。

董事长：李泽楷

董事总经理：陈祯祥

地址：香港湾仔电讯大厦20楼

网址：https://nowtv.now.com/

电话：（852）2883 7747，25654288

传真：（852）2962 5634，28111926

电邮：cs@now-tv.com，pr@pccw.com

凤凰卫视投资(控股)有限公司

凤凰卫视于1996年 3月31日启播，以“拉近全球华人距离，向世界发出华人的声音”、“构建两岸三地桥梁”为宗旨，致力为世界华人提供高质量的华语节目，现已拥有中文台、资讯台、欧洲台、美洲台、电影台及香港台等备受全球观众欢迎的主力频道，近60个记者站及制作团队遍及世界各地。经过23年发展，凤凰卫视已成为拥有卫星电视、互联网、周刊、户外电子大屏幕、数字科技、出版、影视、教育、互联网广播等多元化的全媒体国际传媒集团。在继续坚守与保持领先的华语媒体内容提供商的基础上，以凤凰品牌与高端媒体内容为依托，凤凰卫视的相关多元化业务延伸已涵盖动漫、娱乐游戏、互联网金融、文创、云技术服务、会展等领域。

凤凰卫视投资（控股）有限公司于2000年6月30日在香港联交所创业板挂牌上市，并于2008年12月5日迁移至主板(上市公司代码：02008)。旗下经营互联网媒体业务的“凤凰新媒体有限公司”为纽约证券交易所上市公司（上市公司代码：FENG）。

为了更贴切反映本集团之积淀及未来发展战略、策略与机制变革，前公司名称“凤凰卫视控股有限公司”于2018年3月7日改名为“凤凰卫视投资（控股）有限公司”，英文名改为“Phoenix Media Investment (Holdings) Limited”。

凤凰卫视董事局主席、行政总裁：刘长乐

地址：香港新界大埔工业邨大景街2-6号

网址：www.ifeng.com

电话：(852) 2200 8888

传真：(852) 2200 8899

电视广播有限公司

电视广播有限公司（简称无线电视）于

1967年11月19日正式启播，是香港首间商营无线电视台。集团至今共雇约4,000名全职雇员，其中包括合约艺员及海外附属公司员工。无线电视的主要业务包括免费电视广播、节目制作、发行及分销，数码媒体及电影投资，加上庞大艺人资源，是少数以垂直整合业务模式营运之电视台。无线电视现提供5条免费地面电视数码频道（翡翠台、明珠台、J2、无线新闻台及无线财经?资讯台），每年制作约600小时剧集和23,000小时新闻、综艺、等资讯娱乐节目。

无线电视凭藉强大制作能力及片库资源优势，积极发展数码媒体业务，于2016年分别在香港及海外推出OTT电视服务myTV SUPER及TVB Anywhere。myTV SUPER提供超过40条频道及58,000小时点播节目，目前登记用户已超过730万，成为香港最大OTT平台。TVB Anywhere为全球200多个国家及地区提供高清流畅的观赏体验，广受海外华人欢迎。无线电视节目亦发行及分销至世界各地。

于2017年，无线电视再推出Big Big Channel免费手机应用程序，开拓直播平台，为观众带来崭新互动体验。无线电视亦积极发展电子商贸平台，推出全新一站式网购服务平台Big Big Shop，结合观看电视及网购服务。

无线电视已成功实现数码转型，由一个传统电视台转型为集广播电视、互联网电视、社交媒体平台及电子商贸于一身，业务覆盖香港、中国内地、北美、欧洲、亚洲和台湾。

主席：陈国强

副主席：黎瑞刚

集团行政总裁：李宝安

总经理：郑善强

地址：香港九龙将军澳工业邨骏才街77号电视广播城

网址：www.tvb.com

电话：（852）23359123

传真：（852）23581300

电邮：tvbpr@tvb.com.hk

亚太第一卫视传媒集团有限公司

亚太第一卫视传媒集团总部位于香港，亚太第一卫视主频道于2013年5月6日开播。集团主要业务为卫星电视、新媒体网络电视、移动资讯网络、期刊出版等传媒产业，同时涉足影视投资、影视文化地产、影视数码科技等文化产业，是一家立足亚洲，覆盖亚太，面对全球的新型文化传媒集团。

亚太第一卫视主频道透过亚太5号卫星以及NOW TV 552频道 24小时直播到香港用户。亚太5号卫星波段覆盖亚太区包括香港、中国、南韩、台湾、日本等多个国家及地区。

在新媒体方面，OneTV官方网站24小时同步直播主频道节目，IPTV、网络电视平台，也分别以频道落地、节目落地的方式实现了全球覆盖。

亚太第一卫视秉着亚洲声音、东方价值的立台方向，立足香港，深入亚太地区，提供快捷财经信息,剖析财经议题，以提升华人在亚太区域的影响力。

台长：陈笺

地址：香港九龙九龙湾临泽街 8 号傲腾广场 21 楼

网址：www.one-tv.com

电话: (852) 2163 1300

传真: (852) 2668 8707

电邮：info@one-tv.com; pr@one-tv.com

香港东盟卫视

香港东盟卫视于2019年3月1日创办，是总部位于香港的一家卫星电视台，并在东盟各个国家设有新闻中心及记者站。

香港东盟卫视的内容以中国和东盟各国的重要新闻、经贸合作、文化交流、旅游资讯为主，以中英双语播出，通过亚洲7号卫星和地面有线覆盖东盟十国的6.5亿人口。

香港东盟卫视自制的节目以新闻和访谈为主，于2019年正式上星开播。东盟卫视宗旨是“立足香港、面向东盟”，东盟卫视旨在架构东盟与中国之间的信息交流平台和经贸合作桥梁，促进东盟十国与中国的文化交流和经贸合作，推时以“共商、共建、共享”为主题的“一带一路”倡议，促进民心相通。

主要负责人：刘海江

总部地址：香港尖沙咀梳士巴利道三号七层

网址：www.saia-saean-tv.com

中国新闻中心联络电话：（+86）10-65141778

中国新闻中心联络传真：（+86）10-65141770

联络电邮：alexliu@abtv.cc

香港有线电视有限公司

香港有线电视有限公司1993年10月31日启播，为香港主要收费电视营运商，开创香港多频道收费电视服务的先河，目前为香港5大传媒之一。

香港有线电视每年制作超过一万小时节目，现时提供逾100条香港及国际频道，内容涵盖新闻、体育、电影、娱乐及纪实等。主要频道有24小时播放的新闻台、财经资讯台、天气台、娱乐新闻台、有线电视第1台、多条电影及足球、国际新闻频道等，2009年8月推出5条高清频道，电视频道现达114条，而声音广播频道则有4条。

主席：邱达昌

营运总裁：梁淑仪

副主席：郑家纯

高级副总裁–网络运作：陈伟文

高级副总裁–媒体业务：吴静雯

地址：香港荃湾海盛路九号有线电视大厦

网址：http://www.i-cablecomm.com

电话：(852) 2112 6868

传真：(852) 2112 7878

电邮：info@i-cablecomm.com

香港流动媒体

香港流动媒体有限公司成立于2014年，以技术为基础，带领众多的海外华媒进军新媒体时代，为其打造集内容管理平台、网站、手机APP与电子报刊于一体的融媒体矩阵；以香港地区具有影响力的新闻APP“流动新闻”为基础，以“海外华媒头条”APP为核心，链接超百家境外华文媒体，组成“一带一路资讯带”；流动媒体将所有合作媒体的APP、网站互通互联，实现了内容和广告相互推送。截至2019年5月，已有“一带一路”沿途38个国家及地区与110家海外华文媒体签约合作构建“一带一路资讯带”平台，致力发展全球华媒资讯带。

流动新闻主要栏目有：港闻、国际、两岸、流动区报、一带一路、娱乐、购物消闲、生活文化、环球奇闻、流动视频海外华媒头条主要栏目有：一路风情、亚洲、美洲、欧洲、大洋洲、非洲、娱乐、生活副刊、聆听文学、华侨快讯。

董事长：张泰豪

总经理：张丁华

主编：王秀琴

地址：香港湾仔皇后大道东182号顺丰国际中心28楼

流动新闻网站：http://cn.modia.com.hk

海外华媒头条网站：http://cima.modianews.cn/

电话：(852) 3955?2666

传真：(852) 3460 3368

电邮：info@modia.com.hk

澳门

力报

《力报》（日报）是目前全澳门发行量最高的免费报纸，由澳门中汇国际传播有限公司制作出版。2011年9月2日以《力周报》名义推出试刊版，于9月23日正式以周报形式创办，逢周五免费派发。2012年4月3日易名为《力报》并加印周二版，成为一周两刊。于同年9月23日报庆纪念日，正式以日报形式推出，逢周一至五出版（周六、日及公众假期休刊）至今。

《力报》秉承“事事求真，动力传新”的宗旨，内容全面覆盖生活上不同层面，包括以专题式深入报道澳门要闻，辅以香港、中国大陆及国际新闻，并涵括产经、娱乐、体育、时尚消费及文化新知等信息。定期推出《学力》及《力聘》等特刊，内容以满足读者对持续教育、进修及人力资源的关注。

近年来，《力报》锐意创新，紧跟新媒体传播潮流，积极投入力量开拓新媒体传播平台，推出手机移动平台APP、网上版exmoo.com、iPad阅读版及微信平台等。《力报》新媒体平台除每天提供《力报》的新闻内容之外，更有旅游、美食、文化、娱乐、交通、天气及生活信息等提供给澳门市民。

负责人：岑健棠

地址：澳门新口岸宋玉生广场263号中土大厦12楼F–M座

电话: (853) 2872 3026

传真:(853) 2872 3029

九鼎

《九鼎》（月刊）由九鼎传播有限公司于2007年9月创办，是澳门特区唯一除本地之外，发行至香港、台湾和内地的综合性期刊，每月15日出版，拥有较大的市场认知度和较广的社会影响力。

《九鼎》月刊创办初期，设有“九鼎考源”、“九鼎消息”、“九鼎论坛”、“九鼎特稿”、“深度观察”、“特别视点”、“本地话题”、“点击台海”、“人物专访”、“文史哲艺”、“皆成文章”等栏目，后略有变动，2011年9月进行改版调整，现有栏目为“封面专题”、“濠江脉动”、“海峡观潮”、“本地要闻”、“博彩集锦”、“休闲空间”、“旅游天地”等。

《九鼎》月刊社还编辑、出版和发行涉及社会和人文学科的“九鼎书系”，包括《说鼎话人文》、《把经济港湾挖深——谈博论澳集》和《寻找长富之路——澳门特区产业政策研究》等。2012年12月出版、发行《迈向“世界旅游休闲中心”之路》一书,探讨澳门建设“世界旅游休闲中心”的战略意义及具体路径。2014年12月出版和发行《澳门公民素质与公民教育》，作为政府部门制定有关政策的参考资料和中、小学的辅助教材。

社长、法人：陈晓烽

总编辑：贺越明

地址：澳门宋玉生广场335号获多利中心21楼

网址：www.hobbsjournal.com.mo

电话：（853）28787799

传真：（853）28717799

电邮：hobbsjournal@hobbs.com.mo

大众报

《大众报》（日报）于1933年由陈天心在澳门创办，是澳门现存中文日报中历史最悠久的报纸。该报曾于1946年停刊。1948年复刊，由蔡凌霜主持社务。1973年蔡氏病故，由其子蔡克铭继任社长。1993年10月，该报由澳门知名人士吴福收购。

《大众报》于1982年设葡萄文版，后停版。1995年4月8日恢复葡文版。每周五出一版。

《大众报》每日出对开纸2大张8版，有4个彩色版面。版面有“澳门新闻”、“两岸国际”、“大众副刊”、“大众娱乐”、专题版有“珠海特区”、“中山新貌”等。

社长：黄宇光

总编辑：谭启鸿

地址：澳门马场东大马路25–69 号福泰工业大厦六楼A

珠海办事处地址：珠海市拱北迎宾南路1155号中建大厦 1415室

网址：www.taichungdaily.com

电话：（853）28939888 28939800

（86–756）8887373

传真：（853）28282322

电邮：taichung@macau.ctm.net

中葡经贸导报

澳门《中葡经贸导报》创刊于2013年10月，是经澳门特别行政区政府新闻局批准的财经类专业报纸。在巴黎注册，国际统一刊号2309–5962，并开设新浪微博、微信公众号及网站等。

《中葡经贸导报》配合中国政府“一带一路”倡议，配合在澳门建立“中国与葡语国家经贸合作平台”的国家战略，为中国大陆、港台与葡语国家之间的经贸、文化交流等搭建信息桥梁，提供相关专题报道和信息咨询。每年为“澳门MIF，苏–葡–澳工商峰会”等出版专辑，每隔3年出版“中国与葡语国家领导人和部长级峰会及经贸论坛”专题报道。中葡论坛常设秘书处为该报指导协办机构。

社长：薛荣祥

总编辑：王谷元

地址：澳门罗理基博士大马路600E第壹国际商业中心701室

网址：http://www.chiptnet.com

电话：（853）66861614，

（86）13326966133

传真：（853）28703076

电邮：wgy5308@126.com

市民日报

《市民日报》（日报）创刊于1944年8 月15日，是澳门出版的一份综合性报纸，着重地方及软性新闻。2000年9月1日改为彩色印刷，在澳门发行，订户遍及港澳台。

《市民日报》每日出对开2至3大张8至12版，全彩色。除报道澳门新闻、中国新闻和国际新闻及出版《金融经济论坛》（双周刊）外，还有澳门独特的休闲专栏报道，包括每周刊出“数码年代”、“美食天地”等专刊。

出版顾问：陈亮瑜

社长、总编辑：谢德华

总经理：袁春波

地址：澳门渔翁街海洋工业中心第2期2字楼B座

网址：www.shimindaily.com.mo

电话：（853）28722111

传真：（853）28722133

电邮：shemin@macau.ctm.net

讯报

《讯报》（周报）创刊于1989年3月18日，是一份逢周五出版的报纸。每期出两大张至两大张半。主要刊登中国内地和澳门地区社会、政治、经济的评论文章，还刊登一些澳门当地社团活动消息及博彩、饮食信息。

社长：周仲屏

地址：澳门安仿西街22号美欢大厦1楼C座

网址：www.sonpou.com.mo

电话：(853)28561557 28595411

传真：(853)28566575

电邮：sonpou@macau.ctm.net

正报

《正报》（日报）创刊于1978年1月7日，创刊之初原名《澳门体育报》，每周出版一次，1981年改名为了《体育日报》，每日出版。1983年再易名为《正报》。逢周一至周六出版，周日无报。该报读者对象为普罗大众市民。每日出版对开纸一大张或两至三大张纸，印制四色彩色或红黑双色版面。

该报版面内容主要有：澳门本地社会时事新闻、国际时事、两岸四地新闻、专题社论特稿、社文体育、美食专辑以及文娱消息等。

社长：龚树根

副社长：龚永兴

总编辑：梁志全

总经理：莫瑞珍

地址：澳门南湾大马路57–63号恒昌大厦1

楼E、F座

网址：www.chengpou.com.mo

电话：(853)28965972 / 28965976 / 28962826

传真：(853)28965741 / 28965744

电邮：chengpou@macau.ctm.net

chengpou2000@yahoo.com.hk

正思今日澳门

《正思今日澳门》创刊于2005年，前身为香港《新报》澳门版，2015年8月更名为《正思今日澳门》，并在澳门特区政府新闻局登记为澳门出版刊物，以日报形式在澳门发行，该报每周一至周五出版，每期四大版，还有电子版和Facebook版。

社长：张志承

地址：澳门荷兰园正街113-117号荷兰花园大厦12楼P座

网址：http://www.facebook.com/macautoday

电话：2870 0226

传真：2870 0289

电邮：jackycheong@macau.ctm.net

乐报

澳门《乐报》创刊于2002年7月，是一份刊登文化界和社团活动为主的中文周报，彩色印刷。

《乐报》定位于"给人一个快乐的形象，促进澳门和谐发展"，创办之初为月报，后演变为周报。

社长：余荣让

地址：渡船街60号AB地下

电话：(853) 2831-9313

传真：(853) 2831-0191

电邮：ltepub@macau.ctm.net

亚洲新闻报

《亚洲新闻报》（周报）由澳门华视国际集团有限公司于2013年9月6日创办，在澳门特区政府新闻局注册。《亚洲新闻报》是澳门首份以亚洲读者为对象的综合性中文报纸。该报可直接投放至澳门航空公司飞机客舱，供乘客免费取阅。

报纸逢周五出版，为对开8版，客观、严谨、全面地报道澳门、香港、内地及世界各国的政治、经济、民生、军事、体育、娱乐、房产等多方面的热门新闻信息。《亚洲新闻报》注重国际视野以及亚洲读者阅读习惯，每周选载新闻精华，向读者传播新闻信息。同时，澳门华视国际集团有限公司还创办了以新闻为主的大型网上信息交互平台亚洲新闻网，内容包括政治、经济、社会、房产、军事、娱乐、旅游等各个领域。

社长：张锦华

总编辑：张锦玲

地址：澳门风顺堂区38号顺良大厦BR/C

电话：853-2892 0009

传真：853-2892 0007

电邮：8@21cn.com

华侨报

澳门《华侨报》（日报）创刊于1937年11月20日，与香港《华侨日报》原是一家，当时的香港《华侨日报》社长岑维休委派原任职香港《华侨日报》的赵斑斓到澳门开办该报。1960年代，澳门《华侨报》与香港《华侨日报》分家，人事和财务各自独立，赵斑斓病故后，由其子赵汝能接任社长。1996年9月，赵汝能病故，由其夫人郑秀明接任。

《华侨报》为一份综合性的报纸，每日出对开纸4张半至10大张，18个版，其中8个彩版。现有职工80余人。

这是澳门连续出版时间最长的报纸。其最初创办的目的除服务澳门居民外，并把时事信息传送到当时经济较为发达的珠江三角洲西部各城镇。目前该报每日在澳门、香港及珠海发行，并在珠海设有办事处及记者站。

社长：郑秀明

总编辑：梁智生

地址：澳门红窗门街69号

网址：www.jornalvakio.com

电话：（853）28345888，28574261，28572261

传真：(853)28580638，28510351

电邮：vakiopou@macau.ctm.net

珠海办事处：珠海拱北莲花路280号爱特商业大厦23室

电话：（86-756）8894982，13824164286

传真：（86-756）8894981

体育周报

《体育周报》创刊于是1980年11月15日，为澳门唯一专门报道澳门体育讯息及评论的周报。现每周六出版。该周报还分别于2003年及2007年主办了澳门首届“澳门杰出青少年运动员选举”及“澳门杰出运动员选举”，此两项选举活动现时每两年举办一次。

社长：方念湘

地址：澳门慕拉士大马路231号南方工业大厦第一期七楼C座

网址：www.macausports.com.mo

电话：（853）28354208

传真：（853）28718285

电邮：macsport@macau.ctm.net

现代澳门日报

《现代澳门日报》（日报）创刊于1987年3月18日，该报着重报道地方突发新闻、社会活动等。

《现代澳门日报》每日出对开纸1大张4个版至3大张12个版。版面设有“澳门新闻”、“中国新闻”、“财经消息”、“专栏评论”、“体育消息”、“国际新闻”、“社团消息”、“娱乐消息”、“赛狗消息”、“赛马消息”等。

社长：林润松

副社长：区慧香

地址：澳门新桥渡船台20号地下

电话：（853）28215050,2215055

传真：（853）28210478,28215322

电邮：todaymacao@gmail.com

星报

《星报》（日报）创刊于1963年10月5日，读者对象以中小商人及知识分子为主。该报在澳门发行，每日出对开纸1张至1张半，版面包括“澳门新闻”、“香港”、“国际新闻”、“娱乐新闻”等。该报娱乐消遣性的报道所占篇幅较多。

社长：郭树平

总编辑：欧阳俊威

地址：澳门蓬莱新巷9号地下二楼

电话：（853）28574294 28938387

传真：（853）28388192 28316404

电邮：sengpou@macau.ctm.net

捷点信息报

《捷点信息报》（周报）于2008年5月25日创刊，为澳门捷点传媒有限公司旗下刊物，始为双周刊，至2009年12月改为周报，逢周六出版。报纸内容涵盖社会时事、康乐和休闲的信息，每期的专题报道则深入探讨社会问题、发掘本土文化、介绍澳门艺术发展、手作人专访等，范围广阔，务求让读者全面了解澳门。

此外，《捷点信息报》官方网站www.click2macao.com，提供澳门社会时事、文化娱乐、体育健康、旅游及消闲等各类信息。

澳门捷点传媒有限公司由一班具有理想和丰富经验的传媒人创立，志在为澳门市民提供便捷的信息，并支持本地文化创作发展，为文化产业提供宣传平台。

社长：关健生

地址：澳门沙梨头南街19号华宝商业中心7A

网址：http://www.click2macao.com

电话：（853） 66665333

传真：（853）28337934

电邮：click2macau@gmail.com

新华澳报

《新华澳报》（日报）是澳门一家私营中文报纸。前身为1989年12月20日创刊的中文周报《华澳邮报》。1994年12月20日改为日报《华澳日报》，2000年4月3日再改以现名继续出版。日报每日出纸一张半，1995年7月改为每日一大张（逢周日休息）。

该报办报宗旨为：以报道和分析澳门社会时事新闻为主，兼顾海峡两岸的重大新闻，

并介绍与澳门市民息息相关的法律行政知识。每日的言论栏目为“华澳人语”及“两岸观察”。“彩色人生”版介绍澳门各行各业中现突出的青年，由社长林昶采访并执笔的专访稿已结集出版，名为《濠江菁英集》。由林昶以“富权”笔名执笔的“两岸观察”专栏评论文章亦以《富权“两岸观察”评论选》系列丛书，分为7册出版。

社长、总编辑：林昶（笔名“永逸”、“富权”）

副社长、总经理：周海燕。

电话：（853）28717568，28717569

传真：（853）2717564，28717572

电邮：correio@macau.ctm.net（编辑）

sanwaou@yahoo.com.hk（采访）

sanwaouad@yahoo.com.hk（广告）

澳门文娱报

《澳门文娱报》（周报）创刊于1991年12月28日，逢星期三出版，出纸6版至12版，主要内容为社团文娱、体育活动、民生消闲、旅游等。

社长：杨焯光

副社长：唐玉华

地址：澳门士多纽拜斯大马路31号D3楼A座

电话：（853）28533582,28553216

传真：（853）28516792

电邮：srm405@yahoo.com.hk

澳门日报

《澳门日报》（日报）于1958年8月15日创刊，发行量和广告量长期居澳门中文报纸首位，是澳门地区规模最大、设备最先进、最具代表性的日报。2011年1月15日迁至自建慕拉士大马路218号新址。《澳门日报》以澳门读者为主，兼顾香港、台湾、北美、欧洲、东南亚以及珠江三角洲和内地大城市的读者，并通过互联网发行电子版。每天出本埠版12至20大张、外埠版9至16大张，全彩色印刷。

《澳门日报》于2012年8月推出了适合移动设备的iphone版、android版，将报纸内容分类归入不同频道，配合视频，提供实时新闻、天气、收藏功能以及与网友进行讯息共享及互动功能。2016年8月开通了Facebook(脸书)专页，2017年8月开通了微信公众号。该社全社职工180人。在广州、珠海设有办事处，并在北京、上海、南京等地设特约记者；在珠江三角洲及广东、福建、海南3省侨乡有特约通讯员和供稿作者；海外有经常联系撰稿的作者。

《澳门日报》与澳门最大的书店“文化广场”、历史最悠久的“星光书店”和现存历史最长的影剧院“永乐戏院”，组成文化传媒集团。另设有星光出版社和澳门日报出版社，每年出版文艺、评论及其它类别书籍，为推动本土文艺创作的主力出版社。

澳门文化传媒集团董事长：陆波

副董事长：温能汉

澳门日报社长：陆波

副社长、总经理：温能汉

代总编辑：崔志涛

地址：澳门慕拉士大马路218号

网址：www.macaodaily.com

电话：(853) 2837 1688

传真：(853) 2833 1998　2834 7798　2832 2630

电邮：mcnews@macau.ctm.net

珠海办事处：珠海市香洲区吉大水湾路355号

广州办事处：广州市观绿路43号广州新闻中心11楼

澳门节庆盛事报

《澳门节庆盛事报》（周报）创刊于2011年9月30日，是澳门首份亦是唯一关注节庆盛事的周报，逢周五出版，是澳门本地出版的免费中文周报。该报投放于澳门航空公司飞机客舱，供乘客免费取阅。

报纸共8个版面：“热门盛事”、“本地摘要”、“节庆盛事”、“公益活动”、“创意文化”、“消费时尚”、“美食生活”、“旅游休闲”。主要报道澳门地区重大的节庆盛事、文化娱乐等活动盛况，展现多姿多彩的澳门。

社长：张锦华

总编辑：张锦玲

地址：澳门风顺堂区38号顺良大厦BR/C
电话：853-2892 0009
传真：853-2892 0007
电邮：8@21cn.com

澳门华文报

《澳门华文报》（周报）创刊于2005年，是一份在《澳门早报》基础上发展而来的中文周报。该报以“爱国爱澳”为办报方针，坚持“团结、诚信、进取、承担、务实、求真”精神，重点关注民生、经济、人文建设。

该报是一份综合性彩色印刷周报，逢周三出版（如有需要会在周五加版印发）。版面有：澳门新闻、社会民生、文化、体育、中华天地、海峡两岸，还有澳门博彩、旅游推介、人物专访或图片专辑、健康生活、读者园地、副刊等定期版面。

《澳门华文报》目前已与国内外多家媒体在新闻信息互换、联合采访活动、广告相互代理、网上互载等方面合作。该报除在澳门各大报摊有售、政府部门及各大社团订阅或派发外，还通过邮寄发至北京、上海、广州、深圳、珠海、广西、台湾、香港等地。

社长、总编辑：刘达求
地址：澳门黑沙环马路7号南方花园第11座B铺
网址：www.agoramacau.com
电话：（853）28519236,66283212
传真：(853)28519236
电邮：agora2828@yahoo.com.hk
Agora28@macau.ctm.net

澳门会展经济报

《澳门会展经济报》（周报）于2008年4月25日创刊，属澳门会展经济专业性报纸。该报以“平实、深入、客观、专业”为宗旨，报道澳门会展经济及相关行业讯息，专业、系统分析澳门会展经济体系及未来发展趋势，从宏观的角度报道特区政府经济政策、经济发展及其对会展经济体系发展的影响。

《澳门会展经济报》彩色印刷，共4版，逢周四出版。除了澳门新闻外，同时刊登国内外有关讯息，刊登中新社、中通社新闻及照片。读者对象主要为澳门广大市民，尤其是会展经济、政府相关人士。该报除在澳门发行外，中国内地、台湾、香港、新加坡等地有订户。

《澳门会展经济报》网站除逢周四上载本期讯息外，“即时资讯”栏目及时上载当天发生的讯息。另外《澳门会展经济报》每年4月编辑出版上一年《澳门会展年鉴》，收编上年度之澳门举办会展活动情况以及相关机构名录。

社长：林白燕
总编辑：方建伟
地址：澳门罗理基博士大马路600号第一国际商业中心1002室
网址：www.macaucee.com.mo
电话：（853）28705239
传真：（853）28705548
电邮：macaucee@yahoo.com.hk

澳门观察报

《澳门观察报》（周报）创刊于1995年1月，是澳门天主教教友协进会属下的一份周报，根据天主教社会训导的立场探讨社会时事，以此作为教会与社会的桥梁和信仰分享的平台。逢周日出版，每期对折4版彩色印制，内容包括：社会、信仰及专栏，读者对象除天主教教友外，亦为全澳居民。

社长：陈伟智
地址：澳门罗约翰神父街30号
网址：www.macauobserver.net
电话：（853） 28211563
传真：（853） 28211563
电邮：observer.mo@gmail.com

澳门时报

《澳门时报》（日报）创刊于1972年8月，初为周报，其前身为《时事新闻报》。2007年1月，由当代澳门传媒有限公司接办，2015年9月易名为《澳门时报》并于2016年6月15日改为日报，每周一至周五彩色印刷出版发行，网站、微信公众号等新媒体平台快速更新。

该报秉承先辈“养天地正气，法古今完人”之办报宗旨。维护国家统一和中华民族伟

大复兴事业，支持特区政府依法施政，弘扬爱国爱澳精神。立足于此，紧跟时代发展步伐，不断加强自身建设，采编团队努力创新，以客观、负责及专业的态度，透过独特观点剖析、深入调查报道澳门、祖国以及世界时政要闻与民生大事等，贴近社情民意，确立自身发展方向与风格，力求成为具备自身特色的大众读物。

社长：杨达夫

地址：澳门罗理基博士大马路600-E号第一国际商业中心21楼

网址：http://macautimes.cc

电话：(853)28421999

传真：(853)28421333

电邮：macautimes@hotmail.com

澳门法治报

《澳门法治报》（周报）于2013年12月创刊，是经澳门特区政府登记出版的惟一法律专业的主流报纸、法学核心刊物。该报目前为全彩色对开8版大报，逢周五出版。包括：时政要闻、澳门万象、两岸四地、国学教育、旅游休闲、专题、军事与科技、普法园地等8个版面。

《澳门法治报》以爱国爱澳、关注法治民生、追求中华民族伟大复兴中国梦为宗旨，力求从法理的角度阐释社会万象，维护社会公正与良知，为政府与市民搭建对话的桥梁。

《澳门法治报》坚持以社会效益为重，杜绝人情稿及广告软文；自觉传播内地的文化与法律思想，推动两岸四地的文化交流；与法务局合办普法园地栏目宣传澳门法律，同时免费配合警检法司等相关部门推广普法宣传教育。

《澳门法治报》紧跟时代发展，于2014年下半年推出了便于网络及手机传播的电子版，2016年初经整合推出集图文视频网站、数字报刊及微信公众平台于一体的澳门法治报全媒体网媒。

社长：禤伟旗

执行社长：周新政

总编辑：许晓宇

首席法律顾问：范焱华

地址：澳门罗理基大马路223号11楼C座

采编中心地址：珠海市香洲区珠澳跨境区益源大厦五楼

网址：www.amfzb.com???

电话：（853）2850 8025

传真：（853）2878 2902

电邮：amfz88@163.com

澳门脉搏

《澳门脉搏》（周报）创刊于1988年4月20日，原是由何思谦议员办事处创办的《澳门脉搏月刊》，1990年4月20日改为周报。该报主要刊登澳门政治、社会新闻、消息及评论。逢周五出版，每期出版4开1大张。报章内容包括改治、教育评论等。2002年开始增加互联网版本。

社长、总编辑：杨冠科

地址：澳门新口岸伦敦街95号8楼AB

网址：www.pulso.com.mo

电话：（853）28400190

传真：（853）28400284

电邮：pulsomacau@gmail.com

澳门商报

《澳门商报》于2006年6月6日正式出版发行，是经澳门特区政府新闻局登记的定期刊物。该报以“商通两岸，报传四地”为报纸宗旨，以经济类报道为主体，版面为3大张12版，以澳门及周边地区为读者对象，立足澳门，面向内地，尤其是珠三角、港、台及东盟等地区。《澳门商报》在内地设有广东办事处和北京记者站。

《澳门商报》坚持爱国爱澳的核心价值，凭借澳门独特的区位优势，通过传递境内外发展动态以及为内地招商引资提供信息等方式，成为大陆与港澳台、“一带一路”建设及葡语国家财经信息的交流平台。在融媒体发展趋势下，《澳门商报》通过该报纸媒、网站、微信公众平台、微博、直播等全方位的发布渠道，与媒体同行开展多元合作，牵头成立了澳门文化传媒联合会、中国（澳门）综合发展研究中心、澳门新媒体联盟，创办的“澳门国际文化传媒论坛”，已具有较高的知名度，为提升澳门文化传媒的影响力和促进澳门与世界各地的文化交流与合作，做出了贡献。目前，《澳门商报》已经发展成

为粤澳两地具有影响力的媒体。

《澳门商报》在业务整合上重点打造宣传策划+会展活动+落地对接服务的模式，积极推动澳门作为国际平台在经贸合作中的桥梁作用。

社长：朱海生

地址：澳门新口岸宋玉生广场181-187号光辉（集团）商业中心17楼A

网址：http://www.maccpnews.com

电话：（853）28722859 28722895

传真：（853）28780536

电邮：macaocp@gmail.com

澳门晚报

《澳门晚报》（日报）创刊于2010年9月8日，2014年由周报改为日报。对开16版。该报本着“一份澳门晚报，十分民情关怀”的理念，立足澳门，面向泛珠三角，宣传基本法，弘扬爱国爱澳、助力强澳富民、社会和谐进步。该报内容：时政方面有要闻、城事、时评、珠三角；对社会热点、弱势群体的企盼、或百姓最为关注的问题则以专题形式进行全方位、全程跟踪报道；以“街头巷尾”、“老街记忆”、“草根追求”等记述老百姓的衣食住行。

社长：柯建刚

地址：澳门佛山街新建业商业中心11楼D-L座

网址：www.macauevening.com

电话：00853-28715879
28788816　28788817

传真：00853-28715884

电邮：news@macauevening.com
ad@ macauevening.com

澳门焦点报

《澳门焦点报》于2014年3月28日创办，坚持爱国爱澳的创刊宗旨，全力配合澳门特区政府依法施政，建设世界旅游休闲中心的大方向，致力打造这一澳门品牌。以务实、创新、多彩为办刊原则，重点围绕“澳门旅游休闲”这个主题，全方位推介旅游休闲的经济、文化、旅游3大板块。逢周5出版6版。

《澳门焦点报》努力融入全媒体时代。开设报刊网站，除将报纸电子化外，增设“微信公众号”，又开设全天候与读者互动的“焦点论坛”，设置“聚焦澳门”、“旁观香港”、“瞭望内地”3大板块，热议时政，争鸣学术，探讨文经，百花齐放。

社长、总编辑：范益民

地址：澳门罗保博士街1-3号国际银行大厦15楼1506室

网址：www.mcfocus.com.mo

电话：28714116

传真：28714116

电邮 : mcfocus3@gmail.com

濠江日报

《濠江日报》（日报）2007年7月13日经过百日试刊，作为澳门第9家中文日报，于2008年3月28日正式发刊。

《濠江日报》坚持爱国爱澳、服务社会，在支持特区政府依法施政的同时，也积极反映各阶层人士的心声，发挥舆论监督的应有责任。《濠江日报》为彩色日报，并设有App，Facebook，网站，微博等专属户口，在纸媒及网媒方面同时发展，与澳门《大众报》同属新濠江报业集团。

《濠江日报》每日出纸7大张28个版面，并自设印刷厂每日彩色印刷，在2017年开始经国务院港澳事务办公室批准，在北京设立《濠江日报》常驻记者站，更好及更全面地为全澳市民服务，增强澳门市民对国家事务的了解。

社长、总编辑：黄宇光

地址：马场东大马路25-69福泰工业大厦六楼

网址：www.houkongdaily.com

电话：（853）28282323

传真：（853）28282322

电邮：houkongdaily@macau.ctm.net

城市生活

《城市生活》杂志（City Life）是由澳门华视国际集团有限公司于2014年6月创刊的一本免费直投旅游攻略杂志，秉承“悠闲生活 品味城市”的宗旨，树立精致媒体品牌，是一份服务中高端消费人群，面向珠海、澳门、香港

发行的城市文化媒体。

《城市生活》注重体验性、欣赏性、导向性、服务性；秉持独到视角，剖析城市文化内涵，以深度化的阅读内容，从城市的文化、地产、旅游、时尚、美食等不同方面，满足读者的精神和物质需求。

社长：张锦华

总编辑：张锦玲

地址：澳门风顺堂区38号顺良大厦BR/C

电话：853-2892 0009

传真：853-2892 0007

电邮：8@21cn.com

商讯

《商讯》（月刊）于2005年9月在澳门创刊，由在当地出版英文《澳门商业》月刊的De Ficcao-Proiectos Multimedia 投资发行，是目前澳门唯一的中文商业和财经类刊物，月初出版。该刊力求从深度和广度上提供并分析商业信息，着重透视澳门商界动向，包括博彩、旅游、金融、会展、零售、物流和地产业的发展，同时聚集珠江三角洲地区的商情变迁，关注大中华经济圈的商机消长。该刊的创办，填补了澳门长期缺乏中文商业和财经类期刊的市场空白。

《商讯》月刊设有"封面故事"、"CEO专访"、"特别报道"、"商机解读"、"商城传真"、"地产楼市"、"消费地带"、"澳门简讯"和"珠三角动态"等专栏。读者群主要是澳门商业、金融、娱乐、零售、物流、地产、科技产业和政府部门的高层管理和专业人员。

社长：保罗·雅士度（Paulo.A Azevedo）

主编：Mandy Kuok

地址：澳门马揸度博士大马路679号南方工业大厦C座9楼H座

网址：www.bizintelligenceonline.com

电话：（853）28331258,
28705909,28718844

传真：（853）28331487

电邮：editor@bizintelligenceonline.com
pazevedo@bizintelligenceonline.com

澳门月刊

《澳门月刊》、澳门新闻通讯社创立于1993年，在澳门特区政府新闻局注册，由中华出版社出版。其创刊宗旨为：客观公正、爱国爱澳、热爱公益、维护特区政府依法施政，通过正面宣传，促进澳门社会的和谐进步。该刊是一份具有中国内地刊号并通过内地新华书店、邮局面向各地发行的澳门综合类刊物，也是政府各部委及各省、市政府机构、社会团体、企业了解澳门的主要刊物。该刊为大16开本、80个版面，全彩印刷。

主要栏目有"卷首语"、"舆情观察"、"焦点直击"、"时事辩论"、"澳门论坛"、"人物访谈"、"澳门聚焦"、"神州扫描"、"专题特稿"、"财经风云"、"台海之声"、"文化解读"、"澳门体育"、"澳门纵横"、"澳门旅游"等。该刊每月10日出版。

《澳门月刊》旗下新增华文传媒微信公众号：澳门江湖 于2013年10月创办。

创办宗旨：立足澳门，宣传澳门，解读澳门深层次问题，提供港澳台新闻资讯。

社长：王定昌

总编辑：王春芳

地址：澳门慕拉士大马路157号激成工业中心第二期14楼L座

网址：www.macaumonthly.net
www.mna.net.cn

电话：（853）28705485

传真：（853）28705451

电邮：amyk3388@sina.com

澳门报告

《澳门报告》杂志（月刊）主张言论自由，但不赞同违背法律、道德及原则的自由言论，坚持严肃的新闻理念，以敏锐而深刻的见解去探索与判断新闻事件的新闻价值，强调建设性与分寸感的务实新闻操作。《澳门报告》杂志紧密追踪澳门及内地、港台社会变革中的重大事件、热点难点，汇聚主流精英和民众的

声音，提供有建设性的思考，为推动澳门经济发展、社会前行作出贡献。

社长：柯建刚

地址：澳门佛山街新建业商业中心11楼D—L座

电话：00853-28788816
28788817 28715879

传真：00853-28715884

电邮：news@macauevening.com
ad@ macauevening.com

澳门广播电视股份有限公司

澳门广播电视股份有限公司(简称澳广视)，是澳门的公营广播服务提供者，主要服务澳门市民。澳广视下设5个免费地面数字电视频道、一个卫星电视频道及两个电台频道，包括：澳视澳门、澳门资讯、澳视体育、澳视高清、Canal Macau（葡文电视台）、澳门-Macau卫星频道，澳门电台及R ú dio Macau（葡文电台）。

澳广视与中国内地各省市同业有多方面的交流合作，通过电视节目互换展播。澳广视亦致力发展澳门与葡语国家及地区同业的合作关系，发挥澳门在中国与葡语国家及地区之间的桥梁作用。澳广视积极参与国际广播事务，为亚太广播联盟、亚太广播发展学会、及国际公营广播机构等组织的成员。

澳门电视台节目包括国际、两岸、本地新闻及社会信息、艺术、文化、教育、体育、娱乐等。澳门电台提供24小时广播服务，包括新闻、信息、文化、教育及娱乐节目。

澳广视积极开拓新媒体平台，包括网站及智能装设手机应用程序(TDM App)等，提供实时新闻、电视及电台频道直播、节目重温、最新讯息及互动功能等。

董事会副主席、执行委员会主席：白文浩

董事会董事 、执行委员会委员：罗翔天、黎奕豪、罗崇雯、何凯玲

地址：澳门俾利喇街157号A

网址：tdm.com.mo

电话：（853）2871 6582

传真：（853）2871 6579

电邮：enquiry@tdm.com.mo

澳门有线电视股份有限公司

澳门有线电视股份有限公司于2000年成立，是澳门唯一的有线电视服务机构，澳门有线电视汇聚了世界各地约100多个不同类型的频道及10多个高清频道，涵盖包括体育、教育、电影、综合、音乐、时事、新闻、科技、信息、卡通及生态等多方面的节目。透过引入先进的高清数码传播技术及覆盖全澳门的400多公里光纤网络，为澳门市民、商业机构及所有五星级酒店提供高质量的高清及3D电视服务。

澳门有线电视拥有专业的制作团队及自制频道“澳门有线第一频道”（Channel 1）、“澳门有线互动新闻台”（Channel 2）、“澳门有线体育信息台”（Channel 33 Inso Sports）。节目制作立足本土，放眼国际。

近年，澳门有线电视积极开拓多元化业务，公司拥有先进的国际水平的高清数码有线电视系统，增加了互动电视功能，为观众提供国际化的精彩电视节目频道；具有多样性的跨媒体广告宣传平台，包括电视广告制作及投放、网站、刊物、Led电子屏幕、户外广告、线下活动统筹等。

行政总裁：林燕妮

地址：澳门荷兰园大马路77号A地下

网址：www.MacauCableTV.com

电话：（853）28822866

传真：（853）28781821

电邮：enquiry@MacauCableTV.com

澳门莲花卫视

澳门莲花卫视于2008年11月20日，正式获澳门特别行政区政府批出6条卫星电视广播频道准照，是一个以提供精英文化和澳门本土信息为主要内容，立足澳门、面向世界的卫星电视台。

澳门莲花卫视通过亚洲7号卫星，覆盖中国大陆、香港、台湾、日本、韩国、新西兰、澳大利亚、中东等50多个国家和地区。尤其是在香港、大陆、东南亚、北美的收视人群比较集中，许多大型高档小区及4、5星级酒店都有转播莲花卫视。同时网上开通实时同步直播视频，只要登入该台网站，就可同步收看该台节目。

主要播放及制作的节目包括澳门第一档直播互动节目“澳门开讲”，澳门第一个校园真人秀“澳门优等声”，澳门首个新春晚会“平安濠江-2017警民新春联谊晚会”，澳门第一个电视演讲大赛“知法讲法”，全球第一档博彩财经节目“博彩界”、“经典影院”等。

台长：李自松

地址：澳门宋玉生广场180号东南亚商业中心22楼

网址：www.lotustv.cc

电话：(853) 28787606

传真：(853) 28787607

电邮：lotustv@lotustv.cc

澳亚卫视中文台

澳亚卫视中文台于2004年3月正式开播，节目通过亚洲五号卫星、鑫诺一号卫星及长城平台播出，信号覆盖两岸四地和东南亚等世界70多个国家和地区。澳亚卫视的受众定位是中国内地、澳门、香港、台湾及全球华语群体，节目定位是以新闻信息、娱乐、强档影视剧为主的综合性频道。

澳亚卫视获准在广东省有线网和全国三星级以上酒店、涉外和港、澳、台同胞居住小区播出，有效覆盖1.55亿人口，在澳门地区全面覆盖，在香港覆盖率达70%以上，并已进入台湾数字电视网络及3G电视平台。在东南亚地区，该台先后进入马来西亚、泰国、菲律宾、印度尼西亚、巴基斯坦等国家的有线电视网。目前还与其它国家和地区相关媒体签署了意向性落地协议。

频道原创节目有《清清早茶》、《午间快报》、《澳门万象》、《澳亚新闻》、《走进台湾》等，同时还引进国内外强档电视剧及电影，为观众提供更多的娱乐选择。

董事长：林南

地址：澳门罗理基博士大马路600E号第一国际商业中心4.5楼

网址：www.imastv.com.

电话：（853）28750080\66131032

传真：（853）87919119\28750016

电邮：mastvnews@hotmail.

濠江卫视

濠江卫视于2014年7月正式开播，是总部设于澳门的国际卫星电视频道。

濠江卫视立足澳门，放眼世界，全天 24 小时为全球观众送上精彩多元的新闻、专题、纪实、访谈、戏剧、综艺、体育、影视剧等各类电视节目。其内容涵盖时事、经济、社会、科学、文化、教育、生活、艺术、娱乐、美食、旅游等各个方面。

董事长：柯建刚

地址：澳门佛山街新建业商业中心11楼D—L座

电话：00853-28788816
28788817　28715879

传真：00853-28715884

电邮：news@macauevening.com
ad@ macauevening.com

澳门传媒集团

澳门传媒集团创办于2012年1月30日，是澳门唯一集电视、报纸、杂志、出版、文艺、娱乐为一体的全媒体机构；旗下拥有濠江卫视、濠江微视、《澳门晚报》、《澳门博彩》报、《澳门人力资源报》、《澳门经济报》、《澳门书画报》、《澳门杂文》报、《澳门诗词》报、《澳门报告》杂志、莲花出版社及濠江卫视艺术中心。

澳门传媒集团前身为澳门报告传媒集团，最初打造专注国家高度的《澳门报告》杂志社，并创立莲花出版社。传媒集团以“天上地下展现濠江，平面立体报告澳门”为己任；弘扬传统文化，传播时代理念；坚持“以理义警世，以情意济民”。

《澳门晚报》（日报）于2010年9月8日创刊，以贴近民生的专题报道为特点，为居民发声。主要版面有澳闻、要闻、专题、特刊、副刊等，是一份贴近时代、生活、群众的报纸，“两会札记”、“寄语澳门特别行政区政府”、“柯砖砸睡”等系列言论深度剖析、针砭时弊。

《澳门经济报》是定位在中高端读者群的经济类综合性周报。以指导经济工作、提供信息指导消费,推动社会经济建设为宗旨。是传播发布国内外关于经济方面政策信息的重要渠道，是澳门了解国内外经济发展动向的重要窗口。

主要负责人：柯建刚

地址：澳门南湾大马路中华广场14楼J座

网址：www.mediamacau.com

电话：+853 28715879

传真：+853 28715884

电邮：news@mediamacau.com

台湾

168周报

《168周报》发行人翁立民，每周六出刊。以台湾证券产业为报道领域。

地址：251台北县淡水区坪顶路300号

编辑部电邮：168@168abc.net

人间福报

《人间福报》（日报）由高雄佛光山创刊于2000年4月1日，为台湾第一份由佛教团体创办的综合性日报，不单报道佛教新闻。该报社创刊前与《联合报》签约，委托《联合报》印刷《人间福报》，并透过《联合报》遍及全球的通路、海外印刷厂发行出去。2007年9月，“人间福报电子报纸”www.merit-times.com.tw正式上线。2009年12月12日，编辑部迁至台北县汐止市（今新北市汐止区）大同路一段369号2楼，与《联合报》总部迁入同一栋大楼。

创办人：星云大师

社长：金蜀卿

地址：台北市松隆路327号5楼（朝代大厦）

网址：www.merit-times.com

电话：（886）2 8787 7828

电邮：newsmaster@merit-times.com.tw

工商时报

《工商时报》（日报）是台湾旺旺中时媒体集团的一份报纸，创立于1978年12月1日，为台湾两大工商财经专业报纸之一，主要内容以工商、财经为主，每天出版11大张以上，内容涵括工商界要闻与财经重要新闻等。

董事长：蔡衍明

社长：陈国玮

地址：台北市万华区艋舺大道303号5楼

网址：http://ctee.com.tw

电话：（886）2 6632 0008

太平洋日报

《太平洋日报》创刊于1988年，每日出对开12版，主要内容包括：今日焦点、房地产新闻、综合新闻、两岸交流、社会文化与服务等。

地址：台北市内湖区瑞光路8号6楼之1

网址：www.pacificnews.com.tw

电话：(02)87911588(分机103)

传真：(02)87923628、87923626

中华日报

《中华日报》是中国国民党1946年2月在台南投资创刊。1948年出刊北部版。目前，该报版面包括“焦点新闻、要闻版、生活版、社会版、综合版、体育、财经、理财、医药保健、中华副刊、家庭及影艺电视”等。其中“台南市”版，除地方新闻及广告外，并为大台南地区读者规划6至8个版面，为该报发行重镇大台南地区的读者提供服务。该报以成为台湾中部以南区域第一大报为目标。

董事长：陈树

社长：庄曜华

地址：台南市西华街57号

网址：www.cdns.com.tw

电话：（886）6 2296 381

电邮：cdns@ms1.hinet.net

中学生报

《中学生报》创刊于2012年9月，每周发行一次，内容包括：掌握时事新知、规划学习生涯、提升语文能力、分享心情故事，系台湾唯一专属中学生的报纸。

地址：台北市中正区福州街2号3楼

网址：www.mdnkids.com

电邮：youth@mdnkids.com

中国时报

《中国时报》（日报）是台湾旺旺中时媒体集团的核心报纸，其前身为1950年创办的《征信新闻》。1968年9月1日启用现名《中国时报》，时为亚洲第一份彩色报刊。该报逐渐由单一报纸事业多角化发展到传媒、出版、网络、旅游、展演、整合行销等，2002年更跨足电视经营。2008年11月，旺旺集团入主中时媒体集团。2009年，中时集团与旺旺集团正式整合为“旺旺中时集团”，成为一个横跨食品、媒体等产业的企业集团。

创办人：余纪忠

旺旺中时媒体集团董事长：蔡衍明

总编辑：王绰中

地址：台北市万华区艋舺大道303号

网址：www.chinatimes.com/cn/newspapers/2601

电话：（886）22308 7111

传真：（886）223085924

电邮：news.ct@chinatimes.com.tw

电子时报

《电子时报》（日报）创刊于1998年4月17日，为台湾第一家科技产业专业报，其新闻着重于半导体、计算机、通讯等电子产业。2007年4月底“DIGITIMES”网络简体版上线，该报与旗下刊物《企业IT周报》、《技术IT周报》配合改版。产品平台从平面媒体拓展到中英文网络、整合行销活动、研究报告服务、专案委托研究等。其英文网被称为掌握台湾及亚太科技动态的重要来源。2015年正式推出DIGITIMES APP。每年主办、承办多场次专业研讨活动。

地址：台北市松山区民生东路四段133号12楼

网址：www.digitimes.com.tw

电话：（886）2 8712 8866

传真：（886）2 8712 3366

电邮：reader@digitimes.com

民众日报

《民众日报》（日报）创立于1950年，1978年总部由基隆迁往高雄市，2000年2月起，东森媒体集团投资该报，这一时期发行量为21万多份，读者多分布于台湾中南部地区。《民众日报》一度开设36个地方版面，其数量居台湾各大平面媒体之首。2010年再度爆发经营权之争，目前报社由民众传播事业有限公司接手经营，仍然采取深耕地方的策略，强化本地新闻报道。民众网作为《民众日报》多媒体服务平台之一，以成为两岸及海外华人的数字及新闻交流平台为目标，于2014年上线，积极与大陆媒体合作。

社长：蔡云夤

地址：高雄市新兴区中正三路160号4楼之2（官网总公司地址：22102 新北市汐止区新台五路一段110号10楼A栋 官网总公司电话：（02）2696-1636）

网址：www.mypeople.tw

服务专线：(07)976-9033

传真专线：(07)236-7032

民时新闻（民时新闻社）

《民时新闻》创刊于2000年3月29日，以“民意第一，台湾优先”为口号，每期出对开12版左右，内容主要包括：要闻、中部新闻、综合新闻、大台南新闻、桃竹新闻、高屏新闻等。

地址：高雄市前金区市中一路5号5楼之2

电话：07-2217629

台中民意杂志

《台中民意杂志》创刊于1986年3月20日，内容以当地政治新闻为主。

发行人：黄文期

地址：台中市西区五权五街117巷2楼

电话：(886)423728052

台中晚报

《台中晚报》总社位于台中，在台北设有采访中心。每期出对开8版，主要内容包括：焦点新闻、综合新闻、台湾彩券等。

地址：台中市西屯区台中港路三段29-5号

电话：（04）22516610

传真：（04）22545492

台湾立报

《台湾立报》（日报）为隶属于世新大学的教育报，由成舍我创于台湾开放报禁后的1988年7月12日。日出4小张16版，以“教育、弱势族群、社会运动、环境议题”为主要内容，报道文教社运、弱势族群等议题。每周一至周五发行，周一至周四每日发行4张16版，周五6张24版，版面包括“新闻”、“国际”、“专题”、“生活”、“族群/性别”等栏目。1995年由《台湾立报》独立出来自办发行之《破报（Pots）》，为重要的非主流青少年次文化免费周报。1998年3月该报改版。

2017年3月13日重新复刊，由30位来自世新大学的学者与校友，组成“三十而立”评论撰写团队，以?“社群媒体的媒体”（social media media）面貌借助网络持续发表文章，着重于传播、教育与科技3项议题，作出独立观察与建议。

社长：游梓翔

总编辑：苏建州

地址：台北市木栅路一段17巷1号

网址：www.lihpao.com

订报专线：02-22360102 分机218

电邮：article@lihpao.com

台湾好报

《台湾好报》由《台湾新闻报》转变而来。《台湾新闻报》于1961年创刊，原为《台湾新生报》南部版，属台湾省政府经营之官方报纸。1988年初由日出对开3大张增为6大张，以高雄为据点，报道南部地方新闻。2001年元旦正式民营化，由张瑞德兼任董事长与发行人。2005后数度易手。2013年更名为《台湾好报》。现同时办有《两岸好报》，集中报道两岸相关事务与新闻。

发行人：陈宗义

社长：宋智忱

地址：台湾台北市文山区万隆街21号

网址：www.newstaiwandigi.com

电话：886-02-86632813

电邮：newstaiwan101@gmail.com

台湾时报

《台湾时报》（日报）为南台湾两大报之一，与《民众日报》并称“南台湾两大报”，前身为创于1946年花莲县的《东台日报》。1964年迁往彰化，更名为《中兴日报》。后几经改名为《台湾日报》、《台湾晚报》，1971年改组迁移高雄，同年8月25日发行《台湾时报》创刊号。2000年11月改版成为台湾第一份全彩印刷的报纸。日出6大张24版，版面包括“要闻”、“政治”、“焦点”、“综合”、“社会百态”、“医卫健康”、“宗教台湾”、“农业台湾”、“副刊”、“头家开讲”、“地方综合”、“专访”等。

董事长：王明仁

社长：林世英

地址：高雄市仁武区高楠公路32号

网址：www.twtimes.com.tw

电话：（886）7 342 8666

台湾导报

《台湾导报》创刊于2011年底，关注台湾地方新闻。每日6大张彩版，主要版面包括：要闻、焦点新闻、大陆新闻、大台南新闻、嘉义新闻、云林新闻、大台北新闻、基隆新闻、大高雄新闻、高屏新闻、花东新闻、中部综合、彰化新闻、南投新闻、苗栗新闻、新竹新闻、桃园新闻。

董事长：陈丽樱

社长：林文雄

地址：高雄市苓雅区自强三路3号?32楼之1（85大楼）

网址：taiwan-reports.com

电话：07- 5665189

台湾商报

《台湾商报》创刊于2008年，内容以两岸财经新闻、当地展览及工商活动为主，每期出对开8版，主要版面包括：两岸政经、企业巡礼、商情资讯、地方采风、理财商报等。

社长：刘沅樵

地址：台中市西屯区工业区一路123号
网址：tbnews.com.tw/newspaper
电话：886-2-23891168/23615897
传真：886-2-23893989
电邮：news588168@gmail.com

台湾新生报

《台湾新生报》（日报）接收日据时期《台湾新报》设备，得以创办于台湾光复日——1945年10月25日，是台湾发行最早、也是历史最悠久的中文报。早期隶属台湾省政府，为当时第一大公营报系、全台第五大报。1949年6月发行之南部版，于1969年6月更名为《台湾新闻报》独立发行。2001年元旦转为民营，配合2004年6月推出的《养生文化报》，转型以两岸经贸、交通与医疗养生为主题的报纸。日出4大张16版，除正刊还发行10大张航运版，代理“政府采购公报”及“数字采购报”的业务。版面包括“交通两岸”、“综合新闻”、“专题报道”、“中医保健”等。2007年7月网络改版上线。

董事长：詹天性
社长：刘长裕
地址：台北市复兴北路40号9楼
网址：www.tssdnews.com.tw
电话：（886）2 8772 3058
传真：（886）2 8772 3135
电邮：ssb.bg@msa.hinet.net

台湾醒报

《台湾醒报》（日报）创刊于2008年9月1日记者节。其创办宗旨是期待“以阅读带来心灵的启发，以新闻报道带来生命的平衡”，希望以清新深入的新闻报道唤醒台湾。该报报道角度与方向是深入洞悉新闻现象与意义，并提供解决之道。

《台湾醒报》以“五媒合一”即“电子版”、“实体版”、“广播”、“电视”及“手机”形式每天为读者提供15到25条必读新闻，让读者可在任何时间、地点阅读新闻信息。

社长、总编辑：林意玲
地址：台北市杭州南路一段27号11楼
网址：anntw.com
电话：（886）2 2358 1961
传真：（886）2 2358 2155

自立晚报

《自立晚报》（日报）创刊于1947年10月10日，为台湾第一份中文晚报。自诩“无党无派、独立经营”，并在1988年创《自立早报》形成自立报系。虽经10次易主、5次搬迁、3次停刊，仍是1990年代台湾领航晚报。2001年部分员工于同年9月自组“自立多媒体股份有限公司”，以网络报形式继续运作。主要报道“政治焦点”、“财经特区”、“证券理财”、“全台新闻”、“综艺生活”、“分类信息”等。

社长：谢志鹏
地址：台北市中正区济南路2段15号
网址：www.idn.com.tw
电话：（886）2 2546 4368
传真：（886）2 2546 0203
电邮：idnmis.f3305@msa.hinet.net

自由时报

《自由时报》（日报）为台湾四大报之一，创刊于1980年4月17日。1981年元旦由《自强日报》改名《自由日报》，时为中部地方报，1986年将总部迁至台北县新庄市（今新北市新庄区）。1987年9月再度更名为《自由时报》，并在1989年迁至台北市。1995年起，《自由时报》将赠报作为常规发行手段。1998年，该报每周一至周五向台北市高中、高职校园免费供应大量完整版报纸，是台湾报社首次使用“免费报”策略来提高“阅报率”的报纸。

创办人：林荣三
地址：台北市瑞光路399号
网址：www.ltn.com.tw
电话：（886）2 2656 2828
传真：（886）2 2656 1038

自由新闻报

《自由新闻报》（日报）创立于1950年12月1日，前身为自由新闻通讯社，是台湾第一家报导证券的专业新闻媒体。原日出3大张，发行曾普及全台，现已改为电子报，每日提供股市资讯。

发行人兼社长：袁天行

总编辑：董益庆

地址：台北市罗斯福路一段61号7楼

网址：www.freedomnews.com.tw

电话：（886）2 2341 6811

电邮：freedomnews@anet.net.tw

更生日报

《更生日报》（日报）1947年9月3日在花莲创刊，为台湾东部综合性地方报。当时以《台湾更生报》之名发行3日刊，一年后改为日刊并易名《更生日报》。日出6大张24版，版面包括“要闻”、“花东新闻”、“产经消费”、“国际新闻”、“影视艺”、“体育”、“两岸三地”、“花东旅游”、“副刊”、“专刊”及“儿少天地”等。除各大报纸该有的国际性要闻、岛内重大新闻及财经新闻之外，其它的主要版面内容以贴近花莲、台东当地的地区新闻、社会写实等为重点，对当地民众而言具有相当的乡土性与亲和力。

创办人：谢膺毅

社长：谢立德

地址：花莲市五权街36号

网址：www.ksnews.com.tw

电话：（886）38 340131转317

传真：（886）38 341406

电邮：keng-shen5@umail.hinet.net

两岸犇报

《两岸犇报》（双周刊）创刊于2009年4月，是以提供两岸就学、就业、民间交流、文艺资讯，以及关注两岸最新发展动向与进步思想为主要内容的专业报。

发行人：陈福裕

地址：台北市敦化南路二段170号6楼

网址：chaiwanbenpost.net

电话：（886）2 27359558

电邮：chaiwanbenpost@gmail.com

财讯快报

《财讯快报》（日报）为创刊于1988年之财经类报纸。2007年起由纸本转型网络报，付费方可在线阅读与检索。主要提供专业财经新闻全文、法人动向与盘势分析、国际金融动态及原物料报价，分“新闻”、“焦点”、“投资”、“产业”、“股市”、“法人”、“外汇”、“理财”、“期货”等类目。

创办人：邱永汉

执行长：谢金河

地址：台北市南京东路一段52号11楼

网址：www.investor.com.tw/onlineNews

电话：（886）2 25414548

法治时报

《法治时报》创刊于2008年，关注台湾政治、法律相关新闻。

地址：台北市安和路一段55号7楼

网址：www.npo-rwd.org /lawpaper/

电话：（886）2 27505770分机1

青年日报

《青年日报》（日报）是在台湾发行的军事专业中文报纸，前身是1952年10月10日创刊的《青年战士报》，为隶属台湾防务部门的文宣单位。1984年改为现名，目标读者由官兵、学生扩大到台湾民众。日出4大张16版，版面有：要闻、军事焦点、国际、新视界、综合新闻、论坛专栏及生活消费、副刊、艺文、体育、影剧等。

社长：孙立方

地址：台北市中正区信义路1段3号

网址：www.ydn.com.tw

电话：（886）2 2322 2722

传真：（886）2 2322 2733

电邮：digital@ydn.com.tw

国语日报

《国语日报》（日报）前身为1947年1月15日在北京创刊的《国语小报》，1948年10月25日迁台后发行创刊号，提出“以办教育的态度办报”，是台湾唯一加注注音的报纸。日出4小张16版，含“焦点”、“文教”与“儿童”新闻，副刊则有“儿童文艺”、“科学”、“少年艺术”等内容。另编制面向幼儿的《国语日报周刊》、《中学生报》等。

社长：蒋竹君

地址：台北市福州街2号

网址：www.mdnkids.com

电话：（886）2 2392 1133

旺报

《旺报》（日报）于2009年8月11日正式创刊，以“掌握中国大陆脉动”为宗旨，属旺旺中时媒体集团。总社位于台北市。创办人为旺旺集团董事长蔡衍明。《旺报》以小型报8开问世，每日有40个版面。每天推出不同的周报，包括《财富周报》、《陆企周报》、《教育周报》、《旅游周报》、《旺宅周报》、《台商周报》、《文化周报》。《旺报》目前发行地点为台湾，另有电子版《旺E报》及英文旺报。《旺报》和诸多大陆媒体有合作关系，包括新华社、中新社、《经济观察报》、《新民晚报》、《上海第一财经》、南方报业集团、《羊城晚报》、《今晚报》、《天津日报》、《三晋都市报》、《福建海峡导报》、《厦门商报》等。

创办人：蔡衍明

地址：台北市艋舺大道303号

网址：www.chinatimes.com/cn/newspapers/2603

电话：（886）2 2308-7111

电邮：srvice@want-daily.com

金门日报

《金门日报》（日报）前身为1949年创立于江西的《正气中华报》，同年迁至金门后复刊发行。1965年10月《金门日报》创刊后两报并行。1992年11月，《金门日报》社改隶金门县政府，《正气中华报》则由“金门防卫司令部”接手转为周刊。日出2大张8版，有“焦点新闻”、“金门要闻”、“地方新闻”、“国内外综合新闻”、“浯江副刊”、“专刊”及“影剧体育”等栏目。

社长：傅仰土

地址：金门县金湖镇成功村1号

网址：www.kmdn.gov.tw

电话：（886）082 332 374

传真：（886）082 331 995

经济日报

《经济日报》（日报）创刊于1967年4月20日，是台湾第一份经济专业报，现为台湾两大财经报之一。其前身为《台湾公论》，被王惕吾买下成为《联合报》第一家姊妹报。报道内容涵盖：财经政策、股市与金融产品投资、科技产业、传统制造业、金融服务业、国际与两岸政经大事等。日出12大张48版，版面包括：综合要闻、税务管理、企业报道、基金理财、证券产业等。2008年1月2日改版增辟“房产”、“科技”、“乐富”、“创业”、“知识”5大专区，周日附《WINpaper》7小张，内容以“个股擂台赛”、“人物专访”等栏目为主。

与期投入数位经营，以《经济日报网》服务用户，在网络与报纸两者无缝隙接轨下，提供用户24小时最新、最权威的财经讯息。

董事长：王文杉

社长：黄素娟

总编辑：费家琪

地址：新北市汐止区大同路一段369号

网址：money.udn.com

电话：（886）2 8692 5588

传真：（886）2864303507

电邮：edn@udngroup.com.tw

前锋电子报

《前锋电子报》（日报）（原前锋新闻通讯社）为创于1960年之商务报，提供各机关采购与总务相关人员的招标讯息。近年亦提供电

子报，每日发报500份以上采购资讯，订阅者可依采购类别、日期、招标单位等条件查询。2007年元月起改固定假日不出报之惯例为周休二日外每日出报，并增辟公告版，同时增发了《前锋产业生活报》。

发行人、社长：郭庆璋

地址：新北市新店区建国路257号5楼之12

网址：www.cfnews.com.tw

电话：（886）2 8219 2298

传真：（886）2 2918 3491

电邮：service@cfnews.com.tw

南方生活报

《南方生活报》（日报）于2012年6月1日创刊，隶属台湾“南方生活报媒体事业群”发行刊物之一，创报宗旨为“文化传承”“城市营销”“创意人生”。该报系由《中国时报》系与《自由时报》系资深新闻干部共同创办，在全台各地拥有经验丰富的采访主笔群，主要深入报道两岸各地文化艺术、人文历史、地理景观、休闲旅游及重大节庆活动。

发行人：林健炼

总编辑：苏正国

地址：台北市开封街一段32号11楼之1

网址：www.southjournal.com.tw

电话：（886）2 7728-7166

传真：（886）2 2381-1238

电邮：southjournal@gmail.com

南华报

《南华报》于2000年在日本神户创立，2002年10月总社迁址台湾台中，并在高雄设立编辑部。以“立足台湾、关怀两岸、放眼全球”为创报宗旨。该报以全方位视角，关注两岸动态，秉持公正、客观、迅速、翔实、不党、不私、不卖、不盲的办报精神。

其报道的内容贴近基层，关注民生，维护正义，针砭时弊，全面、深入探索新闻真相，建立公信力。

《南华报》2002年迁址回台，并加强两岸媒体交流。2012年进入“互联网+”时代，同时转型投入“移动互联网”新媒体的“产业文化跨境媒体平台”开发。2019年3月，《南华报》将总社社址从台中迁到高雄，扩大运营项目。

2004年，赖连金发起创办中华资深记者协会，并挹注创立机关刊物《诤报》。

创办人、社长：赖连金

执行副社长、总编辑：苏正国

副社长：王志禄

副总编辑：赖柏逸

高雄总社地址：高雄市左营区明诚二路491号6楼（新力大楼）

电话:07-5582713

传真：07-5582711

台中分社地址:台中市台湾大道二段181号5楼之10

网址：www.twnhb.com

电话：04-23272662

真晨报

《真晨报》（日报）创刊于1988年，原名《中国晨报》，后改为《少年中国晨报》，是《中国晚报》的姐妹报，同属中国报系。《中国晨报》于台湾当局解除报禁后创办，日出对开纸4大张16版。内容有“今日焦点”、“重大新闻”、“地方新闻”、“社会新闻”、“证券市场”、“大陆新闻”等。

创办人：刘恒修（已故）

地址：高雄市鼓山区大顺一路439号11楼

网址：5550555.com

电话：（886）7 555 0555

传真：（886）7 555 0533

电邮：ycmp.china@msa.hinet.net

联合报

《联合报》（日报）于1951年9月16日创刊，为台湾四大报之一，源于王惕吾创办的《民族报》、王成章的《全民日报》和范鹤言的《经济时报》。3报于1951年9月16日共创联合版，并在1953年9月16日改名为《民族报、全民日报、经济时报联合报》，1957年6月正式定名《联合报》。60年代开始取代《中央日

报》成为台湾第一大报直到解除报禁。《联合报》系目前在台湾有《联合报》、《联合晚报》、《经济日报》及中国经济通讯社，海外则有美国的《世界日报》及泰国的《世界日报》，堪称台湾最大中文报团。日出10大张40版，以知识性的文教副刊为特色。2000年推出联合新闻网和联合知识库。2006年12月买下台北捷运站内独家发报权，2007年4月开始发行免费捷运报《Upaper》。2007年4月大改版，增加周休二日小开本《快活周报》，并将部分地方版合并、地方文教减张。

《联合报》的新闻，多次获吴舜文新闻奖、两岸新报奖、星云真善美新闻奖、卓越新闻奖、曾虚白新报奖。

董事长：王文杉

社长：游美月

内容长：萧衡倩

总编辑：范凌嘉

地址：新北市汐止区大同路1段369号

网址：www.udn.com

电话：（886）809-080-186

电邮：u9036@udngroup.com

联合晚报

《联合晚报》（日报）创刊于1988年2月22日，是联合报系在台湾创办的第四份报纸，时为解除报禁后率先发行的新报。日出左订左翻页6大张24版，内容包括“要闻”、“焦点新闻”、“话题新闻”、“生活”、“影视”、“运动”、“社会”、“证券”“期货”与“彩经”等。

《联合晚报》创刊以来大量采用口语、对话式标题，为许多报纸跟进；使台湾的报纸标题，由早年的呆板、沉重，逐渐趋向活泼与轻松。该报擅于开发议题，掌握社会脉动，其话题新闻已成为其它媒体追踪的依据。

《联合晚报》是一份求新求变的报纸，配合近年数字汇流的新媒体趋势，突破传统纸媒的藩篱，大量运用清晰易懂的信息图表，提供读者全新的新闻解读方式，并积极与读者互动。

发行人：项国宁

总编辑：王茂臻

地址：新北市汐止区大同路一段369号

网址：www.udngroup.com

电话：（886）2 8692 5830

传真：（886）2 2763 9283

电邮：abc002@udngroup.com

新新闻报

《新新闻报》由台湾全民新闻报业有限公司发行，每日出对开6版，主要内容包括：焦点新闻、综合新闻、中台湾新闻、云嘉南新闻、大台南新闻、大高雄新闻、台湾焦点。

发行人兼社长：陈万好

地址：高雄市前金区自强一路145号

网址：www.apn.com.tw

电话：（886）7-251-6589

传真：（886）7-251-6289

澎湖时报

《澎湖时报》创刊于1997年，是澎湖的综合性日报。秉持着服务乡亲关怀乡土的执着精神，坚持天天出版的发行理念，每期出对开8版，版面包括：西瀛大事，菊岛新讯，地方短信，地方风情，地方鳞爪，工商服务，菊岛采风等。

总编辑：高鸣澎

地址：澎湖县马公市中华路251号

网址：www.penghutimes.com

电话：（886）6-927-9076

传真：（886）6-927-3497

电邮：ph25386@gmail.com

Money钱

《Money钱》（月刊）原名《Money+理财家》，2007年10月创刊即被《Adm广告》评为2007年度风云杂志。该刊发行人童再兴1997年前创办了《Smart智富》杂志，10年后再办《Money钱》杂志。因其认为台湾需要一本不同类型的理财杂志。2009年3月改为现名发行，自我定位“图解理财”杂志。主要栏目有“趋势观察”、“情报站”、“财富管理”、“新闻焦点”、“房市保险”、“封面故事”、“基金趋势”、“特别报道”、“股市观察”、“乐活指南”等。

社长、总编辑：李美虹

地址：新北市220板桥区文化路一段268号20楼之2

网址：www.moneynet.com.tw

电话：（886）2 2258 5388

传真：（886）2 2258 5366

电邮：service@berich.net.tw

Or旅读中国

《or旅读中国》（月刊）于2012年3月7日在台北创刊，这是一份报道两岸四地旅游、文化、生活、艺术等，为台湾旅者提供独特多元的大陆旅游方案及文化观察体验的全新旅游生活概念刊物。

该刊主要面向年轻读者，其创刊宗旨是：希望能帮助台湾年轻人了解中国大陆的年轻脉动，并化为实际行动去体验，用年轻、中立的角度和眼光，跳过敏感的政治议题，观察两岸。《or旅读中国》创刊时推出总奖金超过100万元新台币的首届“创意游中国大陆”奖助计划，只要创意够鲜、点子够酷、玩法够俏，就有机会获得旅游资助金及奖金。

发行人：王苗

总编辑：张芸

地址：台北市杭州南路一段15-1号10楼之1

网址：www.orchina.net

电话：（886）-2-2322-2812

传真：（886）-2-2327-9088

电邮：service@orchina.net

PAR表演艺术

《PAR表演艺术》（月刊）由中正文化中心创于1992年10月，是台湾一本结合表演艺术与人文时尚的艺术杂志。2004年4月由《表演艺术》更名改版，主题涵盖音乐、戏剧、舞蹈、戏曲、文学、电影等，报道表演艺术的台前与幕后。主要栏目有“表演观点”“编辑精选”“艺号人物”“演出评论”“焦点专题”“两厅院特别企划”“城市艺波”等。2007年10月开设在线电子杂志与年鉴服务。

社长：邱大环

总编辑：黎家齐

地址：台北市中山南路21之1号

网址：http://par.npac-ntch.org/front

电话：（886）-2-3393 9874

传真：（886）-2-3393 9879

电邮：parmag@mail.npac-ntch.org

Ppaper

《ppaper》（月刊）是广告公司Pao & Paws于2004年12月15日创刊之设计品味杂志，2006年4月至2008年12月一度以半月刊形式发行。同样走平价精致路线之姊妹刊《AANGEL》及《ppaper BUSINESS》，分别面向都会女性与创意商务人士。主要栏目有“VIEWS”“PPgalerie”“PEOPLE”“NEWS”“SHARE对谈集”“MUSIC／CLICK／BOOK”“COVER STORY”等。

发行人：胡至宜

总编辑：简兢谷

地址：台北市中山北路二段26巷2号1楼

网址：www.ppaper.net

电话：（886）2 2568 1779

传真：（886）2 2568 3576

电邮：service@ppgroups.net

万宝周刊

《万宝周刊》是创刊于1993年8月的理财杂志，每周五出刊，锁定中高资产族群，以台股、全球股市、期货、基金、房地产、艺术、精品投资为主轴。每期附约20页之上市柜数据库，提供上市、柜公司最新营收、EPS及重要消息追踪。主要栏目有“万宝专栏”“投顾高手”“CEO深度访谈”“封面故事”“特别企划”“海外基金”“品味消费”及“趋势前瞻”等。2018年3月正式推出imarbo网络平台。

发行人：黄河

社长：朱成志

总编辑：庄正贤

地址：台北市松江路87号4楼

网址：www.weekly.marbo.com.tw
电话：（886）-2-6608 2998
传真：（886）-2-6608 6118
电邮：service2@marbo.com.tw
happy@marbo.com.tw

天下杂志

《天下》（半月刊）创刊于1981年6月1日，是台湾第一份以财经为导向的专业综合性新闻杂志，与《康健杂志》《CHEERS快乐工作人》《亲子天下》同属天下杂志出版群。封面题字为孙中山墨宝，刊名引“天下为公”之意，期以人文关怀为编辑宗旨。主要栏目有“封面故

事”、“全球视野”、“时事热线”、“经营管理”、“特别企画”、“跨越两岸”、“经济学人在天下”、“OFF学”“专栏”等。

董事长、发行人：殷允芃
社长：吴迎春
地址：台北市104南京东路二段139号11楼
网址：www.cw.com.tw
电话：（886）-2-2662 0332
传真：（886）-2-2662 6048
电邮：bill@cw.com.tw

中华商业

《中华商业》（月刊）创刊于1977年8月15日，原刊名为《中华商总》，1991年更名为《中华商业》，为台湾商业总会出版之赠阅刊物。月出对开单张2版，主要栏目有“认识商总”“理事长的话”“会务交流”“商情快讯”“研习考察”等。

社长：李绍平
执行编辑：周茂林
地址：台北市大安区106复兴南路一段390号6楼
网址：www.roccoc.org.tw
电话：（886）2 2701 2671
传真：（886）2 2755 5493

今周刊

《今周刊》创刊于1996年11月24日，是一本专业的财经理财杂志刊物，以“不黑、不黄、不八卦”为原则，报道理财、政经与社会脉动，为读者在信息泛滥的时代，整合最有价值的财经信息内容，包括“名家专栏”“焦点新闻”“新闻现场”“话题人物”“高科技”“金融圈”“特别企画”“两岸风云”“封面故事”“征服股海”“个人理财”及“生活风尚”等。

发行人：谢金河
社长：梁永煌
总编辑：谢春满
地址：台北市南京东路一段96号6楼
网址：www.businesstoday.com.tw
电话：（886）-2-2581 6196 ?按1
传真：（886）-2-2531 6438
电邮：cc@btnet.com.tw

世界电影

《世界电影》（月刊）创刊于1966年9月5日，报道影视界最新动态，由视影实业股份有限公司创立，拥有丰富完整的电影、明星信息以及重量级影评，为台湾首席电影杂志。主要栏目有“封面人物”“电影特写”“幕后追踪”“特别报道”“专栏”等。

社长：史金龙
发行人：徐定睿
总编辑：敖琴芬
地址：台北市信义区110忠孝东路五段71巷26之1号
网址：www.worldscreen.com.tw
电话：（886）-2-2769 2979 ?
传真：（886）-2-2769 3679

电脑家庭

《电脑家庭》（月刊）创于1996年2月，为台湾代表性之计算机学习类杂志。于1996

年推出旗舰杂志《PC home》开始，陆续推出PC Gamer计算机玩家、PC Office 计算机上班族等相关杂志，成为台湾最大的计算机杂志出版集团，备受业界肯定。主要栏目有“火线新闻”、“特别企画”、“3C新品”、“学习特区”、“主题急救站”、“专栏”、“新软硬件介绍”等。

执行长：何飞鹏

总编辑：张继圣

地址：台北市民生东路二段141号2楼

电话：（886）0800-020-299

（886）2 2500 1919

台湾光华杂志

《台湾光华杂志》（月刊）原名《光华杂志》，为台湾当局原新闻局创刊于1976年元旦的华侨刊物。以“国内脉动、传统文化、海外报道”为3大重点内容，以“立足台湾、关怀大陆、放眼世界”为编辑方针，发行中英及中日文双语版。主要栏目有“族群文化”、“产业”、“人与社会”、“流行文化”、“专栏／特辑”等。光华杂志于1996年1月正式改名为《台湾光华杂志》，丰富的内容不变，以报道台湾本土万象，关怀全球华人动态为宗旨。

总编辑：滕淑芬

地址：台北市天津街2号

网址：www.taiwanpanorama.com.tw

电话：（886）-2-2392 2256

传真：（886）-2-2397 0655

电邮：service@mail.taiwan-panorama.com

交流

《交流》（双月刊）创刊于1992年1月，为台湾财团法人海峡交流基金会发行之出版物，双月发行16开本80余页，以报道两岸互动、促进两岸关系正常化为编辑宗旨。目前主要栏目有“热门话题”、“两岸视窗”、“人物札记”、“台湾之美”、“海基会活动”、“两岸交流大事纪”等。

发行人：姚人多

社长：蔡孟君

主编：彭显均

地址：台北市北安路536号

网址：www.sef.org.tw

电话：（886）-2-2175 7000

传真：（886）-2-2175 7100

电邮：service@sef.org.tw

动脑

《动脑》（月刊）创刊于1977年7月1日，宗旨是“沟通创意、鼓励创意精神，激发动脑风气”，是行销、创意专业杂志，其媒体广告营收调查是年度媒体排行之重要指针。

社长：王彩云

发行人：吴进生

地址：台北市中山区南京东路2段100号 12楼

网址：www.brain.com.tw

电话：（886）2 2713 2644

传真：（886）2 2562 1578

电邮：askme@brain.com.tw

传记文学

《传记文学》（月刊）创刊于1962年6月1日，是一结合学术与文学的综合刊物，宗旨为“提倡传记文学，保存近代史料”。内容包括“历史人物评传”、“时代忆述”、“年谱”、“回忆录”、“珍贵史料”、“史事研究”，及增辟之“台湾民众史”、“传记书斋”、“时代随想”、“常民记忆”等单元，是民国史以来最丰富的宝库，在海内外学术界享有“民国史长城”美誉。

创办人：刘绍唐

社长：成嘉玲

地址：台北市文山区罗斯福路六段85号7楼

网址：www.biographies.com.tw

电话：（886）2 8935 1983

传真：（886）2 2935 1993

电邮：nice.book@msa.hinet.net

全球中央

《全球中央》（月刊）原名《新闻大舞台》，是中央通讯社创于2003年之新闻性杂志。2008年元月因应国际趋势更名改版，以“立足台湾，放眼国际”为定位，动员全球近30名特派员实时报道国际要闻。锁定学生、新闻界及社会菁英3

大读者群，主要栏目有“新闻辑要”、“政治”、“经济”、“社会”、“生活”、“教育”、“媒体”、“艺文”、“生态”等。

社长：张瑞昌

地址：台北市松江路209号8楼

电话：（886）2 2505 8379

传真：（886）2 2502 2198

电邮：newsworld@mail. cna.com.tw

全球防卫杂志（军事家）

《全球防卫杂志》于1984年8月创刊，初期为季刊，后改为月刊。内容以军事新闻、武器介绍为主，主要栏目有“封面故事”、“军事家观察站”、“寰宇军闻”、“专题报道”、“军事采风录”等。此为纯民间经营的军事专业杂志社，报导台湾各军事相关议题，每期内容涵盖世界各地的军事装备与科技报导，各国和地区防卫政策内容评论、战史以及最新世界军闻报导。

《全球防卫杂志》的发行地区包含有台湾、香港、新加坡以及中国大陆，杂志在香港另以《军事家杂志》名称发行。

发行人、总编辑：黄壁川

总经理：黄慧津

地址：台北市忠孝东路1段35号3楼

网址：www.diic.com.tw

电话：（886）-2-2391 5105

传真：（886）-2-2391 8049

创价新闻

《创价新闻》致力于传递佛教理念。主要内容包括：焦点新闻、教育专栏、体验谈、艺术生活等。

编辑者：台湾创价学会（TSA）

地址：台北市士林区至善路二段250号

网址：www.twsgi.org.tw

电话：（886）2 2888 1777

远见

《远见》（月刊）创刊于1986年7月1日，是台湾颇具影响力之综合性月刊。与《30杂志》同属天下远见出版，自诩为“财经／管理／科技一流杂志、知识管理的第一品牌”。主要栏目有“封面故事”、“名家专栏”、“远见人物”、“远见调查”、“特别企划”、“国际聚焦”、“人文空间”、“未来趋势”、“两岸新世纪”、“策略与管理”与“创新设计”等。

创办人、董事长：高希均

发行人：王力行

社长、总编辑：杨玛利

地址：台北市松江路93巷1号2楼

网址：www.gvm.com.tw

电话：（886）2 2517 3688

传真：（886）2 2507 6735

电邮：gvm@cwgv.com.tw

两岸经贸

《两岸经贸》（月刊）为财团法人海峡交流基金会创于1991年之台商杂志。另有报道两岸交流信息之姊妹杂志《交流》双月刊，2008年6月起已改版为电子书。主要栏目有“专题报道”、“两岸世界经济”、“台湾经贸消息辑要”、“港澳经贸消息辑要”、“大陆经贸消息辑要”、“台商经营与活动”、“人物专访”、“经贸讲座”、“经贸法规”及“两岸经贸大事记”等。

地址：台北市中山区北安路536号

电话：（886）2 2715 7000

传真：（886）2 2715 7100

两岸商情

《两岸商情》于2011年10月5日在台北创刊，该刊以“掌握商情，洞察两岸”为办刊宗旨，在台湾各大书局和便利店销售。由厦门日报社《厦门商报》与台湾《卓越》杂志合作出版，系目前台湾市面上由两岸媒体合作出版的第一本商业杂志，杂志创刊得到台湾各方面支持，连战、吴敦义、王金平、江丙坤、郁慕明、黄敏惠、许明财、赵永全等台湾政商界人士纷纷表示祝贺。厦门商报社社长、总编辑黄毓斌谈及该刊创办理念：“期待用两岸民众懂的、听得进去的语言，讲述两岸商情、商务、商人，为同样勤奋的两岸人的成功尽一分力。”

《两岸商情》内容涵盖大陆“财经要闻”、“政策解读”、“趋势观察”、“理财投资”、“教育职场”、“艺文旅游”等，完整呈现出大陆发展与变迁的崭新风貌，也介绍了多位成功台商的故事。

网址：www.cstrade.tw

时报周刊

《时报周刊》由中时报系创刊于1978年3月5日，与《壹周刊》并列台湾两大综合性新闻周刊。主要栏目有“焦点话题”、“星闻八卦”、“时尚消费”、“生活休闲”等。2007年3月大改版，尺寸从大开本改为16开。

社长：刘洪福

总编辑：黄树德

地址：台北市艋舺大道303号

网址：www.facebook.com/want.ctw

电话：+886 809 006 686

传真：（886）2 2336 1667

电邮：ctw@mag.chinatimes.com
ctw@ctweekly.com.tw

财讯

《财讯》（月刊）创刊于1974年8月1日，与《今周刊》、《财金》及《先探》同属财讯传媒集团之杂志。主要栏目有“现场目击”、“政情索隐”、“封面故事”、“特别企画”、“金融圈动向”、“产业动态”、“财讯专栏”、“透视大中华”、“投资趋势”、“财富人生”等。

发行人、社长：谢金珂

总编辑：梁宝华

地址：台北市南京东路一段52号7楼

网址：www.wealth.com.tw

电话：（886）2 2551 2561 #224~226

传真：（886）2 2523 6933

电邮：service1@wealthgrp.com.tw

孤独星球（国际中文版）

《孤独星球》中文版（月刊）于2011年8月1日创刊，由城邦媒体控股公司与英国最大公共媒体集团BBC共同合作推出，台湾为《孤独星球》亚太地区第5个授权地区。创刊初以双月刊形式出现，2012年起改为月刊。

网址：www.facebook.com/LonelyPlanetTaiwan

电邮：lonelyplanettaiwan@gmail.com

卓越杂志

《卓越杂志》（双月刊）创刊于1984年9月1日，以“阅读国际、掌握趋势”为宗旨，自诩为“知识经济的第一品牌”。主要栏目有“封面故事”、“人物专访”、“专题报道”、“特别企划”、“卓越理财”、“卓越观察”、“品生活”等。2009年1月起改每月发行为双月刊。

发行人：林定芃

总主笔：梁国源

地址：新北市新店区北新路三段217号6楼

网址：www.ecf.com.tw

电话：（886）2 2912 5390

传真：（886）2 2912 7111

电邮：service01@ecf.com.tw,
anita@ecf.com.tw

诤报

《诤报》（月刊）于2004年6月16日创刊，其创办宗旨：提升新闻媒体从业人员素质及发挥舆论力量。《诤报》为中华资深记者协会之机关报，本着“诤言难免逆耳，只问天下是非，报忧易悖权贵，但辨人间黑白”之方针办报。该报除出版《诤报》月刊，尚有即时新闻《诤报电子新闻报》。《诤报》记者大都是各电子、平面媒体兼任记者或专任特派员、记者，报道以时事新闻和评论为主。内容或栏目包括“评论”、“两岸新闻交流”、“健康”、“艺文”、“专栏”。《诤报》目前发行海内外，包括台湾、香港、中国大陆、日本等地。

理事长、社长：赖连金

地址：台湾台中市英才路148号

电话：（886）4–23293993

传真：（886）4–23272066

电邮：pin@twkowa.com.tw

国际商情

《国际商情》（半月刊）前身为2002年7月创刊之《贸协商情周报》，是台湾外贸协会于2006年3月29日更名改版之经贸杂志。以“领航全球、纵横视野”为旨，由全球百余驻台外单位搜集第一手商情，协助厂商及贸易人士掌握产业趋势及市场脉动。内容扩及总体经济、高科技新知以及传统产业创新发展等层面，主要栏目有“国际观察”、“大陆市场”、“国际产业聚焦”、“封面故事”、“会展橱窗”、“活动平台”、“国际市场瞭望”、“商旅秘籍”与“专家论坛”等。

董事长：王志刚

社长：吴立民

?总编辑：周伶繁

地址：台北市11012基隆路一段333号国贸大楼5-7楼

网址：www.trademag.org.tw（经贸透视双周刊）

电话：（886）2 2725 5200 转1827、1828

传真：（886）2 2757 6828

电邮：trade@taitra.org.tw

侨协杂志

《侨协杂志》（双月刊）为台湾华侨协会总会创于1980年6月1日之华侨刊物，主要栏目有“时事新闻”、“侨情”、“华侨心声”、“人物特辑”、“艺文”、“会务”等。

发行人：黄海龙

社长：宗才宁

地址：台北市松山区敦化北路232号6楼

网址：https://ocah.org.tw

电话：（886）2 2712 8450

传真：（886）2 2713 1327

电邮：oca2326f@gmail.com

周刊王

《周刊王》由旺旺中时媒体集团成员公司“王道旺台媒体股份有限公司”创刊于2014年4月16日，目标做一份“热爱台湾，关怀本土，坚持社会公义，深耕中华文化，放眼华人世界的综合周刊”；该刊创刊人认为在网络时代，免付费获得信息已成为媒体运作普遍现象，以免费杂志吸引大众注意的《周刊王》，意在打造纸媒新时期。

创刊董事长、社长：刘洪福

现任董事长: 李玉生

社长、总编辑：李世伟

地址：台北市大理街132号

网址：www.wantweekly.chinatimes.com??

电话：（886）809006686

电邮：reader@wantweekly.com

经理人

《经理人》（月刊）创于2004年12月，是一本以“内部管理与知识传递”为题的企管杂志。主要栏目有“封面故事”、“管理在线”、“办公室商学院”、“本期焦点”、“管理图解”、“专栏”、“观点”、“工作秘籍”等。

发行人：何飞鹏

社长：陈素兰

总编辑长：林文玲

地址：台北市光复南路102号9楼

网址：www.managertoday.com.tw

电话：（886）2 8773 9808

传真：（886）?2 9773 9608

电邮：service@managertoday.com.tw

读者服务专线：02-8771-6326

经济前瞻

《经济前瞻》（双月刊）由财团法人中华经济研究院创刊于1986年1月，网罗国内外学者专家介绍国内外经济情势。主要栏目有“前瞻焦点”、“台湾／中国大陆／国际经济”、“经济观念”、“产业动态”及“特载”等。

发行人：梁启元

主编：吴惠林

地址：台北市长兴街75号

网址：www.cier.edu.tw/publish/journal

电话：（886）2 2735 6006 转216

传真：（886）2 2735 6035

电邮：sophiep@cier.edu.tw

亲子天下

《亲子天下》（月刊）于2008年8月创刊，定期为所有关心下一代未来的父母，与所有积极于成长学习的教师、教育界创意开拓者，提供前瞻、积极、也更实用、亲和的信息与知识。

杂志报道内容聚焦于“学习与教育”、“家庭与生活”两大块，为5-15岁少年儿童的父母，以及中小学相关的教育工作者，实时提供更贴近的亲子互动，更实用的教养对策，更多元的家庭生活，更丰富的教育趋势与视野。希望让教育从家庭开始，教育下一代，从自我学习启动。

发行人：殷允芃

社长：韩朝瑞

总编辑：何琦瑜

地址：104 台北市建国北路一段96号11楼

网址：www.parenting.com.tw

电话：（886）2-2509 2800

传真：（886）2 2662 6048

电邮：parenting@cw.com.tw

科学月刊

《科学月刊》为台湾少数之本土科普杂志之一，由一群年轻学者创于1970年1月，以期以深入浅出之报道，服务于非科学专业之高等教育以上社会大众。主要栏目有“科学评论”、“国内外纪闻”、“昆虫与人类”、“咱的海”、“游理数”、“国际期刊传真”、“封面故事”、“科普小识”、“科学史话”及“科学不迷信”等。

理事长：曾耀寰

总编辑：蔡孟利

地址：台北市106罗斯福路三段77号7楼

网址：http://scimonth.blogspot.com

电话：（886）2 2363 4910

传真：（886）2 2363 5999

电邮：scimonth@gmail.com

商业周刊

《商业周刊》创刊于1987年11月，为一财经新闻杂志。以“观念领先，掌握时代趋势”为宗旨，协助企业掌握经济信息。主要栏目有“商周专栏”、“封面故事”、“特别报道”、“特别企画”、“人物报道”、“国际趋势”、“产业报道”、“金融理财”等。2007年11月24日与《联合报》系旗下之联合知识库，合作推出“商业周刊知识库”。

执行长：王文静

总编辑：郭奕伶

地址：台北市民生东路2段141号12楼

网址：www.businessweekly.com.tw

电话：（886）2 2510 8888

传真：（886）2 2503 6989

康健

《康健》（月刊）由《天下》杂志群创于1998年9月1日，为台湾代表性之医疗保健杂志。主要栏目有“封面故事”、“新食尚”、“爱上乐活族”、“自然养生”、“特别企划”、“聪明医疗”、“心灵关系”、“身体美学”、“专栏”与“生活焦点”等。

发行人：殷允芃

总编辑：李瑟

地址：台北市南京东路2段139号11楼

网址：www.commonhealth.com.tw

电话：（886）2 2662 0332

传真：（886）2 2662 6048

电邮：chadmin@cw.com.tw

壹周刊

《壹周刊》由香港壹传媒于2001年5月31日在台创刊，是台湾广告量较大之综合性新闻周刊。内容包含“时事”、“财经”、“娱乐名人”、“生活信息”与“专栏”等，以揭弊八卦为市场利基。每期分《影剧》、《政经》两刊。

地址：台北市内湖区行爱路141巷39号

网址：www.nextmag.com.tw
电话：（886）2 6601 9119
传真：（886）2 66019042
电邮：119@nextmedia.com.tw

联合文学

《联合文学》（月刊）由联合报系董事长王惕吾创于1984年11月，目标成为当代华文刊物中最具影响力之人文杂志。内容博综古今、中外并融，秉持“文学应是全民生活的必需品”的编辑理念，提供文学爱好者丰富的世界文艺思潮。精致的美术编辑与印刷装订亦为该刊一大特色。主要栏目有“封面专辑”、“特辑”、“人物速写”、“名家作品”、“现场主义、影像焦点”、“诗舞台、散文、小说”等。

发行人：林载爵
总编辑：李进文
地址：台北市基隆路一段178号10楼
网址：unitas.udngroup.com.tw
电话：（886）2 2766 6759
传真：（886）2 2756 7914
电邮：wenchi.lee@udngroup.com

智富

《智富》（月刊）由商周媒体集团创于1998年7月，为一浅易之理财入门杂志。主要栏目有“封面故事”、“特别报道”、“名家专栏”、“财经趋势”、“台湾基金”、“股市教战”、“财富管理”、“保险天地”、“基金布告栏”、“乐活人生”等。

执行长：王文静
总编辑：林正峰
地址：104台北市中山区民生东路二段141号4楼
网址：smart.businessweekly.com.tw
电话：（886）2 2500 7977
传真：（886）2 2502 1909
电邮：mailbox@bwnet.com.tw

新新闻

《新新闻》（周刊）创刊于1987年3月12日，是台湾硕果仅存的政治新闻杂志。刊名意为区隔戒严时期充斥官方一言堂之“旧新闻”，期以新闻自由、政治民主、社会公义为取材标准，提升言论风气。辟有“封面故事”、“专栏”、“政治社会”、“财经生活”、“两岸国际”、“文化艺术”等版面。

董事长：朱国荣
总编辑：杨立杰
地址：台北市内湖区瑞光路513巷33号4F
网址：www.new7.com.tw
电话：（886）2 26581158
传真：（886）2 2311 5717（编辑部）
电邮：editor@new7.com.tw

数位时代

《数位时代》（月刊）创于1999年7月1日，为台湾第一本锁定数字新经济的科技财经杂志。2007年8月建构台湾第一个交互式阅读社群媒体。主要栏目有“封面故事”、“特别报道”、“火线话题”、“数字人文”、“职人风景”、“部落格地球村”、“名家专栏”等。

创办人、发行人：詹宏志
社长：陈素兰
地址：台北市光复南路102号9楼
网址：www.bnext.com.tw
电话：（886）2 8733 9808
传真：（886）28773 9608
电邮：service@bnext.com.tw

慈济

《慈济》（月刊）创刊于1967年7月20日，与大爱电视同属台湾慈济功德会之慈济人文志业中心。主要报道慈济相关慈善活动，记录人事物之真善美。月刊内容以人类善行为

纪录、人本关怀为出发点，内容涵纳社会的、心灵的、生命的关怀，希望提供读者正面的人生价值与善的行动力。草创期为赠阅与捐款并行之4开1张半月刊，现增版为160页左右杂志形式。主要栏目有“主题报道”、“喜乐证言”、“慈善台湾”、“慈善国际”、“人品典范”、“寰宇慈济”等。

发行人：释证严

地址：台北市立德路2号12楼

网址：web.tzuchiculture.org.tw

电话：（886）2 2898 9000

传真：（886）2 2898 9994

电邮：reader@tzuchi.org.tw

潮人物

《潮人物》于2010年11月5日创刊，由近色文化公司出版。《潮人物》是一本关于人物故事的刊物，搜集的人物不是各行业的佼佼者，而是有所坚持的人物，其创办理念为“希望不是追随潮流，却引领着小小的潮流，在媒体业逐渐萎缩之际创刊，希望以此证明每个人都可拥着信心坚持下去，定能有片自己的天空”。

社长：万岳乘

总编辑：詹树树

地址：台北市中山区松江路374号2楼

网址：www.chewpeople.com.tw

电话：（886）2 2598 1970

传真：（886）2 2598 1972

电邮：ms.chewpeople@gmail.com

台海文化传播事业有限公司

台海文化成立于2004年11月13日，主要是从事两岸民间文化交流，先后出版了《深圳台商成功真传》、《两岸系列》丛书，其中有《光辉历程 奋力崛起 安徽省高端访问录》、《铜陵 中国古铜都》、《难忘的历程顾立军获奖作品集》、《友谊的桥梁李鹏访问欧亚六国》、《不可战胜 安徽抗洪救灾报导集》、《芜湖 中国自主创新之城》、《聚焦广西》等，以及《活力台湾》丛书，受到两岸读者欢迎与好评。

董事长：黄荣灿

地址：220台湾新北市板桥区双十路二段209号12楼

电话：(02)2257-5732

传真：(02)2257-8749

中央通讯社

“中央通讯社”简称“中央社”，由国民党于1924年4月1日在广州创办，迁台后于1996年7月1日，改制为财团法人中央通讯社，为海内外媒体提供新闻通讯服务。该社拥有丰沛的编、采、译人力与新闻资源，在台湾各县驻有记者，有超过30个国际驻点特派员，与数十家国际通讯社有合作关系。每日报道约1,600条准确、快捷而详实的新闻商情信息。

“中央社”业务分为新闻稿发行、新闻播发及新闻收讯。新闻稿发行包括“中文稿”、“英文快报”、“商情新闻”、“大陆新闻”、“特稿”及“专稿”、图片新闻等。新闻播发分为：对台，对港澳及海外华文报纸，并采用中、英、日、西4种语文向国际传媒客户发布新闻。

2008年7月，“中央社”新闻网站全面改版：建构“数字铁三角”计划，包括手机“一手新闻”、英文网站Focus Taiwan、影音新闻。2010年至2011年相继推出“中央社”手机平台，包括最实时的中文“一手新闻”，及全台首家手机英文新闻“focustaiwan.mobi”，实现“全球脉动、一手掌握”；以及台湾英文新闻网站?focustaiwan.tw；网络影音频道“全球视野”等。

该社业务还包括与卓越新闻奖基金会合办“卓越新闻论坛”，规划“CNA新闻学院”，创立“中央社”新闻奖，培养新时代新闻人。依据台湾媒体观察教育基金会2015年公布的新闻媒体可信度调查，在台湾29家各类型媒体之中，中央社实时新闻的可信度夺冠，显示中央社坚持专业，已获得各界肯定。

董事长：刘克襄

社长：张瑞昌

地址：104台北市松江路209号
网址：www.cna.com.tw
电话：（886）2 2505 1180
传真：（886）2 2502 2198
客服专线：0800256688
电邮：services@mail.cna.com.tw

中外新闻通讯社

中外新闻通讯社创办于1951年10月18日，简称“中外社”。初期每日以大陆各种动态新闻为主要发稿内容，数据来源为国民党当局情报部门等提供，曾为台湾各报及设在台湾之外国通讯社采用或转发的热门新闻。1978年以后改发国际贸易快讯稿。1987年后，随着台湾开放大陆探亲和两岸经贸联系日多，又恢复部分大陆新闻。

发行人：张云家
地址：台北市长安东路二段52号5楼
电话：（886）2 2361 6058

台湾中国评论通讯社

台湾中国评论通讯社于2007年11月在台北创办，是一家以网络新闻为内容的通讯社，与总部设在香港的中国评论通讯社（中评社）进行新闻合作。台湾中评社以及时报道台湾新闻及深度分析稿件见长。

社长：俞雨霖
执行新闻总监：林淑玲
地址：台北市罗斯福路4段68号6楼之13
网址：www.chinareviewnews.com
电话：（886）2 2362 9098
电邮：crna@ChinaReviewNews.com

台湾商务新闻通讯社

台湾商务新闻通讯社以“工商名录在线黄页”为定位，提供台湾中小企业产业新闻之刊登与搜寻。近年除文字新闻外，亦编采影音新闻上网。在线服务“台湾商务网”之内容包括“产业新闻”、“商业机会”、“企业名录”、“人才中心”与“展览活动”等，新闻则以市场快讯、财经国贸、企管进修、创业加盟及各类产业讯息为主。

网址：www.taiwanpage.com.tw
电邮：service@taiwanpage.com.tw

军事新闻通讯社

军事新闻通讯社简称“军闻社”，1946年在南京成立，为台湾唯一同时提供平面媒体与电视媒体新闻服务的专业通讯社。当时国民党军事委员会政治部改制为“国防部”新闻局，并仿照美军新闻体制筹建，负责采访军事新闻分送各报刊载。1949年仅剩数名社员随军赴台，业务完全停止。1950年蒋经国决定恢复该社，同年开始在台北发稿。1960年代起为电视台制作军情专题电视节目和新闻，亦摄制电视影片和影带。2007年2月起制播网络影音新闻，2008年2月开始发行网络电子报。

地址：台北市信义路一段3号9楼
网址：mna.gpwb.gov.tw
电话：（886）2 2395 1723
传真：（886）2 2396 6287

华侨通讯社

华侨通讯社于1941年4月16日在重庆创立，为台湾“侨务委员会”之新闻发布机构，提供岛内报刊、广播电台、电视台侨务讯息，亦发行海外航空版新闻稿供海外华文媒体使用。2000年3月开播之“台湾宏观电视”与2002年11月建构的“台湾宏观网络电视”，进一步运用电子科技服务全球侨胞。2006年4月完成“侨社新闻网”之建置，结合文字与影像，以期成为全球华人CNN新闻网。2007年6月整合“宏观电视、“宏观周报”、“宏观网络电视”、“宏观数字多媒体周报”及“宏观电视侨社新闻网”等多元媒体通路，成立“侨委会宏观家族”，并于2008年1月新增“宏观周报实时新闻网”及“宏观广播”。

社长：陈奕芳
地址：台北市康宁路3段75巷100号
网址：www.ptr.org.tw/mavroview
电话：（886）2 2630 1877

传真：（886）2 2630 1895

电邮：service@mactv.com.tw

侨光新闻通讯社

侨光新闻通讯社简称“侨光社”，其前身为1956年4月15日创于台北市的“侨光新闻摄影社”。主要业务是将台湾的新闻图片发往海外，供各地华文报刊采用，亦向台湾一些报刊发布图片新闻。1972年10月改为“侨光新闻通讯社”，增加文字新闻稿业务，供台湾报社、广播电台、电视台及机关团体使用。从1982年起由“华侨救国联合总会”负责领导，由该会宣传组总干事出任该社社长、总会秘书长出任发行人。

地址：台北市重庆南路1段121号7楼之16

网址：www.focat.org.tw

电话：（886）2 2375 9675

传真：（886）2 2375 5850

电邮：foca@focat.org.tw

大众广播电台

大众广播电台为1995年2月14日开播之流行音乐台。1997年起陆续与中南部地方台联盟，合称“KISS Radio联播网”。2006年开始与公共电视文化事业基金会合作，播出公共电视台《公视晚间新闻》声音部分。大众广播电台选择了“当代流行音乐类型电台”(Contemporary Hits Radio)做为市场定位，成为台湾当代流行音乐类型电台中的始祖。

董事长：袁韵婕

地址：高雄市前镇区民权2路6号34楼–2

网址：www.kiss.com.tw

电话：（866）7 336 5888

传真：（866）7 338 0999

电邮：webservice@kiss.com.tw

飞碟电台

飞碟电台于1996年10月16日开播。原为新党成立的“新希望电台”，后引进飞碟唱片投资人改为现名，制播音乐、娱乐、政论新闻等综合性节目。1997年联盟中小功率之地方电台首创"联播网"播出方式，成为覆盖全台的知名综合性广播网。尚有姊妹台“NEWS 98”，二者在同大楼层，并共享新闻资源，飞碟电台自开播以来，即聘著名主持人以吸引听众，使飞碟联播网在全台各地拥有颇高的收听率。

董事长：张荣屏

地址：台北市罗斯福路二段102号25楼

网址：www.uforadio.com.tw

电话：（886）2 2363 6600

传真：（886）2 2368 8833

中央广播电台

台湾“中央广播电台”简称“央广”，是1928年8月在南京创立的短波国营电台，迁台后于1998年改制为独立财团法人。拥有新闻、国语、方言、外语、音乐等广播网，秉持“信息迅速化、节目精致化、视野国际化、格局开阔化”原则，制播新闻、政治、经济、文化、教育、娱乐、公共服务等多元性节目。目前使用“台湾之音”（Radio Taiwan International）为台名，以13种语言向全球广播。

董事长：路平

总台长：邵立中

地址：台北市北安路55号

网址：www.rti.org.tw

电话：（886）2 2885 6168

传真：（886）2 2886 2382

中国广播公司

台湾“中国广播公司”1928年8月由国民党成立于南京，1947年由原名“中央广播电台”改组“中国广播股份有限公司”，简称中广（BCC），为台湾广播业先驱。迁台后配合政策，于2005年移转股权至中时集团，2006年底再转手予飞碟电台前任董事长赵少康。在节目方面，中广实施专业分网制度，设计不同类型的节目，以“区隔听众”，为不同属性和需要的听众，提供最完善的服务。中广的广播节目，共分为5个全国性的广播网，调频部分为流行网(i like radio)、宝岛网(Formosa Network)及音乐网(i

radio)；调幅部分则为新闻网(News Network)、乡亲网(Country Network)及i go 531。

董事长、总经理：赵少康

地址：台北市松江路375号

网址：www.bcc.com.tw

电话：（886）2 2501 9688

传真：（886）2 2501 8793

电邮：news@mail.bcc.com.tw（新闻网）

汉声广播电台

汉声广播电台原名“军中广播电台”，为台湾“国防部”1942年创立之军民电台。1988年更名为“汉声广播电台”，目前每天以“台湾调频，调幅网”及“大陆第一、第二网”两大系统，播送至台湾及大陆。海内以军队及一般大众为目标听众，并以“收听汉声，品味人生”为制播宗旨。2010年1月，汉声广播在金门外岛设调频频率，覆盖范围包括厦门。

总台长：王宜弘

台长：吴永捷

地址：台北市信义路一段3号5楼B栋

网址：www.voh.com.tw

电话：（886）2 2321 5191

传真：（886）2 2396 2657

正声广播公司

正声广播创于1950年4月1日，为台湾颇具规模之全区民营商业电台。正声公司设有一个调频台及8个调幅台，共12个频率，分布台湾各地。调频台主要制播财经节目，调幅台则偏重养生保健、本地文化等信息。

董事长：刘本善

总经理：陈荣明

地址：台北市重庆南路一段66之1号7楼

网址：www.csbc.com.tw

电话：（886）2 2361 7231

传真：（886）2 2311 3178

电邮：csbc_server@csbc.com.tw

台北广播电台

台北电台创于1961年7月31日，为隶属台北市政府观光传播局之地方都会电台。调频“都会信息台”以落实公共服务、关怀弱势及城市营销为内容导向，调幅“喔海洋频道”则以服务原住民为制播定位。

台长：陈慈铭

地址：台北市中山北路3段62-2号4楼

网址：www.radio.gov.taipei

电话：（886）2 2595 1233 转分机9

传真：（886）2 2596 2115

电邮：web31000@mail.taipei.gov.tw

台北之音HIT FM联播网

台北之音于1995年3月1日开播，为台湾代表性之流行音乐联播网、台湾首个开播的民营中功率电台。2009年初与台北流行音乐电台中止合作，并于同年3月26日大幅改版，合并姊妹台HIT FM联播网，推出全新企业识别标志与节目表。

董事长：廖婉池

台长：蔡诗萍

地址：台北市杭州南路一段15-1号10楼-1

网址：www.hitoradio.com

电话：（886）2 2395 7255

传真：（886）2 2394 7855

电邮：service@hitoradio.com

台北流行广播电台

台北流行广播电台原名“台北流行音乐电台”，创立于2009年3月18日，以流行音乐为主轴，贯穿大台北都会、台湾北北基地区，收听涵盖人口超过700万。2014年11月10日正式更名为“台北流行广播电台”，节目区分为新闻、生活、音乐3大类，转型为综合型电台，拥有电波、网络、APP等多元媒体互动的全方位平台。

董事长：邵元辅

台长：林书炜

地址：台北市中正区杭州南路一段15-1号10楼

网址：www.pop917.com

电话：（886）2 23278969

传真：（886）2 23278006

台北都会休闲音乐台

台北都会休闲音乐台（原财团法人台北劳工教育电台）成立于1999年8月27日，为一小功率都会信息型电台。原以“服务劳工、小区教育”之公益媒体为定位，2009年2月更名转型为音乐台重新开播，内容以一般商业台缺乏的爵士、民谣、世界音乐、电影音乐及古典小曲为市场利基。周间除上下班时段，仅播音乐无主持人，周末上午亦为纯音乐。

负责人：陈继盛

台长：黄泰康

地址：台北市大安区忠孝东路四段148号3楼之4

网址：www.bravo913.com.tw

电话：（886）2 2778 5047

传真：（886）2 2778 8358

电邮：service913@familyradio.com.tw

台北爱乐电台

台北爱乐电台于1995年11月9日开播，是台湾唯一纯古典音乐类型电台，并设有号称全球第一的古典音乐网络广播音乐数据库。以古典音乐周边商品之整合营销闻名，新竹设有分台。

董事长：夏迪

地址：台北市信义区东兴路47号7楼

网址：www.e-classical.com.tw

电话：（886）2 8768 3399

传真：（886）2 8768 3397

亚洲广播网

亚洲广播网于1996年5月成立，为亚洲及亚太两台联盟之都会流行音乐台。1995年中，亚洲广播股份有限公司正式得到新闻局的核准，筹设亚洲调频广播电台，核定频率FM92.7。1997年4月，与亚太调频广播(FM92.3)策略联盟正式开播。“亚洲广播网”主要覆盖桃竹苗及台北地区，目标为“北桃竹苗的空中讯息新指针”。1998年透过卫星向全世界的华人发送，并与厦门音乐广播、新加坡音乐台及加拿大中文台缔结伙伴关系。2008年起加入飞扬调频（前乡音电台），主打怀旧经典音乐。

总经理：郭懿坚

地址：桃园市桃园区中平路102号22楼

网址：www.asiafm.com.tw

电话：（886）3 220 9207

传真：（886）3 220 8729

全国广播电台

“全国广播电台”于1994年12月23日开播，是台湾中部第一家合法的中功率电台，覆盖中部五大县市，涵盖人口约550万人。以“音乐与信息并重的都会型电台”为定位，每月并发行免费刊物《全国好康报》，提供大台中地区流行与生活讯息。

负责人：沈韦良

地址：台中市西屯区台湾大道2段659号8楼

网址：www.mradio.com.tw

电话：（886）4 2323 5656

传真：（886）4 2323 1199

复兴广播电台

复兴电台由台湾军方创立于1957年8月1日。现计有台北总台及台中、高雄两个分台。1995年7月起定位为“两岸信息专业电台”，透过短波网提供两岸听众文化与教育信息。

董事长、负责人：李淑蕙

地址：台北市中山北路5段280巷5号

网址：www.fhbs.com.tw

电话：（886）2-2882 3450

传真：（886）2-2881 8218

电邮：service@fhbs.com.tw

高雄广播电台

高雄广播电台由高雄市政府新闻处创于1982年6月28日，为主要面向南台湾之都会服务广播。高雄广播电台AM1089千赫成立于1982年6月28日，

FM94.3兆赫于1991年开播，发射范围涵盖恒春半岛至嘉南平原，包括高雄市、台南市及屏东县，每日清晨6点到深夜2点，每日播音20小时，是南台湾公共服务信息专业电台。除播报“市政”，尚有“新闻气象”、“英语教学”、“服务外籍人士”等节目。

台长：郑家声

地址：高雄市鼓山区新疆路90号

网址：www.kbs.gov.tw

电话：（866）7 531 0943

传真：（886）7 531 6923（新闻组）；7 5321759（节目组）

电邮：admin@mail.kbs.gov.tw

教育广播电台

教育广播电台为台湾教育部门于1960年3月29日筹设之文教电台，除台北总台，还有彰化、高雄、花莲及台东4个分台，以及遍布全台21个台站及1个节目中心。制播丰富多元的节目，提供教育文化信息。2016年起，以利基化、国际化、分众化及全媒体化为目标，期盼引领教育趋势，成为最具影响力的“国家教育专业电台”。

总台长：谢忠武

地址：台北市中正区南海路45号

网址：www.ner.gov.tw

电话：（886）2 2388 0600

传真：（886）2 2389 3126

东森电视台

东森电视是台湾卫星电视频道的第一品牌，经营东森新闻台、东森财经新闻、东森电影台、东森洋片台、东森综合台、东森幼幼台、东森戏剧台以及东森超视等8个频道，兼具各种类型，全面涵盖不同年龄层的观众喜好。此外，东森对亚洲地区播送3个频道，东森美洲卫视播送11个频道，也是海外华人收视华文节目的首选。

东森新闻台成立于1997年，是台湾创设最早的新闻信息频道之一，以“永远的监督者”为定位，提供观众24小时不间断的全方位新闻视野。2006年，以“神舟六号升空特别报导”荣获亚洲电视大奖，并与央视、凤凰卫视、厦门卫视、海峡卫视、深圳卫视等媒体，维持密切合作关系。

东森财经新闻台，制播人人都看得懂的财经新闻与节目，定位在“认真工作，精彩生活”。台湾公益彩券的转播权，亦由东森财经新闻台取得，足证频道的公信力。

东森电视已建立“东森创作”品牌，投入大量资本制作戏剧，以“遇见真实的自己”为主轴，多元取材：情境喜剧、青春校园剧、励志成长剧、穿越剧与女性成长题材，均广受岛内与海外观众欢迎。

东森幼幼台屡获重要奖项肯定，与美国Nickelodeon、英国BBC、日本 NHK、韩国EBS合作，引进优质儿童节目；并培育YOYO家族艺人、跨足幼儿教育领域，成立“东森YOYO幼儿园”，全台计一百家幼儿园加盟。

2015年，东森电视启动融媒体计划，整合电视与网络内容，布局多平台发展，总观看时间、互动率与粉丝人数，均创下台湾新高，每年创造超过百亿次的影音点阅率，已经成为台湾最大的融媒体平台。

2016年，东森新闻于尼伯特台风期间，制作“台风灾情六路讯号同步数位汇流直播”，获得FACEBOOK评选为全球最佳直播范例。2018年，获得TUBULAR LABS，颁发“2017年最佳视频奖”，也是台湾地区唯一获奖的媒体。

董事长：林文渊

总经理：徐端勇

电话：+886-2-23118000

台湾电视事业股份有限公司

台湾电视简称台视，1962年4月28日成立、10月10日开播，是台湾省政府与民营企业及日本4家电气公司（富士、东芝、日立、日本电气）合资成立，系台湾第一家电视公司。2006年官股退出转为民营，来年日立释股，非凡电视台成为台视最大持股者。节目有戏剧、综艺、文教、新闻、体育等。2008年7月19日推出新版企业识别标志，将原本直角在左上角的直角三角形，变更为向上的红色三角形。此外亦投资出版事业，发行“长春月刊”等刊物。

董事长：黄崧

总经理：周法勋

地址：台北市八德路三段10号

网址：www.ttv.com.tw

电话：（886）2 2775 8888?

传真：（886）2 2579 9657

电邮：member@ttv.com.tw

年代电视台

年代电视台为媒体企业“年代集团”之有线卫星频道，设有“新闻台”、“MUCH台”与“东风卫视”，主要内容为新闻、综艺与谈话节目。2004年推出号称华人区最大宽带影视平台“im.tv”，2008年元旦接手东森娱乐台并更名“E娱乐台”，同年7月31日再更名“年代综合台”。

董事长：练台生

总经理：吴健强

地址：台北市瑞湖街39号2楼

网址：www.eracom.com.tw

电话：（886）2 8751 8599

电邮：newsservice@eracom.com.tw（新闻台）

纬来电视网股份有限公司

视由中信企业创立，1992年开播，辖有体育台、日本台、电影台、综合台、戏剧台、育乐台、精采台等7个频道。1993年取得CNN台湾区独家代理权闻名一时。目前代理“霹雳台湾台”、“LS TIME电影台”，及海外“DISCOVERY”、“ANIMAL PLANET”与“Travel & Living”频道。2009年7月开辟新局“纬来HD数字频道”。2019年，纬来家族频道全面HD播送。

董事长：王郡

总经理：郑资益

地址：台北市瑞光路480号2至5楼

网址：www.videoland.com.tw

电话：（886）2-8797 7122

传真：（886）2-8751 4590

客家电视台

客家电视台简称客台，由“行政院客家委员会”创于2003年7月1日，为台湾唯一全天候以客语播送综合内容的有线电视频道。初期由“客委会”委托台视与东森电视相继经营，直到2007年元旦加入台湾公共广播电视集团，转型成非商业性的客家公共媒体平台。

咨议委员会召集人：汤昇荣

台长：张壮谋

地址：台北市康宁路3段75巷100号

网址：www.hakkatv.org.tw

电话：（886）2 2633 8200

传真：（886）2 2630 2080

原住民族电视台

原住民族电视台简称原视，由台湾“原民会”委托台视筹备，于2005年7月1日开播，是台湾唯一全天候制播，以台湾少数民族为主题的有线电视频道，也是亚洲唯一的原民专营电视频道。早期先后委托台视与东森电视代为经营，直到2007年元旦加入台湾公共广播电视集团，转型成非商业性的原民公共媒体平台。

原住民基金会董事长：叶燕妮

地址：台北市重阳路120号5楼

网址：www.ipcf.org.tw

电话：（886）2 2788 1600

传真：（886）2 2788 1500

爱尔达数字电视台

爱尔达数字电视台是爱尔达科技于中华电信MOD（Multimedia on Demand）经营的新频道，下辖之体育台、影剧台、综合台于2008年10月开台，是亚洲第一个将港剧、韩剧、大陆剧等热门影集引入数字平台播放的媒体。拥有3个高画质频道—爱尔达体育台、爱尔达影剧台、爱尔达综合台。透过中华电信MOD播送，是全台第一个HD家族频道。2007年取得北京奥运新媒体（IPTV/INTERNET/MOBILE）台湾地区独家转播权。目前旗下拥有5个高清电视频道，同时透

过官网的爱尔达电视OTT提供OTT服务。

董事长：陈怡君

地址：台北市中华路一段41号4楼?

网址：www.elta.tv

电话：（886）2 2397 3833

电邮：info@elta.com.tw

富邦MOMO台

富邦（MOMO）电视是台湾富邦集团关系企业创立的有线电视，制播“momo1台”、“momo2台”及“momo3台”等3个24小时购物频道，以及面向儿童的“momo亲子台”。亲子台于2006年元旦开播，购物台则于2005年1月、2008年7月相继开播。

董事长：林福星

总经理：林启峰

地址：台北市州子街71号2楼、3楼之1

网址：www.momoshop.com.tw（购物台）
www.momokids.com.tw（亲子台）

电话：0800–777–959（购物台）
（886）2 6601 2345（亲子台）

博斯数字电视台

博斯数字电视由华人卫星网络公司于2006年成立，目前在中华电信MOD及部分数字有线电视系统业者上播出“高球一、高球二、网球台、运动台、魅力台、足球台、无限台”等7个频道，发展运动类数字节目。

负责人：王志隆

地址：新北市深坑区北深路三段270巷6号8楼

网址：sportcast.com.tw

电话：（886）2 8662 6259

传真：（886）2 8662 6225

靖天电视台

靖天电视由靖洋传媒科技成立，2004年正式涉足数字电视领域，成立靖天家族频道“靖天戏剧台”、“靖天卡通台”、“靖天信息台”、“靖天日本台”4台，自诩为立足亚洲放眼世界的“跨国整合节目平台”。2007年–2009年陆续推出“Hello Kitty频道”、“中影电影”、“靖天电影台”、“靖天育乐台”、“Nice TV”、“靖洋戏剧台”、“靖天综合台”等7个频道。除靖天家族频道外，也积极强化代理合作，陆续取得“VTV4台”、“The Golf Channel”、“家娱国际台”等频道代理。

董事长：宁家莉

地址：台北市三重路19–3号11楼?

网址：www.goldentv.com.tw

电话：（886）2 2771 9901或0800771736

传真：（886）2 8773 7208

电邮：service@goldentv.com.tw

福斯传媒集团

福斯传媒集团原为福斯国际电视网，是亚洲最大卫星电视网，1991年来台成立分公司。旗下的中文台及Channel [V] 娱乐台，近年制播许多在地化之综艺节目，受到年轻观众欢迎。2016年1月11日，福斯传媒集团宣布重组，亚洲、欧洲与拉丁美洲的福斯国际电视网独立直接隶属福斯传媒集团之下，不再使用福斯国际电视网标志。

董事总经理：蔡秋安

地址：台北市堤顶大道二段183号3楼

网址：www.fng.tw

电话：（886）2 2656 0688

电邮：fictw@fox.com

文莱

文莱广播电视台
（Radio Television Brunei）

文莱广播电视台（简称RTB ）创建于1957年5月，总部设在首都斯里巴加湾，是文莱唯一一家广播电视台，下辖于首相府，以马来语、英语、华语和尼泊尔语播音。电视台从1975年起开始进行彩色转播服务，以英语和马来语播放。大部分节目都需进口，其中75%来自美国，其它来自英国、澳大利亚和东盟国家，只有一小部分在当地制作。电视台播放的节目除一些进口娱乐性节目外，其它多为新闻、歌曲、教育和讲经，内容较为单调和枯燥。

文莱与中国同为亚太广播联盟、亚太广播发展机构成员国。最近一两年，文莱广播电视台与中国中央电视台、南京电视台和广西电视台均有不同形式的合作。文莱广播电视台希望与中国电视台扩大合作，以提高该台的整体水平。

台长 ：伊斯迈尔

地址：Jalan Elizabeth II,
Bandar Seri Begawan BS 8610

电话：（673）243111，243128

传真：（673）241882，222190，227204

网址：www.rtb.gov.bn

印度尼西亚

一带一路报

印尼《一带一路报》是在2008年创办于澳大利亚的英文、中文双语杂志《中澳企业家》基础上，于2017年7月在印尼设立的印尼文、中文、英文3种文字、专门服务“一带一路”沿线国家，重点是服务印尼及东南亚国家的国际政论为主的综合性报纸，是澳大利亚一带一路（国际）创业家联合总会设立于印尼的国际媒体平台。它是迄今为止全球唯一一份以《一带一路报》发行所在国国家文字、中文、英文3种文字发行的报纸。

其办报宗旨是：为印尼等“一带一路”沿线国家和地区提供高端政论与商务服务。目前，印尼《一带一路报》每月在印尼发行6000份、在柬埔寨发行1500份、在澳大利亚发行1000份、新加坡和香港等地发行1000份，在中国内地寄发1200份，已经初步形成了一定规模的读者群，形成了独到的影响力与品牌知名度，组建了颇具实力与创新精神的资深媒体专家人才队伍。

在未来几年中，该报将成为印尼等“一带一路”沿线国家政府、专家学者、投资家、企业家、商务精英等高端人群的参谋与助手，将为“构建人类命运共同体”作出应有贡献。

社长、总编辑：曾惠阳

地址：JL. PASS NGURAH RAI
NO.201,SANUR, DENPASAR,
BALI,80228

手机：+62 85210824953(印尼)
+855 70240905（柬埔寨）
+86 13858044448（中国）

电话：+62 811204058（印尼）

电邮：2589343322@qq.com

微信：13859953954

千岛日报

《千岛日报》创刊于2000年10月10日。办报的宗旨是：争取和维护华人正当权益，促进各族和谐共处，共创国家社会的繁荣。“千岛安详，人民幸福”是其“报训”。

《千岛日报》销行印尼全国，以印尼东部地区为主，并寄至港、澳、中国大陆等地。服务对象是广大印尼华人读者。为目前印尼国内销行量较多、销行地区较广泛、影响面较大的华文报刊之一。该报的评论和消息不时为中国和香港的媒体转发。

无论是新闻报道，还是时评，该报坚持以维护国家和民族利益的大局为重，不传播不利于民族团结、华社团结的观点，特别是代表该报立场的社论和评论。即使是新闻报道，也不是有闻必登，投稿文章不是有稿照登，广告也并非有钱必登。

2010年2月1日，《千岛日报》与时俱进，开设网站，每日更新当日出版的重要信息。2019年《千岛日报》迎来它的第19个生日。正以“不忘初心，砥砺奋进”的决心，争取社会的支持把报纸办得更好。

社长：吴萌暄

总编辑：何敦明

副总编：杨国兴

主笔：金潇、一方、曹世木

地址：Jl. Jaksa Agung Suprapto No. 41 Kav. 8–10
Surabaya 60272, Jawa Timur, Indonesia

网址：www.qiandaoribao.co.id

电话：（62–31）5354542，5354543

传真：（62–31）5354544

电邮：qiandao.ribao@gmail.com

讯报

《讯报》（日报）创刊于2007年5月21日，总部设在印尼第三大城市棉兰，是一份面向当地华人，以报道当地和大中华区域新闻为主的日报，为苏门答腊岛第一大华文报纸、全印尼主流华文报刊之一。

《讯报》每日出24版，分为“时事新闻”、“财经新闻”与“副刊”3大部分；若广告增多，当日还会适度增加版面。《讯报》是印尼首份全彩印刷的华文日报，在当地华社具有相当的影响。其内容包括“要闻、国际新闻、国内新闻（印尼）、棉兰及苏岛新闻、财经新闻、两岸四地、醒目方块、周末广场”等版面。

2011年5月21日，《讯报》在印尼首都雅加达成立分社。至此，《讯报》开始在雅加达同步发行。

2010年2月3日，《讯报》推出首份专供印尼大、中、小学生阅读的中文报刊——《青讯报》，主要面对当地华裔中小学生，发扬中华文化、推广华文教育。《青讯报》在周一至周五出版，每日8版，随《讯报》免费附送。

社长：林荣胜

地址：Jalan.Timor Baru，Medan

电话：+62 811 649218

电邮：eslalijhs@xunbaodaily.com
eslalijhs@hotmail.com

《讯报》地址：Jalan.Kapt.M.Basri，
No.41，Medan 20238，Indonesia

传真：061-6636600

电话：061-77005485

电邮：editor.xunbao@gmail.com
editor@xunbaodaily.com

印尼星洲日报

《印尼星洲日报》前身为中文与印度尼西亚文双语的《印度尼西亚日报》，创刊于1966年9月12日，是目前印度尼西亚历史最久的中文报。《印度尼西亚日报》于2006年12月1日由马哈卡媒体集团和马来西亚星洲媒体集团携手合作，以全新面貌和内容面世，并易名为《印尼星洲日报》。编辑内容由星洲媒体集团管理。

该报每天出20版，新闻内容涵盖“国内”、“区域”、“华夏”、“国际”、“财经”、“华社动态”、“娱乐”、“体育”和“万象”。副刊有“小说／艺文”、“健康”、“言论”、“星云”、“家庭亲子”、“家居风水”和“国际视野”。

该报每周六出版中文和印度尼西亚文双语的学生刊物《嗨！Hi Young Mandarin》，鼓励年轻读者学习中文。

董事主席：张锦雄

首席执行员：周维樑

总编缉：林明雁

地址：JL. GAJAH MADA NO 96-97，
JAKARTA 11140 INDONESIA.

网址：www.sinchew-i.com/indonesia

电话：（62-21）6338136，6334888

传真：（62-21）6335201

电邮：naskahpers@yahoo.com

印尼新报

《印尼新报》于1910年10月1日由印尼华族先贤刘玉兰和游新义创办，最早是以印尼文出版的周报，后改为日报，1921年2月21日，《印尼新报》中文版正式出版，每天用印尼文及中文两种文字出版，成为印尼最大的印尼文和中文日报。日侵时期被迫停止出版3年半，日军投降后重新出版，并形成强大的新报集团。当时新报中文版每天发行最高达8万份。1960年，新报改名为《忠诚报》，1965年9月30日《印尼新报》被迫停刊。现任《印尼新报》总编辑李卓辉就是1965年新报集团《忠诚报》的执行主编。为实现华人先贤热爱印尼、弘扬中华文化，加强印中友好合作的初衷，即商定复刊《印尼新报》。

《印尼新报》于2018年3月以新传媒方式面世，从周刊到3日刊，走媒体融合发展新道路。目前每周出版二期，每月8期，互联网发行全印尼、东南亚、香港、中国各地，读者超3万。到2019年4月中，已出版97期，受到读者欢迎。

传媒顾问团队：梁俊祥、吴永健、容子、

意如香、吴家明

社长：沈德民

总编辑、主笔：李卓辉

地址：P.T. Media Fengcai Nusa Bangsa ,Jl. Grits Anyar Gg.Dwitunggal 7, Denpasar Selatan Bali 80221.

网址：www.aseannanyang.com

电话：62–361–8497517

手机：62–81318597128

电邮：balifengcai@gmail
bambang938@yahoo.com

印华日报

《印华日报》于2014年10月17日创刊，是在印度尼西亚首都雅加达出版的华文日报。《印华日报》创刊词宣布6大宗旨为：

（1）报道佐科维总统改革政策；（2）增进印中友好全面战略合作；（3）积极促进华社团结合作；（4）推动华文教育蓬勃开展；（5）参与东盟一体化活动；（6）公正客观分析时局发展。《印华日报》办报方针为："立足印尼，发展东盟，宏扬中华，展望世界"。

该报内容包括：重大新闻、焦点评论、政治专栏、印尼新闻、首都动态，印尼经济、中国新闻、国际要闻、一带一路、突发新闻、印华新闻、中华会馆（华教历史）、各地华社、军事科技、体育新闻、亚太纵横、娱乐新闻、华社贤达、印华文艺、东盟园地、华教园地、医药健康、印尼风采、女性天地、华裔文化（印尼文）等，出版24至32大版，图片彩色精美。

《印华日报》在全印尼各大市镇都有发行代理和营业，全印尼客属联谊会各省市50多分部都是日报代理。

《印华日报》由印华传媒机构出版，系印尼几十位企业家共同出资创办。

董事长：叶联礼

社长：张和然

总编辑：袁霓

地址：Harian InHua (InHua daily) Jl.
Batu Tulis Raya No.35, Jakarta 10120,
Indonesia.

电话: +62–21–3522648,ext:108,109,.
+62–213522643

传真: +62–21–3522647.

电邮: yhrb999@gmail.com,
lzhh2038@gmail.com.

印度尼西亚商报

《印度尼西亚商报》(以下简称"印尼商报")创刊于2000年4月17日，是1998 年印尼进入民主改革时代后首家创刊的华文报纸。"印尼商报"适应时代要求，以及满足印尼华文读者的需求，尽量成为印尼华裔族群获得信息的媒体，力求做到信息准确，快速，客观，可信。

"印尼商报"初期仅出版12个版面，2002年增加到16个版面，如今已出版最少20个版面。版面内容：印尼及国际重要新闻，印尼国内政治、经济、社会、财政、金融新闻，中国财经、政治新闻，国际财经与政治新闻，亚太财经、政治新闻、华社新闻、娱乐新闻，言论与评论，时尚／学宛，旅游世界，体育新闻，小天地及专题报道。

根据互联网Google Analytics统计数据，"印尼商报"电子版新闻是点击率最高的印尼华文媒体，也是到印尼投资的中国和台湾企业高级主管必看的电子版华文媒体。

作为两国人民信息往来的桥梁。为了提供服务不懂中文的国内第二代华裔企业家精英，"印尼商报"特意出版 T h e G e o T ime s 印尼文版《时代周刊》杂志， 深入分析印尼国内政治局势，宏观经济发展及社会动态。大部分分析内容亦翻译成中文并定期刊登在华文版"印尼商报"以飨读者。2013年11月"印尼商报"与北京《 生命时报》合作，开始在印尼出版，免费提供给"印尼商报"读者分享养生保健医学信息。

社长：谢瀚贤

副社长：邝耀章

总编辑：陈羡谋

地址：Jl. Raden Saleh Raya 1B–1D
Jakarta Pusat 10430

网址：www.shangbaoindonesia.com

电话：(021)391 2909

传真：(021)391 2906

电邮：redaksishangbao@gmail.com

好报

《好报》（日报）创刊于2008年12月4日，最初以周刊面世，2010年5月10日改为日报。目前每天出版28版（星期刊24版），广告拥挤时出版32版。内容以本国新闻为首选，尤其着重本岛本省本市与华族社会生活密切相关的新闻。由于读者多来自工商界，将财经及工商界相关讯息列为重点，每日3版。其他内容包括“国际”、“体育”、“娱乐”、“华社动态”、“副刊”、“本地掌故”、“教育”、“养生”、“家庭”、“文艺”、“书法画艺”等。

《好报》发行网涵盖亚齐、苏北、苏西、廖岛及雅加达部分地区。

社长：邱怡平

总编辑：锺俊仪（锺逸）

地址：Jalan Jend.A.Yani No.35–49 Medan 20111

网址：www.paulus_tjukrono@yahoo.com

电话：6261–4513554　6261–4524136

传真：（6261）4529378

（6261）4529378

电邮：haobaodaily@yahoo.com

国际日报

印度尼西亚《国际日报》（日报）于2001年4月1日由著名企业家熊德龙创办。2001年9月2日，《国际日报》与《爪哇邮报》、香港《文汇报》合作，用网络传递，在雅加达、泗水、万隆、棉兰、三宝垄、坤甸同时印刷发行《国际日报》，附送香港《文汇报东南亚版》和《人民日报海外版》。自2009年10月1日起，随报发行《国信早报》和《香港商报》。该报每天出版32版到40版，分销印度尼西亚近100个城市，成为印度尼西亚最大华文日报。

《国际日报》详细报道印度尼西亚政经、华社及国际、中国大陆、台港澳新闻，每日都有社论或评论评议国内外时局。每天出版的主要栏目有“国际要闻”、“亚太新闻”、“国际财经”、“中国要闻”、“印度尼西亚要闻”、“印度尼西亚财经”、“印度尼西亚工商”、“印度尼西亚华社”、“印华论坛”、“华社要闻”、“社会新闻”、“体育要闻”、“师生园地”等。

文艺副刊有《耕耘》（印华作协）、《青年文苑》、《东盟文学》、《赤道火花》、《绿岛》、《印华文学》、《月满西楼》；还有《医疗保健》、《风水专栏》、《新书介绍》、《图片专版》等。还与中国一些省市合作，每月或每周出版《福建侨报》、《侨乡广东》、《美丽云南》、《魅力徐州》、《连云港之窗》、《SHANGHAI NOW》（英文版）等。

《国际日报》属下有《泗水晨报》、《坤甸日报》、《苏北快报》、《万隆快报》、《中爪哇快报》地方报，每天随《国际日报》印刷发行，报道地方华社和当地要闻。

《国际日报电子报》于2011年1月开通，让全球读者免费网上阅读。

董事长:熊德龙

总裁：赵金川

社长:李振亮

总编辑: 许翰求

副总编辑：何华实

地址：JL.GUNUNG SAHARI XI No. 291
JAKARTA 10720 INDONESIA

网址：www.guojiribao.com

电话：(62–21)–6265566

传真：(62–21)–6261866/ 6261366

电邮：editor@guojiribao.com
guojiribao_iklan@yahoo.com

国际日报·万隆日报

《国际日报·万隆日报》由国际日报报业集团于2013年2月1日在华族人口相对集中，经济科技建设等方面有重要影响的万隆市创办，面向印度全国发行。

《万隆日报》与《国际日报》同步发行，每天两版，第一版主要是当地政治、经济、社会、文化等重要新闻；第二版主要是华社和华族社会的新闻。《万隆日报》作为西爪哇地区唯一一家华文报纸，读者大部分是华族老一辈和一部分年轻人，因此，该报把传承中华文化和促进印中文化交流作为报道重点。大量报道了这一地区的华文教育、印中文化教育交流活动；每月开辟学生园地，专门刊登学生作文，

以此来鼓励他们学习中文；还组织采写社团组织、华社名流和其他各界知名人士，介绍他们在不同岗位为社会做出的贡献；对发生在万隆地区的华社活动，文化社会活动组织了专门的报道。另外，为了更贴近生活，还不定期刊登一些关于饮食文化与健康方面的文章以及旅游景点介绍和历史典故等，满足不同文化层次的读者需求。

该报每日相关新闻版面在总部编辑与排版。

社长：刘玉莲

地址：Nana Rohana NO.37,Bandung

网址：www.guojiribao.com

电话：62-22-6033994

传真：62-22-6032400

电邮：alice@guojiribao.com

国际日报·中爪哇快报

《国际日报·中爪哇快报》于2013年9月1日正式创刊，报道范围含盖日惹特区。报纸成立之初，由于没有专职记者，华社新闻得不到充分报道，主要是翻译印尼通讯社新闻稿。2014年5月20日，《国际日报》派驻一名专职记者，位于三宝垄PURI《中爪哇快报》办事处也随即建立。

《中爪哇快报》现为对开一个版，每天一期（除周日），随《国际日报》在雅加达印刷，发行到全印尼。目前版面安排是半版当地新闻，半版华社新闻。华社若有重要活动，即以整版形式报道，同时也会将更多的内容安排在《国际日报》“华社新闻”版或“专版”。在内容上，报道以华社新闻为主，也关注当地重大政府活动和印尼友族新闻，以及地方风光风情，开辟专栏“中爪哇华社巡礼”做系列报道。在形式上，以消息为主，兼有专访、通讯、言论、游记等。

从2015年元月起 由《中爪哇快报》办事处承担发行业务。《国际日报》在当地的各类广告也由办事处承担，包括祝贺、婚丧和商业广告。《中爪哇快报》办事处同时发展通讯员队伍。

社长：张克顺

地址：RUKO PURI ANJASMORO BLOK. H-5 , NO.42

网址：www.guojiribao.com

电话：62-24-3544678

传真：62-24-3544678

电邮：zwx@guojiribao.com

国际日报·西加坤甸日报

《国际日报·西加坤甸日报》创刊于2001年6月25日，创刊初与马来西亚古晋《星洲日报》合作，在坤甸出版发行全西加各城镇。在2002年8月，与《印尼国际日报》合作，逐渐改善报道内容。

2005年初，版面从两版增加到四版，报道坤甸新闻，西加各县市新闻，以华社活动及西加各地华文教育为主要报道目标。

《西加坤甸日报》主要发行坤甸市，也在山口洋市、道房县、孟加影县、三发县、古物拉雅县、坤甸县、万那县、上候县与新当县等地发行。目前《西加坤甸日报》（头版）与《国际日报》同步发行西加里曼丹及全国各地。）

《西加坤甸日报》版面和内容：

第一、第四版：新闻及彩色广告；第二版：迷你广告、小说；第三版 ：副刊、师生园地（逢周三，周日）、医药与健康（周一）、妇女与家庭（周二）、科技（周四）、旅游胜地（周五）、食谱（周六）。

社长：陈得时

地址：Gedung Graha Pena, Jalan Gajah Mada No. 2-4

网址：www.guojiribao.com

电话：62-561-749636

传真：62-561-766022

电邮：kdrb2001@gmail.com

国际日报·苏北快报

《国际日报·苏北快报》(日报)原名《苏北日报》，于2010年10月1日在棉兰创刊出版。该报是《国际日报》在苏岛发行的地方报纸，其前身是《棉兰早报》和《华商报》，因经营不佳而于2010年9月底停办。经改组后以《苏北日报》正式出版，目前随同《国际日报》在苏北、亚齐等地发行。

《苏北快报》每日出版4-8版，内容有“苏北要闻”、“华社动态”、“地方新闻”、副刊“浴

火凤凰”、“青春之歌”、“海外华社”、“卡蒂妮妇女园地”和师生专栏。

《苏北快报》负责人：许松山

棉兰办事处：JL.JEMADI NO.26B
(KEL.PULO BRAYAN DARAT 2) MEDAN
SUMUT 20239
INDONESIA

国际日报·泗水晨报

《国际日报·泗水晨报》于2002年中在东爪哇首府泗水出版发行，是《国际日报》在东爪哇出版的地方报纸，每日随《国际日报》发行印尼东部地区（包括东爪哇各县市，西奴山打拉、东奴山打拉、苏拉威西各省，南加里曼丹、东加里曼丹等地），峇厘岛则由雅加达《国际日报》发行。

《泗水晨报》每天出版4版，内容有“华社新闻”、“社区要闻”、“群岛新闻”和“两岸新闻”或“副刊”。计划2012年增为8版。

《泗水晨报》负责人：林麟辉

办事处：RUKO PERMATA BINTORO
KAV.88–89 JL.KETAMPON
SURABAYA,
JATIM,INDONESIA

电话：(062–31) 5672773

传真：（062–31)5672679

丰众

《丰众》期刊于2010年6月独资在雅加达创刊，系千禧国际集团媒体总公司属下的一份期刊。该刊内容侧重财经方面的解读和有关国内等其它最新财经信息，以及关于华夏文化等方面的介绍。该刊旨在“为公众提供丰富的信息，破译世界财富密码，解密国际金融骗局；道出股市涨跌的真相，揭示不为人知的金融历史。展现第五金砖之国——印度尼西亚风采。”

该刊内容设有“军事快报”、“财经书籍”、“股市”、“黄金”、“外汇”、“期货”、“印尼经济”、“法律规划”、“东盟——中国资源贸易区”、“矿产能源”、“旅游”、“文化”。

荣誉顾问：林毅煌

董事长：林仲平

社长：郭居仁

总编辑：林毅辉

地址：Gedung Millenium,Lautai2,JL.Kwitang
Raya, No.1, Senen,Jakarta
Pusat,10420.INDONESIA

电话：（62–21）3146511

传真：（62–21）3146211

印尼巴厘风采

《印尼巴厘风采》（半月刊），2013年12月1日创刊，创刊时原名《巴厘风采》，全彩色印刷。其创刊宗旨：推进中印尼人民的文化交流，让两国文化旅游健康兴旺发展，在巴厘岛出版首份中文期刊杂志，把印尼各地和仙女岛的旖旎风光、优美文艺、神奇故事和风俗民情介绍给大中华地区的读者。将为中印尼文化全面深化合作发展，为21世纪海上丝绸之路作出微薄的贡献。

创刊时得到巴厘省长巴士迪卡的全力支持，每期印刷数万份免费分送中国旅客和各大旅馆。到2019年4月中已出版82期、印刷优美，内容多姿多采，得到广大中国旅客赞赏和新开办的中国驻登巴萨总领馆大力支持。2019年走进6周年，报社将与伊联大学进一步开办中文旅游课程，培训当地青年学习汉文汉语，积极促进在2019年有三百万中国旅客前来旅游印尼各地和巴厘。

社长：沈德民

副社长：吴祺祥

总编辑：李卓辉

地址：P.T. Media Fengcai Nusa Bangsa ,Jl. Grits Anyar Gg.Dwitunggal 7, Denpasar Selatan Bali 80221.

网址：www.aseannanyang.com

电话：62–361–8497517

手机：62–81318597128

电邮：balifengcai@gmail
bambang938@yahoo.com

印华文友

《印华文友》（季刊）是印华作协出版的刊物。16开本，70余页，主要栏目有“散文”、“杂文”、“诗词”、“小说”、“文

艺评论”等。

主编：莎萍

副主编：幸一舟

编委：金梅子、雯飞

地址：印度尼西亚雅加达

1 .Jln.Tiang Bendera I/73cc，

Jakarta Barat,INDONESIA

2. Jln.Kasuari I HB–9/6， Sektor 9，

Bintaro Jaya,Jakarta

Selatan,15229,INDONESIA

网址：www.yinhuazuoxie.com

电话：（62–21）6930091

（62–21）7450902

传真：（62–21）7450902

（62–21）6696345

电邮：yinhua_zuoxie@yahoo.com.cn

perpetin@yahoo.cn

印华天声

《印华天声》（月刊）创刊于2010年1月，原名为《印华之声》，《印华天声》为16开本，50余页。主要栏目有“时事”、“经济”、“特别报道”、“侨教史集”、“散文”、“诗词”等。是一本综合性月刊。

社长、总编辑：邝耀章

总经理、副总编辑：饶然生

地址：印度尼西亚雅加达 J1.Kemayoran Utara No.19A, Jakarta Pusat,INDONESIA

电话：（62–21）4222788

（62–21）4260961

传真：（62–21）4222788

电邮：mulias@centrin.net.id

sunardi@dnet.net.id

呼声

《呼声》（月刊）创办于1999年5月。该月刊的宗旨是鼓励华裔公民积极参政，争取正当权益，提倡恢复华族母语教育，支持民主改革，为经济复苏作努力。

最初10期，使用中文、印度尼西亚文、英文。20期后，全部使用中文。

内容有“印度尼西亚政经评论”、“华人社会”、“华文教育动态”、“文艺创作”等。

发行地区：印度尼西亚各地、东盟邻国、香港、中国大陆各城市。

社长：曾大勇

总编辑：林超年

地址：J1.Kejayaan I no.23， Jakarta Barat，Indonesia.

电话：（62–21）6341656

传真：（62–21）6386586

电邮：minatomo@indosat.net.id

雅加达第一华语广播电台

98.3FM雅加达第一华语广播电台成立于1971年，从1993年开始以新面貌播出华语歌曲。有员工50多名，其中播音员20多名，每周7天24小时不间断播出音乐、新闻、民生、健康、宗教、社会、心理、生活等各类节目。

该台听众大部分居住在雅加达西区、北区、南区、中区、东区、唐格郎、勿加西、格拉旺、芝干北、德博、茂物、西冷、苏加武眉、连旺、万隆、苏眉当。听众大部分是企业界、工商界、职业上班族、大中学生等，大多属印尼社会的上层阶级。

地址：Jl. Hayam Wuruk No. 108 JAKARTA 11160

电话: (021) 625–4321，

传真: (021) 625–8303

电邮: bayugitulo@yahoo.com

亚洲东盟卫视

亚洲东盟卫视，是2019年2月20日于印度尼西亚首都雅加达注册成立的一家卫星电视台，在中国、日本、韩国以及东盟各个国家设有新闻中心及记者站。

东盟卫视是东盟国家的主流媒体，内容以东盟各国以及亚洲各国的重要新闻、经贸合作、文化交流、旅游资讯为主，以中英双语播出，通过亚洲7号卫星和地面有线覆盖东盟十国的6.5亿人口。

东盟卫视自制的节目以新闻和访谈为主，于2019年正式上星开播。东盟卫视创建宗旨是“聚焦亚洲，连接世界”,旨在架构东盟与世界尤其是亚洲各国之间的信息交流平台和经贸合作桥梁，促进东盟十国与中国以及亚洲各国之间的文化交流和经贸合作。

主要负责人：刘海江

总部地址：701-705，ASEAN Building，Jakarta

网址：www.asia-asean-tv.com

电话：（+86）10-65141778

传真：（+86）10-65141770

电邮：alexliu@abtv.cc

和平日报（网络版）

《和平日报》于2000年元月由印尼著名侨领吴能彬博士独资创办，以“唯有和平，才能避免分裂”为办报宗旨。吴能彬博士期望以“和平”为最大追求，以“和平”为终极目标，以“和平”为远大理想。因此，《和平日报》创办以来，深受各界好评。

如今，《和平日报》已停止纸质媒体的发行，创办了网络报纸与和平电视，提供专业的新闻报道。为印尼华裔争取平等权利、积极融入主流社会，为参与建设美丽的印度尼西亚积极贡献力量。

社长：吴能彬

地址：Jl.Hasyim Ashari No.33B Jakarta 10130

网址：www.hepingribao.com

电话：+62 21 63858611，传真：+62 21 63864182

电邮:hepingribao@yahoo.com

缅甸

金凤凰

缅甸《金凤凰》中文报(周刊）于2007年10月1日经由缅甸宣传部批准创刊，是目前缅甸唯一一家拥有合法出版发行牌照的中文媒体。《金凤凰报》秉承在展翅起飞之时就确定的“友谊之桥梁、信息之平台、华教之园地”的办报宗旨，以传承中华文化为己任，坚持正面报道缅甸新闻、缅华社会新闻，促进中缅友谊，传播中国正能量。

经过10余年的努力，《金凤凰》报由创刊初期的月刊发展成为目前的周报，报纸发行已覆盖全缅各大中城市和华人聚集区，华文学校和华人社团。在缅侨团、华校已将《金凤凰》作为刊登信息的主要平台，《金凤凰》中文报已成为缅甸华人华侨、侨团、华校间沟通与联系的桥梁。

此外，由报社出版发行的《缅甸未来新闻》月刊（Myanmar Future News）也已进入主流社会，成为当地读者喜爱的中高端时政经济类杂志。

执行总裁：张翀

地址：No 2A, 5th Floor, Khattar Street, Sanchaung Township, Yangon, Myanmar

网站：www.mmgpmedia.com

电话：0095-9-5024935

电邮：gphoenix.05@gamil.com

微信公众号：mmgpmedia2007

Facebook：www.facebook.com/mmgoldenphoenix

www.facebook.com/myanmarfuturenews

泰国

中华日报

《中华日报》（日报）前身为《新报》。《新报》初为周刊，后改为3日刊，再发展为《新日报》，其后于1957年间停刊。1960年3月16日，该报易名为《中华日报》，1976年10月被令停刊；1978年4月获准和《新中原报》同时复刊。《中华日报》是泰国上市的华文报纸。在泰国、东南亚及亚洲有关地区发行。

该报每天出版28至32个版面，逢周一出版简体字专版，报道有关医药保健咨询、各地奇闻趣事及泰国各旅游景点；周六出版《教与学》专版，刊登泰国各校学生习作，教师教书心得，以提升学生学习华语兴趣。内容包括“要闻”、“国际新闻”、“国际姿采”、“泰国新闻”、“内地新闻”、“社团新闻”、“社会新闻”、“商情”、“财经”、“企业专题”、“经济世界”、“经济动态”、“军事天下”、“中华大地”、“中华经济”、“港澳经纬”、“专题报导”、“体育”、“国际风光”、“旅游”、“娱乐”、“综合副刊”、“妇女”、“小说”、“华园”、“天南地北”、“医药保健”、“科技新知”、“武侠”、“湄江随笔”、“文学”、“大千世界”、“古今探秘”等。

董事长：胡娟

社长：陈正

总编辑、督印人：王立文

执行总编辑：马鸿彬

地址：泰国曼谷石龙军路哒叻仔877至881号
877-881 NEW ROAD,TALAD NOI,
BANGKOK,THAILAND.

电话：（66）2 236 9171-6

传真：（66）22337472

电邮：tonghua_dailynews@hotmail.com

泰国世界日报

《泰国世界日报》于1955年7月26日创刊，1986年2月由台湾《联合报》系接办，秉持“正派办报”理念，投入巨额资金、更新软硬件设备，进驻专业团队，锐意改革、充实内容，以“促进社会繁荣进步、推动工商业发展、凝聚侨社和谐团结”为办报目标，是泰国目前发行量最大的华文日报。

《泰国世界日报》周一至周6出报6大张、周日4大张，除了泰国、东盟当地新闻，更有《联合报》系全球采编团队的支持，关于海峡两岸、国际政经、瀛寰新知、养生保健、报导文学……等各方面的内容都很丰沛。每年更定期出版“农民历”、“企业名录”、“今日中国”、“今日台湾”等特刊，还不定期推出《泰国世界日报丛书—泰华文选集》。

融合媒体是近年发展方向，通过《泰国世界日报》新闻网、PDF电子报、脸书、微信、微博等平台，提供更多元化的服务；分类服务平台、商务平台(www.thaicc.cc)则提供泰国商业信息、法律法规及泰缅华商企业信息；生活粉丝页面(Hellothaigo) 则加强服务新世代。

《泰国世界日报》以“正派、公义、质量、创新”为核心价值，不断追求创新与突破，与时俱进，服务泰华社会。

董 事 长：王文杉

发行人：黄根和

社长：邱光盛

总编辑：李东宪

总经理：毛国文

社务经理：杨培文

地址：21/1 Charoenkrung Road,Bangkok 10200,Thailand

网址：www.udnbkk.com

电子报网址：http://ep.worldjournal.com/BK

电话：02-2260040

传真：02-2247968

电邮：universal@udnbkk.com

亚洲日报

《亚洲日报》创刊于1993年8月28日，是泰国第六家华文日报，由一批泰华企业家集资

创办，宗旨为“服务泰华侨社，发扬中华文化，促进泰中友好关系和文化交流”。由于董事都是泰籍人士，议论政局，针贬时弊，都可秉公而论。这是《亚洲日报》在泰华报业中的一大特点和优势。

2015年11月1日起，《亚洲日报》暂停出版，进行内部调整，重组董事局、大幅增资、更新设备、充实人员等。于2016年5月2日恢复出版。新董事局委托著名报人吴金城全权负责报社业务，进行报务改革。

《亚洲日报》改版后每天出版24至32个版面，其中包含16个彩色版面，如有节庆或发生重大事件，将增加出纸张数（无上限）。目前，该报版面内容分为两大类：新闻类，包括“要闻”、“国际新闻”、“中国新闻”、“泰国新闻”、“社会新闻”、“股市行情”、“侨团新闻”、“各府新闻”。除不定期发表“社论”和“放大镜”专栏外，每天均有“泰国时评”特栏，

副刊类，包括“军情”、“谈古论今、“网上小说、“煮酒论英雄”、“史海揭秘”、“民间故事”、“海外华教”、“影坛怀旧”、“人物传奇”、“医药与健康”、“环宇博览”、“秘闻奇事”、“电视剧”、“武侠”、“小说”等。

《亚洲日报》斥资购入电脑控制扫瞄锌版机，2011年2月1日开始正式使用，成为曼谷6家华文日报中首家不使用胶片，组版后直接扫瞄成锌版的报社。

董事长：黄迨光博士

社长：刘振禀

总编辑、督印人：吴敏菁

执行总编辑：吴坤明

地址：泰国曼谷市挽叻县拍喃四路门牌330, 330/1-3号

No.330/1-3 Rama 4 Road Bangrak,
Bangkok 10500,THAILAND

电话：营业部(662)2382345；

发行部(662)2336437；

编辑部(662)2382348-54

电传：(662)2382346, (662)2382347

电邮：zhou.wenhui@yahoo.com.tw；
123uthai123@gmail.com

京华中原联合日报

泰国《京华中原联合日报》2019年迎来62周年大庆。该报最初由《京华日报》和《中原日报》合并而成。《京华中原联合日报》之主干《京华日报》，创刊于1957年，是泰国迄今唯一由民联厅（新闻局）向国务院申请获准出版的华文报。

1979年10月，泰国发生政变，颁布停刊所有语言报纸，唯《京华日报》获准第二天照常出版，扮演了沟通官民感情的重要角色，其每天印刷和发行量超过12万份，创造泰国华文报有史以来的最高发行量纪录。

《京华中原联合日报》是一份适合各阶层人士阅读的综合性报纸，财经报道、国际时事、体育新闻、评论分析以及副刊内容应有尽有，特别是当地社团新闻、泰国新闻更是独树一格。该报主要根据广告多寡调整版面数量，平日最少全彩色出版7大张（28版），多的时候一天32张共128版。

泰国有近千万华侨华人，近几十年来，《京华中原联合日报》积极扮演中泰友好桥梁的角色，大力宣扬中华文化，并与中国内地和香港相关媒体合作，开辟有关“中国新闻、娱乐、历史文化、武侠、体育、美食”等专栏，受到广大华侨华人的欢迎。

社长、督印人：吴金城

董事、总经理：林妙英

地址：泰国曼谷野虎路门牌一零八号

网址：www.jhzyanews.com

电话：2214181-2,2222838-9,
2238172-3,2254071-2

传真：2254073,6231213

电邮：Kiahua@bkk.loxinfo.co.th

星暹日报

《星暹日报》（日报）创刊于1950年1月1日，是泰国历史最悠久、知名度最高的华文报纸之一，也是目前泰国唯一的简体中文日报。该报为著名华侨巨商胡文虎与泰国华侨殷商郭实秋合办。其后，郭实秋的股权转让给胡氏家

族，该报遂成为“星系报业有限公司”的产业。胡文虎、胡文豹兄弟去世后，该报由胡蛟负责。2010年由郑氏家族郑芷荪董事长接办，成为该报发展中一个重要的分水岭。郑芷荪董事长接办后，《星暹日报》创下了泰国华文报的两个“第一”，首先是成为第一个试用现代化企业新式管理模式，其次是率先全面使用简体字。2013年《星暹日报》与中国南方报业传媒集团深度合作，采取报纸、电子报、微信、微博同步运作，搭建多媒体立体传播平台。2018年，报社领导层再次改组，成立了新的管理团队。

该报日出对开纸7至8张，28至32版，周日出8版。主要内容为“泰事新闻”、“泰国社会”、“中国新闻”、“国际新闻”、“港澳台新闻”、“东盟新闻”、“侨社新闻”、“工商经济”、“新经济”等。

CEO：郭颖桥

总编辑：郭森豪

地址：泰国曼谷石龙军路267号
267 NEW ROAD, BANGKOK,
THAILAND

网址：www.ssdaily.in.th

电话：02-2250070

电话：（66）2-2250070,
（66）2-6212255

传真：（66）2-2244139,
（66）2-2254663

电邮：chinews@singsianyerpao.com

曼谷国际时报

《曼谷国际时报》（周刊）成立于2010年2月，是一份全方位信息类报纸。以宣介国际、东盟宏观经济政策，报道国内外财经热点焦点新闻，反映各领域最新动态，关注国际财经信息，传递市场动态，展示知名企业风采为主要特点。

《曼谷国际时报》周刊使用彩色印刷。常规报道版面分为12大版块:A、B版，为泰国重大新闻的分析报道；C版国际焦点版，重点报道国际事件；D版社评版，是报纸编辑对近期大事观点的评论；E、F版经济热点版，透视全球经济走势；G版东盟新闻版，报道东盟各国经济、政治和社会动向；H版为军事热点和军情新闻。I版时尚生活介绍热点旅游地；J版为消费时尚指南。K版和L版为泰国专题新闻版，报道近期泰国社会热点新闻。

《曼谷国际时报》针对泰国政治、经济方面的新闻报道具有较高的准确性和前瞻性，并能够深入、长期性的跟踪报道泰国政治热点问题，受到高端读者群体的喜爱。

社长、总编辑：闻真

执行总编辑：时鸣

地址：44/1 Rungrojthanakul Building 16
Floor Rachadapiseak
Road,Huaykwang,Bangkok,10310
Thailand

电话：（66）26430402-3

传真：（66）26439037

新中原报

《中原报》（日报）1938年创刊于卢沟桥事变后，由泰国爱国华侨中华总商会华侨领导人主导创办，聘请李其雄先生任第一任社长。办报宗旨是：倡导华侨抗日。珍珠港事件后，日军登陆泰国，接管该报，李其雄仍任社长至故世为止。爱国报人躲避到北碧府桂河桥附近，直至日本投降后收回《中原报》，并继续经营。

1950年代，右派强人乃沙立元帅查封该报。1974年6月18日重新出版，并在报名中加了一个“新”字，成为今天的《新中原报》。1978 年，资深报人方思若、何韵伉俪接办《新中原报》。1995 年，盘谷银行的陈有汉出资控股并接办该报。

该报日出对开纸5张20版左右。版面包括“要闻”、“国际新闻”、“商情”、“经济新闻”、“侨团新闻”、“泰国国内新闻”、“社会新闻”、“体育”、“海峡两岸”、“国际财经”、“热点追击”、“大众文艺”、“新半岛”、“春秋”、“冰淇淋”、“小说”、“综合副刊”等。

董事长：柳进雄

常务董事长：柯楚君

董事总经理、执行总编辑：林宏

总编辑、督印人：何韵

地址：泰国曼谷石龙军路哒叻仔1022-1030号

1022-1030 CHAROEN KRUNG RD, BANGKOK,THAILAND

电话：（66）22668501-4

传真：（66）2237 1733,（66）22668506

电邮：xingzhongyuan9@hotmail.com

@ManGu曼谷杂志

《@ManGu曼谷》（半月刊）杂志创刊于2012年10月1日，是泰国亚洲大众集团旗下的一份中文免费杂志，泰国第一本覆盖曼谷、芭提雅、普吉、清迈等泰国各大旅游城市的全中文半月刊，致力于为在泰华人及中国游客提供全方位的在泰生活旅游资讯。杂志发行量为每期（半月）5万本，每个月发行超过10万本，吸引了国内外超过50万的读者。

该杂志在泰国机场、航空公司、购物中心、大使馆、移民局及其它公共场所设有近两千个发行取阅点，并在中国建有发行渠道。

此外，泰国亚洲大众集团还拥有泰国线上最具影响力中文新闻品牌《泰国头条新闻》，介绍泰国各类生活旅游资讯的线上平台《泰国资讯指南》、泰国首档双人中文网络综艺《泰国勤报局》等媒体品牌。

董事长：郭蕊

地址：1011 Supalai Grand Tower 18th floor, 1801-1802 unit , Rama 3 Rd. Chongnonsri Yannawa Bangkok 10120

电话：（+66）02-090-2482

电邮：info@atmangu.com

时代论坛

《时代论坛》(月刊)创刊于1994年，是在泰国华文刊物出版处于低潮时期，由热心华文传媒事业的陈静、刘利洲、周子飞、南雁、何锦江等人创刊发行。25年来，历经困难，坚持不懈，愈来愈受读者欢迎。由泰国时代报业有限公司发行，远销到东南亚各国及香港等地。

《时代论坛》的宗旨是：站在海外华人华侨平民百姓的立足点上，以文会友，以祈有补于精神世界。其中主要内容：推介中华民族优秀传统文化和当代中国的进步业绩，引导海外华人崇拜和信仰祖先;提供平台抒发爱祖（籍）国、怀故乡的家国情怀，以慰乡愁，以飨读者。

社长: 陈静

主笔: 何锦江

总经理: 周子飞

总编辑: 周密

地址: 曼谷挽叻县拍喃四路劳工法庭星标油站巷内门牌426号

邮政编号:10500

电话:02-6333370

传真:02-6333371

电邮:kaungsiphyo@hotmail.com

泰国风

《泰国风》（双月刊）于1996年底在泰国曼谷创刊，系新闻类杂志，是泰国创刊最早的彩色华文杂志之一。《泰国风》图文并茂，以报道泰国政经、文化、旅游及华人生活为主，着重专访和记录泰国华人华侨华商的生活状态和奋斗历程。杂志成为读者了解泰国现实社会和旅游、文化、经贸及华人生活的一个渠道，也是泰国读者了解中国的一个窗口。

《泰国风》杂志拥有泰国刊号、国际书号和中国大陆发行号，在泰国和中国同时发行，也辐射东南亚国家及港澳台地区，是泰航、中国南航、中国国际、台湾华航等机上读物。

泰国风媒体网站创建于2000年，泰国风微信公众号创建于2015年。2018年底成立泰国风融媒体中心。

社长、总编辑：吴小菡

地址：曼谷诗纳卡琳路40巷内素帕蓬1巷哇罗咚别墅小区门牌98/15-16号

网址：www.thaiwind.net

手机：0066-81-9070699

电话：0066-2-3308768

电邮：31351637@qq.com

微信：thaiwind6688

丝绸之路电视台

丝绸之路电视台（以下简称SRTV）是“泰中文化传媒集团”的全资子公司，总部位于泰国曼谷，经泰国政府批准注册成立，是东

南亚首家中泰双语同步播出的卫星电视台。

SRTV立足泰国，以推动“一带一路”的发展为己任，力求搭建一个丝绸之路沿线国家与中国之间信息互通的媒介平台，致力于促进中国与东盟各国的经济、旅游发展，加强彼此间文化的交流互鉴，实现多方共赢。

丝绸之路电视台拥有先进的演播设备以及节目制作流程，支持电视台各类节目的高清制作，可进行新闻类、访谈类、综艺类等节目的现场直播、录播。SRTV不仅拥有传统类自制节目，同时成立了新媒体板块业务中心，运营各类网络直播栏目。

SRTV跟踪报道东盟及全球最新时政、经济、文化资讯，提供最新、最时尚的影视剧、综艺、新闻栏目，不间断24小时播出，首播时间为6小时。资讯类栏目“东盟资讯”、旅游类栏目“泰国gogogo”等，时下最受欢迎的“影视剧场”等。为泰国及东盟地区的广大观众提供丰富多彩的中泰双语影视节目。

2016年12月SRTV于老挝正式上星（老挝一号通讯卫星）,信号覆盖整个东南亚,落地用户数650，0000户。

地址：92/1 Narathiwat–Ratchanakarin Road, Chong Nonsi, Yannawa, Bangkok 10120

泰国曼谷市然那哇区冲暖诗那拉提瓦–拉查那卡琳路92/1号

网址：www.silkroad.co.th

电话：+66（0）2681–0216

传真：+66（0）2681–0217

电邮：info@silkroad.co.th

微信：丝绸之路TV

泰国中央电视台

泰国中央电视台于2009年2月28日正式开播，是在中泰两国政府的支持下，由泰国华人投资创办的。该台在太空5号卫星上星，电视信号覆盖整个东半球（亚洲、欧洲、大洋洲、非洲），仅泰国地区机顶盒入户数量就达到2600万户。

作为东南亚一家以中泰双语进行节目制作和播出的电视媒体，泰国中央电视台具有传播新闻、社会教育、文化娱乐、信息服务等多种功能，是东盟观众获取信息的重要渠道。

泰国中央电视台本着“立足泰国、关注中国、面向亚洲、放眼全球”的经营理念，致力于为全球观众提供丰富多彩、视角广泛的新闻及娱乐资讯服务，在传递中泰两国最新消息的同时，也注重报道整个亚洲地区和广大发展中国家的新闻事件。

董事会主席：李敏

地址： Thai Central Chinese Television Group Co., Ltd. 287 Royal Lee Tower 3Fl, Srinakarin Road, Huamak Sub–district, Bangkapi District, Bangkok, Thailand 10240

电话:（66）02–102–6178

传真：（66）02–6893679

电邮:mytalking@hotmail.com

泰华网

泰华网2008年5月在泰华众多侨领及侨团负责人的鼎力支持下，泰华网正式上线。泰华网通过网络向全世界呈现泰华社团各宗亲会、同乡会、华文教育、华文媒体等整个泰国华人社会面貌。迄今为止泰华网共发布了近1万5千多条泰国侨团图片新闻、1000多条近万分钟的华人视频资讯。将泰国华侨华人的事迹记录下来建成一个华人资料库，是一件功在千秋的事，也是创办泰华网的初衷。

目前“泰华网”由“泰华网”门户、“综合资讯”、“泰华TV”、“泰1号店”等板块组成。

“泰华网门户”以泰华社团新闻、大事件报道为主；“综合资讯”以全球资讯及社区交流为主；《泰华TV》：以网络视频记录泰华社会、华人人物故事，传播泰中文化；《泰1号店》：泰华网旗下电商平台泰国精品直通中国。

总经理：陈剑波

总编辑：钱丰

地址：曼谷市是隆路ITF大厦160/11FL131
160/131 ITF Tower 11FL,
RoomNo.131 Silom RD.,
Bangrak District Bangkok 10500

网址：www.thaicn.Net

电话：（66）2–634–3938

传真：（66）2–235–4271

电邮：news@thaicn.com

泰国网

泰国网，是泰国新泰日报传媒集团旗下主力新媒体平台。涵盖门户网站、微信公众号、微博、今日头条账号及泰国华人论坛等平台。

泰国网主要以服务在泰华人同胞，为中国读者介绍泰国，为泰中两国各项经贸文化往来提供信息支持为宗旨。

自2008年成立以来，泰国网立足泰国，面向世界，服务华人，为广大华人读者提供泰国实时新闻、深度评论、生活资讯、商业信息等媒体内容，是华人同胞和中国读者了解泰国的窗口。

泰国网各平台会员总人数超过50万，日均流量10万以上。其中，微信、微博总阅读量达5亿人次，头条账号总阅读量超过1.3亿次，在“海外华文传媒影响力排行榜”中，常年位居在泰中文新媒体前列。

总经理：王新宇

总编辑：岳汉

地址：7th Floor,213/1-2 Ratchadaphisek RD,Din Daeng,Bangkok

电话：（+66）83-3994567　83-3995678

电邮：4077477@qq.com

泰国头条新闻

泰国头条新闻是泰国亚洲大众集团（Thai Jiaranai Group）于2013年8月创建的线上新闻媒体品牌，现拥有独立网站、官方微博、微信公众号、中新网、华舆曼谷城市频道、今日头条号、凤凰大风号、网易、企鹅号、Facebook、推特等多个发布平台，新闻发布总量接近32000条，日阅读量超百万次，是泰国社会最具权威性、时效性和准确性的线上华文新闻平台，是泰国国家旅游局、泰国国家移民局等多个泰国政府机构的官方华文媒体合作伙伴。泰国头条新闻也拥有全泰唯一中文手机短信服务，打通泰国 AIS、DTAC、TRUEMOVE 3大运营商，为在泰华人华侨和千万中国游客提供实时资讯。

泰国头条新闻包括泰国时政、社会、财经、华人、生活、娱乐、消费指南等7大板块。创立以来数百次在第一时间独家报道泰国重要新闻，成为华人在泰工作、生活、学习、旅游等的重要消息渠道，更成了全球各大华文媒体获取泰国准确信息的重要源头。每年的“泰国头条新闻年度风云人物颁奖典礼”被誉为“泰国奥斯卡”，成为表彰中泰明星名人和促进两国交流人士的重要奖项，话题阅读量已破1.3亿次。2017年，泰国头条新闻及集团协办博鳌亚洲论坛曼谷会议；2018年，泰国头条新闻入选世界华文新媒体100强。

董事长：郭蕊

地址：1011 Supalai Grand Tower 18th floor, 1801-1802 unit , Rama 3 Rd. Chongnonsri Yannawa Bangkok 10120

电话:（+66）02-090-2482

电邮：info@atmangu.com

马来西亚

中国报

《中国报》于1946年2月1日，由当时的吉隆坡华人社会领袖敦李孝式及商界与社团领袖等创办。如今的《中国报》，是世界华文媒体集团（简称世华媒体）一员。《中国报》是马来西亚第二大中文报章，以全面的新闻报导、精彩的图片以及生动的呈献见称。

70多年过去了，《中国报》始终保持热情和活力，为读者提供丰富精神粮食，无论是社会新闻、政治新闻、社会百态、财经报导、国际时事、体育新闻、娱乐新闻、评论分析及副刊等，《中国报》的内容都具有广度与深度，深受读者，尤其是中下阶层读者赞赏。

《中国报》新闻网站建于2000年，经过多年耕耘，如今已成为海内外读者青睐的中文网站之一。

根据马来西亚数码协会的数据，《中国报》网站于2018年5月(全国大选月）的点阅创下2亿7506万1574次，同月的独立访客有858万1179人次；即使6月回归平稳，也有1亿9387万3647次的点阅以及573万9599人次的独立访客，傲视同业。

《中国报》新闻网站每日下午7时播出的《新闻抢鲜报》视频，也成为《中国报》新闻大队的生力军，点阅人数节节上升；至于拥有145万个追随者的《中国报》面子书，追随者人数更是一直稳健上升。

总执行长：廖深仁

总编辑：张映坤

地址：80,Jalan Riong,off Jalan Bangsar ,
59100 Kuala Lumpur, Malaysia.

网址：www.chinapress.com.my

电话：+603 22896363

传真：+603 22827125

电邮：newscentre@chinapress.com.my

脸书：China Press（中国报）

App：中国报App(App Store & Google Play)

东方日报

《东方日报》于2003年1月1日正式创刊，由砂劳越启德行企业集团（KTS）拥有。

《东方日报》每天出版4开64版，报社员工约250人。内容主要包括“国内新闻”、“国际新闻”、“评论”、“专题报道”、“财经新闻”、“生活资讯”及“娱乐新闻”等。

《东方日报》新闻在马来西亚以报道客观和可信度见称，“财经新闻”也在业界受到好评。订户主要以中高收入阶层为主。新闻内容以马来西亚国内大小事及世界各地最新发展时事为要，并尽以图表呈现，务求让读者读取最详尽及多样性的资讯。

《东方日报》近年因应大潮流利用社交媒体，积极开发《东方网》和各种数位新闻平台。目前除了印刷的《东方日报》之外，还有推出了电子报、东方网页、东方视频及《东方美食》网等。根据独立流量鉴定机构报告，《东方网》目前是马来西亚最多人浏览的新闻网站之一，每月浏览页次达4到5千万，独立访客稳定保持在350到400万之间。

在东方庞大读者群中，大约30%来自新加坡、港台地区、欧美和其它地区。东方脸书累积超过140万的忠诚粉丝。

董事经理：刘利康

总编辑、高级总经理：陈利良

副总编辑：杨紫玲、梁保龙

地址：Wisma Dang Wangi, 38, Jalan Dang Wangi,
50100, Kuala Lumpur, Malaysia

网址：www.orientaldaily.com.my

电话：（60）3-26916336

传真：（60）3-26939115

亚洲时报

《亚洲时报》于1976年8月7日由张丹华、符永芳在马来西亚沙巴州亚庇市创刊，是一份

没有政治背景的民营报纸。

《亚洲时报》不仅在新闻报导方面力求内容充实和提高水准,在印刷效果及发行时间上，也不断求进步。是全州最早最快运售各地，供读者阅读的报章。

《亚洲时报》的员工，目前共有百余人，他们除了在总社工作外，也分别驻在州内各主要城镇及首都吉隆坡。

《亚洲时报》每天出版12大张至14大张，其中有36版全页彩色，除了风格独特杂志式的《亚洲魅力》附报赠送外，另特别创设《学风》与本土草药等具特色副刊，除了为沙巴读者带来广阔的国内外新闻外，也提供活泼鲜明富有吸引力副刊内容。

社长：张丹华

执行董事：符永芳

总编辑：赖赐传

地址：Wisma Asia Times,No.2,KM1,Jalan Tuaran By-pass,Inanam Laut,Kota Kinabalu,Sabah.

网址：www.asiatimes.com.my

电话：088-385100,420901,422821,420900

电邮：asiatimeskk@gmail.com

光华日报

《光华日报》是1910年12月20日由中国革命先驱孙中山先生在马来西亚槟城创办的，至今已有109年历史，是全球历史最悠久的中文报纸之一。

《光华日报》发行网遍及大马，主要市场在半岛北部，包括与泰国南部接壤的几个市镇，中至马来西亚首都吉隆坡，南至新加坡。目前每日发行量逾十万份。

《光华日报》于1998年荣获马来西亚商业注册局审定的马来西亚5家注册最久且业务蓬勃公司之一，2001年亦荣获马来西亚纪录大全颁发证书，证明《光华日报》乃世界历史最悠久的马来西亚华文日报。

《光华日报》近年加速数字媒体的发展，并融合传统媒体与新媒体的强点，构建全新的媒体平台，迄今已创建了“光华网”、“光华脸书”、“光华微信端”、“光华e报”、“光华优管”5大数字媒体平台，成为马来西亚最受瞩目的融媒体新平台。

董事主席：林绪通

副董事主席：王锦发

董事、董事主席特别助理：叶进煜

董事：温子开、叶立远、骆南辉、邱继贰、王得禄

总经理：李兴前

署理总经理：林星发

执行总编辑：林松荣

副总经理：周慧妮、梁宗宝

地址：马来西亚槟城州三条路十九号
No.19, Presgrave Street, 10300
Penang, Malaysia.

网址：www.kwongwah.com.my

电话：604-2612312　2623333

传真：604-2628540　2632142

电邮：editor@kwongwah.com.my

光明日报

《光明日报》创刊于1987年12月18日，从马来西亚半岛北部华人聚居的槟城州出发，并以服务当地华社为使命。创刊初期，由于缺乏资金和人才流失，最初5年，艰辛经营，以致数度易主。1992年11月，《星洲日报》社长张晓卿收购了《光明日报》，从此《光明日报》和《星洲日报》联手合作，为各阶层华人服务。

走彩色化、图像化、杂志化路线的《光明日报》，深受大众欢迎，发行量扶摇直上，成为北部社区首屈一指的华文报。1994年，《光明日报》开始在吉隆坡印刷出版不同的版本，从地方报蜕变为全国性报章。2004年10月，《光明日报》和《星洲日报》及其它刊物正式组成星洲媒体集团，并在马来西亚证券交易所主要交易板上市。2008年1月，星洲媒体、南洋报业以及香港明报集团合并，《光明日报》成为新集团“世华媒体”的一员。

《光明日报》秉持提供最新资讯的目标，继续探讨新的概念、方向和策略。随着资讯数据化时代来临，《光明日报》刻不容缓转型而积极发展跨媒体业务，除了架设网页和开设脸书，也开拓电子报(e Paper)市场，通过网上把讯资传达给读者。

《光明日报》脸书目前已拥有接近100万粉

丝，光明网页每月吸引了接近300万人次点击。

首席执行员：容耀群

总编辑：陈東郡

地址：67，Jalan Macalister,10400 Penang,Malaysia.

网址：www.guangming.com.my

电邮：editorial–pg@guangming.com.my

华侨日报

《华侨日报》创刊于1936年3月1日，在马来西亚沙巴州首府亚庇出版，为前英属北婆罗洲首家日报。创办时以8开4版油印报形式发行，为沙巴州第一家华文日报。

1947年，该报由叶保滋接办，任社长兼总编辑。叶氏增置设备，采用铅字排版平版机印刷。版面改为4开，每日出纸一张半，共6版，为沙巴报业划时代之创举。后为因应社会进步与读者之需求，版面自1950年起增至8版(即每日出纸两大张)。1972年采用柯式彩色高速卷筒印刷机，为东马第一家与全国第3家采用此类印刷机之报章。1973年再增至12版。该报于1984年5月废除铅字排版，改用中文打字及植字机排版。此时每日出纸6大张，24版。

叶氏于1987年逝世，夫人林玉婵继任董事主席，公子叶参出任社长。该报于1991年改用计算机打字并于1992年增置计算机分色机，从此进入彩色时代，此亦为沙巴报章之首创。

1994年4月起，采用北大方正计算机排版系统，其设备堪与全国先进报章并驾齐驱。目前每日至少出纸8大张，并视情况需要增版。内容计有“国际、国内、本州岛、财经、体育新闻”，另有文艺小说、娱乐、妇女以及其它专题副刊。此外，星期日随报附送华侨特页周刊(4开16版)。

社长：叶参

总编辑：黎君仁

地址：3B Jalan Mangga, Sedco Likas Industrial Estate, Jalan Kolombong, 88450 Inanam, Kota Kinabalu, Sabah, Malaysia

电话：（60）88–386555

传真：（60）88–432555

自由日报

《自由日报》于1968年12月1日创刊，至今已50年。《自由日报》是一份独立的民营报纸，创刊至今，不但坚持报章的立场，尽力要求公正，报导翔实及客观，同时担当官民沟通的中间桥梁。与时并进，不断改革，以期这份在沙巴山打根硕果仅存的华文报纸办得越来越好。

创刊头十年经历了一段艰苦岁月，故社长丘陶章大事改革，率先采用柯色印刷，出现新气象，由当初的每日10版增至16版，广受欢迎。

电脑资讯迅猛的发展，现任社长丘绍平认为必须采用电脑打字和排版。其中8版为彩色印刷，报纸由每日16版增至28版。

2002年8月1日，《自由日报》和《光华日报》正式打开交流与合作之门，每天在《自由日报》出版光华精编版共8版，其中二版彩色版，精美的编排广受读者欢迎。

自1997年8月31日出版第一份彩色新闻版迄今，《自由日报》的改革赢得山打根华社的口碑，社长丘绍平鼓励员工勿因有成就而满足，每一位员工都须努力，报纸一天比一天办得更精彩。

社长：丘绍平

总编辑：洪观胜

地址：LOT23–25，HOCKSENG LIGHT IND EST. BATU 3，JLN UTARA P.O.BOX 332，90703 SANDAKAN，SABAH，MALAYSIA

网址：mdn.chiefeditor@gmail. com

电话：6089214517,6089226161

传真：6089275537，6089211136

国际时报

《国际时报》（日报）于1968年10月1日由古晋华商黄文彬独资创办。《国际时报》基于“誓为人民喉舌，表达百姓心声，维护公道正义”的宗旨，不断改善设备，业务迅速发展。

1997年5月2日，《国际时报》正式上网，成为东马第一家拥有自己网站的华文报。该报辟有“各地新闻”、“中国大陆、香港、台湾

新闻”、“体育”、“经济”、“娱乐”及各种“副刊”等栏目。

《国际时报》美里有限公司成立于1993年10月1日，厂址位于美里卑亚骚工业区。所印行《国际时报》主要发行北砂与文莱邻国。《国际时报》美里有限公司在文莱设分社，在文莱首都斯市与马来奕都设有办事处。

社长：黄国忠

副社长、董事：李福安

董事经理兼、

总编辑：黄国辉

地址：Lot 2215,Jalan Bengkel, Pending Industrial Estate,
93450 Kuching, Sarawak. Malaysia

网址：www.intimes.com.my

电话：（60）82 482 215

传真：（60）82 339 667，82480 996

电邮：kuching@intimes.com.my

南洋商报

《南洋商报》于1923年9月6日由闻名国际的侨领陈嘉庚在新加坡创办。从此这份品牌超卓的华文报，伴随及见证着马新两国的发展，时至今日95载，已成为马来西亚唯一的中文财经日报，深受工商界信赖。

《南洋商报》定位鲜明，内容以提供和满足专业人士、管理人、执行人员及商人的阅读需求为取向，两大卖点是财经资讯最齐全、国际新闻最快捷。《南洋商报》作为全马唯一财经中文日报，除了每日编务走向以商为主轴，也通过主办“金鹰奖”表扬各领域杰出的中小企业。配合《南洋商报》创刊95周年纪念而举办的“南洋品牌奖”，是一项为95报庆特别颁设的企业荣誉大奖。

《南洋商报》还推出多本财经丛书以传扬大马企业家的创业精神，其中包括《功名录》、《名人堂》、《致富经》、《海丝先锋》等。

该报2013年率先推出电子报，之后也努力改革原有新闻网站，推介在移动配备拥有更大效能的应用程式，取名“e南洋”，成为马来西亚中文市场主要的移动新闻平台之一。

《南洋商报》1980年创办十大歌手选举，开创了义演为华教筹款的先河。如今由马来西亚Carlsberg集团赞助主办，《南洋商报》及《中国报》联办的“十大义演”，32年来举办了逾600场巡回义演，惠及超过600所华校和教育团体。作为唯一拥有两项马来西亚纪录大全（最悠久及最高筹款）的本地华教筹款活动，“十大义演”截至2018年初所筹总额超过5亿令吉。

“华社心，华商情”是《南洋商报》95周年报庆主题，反映出《南洋商报》一直以来心系华社华教华商的情意结。

社长：张晓卿

总执行长：刘鸿辉

总编辑：陈汉光

地址：No.1,Jalan SS7/2, 47301 Petaling Jaya, Selangor Darul Ehsan,Malaysia.

网址：www.eNanyang.my

电话: 603–7872 6888

传真：603–7872 6800

星洲日报

《星洲日报》创刊于1929年1月29日，其创办宗旨就是传承中华文化。于2019年庆祝创刊90周年纪念的《星洲日报》经历英国殖民地时代、抗日时期、独立运动，直至建国之后的今天。《星洲日报》曾二度停刊，第一次是在1942–1945年，因日军南侵，马新两地相继沦陷而被迫停刊；第二次是1987年因捍卫华文教育，遭马来西亚政府援引出版和印刷法令吊销出版准证。1988年4月8日，在现任社长张晓卿爵士及高层努力争取下，《星洲日报》得以复刊。

《星洲日报》自2016年起在纸版相继推出“暖势力”、“医识力”“求真”与“我们”等新内容与专版，深获新老读者喜爱。

《星洲日报》的发行量如今已达到40万份(包括电子报)，每天有超过150万的马来西亚人阅读，使《星洲日报》不仅成为东南亚发行量最高的华文报章，也是中国以外最大的华文日报。

在新媒体方面，《星洲日报》于2000年成立“星洲网”、2012年设立“星洲脸书“专页、2013年推出“星洲网APP”、2014年设立“微信账号”、2014年推介“星洲电子报”，以及2014年推出集新闻与娱乐于一身的“百格”流动电视频道，集团全面推动媒体融合的全方位战略。

《星洲日报》于2004年10月连同《光明日报》正式组成星洲媒体集团，并在吉隆坡证券交易所主要交易板上市。

2007年1月29日，星洲媒体集团和香港明报集团宣布合并，并邀请南洋报业参与。在合并计划下，星洲媒体倒置收购明报企业，实现走向全球的计划。明报企业取代星洲媒体在大马股票交易所主要交易板的上市地位，成为第一家在大马与香港双边上市的公司。2008年1月，星洲媒体、南洋报业以及明报企业分别举行股东特别大会。3个特大都以近100%的票数通过合并计划。新集团取名“世华媒体”，旗下中文报包括《明报》、《星洲日报》、《光明日报》、《南洋商报》、《中国报》、以及《亚洲周刊》等30多家杂志。其中《明报》在北美发行2个地方版本，分别是多伦多和温哥华版。另外还有《印尼星洲日报》与巴布亚新几内亚英文报《The Nation》，业务版图分布为很广。

《星洲日报》融媒体系统是全新客户端平台APP，采编系统也正式踏入“数码为先”（Digital First）的时代。全新的星洲网与手机应用程序，也能加快读者用手机和桌机浏览新闻的速度，清楚明了的新闻分类，简化读者轻易地搜索到新闻。

《星洲日报》90周年报庆暨融媒体推介典礼2019年2月16日隆重举行，预示创刊近一个世纪的《星洲》将顺应新时代的平台，让新闻呈现手法与时并进。

星洲日报社长：张晓卿

世华媒体董事部主席：张翼卿

世华媒体集团执行董事：张聪

世华媒体行政总裁：张裘昌

星洲日报总编辑：郭清江

地址：19, Jalan Semangat, 46200 Petaling Jaya, Selangor, Malaysia.

网址：www.sinchew.com.my

电话：603-79658888

电邮：newsroom@sinchew.com.my

晨报

《晨报》创刊于1981年4月18日，自述为一“无党无派，独立经营，纯属民间的报纸”，本着“服务华人社会，团结多元民族，互相合作”的宗旨办报。在亚庇、山打根、拿笃等地设有办事处，现有员工约60人。

《晨报》日出对开纸7张，共28版。主要版面有“重要新闻”、“新马新闻”、“体育新闻”、“地方新闻”、“娱乐新闻”、“经济新闻”、“股票市场”、“国际新闻”及各类“副刊”（妇女、文艺、小说、旅游、医药、儿童、综合）等。

总编辑：王陶陶

地址：马亚西亚沙巴州斗湖市

TB NO. 852, TAMAN KUHARA JAYA

MILE 3 1/2,JALAN KUHARA,

P.O.BOX.NO.102, 91007 TAWAU,

电话：（60）089-912940

联合日报

马来西亚《联合日报》诞生于2004年1月1日，她的前身是《美里日报》与《中华日报》，每日发行量逾4万份，为东马北砂捞越与文莱国最大华文报。《美里日报》诞生于1957年6月8日，由现任社长黄克芳先生所创办。《中华日报》则创刊于1945年10月1日，是马来西亚砂劳越州历史最悠久的中文报。

《联合日报》迄今员工超过200名，总社大厦坐落在东马的美里，诗巫、古晋为分社，并在各省份、文莱国、吉隆坡、新加坡等地设立办事处。

1997年11月15日，该报连同诗巫的《马来西亚日报》、沙巴的《亚洲时报》，与西马的《南洋商报》签署协议，开创大马中文报业新闻合作交流的先河。报业集团成员携手合作，通过互联网互相支持，推出“南洋精编版”，集东马、西马、国际、体育、财经等新闻于一体。

董事经理：林昌和

总编辑：陈礼生

社长：黄克芳

董事长：苏美光

地址：砂劳越美里碧珊工业区

洛八十八《联合日报》大厦

LOT 88, MCLD, Bangunan United Daily,

Jalan Piasau. P.O. Box 377,

98007 Miri,Sarawak,Malaysia.

网址：www.uniteddaily.com.my.

电话：（60）85 656 666（接各部门）

传真：（60）85 655 655，653 335（编采）

661 888（营业部）/662 882（行政）
电邮：miri@uniteddaily.com.my

星星

《星星》（周刊）创刊于1993年2月8日，是《星洲日报》邀请儿童专家，特别为小学4、5、6年级学生设计的儿童刊物，每年出版34期。《星星》周刊是马来西亚教育部推荐的学生读物，销售网络遍布全马，读者超过10万，新加坡和文莱也有销售。

《星星》周刊的出版主要是以“与小孩子做朋友”，开启儿童智能、思考、艺术才能为出发点。主要栏目有：“星星之家”、“文字游戏”、“专题”、“让你看清楚”、“星星动物园”、“星星植物园”、“百科全书”、“小小宇宙”、“名人故事”、“星星侦探社”、“文字故事”、“星星论坛”、“趣问妙答”等。

地址：19, JALAN SEMANGAT,46200
PETALING JAYA,
SELANGOR,MALAYSIA
电话：（60）3 7965 8542
传真：（60）3 7958 5418
电邮：sinaran@mail.sinchew.com.my
sinaransinchew@gmail.com

马中企业家杂志

《马中企业家》杂志创办于2018年，是由马来西亚内政部特别批准的中英文双语商业杂志，由马来西亚广升集团出版。创办杂志的主要宗旨是宣传在马的中国企业及中国企业家，报道中国企业在马的最新发展，传递马中企业合作的最新信息与资讯。杂志发行量1万册，网站、脸书和instagram 总浏览量每年超过100万人次。

这本杂志不仅只是报道一些商业活动和市场动态，而且能为马中两国工商业者提供优质平台共享信息、以利相互学习和了解。

《马中企业家》作为在马中资商会唯一一本公开发行的杂志，希望通过这本杂志向马来西亚社会特别是马来主流社会更多地展示和宣传中国企业投资大马、热心公益、合作共赢等优良形象。

社长：李中平
责任总编辑：尚月婷
执行总编辑：黄桢辉
顾问：马吉德
法律顾问：李素桦
地址：A2,2nd Floor, Excella Business Park, Jalan Ampang Putra Taman Ampang Hilir 55100 Kuala Lumpur, Malaysia
电话:603 4270 2299
传真:603 4270 3311 / 3322
电邮: info@gtcgroup.my / info@pucm.my

生活杂志

《生活杂志》成立于1972 年，隶属南洋报业集团，前身为生活出版有限公司。凭超过40年出版历史和多种畅销刊物，进入《马来西亚记录大全》最大报刊杂志出版社。

地址：2nd Floor,Nanyang Siang Pau Building,
No.1, Jalan SS7/2, 47301 Petaling Jaya,
Selangor Darul Ehsan, Malaysia.
网址：www.lifetv.com.my、
www.myweddingmag.com.my、
www.newtide.com.my、
www.mypets.com.my、
www.feminine.com.my、
www.rodnline.com.my

佛教文摘

《佛教文摘》（季刊）于1972年创刊。为马来西亚佛教青年总会属下佛教文摘社出版，主要阐述佛教哲理和实践之道。也介绍中国各地佛教名山胜地、寺宇古刹、佛教艺术、佛教著名人物等。

该刊服务对象为受中文教育的佛教徒。发行于马来西亚、新加坡、文莱、中国大陆、台湾、香港等地。内容有“封面专题”、“专栏系列”、“佛门专访”、“佛学论著”、“佛学艺术”、“当代僧宝群相”、“佛门人物专辑”等。

顾问：释开舍、梁国兴
社长：释继程
出版人：陈健良
主编：姜联招
总经理：李俊鸿

地址：马来西亚槟城
7, CHANGKAT MINDEN LORONG
6,11700 GELUGOR, PULAU
PINANG， MALAYSIA
网址：www.ybam.org.my
电话：（60）4 659 1601，4659 1598
传真：（60）4 658 1392
电邮：ybampg@streamyx.com

学海周刊

《学海周刊》创刊于1993年12月8日，是专为中学生与青少年设计的教育周刊。版面为16开本，28版。内容融合知识、文学、休闲、娱乐及辅导等。在马来西亚发行。

社长：张晓卿
集团编务总监：刘鉴铨
集团总编辑 ：萧依钊
主编：曾毓林

地址：马来西亚雪兰莪
19, JALAN SEMANGAT,46200
PETALING JAYA,SELANGOR,
MALAYSIA.
电话：（60）3 7965 8560
传真：（60）3 7958 5418
网址：mag.sinchew-i.com/cahaya
电邮：cahaya@mail.sinchew.com.my

海内外

《海内外》杂志（季刊）注册于2017年12月，创刊于2018年4月，分别在马来西亚首都吉隆坡和奥地利首都维也纳两国注册落地。是国际华文媒体联盟旗下的一份由海外华文媒体人合力打造的综合性全彩季刊。《海内外》杂志的办刊宗旨是弘扬华夏优秀文化传统。集全球华人华侨之群智之合力，互利互助，共创共赢。铸就理性，独立，负责任，有公信力的媒体品牌形象。

《海内外》杂志是由印刷版、数字版，手机版共同构建的全球赠阅的媒体平台。目前以印刷版与数字版双轨道发行，发行范围覆盖全球一百多个国家，在海内外拥有大量的读者。

该杂志以国际视野和华人视角，弘扬民族文化，关注民生民俗，聚焦商界商机，助力学人学术，探寻旅居旅行，在文学、艺术、康养、城市等领域也多有涉猎。深受各国华人华侨、商界精英、文人学者的欢迎。

社长、发行人：续炳义
总编：王菁野

地址：CS-40-02, Building C,Pavilion Embassy, Ambang Road, Kuala Lumpur, Malaysia
网址：www.hnwhrzx.com
www.hnwzzzx.com
www.hnwzx.com.my
电话：13901223018
传真：（010）-68163724
电邮：451501426@qq.com

世界华文媒体集团

世界华文媒体集团于2008年4月30日，在香港及马来西亚同时上市，也是一家领先的全球华文媒体平台。由马来西亚星洲媒体集团、南洋报业集团及香港明报集团合并而成。世界华文媒体以服务全球华文读者为己任，在东南亚、大中华及北美地区的产品组合包括5份日报，另2份免费报纸，以及逾20份杂志。集团亦已扩展业务至数码媒体。

世界华文媒体集团的成立将增强其旗下《星洲日报》、《南洋商报》等各大媒体的实力和业务创新能力，进一步为全球华文读者服务，除提供传统的印刷媒体服务外，还将开拓互联网和电子商务等媒体服务领域。该集团是在多家媒体企业合并基础上组建的，合并之后各家报刊的编辑业务相对独立，保持各自风格。世界华文传媒集团的上市标志着一家大型国际华文报业的诞生。

荣誉主席：张晓卿
集团董事部主席：张翼卿
执行董事、集团行政总裁：张裘昌
执行董事：张聪、梁秋明

马来西亚办事处地址：19, Jalan Semamgat, 46200 Petaling Jaya,Selangor, Malaysia
电话：（603）7965 8888
传真：（603）7965 8789
香港办事处地址：香港柴湾嘉业街18号明报工业中心A座15楼
电话：（852）2595 3111，2515 5111
传真：（852）2898 2691
台北：台北市内湖区洲子街58号4楼A4室

电话:886 (2) 8752 6901
传真:886 (2) 8752 6770

明报加西版(温哥华)
地址 : 5368 Parkwood Place, Richmond BC, V6V 2N1
电话 : (604) 231 8998
传真 : (604) 231 9881

明报加东版(多伦多)
地址 : 1355 Huntingwood Drive, Scarborough, Ontario, M1S 3J
电话 : (416) 321 0088
传真 : (416) 321 9663

诗华报业

诗华报业为马来西亚商业巨擘启德行集团10大业务之一。启德行旗下传媒领域包括出版3份中文报、2份英文报及1份马来文报。马来西亚因地理因素分为东马、西马，诗华报业在东马5大城市古晋、诗巫、美里、亚庇及拿笃各设有印刷厂，同步发行，占尽领先优势，员工千余人，销售网遍布东马各大小城镇以及汶莱，为销量最广报纸。其中《诗华日报》及《东方日报》为大马国内全年天天出版之中文报。

启德行旗舰媒体：

中文报：

1、《诗华日报》，1952年创刊，东马第一大报。

2、《新华日报》，于砂捞越州民都鲁及诗巫发行。

3、《东方日报》，于首都吉隆坡发行，为西马成长最快日报。

英文报：

《The Borneo Post》、《The Sunday Post》，东马发行量最大英文日报及周日报。

马来文报：

《Utusan Borneo》，东马发行量最大马来文报。

其他媒体产品：《资汇》中文财经周刊、《小乐园》儿童月刊、《豆苗》学生周刊、《自然与健康》/《婆罗洲风采》周刊、《乐》周刊、诗华资讯（电子网站）、Borneo Post online。

首席执行员：刘利康
首席营运员：刘利强、刘利民
总编辑：林国强（砂）、卓志康（沙）
新闻经理：谢周文
地址：2nd Floor, Crown Towers,
No 88, Jalan Pending, 93450,
Kuching, Sarawak, Malaysia.
电话：（60）82–485111
传真：（60）82–483233
网址：www.seehua.com
电邮：shkch99@yahoo.com

"988"电台

"988"电台由"丽的呼声无线广播有限公司"于1996年5月创立。以华、马、英3大语言时段对外启播，为马来西亚中文广播开创了新局面。

1997年6月26日，丽的呼声无线广播有限公司成功申获新闻部批准的另一张广播执照，即丽的呼声无线广播有限公司的中文电台"丽的988"，由原本的11小时广播延伸至全天候华语广播，频率保留原来的FM.98.8 。2002年"丽的 988"改名为"988"，广播范围涵盖整个马来西亚半岛（东北部的吉兰丹州除外）。现在"988"已被 Star Publications（M）Bha收购，公司名称被易名为 Star RFM Sdn.Bhd。

"988"推荐的音乐包括中国、西洋以及东洋音乐，并通过"988精彩声势排行榜"，由中国大陆、香港、台湾、新加坡以及大马7家电台包括" 988"合作推荐的"全球华语歌曲排行榜"、网络投选、新专辑上架以及" 988"与歌手配合进行的各项活动，提供最新、最快的音乐信息。"988"也设立了网站，听众除了可收听广播外，还可同步上网浏览网上所提供最新的音乐信息。

执行总裁：陈章庆
总经理：林添民
地址：Star RFM Sdn. Bhd.,19 Floor,
Bangunan AMDB
No.1, Jalan Lumur,50400 Kuala Lumpur,
Malaysia
网址：www.988.com.my
电话：（60）3 4048 1988
传真：（60）3 4044 4487

菲律宾

世界日报

菲律宾《世界日报》由菲华知名人士吴永源博士、陈华岳律师等人于1981年6月1日创办。其办报宗旨：报道真实的世界、真实的中国，服务菲华社会，促进菲中友谊。从上世纪90年代至今，《世界日报》始终为菲律宾发行量最大的华文报纸。

该报每日出版新闻32版，包括要闻/本岛版、中国/国际版、经济版、华人版、言论版以及十多种新闻版面和副刊。广告最多200多版，最高纪录为单日版面320版。同时，在新媒体、融媒体方面逐步推进，多平台发展。

2015年，该报从单一纸媒向多媒体方向发展，创办微信公众号。2017年，微信公众号改名为“菲律宾世界频道”，扩充新闻来源和内容，增加真人语音播报系统；不仅发布菲律宾的时政和财经类新闻，每周还推出一期聊天类节目，直击热点话题。2018年，世界日报手机客户端（App）上线，不仅整合“世界频道”公众号的内容，还增加中国、国际、财经、体育、娱乐、生活、评论等版块。

社长：陈华岳

总经理：王明媛

总主笔：侯培水

地址：菲律宾马尼拉市知彬彬街五七八号
578 T. PINPIN ST BINONDO，
MANILA，PHILIPPINES

网址：www.worldnews.net.ph

电话：（63-2）2410046至2410049

传真：（63-2）2429938
（63-2）2429936

电邮：worldnews_press@yahoo.com;
worldnewsads@yahoo.com

商报

《商报》（日报）创刊于1919年10月，原名《华侨商报》，初为月刊，是马尼拉中华商会的会刊，由当时中华商会秘书于以同担任总编辑，蓝琛任经理。1922年初，由实业家吴纪霍提倡，招股组成华侨商报出版公司，推举吴克诚为经理，杨忠信为司库，将月报改为日报，于4月15日正式出版。

1927年，《华侨商报》在菲华报界首创编印画刊，1933年增印周刊。1941年12月底，日军侵占马尼拉，商报社长于以同先生因拒绝复版，不愿充当日寇宣传工具而惨遭杀害，报社产业被没收。1944年马尼拉光复后，于翌年4月15日于以同烈士就义纪念日复刊。在于长城、于长庚诸兄弟姐妹及叶向民、陈祖涛等艰苦奋斗下，到六十年代，商报销售额已居华文报之首。1970年于氏兄弟遭蒙冤狱被遣送台湾，由《华侨商报》案辩护律师Juan Quijano任社长，1972年9月21日同当时所有民间媒介一并被停刊。1986年6月12日在菲律宾独立节日再度复刊，改名为《商报》。

《商报》办报宗旨：一、鼓励华人融于菲律宾大社会；二、推动华人积极参政；三、促进华人积极投入菲国经济建设；四、联络和团结菲华各社团；五、传达工商消息，普及财经知识；六、翔实客观地报道中国实况。

该报平均日出对开纸8.5张34版左右。主要版面有“国际新闻”、“中国新闻”、“菲国新闻”、“华社动态”、“经济新闻”、“体育新闻”等。该报与《晋江经济报》、《香港文汇报》、《泉州晚报》、《新民晚报》和《福建侨乡科技报》均有合作。2018年,《商报》与时俱进，开设微信公众号和脸书等社交媒体帐户。

社长、总编辑：于庆文

董事长：吴抵抗

副董事长：庄金耀

执行副总编辑：庄铭灯

总经理：王秋璇

地址：菲律宾马尼拉
Yuyitung Communications Inc.
227 Dasmarinas Street, Binondo,
Manila，Philippines

网址：www.shangbao.com.ph
电话：（63-2）2411656
（63-2）2411756
传真：（63-2）2411588
（63-2）2411582
电邮：siongpo@gmail.com
siongpo@yahoo.com

菲华日报

《菲华日报》，原名《菲华时报》，于1978年创刊，是较早的华文报纸。报社几度改组,更名为《菲华日报》。

该报于2010年重组，在菲律宾知名企业家、董事长兼社长陈永年先生的领导下，《菲华日报》社的各项工作取得了显著进展。除在菲国本地影响力增大、发行量增加，读者、客户增多外，逐步获得中国大陆、港澳台和东南亚及美国、韩国、日本等地有关单位和个人的认知及好评。

《菲华日报》目前设有“国际”、“本岛”、“中国”、“台湾”、“侨团”等新闻版，以及“经济”、“体育”、“言论”、“小说天地”、“新闻线外”、“社会万花筒”、“医药卫生”及“广告”、“贺词”等20多个栏目。

《菲华日报》社为弘扬中华文化，促进菲、中美术创作与世界交流，为菲律宾中国美术协会、亚洲太平洋区域美术家联合会和椰风文艺社以《文艺副刊》形式免费每月不定期出版一期彩色《美术》、《椰风》版，刊登国内外文艺作品，意在为一带一路建设留下亮丽的“美术”风景线。

董事长、社长:陈永年
董事：刘德霖
经理：张明华
副总编辑:蒋阳辉
地址：菲律宾马尼拉
429 YUCHENGCO ST.BINODO
MANILA PHILIPPINES
电话:(00632)2420069 (00632)2420070
传真:(00632)2420065
电邮:chinesejourndltday@yahoo.com

菲律宾华报

《菲律宾华报》于2007年9月27日创刊，成为菲律宾华文媒体的新生力量。《菲律宾华报》在创刊号上说，这份报纸站在菲律宾华人的立场上，为来自中国的新移民争取合法权益，致力于促进和巩固菲律宾华人与当地主流社会的融合，努力营造一个各民族融合的和谐社会，同时，致力发挥海外华侨华人与海外媒体合作良好的独特优势，利用“一带一路”发展机遇，当好中国与菲律宾华侨华人凝心聚力的桥梁纽带。

《菲律宾华报》所设栏目有“本岛新闻”、“财经快讯”、“国际新闻”、“港澳焦聚”、“宝岛透视”、“社团动态”、“娱乐世界”、“体坛风云”等。该报还办有“手机华报”，通过手机短信每日向读者发送新闻信息。近年来，该报曾推出网站、手机短信息、及微信公众号等形式的新闻信息服务，力求向新媒体方向发展。

董事长：施恭旗
名誉总编辑：李荣美
地址：1420 One Masangkay Place,G.
Masangkay St.,Tondo,
Manila,Philippines
电话：(63-2)2532961 2561041 5161858
电邮：philchidaily@yahoo.com.ph
philchidaily@gmail.com

联合日报

《联合日报》（日报）是由创于1911年的《公理报》和创于1945年的《大中华日报》，于1973年2月3日合并创办。创刊初期，报头印有《公理大中华报联合日报》，不久改用现名。

《联合日报》1973年正式出版。从2014年12月开始，该报开始随报免费发行英文版。在新一届管理层领导下，该报对新闻采编、来稿采用严格把关，努力提高办报质量，促进中菲友好和华社团结，坚持“一个中国”原则、反对“台独”的立场坚定。

该报现有的版面有：本岛新闻、国际新

闻、海峡两岸新闻、港澳新闻、世界百态、中华透视、小说连载、卫生医药、石狮新闻·菲律宾版”、联合舆论场（时评、政论）、中华风采。其他文学艺术方面的版面：耕园、辛垦、薪传专栏、菲华文协专栏、信望爱（基督教）、英文版。以及其他商业广告，社团贺词版。

总经理：庄树福

总编辑：董拔萃

地址：菲律宾马尼拉
812–818 BENAVIDEZ ST.,
BINONDO MANILA, PHILIPPINES.

电话：（63–2）2447171

传真：（63–2）2444880
（63–2）2447348

电邮：united_dailynews@yahoo.com

芒果派

芒果派是一家立足菲律宾本土，凝聚华人情怀，具有国际传播视野全媒体资讯平台。芒果派早期脱胎于香港卫视东南亚中心旗下新媒体品牌，依托具有资深国际媒体运作经验的中菲专业团队，整合近十年在亚太尤其是东盟地区的媒体资源，于2017年3月正式成立上线。芒果派致力提供独树一帜的华文资讯阅读、观看体验；同时挖掘全媒体产业链，提供新闻以外的多元化商业、生活、旅行等服务资讯。

以数代本土华人和关注菲律宾的全球华人需求为导向，从“Know more about the Philippines，有料有态度，读懂菲律宾”出发，芒果派线上平台涵盖：芒果头条、芒果智库、商业内参、芒果食堂、芒果房产、芒果人看世界等多个子版块。以符合时代潮流的短视频、高品质文字报道为主打，芒果派上线以来，在促进中菲资讯更加畅通的情怀之下，得到了华人圈的一定认可。

微信公众号：iMango

菲律宾华商纵横传媒

菲律宾华商纵横传媒1996年12月成立,出版菲律宾有史以来第一本全彩月刊----<<华商纵HORIZON>>杂志,主要发行在菲律宾航空公司国际航班及菲华社团,迄今已出版近265期. <<华商纵横HORIZON>>杂志“以菲为本,全球华人齐关怀”面向全球华人读者，致力于弘扬中华文化，促进世界华商交流，为海外华商提供一个沟通联系的平台。该刊以菲律宾及东亚华商为主要报导对象，内容以财经、休闲与旅游为主。

社长、总编辑：黄栋星

编辑：戴佩卿

地址：37–A.Rita St,San Juan,M.
M,Philippines

网址：www.horizonmgz.com

邮箱：P.O.Box 168, Greenhills Post Office.
San Juan M.M,Philippines1502

电话：(63–2)7224191

传真：(63–2)4137214

电邮：zonghengmedia@yahoo.com
horizonmgz@Yahoo.com

菲中电视台
（菲中新闻台）

菲中电视台创办于2001年，是菲律宾首个华语电视台，播映于国家电视台IBC13频道，是菲律宾首创以华语、英语、菲语和闽南语制作的综合电视台，在全菲各地，包括有线和无线电视都能清楚的收看。

该台创台宗旨为服务社会，弘扬中华文化，促进菲中友谊及文化交流，培育土生土长的华裔青年对华语产生兴趣。

该台节目内容以生活方式为主，包括美食、旅游、娱乐、时尚风格等主题。

2013年，菲中电视台成功举办了首届“菲中先生、菲中小姐”，并在全菲现场直播，是至今在菲规模最大的华人选美比赛。

菲中新闻台于2017年十月份开始从周一到周五播映，是全菲唯一一档华文新闻台。菲中新闻台是以中文为主播，而以英文和他家禄语为第二语言。

根据菲律宾收视率权威调查机构的资料显示，该台在同类型的电视台中，收视率达到60%以上。

台长：施玉娥

副台长：庄琳琳

副董事长：蔡南钟

新闻主任：王学艺

地址：288 Jaboneros St. Binondo, Manila, Philippines 1006
网址：www.chinatowntv.net, www.chinesenewstv.com
电邮：nihao@chinatowntv.net
微信公众号：cntvphilippines

菲华电视台

菲华电视台成立于2010年，其创办使命为：通过菲华电视台不同的媒体平台(电视节目，印刷品，网上)，弘扬中华文化；为菲籍华人青年提供不同的发展途径，以便在各种媒体，娱乐和表演艺术领域发挥最大的才能；同时也为华人与菲律宾当地人之间搭建相互了解的的桥梁。

“菲华电视台”是目前菲律宾以中华传统文化为主题的电视节目，并以探讨中华文化如何和谐地存在于菲律宾文化之中为已任。“菲华电视台”从传统媒体上的30分钟节目，扩展到其他平台，例如：举办活动，网上服务，印刷品和新媒体等。

“菲华电视台””目前在菲律宾最大媒体集团 ABS-CBN 新闻频道（ANC）中播出，首播时间为每周六晚上8点到8点30分，而重播时段为每周日10点到10点30分。该台在节目中邀请了年轻，充满活力的华人圈的代表人物参与，为人们了解菲律宾华人企业家的生活及勤奋创业史提供资讯。其节目类型还包括介绍华人地区的美食，旅游，健康和保健等。

Fei Fun杂志 是一份季刊型社区杂志，以华人和菲人圈的不同生活方式为主题。杂志的发行量为3,000份，免费分发给菲律宾华人，他们主要是 居住在Binondo、Quezon City和Greenhills等地区的不同菲华商业俱乐部、协会和组织的成员。

该台在不同新媒体平台（脸书，IG，推特和Youtube 视频）中激活其网上频道，并制作了图形和视频内容，以更好地服务于目标受众。

网址：www.chinoy.tv

菲龙网

菲龙网创建于2013年5月，是一家菲律宾华文网络媒体，也是菲律宾第一家属于华人自己的线上媒体平台。致力于服务菲律宾华人社区以及所有希望了解菲律宾当地信息的华人。经过几年发展，菲龙网现已成为目前菲律宾最具影响力的线上华文媒体。为增进华人对菲律宾的了解、为菲华社会团结、华社与菲律宾主流社会的融合作出了贡献。

菲龙网通过旗下多个传输平台（如微信公众号、手机客户端APP、网站等），向用户提供菲律宾本地、国际、中国、财经、娱乐、华社等新闻信息，以及各种生活资讯（如：经商交流、法律移民、文学天地、潮流速递等）、便民信息（吃货天地、旅游专题、休闲娱乐等）。

总裁：郑启楠
总经理：粘姗姗
编辑：施雅雯
地址：3rd floor A. CBK Building 493-497 Quintin Paredes Rd, Binondo, Manila, 1106 Metro Manila
网址：www.flw.ph
手机：0917-678-7898
电话：（02）7-368-0000
电邮：admin@flw.ph
微信公众号：flw-168

新加坡

逗号

《逗号》于2009年1月7日创办，是一份面向中学生的报刊，归属新加坡报业控股属下华文媒体集团。该报的前身《星期5周报》创刊17年，多年来从青少年的角度报道他们感兴趣的新闻。《逗号》继承周报，是一份新闻性强、和教师学生有更紧密联系的学生报。《逗号》每双周的星期三进入校园，目的是发挥“桥梁作用”，希望培养读者阅报的习惯，长大后继续看《联合早报》、《新明日报》或《联合晚报》——所以“逗号是过渡，更是延续”。

《逗号》刊登适合青少年阅读的新闻、专题和特写，带动热门话题讨论，以及报道学生感兴趣的课题，如时潮动漫等。其网站，早报校园学习平台ZBSchools.sg则收纳《逗号》平面报道和额外的多媒体内容，以及供教师使用的读报教育题目。学生报也经常为学生和教师举办活动，如“全国华文大比拼”、“全国中学编采比赛”、“站在新闻最前线”、讲座和工作坊等。该报也成立学生通讯员俱乐部，发掘学生的写稿、摄影和漫画的才华。

版面：每双周三出版，共40版（A4）。其中的栏目包括“新闻”、“强打”、“校园”、“体坛”、“新闻消化室”、“文艺”、“星光”、“读报教育”、“潮什么”、“动漫馆”和“话题”等。

主编：陈能端(nengduan@sph.com.sg)

地址：1000 Toa Payoh North, News Centre, Singapore 318994

网址：zbschools.sg

电话：（65）6319 1358

联合早报

《联合早报》是新加坡报业控股的旗舰华文报，也是新加坡发行量最大的华文报章。《联合早报》的前身是1923年创刊的《南洋商报》和1929年创刊的《星洲日报》，这两家日报在1983年3月16日合并成《南洋星洲联合早报》，简称《联合早报》。《联合早报》读者总数达76.4万人。除了新加坡之外，也在中国大陆、香港特别行政区、印度尼西亚和文莱等地少量发行。

《联合早报》聘有200名新闻工作者。在北京、上海、广州、重庆、香港、台北和东京派驻特派员，在韩国首尔设有通讯员。

《联合早报》致力于提供及时、准确、高质量的新闻报道和深度评析，内容包括东亚和全球局势、财经新闻、热门话题、时尚动态等，为全球华人所关注，被公认是一份报道客观、言论公正、负责任、可信度高的报纸，它对中国的发展采取积极的态度，在华人世界中享有极高的信誉。

1995年，《联合早报》开始上网，是全球最早设立网站的华文报章。早报网跨越地域障碍，通过互联网将《联合早报》的内容迅速传送到全球各角落。它多次获选为“新加坡最受欢迎报章网站”，在中国大陆和海外华人世界享有广泛影响力。

随着数码转型，早报网已分成面向中国大陆读者的zaobao.com和面向新加坡和其他海外读者的zaobao.sg。zaobao.sg是新加坡华文报章的综合平台，除了《联合早报》的内容，也包括《联合晚报》和《新明日报》的精选新闻和3家华文报的电子报，并制作新闻、生活、娱乐和直播等全方位多媒体内容，通过网站、手机应用、平板电脑应用以及各种社交媒体，触及广大的读者和用户。

目前《联合早报》旗下有面簿、微博账号“早报网”与微信账号“狮说新语”，以及“一带一路”专门网站。数码平台目前每月平均页览量超过1亿，每月平均独立访问用户超过550万人。《联合早报》也是全球华文新媒体中探索收费模式的先锋。

总编辑：吴新迪(gohst@sph.com.sg)

副总编辑：王彼得(ongp@sph.com.sg),

郭思满(queksm@sph.com.sg)

韩咏红(hanyh@sph.com.sg)

地址: 1000 Toa Payoh North, News Centre, Singapore 318994.
网址: www.zaobao.com，www.zaobao.sg
电话: (65) 63196319
传真: (65) 63198119
电邮: zblocal@sph.com.sg

联合晚报

《联合晚报》创刊于1983年3月16日，源自历史悠久的两大报章《南洋商报》和《星洲日报》。当时《南洋商报》和《星洲日报》合并，创刊出版《联合早报》和《联合晚报》两份姐妹报。两报原属“新加坡新闻与出版有限公司”，1984年报业大合并后，皆成为“新加坡报业控股”属下报章。

《联合晚报》以都市报为市场定位，是一份每日傍晚与读者见面的大众化报章，内容以社会、民生、娱乐新闻，以及保健、生活资讯为主，是新加坡重要的一份晚报。目前，《联合晚报》的读者超过30万，以居住在公共住房的中产市民为主。

除了纸质报，也在zaobao.sg网站上载电子报与精选内容，并积极经营社交媒体，吸引更多读者。

总编辑：吴新迪(gohst@sph.com.sg)
执行副总编辑:潘君琴(pungkk@sph.com.sg)
副总编辑：陈来水(tanlce@sph.com.sg)
赖晓薇(laisw@sph.com.sg)
地址:1000 Toa Payoh North News Centre, Singapore 318994
网址:www. wanbao.com.sg
电话:(65) 9228 8736
传真:(65) 6319 8133
电邮:wanbao@sph.com.sg

新明日报

《新明日报》于1967年3月18日创刊，是新加坡历史最悠久的晚间报纸，这份大众化报纸每日下午面市，以社会、民生、体育和娱乐新闻为主。

《新明日报》原由香港《明报》老板查良镛（金庸）与新加坡梁介福药行创办人梁润之合股创办。自1982年年底起至1987年8月，新加坡《海峡时报》集团经过前后3次收购《新明日报》股权，在新加坡报业大合并之后，该报就成为在新加坡报业控股公司领导下，由新加坡海峡集团出版的报纸。1990年8月，归入华文报统一管理。

该报目前每日最少出版对开纸5张20版。版面有“本国新闻”、“国际新闻”、“马国新闻”、“新体育”、“娱乐”、“赛马”和副刊《日月明》等。每日固定推出的专栏有：星云大师点智慧、点智慧·漫画和活得好。

总编辑：朱志伟（choocw@sph.com.sg）
副总编辑：郭玉珍 (kuekgt@sph.com.sg)
地址：1000 Toa Payoh North, News Centre, Singapore 318994
网址：www.shinmin.sg
电话：(65)6319 6319
传真：(65)6319 8166
电邮: shinmin@sph.com.sg

大拇指

《大拇指》（双周刊）于2000年1月17日创刊。由《逗号》同一组编采人员制作，对象是小学3年级至6年级学生，希望通过有趣的方式，培养小学生对华文的兴趣，提高华文水准。

该刊每双周的星期一出版32版（A4）。主要版面及栏目有“新闻台”、“小作家”、“小记者”、“连环图”、“神奇笔”、“抱抱熊”、“大玩家”、“故事城”、“温习虫”等。自2018年起，《大拇指》的平面内容也收录在早报校园学习平台ZBSchools.sg上。用户可上网阅读报道和观赏其他多媒体内容。

主编：陈能端(nengduan@sph.com.sg)
地址: 1000 Toa Payoh North, News Centre, Singapore 318994
网址：zbschools.sg
电话: (65）6319 1358

小小拇指

《小小拇指》（双周刊）于2013年8月16日创刊，是一份适合5、6岁学前儿童阅读的华文刊物。办刊目的是让孩子从小接触贴近他们

生活、具本地色彩的阅读材料，从而加强华文学习。

这份12版的全彩双周刊，由《逗号》的编采人员制作。《小小拇指》邀请资深学前教育工作者设计活动，通过情境学习、儿歌、智力游戏、美术活动等，让小朋友“动口又动手”。刊物内容也包括新加坡作者创作的绘本故事。该刊由《联合早报》出版，并获得李光耀双语基金的赞助，免费分发给3万多名幼稚园一二年级的儿童。

《小小拇指》每年也会举办亲子营、家长讲座及幼教老师工作坊，加强与读者的互动，让他们从中学习利用刊物学华文的有效方式。

《小拇指》主要版面及栏目有“故事”、“新闻”和“活动”等。

主编：陈能端(nengduan@sph.com.sg)

地址：1000 Toa Payoh North, News Centre, Singapore 318994

电话：（65）6319 1358

小拇指

《小拇指》（双周刊）于2011年3月22日创刊，是一份适合小学一至三年级学生阅读的儿童刊物。办刊目的是为丰富学生的课外阅读体验，提高他们学习华文的兴趣。

这份20版（A4）的全彩双周刊，由《逗号》的编采人员制作。《小拇指》结合新闻、生活故事、文化传说、互动游戏、会话情境，以及汉语拼音和网上录音，做到好玩、好看又好用。该刊由《联合早报》出版，并得到新加坡华文教研中心的支持，动员资深教师为刊物设计具创意的语文活动。

《小拇指》主要版面及栏目有“故事银行”、“世界眼睛”、“说话泡泡”、“方块文字”、“传说森林”、“动一动笔”、“新加坡啦”、“游戏车站”、“拇指信箱”和“我爱海报”。自2018年起，《小拇指》的平面内容也收录在早报校园学习平台ZBSchools.sg上。用户可上网阅读报道和观赏其他多媒体内容。

主编：陈能端(nengduan@sph.com.sg)

地址：报业中心4楼，
1000 Toa Payoh North, News Centre, Singapore 318994

网址：zbschools.sg

电话：（65）6319 1358

优1周

《优1周》创刊于2001年5月，是新加坡唯一集娱乐、生活、健康的综合杂志；也是新加坡报业控股所出版的杂志当中，唯一每周发行的中文刊物。内容汇集海内外娱乐、美食、旅游、美容、风水、保健、育幼和商品资讯，丰富精彩。

2014年，《优1周》发行e杂志，每周上载电子平台，供海内外读者订阅；《优1周》网站也已开通，每周选载精彩内容，供大众浏览。

总编辑：刘汶鋐（lowbt@sph.com.sg）

地址：1000 Toa Payoh North, News Centre, Singapore 318994

网址：www.uweekly.sg

电话：+65 6319 6319

传真：+65 6319 8124

时代财智

《时代财智》原名《扬时代》，创刊于2004年3月。杂志由新加坡富韬文化传播有限公司出版，是新加坡第一份也是目前唯一财经生活华文杂志，主要在新加坡、马来西亚和印度尼西亚和香港发行。

《时代财智》立足于新加坡，使命是探索商业现象、报道当今社会有影响力的人物事件和洞察未来发展趋势。该刊内容集中报道以财经为主的经济、投资、管理、科技、房产等话题。在国际化视野背景下，杂志力争为读者提供具有深度和广度的新加坡、东南亚和大中华地区的财经视野。

《时代财智》的主要读者为商专人士、企业高管、中小企业业主、上市公司、中国企业家和在区域有生意的超级富豪人士。伴随中国的经济崛起，杂志也吸引了大批来自中国的新移民读者群。该杂志也是新中两国展示企业形象、谋求合作的理想平台。

《时代财智》也拥有在线新闻网站——时代财智网。

总编：宋娓
地址：Choose &Hunt Enterprises Pte Ltd
19 Kim Keat Road,#08-14
Fu Tsu Building,Singapore 328754
网址：www.fortunetimes.sg
电话：（65）6336 4236
传真：（65）6353 5441
电邮：info@fortunetimes.sg

健康No.1

由新加坡报业控股出版的《健康No.1》，创刊于2009年12月。此季刊除了整编报业控股华文媒体集团《联合早报》、《联合晚报》和《新明日报》已刊登的保健报道精华，也特别成立编委会负责策划专题与专访，扩大内容质量。

《健康No.1》每一期都汇集近50位西医、中医师、药剂师、营养师、自然疗法师、名厨、养生达人等的采访，从西、中、自然医学的角度，全方位提供实用的养生、防病和治病资讯。作为一本普及化的中文保健生活刊物，《健康No.1》创先河，邀请不同专科的女医生上封面，最近封面也出现男医生。为加强与读者互动，不定期举办活动，包括健康座谈会、烹饪示范、免费体检等。2015年，推出中英双语手册“甜蜜解说”，从中西医学的角度，全面解答有关糖尿病的111道疑问。2016年，推出中英双语手册“与癌症面对面”，从中西医学的角度，解析癌症的病因、预防和治疗。

主编：陈玉娇(tangkw@sph.com.sg)
地址：1000 Toa Payoh North, News Centre, Singapore 318994
电话：+65 6319 1452

新加坡报业控股华文媒体集团

新加坡报业控股成立于1984年，并在新加坡交易所主板挂牌，主要业务包括出版报章，期刊以及书籍的印刷和电子版。它也拥有多个数码媒体项目，电台和户外媒体平台。

新加坡报业控股华文媒体集团旗下的主要品牌包括3份日报，《联合早报》、《联合晚报》与《新明日报》，数码平台 zaobao.sg 和 zaobao.com，以及电台UFM100.3 和 96.3好FM。《联合早报》是新加坡报业控股的华文旗舰报。其前身是1923年创刊的《南洋商报》和1929年创刊的《星洲日报》，这两家历史悠久的日报在1983年3月16日合并成《联合早报》。

zaobao.sg 和面向中国读者的 zaobao.com 是华文媒体集团旗下的旗舰数码媒体产品，自2016年9月改革成为三合一华文新闻资讯平台后，除了汇集集合《联合早报》、《联合晚报》和《新明日报》内容，数码平台也增添了更多元的内容。集团2017年12月1日进行了大改组，集中《联合早报》、《联合晚报》和数码部的采访资源，成立了新闻中心，为集团的数码平台 zaobao.sg与zaobao.com，以及 FM96.3好电台供应新闻，同时为纸版的《联合早报》与《联合晚报》提供更多深度与优质报道。

集团中文电台96.3好FM在2018年1月8日开播，主打八九十年代好歌，并给听众带来生活资讯、即时新闻。UFM100.3中文音乐电台，主要针对35岁至44岁的听众，每年都会进行“U选1000”活动，由听众投选出最喜欢的中文歌曲，依据票数选播。

集团出版了4份适合不同语文程度的早报校园学生报：《早报逗号》、《大拇指》、《小拇指》以及《小小拇指》。2018年推出数码新闻和“早报校园”（ZBSchools.sg）学习平台。集团也收购了汉语文中心，开办讲座帮助学生提高华语的表达能力和对华族传统文化的兴趣。旗下的焦点出版社，出版综合娱乐与休闲资讯的《优1周》杂志，为读者提供全方位的服务。

新加坡报业控股华文媒体集团主管：李慧玲 (leehl@sph.com.sg)

华文媒体集团营运总编辑：罗文燕 (lohwy@sph.com.sg)

《联合早报》兼《联合晚报》总编辑：吴新迪 (gohst@sph.com.sg)

华文媒体集团新闻中心总编辑：韩咏梅 (hanym@sph.com.sg)

《新明日报》总编辑：朱志伟 (choocw@sph.com.sg)

华文媒体集团数码部总编辑：洪奕婷 (angyt@sph.com.sg)

UFM100.3兼 96.3好FM节目总监：洪菁云 (angch@sph.com.sg)

《早报逗号》、《大拇指》、《小拇指》、《小小拇指》主编：陈能端(nenuan@sph.com.sg)

新加坡报业控股 Singapore Press Holdings
地址：1000 Toa Payoh North, News Centre Singapore 318994
网址: www.sph.com.sg
电话：(65) 63196319
传真：(65) 63198114

新传媒私人有限公司

新传媒私人有限公司简称新传媒（Mediacorp），是新加坡的媒体集团，其股东是淡马锡控股。新传媒在新加坡广播业的发展史上占有重要位置，新传媒的广播电台始于1936年6月1日，电视传播始于1963年2月5日。它是新加坡唯一免费电视经营者，亦同时跨足广播电台、电影制作和报纸媒体。

目前，新传媒经营新加坡所有7个落地免费电视频道、19个免费广播频率中的12个（包括自办的11个免费广播频率及转播的英国广播公司国际频道)和一个卫星电视频道（亚洲新闻台国际版），成为新加坡最大的媒体广播机构和唯一地面电视广播机构。

新传媒拥有超过50种横跨4种语言包括英语、普通话、马来语和淡米尔语的产品，拥有多元化的数码服务，除了网上电视点播与高清电视，还有互动电视服务。该集团在亚洲区域非常活跃，通过联合摄制娱乐节目及电影、杂志发行，以及亚洲新闻台国际，把触角延伸到国外。

集团总裁：萧文光
集团副总裁：章能容
首席财务官：洪慧珍
地址：新加坡波娜维斯达纬壹媒体城星光大道1号新传媒园区，
邮编：138507
网址：www.mediacorp.sg
电话：(65) 6333 3888
传真：(65) 6251 5628

中文音乐电台　96.3好FM

96.3好FM是报业控股华文媒体集团属下的中文音乐电台。主要面向40-59岁的听众。2018年新加坡全新的中文电台- 96.3好FM，以“好歌 ，好FM”为口号，96.3好FM主打80、90年代最精彩动听的好歌！除了精选听众最熟悉最有共鸣的歌曲，报业控股华文媒体集团的丰富资源将成为96.3好FM最坚实的后盾，结合各领域专家的知识，为听众编制丰富的生活资讯、即时新闻、乐活保健以及财务规划，96.3好FM 将是听众生活中最好的伙伴。

96.3好FM周日节目表：6am–10am =早上6点至10点—菁云、德明、杰奇 10am–1pm = 安娜 3pm – 8pm = 丽仪、国贤 8pm – 12mn = 伟文

节目总监:：洪菁云 (angch@sph.com.sg)
地址：1000 Toa Payoh North, News Centre Singapore 318994
网址：www.963haofm.sg
电话：6319 6319

中文音乐电台　UFM100.3

UFM100.3是报业控股华文媒体集团属下的中文音乐电台。主要面向35岁至49岁的听众群，选播他们最喜欢、最熟悉的90年代至当下流行最U选的好歌。

为了紧跟听众的听歌品味，UFM100.3每年都会进行《U选1000》活动，邀请听众投选出他们最喜欢的中文歌曲，依据听众的票选来选播歌曲。此外，FM100.3也配合忙碌都市人需求，提供每小时新闻以及各类生活保健资讯。UFM100.3也会定期带领听众参与有意义的慈善活动，跟听众一起旅行还有到处尝美食。

UFM100.3周日节目表：6am–10am = <UFM100.3早班：文鸿、丽梅、小猪、伟龙> 10am–1pm = 克敏<生活可精彩> 1pm – 4pm = 于玲 <茶于饭后> 4pm – 8pm = 伟龙和欣盈 <下班SING A LONG> 8pm – 12mn = 承尧 <夜晚最有Feel>

节目总监: 洪菁云 (angch@sph.com.sg)
地址：1000 Toa Payoh North, News Centre Singapore 318994
网址：www.ufm1003.sg
电话：65– 6319 6319

巴基斯坦

华商报

《华商报》（周报）于2016年7月创刊，是目前唯一一份在巴基斯坦获得发行权的中英文双语周报。

《华商报》的发行量已达1万份左右，发行范围涵盖首都伊斯兰堡、拉合尔、费萨拉巴德、卡拉奇等巴基斯坦主要城市。中文报纸受众群体覆盖在巴所有中资企业和华人群体；英文报纸覆盖巴方主要企事业单位。《华商报》内容分为6大板块，分别为“巴基斯坦要闻”、“国内要闻”、“访谈天地”、“商业财经”、“华人之声”、“旅游文化”。中文版已出版60余期，采访对象达到数百位，其中包括巴基斯坦PTA主席，中巴友好协会会长，巴基斯坦TWF基金会主席等重要政商界人士。

2017年10月《华商报》与巴基斯坦战斗传媒集团（巴基斯坦最大传媒公司）达成了战略合作，每周为其旗下英文报《The News》提供两版中文内容，双方的合作极大的扩大《华商报》在巴基斯坦的影响力。《华商报》现已成为巴基斯坦人民全面了解中国的重要渠道，促进中巴经济走廊的发展和加深中巴两国人民的友谊。

社长：耿思萌

常务副社长、总编辑：朱家磊

地址：N0–M3，Mezzanine Floor，Block NO–47，Dossal Arcade，Islamabad

电话：18801757126（中国）
92–311–0319688（巴国）

电邮：huashangnewspaper@gmail

印度

印度商报

《印度商报》（日报）创刊于1967年3月10日，是印度加尔各答塔坝区华社的国民党元老李元珍等集资创办的华文报纸。现由十多位殷实厂商及员工合办，属私人团体组织的报纸。其创办宗旨：不分派别，言论自由，沟通侨社。该报长期手刻蜡纸，抄写内文，近年改用计算机排版。

该报以发行加城和塔坝区为主，也有邮寄至印度各大城市。日出对开纸1张4版。版面内容主要有“国际要闻”、“本地要闻”、“本地消息”、“台湾新闻”、“中国大陆新闻”、“小说连载”及“各类广告”等。

地址：印度加尔各答塔坝
6 NEW TANGRA ROAD, CALCUTTA–6, PH24–4836 INDIA.

电话：(91–33)2329 0699
(91–33)2329 4836

柬埔寨

华商日报

柬埔寨《华商日报》创刊于1993年12月17日，是柬埔寨经过20多年战乱后的第一家华文日报。创刊人方侨生先生的办报宗旨是：弘扬中华文化、促进工商交流。《华商日报》是目前柬埔寨发行量最大的华文报纸。

《华商日报》每天出12个版，内容涵盖了当地政治、经济、文化和社会，两岸4地、国际、体育、娱乐、焦点等新闻。报纸不但为华社、华商提供了表达心声的平台，同时还是华社与政府、华社与海外华人交流沟通的桥梁。柬埔寨政府总理洪森每年都通过《华商日报》向华人拜年。

2016年《华商日报》手机APP正式上线，成为柬埔寨历史上首家推出的中文手机APP，内容涵盖了柬埔寨当地和全球所发生的新闻和事件。为用户24小时提供全面及时的中文资讯，内容覆盖国内外突发新闻事件、体坛赛事、娱乐时尚、产业资讯、实用信息等，具体栏目包括“首页”、“本地”、“中国”、“华人”、“国际”、“财经”等。用户可以以要闻模式和滚动模式2个角度查看最新新闻，要闻模式下内容和互联网内容完全同步,滚动新闻与世界同步。

除纸质报纸、APP外，报社还通过网站和微信公众号对外播发消息。

社长：方林瑞芳

经理、总编辑：刘晓光

地址：柬埔寨金边市戴高乐街126—130号

网址：www.huashangnews.com

电话：00855-23-214529

传真：00855-23-214549

电邮：2746998288@qq.com

金边晚报

柬埔寨《金边晚报》（日报）2010年9月3日正式创刊发行，是柬埔寨第四家华文报纸，也是柬埔寨唯一晚报。该报网站同时开通。

《金边晚报》的办报宗旨是：传递权威资讯，和睦华人社团，服务中资企业，推进柬埔寨国家经济发展，做好商会与企业、商家交流合作的桥梁和纽带。

该报每天下午出报，在柬埔寨国内发行。金边传媒网利用《金边晚报》采编力量和新闻资源优势，成为“世界了解柬埔寨，柬埔寨了解世界”的窗口。

社长：高华

总编辑：李翼

网址：www.jinbianwanbao.com

电话：（855）-12-811919,

（855）-17-969088

柬华日报

《柬华日报》（日报）于2000年8月10日创刊，由柬华理事总会会长杨启秋公开募股，筹集资金创办。股东180个，包括柬华总会、5大会馆和同乡会、宗亲会、华文学校、华人社团、华人公司等。《柬华日报》是由柬埔寨籍华人最高领导机构“柬华理事总会”主办的华文报纸，是全柬华人华侨的喉舌及利益的“代言人”。其创办主要目的是：促进柬华社团之间、华侨华人与当地各民族之间的团结；帮助华人掌握和遵守当地政府法律法规，熟悉和遵守当地风俗习惯；帮助华人安居乐业，融入当地社会；促进华文教育，营造公正舆论，推动慈善、福利事业；让柬埔寨华人了解世界，让世界了解柬埔寨华人；沟通各行各业信息，促进往来、繁荣经济；弘扬柬中文化，促进柬中友好。

目前，报纸已经从初期的黑白发展为彩色印刷。每期至少出12个版，主要有：时事要闻、当地新闻、东盟新闻、中国新闻、国际新闻、财经、娱乐、体育、文艺等。

《柬华日报》除柬中重要节日如柬新年、农历春节、独立节等休假以外，星期天照常出版。《柬华日报》面向全柬及东南亚等地发行。《柬华日报》设立了官方网站、APP、微信和脸书帐号。

社长：黄焕明

总编：安佳

地址：柬埔寨金边市干隆街门牌116-118号
No116-118,Kampuchea Krom St.(128St).Phnom Penh.Cambodia

网址：www.jianhuadaily.com

电话：(855)23 883801

传真：(855)23 883797

电邮：jianhuadaily@gmail.com

高棉日报

《高棉日报》于2012年11月2日创立，是经柬埔寨王国新闻部批准出版发行，由柬埔寨国际合作机构主管、高棉国际传媒集团公司主办的柬、中双语日报；是“柬埔寨王国参议院指定参考读物”。

《高棉日报》以“让世界了解柬埔寨、让柬埔寨了解世界”为办报宗旨，致力于“为柬埔寨社会进步服务、为柬埔寨人民服务、为柬中友谊服务”。目前，《高棉日报》正在积极开展新媒体转型发展。

社长：曹云德

副社长：戴志刚

总编辑：张照

地址：柬埔寨·金边市堆谷区沙立波第一分区毛泽东大道345号
高棉银行大厦3楼

电邮：sos138114@126.com
pet2000@qq.com

高棉经济杂志

《高棉经济》杂志于2012年3月创刊，是经柬埔寨新闻部批准出版发行的刊物。该刊由柬埔寨国际合作机构主管，高棉国际传媒集团公司主办。“为柬埔寨社会进步服务、为柬埔寨人民服务、为柬中友谊服务”为其办刊宗旨，《高棉经济》杂志目前正努力联合柬埔寨各有关华商团体和中国境内投资企业，为柬中经济交流和发展贡献力量。

该杂志主要栏目包括：封面专题、时政聚焦、宏观经济、工业、农业、矿产业、旅游、投资、金融、旅游、国际观察、中柬友谊、东盟热线、专栏等。该刊以国际流行大16开铜版纸全彩印刷。

社长：曹云德

副社长：戴志刚

总编辑：张照

地址：柬埔寨·金边市堆谷区沙立波第一分区毛泽东大道345号
高棉银行大厦3楼

电邮：sos138114@126.com
pet2000@qq.com

越南

西贡解放日报

《西贡解放日报》(日报)创刊于1975年5月1日，是越南共产党胡志明市党部机关刊物，也是越南唯一用华文出版的日报。报纸主要读者有越南100万华人及投资越南的东南亚国家、地区的会运用中文的外商。

该报在胡志明市、越南全国各地发行，同时在东南亚各国也有订户。每日8大版。内容有“政治要闻”、“国际新闻”、“经济及社会动向”、“娱乐”、“介绍外国投资商在越活动”等。其中有4版刊登广告。

总编辑：阮玉英 Nguyen Tan Phong

副总编辑、主编：Nguyen Ngoc Anh

地址：越南胡志明市第五郡鸿庞街399号
399 HONG BANG, P.14, Q.5,
TP.HCM, VIET NAM

网址：http://cn.sggp.org.vn

电话：(84)-8-38554211

传真：(84)-8-38556474

电邮：hoavan@sggp.org.vn

老挝

老挝时报

《老挝时报》是老挝发行量最大的中文媒体，拥有报纸、网站PC端、手机端、微信公众平台（laostimes）等媒体矩阵。?该报办刊宗旨是：服务“一带一路”，做中国和老挝的文化使者。建立中老资讯服务平台，让老挝了解中国，让中国了解老挝。

老挝时报网每天24小时提供新闻资讯，主要栏目包括：每日要闻、使馆动态、侨界商会、华人华侨、社会万象、车市地产、法律互助、旅游购物、老挝投资、留学教育、学老挝语、佛教文化、体育卫生、东盟资讯等，面向老挝及东南亚全体华人华侨、中资机构传递中国声音，同时面向中国推荐老挝经济、文化、旅游等资源，帮助中国人民了解老挝、投资老挝。

地址：老挝万象市隆巴沙

网址：www.laoschina.com/lxwm

电邮：news@laoschina.com

朝鲜

今日朝鲜

《今日朝鲜》（月刊）原名《新朝鲜》，创刊于1949年，1975年改名为《今日朝鲜》出版第一期（总312期）。该刊内容主要介绍朝鲜政治、经济、文化、对外关系及人民生活现状。

《今日朝鲜》为8开本，每期48页，内有彩页，由平壤综合印刷厂印刷。用华文、俄文、英文3种文字刊印，在朝鲜官方网站“我的国家”上以华、俄、英、法、西班牙、阿拉伯6种文字登载。

地址：朝鲜平壤市西城区西川洞外文杂志社

网址：naenara.com.kp

电邮：flph@star-co.net.kp

朝鲜画报

《朝鲜》（画报）（月刊）于1957年1月创刊，是由平壤朝鲜画报社编辑出版的用以宣传朝鲜各项方针、政策、体制的官方画报集，每月月初出版，用朝文、华文、俄语、法语和英语5种文字刊印，并在朝鲜“我的国家”网站上可查到。该刊内容主要为：展示朝鲜人民民主共和国的政治文化活动及人民生活状况。

该刊4开本，全彩色印刷。逢重大政治、文化活动，则有增刊。画报由朝鲜外文出版社印刷厂印刷。

地址：朝鲜平壤市西城区西川洞

网址：naenara.com.kp

电邮：flph@star-co.net.kp

韩国

中央日报中文网

韩国《中央日报》创立于1965年，后发展成为拥有报纸、杂志、电视台和网站等30多个子媒体的报业集团，与《朝鲜日报》和《东亚日报》一起被公认为韩国3大报业集团。《中央日报》于2007年7月21日开通中文网站。

《中央日报》中文网站由韩国《中央日报》报业集团下属的中国研究所承办，中文网站除了有反映韩国媒体观点的“中央论坛”以外，还有“财经新闻、“新闻中心”“韩国要闻”“中国观察”“韩流时尚”“游在韩国”等栏目，整合了《中央日报》报业集团旗下几十家媒体的新闻资源。

社长、发行人、印刷人：洪正道

中央日报中国研究所长：芮永俊

地址：韩国中央日报中国研究所韩国首尔中区西小门路100-814

网址：chinese.joins.com

电话：(82)2-7516970

传真：(82)2-7515245

电邮：jci@joongang.co.kr;

世界侨报

《世界侨报》以韩国新华报业集团、在韩中国同胞联合会为后援，每期出对开8版，主要版面包括：新闻时讯(中国新闻、国际新闻、韩国新闻、特别报道)、信息中心(视频新闻、社会万象、军事扫描、看中国)、生活休闲(畅游韩国、侨商在线、访谈、娱乐)等。

地址：韩国首尔市九老区加里峰洞121-21番地

网址：www.koreaxh.com

电话：02-866-8188、02-6403-5188、02-868-6669

传真：02-866-8818、02-858-9688

韩国新华报

韩国新华报业集团所属《韩国新华报》（双周刊）是韩国法人注册和经韩国文化观光部审批并具全国统一发行刊号的、介绍韩中两国文化和经济的标准简体中文报纸。

《韩国新华报》每期对开两大张、共8版，版面包括“国际要闻”、“综合信息”、“社会新闻”、“热点关注”、“焦点访谈”、“韩华天地”、“中韩新闻”、“广告天地”等。

该报由（株）《韩国新华报》社出版。每期5万份，免费在韩国境内发行。2016年还与韩国韩文主流媒体《在韩国际新闻》社确定了姊妹报。

《韩国新华报》的办报宗旨是“关注每位在韩华人，我们负责报道一切”。其办刊目的是：为生活在韩国的华人华侨提供客观、公正、真实的有关韩中两国、侨界及世界各地的新闻资讯；为渴望学习中文，了解中国的韩国企业家等打造交流的平台；为在韩国的华人弱势群体提供法律和政策支持；为在韩华人华侨举办韩中两国文化及艺术交流活动。该报的读者群主要是在韩国的中资机构、华商机构、华人华侨及大学中文专业的师生、留学生及爱好中文的韩国读者。

目前，韩国新华报业集团还开设了网络媒体。

发行人、社长：曹明权

总编辑：王冰

主笔：郑玉姑

地址：韩国首尔特别市永登浦区大林洞700-3大明大厦

网址：www.koreaxh.com

电话：（0082）10-56281688;（82）-2-868-1688

传真：（0082）2-866-8818

电邮：957096726@qq.com

韩华通讯

《韩华通讯》创刊于2002年，每月出4开4版、1800份左右，内容以侨社动态为主，另有少量生活资讯。

出版人：韩国汉城华侨协会
发行人：李宝礼
地址：韩国首尔市中区南大门路52-13四楼
网址：www.craskhc.com
电话：02-776-8416
传真：02-753-3990
电邮: craskhc@korea.net

韩中法律新闻

《韩中法律新闻》创刊于2008年10月8日，总24页（中文版面16页；韩文版面8页），每月两期（双周刊），逢12、25日发行，发行量每期3万份。该报是目前韩国为数不多的、以中韩双语形式进行报道的媒体刊物。

《韩中法律新闻》具有较强的专业性，主要向读者提供法律常识、法律咨询等信息。其创刊宗旨是：为在韩华人华侨提供法律服务，让其更便利、零距离接触韩国法律，了解韩国有关规定，及时掌握中韩两国的政策变化等；并阐述日常生活和工作中常遇到的法律问题，特别是签证、居住等生活中常见的疑难问题。《韩中法律新闻》也提供免费法律咨询版块。

除法律信息外，《韩中法律新闻》还报道中国国内的重大消息，让海外侨胞了解中国变化。

发行人：黄勇
社长：金美兰
地址：韩国首尔市中区南大门路7街29301室
网址: www.lawck.com
电话：（82）2-858-6868
传真：（82）2-858-6869
电邮: kclaw365@naver.com

奋斗在韩国中文网

奋斗在韩国网站成立于2006年8月1日，是一个为在韩华人提供服务的综合信息平台。截至2019年3月，拥有注册会员244万名，日访问量超6.5万人次，日发帖量达17000余贴，日点击量超过60万次。奋斗在韩国中文网，集纳了新闻、社区、旅游、博客、商圈、游戏等板块。

奋斗在韩国网站由王俊霖、张津凯两位联合创办，在韩国及中国分别成立法人公司。目前网站管理人员近百人，全职工作人员100多人。

法人：王俊霖
地址：首尔市衿川区西部岔路606加山洞
大成D-Polis A栋2808~9号
网址：http://news.icnkr.com
电话：8210-6695-7666

韩联社中文网

韩联社中文网于2004年4月1日正式上线，以文字、图片、图表、视频等多种形式报道韩国消息，新闻内容覆盖政治、经济、社会、文娱体育、朝鲜、韩中关系等领域。韩联社中文网还通过微博、微信等社交网站与网民分享韩国主要新闻。

韩联社中文网隶属于韩联社，韩联社成立于1980年，是韩国最具代表性的新闻通讯社，目前拥有590余名记者，记者数为韩国媒体之最。韩联社在26个国家的34个主要地区派驻60余名记者，包括北京、上海、沈阳、香港等。韩联社还提供中文、英文、日文、阿拉伯文、西班牙文、法文共6种外语新闻服务。

社长：赵成富
电话：（82）2-398-3114
地址：韩国首尔市钟路区栗谷路2街25
网址：https://cn.yna.co.kr
电邮：chinese@yna.co.kr

亚洲新闻集团

亚洲新闻集团于2007年9月创立，旗下发行日报《亚洲经济》（韩文）、《亚洲日报》（中文）等。

《亚洲经济》（日报）从亚洲人民的视角出发，对国内外政治、经济、产业、文化领域进行追踪报道。是韩国首份以韩、中、英、日、越南5种语言同步报道经济、金融、企业资讯等各领域信息的综合性经济报刊。

除纸质刊物以外，读者还可以通过网络、

智能手机、电视等阅读该报新闻。《亚洲经济》网站平均每日有100万人次访问量和300万次点击量，在韩国经济新闻类网站中名列前茅。

亚洲新闻旗下《亚洲日报》是韩国最早加入世界中文报业协会的媒体。每周3次发行《亚洲经济》中文版。

韩文版月刊《中国》是首份在中韩两国同时发行的综合性时政、经济、政治、文化月刊。由《亚洲经济》与中国《人民画报》社合作发行。该刊对中国经济现状及未来发展进行分析，并在此基础上积极探索中韩两国合作的方案。

《东方星》是《亚洲经济》的姊妹刊物，是用中文发行的高品质旅游专刊。该刊旨在为中国读者提供韩国主要旅游景点、特色活动、住宿餐饮等信息，并对韩国经济、文化、社会等进行介绍。其中，重点涉及韩国医疗旅游相关信息，以满足广大游客的不同需求。

亚洲广电负责制作和策划电视广播节目。亚洲广电曾制作了以嘉峪关为主题的纪录片《新丝绸之城嘉峪关》，在国际旅游TV节目中获银奖，以保护海洋为主题的纪录片《济州海的希望》在SNS3分钟电影节中获鼓励奖，以韩国历史文化遗产崇礼门重建为主题的纪录片《灰色瓦的歌曲》获5月最优秀节目奖。

创办人：郭永吉

地址：韩国首尔市钟路区钟路一街利马大厦11楼

邮编：03152

网址：www.ajunews.com（韩）
china.ajunews.com（中）
www.ajudaily.com（英）
japan.ajunews.com（日）
vietnam.ajunews.com（越南）

电话：82-2-767-1500

传真：82-2-767-1649

日本

日中商报

《日中商报》（半月刊）创刊于2005年2月1日，是目前在日华文媒体中唯一、且获得日本主流社会肯定的中日文财经报纸。东京2020奥委会筹备委员会和JRA 日本中央竞马协会均在《日中商报》上开设了专版内容。

《日中商报》每月1日、15日发行，共56版。其头版的独家人物专访“商报面对面”报道持续多年，采访了几百位中日两国间政治家、各领域权威人士、企业家和艺术界名流，已成为在日华人媒体的“品牌”。其它主要版面内容有：华人社会、东京奥运、国际商报（专版）、山手中华学校专刊、环球新闻、商务信息、签证热线、古董拍卖、文化教育、日本文化（日本语）等。

2013年11月1日，日中商报社创办了《中华料理报》，是目前为止在日本全国唯一一份中华料理界的专业性报纸，其宗旨是为在日华人中华料理店提供经营与发展、食材与道具，以及店铺买卖等各种资讯。

社长：程显齐

总编辑：李春雁

地址：(160–0023)东京都新宿区西新宿7–8–11大黑楼4F

电话：（81）3–5337–9584

传真：（81）3–3366–9170

电邮：jcbnews@greatwalljp.com；

日中新闻

《日中新闻》（周报）创刊于2000年8月，是日本唯一同时拥有日文版和中文版的报纸，是专门从事日中两国信息报道的华文媒体。其母体是成立于1990年的“日本中国经济交流促进会（株）”。

《日中新闻中文版》为16开56页。主要面向在日华侨华人，以及在日本的新加坡、马来西亚、印度尼西亚等国籍的华文圈社会。其编辑原则是以中日关系为核心，客观公正地报道两国的政治、经济、文化、教育、社会等方面的新闻和专题，冷静、理智地分析、评论、叙述日中两国关系的各方面的问题，努力推动两国经济、文化、教育交流，促进两国人民的相互理解。并重视在日华侨华人社会的热点问题。

《日中新闻中文版》的发行范围，以日本关东圈和近畿圈为中心，遍及日本各地，主要面向日本的企业，商工会议所，各地政府工商指导或经济企划部门，官方或半官方经济团体及研究机构，以及文化教育界关心研究中国的团体或个人。

社长：韩晓清

总编辑：崔昌浩

地址：东京都渋谷区幡ヶ谷2–16–1三和ビル7F

网址：www.infochina.jp

电话：（81）3 5304 0645

传真：（81）3 5304 0646

电邮：jcnews@infochina.jp

日本侨报

《日本侨报》于1996年8月1日创刊，以报道活跃在日本的华人华侨学者、企业家、文化人以及为中国发展做出贡献的日本人为主，并大量出版反映中国社会、经济、文化、政治现状以及民众声音的日文书籍，目前已成长为知名的综合性出版社。

日本侨报社已经出版《一带一路详说》等图书380多种，不少好书入选日本亚马逊和各大实体书店的畅销书。大致可分为3类：一是中国发展变化实录；二是中日关系研究著作；三是以中日民间友谊和交流为中心的选题。并坚持出版反战系列图书,为日本社会留下真实历史的“8.15系列”。

日本侨报社并致力于向日本主流社会介绍华侨华人的学术成果和中国的传统文化等。先

后设立了华人学术奖、优秀留学生论文奖、中日公共外交研究奖等奖项。

日本侨报社于2005年设立了日中交流研究所，其主办的“全中国日语作文大赛”和“全日本汉语作文大赛”，旨在通过比赛颁奖、出版获奖作品集等方式，促进中日青少年的相互了解和交流。日本侨报社创办的“星期日汉语角”自2007年开始以来，风雨无阻地举办了600次交流会，已引起日本社会的广泛关注，成为中日民间交流的知名品牌。2008年，日本侨报社创办了日中翻译学院，之后又成立了日中翻译协会，学员已超过300人。2017年开始，日本侨报社开始主办面向日本人的“难忘的中国留学故事”和“难忘的旅华故事”大型征文活动。

2010年2月26日，日本侨报社新闻中心在东京上线。发布了大量介绍中国和中日友好的日语新闻，很多被日本媒体转载。

创办人、总编辑：段跃中

社长：张景子

地址：东京都丰岛区西池袋3–17–15湖南会馆内

网址：www.jp.duan.jp

电话：（81）359562808

传真：（81）359562809

电邮：info@duan.jp

日本侨报电子周刊

《日本侨报电子周刊》于1998年8月创办，至2019年3月底一共发行了1366期，被称为发行历史最长的专门报道中日关系和华人华侨的日文版电子周刊。2006年，《日本侨报电子周刊》荣获日本十大新闻类电子杂志提名奖。2008年，该刊又在日本最大的电子杂志发行商玛格网站主办的“人气电子杂志”评选活动中获得首次设立的“长寿奖”。

该刊的主要特点，一是用日语讲述中国故事，向日本主流社会介绍中国的发展变化，向日本读者传播正确的中国形象。二是20多年来一直坚持免费发行，并且发行以后自动形成网页，任何人任何地方都可以阅读和查询。三是为日中友好人士提供平台,发表了大量有利于中日友好的文章。

该刊除每周三定期发行外，还经常发行“号外”，“特集”，并将长年来的《日本电子侨报周刊》总目录编辑成书，分别以《华侨华人研究资料》、《日中民间交流研究资料》为题公开出版发行，受到研究者、学者们的欢迎。

创办人、发行人：段跃中

地址：东京都丰岛区西池袋3–17–15
湖南会馆内

网址：www.jp.duan.jp

电话：（81）359562808

传真：（81）359562809

电邮：info@duan.jp

日本新华侨报

《日本新华侨报》于1990年2月创刊，其创刊宗旨：以全方位报道在日华侨华人为基点，以多侧面解析中日关系为重心，引导华人进入日本主流社会，让日本主流社会听到华人的声音。

2002年，“日本新华侨报网”诞生。2013年6月，“日本新华侨报网”开设了视频栏目。在“环球网”同步播放的“蒋述日本”栏目，讲述日本政治军事、社会经济、风土人情等，受到中国大陆网民的关注。

董事长：吴晓乐

总编辑：蒋丰

地址：〒171-0021東京都豊島区西池袋5-17-12 創業新幹線ビル4F

网址：http://jp.jnocnews.jp/
http://www.jnocnews.com

电话：03–3980–6635

传真：03–3980–6631

电邮：jnoc@jnocnews.com

中文导报

《中文导报》（周刊）创刊于1992年9月，由中文产业株式会社发行，对开32大版，每周四出版，在全日本发行8万部。《中文导报》以华侨华人购读为主，通过日本新闻宅配系统送到读者家里，同时有部分免费派送。《中文导报》进入日本政府部门、研究机构、友好团体等，是日本规模较大、影响较广的综合性华文周报。

自创刊以来，《中文导报》站在华人报道第一线，也注重中日关系报道。《中文导报》建立起有效的媒体经营模式，在内容上追求原创性，报纸样式与国际接轨，图文并茂。

多年来，《中文导报》围绕在日华人社会和中日交流，做出了广泛而扎实的原创报道，在国内外各大网站多有转载。日本首相每年春节期间通过《中文导报》向日本和全球华侨华人问候新春，成为定例节目，

《中文导报》坚持从海外华文媒体的独特立场和视角出发，促进中日关系、传递华人心声，努力发挥着缩小落差、填埋鸿沟、增进理解、推动交流的作用，在中日之间传递了正能量，为推进民间公共外交扮演了积极角色，受到中日主流社会的高度评价和赞赏。

社长:杨文凯

副总编辑：张石

地址：106-0041 日本国东京都麻布台
2-3-22-2 A

网址：www.chubun.jp www.rbzwdb.com/

电话：03-6822-9886

传真：03-5114-7891

电邮：wk-yang@chubun.co.jp

中日商报

《中日商报》（月报）2007年9月20日创刊，为日本中部地区唯一的中文报纸，每月20日出版发行。国际标准刊号ISSN1882-3459，得到日本国会图书馆完整收藏。主要读者对象是中部日本地区的旅日华人、中国留学生和部分日本学生。该报为对开2张8版。其版面主要包括“重大新闻”、“中部华人”、“人物专访”、“透视中国”、“中日经济”、“聚焦苏州”、“今日无锡”、“显微日本”、“史海钩沉”、“八面来风”和“娱乐前沿”等。

社长：高建平

总策划：鲍尔吉德

总编辑：朱忆天

中日商报新闻友好交流会会长：郑兴

地址：〒460-0003名古屋市中区錦2丁目17番30号2F

电话：（81）52-232-0062

传真：（81）52-228-0416

电邮：ccc9995@sina.com

中日新报

《中日新报》（周报）1992年4月12日创刊，总社在日本大阪，每周二出版发行。办报宗旨为:真实、客观、公正、格调高雅。主要对象是在日华侨、华人、留学生以及日本各地中国语教室等。版面为对开4张16版。内容包括“政治”、“经济”、“信息”、“文化交流”、“艺能”、“体育”、“健康”、“文学副刊”和“留学生”等。

社长：刘成

总编辑：远 芳

地址：大阪市住之江区南港北2-1-10アジア太平洋トレードセンターITM栋4阶H-5

邮编：559-0034

网址：www.chunichishinp.rn.com

电话：（81）6 6569 6093

传真：（81）6 6569 6095

电邮：chunichi@basil.ocn.ne.jp

半月文摘

《半月文摘》（周刊）创刊于1993年3月15日，是最早创办的在日华文媒体之一。创刊初期为双周半月刊，以文摘内容为主，使用中文繁体字。2005年改为周刊，逢周三发行。

《半月文摘》创刊20多年来，广受在日读者欢迎。2011年秋，《半月文摘》曾一度与香港《文汇报》携手合作，目前与《人民日报》有合作，每周给《人民时报》留2个版面。

社长：梁钟文

总编辑：李瑞

地址：东京都丰岛区西池袋2-25-5-105

电话：03-5952-8828 03-5957-3172

电传：03-59573173

电邮：bywz@jc -ecl.or.tv
Jc-ecl@or.tv

微信：SB:080-5075-6588
AU:080-5080-6588

东方时报

《东方时报》（周报）创办于1995年5月，由日本东方国际株式会社旗下的日本文华传媒株式会社发行，是日本发行量较大的免费报纸。对开24版，彩版6版，每年48期。

《东方时报》自创刊以来，坚持“客观、中立、独立报道”的办报理念，以独特视角报道日本、中国及世界各地的新闻，特别是在日华人社会的消息。随着2011年其姐妹报《东方新报》创刊发行，在内容及发行方式上与之有所区别。《东方时报》走亲民路线，内容以在日华人最感兴趣的本地新闻为主，汇集华人社会的热门话题和谈资，提供便于华人生活的各种便利资讯和生活指南。为方便读者及时阅读，《东方时报》在部分学校、在日华人较为集中地区的物产店、中餐馆、旅行社等处投放，供读者及时领取，发行量广、广告效果明显。

社长：何毅云

总编辑：孙冉

地址：170–0005 日本国东京都豊岛区南大塚2–25–15 South新大塚ビル4F

电话：（81）3–5977–2705

传真：（81）3–5977–2706

东方新报

《东方新报》创刊于2011年，是日本文华传媒株式会社旗下的媒体主力军。该报为综合类周报，每周四发行，对开32版，彩版8版，每年48期。

《东方新报》与《东方时报》系姊妹报纸，为在日华文媒体中发行量较大的报纸。该报是收费报纸，以订阅为主。面向侨团侨校、留学生组织、日本国会、首相官邸、外务省等进行投放；内容主要以中日时事资讯和社会综合类新闻为主，以及华人社会的资讯报道与服务性新闻的跟踪。新报每期有超过10个版的原创版面，封面报道立足于在日华人重大新闻的现场报道。每期多个版面组成策划类选题“封面故事”为一大特色，在日本发行的华文媒体中独树一帜。

《东方新报》是中国南方航空、中国厦门航空的机内读物，是日本最大的酒店集团东急酒店的店内读物，也是日本最大零售百货店堂吉柯德的店内读物。

《东方新报》每期新增4个日语版面，头版采取中日文混排。由此《东方新报》成为中日双语媒体，并实现了在日本主流媒体上落地。

社长：何毅云

总编辑：孙冉

地址：170–0013 日本国东京都丰岛区东池袋2–23–2UBG东池袋大厦6层

网址：www.livejapan.cn

电话：03–3981–2705

传真：03–3981–2706

东方新报雅虎新闻频道：

https://news.yahoo.co.jp/media/clc_toho

东方新报新媒体

日本文华传媒（株）除拥有《东方新报》、《东方时报》两份传统纸媒外，与时俱进，加强社交新媒体的建设与运营。目前，文华传媒的新媒体业务，除视频拍摄与制作以外主要有：东方新报网、微博、多个微信公众号等。

东方新报网：是日本文华传媒旗下的综合型门户网站，集文字、图片、视频于一身，每天更新。及时迅速报道当天的突发事件与资讯，坚持独家与原创，新增了日语频道，每日发送《东方新报》的日语新闻。

东方新报微信号：东方新报微信号（dfxbjp）同“腾讯新闻”，“今日头条”及“凤凰新闻”达成战略合作，每日自动推送给各自的媒体矩阵 APP；还拥有和运营非诚日本直通车微信号（fcwrjp）、信息王微信号（xinxiwang–tokyo）两个官方微信平台。

东方新报微博：每日更新微博，推送日本吃喝玩乐资讯，并和粉丝互动。

东方手机日报：创立于2002年，每天推送热门的中日新闻及本地资讯，包括面向在日华人的签证和招聘等实用资讯。

企业微信号：还致力于企业微信公众号的运营。

东方新报脸书和推特：推送《东方新报》最新日文报道。

社长：何毅云

总编辑：孙冉

地址：170-0013 日本国东京都丰岛区东池袋2-23-2UBG东池袋大厦6层

网址：www.livejapan.cn

电话：03-3981-2705

传真：03-3981-2706

关西华文时报

《关西华文时报》（双周刊）2001年8月1日由Acacia CommunicationsCo.Ltd创办。以日本关西和中部地区的华侨华人为读者对象。办报宗旨是：为在日华人弱势群体说话。发行区域：日本大阪、神户、京都、名古屋和广岛等地。版面：4开版，采用中日双语。主要内容有“关西新闻”、“关西生活”、“关西声音”、“关西华人故事”、“留学生活”、“中日桥梁”（日语）等。

《关西华文时报》2012年开始出版中国经济信息日语专刊，刊登中国最新的经济信息，以及中国国内各地到日本进行招商引资的情况。该专刊定期供给大阪商工会所等商界，为关西地区的中日经济交流搭建了新的平台。

《关西华文时报》创办的财经报纸《日本财经周刊》，每期对开8版。

发行人、社长：黑濑道子

总编辑：丛中笑

地址：日本国大阪市中央区内本町2-4-16-504

邮编：540-0026

网址：www.kansai-chinese.com

电话：（81）6 7654 6496

传真：（81）6 7654 6498

电邮：info@kansai-chinese.com

西日本侨报

《西日本侨报》（月刊）由华侨董发明创刊于2009年1月，是日本九州地区历史上的第一份也是唯一一份综合性华文月刊报纸。2014年独立成立西日本侨报株式会社。其创办宗旨是：宣传中国，团结华人华侨，树立华人良好形象，推进中日友好事业。

报纸现为对开、彩色8版，发行5000份。主要报道有关国内的政治、经济、社会、文化的发展变化，以及日中关系、九州的华侨华人和留学生的生活、工作、学习的情况。内容分为“头版新闻”，“政经新闻”、“社会生活”、“华侨华人”、“华文园地”、“健康医学”、“日语新闻”。

其发行渠道主要是各大学的留学生交流中心、各县市华人华侨社团、西日本九州8县的日中友好团体、各县市国际友好部门和观光协会、中国料理店、公民馆、国立图书馆、中国使领馆、航空公司、旅行社及热爱中华文化的日本人士。《西日本侨报》是日本九州唯一报道日中经济文化发展，日中友好，以及华侨华人、留学生生活的报纸，具有一定社会价值。自创刊以来，就被日本九州地区各大国立图书馆收藏。

发行人、社长：董发明

总编辑：董发明

责任编辑：佘翰

地址：〒８１２－０８８３
日本福冈市博多区南本町1丁目2番3－1

网址：www.kyouho.com

电话：(81)92-5882727

传真：(81)92-5883033

电邮：kyouho@live.cn

华风新闻

《华风新闻》（周报）于1997年7月1日创刊，是在全日本发行的综合性中文周报，每周五发行。每期出小4开48版。主要栏目有“要闻”、“华人”、“中日”、“港澳台”、“论坛”、“随笔”、“家庭”、“娱乐”、“旅游”、“读书”、“情感”、“文学读者”等。

发行人：李军

总编辑：李竹铭

地址：169-0073东京都新宿区百人町2-20-2

网址：www.toka-web.co.jp

电话：（81）3 -3367 8053

传真：（81）3 3367 8054

电邮：huafeng168jp@yahoo.co.jp

阳光导报

《阳光导报》（周刊）于2002年12月25日创刊，是一份以经济报道为中心，面向在日华人的大型中日双语综合周刊。繁体中文，大开32版，每周四发行。面向在日和其他海外地区的华人华侨，内容包括：经济、社会、文化、生活等。《阳光导报》有关中国经济和市场的专业报道，内容及时，分析深入，受到中日商务人士和关心中国发展的两国读者的好评。2010年12月，日本最大的广告代理商电通,正式成为《阳光导报》的广告总代理，《阳光导报》成为目前唯一获得该公司代理广告业务的华文媒体。

2011年10月，《阳光导报》和《玩转东京》的发行公司株式会社阳光与广告代理公司PANASIA株式会社合并,更名为株式会社阳光新闻社，注册资金增至6000万日元，成为日本规模较大的华文媒体。2012年9月，该报进入互联网和电子报时代。2014年3月20日，《阳光导报》出版发行第500期。2014年8月1日，《阳光导报》开通官方微信公众账号。创刊17年的《阳光导报》,已成为在日华人华侨喜爱的读物。

社长：吉田宏美

地址：日本东京都丰岛区西池袋3-21-13 West Park Tower 17F
网址：sunshine-news.co.jp
电话：81-03-5957-5222
传真：81-03-5957-5333
电邮：info@sunshine-news.co.jp

玩转东京

《玩转东京》（半月报）创刊于2003年6月15日，原名《阳光娱乐报》，是《阳光导报》的姊妹报，由日本株式会社阳光新闻社发行。4开出版，使用繁体中文。

社长：吉田宏美

地址：日本国东京都丰岛区西池袋3-21-13 West Park Tower 17F 1702室
网址：www.sunshine-news.co.jp
电话：81-03-5957-5222
传真：81-03-5957-5333
电邮：info@sunshine-news.co.jp

现代中国报

《现代中国报》创刊于2010年8月，由日本新华侨实业有限会社发行，对开32版，每月5日，20日出版，在日本发行6万部。报纸坚持以中日新闻、娱乐生活为中心，汇集日中及全球资讯，为读者及时了解天下时事、丰富娱乐生活建造平台。每期推出日本旅行游玩特辑是该报特色之一。重在使在日华人了解日本社会及生活信息。

《现代中国报》与中国国内媒体展开合作，围绕中日热点话题，对日本政界、商界及各界机构、代表人物、专家等进行深入专访，无论文字或是视频报道，都力求真实、独家。《现代中国报》是专业记者团队打造的出中日信息交流的平台。

社长：郭均成

地址：171-0014東京都豊島区池袋2-65-1 プラザフェリス202
网址：http://xiandaichina.com.cn/
电话：03-5927-9915
传真：03-5927-9916
电邮：info@xiandai.co.jp

留学生新闻

《留学生新闻》（半月报）创刊于1988年12月，是日本当代华人传媒中最早的一份中日双语报纸，主要面向在日中国留学生、华侨华人、政府官员、各类学校的教师、企业职员和其他对中文感兴趣的日本人，每月1日和15日发行。《留学生新报》为媒体株式会社旗下的媒体，目前纸质媒体已有4种文字，即中文版、日文版、越南语版及英文版。为中日文双语半月刊，中文版24版，日文版4版，彩色版4版每年发行24期。内容涵盖最新的日本社会和文化信息，留学生政策、留学生活，日本学校介绍，中日企业的求职就业情报，归国就业信息等。发行：主销日本各大书店及日本大学、研究生院、专门学校、日本语学校和各政府部门。主要版面有“特集”、“焦点新

闻”、“国际新闻”、“日本新闻”、“社会问题”、“大陆传真”、“经济”、“科技”、“文化、体育”、“自由谈”、“关注”、“交流”、“史海”、“政策解读”、“人物?东瀛华人”、“留学生活”、“校园”、“书友会”、“曰语角”、“侨乡广东”等。

社长：傅冰

总编辑：白石诚

副总编辑：龙丽华

地址：150-0031东京都涩谷区樱丘町22-20

网址：www.mediachina.co.jp
www.mediachina.jp.com

电话：（81）3-54584173

传真：（81）3-54584175

电邮：mc@mediachina.co.jp

电子报：http://epaper.mediachina.jp.com

微信公众号：liuexueshengxinwenn

联合周报

《联合周报》创刊于1994年5月，每周四发行26000份以赠阅为主覆盖日本全国。这是一份面向在日华人的集报道、创作、研讨、娱乐、休闲为一体的综合性报刊，雅俗共赏、图文并茂，2009年10月以域名“lhtv.jp” 开辟了首家报纸的电子版和主要拍摄记录在日活动的首家华人网络电视台《联合电视》，成为首家纸媒同网媒、图文与视频密切结合的在日华人多媒体。多媒体《联合周报》各项业务缔属于日本华人公司：連合マスコミ有限会社。

社长、总编辑：贝龙

地址：日本国東京都新宿区百人町2-23-7
桜井ビル101

网址：www.lhtv.jp

电话：（81）3-5338-6368、
（81）3-3366-8071、
（81）90-9940-8999

传真：（81）3-3202-5961

邮箱：lianhezhoubao@qq.com

微信号：lianhezhoubao999（或09033416066）

新华时报

《新华时报》（周报）创刊于2003年6月12日，是一份集政治、经济、文化、生活等内容为一体的综合性报纸。每周六发行。

该报由株式会社新华国际出版发行。设有“独家时评”、“每周专题”、“一周要闻”、“中日关系”、“华人社会”、“论坛”、“娱乐”、“体育”、“生活”等栏目。

发行人：林忠凡

主编：黄慧阳

地址：〒110-0024 日本东京都台东区今户
2-30-5须田101号

网址：www.xinhuaintimes.net

电话：0081-3-5849-4052

传真：0081-3-3876-9620

电邮：xinhuaint@yahoo.co.jp

TOKYO流行通讯

《TOKYO流行通讯》（月刊）创刊于2013年4月，是一份介绍日本最新流行和旅游信息、图文并茂的免费杂志，由三水传媒株式会社出版发行。

其前身为2000年7月创刊，在网络上颇有影响的免费电子周报《日本流行资讯报》（后改名为《周刊东京流行通讯》），每周五出刊，中文简、繁体版共发行3.7万份，日文版发行1.5万份。受到日本NHK电视台、香港NOW TV等著名媒体的采访报道。

纸媒体《TOKYO流行通讯》（中文简体版）在中国大陆和日本东京共发行6万册。从时装、家电、观光、出版、影艺、游戏、世相等8个不同领域精心采编，荟萃而成。每期还特设两个专辑，深度介绍日本最新的流行文化现象。

发行人：王晓洋

总编辑：姚远

地址：108-0014日本国东京都港区芝
4-9-3芝石井大厦7楼

网址：www.tokyo-fashion.net

电话：（81）3 6809 4117

传真：（81）3 6809 4118

电邮：info@tokyo-fashion.net

yaoyuan@tokyo-fashion.net

中日名流

《中日名流》杂志（季刊）2005年3月创刊。为日本屈指可数的时政、文化综合类中文杂志。国际标准刊号ISSN 1349-662X，得到日本国会图书馆完整收藏。办刊主张：立足中部日本，鸟瞰神州中国；关注时事政治，观察社会风情；促进民间往来，搭建交流平台。主要常设栏目有：名城新闻、封面人物、中日关系、聚焦中国、南北名流、天堂苏州、人间无锡、美丽木渎、名流文坛、神州万象、日本观察、走近名人、娱乐风采和扶桑艺苑等。每期68页铜版纸全彩印刷，使用大量彩色图片，印刷精美，图文并茂。

社长：高建平

总策划：朱新建

执行总编：朱忆天

地址：〒460-0003名古屋市中区錦2丁目17番30号2F

电话：（81）52-232-0062

传真：（81）52-228-0416

电邮：ccc9995@sina.com

中国悠悠俱乐部

《中国悠悠俱乐部》（季刊）创刊于2003年3月，其创办宗旨：促进中日民间往来，推动两国旅游业的发展。该刊由《中日新报》新闻社出版发行。其内容覆盖全中国各地的旅游景点、名胜、交通线路、饮食、住宿等，并采用大量的彩色照片，印刷精美，图文并茂，深受俱乐部会员及各大中型旅行社的喜爱。

社长：刘成

总编辑：远芳

地址：大阪市住之江区南港北2-1-10アジア太平洋トレードセンター-ITM栋4阶G-1

邮编：〒559-0034

网址：www.chunichishinpou.com

电话：（81）6 6569 6038

传真：（81）6 6569 6095

电邮：chunichi@baall ocm.no.jp

横滨华侨通讯

《横滨华侨通讯》（月刊）为日中双语月刊报，每月一日发刊，以日文为主，是横滨华侨总会主办的机关报。该报主要报道侨会及侨胞的各种活动和中国涉台、涉侨方面的动态，报纸面向华侨总会会员。

总编：朱铭江

地址：横滨市中区山下町126-1中华大厦

网址：www.yokohama-chinese.gr.jp

电话：（81）45 641 8606

传真：（81）45 663 1490

电邮：tongxun@yokohama-chinese.gr.jp

日中通信社

日中通信社创立于 1995 年，是一家由在日华人创办的文化企业，位于日本东京。公司长期致力于影视影像、视频等多媒体的综合策划、制作、发行及相关事业；同时开展中日两国艺人的演出经纪、文化交流等国际娱乐业务；并多年致力于在日本传播中华文化，开展了传统平面媒体、书籍杂志出版、中文教育等相关业务。

该公司作品涵盖电影、纪录片、创意广告片、MV音乐视频短片、旅游观光宣传片等各种不同形式的影视制作门类。近年作品连续在德国、美国、印度等地获得国际影奖。纪录片《魂的共鸣——丰浜太鼓台祭》夺得美国影响力影展纪录短片优秀奖。

该公司与日本电视台合作，多次成功举办日中两国艺人的大型演出，如“东京香港电影节”、“任贤齐东京演唱会”等，连续21年在日本全国范围举办“日中卡拉 OK 大赛”，此活动已成为日本全国性一年一度的中日文化交流盛事，获得了中国驻日大使馆文化部的表彰。为纪念中日邦交正常化 45 周年，获得“日中友好特别贡献奖。

该公司出版领域涵盖中国文化、汉语教育、大众娱乐、新闻资讯、历史文化等广阔领域，产品覆盖日本全国各个阶层，深入日本主流流通渠道。

该公司已连续开展了 24 年的中文教育业务，培养了大批喜爱中文以及中国文化的日本

学生。

该公司运营的新媒体微信公众号“日中通信”以中日间的桥梁为定位，已拥有数以万计的粉丝。

会长：张一帆

社长：胡文娟

地址：东京都新宿区西新宿3-5-3 西新宿Diamond palace 915

邮编：160-0023

网址：www.long-net.com

电话：（81）3-5984-3216

传真：（81）3-5984-3152

电邮：wjhu2108@long-net.com

CCTV大富

“CCTV大富”是历史最久、影响最大的唯一在日中国电视节目播出平台。1998年2月，日本最具代表性的主流媒体及超强企业联合，在东京成立株式会社大富，出全资将央视落地日本[CCTV大富]频道在全日本落地开播，被日媒称为“划时代的媒体桥梁”。

大富的事业宗旨是：为华侨华人和日本观众提供中国最新时事、文化信息，增进日本人民对中国和中国人民的理解，促进中日交流与友好。大富主营24小时播出的[CCTV大富]和[凤凰卫视]两个频道。[CCTV大富]1998年7月1日正式开播，播出中国中央电视台节目及大富自制“日本新闻”栏目，“日本新闻”报道日本新闻及华人动态，深受欢迎。大富于2009年4月1日开始承接“凤凰卫视”在日本落地频道运营，同步播出凤凰卫视精华节目。大富业务还包括出版发行中日文报纸《大富报》，制作运营中日文网页，制作发行影视节目，策划举办大型交流项目等。

《大富报》1998年12月创刊，中日文双语，每月两期，每期20版。内容以宣传、介绍“CCTV大富”、“凤凰卫视”节目为核心，辅以时事、文化、娱乐、健康等资讯。力求成为在日华人的生活指南，日本人了解中国的窗口。

2012年[CCTV大富]实现本土化日语播出，成为全新的“整频道全天候央视日语综合频道”，为央视首次也是唯一在海外实现整频道本土化全天候播出的双语国际频道。

大富董事长张丽玲等人摄制的大型系列纪录片《我们的留学生活—在日本的日子》，在中日两国主要电视台热播，影响至今。该系列纪录片《小留学生》一集，荣获“日本放送文化基金奖”“最佳策划”、“最佳纪录片”两项大奖；及“日本电影摄影导演协会奖”“金奖”等多项重要大奖。该系列纪录片的《含泪活着》一集被搬上银幕在日本各地院线上映，并再度荣获“日本放送文化基金奖”纪录片奖。张丽玲社长分获国内颁发的“2010 中华文化人物”、第二届“中国纪录片学院奖”、“特别贡献奖”等荣誉。

董事长、社长：张丽玲

副社长：张焕琦、邓澍宏

地址：104-0061日本国东京都中央区银座7-13-15银座菊地Building 8F.
Ginza Kikuchi Bldg. 8Fl., 7-13-15
Ginza, Chuo-Ku,
Tokyo, Japan, 104-0061

网址：www.cctvdf.com

电话：（+81）3-3547-3727（代表号）

传真：（+81）3-3547-3730

电邮：cctv@cctvdf.com

日中TV

日中TV是由在日华人录像摄影家刘杰于2005年创建的网络电视台。以中日双语版本录像形式，在网络上介绍中国风情面貌和在日中国人社会动态。其宗旨是用真实生动的画面增进中日相互交流，主要面向关心中国的日本人和世界华人。

作为网络电视台，日中TV具备有近100名中日人员组成的专业摄影编辑团队，独自配置了位于东京中心的池袋Ｓｔｕｄｉｏ，面积达１３０平方米，拥有８套高清摄像器材，5套节目编排编辑设备，根据需要可以实施网络直播和卫星直播，备有采访用专车。

目前日中TV开设的主要频道有：每日一句中国话；每日一句日本语；在日华人、日中商务、名人名语等。日中TV还计划策划制作《日本华侨华人名鉴》系列，以电视节目的形式招请在日新老华侨精英在演播室讲述其业绩，并采访其日常生活和工作情景等。希望以这些在日精英的事例激发后辈们加倍进取，在国人面前展现海外赤子的辛酸苦辣，并一同感受其成功喜悦。

负责人：刘杰

地址：东京都池袋２－６８－１

网址：www.web-tv.jp.net

电话：（81）3－6861－6169

电邮：ryu@web-tv.jp.net

乐乐中国电视台

乐乐中国电视台是日本IPTV中的佼佼者。其节目播放范围覆盖北至北海道，南至冲绳的整个日本列岛。13个频道，全是采用日语配音及加日语字幕，因此，非常受日本观众欢迎。

在中日两国政经、文化交流活动中，乐乐中国电视台积极扮演着沟通桥梁作用。为争取更多的日本观众，致力于提高节目的收视率，将介绍中国的节目更加本土化，让日本观众了解中国、关心中国，从而使中日的交流更具有深度和广度。

乐乐中国电视台在日本翻译制作、发行了数十部总数超过2000集以上的中国电视连续剧。其中《秦始皇》在BS日本电视台播出后，引起强烈反响。在日本的音像市场，乐乐中国电视台翻译制作推出的影视作品，如《康熙王朝》、《雍正王朝》、《大明王朝》、《搭错车》等随处可见。另外，由乐乐中国电视台参与合作的湖南电视台“快乐垂钓”频道已落地中国277个城市，成长为中国排名第三的数字专业频道。

董事长：李叶

总编辑：欧阳乐耕

地址：〒141-0031东京都品川区西五反田7-13-6

网址：www.rakuraku.co.jp

电话：(81)3-54366688

传真：(81)3-54366677

电邮：ouyang417@me.com

亚洲太平洋观光社公司

亚洲太平洋观光社成立于2014年4月，由有志于传播中华文化的中国大陆和香港投资者共同出资创办。公司旨在通过出版中日文书刊，以及开展图片展、书画展、音乐会、文艺汇演、节日庆祝活动等文化交流活动，来提高日本读者及旅日华侨华人对中国旅游和文化的理解。

公司出版有《中国纪行》（日文季刊）、《和华》（日文季刊）、《月刊中国新闻》（日文月刊）和《旅日》（中文双月刊）等杂志，运营有《旅日》微信公众号，同时不定期开展“旅日名家讲坛”、“和华商道”、“中国旅游节”等品牌文化活动。

总经理：刘莉生

地址：东京都中央区银座六丁目十二番十五号ICHIGO银座612大厦6F

电话：03-6228-5659?

传真：03-6228-5994

电邮：info@visitasia.co.jp

阿联酋

迪拜中华网

迪拜中华网2010年6月创立，以门户网及论坛为基础，综合提供吃住行方便的同时扩大商业、劳务、分类便民信息、问答等一系列功能服务板块，是集新闻、生活资讯、华人服务为一体的大型华人综合资讯信息平台，目前已形成集杂志《华文迪拜杂志》、迪中传媒视讯、APP和公众号。

迪拜中华网还获得迪拜政府最高荣誉奖、最佳战略合作伙伴奖，以及迪拜警察局颁发的最佳活动合作荣誉奖，并承办过400多场大小型活动。

创始人：应震中

地址：1401, Tiffany Tower, Cluster W,
Jumeira Lakes Tower, Dubai, U.A.E

阿联酋迪拜DMCC JLT自贸区，Tiffany大厦 1401室

网址：www.dibaichina.com

电话：020971 50 9527888

电邮：600001000@qq.com

微信：zhenzhong828

中东侨报

《中东侨报》是阿联酋华侨华人联合会的机关报，创刊于2009 年12 月，是中东地区22 个阿拉伯国家中唯一一份以“侨报”冠名的华文媒体，是在阿联酋国家媒体委员会依法注册、合法经营的传媒机构。报纸现为32 版、周报发行，发行至阿联酋7 个酋长国280 多个网点，以及阿曼、巴林、卡塔尔等海湾国家。

《中东侨报》是为广大阿联酋及中东地区华侨华人服务的华文媒体。《中东侨报》设有“中东新闻”、“经济动态”等专栏，主要刊登中东地区最新的经贸、投资、文化、社会等资讯，以及国内、国际经济新动向。

《中东侨报》总社：阿拉伯联合酋长国迪拜

《中东侨报》分社：阿曼苏丹国布莱米

《中东侨报》社长、总编：刘云梅先生

联系电话：00968 90168168

邮箱：mideastchinese@hotmail.com；yunmeiliu@hotmail.com

迪拜人传媒

迪拜人传媒成立于2009年10月，旗下的中文媒体“迪拜人”是阿联酋最具影响力的华文媒体，受到中国驻阿联酋的大使馆以及阿联酋驻上海总领事H.E.Rashed Matar Alsiri Alqemzi的肯定。其媒介包含“迪拜人”线下杂志、“迪拜人”微信公众号，“迪拜人”资讯网等，实行线上线下的资讯同步整合。秉承“基于中东的”、“实用的”、“有趣的”为原则，输出原创或编译的相关内容。

近年来，迪拜人传媒走出华人圈，更广泛地为中国品牌提供“走出去”，为外国品牌提供“走进来”的精准营销服务。不仅通过“迪拜人”打造线上全平台营销模式，也联合了其他中东华文媒体以及阿联酋户外广告，打通线上和线下的营销界限，从而更有效地进行传播。

创始人、经理、主编：毛一鸣

地址：#3109,shatha tower,media
city,dubai,UAE

电邮：maoyiming8512@gmail.com

迪拜电话：971 50 3594512

国内电话：13656665166

迪拜鼎星传媒

《鼎星传媒》创办于2010年，总部位于阿联酋迪拜国际城Indigo大楼704，分部位于RAK（拉斯海马)媒体城，是一家拥有《ChinaMart杂志》、微信公众平台、网站、活动策划、视

频、300辆游客大巴座椅广告等为一体的传媒公司。秉着“诚信、创新、共赢”的服务宗旨，与当地政府、大使馆、总领馆及40家华人社团保持着紧密的合作关系，为阿联酋华侨华人提供更专业、更高效、更便捷的综合传媒服务。

《ChinaMart杂志》是集当地新闻、生活、商业、金融、旅游、休闲、健康、娱乐便民为一体的综合性商业类杂志。该杂志为周刊，一年52期，每周六出刊，杂志覆盖了整个UAE，以迪拜为主，针对华人密集区域的店商、办公室、超市、餐饮等商业性的消费群体区域，200个专属杂志架、专人整理，发放量为每周1万份。

鼎星传媒—ChinaMart杂志
董事长：张涛
地址：迪拜国际城Indigo大楼704
网址：www.inuae.cn
电话：+971 43606449
00971564433856（微信同号）
电邮：dbchinamart@gmail.com

中东网络电视台

中东网络电视台是2017年3月在阿联酋迪拜注册成立的新媒体平台，也是中东地区首家华人网络电视台。中东网络电视台集图文报道、视频直播、新闻资讯为一体，立足网络视频直播，拓展PC、手机、传统电视等多终端集成播出方式，建设拥有全媒体，全覆盖传播体系的网络视听公共服务平台。中东网络电视台现有“新闻频道、财经频道、旅游频道、会展频道、综艺频道、科技频道、购物频道、生活频道”8个主要频道。

该台的播出方式是：互联网平台和传统电视平台。其播出流程：录制和直播的节目首先进入中东网络电视台在阿里云建设的专属播出平台。然后中文节目再通过微信公众号引导和链接到国内的《人民日报》、今日头条、新浪微博、腾讯、优酷等主流平台或指定的直播平台及省市网络电视台；英文节目通过Facebook和Twitter引导和链接到You Tube平台。

地址：阿联酋迪拜，国际城中国区，
Indigo optima办公楼，8层。
8 Floor，Indigo optima building，CBD Cluster,International City，Dubai，U.A.E
电话：+971 4 243 2895
传真：+971 4 243 2890

蒙古

蒙古消息报

《蒙古消息报》（周报）于1929年9月1日由蒙古工会为旅蒙华侨创办。原名为《工人之路报》，上世纪三、四十年代，该报大力宣传蒙古人民的建设事业，积极支持苏联的卫国战争；五十年代后，大批援蒙中国员工来蒙参加建设，该报曾一度由蒙古工会转交中方主办。1964年10月更名为《蒙古消息报》，并由蒙古通讯社主办。该报是继蒙古《真理报》之后，在蒙古出版的第二个刊物，也是蒙古唯一中文报纸。在早期的读者和作者中，不乏中国老一辈革命家。

1979年该报转由蒙古国际印刷厂印刷，由原来的铅印改为照排制版排版印刷。1991年由于种种原因，《蒙古消息报》停刊7年。1998年9月1日，恢复出版《蒙古消息报》中文版。《蒙古消息报》系周报，4开本，每期4版，全年52期，至今已发行4000多期。该报内容主要为宣传蒙古各项政策及蒙古建设成就，对重大国际事件发表评论，介绍蒙古历史、文化、风俗及人民生活情况。

近年来，该报面向在蒙生活、学习和工作的中国读者，报道蒙古、中国及国际新闻。

社长：包勒尔

地址：蒙古乌兰巴托蒙古通讯社

电话：（976-11）25512

电邮：montsame-cn@yahoo.com

土耳其

土耳其之声广播电台华语部

土耳其之声广播电台创办于1981年，其创办宗旨：从各方面介绍土耳其和土耳其人民，宣传土耳其在政治、经济、文化、社会、科技、教育领域及卫生和旅游业取得的进展。通过本台的各综合性节目来促进土耳其与各国间在工业、社会和经济领域的关系，并为打开新市场铺路，加深听众们对土耳其的了解。服务对象为远东地区听众。

华语部主任：MAHMUT FILIZ

地址：TRT Turan Gunes,Bulvan,
Cankaya-An kara-TURKEY

电话：90-312-4904300*4517

传真：90-312-4909845

网址：huayu@trt.net.tr

澳大利亚

大华地产

《大华地产》（周报）创刊于1995年，是大华时代传媒集团旗下报纸，逢周五以对开形式出版，主要为读者提供墨尔本投资资讯。免费赠阅。

地址：Level 8, 167–169 Queen Street
Melbourne, Vic, 3000
网址：www.haoyah.com
电话：03–9640 0566
传真：?03–9600 0699
电邮：new@haoyah.com

大华时代

《大华时代》（周报）创刊于1995年，是大华时代传媒集团旗下一份免费周报，逢周五出对开20版，努力成为华人与澳洲文化沟通的重要纽带，在广大读者的支持下，为弘扬中国文化和民族精神继续奉献，服务澳洲华人社会，成为传播中华文化和艺术交流的桥梁。

地址：Level 8, 167–169 Queen Street,
Melbourne, Vic, 3000
网址：www.haoyah.com
电话：03–9640 0566
传真：03–9600 0699
电邮：new@haoyah.com

大华周末

《大华周末》（周报）创刊于1995年，是大华时代传媒集团旗下报纸，逢周五以对开形式出版，主要提供新闻、美食、生活、旅游等方面的信息，致力于打造墨尔本最赋都市气息的生活娱乐资讯周刊。以“发行量大、信息全、内容新”为主要特色。免费赠阅。

地址：Level 8, 167–169 Queen Street,
Melbourne, Vic, 3000
网址：www.haoyah.com
电话：03–9640 0566
传真：?03–9600 0699
电邮：new@haoyah.com

华厦周报（第e快报）

《华厦周报》（又名第e快报）1994年8月在澳大利亚墨尔本创办，每期发行100版以上，是澳大利亚华夏传媒集团旗下的澳大利亚主要华文周报之一。其主要职能以当地语系化、特色化、资讯化、深度化形成品牌特色，并通过中文媒体全方位发展，起到在海外推动中华文化传播，促进当地华人团体自身发展以及与主流社会的交流作用，致力于推动中、澳两国在经济、文化、贸易的交流合作。

负责人：宋晓蓓
地址：Suite 615, 343 Little Collins Street,
Melbourne, VIC 3000, Australia
网址：www.huaxia.com.au
电话：03–96701818
传真：03–96706868
电邮：info@huaxia.com.au

昆士兰日报

《昆士兰日报》创刊于1997年，是澳大利亚昆士兰地区的一家中文报纸，每周四、六出对开16版，免费发行。主要版面内容包括“中国新闻、移民教育、汽车天地、美食天地、家居生活、旅游天地”等。

地址：186 Mains Rd, Sunnybank Q4109
电话：（07）3344 1680
传真：（07）3345 5558
电邮：info@cqt.com.au

星岛日报（澳洲版）

澳大利亚《星岛日报》（日报）创刊于1982年3月1日，是香港《星岛日报》的分支，在全澳发行。是现今全澳销量最高的华文日报。

版面：主要内容有“澳洲新闻”、“社区新闻”、“中国要闻”、“中国社会”、“香港新闻”、“台湾新闻”、“澳洲财经”、“国际新闻”、“星岛副刊”、“星岛娱乐”、“健康”、“星辰”、“星岛体育”、“沪深、香港、澳大利亚股市行情”等。每周三随报发行《东周刊》，每周六随报发行《星岛周刊》。还设有官方网站，APP以及微信，微博，facebook等社交网官方账号。

业务发展总监：易冠斯

总编辑：黎珞希

地址：澳大利亚悉尼
Suite 1, Level 28, 477 Pitt Street
Haymarket, Sydney NSW 2000,
Australia

网址：www.singtao.com.au

电话：（+61 2）8239 6100

传真：（+61 2）8239 6199

电邮：editorial@singtao.com.au

联合时报

《联合时报》（周报）创刊于2004年9月，由华裔移民主办，其宗旨是架构中西方文化交流的桥梁，建立沟通主流社会与华裔社区的渠道。创刊初4开纸印刷，仅在墨尔本地区发行。2009年1月，《联合时报》全面改版，由原来的免费报纸改为免费和付费双渠道发行，在当地各书报店出售。

《联合时报》由4份报纸组成，包括新闻时事版《联合时报》、专业副刊《联合地产报》、《海外华人报》、《移民留学报》以及《商业分类》等4份周刊。现每期200版，逢周四出版，每期印刷2万份，全维多利亚州发行。

新闻时事版内容涵盖中澳两国社会、经济、文化等方面；并包含有澳洲当地100多位华人作家和该报记者所撰写的当地新闻及原创文章。

《联合时报》共由“澳洲新闻时事”、“澳洲经济”、“华人小区”、“中国要闻”、“新闻背后”、“中国经济”、“深度报道”、“亚洲及世界要闻”、“留学生涯”、“移民故事”等内容所组成，另辟有图片新闻版面和专栏等。

《联合时报》每周为读者提供的原创文学作品及政治评论、经济分析、杂文等，成为华人小区、新移民及留学生的重要的精神食粮，并被主流社会所重视。该集团建立了自己的新媒体：企鹅新闻网、澳洲联合网和《联合时报》微信微博平台。

董事长：单宝明

社长：王立

地址：澳大利亚墨尔本
147 Rattray Road Montmorency
VIC 3094 Australia

企鹅新闻网：qienews.com

澳洲联合网：www.unitedtimes.com.au

电话：（61 3）94398666

电邮：media@unitedtimes.com.au

新时代报

《新时代报》是由华人新移民于2000年10月在悉尼创办的一家收费周报，由信报、新时代报有限公司联合出版，4开48至60版，逢周五在全澳发行。版面内容以新闻、生活、娱乐、科技为主。

地址：61/650 George St, Sydney
PO Box K1168 Haymarket NSW 2000

网址：www.acnw.com.au

电话：（02）9262 7900

传真：（02）9262 7755

电邮：acnwco@gmail.com
media@unitedtimes.com.au

澳大利亚时报

《澳大利亚时报》于1998年10月1日由“华网传媒集团”创办，分为西澳版和黄金海岸版。西澳版每周周三发行，黄金海岸版隔周周四发行。《澳大利亚时报》发行量为每期12000份，每期48–52版，均为彩色版，内容包括“澳大利亚新闻”、“华人社区新闻”、“移民教育”、“中国及国际新闻”、“社会百态”、“健康生活”、“超级娱乐”、“文友会园地”、“体育”、“美食街”、“车行万里”、“摄影”、“旅游”等栏目。

《澳大利亚时报》还创办有“时报周末”杂志及《华语商业指南》年刊，每周发行10000册。

《澳大利亚时报》官方网站“澳奇网”创建于1999年，是澳大利亚最早的华语网站之一，其电子版已完整上网。由《澳大利亚时报》创办的“iPlab同城网”是澳大利亚唯一人对人和人对企业的中英双语交易平台。

《澳大利亚时报》微信平台“西澳料姐”、“昆士兰料姐”和“野趣斋乱弹录”，订阅人数超过50000人。脸书和推特平台，订阅人数稳步增长。

2018年，“华网传媒集团”上线网上电视“微野电视”，从微观角度，展现宏大视野，收视率持续升高。

2011年《澳大利亚时报》购买了列入《文化遗产名录》建于1896年距今已有119年历史的老邮局作为报社新址，受到主流媒体和华人社区的关注。

“华网传媒”董事长、社长：张野

首席执行官：张鉴开

地址：澳大利亚珀斯115 Brisbane Street,
Perth, WA 6000, Australia

网址：www.actimes.com.au
www.iplabcls.com

电话：（61 8）9227 0908
（61 8）9227 0910

传真：（61 8）9227 9071

电邮：marketing@actimes.com.au;
act@actimes.com.au

澳大利亚移民镜报

《澳大利亚移民镜报》（周报）于2003年1月23日创刊发行。逢周五出版4开64版。该报是澳大利亚昆士兰州第一份由中国大陆新移民独资创办的华文周报。《澳大利亚移民镜报》是镜报传媒集团的旗舰媒体。

镜报创刊辞中写道：我们以“镜”为名，因为她可展示万物所有，折射世间百态；她清明而公正，坦然又无惧。手拿一份镜报，你既可观照自己，又可观赏世界；是为“读移民镜报，知天下文章”。内容包括澳大利亚新闻、国际新闻及华人信息等。

移民镜报从创刊初期的28个版面，4个彩版，不到一年时间就已扩展到64个以上版面，42个彩版，在创刊半年内成为昆士兰州发行量最大的华文报纸。

社长、总编辑：吴迪

地址：2 Oakleaf Street,Eight Mile Plains,
QLD 4113 P.O.Box 6598, Upper Mt.
Gravatt, QLD 4122

电话：07 3194 2718

传真：07 3194 2718

电邮：ads@mirrornews.com.au

澳大利亚新市场报

《澳大利亚新市场报》（周报）2004年创刊于澳大利亚悉尼，每周五印制发行。该报是澳大利亚（主要是悉尼）的华侨华人及不同民族文化背景的商家客户，事业发展的推广平台。除了为商家客户推介其商业信息以外，还涵盖政治、经济、文化、教育留学、卫生健康、娱乐消闲等广泛的内容。目前已经成为澳大利亚悉尼名列前茅的华文周报，而近几年来网络版的建立，使其影响力进一步扩大。

社长：司徒伟平

总编辑：任传功

地址：1 Nepean Place, Sylvania Waters,
NSW 2141

网址：www.newchinesemarketingweekly.com.au

电话：（61-2）9538 4130

电邮：marketingweekly@tpg.com.au

澳华时报

《澳华时报》（周报）是澳华国际传媒集团下辖的一份报纸，也是昆士兰州唯一中文简体字报纸。该报每周五出版，每期76-80个版面。它以独特的版面设计，丰富的社会资讯服务于华人社区，成为受欢迎的华文报纸。《澳华时报》是在当地华文报刊中具有一定影响，并作为中国南航布里斯班——北京国际航班上的读物。另有澳华国际传媒集团所辖的《澳华地产报》与《澳华时报》同步发行。

董事长：刘秀华

地址：25 Donkin Street, South Brisbane,
Qld 4101,Australia

网址：www.vacradio.com.au;
weibo.com/vacmedia

电话：07 38443720

传真：07 37116288

电邮：vac@vacradio.com.au

澳洲日报

《澳洲日报》是澳洲华人社区的新闻资讯类报纸。每周发行5天，报纸内容涵盖澳洲国内外政治时事，商业分析，财经见解，加上评论，体育，娱乐等多元化新闻资讯。该报坚守新闻底线，力求把高品位、真实、有深度的新闻，在第一时间传达给读者。

以广泛的新闻覆盖，深度的观察思考，丰富的文化底蕴和精美的制作品质，吸引了广大读者，《澳洲日报》已经成了澳洲地区影响较大、读者较信赖的重要新闻报纸。

执行董事：黄文琦

总经理：郭凡

地址：澳大利亚悉尼
83–85 FOVEAUX ST., SURRY
HILLS N.S.W. 2010 AUSTRALIA.

网址：www.1688.com.au

电话：(61–2) 9281 2988

微信：help_1688

电邮：info@ausdaily.con.au

澳洲讯报

《澳洲讯报》（周刊）于1997年7月1日创刊，主要服务华人社群，旨在促进澳中文化、贸易、经济交流。目前，《澳洲讯报》已发展成为报业传媒，互联网、智能手机的传媒资讯平台。《澳洲讯报》业务范围包括编辑发行《澳洲讯报》及《OH一周》网站，美术设计创作及承印各类海报、广告、年刊等。创刊以来《澳洲讯报》多次获奖，包括维省多元文化贡献奖和墨尔本市市长颁发的社区贡献奖等。

2003年获维多利亚省政府邀请，参加由省政府主办的多元文化媒体展览，向省内多个政府部门介绍多个族裔传媒，《澳洲讯报》是少数获邀单位之一。

《澳洲讯报》集团近年来主办和协办多项公开活动，包括澳洲首创的才艺金曲大赛、振灾、 慈善活动、澳中国庆、中国农历新年庆典、大型体育活动等。

董事、总经理：徐启成

总编：梁明思

地址：Asian Multimedia (澳洲讯报) Unit 4,
19 Ellingworth Parade,
Box Hill VIC 3128 Australia

网址：www.asian–multimedia.com.au

电话：(613) 9897 3633，(61) 418 882 202
0403 716 203

电邮：amm818i@gmail.com

澳洲环球商报

《澳洲环球商报》（周报）创刊于2008年8月1日，是西澳州唯一的中英文双语报纸。其创办宗旨是办一份年轻、有活力、以服务为主、商业利益为次的报纸。目的是让澳大利亚人更了解亚洲和亚裔社区，让亚洲人更深入澳大利亚主流社会，沟通东西、搭桥对话。该报每周出版40版左右。中文部分有“澳洲”、“中国大陆”、“港澳台”、“马来西亚”、“东南亚”及“国际”等新闻版，还有“财经”、“文学”、“教育”、“移民”、“娱乐”、“赛版”、“商业”和“分类广告”等版。英文部分有当地“亚裔社区新闻”、“中国新闻”、“中国经济新闻”、“马来西亚、亚洲新闻”等版。

该报坚持每周2至3个文学版和1个中文学校学生作品版，虽没有广告收入，但却起到传播中华文化、激励中文教育的作用。

社长：陈和水

地址：Suite 3,1 Forbes Road, North
bridge,WA 6003

电话：618 9227 9928

传真：618 9927 9929

电邮：richardwclan@cometoaustralia.com.au

澳洲侨报

《澳洲侨报》（周报）创刊于2000年3月1日，逢周三出版。办报的宗旨为：“致力提供广大读者最新、最全面信息”、“帮助华人与澳洲政府进行必要的沟通”、“促进中澳两国经济文化的沟通发展”等。

该报每期出对开纸32版。主要内容有“澳洲新闻”、“中国新闻”、“世界新闻”、

"纵深报道"、"热点回顾"、"新闻实录"、"历史风云"、"社区消息"、"小说连载"、"旅游世界"、"娱乐快递"、"每周电视"、"健康养生"、"轻松英语"、"教育移民"、"星座趣谈"、"金融广场"、"饮食天地"、"分类推介"等。

社长：金凯平

地址：澳大利亚墨尔本Level 5, La Trobe St. Melbourne 3000, Australia

网址：www.21ccn.com.au

电话：（61 3）9663 6200

传真：（61 3）9639 0857

澳洲移民报

《澳洲移民报》（月刊）于2006 年1月 26日在西澳首府珀斯始创，是澳洲第一份以华文和英文两种文字刊载留学、移民及相关法律知识的月刊。中文版面，主要介绍移民政策、留学教育、海外生活、金融理财、就业指导、澳洲本地政策变化、政客天地（西澳议员版面）；英文版面重点推介中国文化、医药、家庭婚姻、美食、旅游等；并为完成学业的学生在澳洲就业、申请永居(绿卡)提供相关的的政策法律和就业信息；为国内投资者移民澳洲提供移民、商业、房地产、其它实业项目信息等。

社长：陈莉莉

总编：王妍

地址：26/8 James Street, Perth, WA 6000, Australia

网址：www.LCAA.net.au

电话：+61 8 9221 8095 +61 8 9221 8077

传真：+61 8 9221 8096

邮箱：amt@LCAA.net.au

澳洲新快报

《澳洲新快报》（日报）由澳洲新快传媒集团创办于2004年，是澳大利亚第一份简体中文日报，拥有一支跨中澳两地的专业采编译队伍，强调新闻与资讯的实用性，旨在为澳洲华人提供全方位资讯。

从创办第一份报纸到如今的"一报两刊"精品线下平台与多媒体综合线上渠道，与时俱进、创新求快一直是该报的追求。

澳洲新快报周一到周五每天32版，周末48版，针对中澳两地，按内容可分为6大版块：要闻/时政版块、经济版块、社区版块、深度版块、文体版块。

针对不同人群，该报发行了两本免费杂志《财富一周》及《生活月刊》，随周末报纸附送并在悉尼有多个免费派发点。

《财富一周》逢周四发行，囊括澳洲本地财经事件、澳股信息和房产信息。不仅邀请专家给予专业意见，也分享普通民众的理财心得。

《生活月刊》每月第二个周六出版，致力于发掘适合澳洲华人的文化生活话题，探索其对于生活的思考理念及追求，展现多姿多彩的个性化生活。

总编辑：王进昌

地址：Level 2,2 Help Street Chatswood West NSW Australia 2067

电话：（61-2）9280 2283 8079 0216

传真：（61-2）9280 3835

网址：www.xkb.com.au

澳洲新报

《澳洲新报》（日报）1987年3月19日创刊，原为《香港新报》澳洲版，现为一家独立核算经营的报纸，在全澳发行。该报随周末版附送两本周刊。《澳洲新报周刊》开创澳大利亚华文日报周末送周刊的先河。

《澳洲新报》在澳大利亚华文报刊界率先采用横排版面。每周一至周五出对开纸6至8张，即24至32版；周六、日合刊，出对开张13 至15 张，即52 至 60 版。主要内容有"澳洲新闻"、"华人动态"、"中国新闻"、"香港新闻"、"台湾新闻"、"体育新闻"、"娱乐新闻"、"汽车新闻"、"地产新闻"、"中国经贸"、"中国股市"、"香港股市"、"澳大利亚股市"、"财经新闻"、"国际新闻"和"副刊"等。

澳洲新报不断创新，增加文化论坛版。澳洲总理，多位部长议员，中国驻澳洲大使，中国驻悉尼总领事曾向该报论坛版投稿，读者议事论政投稿也甚勇跃。

《澳洲新报》2018年推出全新的新闻网

页，每天更新新闻内容，抢先报道最新的澳洲及中国大陆、香港、台湾新闻，甚受读者欢迎。网页内容包括新闻、论坛、财经、地产、华人动态、教育、旅游等。

社长：罗晞荥

总编辑：唐德荣

地址：327–331 Sussex St. Sydney NSW. 2000 Australia .

网址：acd.com.au

电话：(61 2) 9261 3033

传真：(61 2) 9261 3525

电邮：editorial @aucd.com.au

墨尔本日报

《墨尔本日报》以服务墨尔本地区华人为主，面向维多利亚州发行。

该报每周出版5天，周一至周五每天出对开纸8张32版；周六、日联合出报，期出对开纸约13张48版。每周五同时出版《澳华地产》、《墨尔本日报周末版》。主要内容有："澳洲新闻"、"墨尔本新闻"、"墨尔本华人动态"、"国际新闻"、"财经新闻"和"影视娱乐"等。

社长：黄旭

董事长：黄丰裕

地址：300 WELLINGTON ST. COLLINGWOOD , VIC 3066 AUSTRALIA .

网址：www.1688.com.au

电话：（61 3）9416 3838

传真：（61 3）9416 2079

电邮：info@meldaily.com.au

ACT时代月刊

《ACT时代》月刊，于2019年6月创刊，属澳大利亚华网传媒ACT Media（澳大利亚时报）旗下拥有，是澳大利亚一份高端中文杂志，以全新的视角，为促进华社发展、促进澳中经济文化交流搭建平台。

地址：P.O. Box 628，North Perth Western Australia 6906

电话：+61 8 92270908

电邮：marketing@actimes.com.au

光明画报

《光明画报》创刊于2012年，是全澳大利亚唯一全彩色、对开、高质量印刷的纪实性大型画册报刊，以镜头全景记录澳中重大事件和悉尼侨界重要活动。

《光明画报》由澳大利亚摄影师姜长庚摄影、编辑、出版，至今已连续4年出版发行该画报的年度典藏版画册。《光明画报典藏版画册》秉承服务华人社区、记录历史时刻、展现华人风采的创刊精神，用镜头记录过去一年里澳大利亚所发生的重大新闻和悉尼华社众多的社团活动，多年来赢得社会广泛好评和各界支持。

该刊的创办人姜长庚是澳大利亚著名华裔摄影师，曾荣获"中国摄影30年荣誉奖章"和"第三届国际龙文化金奖"。2014至2016年连续3年荣获"郎静山摄影艺术奖"慈善摄影大赛金像奖。

创办人：姜长庚

地址：2/17 Lansdowne Street,Merrylands NSW 2160

电话：（02）97601681

手机：0404082828

电邮：tomjiang66@gmail.com

塔州华人

《塔州华人》（月刊）创刊于2009年7月。是澳大利亚塔斯马尼亚州（澳洲大陆南部唯一的一个海岛州）的唯一中文报刊，初创时得到塔州政府的基金支持。其创办的宗旨是：为塔州的华人社区建立一个交流信息，互相帮助，以及传播中国文化的平台。

《塔州华人》以塔州华人的文化、经济及社区各种活动信息为主要报道内容，栏目包括"塔州新闻"、"塔省华讯"、"澳洲新闻"、"移民故事"、"人物专访"、"服务台"、"留学和移民"、"字谜娱乐"、"健康生活"、"图片塔州"、"华社图片"、"专栏"、"广告"。

该刊为大A4开本，共16页，8页彩色，8页黑白。《塔州华人》网站是《塔州华人》月报的扩展，以弥补印刷刊物时效，扩大容量。

网站含“塔州论坛”，读者可以随时发送信息。

塔州的主要华人团体文华会、塔省华人联谊会、朗塞华人会、塔省中文教师协会、塔州澳中友好协会等都为该报会员，常年订阅《塔州华人》。该刊还为各个华人社团设立专版，以供社团发布活动信息。《塔州华人》在塔州有10个销售站点，塔州各大图书馆均有订阅。

社长、总编辑：唐咏北

副总编：金哲

塔州华人网总编：陈育敏

总编室主任：赵振超

地址：6 Sawyer Ave, West Moonah Tas. 7009 Australia

网址：www.tascn.com.au

邮寄地址：PO Box 779 Monah Tas. 7009 Australia

电话、传真：（61–3）6278 3630
（61–3）0401 133 263

电邮：tascn@hotmail.com
yongbei@tascn.com.au

澳大利亚华人年鉴

《澳大利亚华人年鉴》是海外华人世界第一部记载一个国家（澳大利亚）少数民族（华人族群）的编年体“史”书。《澳大利亚华人年鉴》全书分“图辑、澳大利亚概貌、大事要闻、特辑、澳大利亚华人、澳中关系、居澳指南、附录”8个类目。至今共出版2013、2014、2015共3卷。

《澳大利亚华人年鉴》每册约600个页码、近70万字、数百幅图片、数千个词条，涉及全澳近3000个人物和社团、机构、组织，涵盖澳华社区年度重大事件和活动，并追溯记载了近200年来的澳大利亚华人史。

《澳大利亚华人年鉴》的编辑宗旨是：记载华人历史、彰显华人荣耀。以严肃、认真的编辑态度；真实、准确的资讯内容；高端、精美的内外装帧，为澳大利亚、中国（祖籍国）及全球华人提供了解、研究澳大利业华人的基本资料，服务当代，启惠后人。

主编、总策划：冯小洋

地址：5 Kane Place Casula NSW Australia

网址：www.chineseyearbook.org.au

电话：0061–2–9602 9124

电邮：auchineseyearbook@gmail.com

澳中商圈

澳中《商圈》隶属于澳大利亚彼岸国际集团，成为中澳企业家第一服务平台，提供市场策划、企业培训和投资咨询3大业务。

《商圈》拥有杂志Magazine、微信Wechat、网站Website、邮件简报Newsletter和领英Linkedin，线下活动Event、短视频Video、系列图书Books等产品。以中英双语的形式，对准中澳两国愿意相互投资合作的高端精英群体。

《商圈》杂志为彩色铜版月刊，132页，澳洲本土独家原创，高端设计，全澳发行；以中文发布澳洲主流信息，让中国投资人群认识澳洲；用英文传递中国权威资讯，使澳洲主流社会了解中国。由“财富”、“时尚”、“品味”、“China Outlook望眼中国”4大板块组成。

总裁：王雨萌

电话：61–403494267

地址：632/ 1 Queens Rd Melbourne 3004

电邮：karen@business–circle.com.au。

澳洲财富

《澳洲财富》（杂志）创刊于2010年8月杂志旨在促进中澳贸易、经济、文化交流为中澳两国文化交流搭建平台促进旅居澳大利亚的华人进一步融入当地主流社会。杂志专注于地产、投资、移民、生活资讯、提供及时的财经信息以及专业的地产知识、投资分析、房地产市场动态与趋势。帮助新移民快速准确地了解并掌握澳大利亚当地的文化与法规。

《澳洲财富》也参与并协助举办各种中澳文化交流活动，并宣传报道华人移民如何在澳洲奋斗拼搏的励志和感人故事，加深中澳两国人民的友好关系，并了解华人对世界和平的渴望，让华人群体更多地在当地受到尊重。

《澳洲财富》秉承着为澳大利亚华人提供实用性资讯的同时，也让澳大利亚华人找到归属感与文化认同感。主要栏目包括“财经”“地产”“移民”“投资”“社团活动”“人物专访”“移民生活”。该刊为A4开

本，48页，全彩色，月刊。

社长：郑少华

电邮：mandy@mandylee.com.au

总编：李伯坚

电邮：bruce@mandylee.com.au

地址：965 Whitehorse Road, Box Hill, VIC 3128, Australia.

电话：+(61)398989000

传真：+(61)398988777

LMG传媒集团

LMG传媒集团创办于2012年7月。作为拥有自有新媒体平台的整合传媒集团，LMG一直致力于为墨尔本乃至全澳华人提供及时新鲜全面的资讯。旗下两个微信公众号平台以及3个微博账号、一个线下俱乐部和门户网站总体覆盖到50万澳洲粉丝。

微信公众号墨尔本微生活，20万粉丝，全澳影响力前三，关注墨尔本大小事，提供华人关心的民生资讯，每天8条推送，一年365天不间断。

微信公众号墨尔本吃喝玩乐，5万粉丝，全墨影响力前五，关注墨尔本生活旅游折扣美食等休闲类资讯，每天4条推送，一年365天不间断。

微博账号@墨尔本微生活、@无忧澳洲、@珀斯微生活，共计25万粉丝，同样提供新鲜全面的民生资讯，随时更新。

线下俱乐部WeClub，定期举行与墨尔本华人相关的主题活动，以及拥有墨尔本最大的线上票务平台。

门户网站微生活（welife.com.au），主打新闻资讯、留学租房等生活服务。

总经理：廉晓磊

地址：Level 2，253 Lonsdale Street，Melbourne VIC 3000

网址：www.lionmedia.com.au

电话：+61 3 96638813

电邮：leo.lian@lionmedia.com.au

魅力中国IPTV 平台

“魅力中国IPTV”于2008年5月开始运营，是中国国家广播电视总局推荐的唯一运营海外IPTV 平台及其它互联网增值业务的新媒体,在中国北京、中国长沙、美国达拉斯和洛杉矶、加拿大多伦多及温哥华、意大利米兰、德国科隆、奥地利维也纳、罗马尼亚布加勒斯特、日本东京等地都设有分公司。2009年9月18日，澳星国际传媒集团与汉雅星空文化科技有限公司正式签约，成为“魅力中国IPTV”的澳新地区独家战略合作伙伴及总代理。

汉雅星空的“魅力中国IPTV”，是全球较先进的IPTV 播放平台，澳星传媒集团本着传承中华文化、服务华侨华人的宗旨，面向海外华人受众播放中国影视节目，近50 条国内优秀电视频道和自办电视频道,总长超过 2 万小时的高质影视节目,16000 首音乐节目，以及各类增值业务，组成了魅力中国IPTV 的大型传播平台，全面介绍中国的文化、政治、经济在各方面的传承、发展和改革开放取得的伟大成就,向世界展现一个开放的、进步的、发展的和热爱和平的中国。同时也充分考虑到海外华人的实际生活需要，为他们提供VOIP、卡拉OK、家庭银行等增值服务。

总经理：姜兆庆

地址：Level 4,158 City Road, Southbank,VIC 3006

电话： 03 9608 8288

传真： 03 9608 8200

电邮：info@ostar-media.com.au

时代传媒

时代传媒成立于2007年，是南澳具影响力的中文媒体之一。公司旗下经营两个主要平台，分别为周刊《时代周报》、《时代地产报》和微信公众号“今日阿德莱德”。

时代传媒一直致力于为华人提供当地新闻资讯，传播中华文化，帮助在澳生活、学习的华人群体更快、更好地融入到当地社会中。时代传媒也提供各类与南澳移民、教育、生活息息相关的新闻和资讯，努力为在南澳的华人群体提供更多元、更丰富的当地资源，为企业开拓华人社群市场。时代传媒坚持在企业与受众之间搭建信息桥梁，实现互利共赢，促进华人社区的发展与繁荣。

《时代周报》/《时代地产报》每周五发行，发行量3000份。微信公众号“今日阿德

莱德”粉丝数量超过26000人（截止2019年3月数据），每周一至周六发布6天，总计44条新闻、资讯、广告。

主要负责人：曹伟

地址：Suite C 105 Gouger Street, Adelaide, South Australia, 5000

网址：www.iAge.com.au

电话：+61 8212 8008

电邮：wayne.chao@iage.com.au

account@iage.com.au

腾飞澳洲华人通讯社

腾飞澳洲华人通讯社创办于2009年，是澳大利亚一家专为华文媒体供稿服务的公益性华文全媒体通讯社，已成为澳洲乃至全球其他地区华文媒体的纽带和桥梁，其提供的原创新闻受到海外华文媒体的欢迎。

该通讯社由华侨腾飞先生创办并任主撰稿人，每周发稿至包括墨尔本、悉尼、布里斯、阿德兰德等地及加拿大、欧、美等国的中文报刊，电台、网站及华人华文媒体。截至目前，已为全球近百家华文媒体提供消息、通讯、图片等新闻稿近3000篇。

该社依托广泛的社会渠道和脉络，免费提供澳洲政府、侨社各界资讯，促进澳中经贸文化交流。

社长：腾飞

微博：www.tengfeimedia.net

微信：tengfei90113

电话：0061 3 94860762

手机：0061 430 828 330

电邮：tengfei601@163.com

聚澳国际传媒集团

聚澳国际传媒集团(简称聚澳传媒AFMG)是澳大利亚一家整合型多媒体营销传播平台，总部设在墨尔本，为各组织及企业提供一站式的中澳市场落地服务。旗下拥有澳世雅品营销咨询有限公司、澳世雅品数字科技公司、中澳商业精英俱乐部、羚羊影业，旗下品牌包括聚澳传媒、聚澳电视、学姐说、AusfocusGlobal等媒体品牌，2018年还建立了自己的聚澳活动中心和聚澳商盟。聚澳传媒已经成为澳洲新媒体中的领军品牌。聚澳传媒也是首家在墨尔本国际机场刊登广告的华人媒体。

聚澳传媒专注于对手机、网络等终端媒体和社交媒体的开发、应用及传播。旗下拥有微信、微博、网站、电子报、APP、facebook、视频等自媒体平台。

到目前为止，聚澳传媒承办了近200场活动，每年出席报道近300场活动，已经成为澳洲活动发布、报名、报道、承办的第一活动平台。

总裁：秦凌

地址：Level2，14—16ProspectStreet，

BOxHill 3208

电话：61—433022618

电邮：laura. qin@aoya. net. au

澳大利亚华厦传媒集团

澳大利亚华厦传媒集团于1994年8月在澳大利亚墨尔本创办，旗下包括报纸、杂志、广播电台、电视台、传媒集团、网络等，通过全方位华文媒体发展，促进当地华人社团自身发展并加速融入主流社会，推动中、澳两国在经济、文化、贸易方面的交流和发展。

华厦集团旗下媒体有：

一、华厦报业：《华厦周报》、《华厦商报》、《华厦地产》、《新移民》、《衣食住行》、《第e快报》、《中国时代》英文专刊。

免费报纸，每周2.3万份发送到超过200个墨尔本的华人超市和饭店，内容涵盖受人关注的话题，如：澳洲生活，小区文化，安居乐业，时尚财经，娱乐文化，体育旅游和汽车金融等。

二、澳洲华语电视台

1). 华语电视台（31频道）

2005年6月，澳洲华语电视台正式成立，成为集团旗下又一旗舰媒体，澳洲华语电视台是唯一在维多利亚31频道播出的华语商业电视台。主要播出来自中国的节目有“中国河南”、“魅力安徽”、“话说天津”、“发现浙江”、“魅力深圳”、“今日广东”、“聆听日照”等节目。

2). 华厦公众电视平台

华厦公众电视平台是围绕都市主流消费人群的生活轨迹，打造的华人电视联播平台。华厦公众电视平台已经进入百家华人热门餐厅及超市，

主要分布在墨尔本各商业密集区及华人聚集区。

3、全澳华语广播电台

全澳华语广播电台于2011年3月8日正式24小时播出，已经开启网络频道在线收听，陆续在堪培拉、布里斯班、悉尼、墨尔本、阿德雷德、佩斯开播。现在开播有堪培拉《华厦之声》电台AM1647，布里斯班《华厦之声》电台AM1638。2014年3月8日，华厦之声AM1629（墨尔本）正式开通，成为24小时不间断、每周7天的开路中波频道。目前媒体自办节目已达到9小时。与中国国内合作项目有“安徽之声”、“魅力浙江”、“聆听日照”、“青岛之声”等。

4、华厦官方网站及新增的数字媒体。主要包括：墨市华厦微信公众号，澳洲华厦传媒APP、YouTube和Tace book华厦传媒官方频道。每年新媒体阅读量达130万人次。

董事长：项翔

澳洲地址：E3,350 Ingles Street
Port Melbourne VIC 3207 Australia

网址：www.huaxia.com.au
www.huaxia.net.au

电话：00613—9681 7999

传真：0551—5693265

电邮：info@huaxia.com.au

澳大利亚报业集团

澳大利亚报业集团是以传统纸质媒体为基础，以新互联网媒体为发展方向的多元化传媒公司。集团主营业务目前涵盖传统媒体、新媒体、文艺演出团体等4大块。集团目前拥有中英双语出版发行的纸媒《澳大利亚新报》，以及包括地产杂志《置业南澳》、《南澳大利亚游客指南》、微信公众平台“新阿德莱德”、“堪培拉新资讯”、“新悉尼”、“新墨尔本”等资讯网站、阿德莱德中文电台等在内的平台与产品。另还设有澳大利亚华文媒体协会、澳大利亚报业集团记者站、澳大利亚艺术团。

《阿德莱德新报》（周刊）创刊于2008年，于2015年从一份小报改版为大报。目前，《阿德莱德新报》与《澳大利亚新报》合并发行，报纸常规内容拥有24个版面，包括“本地、澳洲、国际、中国、财富以及地产”等。专题版面数超过30版。

澳大利亚报业集团于2016年4月成立了阿德莱德中文电台，并开设了新闻、访谈与情感类节目3大板块。“德莱德新播报”栏目成为了收听率稳定的新闻资讯类节目，并将节目数字化，在各个平台广为播放。

澳大利亚报业集团总部位于澳大利亚南澳州阿德莱德，在澳大利亚首都堪培拉、悉尼、墨尔本设有分社。

董事局主席：刘聿

地址：39/91 King William Street., Adelaide, SA, Australia, 5000

电话：+61 8 7129 8223

电邮：acn@adenews.com.au

澳大利亚时代报业集团

澳大利亚时代报业集团成立于1995年，是澳大利亚较大的华文媒体。主要致力于向悉尼和墨尔本两地的华人及华人社团提供最全面最丰富的当地信息。

时代周报集团旗下共7份报纸：《时代周报》、《墨尔本地产》、《吃喝玩乐》、《教育移民》、《汽车一周刊》、《雪梨周报》、《雪梨地产》，为读者提供综合便捷的生活信息，为商家提供潜在的商机。

地址：Level 9, 180 Russell Street,
Melbourne VIC 3000

电话：+61 3 9663 3011

电邮：info.mel@firstmediaaustralia.com

澳大利亚南海文化传媒集团

澳大利亚南海文化传媒集团（简称南海传媒）于2011年在悉尼成立，是澳洲具影响力的华语全媒体机构及澳中高端文化交流活动平台之一。旗下拥有平面媒体、网络媒体、微信平台、网络视频平台和“亚洲艺术空间”当代艺术中心，以及活动策划、设计和制作团队。《城市周刊CITYWEEKLY》、《乐城CITYWALKER》月刊；“微悉尼WeSydney”微信公众号及同名生活资讯门户网站上线；2015年，推出以美食和旅游类节目“东奔西跑”及华人纪录片“异乡人”为主打的“雪梨视频”品牌；2019年出版发行面向澳洲精英华人群体的杂志《CMagazine尚城》等是该集团

的主打产品。

澳中文化交流活动是公司主要业务之一，已连续数年在悉尼成功举办了“文化中国·四海同春”大型演出和“中华文化大乐园——优秀才艺学生访问期间团”访澳演出活动；还举办了多次高端摄影生态作品展览及京剧专场演出等大型文化交流活动；自2015年以来，连续5年与澳大利亚华贸会合作承办了悉尼中国新年灯会，在澳洲主流社会各界引发强烈反响。

立足华人社区，融入主流社会是公司发展的一个基本策略。2013年，公司与澳大利亚新闻传媒集团名下的NewsLifeMedia签署合作协议书，在澳洲的中文媒体市场上展开强强合作，推出《Vogue》、《Viving》、《Cosmetic》等一系列国际知名刊物的澳洲中文版；澳大利亚国家航空公司Qantas也委托该公司出版和发行其中文杂志；公司与中国新闻社海外中心是多年合作伙伴，与澳洲地方政府和中国驻澳商业及媒体机构有着良好的互动。

董事长、总裁：李冰

地址：Level 4, 541-543 Kent Street, Sydney 2000 NSW

电话：+61 2 9267 6568

传真：+61 2 9267 6564

电邮：bing.li@nanhaimedia.com
info@nanhaimedia.com

澳大利亚澳华国际传媒集团

澳大利亚澳华国际传媒集团总部设在澳大利亚昆士兰州首府布里斯班市，目前旗下拥有中、英文广播电台、中文报纸、网站、新媒体、电视和文化交流公司，是当地唯一拥有多种传播手段的媒体公司。澳华传媒集团的宗旨是：传播中华文化、促进澳华交流，反映华人意愿、服务华人生活，倡导多元文化、书写历史篇章。

澳华之声中文广播台是昆士兰州当地的唯一全天播出华语节目的广播电台，于2008年9月26日正式开播。使用中波频率，每天24小时，每周7天播音，服务居住在大布里斯本地区的约20万华人听众。同时通过网络www.VACradio.com.au和手机应用软件实时直播全部节目。

《澳华时报》是昆士兰州唯一一家中文简体字周报，每周五出版，每期60—80个版面。报纸除在当地出版发行之外，还被各大学、州和国家图书馆收藏，是中国南航（布里斯班—广州/北京）、中国东航（布里斯班—上海）国际航班的机上读物。

澳华网是澳华国际传媒的官方网站，用中、英文介绍澳华传媒的广播、电视节目、新闻与资讯，并设有供听众和读者互动的微博。

澳华传媒（新媒体）在微博、Facebook和微信等社交媒体开有专门频道（公众号），发布消息并与听众、读者和观众实时互动。

董事长：刘秀华

总经理：陆一平

地址：Level 5, 189 Grey Street, South Brisbane, Qld 4101, Australia
澳大利亚昆士兰州布里斯班市

网址：www.vacradio.com.au

电话：61 7 3711 6188? / 0405 661 328

电邮：vac@vacradio.com.au
d.lu@vacradio.com.au

澳中文传社

澳中文传社2006年6月6日在悉尼成立，简称“澳中文传”，秉持传播澳、中两国之间的文化交流为己任，弘扬中华文化传递海外侨社声音，讲好澳、中故事增进国际间的相互信任，促进构筑和谐侨社的发展，以做“中华文化使者”为追求的公益性传播机构。

AUST333注重人文情怀题材的文宣内容，涵盖公益、科技、社区文化、历史、艺术、医疗健康、宗教资讯等网友关注的热点，平均每天发布一篇原创或注明转载的可读性具有正能量的报道，并一一推送分享到本地270多个社交群体。

社长：王睿（Rui Wang）

地址：9 / 65 Woniora Road, Hurstville NSW 2220

电话：+61432711149

澳中传媒集团

澳中传媒集团创立于1995年，以弘扬中华文化，增进澳中文化产业交流为己任，是一家能提供多领域服务，包括澳中两国活动策划、

新闻发布、文艺表演、出版、发行等服务的集团公司。

集团下设：澳中网公众平台、《澳中周末报》、地产文化产业项目。

2009年8月出版《同一个世界·同一个梦想》庆祝北京2008年奥运会残运会珍藏画册。2011年9月出版发行了澳大利亚华侨华人纪念上海世博会珍藏画册《城市，让生活更美好》。

集团总裁、社长：施明星

地址：PO Box 218 Beverly Hills NSW 2209

电话：（61–2）9596 2122

电邮：smp88@optusnet.com.au

澳视传媒集团

澳视传媒集团是悉尼首家拥有跨平台网络传媒、各类图文资讯、音频视频媒体以及以公关策划、市场行销为一体的华语传媒公司，致力于中国精品文化项目的海外推广。澳视传媒旗下包括专业制作公司澳洲视觉，华文资讯平台澳视网&澳视特刊以及非盈利社团联盟澳视文化中心3大机构。

"澳洲视觉"是澳视传媒集团旗下全资子公司，可为各类商业演出、庆典活动提供影音声效规划制作及影视后期技术支持，也是澳大利亚首家具备全方位多媒体制作中心的华语机构。

董事长：索奋起

运营总监：索江

地址：802/370 Pitt St Sydney NSW
Australia2000

网址：www.ovideo.com.au

电话：+61 2 92676811 +61478866999

传真：+61 2 85690653

澳洲大洋传媒集团

澳洲大洋传媒集团是总部位于墨尔本的华文媒体集团，成立于1993年，旗下拥有《大洋日报》、《大洋时报》以及《大洋周末》、《大洋地产》、《大洋商业》和《分类邮报》等4份周刊、网站（澳洲网www.au123.com）及微信公众号、微博、APP、Youtue视频等丰富的新媒体传播平台。大洋传媒的澳洲原创新闻和文学作品深受澳洲华人喜欢。

大洋传媒的日报和周报为中澳之间的直航航线上的上机读物；大洋传媒旗下的报纸更是澳洲除英语外进入主流超市的唯一其它语种纸质媒体。

旗下微信公众号已经成为澳洲原创类微信公众号的代表之一，集团已经形成了微信、微博、APP、视频等新媒体矩阵，在澳洲华人中的影响力不断增强。

大洋传媒集团还出版《墨尔本华人的故事》、《居留岁月》等纪录华人在澳生存发展的大型图书，受到了澳中两国相关部门和民众的欢迎。

社长：冯团彬

总编辑：Peter Yu

地址：澳大利亚墨尔本
2/125 Adderley Street, West
Melbourne, VIC 3003

电话：+61 3 93266466

传真：+61 3 93267499

电邮：Daily @au123.com
weekly@au123.com
web@au123.com

澳洲新快传媒集团

澳洲新快传媒集团于2017年3月22日成立，该集团成立的初衷是：为华人和澳洲社会服务，搭建澳中两国交流桥梁。其目标是做澳大利亚最有影响的华文媒体。力争打造一个在全球范围具有影响力的现代全媒体集团。

澳洲新快传媒集团旗下《澳洲新快报》成立于2004年，是澳洲第一家中文简体日报。2016年下半年，澳洲中文电视台成为澳洲新快传媒集团成员，与《澳洲新快报》共同搭建完成新快传媒的全媒体平台。

新快传媒演播室坐落在悉尼车士活中心地带临街位置，面积近100平方米，配有4套SONY FS7等高清专业拍摄设备，安装有12组专业灯光及导播台、滑轨等设备，并设有新闻主播区和访谈区。

其中新闻主播区为澳洲华文媒体第一家临街实景演播区。该演播室可实现视频节目录制以及视频全球直播功能。

总编辑：王进昌

地址：Level 2,2 Help Street Chatswood West

NSW Australia 2067
网址：www.xkb.com.au
电话：（61–2）9280 2283 8079 0216
传真：（61–2）9280 3835
电邮：info@xkb.com.au

澳星国际传媒集团

澳星国际传媒集团于1994年创建，目前其平台已包括广播、电视、报纸、杂志、网络等所有媒体形式。其总部设立在墨尔本，统领着分布于悉尼、珀斯、堪培拉、阿德莱德及布里斯班等澳大利亚各大主要城市的分公司。集团目前共拥有47个广播电台频率，包括悉尼的中文电台，墨尔本的3CW澳大利亚中文广播电台，珀斯的西澳华语广播电台，堪培拉的堪城之声广播电台以及布里斯班的中文广播电台，以及35个英文频率。其中墨尔本的3CW澳大利亚中文广播电台是澳大利亚唯一一家实现24小时全天华语广播的海外电台。

集团在各地还拥有11份杂志和报纸，包括：《OBQ东方北京青年周刊》、《东方壹周刊》、《东方先驱报》、《东方邮报》、《东方地产报》、《东方生活报》、《东方都市报》、《澳华时报》、《东方留学伴侣》9份华文报刊，1份中英文版发行的《矿业杂志》，一份在全球26个国家发行的运营13年的全英文杂志《Shanghai Business Review》。

在IPTV平台的基础上，澳星国际传媒集团在建设发展电视台的同时，更致力于网络新媒体的开发，已建成多家包括文字、在线广播收听、在线视频等的多功能网站，手机应用APP等。澳星国际传媒集团已成功组织了500余场高水准国际化的大型演出活动，并先后成立了澳星文化中心、易公关会展公司、东方影视、东方艺术协会、华夏经典艺术学院及澳大利亚东方歌舞团等文化实体。

董事会主席：姜兆庆
地址：Level 4, 158 City Road,
Southbank, VIC 3006
网址：www.ostar-media.com.au
电话：0061 03 9608 8288
传真：0061 03 9608 8200
电邮：info@ostar-media.com.au

2AC澳洲华人电台

2ac澳洲华人电台于1995年7月15日启播，设有两个频道，分别以粤语（第一台）和国话（第二台）广播，电台以悉尼为基地，面向全澳大利亚华语听众，提供每天24小时的播音服务。该台节目资讯与娱乐并重，较受欢迎的节目类别有“新闻报道”、“时事专辑”、“医疗保健”、“名人专访”、“财经地产”、“经济分析”、“清谈趣味”、“澳洲税务”、“文化教育”及“流行乐曲”等。2ac亦转播海外电台，如中央人民广播电台、北京人民广播电台、中国国际广播电台、英国BBC电台、香港电台、香港商业电台、香港新城电台、台湾HIT FM、联合国电台及澳洲ABC电台的节目，深受听众欢迎。

2012年12月12日起，2ac通过Niche Radio实现全澳广播。每天连续2小时，每周7天，前1小时为粤语广播，后1小时为国语广播。纽省、维省及塔省在澳洲东部播出时间为每日下午5:00pm至7：00pm。南澳及北领地在澳洲中部播放时间为每日下午4:30pm至6:30pm；昆省在澳洲夏令时间的播放为每日下午4:00pm至6:00pm；西澳的广播时间为每日下午2:00pm至4:00pm。2acNational?可以通过全澳30个不同省份城市调频收听，其中包括纽省5个，堪培拉2个，维省5个，昆省9个，南澳2个，西澳4个；北领地2个，塔斯马尼亚3个。

台长：谭茜文–Janey Tham
地址：Suite 29,Level 2,22–26 Goulburn
St Sydney,
NSW 2000,Australia
电话：61（02）9267 7533??(02) 9267 1738
传真：61(02) 9267 7532
电邮：info@2ac.com.au
janeytham@tpg.com.au

2CR澳洲中文广播电台

2CR澳洲中文广播电台于1994年9月26日正式成立，是全澳第一家24小时广播的华语电台。国粤双语播音，内容多元化，贴近民情，关心本地侨民的生活需要。节目包括：国际

视野、人文经济、热点民生、社区侨讯、高端访谈、体育音乐、教育以及健康娱乐等。传播平台：收音机、网络、移动终端、新媒体等。FM91.6频率已然成为澳洲本土华侨生活中的重要组成部分。

华语编导、主播：马薇（蔷薇）

地址：1/F 592–594 Harris Street,
Ultimo NSW 2007, Australia

电话：（02）9211 5611

传真：（02）9281 8881

电邮：qiangwei2cr@gmail.com

SBS普通话电台

SBS是澳大利亚的公共媒体，SBS普通话电台是SBS的最大语言节目之一。SBS以多元文化为基础，秉承平衡、客观、中立的原则向澳大利亚本地社会提供新闻资讯服务。目前SBS电台以69种语言制作节目，各语言节目以及平台之间包括电视、网络等互相分享信息、有机合作节目内容。

SBS是首个播出“中国新闻”的澳洲媒体。中央电视台4频道与SBS在1996年签定协议播出该节目。SBS电视台播出的中文电视节目还包括香港电视台的“广东话新闻”。近年来，随着澳中两国文化交流的日益紧密，更多节目被介绍引入到SBS，如由新南威尔士州教育部与中央2台合作的8集学生互动真人秀节目《青春季》，在澳洲本地颇受欢迎的江苏电视台的《非诚勿扰》等。

中文节目收听频率是：

墨尔本：AM 1224，悉尼：AM 1107，堪培拉：AM1440，布里斯本：FM93.3，达尔文：FM100.9，霍巴特：FM105.7，珀斯：FM96.9

SBS普通话电台每天早上7点–9点播出，受众也可以通过网络获取音频、视频、文字内容。

节目总监：周骊

悉尼地址：14 Herbert Street,
Artarmon NSW 2064, Australia

网址：sbs.com.au/mandarin

电话：61 2 9430 2884

电邮：lili.zhou@sbs.com.au

西澳华语广播电台FM104.9

西澳华语广播电台FM104.9成立于2007 年1 月1 日，并于2 月8日开始试播音，播出语言以普通话为主。作为西澳地区唯一的无线华语广播电台，FM104.9与中国国际广播电台合作，每天播出6小时英文节目和4小时中文节目，介绍行进中的中国，另有本地团队制作6小时直播节目为西澳洲华人送上及时的新闻信息、综合节目以及音乐和歌曲。

FM104.9 西澳华语广播电台播音覆盖面积包括了大珀斯地区，华语听众人数约15 万左右。听众群除了中国大陆、香港、台湾的移民外，还包括了可以听或讲普通话的东南亚移民。FM104.9 的节目主持人有华人也有西方人，以特有的主持风格赢得了华人听众的欢迎。节目内容广泛，涵盖了本地、国内及国际的重大新闻、体育、娱乐、健康等方面。FM104.9西澳华语广播电台还积极参与组织各项大型活动，并成立听众俱乐部。

经理：姜波

地址：395 William Street, Northbridge WA 6003

邮寄地址：P.O. Box 221 Northbridge WA 6865

网址：www.FM1049.com.au

电话：08 9261 1088

传真：08 9261 1067

电邮：jiangbo_cn@hotmail.com

澳华之声中文广播电台

澳华之声中文广播电台于2008年9月26日正式开播。其建台宗旨是：传播中华文化，促进澳华交流，反映华人意愿，服务华人生活，倡导多元文化，记录社会点滴，书写历史篇章。澳华之声中文广播电台使用中波（AM/MW）1656千赫（kHz），收听范围覆盖布里斯班市及周边城市。收听人群来自包括中国大陆、香港、澳门、台湾，以及新加坡、马来西亚等国家的华人和热爱中华文化的西方人。每周7天、每天24小时播音，澳华之声网站同步播出，是澳大利亚唯一全天均用华语播出节目的

广播电台。

澳华之声中文广播电台节目涵盖丰富的新闻和各类资讯、潮流音乐和经典老歌，电台节目内容主要有“整点新闻”、“中华历史典故”、“中华民乐欣赏”、“孔子学堂”、“财经地产”、“谈天说地”（粤语）、“生活在澳洲”、“中文歌排行榜”、“名家名著欣赏”等。

董事长：刘秀华

总经理：陆一平

地址：Suite 46–48 Pacific Centre 223 Calam Rd. Summybank Hills,
Q1d 4109, Australia

电话：（61–7）3711 6188
（61–7）3711 1656

传真：（61–7）3844 3720

网址：www.VACradio.com.au

电邮：vac@vacradio.com.au

澳大利亚广播公司ABC中文部

澳大利亚广播公司,（简称澳广，ABC）是澳大利亚国家级广播电视、多媒体机构。澳广中文部成立于1942年，至今已经有75年的历史了。尽管澳广中文部以短波广播起家，但是在媒体格局发生剧烈变化下的今天，澳广中文部已经步入全媒体形态，每天为新品牌系列“澳洲佳”制作音频、视频、文字、照片内容，并通过社交媒体（微信、微博、脸书、推特、音频、视频）、网站、A+电视、广播、手机客户端app及在中国、澳大利亚及亚太地区的伙伴机构向全球华语受众介绍有关澳大利亚的各类信息。

澳广国际中文部总监：方腾

地址：120 Southbank Boulevard Southbank, VIC 3006 GPO Box 9994 Melbourne VIC 3001 Australia

网址：www.AustraliaPlus.cn
www.AustraliaPlus.com/chinese

电话：（613）9626 1963

电邮：jason.fang@abc.net.au

澳大利亚悉尼Radio2000多元文化广播

RADIO 2000 是澳大利亚新南威尔士州悉尼地区的多元文化社区电台，是根据澳大利亚广播管理局1992年的社区电台法而成立的。根据澳大利亚联邦政府的多元文化政策，RADIO 2000多元文化电台于1992年开播。用47种语言为悉尼500百万听众提供多元文化广播节目。电台目前拥有200多名编播人员，中文普通话广播是最主要的语种之一。

2018年，由政府委托进行的全国电台收听调查，Radio 2000 收听率在全悉尼93家电台中名列第18。

中文节目《澳大利亚全接触》，立足本土，关注华人移民在悉尼生活的方方面面，除时政新闻和政策之外，也涉及税务，福利，交通，人文，历史等；节目的另一个关注点为澳中文化，经贸交流，和华人社团信息，将澳中两国资讯信息及时准确与当地听众分析交流。

收听频率：FM98.5

收听App：TuneIn Radio

微信公众号收听：Radio2000

Radio2000

地址：Level3，9 Deane Street Burwood
NSW 2134 Australia

电话：（612）97155422

电台华语节目负责人：

Radio2000董事会董事，大洋洲地区节目总监：周以太

电话：61 419238569

电邮：zhouyitai@hotmail.com

节目总监，首席主播：骄阳

电话：61 452070797

电邮：jiaoyang419@163.com

微信联系：jiaoyang419

澳华电视传媒

澳华电视传媒，简称ACTV，创立于2006年2月21日。

澳华电视传媒（ACTV）专注于澳大利亚华人与祖(籍)国的联系与沟通。该媒体特别注重中国中央电视台海外频道—CCTV4之《华人世界》栏目节目的制作和播出，不断地为此栏目提供素材以及澳大利亚华人的生活与工作的生动题材，为澳中政治、经济和文化的交流、为中华文化在澳大利亚的弘扬发展而努力。

目前，澳华电视传媒全媒体国际版（包括国

际网络电脑版与微信手机版）已经开启，期待在新媒体不断飞跃发展的环境下，更好地为祖籍国及澳大利亚发展服务、为华人华侨服务。

董事长：任传功

总经理：娄伟

总编辑：孙建明

地址：澳大利亚悉尼：①5102 World Tower,91–95 Liverpool St.,SYDNEY NSW 2000 Australia

②2–13 The Avenue, Ashfield, NSW 2131 Australia;

网址：www.auschinatv.com

电话：+61 2 9799 7965

电邮：jamescgren88@163.com

澳洲中文电视台

澳洲中文电视台于2013年5月在悉尼成立。澳洲中文电视台(AUCNTV)隶属于澳大利亚最大的华文媒体集团— 澳洲新快传媒集团, 与澳洲新快报在澳洲的中文电视与报纸领域影响力较大。

澳洲中文电视台目前拥有手机App、Tvbox、网站、微信平台等多屏媒体平台,主要制作 新闻资讯类、服务类、娱乐类、纪录片等节目。2014年该台拍摄的旅游类纪录片《环 澳四万里》曾在优酷旅游频道点击排名第四位,总点击率超过400万人次。据统计,截止2017年3月底,澳洲中文电视台在中国中央电视台播出的节目新闻资讯近百条,人物纪录片和美食类纪录片24 部,在与央视《华人世界》栏目合作的逾百家华人媒体中,澳洲中文电视台在该栏目视频新闻的 播出量排在第2位,仅次于美国中文电视。

台长:郑 屹

对外联络编辑:曲天元

地址：Level 2, 2 Help Street ,
Chatswood NSW 2067

电话 : +61–449262260　+61(02)8079 0208

网址: www.aucn.tv

电邮: info@aucn.tv

澳星电视中文台

澳星电视中文台2012年10月，由澳星国际传媒集团整合全澳资源，正式组建。澳星电视中文台，拥有全方位、立体式的传播平台。与魅力中国IPTV全球分秒同步。用户数量不断攀升，收看方式不断升级；YouTube专属频道面向全球，联通世界；优酷、土豆、PPS、腾讯视频专属频道，打通中澳，掌控亿万中国观众；ACTV.com.au澳星电视网络台，集电视、新闻、活动三大内容版块为一体，全方位、多角度点击澳洲事件，刷新华人视角。

董事长：姜兆庆

地址：10 James Street, Waterloo，NSW 2017

电话：02 9286 1807

电邮：info@ostar–media.coim.au

澳大利亚华网传媒 ACT Media

澳大利亚华网传媒ACT Media（澳大利亚时报）旗下《ACT时代》月刊，于2019年6月创刊，打造澳大利亚高端华文杂志，为促进华社发展、促进澳中经济文化交流搭建平台。

地址：P.O. Box 628，North Perth
Western Australia 6906

电话：+61 8 92270908

电邮：marketing@actimes.com.au

澳华文学网

澳洲华文文学网（中文简称：澳华文学网），2009年8月上线试运行。同年12月在澳大利亚新南威尔士注册。

澳洲华文文学网是一个澳洲华文文学的网络交流平台，目前为非营利性网络团体，是澳洲华人作家联合的官方网，也是由澳洲华人作家联合发起之各类活动的官方网站。其主旨意在端正彰显华文魅力，耕耘华文园地，磨砺华文精品，共同推进澳洲华文文学创作的繁荣和发展。

澳华文学网内容自2009年至今10年，逐年收录至澳大利亚国家图书信息系统。

总编辑:谭毅

地址：15H /325 Pitt St. Sydney NSW 2000
Australia

网址：www.aucnln.com

电话：+61 404098696

电邮：tanyi@aucnln.com

新西兰

乡音

《乡音》（周报）1998年10月创办，是新西兰首都惠灵顿的一家免费中文报纸。周五出刊，最初只有4版（A4）复印本，发行几十份。2003年7月4日第232期起扩版并改由复印印制及油墨印刷（部分彩色版），发行量由36版2700份增加到目前52版8000份，编辑部人员也由2人增加到现在的7人。《乡音》在整个惠灵顿地区及北岛南部多个城市约50多个地点免费取阅。

社长：曾凯文

地址：169A Riddiford Street,Newtown

PO BOX 14-432, Wellington, New Zealand 6241

网址：www.homevoice.co.nz

电话：6404-380 0288

传真：64 04-389 8860

电邮：homevoice@homevoice.co.nz

中文时代报

《中文时代》（周报）于2014年3月29日在奥克兰出版，对开彩印，面向全国免费发行。该报同时发行《中文时代电子报》。

总编辑：胡杨

地址: 194 Marua Rd, Mt Wellington, Auckland, New Zealand

网址：www.nzcmedia.co.nz

电话：0064 - 9- 525-0101

传真：0064 - 9- 5250102

电邮：lake6688@gmail.com
Sellahu@nzcmeida.co.nz

中新时报

《中新时报》（周报）2015年5月创办，在汉密尔顿市出版并免费发行。周三出版，彩印20版大报，印刷量在6千至1万份之间。每期头版有独家报道，新西兰总理办公室专栏；二版为“新西兰周新闻”版块，上有中国使领馆文章及服务信息、国会议员杨健博士专栏、简讯与教育手册等3大部分；其余版面有中国新闻观点、港澳台、全球汇、旅游、人文、风景等。

总编辑：崔志珅（Oscar Cui）

地址：Address: London Business Centre, 55 London St,Hamilton，NEW ZEALAND

网址：www.aptimes.nz

电话：00 64-7-2820566

传真：00 64-7-2820567

华页

《华页》报创办于1991年7月1日，2017年由每周6期改为每周3期，在奥克兰出版，在奥克兰及周边地区免费发行。该报分类广告和华人超市广告是其两大强项。华页线上有多个平台，包括网站，一个微信公众号和一个微信订阅号，一个脸书企业号。

社长：苏文德

地址：518 Dominion Road, Mt Eden, Auckland 1024, New Zealand

电话：64-9-3570922

传真：64-9-3584792

手提：64-21-488-525

电邮：nz021488525

微信号：david021488525

华新时报

《华新时报》（周报）2012年2月2日创刊，综合性报纸，是新西兰南岛但尼丁市唯一的一份中文报纸。

主要负责人：蒋佳柽（Joe Jiang）

地址：365 Princes Street, Dunedin, New Zealand
新西兰但尼丁市王子街365号

电话：+6434778689
手机：+6421568098
电邮：nzsicn@gmail.com

怀卡托周报

《怀卡托周报》创刊于2005年1月，在新西兰的怀卡托地区（Waikato）发行，新西兰国家图书馆收藏。尺寸为小报，每周四发行，印量3000份。该报栏目有“本地新闻、国际新闻、房产信息、科技、时尚、留学移民、心情茶座”以及“分类广告”等。本地新闻和信息主要来源该报所获得的各种渠道的“爆料”，编辑和记者根据信息的重要程度安排编译和采访。

《怀卡托周报》以“服务华人社区”为其办报宗旨，通过举办大型社区活动如中秋晚会、元宵灯会以及参与协办的汉密尔顿华人运动会、汉密尔顿亚洲美食节和参与组织众多的本地展会和活动，宣传和促进了中华文化在当地的发展。

社长：朱玺
地址：171 Peachgrove Road,Clandelands
Hamilton 3214, New Zealand
网址：www.waikatoweekly.co.nz
电话：（64–7）853 8598
传真：（64–7）853 2516
手机：021–1578598
电邮：info@waikatoweelky.co.nz
info@waikatoweekly.co.nz

中文先驱报

新西兰中文《先驱报》是从具有100多年历史的英文《先驱报》分支出来的中文报纸。英文《先驱报》于1994年创办《先驱报中文周刊》，作为当地首家洋人出版的中文刊物，1997年起由华商独立运作并更名为《新西兰中文先驱报》，简称《先驱报》，同时与英文《先驱报》继续保持合作关系，至今已创办25周年。目前，该报每周3期，发行3万份，逢二、四、六出版。繁体中文字体，版面包括新闻，时政，娱乐、美食、时尚、购物、旅游，博客、广告等。

2016年8月，新西兰中文先驱传媒集团与英文《先驱报》股东、新西兰最大主流英文传媒集团NZME成立合资企业，联合推出新西兰先驱报中文网。中文《先驱报》从平面媒体进军网络，与NZME及英文《先驱报》再次深化合作，强强联手。全新的互联网媒体平台——新西兰先驱报中文网每周7天滚动更新。该报通过微信、微博、Facebook、Twitter和Instagram等社交媒体电子平台，使其报道内容不断获得延伸。该报2014年、2015年、2016年连续获得由新西南——中国关系促进委员会的“新西兰中国媒体奖”，连续两次获新西兰印刷业权威的Pridein Print Awards年度大奖。2018年1月，中文《先驱报》又与新西兰最大的国际游客英文综合指南杂志“Arrival”联手，正式推出该杂志的中文版《抵达》（季刊），年发行量超过30万册，覆盖新西兰所有国际机场、国际航线，以及各著名景点。

董事长：王立立
总经理：王立立
新媒体总编：吕霈
地址：Level 1/ 6 Kingdon St, Newmarket
Auckland, New Zealand PO.Box 99063
Newmarket. AKL 1149
网址：www.cnzherald.com
电话：0064–9–3661388
电邮：lili@chnet.co.nz editor@chnet.co.n

新西兰信报

《新西兰信报》创刊于2003年9月，综合性华文周报，在新西兰南岛中心城市基督城出版，面向全国免费发行。每期平均24版，发行量每期7000份。

《新西兰信报》现为报业集团，旗下有《新西兰信报》、中英双语月刊《精彩》、信报网、微信公众号，基督城独角兽。2018年9月28日，中资华都国际建设集团并购并控股新西兰信报。

发行人：王建平
社长、总编辑：王 浩
运营总监：张萌萌
首席记者：李惠子
电话：64 3 3380168
手机: 64 21 1120 531
电邮: newzealandmessenger@gmail.com
nzmessenger@xtra.co.nz

信箱：PO Box 29248，Riccarton，
Christchurch 8440，New Zealand

网址：www.nzmessengers.co.nz

北京办事处联系人：张萌萌 13001098911

电话：86-0 10-63742321 86-010-63707410

地址：北京市丰台区南四环西路188号16区20号

任我行

《任我行》（月刊）于2004年创刊，在奥克兰出版，为消费指南的高端杂志，每期印数1万份，免费赠阅。栏目有“留学移民、美丽测试、时尚单品、时尚动态、电子科技、数码潮流、旅游”等。该刊设有微信公众号及Facebook专页，Youtube频道及视频推广平台。

地址：PO BOX 82300 Highland Park,,
Auckland New Zealand

网址：www.skychaser.co.nz

电话：（64-9）2650253 09 576 6780

电邮：mostwanted.magazine.nz@gmail.com

新西兰生活消费指南

《新西兰生活消费指南》为新西兰首个高端中文杂志，在奥克兰出版并免费发行。该杂志致力于向新西兰华侨华人及游客展示新西兰独具特色的生活和文化。

总编辑：胡 杨

地址：194 Marua Rd, Mt Wellington, Auckland, New Zealand

网址：www.chinesetime.co.nz

电话：0064 – 9– 525–0101

传真：0064– 9– 5250102

电邮：lake6688@gmail.com
stellahu@fm906.co.nz

精彩

《精彩》杂志2015年创刊，定位为华人精英读者。创刊至今4年，出版了39期，每一期设有“封面人物”故事，时政、金融或房产的深入专题，生活的品质引导，心情文字的细腻交流。2019年2月，该杂志改版为中英双语。

发行人：王建平

社长/总编辑：王 浩

运营总监：张萌萌

首席记者：李惠子

网址：www.nzmessengers.co.nz

电话：64 3 3380168

手机：64 21 1120 531

电邮：newzealandmessenger@gmail.com
nzmessenger@xtra.co.nz

信箱：PO Box 29248，Riccarton，
Christchurch 8440，New Zealand

新西兰中华新闻通讯社

新西兰中华新闻通讯社简称NZ华新社，始建于2003年9月19日。NZ华新社秉承“报道海外华侨华人及互动传播新西兰与祖籍国新闻资讯”的宗旨，近年来在海外华人媒体中产生了广泛影响。

社长：景曦

地址：Plaxo Limited,Level 34,48 Shortland Street,CBD,Auckland

网址：www.chinanews.co.nz

电话：0064—21—2716688

电邮：nzcna@hotmail.com

新西兰新中传媒集团

新中传媒集团成立于2011年，其前身是新西兰中文传媒集团，历经数年发展，现已成为新西兰华人拥有的唯一的中文全媒体集团，旗下包括电视、广播、报纸、杂志及新媒体。新西兰官微（ID：NZINFORNZI）、微信公众号（“NZFM906”），为新中传媒集团旗下两个官方微信公众号。

CE0：胡扬

地址: 194 Marua Rd, Mt Wellington,
Auckland, New Zealand

网址：www.nzcmedia.co.nz

电话：0064 – 9– 525–0101

传真：0064 – 9– 5250102

电邮：lake6688@gmail.com
stellahu@nzcmeida.co.nz

新西兰中文广播电台

新西兰中文广播电台系新西兰新中传媒集团旗下的FM90.6电台，呼号为Radio Chinese。该台与华文报纸《中文时代》互动，运用微信及公众微信平台与听众联系。电台频率：Auckland FM90.6 全球APP 收听：苹果：APP--NZFM906 Android：Google Play search 华人电台（off Tech）

联系人：胡杨

地址: 194 Marua Rd, Mt Wellington, Auckland, New Zealand

网址：www.nzcmedia.co.nz

电话：0064–9–525–0101

传真：0064–9–525–0102

电邮：lake6688@gmail.com
stellahu@nzcmedia.co.nz

华人之声广播电台

华人之声广播电台成立于2004年2月。广播频率是AM936（中文普通话台）和FM104.2（中文音乐台）、FM99.4（中文粤语台），同时还通过SKY－TV的311、312及313卫星信号频道播放。频道覆盖全新西兰，收听率全国居冠。该台每天自制节目22小时，7天24小时不间断放送。同时，还拥有多个家喻户晓的精品节目，电视电台同步直播。

Managing Director：张书豪

联系人：李英超

地址：Unit D,124 Penrose Road, Mt. Wellington, Auckland New Zealand

网址: www.936.nz

信箱：PO Box12743 Penrose Auckland, New Zealand

电话：(64–9) 5712288

电邮：info@wtv.co.nz

28与29电视免费频道

Freeview28与29为中华电视网旗下的两个免费中文电视频道，覆盖全新西兰，位居全国华人电视收视率前两名，为90%以上的华人所收看。其电视自制节目12小时，7天24小时不间断放送。同时，还拥有多个精品节目，电视电台同步直播。

总经理：张书豪

联系人：李英超

地址：Unit D,124 Penrose Road, Mt. Wellington, Auckland, New Zealand

网址: www.936.nz

信箱：PO Box12743 Penrose Auckland, New Zealand

电话：(64–9) 571228

电邮：info@wtv.co.nz

TV 37熊猫电视台

新西兰新中传媒集团旗下的 TV 37熊猫电视台，为新西兰政府Freeview商业频道，是新中传媒旗下的中文电视台。该台是新西兰节目最丰富的频道之一，每周7天24小时全天候节目播出。除各式自制节目之外，还与CCTV4等中国电视台合作，为新西兰目前深受欢迎的中文电视频道。

集团CEO、台长：胡 杨

地址：194 Marua Rd, Mt Wellington, Auckland, New Zealand

网址：www.chinesetime.co.nz

电话：0064－9－525–0101

传真：0064－9－5250102

电邮：lake6688@gmail.com
stellahu@fm906.co.nz

新西兰中华电视网

新西兰中华电视网成立于2000年6月。19年来，中华电视网立足华社，面向全国，电视、电台、网站、新媒体多平台全面发展，业已成为新西兰华人精神生活中不可缺少的一部分。

旗下936中文门户网站，影响力遍及新西兰、中国大陆以及港澳台地区、澳大利亚、美国及其他国家和地区，受众占有率名列新西兰前茅。旗下微信平台“新西兰936全资讯”，把握时代发展脉动，用新的方式展示高质量的内容，受众以本地华人为主，粉丝人数近3万。

Managing Director：张书豪

联系人：李英超
地址：Unit D,124 Penrose Road, Mt. Wellington,Auckland, New Zealand
网址：www.936.nz
信箱：PO Box12743 Penrose Auckland, New Zealand
电话：(64-9) 5712288
电邮：info@wtv.co.nz

新西兰天维网

新西兰天维网创办于2001年，其宗旨是为读者和网友提供高质量的本地及国际资讯，其内容包括新闻、时事、教育、移民、房产、导购、投资、金融、娱乐等。据最新数据统计，其网站日页面浏览量约80万，本地华人用户覆盖率超过90%，是新西兰排名最高的中文门户网站。

新西兰天维网在秉承网络媒体海量新闻的时效性和互动性的同时，也严格地把握所提供内容的准确性，并以此确立了自己在新西兰网络媒体中的权威地位。

董事长：周峰
执行董事：张彤
总经理：王玮
总编辑：宋元晖
地址：Level 9, 175 Queen Street, Auckland CBD, New Zealand, 1010
网址：www.skykiwi.com
电话：0064 9 309 2288
传真：0064 9 309 4288
电邮：info@skykiwi.com

巴布亚新几内亚

巴新中文网

“巴新中文网”创办于2014年年底，是巴新的第一个中文电子媒体。创办这一网站的宗旨是：对外推介巴新，使之成为中国和世界华人了解巴新的一个窗口；对内提供当地新闻资讯，加深华人华侨对于巴新政治、经济和人文方面的了解，使之成为促进华社内部沟通和交流的平台。

创办人：陈炳文
网址：www.png-china.com
电话：00675-73239172
微信：qq2396535599
电邮：765956445@qq.com

斐济

斐济华文传媒

斐济华文传媒集团成立于2014年，前身为斐济日报社。2014年集团整合资源，拓展业务范围，将集团打造成为覆盖多个南太平洋岛国的跨国区域性大众文化传媒公司。集团旗下包含《斐济日报》、”斐济网”、《Fina杂志》等。

《斐济日报》创刊于2001年2月1日，为斐济共和国唯一华文媒体。其创办宗旨是：弘扬中华文化，发展斐中友谊，促进斐济经济发展和各民族团结；为华侨华人提供全面准确的信息，成为中国和斐济经济、文化、信息的桥梁。报社业务范围广泛，信息采集量大，涉及政治、经济、地产、旅游、投资、文化、体育等多方面。

《斐济日报》与中国及斐济主流媒体展开合作，为服务斐济华侨华人全力打造信息平台，是得到中国及斐济政府充分认可的华文媒体。《斐济日报》发行点涵盖斐济全国，政府主要部门、旅游区、超市、商场中均有报纸发售点，在其他周边南太平洋岛国（瓦努阿图、图瓦卢、汤加等）亦可订阅。2015年《斐济日报》分别与大韩航空和塔普集团正式签署全面合作协议，《斐济日报》成为大韩航空斐济楠迪-韩国首尔航线指定中文刊物和斐济楠迪国际机场中文指南刊物。

《斐济日报》微信公众号-Fijidaily在2015年正式上线，关注量稳步上升。

斐济网（www.netfiji.com）创立于2014年，是斐济及南太平洋地区的门户网站。以服务经济、关注民生为己任，以本地化、生活化、互动性、及时性、开放性为目标，内容涵盖新闻、社团、文化、旅游、生活、投资、体育、地产等社会经济生活各个方面。现已成为中国游客前往斐济旅游的品牌资讯网站。

《Fina》杂志创刊于2017年，为南太地区首个精装出版中文杂志。内容涵盖经济、投资、时政、人物、旅游、法律等多个方面。《Fina》杂志作为一个内容丰富、设计时尚的精品读物受到了斐济政府的关注与支持，成为了2016斐济旅游局推荐杂志。

董事会主席：刘枫（JP）

理事会主席：刘丽萍

总经理：杨鸿濂

地址：斐济共和国苏瓦市
劳达拉湾-体育城20号
#20 Sports City-Laucala Bay, Suva, Fiji

邮箱：PO Box 11977-Suva-Fiji

电话：00679-9999178,00679-9999425
00679-9999175

电邮：fijidaily@gmail.com

美国

三州新闻（纽约生活）

《三州新闻（纽约生活）》创刊于1991年7月，1999年和《纽约生活》以一报双名的方式出版，逢周四出4开32版，在新泽西、纽约和费城地区的主要华人聚集地免费派发。该报以华人为目标读者，致力于帮助华人了解当地信息及相关机会。除了报道社区新闻及活动外，也提供当地新闻、中国新闻和国际新闻，并关注移民、教育、财经、医疗及娱乐信息。

纽约联络处

联系人：Wendy Wu

地址：37–11D Prince St., Flushing, NY 11354

电话：(718) 359–4128

传真：(718) 939–8068

电邮：nyweekly1@yahoo.com

新州联络处

地址：1945 Rt. 27, Suite 5, Edison, NJ 08817

网址：www.gctimes.net

电话：(732) 650–9888

传真：(732) 650–9889

电邮：chiweekly@yahoo.com

大底特律时报

《大底特律时报》（周报）创刊于2000年11月，是一份专为华人社区服务、免费赠阅的报纸。每期20版，周六出版。发行范围包括密歇根州东南部整个大底特律地区，并包括加拿大的温莎地区。《大底特律时报》的宗旨是"为广大华人朋友提供一份健康而丰富的精神食品，为华人社团提供信息交流的有效工具，为赞助商家提供涵盖整个华人社区的快捷渠道"。目前每期24版，设有"华人新闻"、"美国政经要闻"、"中国新闻"、"港澳台新闻"、"生活指南"、"教育专版"、"法律之窗"、"文体娱乐"、"散文小说"、"历史纵横"、"健康知识"等栏目。

董事长、社长：郑良根

总编辑：程悦明

地址：143Camducemter#329,
Northville,MI48167–1119,USA

网址：www.nacnews.com

电话：248–756–6203/（248）–756–0733

传真：（248）–962–3866

电邮：DTL@NacNews.com

太平洋时报

《太平洋时报》创刊于1986年左右。每周三在加州出对开16版，版面内容包括：台美加及国际要闻、台湾要闻、台湾乡情、台美人、生活与健康、时论、工商经济、社区新闻等。

地址：3001 Walnut Grove Ave., #8,
Rosemead, CA 91770

网址：www.pacific–times.com

电话：(626) 573–4831

传真：(626) 573–4897

电邮：info@pacific–times.com
Pacifictimes4831@gmail.com

中华商报

《中华商报》创办于2008年1月19日，是一份专业性的中文商业报纸。该报为对开新闻纸40版，逢周六出版。内容主要为美中商业新闻与政策动向、美中经济与文化交流信息、大中华经济圈动态、互联网与电子商务资讯、华人聚集区工商新闻、对市场营销与商业模式的探讨、华人成功的创业故事、对股市及其它投资理财热点的分析、美中房地产市场动向与实务等。

该报目前主要在南加州和内华达州的拉斯维加斯、亚利桑那州的凤凰城发行，设有香港分社和墨西哥分社。《中华商报》的读者群以公司老板、经理阶层、创业者、中产阶级为

主，涵盖中国大陆、香港、台湾各种背景的经商人士。《中华商报》网站设有网络仿真版，访客为来自世界各地的华人，其中以中国大陆的读者居多。

董事长、社长：苏子涵

副社长、总编辑：王晓群

首席执行长：苏家敏

地址：15709?Valley Blvd，City of Industry，CA 91744，U.S.A

网址：www.chinesebiznews.com

电话：1-626-330-5893

传真：1-888-588-3431

电邮：editor@chinesebiznews.com

中国医药导报

《中国医药导报》于1995年3月8日创刊，是美国半月刊唯一一家领先的中文医学报。前后两页印有全彩色，共20版。《中国医药导报》反映了医疗卫生现状和科学发展水平，是唯一关于中西医疗健康的专业报纸，获得美国地区读者的极大关注。

《中国医药导报》涵盖中西医药专业综合要闻、现代医药、中国传统医药、时事新闻、医疗保健、身心健康、妇幼天地、养生之道等内容，并刊载各发行地之医药卫生新闻、工商消息及与医疗卫生保健相关之副刊。该报已在台湾、美国（美东版）印刷发行，美东版发行区域包括大纽约区、纽泽西、费城、马利兰、维吉尼亚、亚特兰大、佛罗里达州等华人聚集区，获得良好口碑。

《中国医药导报》编辑导向是以现代医学和中国传统医药新闻为主轴，专业与非专业之医疗保健信息兼容并蓄。

总编辑：张晃祥

发行人、编审：李艳翠

主编：赵广智

地址：39-07 Prince St 5B

Flushing New York 11354 USA

网址：www.cmreportusa.com

电话：1-718-359-5676

传真：1-718-359-3816

电邮：ny@cmreportusa.com

App：Huily Group

中美邮报

《中美邮报》（周报）1994年7月4日创刊于美国科罗拉多州首府丹佛市。是美国中西部地区唯一由大陆学人创办的中文周报。现每期20-24全版，有“海外华人”、“华人社区”、“中国新闻报导”、“台湾社会现实”、“美国纵横谈”、“医学与健康”、“文化与艺术”、“体育大世界”、“多元文化交流”、“中国专题报道”、“孔子学堂”、“报刊文摘”、“名人轶事录”等栏目。2010年起，《中美邮报》网站正式开通，全球可以预览全部栏目和页面。2017年起也有了手机上的中美邮报APP页面。

《中美邮报》创刊以来，坚持独立、公正、客观的办刊方针，“不党，不私，不卖，不盲”。长期传播弘扬中华文化艺术，促进中美文化交流，是华人社区的精神文化园地和当地华人社团的主要的信息传媒渠道；该报已经成为当地华人生活中不可或缺的读物。《中美邮报》和美国主流社会建立了长期而广泛的联系，也成为当地政府的中国信息中心。

社长、总编：屠新时

副社长：魏炯才、汪卓群

中美邮报网

社长：冯咪咪

总编：屠新时

副总编：汪卓群

国内部主任：魏炯才

地址：Chinese American Post 6551 S. Revere Pkwy , Suite 155,

Centennial City, CO 80111, U S A

网址：www.chineseamericanpost.com

电话：303-934-1773

国内手机：137 6105 2005

传真：303-934-0262

电邮：ChineseAmericanPost@gmail.com

世界日报

美国《世界日报》于1976年2月12日在纽约以及旧金山同时发刊，为北美地区发行面最广之华文报纸。秉持创办人王惕吾先生的“正

派办报”经营理念，《世界日报》以服务所有海外华人为宗旨，一方面协助新移民跨越鸿沟，逐步迈向主流社会，另一方面满足其精神需求，增进生活质量，传承中华文化。发展至今，《世界日报》获奖无数，得到北美主流社会的肯定，美国元首及政要曾多次赞扬《世界日报》，肯定其在帮助新移民融入当地社会的过程中所扮演的关键性角色及贡献。

美国《世界日报》已先后设立了纽约社、旧金山社、洛杉矶社，各社均拥有独立的地方新闻采编、广告业务、印刷与发行团队，连同世界新闻网、电子报、微信、脸书等社群媒体以及位于波士顿、新泽西、华盛顿、亚特兰大、芝加哥、西雅图、拉斯韦加斯、德州等主要华人小区的办事处与服务中心，形成一个全天候立体服务网，提供读者最新、最快、最深入完整的新闻报导与北美生活信息。其设于纽约的北美总管理处，则为跨社管理平台及新闻版面的中央厨房，处理行政、法律、福利、版权、信息整合事务，并协调对中国大陆相关单位及媒体的交流与合作。

该报一年365天天天出报，每日至少出版80个对开版面，内容包括当天的华人社区新闻、全球重大新闻、美国要闻、经济及政治新闻，还有最新的大陆、台湾、港澳新闻。此外，《世界日报》也提供“体坛焦点”、“影艺动态”、“金融”、“艺文”、“论坛”、“儿童世界”、“家园”、“科技信息”、“医药保健”、“消费”、“工商”等报导。每周随报附赠的《世界周刊》，更是北美地区华人读者评价较高的在地化华文杂志。

世界日报总管理处
总经理：周正贤
中国事务处长兼中国新闻中心总监：刘其[illegible]
言论部总主笔：陈世耀
内容长：张宗智
地址: 141–07 20th Ave. Whitestone,
NY 11357 U.S.A
网址：www.worldjournal.com
电话：（1–718）746–8889
传真：（1–718）746–6445
电子报: epaper.worldjournal.com
刘其筠（Marco Liu）
世界日报 北美总管理处
公共事务处长
中国事务处长兼中国新闻中心总监
电话：+1–718–7468889 ext. 6205
手机：+1–917–6628749(US)
电邮：marcoliu@worldjournal.com? ??
wjmarcoliu@yahoo.com
世界新闻网：www.worldjournal.com

世界日报纽约社
社长：周正贤
总编辑：张宗智
地址：141–07 20TH AVE.
WHITESTONE, NY 11357
网址：www.worldjournal.com
电话：（1–718）746–8889
传真：（1–718）746–6445

世界日报洛杉矶社
社长：于趾琴
总编辑：张耀民
总经理：宋宗信
地址：1588 CORPORATE CENTER DR.
MONTERY PARK, CA 91754
网址：www.worldjournal.com
电话：（1–323）268–4982
传真：（1–323）265–1192

世界日报旧金山社
社长：骆焜祺
总编辑：黄美惠
地址：231 Adrian Road
Millbrae, CA 94030
网址：www.worldjournal.com
电话：（1–650）6929936
传真：（1–650）6928665

圣路易时报

《圣路易时报》（周报）创办于1996年10月，每周四出版，免费提供给社区人士阅读。《圣路易时报》的办报宗旨是：为社区架桥梁，为侨学展喉舌，为文化续薪传。该报新闻版面包括“美国”、“中国大陆”、“台湾”、“香港”等；除新闻外，还有其它多元性的版面，包括“生活”、“工商”、“政论”、“影艺”、“健康”、“体育”、“文艺”等；自发行以来深受社区人士喜爱。该报于2000年扩展业务，在堪萨斯城发行《堪城新闻》，成为堪城地区一份具规模之中文刊物。同年成功发行圣路易地区有史以来第一本《圣路易华人黄页》，不仅连结了华人社区所有商业信息，也收录了社区人士所需要的一般实用资料。2001年11月，《圣路易时报》正式推出英文版。

创刊发行人：黄江文

地址：1766 Burns Ave.,Suite 201,St,Louis MO 63132,USA

网址：www.scanews.com

电话: 314.432.3858

传真: 314.432.1217

电邮: editor@scanews.com
news.may@gmail.com

加华时报

《加华时报》（周报）创刊于1983年，每周在美国圣地亚哥出对开18版，使用繁体字，关注美国、台湾新闻和当地华人资讯。

发行人：丁锦全

社长、总经理：宋振标

地址：4463 University Ave, San Diego, CA 92105

电话：619-280-3388

传真：619-280-9970

电邮：thechinesenews@yahoo.com

台湾时报

《台湾时报》（日报）由伟博文化公司在洛杉矶出版，是一份立足美国本土的综合性日报，主要服务来自台湾岛的华人移民。主要设有：台湾新闻、中国要闻、美洲新闻、国际体育、世界娱乐等版块。

地址：9639 Telstar Ave., EL Monte, CA 91731

网址：www.chinesedaily.com

电话：626-453-8800

老中地方新闻

老中地方新闻于2008年创立，由最初的3份地方报纸、增加到网站、电子周报、广播电台、网络广播、电视新闻、APP及各社交媒体平台，已经成为硅谷地区较完整的中文融媒体平台，每月服务老中新闻各平台粉丝人数超过10万人次以上。老中新闻特色是专营地方新闻及实用信息。

老中广播电台周一至周五下午1时至2时在KEST AM1450 播出国语节目，并可以24小时随时在网络广播电台重温精彩国语节目。老中电视新闻透过主流Crossings TV，在加州规模最大的有线电视Xfinity 238台每周一至周五，晚间6时至7时播放地方新闻。同时也可以在硅谷华语电视无线38.2频道收看老中新闻制作的电视地方新闻。

《老中报》是硅谷地区唯一的分区分版报纸。目前计有3份报纸服务中半岛区，东湾区及南湾区。3份社区报纸涵盖湾区24个城市，有超过400多个发行点免费索取。全部彩色印刷的双周报。《老中电子周报》逢周三以电邮方式寄出15,000本地电子邮件，影响力较广。《老中电子周报》也是逢周三上午6时电邮至15,000份订户电邮信箱。老中每日发布的硅谷地区地方新闻与信息分享在微博、微信、脸书等社交平台分享。老中新传媒已成为硅谷地区深植社区的中文融传媒。??

创办人、社长：何百炼

发行人、总经理：何百川

台长：邱沁

地址：260 Main St. Suite 200,Redwood City, CA 94063

网址：www.newsforchinese.com
www.re.newsforchinese.com
www.tv.newsforchinese.com

电话：（650）369 4680

传真：（650）369 4546

电邮：editor@newsforchinese.com
sales@newsforchinese.com

芝加哥华语论坛

“芝加哥华语论坛”（双周刊）报创办于1999年7月，是一份专门刊登中美评论、新闻与文摘的双周报。该报创办目的是：利用所办的报纸，维护在美华人权益，为推动中美两国的交流合作，促进华裔和主流社会的共同繁荣发展出一份力。

该报以文摘为主，兼有新闻与评论。既

有亚裔及亚洲信息，又有主流动态；既有商业资讯，又有文艺花絮和人才交流（附中英文版）。“大陆和美国专版”、“读者来信”、“专题讨论”是该报的重要栏目。该报设有以下专栏：重大新闻及言论、人物专访、社区动态、经济新闻、大陆信息、美国动态、国际文摘、港台澳信息、作家文摘、生活服务、电脑及网络、文化娱乐、人才交流等。

报纸逢双周三出版，免费发放。创办初集中在美国中西部，每期15000份，逐步增加到25000份至38000份，扩展到全美。在发行和赠阅至所有华人集中的郊区、商家，以及主要华人机构、学校、团体和专业组织，发放地点超过200多处。

该报的电子版订户，通过电子邮件接收PDF文件来阅读报纸。2016年底，设立微信公众号 (CCND_USA)。

社长：张大卫

地址: 122 EnclaveCircle,UnitE,
Bolingbrook,IL60440-3568, USA

电话：1(630)739-2838

微信：CCND888

微信公众号：芝加哥华语论坛报 英文ID: CCND_USA

电邮：ccnd_team@hotmail.com
ccndnews@gmail.com

亚美时报

《亚美时报》（月报）创刊于1987年11月9日，逢周六出版。该报每期出对开纸3张12版，内容以评论美国及两岸问题为主。其版面内容有“焦点”、“论坛”、“文选”、“社区工商”、“大千世界”、“生活”等。

发行人、社长：朱立创

总主笔：赵景伦

地址：ASLAN-AMERICAN
TIMES INC.,135-25A 40 ROAD,
FLUSHING, N.Y.11354,U.S.A.

网址：www.agdct.com

电话：（718）3586413

传真：（718）3586501

电邮：CHUASIAN@hotmail.com

亚省时报

《亚省时报》（周刊）是1990年4月创立的亚利桑那州第一张中文报纸，没有任何种族及宗教色彩，秉着公平公正之宗旨，实事求是报道新闻，以包容开放，客观，多视觉的理念为华人华侨社团提供服务，促进社团之间的交流沟通与和谐，拉近华洋社区联系，帮助华人了解美国和世界各地时事新闻，提供生活资讯，讲述祖籍国故事。

20多年来，《时报》不断完善，从月刊，半月刊到现在的周刊；该报坚持开辟副刊文艺专栏，凝聚一班热爱中文写作的作者作家。

2009年注册了英文报《Arizona Chinese American》，2011年起陆续开设电子版，微信公众号《凤凰城内外》，官网和同名app《亚省新闻网》，与中新社华舆客户端合作，增设《亚省时报》频道等实行多平台经营，多媒体报道。

董事长：甄硕钦

社长、发行人：李甄凯婴

主编：孙涧萍

地址：7328 N. 7th Ave Phoenix， AZ 85021 USA

网址：www.azchinese.news

电话：（602）269-3062，(602)578-9376

传真：(602)237-6471

电邮：azcnews@cox.net, azchinesenews@gmail.com

亚特兰大新闻

《亚特兰大新闻》创刊于1992年，致力于为文学爱好者,作画家文学书画散文诗词发表提供版面,信息性、娱乐性兼备的内容，在亚特兰大华人社区深受欢迎,网络版同时发行无远弗届。目标读者：希望拓展美人华人市场的刊登广告客户。

《亚特兰大新闻》逢周五出对开16版左右，主要版面包括：亚城园地、影视娱乐、综合报道、综合新闻、综合经济、保健、律师等

社长：许月芳

地址：PO Box 941070 Atlanta, GA ?31141-0070

电话：770-455-0880

传真：770-452-0670

网址：www.AtlantaChineseNews.com

电邮：info@AtlantaChineseNews.com

脸书：https://www.facebook.com/AtlantaChineseNews/

园地：https://www.facebook.com/acn388news/

西华报

《西华报》(周报)于1982年1月20日创刊，是美国西雅图第一家华文报纸。其创刊宗旨是为西雅图以及华盛顿州华人社区服务，在海外传播中华文化。办报的原则是保持立场中立、言论公正、不党不私、代表华人心声，促进华人社会利益。该报现每周四出版32版至48版不等，其中一版为英文版。版面内容包括"美国各地要闻"、"本地新闻"、"本州岛新闻"、"香港新闻"、"台湾新闻"、"中国大陆新闻"、"亚太新闻"、"国际新闻"、"财经新闻"、"娱乐"版等。1984年，该报曾荣获西雅图市府颁发小型商业成就奖，社长吴静雯亦获Esqure奖及杰出妇女奖。创刊23年来，《西华报》共获多项地方性、全国性和国际性奖项。

社长：吴静雯

地址：SEATTLE CHINESE POST, INC,
412 MAYNARD AVE.
SEATTLE.WA98104 U.S.A

电话：（206）223-0623

传真：（206）223-0626

网址：www.seattlechinesepost.com

电邮：assunta@nwasianweekly.com

西城时报

《西城时报》创刊于2004年5月，是一份中英双语周报，逢周四在西雅图出版对开24版左右，致力于为读者带来阅读乐趣。主要内容包括专业的深度新闻报道，分类生活信息和华人、亚裔社团文化活动等。办报宗旨：支持国家和华人、亚裔社区，提升文化，为读者和客户提供有质量保证的媒体服务。目标读者：华人及亚裔社区、对亚洲新闻、文化感兴趣的民众。

地址：316 Maynard Ave. S. Suite 101-105,
Seattle, WA 98104

社长：Michael Chen

网址：www.seattlechinesetimes.com

电话：206-838-8375

传真：206-621-7897

电邮：info@seattlechinesetimes.com

西雅图邮报

《西雅图邮报》创刊于2005年6月，属于大西雅图地区华文报业系统，逢周五以繁体中文出4开24版左右，以服务大众为目标。内容包括本地及社区新闻、财经、留学移民、美食、医药养生、旅游、体育、影视娱乐等。

总裁：朱意霖

总经理：朱晓霞

地址：519 6th Ave S. #210 Seattle, WA, 98104
PO Box 14124, Seattle, WA 98114

网址：www.chineseseattlenews.com

电话：206-587-6666

传真：206-682-1974

电邮：SeattleChineseJournal@yahoo.com

西雅图新闻

《西雅图新闻》创办于1993年，属于大西雅图地区华文报业系统，逢周三出对开20版，在大西雅图及周边地区免费派发，深受华人及亚裔社区读者喜爱。《西雅图新闻》以服务西北地区华人为目标，不断推陈出新，报纸内容涉猎广泛，包括美国新闻、当地新闻、国际、香港、台湾、及中国大陆新闻等，并加入经济、影艺娱乐、体育、分类广告、专栏及世界各地活动消息。

地址：519 6th Ave S. #210 Seattle, WA, 98104

网址：www.chineseseattlenews.com

电话：206-622-6371

传真：206-682-1974

电邮：ChineseSeattleNews@yahoo.com

达拉斯新闻

《达拉斯新闻》（周报）创刊于1981年，每周五发行，以服务居住美国南部德克萨斯州

北部达拉斯及福和市大都会地区的华人华侨和留学生为主要对象。多年来，该报团结侨社、宣扬中华文化和协助华人适应美国生活，成为侨社与美国社区及地方政府各机关沟通的桥梁。

该报每期内容除了详细报道华人社区的活动之外，还择要编辑10个以上的中国大陆、香港、台湾、美国及国际新闻版面，并配合多个专栏及文艺、娱乐、医药、宗教与生活专版，务求办成一份既迎合大众喜爱又不失专业新闻性的周报。

《达拉斯新闻》采用美国各大报通用的标准版面尺寸（21”×11.5”），每期维持88至96个版面，分为8个套页（叠），其中包括16至20个彩色版面。

《达拉斯新闻》除了是传统的纸媒之外，亦同时以电子报方式发行，读者可登陆该报网站，按新闻分类点阅或逐页浏览。

社长；麦卓杰（Ralph Mak)

地址：200 S. Interurban St
Richardson,TX 75081

网址：www.DallasChineseNews.com

电话：972-680-9578

传真：972-680-9586

电邮：ralphmak88@gmail.com
DallasChineseNews@gmail.com

华兴报

《华兴报》创刊于1999年1月16日 在美国明尼苏达州、威斯康星州、爱荷华州、北达科达州、南达科达州、伊利诺伊斯州、密苏里州和芝加哥市，发行7州一市。每期一万份，48版，其中20版彩色，28版黑白。美国华兴报是美国中西部地区最早最有影响的华文报纸。拥有10万名以上的读者。

该报自创办以来本着沟通信息，促进交流。团结进步，共同发展的原则，实事求是地报道国际国内新闻，社区新闻，赢得了信誉，赢得了读者，成为美国中西部地区受欢迎的华人新闻媒体。《华兴报》受到美国主流社会和少数民族社区，华人社区的重视。《华兴报》的创刊号已收藏在明尼苏达历史博物馆。

社长：程汝钊

地址：566 Snelling Ave N。 ST.Paul MN 55104

网址：chinatribune.us

电话：651-387-0234

传真：651-415-0130

电邮：chinatribune7@gmail.com

华州邮报

《华州邮报》创刊于2005年6月，属于大西雅图地区华文报业系统，逢周一以简体中文出对开14版，是大西雅图地区唯一的简体中文报纸，也是美国政府指定刊登法律性质内容的有效刊物。

地址：2010 NE 137th St., Seattle, WA 98125

邮寄地址：PO Box 14124, Seattle, WA 98114

网址：www.chineseseattlenews.com

电话：206-622-6666

传真：206-682-1974

电邮：WashingtonChinesePost@yahoo.com

华星报

《华星报》（周报）创刊于2003年8月，中英文双封面，是一份为美国华人社区和热爱中华文化的各界人士服务、免费赠阅的报纸。现一年52期，每期28版，周五出版。发行范围涵盖了北卡、南卡、佛罗里达、弗吉尼亚等地区，其中南北卡华人读者达到了社区总华人的80%，读者群以中年华裔为主，近年已逐步扩展到青少年及留学生群体。

《华星报》的宗旨是“倾听、表达、服务、影响”，目的是与华人社区的各社团通力合作共建社区繁荣，其内容围绕华人在美生活展开，如：孩子上学指南、家庭理财、报税、移民、法律等实用问题；关注本地政府、各社团的信息发布和沟通；针对本地区、州政府、美国、中国等重大问题进行综述报道等。该报还开辟华人创作的文学栏目，设置英文版搭建美中沟通桥梁，并与本地美国社区积极互动。

2013年11月起，华星报社被《侨报》收购，改名为《侨报周末》。

社长、总编辑：胡艳萍

地址：1601 Walnut St. #102. Cary, NC 27511

网址：www.ChinaStaronline.com

电话：919-741-6103, 919-926-0998

电邮：Editor@ChinaStar.us

华夏时报

《华夏时报》（周报）创建于2004年10月，2005年春节在美国休斯敦市开始免费发行。其网站于2006年开通。2017年与全球百家华文媒体联盟，网站设有手机推送及视频播放。《华夏时报》以弘扬中华文化、促进美中文化交流为宗旨，是一份面向大休斯敦地区华人华侨的综合性的简体字周报。先后与中国新闻社、新浪、中央电视台CCTV4、中国妇女周刊、凤凰卫视美洲台、华舆网合作，报道德克萨斯州和大休斯敦地区的新闻。

《华夏时报》于2017年2月改为双周刊，每份16至28版（20H×13W）。该报专题报道美中两国和海峡两岸的重大事件，设有“美国要闻”、“新闻追踪”、“热点透视”、“海峡两岸”、“社会万象”、“经贸交流”、“华文园地”、“养生健康”、等栏目，提供商家资讯、报道侨社活动。

发行人、社长：于建一

主编：陆钢

副社长：常君睿

副主编：饶汉文

网络主编：庞天舒

地址：7001 Corporate Dr. Suite 305A，Houston，TX 77036，USA

网址：www.chinesetimes.info

电话：(713)776–0678

电邮：editor@chinesetimes.us

华盛顿中文邮报

《华盛顿中文邮报》（周报）复刊于2009年9月9日。其前身为《华府邮报》，创刊于1983年。是美国首都华盛顿地区最早发行的华文报纸。拥有广泛的读者群。每周五发行。?每期40版。全彩印刷。免费赠阅。主要栏目有?“头版新闻”、“一周要闻”、“中华新闻”、“华府工商”、“华府地产”、“华府社区”、“焦点话题”、“教育园地”、“律师说法”、“家庭医生”、“美食世界”、“天下旅游“，以及和《新民晚报》合作的各类栏目。

社长：蓝天啸

发行人：倪涛

地址：15209 Frederick Road，Suite 208B，Rockville，MD 20850 USA

网址：www.washingtonchinesepost.us

电话：301–253–1818

传真：240–453–9818

电邮：washingtonchinesepost@gmail.com

伊利华报

《伊利华报》（半月刊）创刊于2002年11月，其办报宗旨是为克里夫兰各华裔社团和个人提供一个说话的窗口和交流的场所，进而成为俄亥俄州华人交流的平台和弘扬中华传统文化的窗口。《伊利华报》自2004年11月起改为每月两刊，月中和月末出刊，共24版，主要发行克里夫兰周边约50英里范围内的中国城，各公共图书馆，各华人餐馆，商店、公寓等；同时发行俄亥俄州的州府哥伦布；宾西法尼亚州的匹兹堡以及其它不固定城市。主要栏目有“本地新闻”、“外州新闻”、“人物故事”、“人生探索”、“经济透视”、“文化教育”、“法律顾问”、“健康生活”、“文体娱乐”、“美国华人”、“茶余饭后”、“读者园地”、“特约专版”等。

2018年APP手机应用程序上线。

社长、主编：浦瑛

总编辑：刘元华

地址：9810 Ravenna,Road,Suit8,
Twinsburg OH,44087 USA

网址：www.ecjweb.net

电话：（216）324–2959

传真：（330）405–3480

电邮：echinesej@yahoo.com
eriechinesejournd@yahoo.com

多维时报

《多维时报》（周报）于2000年在美国新泽西州创办，原名《美东新闻》，是一份以独家、深度报道见长,主要面向华裔知识分子、中产阶级的大型时事报纸。该报36大版,每周四晚印刷，周末上市。目前，《多维时报》有新泽西版、纽约版、亚特兰大版、费城版、华盛顿版、洛杉矶版，发行新州、纽约州、宾州、亚特

兰大、马里兰州、维吉利亚州、华盛顿特区以及洛杉矶等地。《多维时报》网站全天候发稿。

《多维时报》属多维媒体公司，公司创办于1999年，其所属多维新闻社是全球华人中有影响力的独立通讯社，多维新闻社的作者队伍遍布全球，可保证《多维时报》成为海外华文报纸中独家内容较多的中文报纸。多维媒体公司拥有中文新闻网——多维新闻网(www.chinesenewsnet.com)，全天24小时发稿。

社长：杨蓓薇

新泽西地址：1668 Route 27, Edison, NJ 08817, USA

电话：1-732-287-8066

传真：1-732-287-6661

纽约地址：9 Park Place, 2/F, Great Neck, NY 11021

电话：1-516-466-6153, 466-6213

传真：1-516-466-6393

宾州地址：Copyright Duowei Times, All Right Reserved.

网址：www.duoweitimes.com

电话、传真：1-610-783-5048

电邮：duoweitimes@chinesenewsnet.com

环球时报（美国版）

《环球时报》美国版（日报）于2013年2月20日起正式推出，这是首家在美国同时推出中英文版日报的华文媒体。《环球时报》美国版的中文版有16版，英文版有24版。美国版延续在中国发行的《环球时报》的特色，即以尖锐创新的报道、独特深刻的分析，用中国人的视角看世界，向世界报道一个真实、复杂和变化的中国，传递中国民间的声音，反映日益多元化的社会诉求和公众舆论。同时，美国版也包括美国社区内容，力争逐渐为美国读者接受和喜爱。

总编辑、总经理：徐燕

地址：801 S. Garfield Ave., Suite 218, Alhambra, CA 91801, USA

英文版网址：www.globaltimes.cn

中文版网址：www.huanqiu.com

电话：001-626-457-2888

传真：001-626-457-8001

手机: 626-512-7570 (US)

(86)15901360229 (China)

电邮：gtus@globaltimes.com.cn

nancyanxu@hotmail.com

xuyan@globaltimes.com.cn

拉斯维加斯时报

《拉斯维加斯时报》（周报）创办于1996年2月14日，是当地发行的第一份中文报纸，也是一份由中国大陆移民投资创办的媒体。为对开彩色周报，共24版。该报致力于为本地区的华人华侨提供美国当地的文化，教育，法律，政治，经济等方面的最新资讯，帮助他们能尽快适应异国他乡的生活，融入当地主流社会。

《拉斯维加斯时报》经过十几年的发展，已成为集时事新闻，文化生活，工商报道，时事评论及文学欣赏于一体的周报，受到读者的喜爱。自2012年试行简体字后，为来自中国大陆的新移民提供了阅读上的方便，读者量激增。该报也是当地来自港、澳、台地区的移民及美籍华裔子女学习简体中文的紧跟潮流的好教材。

该报以中立、客观、求实的报道来充实读者的视听，以智趣、多元、励志的文字来丰富读者的生活，力求在发扬光大中华文化，推广简体汉字方面作出贡献。

社长、发行人：李洪

总编辑：王菁野

地址：4010 Schiff Drive，Las Vegas，Nevada 89103

网址：www.lasvegaschinesetimes.com

电话：702-789-8515

传真：702-490-4908

电邮：Lswjs359@163.com

侨声报

美国《侨声报》（周报）创刊于2007年6月22号，逢周五出版，主要在美国俄勒冈州发行。

《侨声报》办报宗旨是：弘扬中华文化，加强中美交流，热诚为侨胞服务，缔造和谐侨社，促进侨界工商业发展。办报方针是：言论客观公正，报道详细实际，恪守职业道德。

《侨声报》主要栏目有：美国焦点、美国社会、特别报道、两岸交流、港澳新闻、专题报道、国际新闻、社区新闻、经济论坛等。

自创刊以来，《侨声报》充分发挥媒体的喉舌作用，为俄勒冈州华人华侨提供及时准确的新闻报道和丰富多元的文化信息，成为向主流社会传达侨声的渠道和华侨与祖国联系的桥梁。

社长：曹国财

地址：4224 SE 62ND AVE, PORTLAND, OR 97206

电话：(503) 888-8222

电邮：helenagao999@msn.com；admin@thechinamedia.com

侨报

《侨报》1990年1月5日创刊于美国纽约，是美国唯一以简体中文出版大型全国性日报，也是美国第一家全彩印刷的中文日报。《侨报》自创刊伊始，便着力向读者提供及时、客观、准确、公正的新闻，在中国大陆新闻报道方面独树一帜。经过20多年的努力，《侨报》已成长为一家拥有日报、周报、广播电台、网络新媒体、视频播报的多元化媒体集团。《侨报》在洛杉矶、纽约、旧金山三地同步印刷发行，并行销全美众多华人聚居城市。美西（洛杉矶）《侨报》自2019年7月4日（周四）改为全新的周报呈现给读者。

《侨报》的子报——《侨报周末》于1999年元旦创刊。这份周刊对中国新闻深度权威的分析报道和专题评论，赢得全美读者的广泛好评，被公认为美国发行量最大的一份华人报纸。

《侨报》印刷媒体已经在洛杉矶、纽约、旧金山、华盛顿、费城、波斯顿、芝加哥、休斯顿、达拉斯、奥斯汀、圣安东尼奥、西雅图、圣地亚哥、沙加缅度、新泽西、南北卡罗来纳等17个华人最为集中的地区同步发行，同时在这些地区以及北京、台北设立办事处，并派驻记者，形成强大的新闻采编网络。

侨报网（www.uschinapress.com）是《侨报》的环球网络新闻平台。

"美国头条"是美国华语世界首款具备大数据、云计算和个性化推送功能的海量资讯聚合型移动客户端，每天聚合约18万条资讯，经过自动筛选和配图，分1.6万个标签，最终向客户推送约3万条资讯，个性化推送准确率达到91%。

《侨报》的微博、微信、脸书、推特等亦有很大的影响力。微博粉丝一直保持在200万以上，居全球华文媒体前列。

总裁：游江

总编辑：郑衣德

总经理：任红雨

纽约地址：15 East 40th Street, 6th Floor,
New York, NY 10016, USA

电话：212-683-8282

传真：212-686-6363

旧金山地址：1648 Gilbreth Road,
Burlingame, CA 94010, USA

网址：www.uschinapress.com

电话：650-652-0588

传真：650-652-0586

电邮：info@uschinapress.com

洛杉矶地址：2121 West Mission Road,
Alhambra, CA 91803, USA

电话：626-281-8500

传真：626-281-8400

美中报导

《美中报导》于1995年1月创刊于美国亚特兰大。本报是以报道中国大陆新闻为主，内客涵盖两岸四地新闻的媒体。主要版面包括：头版新闻、焦点话题、大陆速览、台海展望、美国万象、政坛风云、经济纵横、法律指南、专家纵谈、教育园地、生活百科、家庭医生、人物春秋、名人与史、美食世界、娱乐新闻、美容保健及与中国大陆合作专版：南粤侨情、中医养生及侨乡广东等。其旗下目前有美中国际公关公司和美中国际友好基金会等。

目前，该报在全美各大华人聚居的城市都设有分社或记者站，并与美中报系强强联手，缔结为友好合作伙伴，在全美华人主要居住的各大城市发行。

社长：江维

总编辑：林芝

地址： 3570#G Shallowford RD, Atlanta, GA 30341，U.S.A

电话：678 -584-9438

传真：678-584-9439

电邮:Chinatribune@gmail.com

美中时报

《美中时报》1994 年创办于洛杉矶，2014 年全面改版。同时，创办了自己的网站 和公众号。新的《美中时报》是美中两国之间第一家跨国华文媒体，其读者范围不再局限于美国地区的华人，而借力互联网及其微信圈，通过云传播，扩展到中国地区，乃至全世界关注美中发展的人士。

《美中时报》不仅传播新闻，重在与企业家建立友好合作关系，其宗旨是“优势互补，合作共赢”。该报撰写的原创稿件，不仅在《美中时报》刊发，而且上传美中时报网站和微信圈，帮助用户创造和传播品牌。为中国企业到美国投资和美国企业到中国合作提供个性化智力服务。“打造美中经贸的桥梁，建立商务精英的智库”是《美中时报》的办报理念和发展目标。《美中时报》也注重中美文化交流，弘扬中华文化。

《美中时报》主要版面和栏目有：川普新政、新型大国、经贸纵横、华人华侨、经济观察、美国公司、投资美国、中国公司、投资中国、合作共赢、环球公司、领军人物、美中论坛、新闻聚焦、新闻人物、光斗观察、法制经纬、公益慈善、名人天地、两岸时尚、往事回眸、文学之窗、中国艺术、影视世界等。

社长：李永田

地址：580 West Monterey Ave. Pomona, CA 91769, USA.

网址：WWW.SinoUSTimes.com

电话：1-626-282-8661，1-760-793-6623

电邮：sinoustimes@gmail.com

美中信使报

《美中信使报》（周3刊），2002年2月15日创办，隶属于美国明桥国际集团公司旗下的美中报系，是该报系的主要报纸。原名为《美中晚报》（休斯顿版），2005年7月改为现名。该报每周二、五、日3天出版，对开共40多个版面，首尾版均为彩色印刷。发行于美国德克萨斯州休斯顿、奥斯汀、圣安东尼奥3大城市，服务于当地华人社区。

主要版面包括“头版要闻”、“国际新闻”、“大陆新闻”、“港澳台新闻”、“社区新闻”、“休市之窗”、“德州工商”、“美中论坛”、“律师说法”、“时尚生活”、“健康医学”、“体坛集锦”、“影视娱乐”、“长篇连载”、“分类广告”等。

名誉社长：谢忠

社长：金鸣峰

总编辑：梁爱华

副总编辑：杨秉礼

地址：7001 Corporate Dr.，Suite 201-A，Houston, TX 77036, USA

邮箱：P. O. BOX 770034 , Houston, TX 77215, USA

网址：www.usasinonews.com

电话：713-776-8868

传真：713-779-8266

电邮：m2wbhouston@yahoo.com

美中新闻

《美中新闻》创刊于1988年，是美中地区历史最悠久、发行量最大的华文报纸，每周在芝加哥出版对开12版，报纸内容力求丰富真实，主要包括：焦点新闻、社区新闻、医药卫生、财经新闻、生活资讯、影艺娱乐、大千世界及各类生活资讯。

社长：张政荣

地址：3343 S Wallace Street, Chicago, IL 60616

网址：www.canews.com

电话：312-225-5600

传真：312-225-8849

电邮：editor@canews.com

美华传媒

美华传媒是由创办于1994年的《中华文萃》和1997年的《美华商报》发展而来，目前已由原来4开16版的月刊发展成一个拥有《美华商报》和《美华财经》、《美华地产》、《美华教育》、《养生保健》、《LIFE周刊》等纸媒专刊的大型周报，每周出版80版，发行20000余份。

2014年5月，《美华商报》隆重举办了创刊20周年盛大庆典，华府各界500余人出席，

马里兰州长、维吉尼亚州长、华盛顿DC市长，中国驻美大使馆发来贺信，联邦参议员马克.华纳先生向《美华商报》赠送了曾在国会大厦上空飘扬过的美国国旗，以表彰《美华商报》做出的杰出贡献，参加会议的主讲嘉宾美国联邦劳工部长、著名美籍华人赵小兰女士作主旨发言，她说她是《美华商报》的忠实读者，每期都看，受益匪浅，她认为《美华商报》影响了一代华人，帮他们更快更好的融入美国社会。

《美华商报》为适应网络发展的需要，又创建了网络新媒体“美华在线网”、“美华在线APP”、“美华视频”、“美华之声”和微信公众号“美华一周”、“美华生活”、“美华财经”、“美华地产”、“美华旅游”、“美华养生”等，已经形成一个多媒体的传媒集团，利用多种方式，多种手段，更好地为海外华人服务，促进中美文化商贸交流。

董事长：周续赓

执行总裁CEO：周航

主编、资深记者：袁俊杰

地址：932Hungerford,suite25A,Rokville,MD,20850

网址：www.acmedia.us或www.acliving.net

电话：301-424-5978

传真：301-424-5979

电邮：info@acmedia.us

美国时报

《美国时报》创刊于2012年，每两周出4开24版，发行遍布南加州100多家书局、超市、餐馆和旅馆。致力于成为准移民和新移民朋友美国梦开始的地方；在美华人新老移民的生活指南和生活百事通；中国的企业家和移民客户了解美国的窗口；企业、商家与客户互动共享的良好平台。

版面内容主要分为3大类：面向华人社会，专注移民事务的移民信息；投资置业咨询和生活发展指南；娱乐休闲和华人心灵家园。

地址：17700 Castleton Street, Suite 335,
City of Industry, CA91748

社长：曹和平

电话：（626）839-8768

传真：（626）839-2086

网址：www.americatimes.net

美国都市报

《美国都市报》创刊于2008年，是美国《星岛日报》旗下周报，在纽约市供读者免费取阅，主要探讨美国、纽约都会区、在美华人社群以至中国、香港和台湾的时事，同时包括生活、娱乐、体育和其它趣味报道。

逢周五出36版，主要栏目有：美国纵横、头条故事、社区速递、中港台要闻、神州扫描、国际风云、网人网事和娱乐圈等。

地址：188 Lafayette Street, New York, NY 10013

电话：212-699-3800

美洲中国日报

美洲《中国日报》（日报）成立于1997年，相关企业包括：伟博出版公司、伟博报业印刷公司、《南加分类》报、《地产专刊》、报纸《网络电子版》、华人今日网等。

美洲《中国日报》内容以报导中国事务为主、服务于中国移民，该报周一至周六每日印行4套12大张48页全开的日报，周末附赠《独家周刊》。其中包括：“中国要闻”、“中国话题”、“中国大都会”、“中国社会”、“中国万象”、“中国论坛”、“中国经贸”等专版。

社长：江启光。

总编辑：周小武。

副社长、总编辑助理：Angel 黄

地址：9639 Telstar Ave. EL Monte , CA 91731

总机：626 279 5500626/3781001

传真：626 453 8822

电邮：Steve.Chiang@yahoo.com

美洲商报

《美洲商报》于2010年12月创刊，总部设于美国洛杉矶。隶属于总部设于香港的环球商报传媒集团，以向海外华人华侨提供全面，翔实的信息服务，推动海内外华人的交流，宏扬中华文化为宗旨。环球商报传媒集团属下的《加拿大商报》、《欧洲商报》及《美洲商报》合作发行9个地方版。

《美洲商报》出版发行日报版及娱乐时尚

周末版。日报版逢周二及周四在洛杉矶发行，娱乐时尚周末版逢周六在洛杉矶、旧金山和硅谷，以及拉斯维加斯华人区发行。发行区域涵盖主要城市的大商业办公室、零售商店、书店、超市、餐馆、诊所等，亦有电子版订阅，以电子邮件方式直接送到订户邮箱。

《美洲商报》（日报版）内容包括：国际国内新闻、中国大陆及香港、台湾地区新闻、财经、体育、娱乐、旅游、健康养生等。

《美洲商报》（娱乐时尚周末版）除了新闻副刊外，重点内容来自北京最流行杂志BQ的精彩报道，以娱乐、文化、流行时尚服饰、生活品味、艺术、饮食健康、休闲和旅游为主。

社长: 何国礼

旧金山分社社长: 缪国济

地址：Media Central Inc. 9040 Telstar Ave. #126 El Monte, CA 91731

网址: www.acnewsfree.com

电话 626-376-9399

传真: 626-376-9388

电邮: peterho@mediacentralinc.com

神州时报

《神州时报》创立于1991年。是美国较早致力于服务美国华人，特别是大陆新移民的中文周报。

《神州时报》的办报宗旨是：弘扬中华文化，促进中美交流，协调社区关系，增进社会沟通。随着赴美的中国移民、留学生的不断增加，读者构成的多元化，《神州时报》也顺应读者的需要，内容走向多元化。目前内容涵盖两岸三地新闻，美国国内新闻，社区新闻等，主要包括“环球掠影”、“大陆新闻”、“港台新闻”、“经济信息”、“重要文摘、“社区新闻”、副刊包括：“小说天地”、“古往今来”、“人物春秋”、“时尚风情”、“健康生活”、“文艺副刊”等。

除设在美国中西部芝加哥的总部以外，《神州时报》目前在亚特兰大，威斯康辛，佛罗里达和加拿大同步刊发。神州传媒的电子报版为神州传媒，纸质报纸为《神州时报》。以网络加实体报纸的传播力量，扩展其影响力。该报发行量：美国中西部（包括芝加哥）5万份，美国东部（包括亚特兰大）3万份。读者人群分类：美籍华人6.1%，华侨42.9%，中国大陆19.5%，中国香港13.5%，中国台湾19.8%，日本、韩国或其他国籍可阅读中文人口4.3%

社长：郑梅

总编辑：李赜

地址：China Journal 2146-A S. Archer Ave. Chicago, IL 60616

网址：www.chinajournalus.com

电话：312-326-3228

传真：312-326-3503

电邮：junxu@chinajournalus.com
chinajournal.ad@gmail.com
chinajournal@sbcglobal.net

星岛日报（美东版、美西版、洛杉矶版）

《星岛日报》（美东版、美西版）是香港《星岛日报》的海外版之一。创办于1968年。该报现日出版对开纸23张92版左右。版面内容包括“要闻”、“海峡两岸”、“国际新闻”、“香港新闻”、“今日大陆”、“今日台湾”、“东亚动态”、“香港经济”、“世界及美国经济”、“中国经济”、“体育新闻”、“娱乐”、“本地新闻”等。此外，周末随报附送《东周刊》、《星岛周刊》、《大陆周刊》和《美国都市报》。《星岛日报（洛杉矶版）》创刊于1989年，对开出版，总部设于洛杉矶，目前是南加州地区首屈一指的华人报纸，在南加州地区一直以社区报纸为目标，经常夺得社区大奖，包括主流社会新加州媒体的报道奖。

美东版社长：梅建国

总编辑：王宁

副总编辑：马安一

地址：188 LAFAYETTE STREET
NEWS YORK, NY 10013,USA

网址：www.us.nysingtao.com

电话：（212）431-9030（纽约）

传真：（212）699-3828

电邮：editor@nysingtao.com（纽约）

美西版社长：刘世添

总编辑：梁建锋

地址：5000 shoreline Ct.#300，St.San Francisco, CA 94080 U.S.A

电话：650-808-8800
传真：650-808-8801
网址：www.singtaousa.com
电邮：editor@singtao usa.com（旧金山）
洛杉矶版行政总裁：张修杰
地址：17059 Green Dr., City of Industry, CA 91745
网址：www.singtaola.com
电邮：admin@singtaola.com

科州华报

《科州华报》创刊于1994年1月1日，位于美国科罗拉多州的丹佛市中心。该报拥有7500平方英尺的办公大楼，全体从业人员10人，发行量6500份。创办宗旨是服务华人，弘扬中华文化与促进华人与当地主流社会交流。为加强与国内外媒体互动，该报已与AIBDOOO集团合资成功开发多语言互联网搜索引擎。

社长：赵陈月丽
发行人：赵世巨
地址：1548 West Alameda Ave., Suite A Denver,Colorado 80223 U.S.A
网址：www.cocnews.com
电话：303-722-8268 303-733-8888 720-334-1658
传真：303-722-7861
电邮：editor@cocnews.com fschao@hotmail.com

密城时报

《密城时报》于2007年12月由休斯顿《美中新闻》社长谢忠协助创办，是美国威斯康星州唯一华文报纸。创刊初期，得到易建联曾效力的俱乐部“宏远俱乐部”及陈海涛董事长的赞助和支持。《密城时报》以“记录威州华人的过去、现在和将来”为己任，以促进威州各华人社区发展及各族裔和睦、维护华人利益和声誉、创建华人美好家园为目的。创刊10年来共出版48期《密城时报》； 2010年元月起，与芝加哥《神州时报》合作，每期发行量增至9000份，发行于美国威斯康星及伊利诺两州，以地方新闻、文学艺术、历史回顾、青少年园地、旅游饮食、信仰人生等栏目服务于美国中西部读者。

2017年顺应电子时代的潮流，开始使用电子版发行，方便快速发表信息。由于《密城时报》仅依赖有限的广告收入并坚持免费发行，自创刊以来，一直由威斯康星州各地热心的文学爱好者提供义务服务，是美国唯一由非职业新闻工作者创办的非盈利义务服务当地华人的中文报纸。

总编: 王小婧
主编：陈鹤鸣
地址：10501 N Commerce St. Mequon WI 53092
网址：www.milwaukeechinesetime.com
电话：262-573-4686
电邮：wangxiaojing@ymail.com

维加斯新闻报

《维加斯新闻报》（周2刊）是美国新龙传媒集团旗下的一份对开大型报纸，也是内华达州拉斯韦加斯地区具影响力的中文报纸。每周发行平日版和周末版两份报，平日版一次出5套约50余页，周末版一次出5套约60余页，逢周二、周五准时出版。发行点遍布拉斯韦加斯华人活动区域，在各大华资超市、餐馆、诊所、商号和大部分酒店都可以免费取得，在洛杉矶多处华人超市也设有取报点。

新闻报版面有“今日要闻”、“焦点新闻”、“美国新闻”、“中国大陆”、“台湾”、“香港”、以及“拉斯韦加斯和洛杉矶新闻”；除重要新闻和地区新闻之外，还开辟有“地产家园”、“工商报导”、“社区活动”、“影艺娱乐”、“医药健康”、“生活文艺”等版面。

维加斯新闻网（LVCNN.com）每日提供拉斯韦加斯地区及时的新闻信息、以及世界头题新闻，并及时经由微信、facebook等社交平台同步传送。此外，影音新闻也是新闻网的一大特色，包括人物访谈及焦点座谈等。

该报还出版《维加斯黄页》中文电话薄，全彩精印，是拉斯韦加斯华人家庭必备的工具书。

社长：吴治欧（笔名：吴嘉）
地址：3552 Wynn Rd., Las Vegas, NV 89103，U.S.A
网址：www.lvcnn.com
电话：（702）6856600

传真：（702）6856601

电邮：Kent5275@hotmail.com

赌城天天报

《赌城天天报》（周3刊）创刊于2003年7月4日，是南内华达州发行量及发行天数最多的华文报纸。《赌城天天报》创刊宗旨：为华人同胞服务，忠实报道新闻、促进商业繁荣。该报是拉斯维加斯唯一一周发行3天的彩色中文报纸，发行点遍布赌城华人活动出入地区，取阅方便。每周一、三、五发报，周一与周二合并出报，周三与周四合并出报，周五同时免费发送《赌城地产》。

《赌城天天报》在南加州成立了洛杉矶分社，增辟洛杉矶版，报道洛杉矶地方、社区与工商讯息；并加强在华人聚集的圣盖博谷地区，包括蒙特利尔、亚凯迪亚、圣盖博、罗兰岗、哈岗、喜瑞都等地主要超市、书局的派报。

为使读者能看到最新、最准确的新闻信息，该报设有新闻编辑中心，与大陆新华通讯社、台湾“中央通讯社”签订供稿合约。

社长：欧冬来

地址：4215 Spring Mountain Rd. #B-206A, Las Vegas, NV 89102 “中国城二楼”

网址：www.lvcdn.com

拉斯维加斯电话：(702) 312-3998

传真：(702) 312-3997

洛杉矶电话：（626）709-7688

传真：（626）961-5275

电邮：ad@lvcdn.com

新世界时报

《新世界时报》?创刊于1997年9月19日，是一份由中国大陆新移民创办的北美首家中文简体字报纸。她始终以“正视听、助社群、传文化、进主流”为已任，坚持“客观、公正、平实、求质量、重品味”的方针，致力于客观报导美国和中国两岸4地的政治、经济和社会情况；努力为当地华侨、华人提供全方位的信息和信息服务，在弘扬中华文化，促进中西文化交流、协助新移民融入当地社会、维护和促进华人社区团结等方面，起到了华侨、华人的喉舌作用。

《新世界时报》在美国首都华盛顿地区发行。每周五出版，发行范围包括南马里兰州，北维吉尼亚州，华盛顿特区和巴尔地摩等大城市。邮购订阅遍布全美各地。报纸每期80版，每周发行量达10000余份。电子版每周五零时出版。

《新世界时报》报纸前3版不放广告已为读者认同。每期内容除”本报评论“外，包括4大板块：综合新闻、社区消息、工商报导、时报副刊。

董事长：倪涛

地址：15209 Frederick Road， Suite 208，Rockville， Maryland 20850 USA

电话：(301)340-1560???

传真：(202)644-5189

电邮：newworldtimes@gmail.com，news@newworldtimes.us

新民晚报（美国版）

《新民晚报》美国版于1996年在加州创刊，是中国大陆第一家在海外发行的晚报。《新民晚报》是上海地区的综合性报纸，以“宣传政策，传播知识，移风易俗，丰富生活”为编辑方针，着眼于“飞入寻常百姓家”，在内容上力求可亲性、可近性、可信性、可读性。《新民晚报》美国版每周出4开72版左右，包括“美国要闻、华人服务指南、国际社会、聚焦中国、文化、体育”等内容。

地址：1520 S. Garfield Ave., Alhambra, CA 91801-5017

电话：（626）8563889 3089885

传真：（626）8563896 3089585

电邮：xmhwb@wxjt.com.cn

新报

《新报》逢周五在圣地亚哥出对开20版，主要版面包括：独家报道、特别报道、本地要闻、美国新闻、中国新闻、美丽健康、中老年养生等。

发行人：牟菲菲

社长：廖中强

地址：4565 Ruffner St.Suite 104, San Diego, CA 92111

电话：858-278-1006 ???

电邮：sdnewtimes@gmail.com

中外论坛

《中外论坛》是1991年由旅美华人投资创办的综合性大型双月中文学术期刊，总部位于美国纽约。出版人刘御州在发刊词里开宗明义指出：本刊应"博采诸家之长，以增进海外华人间的了解和团结，促进海峡两岸之文化、经贸交流，以传播美国生活和国际知识为主旨。辐射面广，包罗万象"。刊物曾设栏目数十个，现有固定栏目"文坛掠影"、"散文随笔"、"译林探索"与"学术园地"，这些栏目兼顾了海外传媒的异域性、广泛性与包容性。

《中外论坛》致力于华文文学的研究与推广,其中，对华文作家作品的研究涉及近60位作家，如张爱玲、纪弦、王鼎钧、洛夫、黄运基、刘荒田、于梨华、严歌岑、张翎等。而在该刊发表研究论文的多为大陆海外华文文学研究界资深专家、学者教授和青年才俊。

社长、发行人：刘仕诚

总主笔：王性初

总经理：陈敏敏

资深顾问：陆维龙

地址：China Media Services, LLC
P.O. Box 744
Rockefeller Center Station
New York, N.Y. 10185

电话：201-657-6270

传真：（201）871-8891

香港总代理电话：（852）2858 0645

电邮：davidliusr@yahoo.com

世界艺术家杂志

《世界艺术家杂志》创刊于1998年, 在美国科罗拉多州政府注册, 在世界各地多个国家发行。目前为彩色80页季刊。主要栏目有：世界艺坛写真、大师画页、当代中国名家、经典回放、中西艺术对话、陶瓷艺术、中国书画、艺海拾贝等。 杂志以传播中华炎黄文化, 文化的双向对话与传播为主旨，推荐在各种艺术品类中涌现出来的中国新一代艺术家、 工艺美术名家、书画艺术理论工作者及创作人员。

发行人、社长：屠新时

总编辑：川 木

地址：6257 S. Jamaica Ct. Englewood， CO 80111 USA

电话：1303-934-1773

传真：1303-934-0262

电邮：tuxinshi5@yahoo.com

北京青年周刊（美洲版）

《北京青年周刊（美洲版）》（周刊），创刊于2010年12月，在洛杉矶及旧金山出版，是一份随着《美洲商报》每周五免费发行的全彩印刷的华文周刊。该刊属于香港环球商系传媒中心海外成员, 以向海外华人华侨提供客观、全面、 翔实的资讯服务, 推动海内外华人的交流, 弘扬中华文化为宗旨。

《北京青年周刊（美洲版）》栏目包括"时代"、"生活"、"文化"及"客户广告"。

社长、行政总裁：何国礼

地址：9040 Telstar Ave., Suite #128
El Monte, CA 91731

网址：www.americacommercialnews.com

电话：626-376-9399

传真：626-376-9388

电邮： peterho@mediacentralinc.com

号角

《号角》（月刊）德州版创刊于1995年，由基督教角声布道团发行，月出对开40版，全部为彩色印刷，免费派发，对象为当地华人。版面包括：专题、综合时事评论、德州园地、趣味人生等，力求切合华人的需要和兴趣。

负责人：徐乐平（Nancy Liu）

地址：7001 Corporate Drive,#379, Huston,
TX 77036

电话：（713）270-8660

电邮：huston@cchc.org

红杉林

《红杉林》（季刊）于2006年春季创刊，是一本荟萃人文思想，追求艺术品味的文学刊物。该刊以弘扬中华文化为宗旨，主要发表来自世界各地的原创或翻译作品，为全球华文作

家、学者提供文学交流的平台。该刊还专辟特辑，访问精英人物和撰写报告文学；开辟旅游视野及中英文交流；特设华文校园和小作家园地，培养双语人才。面向海内外公共图书馆、大学研究机构、书店及报刊网发行。

《红杉林》得到华人文化界名人支持，特邀名家聂华苓、白先勇、余光中、陈若曦、严歌苓等组成顾问团，业界精项组成董事会

董事长：刘源凯

副董事长：曹树堃，戴建民

社长：王灵智

副社长：黄秀玲 陈杰民

总编辑：吕红

副总编：王性初 陈绮屏 唯唯

地址：Chinese Literature of the Americas
1435 Stockton St.B–3
San Francisco,CA 94133, U.S.A.

电邮：chinese_literature@hotmail.com

医学养生美容顾问

《医学养生美容顾问》（月刊）是一本融医学知识，健康养生及美容保健为一体的，有吸引力的可读性月刊，也是一本男女老少皆宜的值得收藏的生活常识杂志。旨在能为海外华人生活与健康奉献一份微薄之力。该刊物在美国德克萨斯州休斯顿市出版发行。

社长：谢忠

总编辑：杨佳理

地址：12335Kingsride LN.#281,
Houston,TX77024 USA

电话：001–713–647–0069 001–713–304–5636
001–713–789–2800

电邮：syguthrie@gmail.com
Zhong8864@yahoo.com
syguthrie@gmail.com

美国新华杂志

《美国新华杂志》(半月刊)是美国新龙传媒集团旗下的一份综合性杂志。铜版纸彩色封面，内容丰富，包括“专题报导、名人轶事、文学欣赏、奇闻百科、趣味生活、健康养生、风水命理、影视娱乐、社会万象、赌城信息”等栏目。其中赌城信息，主要介绍表演秀及商展，因实用获读者喜爱。发行地区以拉斯韦加斯为主，并扩及洛杉矶部分华人城市。

社长：林?佳

地址：3556 Wynn Rd., Las Vegas,
NV 89103，U.S.A

电话：（702）6856602

传真：（702）6856601

电邮：news@lvcnn.com

德州月刊

《德州月刊》为免费赠阅的华文月刊，口号为：在德州发行，以德州为家园的刊物。每月出4开24版，包括社区简讯、地产指南、健康、育儿等内容。

地址：9510 Caraway Lane Houston,
TX 77036

电话：（713）271–2120

传真：（713）271–9820

电邮：bcm_houston@yahoo.com

环球通讯社

环球通讯社成立于1997年，是由鸿晓投资集团及诚保利集团投资并运营的大型北美华人综合性信息门户网站。

2013年，环球通讯社由于北美最大华人投资集团“诚保利集团”加盟，成为北美地区专门为小区大众及网友提供免费的互动服务与最及时的信息传递和华人新闻活动的网络平台。

环球通讯社总部设于美国洛杉矶，分部遍及中国、台湾、香港、美国纽约、华盛顿、旧金山、新加坡、马来西亚等地。环球通讯社采用最新Web2.0 技术，利用先进的互联网技术，矢志打造海外华人的国际性网络，为当地华人提供本土化的生活信息，促进华人在各地的发展，加强全球华人的信息互助、交流和共享。

董事长：戴守真（Sho Tay）

董事：许坚（Kin Hui）

总编辑、采访主任：杨憬（Jing Yang）

地址：733W Naomi Ave. #N325, Arcadia, CA 91007

网址：www.chinesedailyusa.com

电话：（626）921–6418, (626)377–8618

电邮：chinesedailyusa@gmail.com

美洲华联社

美洲华联社创办于2014 年10 月，全称为美洲华人联合通讯社，总部设在美国洛杉矶，是在美国加州政府注册的新闻网站。

美洲华联社的创办宗旨是：服务华人社区、维护华人利益，及时报道 美中两国的新闻，促进美中两国之间的相互了解及美中关系的发展；目标是打造一 个为更多华人提供信息服务、沟通及交流的平台。独立、客观、公正，是美洲华联社 基本的新闻态度和立场；立足美国加州的新闻采访、华联时评、传递侨务政策、介绍商业和创业资讯，是美洲华联社的特点。

美洲华联社网站开设有“国际新闻、美国新闻、中国新闻、时政观点、金融财经、专题聚焦、世界华人、移民美国、医疗 健康和生活万象”等频道。

社长、总编辑：孙卫赤（Weichi Sun）

地址：808 E Valley Ave. San Gabriel CA 91776 USA

网址：www.huarenone.org

电话：626-347-5619

传真：626-872-1720

电邮：huanrenone@gmail.com

美新社

美新社（全称“美洲新闻社”），（原“环球通讯社”）。创办于2005年。是立足北美,为海外华人量身定制的资讯、娱乐网络平台。

“美新社”多年来一直秉持着公正、公平、中立、 严谨的态度，新闻报道有口皆碑，深受当地两岸四地、越柬辽侨胞及美国各界主流人士喜爱。参与现场报道各类重大事件及当地主流社会、华人社团新闻数千场。多年来，美新社团队积累了各行各业人际网络，人脉关系，拥有庞大的人脉资源，和网络客户。

“美新社”致力于服务北美华人社区及海外华人社群，并且提供各种资讯服务及最快捷的华人社区网络新闻。

“美新社”采用最新，最先进的互联网技术，矢志打造海外华人的国际性网络，切实提供各地华人最本土化的生活资讯，促进华人在各地的发展，加强全球华人的信息互助、交流和共享。

地址：11100 Valley Blvd, El Monte, CA 91731

社长：杨憬

电话：1（626）522-0883

邮件：ChineseNewsUSA@gmail.com,NewsAgencyAmerica@gmail.com

网址：www.chinesenewsusa.com,www.NewsAgencyAmerica.com

中国侨声文化传媒集团

中国侨声文化传媒集团由《中国侨声》杂志社发展而来，中国侨声文化传媒集团（以下简称中侨传媒）成立于 2004 年，成立初期以纸媒杂志为主，现已成 为一家集音频、视频、纸媒杂志及网络一体的融媒体公司，目前公司拥有《中国侨声》杂志和中 国侨声网两个平台。公司秉承“独立、公正、及时、实用”的办媒体方针，是一家在美国华人社区具有一定影响力的传媒。

中侨传媒的诞生与发展，是华侨历史发展的产物。华侨遍布全球，有心声要发出，有乡思要寄托，有故情要抒发，有 事业要追求。因此中侨传媒应运而生。 中侨传媒以服务社区，传递中美两国的文化、教育、商务、贸易及社区信息为宗旨，及时了解社会动态、时事新闻及新移民的诉求。

总裁：陈键榕

地址：Address: 6 Allen Street, 7th Floor, New York, N Y, 10002 U S A

电话：1-212-566-8850

传真：1-212-925-2908

电邮：info@thevoiceofchinese.com
kennybronx@yahoo.com

国际日报集团

《国际日报》集团由美国《国际日报》、印尼《国际日报》、《国信早报》、《万隆日报》、《泗水晨报》、《INSONESIA新闻》等10报2刊2网站，以及《亮点国际新传媒》组成。

美国《国际日报》1981年创办于美国洛杉矶，发行遍布北美。

美国国际日报发行人：熊逢生

地址：蒙特里市蒙特里山口路 870, 蒙特雷

加州公园91754

网址：www.chinesetoday.com

电话：(323) 265-1317

传真：(323) 262-1425

电邮：maryzhp@hotmail.com；

idnchina@gmail.com,idnchina@hotmail.com

美国飞龙国际文化传媒集团

美国飞龙国际文化传媒集团于2016年9月在美国德克萨斯州注册成立。成立不久，就和中国国侨办在休斯顿挂牌的《华星艺术团》共同成功举办了“2016国际辣妈大赛”，大赛向全世界开通“网络红人”奖投票，有来自70多个国家100多万网友为“网络红人”奖投票。为已婚女性提供了一个展示自我的舞台，更好的展示女性“自信、独立、时尚、优雅，爱心”的生活态度和积极向上精神面貌。

国际辣妈大赛开创5年来，已经从美国休斯敦走上了国际，2018年国际辣妈大赛在全球7个国家（美国4个州、中国22个省市、加拿大、澳大利亚、新西兰、德国、阿联酋）盛大举行，参与人数达到数万人，网络红人投票每一个赛区突破一千万人关注，330万人通过网络看颁奖晚会的直播。

飞龙传媒目前与多方合作，以发展网络新媒体为主体，跳出传统媒体的框架，以媒体包装品牌，打造属于自己的品牌产品，如：国际辣妈大赛、网络视频节目等。

该集团的服务项目包括：新闻报道、网络媒体、网络电视节目及视频制作、广告宣传、名人专访、网络专栏、文化交流、承接文艺演出、艺术展览、策划各类节目及活动。

董事长、国际辣妈大赛组委会主席：陈铁梅

地址：10333 Harwin Dr #320, Houston, TX 77036，United States

网址：www.fdmedia.us

www.hotmamapageant.com

电话：1-832-803-9018

电邮：fdmedia.us@gmail.com

美国多元文化集团

美国多元文化传播集团成立于1982年，是全美国亚洲人所拥有的最大传播媒体集团，旗下拥有3个核心营业单位：广播电台、电视台及杂志。

该集团在美国11个州拥有及经营30多个广播电台，20个主要市场，覆盖8000万人口，每天播放30种不同国家的语言和方言。 其24小时华语电台在洛杉机有：AM1300国语台，AM1600国语台及AM900国语台联播；AM1430粤语台。 纽约有：AM1480粤语台，AM1380国语台。在旧金山、波士顿、西雅图、休斯顿都有部份时段的中文节目。 2008年北京奥运会期间，多元文化集团创造了历史性的首次与奥委会独家授权播放奥运盛况的（美国）国家电视台合作制作奥运的中文版，把奥运每天的赛事盛况放送给全国的国语、粤语听众。

该集团的华语电视在全美国覆盖约1290万家庭。 其中大纽约区290万家庭通过光谱(SPECTRUM) 有线电视582台、583台，有线电视(CABLEVISION)系统238台播放；大洛杉矶区覆盖292万家庭，通过无线电视44频道播放；旧金山湾区履盖420万家庭，通过无线电视38.2频道播放；全国性履盖1290万家庭，通过Verizon FiOS，281频道播放。放送24小时综合性节目包括：华语一台——主机综合台，华语二台娱乐台，该台自制节目有：每日华尔街财经报道、国语晚间新闻、粤语晚间新闻、每日新闻快讯、新闻大特写、华语话新闻、生活时尚、华语巨星卡拉ok大赛等。

该集团的《多周刊》M-Weekly是一本面向在美华人的综合性平面刊物，是广播电视与听众和观众沟通的文字桥梁。 《多周刊》于2002年6月创刊。其内容包括美国好来坞和纽约、亚洲的最新娱乐消息。 刊有关于集团拥有的各电台及华语电视之最新动态及节目表。免费派发，读者可在该刊办公室、曼哈顿、皇后区、布鲁伦区以及新泽西州以及南加州等地的超市、商场、报摊及餐馆索取。

多元文化集团

总裁：刘恕

电邮：arthurl@mrbi.net

地址 (东岸)：40 Exchange Place, Suite 1010, New York, NY 10005, USA

地址 (西岸)：747 E. Green Street, Pasadena, CA 91101, USA

网址：www.mrbi.net

电话：(212)431-2780

传真：(212)966-1012

美国纽约商务传媒集团

美国纽约商务传媒集团成立于2005年，在美国康涅狄格州政府注册。美国纽约商务传媒集团下辖：纽约商务出版社、国际作家书局、国际品牌策划推介中心、纽约商务新闻社、纽约国际影视制作公司、《纽约商务》杂志社、淘新社（与浙江淘屏合办）、纽约商务出版社公众号、纽约商务传媒公众号、杭州冰凌文化策划有限公司等。

美国纽约商务传媒集团作为一个跨国、跨界、跨媒体的现代出版、文化交流、品牌策划专业机构，14年来与中国多家著名出版社联合出版大量的书籍、画册和光盘。与上海交通大学人文学院联合成立了美国中国古代文化国际研究院。纽约国际影视制作公司拍摄了《中国著名作家访谈录》（300卷，已经完成50卷）和几十卷电视片等。

纽约商务传媒集团大力推介中国文化、文学、艺术、科技等各界成功人士，弘扬优秀的中华民族文化，促进中美文化的交流。

董事长：冰凌。

副董事长：沈世光、姜晓航。

总裁：姜卫国。

副总裁：王海龙、杨皓、姜妮、邹德浩、海蔚蓝、姜川、陈建斌、

邱逸臻、罗克华、王振国。??

美国地址：769 W Main St. West Haven, CT 06516 USA

电话：1-203-668-6824、1-203-691-0869

传真：1-203-286-1756

美国新闻速递

美国新闻速递创办于2016年1月，是中英双语全数字新闻媒体，简称UNE。全面运用高效的新媒体传播方式，保持传统媒体严谨、专业的职业精神与新闻品质，为华语及英语社区提供第一手客观、公正、切实的即时新闻及深度采访。

UNE上线以来发展迅速，受到世界华语圈与英语圈读者的喜爱。与新华社驻洛杉矶分社、中国山东卫视、东南卫视、浙江经济网等保持着良好的业务合作与互动关系。

作为新式融媒体，该媒体注重媒体的社会影响力、社区关系建设及多向社会互动。UNE主办的 “丝绸之路美洲论坛” 于 2017年11月2日在洛杉矶举办，取得一定成功，为中国与美洲地区的贸易连通贡献了一份力量。

总裁、总编辑：刘茁

首席记者：庞可阳

地址：510 E Foothill Blvd. Suite 205 , San Dimas , CA 91773

网址：www.usnewsexpress.com

www.usnewsexpress.us

电邮：Jennifer.l@usnewsexpress.com

电话：909-260-6610

美国鹰龙传媒有限公司

美国鹰龙传媒有限公司有近30年历史，是美国具规模的多媒体华裔媒体公司。公司集广播、电视、平面、新媒体于一体，业务遍及几十个国家和地区。旗下拥有的媒体包括美国城市新闻网、美国城市卫视、美国城市电台、美国城市杂志、美国城市资讯微信等多媒体平台。美国鹰龙传媒旗下的KCFJ电台加盟了美国CBS新闻电台家族，并且以KCFJ570.com的官方网站向更多新媒体观众提供试听服务。公司秉承3个宗旨：维护华裔公平的知情权，维护本民族中华文化的传承权，维护华裔在美的平等权，以推动文化交流促进族群融合。

地址：1773 W. San Bernardino Rd., C31, West Covina, CA91790, U.S.A

网址：www.icitinews.com

www.cafilmfestival.com

电话：1-626-8563889

传真：1-626-8563895

电邮：info@edimediainc.com

美南报业

美南报业传播公司源出于，美南新闻（日报），该报于1979年6月16日在休斯敦创刊，旨在弘扬中华文化，提升华人在美国的政治经济地位，报道力求客观公正。初为周报、双日报，于1984年改为日报，日益壮大。更由“休

斯敦总社”，向全美国各地十余个大都市以地区为名发行加盟及姐妹报，为配合中国大陆移民日益增多、各地尚有简体中文《亚美新闻》报的发行。

美南报业传播公司不仅遍植北美洲，更发展至亚洲的雅加达及马尼拉，中美洲。成为极具影响力的报业集团。1995年创立了第一家“中文电子日报”，透过电子网络、为全球华人提供实时及详尽的新闻传播，后又成立“美南华语广播电台”，“美南国际广播电视公司”。

美南新闻日报(美南报业系统总部)
董事长、总发行人：李蔚华
社长：朱勤勤
副社长: 秦鸿钧,朱幼桢
总编辑：盖军
地址：11122 Bellaire Blvd., Houston, TX 77072
网址： www.today-america.com (今日之美国)
电话：(281)498-4310
传真：(281)498-2728
电邮：news@scdaily.com

华府新闻日报
社长：黄瑞礼
总经理：李静芳
总编辑：李静娴
新闻部主任：徐崇民
地址：5848 Hubbard Dr. Rockville, MD 20852
网址：www.wchns.com
电话：(301)984-8988
传真：(301)984-8806
手机：（240）476-4127
电邮：news@wchns.com chingshu2266@gmail.com

达拉斯日报

亚美时报
总经理：李静兰
地址：12809 Audelia Rd., Dallas, TX 75243
电话：(972)907-1919
传真：(972)907- 1867
电邮：chinese9071919@vahoo.com

芝加哥时报

亚美时报
总裁：李着华
社长：李郭笑荣
地址：424 Fort Hill Dr. Naperville, IL 60540
电话：(630)717-4567
传真：(630)717- 7999
电邮：ccn@chicagochinesenews .com

波士顿新闻
负责人：李静兰、李静芳
地址：29 Baker St. Belmont, MA 02478
电话：(617)338-1170
传真：(617)607-9252
电邮：info@bostonchinesenews.com

亚特兰大新闻
总经理：许月芳
地址：Po Box 941010 Atlanda,Ga 311411-0070
网址：www.Atlandachinesenews.com
电话：(770)455-0880
传真：(770)452-0670
电邮：info@atlantachinesesenews .com

波特兰新闻
社长：许慈恩
地址：8056 SE Harold St. Portland, OR 97206
电话：(503)771-9560
传真：(503)7 88-8900
电邮：pct@portlandchinesetimes.com

西雅图新闻
社长：江家珊
地址：519 6th Avn. S. #210 Seattle, WA, 98104
网址：www.chinese-eseattlenews.com
电话：(206)622-6371
传真：(206)622- 7549
电邮：chineseattlenews@yahoo.com

圣刘易斯闻
社长：黄江文

地址：1766 Burns Ave.,Suite 201,St.

网址：www.scanews.com

电话：(314)991–3747

传真：(314)991 –3554

电邮：slcj@sprintmail.com

西雅图中文电台

西雅图中文电台成立于2012年5月，首播于2012年6月25日。播出时间：周一到周四晚9点到12点，周五到周六为晚7点到12点，周日晚6点到12点；手机App和电台网站可以全天收听过往节目。西雅图中文电台是自华盛顿州有华人之后160年来首个中文电台（用普通话/粤语播出），该台成立目标是要做最好的中文电台，为西雅图以及全球6000万海外华人服务，为两岸三地的14亿中国同胞服务。

西雅图中文电台的听众来自全球100多个国家。该电台致力于促进中美两国的文化和经贸往来，是美国华盛顿州最有影响的中文媒体之一。西雅图中文电台是2016年西雅图市长穆雷访问中国的唯一随行媒体、2017年华盛顿州州长就职典礼唯一到现场报道的中文媒体、也是西雅图国际电影节唯一指定中文报道媒体。2017年9月2日被西雅图市长命名为“西雅图中文电台日”。2018年4月，西雅图中文电台台长 苏小元受邀访问白宫。 西雅图中文电台现有成员100多人，是在美国证监委（SEC）注册登记的股份公司。西雅图中文电台是年度“西雅图华人春节晚会”、“中美企业家论坛西雅图高峰会”，以及“华盛顿州华裔小姐大赛”的主办方。

董事长、台长：苏小元

地址： Chinese Radio Seattle 3650 131st Ave SE Suite 550

Bellevue, WA 98006 USA

网址：www.chineseradioseattle.com

电话：+1 206 619 8698

电邮：crsradio@gmail.com

老中广播电台

美国老中广播电台2012年开播，由老中传媒集团创建。该电台使用湾区华语电台电波最强的92.3FM，每周5日，每天下午4时至5时播出。内容主要包括“音乐欣赏”、“时事论谈”及“人物专访”。老中广播电台创办宗旨，服务硅谷地区所有华人，为听众提供最新的新闻及最实用的资讯。

创办人：何百炼

总经理：何百川

台长：邱沁

地址：260Main Street Suite.200 Redwood City CA 94063

网址：www.newsforchinese.com

电话：650–369–4680

传真：650–369–4546

电邮：editor@newsforchinese.com

纽约中国广播网

纽约中国广播网于1988年2月1日开播，是美国率先24小时使用调幅（AM1240）和调频副载波（FM101.1SCA）双频广播的华语广播电台。以普通话24小时全天播音，服务纽约地区。播音范围覆盖曼哈顿、皇后区、布鲁克林、史丹顿岛及部分新泽西州、纽约上州和长岛地区。中国广播网节目内容包括“新闻”、“专题报道”、“流行音乐”、“医药信箱”、“妇女家庭”、“戏曲”、“法律与社会福利”、“中英文教学”、“广播小说”等。该台每日以卫星传送台湾、香港及中国大陆，同步报道华人关心的两岸四地重要新闻。

该台编辑部、播音室及发射台分别设在纽约市皇后区和长角，其采编播录各环节均采用数字化技术，同时拓展网络广播，提供多媒体服务。听众可由收音机、手机、电脑、电视及连接设备收听，并可与编播人员进行互动。纽约中国广播网是GM及其AOR连续3年签约的游击行销提供商。

台长：程蕙

地址：133–11 41 Rd, #1A,

Flushing NY 11355 U.S.A.

网址：www.chineseradionetwork.com

www.am1240wgbb.com

电话：（718）661 3933

传真：（718）358 3248

电邮：crn@chineseradionetwork.com

星岛中文电台

星岛中文电台粤语一台AM1450、二台AM1400先后于1996年4月8日、1997年6月2日启播，广播时间：逢周一至周五，晚10点至下午2点；“普通话台”FM96.1于1997年3月3日启播，广播时间：周一至周五，上午7点至下午2点。节目内容：每天以粤语和普通话在主要时段播出信息性和娱乐性的节目，报道听众所关心的身边和家乡发生的重大事件、新闻评论、社区演示文稿以及旅美生活新知；开设空中热线，邀请官员，各方精英及专业人士访谈并与听众进行现场电话交流；特备娱乐节目介绍本地或国际的知名艺人的消息，娱乐和社区活动新闻。

台长：刘世添

地址：5000 shoreline Ct.#300,South San Franeisco,CA 94080 U.S.A

网址：www.chineseradio.com

电话：（1 650）808 8800

传真：（1 650）808 8839

电邮：sf@chineseradio.com

德州中文台

德州中文台源自1995年休士顿第一个正式启播的华语广播 “早安休士顿” 节目。其创办宗旨就是要做海外华人与主流社会、法律政策以及生活服务沟通的桥梁。其服务理念是为了帮助华人尽快地了解掌握当地重要的发展和变化并融入所在地生活。由最早每天2个小时播音的“早安休士顿”到每天12个小时节目的“德州中文台”创办，如今“德州中文台”已成为全休士顿当地制作时间最长的华语广播电台。

目前，该台构建网络广播收听机制，设置不同类型的节目：政策、财经、法律、园艺、医药健康、生活娱乐等，为不同需求的听众，提供服务。

该台秉持媒体的社会责任，还定量制播公益节目宣传公益活动与资讯。

网址：www.NihaoHouston.com

电话：713.984.0424

713.839.1880

传真：1.866.332.3934

丁丁电视

丁丁电视是美国硅谷首创华语网络电视，由著名节目主持人、美国亚裔英雄奖获得者丁维平和硅谷科技团队创办。是北美第一个开放现场观众互动，网络同步直播及循环播放的华语电视节目。丁丁电视从2010年底开始，与美国资深电视节目制作人，合作推出《创新对话》节目，该节目在美国卫星电视Link TV播出，覆盖全美50个州174个电视频道以及3200万个美国家庭并在全球网络播放；丁丁电视推出的科技节目Future Talk的中文版《硅谷看世界》，在Channel 30、27、28、29等有线频道播出；制作的“非常维平”节目于每周二、四晚上7：30分到8点黄金时段，在Direct TV 38、DISH NETWORK 8241、COMCAST 21、DIGITAL CABLE 38.1、363频道同步播放，该节目还在广播频道AM1450周三7：00pm播出。丁丁电视的节目内容包括“科技创新、艺术文化、心灵成长、健康生活”等方面。

创办人：丁维平

地址：3350 scott B1vd Bldg 54,

Santa Clara, CA 95054, U.S.A

电话：408-2448883，408-2203099

408-3962601

电邮：Diana@dingdingtv.com

Sandy@dingdingtv.com

凤凰卫视美洲台

凤凰卫视美洲台于2000年11月23日正式在美国启播，是香港凤凰卫视控股有限公司全资拥有的中文电视频道。该台设在洛杉矶的美洲台总部，拥有2万平方尺办公场地及专业的演播厅。凤凰在全美各地拥有专业的记者团队，在华盛顿、纽约及洛杉矶有3个记者站。凤凰美洲台与美国两家卫星平台DirecTV和Echo Star合作，把凤凰卫视的节目全天候24小时传给生活在美国的华人。全日播放多类型的华语节目，内容包括“凤凰环球报道”、“凤凰早班车”、“锵锵三人行”、“相聚凤凰台”、“鲁豫有约”、“冷暖人生”、“时事开讲”、“凤凰剧场”等；另每天现场直播一小时本地新闻节目“凤凰北美播报”和“天天

话题”访谈节目；美洲台是唯一一家在华尔街现场报道每日财经、股市行情的华语媒体。

美洲台台长：吴晓镛

美洲台副台长：曾世平

地址：12803 Schabarum Avenue
Irwindale, CA 91706 U.S.A.

网址：www.phoenixtv.com

电话：（1 626）388 1188

传真：（1 626）388 1106

洛城 18 台/旧金山 42 台

无线电视台洛城18台，（KSCI–LA18）服务南加多族裔社区40多年，覆盖南加地区洛杉矶县、橙县、河滨县、圣博纳迪诺县、圣地亚哥县与文杜拉县，超过750万个家庭。

尼尔森公司2014年的媒体调查显示，洛城18台在南加州的覆盖范围超过任何独立的无线电视台，服务全美第二大电视市场与最大的亚裔市场。

无线电视台旧金山42台,（KTNC–SF42）开播于1983年，覆盖湾区绝大部分地区的320万户家庭，包括旧金山、圣荷西、奥克兰、弗里蒙、康科德等城市，旧金山42台以高清播出 效果，从大旧金山亚裔语言电视台中脱颖而出。

KSCI–LA18以及KTNC–SF42播出丰富的自制美国当地新闻及访谈节目，向观众介绍加州医疗卫生、教育、经济、法律、文化艺术等方面的内容，也将优质的两岸 新闻，连续剧，以及中国大陆与台湾丰富的综艺节目呈现给美国华人观众。

双台的中文节目播出时间：周一至五上午11点至12点，晚间节目洛杉矶6点至8点播出；旧金山7点至9点。

联络人、共同创办人、首席主持人、制作人：卓蕾 Juliette

网址：www.primetimetv.org

在线翻译：LA Primetime TV

脸书：LA18ChineseTV

照片墙： laprimetimetv

推特：LAPrimetime

电话：001–(626)–248–3318

微信公众号：中文黄金档

电邮：jzhuo@la18.tv

美国天下卫视

美国天下卫视创立于1989年，是北美第一个全天24小时播放的华语电视。它通过无线、有线Cable、卫星电视及IP TV等多元平台，向观众播送丰富多元的新闻、综艺、影视、体育、健康及生活节目。电视讯号覆盖全美。2012年9月，天下卫视新建了全美唯一无线播出的粤语频道-44.4；2014年，又新增了44.3国语台。2015年，天下卫视在旧金山湾区落地，通过无线频道4.2 与Comcast有线193频道，播送高品质的综合节目；2019年5月，将通过时代华纳有线电视，在纽约落地，成为全美华人中具影响力的中文电视台。

近年来，天下卫视在北美地区推出了多档国内一线华语综艺节目，如“歌手”“中国好声音”等，并开创了北美同步首播的先河。天下卫视还积极发展包括YouTube和亚马逊在内的新媒体平台。

天下卫视在洛杉矶，旧金山及纽约拥有一定的客户关系网，并和海外客户紧密合作，为百余个国际一线品牌策划宣传推广，是一家在北美能够整合传统媒体及新媒体，为客户带来全方位推广效力的媒体平台。2019年，中国的上市公司捷成华视网聚收购了天下卫视。

负责人：陈青（Jenny Chen）

电话:?(626) 353–4281　　(323) 888–0028 ext 103

传真:?(323) 888–0029

电邮：qingjenny@gmail.com
orjennyqchen@skylinktv.us

微博：www.skylinktv.us

美国中文电视

美国中文电视成立于1989年，总部位于纽约，在华盛顿、洛杉矶、旧金山、芝加哥、波士顿等地设有分部，是北美地区最具规模和影响的华文电视媒体。拥有覆盖大纽约地区的全天候数字频道及有线电视频道,在Apple TV、Roku TV等美国主流网络电视平台以及全部主流华文网络电视平台实现同步直播。美国中文电视连续5年获得纽约少数族裔及社区媒体奖

（IPPIES Awards）、媒体金奖以及2018年纽约艾美奖提名。美国中文电视新媒体平台美国中文网采用面向全美的独立运作模式，手机平台以及社交媒体平台为美国中文电视在数字时代继续发展提供了有力保障。

董事长：岑工

总裁：蒋天龙

曼哈顿办公室：

地址：15 East 40th Street，New York，NY10016,U.S.A.

网址：www.sinovision.net

电话：（1-212）213-6688

传真：（1-212）213-8882

法拉盛办公室：

地址：136-20 38th Ave., Unit 3J, Flushing, NY 11354,U.S.A.

电话：（1-718）353-1088

传真：（1-718）353-1128

美国华视

美国华视是一家华文网络电视台，始创于2008年，该台是美国首都华盛顿地区成立早、影响力较大的网络视听新媒体。美国华视是大华府地区唯一拥有美国国会新闻采访权的华文媒体。报道过美国总统奥巴马颁布医保法案，中国国家主席胡锦涛、习近平访美，美国总统特朗普就职典礼，美国众议院议长佩洛西国会宣誓就职等重大新闻。

美国华视拥有先进的网络数字播出技术；该台节目具有网络电视独有的保存和互动功能，适应个性化收视趋势，可以在美国华视以及YouTube、优酷、Facebook、腾讯、GoLiveTV、CableTV等平台进行直播。

《美国华视》总部设在华盛顿特区，在纽约州、加利福尼亚州设有分台；德克萨斯、佛罗里达等州的分台正在筹建中。该台在中国北京、上海、天津、西安、广州、南京等地设有特派记者，可随时采录回传、直播节目。

《美国华视》还与美国公共电视、《美中时报》、中国中央电视台、中国新闻社、北京电视台、江苏电视台、天津津云新媒体集团、无锡电视台等建立合作关系，签署了节目互换及制作播出协议。2019年，美国华视已经朝着拓展传播平台、广开营销渠道、打造传媒集团方向稳步推进。

总裁：杨莲花（Lynn Yang）

总编辑：崔 涛（Tina Cui）

地址：722 Ridgemont Ave, Rockville MD 20850 USA

网址：www.aacntv.com

电话：1(240)-988-4660;

电邮：lynnrstv@yahoo.com

美国海外电视网（美国海外电视台）

美国海外电视网和美国海外电视台同属一家媒体。美国海外电视网2000年由时任美国海外电视台副台长莫利人创设。主要设有“时事新闻、热门视频、财经动向、评论天下、生活指南、园艺生活”等栏目。

美国海外电视台于1974年在纽约州政府注册设立，是纽约华人唯一在黄金时段免费收看，政治立场中立的电视台。曾制作过2万多个小时的小区新闻节目，在纽约有线、无线的60频道、68频道、73频道、31频道播放，从最初每周播出1小时，发展到每周播出21个小时。2008年、2009年举办过两届纽约亚洲电影节。2004年起，美国海外电视台改变买时段播出的做法，以拍摄纪录片为主。2010年由该台导演赵兵拍摄制作的纪录片《十万八千里》成功入围“纽约国际独立电影节”，并公演于Village East Cinemas，由美国国会图书馆收藏、被美国佛罗里达大学电影系选为教学影片。自2016年起，制作拍摄《2017中国移民报告》，在美国海外电视网和YouTube上播出。

社长、导演、总编辑：莫利人、李若弘、王大宙、赵兵、李立

艺术总监：张家瑄、庞中华、惠岩、黄进明

地址：152-05 32 Ave Flushing NY 11354

电话：718-353-5264 929-313-8789

电邮：limo@occtn.c om

maoli1944@qq.com

limo1944613@ hotmail.com

微信号：limo15205

麒麟电视

麒麟电视2006年开播，是北美首创、全美较大的IPTV中文电视频道平台，旨在成弘扬中华文化，为华人提供信息与娱乐资源的服务平

台。麒麟电视总计播出超过90多个包括中国大陆、香港、台湾的华语电视频道和超过20个主流英文频道以及超过3万小时影视点播节目。每周7天，每天24小时不间断地播放多家华语电视节目、热门影视剧及文化娱乐节目。并将所有即时播放的节目自动保存48小时，供客户点播。2009年10月，麒麟电视正式获得新加坡政府颁发的互联网电视运营执照，目前在新加坡提供30多个来自中国等地的中文电视频道。

麒麟电视由Computer Associates的创始人王嘉廉先生和Cablevision and Home Box Office的创始人Charles Dolan先生共同投资成立。该电视平台的技术支持由纽约Plainvies的Neulion和北京传视数码科技有限公司共同负责。北美的宽带用户只要使用家庭电话线ADSL或有线电视网的Cable modem与麟麒电视的IP机顶盒连接，就可以通过家庭电视机接收到高清晰、流畅的电视画面。该电视台总部位于纽约。

总裁：段践冰

总经理：宋屏林

地址：美国纽约长岛

电话：1888-595-4618

魅力中国中文电视

“魅力中国”中文电视成立于2008年，在美国加州注册，致力于为海外华人提供正版高清的华语电视、生活资讯、文化教育等服务。打造提供全球华人娱乐生活服务的新媒体平台。

魅力中国IPTV平台在全球拥有600多家代理商，为全球超过200万收视户提供快捷优质的服务，覆盖范围为北美地区、东南亚、欧洲、澳洲的华人聚集城市。在洛杉矶、纽约、多伦多、温哥华和欧洲华人聚居城市拥有本土化节目采编发布团队。目前，魅力中国网络电视平台上已经集成70多个正版授权电视频道，提供10万多小时的回放点播节目。该台落地范围广，跨平台多终端播出，进入DirecTV（华夏娱乐 频道2055， 中国电视剧频道CBO，频道2057）*、COX、Google Play，Amazon等北美主流卫星电视和新媒体播放平台Youtube，微信手机端，客户移动端等。其主要业务包括：

一、整合国内优秀的国际传播内容资源。向海外传递中国文化。二、建立起覆盖全球的视频推送网络，多终端、跨平台覆盖全球主要华人聚居区。三、承接多媒体华语教育项目“侨爱四海”的海外运营。四、整合海内外华人电视台资源，合作共赢。五、自营北美多媒体节目制作团队，开展本土化新闻资讯采集发布。陆续推出“联播快讯”、“北美聚焦”和“人在北美”等栏目，及时整合发布全球和北美地区重大消息。六，承办、直播中美高端文化交流活动。

董事长：李彤

地址：11100 Valley Blvd, Ste 336, El Monte, CA 91731, USA

网址：www.hanyastar.com

电话：1-626-575-9299

传真：1-888-652-7091

电邮：dian@hanyastar.com

美国朗思传媒集团

美国朗思传媒集团（R&C Media Group, Inc.）创立于1990年，多年来，集团积累了丰富的多媒体传播和制作经验，集广播影视与广告制作为一体。从策划到创作，从制作到播出，为客户提供全面的专业化传媒服务。

朗思影视制作有限公司、朗思演播厅、朗思卫星地球发射站、银视网—宽带互动广播电视平台、银视购物网、地面数字电视台、银视数码台Ch31.8 - Los Angeles、移动广播电视平台、谷歌电视播放器Chromecast App等。

总裁：钟俊刚(Billy Chung)

地址：17755 Rowland Street City of Industry,
CA91748 U.S.A.

电话：626-912-3388

传真：626-912-5603

电邮：billyc@mail.wcetv.com

美华友好促统论坛网

美华友好促统论坛网于2006年在美国伊利诺伊州注册，由美华友好促统会主办，社址和编辑部原设在社长兼总编辑宗鹰所在的美国加州SanDiego。2018年迁址旧金山。

美华友好促统论坛网是美国华人时评政论作家、编辑、记者等的研讨性、评论性、学术性的非营利的民间传媒。其创办宗旨是：坚持“一个中国”的原则，推动中美友好，反对

“台湾独立”，促进和维护中国统一。重点研讨、评论，台海情势、中美关系、美国华人反独促统，兼及中美两国社会、政治、文化、经济、外交问题。

美华友好促统论坛网，作为独立自主网园，以《即兴专栏》与《论家专栏》为主。《即兴专栏》、《论家专栏》为参与时事评论作者设立个人专栏，记载刊发其历年写作发表的 评论和相关的时评政论新作。

社长：宗鹰（暂兼）

副社长、总编辑：陈绮屏

副社长、网站总管：伍时江

副社长：何志雄

地址：25 Pueblo Street , San Francisco, CA 94134，USA

网址：www.catribune.org

电话：（858）484-8976
（415）994 - 5813
（415）217 - 9938

电邮：zongyzhao@yahoo.com
chenqiping333@hotmail.com
henryswu@yahoo.com

美国世界名人网

美国《世界名人网》成立于1998年5月19日。

董事长：王筠 June Wang june@zzi.net 832-724-7775

总编辑：王福生 Alex Wang alex@zzi.net 832-724-6288

总裁：陈韵梅 May Chen may@zzi.net 832-260-5291

执行总裁：裴习梅 Tina Pei tina@zzi.net 832-375-5505

首席执行官：姜丽莎 Lisa Jiang lisa@zzi.net 832-973-9238

地址：4503 Crescent Lakes Cir.?Sugar Land, TX 77479 USA

美国华网

美国华网成立于2006年，是美国芝加哥华人社区网络平台。长期以来尽心尽力为芝加哥华人社区服务，报道大量华人在芝加哥的各种活动，鼓励支持华人华侨的爱国爱乡活动，深受广大华人的喜爱。

社长：胡大江?Dajiang Hu

地址：3640 S. Damen Ave., Chicago IL 60609 USA

网址：www.usachinanews.com

电话：1 773 983 2838

电邮：dajianghu@live.cn

美国侨网

美国侨网成立于2010年，是美国中西部地区华人社区网络平台。长期以来为美国中西部地区华人社区服务，报道大量与华人有关的各种活动。

社长：黄燕媚

总编辑：许广青

专栏作家：董其中

记者：刘元澄

地址：2211 W. 9th?St., Chicago IL 60643 USA

网址：www.chinausanews.com

电话：1 773 600 8627

电邮：yenmeihuanghu@gmail.com

明州华人世界

《明州华人世界》(Minnesota Chinese World-MNCW)是美国明尼苏达州最大的华语网络媒体和公众号。

《明州华人世界》自2015年成立以来，一直是明州华人社区公益事业的倡导者和参与者。它以服务明州华人华侨和海内外华语读者为宗旨，定期发布和刊登大量有关明州文化、历史、商务、科技、生活、旅游、娱乐、风土人情、民俗习惯等各方面的资讯，及时报道明州本地和华人社区各类新闻时事、大型公益活动、文化生活和相关信息，提供和分享中美及全球重大新闻和精品文章。《明州华人世界》不仅在明州具有广泛的影响力，深受当地华人华侨的喜爱，同时也受到中国国内许多读者的关注与好评。

《明州华人世界》定期于每周一、周三、

周五和周日出刊电子版本4次，《明州华人世界》重点栏目为“明州栏目”，该栏目读者对象侧重于明州当地华人，包括“明州新闻“、“明州资讯”、”明州报道”、“明州人物”、“明州故事”、“明州家园”等和“百花齐放”栏目。“明州栏目”着重介绍明尼苏达文化、历史、商务、科技、生活、旅游、娱乐、风土人情和民俗习惯等各方面的资讯，当地华人社区各类新闻时事、大型公益活动、文化生活和相关信息。“百花齐放”栏目主要为中国读者和世界各地其他华语读者提供和分享中美以及全球重大新闻和精品文章。

主编: 邓晴 女士Christina Deng Morrison

地址：Minnesota Chinese World, 13800 60th Ave N, Plymouth, MN 55446, USA

网址：mnchnews.com

电话：001-612-720-2718

传真：763-694-0134

邮件：cdengmorri@yahoo.com，mncwinfo@gmail.com

墨西哥

华文时报

墨西哥《华文时报》（周报）于2014年4月16日在墨西哥首都墨西哥城创刊首发，由墨西哥中华青年联合会、浙江省侨联青年联合总会墨西哥分会主办。合作方为墨西哥中华企业协会、墨西哥浙江商会、墨西哥温州商会。

该报为周报，是墨西哥第一份简体中文专业报纸。其办报宗旨是：传播中华文化，传递中国声音。为在墨西哥的华人华侨提供最全面的新闻资讯及服务信息，促进中墨两国政治、经济、文化等领域的交流与合作，增强海外华人的凝聚力，全面提升华人的海外形象。

2014年10月，《华文时报》社与墨西哥航空公司合作，为往返墨西哥城与上海的航班乘客提供免费阅览。2017年3月，与中新社合作，部分版面由其提供。

2014年，《华文时报》同步推出了微信公众号huawentimes，每周一至六与报纸协同推介墨西哥相关信息。

社长：耶天慧

地址：Presidente Masaryk 61 oficina 502, col. Polanco del. Miguel Hidalgo CDMX México c.p. 11570

电话：55121188

电邮：mexicohuawentimes@gmail.com

加拿大

大华商报

《大华商报》（周报），2001年11月10日在温哥华创刊，是加拿大最早出版的华人商报。逢周六出版，每期36页，对开彩色印刷，在加拿大发行。该报坚持客观公正报导新闻，全心全意服务华人的办报宗旨。《大华商报》及时反映华人对各种社会敏感问题的看法和意见，受到华人媒体和英语主流媒体的关注。该报负责人几乎每周都被电台、电视台聘为嘉宾参加现场叩应（Call in）节目。加拿大《国家邮报》等最具影响力的英语主流媒体还就国是问题专门采访该报社长，把华人的声音带入主流社会。

《大华商报》与祖籍国中国始终保持着良好的关系，以报导和反映中国发生的巨大变化为己任，多次参加国侨办和海外联谊会举办的海外华文媒体访问团回国参观访问，报导国内的建设成就。该报社长马在新2009年作为海外华人代表受邀到中国北京参加了国庆60周年观礼，2015年作为海外嘉宾受邀参加了中国纪念抗日战争胜利70周年阅兵大典。

大华商报旗下还办有华宇电视和大华网及大华微信。

社长：马在新

地址：105-8828 Heather Street, Vancouver, BC V6P 3S8, Canada

网址：www.dawanews.com

电话：001-604-267-1778

传真：001-604-267-1338

电邮：dawa@dawanews.com

中华导报

《中华导报》于1994年1月创刊，《中华导报》的创办宗旨是：为渥太华新老华人移民搭建与当地政府及民众沟通合作的桥梁，为华人提供快速、准确、便捷的咨讯服务，积极推动各界华人在加拿大社会的多元发展。

该报已从黑白小报发展成为“渥太华中文媒体集团”。旗下包括彩色电子印刷《中华导报》报纸，《中华导报》官方网站和微信公众平台，每日将新闻资讯、社区活动推送给广大读者。

2006年9月，在“加拿大国家种族媒体协会”及安大略省政府联合举办的“少数族裔传媒周”上，《中华导报》被授予“2006年度最佳中文媒体奖”。以表彰《中华导报》宣传报道的广泛性、美工设计和排版的专业性以及对华人社区服务的持久性等方面的突出成绩。在总数超过150家区域报纸中，《中华导报》是当年唯一获奖的中文媒体，也是《中华导报》发展历程中的里程碑。

社长：郑丙峰

地址：1 Cleopatra Drive, Suite 208, Nepean，Ontario，Canada，K2G 3M9

电话：(001+) 613-233-1034

传真：(001+) 613-230-5252

电邮：publisher@canadachinanews.com

网址：www.canadachinanews.com

今日中国文汇报

加拿大《今日中国文汇报》创刊于2000年，其前身是1994年6月创办的《新经济周刊》及1998年6月创办的《今日中国》。

《今日中国文汇报》办报宗旨是：在加拿大华人社会传播中国讯息，服务对象是在加拿大定居的华人，不论他们来自中国大陆、台湾、香港或东南亚地区。该报为免费赠送，发行加拿大全国。

《今日中国文汇报》办办目的是：将中国经济、文化各个领域日新月异的变化及繁荣昌盛的城市景象，向侨社做广泛的报导，增加海外华人华侨以及海外友人对中国之认识，及时公正报导中国各地新闻，因此，每期出版，均大受读者欢迎。

《今日中国文汇报》已与北京报业集团、四川日报等合作多年，及时将各地新闻传播到海外。

今日北美

《今日北美》（NORTH AMERICA NEWS）华文周报于2017年6月在加拿大蒙特利尔创刊。该报由加拿大荣信集团旗下荣信传媒出品。荣信传媒主营品牌之一“今日北美”，提供包括华文周报、微信公众平台、综合网站等全媒体解决方案，并与中加主流媒体深度合作，致力打造具影响力的海外华文传媒品牌。

报纸每周四出刊，现有版面包括：时政、美加、国际、财经、教育、生活、房产、移民等。办报宗旨在立足于华裔社区的同时，以服务中加商业企业、投资风向趋势为导向。

今日北美全媒体平台，为中加商务合作提供个性化整合营销和全方位资讯服务，涵盖6大核心板块：中加商务、高端访谈、原创专题、文化赛事、教育服务、地产财经。

总裁：安丽

执行总编辑：潘晓楠

地址：Suite 408, 1440 Ste-Catherine Ouest, Montreal,QC,H3G 1R8。

网址：www.greatrust.ca

电话：（+1）514-548-2648

电邮：info@greatrust.ca

北美时报

《北美时报》是在加拿大颇具影响力的少数族裔中文媒体机构之一，也是加拿大3级政府议员收藏并联系了解华人社区的一个资讯渠道，目前拥有网站和《北美时报》。

自2004年创刊以来，《北美时报》一直以传播中华文化，搭建沟通华人社区与主流社会的桥梁，帮助中国新移民尽快融入社会生活为办报宗旨，通过“本地和国际新闻、时政评论、中国大陆及港澳台、移民天地、社区脉搏、特别关注、北美人物”等版面栏目，介绍对华人生活有直接影响的政策法规和国家大事，推介新移民中的成功人物，树立华人社区的正能量，鼓励华人参政议政，为新移民提供安居资讯。《北美时报》主要在加东的大多伦多及渥太华等华人聚居城市发行。北美时报网站是主要面向在加拿大华人的门户网站，提供发布本地信息，实时互动的网上交流平台，帮助生活在加拿大多伦多地区的华人解决生活和工作中遇到的难题。网站同时刊出每期《北美时报》电子版报纸。

《北美时报》多年来与中国多个新闻机构建立了资讯共享和稿件交换合作关系，并与广东《新会侨刊》建立了战略合作伙伴关系，每周报纸设《新会新闻》专版，报道中国侨乡经济社会发展和介绍当地文化历史，沟通海外华人与家乡的联系及感情。

社长：高伟健

副社长、总编辑：黄学昆

电话：1-416-292-3221;

电邮：naweeklytimes@gmail.com

加中时报

《加中时报》（周报）是创刊于2002年9月7日的大型综合性周报，逢周五出版。加中时报旗下一报一网一个微信公众号，分别是周报《加中时报》、网站《加中在线》、微信订阅号《加中生活圈》，从平面到网络到移动端，立体覆盖多伦多地区，全方位报道加中两国新闻、信息等。

《加中时报》以多伦多为基地，以在加国安身立命的中国大陆移民为主，涵盖港、台消费群，是一份反映加拿大华人主流意见的北美大型综合性免费周报。《加中时报》办刊宗旨是办一份公正客观的北美中文免费报，引导华人融入社会，促进北美与大中国地区的新闻及文化联系。

“加中在线”（CCBestLink.com）是立足加拿大、面向华人世界的新媒体服务平台，力求为加拿大华人社群和国内有兴趣到加拿大学习、旅游、生活、商务人士提供高质量资讯服务。

“加中在线”通过移动互联网、网站、社交媒体和线下服务等多种渠道，为广大用户提供加拿大留学移民、创业投资、就业服务、生活指引、旅游资讯、电子商务等方面的权威信

息及综合服务。

“加中在线”通过中国合作伙伴的独有优势，为当地商务机构和社会团体提供中国资讯和服务，帮助开拓中国市场，实现两地双赢。

“加中生活圈”利用微信平台，在互联网移动终端，向加中两地的读者提供加拿大准确及时的教育、商务及社团信息，为读者打造一个美好的加中生活圈。

发行人：林蔡亮亮

总编辑：杨笑

网址：www.cctimes.ca

电话：1-416-707-3008　1-647-998-9787　1-416-445-7815

电邮：info@cctimes.ca

加西周末

《加西周末》（周报）2009年于加拿大温哥华创办。经过10年发展，所属公司已经成为拥有报纸、网站、新（自）媒体、专业出版物，并承接活动组织策划的加拿大大型传媒集团。

《加西周末》每周六出版，免费取阅，发行点覆盖大温哥华地区主要城市，为本地主要中文周报。2009年底，《加西周末》与上海《新民晚报》结为合作伙伴，《新民晚报加西版》成为《加西周末》一个重要组成部分。2019年，由《加西周末》编辑的《新民晚报》加拿大版作为《新民晚报》一个正式版面定期出版。《加西周末》成为唯一在国内报纸定期出版专版的加拿大媒体。

《加西周末》加强内容建设，提高原创报道的质量，为加拿大中文读者提供了大量有深度的报道。

《加西周末》不断适应媒体发展趋势，已经形成微信公众号、今日头条号（头条号：加拿大加西周末）以及多个自媒体号的新媒体矩阵。其中，加西周末微信公众号（westcanadaweekly）经第三方评估，为2018年温哥华自媒体点击量最高微信公众号，具有很高知名度和影响力。

出版人：张晓萌

地址：#1260-4871 Shell Road, Richmond, BC, V6X 3Z6

电话：604-270-6606

网址：www.wcweekly.com

电邮：wcweekly@wcweekly.com

微信公众号：westcanadaweekly

头条号：加拿大加西周末

联系微信：wcweekly_pr

加国生活

《加国生活》（周刊）创刊于2016年3月4日，是由2001创刊至2016年2月停刊的《北美生活报》更名而来，共32版，彩版20版，采用中文简体字印刷，每周五免费发行。

《加国生活》的创刊宗旨：为中国移民、国际留学生、访问和旅游加拿大的华人服务；担负华人社区和加拿大主流社会之间的桥梁作用；致力于让中国大陆移民尽快地融入加拿大生活。该刊旨在成为华人在加拿大生活中具影响力的综合性免费周刊。

《加国生活》周刊电子版：www.canadalifenew.com/电子周刊。

社长：金薇

地址：2175 Sheppard Ave East。Unit 106。North York。On。Canada。M2J 1W8。

网址：http://canadalifenews.com

电话：647-708-0789

传真：416-490-8850

电邮：happy.jennifer@hotmail.com

加拿大华人《社区报》

加拿大华人《社区报》隶属于Western Ontario Press Inc传媒之一，创办于2012年4月，逢月初发行。自创办之日起，《社区报》全体员工就秉承“源自社区，服务社区”的宗旨，支持和光大华人社区发展，并获主流和华人社区。该报覆盖范围包括大多伦多地区(多伦多(Toronto)、士嘉堡(Scarborough)、北约克(North York)、万锦(Markham)、列治文山(Richmond Hill)、旺市(Vaughan)和Etobicoke)、密西沙加(Mississauga)、橡树村(Oakville)、Burlington、贵湖(Guelph)、滑铁卢(Waterloo)、基其纳(Kitchener)和剑桥(Cambridge)等地及周边小镇。

与《社区报》同时运行的网络媒体是“社区网”。

总编辑：Patrick Long
地址：119 Chateau Crescent, Cambridge ON N3R 5S3 Canada (加拿大)
网址：www.ChineseCanadianVoice.ca
电话：001 416-729-4381/519-588-4381
电邮：editor.ccvoice@gmail.com

加拿大商报

《加拿大商报》（日报）于2005年11月1日在安大略省多伦多创刊，属加拿大传媒集团拥有，加拿大传媒集团附属於总部设於香港之环球商报传媒集团。《加拿大商报》於2013年12月开始，与《香港商报》组成策略性联盟，可以采用《香港商报》的内容，并在多方面进行合作。该报2014年9月，於多伦多自置印刷机，成为全加拿大最大的免费报刊集团。

《加拿大商报》於2016年开创了微信公众号及脸书平台，向多媒体发展。《加拿大商报》目前已成为加拿大全国性报纸，在蒙特利尔、渥太华、卡尔加里、及温哥华发行周报版。

社长、总编辑：门宗伟
总经理、副总编辑：苏淑华
地址：加拿大商报 Today Commercial News 3375 – 14th Avenue, Unit 8, Markham, Ontario, L3R0H2, Canada
网址：www.todaycommercialnews.com
电话：1-416-477-2988
传真：1-905-604-2634
电邮：hmoon@todaycommercialnews.com
ettaw@todaycommercialnews.com
opinion@todaycommercialnews.com

光华报

《光华报》（周报）创办于1997年，创刊初名为《加华报》，2002年更名为《光华报》,2018年合并当地《爱华报》资讯，《光华报》由该报社自创并独家经营。

《光华报》创办宗旨:以正派办报为理念，以追求进步为目标。坚持不党不私，以事实为依据，向读者提供多元资讯。以助社群、传文化、促融和为使命。

《光华报》主要内容包括:国际新闻、加拿大新闻、大陆、港澳、台湾新闻，海外华人，汉语教育，科技新知，饮食健康，娱乐旅游，以及当地的华人社区重大活动和读者园地。

《光华报》属于加拿大阿尔伯塔省省会埃德蒙顿市发行的地区性周报，出版A、B、C、D4部分，采用繁体字，制作及排版全部电脑化，以平面印刷及电子版两种形式出版，分彩色和黑白版面，120页左右，发行量9000份，逢周四出版。除了纸媒定期投放外，还开发了网页版、微信公众号——加拿大光华网、华人头条APP3大网络传播渠道，打造全方位的传播平台。

网址：www.thechinesejournal.com
电话：780-424-0213
微信公众号：加拿大光华网

华侨时报

《华侨时报》于1981年12月25日在加拿大魁北克省蒙特利尔创办，是魁北克省第一份定期出版的中文周报。

本报宗旨是做好一份属于华人的报纸，竭诚为当地的侨胞服务，内容包括本地新闻(“魁满活动”，“魁满要闻”，“魁满特稿”)；加国新闻(“加国要闻”，“加国点滴”，“移民生活”，“财经速递”)；世界新闻(“新闻速递”，“今日世界”)；及中国新闻(“今日中国”“时事评论”等)；在华人社区栏目有“今日唐人街”“海外华人”；副刊有读者来稿的“心声”、专栏的“满城飞花”、“时代品味”、“法律信箱”、“财路”、“影视娱乐”、“美食篇”、“健康信息”、“谈天说地”、“红男绿女”、“博览天下”、“息息相关”、“人间百态”、“历史重拾”等……。逢星期五出版，出纸60页，售价六毫，接受订阅，是在加拿大现存的少数收费中文报纸之一，从不缺期，有自己独立网站www.chinesepress.com，电子版。

该报由周锦兴社长带领下，走过了35个年头，秉承着先辈报人的爱国理念，弘扬中华文化、协助华人社区发展，推动和谐团结，倡议两岸和平统一，维护民族尊严，讲中国故事，推广《中华民族复兴中国梦》的精神。

创办人、社长：周锦兴

地址：加拿大蒙特利尔
1123 CLARK STREET, 2/FLOOR,
MONTREAL, QUEBEC, H2Z 1K3, CANADA
电话：(1) 514-397-9969
传真：(1) 514-397-9929
网址：www.chinesepress.com

华侨新报

《华侨新报》（周报）创刊于1991年3月2日。每期40版，彩色印刷。该报逢周四出版，免费赠阅，是当地发行量较大的华文报纸。《华侨新报》中文简、繁体字并用，内容主要以加拿大本地新闻和侨社新闻为主，其它版面还有“中国新闻”、?“两岸焦点”、“国际财经”、“婚姻家庭”、“健康养生”等副刊。

《华侨新报》除办报外还积极参与公益事业和中加文化交流活动。1993年成立“加拿大希望基金会”，在中国海南省建造了一所中国最南端的希望小学---“三亚满地可希望小学”。近年来，每年都有主办或参与主办国内大型文艺团体访加演出。

《华侨新报》除纸媒外还以电子版方式发行，同时还拥有加东地区最大的中文书店。

社长、总编辑：张健
地址：200 Boulevard Rene-Levesque Ouest,#00-04, Montreal Quebec Canada H2Z 1X4
电话：（1）514-842-5689
电邮：chinesenewscanada@gmail.com
网站：枫华网www.fhmedia.ca
电子版：https://issuu.com/fhmedia.ca

她乡华闻

《她乡华闻》（周报）于2017年7月由加拿大温哥华中国大陆新移民创办。

《她乡华闻》周报办刊宗旨为“立言立信，立心立德”，主要是从女性视角审视华人移民生活，从社会参与、教育留学、家庭婚姻、投资理财、法律法治等核心话题，为华人女性及家庭融入当地社会提供指引。自创办以来，发表了很多具有指导性的文章和观点，在华人社群中，尤其引导女性积极参与社会建设方面，发挥了积极作用，同时也为原先以港台华侨为主力的温哥华华文媒体，注入了了一股新力量——即中国大陆新移民正在成为温哥华华文媒体的重要力量。

《她乡华闻》周报，每周六出版，在华人社区免费发放。

执行总裁：陈翎（Linda Chen）
微信公众号：chicvancouver

环球华报

《环球华报》（周二刊）诞生于2000年11月3日。该报原是周报,于2003年5月21日增发周三版,逢周三和周五发行, 彩色印刷，成为继《星岛日报》、《世界日报》和《明报》后加拿大第四大华文报。

“正视听、助社群、传文化、通主流”是《环球华报》的办报宗旨，一直以来奉行不悖。同时坚持“客观、公正、平实、求质量、重品味”的编辑方针，客观报导加国及两岸四地的政治、经济和社会动态；为侨胞提供全方位资讯服务。

《环球华报》分别设有“华人华声”、“主流关注”、“社会聚焦”、“要闻”和“人物”等主要板块，曾推出过众多在全球颇具影响力的报道，也成为加拿大各界认识和了解中国的重要信息来源。“加国新闻”和“加西新闻”等直击本地发生的重要事件，得到主流社会和加国3级政府的认同。2002年，温哥华市长欧文颁令，将11月3日定为该市“环球华报日”，为加国首家获此殊荣的华文媒体。2005年1月，该报采写的“加拿大总理马田访华与中加关系”系列报道，荣获该年主流传媒最高荣誉之一的“杰克·韦伯斯特新闻奖”（Jack Webster Awards），成为加国首家获此殊荣的大陆背景媒体。

《先枫周刊》、《房地产週刊》、《加拿大教育指南》、《知音·新女性》杂志和《女友》杂志北美版等都是《环球华报》旗下刊物。在多媒体凸显后发优势之下，形成集团的《环球华报》锐意进取，推出“环球华网”（www.gcpnews.com）数字报纸网络平台，创设“温哥华微博”和微信音频节目《环球听闻》，制作《环球人物访谈》视频节目，丰富多样化资讯手段，明确市场定位，与时俱进，

开启二元发展战略。

董事长、社长：司晓红

地址：#310-3490 Gardner Court, Burnaby,B.C. Canada, V5G 3K4。

电话：（1）604-321-5586

传真：（1）604-321-5581

网址：www.gepnews.com

社长电邮：：anniesi.gcp@gmail.com

编辑部电邮：gcpnews2014@gmail.com

明报（加东版）

《明报》加东版（日报）隶属香港《明报》集团，1993年5月28日在加拿大多伦多创办。该报日出对开纸约90版至100版，版面包括“加国”、“世界各地”、“中国”、“香港”、“台湾地区”、“要闻”以及“社区”、“经济”、“影视”、“娱乐”、“生活副刊”等。周三附送《乐在明厨》、周四附送《地产金页》、周五附送《健康生活》、周六附送《星期六周刊》、周日一报两刊《明周》及《中华探索》。

加拿大行政总裁：吕家明

加东版执行总编辑：吴国基

地址：1355 Huntingwood Dr, Scarborough, Ontario, M1S 3J1 Canada

电话：+1-416-321-0088

传真：+1-416-321-9663

电邮：newsdesk@mingpaotor.com

明报（加西版）

《明报》加西版（日报）隶属香港《明报》集团，1993年10月15日在加拿大温哥华创办。该报日出对开纸约90版至100版，版面包括“加国”、“世界各地”、“中国”、“香港”、“台湾”、“地区要闻”以及“社区新闻”、“经济”、“影视娱乐”等。周三附送《健康生活》、周四附送《地产金页》、周五附送《乐在明厨》、周六附送《星期六周刊》、周日附送《明周》。

社长：张晓卿

加西版总编辑：林汉强

地址：5368 Parkwood place, Richmond, B.C., V6V 2N1, Canada

电话：+1-604-231-8998

传真：+1-604-231-9881

电邮：newsdesk@mingpaovan.com

健康时报

加拿大《健康时报》于1999年1月在加拿大温哥华创刊,是在大温哥华地区发行的有关寻医问药,医疗健康方面的唯一专业性的中文周刊。该报遵循的办报方针是:办一份纯专业性的健康报,为大温地区的读者提供实用有效的健康信息，为华人社会健康事业的发展提供一个宣传和交流的园地。该报在内容上注重专业性和普及性,以通俗易懂、深入浅出、雅俗共赏、丰富多采的特点，深受广大民众的喜爱，成为大温地区知名度高受欢迎的中文报纸。被加拿大国家图书馆收藏。

《健康时报》是医药方面的专业性媒体，与加拿大医药行业有广泛的联系和合作关系，加拿大《健康时报》通过积极参与当地各类社会活动，与当地主要华人机构，如：中文电视台、中文电台、加拿大中华总商会、加拿大防癌协会、加拿大肝病协会、卑诗省政府注册中医针灸管理局等近100家机构保持较密切的交往与合作。

在《健康时报》10周年报庆时，加拿大总理哈珀，中国驻温哥华总领事梁梳根，加拿大国会议员和省议员等纷纷发来贺信表示祝贺并表彰《健康时报》多年来对社会所作的贡献。加拿大《健康时报》在创刊20周年时收到270多家世界各国华文媒体及合作单位的联名恭贺。

加拿大《健康时报》是经营稳定并有良好口碑的专业媒体。为了使读者阅读更方便，《健康时报》新开设了手机网站和微信公众号，使更多年轻一代的读者加入到阅读《健康时报》的行列中，达到纸媒和电子媒体的有机结合。

社长：何瑞娜

地址：# 81113-6025 Sussex Avenue Burnaby B.C. Canada,

电话：604-294-5699

电邮：jksb100@yahoo.ca

“新加园”（中法双语周报）

《新加园》创立于2010年10月1日，是第一份由华人自已创办的中法双语周报，也是目前加拿大唯一的一份中法双语周报，《新加园》周报全年48期，至2019年3月底，已发行410期。《新加园》周报隶属于银河集团股份责任有限公司。办报宗旨：无政治、无宗教、无争斗，旨在将主流社会的信息用中文的形式传送给华人，并将华人的生活、工作、学习，以及悠久丰富的中国文化历史用法语的形式传送给主流社会，深得广大读者的青睐。也是魁北克国家图书馆指定馆藏报纸。

《新加园》周报提供的服务有：广告、版面设计、公司或产品标志（LOGO）设计、翻译等。同时，还提供企业或个人的专题报道、产品推广和宣传、商业文化活动安排等服务。《新加园》周报免费发放。

《新加园》周报在办报的同时，还为文化教育公益活动进行宣传报道，如：《蒙城好声音》全民歌赛、《蒙城新春大联欢》晚会、《魁省法语写作和朗读比赛》，给蒙城人民的文化生活增添了风采。

社长：孙末娟

地址：2000 McGill College 600 Montr é al QC H3A 3H3 Canada

电话：1-514-393-8988

电邮：xinjiayuan.ca@gmail.com

《新加园》报电子版：www.greader.ca

嘉华时报

嘉华时报（双周报）出版社于2005年10月创办，每月2次，第一及第三周一出版发行，发行区域：

Greater Hamilton, Burlington, Bradford, Halton, Oakville, Waterloo, Kitchener, Cambridge, Guelph, Niagara Falls, St. Catharine, Mississauga and Greater Toronto，遍及加拿大十几座城市。

《嘉华时报》自创刊以来立足于南安省多伦多西部地区，服务于华人移民，特别侧重于为中国大陆新移民的服务，提供本地关注话题、新闻资讯、社区活动、同时也为读者提供丰富，有深度的焦点新闻。

《嘉华时报》已经成为沟通华裔社区与主流社会联系的桥梁，不仅把主流社会的声音及时传达到华裔读者，而且积极鼓励华人关注联邦、省、市及所在社区发展趋势，阐述华人的心声，促进华人移民融入主流社会。

该报栏目有：中国、加拿大、世界的新闻及评论，新闻分析，社区新闻及活动新闻，文化沙龙，快乐中文，移民就业，实用知识，地产专栏，金融知识，人在加国及旅游等。

《嘉华时报》在读者和商家的支持下保持了稳定发展的势头。

社长：周志华

主编：徐进

地址：25 Collier Crescent Hamilton On L9C 3S7 Canada

网站：www.cclchinese.com

www.cclchinese.com/newspaper

电话：905-928-5312 289-776-6891

电邮: cclservices@gmail.com

今日加拿大

《今日加拿大》传媒自2002年首期《今日加拿大》杂志问世以来，发展至今成为一个拥有“今日加拿大”网站、公众号和微信群等自媒体以及“今日加拿大论坛”为一体的融媒体平台。

《今日加拿大》全方位、多角度地介绍今日加拿大的社会，促进加中两国人民之间的了解与交流。并以客观负责的态度详尽地、多角度地介绍加拿大的教育体系、经商环境、科技产业、风土人情、文化生活及丰富的旅游资源。

《今日加拿大》融媒体平台线上线下结合，将各类资源导流到实体经济。并以现有的《今日加拿大》网站、微信公众号和微信群为基础，形成自有品牌的信息发布全媒体。《今日加拿大》融媒体与加中两国的媒体合作，借船出海，形成覆盖加中两国的全媒体宣传推广效应。

社长、总编辑：董黎明

网站：www.canada-today.ca

公众号：今日加拿大CanadaToday

《加拿大都市生活》公众号：加拿大都市生活

北美财经周刊

《北美财经周刊》于2009年10月创刊发行，现有纸媒《北美财经周刊》、《北美地产周刊》、《世界导游》，每周以杂志形式发行。

《北美财经周刊》以报道北美财经情况，北美社会、经济状况为主，并报道最近的社区活动、地产行情等。该刊由多方信息汇集编辑而成，《北美财经周刊》实际是集各方精英思维汇集的产品，这是《北美财经周刊》主要的特点。刊物派送地区包括：多伦多市区、士嘉堡、万锦、北约克、列治文山、密西加沙、宾顿等地；《北美财经周刊》每周一期，无论身在何处，在手机上也可看到。

北美财经拥有《北美财经网》，除有大的财经信息和综合报道外，还可看到每周周刊的电子版，加西温哥华地区《大华商报》电子版、美国华盛顿地区《美华商报》电子版。北美财经有微信公众号“北美财经”。用微信在手机上发布信息，同时保持有竞争力的价格，为广大读者和客户提供优质、高效的信息服务。

《北美财经周刊》在GTA地区有80多个发行点，遍及华人生活圈，其中《财经周刊》是多伦多中文媒体唯一专业财经类杂志，为读者和客户提供丰富的财经资讯。

社长：钟坚石

主编：李家平，副主编：何喻

地址：60 North Wind Place,Toronto, On, Canada M1S 3R5

网址：www.northamericafinancial.com

电话：416-900-2226，416-779-5688

加国佛教

《加国佛教》（季刊）2006年1月15日创刊，加拿大佛教会湛山精舍出版。是加拿大最大的佛教期刊，由北美弘扬汉传佛教的先驱性空长老、乐渡长老和诚祥长老在加拿大多伦多市创办。

《加国佛教》将“传播中国传统文化、弘扬佛教慈悲精神”作为办刊宗旨。

《加国佛教》，大16开本，铜版纸彩色印刷，正文96页，开设有“讲经说法”“专题论坛”“智慧人生”“佛教动态”“法脉摭实”“佛教文化”和“学佛心得”等栏目。

该刊免费赠阅。

总编辑：释达义

统筹策划：房子清

文字编辑：陈畅鸣

美术编辑：苑旻真

地址：7254 Bayview Ave.,Thornhill ON Canada L3T 2R6

电话：905-886-1522 转295

网址：www.chanshamtemple.org

电邮：etidor@chamshantemple.org

chamshanmedia@gmail.com

发行网点：

加东：湛山精舍法物流通处

加西：温哥华福慧寺

5428 College St., Vancouver, BC V5R 3Z7

美国：美国青年佛教会 如斌法师

2611 Davidson Avenue,Bronx,NY 10468 USA

旧金山佛教会 演启法师

5230 Fulton Street

San Francisco,CA 941121 USA

台湾：台湾华梵大学 修慈法师

台北县石（石+定）乡华梵路1号

中国大陆：苏州寒山寺 秋爽大和尚

江苏省苏州市寒山寺弄24号

广州大佛寺 耀智大和尚

广东省广州市越秀区惠福东路惠新中街21号

北京办事处 刘志峰

加拿大地产周刊

《加拿大地产周刊》（周报）2014年创刊，为《加西周末》旗下一份独立发行的地产类专业周刊。每周四出版，免费取阅。该刊物专注于地产市场，提供业界动态和市场分析等专业资讯。

《加拿大地产周刊》在全大温地区有近200个发行点，遍及华人主要聚集区和商业中心，拥有稳定有效的发行网络。

《加拿大地产周刊》微信公众号拥有众多订阅者，是当地华人获取地产资讯的一个必不可少的新媒体通道。

微信公众号：realestateweek360

网站：www.realestateweek360.com

联络微信：wcweekly_pr

加拿大创业周刊

《加拿大创业周刊》创办于2011年11月18日，至今已经出版287期，是一份铜版纸封面装订印刷的高端杂志，每周五在大多伦多地区发行。《创业周刊》创办宗旨是帮助投资移民熟悉加拿大风土人情，了解加拿大政经人文，是投资移民、生意业主的信息渠道和独特的创业平台。

"创业周刊"亦是发行量大，读者群广的报纸。其内容包括多伦多的时政要闻、投资项目、创业资讯、政策解读、政府资助、地产走势、致富宝典、法律解读、移民动态、社区活动等。读者从《创业周刊》中可以找到实用的信息、有趣的故事、合作的伙伴、生活的指导和心灵的窗口。该刊还举办各种读者喜闻乐见的活动，为读者与政界、商界、律师、地产、金融、医疗医药、商店、餐馆、学校、旅行社、家用电器店铺等各行各业搭建起沟通的桥梁、合作的渠道。

董事长：张亮

地址：3190 Steele Ave East,Suite 120 Markham ON Canada L3R1G9

电话：001-647-859-9897

网址：www.canadacareerweekly.com

电邮：canadacareerweekly@gmail.com

约克时报

《约克时报》于2012年9月1日创刊，是以加拿大约克区消费者为对象，以约克郡为主的一本电子杂志及全彩色英文月刊。透过网络、脸书、微信公众号等社交平台及月刊给予消费者阅读及互动交流。内容以约克区内的城市新闻为主，是约克区的地区报，涵盖的城市包括区内的9个城市：阿罗拉、东贵林堡、维珍尼亚、帝皇、万锦、新市、烈治文山、旺市及史托维尔。

《约克时报》是一本以英文为主的月刊，将华人社区发生的人和事，以英文介绍给主流社会。原因是生活在加拿大的年青一代，大多不懂得看中文。而且，华人华侨们常说的融入主流社会，如果是中文月刊的话，主流人士如何知道华人社区的活动及资讯。

约克时报每月送给安大略省百多位省议员，9个城市的市政府及官员，并在主流社会的社区会堂免费派发。网站则以中、英并重，并且每日转载中国新闻社的新闻，让加国社会及华人华侨，知道中国的最新消息及动态。

约克时报社长：叶左肇（Joss Yip）

地址：9015 Leslie Street, Unit 315, Richmond Hill, Ontario, Canada L4B 4J8

网址：www .yorkregiontimes.ca

电话：1-647-646-9678

传真：1-905-513-1452

电邮：jossyip@hotmail.com / jossyip@yorkregiontimes.ca / jossyip.yrt@yahoo.com / jossyip@gmail.com

枫华之声

《枫华之声》（双月刊）创建于2012年初，为加拿大曼尼托巴省政府注册非牟利中文杂志，并为加拿大国家民族传媒协会理事单位。其订户跨越加拿大各省，美国，香港以及中国大陆，在当地主流社会和华人社区享有良好声誉，加拿大3级政府的官员也多次与枫华之声沟通，了解华人社区的需要和动态，经常被邀请参加省内外重要参访活动。

《枫华之声》的宗旨是弘扬中华文化，并帮助新华人移民尽快融入当地社会，因此枫华各栏目特色鲜明，风格各异，深受不同背景的读者们喜爱。订户遍及加拿大各省。至今已经7次获得加拿大全国民族传媒协会大奖。

《枫华之声》目前除出版双月刊杂志以外，还拥有网站，脸书，读者群，公众号以及推特等新媒体。并通过举办各类文化活动，培训青年义工，成立读者之家等方式服务社区，也获得主流社会各机构的支持和协助。

社长：张学勇

总编辑：王虹

地址：Suite 419， 35-2855 Pembina Hwy,

Winnipeg Manitoba, Canada R3T 2H5

网址：www.fenghuamct.com

电话:1-204-5092628, 1-204-688-2628

电邮：tribunemc@yahoo.ca; tribunemc@gmail.com

脸书：https://www.facebook.com/manitobachinesetribune/

公众号：mct_community

推特：https://twitter.com/FenghuaVoice

桥

《桥》杂志于2003年在加拿大多伦多由桥传媒正式创刊，并于2009年在澳门创刊《大桥》杂志，《桥》杂志15年来聚焦在中国，2004——2018连续报道中国两会、2018年上合组织组织峰会、2017年一带一路高峰论坛、2016年G20高峰论坛等国内外会议，采访并报道一带一路沿线国家地区领导人、政府官员、商界社会各界人士，采写了中外友谊之桥的诸多桥梁故事，为中国与各国政治、经济、文化领域的互动往来记载下历史瞬间。

《桥》2005年出版了《中加两国建交35周年大型纪念画册》，2007年《香港特别行政区回归十周年大型纪念画册》、2009年《澳门特别行政区回归十周年大型纪念画册》、2010年《中加两国建交40周年大型纪念画册》、《上海世博会大型纪念画册》等。

在2019年《大桥》杂志迎接澳门特别行政区回归20周年并编辑出版20周年特刊，多报道"一带一路"上中国与其它国家地区桥梁故事，为广大海内外读者提供丰富多彩的全新内容和信息。

地址:Unit 738, 2 Bloor Street West, Toronto, ON. M4W 3R1

电邮:bridgemag@hotmail.com

中外要闻通讯社

中外要闻通讯社 简称：中文为"中外要闻"，英文为"CNW",于2016年12月31日在加拿大联邦注册成立，这是继中外要闻通讯社美国、香港登记后的第三家登记注册地。

中外要闻通讯社是由香港博士硕士总会、澳门博士后研究会、美国北美文艺社、加拿大红枫林传媒等共同主办，以中立的角度，报导社会热点、发掘深度问题与专题，致力于打造品味高端，且具备新闻深度影响力的智库型中英文双语媒体平台。

中外要闻通讯社本着高度的社会责任感，把握导向，维护大局；表达社会心声，弘扬主旋律；传播信息，搭建桥梁。营造经济与文化交流平台；推动世界和平与进程。通讯社的新闻采访的足迹遍布世界。采访各国政要以及商界、文化界、艺术界等社会各界知名人士等，得到了同行的认可与社会各界的赞誉。

中外要闻通讯社旗下杂志《中外要闻》，在美洲、亚洲相关国家和地区发行；中外要闻网与中外要闻公众号、中外要闻微博每天传播、报导世界各国和地区新闻，是一家集新媒体与传统媒体平台、辐射全球的国际新闻媒体机构。

中外要闻副社长：夏 锋

地址：

加拿大：Unit9/10,85 Citizen Ct.,Markham,Ontario,Canada.L6G 1A8

香 港：Flat A.16/F.，On Fuk Ind.Bldg.,

41-45 Kwai Fung Crescent Container Port Rd.,NT,?Hong Kong?

网址：www.cnw-highlights.org

电话：519-913-1999 226-700-7686 226-678-3355

电邮：canada.cnw@gmail.com

华人头条多伦多通讯社

"华人头条多伦多通讯社"作为《华人头条》合作而且独立运营的媒体，是由加拿大与国际资深媒体人共同创办，希望通过对国际与中国事务独立、公正、客观的报道与分析，制作和转播有深度而又喜闻乐见的节目,向全球华人与网络用户提供一个观察世界和人生的新视角与新维度,传播真实、正确的中华文化与讯息,展现北美地大物博的风貌与多姿多彩的风土人情。

该媒体开设的栏目有：资讯、视频、财经、娱乐、旅游、教育、房产、科技饮食等，在制作与传播方式上，由过去的单向制作和传播、被动收看， 向借力新媒体技术和传播管道、与新媒体共融发展的方向转变。

地址：Unit 14, 250 Shields Ct, Markham,Toronto，Canada，ON L3R 9T5

电话：+1 (647) 849-1524

电邮：duolunduonews@hotmail.com

大华时代传媒集团

大华时代传媒集团成立于1995年。致力于服务澳洲华人社会，同时弘扬中国文化和民族精神，是在澳华人与澳洲文化沟通交流的重要桥梁和纽带。大华时代传媒集团如今已经成为澳大利亚最大的中文报纸之一，肩负着传播中华文化和艺术交流的重要使命。

大华时代传媒集团旗下有3份报纸，全部为免费赠阅。

《大华时代周报》(Australian Chinese News)创刊于1995年。逢周五以对开形式出版，主要内容包括世界，澳洲本地和祖国大陆的新闻， 以及教育艺术移民信息或者社区消息。多元丰富的信息是华人了解世界以及当地澳洲文化的重要渠道。

《大华地产周报》（Chinese Property Weekly）创刊于1995年，主要为读者提供澳洲房地产金融投资资讯，并有专家定期为读者解读本地税务金融等相关政策和条款。是帮助华人尽快入门投资的重要信息渠道。

《大华周末》（Chinese Weekend）主要提供新闻、美食、生活、旅游等方面的信息，致力于打造墨尔本最赋都市气息的生活娱乐资讯周刊。以“发行量大、信息全、内容新”为主要特色。

地址：Level 8, 167-169 Queen Street,
Melbourne, Vic, 3000

网址：www.haoyah.com

电话：03-9640 0566

电邮：new@haoyah.com

电子报：www.acnews.me/plus/base/enewspaper/

微信：dahuashidai 澳大利亚大华时代

新浪微博：weibo.com/haoyah 澳大利亚大华时代

加拿大七天传媒

加拿大七天旅游文化传媒集团简称七天传媒，是在加拿大魁北克省注册的集文化传媒、教育交流、旅游服务为一体的传媒集团。主要经营报纸期刊的发行、广告业务和文化交流、教育活动、定制旅游、商业项目对接、攻关策划等。旗下主要刊物为《七天》同刊报、《七天商业周刊》杂志、七天法文版《La Connexion》、双月刊铜版印刷《一带一路》杂志以及新媒体平台等。

《七天》周刊报创刊于2006年7月7日。对开24版简体周刊。刊头为中英法3种文字，《Sept七天 Days》，以体现七天生活在加拿大多元文化的氛围之中；法语优先，因为魁北克省的官方语言为法语。

《七天》周刊是加拿大联邦政府、魁北克省政府和蒙特利尔市政府了解蒙特利尔华人社区的窗口，同时也是3级政府向华社传递信息的渠道。

“七天人物”是《七天》影响力最大的一个栏目，侧重报道对华人社区有影响力的中外人士，为华人在海外奋斗树立榜样。2018年，七天传媒出版社出版了《加拿大华人精英录》第一卷，对这一栏目做了阶段性总结。《七天特稿》是七天记者、评论员每周撰写的对当前重大时政问题的独到看法、观点和讨论，是七天推动华社融合、发出华人声音的一个强有力的平台。《七天教育专刊》涵盖了蒙特利尔华文教育、职业培训的方方面面。

该集团旗下还拥有七天（读者）俱乐部、七天参政议政论坛、萌华基金会、皇家教育集团、中加幼儿教育论坛、魁北克体育艺术学院、新媒体中心等。

2014年开始，七天传媒出版社连续用中文在加拿大出版《当代白求恩在行动》、《文化应有的超越》、《老刘看世界》、《加拿大华人精英录》等，为加拿大多元文化图谱增添中国元素。

集团主席：尹灵

主编：颜宏

运营总监：德昊

新媒体总监：明居

地址：加拿大蒙特利尔 123 rue Saint-Pierre, Montreal, Qc H2Y 2L6

网址：ocanadaonline.com ， septdays.com

电话：+1-514-582-6188

微信公众号：Septdays_Canada/Septdays2_Canada

电邮：info@septdays.com

北美财经

北美财经创办于2005年，是加拿大大多伦多地区的一家大型媒体公司，其创办目的是为加拿大及美国地区的华人读者提供及时的加拿大、美国和中国的经贸、金融、投资、劳务市场、科技、及政经新闻咨讯和分析评论。旗下包括纸媒《北美财经周刊》，《北美地产周刊》，《北美衣食住行》，每周以杂志形式发行，读者对象为大多伦多地区从事地产，金融等各行各业的华人，报刊派送多伦多市区、士嘉堡、万锦市、北约克、列治文山、密西沙加以及宾顿市等。

旗下还拥有一个网络媒体“北美财经网www.nafens.com.”,除了大量的新闻，财经信息，综合报道之外，读者还可以看到《北美财经周刊》的电子版和加西温哥华地区《大华商报》的电子版，让读者在一个平台上找到和了解整个加拿大及北美的资讯。公司还拥有微信公众号”Adsquide财经”，用微信在手机上发布各种新闻，施政分析和各种信息。

此外，公司还拥有”北美财经俱乐部”，主办各种讲座，联谊等线下活动以及承接中国国内交流访问团的接待工作。

经过14年的发展，公司与时俱进，结合现代传播手段，实现了资讯传播多元化、网络化、及时化，为广大读者和客户提供高效优质的信息服务。

社长: 钟坚石 Jim Zhong

总编: 滕忠勤 Harry Teng

地址: 60 North Wind Place, Toronto, Ontario, Canada, M1S 3R5

电话: 416-779-5688; 416-616-5997

电邮: info@nafens.com

乐活蒙城传媒

乐活蒙城传媒集团于2015?3月31日成立，是蒙特利尔本地领先的华人媒体。集团旗下拥有加拿大蒙特利尔乐活蒙城、蒙特利尔地产资讯、蒙特利尔打折团购3大城市媒体，以及本地门户网站lohomtl.com。乐活蒙城传媒秉承着“与10万蒙特利?尔华人分享快乐”的宗旨，逐步成为当地华人社区不可或缺的综合性媒体平台。该传媒一直致力于向广大受众提供实时、一线、全面的新闻报道和生活讯息。曾在2016年李克强总理访问蒙特利尔期间，为当地华人提供实时报道。

乐活蒙城传媒也曾作为加拿大独家合作媒体，推广宣传中央电视台全球法语大赛；并以独家媒体宣传合作伙伴身份，协办“非诚勿扰”魁北克专场。

乐活蒙城传媒紧跟市场发展趋势不断创新，旨在为蒙特利尔华人更全面，更实用，更高效的媒体服务。

负责人：薛翔

地址：1396 rue Ste Catherine Ouest, Suite 212, Montr é al, Qu é bec, Canada H3G 1P9

网址：www.lohomtl.com

蒙特利尔乐活蒙城，微信公众号ID：lohomontreal

电话：514-623-6608

电邮：lohomontreal@hotmail.com

加国无忧

加国无忧成立于2001年7月，覆盖网站、APP、微信、微博等多媒体平台，是加拿大本地最大和最有影响力的中文媒体集团之一。

加国无忧网站下设“新闻、资讯、地产、工作、黄页、商城、美食、团购”等12个频道，内容和服务覆盖华人在加国生活的各个方面。解决了华人留学生、新移民在异乡的安家、置业、工作、交流等需求。

51.CA旗下拥有：加国无忧、多伦多热点、加拿大留学生问吧及加拿大养老4个微信公众账号。微信矩阵定位精准，内容全面，相互依托，粉丝总量30万+。微信推文每日更新，单篇文章最高转发数超过100万次，多次引领加拿大、多伦多本地流行趋势、创造话题新热点。

2016年，加国无忧推出APP客户端，为用户提供更加优质、快捷、方便的资讯服务。2018年，51.CA找房频道正式改版上线，推出全新的买卖房屋、租房功能，更加直观、更加便利，全面提高用户体验。

经过18年的发展，加国无忧注册用户超过

77万，日访问唯一IP近12万，成为集中反映华人动态、了解华人社区民意的重要媒体平台和加拿大华人必备的生活平台。

地址：500–15 Allstate Pkwy, Markham, ON L3R 5B4

网址：www.51.ca

电话：+1(416) 768–5151

电邮：info@51.ca

加拿大共生国际传媒

加拿大共生国际传媒简称共生传媒，为加中跨国股份有限公司。于2017年10月5日在加拿大魁北克省注册成立。其业务包括新闻传播、文化交流、出版印刷等。总部在蒙特利尔，北京有办事机构。

共生传媒以“构建命运共同体，迎接共生新时代”为创办宗旨，以推进加中交流和世界和合为内容导向，以坚持原创性和个性化为发展动力，以“讲好中国故事”为值守责任。

2019年，成立不足两年的加拿大共生国际传媒进入了第三个年头。随着知名度和影响力的增长，媒体的创作团队不断扩大，合作伙伴也逐步增多。

社长、总编：胡宪

地址：2086 De L’eglise, Montreal,Quebec，Canada，H4E 1H3

网址：www.simcinc.com

电话：（001）514–246–3958

公众号：加拿大共生国际传媒

电邮：xianhu@hotmail.com

加拿大环球传媒集团

加拿大环球传媒集团自2000年11 月3日在加拿大温哥华创刊《环球华报》以来，已发展成为在加拿大有一定影响力的多元传媒平台。集团旗下拥有印刷媒体《环球华报》、《先枫周刊》、《房地产周刊》、《知音·新女性》月刊、《加拿人教育指南》专刊；新媒体环球华网（www.gcpnews.com）、《环球华报》微信公众平台和微信音频公众平台《环球听闻》；并制作《环球人物访谈录》等视频节目。集团还出版《中华人民共和国成立60周年》、《枫华正茂：加中建交40周年》及《春节特刊》等多本专刊。

环球传媒集团除主办《环球华报外》，旗下还有：

环球新媒体

环球新媒体旗下综合了环球华网（gcpnews.com）、《环球华报》官方微信平台，以及可以听新闻的微信公众号“环球听闻”等3大网络新媒体。

微信公众号《环球听闻》自推出《晓红读诗》、《历史上的今天》和《环球新闻播报》等栏目之后，听众反响热烈，在海外宣传中华文化、传播正能量方面起到了积极的作用。

先枫周刊

《先枫周刊》创刊于2013年8月，是一本以大温地区城市资讯为主、贴近市民生活、服务与新闻并重的生活类周刊，每周五发行。

《先枫周刊》的版块有：城市报道、职场理财、父母育儿、美妆潮品、家居旅游、美食娱乐、城中盛事、浮城绘等。

《先枫周刊》内容丰富，时尚新颖，注重生活品味，关注都市脉搏，令读者尽享“知性而有品味的都市生活”。

房地产周刊

《房地产周刊》于2011 年9 月15 日创刊，发行网点覆盖整个大温地区，每周四出版，免费发行。除了纸媒外，《房地产周刊》另辟电子版、手机版和网络版等多元化的阅读管道，做到全方位立体传播。

《房地产周刊》汇聚编辑人员和房地产专业人士对大温地区住宅和商业房地产买卖动向，进行即时评析，并提供大量新楼盘和二手房屋交易信息。《房地产周刊》内容丰富，包括每周的特别策划、新闻析、精英录、新品录、中国说、全球论、庭院经、投资策、家居谈、楼盘观、观察家、一周读、地理志、百家谈等读者喜闻乐见的内容，其中百家谈聚集城内顶尖房地产业界精英。以专业性、知识性、时效性、实用性为导向，大胆精确预测市场走势，在大温形成固定的华裔读者群体。

《知音·新女性》

《知音·新女性》杂志是环球传媒集团与中国湖北知音传媒集团合办的女性时尚类月刊，在大温地区销售发行。

《知音·新女性》内容涉及都市女性关注的时装、美容、化妆、健康、娱乐、艺术、旅游和美食等各个方面。杂志将视点放在全世界，以更宽广的角度阐释女性的时尚，无论在题材内容的文字表现，还是视觉上的美感呈现，都力求给读者一个完美的阅读体验。《新女性》杂志在大温地区受到了女性读者的广泛好评。

加拿大教育指南

环球传媒集团每年独立出版两次《加拿大教育指南》专刊，分别为春季版和秋季版。《加拿大教育指南》每次出刊，都受到华人家长和学生，以及教育工作者的欢迎。

董事长、社长：司晓红

地址：#310–3490 Gardner Court, Burnaby,B.C. Canada, V5G 3K4。

电话：（1）604–321–5586

传真：（1）604–321–5581

网址：www.gepnews.com

社长电邮：：anniesi.gcp@gmail.com

编辑部电邮：gcpnews2014@gmail.com

加拿大维多利亚传媒集团

加拿大维多利亚传媒集团在加拿大联邦政府注册成立，总部设在多伦多，致力於加中两国新闻、文化领域的交流、合作与传播。以文字、图片、视频和音频等多媒体传播形式报道加中两国重大新闻，华人社区要闻，生活服务资讯，传统中华文化以及行进中的中国故事。

该集团设有综合性新闻网站，微信公众号：加拿大维多利亚传媒，（victoriamedia），微电台：云之声，出版英文杂志《Perspective》等。

董事长：王燕云 (Victoria Wang)

总裁：吕欧(Angela lui)

地址: PO Box 94616, Thornhill East PO, Ontario, Canada L3T 7R5

地址：www. ca99.ca
www.pdaily.ca

电话：1–647–241–8383

传真：1–905–237–6483

电邮：victoria.yw@gmail.com /
victoriamediagroup@gmail.com
info@victoriamedia.ca

微信公众号：加拿大维多利亚传媒

微信号：v_w0001

华卫传媒集团

华卫传媒集团1988 年以“美加华语”为名，正式在多伦多成立，及后改名为华语电台。过去30年除制作专业广播节目，更参与不少小区及慈善活动。2018 年随时代改变及需要，全力在网络上发展。华卫传媒集团 (Lovaee Media Group) 旗下拥有:

一、华语电台广播：

a.华语电台网站 www.ccradio

b.其他网络广播

二、Lovaee Marketing 华卫市场策划公司：

成立于2009年，服务各大工商及企业机构，成为其生意伙伴，于2016年正式成为Lovaee Media Group 旗下市场策划公司。

华卫传媒集团，广播目标及守则：华语电台多年来坚持信守营运原则，是以大众利益为主的媒体，透过大气电波提升大众文化水平，传承中华文化，鼓励种族和谐，在市场竞争定位上，亦坚持不受任何政治，宗教及客户所支配。

服务小区是该台一个重要工作项目，自1988 年至今，华语电台不间断为小区服务。以“如实手法” 去报道各种社会现象、时事等，坚持 “中立态度”去广播，目的是“让事实说话”不受任何政治，宗教所影响。提倡媒体间和谐共处，认同有竞争，但不认同独家赞助，不受操控。华卫传媒集团总部设于多伦多，广播语言以华语为主。

主席：覃汉聪 （Alexis Chum）

总裁、行政总监：孙磬怡 （Julie Suen）

地址：41 Metropolitan Road. Toronto, Ontario M1R 2T5

网站：http://ccardio.ca

电话：1 (647) 348–2288

名人名商

加拿大《名人名商》（周刊）成立于2010年9月，报社成立6年来，以自身的特色和影响力活跃在加国华社的媒体圈，得到了主流社

会、当地华社各界精英及社区团体的认可。并逐步向全媒体方向发展，成为一家拥有高端人群网络关系和现代数字化整合营销传播公司。

近年来，《名人名商》报社的发展呈现了3个新特点。

1、建成传统和现代手段相结合的媒体平台。

《名人名商》报社先后推出了《名人名商》周刊官网www.fameweekly.com、《名人名商俱乐部》官网：www.fameclub.com、《名人名商周刊》微信平台以及手机APP业务，使直属媒体平台由单一的平面媒体，发展成为集周刊、网站、微信平台、APP于一体的传统和现代手段相结合信息传播平台。

2、建成线上线下相结合的信息传播平台。

《名人名商》报社在发展媒体平台的同时，还积极建立和发展针对企业家、专业人士和留学生的社团组织，包括有汇集了当地政商名流近3000人的《名人名商俱乐部》、有联系20多个当地院校学生会的欧美同学会加拿大之友会、有汇集各类专家学者和科技专才的加拿大金融科技促进协会。同时还与当地北美国际企业家联合会、加拿大华商联合会等近百多个社团建立合作关系，形成线上、线下结合的信息传播网络平台。

3、建成媒体与读者互动的交流平台。

《名人名商》报社在其采访过的政商华裔、客户、出席各种高端商务和文化交流活动的人脉基础上，组建了《名人名商俱乐部》，为本地企业家搭建信息交换、人际交流和商贸往来的平台。

红枫林传媒

加拿大红枫林传媒集团于2011年10月在加拿大联邦注册成立。集团以全方位服务华人社区、弘扬中华传统文化、协助新移民融入加拿大为已任。

红枫林传媒集团与国内外主流及新媒体建立了常态化的融合发展机制，与世界上300多家境外媒体、港澳台媒体及海外华文媒体建立新闻合作发展关系。

加拿大红枫林传媒集团下设：《红枫林》报纸、红枫林网络电视台、红枫林新闻网、一带一路通讯社、《一带一路》杂志、一带一路网、中外要闻通讯社、《中外要闻》杂志和中外要闻网。

董事长、发行人：谷剑云

地址加拿大：808-165 Dlndia Street West, Mississauga, Ontario, Canada L5B 2N6

网址：www.redmaplenews.com

电话：519-913-1999
226-700-7686
226-678-3355

电邮：info.redmaple@gmail.com

中外要闻网：www.cnw-highlights.org

一带一路网：www.ydylw.cn

报纸电子版：epaper.sharedbook.cn/bookcase/ylzw?from=groupmessage

推特账号：@redmapleteam

微信公众号：RedMaple_Media

金泰传媒

金泰传媒公司成立于2004年，旗下拥有纸质媒体《地产周刊》、网络平台“加拿大第一生活”、微信公众号“加国第一生活”。加拿大金泰传媒公司秉承服务社区、贴近生活、追求卓越、创造品质的理念开展办报、出刊、建网。经过十几年的努力和坚持，成为加拿大华人社区有影响的媒体，得到广大读者的喜爱。

自2004年以来，该传媒重视与广大读者和客户之间的互动，积极组织、参与社区的重大社团活动，如：参与社区团体的年度庆典和公益性质的房地产博览会，推动华人团体和华人社区在主流社会的影响力。

在2019年许多传统纸媒纷纷关闭转型的大背景下，作为一份具有专业性的纸媒，仍然坚持发展，成为多伦多华人媒体行业一道靓丽的风景线。

董事长：黄立

《地产周刊》主编：郝一夫

《加国第一生活》主编：陈 琪

地址：170 West Beaver Creek Rd. ?#3
Richmond Hill ?Ontario ?L4B1L6

电话：905-889-3301

电邮：info@creweekly.com

轻松传媒集团

轻松传媒集团于2008年在加拿大联邦注册成立，是一家聚集“轻松加拿大”新闻门户网站以及旗下3个微信公众号，轻松传媒广告公司，“轻松演艺”活动策划公司等子公司的全方位立体式传媒集团。

轻松传媒集团秉持新闻媒体公正公平，造福社会的创办宗旨，为华人社区服务。目前集团业务从新闻媒体扩展至包括企业形象、媒体投放、公关策划、品牌推广、活动策划和设计创意等多个传媒领域。

集团旗下轻松传媒广告公司自创立以来为包括Bell、奥迪、宝马、CIK Telecom在内的数百家中外企业提供过市场推广服务。旗下“轻松演艺”成立后，先后承办策划了多项跨国演艺活动，更于2019年农历猪年春节策划举办了盛况空前的千人新春晚宴。

轻松传媒集团坚持本着“轻松地在加拿大生活”的承诺，为广大华人读者提供资讯服务；轻松传媒集团也始终本着“Falling in love with your business”的企业宗旨，为广大消费者提供专属服务。

总裁：王虹

负责人：林风云，高俊峰

地址：250 Consumers Drive，Unit1019，
Toronto，ON，Canada M2J 4V6

轻松加拿大网址： easyca.ca

轻松传媒网址：easymediainc.com

电话：647-728-1355

电邮：info@easyca.ca

星星文化传媒集团

加拿大星星文化传媒公司成立于2001年，目前旗下拥有平面媒体《星星生活周刊》，“网媒星网”和“超级生活网”，还有“超级生活”、“加国君”、“超级爆料君”3个微信公众号，以及加拿大“超级生活微博”等新媒体平台。星星致力于弘扬中华文化，促进中加经贸文化等领域的深入交流，以全面的生活资讯和信息服务满足华人的需求。

星星文化传媒公司旗下的周刊、网站和微信公众平台的策划采编能力和相关的市场拓展遥遥领先于大多伦多同类报刊网站和微信平台，在业内有口皆碑，成为本地媒体发展的一个风向标。

《星星生活周刊》自2001年10月创刊以来，数万篇独家文章影响较大，已成为全加拿大受欢迎的精美周刊，每年一期的年度精华版成为记载新移民奋斗经历的珍藏品。近年来的专题策划包括加中华文媒体北极行、走进禽兽王国肯尼亚、影子行动-政界人物的一天、休旅车RV调研系列、加拿大中国春节系列等。

2011年7月创办的超级生活网以其实用性超强的资讯，通过新闻、美食、省钱、活动、家园、黄页、专题、网络杂志等精心策划的版块引领时尚，服务华人。还以其独特的和主流媒体接轨的资讯吸引到了海外华人第二代的关注。

主要负责人：袁志强、陈明琰、捷克佳

地址： 200 Consumers Road, Suite 308, North York, Ontario Canada M2J 4R4

电话: 416.491.8401

传真: 416.490.8404

超级生活网：www.superlife.ca

星网： www.newstarnet.com

新动力传媒集团

新动力传媒集团由加拿大电讯行业巨头Distributel电讯集团创始人暨董事会主席麦科翰先生和来自香港的洪友立先生创立于2011年。公司总部位于加拿大安大略省万锦市。

2017年，新动力开办了自制节目电视播放平台600新闻台，进一步连接华人社区与主流社会，促进中加文化交流。600台的原创节目包括：600新闻、新闻一周、Global Eyes、以及专题节目，全加拿大唯一的中文少儿节目《海狸家族》、文化节目《搜城记》等，播出语言涵盖中文、粤语、英语等。

加拿大当地居民可通过电视盒子、分布在多伦多和温哥华等人流密集地方的户外挂屏，以及APP(xinflix TV)、微信（新动力文化传播）等方式收看600台的节目。传统与新媒体结合的多渠道播放模式，让新动力传媒成为当地最具影响力的媒体之一。此外，新动力利用自己各方面的优越条件，成功承办了各项中

加文化交流活动，包括中央电视台“我要上春晚”的加拿大专场选拔赛，连续举办3届观看量超过上百万的“中加武林风”比赛，以及第一届中加电视节等等。

新动力传媒集团现有30多名员工，包括网络技术、拍摄制作、编辑、主播及运营新媒体等专业人才。新动力的合作单位包括加拿大广播公司、中国新闻社、人民网、中央电视台、凤凰卫视、澳门广播电视公司、河南卫视、广东卫视等。

公司负责人：洪友立（Patrick Hung）

地址：421 Bentley St. Markham. ON Canada L3R 9T2

网址：www.xinflix.com

电话：6477386200

传真：6477386188

电邮：info@xinflix.com

汇声广播华侨之声

汇声广播华侨之声广播电台AM1320（以下简称“华侨之声”）自1973年启播,是加拿大政府批准的多元文化广播电台，也是大温哥华地区第一家华语广播电台，至今已营运46年。华侨之声广播电台拥有加拿大政府特批的一个白天和夜间都为50千瓦的发射站,全天24小时运行，覆盖整个大温哥华地区2,476,145人口，另外还覆盖温哥华岛纳奈莫地区,部分阿尔伯塔省城市如卡尔加利。全天以普通话和广东话为主的共12种语言播音,为大温哥华地区的多元文化社区服务,是加拿大温哥华最受华裔社区信赖的广播电台。

多年来,华侨之声一直为不同社会群体提供多种多样的新闻和时事,以及富有信息、教育意义和娱乐性的节目，通过节目互动和举办各项大型活动，帮助当地华裔积极融入主流社会。加拿大3级政府政要曾多次到访华侨之声，体现了该电台在当地主流社会特别是华裔社区的重要性。

董事长: 贺鸣笙

行政经理: 秦宇

地址：＃150-13571 Commerce Parkway, Richmond, B.C. Canada V6V2R2

网址：www.am1320.com

电话：1-604-263-1320

传真：1-604-261-0310

加拿大中文电台（卡尔加里）

加拿大中文电台是一个多元文化电台，FM947于 1998年11月14日启播，电台集团总部设于加拿大西岸的温哥华，全国共营运5个频道，收听区域覆盖加国东西两岸超过一百万华人聚居的城市。

在卡尔加里以FM947频道提供超过25种语言的广播服务，包括一星期七日、每日超过21小时的国、粤语节目。中文时段内容包括新闻时事、音乐、娱乐、财经、体育及文化艺术等。

除了每天的广播外，电台也会定期举办多样化的特备节目及采访，过去20年，加拿大中文电台在市场调查中，获在卡尔加里及周边城镇最多人收听的中文电台。连同网上及免费智能手机应用程式收听组群，超越亚省，遍至全国及海外。

加拿大中文电台集团总裁：李方

（卡尔加里）台长：陈家燕

地址：#109, 2723 - 37 Ave NE, Calgary, Alberta, Canada, T1Y 5R8

加拿大亚省卡尔加里

网址：www.fm947.com

电话：（1）403— 717 — 1940

传真：（1）403 — 717 —1945

脸书：www.facebook.com/fairchildcal

加拿大中文电台（多伦多）

加拿大中文电台是一个多元文化电台，AM1430及FM88.9于1997年3月1日启播，电台集团总部设于加拿大西岸的温哥华，全国共营运5个频道，收听区域覆盖加国东西两岸超过一百万华人聚居的城市。在多伦多以AM1430及FM88.9频道提供超过15种语言的广播服务，包括每星期周一至周五24小时全无休国、粤语节目，逢周六日精彩21小时国、粤节目及17小时外语节目。

除了每日的广播节目外，加拿大中文电台也会定期举办多样化的特别活动，例如“电台电视训练班”、“中文歌曲创作大赛”和“岁月留声歌唱比赛"。加拿大中文电台更时刻紧贴社区，积极参与多种公益活动，例如过去十多年连续在多伦多多间医院举办的"马拉松筹款日"，至今筹集的款项已接近4百万加元。

在跨年与中国除夕夜，加拿大中文电台主办慰藉华人思乡情切的大型综艺节目，例如"SHOW得精彩·跨年倒数活动"、"农历新年除夕夜"以及"中华传统农历系列表演"等。

在2018至2019年最新一次的媒体调查中，加拿大中文电台继续成为全多伦多最多华语听众收听的中文电台，比率高达88%。

总裁：李方

（多伦多）台长：罗爵晖

地址：151 Esna Park Drive, Unit 26-29, Markham, Ontario L3R 3B1

加拿大安省多伦多

网址：www.am1430.com

电话：（1）905—415—1430

传真：（1）905—415—6292

脸书：www.facebook.com/fairchildradiotoronto

微博：www.weibo.com/fairchildradiotor

华语广播网（多伦多）FM105.9广播电台

华语广播网（多伦多）FM105.9于2016年底正式开播，覆盖人口达 321万人，信号覆盖大多伦多地区的约克区9个城市，以及多伦多市的大部分地区。其中多伦多市和约克区的万锦市、列志文山市都是加拿大最富裕和华人人口最集中的城市。

FM105.9是一个多元文化的广播电台，每天早上 6:00--18:00 播出英语节目；每天晚上18:00 -24:00，为6个小时的华语广播。FM105.9 的节目除了普通话整点新闻之外，每天18：05-19：00 是主打时事新闻专题节目《今日话题》，资深媒体人郭然和陈琳针对当日的热点新闻事实，进行深入分析访谈，成为本台黄金时段的主打节目，收听率极高。

该台每天还有其他各类专题节目："魅力多伦多"访谈大多伦多各行各业华人移民的风采；"枫下物语"为听众介绍加拿大的风土人情、秀丽风光；"加国留学圈"是中国留学生学习、生活资讯和人物故事的大荟萃；"我爱我家"是房地产行业政策信息疑难解答的活字典；"加东周末"是与听众互动的娱乐休闲俱乐部；"激情体育"是体育迷挥洒点评、畅聊赛事的激情论坛；另外，每周五晚上10：00的"文化新生活之加国生活"，本地的广东话名人，轮流主持一个小时的时事大辩论，也是收听率很高的一档晚间节目。

负责人：郭然

地址：110 Rivera Dr, Unit#4,
Markham, ON L3R 5M1

网址：www.YesMyRadio.com

电话：905-604-5211

电邮：info@yesmyradio.com

微信公众号: 枫叶在线

加华视讯WOWtv

加华视讯WOWtv 成立于2008年3月，总部位于加拿大安大略省多伦多市，拥有CRTC（加拿大广电通讯监管局）第二类私营电视台证书，是加拿大第一家第三语言（国粤语）高清广播电视台，秉承服务加拿大本地华人的宗旨，提供高清数码节目。WOWtv的电视讯号覆盖整个加拿大全境，除多伦多加东总部外，于温哥华设有加西分台。电视节目可通过加拿大3大有线网络，Rogers有线高清577频道和标清808频道，Bell 710频道，以及Telus 2828频道同步观看。

自成立以来，WOWtv积极在海外开展各项宣传工作，于2009年正式成为中国中央电视台在加拿大本土落地项目的唯一战略合作伙伴，将中央电视台英语，法语，纪录片频道（CGTN）通过WOWtv全频道落地加拿大。WOWtv同时也是国务院新闻办公室、南方影视传媒集团、东方卫视、北京卫视、青海卫视、宁夏电视总台、青岛电视台、哈尔滨广播电视台在加拿大的长期友好战略合作伙伴。

除了承办大型优质电视节目，赛事活动以及演唱会以外，WOWtv同时也注重自制内容的开发和出品，如国粤双语的日播节目"晚间新闻"、"大多故事"、"大温故事"、访谈节

目“活在5点”，一年一度的“加拿大华人春节联欢晚会”。

加华视讯董事长：杨再熙

亚洲地区运营总监：胡纪华

加东台总运营：沈佳

加西台总运营：陈龙

总部地址：221 Amber St, Markham, ON L3R 3J7

网址：www.wow1.tv

电话：1-905-475-8877

电邮：info@ccmedia1.com

加拿大中文电视台

加拿大中文电视台隶属于加拿大中文传媒集团，于2006年在加拿大注册成立，2007新年伊始正式开播。

加拿大中文电视台以传播华夏文明为己任，为移民朋友更好地融入第二故乡起到了纽带和桥梁的作用。随着华人社区的不断壮大，加拿大中文电视台将全力服务于加拿大的华人社区，关注移民的衣、食、住、行。该台以说普通话的华人观众为主要收视对象，其节目特点是贴近本地华人的现实生活，为他们提供所需生活资讯。

加拿大中文电视台开设“新闻、教育、地产、旅游”等6个频道，包括“中闻联播”、“移路枫情”、“ETV梦工厂”、“时尚生活”、“教育园地”、“加国安居”、“地产沙龙”和“魅力中国”等栏目，其内容涵盖了在加华人生活娱乐的方方面面。

2018年起加拿大中文电视台为配合市场的发展需求，加入了更多的新科技和新模式，向融媒体、全媒体方向启动了第三次全面的改版工作，预计2019年底前能完成测试全面上线。加拿大中文电视台是世界华文媒体联盟成员，加拿大族裔媒体协会成员。

副台长、节目总监：唐明

地址：28 Crown Steel Dr. Unit?15, Markham?On. L3R?9Y1，Canada

网址：www.canadactv.com

电话：1-416-578-8199

微信：sam4165788199

电邮：5788199@gmail.com；
sam@canadactv.com；
canadactv@gmail.com；
info@canadactv.com；

加拿大多元文化电视台

加拿大多元文化电视台是加拿大首家免费的多元文化电视公共频道，其前身为1979年启播的多伦多CFMT。1986年由加拿大最大的通讯公司之一罗渣士通讯集团收购，逐步发展为总部设在多伦多，横跨加拿大东西两岸，在温哥华，卡尔加里，埃德蒙顿，渥太华，蒙特利尔等城市都曾设有分支机构的全国性综合电视台。

OMNI多元文化电视台从30多年前就开始制作和播出包括中文、意大利语、旁遮普语、葡萄牙语在内的多语言节目，最多时达到40多种，粤语节目也是其历史最长的自制节目之一。目前，OMNI多元文化电视台在多伦多和温哥华都有中文制作团队，每天有国语和粤语新闻节目，时事访谈以及深度报道，并拍摄制作反映移民生活的纪录片和电视剧。

该电视台与中国电视台、媒体、公司合作，播放中文纪录片、电影、电视连续剧，以及娱乐节目等，是服务华人华侨，促进中加两国影视文化交流的优秀平台。

负责人：Manuel Fonseca

地址：33 Dundas Street East,
Toronto, ON, Canada M5B 1B8

网址：www.omnitv.ca

电话：001-416-764-7371

电邮：news@omnitv.ca

加拿大财经一号电视台

加拿大财经一号电视台CMETV开播于2016年，总部设在加拿大多伦多。凭借先进的高清数码采编播设备，当地专业的节目制作团队，丰富的节目内容等领先优势，逐渐成为加国本地华语电视媒体中颇具成长力和影响力的新兴华语电视媒体。

该台节目内容丰富，已形成了以加拿大本地地产、金融经济和华裔深度社区新闻报道、人物专题访谈、中国传统文化传承纪录等为主，娱乐类、生活类专题为辅，同时兼有大型活动等为一体的综合性电视媒体平台。该台每周采访、摄制、编辑、制作自办节目9档，合作栏目3档，共计12档节目。实现全天24小时，全年共计8760小时的节目通过IPTV网络、亚洲七号卫星及互联网络等立体播出系统面向加国全境播出，并通过卫星及互联网传输拓展至北美、亚洲、欧洲等地。

加拿大财经一号电视台立足加国，在报道关注本地华裔社区的同时，祖国声音、中国发展也一直在其关注的视野之内。2018年3月加拿大财经一号电视台作为加拿大唯一华语电视媒体代表参与中国两会报道。还特别聚焦于广大华人感兴趣的“一带一路”、“华侨侨眷权益保护”等专题。

从安大略省议会全世界第一个通过“中国南京大屠杀纪念日”的动议议案表决现场报道，驻多伦多前总领事何炜“一带一路与加拿大”的专题报告会，到加国万锦市长举办新闻发布会抗议“辱华餐馆游戏”，再到呼吁华裔民众走出家门、参政议政的人人投票选举活动，加拿大财经一号电视台都进行了全面报道和深度分析，成为加国华裔在当地经济和社会领域不断崛起的传媒推进器。

主要负责人：金普明、王爱民

地址：（海外）85 Citizen Court.Unit 9 Markham, ON L6G 1A8

（国内）北京市朝阳区大郊亭中街2号院华腾国际4号楼6层

网址：www.cmetv.ca www.rongda.rog

电话：（海外）001(416)779-4411

（国内）010-56280663

电邮：13901234193@126.com

加拿大国际电视台（CCCTV）

加拿大国际电视台（CCCTV）是一家在加拿大国家广播公司注册，在多伦多成立的以中文普通话、粤语及英语电视节目为基础的全媒体电视台。在Bell 728有线电视网络和其它4个电视机顶盒播放。CCCTV全天24小时全球直播、播出信号直接覆盖加拿大全境150万华人。在加拿大华人群体中拥一定的影响力。

CCCTV的节目以每日新闻，教育文化，综艺娱乐，影视纪录片，商贸金融为主要内容，结合互联网新媒体平台及纸媒、声媒、并以大型文化交流活动为驱动，致力于服务加拿大华裔。该台通过“引进、输出、投资、制作、传播、搭台、版权”等方式，全力发展。

近年来，CCCTV以新媒体开发为方向，与国内外众多高校及传媒机构形成了深度合作关系。例如：与湖南广电?芒果国际正式签约，达成战略合作伙伴关系。目前，CCCTV在朝全媒体发展：电视团队转为全媒体新闻机构，新闻采集全面数字化与多媒体化，编辑方向以多媒体辐射作为崭新目标，推送往跨平台发展。独立制作、在加拿大境内实拍“和平仰一线天机”纪念二战纪录片；在大选之年推出系列节目“溢政厅”，支持华社参政关政，为华社表达政见发声；文化节目“说东道西”，时事专题“新闻周刊”，旅游风光片“加国四季”，移民世界的“华人影像”、“华裔青年”受到华人关注；该台还举办多场大型演出及赛事，“文化中国四海同春”、“超级女声”、“上海京剧院京剧专场”等，积极推进中加文化交流。

董事长：彭良健

地址：7880 Woodbine Ave，Unit C&D，Markham，ON，L3R 2N7，Canada

电话：1-905-604 3218

电邮：info@ccctv.ca

多伦多电视

多伦多电视成立于2003年。16年的艰苦经营，通过制作的10000条社区新闻视频，报导社区的发展过程。面对新媒体和社交媒体的冲击，多伦多电视除了在自家网站播出外，也在社交媒体广播。

创办人：刘穗安

地址：9 Northern Heights Drive, Unit 508, Richmond Hill, Ontario L4B 4M5, Canada

电話：416-200-8900

电邮：Joseph@TorontoTV.net

微信：TorontoTV

微博：TorontoTV

脸书：Facebook.com/TorontoTV

推特：TorontoTV

优酷：TorontoTV

视传媒

加拿大视传媒是一家新媒体平台。覆盖了全加拿大及北美的主流社会，主要受众包括渴望了解中华文化的本土加拿大人和美国人，以及居住在北美地区的华人华侨。旗下拥有英文的全媒体网络发布平台(www.cctvmedium.com)、视传媒TV电视台和枫景影视制作公司。除此之外，还拥有social media微信公众平台、Facebook、Twitter等。

总编辑：Wilson Song

网址：www.cctvmedium.com

电话：416-720-8626

电邮：Wilson.song@gmail.com

枫景影视

枫景影视公司成立于2013年，是一家由业内专业人士组建的国际化影视制作公司。整个团队由来自媒体或影视娱乐制作公司的资深专业人士组成。拍摄制作过大量电视节目和影视作品，其中部分影视作品参加过柏林电影展。2016年4月，参与拍摄制作了由甄子丹主演拍摄的广告片《决战武林》。

为了弘扬中华文化，枫景影视公司每年都会组织和承办几次大型的文艺演出。2018年组织承办了《郎朗钢琴音乐会》、中国文化部国家艺术基金支持的舞剧《二十四节气》。2019年将与大连新闻传媒集团共同推出旅游节目——“主播带你游”。

总经理：Tony Song

电话：647-972-9866

电邮：tvmedium@yahoo.com

《视传媒TV》中文电视

《视传媒TV》拥有加拿大联邦广播电视局CRTC颁发的电视牌照。主要内容是以旅游、购物、财经、地产等栏目为主的一个网络电视频道，24小时滚动播出。现有的电视节目有Let’s Go“旅游攻略”“游中国”“Taste味”“环球购物”。目前与中国网、爱奇艺、旅游卫视、乐视、银川电视台、武汉广播电视台、吉林卫视、辽宁卫视等多家合作项目。覆盖了全加拿大的40万左右的华人，占华人市场的三分之一。主要target的受众包括了居住加拿大的华人，渴望了解华人文化的当地人。

2017年11月，加拿大视传媒CCTVmedium荣获加拿大国家族裔广播电视类优秀奖。加拿大安省省督杜德斯韦尔为加拿大视传媒CEO wilson颁奖。

台长：朱枫杰 Jennifer Zhu

电话：416-9047199

电邮：cctvmedium@hotmail.com;
fengjie.zhu@gmail.com

城市电视

城市电视隶属于加拿大新时代传媒集团，于1993年在温哥华开播，为服务逐年增加的普通话移民，从1996年6月1日起改为普通话广播为主，并于2001年秋季起，获准将其讯号覆盖范围扩展至全加拿大各地。城市电视目前为加拿大唯一以普通话广播为主的本土电视频道，透过有线电视及卫星电视向全加拿大播出节目。每星期7日，每日24小时的广播时数中，普通话节目占有20个小时。城市电视节目规划完全依照普通话观众的收视习惯及喜好，安排中国大陆及台湾最受观众欢迎的优秀电视节目，节目类型涵盖新闻、信息、娱乐、戏剧4大范畴，亦耗费相当多的人力物力制作多个关于移民生活适应、新闻时事座谈的本土节目。为了提供观众多元化的节目及服务，城市电视曾多次与中国内地各主要电视台进行电视节或电视周形式的交流合作，包括“北京电视周”、“广西电视节”、“重庆电视周”、“安徽电视周”及“辽宁电视周”等，引进许多不同类型的优秀节目，受到加拿大华人观众的欢迎。

总裁：陈国雄

地址：#3300-4151 Hazelbridge Way
Aberdeen Centre
Richmond, BC CANADA V6X 4J7

网址：www.talentvisiontv.com

电话：(1) 604 295 1328

传真：(1) 604 295 1399

电邮：info@talentvisiontv.com

新时代电视

新时代电视隶属于加拿大新时代传媒集团，创办于1993年，目前是加拿大唯一全日以粤语作全国性广播的本土电视网，除了在温哥华、卡加利及多伦多等华人聚集之城市通过有线电视系统播出之外，全加拿大各地的观众都可以通过卫星电视系统收看。

新时代电视的节目包罗万象，信息及娱乐并重，约有30%播出时间为加拿大本地制作节目及时事新闻，也安排许多香港制作的各类型粤语节目，及部分以普通话播出的电视剧集。2013年5月开播的新时代电视2高清台则与香港同步播映当日的TVB剧集及最新的高清节目。

新时代电视每年都在温哥华及多伦多分别举办多场大型直播节目，如"新秀歌唱大赛"、"华裔小姐竞选"等，并与多个当地慈善机构合作举办电视募款活动，这些高水平的大型活动已经成为关心加拿大华人社区的盛事。

总裁：陈国雄

副总裁：李方

(多伦多)助理总经理：何琪

加拿大温哥华地址：

#3300-4151 Hazelbridge Way Aberdeen Centre

Richmond, BC CANADA V6X 4J7

网址：www.fairchildtv.com

电话：(1) 604 295 1313

传真：(1) 604 295 1300

电邮：info@fairchildtv.com

加拿大多伦多地址：

8-35 East Beaver Creek Rd.Richmond Hill, Ontario

CANADA L4B 1B3

电话：(1) 905 889 8090

传真：(1) 905 882 7120

中文热点

中文热点是成立于2013年加拿大多伦多的网络媒体。是多伦多成立最早的新媒体之一，具有较强的传播功能和广泛的社会影响力。

该媒体旨在服务青年留学生和华人移民，为在加拿大的海外华人打开一扇看世界和加拿大生活的窗口。帮助华人留学生和移民更有多地了解加拿大生活资讯。努力成为连接华人社区与主流社会的一座相互了解沟通的桥梁，媒体每日专注报道高关注、高热点、高影响的题材，是加拿大多伦多颇具影响力的华文网络媒体之一。

主要负责人：韩笑

地址：33 Willcocks street, Toronto, ON, Canada

网址：hotspotnews.ca

电邮：hanxiao528@gmail.com

电话：647-863-0528

北美好生活网

北美好生活网由创立于2001年5月的北美生活报业集团发展而来。原集团旗下的综合性报纸《北美生活报》开创了加拿大以简体中文字刊发报纸的先河，并获成功。2007年，北美生活报业集团再接再厉，开始发行第二份娱乐性报纸《北美周末周刊》，成为加拿大较大的中文媒体之一，以对加拿大社会、尤其是华人社区的渗透力深得来自两岸四地的华裔移民、公民及留学生的喜爱。随着媒体行业的发展和新技术革新，好生活网（www.goodlife666.com）于2012年创立；《北美周末周刊》和《北美生活报》分别于2013年8月及2016年3月全面改为网络版刊发。

2016年10月，北美好生活网正式启用域名www.youknownews.com，继续秉持"满足当地华人的生活需求，特别突出华人关心的商贸、文化、消费、娱乐、休闲、医疗、健康、汽车等主流及社区生活领域，立足本地化、生活化，贴近生活与反映生活热点，服务移民生活的各种需要，充当当地华人的舆论代表，支持

华人参政议政”的宗旨，其新闻采访、写作、编辑能力在当地的中文媒体中较为突出，并与读者互动频繁。

北美好生活网共有8名全职专业编辑、记者、美术设计及公关人员。

总编辑：吕彤

地址：369 Talor Mills Dr N Richmond Hill ON Canada L4C 2V1

电话：1-647-849-4780

电邮：ykninfo@gmail.com

加中新闻网

《加中新闻网》于2014年6月在加拿大多伦多创办并正式上线，以传播加中文化、促进友好交流为宗旨，坚持以人为本、创新为魂、规范运作、追求卓越的营运理念，积极推进海外华文传媒的良性合作与发展。

《加中新闻网》以加拿大本地新闻、加中友好动态为报道主体，以原创视频、图片、原创专题为特色，设有“加中新闻、加中教育、加中经贸、旅游娱乐、视频专栏、图片专栏、人物专栏、特别策划”等8个频道，为海外华人实时提供加拿大本地热点新闻及图片、加中友好交流动态及信息。《加中新闻网》“教育频道”全面解读加拿大教育体制及其特点，为留学生提供有效、权威的加拿大教育、留学资讯；《加中新闻网》“看点专栏”，由加拿大华媒资深记者主笔，每周发布原创独家报道，图文并茂、独特视角反映加拿大本地人文历史、民俗旅游故事。《加中新闻网》“视频人物专栏”，以加拿大著名华裔专家学者的成就为切入点，深度介绍华裔人士对加拿大文化、科技、教育等重要领域的发展以及促进加中友好交流所做出的重要贡献。

主要负责人：沈晓峰 (Hunter Shen)

地址：1145-1147 Units, 22 Metropolitan Road, Toronto, ON M1R 2T6 Canada

网址：www.CCNews.ca

电话：1-437-888-3393

手机：1-416-890-5938

电邮：info@CCNews.ca | CCNews.ca@gmail.com

微信公众订阅号：Canada-CCNews

加西网

加西网于2003年创办，是加拿大温哥华地区第一家及最大的中文网络传媒，加西网为中文网络在温哥华的兴起和壮大做出了贡献。在最新的《世界华文传媒新媒体影响力榜单》榜单中位列网站影响力海外第12名。

加西网在2004年推出北美中文博客，是北美第一家中文博客。其后推出的北美旅游网，地产中心在相应领域均为北美的首家中文网站。

加西网非常注重内容建设和传播渠道的建设，2012年与酷六网合作，在Youtube上开通的儿童视频频道拥有订阅者超过5万人。加西网还有手机版本，手机APP、微博账号、多个推特账号和多个微信公众号，以丰富多彩的形式向读者介绍最新的新闻和资讯。

加西网与加拿大BC省政府和BC省各政党均有广泛联系，已成为各级政府和政党面向加拿大西部华裔居民的重要窗口。

加西网总部位于温哥华，拥有全职员工十余名，并在中国开设有办事处。

网址：www.westca.com

电话：1-604-676-2190

加国活动网

加国活动网是2018年2月正式推出的全新垂直型媒体平台，由加拿大全媒集团负责运营。加国活动网从2016年开始策划立项，经过两年的筹备，第一版于2018年上线推出，经过一年的运营和经验总结，现阶段正进行第二版的升级设计，不断向全媒体融合发展的方向做探索性的实践。

加国活动网主要分为活动预告、活动报道和活动组织3大部分；4大功能中心分别是：活动新闻中心、活动传媒中心、活动图片中心和活动视频中心；9大活动内容分类版块分别是：新闻资讯、大型活动、综艺演出、教育培训、旅游美食、健康运动、商业推广、社团动态和文化交流，基本涵盖了目前社区生活娱乐的各个方面。

加国活动网上线运行一年以来，共报道社区活动近150场，受到活动主办机构、活动赞助商及

活动参与者的广泛关注，特别是图片深入报道方面，活动网的两百多套活动图集和近3万张精选图片给人们留下了非常深刻的印象。加国活动网未来将融合更多的媒体资源，第二版将加强在微视频和短视频方面的合作与发展。

副总裁：晴枫

地址：4675 Steels Ave. Unit 2D23, Toronto ON. M1V 4S5

网址：www.99canada.com

电话：1-647-302-6810

微信：Yolanda-QD

电邮：2018yolanda@gmail.com

99canada.com@gmail.com

加拿大加新网

加拿大加新网为《加西周末》旗下新闻网站，为加拿大华人提供迅速、准确的新闻报道。网站自2012年成立以来，已经稳步成为加拿大有较高知名度和影响力的新闻网站。

加拿大加新网与国内媒体保持良好互动，向他们提供加拿大第一手的新闻资讯。针对加拿大重大新闻（如孟晚舟案），加新网为国内媒体提供全方位、多媒体（文字、照片、视频）的现场报道。

加拿大加新网拥有新媒体矩阵，微信公众号“加新网cacnews”（cacnews）拥有众多读者，是加拿大西部主要的新闻类微信公众号。加新网在今日头条（头条号：加拿大加新网）等平台也开设有自媒体账号。

微信公众号：cacnews

网址：www.cacnews.com

头条号：加拿大加新网

联络微信：wcweekly_pr

加拿大乐活网

加拿大乐活网于2012年底成立，是中国新移民创建的专门为华人移民提供高端生活资讯的中文网站。网站所涉及的资讯，拥有大量的独家报道和原创文章；专门为移民精选本地主要媒体的相关资讯，是加拿大华人移民了解当地生活的重要窗口。加拿大乐活网与当地主流社会合作推出的独特线下高端活动，已经成为本地新移民体验和了解主流社会文化的重要平台。为保证原创内容的传播，加拿大乐活网与今日头条、一点咨询、百家号、搜狐、网易、凤凰、界面等中国著名新闻平台合作，共建立客户端账号约30多个，成为中国读者了解加拿大的重要窗口。

加拿大乐活网拥有手机客户端——温哥华指南。

旗下较有影响力的微信公众号有：温哥华头条（VancouverHeadline），北美报告（Canadanews），温哥华生活快递（vancouverexpress）。

总裁：李悦（Lily Li）

加拿大金融街新媒体网站

加拿大金融街新媒体成立于2016年，自创立以来凭借权威、全面、专业、及时的优势，汇聚全方位的综合财经新闻和金融资讯，为千万用户提供股票、基金、期货、债券、外汇等投资资讯服务。立足于新媒体的发展新格局，创建包括网站、自媒体平台、电子周刊、财经出版、网络直播等新媒体节目等全媒体运营平台，为企业提供专业的商业咨询服务和进修培训。

加拿大金融街新媒体的品牌基础深厚，依托中国金融街电讯实现中国与北美服务资源对接，为企业提供全球经贸推广与商业咨询服务，寻找科技创新技术和产品，帮助企业跨境市场落地北美。

地址：550 Highway 7 East，Unit 316，Richmond Hill，ON，L4B 3Z4，Canada

网站：www.fs-new.com

电邮：info@cfstnm.com

电话：1-437-7713988

多伦多在线网

多伦多在线是加拿大多伦多地区基础最深的华人社区网站，汇集了最详尽，最新的当地资讯。该站旨在让华人更好地融入多伦多本地生活，主要由社区、新闻、培训、房产、金融、购物、咨询、其它等8个板块构成，内容涵盖了加拿大生活的各个方面。解析加国政府官方法规政策；分享各行各业的趣闻轶事；打

造粉丝读者互动交流平台；深挖加国社区移民历史变化；增强社会影响力和热点动态。

2018年1月多伦多在线网站改版，并开发了多伦多在线APP。微信平台同步启动，配合网络宣传。多伦多在线微信平台已经成为多伦多地区热闹的华人社区互动平台。

微信平台每日将发布多条官微，除头条新闻报道当地热点动态外，全新开设21档精品栏目，涉及文化，财经，房产，等读者关注的方方面面。

多伦多在线与世界摄影师联盟联合举办“多伦多国际摄影节”，自从2015举办首届，每两年一届，2019年10月将举办第三届“多伦多国际摄影节”。多伦多在线还与加拿大白求恩医学发展协会和加拿大白求恩医学基金会合作，同时追踪报道加拿大各个医院的“当代白求恩”，每年2次赴中国的医院做免费医疗手术和医学交流，

地址：7 Sydnor Rd, Toronto, ON, M2M 2Z9, Canada

网址：www.torcn.com

电话：1–647–2715618

电邮：jeff.torcn.com@gmail.com

枫华网

枫华网是加拿大枫华传媒集团所属的网络媒体，于2016年初上线。枫华网（www.fhmedia.ca）是立足于加拿大，面向加拿大乃至全球华人，集新闻资讯、社区互动、文化娱乐和基础服务为一体的综合性门户网站。同时枫华网还致力为当地华人社团、新老移民、留学生提供一个具有传播力与影响力，互动性与实用性的交流平台。

枫华网以搭建中西文化桥梁、传递中国声音为己任，2016年2月上线之初就报道了大量的中国“两会”资讯，尤其是把涉及海外华人利益的相关规定、法律及时有效地予以发布。

总编辑：苏军

电话：（1）514–4656757

网址：www.fhmedia.ca

电邮：info@fhmedia.ca

君知文化传媒

君知文化传媒有限公司于2015年6月成立于加拿大卑诗省，立足于加拿大华人社区，着眼于中加经贸文化交流。君知文化传媒致力于搭建集新闻资讯、生活信息、策展策演和电子商务为一体的文化媒体平台。

公司自成立以来，一直以“丰富海外华人的物质和精神生活”为目标，坚持“君子之道，知微知彰”，通过全方位的服务满足加国华人海外生活的多层面需求。

君知文化传媒有限公司拥有中文综合类门户网站www.freshvictoria,www.66victoria.com,以及以“君知传媒”命名的微信公众平台及“君知易购”电子商务平台等，业务范围包括新闻传播，广告宣传、团购集采、演出活动策划组织等方面。

董事长：高文君

地址：911 Easter Rd, Victoria, BC, Canada

网址：www.mediavictoria.com

电话：7786774000

电邮：govicky@gmail.com

多米尼加

侨讯

《侨讯》创刊于1985年8月，是由多米尼加华侨总会主办，唯一一份在多米尼加发行的中文刊物。最初命名为《月刊》，其后改名《侨讯》。该刊发行之前，电子传媒尚未普及，通讯系统落后，加之语言的障碍，使在多米尼加生活的华人很难接收外界信息，甚至，难于内部沟通。为使多米尼加华人华侨了解祖（籍）国、家乡及当地的新闻资讯，故此发行了该刊物。《侨讯》发行后，当地华人华侨竟相传阅，并寄送到台湾、香港、美国、委内瑞拉、巴拿马等国家。1995年由于多种原因，《侨讯》一度停刊。2011年至今，多米尼加华侨总会主持恢复《侨讯》的编辑出版及发行工作。

《侨讯》的栏目有：侨社近况、侨社风彩、侨社通知、两岸新闻、国内新闻、健康专栏、广告专栏等。内容涉及广泛。

负责人：卢永峰 张家乐

地址：Calle Benito Gonzalez#88,2do.
Piso,Santo
Domingo,Dominican Rep.

电话：809-6852246　809-3038128
809-3302088

电邮：lyf10100402@haotmail.com
lacoloniachina-dom@hotmail.com

智利

小人物

《小人物》（月刊），创刊于2012年3月，其创刊词为：我们都是中国人，我们是一群小人物。这是一份文化旅游生活杂志，以原创性文章为主，主要版块有：行走旅游、社会生活、人物走访、小说天地、诗歌园、美食时尚、西语角等，发行量近千份。

社长：林绍淋

总编辑：包容

执行总编：李青岩

地址：Ricardo Cumming 77 (地铁一号线
Republica附近)

电话：2-6997925
9-82591781
9-79591223

南美侨报智利之窗

《南美侨报智利之窗 》（周刊）于2017年1月28日由巴西《南美侨报》独资创刊，在圣地亚哥正式发行。该报及时传递智利当地及侨社消息，图文并茂的版面风格，得到当地华人华侨的认可。

该报共16版，头版和尾版彩色印刷，内容宣扬中华文化，服务当地侨社，以华人关注的智利和南美新闻为主线，全方位报道中国和世界发生的大事。该报的创刊得到时任中国驻智利大使李宝荣的大力推介。

地址：智利圣地亚哥

巴西

南美侨报

《南美侨报》（日报）创刊于1960年3月29日，前身为《巴西侨报》，1999年10月1日更名为《南美侨报》。《南美侨报》以服务侨胞为宗旨，想侨胞所想，急侨胞所急，文当侨胞所需之文，言为侨胞所欲之言，是当地侨胞生存发展的助手。

《南美侨报》每天出版24个彩色版面。其中包括：国际新闻、大陆新闻、台湾新闻、港澳新闻、图片新闻、天下华人、每日焦点、新闻追踪、南美新闻、巴西新闻、体育新闻、娱乐新闻、网评言论、健康养生、古今轶闻、多彩生活等；周末版面有：专题新闻、国际新闻、大陆新闻、港澳台新闻、体育新闻、八卦星闻、军事天地、旅游天地、华文园地等。另外周末还有：《今晚报》、《今日广东》、《今日西藏》、《今日江苏》、《义乌商报》等专版。

报社拥有自己的印刷厂，在巴西各大城市设有办事处，在里约热内卢设立了记者站，报纸发行遍布巴西各地，是巴西以至中南美洲发行量最大的华文报纸之一。

从2016年起，《南美侨报》发行了《南美侨报阿根廷周报》、《南美侨报智利之窗》、《南美侨报厄瓜多尔华人周报》、《南美侨报中美洲版》、《南美侨报拉美侨声》、《南美侨报今日巴拉圭》等7份纸质媒体，覆盖了中南美洲80%的地区。

2005年该报开通中文网站，2014年，南美侨报网改版，并在美国和香港设置服务器，大大提升了点击上网的速度。新版南美侨报网辟有“中国新闻、国际新闻、巴西新闻、南美新闻、南美中资与侨界新闻、移民百花园、专题报道、精彩图库、巴西百科、巴西人看巴西”等栏目；网站还设有视频播报和音频广播专栏，南美侨报网设有电子报，方便网友阅读；网站同时专门开通专属微博和微信公众号以及葡语的推特，及时向粉丝和读者推送消息。

2018年3月《南美侨报》推出了手机App“今日拉美”，已有巴西、阿根廷、智利等13个国家的新媒体加盟，向关注拉美的读者推送所需信息。

《南美侨报》于2019年1月正式迁入新大楼办公。

社长：方三京

地址：巴西圣保罗市RUA ESTADOS UNIDOS 659,J?RDIM PAULISTA

CEP：01472-000 SAO PAULO - SP BRASIL

网址：www.br-cn.com

电话：0055-11-33411919

电邮：nmqbcn@gmail.com

美洲华报

《美洲华报》（日报）于1983年10月4日正式创刊，创刊初期每周出报2期，1985年改为双日刊，每周二、四、六出报3期。1993年由双日刊改为日刊，即每周二至周六出报5期，周三、周五对开4版及6版，周二、四、六对开8版。现时改成每周三、四、五出版2大张8版，周二、六出版3大张12版。1996年起开始使用网络资讯，2000年开始使用电脑排版。

该报主要版面有：“重要新闻”、“台湾新闻”、“大陆新闻”、“巴西新闻”，“综合新闻”、“国际新闻”和“综合副刊”。周二、六增加“科技新知”、“生活与休闲”、“医学保健”、“旅游天地”等版面。《美洲华报》自创刊至今从未中断，该报发行范围包括巴西、巴拉圭、阿根廷、智利、乌拉圭以及台湾、香港等地。

发行人：刘国华

社长：李桑田

总编辑：林幸莹

地址：巴西圣保罗市 PCR CARLOS COMES,126，CJ,11，

01501-040，SAO PAULO-BRASOL.

电话：（55-11）3277 0102

传真：（55-11）279 1639

电邮：jornalchines104@gmail.com

美洲时报

《美洲时报》（周二报）于2017年11月7日正式创刊，这是在1983年创刊而于2017年9月28日停刊的《美洲华报》的基础上新出版的一份华文媒体。该报每周二、四出报2期，每期2大张半10版，使用电脑排版。其中，头大张4版为彩色版。

该报主要版面有："巴西新闻"、"巴拉圭新闻"、"大陆新闻"、"港澳新闻"、"台湾新闻"、"国际财经"、"国际新闻"、"医疗保健"、"娱乐新闻"、"侨讯"和"副刊"。

《美洲时报》发行范围包括巴西、巴拉圭、阿根廷、智利、乌拉圭以及台湾、香港等地。

创办人：斯碧瑶

名誉顾问：刘国华

顾问：李桑田、林志孟、林秀贞

社长：斯碧瑶

副社长：孙春芳、唐洁雯

葡文总编辑：唐海灵

葡文副总编辑：林育壮

地址：巴西圣保罗州圣保罗市
PRACA CARLOS GOMES,126，CJ，11，LIBERDADE，SAO PAULO，SP，BRASIL.

邮编：CEP：01501-040

电话：（55-11）3101 5755

传真：（55-11）3101 7733

电邮：redacao.catimes@gmail.com

巴西侨网

巴西侨网于2006年元月创办，以服务侨界和传播弘扬中华文化，提供中国侨务政策及巴西法规，增进中巴两国人民的友谊以及经贸文化交流为创办宗旨。巴西侨网服务不分宗教和地域，凡认同中华民族的华人华侨和海内外读者网友都是该网服务的对象。

巴西侨网开辟有50多个栏目，其中"巴西侨讯"栏目以最快的时效性、最近的距离，报道巴西侨胞的各种消息，它受到了海内外各大媒体的关注，并成为其报道巴西华人华侨新闻的重要来源。此外，巴西侨网的"华人社团"、"侨领名人"栏目，也是较为受欢迎的栏目之一，通过"华人社团"，可以了解巴西华人侨团的基本情况，以及侨团工作及运作信息。通过"侨领名人"栏目，则可以了解事业有成华人华侨的奋斗历史和成就，以及历年来所参加重要活动的情况，已成为个人资料档案库。

创办人：雷滨、袁一平

网址：www.bxqw.com
www.brasilchina.net

电邮：baxima1000@hotmail.com

网站域名：袁梦

巴西华人网

"巴西华人网"成立于2009年12月，目前基本建成以巴西中文资讯、巴西华人论坛、巴西华人实用信息为主的三大板块，兼顾巴西华人信息交流、商务服务、娱乐休闲的需求，成为首家巴西华人信息门户站点。

网址：www.brasilcn.com

阿根廷

世界周刊

《世界周刊》前身为创刊于上世纪90年代初的《世界新闻》周刊，由旅居阿根廷的台胞创办，以编译所在国新闻，网摘中国国内新闻、国际新闻和刊发当地广告为主。在阿根廷发行，每周五出版。

社长：Huang Kuo Hsun

地址：Av.Boyaca 1479 C.A.B.A ARGENTINA

电话：3534 5139

传真：4581 6507

网址：www.infomundoar.com/ch/

电邮：inf-mundo@hotmail.com

南美侨报阿根廷周刊

《南美侨报阿根廷周刊》原名《南美侨报新阿根廷周刊》，创刊于1984年6月1日，是阿根廷发行最早的华文平面媒体，主要在阿根廷、智利、乌拉圭、巴拉圭等地发行。每周发行量为1000-1500册。《新阿根廷周刊》目前每期共有136页，设“阿国侨讯”、“今日阿根廷”、“西班牙美洲”、“大中华”、“演艺体育”、“海外华人”、“新阿文化杂志”等栏目等。2019年2月，为适应大环境变化，周刊改名为“南美侨报阿根廷周刊”，并以8开（32.5x23厘米）对开印刷。

该刊最早原名为《阿根廷通讯》，由来自中国台湾的华侨解俊林先生创办，2007年8月由阿根廷东方彩印有限公司收购。

社长：吴晓榕

副社长：嵇克威。

地址：Otero 118，Capital Federal, Argentina

网址：www.horizontechino.com.ar

电话：005411-47817042

电邮：info@horizontechino.com.ar

新大陆周刊

《新大陆周刊》创刊于1997年12月，经过近20年的发展，已成为集平面出版、网站、音视频一体的新型传媒，并在此基础上成立了拉丁华人出版社，下辖《新大陆周刊》、阿根廷中闻网、新大陆音视频工作室、亚洲旅行社等机构。

2011年4月，《新大陆周刊》与新华社阿根廷分社合作组建的阿根廷中文门户网启用，网站侧重原创稿件和经济信息。2012年，网站转由拉丁华人出版社管理，并更名为阿根廷中闻网。

该刊长期为中新社提供新闻稿件，迅速及时地反映阿根廷华侨华人工作生活的各方面情况，并参加中新社组织的各种采风和报道活动。该刊还与《人民日报》海外版合作，从2011年7月1日开始，在当地出版《人民日报》海外版阿根廷周刊，随《新大陆周刊》发行。

社长：裘征宇

总编辑：汪霜荣

总经理：赵晓宇

地址：Lapampa 4340（1430）C.A.B.A,Argentina

电话：0054-11-4523-5254

传真：0054-11-4523-5483

网址：www.argentinacn.com

电邮：ncanews@argentinacn.com

新阿根廷周刊

《新阿根廷周刊》源于由旅居阿根廷台胞创办的《阿根廷通讯》。目前由台湾和大陆侨胞共同经营。主要以编译当地新闻，网摘“台湾”、“国际”、“中国大陆”新闻为主，设有网络文摘等栏目，周刊在阿根廷发行，每周五出版。

创办人、发行人：解俊林

地址：LAVALLEJA 86 CAP.FED.
BUENOS AORES,ARGENTINA
电话：（54–11）4858 3056
传真：（54–11）4855 8657
网址：www.nuevohorizonte.yoll.net
电邮：nuevohorizonte@fibertel.com.ar

阿根廷华人在线

阿根廷华人在线是2008年4月，由《新阿根廷周刊》创办的阿根廷第一个中文门户网站正式上线运行。网站主要设有新闻版块及服务指南版块。服务指南版块包括阿国点滴、移民天地、生活百事、就业创业、学习教育、税务法律、车房一族、旅游天地等专栏；此外还有分类广告、招聘、服务黄页、博客、论坛、实用链接等，网站还设立了视频服务，弥补了阿根廷当地华文电视媒体的不足。

阿根廷华人在线已发展成为阿根廷第一大中文门户网站。成为全球华文读者了解阿根廷政治、经济、文化等信息的重要窗口。依据世界华文传媒新媒体影响力榜单2018年5月24日在北京的发布，阿根廷华人在线位列世界华文传媒网站影响力榜第14位。

多媒体矩阵组合：

1、阿根廷华人在线微信公众号（www.51argentina.com），阿根廷中文资讯公众号（argentong）以及阿根廷中文通服务号（horizontechino1）。

2、阿根廷华人在线今日头条号。

3、新浪微博账号：阿根廷中文资讯。

4、Facebook（horizontechino），Twitter（51argentina），youtube账号（阿根廷中文电视）海外读者互动传播平台。

5、2018年10月应邀开通趣头条，阿根廷华人在线官方头条号。

6、2018年11月开企鹅号自媒体账号（企鹅号：方尖碑下），同时入驻天天快报自媒体平台。

地址：Mendoza 1720，Capital Federal,
Argentina
网址：www.argentong.com
www.51argentina.com
电话：005411–47817042/
0054–911–22582205
电邮：horizontechino@gmail.com

华人头条

“华人头条”于2015年5月在阿根廷正式上线，由福建可比信息科技有限公司创办。它主要以信息技术为支撑，以新闻资讯为切入点，通过推行全球化运营模式，为海外华文媒体的移动互联化提供全方位服务。其宗旨是放眼全球，立足本地，服务华人。截至2017年1月底，“华人头条”已与西班牙、美国、法国、澳大利亚、加拿大、葡萄牙、厄瓜多尔、阿根廷、智利等30多个国家或地区的华文媒体达成了战略合作。

创始人：黄琪旺
网址：www.52hrtt.com
电邮：hcy@52hrtt.com

古巴

光华报

《光华报》1928年创刊，报名《工农呼声》，月刊，油印。1932年改为铅印，报名改为《前进报》。1937年抗战开始后，易名为《救国报》。由于经济原因曾一度停刊，后复刊。1944年改为《光华报》，周报，后遭蒋介石政府在古巴机关迫害而关闭。上世纪50年代，古巴革命胜利后复刊。1987年由古巴中华总会馆管理，并成为中华总会馆的机关报。由于条件困难，这份报纸已有5年多没有出版。为纪念华人抵达古巴170周年，《光华报》于2017年5月31日复刊，在首都哈瓦那华人社区重新印刷出版。该报目前每月1期，每期共4页，3页为中文，1页为西班牙文，发行量600份。

创办人：黄淘白

地址：古巴哈瓦那

SAN NICOLAS No520, CENTRO

HABANA,LAHABANA, CUBA.

电话：（537）633286

巴拿马

拉美快报

《拉美快报》（日报）创刊于1992年7月1日。办报的宗旨是弘扬中华文化，坚持一中立场，促进巴中友好，维护侨社团结，传播政经讯息，服务于海外华人社会。创刊之初每日4版，之后每日的版面也一直在4版、6版、8版之间徘徊。1999年4月，李冰女士接手管理报社后，将每天的版面固定在12版，逢星期日16版。2003年2月，为了适应市场的需要，再次扩版至日出16版，其中2版彩色，每周六天出报。

该报规格为20 X 12英吋，头版为“当日世界要闻”，其它版面为“巴国当地要闻”及“拉美透视”、“国际纵横”、“珠江河畔”、“港澳动态”、“今日台湾”、“体育竞技”、“中国大地”、“社会广角”、“影视缤纷”、“拉美副刊”、“小说连载”等。另有多个机动版面，每日滚动刊出，如“健康与您”、“大千世界”、“旅游观光”、“讲饮讲食”、“文摘精选”、“军事博览”、“海外华人”等。

该报在哥斯达黎加境内设有分社，负责哥国境内的报纸发行及广告业务。报纸发行覆盖巴拿马国内各省及哥斯达黎加境内各地，是中美洲地区发行量最大的华文报纸，居拉丁美洲发行量第二。

社长：李 冰

总编辑：李勇恩

地址：APARTADO POSTAL 288

BALBOA,ANCON, PANAMA.

电话：（507）223 8552

电传：（507）263 9279
网址：www.el-expreso.com
电邮：adm@el-expreso.com

拉美侨声

《拉美侨声》报（日报）创刊于2002年，是早年由老华侨创办，用刻板拓印而发行的一份华文报纸。原名为《海外侨报》，1998年更名为《海外侨声》，2002年8月改为《拉美侨声》报。该报每周发行6天，每日对开16个版面，版面规格12X20英吋。总部设在巴拿马京城，面向巴拿马全国11个省份的华人华侨华裔读者发行。

近年《拉美侨声》报不断地加强与世界各地特别是国内媒体的联盟。先后与《新民晚报》、中国新闻社（CNS）合作版面，2018年开始联手巴西《南美侨报》，合作发行周报《南美侨报中美洲版》，该报随《拉美侨声》报发行，并发行至邻国哥斯达黎加共和国。该报在2012年创办了《侨声双月刊》，采用中、西双语形式。为扩大影响力，免费赠予订户并在公众场所投放。

社长：朱挺彰
董事长、总编辑：周健
地址：Centro Comercial Los Tucanes, Local 3A,Ciudad de Panam á ,Rep ú blica de Panam á
电话：（00507）236-9809、236-9803
传真：（00507）2369810
电邮：diariochino@hotmail.com
diariochino@cwpanama.net

巴拿马中文广播电台

“巴拿马中文广播电台”创建于1996年，频道为1180AM，中波频段，覆盖范围为巴拿马城。巴拿马中文电台自创立以来，一直致力于服务当地的华人华侨，为当地华人社会提供各种法律、保险等有关信息，并经常举办各类文娱活动，以丰富当地华人华侨的文化生活，增进相互间的联系。为让旅居巴拿马的华侨华人更好地了解祖籍国的经济社会发展情况，该台于2001年与中国国际广播电台签订合作协议，每日转播10个小时中国国际广播电台制作的中文节目。

台长：古文源。
电话：507-3800820
传真：507-2367493
网址：www.chinavision1180am.com

秘鲁

公言报

秘鲁《公言报》创刊于1910年3月7日。最初的名字是《兴华报》，由何海珊主办，几经易名，于1928年定名《公言报》，至今已经109年的历史，是秘鲁历史最悠久的中文报纸。

《公言报》一路走来，得到广大侨胞的鼎力支持，特别值得一提的是何励儒、戴宗汉，张耀明，罗振中等老前辈，以及在复刊时提供过大力支持的谢宝山、万志新先生。

秘鲁《公言报》2017年与中国的《环球时报》合作。《公言报》在宣传报道的侧重点也集中在秘鲁投资的中资企业方面。《公言报》与当地知名的律师事务所合作，开设专版为在秘中资企业提供法律服务。

《公言报》这份爱国侨报有着丰厚的历史积淀，也是受中国党和国家领导人关心的一份海外侨报。《公言报》前总编何莲香曾回国参观访问，受到了邓小平的接见。邓小平对她说："要依靠广大侨胞，发挥大家的积极性，克服面临的问题和困难，并根据群众的需求，实事求是地介绍新中国，努力把报纸办得更好。"1995年10月，李鹏总理专门为《公言报》题词"努力办好公言报，增进中秘友谊。"

《公言报》目前顺应媒体发展趋势，筹备开设微传播平台和视频直播，并与秘鲁当地有影响力的微传播媒体合作，打造一个传播力更大的华文媒体。

社长:季晓东

董事会：季晓东、吴剑、孟可心

总编：孟可心

地址：AV.JOSE PARDO 510.OF.806
MIRAFLORES LIMA PERU

电话：0051–959212702

电邮：revistachinaperu@gmail.com

秘华商报

《秘华商报》创办于2000年11月8日，由秘鲁华侨社团中华通惠总局主办。经过10多年的发展，这份报纸已为秘鲁华侨中文读者所接受，是秘鲁中文媒体中销售最多的报纸。报纸的头版为秘鲁新闻和侨社新闻，其它各版为网络选摘，辟有"港澳台"、"古今轶闻"、"饮食文化"、"海外华人"、"娱乐广告"等共计20个版面，每天出报。该报消息来源除头版翻译本地新闻，以及报道使馆和通惠总局活动新闻外，大部内容都是以网上下载为主要新闻来源。

社长：杨学勤

地址：JR.PARURO 823 DPT 314
LIMA PERU

电话：（511）4285471/4285468

传真：（511）4281626

电邮：mhsb823@yahoo.com.cn

新世界

《新世界》日报由秘鲁秘中友谊基金会主办，《新世界》日报是秘鲁唯一一份中、西文双语日报。该报于2013年开始发行，创刊揭幕仪式是在秘鲁国会举行。

《新世界》日报面向华人和秘鲁本地读者，有20个版面，其中中文16版，西班牙语4版。中文版包函"本地、中国、国际、港澳台、华人、娱乐、军事、科技、健康、历史"等版面，尤其是不定期刊载的社长感言栏目，对秘鲁、中国、国际上的经济、政治分析评论文章，受到读者欢迎。

西班牙版内容也涵盖了秘鲁读者感兴趣的内容，可以使当地读者及时了解中国的政治、经济、

文化信息。该报也受到了秘鲁政府官员的重视。

《新世界》日报还以媒体身份，经常举办中秘两国政治、文化交流活动。在2016年9月该报被秘鲁政府邀请，陪同秘鲁总统库琴斯基访华。

2016年3月国务院侨务办公室裘援平主任访问秘鲁，为罗兆雄先生牵头组织的首个“秘鲁中华餐饮协会”揭牌。

社长：罗兆雄
总编辑：孟可心
地址：AV. MEXICO 630
LA VICTORIA LIMA PERU
电话：0051-4722196
电邮：contacto@nvperuchina.com

东方月报

《东方月报》（月刊）创刊于1931年4月20日，系中西文出版的月刊。创办人为华人ALFREDO CHANG CUAN。ALFREDO去世后，由其子 RAULCHANG继承经营。该刊内容：转载中国大陆政治、经济新闻，秘鲁的华侨华人活动图片报道，台湾的政治、经济状况等。该刊近些年出于广告效益，开始增加了有关日本侨团信息报道。

该刊以赠阅为主，设有70个版面。

社长：陈兆平
地址：LIZARDO ALZAMORA
ESTE 431, SAN ISIDRO,
LIMA PERU
电话：（511）440-3938
传真：（511）422-2024
网址：www.revistaoriental.com
电邮：orieittal@terra.com.pe

苏里南

中华日报

《中华日报》1982年6月12日首刊发行，由中华会馆独立经营十多年，至1994年下半年，中华会馆邀请华侨商会共同主办。

该报于2011年10月5日创办了《中华电子报》，电子报含“本地新闻”、“国际新闻”、“侨社信息”、“广告天地”、“四海文坛”、“走进苏里南”等栏目，是苏里南首家中文版电子日报。

《中华日报》和《中华电子报》苏里南华人华侨了解家事、国事、天下事，是苏里南侨民之间沟通信息的重要渠道，为宣传和弘扬中华文化、增加苏里南社团凝聚力以及促进中苏两国友谊发挥了积极的作用。

30年多来《中结日报》从小到大，从用字粒打字到手电脑排版，从收音机听取新闻到使用网络下载新闻资讯，从纸质报纸到网络电子版，目前，国内外的读者都能同步看到苏里南新闻。

社长：刘建明

副社长：郑国崇、陈文通

财政：陈学良

社委：李学雄、陈锦华、温兆光、林秋斯、冼焕新、苏文狄、陈荣邦、黄锐华、杨仲珊、刘玉贤

总编辑：陈庆红

副总编：吕经纬

地址：Keizerstraat 42 Paramaribo Suriname S.A.

网址：www.chungfadaily.com

电话：(597)476054

传真：(597)472053

电邮：chungfadagblad@gmail.com

洵南日报

《洵南日报》1972年3月7日由南美洲苏里南影响力较大的华人社团广义堂创刊，是苏里南创办较早，影响力最大的最主要的华文媒体。该报版面是4开4张8版，主要发行苏里南首都帕拉马博市。该报坚持“服务侨胞，弘扬中华文化”的办报理念，努力为苏里南华侨华人提供内容新颖而广泛的信息。

为适应科技时代，广义堂在报社的硬件和软件上进行了改善，更新了报社的印刷设备，改善了办公环境，增加了报纸版页，提高了报纸质量。2012年，在报纸创办40周年之际，创办了《洵南日报》电子版，以扩大该报的覆盖范围，提高信息的传播速度，使信息内容及表现形式更加丰富多彩。

目前，《洵南日报》、《洵南电子报》和广义堂中文电视台，3个广义堂属下的新闻机构相互配合，共同为华人读者提供华文传媒服务。

社长：李衍林

副社长：李南星

编辑：陈庆红

副编辑：徐芳

地址：NGIE TONG SANG DAGBLAD DR.
S REDMONDSTR.19
PARAMARIBO SURINAME(S.A)

电话：（597）475312

传真：（597）475312

电邮：KNISUR@SR.NET

委内瑞拉

委华报

《委华报》（周刊）于2000年4月1日创刊，逢星期一出版，38个版面。主要版面有重要新闻(头版)、委国新闻、国际新闻、广东侨乡、还有体育、娱乐、趣闻秩事、大千世界、妇女与家庭、卫生与健康、文摘与园地等版面。该报与时俱进，不断改进和强化新闻版的内容，其中"我有话要说"旨在强化华文媒体要做好侨胞喉舌，表达侨胞心声。"发生在侨胞身边的故事"，采编人员深入华人社区，了解侨情，倾听侨声，采编了不少有角度，有深度的文章和报导。"委华论坛"旨在对国内发生的重大事件及时进行报道和评论。在委内瑞拉政局不稳，侨胞遭遇哄抢之时，《委华报》报社第一时间向中国驻委大使馆提供信息，使大使馆官员能及时为侨胞排忧解难。

《委华报》还与暨南大学教授合作，编写了《委内瑞拉华侨史》，填补了委内瑞拉华侨史上的空白。

《委华报》于2018年创立委华报公众号。目前《委华报》已发行到周边几个国家。

社长：吴景

常务副社长：甄柱景、吴健翔、冯永贤

总编辑：黎伟旗

地址：centro comecial tamanaco torreb piso le oficina 1003.2da
Etapa Urb chuao Caracas

电话：02419890006

传真：02418572793

电邮：26915354456@qq.com

委国侨报

《委国侨报》（周报）于1999年底在委内瑞拉内政部注册成立，2000年2月正式创刊发行。办报宗旨：为在委内瑞拉的华人提供财经、时事、生活方面新闻信息服务，以海内外华人、华商、中小企业主、各类投资机构以及新社会阶层等高端人群为目标读者。

该报每期40—80版，从2011年7月29日开始，在原有版面基础上，陆续推出新版面，包括“便侨通道”、“企业风采”、“情感走廊”、“百家争鸣”、“读者点题”、“侨乡文化”、“委江生意通”等，遇大型活动以及节日便推出特刊。

2007年6月，该报与中国广东《江门日报》就稿件互换达成协议。2010年6月，与委国第一家华人网“委华网”合作推出《委国侨报》电子版。

社长：郑洪山

总编辑：龙涛

地址：委内瑞拉加拉沃沃省巴伦西亚市（VALENCIA,EDO CARABOBO, VENEZUELA）

电话：0058-241-7119558?

传真：0058-241-8255235

邮箱：pandaeditorial2008@aliyun.com

南美新知

《南美新知》（月刊）创刊于2007年3月，是委内瑞拉首家经委内瑞拉政府正式注册，公开发行的中、西双语的月刊杂志。该刊以中委新闻、人物、专题、历史、文化、旅游、生活时尚等为主要内容，精美的全彩印刷也成为吸引读者的特点之一。

该刊于2008年创办了南美新知印刷厂，逐步形成以印刷、出版、发行为一体的文化企业。2016年9月，南美新知微信公众平台面世，微信公众号为：ngmagazine。微信公众号除了报道委内瑞拉的政治及经济局势，还给委内瑞拉华人提供了各种学习西班牙语的专题教

程，并专题介绍委内瑞拉及南美各地美景美食，让委内瑞拉及世界各地的华侨华人了解最真实的委内瑞拉。公众号上线至今已拥有超过1万位来自世界各地的关注者。

行政总裁：吴劲纯

社长：余腾波

总编辑/翻译总监：余欣

副社长：郑小平

地址：Av. Bolivar Norte cruce con Pe alver, Edif.
Torre Valencia, Piso10 Oficina 104, Valencia
Edo. Carabobo, Venezuela

电话：0058-241-8580950 /
0058-412-4564596

电邮：ng.magazine@hotmail.com ,
ngmagazine@gmail.com

委国华人网

"委国华人网"是委内瑞拉唯一一家华文网络传媒公司，创办于2006年8月8日。网站主要内容为委内瑞拉当地新闻，分类广告以及互动交流社区。2010年3月，网站与《委国侨报》达成战略合作关系，并于同年4月与《委国侨报》共同推出委内瑞拉第一份华人电子报。

网址：www.venchina.net

毛里求斯

华声报

《华声报》创办于2005年7月23日，是一份热爱祖籍国——中华人民共和国的爱国报纸。其宗旨是：弘扬中华文化、报道传递新中国现代化建设的成就与信息。拥护支持祖籍国和平统一方针政策，反对形形色色的分裂祖国言行。

该报每天出版(A3)8个版面，图文并茂。头版主要登载中国领导人或组织有关对内对外的重要讲话和方针政策、“反独促统”信息；2版报导国际要闻；3、6、7版为副刊，转载中国和世界各地风俗人情、旅游风光、卫生保健等文章；4、5版为英法文版，向当地青少年及外族人仕传递中华文化和中国信息；8版报道当地要闻，包括毛中友好交往、华人社团、中国驻毛大使馆举办的各项活动消息，刊登商业和社会动态、广告。

董事长：萧友进

社长：杨萁

总编：林友成

地址：毛里求斯路易港，约瑟夫街34号，
铭义楼二楼
Maning House,34 Dr Joseph Riviere Street,
Port Louis, Mauritius

网址：http://Chinatown.mu.net

电话/传真：（230）242 6038

电邮：sinonews@yahoo.cn
sinonesw@orange.nu

华侨时报

《华侨时报》（日报）由《中国时报》和《华侨商报》合并后于1953年12月10日创刊。每周出报6天，周日休刊。

该报周一至周四出对开纸1张4版，周五周六两张八版。主要内容有“国内国际新闻”、“时事评论”、“本地新闻”、“养生”、“娱乐”等，有关中国的报道刊在第一、二、三版。

荣誉社长：林检祥

社长：李济祥

董事长：林孟超

总经理：林萍宏

总编辑：陈媛媛

地址：毛里求斯路易港市恩格进街34号,
34 E. Anquetil St. Port Louis,
Mauritius

电话：（230）240 3067

传真：（230）2174013

电邮：chinatimes@intnet.mu

毛里求斯华文传媒

《毛里求斯华文传媒》于2015年成立，主要配合纸媒做一些网站和手机（App，Facebook，Whasup, twitter）等载体的国外新闻宣传及广告,同时配合一些与文化有关的活动及国际贸易。

主要负责人：杨萁

地址：23/43 Dr Joseph Riviere St Port Louis Mauritius。

网址：www.chinatownmu.net

电话：00230 2426038

传真：00230 2400982

电邮：stubc@hotmail.com

坦桑尼亚

东非瞭望

《东非瞭望》（月刊）创刊于2014年1月，中英文杂志，英文名《Global Magazine》，由坦桑尼亚华人华侨联合会主管，卓尔天成（坦桑尼亚）传媒股份有限公司出版发行。是第一本在坦桑尼亚共和国合法注册及取得国际标准刊号：ISSN 2408-803X的华人媒体刊物。创办主旨在于以坦桑本土政府信息、商业信息、投资信息为主，致力于打造专业的对东非商业投资及中坦两国文化交流的信息平台。杂志主要在坦桑尼亚8省市公开发行，肯尼亚，乌干达邮寄发行，在中国武汉设有办事处。杂志目前是坦桑广告刊登量最多的华文纸质刊物。2015年杂志社正式加入“东部非洲华文传媒联盟”，旗下还拥有坦桑尼亚第一份中文首都地图版权。2017年开辟《东非瞭望》杂志埃塞俄比亚分刊。

负责人：王晓悦

地址：坦桑尼亚达累斯萨拉姆市红十字大楼204室

电话：255 719969448 255 763137351

网址：www.tzlw.net

电邮：523408328@qq.com

南非

非洲时报

《非洲时报》创刊于2005年5月1日，是由南非爱国侨胞全非和平统一促进会会长、李新铸先生等知名侨领共同出资创办。该报目前已成为非洲地区一份发行量大、覆盖面广的华文报纸，是南非50万华人华侨的精神食粮。

该报的办报宗旨是：坚持一个中国的原则，秉承客观、公正、准确、及时的报道方针，立足侨社，服务侨民；增进华人华侨与当地社会的良性互动，鼓励并引导华人华侨尊纪守法，积极融入当地社会；弘扬中华传统文化，促进中非的经济合作及文化交流；帮助身在非洲的华人华侨及时了解祖籍国和家乡的发展变化。

《非洲时报》每周二、四、六出版，该报目前除纸质报纸外，还有《非洲时报》微信公众平台，非洲时报PC端网站、《华人头条-南非》手机客户端。并与国内中国新闻社、人民日报海外版、中央电视台、CCTV4华人世界栏目等中国国内20多家媒体单位长期合作。

《非洲时报》是目前非洲唯一一家拥有平面媒体和新媒体双语平台的华文媒体，是南非报业协会、南非记者协会唯一一家华文媒体会员。

常务副社长：梁铨

副总编辑：孙想录

地址：50 Marcia Street Cyrildene
Johannesburg SA 2198
(南非约翰内斯堡西罗町玛莎街50号)

电话：011-6159988

传真：011-6165888

南非电话：0027-0827977858/
0027-848290815

国内电话：13552604341

微信：SUNXL1011

电邮：africantimes.news@gmail.com

华侨新闻报

南非《华侨新闻报》创刊于1994年8月9日，每周三期。该报是南非第一家民营华文媒体，也是南非民营华文媒体的摇篮，培育了许多优秀的海外华媒新闻媒体人，创办人、第一任社长冯荣生（1994年–2007年任职），第二任社长前南非国议员陈阡蕙女士（2008年–2010年任职），第三任社长龙吾（2011年–至今任职），前两任社长均为台湾籍侨胞。其办报宗旨为“记载侨社历史，改善移民生活，促进信息交流，弘扬中华文化。秉承公正、客观、中立的思想为广大的华人华侨服务”。该报发行以南非共和国为主的整个南部非洲地区，并在南非约堡国际机场独家免费发行。

该报每期出对开纸20至24版，彩色印刷。内容以南非当地和侨社新闻为主，并有大量“中国大陆、港澳台、国际、经济、科技、健康、体育、文艺及休闲娱乐”等新闻。

发行人：王云榕
业务部主任：吴艳君
编辑部主任：李明洋
后勤部主任：李有志
地址：134,10th street, edenvale, JHB, South Africa.
电话：0027–11–6099797
传真：0027–11–6090997
电邮：newscnsa@gmail.com(新闻部)；
biz@sa–cnet.com(广告部)
wu–maggie@hotmail.com

南非华人报

《南非华人报》(月刊)创刊于1999年1月，每周3期，周一、三为16版，周五为20版。发行范围遍布非洲，在博次瓦纳、莱索托、安哥拉、莫桑比克、斯瓦济兰等国发行较多。该报是是由来自中国大陆的中国非洲工程协会、南非上海工商联谊总会、南非粤港澳工商总会、南非学生学者联合会等侨团组织携手组成的南非华人报业集团股份有限公司创办。其宗旨是宣扬中华文化、服务南非华人。

该报每期出对开纸16版，彩色印刷。主要内容有：“综合要闻”、“侨社传真”、“唐人街区”、“社区服务”、“华夏速递”、“寰宇通讯”、“世界之窗”、“体育新闻”、“艺海短波”、“彩虹国度”、“南非视点”、“红顶艺人”等。

董事长：王炜
地址：南非约翰内斯堡
电话：（2711）466 6373
传真：（2711）466 2517
网址：www.chinanews.co.za
电邮：cnews@chinanews.co.za

中非新闻社

中非新闻社创建于2000年9月8日，其前身是由台侨创建于1994年8月9日的华新传媒集团。为方便祖国大陆两岸四地更好的互动、联系及合作，华新传媒集团在中国传媒机构的建议下共同创建中非新闻社，由第一任华新传媒集团董事长、发行人、冯荣生社长具体负责运营该机构的工作，同年首次与中央电视台、《北京青年报》社签订了战略合作协议。中非新闻社出版刊物《中非新闻报》，在南非及非洲地区免费发行。

公众微信号：非洲华媒CANA2000
网站:www.cnsa–news.com
社长：龙吾
常务副社长：陈主标
副社长：李乡煌
行政总监：吴艳君
总社地址：南非杰米斯顿办公区55号
编辑部地址：南非约翰内斯堡伊登维尔主街36号。
电邮：cnsanews@gmail.com

南非彩虹

“南非彩虹”成立于2015年7月，是一个利用微信平台，发布南非、非洲及其他国家时事新闻的新媒体。“南非彩虹”每天定时发布中文新闻，迄今已有近5千名读者，涵盖南非、非洲以及中国。

“南非彩虹”以服务侨民为宗旨，以最新、客观、实用的资讯提供给读者，自成立起，“南非彩虹”就担负起沟通当地侨胞与祖国联系，并促进华侨华人融入当地主流社会及弘扬传统文化的使命。

“南非彩虹”的创办单位为亚洲文化传媒

公司。

董事长：陈玉玲

总编辑：华俭宏

地址：301 TALANA NO.7 ALICE LANE SANDOWN JONNESBURG SOUTH AFRICA, PO BOX:787209 SANDTON

公司电话：27-11-5810388

电邮：huajianhong@sina.com，chenelaineda@gmail.com

华夏之声广播电台

南非华夏之声广播电台在2011年12月9日于约翰内斯堡开播，这是非洲唯一的中文电台。华夏之声广播电台是华夏之声基金会注册下之非营利机构，华夏之声基金会由多位在孤儿院成长背景的，广韵儿童福利促进会与热心人士支持下成立。

由于南非广电局核发予华夏之声广播电台的执照，乃现存所有外语电台的最高功率执照，故创立的最大困难是要在华人集中地区，寻找一地难求的巨大发射台基地。最终于2011年5月签下承租合约，工程团队进入建设阶段。开播初期面临许多技术与软件方面的调整和测试，该电台主要划分了工程、业务、节目3大部门。将来卫星架设成功后，不仅南非境内各省，邻近各国均可收听到该电台节目。

荣誉董事长：王龙水

董事长：陈渊源

执行长：萧依凡

地址：P.O.BIX2241 52 6th Avenue Edenvale,1610,Johannesburg,Gauteng South Afric

电话：（011）454 5808

传真：（086）685 2447

电邮：info@arrowline.co.za

南非凤凰传媒

《南非凤凰传媒》秉持关注全球、聚焦非洲、立足南非、服务侨民的创刊宗旨，将加大对中国国内政经社会等方面的新闻报道，使南非华人读者通过该刊第一时间了解祖籍国中国的发展动态和要闻时事，为传播中华文化促进中国与南非的经济文化交流出一份力，尽一份责任。

2018年10月，在南非凤凰传媒董事长张晓梅的积极运作下，南非华人作家许琳女士向南非国家图书馆捐赠了精心创作的两本反映华人在南非创业生活的纪实作品《拿着南非万花筒的女人》和《酒窝》。

2019年1月15日，应南非国家图书馆馆长的邀请，旅南华裔作家许琳女士在南非凤凰传媒董事长张晓梅等人的陪同下来到南非国家图书馆，接受图书馆授予的捐赠证书。

这次经由南非凤凰传媒集团的联系促成的是大陆作家第一次通过南非国家图书馆的平台展示作品给南非人民，能够让更多的南非人了解在南生活工作的华人群体，也有助世界各地的华人了解南非及非洲文化，两国的文化交流和传播深入民间。这也是面凤凰传媒运作此项活动的初衷。

地址：23 Marcia Street ,Johannesburg,South Africa

发行人：张晓梅

总编辑（代理社长）：史振利

电邮：tonytang2010@163.com

博茨瓦纳

环球广域传媒集团

环球广域传媒集团与非洲华文传媒集团是总部在南部非洲博茨瓦纳的综合传媒集团，是目前非洲地区跨国家和覆盖人口最广、平台最多、语种最全的华人文化传媒集团。集团在南非、博茨瓦纳、赞比亚、坦桑尼亚、津巴布韦、纳米比亚、安哥拉、尼日利亚等多个非洲国家有分支机构或站点。集团旗下发行华文《非洲华侨周报》暨人民日报海外版非洲专刊及多语种报刊；旗下还拥有多语种新闻网站《非洲侨网》等多个网络平台；在多个非洲国家拥有或合办多语种广播电台、电视台；旗下拥有新闻学院、汉语教育、影视剧制作、等多家文化公司。

2017年集团涉足电影业，并成功与合作伙伴共同拍摄的电影“非洲遇见你”、“品·味”、“中国制造”等多部纪录片在非洲电视平台播出；环球广域创办的文化创意项目：“非洲万里行”电影放映工程团队在非洲各国为当地青少年和民众展映中国电影，为中国电影走进非洲千家万户做出了努力。

2019年是集团旗下《非洲华侨周报》创刊十周年。《非洲华侨周报》始终坚持以丰富旅非侨胞精神家园、传承中华文化、关注当地社会、促进中非友好为运营宗旨。

2016年，集团董事长南庚戌与金庸等荣获中央电视台等十大部委评选的全球传播中国文化华人十杰——“中华之光”年度人物奖。

董事长：南庚戌

地址：博茨瓦纳首都哈博罗内
Plot 22120,G-west Industrial
GABORONE BOTSWANA

信箱：P.O.BOX81066 GABORONE
BOTSWANA

电话：00267 3163003 3910245

网址：www.GMMG.com
www.globalmax-media.com
orientalpost@126.com

电邮：miles@gmmg.com

科特迪瓦

西非华声

《西非华声》原名《科华之声》，是西部非洲法语区国家一份地区性的华文报刊。2005年1月由科特迪瓦华人联合总会会长欧阳日坪先生创办，旨在忠实记录西非地区侨情、侨声，打造一个跨区域无国别的华侨华人广泛交流的平台。创刊至今，毛里塔尼亚华人商会、塞内加尔华人总商会、几内亚华人联合会、马里中资机构商会、布基纳法索商贸友好协会、多哥华人联合会、尼日尔华人联合会、贝宁华人会等先后加入，成为该刊联合主办单位。

在西非华侨华人联合总会协调下，“2016年西非华联总会法语区国家侨团共办《西非华声》联谊合作大会”在科特迪瓦共和国阿比让市隆重召开，这是一次以“和谐合作、共同发展”为中心，西非法语区国家侨团相聚联谊的盛会。《西非华声》编委会诚邀各主办侨团负责人参加，群策群力、共襄盛举。从而进一步确立：《西非华声》与发行于尼日利亚的《西非华声报》同属于西非华侨华人联合总会领导下的兄弟媒体，彼此资源共享，互通有无。西非华侨华人联合总会在新闻稿件、广告发布、资源财力等方面也予以支持，同时协调两个媒体进行良好的合作。

2019年，《西非华声》每周两到三期通过微信订阅号进行报道，并成功在中国新闻网华媒频道科特迪瓦西非华声专栏上线。

2018年随着“一带一路”建设深入推进，《西非华声》和《华人头条》达成深度合作，与其共建了《华人头条》科特迪瓦、马里、布基纳法索、塞内加尔、多哥、贝宁、尼日尔、毛里塔尼亚、几内亚9个站点，共同打造法语区《西非华声》纸媒、微信订阅号、官方网站，将其建设成为西非法语区国家华侨华人获取权威新闻资讯的窗口，华侨华人沟通交流的平台。

社长：欧阳日坪

主编：金浩

地址：18 BP 629 ABIDJAN 18 COTE D’IVOIRE

网址：www.52hrtt.com/kt/n/w

电话：225 07145658
225 21242666
86 13872357588

传真：225 21542688

电邮：ci-cn@hotmail.com

西非在线

《西非在线》成立于2014年1月8日，是一个网络传播平台，由科特迪瓦KHCI公司主办。

《西非在线》以“立足西非、携手中国、面向非洲、联通世界”为主旨，为去非洲经商、旅游、工作、留学、移民的中国同胞及身在非洲的华人同胞提供信息交流互动的平台。该平台是完全公益性的，为全球非友提供非洲各国最新新闻资讯，同时集百科，商讯、旅游、生活、娱乐为一体，帮助非洲华人实现本地网络信息化。在这里读者将了解到最新的非洲资讯，探讨非洲生活、工作、创业及非洲贸易市场拓展合作等话题，这个平台将成为非洲华人的网络互动家园。《西非在线》致力于发展中国与非洲之间在经贸合作、文化交流等诸多领域的互联网电子信息化服务，为中国和非洲紧密合作创造便捷的沟通渠道，同时为全球致力于发展对非贸易、赴非旅游及对非人文交流等领域的企业、机构及个人搭建高效互动的网络服务平台。

社长：孔辉

主编：邓敏

地址：26 B.P. 489 ABIDJAN 26 COTE D'IVOIRE

网址：www.xifeizaixian.com

电话：(科特迪瓦)?00225 04030000

手机：(中国)13981110823

电邮：619378122@qq.com

微信：ruo-wang33

尼日利亚

西非华声报

《西非华声报》（周刊）创刊于2014年11月，是一份立足尼日利亚拉各斯，重点关注尼日利亚侨社、西非及尼日利亚新闻热点和中国发展的华文报纸。

其办报宗旨为：

亲近故乡 用心讲旅尼华人故事;

新闻担当 精准报尼国侨社动态;

立足当地 认真辑尼国政经时事。

《西非华声报》以“西非新闻”、“尼日利亚要闻”、“中国瞭望”、“领侨报道”、“西非侨声”等主要特色版面为主，侧重本地侨社新闻独家采访报道，为正能量发声；兼顾中国新闻，经济、科教、文娱体育领域的新闻，是一份立足西非本地的综合性新闻周报。

旗下“西非华声”（wavoc_net）公众号已成为尼日利亚及西非华人了解尼国侨社要闻、当地新闻、安全提示的首选平台之一。

《西非华声报》在尼日利亚、贝宁、多哥、加纳西非4国发行。总部设立于尼日利亚拉各斯。每周一期，4开16版，全彩印刷。

董事长、社长：倪孟晓

法人代表、副社长：郑俊泽

发行人：陶锦宝

总编辑：陈览月

地址：No.42, Fatai Arobieke Street,Lekki Phase 1, Lagos, Nigeria

电话：+234 8183539238

电邮：wavocnews@163.com

西非统一商报

《西非统一商报》（周报）创办于2002年9月，其主办单位是西非金门集团公司，尼中友好协会及尼日利亚中国商会。目前为西非地区最大的也是唯一发行纸媒的主流华文媒体，以“促进非中合作，反映华人心声”为办报宗旨，不断发展壮大，从开始仅在尼日利亚一国发行，发展到目前在西非8个国家发行，发行国家包括尼日利亚、多哥、贝宁、加纳、科特迪瓦、利比里亚、几内亚、塞拉利昂。2017年，《西非统一商报》又创办了以“西非金门金桥”为核心的微信公众号等自媒体。《西非统一商报》纸媒为大4开24版中文报纸，全彩色印刷，每周一期，分为尼日利亚新闻、西非新闻、非洲新闻3大版块，均为该报核心版块，另辟有“环球扫描”、“速读中国”和“中华五千年”3个专刊，同时每期刊发副刊连载专刊。

《西非统一商报》已建立自己的广告发行公司，创办了广告、印刷、发行一体化经营模式，为该报长期持续发展奠定了基础。

《西非统一商报》旗下自媒体：“西非金门金桥”微信公众号，创办于2017年3月，初期为“金门剑”微信公众号，2017年底升级为“西非金门金桥”微信公众号，每日更新，主要刊发尼日利亚新闻、西非新闻、非洲新闻以及《西非统一商报》重要新闻和连载。

董事长：胡介国

总编辑：吴会增

总社地址：尼日利亚拉各斯金门大酒楼 Golden Gate ,22 Glover Rd,Ikoyi, Lagos,Nigeria

分社地址：尼日利亚阿布贾 Wuse Zone 5, Abuja on Plot 1994, Mombassa Street

肯尼亚

非洲之声

《非洲之声》每日电讯是在2007年12月27日举行的肯尼亚大选因结果存在争议，引发骚乱的情况下诞生的。这期间，肯尼亚华人华侨联合会及时把中国大使馆编写的“关注肯尼亚”，穿插部分当地新闻动态以电邮方式发给各华人社团骨干和中资企业负责人，便于他们掌握了解肯尼亚及东非国家的形势动态。这一形式得到了中资机构和社团负责人的赞同，于是《非洲之声》每日电讯应运而生。编辑人员每天及时把非洲地区及国际国内的重大新闻传送到在非洲的部分驻外中国大使馆、中资机构（企业）、华人社团、华文媒体等有关单位的邮箱，截止2015年3月31日已出了2515期。

《非洲之声》是非洲地区华人华侨信息交流的重要途径之一，依托新华社非洲总分社的全球信息源，特别是非洲地区的信息源，《非洲之声》已成为非洲华人华侨及中资企业了解非洲资讯的重要窗口。自2010年12月28日始，《非洲之声》和加拿大爱国华侨夏云龙先生创办的《华发网》建立合作关系。将电邮版的每日新闻升级为网站版新闻，并开发和维护论坛互动等功能。《非洲之声》每期都采用大量的非洲资讯，让在海外的华人华侨了解非洲、了解世界。《非洲之声》主要采用新华社的稿件及其他华文媒体的文章，内容涉及中国的大政方针、非洲及肯尼亚政治、经济、文化方面的动态，华人社团对当地华人华侨的提示和要求等。

创办人、总编辑：韩军

地址：P.O.Box 47662 00100 Nairobi Kenya

电话：00254-20-2737038/2719988

传真：00254-20-2728546

网址：www.news.voaf.info

电邮：goafricatravel@hotmail.com
aksesh@hotmail.com

肯尼亚华声报

《肯尼亚华声报》于2005年8月9日创刊，是东部非洲的首份中文报纸。该报及时报道当地情况，提供经贸、金融、安全、生活、广告等信息，反映中非之间的友好交往活动，为促进旅居肯尼亚华人的团结与事业发展，为进一步推动和服务中国和东非国家的经贸文化交流。

总编辑:韩玮

副总编辑：高玮

执行编辑：韩程璐

地址：P. O. Box47662-00100 Nairobi Kenya

电话：+254-20-2728545

传真：+254-20-2728546

电邮: aksesh@hotmail.com
goafricatravel@live.com

肯尼亚旅游网:www.goafrica-ke.com

肯中经贸协会快讯

《肯中经贸协会快讯》于2001年11月由肯尼亚中国经贸协会创办，为不定期出版的内部刊物，主要电邮发行对象为肯中经贸协会会员单位、在肯中资企业、华人华侨、驻肯大使馆、经商参处、驻肯中国中央媒体和相关机构、上级相关部门等约300多家。该刊物主要报道国内外重大事件、大使馆和经商处重要信息、中肯经贸动态、肯中最新法规政策、肯中经贸协会相关活动情况等。该刊物主要内容有“外事活动”、“经贸新闻”、“政策法规”、“经贸知识”、“协会活动”、“天南地北”等栏目，其宗旨是扩大在肯中资企业的人文交流，增强中资企业员工对中肯相关法规和政策的了解，知晓中肯经贸动向和大使馆及经商处的重要信息，加强与华人华侨、驻肯中国相关机构的交流与合作等。

《肯中经贸协会快讯》的编辑工作由协会理事、秘书长单位中国武夷（肯尼亚）有限公司负责。

社长、总编辑：余磊

地址：中国武夷（肯尼亚）公司办公大楼（china wu yi co.,Ltd.,NyangumiRoad.,offLenanaRoad,kilimani,Nairobi）

电邮：yu lei861@163.com。

肯中经贸协会电邮：kceta2012@gmail.com

马达加斯加

中非日报

《中非日报》（周二刊）于2009年11月获马达加斯加政府批准注册，是唯一可以正式发行的华文报纸，报纸共4种语言（中文、法文、英文、马达加斯加语，现以中文和法文两种文字发行），2011年7月报社正式发行第一张报纸用A3纸周三、周六发行。

该报创办宗旨是弘扬中华文化，为旅居在马达加斯加的华人华侨提供咨讯服务平台，为中国与马达加斯加两国政府在经济和文化交流起到桥梁纽带的作用。报社在马达加斯加不参与任何政治分争，始终坚持为两国政府和人民友好往来服务。

社长：许自树

地址：Lot Ive 81behoririka Antananarivo 101 Madagascar

电话：00261330819999

东方视野

《东方视野》（月报）创刊于2004年1月，是一份中、法双语版的报纸，该报阐明，设双语的初衷在于方便华人在马的生活，帮助华人了解马国的政策时事，也同时有利在马华人对中国时事新闻的了解，起到一个桥梁的作用，从而增进在马华人的凝聚和团结。发行地域：首都塔那那利佛及外省部份地区。

该报16开16版，其中12版为中文版，4版为法语版。主要内容有“马国要闻”、“马国万事通”、“中国新闻”、“环球扫描”、“娱乐百科”、“情感方舟”等。

总编：刘凡

副总编：威廉·陈

行政主管：陈柯

地址：马达加斯加

电话：（261-20）223 0043

传真：（261-20）223 0043

电邮：dongfangshiye@simicro.mg
aroutedesoie@yahoo.com

埃及

中国周报

《中国周报》于2010年创办,原名《中国制造》,2011年1月改名为《中国周报》,为阿拉伯语报纸,2013年5月改为中阿双语报纸。该报共16版,中阿版面各占8版,在埃及全境发行，是埃及唯一一份华文报纸,也是由埃及国家新闻部批准注册的唯一一份中、阿文双语综合性报纸。该报阿语部分每周发行;华语部分每月1日、15日发行。每期总发行25000份,20000份面向当地阿拉伯人发行,为收费版面,5000份面向华人免费发行。该报为新加坡航空埃及至其他阿拉伯国家的航空读物。

《中国周报》面向埃及社会公开发行,及时而准确地报道中国的政治、经济、文化、社会等各方面，让埃及了解中国,让中东了解中国,让世界了解中国。自创刊以来,《中国周报》顺应时代发展,为中国和中东的广大读者提供了更为丰富的新闻信息，除将原8个中文版面增加至20个中文版面外，2017年还增设了网站和App，发布消息更加快捷。2018年6月，《中国周报》成为中新社《中国新闻周刊》阿语版的合作单位。

社长：马强

总编辑：Medhat Emam

副社长：朱新娥

中文版主编：朱新娥

地址：埃及开罗花园城市纳吉布易卜拉欣大街5号

网址: www.chinaweekly-eg.com

电话：002-02-25197156

电邮：chinaweekly_eg@126.com

安哥拉

安哥拉华人报

《安哥拉华人报》（周报）2009 年10月 17日创刊，由旅安华人高阳先生创办，是第一份也是唯一一份在安哥拉注册的华文报刊。刊号：MCS-597/B/2010《安哥拉华人报》以着力向读者提供迅速、客观、准确、公正的安哥拉当地新闻和中国新闻，服务在安华人。《安哥拉华人报》业已成为安哥拉最具影响力的华文媒体。

《安哥拉华人报》是一份面向安哥拉各个华人社区和公司公开发行的报纸，每周六发行，周发行量5000份。共有24个版面，主要包括：安哥拉华埠、安哥拉要闻、非洲要闻、连线中国、环球视窗、评论天下、密档空间、飘在安哥拉、博闻天下、经贸博览、文化娱乐等。

该报为旅居安哥拉的华侨华人提供最新，最全面的资讯服务，包括：政府政策、热点新闻、投资分析、对外贸易、资讯通讯、法律、娱乐、生活等；该报提倡积极融入当地社会，团结一心共同发展；宣传一个真实的中国，一个迅速发展与改革开放的中国；传递中国政府和侨务部门对海外华人的关怀及有关资讯，促进中安两国的文化的交流。

《安哥拉华人报》自2018年开通微信公众号以来，订阅用户近5万人，每天准时播报侨社最新新闻，华人社区信息等，受到了广大在安华人的喜爱。并被誉为安哥拉新闻的“权威发布”。

社长：高阳。

地址：Casa156.FASE2.jardim de rosa，Via Expresso, Belas，Luanda，Angola

联系电话00244-995551000。0086-18616961226。

比利时

凤凰时报

《凤凰时报》（半月报）2013年2月16日发行第一期，每月1日、16日出版，每期32版，主要内容以当地、中国、国际新闻及报摘为主。该报主要依托比利时金源集团为发行载体，免费供当地华侨华人阅读。

社长：刘景瑞

主编：宫元

地址：RUE DE LA VIERGE NOIRE 2–4，1000 BRUSSELS, BELGIUM

电话：32–25114868

传真：32–25034186

电邮：phoenixnews@gmail.com

华商时报

《华商时报》（半月报）创刊于1997年5月1日，每月1日、16日出版，每期40版，免费在比利时、荷兰和卢森堡发行。国际标准刊号：ISSN 2507–1106。

除报纸，该报还设有网站《华商时报网》、微信公众号“比利时华商”、《华商时报》APP客户端及《华商时报》电子版。报纸以服务华侨华人、宣传中国成就、弘扬中华文化、传播当地资讯、搭建信息平台等为宗旨，报道贴近生活，注重可读性，主要提供比利时及欧洲新闻资讯、深度报道、观点评论、中国新闻及经济资讯。

发行人：梦想传媒有限责任公司（Dreamedia SPRL）

社长：罗玉宏

主编：姚伟

地址：Rue des Poissonniers 12, 1000 Brussels，Belgium

网站：www.huashang.be

电话：32–25113166

手机：32–487385678

电邮: capitalnews66@gmail.com

微信公众号：比利时华商

欧华商报

《欧华商报》（半月报）创刊于2007年，每月1日、16日出版，每期32版，以报道比利时当地政治、经济、文化新闻、欧洲华侨华人生活、中国经济发展等为主。发行国家包括比利时、荷兰、卢森堡、德国及法国，发行量约15000份。免费供当地华侨华人阅读。目前除报纸，还设有网站和微信公众号。

社长：苏才斌

主编：李夏

地址：BD,ADOLPHE MAXLAAN 146–160, 1000 BRUSSELS, BELGIUM

网站：www.eurodragonnews.com/zh

电话：32–474334028

传真：32–22181825

电邮：info@maisondudragon.be；sudragon338@gmail.com

微信公众号：比利时欧华

德尚杂志

《德尚》杂志是比利时德尚传媒集团与瓦隆区–布鲁塞尔旅游局合作推出的比利时境内首本中文旅游购物资讯。该杂志主要针对中国游客，一年发行两期，每期的发行量约为3万5千册。其中2万5千册在比利时境内主要旅游点、商店分发，1万册在比利时驻中国使领馆

处赠阅有意前往比利时旅游的中国游客。

社长：维罗尼克 · 德尚

主编：马克西姆 · 德尚

地址：5 CLOS DES LILAS, 1380 Lasne

电话：32-26606940

传真：32-26600943

电邮：maxime@dechamps-diffusions.be

华人电台

比利时华人电台创立于2005年，为调频广播，节目以普通话、法语、英语3种语言广播。除电台，其媒体团队现有APP客户端（维他命B）、电子杂志等。以“乡音递亲情、文化共馨香”为宗旨，汇总报道比利时及欧洲新闻资讯。

发行人：比利时维他命文化传媒（Yellow Vitamines ASBl）

负责人：刘杨

网站：www.vitaminbnews.com

电话：32-27912150

电邮：info@yvchina.com

匈牙利

欧洲论坛报

《欧洲论坛报》(周报)创刊于1999年3月13日，逢周六出版，由匈牙利华侨华人社团联合总会主办。总部设在布达佩斯，在欧洲各国设有代理处和特约通讯员。

版面每期出A3纸，24版，主要栏目有“重要新闻”、“台湾焦点”、“中国新闻”、“国际时事”、“财经报道”、“社会纪实”、“生活空间”、“体坛纵横”、“文化娱乐”、“华人社会”、“案例写真”、“世界风采”、“天下论坛”、“人物春秋”、“史海钩沉”、“军事天地”、“奇趣珍闻”、“小说连载”、“欧洲政坛”、“热点追踪”等。合作媒体《福建侨报》。

社长：刘文建

总编：卢秀钦

副总编：刘杰

地址：匈牙利布达佩斯克勒西.乔马、山道尔大街21号

邮编：1102（1102 BUDAPEST KOROSI CSOMA SANDOR UT2lHUNGARY）

电话/传真：0036-1-2604685

电邮：ouzhouluntan@gmail.com
ouzhou@t-online.hu

联合报

匈牙利联合报，创立于1999年，以公正客观的办报风格和丰富的内容设置，为旅匈新老移民提供时事资讯、所在国各类信息、生活指南等内容，帮助旅匈华人华侨及时掌握前沿资讯、便捷和丰富华侨华人生活，成为在匈牙利具影响力的华文报纸。

2007年，与《人民日报海外版》合作出版《人民日报海外版匈牙利周刊》，成为全球首批与《人民日报海外版》合作的境外媒体。2008年，与中国新闻社建立合作关系，及时为中新社提供匈牙利一手资讯。

随着融媒体时代的到来，《匈牙利联合报》在原有平面媒体的基础上，陆续开通官方网站、微信公众号（“匈牙利联合报”）、微博（“匈牙利联合报”）、FACEBOOK（Lianhe Bao Kinai Ujsag）等，并打造基于匈牙利及中东欧社会人文生活的短视频平台，多角度、多渠道帮助华人华侨了解匈牙利、丰富华人华侨业余生活。

社长：王清

总编：季毓萍

地址：1102 Budapest,Mazsa utca 13. III/302,Hungary.

网站：www.lianhenews.com
电邮：Ouya1999@126.com
电话：+361-8142532

新导报

《新导报》（周刊）创建于2000年4月，星期三出版，每期44至52版，免费发行于匈牙利及周边各国，在创刊的同时，就推出了网络版。

《新导报》办报宗旨是为当地华人提供新闻资讯、旅游、休闲、时尚、娱乐信息等全方位资讯。该报以大量的本地侨界新闻、本地政经、社会新闻，活泼轻松的版式和精美的图片，拥有众多的读者及一定的影响力。

该报对当地华人社会发生的重大事件，均做大篇幅的图文报道；每期刊登有关匈牙利各种法律法规、政治经济评论文章，让本地华侨华人更透彻了解匈牙利，更好遵纪守法地工作和生活；积极组织和参与中匈文化交流活动及侨界公益活动。

《新导报》经常参与政府及各部门组织的采访活动，向华侨华人传递匈牙利的政治、经济、文化、社会动态。

该报由钻石文化传媒有限公司出版发行
永远荣誉社长：陈震博士
社长：耿 洁 gengjie@xindb.com
总编辑：滕维杰 tengweijie@xindb.com
地址：H–1107 M á zsa ter 3–5. Budapest Hungary.
网址：www.xindb.com
电话：0036–1–4318278
传真：0036–1–4318279
电邮：press@xindb.com
微信公众平台：xindaobao
客服微信：xin_dao_bao

世界中国

《世界中国》杂志（前名“欧洲丝绸路）由匈籍华人纳吉·麟女士在2006年3月创办。匈牙利前总理麦杰希·彼得与中国前副总理邹家华担任顾问委员会主席，总部设在被誉为“多瑙河上的明珠”匈牙利。杂志内容主要以文化、艺术、外交、政治、教育为主题。主要栏目包含“高端访问、中外建交、合作交流、异国文化”等。全刊以图为主，文字为辅，主要语言为 英语，汉语，西班牙语。

发行量为10000册。邹家华先生曾为杂志题词，以示肯定与支持。除杂志本身功能之外，杂志社还成功地主办或承办了各类文化活动与商务会议，促进了中西文化交融及经济贸易领域的合作，为世界文化走向中国搭建了有利的平台，为中国文化艺术走向世界起到了极大的推动作用。

创刊人：纳吉.麟
网址：www.shijiezhongguo.com
电邮：shijiezhongguo888@126.com

美丽中国

《美丽中国》杂志在匈牙利布达佩斯创刊，是一本专门介绍中国的美丽的中、英文双语旅游推介杂志。该刊创办目的即：让世界了解中国，搭建沟通世界与中国的桥梁。

匈牙利《美丽中国》杂志社设有编辑部，发行部，广告部，舆情监测室，全球旅游推介中心等部门。全球旅游推介中心面向全球5大洲近30个国家开展业务，始终致力于中国城市、旅游等行业国际影响力的推广和服务。

该刊主要在欧洲的政府机构、旅游行业机构、中国内地的政府机构及旅游行业机构发行，以邮政订阅为主，每本10欧元。

社长：张洪德
总编辑：杨光
欧洲+36 30 9216879
电邮：929685859@qq.com

欧洲联合华文通讯社

欧洲联合华文通讯社，简称欧洲华通社，成立于2009年9月，前身是1997年在匈牙利布达佩斯创刊的《欧洲中华时报》。欧洲华通社主要关注匈牙利及欧洲的时政、经济、社会和华人社区新闻，并就时事新闻事件发表评论。华通社播发的稿件提供给匈牙利及欧洲华人报纸和中新网等国内新闻机构和媒体。

华通社还以匈牙利文向当地媒体提供新闻和评论，与《匈牙利民族报》、《人民自由报》、《大都市报》以及匈牙利国家电视台保持合作和供稿关系。

社长：李震

总编辑：朱瑾

地址：匈牙利布达佩斯

1211 Budapest, II. Rakoczi Ferenc ut 107–115 Hungary

电话：+36 30 9216879

电邮：chinatimes@chinatimes.hu

欧洲万事达传媒集团

欧洲万事达传媒万事达公司于1993年成立于匈牙利，1998年增设万事达广告公司，是欧洲第一家由华人独资开办的专业广告公司。公司成立以来始终以人为本，以技术为依托，专精于平面广告的创意和制作。凭籍先进的全套专业广告制作与影视制作硬件设备。以及优越出众的人力资源，公司荟萃了策划、创意设计、摄像、摄影、影视编辑和音乐制作的专业人才。

2005年组成欧洲万事达传媒，集团下属传媒有：《万事达报》、欧洲万事达网、欧洲万事达广告公司，集团不光保持了平面制作的优势，更在影视制作、产品摄影与《万事达报》、欧洲万事达中文电视网：（www.wsd.hu）、路牌广告、电线杆招牌广告、城市灯箱、站台广告、有轨电车广告、公车广告、地铁广告、地方电视台广告等诸多领域全面开拓，为客户提供一整套，多方位的全面服务。

欧洲万事达传媒与中国中新社合作的网站，中国新闻与国际新闻、电视视频新闻由中国新闻社编排上传，匈牙利新闻由万事达传媒采访编排上传。《万事达报》有4版由中国新闻社海外中心排版。《万事达报》现发行2000份,免费赠阅。

社长：宋聚芳

总编：陈 雷

地址: 1107 Budapest, Monori u.2–4. E15. Hungary

电话：+36–1–260–9774,

传真：+36–1–261–3823

欧洲万事达中文电视网：www. wsd. Hu

电邮: wsd@wsd.hu

西班牙

中国报

《中国报》（周报）创刊于2001年4月16日，逢周四出版，是西班牙最大华文媒体报业集团属下的报纸之一。该报在宗旨中阐明，“弘扬中华民族精神，传播进步理念”，“协助华人融入侨居国，让西班牙更好地了解中国”。

该报每期出8开纸32版。主要栏目／内容：“本期焦点”、“热点聚焦”、“欧洲新闻”、“西班牙新闻”、“国际新闻”、“中东风云”、“中国新闻”、“台湾新闻”、“浙江在线”、“侨民动态”、“侨民生活”、“华人文苑”、“海外华人”、“财经新闻”、“荧屏视野”、“体育新闻”、“军事天地”、“健康人生”、“史海回眸”、“时事评论”、“幽默笑话”等。

《中国报》每周免费发行一刊，32版。

社长：叶岩松

总编辑：罗理

地址：西班牙马德里
C/MAYOR,1,3-17 28013 MADRID
SPAIN.

电话：（34）9 1521 7156

传真：（34）9 1521 9546

网址：www.zhongguobao.com

电邮：zhongguobao@yahoo.com.cn

华新报

《华新报》（周刊）1994年8月14日创刊，逢周一出版。该报前身为《华侨新闻周报》。《华新报》在西班牙及葡萄牙设有销售点，但主要在马德里、巴塞罗拉发行。

该报每期出8开纸32版。主要版面／栏目：“西班牙新闻”、“中国新闻”、“浙江专版”、“港澳台”、“葡萄牙新闻”、“国际新闻”、“侨民动态”、“欧洲新闻”、“西国漫游”、“康健园”、“文学之友”、“时政参考”、“时事评论”、“两岸关系”、“财经新闻”、“军事新闻”、“体育新闻”、“娱乐新闻”、“幽默与漫画”等。

社长：叶岩松

地址：W/MAYOR 1,3-13 28013 MADRID
ESPANA

电话：（34）913771222

传真：（34）913774886

电邮：huaxinbao@gmail.com

欧侨讯播报

《欧侨讯播报》于 2015年9月6日成立，属晟华文化传媒公司所辖，总部位于马德里。包括纸媒、网站、微信、微博和facebook公众平台。从成立之初到现在受到了中国国侨办，北京市侨办、中新社以及西班牙当地使馆的重视，并在华人华侨以及留学生群体取得了一定的关注度。并已与中国新闻社、中国信息报、人民日报、CCTV华人频道等开展合作。

晟华文化传媒公司的《欧侨讯播报》是经西班牙政府记者协会注册的正规华文媒体，并具有西班牙政府认可的记者证。该报在成立不到一年的时间里经常接受西班牙电视台采访，这是西班牙华人媒体的殊荣。

《欧侨讯播报》及时收集读者反馈意见，快速作出调整；加大宣传力度，开拓营销渠道。不断创新，逐渐改变单一媒体的发展模式，以求适应报刊发展和读者的需求。

《欧侨讯播报》的办报理念是：谋求与众不同；不搞高谈阔论，不做可有可无，树自己的品牌，走自己的路。

该报32个版在马德里、巴塞罗那、瓦伦西亚、马拉加、格拉纳达、毕尔巴鄂、阿里坎特、艾尔切、穆尔西亚，海岛等地免费发行。

社长：王伟先

地址：Calle Jorge juan 68号5楼5。

电话：914497230　688568111

邮编：28009

网址：www.ouqiao.es

电邮：ouqiaobao @ouqiao.es

欧洲时报（西班牙版）

《欧洲时报·西班牙版》于2018年5月在马德里创刊，每周五发行，发行范围除马德里外，还有巴塞罗那和瓦伦西亚等西班牙城市。

“西闻”是《欧洲时报·西班牙版》运营的微信公众平台，该平台每周一至周六固定推送信息。“西闻”着眼于西班牙发生的重大事件、中西关系和当地华人群体，报道内容注重时效性、服务性，为读者提供咨询。

侨声报

《侨声报》（周报）创刊于2003年初，前身叫《欧洲侨声报》，由西班牙中国国际传媒公司主办，因受金融危机等因素影响难以为继。2009年9月，西班牙欧亚传媒集团全盘接管该报，并正式更名为《侨声报》，总部设在巴塞罗那。易帜后的《侨声报》进行了全面改版，从内容到形式，让人耳目一新。已与中国新闻社、《福建侨报》、《浙江侨声报》合作多年。

《侨声报》逢周四出报，每期32个版，免费发行。设有“中国新闻”、“热点聚焦”、“欧洲华人”、“侨团动态”、“财经资讯”、“法律知识”、“投资创业”、“侨声时评”等40多个专栏。该报与西班牙当地主流新闻媒体有着良好的合作关系，并在欧洲大地和中国国内设有记者站，发行遍及伊比利亚半岛(主要在西班牙和葡萄牙)，是西班牙目前发行量与影响力较大的华文媒体。

《侨声报》及其中文新闻网站《西班牙侨网》，积极适应网络时代资讯传播的新形势，为读者提供及时、翔实和权威的新闻资讯。《侨声报》、“西班牙侨网”与“西班牙侨声报微信公众平台”已成为欧洲主流华文媒体了解欧洲政治、经贸、文化的重要平台，同时也是了解旅西华人动态和欧洲时政新闻的窗口。

社长：戴华东

地址：Ronda Universitat,20 Pricipal 1a
08007 Barcelona – Espana(Spain)

电话：0034–933021596

传真：0034932502169

电邮：qiaoshengbao@gmail.com

中文网址：www.lavozchina.com
www.espqw.com

联合时报

《联合时报》（周二刊）是环球伊比利亚传媒集团在西班牙的全资华文媒体，也是西班牙全境内发行量最大的华文报刊。《联合时报》2008年创刊，总部位于马德里市，分社设在巴塞罗那。《联合时报》每周三、周六双刊发行，全刊彩印，单期发行量超过20000份，免费赠阅。该报内容涉及西班牙新闻、侨讯、中国新闻、国际新闻、文体娱乐、侨乡侨情等多个版块。部分内容采用中西双语编撰发行。

2016年起《联合时报》与《人民日报》结成战略合作关系，成为《人民日报–海外版》。改版后的《联合时报》紧跟时代发展脉搏、严把宣传尺度，始终致力于服务在西侨民，传播中国好声音，做一流的海外华文媒体。

2016年与首都航空公司强强联合，着力打造高水准的空中读物，是目前西班牙华文报刊中唯一机上读物。每周一、周六（马德里–杭州/ 成都–马德里）国际航班中，乘客们都可以通过《联合时报》了解到西班牙的政经资讯。

《联合时报》已开通了微信公众号、FACEBOOK、Twitter等多种新媒体渠道，电子报、西华在线网站均已成熟运作，为读者们提供了互通交流、畅所欲言的平台，并满足了合作伙伴多元化要求。

该报每期发行区域均为西班牙各大华人聚焦城区。单期发行：马德里9000份、巴塞罗那7000份、瓦伦西亚1500份，马拉加1000份、塞维利亚800份、阿利坎特500份。除此之外，每周有400份《联合时报》为飞机免费读物。

社长：詹亮

总编辑：李祥龙

地址：马德里

马德里总部电话：（34）–915411996

传真：（34）–918119899

电邮：europeweekly08@gmail.com

网址：http://esxihua.com

新侨报

《新侨报》于2016年12月在西班牙内政部注册创刊，于2017年2月在西班牙正式公开发行，隶属于西班牙新传媒集团。《新侨报》版面为A3规格、40版、全彩印刷，主要内容包括新闻资讯类、实用信息类、娱乐文学类等，每周一期（周六上市），每期发行10000份，实行免费赠阅，在西班牙各个省份主要城市中国货行、餐馆、仓库、书店设100多个发放点。同步开通微信公众平台，中文网站《新侨网》将于2017年5月上线，手机APP《华人资讯》将于2017年7月上线。4大华媒品牌将覆盖拥有近32万华侨华人的西班牙华人社会。

《新侨报》将与中国驻西班牙使馆、旅西各界、国内同行以及西班牙政府有良好合作互助关系。《福建侨报》、《福清侨乡报》均将在《新侨报》设海外版。

新传媒集团致力于弘扬中华文化，同时引导华侨华人积极融入当地社会，为侨民提供移民政策，法律法规，招工找工，店面租售等实用信息。同时服务于经济发展，介绍西班牙、中国的市场状况投资环境，为中国企业创造海外市场商机，也为西班牙企业投资中国市场，发挥窗口与桥梁作用。

《新侨报》总部设在马德里，巴塞罗那、瓦伦西亚设分社、马拉加设记者站。

社长：林子伟

总编：裴蕾

总经理：林国安

总社地址：C/Marcelo Usera 101 P2 – 3
28026 Madrid Espana

联系电话：917923993

电子邮箱：xinqiaobao2017@gmail.com

欧亚传媒集团

西班牙欧亚传媒集团公司，是目前在欧洲有影响和实力的一家综合性的文化传媒公司。集团旗下有华文周报《侨声报》（纸媒）、西班牙中文网（侨网）、华人头条、西班牙那些事（腾讯视频头条）、侨声报APP手机版、西班牙侨声报官方微博、西班牙欧柏旅行社等。

西班牙中文网（侨网）是西班牙欧亚传媒集团旗下主办的西班牙华人新闻网站，是欧洲大陆有影响的主流华人网站。华文周报西班牙《侨声报》（LA VOZ CHINA），前身为《欧洲侨声报》创刊于2003年3月，由原西班牙中国国际传媒有限公司创办。2009年由欧亚传媒集团全面接管，总部位于巴塞罗那。《侨声报》每期出8开纸64版，每周发行量近4万份。目前是西班牙唯一一家自己开发APP手机版新闻客户端的华文新媒体。读者覆盖西班牙以及周边国家。

《西班牙侨网》与《侨声报》努力适应网络时代资讯传播的新形势，促进侨胞融入当地主流社会。该报主要在西班牙和葡萄牙发行，影响力广，多次受中国政府的邀请，参与重大事件的报道，目前有广告客户500余家。报社在欧洲各地和中国大陆均设有新闻记者站，并与主流的欧洲新闻媒体有良好的合作关系。《侨声报》已成为海内外主流媒体了解西班牙、葡萄牙（政治、经贸、文化等）及欧洲华人社会发展与变化的重要平台。

2015年欧亚传媒集团与人民日报海外网合作并开通《西班牙频道》同时集团积极加快媒体转型，是西班牙华文新媒体开发的先行者。

《侨声报》社长：戴华东

地址：Ronda Universitat,3. Pricipal 1a 08007
Barcelona – Espa?a(Spain)

网址：www.lavozchina.com 、
www.spain.haiwainet.cn

传真/传真：0034–933021596

电邮：qiaoshengbao@gmail.com

西班牙欧华传媒集团

西班牙欧华传媒集团旗下有中文报刊《欧华报》(纸媒)、欧华报西班牙语版、欧华网、欧华西班牙文网、欧华微信公众平台、欧华报官方微博、欧华报Facebook专页、欧华视频(videos.elmandarin.es/)、欧华旅听(triplisten.elmandarin.es/)、人在欧洲(www.ouhua.info/rzoz/index.shtml)、欧华黄页(yellowpage.elmandarin.es/)、欧华同城（APP）欧华翻译社、欧华商务文化旅游部等。

《欧华报》创刊于2002年12月8日，总部设在马德里。在西班牙重要城市巴塞罗那和瓦

伦西亚设有记者站。2007年4月，《欧华报》在马德里首届“杰出移民企业和移民媒体”评选活动中，荣获“最佳移民媒体奖”，成为来自世界20多个国家的上百家参选的移民企业和几十家参选的移民媒体中，唯一获奖的华文媒体。

《欧华报》创办宗旨是：为侨胞再现天下大事、提供实用服务、丰富文化生活，引导侨民融入社会，推动中西两国的经贸文化交流，全方位为广大中国移民服务。坚持爱国爱乡、反独促统，团结融入、客观公正的鲜明立场。

《欧华报》为周刊，每周六发行，是西班牙华文媒体中唯一发行面覆盖西班牙全国的报纸。全彩A3开56版。马德里、巴塞罗那和瓦伦西亚3大主要城市免费发行。

《欧华报》注重编译西班牙新闻，注重本地华埠新闻的原创，坚持自编特色栏目，每周欧华视点和华埠深度报道，贴近本土、贴近百姓，被读者誉为“欧洲最好看的中文侨报”之一。

2004年《欧华报》推出欧华网，曾经3次改版，是一个综合性网站，成为海内外主流媒体了解中西经贸、文化交流，了解西班牙华人动态和西班牙时政新闻的主要窗口。

2016年，欧华网与中国新闻网、中国侨网合作，第三次改版，改版后的欧华网更简练便捷，符合读图时代和新媒体形势下读者的需求。同时，推出欧华网移动手机版，增设了“欧华房产”、“实用信息”、“欧华视频”、“欧华活动”、“便民专题”、“中文园地”、“人在欧洲”、“板鸭美食”等新栏目。

2005年5月21日，欧华传媒集团创办了《欧华报》西班牙语版，取名《EL MANDARIN》(东方周刊)。A3开全彩24版，每周赠阅发行西班牙全国。

2012年2月，《EL MANDARIN》改为网站与欧华网链接。

2012年欧华传媒创立十周年，股份重组。欧华传媒逐步从平面媒体向多媒体转型。2012年开通欧华报官方微博。2013年初，推出欧华报微信公众平台每天推送新闻。2013年推出欧华报Facebook专页。

2016年，欧华传媒与西班牙埃菲社签订战略合作协议，建立了中西媒体之间的交流和沟通的桥梁。

2018年，欧华传媒荣获西班牙主流社会评选的两项大奖：2月26日，西班牙欧华传媒被西班牙期刊协会AEEPP授予“西班牙职业传媒奖”，被国际新闻记者协会授予“西班牙杰出移民媒体奖”。

董事长：裘成谦

社长、总编辑：陶辛夷(董事)

总经理：陈纲宇(董事)

副社长(驻华全权代表)：沈逸婷(董事)

欧华网首席运营官：徐韬

地址：C/.Unanimidad，35 Local 28041
Madrid SPAIN

电话：00-34-910299008

传真：00-34-910005537

欧华网：www.ouhua.info

欧华西文网：www.elmandarin.es

欧华报微信公众帐号：ouhuabao-info(2856710287)

欧华报官方微博：weibo.com/ouhuabao

欧华报Facebook：www.facebook.com/ouhua.info

电邮：ouhuabao@ouhua.info
redaccion@ouhua.info
publicidad@ouhua.info
ouhuapublicidad@gmail.com

希腊

中希时报

《中希时报》(周报)2005年1月1日希腊以及南巴尔干半岛国家和地区第一份及最大的华文媒体报纸。该报本着“植根异土，善传生计”的办报宗旨，凭借客观深度、准确时效的新闻和及时的媒介传播，为希腊的华人华侨交流与发展架起一座沟通的桥梁。发行量超过3000份/周，每周8开32至48版，希腊当地各类新闻每周6至10版。

《中希时报》自创刊起，陆续与中新社、新华社、凤凰卫视、中央电视台、人民日报海外版、环球时报、国际台、新民晚报、香港文汇报等媒体建立长期合作关系，同时与中国多个省市地方侨办侨联建立专版刊登或新闻宣传共享等合作机制。

希腊中文门户网站“希中网”于2010年创建。发展至今该网已建成为一个集新闻资讯、置业移民、文化旅游、商务金融、黄页和论坛为一体的希腊第一中文门户型网站。同时，该网还致力于开发微博、微信等新媒体，现已成为希腊中文全媒体第一平台。

2015年9月，《中希时报》在原有中文版面的基础上，推出全新的希腊文版，旨在向希腊主流社会展示不断变化的中国，并以全方位视角客观报道中国，使之真正成为中希之间一座友谊、团结、合作的桥梁。

为了更好更广泛地服务读者，2016年3月起《中希时报》中文版实行免费取阅。

社长：吴海龙

副社长：何国清

总编辑：汪鹏

执行总编：梁曼瑜、杨少波

地址：AGISILAOY 43-45, ATHENS, 10436, GREECE.（希腊·雅典）

电话：+30-2105248088

传真：+30-2105248088, 2105247888

希中网：http://www.cgw.gr

电邮：info@cgw.gr

希华时讯

《希华时讯》是2017年在希腊著名新媒体公司GreekReporter的支持下，由中希两国媒体人合作创建的华语媒体。《希华时讯》以希腊新闻为主，每天客观、准确、快捷地报道来自世界各地与希腊相关的新闻，同时关注中国以及全球新闻资讯和动态。

该报以促进和推动希腊与中国的经济文化交流为目标，致力向华人华侨读者展示全面、真实的希腊，为促进当地华人融入主流社会为推动中希两国民间交流和友好往来提供平台。

总编辑：梁曼瑜

地址：Eftihias 1, 14121 Athens, Greece

网址：https://china.greekreporter.com/

电话：30 6947303687（希腊），
86 13044249631（中国）

电邮：lydiamygr@gmail.com,
xihuashixun@126.com

法国

欧洲时报文化传媒集团

《欧洲时报》(Nouvelles D' Europe)是欧洲时报文化传媒集团的旗舰日报，总部设在法国巴黎，创刊于1983年1月，目前已成为发行覆盖全欧，发行量最大，也最具影响力的华文纸媒。每天出20版，周末32版，全彩印刷。报纸还辟出相当版面，开设了中国20多个省市专版，该报还刊登法律和生活服务信息，帮助侨胞安居乐业，促进融入主流社会。

《欧洲时报》与上海《新民晚报》合作创办了《欧洲联合周报》，后更名为《欧洲时报·生活周刊》。2014年与《英国电讯报》合作，每周推出两个中文版。2016年年底，报纸发行覆盖爱尔兰。2016年上半报纸发行覆盖荷、比、卢三国，北欧4国及希腊、马耳他、塞浦路斯。《欧洲时报》已创办发行英国版、德国版、中东欧版、意大利版及西班牙、葡萄牙版，发行覆盖30多个国家和地区。《欧洲时报》成为"一带一路"进入欧洲沿线国家最具影响力和传播能力的华文报纸和移动媒体。

目前欧洲时报文化传媒集团旗下已拥有欧时网（新闻为主）、欧时代（社区资讯为主）和欧时网络TV（视频新闻）。开通了欧时微博及欧时代微博；"欧洲时报内参"、"食尚亚洲"、"想法"（法国）、"英伦圈"（英国）、"道德经"（德国）、"维城"（奥地利）、"意烩"微信（意大利）、"西闻"（西班牙），"向东向西"等微信平台，有针对性地为全欧华侨华人、华人社团、华校和华商服务。

1997年，由《欧洲时报》牵头成立了"欧洲华文传媒协会"，目前协会成员有80余家。秘书处常设在《欧洲时报》。

《欧洲时报》从单一传媒业务向文化教育领域扩展。建立了"文化中心"和中文学校创办了"孔子课堂"。中文学校已经国家汉办和法国教育部批准，成为法国青少年汉语水平和成年人汉语水平考试点。集团牵头成立了法国文教育协会，全法40多家中文学校作为集体会员参加，定期共商华文教育发展大计。

集团在奥地利维也纳、英国伦敦、德国法兰克福、意大利罗马成立了文化中心，2016年在德国柏林、意大利罗马举办中国电影节，且每年举行。

该集团与中国浙江出版集团合资在法国巴黎及英国伦敦成立了东方书局出版社，以法文、英文翻译出版发行中国书籍。两地出版的图书将发行到非洲原法属和英属国家。

36年来，《欧洲时报》已从单一纸媒发展成为欧洲唯一一家综合性全媒体文化传媒集团，旗下不仅拥有中文日报、周报、周刊、德文版月刊、中法英德跨语种多媒体网站、视频节目、网络电视和各类移动微博微信终端平台、中法英3种文字书籍出版发行平台、大型跨国文化交流传播平台和华文教育推广平台，还从事旅游和电子商务等新型商业交易和咨询服务，在中欧之间，搭起一座交流、合作的友谊之桥。

集团总裁、欧洲时报社社长：张晓贝
常务副社长：钟诚
总编辑：梁扬
副总编辑：刘建
副总编辑、欧时网总编辑：武佩荣
社长助理、营业部主任：刘勇
地址：80 Avenue du Moulin de Saquet,
94400 Vitry sur Seine, France
网址：www.oushinet.com
电话：（33）149581855
传真：（33）142118305
电邮：oushi@wanadoo.fr

法国侨报

《法国侨报》（不定期出版）是一份由中国旅法媒体工作者创办的生活文化性免费报纸，拥有一支精通中法双语、了解中法文化的资深传媒队伍。于2012年2月在巴黎创刊，是

目前法国唯一的一份中法双语报纸。报纸以立足法国，面向欧洲，独立办报为原则，以服务侨社、传播文化、促进中法交流与了解为宗旨。该报在法国巴黎Aubervilliers、美丽城、13区、3区、4区等华人聚集区以及旅游点的商家、饭店进行直投或设点取阅，并通过与华人商家、旅游协会合作向巴黎以外地区或欧洲其他国家投送。报纸内容主要有：头版、特别策划、焦点新闻、侨史侨志、新闻超市、投资中国、地产专栏、金融理财、中法交流、法律专栏、温商专栏、华文教育、法式教育、巴黎艺术、侨网专版、旅游（法国华人旅游协会协办）、中法通婚、副刊以及4个法语版面。

社长、总编：钱海芬

地址：法国巴黎 3 rue de Montmorency
75003 Paris France；

网址：www.franceqw.com；lepontfr.com

电话：（33）1 81 29 03 75

电邮：ecmdpress@gmail.com；
846898392@qq.com

欧盟商报

《欧盟商报》（半月刊）前身为《欧洲商报·法国版》，由香港环球商系传媒中心于2010年4月创立，以向海外华人提供客观、全面、翔实的资讯服务，推动海内外华人交流，宏扬中华文化及推动海外华人积极融入所在国社会为宗旨。

为了更好地照顾各地读者需要，《欧洲商报》分为3个版：法国版、荷德比卢版及英国版。该报在每月第一个和第三个周末出版，每期发行10万份。2017年1月1日，法国版更名为《欧盟商报》，每期发行2万份，在巴黎、巴黎大区和里昂近100个发行点免费赠阅，此外还通过邮寄方式向法国其他地区读者投递。

《欧盟商报》的主要目标人群是法国华侨华人中的经商人士和企业家，用繁体字印刷，每期32版，主要内容涉及法国新闻、欧洲新闻、中国新闻、华人生活、地产营商、人物专题、饮食养生、生活旅游等。与香港《文汇报》合作，每期推出《文汇报》欧洲专版，同时也与《香港商报》密切合作。该报还与中国内地合作，先后推出“今日广东”及“今日天河”等专版。

报纸还推出了繁体和简体网站，以更好地与读者互动以及向他们提供更加广泛的信息服务，并且将每期报纸的电子版及时上网，方便习惯在线阅读的读者浏览。

社长：游海龙

总经理：黄进

地址：法国巴黎
253, rue Saint Honor é
75001 Paris France

网址：www.chineseineurope.net

电话：（33）1 41832026

传真：（33）141832030

电邮：editor@chineseineurope.com

欧洲中谊文化传媒集团

欧洲中谊文化传媒集团（简称“中谊传媒”）是一家由数位旅法多年的爱国华商和媒体人建立的欧洲华人媒体平台。中谊传媒通过与当地主流媒体的合作，旨在宣扬中国文化，增进欧洲人对中国历史、文化、经济和生活现状的了解；并与国内媒体合作，介绍海外华人，特别是旅欧华人的生存状况和发展历程

自2010年起，中谊传媒与浙江电视台国际频道（简称：浙江国际）合作联合制作了200多期节目。同时，中谊传媒也在法国采编制作当地华人和主流社会的视频新闻。自2011年12月1日起，由中谊传媒和法国明日电视台合作“明日中国”栏目正式在该台播出，是首家进入法国主流电视台的华人媒体。

2014年12月3日法国最高视听委员会正式批准授予中谊传媒开办独立电视频道的许可证，这是法国华侨华人首次获得全频道电视台运营许可。由中谊传媒创办的法国华人卫视MTV（Mandarin TV），于2015年11月2日正式开播。中谊传媒总裁陈世明因此荣膺中国中央电视台2015年“中华之光”传播中国文化年度人物。

中谊传媒还致力于朝新媒体多媒体方向发展，大力建设网络传媒，目前中谊传媒网已成为一个集文字、图像、音频和视频等多种传播形式为一体的媒体平台，与电视媒体形成互动传播。

总裁：陈世明

地址：法国巴黎
18 Rue Marbeuf, 75008 Paris, France

网站：www.cmediatv.com

电话：（33）147238103

（33）684930009

电邮：cmediaeurope@gmail.com

contact@cmediatv.com

欧洲华语广播电台

欧洲华语广播电台于2013年1月15日由旅法华人以非盈利法人协会名义申请，法国高级视听委员会全会正式批准成立的。该电台立台原则旨在促进法汉两种语系人士的相互了解，帮助在法亚裔尤其是华侨华人更好地融入法国社会。2014年10月20日电台正式开播，该电台采用法国T-DMB数码广播协议法汉双语广播，每周7天24小时不间断面向巴黎大区听众播出。目前，该电台DAB无线信号播出覆盖法国大巴黎地区1200万人口，网站及APP客户端同步播出。

欧洲华语电台是法国有史以来首家华语电台，其节目为法语\汉语各12小时播出，节目涵盖新闻、民生、时政、文化资讯、法律等内容。该台与中国大陆多家广播电视机构建立了长期合作关系，并与地方电台合作开设部分方言节目，让广大华人华侨听众及时了解祖籍国中国的变化，增进法中文化交流。

自2014年开播以来，拥有多档自办节目，包括“美食侦探社”、“畅游东西”、留学节目“天下为邻”、“新闻关注”、知识科普类“5分钟大爆炸”、“音乐无限”、“新歌推荐”。此外，“大城小事”、“欧洲文化资讯”、“亚洲文化资讯”等节目加上外采的广播剧及方言、文化节目，构建了丰富多元的广播节目框架。

欧洲华语广播电台除了传统的广播收听方式外，还着力打造了官方网站及官方客户端APP（启橙），既可在线收听，又可点播、留言、发帖，进行互动。电台还开通了微信公众号等多种社交平台及Youtube等多家平台。

2018年，电台进行了全面改版，全新定位于“服务法国本土，收听面向全球”。使欧洲华语广播电台不仅为华人了解法国文化的重要窗口，更是各国华人游客来法的一站式服务媒体。

台长：林精平

总编：蔡联华

地址：法国巴黎

7 rue Larrey,75005 Paris France

网址：www.radiomandarin.fr

电话：(33) 972526223

电邮：rme@radiomandarin.fr、

radiomandarin@foxmail.com

欧视

欧视MANDARIN TV（法国华人卫视）于2015年11月2日，由欧洲中谊文化传媒公司创办，法国最高视听委员会CSA批予牌照在巴黎正式开播。这是第一家由当地华人创办的中法双语24小时全频道电视台，标志着法国华文媒体从此跻身于当地主流电视传播平台。

欧视MANDARIN TV秉承“中国文化，本土表达”的办台宗旨，以“传播中国声音，讲好中国故事”为己任，已为越来越多的观众所关注。

欧视MANDARIN TV与法国FREE BOX、ORANGE 和BOUYGUE 3大电讯公司合作，并通过ADSL宽带网络，基本实现了对全法境内电视用户的信号覆盖。同时，还具备了网络和手机直播功能，可在全球范围内同步播出。

欧视MANDARIN TV通过与中国中央级新闻媒体的合作，不断丰富节目资源，传播中华文化。如《远方的家》、《传承》、《乡愁》、《中国那么大，我想去看看》、《档案》、《这里是北京》等节目，受到了观众的欢迎；《学汉语》、《你好，中国》等栏目，为法国人学汉语，为“华二代”掌握中文基础知识创建好的平台。

欧视通过媒体平台，关注华侨华人的工作和生活，维护华侨华人的合法权益，助力华侨华人的事业发展，积极报道法国侨界社团各种重要活动。先后创办了“华人新干线”、“巴黎，我的缪斯”、“会客巴黎”等栏目，引进国内热播电视剧，为华侨华人提供信息服务。

台长：陈晨

总裁：陈世明

地址：法国巴黎

3-5 quai Bir Hakeim, 94410 Saint-Maurice France

网站：www.cmediatv.com

电话：（33）1 48 77 17 17

（33）6 20 44 40 83

电邮：cmediaeurope@gmail.com

contact@cmediatv.com

波兰

欧洲青年报

《欧洲青年报》（周报）于2011年3月7日正式创刊，由波兰华人青年联合会主办，由秘书长 杨 辉 先生主管，报社有专业专职人员7名，发行地为波兰华沙。该报每周一期，每期24个全部彩色版面，版面内容：首版主要国内重要的政要新闻和导读，其它为“中波资讯”、“波兰华人动态”、“热点关注”、“波华论坛”、“便民服务专版”、“国际新闻要闻”、“焦点追踪”、“时事报道”、“财经漫谈”、“海外华人”、“体育新闻”、“娱乐资讯”等重要版面。该报主要宗旨是为旅波华人华侨提供的社会、生活、商业、经济等信息，为团结和谐所有旅波华人华侨，准确传播中国的动态信息，公正严谨报道世界各类事件做好桥梁作用。

社长、总编辑：杨辉（杨淇麟）

地址：波兰华沙

电话：0048（22）2929787

电邮：yh163yh@126.com

波兰环球周报

波兰《环球周报》2007年7月29日正式出版发行。创刊宗旨:面向波兰的华人华侨，以服务华人为己任。自试发行以来，开设有"中国新闻"、"波兰新闻"、"法律法规"、"文化生活"、"华人来稿"等10多个栏目，以图文并茂的形式为广大华侨华人提供了丰富的新闻信息。

社长、总编辑：陈彪

副社长：陈章云

顾问：孙玉玺

社址：波兰华沙东方花园A座

网址: www.plhqzb.com

电邮: 1535935672@qq.com

电话:00852-2310976?18050278001

传真:00852-23109099

欧洲中华电视有限公司

欧洲中华电视有限公司成立于2008年，是香港商人陈彪先生和波兰公民万达女士及哈内雅女士在波兰共和国注册的合资公司。

公司是集卫星电视台、网络和报刊发行为一体的新型传媒集团，已完成其所属欧洲“嫦娥卫星电视台”在欧洲上星的审批事宜，将择机开播电视节目；公司拥有“嫦娥资讯网（www.chang-e.eu）”、嫦娥卫视网（www.change-e.tv）”和“嫦娥商品网（www.chang-e.tv）”。

公司下辖的《波兰环球周报》，创办于2006年7月29日，是波兰的首份华文报纸。从2009年起，该公司开始发行越南文版波兰《环球周报》。2010年7月波兰《环球周报》与《福建侨报》联合发行了《福建侨报》波兰版。

社长、主编：陈彪

欧洲总部：

地址：Al. Krakowska 6, 05-090 Skocin Nowy, Poland (Warsaw)

电话：0048-22-715 8562

传真：0048-22-715 8564

电邮： plhqzb@126.com

俄罗斯

俄罗斯龙报

《俄罗斯龙报》于1999年11月注册，2000年2月在莫斯科创刊，是目前唯一一份在圣彼得堡、莫斯科发行的中文、俄文双语报纸。创刊至今，《龙报》曾以周刊、周3刊、日刊等不同形式出版发行。

《俄罗斯龙报》目前为32版，主要版面有：俄罗斯时事、俄罗斯经济、大陆时事、台港澳新闻、国际新闻、深度报道、特别报道、社会广角、天下华人、网评世界、侨乡新闻、龙报娱乐、龙报体育、留学园地、中华文化、俄罗斯文化、健康养生、天下美食、开心一周、心情驿站、社区咨询、服务指南等28个中文版面，此外，还有4个俄文版面。

2012年10月18日，《俄罗斯龙报》与中国新闻社达成战略合作，成功地完成了《龙报》中文版扩版、俄文版创刊，使《俄罗斯龙报》以全新的面貌出现在广大读者的面前，得到了中、俄各界的广泛关注和肯定。

社长：李双杰

总编辑：商永

地址：俄罗斯，圣彼得堡市胜利广场1号
Park inn 宾馆，2座6层

网址：www.dragonnewsru.com

邮编：196240

电话：007-911-027-39-48
007-812-7403997

电邮：longbao2000@163.com

伊尔库茨克华人导报

《伊尔库茨克华人导报》（周报）2002年8月28日创刊，其创办宗旨是：为初到俄罗斯的华人做好生活响导，为丰富华人生活而提供关于俄罗斯、中国及世界各地的政治、经济、文化等方面的信息。发行范围为俄东西伯利亚地区。覆盖伊尔库茨克州、布利亚特自治共和国，赤塔州。该报每期出A3纸32版，双色，华俄双语。主要栏目有“世界要闻”、“俄罗斯新闻”、“关注中国”、“财经视点”、“娱乐休闲”、“体育文化”、“书屋连载”、“广告信息”等中文版及“中国经济”、“中国文化传统”、“名胜古迹”、“商业信息”等。

社长：王光

总编辑：苏钰

地址：137 Covetckaya Str. Irkutsk. Russia

电话：（7）3952 538133，538233

传真：（7）3952 538133，538233

网址：www.dongfang-ru.com

电邮：chinese@inbox.ru，suyu@oksuyu.cn

华俄时报

《华俄时报》（日报）创刊于1999年11月1日，由莫斯科华人妇女联合会主办，华俄报社出版，每日出大8开108版左右。版面内容有：“今日新闻”、“体坛世界”、“今日焦点”、“环球热点”、“小说连载”、“记实连载”、“广告专版”、“社会观察”、“法制人生”、“经济科技”、“男人女人”、“大千世界”、“影视娱乐”等。

社长：孙晓霞

总编辑：郭磊

地址：莫斯科卡尔仁让诺夫大街24/35号楼

电话：（7）499 1298222\1298233
（7）9099668822
（7）9653320495

传真：（7）499 1290335

电邮：huaeshibao@mail.ru

俄罗斯侨报

《俄罗斯侨报》(日报)2006年7月8日创刊，是经俄罗斯新闻出版署注册，由旅居俄罗斯的华人华侨创办的华文报纸，同时办有“俄罗斯侨报网”。俄罗斯侨报以“侨”立报，以

“报”为桥，坚持立足俄罗斯，放眼世界，着重关注华人，以报纸为桥梁纽带，加强海外华人同祖籍国的联系，促进世界各国对中国的进一步了解。通过不懈努力，《侨报》已经成长为俄罗斯具影响力的中文报之一。

《俄罗斯侨报》8开80版，主要版面有：俄国新闻、中国新闻、台港新闻、今日关注、娱乐快报、体育新闻、华人世界、国际扫描、军驻地、经济财经、社会观察、科技时代、健康生活、奇闻趣事、史海回眸、法制人生、社会与法、人生百态、情感故事、综合信息及广告专版等。

总编辑、副社长：贾斌

地址：莫斯科下五一大街68号

电话：8903575707l　89671157526

网址：www.ruqiaobao.com

电邮: 970640318@qq.com

捷通日报

《捷通日报》（日报）于2003年2月9日创刊，是全俄发行刊物。每天8开50版,每星期日休刊一天，内容丰富,有“俄罗斯新闻、中国新闻、国际新闻、娱乐新闻、体育新闻、焦点评论、军事、旅俄华人、金融财经、幽默笑话、小说连载”等。每天更新各类广告信息,为旅俄华人的生活增加了快捷的交流方式。

报社编辑采编资讯，采集当地华人新闻，自有印刷机,自己印刷发行,自己承接广告,并承接一些印刷业务作为报社第三产业。

《捷通日报》体现了麻雀虽小，五脏俱全的特点，集合海外办报的艰难，开创了一条经济盈利的优势道路，为旅俄华侨华人提供信息交流的平台，丰富精神文化生活，是连接中俄文化的桥梁和纽带。

社长：宋玉娟

主编：毕万明

地址：105774，Москва Ул.2–й Иртышкий пр–д,д.4Б,стр1

电话：+7–9037620888；+7–9060665101

传真：+7(495)724–95–58

网址：www.jtmsk.com

电邮：moscow0424@126.com; jtshx@hotmail.com

远东商务周刊

《远东商务周刊》(月刊)于2018年在俄罗斯第四届东方经济论坛期间正式创刊，是由俄罗斯符拉迪沃斯托克“中俄经济文化交流中心”主办的。《远东商务周刊》为，彩色印刷，16开40页。是在俄远东地区唯一由华人社团主办的中俄双语杂志。面向广大旅俄华人和对中国感兴趣的俄罗斯人。发行范围主要在俄远东地区。

俄罗斯远东地区与中国山水相连，鸡犬相闻，更是俄对华地方合作最活跃、最核心的地区。该杂志深度解读俄联邦“一区一港”新政：即跨越式发展区、符拉迪沃斯托克自由港等针对远东开发特有的优惠政策，服务于在俄华商及有意开拓俄罗斯市场的中资企业。杂志设有“快讯专栏，旅游版块，法律咨询及援助专栏”等信息栏目。

主编: 陈刚

副主编: 卢刚

地址: 滨海边疆区符拉迪沃斯托克市,彼斯都日瓦街46号

电话：7(423)2002777

电邮：yuandongzhoukan@mail.ru

联盟通讯

《联盟通讯》（双月刊）于2014年创刊，2016年初正式登记注册由俄罗斯中国志愿者联盟主办。该刊16开64页，彩色印刷。是在莫斯科唯一由华人社团主办的中俄双语杂志。面向广大旅俄华人和对中国感兴趣的俄罗斯人。发行范围主要在莫斯科地区。

该刊除了报道联盟的各种信息资讯，也设有多个栏目介绍中国和俄罗斯的文化、历史及经济发展情况，还设有“俄语学习，法律知识，使馆提醒”等信息栏目。

主编: 许文腾

副主编: 国强

地址: 地铁站румянцево 商业园 бизнес–парк румянцево, корп.г,подъезд12, этаж7, офис709г

电话：79096573004

电邮：532530142@qq.com

格鲁吉亚

高加索华人报

《高加索华人报》前身为《格鲁吉亚华人报》，于2014年由格鲁吉亚丝绸之路合作有限公司创办，总部设在格鲁吉亚首都第比利斯。目前该报下辖有“一带一路”沿线国家的20多个微信公众号，总计拥有关注用户30余万。该报在报道格鲁吉亚新闻的同时，影响力还辐射至阿塞拜疆、亚美尼亚、摩尔多瓦和白俄罗斯等国家，并在阿塞拜疆、乌克兰、白罗斯、保加利亚设立办事处。创刊以来以“服务华人、客观准确”为原则服务海外华人。

总编辑：刘济民

副总编辑：黄从军

地址：格鲁吉亚第比利斯中国经济特区B1馆

电话：+86 13755618888

+86 13755231111

电邮：1838707668@qq.com

77548375@qq.com

吉尔吉斯斯坦

丝路新观察

吉尔吉斯斯坦《丝路新观察》（周报）2015年11月11日创办，是中亚丝路新观察全媒体在吉国的核心平台。《丝路新观察》着力打造集报、刊、网及移动终端为一体，以俄、中文为基础，中亚各国语言文字为特点的、包括具有图、文、视、听功能的“两网八微一端两脸书两照片墙”的新媒体矩阵。其中，两网是指“丝路新观察”中文网站、“丝路新观察”俄文网站；中文公众号7个，分别是“丝路新观察”、“乌国新观察”、“哈国新观察”、“吉尔吉斯新观察”、“土库曼斯坦新观察”、“塔国新观察”、“外高架索三国新观察”，俄文公众号一个，为“丝路新观察”；“一端”是指“丝路新观察”中文客户端；“两脸书”目前分别是以吉、哈国为主的俄文脸书（Facebook）各一个；“两照片墙”目前分别是以吉、哈国为主的俄文照片墙（Instgram）各一个。

《丝路新观察》报是吉尔吉斯斯坦第一大周报，已成为吉国主流媒体。俄、吉文版每期平均发行量2.15万份；中文版每期平均发行量为0.43万份，总计2.58份。《丝路新观察》月刊中、俄文版，随同《丝路新观察》报也在中吉往返航班上发行。

该报与吉国主要媒体广泛开展合作，已与吉官方“卡巴尔”国家通讯社展开了新媒体合作；与吉国媒体市场占有率最高的《比什凯克晚报》、吉国党媒《自由之山》和吉国政府机关报《旗帜报》等展开了合作；报社还通过与《回民报》合作，利用其发行渠道发行《丝路新观察》报俄吉文版。

负责人：程勇

地址：吉尔吉斯斯坦比什凯克市伊桑洛娃大街172号

网址：www.siluxgc.com中文

www.ru.siluxgc.com俄文

电话：0555688789

传真：0312374609

电邮：silu2015@mail.ru

塔吉克斯坦

新丝绸之路报

《新丝绸之路报》于2016 年1月15日创刊，这是塔吉克斯坦第一份华文报纸。

《新丝绸之路报》社长韩东起表示，该报全体办报人的强烈愿望是将这份报纸办成中塔友谊之桥，中塔合作平台。该报将以增进中塔两国人民的传统友谊，促进相互了解，加强各层面的合作，传播中塔两国间优秀文化为宗旨，并在努力帮助华人华侨更好的融入当地社会方面发挥作用。

该报将以中塔文同时发行，目前先发行中文，在条件成熟后再发行塔文版。

哈萨克斯坦

今日丝路

《今日丝路》报创办于2017年1月8日，是中亚丝路新观察全媒体在哈萨克斯坦的核心平台。《丝路新观察》全媒体着力打造集报、刊、网及移动终端为一体，以俄、中文为基础，中亚各国语言文字为特点的、包括具有图、文、视、听功能的全媒体矩阵。目前，《丝路新观察》全媒体已打造了“两网八微一端两脸书两照片墙”的新媒体矩阵即：有“丝路新观察”中文和俄文2个网站；7个中文公众号，包括“丝路新观察”和“哈国新观”等在内的中亚五国及南高加索三国等中文公众号及俄文公众号；“丝路新观察”中文客户端；以哈、吉国为主的2个俄文脸书（Facebook）；以哈、吉国为主的2个俄文照片墙（Instgram）。

中亚丝路新观察全媒体为“五个群体”及“一个社会”服务。即华人华裔、华侨华商、孔子学院和留学生、中资机构及中资企业、短期来中亚的中国人，和当地主流社会。

《今日丝路》报正成为哈萨克斯坦较有影响力的多语种报刊，分中文版及俄哈文版，中文版每期发行量为0.4万份，俄哈文版每期发行0.6万份，累计发行1万份。该报以中哈两国经济、文化交流为主要报道方向，以服务“一带一路”建设、增进两国民众间彼此了解为办报宗旨，是南航往返乌鲁木齐与阿拉木图、阿斯塔纳航班读物。

该报与哈国主要媒体广泛开展合作，已与哈萨克斯坦唯一官方通讯社哈通社开展稿件互换合作，与哈最大的商业通讯社今日哈萨克斯坦通讯社开展网站合作，与广受年轻群体关注的《共青团真理报》开展版面合作，与哈影响较大的财经类新闻网站资本网开展稿件互换合作。

中文版负责人：汪金生

地址：哈萨克斯坦阿拉木图市库纳耶娃大街1号205A

网址：www.siluxgc.com(中文)
www.silk-road-today.kz(俄文)

电话：8(705)9631919

电邮：78555107@qq.com

英国

头条辰报

《头条辰报》2002年在伦敦创刊，原名《留英头条咨询》，2006年更名，目前总部设在伦敦。在美国（纽约、华盛顿、洛杉矶、旧金山等）、澳大利亚、加拿大、西班牙、俄罗斯、非洲以及亚洲各地设有代表处或代表。《头条辰报》宗旨为："立足海外放眼全球，心存华情足凌主流；把握最佳新闻视角，传递独家头条信息。"2009年后，《头条辰报》以互联网为主。同时，与欧洲华文公关与传媒研究院达成战略合作伙伴关系。相关栏目包括：城市巡礼、项目对接、杰青评选、微博链接、世界华文传媒论坛、特刊、一带一路、财经、评论等。

负责人：李俊辰

地址：Professor Li, 2 Simmonds Court, 24a Earls Court Gardens, London SW5 0SY, U.K.

网址：www.haibao001.com

电邮：Lonchinese@126.com

华闻周刊

《华闻周刊》于2010年创刊，总部位于英国伦敦，创刊时是英国首份简体中文周报，旨在为追求海外高品质生活的中国人提供优质的海外智识，提升其国际视野。2014年8月，《华闻周刊》改版升级，在告别免费周报时代的同时，完成了采编团队的全媒体转型，并建立起了"精品杂志+网站和App+社交媒体+视频频道+媒体衍生产品"的矩阵化全球发行模式。

华闻全媒体核心平台包括：《华闻周刊》和今日华闻资讯平台。《华闻周刊》精品杂志每年覆盖超过250,000名具有全球视野的读者。杂志发行渠道包括各大机构及高档公众消费场所。世界各地的读者也可以通过今日华闻网站上的在线订阅平台，订阅《华闻周刊》精品杂志。2015年至今，《华闻周刊》杂志深入打造欧洲生活社区的概念，推出了深入解读欧洲各国的系列专刊。

今日华闻是华闻团队倾力打造的欧洲综合资讯平台，提供7/24小时及时且全面的欧洲资讯，内容包括"国际时事、欧洲本地动态、商业理财、文化设计、生活时尚、人物故事、教育职场"以及"科技创新"等，带读者领略不一样的欧洲。此外，华闻还通过整合网站、手机客户端、iPad客户端、微博、微信、Facebook、YouTube、Twitter和"华闻TV"视频频道等在线媒体平台，实现了平面媒体、PC端平台和移动端平台的资源共享与互联。

创始人、社长：戴凯

主编：张雪

市场部经理：丁素然

地址：The Chinese Weekly, 116 Park Street, Park House, London，UK

邮编：W1K 6SS

网址：www.ihuawen.com

电话：0044（0）208099 8888

电邮：editor@thechineseweekly.com

英国华商报

《英国华商报》（双周刊）于2000年11月正式在英国伦敦发行，刊号为ISSN2042-7433，4开32版全彩版面，每周五出版，印刷数量3万份.该报原为周刊，于2018年底调整为双周刊，覆盖超过全英30个城市，是英国创刊历史较早，发行量最大，覆盖面最广的华文报纸。

《英国华商报》自创办以来，秉承"在英言商，不止于商"的办报宗旨，以视角新颖、报道准确、剖析深入、时效快速的特色，承载双周32版的大容量，面向全英近60万的华人公开发行。《英国华商报》充分发挥植根于英国之优势，整合英国和中国丰富的新闻资源，打造成为国内外华人、华企了解世界、展现自我的新闻及服务平台。

社长：陈晓轩

地址：Tower 42，25 Broad street, London EC2N 1HQ

电邮：chinesebg@yahoo.co.uk
general@chinesebg.com

英中时报

《英中时报》（周报）是陈明亮博士于2003年创办的英国本地免费简体华文报纸。该刊创立之时便给以繁体中文为主、付费订阅的英国华文媒体报刊带来一股新风。

《英中时报》以为全英华人服务为宗旨，全面报导与华人社会休戚相关的方方面面。经过多年的成功运作，《英中时报》目前已成为英国本地具有一定影响力、发行量较大的华文周报。

2009年5月，在经过国际标准连续出版物号英国管理中心的评估后，《英中时报》获得国际标准连续出版物号，成为英国本埠华文媒体中最先获得ISSN号者，也成为首家获得大英图书馆收藏的华文周报。

《英中时报》每期共56页。并发展为包含报纸、网站及多个新媒体平台在内的综合媒体。报纸当前发行量每周2万份，覆盖伦敦的各大中超市、中医药店、唐人街、中餐馆、大学图书馆及国际学生办公室，

网址：ukchinese.com（英中网）

官方微信：英中眼

官方微博：英中时报

官方Facebook：英中时报 UK-CHINESE TIMES

官方Twitter：英中时报@ukchinesetimes

官方Instagram：newschips

官方App：英中网

主编：王冬蕾

地址：UK-Chinese Times,Omega Mansion,2
Milburn Avenue,
Bradwell Common, Milton Keynes,
MK6 2WA.

电话：+44 01908 685 038

手机：+44(0)7448623664

电邮：editor@ukchinese.com

英国侨报

《英国侨报》前身为2002年开始发行的《新欧侨报》，始为半月刊。2009年7月，《新欧侨报》更名为《新欧华报》，并改为周报，旨在更广泛、更全面地服务随新移民不断增加而结构发生变化的英国华社。在2013年4月4日，《新欧华报》正式更名为《英国侨报》，社长何家金表示："我们一直关注英国华社，服务英国华社，《英国侨报》是最确切的称谓"。

《英国侨报》始终坚持"扎根华社，服务华人"的宗旨，在英国开创"两岸交流"与"华文教育"等版面；同时深入华人社会、洞悉华人需求，举办"大城小爱"相亲交友、英国中餐业发展论坛，以及"华裔青少年寻根之旅"等多种线下活动，沟通和连接国内外读者。

面对媒体融合，《英国侨报》全面转型走向融媒体化，充分利用互联网作为载体，并在人力、内容、宣传等方面进行全面整合，实现资源通融、内容兼容、宣传互融，创作出深受广大读者喜爱的"斜杠青年"、"跨界青年"、"华人女性风采"等栏目。

社长：何家金

总编辑：曹馨荻

地址：Unit 1, Penton Place, London SE17 3JT

网址：www.ukjs.co.uk

微博：weibo.com/euchinesejournal

电话：+44(0)203 8878 664

传真：+44(0)207 820 9705

电邮：info@eucj.net

英国商报

《英国华商报》（周报）于2000年11月正式在英国伦敦发行，刊号为ISSN2042-7433，4开32-48版全彩版面，每周五出版，作为英国首份综合类的专业周报，印刷数量6万份，覆盖超过全英30个城市。

《英国华商报》自创办以来，秉承"在英言商，不止于商"的办报宗旨，以视角新颖、

报道准确、剖析深入、时效快速的特色，承载每周32版的大容量，面向全英近60万的华人公开发行。

《英国华商报》秉承“在英言商，不止于商”的宗旨——服务于在英华人、华企，报道华人、华企商业活动及英国本土时事及政策消息，报道中国大陆、香港和台湾等地的政经新闻，刊登华人、华企在英的各类信息、各类商业广告及资讯；报道解读与全英华人、华企关注的政治、经济、社会、文化、教育、法律、商业、旅游等领域最新及热门事件、政策、现象和议题。

《英国华商报》整合中英两国丰富的新闻资讯，为国内外华人华企了解世界及中英两国商机，提供全面的信息服务平台。

社长：陈晓轩

总编：杜玉玲

地址：2nd Floor, 13A Macclesfield Street, London W1D 5BS

电话：0044（0）20 7494 3360

传真：0044（0）20 7494 9485

网址：www.cbg88.co.uk

电邮：chinesebg@yahoo.co.uk

欧洲时报（英国版）

《欧洲时报》英国版（周报）于2011年12月在英国伦敦创刊，是1983年在法国巴黎创刊的《欧洲时报》在英国发行的报纸。内容包括新闻、华社、英伦等，以权威、深度的报道见长，与国内外媒体、政府机关密切合作，拥有深厚的多元媒介资源。该报立足华人新生代读者，以服务全英华人华侨为宗旨，沟通两岸三地新老移民，力求精准的报道社会动态与局势，承担起促进华人华侨团结、维护华人切身利益的媒体社会责任。

《欧洲时报》英国版简体中文排版，初始每周对开24版全彩印刷，印量2万份，免费发行，覆盖全英及爱尔兰共和国各大城市。投放在中国城、超市、饭店、中资企业、高档连锁酒店、伦敦希思罗机场主流航空公司候机室及东航、维珍等航线。该报也是进驻中国驻英国大使馆以及签证中心的唯一华文纸媒。

2012年7月《欧洲时报》英国版改为英国《卫报》尺寸大小，同时在卫报印刷中心印制，印量增至3.5万份。2013年4月5日起,《欧洲时报》英国版增至32页，并携手英国《泰晤士报》，在副刊中联合推出4页《泰晤士报》中文版，开创华文报纸和英国主流媒体合作的先河。自2014年6月份起，与英国《每日电讯报》合作，在副刊中联合推出2页《每日电讯报》中文版。

《欧洲时报》不断顺应新媒体的发展需要，率先建立官方网站及《欧洲时报》（英国版）电子报在线阅读功能，并适时推出“英伦圈”官方微信、微博资讯平台，使全英华人华侨更加便捷的接收全面、丰富的咨讯及最新报道。

社长：张晓贝

总经理、总编辑：钟诚

副总经理：李强

地址：40 Craven Street, London WC2N 5NG UK

网址：www.oushinet.com

电话：0044 –（0）20 7389 1730
0207 734 9118

电邮：uk–ed@oushinet.com

欧洲商报（英国版）

《欧洲商报》创刊于2010年，报纸发行为双周刊。范围覆盖英国、法国、荷兰等地。为在欧洲生活、工作的华人提供最新的英国、中国、香港及世界新闻，着重关注英国商业、金融、地产、投资、华人事务等资讯。

主要栏目：有环球热点、欧洲时政、中国时政、华埠消息、港澳台消息等。

本着发扬中华民族优秀的文化传统，维护华人社会利益，提倡积极融入当地社会，促进和发展英国及其他欧洲国家同中国的友好关系，沟通东西方文化的交流。在新闻报道上追求客观公正，恪守办报新闻道德。

欧洲商报电子版（欧华综览）网站每天发稿， 主要以长者为对象，多侧重生活资讯。

社长：李琳颖

地址：145 Petersham Road Richmond TW10 7AA

UK Tel: +44(0) 7809249555
网址：www.chineseineurope.com
手机: +86 13654317887
电邮: lly1970@126.com

英国房产与投资周报

《英国房产与投资周报》是由2014年6月20日在伦敦创刊的双周刊《英国房产周刊》升级改版的、英国唯一的专业中文房地产全媒体平台。

秉承着为全世界华人“提供有价值的英国房产和投资资讯”的宗旨，《英国房产与投资周报》以伦敦为中心，面向全世界中文阅读者提供英国房地产行业最新、最详实的资讯。

《英国房产与投资周报》旗下拥有《英国房产与投资指南》特刊、微信公共号“英国房产周刊”、网站等多媒体构成。其中新媒体平台由深谙英国房地产市场的资深媒体人士精心采编，每日更新速递。内容包括英国房地产焦点新闻、英伦热点潜力区域分析系列、旺地靓盘系列、业界高管专访、行业新闻、房产宝典、家装艺术等系列栏目构成。

《英国房产与投资指南》特刊印刷版，随欧洲影响力最大的中文媒体《欧洲时报》英国版一起发行，覆盖英国各大城市、主要中资机构、中国签证中心以及往返中英两国的国际航班等。

总编辑：范慧勇

地址：40 Craven Street, Charing Cross, London WC2N 5NG

网址：www.ukpiweekly.com

电话：+44(0)20 7839 3007

英国C立方传媒

英国C立主传媒有限公司创立于2007年11月，总部位于伦敦，是英国唯一拥有中英双语新闻制作团队、独立新媒体平台、公关策划精英和跨国媒体资源的全媒体公司。C立方传媒既具中华文化底蕴，又具英伦投资背景，在中英媒体文化交流的平台上搭建起一个独具特色的“传媒立方”。

目前，C立方传媒已成为新华社伦敦分社、BBC英伦网等媒体的内容提供机构和战略合作伙伴。C立方传媒下辖中文门户网站英闻网（www.iseeuk.com）、中英同步发行的精品生活杂志《英伦生活》。2012年，C立方传媒设立媒体咨询业务，致力于对接中英的媒体资源，为传统媒体的新媒体转型提供跨国媒体咨询服务。至今已组织多次BBC、泰晤士报等英国媒体到中国培训，并为中国媒体的转型提供咨询、技术引进等服务。

英国C立方传媒，通过不断扩大的中英主流媒体资源，在视觉制作、公共关系和媒体咨询领域积极创新。借助中英两国丰厚的历史文化底蕴，搭建中西方媒体桥梁。

总经理：白帆

地址：2nd Floor,Tanner Place,
54–58 Tanner Street,London,
UK SEI 3PH

电话：（44）2086924155

传真：（44）2086918475

网址：www.ccubedmedia.co.uk

电邮：news@ccubcdmcdia.co.uk
info@ccubcdia.co.uk
markcting@ccubcdia.co.uk

英国富中传媒有限公司

富中传媒创办于2013年2月，旨在为增进中英和中欧之间的相互了解，而提供客观的信息和有深度的分析报道，为促进双边及多边的思想文化交流搭建平台；公司与《中国新闻周刊》深度合作，在英国创办了《中国报道》(China Report)月刊，在英国及欧洲大陆出版发行，受到主流社会读者的重视和欢迎。

为加强中英媒体高层的对话，富中传媒在各方面的支持下，成功举办了中英传媒高端论坛，为双方的进一步沟通合作奠定了基础。富中传媒还为中英部分机构和文化名人提供量身定制的媒体和公关咨询服务。

总编辑：陈时荣

地址：43 Crawford Street, London W1H 1JR, United Kingdom

网址：www.Fm4media.com

电话：+44 20 7224 8812　+44 7947 500129

电邮：info@foremost4media.com
shirong.chen@foremost4media.com

英国酷锐传媒（英国大家谈）

英国酷锐传媒成立于2011年底，是服务于中英交流及英国本地客户的专业传媒公司。

旗下有英国最具影响力之一的深度热点型微信公众号“英国大家谈”（36万+）、英国专业、话题类微信公众号“英伦大叔”（18万+）、“这里是英国”(2.5万+)等及网站英国天空网等。

曾主办或联合主办英国女王90大寿全球华人百家姓特别祝福册、四届英国创业与投资大赛、崔永元伦敦清谈会、中国羽球冠军伦敦见面会、泰晤士河大型船趴、伦敦名仕400人圣诞酒会、在英高净值人群中秋联谊会、英伦女神大赛等商务、文娱活动。

CEO：韩冬

总编：韩冬

地址：26-28 Victoria Parade London SE10 9FR

电话：+44 (0) 2039045233

电邮：services@iuksky.com

Tony2012@yeah.net

凤凰卫视欧洲台

凤凰卫视欧洲台是凤凰卫视集团的欧洲频道和欧洲、非洲主要的中文电视及互联网新媒体，凤凰卫视欧洲台在欧洲的中文媒体领域独占鳌头，为欧洲及非洲数千万观众24小时不间断地提供全球范围最新最快的政经资讯和文化娱乐。

通过最新科技，欧洲台已成功进入欧洲各国主流卫星和有线电视网路，以完善的网路覆盖欧洲和非洲91个国家和地区7成以上的华人人口。让旅居欧洲非洲的中国及东南亚华语人士随时获得世界各地资讯。

坚持凤凰品牌与本土化策略相融的特色，凤凰卫视欧洲台通过节目内容与欧洲华人及主流社会进行资讯交流互动，为中西文化交流构筑桥梁。“欧华新干线”涵盖欧洲主流和华人社区政治、经济、商务、旅游等多方面。“海南岛纪事”、“西望成都”等中欧合作节目则为欧洲的观众打开通向现代中国的大门。

地址：2 Lower Mortlake Road, Richmond, London, TW9 2JA

传真：0044 208332 8733

在线服务：0044 2083320088 \ Info@phoenixcnetv.com

市场营销: 0044 2083328721 \ David.guan@phoenixcnetv.com

英国德孚传媒有限公司

英国德孚传媒有限公司成立于2013年6月，是一家致于中英之间媒体交流与合作的专业公司，当前主营业务为广播电视制作播出，同时提供新媒体咨询与培训、市场营销及广告服务。

公司骨干均曾任职于BBC，Sky TV等英国著名媒体机构。公司主要客户及合作伙伴包括中国国际电视总公司、央视纪录频道 、央视动画、安徽、西安等国内省、市电视台以及英国Information TV、德国Pace Media等公司。

公司持有英国广电监管机构Ofcom颁发的“中国频道”（China Channel）播出执照。为满足西方观众对中国信息日益强烈的需求，德孚传媒于2016年10月成功与中国国际电视总公司（CITVC）合作在英国天空卫视 （Sky TV）推出“中国时间”（China Hour）时段。

目前日播4小时，内容包括关于中国历史、旅游、文化和经济社会发展的纪录片以及电视剧、动画片等。时段每月收视达一百万人次，广告客户包括Benz、Gucci、BT、Asda、KFC、海南航空、天津航空等知名国内外品牌

公司CEO：隋松岩

执行主编：Gordon Radley

地址：64 Newman Street， London, W1T 3EF, UK

电话：+44 2081237332

黄金时代传媒集团

黄金时代传媒集团是新型媒体集团，创建于2016年，管理团队由职业投资人、媒体从业人员组成。

集团立足于服务英国华人，建立起中英交流的信息商务渠道，成为英国华文媒体发展最快的媒体集团。黄金时代传媒下辖5大业

务：媒体传播、文化策展、商业旅游、科技孵化投资、公共关系。计划组建全媒体媒体平台网络，涵盖网络电视台，纸媒及周刊，两微一端等全5种媒体形式，以视频技术为发展方向（视频报道，网络直播，app等全媒体综合宣传形式），提供综合媒体商务解决方案。

目前已经建成上线的两微一端平台有：微信号“我在英伦深呼吸”、微博“英伦映像”、今日头条号“黄金时代传媒”等，目前用户粉丝数接近10万人，单贴浏览量超过80万，并入驻《人民日报》、中新社等网络平台。

正在试运营的直播技术和平台共入驻国内直播平台网络18家（一直播、风直播、北京时间、优酷、斗鱼等）英文平台9家（facebook、twiter，google+、insgram等），直播粉丝数累计超过10万用户，单次直播现场用户超过54万。并协助代理国内中央媒体拓展facebook等英文及海外平台。

爱尔兰

华人报

《爱尔兰华人报》（双周刊）于2005年1月在爱尔兰都柏林正式注册发行，是一份每两周逢周四发刊的华文报纸。报社有编辑部、市场部、广告部、发行部4个部门，共12人。

《爱尔兰华人报》本着“植根异土，善传生机”的办报宗旨，向读者提供迅速、客观、准确、公正的新闻报道；《爱尔兰华人报》以维护华人华侨的合法权益，推动祖国和平统一为己任；为增进中国和爱尔兰的友谊与发展，架起一座沟通的桥梁。报纸现在每期发行量超过18000份，每期发行32版（或48版），版面内容包括“爱尔兰新闻、国内国际新闻、海外华人、科技新闻、体育新闻、娱乐新闻、健康生活、时尚、影视、休闲、原创文章、二手信息、高校信息”等。

《爱尔兰华人报》作为爱尔兰重点外国企业，曾多次获得政府拨款资助。报社已成为爱尔兰政府在华人社区传播声音的平台，同时也帮助在爱华人更多地了解政府以及相关的政策。

2006年起，《爱尔兰华人报》与新华社、中新社、中央电视台等国内知名媒体建立起合作关系，同时与爱尔兰国家报社《IRISH TIMES》、《IRISH DAILY STAR》、《HERALD》、98FM RADIO等建立起长期信息交换、刊登、商务往来合作关系。

目前，《爱尔兰华人报》是世界华闻传媒联盟的成员，与欧洲、美洲、澳洲、非洲、亚洲共100多家华人报纸建立了友好合作关系。

社长：刘林

主编：周丹

地址：29/30 Dame Street，Dublin 2, Ireland

电话：00353 1 6708682

电邮：info@newsxpress.net

网址：ireland8.com

新岛周报

《新岛周报》（周报）创刊于2003年5月，是爱尔兰首份也是最具影响力的中文报纸，由新岛集团创办。新岛集团是一家以媒体和出版为核心的控股公司，现业务涉及中爱政治、教育、文化、旅游、电子商务及翻译服务等领域。该报自2005年元月起由双周刊发展为周报，发行范围覆盖爱尔 兰全岛，发行量一万份，拥有约十万读者。

《新岛周报》与中国驻爱尔兰大使馆及使馆商务处、教育组、文化组等部门密切合作，并致力于报道与在爱华人息息相关的当地新闻以及华人 关心的国内、国际新闻，全方位地展示和反映海外华人的工作和生活情况。

《新岛周报》与中国新闻社、新华社（英国分社）、人民日报海外版、中国中央电视台国际频道、凤凰卫视及扬州日报报业集团均建立了战略合作伙伴关系。该报得到爱尔兰RTE卫视、Newstalk 106电台、《爱尔兰独立报》、《麦吉尔杂志》、《周日论坛报》的密切关注。同时拥有两个微信公众号，每天为读者推送爱尔兰相关新闻、资询等信息。

社长：孙敬、孙向宏

主编：韩雪颖

地址：139 Parnell St. Dublin 1, Ireland

电话：00353-1-8720028

网址：www.0086.ie

电邮：info@0086.ie

乌克兰

乌克兰华商报

《乌克兰华商报》（半月刊）创刊于2002年，是第一份和唯一在乌克兰全国境内发行的综合性华文报纸，在乌克兰的华人聚集地区基辅、哈尔科夫、敖德萨、顿涅茨克等地均有发行，发行量和影响力在逐年不断上升。乌克兰《华商报》以服务在乌同胞，宣传中华文化，促进中乌两国友谊，团结海外华人为宗旨。该报于2006年成功推出了乌克兰中文网。该报每期16版，内容包括“商贸、财经、乌克兰新闻、华人社区、特别关注、全球视角、教育文化”等栏目。2008年特设教育、文化板块，2009年将所有版面按时政、地区、生活3大类细化，推出市场、房产等版面，增强可读性。2012年推出乌克兰中文网微信公众平台，增强可读性和扩大在移动平台的影响力。

社长：李相

总编：肖万宁

副总编：程蕴嘉

地址：乌克兰基辅市胜利大街79号23室

电话：+380444009650

传真：+380444499860

网址：www.cnua1.com,www.cnua.com.ua

电邮：cnuabiz@aliyun.com

荷兰

荷兰联合时报

荷兰联合传媒是荷兰一家具有广泛影响的传媒公司，旗下业务包括传统纸媒荷兰《联合时报》、具有全球影响的华人头条荷兰站移动客户端（APP）和网站；移动客户端（APP）和网站“荷兰侨网”；微信公众号“荷兰联合传媒”；另有设计印刷、活动策划组织等多项业务。

《联合时报》创立于2010年10月，前身为荷兰历史最悠久的中文报纸，1992年创刊，曾名《唐人街》、《中国人》等。荷兰《联合时报》的宗旨是：联合起来，办全荷华人都爱看的中文报纸；联合起来，架设一座沟通中国与荷兰以及欧洲的媒体桥梁。

《联合时报》及时报道荷兰、中国、欧洲以及世界时事信息，侧重反映荷兰社会、历史、文化等各个方面、中荷两国经贸文化交流，以及旅荷华人华侨的社会生活，为当地华商、侨团侨社，以及中荷企业建立沟通和交流的全方位平台。

荷兰《联合时报》每3周出版1期，每期48版，发行量45000份，发行荷比卢及德国部分城市，通过订阅、赠阅、报点领取等方式，寄送至订户、各大城市华人集中的商业中心、唐人街华人商号，以及华人企业和社团，覆盖这一地区的20多万华人读者。

董事长、社长：陈光平

地址：Stationsplein 45，Unit A6.003
3013 AK，Rotterdam
The Netherlands

网址：www.shunhe.nl
www.hollandqw.com

电话：0031-10-7853891

传真：0031-84-2103117

电邮：shunhemedia@gmail.com

中荷商报

《中荷商报》（半月刊）创刊于2003年，总部设在海牙唐人街，是荷兰和欧洲发行量广，有影响力的华语报纸。该报全彩色印刷。是由中国驻荷大使馆批准与支持的华语媒体。

《中荷商报》旨在服务荷兰和欧洲的华人华侨，努力成为中荷两国人民文化交流的纽带。主编和创始人Atom希望通过报纸，拉近中

国企业家和欧洲客户的关系。

该报每期发行5万份。在荷比卢和德国地区，共有超过120处发行点。除了饭店，宾馆，中国超市等传统发行点，《中荷商报》还有5000多订阅读者。《中荷商报》也非常注重来自新一代华裔的商机。

《中荷商报》是可以发行航班报纸的出版商。在KLM、中国南方航空、厦门航空、东方航空往返中荷的航班上，都可以取阅《中荷商报》。

该报的内容不仅涵盖荷兰和华人华侨的当地新闻，还有各类实用信息，比如签证申请、法务信息、日常贴士等。针对不会阅读汉语的华裔，《中荷商报》还提供部分英文版面。除了日常的社会与经济新闻报道，还设有专版专栏，包括高端访问（采访企业高管或者CEO），成功故事，科技创新和重大活动报道。

2011年11月，《中荷商报》上线了网站www.chinatimes.nl，展示最新的中国、荷兰和欧洲的新闻。同时，网站上还提供了电子版报纸，读者可阅读下载。

《中荷商报》开通了微信公众号，每日推送新闻。同时为客户推送相关的广告信息，包括海报，品牌名称或者网站。

发行人：周蔚宗

社长：蔡哲毅

总编辑：黄锦鸿

地址：Gedempte Burgwal 452512 BS Den Haag

邮寄地址:Postbus 186352502 EP Den Haag

电话: 070-8888858

电邮: info@chinatimes.nl

华侨新天地

《华侨新天地》始创于1992年，为荷兰境内规模最大的中荷双语报纸，亦是与中国新华社、中新社，新民晚报等新闻单位合作的荷兰华文报社。报纸免费发行于荷兰、德国、比利时及卢森堡，发行量达50000份/期。报社宗旨：为旅居荷兰的华人侨界、社会团体传递多方面的资讯信息，增强团结；及时为旅荷华商提供商业讯息，促进中国和荷兰等国之间的商贸发展；为广大侨胞献上一份丰富的精神食粮，提升文化生活的质量。

《华侨新天地》作为荷兰最大的华文报纸，含“大小报”，即1份4开大报和1份8开小报的综合形式出版发行，大报24版，小报48版，定期（每3周1期）免费发送至荷兰及邻国各大城市的华人企业,社团,华人各行业商号以及荷兰当地政府部门,图书馆等机构。

该报每期报纸即时公正地报道了荷兰的当地新闻、中国新闻及国际上发生的时事要闻，刊登与华人生活息息相关的社会资讯及法律常识，以及财经、体育、文化艺术、娱乐、时尚、旅游等相关内容。近年来，为了让新一代青少年能够有机会多了解中国文化和社会，报纸增加了荷文专版，并于2012年4月份创立全新的全荷兰文专刊，吸引了不少年轻的读者。

《华侨新天地》于2013年在原有的电子报的基础上将网站扩容，让新闻与资讯更新更及时，并添增Facebook、推特、微博等社交网络模式，让社交互动更便捷。微信公众号asiannews自开办以来，每天为订阅户推送荷兰新闻、趣事以及招租、求职等实用信息。

侨界社团亦在该报开辟了专版专栏。每逢佳节，侨界的聚会通知、鸣谢广告等有关资讯都琳琅满报。此外，荷兰中餐餐饮官方机构、荷兰华人社团、孔子学院、中文学校等也都在该报开设了专版，荷兰的政府机构也经常通过该报为在荷的华人提供各方面的资讯信息。《华侨新天地》是荷兰侨界社团不可缺少的传播平台。

社长：周华威

总编：高华婷

副总编辑：陈茜

地址：荷兰鹿特丹 Kruisplein 28 3012 CC Rotterdam The Netherlands.

电话：（31）104134590

传真：（31）104134591

网址：www.asiannews.nl

电邮：info@asiannews.nl

荷兰一网

荷兰一网，是由在荷兰合法注册的“荷兰一网基金会”（Stichting Hollandone）创办的公益性新媒体网上平台。基金会2014年12月注册，目前拥有中文和荷文网站和微信公众号hollandone以及多个知名新闻平台的官方账号，网站和微信公众号，2015年4月全面上线。荷兰一网是了解荷兰即时新闻的重要平台，除了在国际的社交媒体如脸书（Facebook）、推特（Twitter）等发布新闻之外，并进入了包括《人民日报海外版》官方网站“海外网”、中新网、侨网等国内官方重要的新闻网站以及中国的今日头条、凤凰新闻、搜狐新闻、腾讯新闻、网易新闻等的主要新闻平台。

创办人、首席执行官、总编辑：黄锦鸿
创办人、技术总监：黄晨
地址：Louis Couperusplein 2，2514 HP，Den Haag
中文网址：www.hollandone.com
微信公众号：hollandone
荷文网址：www.hollandeone.nl
电邮：info@hollandone.com

欧洲华声报

《欧洲华声报》（双周刊）是原《金桥》杂志的改版，创办于2004年，在荷兰注册。原由欧洲杭州联谊总会（总商会）主办，后定为《欧洲华声报》编委会主办。目前每期8到12版，以微信版为主，已发98期，阅读者5000人左右，主要内容反映海外侨社动态，及祖籍国中国的经济文化建设现况。

社长、总编辑：马列
副主编：薛华平。
地址：Biskop Jens NiIssons G26c
电话：004792233640

捷克

布拉格时报

《布拉格时报》（双周刊）创刊于2010年12月，在捷克文化部注册，国际期刊发行号为ISSN 1804-6649。时任驻捷克大使于庆泰亲自为该报题写创刊词。

《布拉格时报》是由捷克华人社团联合主办，主要面向旅居捷克及捷克周边国家的华人华侨，以及捷克国内主要城市涉侨机构和团体的华文综合类报纸，该报于2016年9月起登陆东方航空航班。

《布拉格时报》采用305X470大4K版，每期16-24版，每期印数6000份。2016年中国国家主席习近平和国务院副总理刘延东访问捷克期间曾出版特刊报道。

目前，《布拉格时报》与中新社、《新民晚报》、《今晚报》、《广东侨报》及《青田侨报》有合作版面，与匈牙利《新导报》和奥地利《欧洲华信报》有交流版面。

《布拉格时报》社设有网站、报纸电子版，微信公众号等网络媒体，并多次向CCTV和中新社、浙江卫视、山东卫视等媒体提供新闻稿件和素材。2017年8月，作为首批海外华文媒体入驻“津去·云上海外”平台。

社长、总编：刘东辉

微信号：bsklprague

电邮: david@praguetimes.eu

地址：Milady Hor á kov é 109/108, 160 00,
Praha 6– Bubene
Czech Republic

电话：+420 776 527 777

微博：www.praguetimes.eu

电邮：info@praguetimes.eu

华商导报

《华商导报》创刊于2011年1月1日，是经捷克文化部批准注册的面向欧洲地区发行的综合类华文报纸。该报本着“传递商机、引领时尚、引导消费”的宗旨，以全新的概念、独特的视角、新颖的版式、精美的印刷和丰富多彩的内容，贴近市场，服务华人。

《华商导报》主要针对旅居欧洲的华人华侨的中青年读者，兼顾其他人群，为读者提供方便、快捷、全面的各类信息。设有“欧洲快讯”、“关注捷克”、“走进欧洲”、“华商论坛”、“新民晚报专版”、“今晚报专版”等版面，是一份集休闲、娱乐、实用信息为一体的综合类媒体。

社长：陆汉斌

地址：Libus Ska 310/126 SAPA,
Praha 4 czech

电话：（420）775 549 308，728 131 050
（420）775 548 309

传真：（420）244 092 889

网址：www.shangbao.eu

电邮：David.liu@shangbao.eu

捷华通讯

《捷华通讯》（双周刊）由旅捷华人联谊会于1998年创办并发行。

初为月刊，2001年起改为双周刊，每期24—32版，全捷克及周边国部分地区发行，收费制，长期订户占60%。长期订户中除华人华侨读者外，还有捷克的官方、大学、图书馆、研究机构、企业等30多家单位。其办刊宗旨：信息实用、雪中送炭、为侨服务、安居乐业、脉承祖国。

主要版面及栏目包括：捷克、中国、欧洲的要闻、经贸、社会、法规、教育科技、领事保护、侨务、华人社会；旅捷华侨华人学生（大中小学生）习作、文化生活、国内省市自治区的专题专栏等。捷克新闻报道占版面一半以上，其中半数为自采，突出实用性和信息服务。

总编：陈学东

地址：捷克 布拉格　PUJMANOVE 1218, PRAGUE 4, 14000 CZECH REPUBLIC

网址：www.hlh8.sweb.cz/hlhjhtx.htm

电话/传真：+420–24173 3978,
手机：+ 420–724305769
电邮：sheldoncz@hotmail.com

中欧新闻社

捷克中欧新闻社有限公司于2006年在捷克首都布拉格注册，获准从事新闻传播、广告、培训和国际文化交流等4项活动，目前主要媒体是“今日中欧”网站。

中欧新闻社自成立之始，在报道捷克及其周边国家的重要新闻和华社新闻，服务华人华侨之外，同时也报道中国重要时政新闻，讲好中国的故事。该媒体与国内媒体积极合作，提供大量的国外时政、经济和社会新闻，介绍传播国外可资借鉴的理政方法和社会管理经验，以供中国国内借鉴。

网址：www.ectoday.eu

斯洛伐克

中欧华报

《中欧华报》（周刊）创刊于2002年4月，由斯洛伐克华侨华人联合会主办。其宗旨为弘扬传承中华文化，维护祖国和平统一，服务旅斯华侨华人。免费发行斯洛伐克及周边国家。

该报每期出8开纸20版。主要内容有“综合消息”、“中国动态”、“时代万象”、“社会演示文稿”、“闽浙消息”、“国际时事”、“天下华埠”、“文化视野”、“万国纪事”等。

社长：季新炎
常务副社长：王海虹
主编：李进
地址：斯洛伐克布拉迪斯拉发市
OBCHOD P é NIX,
JASIKOVA 24,82103
BRATISLAVA, SLOVAKIA
电话：（421）9 1805 2379
（421）9 1186 9666
传真：（421）2 4444 1352
电邮：chinaeuronews@hotmail.com

斯中商报

《斯中商报》（半月刊）创刊于2004年，主要版面包括特别新闻、斯洛伐克新闻、发现斯洛伐克、周边国家新闻、海外华人、综合副刊等。《斯中商报》每半月一期出4开20版。免费发放斯洛伐克各地华人商铺，及周边各相关单位。

社长：季岳甫
出版人：孙康强
主编：荣铁牛
地址：斯洛伐克布拉迪斯拉发市
Stara Vajnorska 17,83104
BRATISLAVA,SLOVAKIA
电话：（421）903 752 828
电邮：jiyuepu@gmail.com

瑞典

北欧华人报

北欧华人报于 2010 年 4 月 10 日成立，2011 年 1 月 1 日《北欧华人报》正式创刊，总部设在瑞典首都斯德哥尔摩。

北欧华人报社成立时，中国驻瑞典前大使陈明明亲自莅临大会致辞、剪彩、揭牌。《北欧华人报》报社设有“要闻”、“综合新闻”、“华夏视窗”、“社会与经济”、“北欧导向”、“医药保健”、“文化娱乐”、“广角天下”、“今晚报北欧版”、“瑞典中华中医药学会”栏目等多个版块。

2011年8月1日“北欧华人（报）网”正式开通。同年9月与天津今晚报传媒集团建立合作关系，与此同时开通了“北欧华人（报）网”今晚报版。后来和上海《新民晚报》等媒体建立合作关系，该报社是世界华文媒体联盟成员。报纸在北欧地区及国内多个省市、政府、机关有发行。

《北欧华人报》和《北欧华人网》，二者相辅相成，受到读者的欢迎。

社长：宗金波

网络总编辑：刘慧

地址：瑞典Sveav?gen 138 Stockholm Sweden

网址：www.cmeds.se/bohrb/portal.php

电话：0046-8-339977

传真：0046-8-339977

电邮：nordic-chinese@hotmail.com

北欧时报

《北欧时报》是2009年注册于瑞典首都斯德哥尔摩的独立中文媒体，《北欧时报》刊名是前中国侨联主席林军所题。logo寓意：龙代表华人，代表中国文字，皇冠代表北欧3国皇冠（挪威丹麦瑞典）。龙、皇冠、中文书法、英文字母共同组成，以北欧最大国瑞典国色黄蓝为主色调，寓意龙的传人在北欧传递双边文化，沟通有无，促进合作，增进友谊。

该报拥有纸媒和网络移动平台及微信公共平（chinanewsineu），《北欧时报》目前与瑞典官方网、中国新闻社、人民日报海外版海外网是合作单位。办报宗旨：服务社会，沟通融合，做中国和北欧的文化使者。《北欧时报》把“让北欧了解中国，让中国了解世界，建立中欧资讯服务平台，传递双边正能量”当作该报的使命。

《北欧时报》中文网、纸媒和手机版以及微信公众平台是《北欧时报》传媒的现代组合传播模式，每天24小时提供前沿新闻(含部分英文)。每月8日，18日和28日出版一期16版4开全彩大报，发行北欧5国，以订阅为主，每天固定有2万左右读者浏览该报的新闻和电子报。主要栏目包括：北欧综合、中国新闻、中国看北欧、北欧看中国、侨界新闻、华文教育、北欧投资等。记者每天从瑞典首都斯德哥尔摩、南部马尔默、丹麦哥本哈根、挪威奥斯陆、芬兰赫尔辛基等城市传送新闻。

地址：R?sta Strandvg 13C, Solna 169 79 Stockholm Sweden

网址：www.chinanews.se

电话：0046-76 206 5808

传真：0046-8 50909718

中国：008615652837568

电邮：info@chinanews.se

北欧国际新闻中心

北欧国际新闻中心是在瑞典政府部门审批注册的新闻媒体，于2017年10月17日在北京正式启动。“北欧国际新闻中心”成立的宗旨是：向世界讲好中国故事，让世界更加了解中国。为落实中国的“一带一路”发展规划，为中国走向世界搭建一个宣传平台。加强国际间的交往，建立一个连接北欧与中国、世界与中国的新媒体。

北欧国际新闻中心总部设在北欧瑞典，正在中国北京申请设立办事处和建立办事机构。

总裁：宗金波

秘书长：刘继明

总部地址：SVeavgen 138 Stockholm Sweden

新闻热线：46-8-339977

网址：www.intnews.eu

电邮：nordic-chinese@hotmail.com

奥地利

欧洲时报（中欧·东欧版）

《欧洲时报》中欧·东欧版创刊于1991年8月，全彩28版，免费发行，发行国家包括奥地利、匈牙利、瑞士、波兰、捷克、斯洛伐克、斯洛文尼亚、塞尔维亚、克罗地亚、波黑、马其顿、科索沃、保加利亚、白俄罗斯、黑山、罗马尼亚、阿尔巴尼亚等中东欧22个国家，发行覆盖总面积约达250万平方公里，主要读者群为在上述国家生活的共计20万华人。单期发行量为两万份（《欧洲时报》全报系单期发行量约10万份）。自2015年始，《欧洲时报》中东欧版以每月1期、每期8个版面发行德文版，并发往德国和瑞士。

《欧洲时报》创刊于1983年，发行覆盖全欧洲，是欧洲最有影响力的中资华文报纸。旗下有中国文化中心、旅行社、欧洲时报学校、《欧洲时报》网站和微信“维城”，“维城”是中东欧地区影响力较大的微媒体。此外，该报与《人民日报海外版》以及中央电视台建立了长期合作关系。该报编辑部设在维也纳。

社长：张晓贝

总编、总经理：王敢

地址：Capistrangasse 10, A-1060 Vienna,Austria

电话：（43-1）2087006

（43-0）664-3006640

网址：www.oushinet.com

电邮：chinabook9@gmail.com

欧洲华信报

《欧洲华信报》（周报）全名《欧洲华人信息导报》，原名奥地利《同乡报》，

1996 年6月创刊，逢周一出版。2007年5月改名为《欧洲华信报》，是奥地利规模最大、最受华人欢迎的中文报纸，发行奥地利全境及德国、法国、斯洛伐克、克罗地亚、捷克、波兰、塞尔维亚、黑山等周边国家与地区。

《欧洲华信报》创办宗旨是为华人华侨了解祖籍国服务，为中国的统一及中奥两国交流合作做贡献。为不断拓宽内容信息量，该报与中国中央电视台CCTV-4、新华社、中新社等媒体集团合作，现已发展为集新闻、娱乐、体育、军事、时尚、生活于一体的综合性中文报纸。报纸原是A4 纸大小的56 个版，从2019 年第一期开始改至大版20个版面，相当于原来版面的40 版。

《欧洲华信报》始终致力于服务华侨及海外留学生，搭建与祖籍国中国沟通的桥梁，2007年10月，与《人民日报海外版》结成合作伙伴关系，创办《人民日报海外版奥地利周刊》。2009年于武汉设立办事处。近年，与《侨乡广东》、湖北《长江日报》、浙江《青田侨报》达成合作关系。

《欧洲华信报》现设有网站欧洲华闻传媒网，和华信传媒（ID：euhuaxinbao）、中东欧商贸（ID：eurohuaxinbao）两个公众号，每期报纸都是纸媒、网站、公众号3方联合刊登。

社长：徐品华 总编：陆陆

地址：奥地利维也纳Kettenbruckengasse 11.A-1050 Wien, Austria

网址：www.euhuawen.net(欧洲华闻传媒网)

电话：（43）1-9411079 86-18805884768/43 676 9332099 86-13797018739

传真：（43）1-5221831

电邮：tongxiangbao@hotmail.com

欧洲华语播客

奥地利“欧洲华语播客”创办于2014年，在维也纳内政部正式登记，为线上广播电台。

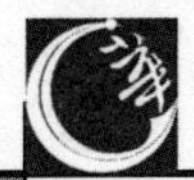

开办以来，播客设置“今日中国”、“名家访谈”、“主播特辑”、“古诗咏诵”和“音乐鉴赏”等栏目，每周向广大海外侨胞以及热爱中国文化的西方人士，传递当代中国风采，弘扬中华文化，同时介绍欧洲人文地理，增进欧中之间的文化交流。

“欧洲华语播客”主打专访节目，采访了各界百余位中外名流。2017年10月，“欧洲华语播客”开拓全英文网媒SINOPRESS（www.sinopress.net），以“时事分析、名家视角、影视天地、当代科技和文化畅谈”等栏目，面向西方读者，多方位展示今日中国形象。

负责人：常晖

地址：Wollzeile 11, 2.Floor, 1010, Vienna, AUSTRIA

网址：www.huina.at

电话：43 650 243 5181

电邮：huinach@gmail.com

意大利

欧华联合时报

意大利《欧华联合时报》创立于1996年，总部设在意大利罗马，在米兰、佛罗伦萨、威尼斯、那不勒斯设有4个分社，并在欧洲、美洲、澳洲等地区13个国家设有记者站。

负责人：吴敏

网址：www.ouhuaitaly.cn、
www.ouhuatimes.cn

电话：86 13868888999

电邮：wm11wm@126.com

欧洲华人报

《欧洲华人报》总部位于意大利米兰，2004年7月创办发行，隶属于《欧洲华人报》（集团）公司。《欧洲华人报》是意大利唯一一份综合性全彩印刷华文周报，每星期一出版。

《欧洲华人报》集平面媒体、网络媒体、影视编播、广告制作于一体，并与海内外媒体有着广泛深入的合作，其中凤凰卫视驻意大利记者站落户《欧洲华人报》社，其采编人员均为报社编辑记者，凤凰卫视资讯台、欧洲台每年播出该记者站编辑制作的新闻及专题节目几十部。

除平面媒体外，《欧洲华人报》还拥有微信公众号、网站、苹果、安卓手机APP（华商头条）、Facebook等新媒体部。

董事长：周小燕

社长：黄荣军

总编辑：徐文山

地址：Via Maurizio Quadrio,23 20154
Milano IT

网址：www.ihuarenbao.eu

电话：0039-3272319940

微信公众号：huarenbao_euro

Facebook：@欧洲华人报

电邮：ozhrb@hotmail.com

欧洲时报（意大利版）

《欧洲时报·意大利版》创刊于2014年12月，每周出版24个版面，每周发行量10000份，在意大利、希腊、马耳他、塞浦路斯全境各大城市设有免费取阅点一百多个。意大利版开办有自己的微信平台——“意烩”，每天对意大利发生的时事新闻，生活趣事等进行及时报道。意大利版自创立以来，积极参与当地举办的各项与中国和侨社有关的重大活动，并进行综合报道。坚持扎根意大利侨社，及时报道当地侨团，中资机构和留学生团体举办的各类活动。

地址：VIA DEGLI SCIPIONI 241,

00192 ROMA,ITALY

电话/传真：+390645444929

电邮：it@oushinet.com

新欧洲侨报

《新欧洲侨报》创刊于2016年10月，前身是意大利《欧洲侨报》。总部设在意大利的北方工业时尚之都米兰（MILAN）。在首都罗马市、及华人集中的中部城市普拉托市、水上城市威尼斯、汽车工业城市都灵有分社。《新欧洲侨报》继承了欧洲侨报的服务宗旨：支持祖籍国和意大利建设，帮助侨胞生存发展，弘扬中华文化，促进民族融合。《新欧洲侨报》坚持客观平实的新闻作风，及时准确的报道新闻，受到广大读者和广告客户的肯定。该报积极促进中欧两地的经济发展，得到两地政府的重视和关爱。

地址：VIAMORAZZONE7，20154
MILANO，ITALY

电话：（39）0289073711

传真：（39）0245483487

电邮：europechinanews@gmail.com

意大利新华联合时报

《意大利新华联合时报》（周报）创刊于1999年，是意大利最早的华文媒体之一，由时任意大利华商总会会长陈成基创刊，《意大利新华联合时报》报社总部在意大利罗马，在威尼斯、米兰、普拉托、那不勒斯、卡塔尼亚等地设有分社。该报是16版全彩色印刷全意发行。在版面内容上，设有"侨团活动"、"侨领访谈"、"海外学校文化园"、"书诗画"、"意大利新闻"、"意国华人"、"意国风情"、"中国新闻"、"国际新闻"、"社会新闻"、"娱乐"、"体育"等专版。《意大利新华时报》除纸质报刊外，还发行《意国华社共筑中国梦》年刊。其微信公众号成为意大利华人了解信息的主要渠道。

董事长：洪森淼

执行董事长：周勇

社长：王家厚

执行社长：朱玉华

总编：金荣军

地址：VIABIXIO77ROMAITALY

网址：www.xinhuait.net

电话：064465054

微信公众号：xinhuaitaly

电邮：XINHUAITALY@SINA.COM

世界中国

《世界中国》杂志于2001年1月创刊，罗马法院注册号：1/2001。《世界中国》是一本意大利语和中文双语杂志。其读者包括：意大利政界、文化界、教育界精英，学习汉语的学生等。

发行范围：全意大利境内发行。各大中城市报亭，订户，在各类中意交流的活动中免费发放。

地址：Piazza dei Campani 9/10
00185 Roma Italy

网址：www.cinainitalia.com

Facebook：cinainitalia

Istagram：cinainitalia

推特：@cina_in_italia

电话：00390647545952

电邮：info@cinainitalia.com

欧联通讯社

意大利欧联传媒股份有限公司于2006年成立，总部位于首都罗马，是一家依托新闻网、社交媒体平台服务于欧洲华人社会、致力于中欧友好交流、传播中华文化和新闻资讯的综合性信息化服务企业。

2006年11月20日，经佛罗伦萨高等法院新闻许可"ribunal Di Firenze N° 5374"号文件批准，欧联传媒股份正式获准成立欧洲联合通讯社（简称：欧联通讯社）,并以欧联网（http://www.oliannews.com，http://www.oliannews.com.cn）综合新闻资讯服务平台为媒介,在欧洲从事新闻刊物出版发行和经营互联网新闻资讯。

欧联通讯社目前所属机构包括：欧联网、欧联通讯社米兰分社、欧联通讯社中部分社、欧联通讯社威尼斯分社、希腊欧联通讯社、浙江欧联传媒有限公司；自媒体运营平台主要有欧联微信公众号、欧联今日头条号、欧联百家号、欧联新浪号、欧联网易号、欧联搜狐号、欧联新浪微博、欧联知乎号，以及一些海外社

交媒体平台。

欧联网是意大利第一家华文媒体新闻网站，于2006年正式上线运营，集新闻宣传、娱乐休闲于一体，以弘扬中华传统文化、丰富侨民文化生活、展示海外华侨风貌，传播中国资讯、讲好中国故事，服务“一带一路”倡议，支持中国和平统一、促进中欧友好交流与合作为服务宗旨。

欧联通讯社地址：Via Collazia N° 2F. 00183 Roma Italy；

欧联网主域名：www.oliannews.com

微信平台：Olian–News

电话：0039–0689279952; 3922338888;

邮箱：oulannews@gmail.com

意大利侨网

意大利侨网于2011年由一批旅意著名华商及华文媒体资深人士联合创办，总部设在意大利首都罗马，欧洲及国内均聘有特邀记者，与世界各地华文媒体及中国国内主流媒体有合作关系，该报及时报道意大利社会及华人华侨各种资讯。其创办宗旨是：服务意大利与中国间的交流、服务华人华侨、弘扬中华文化。

网站突出华商经济研究、是国内及各国专家学者、华商经济研究爱好者交流学术、阐述观点的一个平台，网站推出欧洲系列杰出华商人物专访，影响较广。

总编：王卫平

地址：VIA CISA 15 SARZANA (SP)ITALY

网址：www.qwitaly.com

电话：0039 3332462149

电邮：784166685@qq.com

葡萄牙

葡华报

《葡华报》（周报），于1999年正式注册发行，是葡萄牙历史最久，发行量最大的资深华文媒体。

1999年，本着为葡萄牙华人华侨服务的宗旨，《葡华报》·《欧洲联合周报葡萄牙版》正式注册成立，同年3月8日发行第一期，名为《葡华通讯》，月刊每期12版。

2001年3月，《葡华通讯》改名为《葡华报》，每期16版，后为32版套色印刷。2007年再次改版，从32版增至64版，32版彩色，轮转机印刷。增版彩印之后，《葡华报》与《欧洲时报》和《新民晚报》合作，以《欧洲联合周报葡萄牙版》的面貌示人。

2016年11月28日，《葡华报》与《人民日报》海外版正式签署合作协议，于12月1日起，每周刊登海外版4个版面的授权内容。

目前，《葡华报》发行每期40版，每周四出版，每期3000份，覆盖葡萄牙里斯本及南部、北部地区近3万华人。

《葡华报》站在葡国华侨华人的立场上，想之所想，急之所急。在新闻报道的角度和方法上则力求公正客观。在时政新闻评论中，针砭时蔽，风格犀利。一位读者曾在自己的博客上以“字字露骨，针针见血”来形容《葡华报》批评类的文章。

作为公认的葡萄牙规模最大的华文媒体，《葡华报》与葡萄牙政界、新闻界建立了良好的关系，与《每日新闻》、《晨邮报》、《快报》、《公众报》等葡萄牙主要报纸都有业务往来。葡萄牙国家电视台RTP电视1台、2台和SIC台（3台）都在其直播节目和专辑介绍报道过《葡华报》，RTP2在2007年农历正月初一播出介绍《葡华报》的专辑。时任葡国总统的乔治·桑帕约积极评价该报，并为该报题词：欢迎你们，努力工作，为葡萄牙的发展做出贡献！

发行人：蔡文显
社长：詹亮
主编：陈玉新
地址：Rua da Mouraria N.70–1,Lisboa Portugal
电话：00351–927508521
电邮：puhualisboa@gmail.com

环球伊比利亚传媒集团

环球伊比利亚传媒集团于2013年9月17日成立，总部位于葡萄牙里斯本。公司成立以来，秉持全媒体发展战略目标，坚持走本土化战略及市场化运作模式，致力于葡西语系涵盖地区的媒体平台建设，目标成为葡西语国家中重要的传播中国文化的枢纽。

目前旗下拥有《葡华报》、西班牙《联合时报》、《发现》杂志、Iris彩虹电台、电影电视剧译制等实力机构。

《葡华报》于1999年创刊，2008年创立姊妹篇——西班牙《联合时报》，为西、葡近20万侨民提供服务。报纸每期发行16000份，当属西、葡华文报纸当期发行量之最。时任葡萄牙总统桑帕约、总理苏格拉底等国家首脑均给予《葡华报》积极评价和支持。

中葡双语双月杂志《发现》创刊于2004年4月15日，杂志目前已成为中国驻葡萄牙、巴西、莫桑比克等葡语国家使领馆、孔子学院等驻外机构的必备读物。

R á dio IRIS彩虹电台于1985年成立，调频频率为FM91.4，可覆盖葡萄牙里斯本及以西地区。是葡萄牙人及当地华人了解中葡文化及国内外资讯的平台。

2016年，环球伊比利亚传媒公司在平面媒体、广播、电视、影视剧译制等领域都取得了丰硕的成果。

集团旗下《联合时报》与北京首都航空有限公司强强联手，共建空中信息平台，自2016

年5月20日起乘坐杭州—马德里中西直航航班的旅客，都将于第一时间阅读到最新期刊的《联合时报》和集团旗下双语杂志《发现》，及时了解西班牙最新的时政资讯、投资信息。

11月28日，在中国驻葡使馆支持下，《葡华报》和《联合时报》与《人民日报》海外版正式签署合作协议，于12月1日起每周刊登海外版4个版面的授权内容，服务整个伊比利亚半岛30多万华侨华人。

伊比利亚电视频道已经在葡萄牙MEO运营商平台试运营，随后将在NOS平台同步推出。环球伊比利亚传媒公司影视剧译制团队，在2016年已经完成了多部中国电视剧与纪录片的葡文配音译制工作，将于2017年完成配译7部中国电视剧及几十部中文纪录片的中葡双语译制工作。里斯本彩虹调频电台IRIS FM91.4在2016年度的广告经营收入以及电台收听率达到了显著增长。2016年环球伊比利亚传媒集团在所辖各领域各项目均取得很大发展。

总裁：詹亮

地址：Avenida da Liberdade N° 204,3Esq.
1250–147 Lisboa

电话：00351–213 540 168

传真：00351–211 929 242

网址：www.iberiauniversal.com

葡新国际文化传媒（葡新报）

葡新国际文化传媒，其前身是葡萄牙葡新华人传媒集团，创办于2005年，2017年初更名，旗下拥有葡萄牙双语实体报纸《葡新报》、《葡新报》在线电子版、欧洲华人PT门户网站WWW.HUARENPT.NET，《华人头条-葡萄牙》APP、《葡新报》APP手机客户端和Facebook、Twitter、微博等社交网站媒体，还有《葡新报》、《华人PT门户网》、《欧洲瞭望》、《一个特立独行的小号》等微信公众号和中新社—华舆APP、紫荆网·葡萄牙、凤凰一点资讯、百度百家号等多家合作媒体。

《葡新报》创刊于2005年，发行量2500份，发行地区为葡萄牙里斯本、波尔图等。内容涵盖葡萄牙华人新闻、华侨论坛、葡萄牙本地资讯、财经、中国国内焦点、侨乡新闻、生活娱乐资讯、体育新闻等。2013年12月12日huarenpt.net新闻门户网开通。在2015年4月，《葡新报》新增葡语版面，现已发展成一份成熟的中葡双语周报。2015年末，该报成为《华人头条》在葡萄牙的唯一合作华人媒体。

负责人：马丽梅

地址：Rua Antonio Alves d' Amorim N28
3D, Vila Franca de Xira,
Lisboa Portugal

网址：www.huarenpt.net

电话： 00351 939198198、0035 236288111 /（中国内地）0086 13924116813

传真： 0035 236288112

电邮：Huaxinpt@gmail.com /
Puxinpt@gmail.com

德国

华商报

《华商报》（半月刊）于1997年初创刊，其办报的目的是为在德国经商办企业的华人提供各种必要的信息新闻。本着中立、客观、公正、超然的立场，尽量做到雅俗共赏，喜闻乐见。该报的发行点遍布全德国和部分欧盟国家。

该报每期出A3纸64版。主要内容有“海外华人”、“中德关系”、“重要商机”、“德国社会”、“德国简讯”、“德国一瞥”、“大陆香港台湾/国际新闻摘要”、“华人服务”、“博览会消息”、“健康与美丽”、“中国社会”、“国际万象”、“深度德国”等。

社长、总编辑：修海涛

地址：德国法兰克福 Ahornstrasse 43,65933 Frankfurt, Germany.

网址：www.huashangbao.com
www.chinesischehandelszeitung.eu

电话：(49) 69 3309 1650

传真：(49) 69 3309 1666

电邮：hxiu@aol.com
haitaoxiu@gmail.com

欧华导报

《欧华导报》（月报）于1989年8月创刊，每月中旬出刊，由旅德学生学者协会出版。该报创办宗旨：弘扬东西方文化，成为旅欧华人交流的窗口。该报只发表原创与首发作品，这些作品发表后在中国大陆与港台先后结集出版了近20种个人专集。主要发行德国，也发行至法国、荷兰、奥地利、欧美和中国。全德有400多个发行点，20多年来都是读者自愿义务为该报发行，同时通过征订和德国发行公司在德国火车站、飞机场的书报店公开发行，每期都获得德意志（中央）图书馆收藏。

该报每期出A3纸24页或32页，其中12版或16页全彩。内容有“时事评论”、“法律咨询”、“经济金融”、“漫游欧洲”、“莱茵夜话”、“中国社会”、“文化艺术”、“创作园地”。

自1995年以来办有《欧华网》www.ouhua.de，转载发表在《欧华导报》上的约1/5文章。

社长、主编：钱跃君

地址：德国法兰克福 CEP，P.O.BOX 550304 60402 Frankfurt AM, Germany.

网址：www.chinesen.de www.ouhua.de

电话：（49）176 8114 7909

传真：（49）69 5083 0357

电邮：info@chinesen.de

欧洲时报（德国版）

《欧洲时报·德国版》（周报）创刊于2013年9月，每周24个全彩版面，自2015年6月起，又定期每月出版8个德文版，随报发行，2016年10月后德文版增至12个版，独立发行。《欧洲时报》德国版以报道中德新闻为主，关注欧洲及国际重大事件，同时兼顾轻松娱乐内容，为旅德华人、留学生、驻德中资机构和往返中欧之间的商务人士及时提供各种新闻资讯和实用信息，现已成为中德两国领导人互访期间代表团指定的唯一中文读物。《欧洲时报》德国版发行覆盖德国、荷兰、比利时、卢森堡、丹麦、瑞典、挪威、芬兰和冰岛9国，是多家航空公司和机场贵宾室专有读物。

“道德经”微信公众平台是《欧洲时报》德国版旗下新媒体产品，于2014年9月正式上线。“道德经”秉持“以报道德国经典，成报道德国经典”这一宗旨，坚持原创文章、跟踪最新活动、开展粉丝互动等，迅速吸收大量粉丝，成长为德国有关新闻资讯的最火微信号，多篇文章阅读量达到粉丝数5倍以上，单篇文章最高阅读量突破20万。

2016年10月，欧洲时报法兰克福文化中心正式挂牌营业，承接展览、讲座、演出等各类文化活动。

地址：Bettinastr. 30, 60325 Frankfurt am Main

电话：+49 69 4786 8158
传真：+49 69 9866 1424
电邮：de@oushinet.com

欧洲商旅报

《欧洲商旅报》创刊于2002年5月25日，由德国欧亚易通公司（A–E Link GmbH）出版发行。该报本着服务大众、诚信高效的宗旨和理念，意在搭建一个欧洲与中国信息交流的平台。

面对日新月异的互联网信息与新媒体的冲击和挑战，《欧洲商旅报》已成功转型为电子刊物《欧洲商旅》，并根据公司业务特点和发展方向相继发行了《签证通》、《艾黎思》和《超级行程单》等特色电子刊物，均每周一刊。所有刊物的内容全部围绕“欧中商旅”这一主题。

社长：吴景远
总编辑：黎 晨
地址：德国科隆
Hansaring 18 50670 Cologne，Germany
网址：www.elisali.com
电话：（49）221 506 0363
传真：（49）221 506 0365
电邮：wu@zouke.com

德国生活报

《德国生活报》为一本全德发行的月刊，32页全彩版面，每期发行量3万份。它立足于德国视野，引领于舒适品味、生活文化前沿，以“舒适”为生活中心，从对谈、时尚、生活、旅游等各个方面发掘深度有趣的话题，秉持东西文化交融的审美观念，为到德国的中国人提供最有价值的品味、品质生活范本。为在德国生活的华人提供实用、有趣的生活信息。

《德国生活报》由维进化媒体咨询有限公司出品。自2013年1月在德国创刊以来，逐渐成为在德华人的品味生活坐标。发行渠道覆盖中国驻德使领馆、驻德各中资机构、孔子学院、中文学校、华人超市、免税店以及多家航空公司和机场贵宾室。

2014年1月，“德国生活报”微信公众号上线，每日报道德国即时新闻、德国最新政策变化、德国法律资讯以及德国生活常识。纸媒与新媒体相结合，深度报道与即时新闻互补，立体报道德国各类资讯。“德国生活报”微信公众账号现有关注用户数15万，为德国粉丝量较大的微信公众号，也是德国最受关注新媒体之一。

社长、主编：刘畅
地址：Harrlachgaertenweg 7,68163
Mannheim Heumarkt 2, 69117
Heidelberg
电话：+49–62215860570
传真：+49–62143712324
电邮：info@de–life.de

罗马尼亚

欧洲侨报

《欧洲侨报》于2000年6月创刊，以中文、英文、罗马尼亚文3种文字刊行。对开32版，是一份彩色周刊，其发行范围遍及欧盟20个国家，发行数量10000份。

欧洲侨报新媒体矩阵：

《欧洲侨报》客户端、中国新闻网客户端《欧洲侨报》频道、今日头条客户端《欧洲侨报》专栏、网易客户端《欧洲侨报》专栏、一点资讯客户端《欧洲侨报》。

Twitter《欧洲侨报》账户、月兔 YouTube《欧洲侨报》账户、Instagram《欧洲侨报》账号，acebook 脸书《欧洲侨报》账号、新浪微博《欧洲侨报》、秒拍《欧洲侨报》、一直播《欧洲侨报》、《欧洲侨报》微信公众号、《欧洲侨报》新浪博客、网易博客。

社长、总编：高进

地址：STR:PIPERA–TUNARI 48E,BUCURESTI,ROMANIA

欧洲侨报网址：www.eurochinesedaily.com

欧桥网网址：www.ouqiao.net

电话：0040–751021899 0040–722308798

传真：0040–213101183

电邮：ozqb@qq.com

旅罗华人报

《旅罗华人报》（周报）1999年创刊于罗马尼亚，是罗马尼亚最早创刊的华文报纸，是一家以报道罗马尼亚当地新闻、当地文化、中国新闻、中国经济、中国社会、军事观察、国际新闻、健康生活等为主的综合性报纸。

《旅罗华人报》在罗马尼亚华人社区乃至罗国主流社会中均有着较高的知名度和影响力，是罗马尼亚地区发行量最大的华文报纸，深受当地华人读者的喜爱。发行面覆盖罗马尼亚全国各地及周边国家。

该报热心当地华人公益事业，积极报道罗马尼亚华人生活、经商等方面的信息，努力维护罗马尼亚华侨华人的合法权益。对华人社区发生的重大事件，进行跟踪报道，对维护华商合法利益起到了推动作用。为此，罗马尼亚华人社团为感谢《旅罗华人报》，特赠送题有“弘扬正义”词句的雄鹰雕塑作为感谢。

目前，《旅罗华人报》与《人民日报海外版》、《天津晚报》、《香港文汇报》、《华人头条》都有合作关系，发行《人民日报海外版》罗马尼亚版及《天津晚报》罗马尼亚中英文版。

该报除了平面媒体之外，还有《中欧通讯网》、《旅罗华人报》微信公众号、及《罗马尼亚华人头条》。

创刊人、社长、总编辑：李建华

地址：罗马尼亚布加勒斯特

电话：（0040）–788 222889

电邮：huayangmedia@gmail.com

塞尔维亚

欧洲联合周报塞尔维亚版

《欧洲联合周报塞尔维亚版》，原名《南华时报》，于2003年创刊，2007年11月加入欧洲联合报系，更名为《欧洲联合周报（塞尔维亚版）》。

社长：周海鹰

地址：Autoput 20,11080 Zemun Beograd,Serbia

电话：（381）-11-2013906

传真：（381）-11-2013910

华文网站名录

Yearbook of Global Chinese Language Media

华文网站名录

亚洲

香港

*文汇报
http://www.wenweipo.com

*大公网
http://www.takungpao.com

*星岛日报
http://www.singtao.com

*明报
http://www.mingpao.com

*东方日报
http://orientaldaily.on.cc

*商报
http://www.hkcd.com.hk/

*信报财经新闻
http://www.hkej.com/template/landing/jsp/main.jsp

*东网
http://home.on.cc/news

*am730
http://www.am730.com.hk

*头条日报
http://www.hkheadline.com

*都市日报
http://www.metrohk.com.hk

*镜报
http://www.themirror.com.cn

*香港文学
http://hklitpub.lib.cuhk.edu.hk

*凤凰网
http://www.ifeng.com

*亚洲周刊
http://www.yzzk.com

*明报
https://www.mingpao.com/

*明报月刊
http://www.mingpaomonthly.com

*壹周刊
https://nextplus.nextmedia.com/

*快周刊
http://www.xpweekly.com

*香港佛教
http://www.hkbuddhist.org

*资本杂志
http://www.capital-hk.com

*经济导报
http://www.jdonline.com.hk

*东方新地
http://www.orientalsunday.hk

*中国旅游
http://www.hkctp.com.hk

*亚洲电视台
http://www.hkatv.com

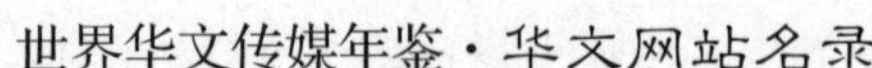

*无线卫视
http://www.tvb.com

*有线电视
http://www.i-cablecomm.com/chi/index.php

*NOW宽频电视
http://www.now-tv.com

*香港宽频电视
http://www.bbtv.com.hk

*香港广播电台
http://www.rthk.org.hk

*新城广播
http://www.metroradio.com.hk

*中华新闻社
http://www.cnagov.com/

*中国评论通讯社/中评网
http://www.crntt.com/

*香港新闻网
http://www.hkcna.hk

澳门

*澳门日报
http://www.macaodaily.com

*澳门商报网
http://www.maccpnews.com/

*大众报
http://www.taichungdaily.com

*讯报
http://www.sonpou.com.mo

*澳门时报
http://www.jornalsisi.com

*现代澳门日报
http://www.todaymacao.com

*濠江日报
http://www.houkongdaily.com

*华侨报
http://www.jornalvakio.com

*新华澳报
http://www.waou.com.mo/main.php

*澳门体育周报
http://www.macausports.com.mo

*商讯
http://www.bizintelligenceonline.com

*澳门月刊
http://www.macaumonthly.net

*澳门广播电视有限公司
https://www.tdm.com.mo/

*有线电视
http://www.macaucabletv.com

*澳亚网
http://www.mastv.cc

台湾

*联合新闻网
http://udn.com

*中时电子报
http://www.chinatimes.com

*工商时报
http://ctee.com.tw/

*经济日报
http://www.ednews.com.tw

*中央日报网路版
http://www.taiwan.cn/plzhx/mtshy/tw/zhyrb/

*电子时报
http://www.digitimes.com.tw

*今日新闻
https://www.nownews.com/

*自由时报电子报
https://www.ltn.com.tw/

*台湾时报
http://www.twtimes.com.tw

*大华晚报
http://www.taiwan-news.com.tw

*自由新闻报
http://www.freedomnews.com.tw/index.php

*自立晚报
http://www.idn.com.tw

*财讯快报
http://www.investor.com.tw/onlineNews

*国语日报
http://www.mdnkids.com

*金门日报
http://www.kmdn.gov.tw

*中央通讯社
http://www.cna.com.tw

*中国经济通讯社
http://www.cens.com

*台湾商务新闻通讯社
http://www.taiwanpage.com.tw

*中央广播电台
http://www.rti.org.tw

*中广新闻网
http://www.bcc.com.tw

*汉声广播电台
http://www.voh.com.tw

*亚洲广播网
http://www.asiafm.com.tw

*Money钱杂志
http://www.moneynet.com.tw

*TVBS卫星电视
http://www.tvbs.com.tw

*台湾电视
http://www.ttv.com.tw

*中视全球资讯网
http://new.ctv.com.tw/Main

*中华电视
http://www.cts.com.tw

*中天电视
http://www.ctitv.com.tw

*民视
http://www.ftv.com.tw

*公共电视
http://www.pts.org.tw

*三立电视台
http://www.iset.com.tw

*宏观电视
http://www.pts.org.tw/macroview

*奇摩新闻网
http://tw.news.yahoo.com

*蕃薯藤新闻网
http://news.yam.com

* NET新闻网
http://times.hinet.net

*新新闻杂志
http://www.new7.com.tw

*今周刊
http://www.businesstoday.com.tw

*非凡新闻
http://www.ustv.com.tw

*军事家
http://www.diic.com.tw

* PAR表演艺术
http://www.paol.ntch.edu.tw/

* ppaper
https://www.ppaper.net/

*万宝周刊
http://weekly.marbo.com.tw

*中华商业
http://www.roccoc.org.tw

*世界电影
http://www.worldscreen.com.tw/index.php

*台湾光华
http://www.taiwan-panorama.com

*交流
http://www.sef.org.tw

*动脑
http://www.brain.com.tw

*全球中央
https://www.cna.com.tw/topic/newsworld.aspx

*全球防卫杂志
http://www.diic.com.tw

*财讯
http://monthly.wealth com.tw

*经贸透视双周刊
http://www.trademag.org.tw

*经理人
http://www.managertoday.com.tw

*科学月刊
http://www.scimonth.com.tw

*商业周刊
http://www.businessweekly.com.tw

*康健
http://www.commonhealth.com.tw

*联合文学
http://unitas.udngroup.com.tw

*滔客
http://talk.tw/

新加坡

*联合早报网
http://www.zaobao.com

*联合晚报
https://www.wanbao.com.sg/

*大拇指
https://www.zaobao.com/keywords/da-mu-zhi

*时代财智
http://www.fortunetimes.sg

*omy.sg
http://www.omy.sg

日本

*新华侨报
http://www.jnocnews.com

*现代中国报
http://www.xiandai.co.jp

*中文导报
http://www.chubun.com

*东方时报
http://www.tohonet.com

*关西华文时报
http://www.kansaichinese.com/

*中日新报
http://chu-nichi.com/

*联合周报
http://www.lhtv.jp/pagezb.html

*新华时报
http://www.xinhuatimes.net

*留学生新闻
http://www.mediachina.co.jp

*日本新闻网
http://www.ribenxinwen.com

*日本大富电视台
http://www.cctvdf.com/c

*共同网
https://china.kyodonews.net/

马来西亚

*星洲日报
http://www.sinchew-i.com

*星洲日报
http://www.sinchew.com.my

*亚洲时报
http://www.asiatimes.com.my

*华侨日报
http://www.ocdn.com.my/

*光华日报
http://www.kwongwah.com.my

*光明日报
http://www.guangming.com.my

*国际时报
http://www.intimes.com.my

*中国报
http://www.chinapress.com.my

*南洋网
http://www.nanyang.com

*诗华资讯
http://www.seehua.com

*当今大马
http://www.malaysiakini.com/cn

*学海部落
http://www.xuehaiblog.com

*小星星
http://mag.sinchew-i.com/bintang

*东方网
https://www.orientaldaily.com.my/

*988电台
https://radioonline.my/988-kuala-lumpur/

印度尼西亚

*印度尼西亚星洲日报
http://www.sinchew-i.com/indonesia

*印度尼西亚商报
http://www.shangbaoindonesia.com/

*国际日报
http://www.guojiribao.com

*千岛日报
http://www.qiandaoribao.com

越南

*西贡解放日报
http://saigongiaiphong.vn/epaper/FrontPage.aspx?ed=23

*越南共产党电子报
http://www.cpv.org.vn

*越南通讯社中文版
http://cn.vietnamplus.vn

柬埔寨

*柬埔寨星洲日报
http://www.sinchew-i.com/cambodia

*华商日报
https://thehuashangnews.com/

*柬华日报
http://jianhuadaily.com/

*金边晚报
http://www.jinbianwanbao.com

缅甸

*缅华网
http://www.mhwmm.com/
*胞波网
http://www.webaobo.com

泰国

*世界日报
http://www.udnbkk.com

*东盟经济时报
http://aseanecon.info/

*东盟商界
http://aseancomm.com/

*泰国风杂志
http://www.thaiwind.net

*亚洲论坛
http://www.asiabbs.org

*泰国网
http://www.taiguo.com/

*泰华网
http://www.fristweb.com/user/thaichinese/

*和平世界
http://www.hepingshijie.com

韩国

*中央日报
http://chinese.joins.com/gb

*朝鲜日报
http://chinese.chosun.com

*东亚日报
http://china.donga.com/gb/index.html

*韩国联合通讯社
http://chinese.yonhapnews.co.kr

菲律宾

*世界日报
https://worldnews.net.ph/

*商报
http://www.shangbao.com.ph/

*菲律宾华报
https://philchidaily.wordpress.com/

*菲龙网
http://www.flw.ph/portal.php

阿联酋

*迪拜中华网
http://www.dibaichina.com/

哈萨克斯坦

*哈萨克国际通讯社
http://www.inform.kz/chn

非洲

*南非侨网
http://www.nanfeiqiaowang.com/?author=1

*南非365网
http://www.nanfei365.com/

*非洲华人网
http://chineseinafrica.com/portal.php

*非洲之声
http://voaf.info/

南非华人网
http://www.nanfei8.com/

非洲时报
http://www.africantimes2005.com/

大洋洲

澳大利亚

*澳洲新闻网
http://www.1688.com.au

*澳大利亚时报、奥奇网
http://www.actimes.com.au

*澳大利亚星岛日报
http://www.singtao.com.au

*澳洲新快网
http://www.xkb.com.au

*东方北京青年周刊
http://www.obqweekly.com.au

*澳洲唐人街
https://news.china.com.au/

*澳洲中文电台
http://www.am1341.com.au

*好亚网
http://www.acnews.me/main/index.html

*华厦网络
http://www.huaxia.com.au

*澳洲网
http://www.au123.com

*塔斯马尼亚中文网
http://www.youtas.com

*澳视网
http://www.ovideo.com.au

*澳华文学网
http://www.aucnln.com

中澳网
http://www.chnaus.com/

新西兰

*乡音
http://www..co.nz
homevoice

*新西兰信报
http://www.nzmessengers.co.nz

*新西兰中文网
http://www.chinese.net.nz

*中文一族
http://www.chinese-media.co.nz

*新报
https://www.acng.com.au/

*先驱报
http://www.chnet.co.nz

*华页网
http://www.mpages.co.nz

*新西兰华人电视台
http://www.tv33.co.nz

*新西兰中华电视网
http://www.wtv.co.nz

*新西兰中华新闻网
http://www.chinanews.co.nz

*天维网
http://www.skykiwi.com

*新西兰中文网
http://www.chinese.net.nz/

*澳纽网
http://www.ausnz.net/about.asp

*中国城网站
http://www.chinesetown.co.nz

斐济

*斐济华人网
http://www.fijichinese.com

*斐济网
http://www.netfiji.com

美洲

加拿大

*大华网
http://www.dawanews.com

*蒙城华人网
http://www.sinoquebec.com

*华侨时报
http://www.chinesepress.com

*环球华网
http://www.gcpnews.com

*加中时报
http://www.cctimes.ca

*北美时报
http://www.naweeklytimes.com

*蒙城在线–华侨新报
http://www.mtl163.com

*神州时报
http://chinajournalus.net/

*加国新闻网
http://canadanews.today/

*星岛环球网
http://www.singtaonet.com

*星岛日报
http://www.singtao.ca

*加拿大星岛日报
http://news.singtao.ca

*北美明报
http://www.mingpaona.com

*信网
http://www.adsguide.ca

*加拿大商报
http://www.todaydailynews.com

*七天
http://www.qtnews.net

*星网
http://www.newstarnet.com

*加拿大中文电台
http://www.am1470.com

*汇声广播华侨之声
http://www.am1320.com

*加拿人中文电视台
http://www.ccetv.ca

*多伦多网上电视
http://www.torontotv.org

*城市电视
http://www.talentvisiontv.com

*新时代电视
http://www.fairchildtv.com

*北美中文网
http://www.westca.com

*加国无忧网
http://www.51.ca/

*多伦多在线
http://www.torcn.com

*轻松加拿大
http://www.easyca.ca

*枫桥网
http://www.ccinfo.ca

*加西网
http://www.westca.com

*光华报
http://www.thechinesejournal.com

*北美好生活网
http://www.youknownews.com

*枫华网
http://www.fhmedia.ca

美国

*世界日报
http://www.worldjournal.com

*侨报网
http://www.uschinapress.com/

*美南新闻
http://www.scdaily.com/

*华人今日网
http://www.chinesedaily.com

*国际日报
http://www.chinesetoday.com

*星岛日报美东版
http://www.singtaousa.com

*明报新闻网（纽约免费报）
https://www.mingpao.com/

*中美邮报
http://www.chineseamericanpost.com

*圣路易时报
http://www.scanews.com

*西华报
http://www.seattlechinesepost.com

*新世界时报
http://nwt.today/

*中华商报
http://www.chinesebiznews.com

*汉新月刊
http://www.sino-monthly.com

*美洲文汇周刊
http://www.sinotimes.com

*世界华人周刊
http://www.sjhrzk.com/

*华夏文摘
http://www.cnd.org

*华夏时报
http://www.chinesetimes.us

*伊利华报
http://ecjweb.net

*侨声报
http://www.thechinamedia.com

*美中信使报
http://www.usasinonews.com

*科州华报
http://www.cocnews.com

*拉斯维加斯新闻报
http://www.lvcnn.com

*拉斯维加斯时报
http://www.lasvegaschinesenews.com

*全美中华青年联合会华语新闻网
http://www.aacyf.org

*华盛顿观察
http://www.washingtonobserver.org

*华尔街日报
http://chinese.wsj.com/gb/CPT.asp

*华兴网
http://chinatribune.us/

*多维新闻网
http://www.dwnews.com

*美国中文网
http://www.sinovision.net

*老中网
www.newsforchinese.com

*万维读者网
http://www.creaders.net

*倍可亲中文网
http://www.backchina.com

*东森美洲卫视
http://www.ettvamerica.com

*美国网络电视
http://www.uswtv.com

*麒麟电视
http://www.kylintv.ca

*中华商业广播电台
http://www.cwcb.com

*中国广播网
http://www.chineseradionetwork.com

*大纽约侨声广播电台
http://www.cavoice.com

*星岛中文电台
http://www.chineseradio.com

*洛城18台
https://www.primetimetv.org/

*中国之星媒体集团
http://www.chinastarmedia.com

*纽约在线
http://www.123nynews.com/

*文学城
http://www.wenxuecity.com/

*世界名人网
https://www.famehall.biz/

*北美华文作家协会
http://www.chinesewritersna.com

*芝道网
http://www.chicagowind.com

*美国海外电视网
http://www.usocctn.com/

墨西哥

*墨华网
http://mohuawang.com/

巴拿马

*巴拿马华人资讯网
http://www.panachina.com

巴拿马华人天空网
*http://www.pchinasky.com/

哥伦比亚

*哥伦比亚华侨网
http://www.chinacolombia.com

巴西

*南美侨报
http://www.nmqb.com.cn

阿根廷

*阿根廷新大陆周刊
http://argentinacn.com/

*阿根廷华人网
http://www.argchina.com

苏里南

*中华日报
http://www.chungfadaily.com/index.html

*洵南日报
http://kntsdagblad.com/

委内瑞拉

*委侨新闻网http://venpandanews.com/

*委国华人网
http://www.venchina.com/noticia

厄瓜多尔

*厄瓜多尔华人社区
http://www.echuaren.com/

秘鲁

*秘鲁华人网
http://pe.chineseforum.cn/

*东方月报
http://www.revistaoriental.com

智利

*智利华人信息网
http://www.cchino.com/

欧洲

匈牙利

*欧亚新闻网
http://www.oyxwb.com

*新导报网络版
http://www.xindb.com

法国

*欧洲时报
http://www.oushinet.com

*法国侨网
http://www.franceqw.com

*华人街
http://faguo.huarenjie.com/

*法中网
http://www.fr-cn.fr/

葡萄牙

*葡华报
http://www.puhuabao.com/portal

*北欧华人通讯
http://www.tongxun.no

俄罗斯

*莫斯科华人报
http://www.renmin-hotel.com/news

*俄罗斯龙报
http://www.dragonnews.net

*华人报报
http://www.baobao.ru

*俄中商报
http://www.ez78.com/sye.asp

*俄罗斯侨报
http://www.ruqiaobao.com

*俄新网
http://rusnews.cn

*中俄资讯网
http://www.chinaru.info/

*捷通时讯
http://jtmsk.com/index.php

*俄罗斯之声
http://chinese.ruvr.ru

乌克兰

*乌克兰中文网
http://www.cnua1.com/

罗马尼亚

*罗马尼亚欧洲侨报
http://eurochinesedaily.com/

意大利

*欧洲华人报
http://www.ozhrb.com

*欧洲侨报
http://www.qiaobao.eu

*新华时报
http://www.xinhuait.net/portal.php

*世界中国杂志
http://www.chinanewsitaly.com/

*意大利侨网
http://www.qwitaly.com

*人在意大利
http://www.cnineu.com/

*欧洲新闻网
http://www.eztv.cc/

德国

*欧华导报
http://www.chinesen.de

*德国之声中文网
http://dw-world.de/chinese

*欧览新闻
http://www.ouline.com

*欧洲商旅报
http://www.2ett.net

*欧洲新报网
http://www.xinbao.de/xinbao/xinbao/

*开元网
http://www.kaiyuan.de/

*德国热线-德国实用信息网
http://www.dolc.de

英国

*星岛日报欧洲版
http://www.singtao.com/singtao_europe/index.shtml

*英中网
http://www.ukchinese.com

*英国FT中文网(金融时报)
http://www.ftchinese.com

*BBC中文网
http://www.bbc.co.uk

*华闻周刊
http://thechineseweekly.com

*路透中文网
http://cn.reuters.com

*无线卫星台（英国中文电视台）
http://www.chinese-channel.co.uk

西班牙

*欧浪网
http://www.eulam.com

*欧华中文网
http://www.ouhua.es

荷兰

*华侨新天地
http://www.asiannews.nl

*荷乐网
http://www.gogodutch.com/

*荷兰一网
http://www.hollandone.com

瑞士

*瑞亚时报
http://eurasia8.com/

希腊

*希中网
http://www.cgw.gr

丹麦

*龙域网
www.loong.dk/bbs/portal.php

瑞典

*北欧华人网
http://www.cmeds.se/bohrb/portal.php

专 题
Yearbook of Global Chinese Language Media

第九届世界华文传媒论坛

第九届世界华文传媒论坛综述

2017年9月9日至12日，由国务院侨务办公室、福建省人民政府和中国新闻社共同主办的“第九届世界华文传媒论坛”在福建省福州市举行。来自64个国家和地区的430多家华文媒体的460余位代表，以及中国内地媒体负责人、专家学者等相聚一堂，就“‘一带一路’与华文媒体新发展”这一主题展开交流与探讨。

作为全球华文媒体高层的“首脑峰会”，此次论坛体现了权威性、国际性、开放性、学术性、实效性、服务性的特色和亮点，为不同地区、不同形态的华文媒体展开对话沟通搭建了平台，并且推动海外华文媒体与中国的互动交流，在中国共产党第十九次全国代表大会召开之前，为海外社会了解中国五年来的发展变化打开了一扇窗。本届论坛的举办取得了多方面的良好成效。

第一，规模再创新高、媒体更加多样，华文传媒论坛国际性、开放性突显。

参加“第九届世界华文传媒论坛”的460余位海外华文媒体代表共来自64个国家和地区的430多家媒体，涵盖了亚洲、欧洲、北美洲、南美洲、非洲以及大洋洲共六大洲。其中，哈萨克斯坦、吉尔吉斯斯坦等国家和地区的华文媒体是首次参会。

与会海外华文媒体代表中不乏在媒体业界处于领军地位的人物，显示了论坛的高规格、高品质。与前八届论坛相比，本届世界华文传媒论坛的参会海外代表不仅数量更多，地区分布更广泛，而且更加多元，突显了论坛的代表性和权威性。从媒介形态看，参加论坛的不仅有报纸、杂志、电台、电视台等传统媒体，网络新媒体的数量有大幅提升，并且出现更多的自媒体代表，在与传统媒体的观点碰撞中产生激烈的思想交锋，这对于规范海外华文媒体的发展，提升华文媒体的整体水平，将发挥更加深远的作用。

从年龄分布看，参加论坛的年轻面孔不断涌现，为论坛注入更多新鲜血液，这也说明论坛在海外新华侨华人中的影响力日益显现。在本届论坛上，出现了多位九零后参会代表。据统计，最年长的论坛嘉宾已达84岁高龄，而最年轻的参会代表为1994年生人，年龄跨度大，可谓老、中、青多代汇聚论坛，既有资深媒体人的经验传授，也有青年一代的大胆创新，这使论坛能开放吸收多方面的观点，集纳不同年龄层的智慧，持续打造精品工程。

此外，本届论坛还有来自北京大学、复旦大学、武汉大学、厦门大学、中国传媒大学、暨南大学、华侨大学等高校的几十位专家学者与会，他们提交论文、发表演讲，与海外华文媒体从业者交流，获取鲜活的研究资料。论坛已然成为学术界观察海外华文媒体发展、探究传媒业未来趋势的重要平台。

第二，聚焦“一带一路”、关注媒体变革，华文传媒论坛议题设置更具引领性。

在“第九届世界华文传媒论坛”召开之前，主办方进行了反复研讨，并对“一带一路”背景下的华文媒体发展进行了广泛调研，最终确定了“‘一带一路’与华文媒体新发展”这一主题，希望引导华文媒体在“一带一路”建设中发挥海外媒体作用和华侨华人优势，助力“一带一路”建设在国际社会获得更多认同与支持。

论坛开幕式上，全国人大常委会副委员长

兼秘书长王晨致辞表示，希望华文媒体积极支持“一带一路”建设，大力传播以和平合作、开放包容、互学互鉴、互利共赢为核心的丝路精神，为推动“一带一路”建设国际合作，实现互利共赢，共同发展贡献力量。

国务院侨办主任裘援平致辞强调，华文媒体植根侨社、面向海外、影响主流，熟悉祖（籍）国和住在国，拥有在全球各地采集信息能力、中外政商学研人脉网络、兼容并蓄跨文化视野等独特优势。华文媒体在传播“丝路”理念、宣介“丝路精神”、讲述“中国故事”中，能促进信息分享、政策沟通、文化交融、民心相通，让共商、共建、共享的“丝路故事”传之四海。

中国新闻社社长章新新作了题为《“一带一路”与华文媒体新发展》的主旨报告，报告中提到：华文媒体是信息的搜集者、制作者和传播者，具有媒体属性；同时，作为海外华人社会的重要组成部分，华文媒体还拥有融通中外的独特优势，这决定了“一带一路”的理念传播及实际推进中，华文媒体具有不可替代的重要作用。

本届论坛设置了五个平行分论坛，其中之一就是“‘一带一路’中的华文媒体”分论坛。多位海外华文媒体高层均看好“一带一路”给华文媒体带来的机遇。本届论坛选址福建福州，这里不仅是著名侨乡，也是21世纪海上丝绸之路枢纽城市，论坛在此举行，使华文媒体代表能更加近距离的感受“一带一路”建设。此次论坛组织华文媒体代表赴妈祖故乡福建莆田，举行“海上丝绸之路视野下的妈祖与海外华文传媒”主题论坛，围绕海上丝绸之路、妈祖文化等展开深入讨论，共同推动妈祖文化在海外的传播。

本届论坛也高度关注华文媒体的变革创新，呼吁华文媒体坚守文化根基和民族情怀。在高端论坛环节，“如何面对‘融媒体’”的主题紧扣了当下媒体发展的形势和华文媒体的热点关切，五位媒体人的发言亮点频出；在专题演讲环节，国务院新闻办公室原主任赵启正发表了《国家的形象和传媒的承担》的专题演讲，其关于如何讲好“中国故事”的精彩论述引发共鸣；在分论坛环节，代表们也围绕媒体创新、中华文化、“中国故事”等议题畅所欲言，贡献了真知灼见；在大会发言环节，8位媒体人从媒体自身发展出发，探讨了华文媒体的现状和未来。

本届论坛在中国共产党第十九次全国代表大会之前举行，引发了华文媒体对中国五年发展和未来走向的极大关注。国务院新闻办公室副主任郭卫民在论坛上表示，中国共产党第十九次全国代表大会是中国特色社会主义发展关键时期召开的一次十分重要的大会，希望广大华文媒体紧紧抓住这一历史机遇，积极关注充分报道好中共十九大。

为使海外华文媒体代表切身感受中国的发展，本届论坛特别安排了约700人（次）的海外华文媒体代表在论坛大会之前及之后，赴广西、湖北、湖南、江西、甘肃、吉林、福建、四川、山东、贵州等地实地采访、参观考察，亲身感受鲜活的“中国故事”和“一带一路”的发展建设，感受感知这五年中国发生的巨大变化，引导海外华媒正确认识、正确宣介中共十九大，把飞速发展的中国介绍给世界。

第三，达成多项成果、推动合作共赢，华文传媒论坛彰显务实高效。

编撰两本专著：中新社组织编撰了《第九届世界华文传媒论坛论文集》、2017年卷《世界华文传媒年鉴》。论文集创历届论坛论文数新高，其中，阿联酋、斐济、多米尼加、希腊、尼日利亚、博茨瓦纳华媒人士是第一次提交论文。《年鉴》收集了近千家海外华文媒体资料，绝大部分为第一手资料，由港澳台及海外华文传媒机构或专业研究人员提供、撰写。

推出两大征文：论坛前，中新社发起了“这五年·我与中国”及“家园”两大征文活动，海外华侨华人、港澳台同胞、留学生以及华文媒体等纷纷踊跃来稿，他们借征文平台，讲述这五

年与中国的互动，表达对华文传媒论坛的深情厚谊。在论坛前，两本征文集陆续出版发行；论坛上，特举行了征文颁奖活动。

出版两本影像集：《我们的精神家园——世界华文传媒论坛影像纪念集》和《“行走中国”影像纪念集》以图文并茂的形式，展现了2001年以来历届世界华文传媒论坛走过的轨迹。两本影像集将作为全体华媒人共同的记忆永久存留。

形成多项合作：世界华文媒体合作联盟官方网站全新改版，全球华语视频资讯共享中心启动；“一带一路”华媒协作云平台上线，“一带一路”采访活动启动；“侨宝”客户端与首批华文媒体合作，正式推出国别版，百家华文媒体“入驻”华舆客户端。论坛希望通过这一系列合作项目的“落地”和启动，实现互联互通、共享共赢，打造全球华文媒体的“命运共同体”。

为使世界华文传媒论坛在媒体界获得更高的知名度，本届论坛充分运用新媒体手段扩大传播效果。中新社制作了论坛H5产品；运用中英文双语推送论坛相关报道；对论坛开、闭幕式进行直播，于网站PC、WAP及客户端同步推出；社交媒体平台持续发力，微博话题#第九届华文传媒论坛#总阅读数两千万，facebook等海外社交媒体平台上亦持续推出。本届论坛也引起海内外媒体的广泛关注，海外及港澳台地区的几百家媒体对论坛盛况进行了报道。

第九届世界华文传媒论坛

第九届世界华文传媒论坛开幕式致辞

全国人大副委员长兼秘书长 王 晨

各位来宾，各位朋友，女士们，先生们，同志们：

大家上午好！金秋榕城，精彩必至，很高兴出席第九届世界华文传媒论坛，与海内外华文媒体的朋友们相聚在清新福建，有福之州。

两年一届的世界华文传媒论坛作为开放性、国际性、高层次的华文媒体交流盛会从2001年首次举办以来，已成功举办了8届，参加论坛的华文媒体人士累计近3500人次。本届世界华文传媒论坛以“一带一路”与华文媒体新发展为主题，共有来自五大洲64个国家和地区的450多家华文媒体出席此次盛会。世界华文媒体传媒论坛走过了16年精彩历程，充分体现了论坛的生命力、影响力和向心力。

岁月不居，时间如流，距离上届贵阳论坛已经过了两年，两年间中国的各项事业取得了令人瞩目的成就。中国神州11号和天公二号遨游星空，屠呦呦获得诺贝尔奖，中国奥运健儿永创佳绩，G20峰会在美丽的西湖湖畔举行，中国为全球治理贡献了中国智慧和中国方案，“一带一路”国际合作高峰论坛圆满成功，中国倡议引领世界发展，金砖国家领导人厦门会晤开启新的合作之门、发展之门，开启金砖合作第二个金色十年。这一切通过华文媒体人的笔已经传到四海，在海外汇聚层一股传播中国好声音。当前我国正处在社会的时代，为实现两个一百年奋斗目标，实现中国民族伟大复兴的中国梦而团结奋斗，希望华文媒体人用你们手中的笔书写着不平凡的时代，做中华民族伟大历史征程的见证者和参与者。

在此我提四点期望：

第一，让华文媒体成为传播中华文化的重要力量。参天之木，必有其根，华山之水，必有其源。中华民族拥有5千多年光辉灿烂的文明历史，博大精深的中华文化，这种文化的魅力在媒体人心中，也在读者心中，共同支撑华文媒体的成长壮大。希望华文媒体能够利用自身优势将中华优秀文化的核心观念融入媒体的价值理念，把中国内容和国际表达结合起来，用中华文明的优秀成果充实自己；希望华文媒体成为传播中国文化的重要载体，继续向海外广泛介绍中国悠久的历史和灿烂的文化，做海外华人社会中华文化的守护者，华侨华人中文教育的涵养者，进一步推动中华文化走向世界。

第二，让华文媒体成为讲好中国故事的重要渠道。海外华文媒体融通中外，不仅是华侨华人了解祖国家乡的信息来源，也是所在国家和地区认知中国的便捷途径，是对外有效说明中国，展现中国形象的重要渠道。希望你们继续发挥独特优势，讲好中国故事，传播中国声音，展现中国发展，促进世界更好的感知中国，更好的认识一个文明开放和平和谐的中国。

第三，让华文媒体成为促进“一带一路”建设的重要平台。“一带一路”根植历史，面向未来，“一带一路”缘由中国，始于世界。“一带一路”秉持是“共商 共建 共享”原则，跨越了不同地区不同发展阶段不同文明。希望华文媒体积极支持“一带一路”建设，大力传播以和平合作、包容开放、互学互鉴、互利共盈为核心的丝路精神，为推动“一带一

路”建设国际合作实现互利共盈，共同发展，贡献力量。

第四，让华文媒体成为增进中国和世界各国人民友谊的桥梁。中国将在实现中华民族伟大复兴的过程中同世界各国一道，推动各国人民更好的实现自己的梦想。海外华文媒体在增进所在国和地区与中国的交流合作方面发挥着重要和独特的作用，是连接中国与世界的天然桥梁。希望海外华文媒体继续发挥自身特点，为促进和回馈所在国家和地区的发展，为加强中国和所在国家和地区的各方面交流，为增进中国人民同所在国家和地区人民的友谊做出新的贡献。

女士们，先生们，朋友们，纵观海外华文媒体200余年的发展历史，海外华文媒体走过了不平凡的历程，有着关心祖国和家乡的优秀传统，海外华文媒体的发展与祖国和家乡的命运紧紧相连。辛亥革命初期，许多中国知识分子投身报业，变革图存，促进了华文报业第一次大发展，二战时期海外华侨与中国同呼吸，共命运，投身到抗战过程中，涌现了大量抗日报纸。新中国成立后，特别是改革开放以来，中国与世界各国联系不断增加，世界华文传媒呈现出兴旺发展的景象，迎来了第三次发展高潮。当前，随着中国的发展进步，随着近代以来久经磨难的中国民族实现了从站起来富起来到强起来的历史性飞跃，海外华文媒体面临着大发展大繁荣的历史机遇。相信并祝愿世界华文媒体把握祖国家乡发展的脉搏，顺应历史发展潮流，抓住历史机遇，发挥独特优势，再续华文媒体200年的历史与辉煌，谱写更加绚丽夺目的发展篇章。

女士们，先生们，朋友们，2017年对中国是具有特殊重要的一年，10月18日中国共产党将召开第十九次全国代表大会，这是党和国家政治生活的头等大事，举国上下同心，正在以实际行动和优异成绩迎接党的十九大胜利召开。伟大斗争、伟大事业、伟大工程、伟大梦想，正汇聚成中国特色社会主义的崭新篇章，让我们共同努力为实现“两个一百年”奋斗目标，实现中华民族伟大复兴的中国梦贡献力量。

祝第九届世界华文传媒论坛取得圆满成功，谢谢大家！

第九届世界华文传媒论坛

第九届世界华文传媒论坛开幕式致辞

国务院侨务办公室主任　裘援平

尊敬的全国人大副委员长王晨先生，尊敬的于伟国省长，尊敬的海内外传媒界的朋友们，女士，先生们，朋友们：

由中国国务院侨务办公室，福建省人民政府和中国新闻社共同主办的第九届世界华文传媒论坛今天在福州隆重开幕。感谢世界各地华人媒体界的新老朋友们来到著名的侨乡赴我们的两年之约，我谨代表国务院侨务办公室对莅临论坛的各位领导和嘉宾，对远道而来的海外媒体朋友们表示诚挚的谢意和热烈的欢迎，向为论坛成功举办提供大力支持帮助的福建省委省政府等各有关方面表示衷心的感谢！

自上次贵阳相约转瞬已是两年，这两年间世界在变化，时代在发展，中国以它五千年的文明自信和战略定义昂首阔步，稳健前行，前所未有的走进国际舞台的中心，前所未有的接近实现民族复兴的目标，前所未有的具备实现梦想的实力和条件。千千万万的海外侨胞始终与祖国心心相印，他们以家国情怀为中国发展添砖加瓦，为中外合作铺路搭桥，为民族利益奔走，为文化传承辛勤耕耘。中国的发展进步无不凝聚着海外侨胞的心血和努力，在实现中国梦的道路上海内外中华儿女始终携手并肩，汇聚起坚不可摧的强大力量。海外华文媒体承载着华文资讯传播渠道，架设起中外互联互通桥梁，充当着中华文化传承的载体，扮演着华人华社的形象，提供华裔的精神桥梁，是一面旗帜，是一支独具特色的国际舆论力量。

你们是这个伟大时代的参与者、见证者和记录者，无论是在近代中华民族处于危亡时刻，还是在当代中国改革开放发展时期，海外华文媒体从来没有缺席过，总是以难以割舍的茓果情怀把记录历史的责任担在肩上。感谢你们在对中国崛起道路种种偏见和误解的国际舆论中以外界容易接受的语言和方式，热情介绍你们眼中的中国精彩的故事；感谢你们在中国遭遇自然灾难核心利益受到挑战的关键时刻，及时抱团，积极伸张正义；感谢你们在各国华社发展建设中注入健康和谐的正能量，呵护着华侨华人的共同家园；感谢你们为推动中外友好，弘扬中华文化传播华文教育不懈努力，坚守着文化根脉，凝聚着族裔情感。海外华文媒体不仅是中国面向世界的窗口，更是海外华侨华人与家乡的联系纽带。

当今世界飞速演进的科学技术，几何技术的信息保障，井喷式的媒体发展令人目不暇给，我们还没有搞清楚PC时代，移动互联来了，还没有搞清楚移动互联，大数据时代来临了。面对国际传媒格局变革和新媒体跨越式发展冲击，海外华文媒体保持特色、与时俱进、攻坚克难，积极探索融合发展思路，为携手应对共同挑战。中国新闻社加强世界华文媒体资讯中心建设，推出新媒体供稿专线等创新媒体，以满足传统媒体和新媒体需求，服务海外各类华文媒体，推动建设世界华文媒体合作联盟，以实质性的合作聚合引领海外媒体，形成具有广泛共识共同利益和价值追求的华文媒体联合体。坚持主办世界华文传媒论坛为世界各类各地华文媒体探讨生存发展之道，提升整体素质和水平，开展同业交流与合作提供开放性

高端平台，成为凝聚海内外华文媒体力量，开展海内外华文媒体合作的精神家园。

福建是历史悠久的侨乡，海上丝绸之路的发源地，“一带一路”倡议的提出又赋予它21世纪海上丝绸之路核心区的荣耀，我们以“一带一路”与华文媒体新发展为主题在此举办第九届世界华文传媒论坛具有特殊的意义。“一带一路”直奔历史，面向未来，源自中国，始于世界，为全球华文媒体打开了全新的视野提供了新闻的富矿，铺设了广阔的未来。“一带一路”沿线中国的4千多万华侨华人，他们是丝路建设的重要推手和桥梁纽带，华文媒体既是丝路精神的弘扬者和传播者，也是丝路建设，丝路连通的参与者和记录者，拥有在全球各地采集信息的能力等独特优势，在传播丝路理念，讲述中国故事中能促进信息分享，政策沟通，文化交流，民心相通，让“共商 共建共享”的丝路故事传播四海。

本届论坛以“一带一路”与华文媒体新发展为主题，将深入探讨华文媒体在“一带一路”建设中的机遇与使命，如何创新以及华文媒体的民族情怀和文化自信等议题。希望大家畅所欲言，贡献真知，在对外与交流中碰撞出创新发展合作共赢的火花。同时为深化世界华文媒体合作联盟的建设做实“一带一路”华文媒体协作，促进华文媒体的融合发展，在本届论坛上世界媒体合作联盟官方网站改版上线，“一带一路”云平台上线，“一带一路”华文携手采访合作启动，百家华文媒体入驻华云客户端，进一步健全信息和资源共享机制，为海外华文媒体新发展凝聚更多共识，增添更多力量。我们还将为这五年“我与中国”主题征文活动颁奖。国务院侨办作为中国政府侨务的部门，我们将一如既往的关心支持海外华文媒体和媒体人的生存发展，充分发挥你们在海外核心建设中各方面的重要作用组织开展各项会侨服务和研究考察活动，把祖籍国的温暖和关爱源源不断送到你们的身边，当好你们的娘家人和贴心人。

最后，我预祝第九届世界华文传媒论坛取得圆满成功，谢谢大家！

第九届世界华文传媒论坛

第九届世界华文传媒论坛开幕式致辞

福建省省长　于伟国

尊敬的全国人大常委会王晨副委员长，尊敬的国务院侨办主任裘援平女士，各位来宾，女士们，先生们:

今天第九届世界华文传媒论坛在福州隆重开幕，我谨代表中共福建省委、省人民政府，代表3870万福建人民向莅临论坛的各位嘉宾表示诚挚的欢迎，向致力于讲述中国故事，传播中国声音的华文传媒界的朋友们表示衷心的感谢和崇高的敬意!

9月3号至5号，在以习近平同志为核心的中共中央的坚强领导下，金砖国家领导人第九次会晤在厦门成功举办。厦门会晤是今年中国主办的又一场重要的主场外交活动，全面展示了我国经济社会发展的巨大成就，也为福建的发展提供了新的重大机遇。福建是中国对外开放的重要门户，是有福之地，这里是首个国家生态文明实验区，山清水秀，空气清新，森林覆盖率达65.95%，长期保持全国第一,生态环境质量居全国前列。这里文化多元，底蕴深厚，福州三坊七巷是中国近代史的缩影，《鼓浪屿之歌》是福建最优美的旋律，南音是中国现存最悠久的传统鼓乐，鼓浪屿、福州鼓楼、武夷山被列入世界文化获世界自然遗产名录。这里是全国第二大侨乡，分布在世界188个国家和地区1580多万海外侨胞，是福建发展的宝贵资源，是福建联系世界的天然纽带。这里是中国最具成长性的省份之一，2016年全省经济总量28500亿人民币，增长8.4%，人均生产总值11000美元，人均可支配收入27608元，一般公共预算总收入4295亿元，城镇新增就业60.7万元，全省生产总值增长8.3%，经济发展稳中向好。当前全省正深入贯彻落实习近平总书记对福建工作的重要指示，努力建设机制活、产业优、百姓富、生态美的新福建，以优异的成绩迎接党的十九大胜利召开。遍布全球的海外华人媒体是联系中国与世界的重要桥梁，福建与160多家海外华人媒体一直保持紧密联系，我们希望通过此次论坛进一步深化福建与海外华文媒体的交流与合作，更好的联系侨胞，凝聚侨心，发挥侨力，更好的推进“一带一路”的建设。

祝本届论坛圆满成功，祝各位来宾身体健康，工作顺利，全家幸福。谢谢!

第九届世界华文传媒论坛

第九届世界华文传媒论坛开幕式致辞

国务院新闻办副主任　郭卫民

尊敬的王晨副委员长，裘援平主任，于伟国省长，赵启正主任，各位的领导，尊敬的参会嘉宾，女士们，先生们：

大家上午好！很高兴来到美丽的福州，与全球华文媒体的领袖们欢聚一堂，共同出席第九届世界华文传媒论坛，首先我谨代表中国国务院新闻办公室向远道而来的各位华文媒体的同仁们和各位参会的嘉宾表示热忱的欢迎和亲切的问候！

世界华文传媒论坛至今已成功举办了八届，其国际性、权威性、开放性和时效性为业界高度认可，已成为全球华文媒体交流对外的重要论坛。本届论坛以"一带一路"与华文媒体新发展为主题，探讨海外华文媒体在"一带一路"国际合作背景下面临的机遇和肩负的使命，顺应全球合作的潮流，契合时代发展的趋势具有重要的意义。2013年，习近平主席提出"一带一路"倡议，得到了国际社会的广泛响应，四年来"一带一路"建设从无到有，有由点及面，取得了重大的出色的成果，一百多个国家和国际组织参与其中，一系列标志性的重大项目落地开花，越来越多的国家和地区受惠于这一互利共盈，共同发展的理念。

今年5月"一带一路"国际合作高峰论坛在北京成功举行，为推动"一带一路"建设进一步凝聚了共识，指明了方向，也引发了国际社会的进一步的广泛的关注。海外华文媒体是世界了解中国的窗口，也是中国走向世界的桥梁，在"一带一路"倡议建成国际共识的全球共识，中国与世界联系日益紧密的当下，海外华文媒体应紧紧抓住历史机遇，积极主动讲好中国故事，传播好中国声音，为服务华人华侨促进中外友好贡献自己的智慧和力量。在此我愿提出四点思考和建议和大家分享。

一，凝心聚力，做好"一带一路"建设的推动者。今年5月习近平主席出席"一带一路"高峰论坛并且发展演讲，阐述了"一带一路"的伟大意义，全面阐释了丝路精神的全面内涵，怎样建设好"一带一路"的重大问题，为加强国际合作实现供应发展指明了方向，"一带一路"沿线国家拥有丰富的华文媒体资源，大多通晓所在国的文化和经济发展状况，希望海外华文媒体借助自身优势，广泛传播"一带一路"倡议的理念和内涵，准确解读"一带一路"建设各项政策举措，充分报道好重大标志性项目的落地推进，讲好各方共建共享的丝路故事，使华文媒体成为了解参与"一带一路"建设的重要平台，就是要成为"一带一路"的各方参与者有，同时也表示成为走出去企业和各个机构的重要的资讯平台。汇聚起"一带一路"建设的强大的洪流和巨大的力量。

二，把握机遇，做当代中国故事的讲述者。中国共产党十八大以来以习近平主席为核心的党中央关大事，谋大事，推出一系列重大战略举措，出台一系列重大方针政策，推动党和国家事业发生历史性变革，中国发展站到了新的历史起点，取得令世人瞩目的伟大发展成就。当前全国各族人民同心同德，砥砺前行，正在为实现"两个一百年"奋斗目标和中国梦而团结奋斗，希望海外华文媒体以积极报道

中国为己任，挖掘好中国当代这个中国新闻富矿，向广大华人华侨和各国民众介绍中国经济社会发展成就和对世界经济的重要贡献，介绍中国致力于维护世界和平与发展的外交理念，为国际社会了解一个真实的中国打开一扇生动的窗口。

三，建立自信，做文明交流互鉴的促进者。中华民族的璀璨文化等都构成了海外华文媒体人文化自信的源泉，“一带一路”建设拓展了中外互学互鉴的渠道，华人对中华文化的渴求、渴望和需求与日俱增，希望海外华文媒体坚定文化自信，顺势而为，借此传播，生动解读中国文化之内涵，传承发扬中国文化之精髓，让世界更好的感知中华文化的魅力和中国发展的活力，为促进各国民心相通，推动文明交流互鉴发挥好桥梁和纽带的作用。

四，创新合作，做国际舆论新格局的建设者。长久以来海外华文媒体秉承中华民族的优秀历史，已经发展成为全球传媒领域亮丽风景，国际舆论不可忽视的重要力量。我在和海外华文媒体领袖们交流的时候，大家都认为华文媒体在国际舆论中的分量，我们的份额，我们的影响力越来越大。

当前，新媒体移动互联网大潮正深刻影响全球舆论格局，海外华文媒体积极运用融合发展的思维，不断推进自身转型发展。同时牢固树立合作共赢的理念，加强华文媒体相互之间以及与住在国主流媒体，尤其是加强与国内中央媒体和地方媒体的交流合作，资源共享，形成合力，不断提升华文媒体的传播能力和水平，增强华文媒体在国际社会中的舆论影响力和话语权，推动国际舆论格局朝着更加公正、平衡的方向发展。

各位来宾，各位朋友，中国国务院新闻办公室致力于开展各国政府与新闻媒体间的交流合作，积极向中国介绍世界，向世界说明中国。海外华文媒体在讲好中国故事，传播中国声音中大有可为，国信办将加强与海外华文媒体的沟通交流，为来华采访报道提供便利条件，为了解中国大政方针提供权威性命题，为媒体间务实合作搭建平台，为海外媒体事业的发展提供支持和帮助。

女士们，先生们，朋友们，中国共产党第十九次全国代表大会即将召开，这是中国特色主义发展关键时期召开的一次十分重要的大会。希望广大华文媒体朋友紧紧抓住这一历史机遇，积极关注充分报道好中共十九大，用你们的笔生动呈现中国党和国家事业发生的历史性变革，取得的巨大成就，准确解读中国未来发展的新思路，新战略，新举措，向世界展示一个蓬勃发展、文明进步、开放包容热爱和平的中国。

最后，预祝本次论坛取得圆满成功。谢谢大家！

第九届世界华文传媒论坛开幕式致辞

中国记协书记处书记　季星星

尊敬的王晨副委员长，尊敬的各位领导，各位嘉宾，女士们，先生们：

大家上午好！值此第九届世界华文传媒论坛开幕之际，我谨代表中国记协对论坛举办致以热烈的祝贺，对远道而来的海内外华文媒体朋友致以热烈的欢迎，对参与本届活动组织工作的各方人员的辛勤努力致以崇高的敬意！

世界华文传媒论坛已经举办了八届，成为著名的国际性华文媒体高层峰会，也成为港澳台及海外媒体两年一次的盛会，为促进海外媒体之间以及他们与中国新闻界的交流合作搭建了很好的平台，做出了很大的贡献。

中国记协是中国共产党和政府联系新闻界的纽带和桥梁，长期以来通过“请进来，走出去”等多种形式与多个海外华文媒体和组织保持了良好的交流与合作，积极参与华文媒体和组织举办的国际性地区性研讨交流活动，不断拓展新的交流渠道合作努力，我们也愿意在推动海外华文媒体实现新发展，加强与国内新闻界的交流合作等方面做更多的工作，发挥更大的作用。“一带一路”的重大倡议和建设有赖于各国人民的理解与支持，有赖于媒体的传播，也有赖于华文媒体在海外的传播。

本届论坛以“一带一路”与海外华文媒体新发展为主题，选择在“一带一路”建设中基于重要战略地来举办意义深远。福州是有福之州，衷心希望海外华文媒体讲好中国故事，传播好中国声音，衷心祝福海外华文媒体的朋友们抓住发展机遇，一路福星高照，取得更大的成绩。

最后预祝本届论坛取得圆满成功。谢谢大家！

第九届世界华文传媒论坛

第九届世界华文传媒论坛开幕式致辞

马来西亚世华媒体集团执行董事　张　聪

尊敬的各位领导，女士们，先生们，来自世界各地的华文媒体朋友们：

大家好！第九届世界华文传媒论坛的召开，我有幸受邀出席，并代表我的父亲张晓卿先生。我要感谢福建省人民政府和中国侨办的盛情，为世界华文媒体的同道提供一个互相学习，共同切磋的机会，也感谢论坛这样的交流平台，让我有机会和华文媒体的同行们就“一带一路”与华文媒体新发展这一大主题共同探讨和思考。

这次论坛恰巧在福州举办，对于我和我的父亲更有一份很浓厚和很温馨的家乡情意和文化感情。一百年前我的祖辈就是从福州踏上向南洋的征程，我的祖辈就是在乱世贫困中离乡背井，含泪告别家乡的父母和亲人。当他们怀着依依不舍的文化情怀离开故土家人的时候，他们心中不仅怀着对美好生活的向往，他们也惦记着家乡的亲人，他们还将中华文化的火苗带到海外，落地生根，再建家园。正因为中华文化的星火相传，让中华儿女开枝散叶，也意味着中国文化的特征，让海外炎黄子孙成为勤劳善良又可以和当地的族群融洽相处。也正是对中华文化的坚持和认同，让华裔的世世代代永远热衷于中国文化的传播和维护。这也是为什么我们为什么走到海外依然可以听到四书五经，也可以听到唐诗宋词，再加上各位传媒先进的努力，在世界各地报道世界大事和传播中国声音。

中国国家主席习近平提出的“一带一路”倡议，既为世界华文媒体发展注入新的动力，也带来了前所未有的机遇，随着“一带一路”的深度推进，华文媒体更是在中国走向世界，世界了解中国的历程中扮演至关重要的桥梁，并为世界华文媒体发展创造新的条件。这些年，传统媒体的生存发展空间不断受到网络媒体的挑战和冲击，但是秉持着中文媒体是传统文化传播的重镇，随着中国综合国力的不断提升，中华文化的复兴必将在新媒体发展的大浪大潮中重新焕发新的光彩。我相信在各位媒体前辈的努力之下，在国务院侨办和中国新闻社的大力支持之下，世界华文媒体发展一定会迎来新的春天。

最后，我预祝论坛取得圆满成功，并祝大家身体安康，谢谢！

第九届世界华文传媒论坛

第九届世界华文传媒论坛主旨报告

“一带一路”与华文媒体新发展（摘要）

中国新闻社社长　世界华文媒体合作联盟秘书长　章新新

“一带一路”倡议提出四年来，世界华文媒体积极实践，传递“和平合作、开放包容、互学互鉴、互利共赢”的丝路精神，在中国与世界的互联互通上，发挥着越来越重要的作用。

一、全球媒体发展大趋势：融合与对话

在世界形势的发展变革中，信息传播扮演着重要角色。如今,科学技术飞速演进，媒体行业面临新兴媒体裂变式的发展，无论在世界何地，媒体变革无处不在，而融合是大势所趋，对话才能共生共荣。

1、国际媒体新格局：移动化、数字化、社交化

近两年，全球范围内媒体融合的趋势愈加显现，集中在移动化、数字化、社交化。“小屏”逐渐取代“大屏”，信息的流动在数字媒体之间碰撞。以手机为载体，社交网络四处延伸，构建了新的传播生态。

与新兴媒体跨越式的演进相对应，传统媒体已无法回到从前的辉煌。“报纸”的媒介功能正在日趋弱化，数字化转型成为了传统报业的出路之一，主要体现在网络和移动手机端的新闻实时收看。广电领域在这两年间也进行了大量的尝试，极力打造大型的内容聚合平台，同时争取成为数字化新闻的第一入口。

2、　中国媒体新姿态：与世界握手

这两年，中国内地的媒体行业在融合式发展方面可谓大踏步前行。中国领导人在多个场合强调加速媒体融合，指出要遵循新闻传播规律和新兴媒体发展规律，推进媒体融合发展，从相“加”阶段迈向相“融”阶段。

中国内地的媒体融合发展是置于国际局势错综变化及世界媒体加速转型的大环境之中，中国内地媒体与国际主流媒体有对话、有竞争，与海外读者有交流、有碰撞，随着中国国际地位的提升、话语影响力的增强，中国媒体“走出去”的态势愈发显现，而“一带一路”倡议的提出，更成为中国媒体与世界握手的最佳契机。

二、海外华文媒体新挑战：变革与创新

近年来，华侨华人新生代不断融入所在国家和地区主流社会，华文媒体不仅承载着华文资讯传播的传统，还日益成为中外互联互通的桥梁，传承中华文化的载体，民族情怀和华人形象的代言人，更是全媒体变局下媒介融合、媒体创新的先行者。

1、传播介质深度变革、交互融合

华文媒体进行着传播介质、传播形式、媒体业态的深度变革。以移动技术为基础的新媒介进一步崛起；同时新兴的“内容生产者”，或是传统纸媒或广播电视向新媒体转型后的内容产业，正在日益适应新的传播形式，形成极具潜力的新业态。

2、 境内外华文媒体互联互通

伴随中国经济社会发展和国力提升，中国海外新移民的增加和“华二代”、中国留学生、海外游客的规模扩大，使得华文资讯传播在海外的价值得到提升。华文媒体不仅成为中国面向世界的窗口，更成为海外中国人、新生代华人与祖（籍）国、家乡的联系纽带。在此背景下，境内外华文媒体的互联互通更加深入。

3、 华文媒体更深影响海外舆论热点事件

近年来，华文传统媒体与自媒体积极互动，为华侨华人争取权益创造了更好的条件。值得关注的是，华文媒体在海外涉华事件中扮演着越来越重要的“议题设置者”的角色，对所在国舆论与官方行为的影响力提升。华文媒体连通华人、所在国舆论及祖（籍）国舆论，不断反馈激荡，形成传播链。

三、 “一带一路”背景下的华文媒体：机遇与使命

时代在变迁，科技在发展，信息传播在不断刷新人们的认知，遍布世界各地的华文媒体都必须迎接新的变革。在我们感叹“新闻难为、媒体不易”的同时，也请相信：机遇无处不在，使命终应坚守。

1、 华文媒体的机遇：“一带一路”绘蓝图

华文媒体是信息的搜集者、制作者和传播者，具有媒体的属性；同时，作为海外华人社会的重要组成部分，华文媒体亦拥有融通中外的独特优势。这决定了“一带一路”的理念传播及实际推进中，华文媒体具有不可替代的重要作用。

华文媒体生于侨、长于侨，一头连着中国，一头连着世界，一头连着华社、一头连着所在国主流社会，能够以海外受众喜闻乐见的方式与易于理解的语言，将中国推向全世界；能够以“见证者”、“记录者”的视角，将“一带一路”的伟大倡议和生动故事传之华社、传之所在国、传之四海。

2、 华文媒体的坚守：中华文化筑根基

近年来，媒体不断变革演进，新媒体、全媒体、融媒体的概念纷纷出现，媒体在不断追求内容创新、形式创新、渠道创新、技术创新……但对海外华文媒体来说，有创新更应有坚守，站得再高，根基要稳，中华文化就是海外华文媒体发展的基础和根本。事实证明，海外华文媒体并没有忘记这个根本，始终以传播中华文化为己任。

在文化的传播与对话中，华文媒体应深刻认识到中华文化是世界文化百花园中的一支，族裔文化是多元文化的重要组成部分，华文媒体应当以开放的姿态、以包容的胸怀，为世界文化的共同繁荣发展搭建交流互鉴的平台。

3、 华文媒体的使命：民族情怀有担当

时代在变，媒体也在与时俱进，但华文媒体始终坚持书写民族情怀，葆有人文理想。期望海外华文媒体生动讲述“今日中国”。期望海外华文媒体自觉维护“华人形象”。

海外华文媒体长期浸润、深入了解中外历史、政治、经济、民族、宗教等状况，其在不同社会认知、文化传统中取得平衡与互补后的话语表达，往往更易于为东西方所接受。因此，让全世界更加准确、全面、深入地认识中国、理解中国，海外华文媒体的讲述往往至关重要。

华文媒体是华侨华人的精神食粮，维系着华族之根。坚守华人立场、维护华人形象是华文媒体的职责与使命所在。华文媒体应该成为族裔发声的重要平台、权益维护的有效渠道、交流对话的双向桥梁，推动建设和谐侨社，使华裔成为受欢迎、受尊重、有尊严、有地位的族群。

第九届世界华文传媒论坛福州宣言

2017年9月12日·福州

中国新闻社总编辑　王晓晖

我们，来自五十多个国家四百多家华文媒体的代表，汇聚中国福建省福州市，论道于第九届世界华文传媒论坛，尽抒所见，凝聚共识，达此《福州宣言》，与海内外华文传媒同行们共勉。

一、“一带一路”，宏图已现，在我华媒，足称机遇。我们相信，生于侨、长于侨的华文媒体，凭借融通中外的语言、文化和身份优势，能够以海外受众喜闻乐见、易于理解的方式，将“丝路精神”推向世界；能够以“见证者”、“记录者”的视角，将“一带一路”的伟大倡议和生动故事传之四海。

二、媒体融合，大势所趋，创新发展，我辈责任。我们相信，海外华文媒体可以且已开始在传播介质、传播形式、媒体业态等方面深度变革，发力新媒体，发展融媒体，延伸移动端，逐步形成新兴媒体融合发展的良好业态。

三、携手合作，共迎挑战，共建平台，共谋发展。我们相信，通过携手合作，共建平台，中国内地媒体必将更好地走向世界，海外华文媒体亦能更好地拥抱新技术，进一步实现融合发展，在国际舆论场上，发挥更大的影响。

四、中华文化，传承不息，厚德载道，我辈仔肩。我们相信，华文媒体必将坚守传播中华语言文化的责任，持续传播中华文化，担负起传承民族文化、维系民族情感的重要使命，为各国民众打开中华文化之窗，在海外华社、所在国及中国之间，架起文化交流的桥梁，成为中华文化走向世界的重要载体。

五、民族情怀，长在我心，民族复兴，各尽己力。我们相信，海内外华文媒体同仁，继续秉持民族情怀，讲好“中国故事”，帮助世界更准确、全面、深入地了解今日中国，为实现中华民族的伟大复兴担当历史责任。

在福建这片走出过陈嘉庚等著名侨贤的土地上，我们追忆典范，步武先贤，愿在此宣言精神下，传承华文传媒薪火，秉持初心，砥砺前行，共创华文媒体发展之新局。

第九届世界华文传媒论坛闭幕式致辞

福州市委常委、宣传部长　蔡战胜

女士们，先生们，朋友们：

大家好！时光飞逝，转眼间第九届世界华文传媒论坛已进入尾声，这几天大家欢聚在有福之州，围绕"一带一路"与华文媒体新发展主题以及全媒体变局中的华文媒体创新，"一带一路"中的华文媒体，华文媒体的文化自信等话题密切交流，共话发展，发表了许多高见，达成福州宣言。

福州市对本届论坛高度重视，举全市之力为会议提供优质高效的服务保障，确保领导和嘉宾有宾至如归的感受。福州是知名侨乡，有400多万海外侨胞，为更好的迎侨宾，长期以来福州市高度重视与华文媒体的合作，2005年福州晚报先后与印尼、英国等海外华文媒体创办今日福州海外版，每月推出51个专版，发行量两百多万份，发挥了凝心聚力的桥梁作用。2016年6月，福州还与美国日报创办英文版的今日福州。这些海外版已成为福州对外宣传，介绍祖国，特别是福建福州的重要阵地，也是世界了解福州的重要窗口，我们的做法得到中央外宣办、国务院新闻办的充分肯定，今后，我们将继续大力推动福州市媒体以及侨刊与华文媒体的合作，讲好中国故事，福建故事，福州故事，期待我们共同有更多的声音向世界宣传福建，宣传福州，介绍福州，吸引更多海外朋友来福州投资创业，求学生活和旅游观光，为建设环境更美，品质更好，功能更全，服务更优的有福之州注入新的活力。

明天大家将参观考察活动，近距离体验福州的改革发展、城市规划、文化建设，政务服务，以及福州人民的日常生活，与我们共同感受十八大以来在以习近平同志为核心的党中央坚强领导下，福建省福州市各项事业取得的成就，共享广大人民的获得感、幸福感，福泽天下，有福之州欢迎各位领导和嘉宾再次光临，最后祝大家工作顺利，幸福安康，谢谢！

第九届世界华文传媒论坛

第九届世界华文传媒论坛闭幕式致辞

石家庄副市长　孟祥红

尊敬的谭天星副主任，杨贤金副省长，各位领导，海内外华文媒体的朋友们：

大家好！在北国金秋送爽的美好时节，我们相聚在海上丝绸之路发源地，美丽的幸福之州—福州，围绕“一带一路”与华文媒体新发展主题，畅叙友情，共话发展，一起感受了海纳百川，有容乃大的福州城市精神，共同见证了第九届世界华文传媒论坛成功举办，在此请允许我代表下一届论坛的举办地河北省石家庄市对本届论坛的成功举办表示热烈的祝贺。同时，借此机会向海内外各位宾朋发出最诚挚的邀请，石家庄1100万人民热切期盼并欢迎您的到来。华北重镇石家庄有着悠久丰厚的历史文化，光辉灿烂的革命文化，独具特色的地域文化，是千年古郡，百年城市，新中国从这里走来，西柏坡已经成为中国共产党人奋斗精神的，响应中外的天下第一桥肇州桥也有1400多年的历史，生动演绎着慷慨中永的人文精神底蕴。京津冀协同发展，雄安新区规划建设、2020年冬奥会的举办等都将为这座河北省会城市带来前所未有的发展机遇，也必将使这座城市焕发出勃勃生机与活力。石家庄市有十几万归侨侨眷和海外侨胞分布在56个国家和地区，世界华文传媒是华侨华人了解故土，心系祖国的精神家园和窗口，是世界认识中国的有效载体和渠道，是中国走向世界的重要桥梁和纽带。从16年前，在南京举办首届活动至今，世界华文传媒论坛一路走来，品牌影响力日益扩大，已成为海内外华文媒体交流合作、精采对话的盛大聚会。

早在2011年，应海内外华文媒体的共同心愿，世界华文传媒国际交流中心项目就被列为河北省和石家庄市重点文化产业项目，并扩土动工，建立会址，现已经基本建成，即将投入使用，这将会成为世界华文媒体自己的家园。必将为海内外华文媒体发展带来新机遇，增添新动能。今天，我接过世界华文媒体华文传媒论坛庄严的会期深感任务艰巨，使命光荣，接过了旗帜就是接过了重托，接过了期望，接过了责任，同时也接来了这座有福之州，多福之州、幸福之州的福气，我们有义务，有责任，有能力让这份福气伴随着世界华文传媒论坛一届一届传递下去，我们将在国务院侨办和中国新闻社的指导下，在河北省委省政府的领导下精心组织，认真筹备，努力把下一届世界华文纯美论坛办成互融共通，共谋发展，独具特色影响深远的盛会。

请相信世界华文传媒论坛选择了石家庄，石家庄一定以真诚和精采回报大家，我们再次诚挚的邀请各位朋友在石家庄快速发展的道路上能与您携手前行，一起领略太行美景，感受燕赵文化，共创美好明天。

朋友们，让我们携手相约2019，相约石家庄，相约在底蕴深厚风光雄雄的燕赵大地，我们期待与各位朋友在石家庄再见，谢谢！

第九届世界华文传媒论坛

第九届世界华文传媒论坛闭幕式致辞

国务院侨务办公室副主任　谭天星

尊敬的杨贤金副省长，各位领导，各位华文媒体的朋友们，女士们，先生们：

大家好！第九届世界华文传媒论坛即将落幕，两天来来自世界430余家华文媒体的领军人物欢聚一堂，围绕“一带一路”与海外华文媒体的新发展为主题深入交流研讨，共谋合作发展，达到了交流交融增强信心合作共赢的目的。2017年全球高度聚焦中国，在过去九个月里我们见证了“一带一路”国际合作高峰论坛，香港回归20周年的普天同庆，中国人民解放军建军90周年的沙场阅兵。金砖国家领导人第九次会晤等重大活动，特别是是习近平主席亲自发出的“一带一路”伟大倡议，四年来已从理念化为行动，将愿景变成共识，“一带一路”传之四海，惠泽八方，第九届世界华文传媒论坛以“一带一路”与华文媒体的新发展为主题，绘制了发展新蓝图。全国人大王晨副委员长在论坛开幕上的讲话，希望中国华文媒体讲好中国故事，促进“一带一路”建设的重要平台，增进中外深入友谊的重要桥梁，体现了中国政府对全球华文媒体的重视和关心。国务院侨务办公室主任，福建省省政府副省长于伟国在论坛开幕式上致辞，向全球华文媒体给予厚望，论坛上中新社社长章新新做了主旨报告，专家们详解了“一带一路”建设，华文媒体的代表们围绕“一带一路”华文媒体变局中的创新，中华文化的海外传播，华文媒体与中国故事，海丝事业上华文媒体的历史、理论与实践等议题进行了热烈讨论。在闭幕式之前，大概还进行了交流，大家各抒己见，畅谈心得，共谋未来，达到了论坛联谊、交流、研讨、发展的预期目的。本届论坛可谓内容丰富，精彩纷呈，成果丰硕，刚才我们见证了论坛五项具体成果，包括世界华文媒体合作联盟官方网站改版上线，“一带一路”华媒协作云平台上线及“一带一路”采访活动的启动，侨宝客户端国别版签约和百家华文媒体入驻华语客户端、新书发布和征文颁奖。此外还举行了图片展，论坛结束后，大家还要继续组织媒体的代表们赴相关省份考察。

总之论坛在构件华文媒体精神家园的同时也务实，力图为华文媒体提升竞争力和影响力提供切实的帮助和指引。本届华文传媒论坛发表了福州宣言，主要达成了以下三点共识：

一，“一带一路”建设是全球华文媒体发展的大机遇。在“一带一路”建设中华文媒体面临难得机遇，具有独特优势，发挥重要作用。“一带一路”的推进带来海量新鲜的新闻资源，这是华文媒体彰显话语权的必要资本。中国国际地位的显著提升，这是华文媒体成长壮大的坚强后盾。华人迈向世界的脚步加快，与所在国主流文化的加深，这是华文媒体持续发展的必要土壤。全球化的发展趋势使华文媒体交流合作的空间拓展，提供了华文媒体发展的广阔舞台，华文媒体抓住“一带一路”机遇，乘势而上，必将迎来大的发展。

二，融合创新是全球华文媒体发展变革的大方向。当今世界华文媒体正发生着深刻的结构性的变化，本土化、多元化、分众化、融媒体发展趋势更加明显，多年前，世界华文传媒

论坛就提出了“媒体变革”的全新议题。那个时候很多传统媒体正面临新媒体的冲击，媒体旧有的生产方式已不适应时代的发展，大家都在提出华文媒体该向何处去成为大家的困惑和疑问。今天，事实已经证明无论是传统媒体还是新媒体都有其存在的合理性。科学技术的快速发展为媒体的话语表达提供了不同的手段，用户多样性、个体化的需求为媒体的内容展示了更多的视觉，竞争的压力同时也是前进的动力，创新是必然的，如何创新最为关键，对全球华文媒体而言，融合是发展，才是变革图存的核心。

三，中华民族情怀是全球华文媒体的共同坚守。有创新并要有坚守，作为海外华人社会的重要支撑，华文媒体情系故园，扎根侨社，服务侨胞，传承文化，维系根脉，已经成为中国文化向心力的重要载体，正是对民族情怀和中华文化的坚守，对新闻媒体事业的执着，使华文媒体面对挑战不退缩，面对困境不放弃，始终勇于担当。在这里仅向全球孜孜以求，有着这份正义、民族深厚情怀的华媒人致以崇高的敬意。

女士们，先生们，朋友们，世界华文传媒论坛自2001年创立至今已经举办了九届，规模和关注度逐渐提升，品牌的影响力也日益扩大，论坛提升华语国际话语体系和媒体融合趋势下，华文媒体的竞争力和影响力，今天世界华文传媒论坛已成为全球华文媒体沟通交流，寻求合作的重要平台，成为极具影响力的华文媒体盛会。

中新社做出了巨大努力，作为一家国家级国际性的中新社，中新社一直致力于服务世界各地的华文媒体，努力打造资讯中心，通过本届论坛达成的一系列成果，国务院侨办、中国新闻社将以此次论坛为新的契机，在与华文媒体的联谊、交流、合作中继续务实推进世界华文媒体的大发展，新发展。

女士们，先生们，朋友们，福建是著名的侨乡和台胞之乡，是众多海外侨胞闻亲目友的故土家园，两天聚焦福建，让我们深切感受到作为海上丝绸之路核心区的发展魅力，感受到有福之州这个城市的热情，在此我代表国务院侨务办公室和全体与会嘉宾向共同举办此次论坛和承办的单位表示诚挚的谢意。

向辛勤付出的工作人员、志愿者们以及我们的酒店表示衷心的感谢！也再一次感谢全球华文媒体的代表们对世界华文传媒论坛的真心、热情参与。

女士们，先生们，朋友们，10月18号中国共产党第十九次次全国代表大会在北京隆重召开，海外侨胞热切期盼，在全面改革开放的新阶段，国家将更加富强，人民将更加幸福，民族将走向伟大的复兴。这是中华民族之幸，这是海内外中华儿女之幸，让我们携手努力，同心同德，在“一带一路”建设中创新发展，迎接世界华文传媒的美好明天，为中华民族伟大复兴的中国梦续写新的篇章。

现在我宣布第九届世界华文传媒论坛胜利闭幕，2019年石家庄再相会，谢谢大家！

马来西亚《星洲日报》90周年报庆

《星洲日报》与华社共同命运冷暖与共

媒体的功能是启迪民智及传播信息。《星洲日报》还有一个更大责任，就是传承华文教育及中华文化。《星洲日报》跟华社的关系，并不单单只是报社和读者的关系，里头还包含同一血脉，冷暖与共，是命运共同体。

《星洲日报》创刊于1929年1月15日，经历英国殖民地时代、抗日时期、独立运动，直至建国之后的今天。《星洲日报》曾二度停刊，第一次是在1942年至1945年，因日军南侵，马新两地相继沦陷而被迫停刊3年8个月；第二次是1987年因捍卫华文教育，遭马来西亚政府援引出版和印刷法令吊销出版准证5个月11天。

1988年4月8日，在现任社长丹斯里张晓卿爵士及高层努力争取下，《星洲日报》得以复刊。

随着科技的发展，媒体生态出现激烈的转型与改变，《星洲日报》也往融媒体靠拢，这是一个不可阻挡的趋势。但是，《星洲日报》在积极往新媒体发展之余，更不忘坚守传统媒体这个文化堡垒，以确保纸媒与新媒体在互补、互助之下，互相发挥影响力。

《星洲日报》深信，内容是决定报纸是否受支持的主要推动力。因此，除了新闻及各种信息，《星洲日报》近年来也在纸版相继推出各种配合新时局的内容与专版，包括“暖势力”、“医识力”、“求真”与“我们”等，并深获读者的喜爱及好评。

“暖势力”版报道社会中许多好人好事，塑造一个正能量的社会，让读者每天阅读后，心中也充满阳光，激起参与协助弱势群体的心愿。

在目前这个后真相时代，手机控制着我们的生活，人们单照全收网络中各种碎片式、没有营养，甚至是虚构与具有恶意的内容与假新闻。许多人失去思索或分辨是非、对与错的能力，只看误导性的标题就分享出去。《星洲日报》推出“求真”版，把网络上、脸书、whatsapp与微信群组里广传与再循环的假新闻、假消息与伪造的图片与视频等找出来，然后逐一求证，还原真相。

保健是大家关心的课题，“医识力”版以“服务、实用、互动”为主，提供医学须知、医院及科系指南、指导养生、防病及治疗的选择参考、透过医疗讲座与读者面对面交流，以及回答读者的医疗/用药问题等五大服务范围。

除了以上每天见报的专版，逢周日见报的“我们”版，则是一个以报道马来西亚国内跨种族课题为主要内容的专版，目的是让读者更进一步了解其它族群的文化、生活、宗教、风俗和禁忌等。我们相信多一份了解，就多一份尊重，也多一分和谐，这是跨种族版“我们”的出发点。

马来西亚的中文报纸，肩负的责任不仅仅只是一家传达信息的媒体，也是推动华文教育、中华文化传承及维护族群权益的重要机构。

马来西亚的华人社会被喻为保留了全世界最完整的华文教育体系及中华文化，是因为中文报、华人社团、华文学校及华商形成了支撑华人社会的四大支柱。

《星洲日报》身体力行，每年主办多项的活动，协助华校筹募经费，迄今已经为超过1000所的华校筹获超过马币4亿令吉的建校基金。此外，《星洲日报》每年也提供奖学金给数百位家境贫寒的华裔学生，进入本地大专院

校升造。

为了传承中华文化，《星洲日报》每年配合一年四季，推动及主办“四季中华”五大节庆活动：在春节期间的正月初七人日，主办弘扬孝亲敬老精神的“松鹤之夜”；在夏季的五月初五端午节，主办提倡爱国精神的“粽香情长”晚宴；在秋季的八月十五中秋节，主办欢庆国泰民安的“月圆人圆”晚宴；在阳历12月22日冬季立冬，主办营造家和万事兴气氛的“温馨冬至”晚宴，及在春节来临前主办弘扬过年传统习俗的“迎春接福”庆典。

《星洲日报》也主办各种奖项，包括“花踪文学奖”、“企业楷模奖”、“大马保健品牌奖”、“教育楷模奖”，颁发给在不同领域表现特出的人士及企业。

虽然近年来全世界的媒体都受到各种不同程度的冲击，不过《星洲日报》的总发行量还能维持在超过40万份（包括电子报），读者人数每天超过100万人，使到《星洲日报》不仅是马来西亚发行量最高的报章，也是中国大陆、香港、台湾以外最大的华文日报。

《星洲日报》为了提供各种不同的媒体平台给不同年龄层的读者，除了继续加强传统纸媒的销售外，也在新媒体方面增设各种平台迎合读者的需求。2000年成立“星洲网”，2012年设立“星洲脸书”专页，2013年推出“星洲网APP”，2014年设立“微信账号”，2014年推介“星洲电子报”，以及2014年推出集新闻与娱乐于一身的“百格”流动电视频道，集团全面推动媒体融合的全方位战略。

近年来，《星洲日报》在业务发展上的大事是：

2004年10月，《星洲日报》连同《光明日报》正式组成星洲媒体集团，并在吉隆坡证券交易所主要交易板上市。

2007年1月29日，星洲媒体集团和香港明报集团宣布合并，并邀请南洋报业参与。在合并计划下，星洲媒体倒置收购明报企业，实现走向全球的计划。明报企业取代星洲媒体在大马股票交易所主要交易板的上市地位，成为第一家在大马与香港双边上市的公司。

2008年1月，星洲媒体、南洋报业以及明报企业分别举行股东特别大会，三个特大都以近100%的票数通过合并计划。

新集团取名“世华媒体”，旗下中文报纸包括《明报》、《星洲日报》、《光明日报》、《南洋商报》、《中国报》以及《亚洲周刊》等30多家杂志。另外，还有《柬埔寨星洲日报》、《印度尼西亚星洲日报》与巴布亚新几内亚英文报《The Nation》，业务版图分布广泛。

马来西亚《星洲日报》90周年报庆

张翼卿：《星洲日报》用心守护读者

世华媒体集团董事部主席拿督斯里张翼卿表示，《星洲日报》经历了90年的风雨沧桑，接下来将继续以生动的方式见证马来西亚的成长，继续用心说马来西亚的故事、传递马来西亚的声音、展示马来西亚的形象，一路见证这个国家的日新月异，一路记载每一座城市的曲折与辉煌、光荣与梦想。

张翼卿2019年2月16日在《星洲日报》创刊90周年报庆推展礼上致词时笑言，90岁并不老，《星洲日报》将会把创刊90周年视为另一个起步，继续以赤子之心面对时代的瞬息万变。

他说："不忘初心，方可行稳致远；唯有创新，才能赢得未来。我们在穿越沧桑岁月的同时，始终用心守候着自己的读者。我们这一次在媒体发展新业态下满足读者需求的主动求新求变，是我们对未来的一次深度思考。"

张翼卿指出，"自我们的首相敦马哈迪以93岁高龄再度拜相，大大改变了国人对90岁的解读，对马来西亚人而言，90并不老，还大有可为。其实，在历史长河中，90年也只是开头的小阶段，《星洲日报》放眼千秋，90年还算是起步。"

张翼卿承诺，我们虽然有90年的办报经验，但我们依然抱着新生儿的赤子之心面对时代每一个变化。今天的《星洲日报》已经不只是一张报纸，而是一个可以每天24小时，每周7天，全方位、全媒体提供资讯内容的全媒体平台。同时，《星洲日报》依然是马来西亚媒体中最具有影响力的内容供应者。

张翼卿指出，回顾《星洲日报》创刊的历史语境，已走过几许风雨路。在最近10年，媒体行业在互联网时代经历了翻天覆地的变化，《星洲日报》依然屹立，靠的即是老星洲队伍身经百战傲立潮头的底气，也靠新锐新秀们的创意与拼搏。"一家报纸的模样，其实就是一群报人灵魂的模样。""随着新媒体的变化，媒介转换正在发生，报纸或许会受影响，但像《星洲日报》这样有正义灵魂的专业新闻机构，在塑造社会价值、促进公平与正义方面依然有着不可或缺的作用。"

张翼卿表示，《星洲日报》与华社唇齿相依，风雨同行。如今迈入第90个年头，《星洲日报》将继续站稳立场，为读者及人民表达心声，尽报人的责任。今年迈入第90个年头，在寻找机会改变、转型和前进的同时，我们不忘一路携手共同前进的华社朋友和读者，同时也一直在思考如何与华社共创美好将来。

他表示，大马在经历改朝换代后，也为媒体的发展带来新契机。我们既要洞察时代变化，更要站稳立场为读者及人民发声，尽报人的责任，为人民服务。这是我们90年来不变，将来也不变的原则和方向。我们矢言将继续站在马来西亚的立场，用马来西亚人的角度来记录马来西亚的故事。"

张翼卿宣布，《星洲日报》今年将有迈向新里程碑的两件大事，即开始展开创刊90周年庆的系列庆祝活动，而《星洲日报》融媒体系统也从即日起正式运行！我们在今天，同日双喜推介星洲专属的新网站及新APP或应用程式。目前，《星洲日报》马来西亚官方脸书粉丝群已超过150万，Instagram粉丝群也领先国内其他华文媒体。

他表示，《星洲日报》的一贯原则和立场始终不变，同时将顺应新时代的平台，让新闻呈现手法与时并进。今天我们的记者也不再只是做平面书写工作，在融媒体系统下，新闻将是一键发布，读者会通过我们新的APP及网站，快速阅读最新时事，掌握世界动态。

张翼卿指出，在《星洲日报》全新客户端平台APP，触屏以及PC版网站推出后，采编系统也正式踏入“数码为先”的融媒体时代。采用方正系统，记者可以通过手机在新闻现场第一时间发布文稿以及影像。这些内容经过审核后在最快速的时间发布到各个平台，同时让目前的采编团队可以全面转型，生产适合不同平台的内容。融媒体系统的优势是让编采人员从幕后走向台前，丰富新闻传播形式，进一步拉近与读者受众的距离。同时，内容的互动反馈更及时、直接、完整，节目也更具可感性和娱乐性。全新平台和新技术的运用也有利于吸引年轻粉丝，巩固现有和潜在用户群体。

他指出，《星洲日报》早在2014年洞悉用户习惯的改变，即越来越多的用户通过流动端接触星洲网。因此，《星洲日报》随即推出全新视频网站——百格，以新闻视频以及清谈节目为主的百格崭露头角，每月视频浏览超过千万。大选开票日直播节目更是马来西亚最多人观赏的Youtube直播中文节目。了解到用户在资讯爆炸的时代，更需要可靠资讯来源来整理一天大小新闻，《星洲汇报》也在2018年登场，逢周一到周五早上推送新闻到用户邮箱，短短一年内，用户就增加到10万人。

配合《星洲日报》创刊90周年，张翼卿宣布，继“暖势力”、“医识力”、“求真”及“我们”专版以后，《星洲日报》将设立名为“后生可为”的新专版，因为后生可畏的年轻人将会是马来西亚的未来栋梁。

张翼卿说：“以深度内容，面向华文世界是《星洲日报》的初心。在最高处观察、在最深处剖析是我们下笔的要点。为了能更好地满足读者，更好地为读者服务，我们一直在坚持不懈地努力，不断地改进、调整办报的形式与内容，来提高报纸的营养和可读性。”“读者的喜好就是办报的重心所在，从过去的‘暖势力’、‘医识力’、‘求真’到‘我们’专版，都为读者填补了生活层面和精神层面最想阅读的内容。今年，我们也将推介新的专版，叫做‘后生可为’。”“当今时代是属于年轻人的，今天他们虽然没有经验，没有雄厚资金，没有靠山或背景，但是他们有思想、有胆识、有创意。扶助今天的年轻人正是扶助明天的马来西亚。”

张翼卿表示，《星洲日报》希望通过“后生可为”专版，让有创意的年轻人找到投资者，让有钱及在寻找着投资项目的老板们，像伯乐一样找到更多的千里马。同时，也让其他人从年轻人的创业故事和热情的精神中，了解什么是“后生可为”。

香港《文汇报》庆祝创刊70周年

香港《文汇报》创刊70周年庆典酒会，2018年9月9日在香港会议展览中心隆重举行，逾900名香港社会各界嘉宾出席，冠盖云集，场面热闹。

“文以载道，汇则兴邦。”香港《文汇报》创刊70周年以来，承载的是“与祖国同心，与香港同行”的初心，汇聚的是爱国爱港、为“一国两制”事业奉献的激情与奋斗。

全国政协副主席梁振英、行政长官林郑月娥、中联办副主任杨健、外交部驻港副特派员杨义瑞等共同主礼庆典盛会。全国政协委员、香港大公文汇传媒集团董事长、香港文汇报社长姜在忠，林郑月娥、梁振英及杨健先后致辞，表达对文汇报创刊70周年的祝福和期许。

行政长官林郑月娥在庆典酒会致辞时指出，虽然经历时代变迁，但是文汇报一直坚持以爱国爱港为宗旨，以“文以载道、汇则兴邦”为理念，为读者提供准确、客观、持平的报道，深受读者信赖及爱戴。

林郑月娥表示，70年前，世界正从二次大战造成的创伤中艰难复苏，新中国尚未成立，香港人的生活也比较艰苦，香港《文汇报》就是在这样的背景下创刊。在过去70年，文汇见证新中国成立，目睹国家改革开放，高速发展，并记载香港回归祖国，成功落实“一国两制”，与国家同发展、共繁荣。

林郑月娥赞扬，《文汇报》一直坚持以爱国爱港为宗旨，以“文以载道、汇则兴邦”为理念，为读者提供准确、客观、持平的报道，深受读者信赖及爱戴。除在香港和内地外，《文汇报》还同步在欧、美、非洲和澳洲发行海外版，销量以百万份计，已成为覆盖全球华人社会的华文媒体，影响力和公信力备受认同。

她又说，除了坚持理念，《文汇报》另外一个成功之道是不断寻求突破，精益求精。《文汇报》早于1996年已设立文汇网，是访问量最高的香港报纸网站之一。此外，《文汇报》亦开发了智能电话的应用程序，为读者提供方便，也扩大了读者群。今天成立的“文汇之友”也是另外一项突破，它将团结香港、内地以至海外关心和支持《文汇报》的各界朋友，共同促进《文汇报》的各项事业和香港社会的和谐稳定。

展望未来，她相信，随着香港在中央支持下融入国家发展大局，《文汇报》对中央政府方针政策的权威解读，以及作为香港与内地之间信息交流、深入了解的重要桥梁，将起更为重要的作用。《文汇报》在未来会继续与祖国同心，与香港同行，致力服务香港，贡献国家。

全国政协副主席梁振英在庆典酒会致辞时表示，作为《文汇报》的老朋友和老读者，他对《文汇报》走过不平凡的70年表示热烈祝贺。他相信，未来《文汇报》将继往开来，弘扬宗旨，服务大局，为国家全面改革开放，为内地和香港的相互了解和共同发展，继续发热、发光。

梁振英表示，1977年他从英国完成学业返回香港，开始关心内地的发展，于是成为《文汇报》的读者，41年来读者身份从未间断。1978年内地改革开放，20多位香港专业人士成

立促进现代化专业人士协会，为国家的现代化尽绵薄之力。《文汇报》在多方面支持协会的工作，包括安排会员到深圳和广东其它地方义务讲课，《文汇报》下属的雅典印刷公司还为他们印刷讲课用的讲稿。他又说，为了现代化协会的工作，他经常进出《文汇报》当时位于湾仔道的报馆，享用过食堂的饭菜，也因此认识了一批同辈的《文汇报》记者。

梁振英指出,几年后他开始向《文汇报》投稿，包括每周一篇的“旋转茶座”，其它的“茶座”作者包括陈子钧、陈毓祥、刘佩琼和程介明等。他在中资银行培训班关于香港房地产市场制度系列讲课的录音也成为《文汇报》经济版的专栏。起草基本法期间，《文汇报》更是大力支持基本法谘询委员会的工作，发挥了不可替代的宣传和解释说明作用。他又赞扬，70年来，《文汇报》办报宗旨光明正大，立场鲜明坚定，内地新闻优势突出，报道手法与时俱进。

在庆典酒会上，全国政协委员、香港大公文汇传媒集团董事长、香港《文汇报》社长姜在忠致辞时表示，《文汇报》将继续坚持服务国家和香港发展大局，坚持正确的舆论导向和传媒价值，为香港的长期繁荣稳定，为中华民族伟大复兴的伟业，做出新的贡献。

姜在忠表示，1948年9月9日，香港《文汇报》在港创刊，李济深、徐铸成、严宝礼、马季良、郭沫若、茅盾、胡绳、侯外庐、千家驹、翦伯赞等名人大家，心系国家命运、民族安危，坚持文人论政、文章报国，开启了《文汇报》爱国爱港的航程。甫一问世，《文汇报》就以坚定鲜明的态度、及时准确的报道、独家权威的新闻、清新朴实的文风、与众不同的风格风靡维港。

一路走来，《文汇报》讴歌新中国的诞生和国家建设发展成就，坚定支持和服务国家改革开放，向香港读者讲好中国故事，传扬习近平新时代中国特色社会主义思想，为实现中华民族伟大复兴的中国梦凝聚力量；一路走来，《文汇报》与香港风雨同舟，全面深入报道香港回归祖国的伟大历史进程，见证并参与“一国两制”在香港的伟大实践，解读中央对港方针政策，传递中央真诚关爱香港、全力支持香港发展的深情厚意，支持特区政府依法施政、发展经济、改善民生，站在维护香港特区宪制秩序的第一线，坚定有力地反“占中”、反“港独”；一路走来，《文汇报》努力担当香港与国家的桥梁角色，为香港工商专业人士投身国家改革开放和建设事业提供沟通渠道，为内地与香港的经贸往来搭建交流平台，通过未来之星等系列活动帮助香港青少年了解国情、认知祖国；一路走来，《文汇报》与时代同发展共进步，坚持专业追求，竭尽全力为读者提供新闻报道精品，历年获得香港报业公会奖项逾百项，并且为香港传媒界和各行各业输送了大量优秀人才。

姜在忠说，回首这不平凡的70年历程，他们常怀感恩之心。不敢忘怀前辈筚路蓝缕以启山林的曲折艰辛，时常感念前辈们用理想信念、创新进取、责任担当铸造的“文汇精神”；他们始终不忘社会各界及广大读者的关心、支持和厚爱，始终牢记国家领导人的殷殷嘱託和期望。五年前，《文汇报》创刊65周年，习近平主席专门发来贺信，高度评价肯定《文汇报》的工作成绩。

姜在忠续指，习主席的肯定和殷切期望，是《文汇报》的荣耀，更是《文汇报》追求的目标和奋斗的动力。五年来，他们牢记习主席的嘱託，主动转型和自我革新。2016年1月香港大公文汇传媒集团成立，两年多来，通过整合资源，大力发展新媒体和推动融合发展，初步实现了《文汇报》和大公报的错位发展，实现了生产方式的全业态，实现了集团媒体的全融合，初步构建了集报、网、端、微和社交媒体于一体的立体传播体系，成为拥有报纸、网站、视频、网络广播、电子屏、脸书、推特、

YouTube、照片墙等10多种平台和载体的全媒体传媒集团，传播力、影响力进一步提升。

姜在忠表示，扎根香港，融入国家，面向世界，是《文汇报》70年的成功之道；“文以载道、汇则兴邦”是文汇人的奋斗目标。

展望未来，国家进入建设中国特色社会主义现代化强国的新时代，将不断深化改革、扩大开放，克服一个个新挑战，全面实现两个一百年的奋斗目标，圆中华民族伟大复兴的中国梦；香港将在国家治理体系内，继续深化“一国两制”的伟大实践，特区政府将通过依法施政，带领香港融入国家发展大局，进一步发展经济、改善民生，保持长期繁荣稳定并贡献国家；传媒业界将在更激烈的竞争中，不断创新、整合，优胜劣汰。

面对历史的召唤、现实的挑战和公众的期许，《文汇报》将以集团整合为契机，以创新发展为动力，不忘初心，谨守责任，践行使命，将国家和香港发展大局的需要，与创新传播能力的提升有机结合，坚持正确的舆论导向和传媒价值，进一步提升公信力、传播力和影响力，为香港的长期繁荣稳定，为中华民族伟大复兴的伟业，做出新的贡献。

中联办副主任杨健在庆典酒会时表示，希望《文汇报》讲好中国故事和香港故事，通过报道不断向社会传递正能量，让香港同胞感受到更多获得感和幸福感，共同珍惜、维护、巩固和提升当前稳中向好的大势，推动香港“一国两制”实践行稳致远。

杨健致辞时表示，犹记《文汇报》创刊65周年时，习近平主席专门发来贺信，高度肯定《文汇报》的历史贡献，祝贺《文汇报》在“支持特别行政区政府依法施政，关注香港民生，凝聚各界共识，增进香港与内地的相互理解，面向全球华人，弘扬中华文化”等方面取得的突出成绩。衷心希望香港《文汇报》始终牢记习主席的嘱托：“继续坚持爱国爱港、客观公正的报道立场，不断扩大影响力和公信力，为推进‘一国两制’在香港的实践，为保持香港长期繁荣稳定，为实现中华民族伟大复兴的中国梦，作出新的更大的贡献”。

杨健同时强调，面对新时代和新机遇，希望香港《文汇报》不忘初心、牢记使命，把握机遇、直面挑战，创新手段、创新渠道，大力推进媒体深度融合发展，运用个性化制作、可视化呈现、互动化传播，讲好中国故事和香港故事。

杨健指出，讲好中国故事，就是要讲好新时代中国特色社会主义的故事，讲好中国共产党治国理政的故事，讲好中国人民奋斗圆梦的故事，讲好中国坚持和平发展合作共赢的故事；讲好香港故事，就是要讲好特区政府积极作为、稳健施政的故事，讲好香港融入国家发展大局的故事，讲好社会各界爱国爱港、和谐共融的故事，讲好广大市民拚搏奋斗、续写“狮子山精神”新篇章的故事。

庆典酒会上还举行了颁发“文汇之友”首长证书环节以及亮灯仪式，标志“文汇之友”成立。

“文汇之友”现时有300多位各界精英加入，由梁振英担任“荣誉赞助人”，姜在忠担任“主席兼理事长”，香港乐坛天后容祖儿出任“形象大使”。

“文汇之友”的目标是团结香港、内地及海外关心和支持《文汇报》的社会各界人士和广大读者，在爱国爱港的旗帜下，一起共同促进《文汇报》新闻事业以及香港社会繁荣稳定，和谐发展。

香港《文汇报》70周年报庆

香港《文汇报》创办人徐铸成之子徐复仑重温《文汇报》创刊经历

2018年9月9日，香港《文汇报》迎来创刊70周年。从1948年创刊之日起，《文汇报》的血脉中便植入爱国爱港的基因，代代相传“与祖国同心，与香港同行”的激情与奋斗。

“文以载道，汇则兴邦。”今天的《文汇报》载的是“一国两制”、爱国爱港之大道，汇的是强国富民、中华民族伟大复兴之大计。70年来，《文汇报》不忘初心，牢记使命，不断创造新的辉煌。值此70华诞来临之际，香港《文汇报》记者采访了《文汇报》主要创办人、著名报人徐铸成之子徐复仑，重温文汇昔日“涅盘重生，香港创刊”的经历。?

1947年3月护送华岗赴苏北解放区的唐纳借“路过”上海之机，来到时任上海《文汇报》总主笔徐铸成的寓所，言中国国民党革命委员会（简称民革）拟在香港筹备出版一份机关报，想请徐铸成去主持，李济深和潘汉年也力邀徐铸成赴港主持。

彼时，上海《文汇报》刚被迫停刊，徐铸成回复称：“我要去办，就办《文汇报》，别的我不考虑。”由是，在香港各界爱国人士的大力支持下，1948年9月9日，香港《文汇报》正式创刊。

初创艰难 白纸油墨常不济

“在筹创之日起，我即天天如过大年三十夜，因职工之生活开门七件事，必须维持，而机器之‘粮食’白报纸及油墨等等，尤常感捉襟见肘。”徐铸成有关回忆介绍。

徐铸成晚年与故旧友客交谈时，有关香港《文汇报》的艰苦创办历史总会被问及，徐复仑常在旁服侍，故对这段历史很是了解。

据他复述，香港《文汇报》筹备之初位于荷李活道，底层放置机器外，只有一小间作发行科用；二楼则为编辑部经理部统用，基本上前半间作编辑部，后半间归经理部用；三楼为排字房；四楼作宿舍。报馆在寸土寸金的香港显得相当局促，徐铸成玩笑称，这是在“螺蛳壳做道场”。

“大咖”荟萃 阵容一时无两

在香港《文汇报》创刊初期，郭沫若、茅盾、千家驹、翦伯赞、胡绳等均参与采编工作，成为中国新闻史上一大奇观。

“我父亲在爱国文化人士中还是很有人缘的，大家都很看重他，都支持徐铸成，给徐铸成捧场。”徐复仑说。

徐复仑介绍，徐铸成当时由孟秋江、张建良等人陪同，拜访了沈钧儒、章伯钧、马叙伦、谭平山等民主人士，他们听闻《文汇报》有来港出版计划，均热烈鼓励。

徐铸成还和潘汉年、夏衍等认真讨论了《文汇报》的创刊计划。夏衍表示，《文汇报》来港，希望保持在上海时丰富多彩的特色，以中间偏左的外貌筑起第二条防线。

办报受欢迎 理念获认可

从具体的版面负责人分工上，现在仍可以

遥想初创时编辑团队阵容的豪华：郭沫若与侯外庐主编哲学周刊、茅盾主编文学周刊、宋云彬主编青年周刊、千家驹主编经济周刊、翦伯赞主编历史周刊、孙起孟主篇教育周刊。

社论撰写人除徐铸成外，千家驹、胡绳、金仲华等诸先生都鼎力支持。阵容之整齐，可称一时无两。

虽然初创艰难，但是香港《文汇报》在创刊后，即受到知识界、工人、学生的热烈欢迎，发行由一万余迅即升至两万五千，风头甚健。徐复仑讲："别人问《文汇报》办得这么好有什么秘密？我父亲说，一是报馆同仁的努力，另外就是办报理念得到认可：报纸要做读者的知心朋友。"

另一个例子，也可管窥当时香港知识界对《文汇报》的评价。有一次，侯外庐夫人语徐铸成："你们《文汇报》，几乎常常引起我们家的矛盾。"徐铸成愕然不解所以。

侯外庐先生莞尔笑道："她是给你开玩笑。我们一家人，清早起来，都抢着先看《文汇报》。她是夸奖你的《文汇报》办得好。"

"胸有是非堪自鉴" 被新闻界奉若圭臬

作为社会的记录者，记者笔下有财产万千，有毁誉忠奸，有是非曲直，有人命关天。对于自己写作的要求，徐铸成多次用"胸有是非堪自鉴"，来强调新闻真实性的意义。

"司马温公有一句名言：'事无不可对人言'；我凑上一句：'胸有是非堪自鉴'，作为一副对联，用以自况。"徐铸成在回忆录中这样写道。

明是非，是徐铸成为《文汇报》确定下来的"态度"。他认为，报纸应该有明确的主张，勇于发表，明是非，辨黑白。他将"颠倒黑白"视为新闻界最可怕的事情，并极推崇中国文人传统的精神：春秋之笔，董狐之笔，贬褒极严，史家认为真理所在，振笔直书，虽杀其父子兄弟，在所不顾。

徐复仑透露，徐铸成在写《报人张季鸾先生传》时就说："历史是昨天的新闻，新闻是明天的历史。对人民负责，也应对历史负责，富贵不淫，威武不屈；不颠倒是非，不哗众取宠，这是中国史家传统的特色。称为报人，也该具有这样的品德和特点罢。"张季鸾先生曾经说："平常待人和气，遇有大事虽六亲亦不认，决不袒护，决没有不敢说的话。"徐铸成对此极以为是。

"胸有是非堪自鉴，事无不可对人言。"真实第一，已被新闻界奉若圭臬。而值得一提的是，在今天，这一句话也已写入多个高校新闻教材，成为内地课堂上经常提到的名言，教育并影响数万新闻学子和从业者。

珍重"报人"称呼 一生追求最高境界

1927年秋，徐铸成半工半读，跨入新闻界的大门，从此与新闻结了"不解之缘"。徐复仑透露，人们把徐铸成称作"报人"，他自己非常珍重这一称呼。"报人"的称谓，是他一生追求的最高境界。

徐复仑指，父亲生于1907年，不到20岁就开始做记者，至去世时从事新闻工作有60多年。这60多年中，他从一个负箧求学的学子历经坎坷而成为"民主报人"。

不过，工作耀眼成绩背后，却是生活天秤端的"失重"。问及眼里的父亲形象，徐复仑称："他基本上对儿子管教的时间很少。我上学，他睡觉；我放学，他又去报馆上班去了。有时候礼拜天还在外面谈报务。一个礼拜都见不了一面。"

徐复仑还透露，在徐铸成创办香港《文汇报》的时间里，家人聚少离多。"他走了一年多，家里没收入。祖父祖母、母亲和我们兄弟三人主要靠变卖家当维持生活。我记得在那一年多的时间，当时主要是上六年级的二哥和上四年级的我，拿家里存储的银元，到上海静安寺黑市去卖，卖一次银元支撑几天。所以解放以后，我母亲向我父亲发'牢骚'，说原来我们家有400多

块银元，就因为你去香港办报纸，也不给寄钱来，现在银元就只剩下12块了。”

敬业精神　身教胜言传

不过，徐复仑也表示，青少年时期虽然和父亲接触不多，但是身教胜于言传，徐铸成作为“报人”的敬业精神，深深影响了他们。

徐铸成曾有言：“中国近代新闻史上，出现了不少名记者，有名的新闻工作者，也有不少办报有成就的新闻事业家，但未必都能称为‘报人’。”在徐复仑看来，自己父亲的一生，只有办报这一个理想，并为这一理想而付出了毕生的努力。

2017年下半年，在徐铸成先生诞辰110周年和上海《文汇报》创刊80周年之际，徐铸成文集编委会正式成立，开始组织编辑出版《徐铸成文集》。文集拟编入迄今搜集到的所有徐铸成先生已发表的作品，日记、自述文字、工作笔记和其它成文资料，亦将尽可能广泛地收入编入。

1979年初，徐铸成在香港《文汇报》上开设了“旧闻杂忆”专栏，陆续把自己在30多年“报人”生涯中经历的人和事以散文形式写出来。这部分文字将在文集中独立成卷问世。此外，文集还将首次公开发表徐铸成“回忆日记”，该部分写于上世纪70年代末，系统地回忆了香港《文汇报》的创办过程和主持香港《文汇报》笔政时期的经历。

据悉，全集拟收入文稿共计400多万字，包含徐铸成生前未公开发表的各类文字约70万字。而徐铸成在《文汇报》上发表的文字和记述有关《文汇报》相关的文字，约占整个文集40%的分量。

港沪文汇有渊源　犹如两个“孩子”

目前，华文报章市场上共发行有香港《文汇报》和上海《文汇报》两张《文汇报》，香港《文汇报》现在隶属于香港大公文汇传媒集团，上海《文汇报》则隶属于上海报业集团。事实上，香港《文汇报》与上海《文汇报》确有历史渊源。

据《徐铸成回忆录》记载，1937年“八一三”抗战爆发，后驻沪国军撤守，上海各报一致停刊内迁。是时舆论界有志之士，深觉上海犹有两租界可布置岗位，不可尽抛此“江东父老”于不顾。于是相约组织一新报社，并聘一英人做经理，挂起洋商招牌，以求生存。这个新组织起来的报社，就是上海《文汇报》。

1947年5月，因反对和批评国民党当局倒行逆施发动内战，令当时的国民党政府十分不满，上海《文汇报》被勒令停刊。在此背景下，徐铸成等报社骨干四方奔走，争取复刊。1948年9月9日，在香港各界爱国人士的大力支持下，香港《文汇报》正式创刊。

就此，徐铸成可以说先后参与了沪港两张《文汇报》的创办。而且在香港《文汇报》创刊数月之后的1949年2月，徐铸成在中共组织安排下，从香港乘船到北平，5月随解放军南下到上海担任复刊后的上海《文汇报》的社长兼总编辑。8月27日，他赴北平出席中国人民政治协商会议第一届全体会议，10月1日应邀登上天安门城楼参加开国大典。香港上海一圈走下来，整体都是围绕“文汇”报务展开。

而港沪文汇，心目中孰轻孰重？徐复仑先生说，徐铸成生前曾表示，香港《文汇报》和上海《文汇报》就犹如他的两个“孩子”，甚至比儿子还要亲。徐铸成三个字，最开始是随着上海《文汇报》而起来的，不过回忆在新闻界服务60年中，创办香港《文汇报》又为最辛苦劳累难忘之时期。

香港《明报》60周年报庆

香港《明报》举办酒会庆祝创刊60周年

香港《明报》创刊60周年庆典酒会，2019年5月20日在香港金钟万豪酒店隆重举行。

香港特首林郑月娥、世界华文媒体有限公司主席拿督斯里张翼卿医生、世界华文媒体有限公司集团行政总裁兼执行董事张裘昌、明报总编辑梁享南连同众员工出席，政、商、文化、演艺界人士近800名嘉宾到场分享喜悦，星光熠熠，祝贺《明报》60岁生日快乐。

香港特首林郑月娥致辞时表示，现时仍每日阅读《明报》，十分尊重传媒为公众监督政府。《明报》以超过半个世纪时间，由4页小报，成长为今日版面丰富、内容多样的主流报章，一点也不容易，是过去60年多代明报人努力的成果。她表示，她自己以外，政府部门也都每日阅读《明报》的新闻报道和社评。她深信，《明报》会坚持不以吸引眼球或点击率为最重要目标，而是以扎实报道，秉持中立、客观、尊重事实及公正的编采方针，对社会事务是其是、非其非，推动社会进步。

张翼卿主席在致辞时表示，《明报》坚持立场，为国家发展而谋，以同胞福祉为念而继续发声。他又忆述荣誉主席、丹斯里张晓卿爵士曾明确表示，《明报》永远站在中华民族立场，反对台独和各种分离主义，维护中国主权统一，同时主张和平解决纷争，避免两岸关系恶化，强调必然继续是《明报》的坚持。

酒会场内台上举行了简单而隆重的切饼和祝酒仪式，台下政商各界嘉宾同为《明报》“贺寿”，令宴会厅的每一个角落都热闹非常、欢笑声满载，更为《明报》送上无限祝福和鼓励。

出席酒会的有中联办副主任卢新宁、外交部副特派员宋如安、行政会议召集人陈智思、立法会主席梁君彦、运输及房屋局长陈帆、政制及内地事务局长聂德权、教育局长杨润雄、创新及科技局长杨伟雄、行会成员罗范淑芬和叶国谦等，前香港特首曾荫权亦到场。另外，英国、日本、法国等10多个国家驻港外交人员也到场祝贺。

酒会尾声，逾200名明报集团员工与世界华文媒体有限公司主席张翼卿等高级管理层大合照，他们来自《明报》及不同刊物的不同部门，包括编辑部、行政及人力资源部、业务部和市场部等。酒会举办的同时，不少明报人仍留守柴湾嘉业街明报工业中心内的编辑部和印刷部等部门，默默耕耘，而大合照后，部分明报人亦要赶回公司，重回岗位，准备翌日的《明报》。

《明报》同事创意无限，为60岁生日准备了多元化的庆祝活动，包括出版纪念特刊及邀请政、经、艺术文化界人士撰文，道出对《明报》的期许。更请来本地艺术家创作《明报》60周年纪念品、漫画及短片，其中更首次在编辑部创作“熄灯”影像。未来数月，《明报》将推出多项报庆活动，读者也能亲身参与。

香港行政长官林郑月娥贺辞

《明报》自60年前创刊至今，与香港一同成长，记录了社会沧海桑田的巨大变迁，也为香港的历史写下了一段又一段的回忆。

1959年《明报》创刊之时，虽然只是4版的本地小报，以小说连载为主，但发刊辞中“公正、善良、活泼、美丽”的信条宣言，则反映了香港社会珍而重之的核心价值，并倡议有容乃大、百花齐放。《明报》在创办人已故查良镛先生的领导下，拾级而上发展至编采规模远达加拿大的综合媒体，也正好是香港经济快速发展、在世界舞台角色加重的一个生动侧写。

《明报》发展初期并非一帆风顺，但编采人员仍坚持迎难而上，稿件编审之严谨亦开创报界先河。艰苦经营迎来是亮丽的成绩表：不单销量节节上升，编采人员更屡夺重要新闻奖项，实在可喜可贺。随着科技发展，《明报》亦能与时并进，设立新闻网站，与香港携手迈进网络世代。

《明报》以“求真如一”作为其60周年志庆主题，反映《明报》不以吸引眼球为上，坚持扎实报道，秉持中立、客观、尊重事实与公正的编采方针，无忘初心。

“甲子重新新甲子，春秋几度度春秋。”在《明报》60华诞报庆之年，我谨希望报内仝仁继续高顾遐视，对社会事务是其是、非其非，推动社会向前发展。

香港《明报》60周年报庆

世界华文媒体有限公司主席张翼卿致辞

今日《明报》60岁了。欢迎大家聚首一堂，见证一个新闻事业的历史盛会。

过去60年，中国和香港的发展，都经历了翻天覆地变化，《明报》亲历整个过程，在所有“明报人”共同努力之下，成就了今日的《明报》。一家在香港以至华人社会都得到尊重的报纸。

查良镛先生创刊《明报》之时，新中国成立10年，当时百废待兴，《明报》利用香港的独特环境，就国家大政方针坦率建言，虽然惹来反击，仍然坚持立场，为国家发展而谋，以同胞福祉为念而继续发声。回顾60年历程，《明报》对中国发展的善意和建设性批评，证明基本正确，见证了中国取得奇迹般成就的同时，也成就了《明报》刚正不阿的报格，建立了公信力和影响力。

我们的荣誉主席、丹斯里张晓卿爵士在1990年代领导《明报》，时值台湾陷于统独困扰之际，他明确表示《明报》永远站在中华民族立场，反对台独和各种分离主义，维护中国主权统一，同时主张和平解决纷争，避免两岸关系恶化。当年他的宣示，必然继续是《明报》的坚持。

10年前，丹斯里张晓卿爵士认为政治经济建设，只能使一个国家强大，文化建设却可以使一个国家伟大。他提出“在全球化格局中，中国能够为自己树立起什么样的品牌和输出什么样的价值？”现在中国已经成为第二大经济体，时代在呼唤文化中国破茧而出。他这个期望，将会是《明报》的奋斗目标。

《明报》在香港和华人社会获得肯定，关键在于“信息求真、意见包容”。我相信《明报》同仁不会迷失在赞赏之中，会视过去的荣光为动力，鞭策着我们继续办好报纸，服务社群。《明报》60周年，我们提出“明报陆拾，求真如一”口号，既是自我期许，也是庄严承诺。

《明报》将继续发挥监察和建言职能，促使国家在富强、自由、民主、法治国度的道路上，走得更加平顺。“一带一路”倡议可以强化中国在国际社会的软实力，使之行稳致远，《明报》当然不会缺席。至于香港是《明报》的家，《明报》当然会为香港经济繁荣和社会稳定，尽一己之力。《明报》在国家和香港事务发挥作用，前提是坚持独立办报，不依附权势，“是其是、非其非”。就此，《明报》同仁固然要保持“要在权力面前说真话”的勇气；权力当局也需要体认《明报》作为民营报纸的角色和职能。

展望可预见未来，对《明报》的挑战是数码革命冲击传统媒体，虽然数码平台聚拢了大量网民访客，但是仍未探索出一个可以持续的商业模式。无论如何，数码媒体是现实存在，传统媒体在竞争中无法战胜它，唯一办法是加入它。10年前，《明报》已经提出“报网一体”，今后我们会维持《明报》可持续营运的同时，投放更多资源在数码媒体，以应对总体趋势。

《明报》在数码平台的形态，尚待摸索。不过，无论传递手段怎样转变，唯一不变是新世代看到的《明报》，与他们的先祖辈一样，看到的都是“独立客观、公正持平、善意亲和”的《明报》。这是保证，也是承诺。

香港《明报》60周年报庆

张翼卿:把《明报》推上一个台阶

受互联网冲击，传统媒体收入减少，电视、电台无一幸免，纸媒首当其冲。2018 年4 月1 日，本为内科医生的张翼卿出任世界华文媒体的主席，面对的是：“业绩每况愈下，看了都觉心痛。”张翼卿提出，要把《明报》推上一个台阶。他为《明报》写下药方：加入互联网、充实报道内容、团结读者与职工，“我们希望着、憧憬着《明报》一定会更好，靠我们读者和我们非常忠心、尽职的员工们、战友们”。

世界华文媒体有限公司2017/18年报显示，出版及印刷分部营业额较上一个财政年度减少9.9% 至2.1亿美元，收益转盈为亏，录得除税前亏损逾687万美元。

张翼卿自1995年加入明报集团（现世华媒体）任执行董事，2018 年4 月1 日获委任为主席，受命于危难之间：“那个时候觉得非常忧郁，因为担子很重。”上任一年，张翼卿接受访问表示，接任时已明白公司面对困境，“担子很重”，然而担任主席一职“义不容辞”，“觉得这个工作是很重要的，对社会有一定作用、有一定的号召力、有一定的贡献”。

流动平台普及，市民一部手机，“屈指一扫”便可浏览天下事。广告资源较以前分散于不同媒体，纸媒收入锐减，张翼卿说，集团在马来西亚、香港的印刷业务亦受到影响，“过去两三年，业绩真的是每况愈下，看了我们都觉得心痛”，“互联网我们是斗不过它”，因此，加入互联网平台“是唯一的办法”。加入互联网平台，不代表放弃本业——新闻报道。张翼卿表示，《明报》品牌多年来保持公信力，将主要读者群定位为中产或以上读者以及公司策划人的方针从未改变，“这是非常非常重要，尤其是在假新闻冲击的社会，我们的品牌很有价值”。

张翼卿认为《明报》未来需要秉持“真”、“精”、“深”、“广”四个原则：“真”是讲究真确的新闻；“精”是精确、精准的报道；“深”是讲究深度，深入浅出；“广”是全面、广泛地报道。

《明报》记者时刻笔耕、摄影记者东奔西跑、采访主任部署得宜、编务同事夙夜忧勤，都是日常，管理层有目共睹。张翼卿说：“报道方面，我们所有编辑群队、记者们做到非常努力。”2019年，《明报》凭“郑若骅僭建风波”、“沙中线剪钢筋丑闻”及“环联信贷数据库保安漏洞”报道，尽揽香港报业公会2018年“最佳独家新闻奖”冠、亚、季三甲，就是明证。

行政长官林郑月娥2019年4月1日出席《明报》创刊60周年活动之一“香港再定位”高峰论坛时提到，“《明报》‘求真、求是、调查式、揭秘式’的新闻报道，为其政府同事带来一些麻烦，但仍值得重视和尊敬”。对于特首的点评，张翼卿表示“觉得非常幸运”，并承诺管理层尊重编辑独立，“一直没有改变”；放眼未来，则要做好报道及加强管理，“把《明报》推上一个台阶，我们以后的日子比较好过，做事情比较容易一点”。

香港《明报》60周年报庆

黄仁龙：向忠于使命的新闻工作者致敬

“假新闻”（Fake News）——这是美国总统特朗普最常用的理由去阻挡攻击和拒绝响应。民主政府罕有这样肆意地削弱新闻媒体的公信力，但“假新闻”的指控并非完全没有市场，令人惋惜及忧虑。

在香港，即使传媒批评政府的严厉程度不下于美国，可喜的是历任特区政府对新闻自由都不见轻视。2017年，林郑月娥特首出席报业公会颁奖礼时，强调政府主要官员的出席，显示特区政府重视新闻和言论自由、维护香港核心价值，同时提出她任内会率先放宽网媒采访政府记者会。

网媒及电子新闻的蓬勃发展，对传统文字报章传媒构成极大的挑战。当网民成为主要争取的读者，当一切讲求“吸引”、“实时”和“即食”，从生意经营的角度出发，自然有压力去投读者所好，去增加读者人数及广告收入。但在崭新的电子传媒世界里，在激烈竞争当中，怎样去持守新闻专业的原则，个中存在不少矛盾和张力。在互联网的新世代，信息散播快而广，但能否开花结果，最终都要看新闻媒体本身的内涵和实力。

适值《明报》60年报庆的日子，容我向各位忠于使命的新闻工作者致敬和打打气。

任何“使命”都涉及一件值得做的事，“使命”超越干活谋生，“使命”超越自己，心系众人的福祉。

新闻工作者的使命，不单是提供信息，让社会知悉跟他们关系密切的事；更深层的，是唤起社会去关心影响公众利益的事情，进而作实事求是的讨论，协助政府更掌握问题的症结和民意的依归，令社会更加公平，更加进步。巩固市民的知情权，可以让大众更有基础、更有效地行使（包括选举在内的）政治权利，甚至法律上的权利，以保障公众权益。

但能否达至这些目标，有赖新闻工作者专业尽忠地履行其“责任”。

公众知情权不是无止境的，它限于真正涉及公众利益的事情，而非涉及个人私隐、全民搜捕式的“八卦”新闻。除新闻自由之外，保障个人私隐及声誉不受无理侵犯，皆为宪法上保障的权利。两者之间界线往往不易划清，故意混淆视听的情况亦非鲜有，实际运作上，不难用公众利益的事情作为幌子而越界侵犯个人私隐及声誉。中间有一定的灰色地带，位于这些边缘地带的报道和处理，非常视乎新闻工作者的分析和判断，有赖他们的专业水平与良心。

每遇到关乎新闻自由的诽谤官司，每触及灰色地带时，法庭一般希望可以对传媒机构有所信任，以贯彻新闻自由的核心价值。能否作出这个信任，除了有关媒体就个别事件的实际处理情况外，亦关系到该传媒机构的公信力。

一如其它公权的行使，行使公权的人是否可信，直接影响有关公权力要受多少的规范和限制。所以新闻工作者及个别传媒机构的专业能力及公信力，除了影响其自身地位外，间接影响社会对整体新闻自由及其它相关基本权利的保障和限制。

社会要求新闻工作者拥有高度专业能力是理所当然的。单是“开诚布公”是不足的，对

真相和事实必须有热切的追求，对虚假、半虚假，或“说了等于没说”的事情，必须有“容不下”的态度。

但与此同时，特别在涉及“侦查性”的报道时，必须牢记被报道者面对的负面影响可能在报道后不能挽回，必须严谨地搜集、分析和确认资料的真伪；详尽罗列，也必须考虑不同数据的可靠程度，是否可作公开报道。评论是否公平公允？有没有给予受影响人士充分的机会回应及反驳？有没有就这些回应和反驳作公允的报道？都是媒体需要再三严谨考虑的。

履行责任要求高尚的道德勇气，在追求真相的过程中，有没有被“政治不正确”这些包袱拖着腿走？同时，也要小心“越俎代庖”，对政府施政真正的监察者，最终是市民，不是传媒。传媒的责任是提供充分的数据，详尽的分析，网罗及提出不同的参考意见，让读者自己去做判断。妄下结论，以图掀起一些已经躁动的情绪，乘民意群起批评指摘，绝非传媒应有的角色。

特别在“社评”的处理上，所持的意见是否建基于充分的事实基础上，评论是否中肯，能否令当事人即使不认同评论的意见亦能对发表评论的立场表示尊重。有所为有所不为，小心拿捏，不亢不卑，不哗众取宠。

一个传媒机构的公信力，有赖多年的往绩去建立，准确的报道和独到的见解，是岁月历练出来的成果。

经历一个甲子，《明报》和香港一起走过多个历史的时刻，见证香港的成长和蜕变。多年来，《明报》连续在香港报业公会主办的“香港最佳新闻奖”和“最佳独家新闻奖”中赢得多个奖项。多个报道，如近年的巴拿马文件、剑桥护老院脱光长者衣服等候露天洗澡、沙中线剪钢筋丑闻等，皆对社会有相当大的震撼和影响。

但《明报》也曾经历过“开天窗”的争议。当我还是政府局中人时，也曾经慨叹——即使是《明报》——相关的报道和评论也忽略了一些重要的角度而有偏差。近期发现“马经”在A版出现，也感到有些诧异。

彼拉多曾经问耶稣：“什么是真理？”在今天多元的社会，很少人有胆量说我知道真理是什么。但起码有不少人可以诚实地说他们在认真地寻找真理。能对真理忠诚追求，加上努力不懈，再加上不断督促自己处事要公道，我相信离真理应该不远。

我曾经代表《明报》在诽谤的官司中上诉，接受过《明报》的访问，也是《明报》超过30年的读者，特别在今天不容易的经营环境中，我看到对“使命”的追求，对“责任”的重视，也看到在“专业”上的努力。

普立兹说：“新闻记者是船头的眺望者，审视海上的风光及浅滩暗礁，及时发出警告。”“眺望者号”启航60载，仍需竭力让它在新的航道上行驶稳健，不因风浪而偏差，您的投资不单是一盘生意，亦同时是社会公义上的投资。同样，在船上打拼的新闻工作者们，你们的努力，不单是完成一份差事，而同时为社会公义作出奉献。

今天，香港社会对一份可以信任的报章有很大的盼望。为《明报》办报的老板们，上下的同事们，以至香港其它从事新闻工作的同工，献上衷心祷告，愿你们成为我们盼望的实现者。

（作者黄仁龙为香港资深大律师）

《澳门日报》60周年报庆

《澳门日报》庆祝创刊60周年

《澳门日报》于2018年8月15日在澳门旅游塔四楼宴会厅举行酒会，隆重庆祝创刊60周年。全国政协副主席何厚铧、代理行政长官陈海帆、中联办副主任张荣顺等出席主礼。现场冠盖云集，气氛热烈。社长陆波致词表示，60年是一个新的起点。愿不忘初心，奋力前行，为澳门的新闻事业、为澳门特区的建设作出应有贡献。

酒会于下午4时30分举行。何厚铧、陈海帆、张荣顺、外交部驻澳特派员叶大波、解放军驻澳部队政委周吴刚少将、中宣部港澳台新闻局长陈文俊、立法会主席贺一诚、终审法院院长岑浩辉联同《澳门日报》社长陆波主礼，并在陆波陪同下主持《澳门日报》创刊60周年邮品首发式。

澳门经济财政司司长梁维特、保安司司长黄少泽、社会文化司司长谭俊荣、运输工务司司长罗立文、审计长何永安、廉政专员张永春、警察总局局长马耀权、海关关长黄有力、行政长官夫人崔霍慧芬，中联办副主任姚坚、秘书长王新东，澳区全国人大代表、澳区全国政协委员、行政会委员、立法会议员，政府部门及社会各界人士，以及中宣部、港澳办、国台办、全国记协、人民日报社、新华社、中新社、广东省委宣传部、珠海市委宣传部等代表及香港同业先进等逾千人出席，共襄盛举。

陆波致词称，1958年8月15日，《澳门日报》在风雨中诞生。60年峥嵘岁月，走过坎坷，走过坦途；有过欢愉，有过悲歌。在磨难中成长，在发展中完善；在斗争中成熟，在学习中提高。感谢先辈王家祯、李成俊、陈满、张阳、李鹏翥等创办人和开拓者，建立恒久的基业。

60年来，《澳门日报》坚持爱国爱澳立场，坚持“澳报澳办”方针，理直气壮宣传爱国，宣传祖国建设，宣传人间正义。拥护“一国两制”，支持特区政府依法施政；顾全大局，维护整体利益，监督批评政府，弘扬正气，激浊扬清，克尽言责。从一份传统报纸，发展到今天的多媒载体，纸媒与网媒双轨并进，深信科技力量可改变命运。60年发展，深受其益。从早年铅字拼版到今天计算机排版，从平版铅印到轮转柯式；从纸本印刷到网上电子版、手机报，从平面新闻到动态视频，每次技术革新都是一次磨练，一次飞跃，是不断前进的动力。

《澳门日报》不断吸纳人才，培养人才；优化管理，优化经营。60年的磨砺，今天已形成一支专业、精干、全面的新闻队伍。召之能战，战之能胜，以身为澳门日报人而深感自豪。始终坚持“一业为主，多种经营”，除办好报纸，还经营星光书店、文化广场和永乐戏院；成立澳门日报出版社和星光出版社，为澳门文化和演艺事业服务。

陆波指出，《澳门日报》还积极参与社会，每年举办公益金百万行，组织大中学优异生回内地参访，举办十大新闻选举和“6·1”儿童节活动，为社会稳定、进步和发展提供正能量。为纪念60周年这个日子，特从创刊以来共2万多天所出版的数十万个版面中，选取300多个有特殊意义的新闻和副刊版面，编辑出版纪念特刊，让大家回味同缅怀60年来澳门社会

的发展变化，和那些一度牵动人心的大新闻。

创刊60周年书画邀请展前日假回归贺礼陈列馆开幕，感谢内地及港澳100多位书画家馈赠贺词贺画，并亲临开幕典礼。感谢设计师关英杰设计精美的纪念特刊和书画邀请展画册。感谢邮电局出版创刊60周年邮品，感谢设计师吴卫坚设计精美的邮票。他套用《澳门日报》已故董事长李成俊最喜欢引用的唐朝李白一句诗："桃花潭水深千尺，不及汪伦送我情。"衷心感谢特区政府和历任行政长官的理解和支持，感谢澳门中联办和历任主任的认同和鼓励，感谢外交公署、解放军驻澳部队的关注和协助；感谢广大读者的爱护和鞭策，感谢社会各界的信任和提点；感谢新老作者惠赐鸿文，感谢广告客户不离不弃，感谢报纸分销商、各区报贩鼎力推广。更感谢已荣休和团结拼搏的在职员工，及在背后默默支持的家属，使《澳门日报》业务日益发展，稳步向前。

酒会上，青年交响乐团在团长许健华、指挥林岃汧引领下演奏助兴，为酒会增色添彩。《澳门日报》总经理温能汉，代总编辑崔志涛，常务副总编辑蔡彩莲，副总编辑廖子馨、林保华、司徒伟业、曾艺，副总经理林耀明，办公室主任伍婷等在场迎迓嘉宾。

陈海帆：支持传媒尽展所长

澳门特区代理行政长官陈海帆在《澳门日报》创刊60周年酒会上致词，表示特区成立以来，《澳门日报》力求与时俱进，报网融合，凭借多媒体发展，不断扩大传播范围和影响力，从而更好地发挥社会公器和信息桥梁的作用。

陈海帆祝贺称，一个甲子的风雨前行，《澳门日报》一直高举“爱国爱澳”旗帜，勇于开拓创新，深具传播力、影响力、公信力和引导力。透过及时翔实的新闻信息，全方位反映社情民意。中肯独到的评论引发广大读者深思；高素质、多角度的专题报道，拓展了居民的视野和知识；推动文化公益等社会活动，弘扬了文明、公平及和谐。

中国特色社会主义已迈进新时代，澳门特区也正进入新的历史发展阶段。但国际形势和澳门社会亦日趋复杂多变，澳门传媒同样面对新的机遇和挑战。衷心希望《澳门日报》以及澳门新闻界能够继续肩负起应有的社会责任，积极发挥舆论监督、沟通民情的重要作用。澳门特区政府将继续全力确保新闻言论自由，并努力创设条件，支持本地传媒的工作和培训，让广大新闻工作者在未来的日子里，继续为“一国两制”、“澳人治澳”和高度自治的成功实践尽展所长。

陈海帆指出，60年耕耘不辍，《澳门日报》见证和记录着濠江的发展历程，累积了丰厚的社会能量。在《澳门日报》创刊60周年之际，再次祝愿《澳门日报》业务蒸蒸日上，再创辉煌。

《澳门日报》60周年报庆

张荣顺：冀续讲好澳门故事

澳门中联办副主任张荣顺在《澳门日报》创刊60周年酒会上致词表示，《澳门日报》60周年华诞，既是报社发展史上一个重要里程碑，也是《澳门日报》迈进新时代、开启新征程的新起点。

澳门回归祖国以来，《澳门日报》坚定支持澳门特区政府依法施政，传播爱国爱澳的核心价值，为促进澳门长期繁荣稳定、推进“一国两制”伟大实践行稳致远作出了重要贡献。

张荣顺指出，《澳门日报》创办60年来，始终站在国家和民族的立场，勇立历史变革的潮头，与时代同呼吸，与人民共命运，高举爱国主义的伟大旗帜，求索发展，砥砺奋进，取得了辉煌的成就。

始终秉持办报宗旨，坚持正确的新闻观，紧贴澳门社会的脉搏，反映澳门居民的心声，弘扬主旋律，传播正能量，为澳门居民打造出一片精神家园，为外界了解和认识澳门开辟一个重要窗口。积极宣传中央政府大政方针，介绍内地改革发展成就，推动澳门与内地交流交融，为在澳门树立国家民族观念，维护国家根本利益发挥重要作用。

《澳门日报》创办60年来取得的成绩，是一代代澳门日报人共同努力、共同奋斗的结晶。澳门日报人以深厚的国家和人民情怀，坚持新闻工作者的职业操守，深入社会采访，夜以继日地工作，忠实记录国家和濠江大地日新月异的发展变化，真诚传递澳门民众的愿望和诉求，以客观公止的新闻报道、振聋发聩的时事评论，担当道义，妙着文章，恪尽媒体责任，展现报人风骨。

经过一个甲子的接续奋斗，从小到大，一路前行，成为澳门社会具重要影响力和权威性的主流媒体，成为澳门新闻舆论事业的标志，不仅是澳门日报人的光荣，更是所有《澳门日报》读者、所有关心支持《澳门日报》各界人士的骄傲和自豪。

当前，中国特色社会主义已进入新时代，亦将走进澳门回归祖国20周年，迎来澳门特区全新发展阶段。他提出三点“衷心希望”：

一是衷心希望《澳门日报》继续高举爱国爱澳伟大旗帜，坚定正确办报方向和舆论导向，始终牢记新时代澳门日报人的历史使命和社会责任，讲深讲好“一国两制”成功实践的澳门故事，唱响唱亮实现中华民族伟大复兴中国梦的时代最强音。

二是衷心希望《澳门日报》不断与时俱进、奋发图强，继续增强改革意识、创新意识、前瞻意识，积极应对新媒体、新环境的挑战，以更大的雄心和锐气，将《澳门日报》的事业进一步做大、做强，续写《澳门日报》新的辉煌。

三是衷心希望《澳门日报》大力发挥澳门新闻界“旗舰”、“龙头”作用，带领新闻界同仁坚定不移地维护“一国两制”、“澳人治澳”、高度自治的方针政策，积极宣传报道好今明两年国家和澳门各项重大事件和活动，为庆祝国家改革开放40周年，迎接新中国成立70周年和澳门回归祖国20周年营造良好的氛围，作出无愧于历史和时代的新的更大的贡献。

不忘初心　继往开来

——纪念《澳门日报》创刊60周年

陆　波

风雨同路60载。《澳门日报》与广大读者已有甲子之交。60年前的今天，风球高悬，夜气如盘，《澳门日报》在风雨中诞生。

上世纪50年代，殖民管治时期，澳门居民的爱国情怀备受压抑；反动势力肆无忌惮，行为猖獗。新生的人民共和国在这里没有多少能发声之地。要长居民志气，树民族威风，一份小刊物《新园地》在社会上燃起了爱国反殖之火。我们当不会忘记悬壶济世、以笔为戈的《新园地》社长陈满医生，医余笔耕不辍，议论发为鸿文，讽喻见诸隽语。1958年，王家祯先生（曾任香港《周末报》总编辑，后任《澳门日报》首任总编辑）、李成俊先生、陈满医生、张阳先生（时任《新园地》主编，后任《澳门日报》副总编辑）和一群爱国民主人士，在《新园地》周刊的基础上，创办了今天的《澳门日报》。

《澳门日报》“是一张人民的报纸，爱国的报纸……来自澳门同胞，属于澳门同胞，为了澳门同胞。”发刊词开宗明义，掷地有声。

60年峥嵘岁月，投下了时代的影子，刻录了历史的痕迹。我们黾勉淬励，风雨如晦。回首过去，有胜利的喜悦，有挫折的痛苦；有成功的经验，有难忘的教训。

第一个十年：开天劈地　刚强挺立

这是一个艰苦的年代。创业伊始，只有最基本的生产设备，虽简员陋室，却满腔热情，沐雨栉风，砥砺前行。要把祖国建设发展的讯息，送到澳门同胞手上。

当年殖民政府严格管制媒体，设立新闻检查制度，报纸每天付印前必须送检，稍不合意，轻则开天窗、抹黑版，重则禁止出版。本报坚持新闻自由、言论自由，自出版日起，就坚决不送检。澳葡当局最终无奈妥协，同意本报出版后才送阅。我们冲破不合理的新闻检查制度，维护了澳门新闻同业的合理权益。

这时期，祖国建设一日千里，澳门社会的爱国热情日益高涨。然而殖民者却趁内地进行政治运动期间，借机挑起事端，制造血案。枪口刀尖，形势严峻。我们不畏强暴，坚持真理，坚持报道，坚持出版，坚持发行。虽全城戒严，报纸仍然按时送到读者手上，直至澳门同胞取得抗暴斗争全面胜利。

我们为维护民族尊严、维护澳门同胞的正当权益，履行了新闻工作者的天职，报纸树立了鲜明的形象，销量直线上升。

第二个十年：低迷年代　艰苦经营

上世纪60年代，祖国大地“山河一片红”。那是个风雷激荡的年代，一切都在狂热中滚动；这也是个万马齐瘖的年代，政治高于一切，正义与公理无法伸张。这个被历史深刻铭记的年代，投射在我们报上的，是一片刻板，枯燥无味，脱离读者，远离市场。

那年代，国家经济在喘息，澳门经济在

喘息，我们的报也在喘息。其致命伤，在于“左”，甚而“极左”——为抵制帝国主义的“经济侵略”，拒绝刊登英美香烟和电影广告。报社财政困窘，全体员工长期低工资而无法调薪，被迫勒紧裤头，艰苦度日。我们的销量由高峰下滑，跌至历史最低位。

深刻的教训，令我们更欣赏邓小平高度概括的话：“要警惕右，但主要是防‘左’。”左毒不除，国无宁日，斯言至今仍有现实意义。我们深有体会。

第三个十年：改革开放　喜乘东风

平地一声雷，改革开放的东风吹遍大地，祖国一片生机，我们的报亦打破枷锁，天地豁然开朗，版面开始色彩缤纷，我们重新融入社会：艺海版、食经版、姿彩版、汽车版、科技版、乐与声版……百花盛放，多采多姿。

要从谷底往上爬，把失去的读者吸引回来，劳心费力。这是个一业为主、多种经营的年代。除了版面改革，增加内容，我们也搞旅游。忘不了改革开放之初曾在全澳引起哄动的“珠海一日游”和“小榄菊展团”，我们的编辑、记者凌晨下班后，大清早又挥动领队旗仔，带团出游；忘不了在报社大堂设置读者服务部，出售当时潮兴的液晶跳字电子手表，购买人龙长达百公尺。

我们积极参与社会，服务社会。与社会贤达组成“澳门日报读者公益基金会”，每年举行公益金百万行，集腋成裘，救急扶危，援贫济困；组识“优异生参访团”，让青年学生到内地参观访问，认识祖国，了解国情。

这是个“扒逆水”的年代，虽艰苦，但欢愉。我们打了个漂亮的“翻身仗”，重新拥抱读者，拥抱市场，销量重登高峰，吐气扬眉。

这年代，我们在白马行建起了自己第一幢报业大楼。

第四个十年：养精蓄锐　迎大转折

这是个新旧世代行将交替的年代，是科技日新月异、技术创新的年代。

澳门进入过渡期，制订基本法，为澳门回归祖国并落实“一国两制”开辟康庄大道。作为主流媒体，我们倾力报道。当草委和谘委们为制订基本法费神辛劳的同时，我们两位年轻女记者，以羸弱身躯，背负十数斤重当时最先进的图文传真机，奔波于京澳两地，废寝忘餐，传回基本法制订的最新讯息。我们以当时的新科技，在外派采访中领先同侪。

科技发展，传统报纸“铅与火”的生命行将终结，我们毅然决然，进军“光与电”！光电科技兴起之初，一片纷乱，良莠不齐。究竟路在何方？我们没有崇洋，选择了新兴的民族科技——北京大学计算器研究所的“北大方正”图文合一彩色激光照排系统。“当代毕升”王选院士解决了整版图文的挂网难题，引领全球技术之先。最终证明，这套世界最先进的中文整版图文照排技术，让我们鸟枪换大炮，为往后的发展打下了坚实的基础。当时我们一度成为全球华文媒体的观摩典范，各方访客络绎不绝，成为北大方正海外市场的“示范单位”。

直至今天，我们仍是“北大方正”忠实的支持者、使用者和合作者。

有了新科技撑腰，我们秣马厉兵，迎接即将到来的世纪盛事。

第五个十年：回归祖国　开新纪元

百年屈辱史，几代人期盼，澳门回归了！“一国两制”，“澳人治澳”，高度自治；自己的政府，全新的概念。殖民管治下的办报思维，在新时代已不合时宜，“一国两制”之下，如何办好一份爱国报纸，是全新的命题。

首任行政长官何厚铧任内曾向我们坦言：报纸必须批评政府，否则，你失读者，我失民心。

何等睿智之言！支持特区政府依法施政，维护行政长官权威，非一味唱好而可为。政策大是非，民生无小事。回归以来，我们无不时刻思考对国家宪法和“一国两制”、基本法的理解和把握，思考对特区政府的支持和批评该如何拿捏、对“为民喉舌”又该如何担当。我们不失时机，紧抓热点，监督政府，为民发声。追求真理，明辨是非，顾全大局，依然是我们办报的主调。

第六个十年：不忘初心　继往开来

这个十年，国际时局风云变幻，惊天事件层出不穷，媒体的自身变革也翻天覆地。网上媒体倾天来袭，纸媒在萎缩，网媒气如虹。全球纸媒都面临新的难题：要么转型，要么灭亡。在此关头，我们没有犹豫，调整心态，轻装上路，乘上电子媒体发展的快车，纸媒网媒双轨并进，在全体员工的努力下，闯出一片蓝天。我们报纸的销量保持稳定，手机报、脸书、微信公众号，点击率节节上升，曾创下单段新闻点击达三十余万次的纪录；视频直击广受欢迎，重大新闻网上直播已成常态。就连我报大楼的巨大外屏，也成为我们展示新闻片制作水平的窗口。

我报创刊伊始，已开宗明义姓“澳”，强调“澳报澳办”。60年来，未敢或忘。无论新闻载体如何改变，我们都不忘初心，坚守不懈。

这个年代，我们建起了新的廿三层高报业大楼，装设了新式印刷机和全套先进生产设备，新闻出版事业得以行稳致远。今天我们已发展成为拥有两家书店、两个出版社、一家影剧院的文化传媒集团，在文化领域内克尽己责，为澳门的新闻和文化事业发展竭尽绵力。

“任教年华似流水，依旧豪情胜大江。”在纪念本报创刊60周年的日子里，我们思绪万千，特别怀念我报的创办人李成俊先生，早期的开拓者李鹏翥先生，和一大批曾经和我们并肩艰苦奋斗的老职工。他们有些已不幸辞世，有些则因高龄而荣休。他们毕生勤勤恳恳，敬业乐业，殚精竭虑，以文章报国，如黄钟大吕，振聋发聩。他们以心血和汗水凝铸成我们今天的基业，多少年月给我们带来激扬文字的胜慨，多少年月给我们带来终生难忘的回忆，镌刻出几代澳门日报人青春的印记。

我们与广大读者、广告客户同呼吸，共命运。60载情谊，殊堪珍惜。我们忝司笔政，激浊扬清，祛邪扶正，常献蒭荛。更自知绠短汲深，如临深履薄，祈读者惠以芳馨，律以正声，予以共鸣。

明年将是中华人民共和国建国70周年，澳门特别行政区成立20周年，也是“五四”运动100周年。报纸反映时代，新闻记录历史。我们有幸生于伟大的时代，有幸天天大显身手。宋代张载立言“为天地立心，为生民立命，为往圣继绝学，为万世开太平。”我们敢以此为信念，超越过去，超越自我，“咬住青山不放松”，以澳门日报人的光荣使命感、高度的责任感再创辉煌，拥抱迈向未来的朝晖！

香港《华人》杂志40周年庆典

香港《华人》杂志隆重举行创刊40周年庆典大会

香港《华人》杂志创刊40周年庆典大会于2019年1月23日在广东华侨博物馆和《华人》杂志广州总部隆重举行。《华人》杂志向广东华侨博物馆捐赠《华人》杂志和纽约商务出版社出版的书籍，并和广东华侨作家协会签订战略合作伙伴关系。广东省委统战部巡视员林琳、广东省华侨博物馆副馆长张康庄等领导出席。《华人》杂志为“特殊贡献功勋奖”、“杰出成就贡献奖”、“文化大使”、“杰出青年华人奖”、“金典作品奖”等六个奖项获得者颁发了金质奖章、证书和奖杯。

广东华侨博物馆、广东省侨界作家联合会、《华人》杂志社在广东华侨博物馆联合举办广东侨界作品阅览库揭牌，《华人》杂志创刊40周年赠刊仪式及学术讲座安排。博物馆一楼中庭座无虚席，首先张康庄副馆长主持“侨博讲堂”第一期讲座开课，由暨南大学华侨华人研究院张应龙教授讲授《风雨同舟—华侨华人与新中国》的课题。

广东省委统战部巡视员林琳、广东华侨博物馆副馆长张康庄、副馆长陈宣中、《华人》杂志创刊人梁仕荣、《华人》杂志社前任社长高华、《华人》杂志社长向琳、《华人》杂志总编辑冰凌、广州美术馆原馆长周宇安、广东省文联原副主席、广州市文联主席乔平、广州市委统战部原副部长王玉春、华之杰影视董事长方莘莘、意大利侨网副总编辑董燕蓉等出席。

活动仪式由广东华侨博物馆副馆长陈宣中主持并介绍领导嘉宾，张康庄副馆长致欢迎词。广东省归侨作家联合会张文峰会长、《华人》杂志社社长向琳、《华人》杂志社总编辑冰凌分别致词。讲话后广东华侨博物馆接受《华人》杂志社捐赠《地平线》《华人》杂志，《华人》杂志社与《侨星》杂志社签署友好合作协议，最后广东华侨博物馆、广东省归侨作家联合会及《华人》杂志社共同为共建侨界作品阅览库揭牌。

随后，《华人》杂志创刊40周年庆典表彰大会在《华人》杂志广州总部隆重举行。总编辑冰凌主持庆典表彰大会。

《华人》杂志社长向琳发表主旨演讲，她说，1978年，中国向世界敞开了她的大门，1978年，我们的前辈想搭一座桥，一座心桥，连接起世界各地的中华儿女，这座桥的名字就叫《地平线》，1984年改为《华人》。白驹过隙，自1978年创刊至今，40载光阴，风云变幻，我们的前辈始终牢记自己的使命，让世界瞭解中国，让中国走向世界，始终坚持以传播中华高尚文化，促进华人交流为己任。多年来，《华人》杂志以深入翔实的报导、客观的评论以及丰富多样的文风赢得了海内外华人的喜爱，为今后更加持久而健康的发展打下了坚实的基础。40载风雨同舟，40载春华秋实，今天，读者遍布全球五大洲的《华人》杂志，成为了海内外华人华侨联系、沟通、交流的桥梁以及各国人民瞭解华人世界的重要视窗，“有华人的地方，就有华人杂志”，这是我们前辈的心愿，更是我们的使命。

向琳说，1978年，我们的前辈创立了《华人》，2018年，《华人》杂志的发行已经遍布

全球五大洲，成为了真正的国际性杂志，在全球华人社群有著广泛、深入而正面的影响力，在海内外华人、华侨的交流、沟通，以及向世界传播高尚中华文化方面发挥了重要而积极的作用。《华人》杂志在美国、法国、巴西、德国、日本、澳大利亚及港澳台地区等全球5大洲多个主要国家和地区设立了联络处和办事处。

向琳社长最后表示，2019年是承上启下，继往开来的一年，接力棒交到了我们手里，新的画卷正在我们面前徐徐展开，告别过去，我们共同谱写新的篇章，在我们的共同建设下，这座心桥定将更加牢固，历久常新！

社长向琳和总编辑冰凌共同提议，向（已故）李惠英大姐、伯鲁老师、张旭云老师致以深切怀念、向《华人》杂志前身《地平线》的前辈们致以崇高的敬意和深深的怀念！向作出杰出贡献的创始人梁仕荣先生致以崇高的敬意和衷心的感谢！

中国榜书大家欧阳金谷将军，原广州市文联主席乔平先生，广东省影视文化促进会会长陈穗生先生先后致辞，随后进行颁奖。

中国榜书大家欧阳金谷先生与《华人》杂志社社长向琳代表大会向《华人》杂志创办者梁仕荣先生、中国当代文豪，中国作家协会名誉副主席蒋子龙先生、世界首席刑侦大师、美国康州警政厅原厅长李昌钰博士、广州市美术馆第一任馆长，中国著名书画艺术家周宇安先生、原广州市委统战部副部长王玉春先生、中国收藏大家慈善家社会活动家卓文波先生、著名旅美作家，全美中国作家联谊会会长、纽约商务传媒集团董事长冰凌颁发证书和奖杯，颁发《华人》杂志创刊40周年“特殊贡献功勋奖”证书和奖杯。以表彰他们为《华人》杂志作出的特殊贡献。

《华人》杂志社社长向琳与总编辑冰凌代表大会向中国榜书大家欧金谷先生、原广州市文联主席乔平先生、广州富农家企业董事长谢才雄先生、美国洛杉矶警署预备役主管，中华总商会会长庄佩源先生、美籍华裔著名艺术家、半岛集团董事长波先生、广州美国汽车总代理董事长，《华人》杂志社原副社长齐翔先生、著名书法家、灵感诗人吴友优先生、《华人》杂志副社长冯尔敏女士、副社长郭华先生、著名诗人，《华人》杂志副社长赵刚先生颁发《华人》杂志创刊40周年“华人杰出成就奖”证书和奖杯，以表彰他们在各自的行业中所作出的杰出成就。

原广州市文联主席乔平先生代表大会向广东华之杰影视公司董事长、中国影视达人方莘莘女士、首位出现在《华人》杂志封面的美籍人士、长沙大学英文讲师、YESplace创始人、演讲家Denis Numela颁发《华人》杂志创刊40周年“文化大使”证书和奖杯。

广州市美术馆第一任馆长，中国著名书画艺术家周宇安先生与社长向琳、总编辑冰凌代表大会向华夏国际商务酒店董事长，黄剑锋先生、知名律师，中国法学会会员，广东省法学会犯罪学研究会理事，《华人》杂志社法律专栏作家陈亮先生、福建太空向往娱乐有限公司总经理、《华人》杂志社副总编辑姜晓航先生、广州辰阅声浪创办人，专业配音演员高辰阅先生、广州富农家公司总经理、优秀青年企业家谢健荣先生、?赫哲族优秀青年演员、主持人、企业家雷雷先生、陕西雄峰集团总经理刘丽恒先生、澳门知名电影媒体人黄颂民先生、广州博迪高尔夫创始人任琼林先生、农业科学家、湖南农业大学农药学博士、硕士研究生导师王立峰先生、河北美院海外华文媒体研究中心主任、教授、国际新媒体传播协会常务副会长董燕蓉女士、恒大集团原高管、GYY网络科技有限公司执行总经理李迎新女士颁发《华人》杂志创刊40周年“杰出青年华人奖”证书和奖杯。

《华人》杂志社长向琳、总编辑冰凌代表大会向作家、书法家，中国书法家协会理事。《华人》杂志杰出专栏作家王勇平先生、著名

诗人、学者、翻译家，《华人》杂志杰出专栏作家北塔先生、美国洛杉矶华文作家协会会长北奥先生、羊城晚报原首席记者、《华人》杂志优秀专栏作家姜齐放先生、党史学者高宏的先生、当代北宋艺术历史研究者，书画家篆刻家陈乃世先生、当代著名书画家，大中国画院院长、广州侨商会常务理事周宝麟先生、军旅书法家，中国书法家协会会员，2013年被文化部授予"共和国文化艺术终身成就奖"荣誉称号李桂强先生等颁发《华人》杂志创刊40周年"经典作品奖"。

《华人》杂志社还专门设立《华人》杂志创刊40周年"贡献奖"，颁给江林、赵清水、陈达峰、沈世光、姜卫国、张延文、陈建斌、姜妮、褚成炎、高国文、陈雨晴、符武钊、邓小琦、杨文省、王宝刚、郭生旭、刘迎、薛俊岩、黄邦宏、黄广雄、黄浩、陈冠华、刘钮、肯尼、小白、黄华、陈经理、张杨、张驰野、伍坚雄、付红林、蔡景豪、罗东泽、黄其芬、姜永荣、郭锐、赫赫名扬、但维德、田锋、童来秀、姜永荣、何世龙、张敏、李敏红、邹维等。

《华人》杂志还特别刊发《华人》杂志创刊40周年"专栏作家黄金阵容"，他们是（排名不分先后）：陈残云、秦牧、蒋子龙、蔡其娇、黄秋耘、曾敏之、袁南生、孙康宜、王海龙、方鸣、夏春平、邹德浩、刘荒田、王性初、凌鼎年、哲夫、王炳根、褚成炎、曾筱霞、朱莉、萨仁图娅、天步子、叶梅、乔平、梅菁、陈屹、宋晓亮、林跃、施雨、陈瑞琳、黄国敏、王勇平、赵福莲、阙维杭、王菁野、张荣昌、马序坤、鲁焰、宗鹰、展我、钮保国、袁弘、许建平、苏文菁、戴冠青、周俊、周进、周忠友、海蔚蓝、伍可聘、韩永学、陈绮萍、Annav、北塔、李春松、王威、刘瑛、谢培康、陈九、朱潇昀、李永华、杨轩、杨秀芹、沈庆、梅清远、童铁江、钱杭根、张乐、李欣璐、呢喃、姜晓航、符浩勇、王卫宁、沈祖宏、冯楚、韦凯元、吕红、刘其远、许海天、陈建斌、唐梅兰、林美兰、张云举、戴希、吴群、姜敏达、薛年勤、黄浩、钟凌岚、余宾、雪颖、廖丽萍、蓝月、胡露苗、方圆、葛光豫、戴研、张丽红、周达标、七月、罗东福、王诣斐、Ming Pan、董韶章、王博、玄悟、丁纯蓝、黄金泉、藤媛媛、李秋华、郑炜、陈国利、周永卫、李陈睿、陈冠华、安家石、章明、黄浩、付琨、向琳、北奥、洪波、高红的、黄剑锋、杨晓村、冯楚、赵刚、宾馨、陈亮、姜齐放、何新民、向芳、江素惠、曾伟、野蕾、李晓晖、梁政均等。

美国《中美邮报》创刊25周年

《中美邮报》在北美大地沟通中美传扬中华文化

美国《中美邮报》（Chinese American Post）2019年7月13日在奥罗拉市举行晚会，庆祝创刊25周年。中美各界嘉宾齐聚一堂，同声祝贺和赞赏《中美邮报》走过了四分之一世纪的发展历程，在科罗拉多的北美大地上写就了实实在在的中美两国的民间连通、中华文化多层面传播和中西文化双向交流的新的海外华人创业创新的历史一页。

《中美邮报》是美国中西部地区历史上第一家由大陆学人创办的中文周报。晚会上，在丹佛生活了30多年的张传绵博士谈到，我们是《中美邮报》25年立足成长的见证人，你们脚踏实地，兢兢业业，报纸成为精神家园地和中华文化阵地，成为科州各界华人的真诚朋友，衷心祝福你们，感谢你们！

庆祝晚会上，《中美邮报》将华人社区和主流社会再相合，支持华人踊跃为奥罗拉市长竞选人马克·考夫曼先生筹款竞选。考夫曼先生是连任五届的联邦众议员，从小和父辈在奥罗拉市成长生活，他也是《中美邮报》的真诚朋友，参加了报庆10周年、20周年和《中美邮报》所举办的多次国际文化艺术交流活动。晚会上，考夫曼先生再一次深情谈到他曾去中国北京、上海等地访问的情景，提到他的父母早在上世纪30年代，就在上海居住生活工作了10年。中国，对他的生命有直接的联系。他说，中国菜和中国朋友对他都非常喜爱和感到亲切。

《中美邮报》社长屠新时表示：《中美邮报》25周年报庆，我们收到中国新闻社、全国侨联、中国驻芝加哥总领馆、世界各地的华文传媒同仁和科州当地侨团、中文学校等80多份贺信贺电，让我们深感温暖和感动。放开眼界看未来，坚定不移前进。《中美邮报》将自信自尊，砥砺前行；哪怕前方还是荆棘满地，哪怕天空还会乌云密布，我们不会畏惧害怕，不会迷失方向。得时者昌，我们与时俱进，风雨兼程。

《中美邮报》1994年7月4日创刊于美国科罗拉多州首府丹佛市。她从问世的第一天起，就置身严酷的生存搏斗中，顶着政治上经济上的重重压力顽强立足和成长，扎根于当地社区的广大华人华裔土壤中，成为一块海外华人的精神文化园地，是落基山地区历史上第一家把五星红旗堂堂正正印在报纸上的华文传媒。

跨入21世纪后，《中美邮报》肩负文化传播和多元文化对话的使命，迎着阳光走向新时代，把纸媒平台扩展到互联网和手机APP，再连接到华文传媒的全球大网络上。《中美邮报》努力拓展自己在海外的优势和多向度的功能，在参与主流社会社交与竞选、中文教育、大学书法课程、中华文化艺术向不同文明的传播,以及组织高层次、大场面、多融合的文化艺术演出和国际展览中，以其自身才华和人格凝聚力，已成为当地华裔社区、文化教育和艺术界、社团组织中的重要的不可替代的角色。

《中美邮报》创刊以来，坚持独立、公正、客观的办刊方针，传播中华文化艺术，促进中美交流，坚持中国统一；倡导来自世界各地华人和谐团结，为华人的长远利益发出声

音，坚守海外中文话语权；因而成为华人社区可靠的精神文化园地和当地华人社团的最主要的信息传媒渠道；也为推广、发展海外的中文事业发挥了巨大的作用，已经成为当地华人长期生活中被称为难以离弃的真诚朋友。《中美邮报》和美国主流社会建立了长期和广泛的联系，成为当地政府的中国信息中心。

1999年中国政府代表团访问科罗拉多州丹佛市，在下榻酒店的总统套房里看到了《中美邮报》的特刊，给予热情的称赞；报纸对此次历史性的访问作了全程报道。2001年丹佛市长经贸访问团访华，中美邮报社长总编屠新时是访问团成员和中国顾问，也是联邦参议员科州亚太顾问委员会委员。《中美邮报》25年来先后多次专题采访当地的州长、市长、国会议员，还就孔子学院在科罗拉多州的积极作用和良好发展，专题访问了副州长、高等教育委员会主席，并邀请他到北京参加了孔子学院大会。《中美邮报》还接待了来自中国大陆的几十批政府、经贸、文化访问团，在海内外建立了多种类型和层次的社会联系。25年来，《中美邮报》组织和主导10多次中华文化艺术在美高端演出和国际展览。

《中美邮报》25年来，始终以“沟通中美两国，双向传播交流”为使命，在太平洋上空来回穿梭数以百计；报纸从未中断过一周发行出版，从未发生过一次因文章报道不当而引起的读者不满或宗教、种族、社团冲突。至今为止，《中美邮报》是美国科州记者协会的唯一华文报业，报社负责人先后是美国国会议员和科州州长亚裔顾问委员会成员、全美华人委员会理事、落基山地区美中交流委会创会会长和荣誉会长、北美书法家协会副理事长、长城中文学校理事会成员。报社董事长冯咪咪获颁国侨办“海外文教工作杰出人士”奖状，她作为父母抗战老革命的后代，2015年受邀参加了纪念反法西斯战争胜利70周年天安门广场阅兵大典。屠新时社长作为海外华人代表，应邀先后出席了中华人民共和国成立50周年、60周年的北京天安门阅兵典礼和国宴，北美华人参政议政访华代表团，孔子学院大会的历届年会，参加中国全国侨联第九届大会受聘为海外委员，上海、南京、青岛、广州、青岛、深圳、苏州等省市的海外交流协会理事。

《中美邮报》负责人冯咪咪、屠新时，副社长魏炯才、汪卓群等多年来参加采访了中国大陆和台湾、香港、澳门地区的重要会议和国际文化活动，采访了中国历年来的北京人民大会堂“两会”、中共18大和19大、广州亚运会、亚洲青年运动会、海峡两岸论坛、深圳世界大学生运动会、杭州G20国际峰会、北京“一带一路”国际峰会、2010年上海世博会、2018上海首届进口博览会、东盟国家国际博览会、2019西安“一带一路”国际博览会、北京世界园艺博览会等重要的国际国内活动，并在《中美邮报》制作了200多个专题图文版面。我们以“让中国走向世界，让美国了解中国”为责任和使命，始终以“参与历史进程，记录历史真实，同时也创造属于我们华文传播文明互鉴的新历史”而自信与自豪。我们的理念是，在国际舞台上是具有独特文化艺术光彩的中国人，也是具有宽广胸怀、远大志向、才华出众、美美与共的新时代的国际公民。魏炯才副社长作为摄影记者，他把自己拍摄的图片无偿提供给其它华文传媒使用，数次为广州市侨办的大型活动当义务摄影师，拍摄的新闻图片还在中国新闻社举办国际新闻摄影大赛中荣获二等奖。

美国《中美邮报》创刊25周年

在文明互鉴多元文化的缝隙中 海外传媒要有担当、敢作为

——《中美邮报》创刊25年的实践与思考

屠新时　冯咪咪

2019年，纪念“五四”运动整整一百年！世界华文传媒论坛迎来第十届国际盛会。我们《中美邮报》自1994年7月4日创刊至今25年，跨越两个世纪，走过了四分之一世纪的历程。

近20年来，《中美邮报》每两年参加一次大会。我们感怀中国新闻社创建了这样一个平台，让世界各地的大大小小不同类型的华文媒体能有机会相会在一起，平等交友，沟通交流，思路汇集，拓展新路，在跨越千年的伟大时代的激流中，携手同心，而利于共同生存和发展。

每一届世界华文传媒论坛，为大会准备论文，就是一次总结、反思和自我激励。总结传媒实践，反思走过的每一段每一程，认识世界的风云变幻，直面复杂严峻的时局而有更清醒的思考和自我定位，从而为我们应当和能够担当的使命和责任，迈出属于我们自己的明天更加坚实和明晰脚步。我们自信而坚定：为大时代记录历史，也同时在创造和记录属于我们自己的历史新页。为世界文明的发展进步，为中国走向世界、世界了解中国，为中华民族的复兴和平崛起，我们坚韧地耕耘奋斗在地球村各个角落，和信息星空的世界大舞台上。

“为天地立心，为生民立命，为万世开太平，为往圣继绝学。”儒、释、道，中华文化养育的文人士大夫、人文艺术工作者，千百年来都保持着这样的传统，身位卑微而心忧天下，知其不可为而为之。生命的短暂历程以能为推动时代的微弱进步，为丰富民族灵魂、人类文明的铸造而发出自己的一份热量和推进力，而引为生命价值和精神自豪。

25年来，我们《中美邮报》作为在北美大地上的一份中文报纸、互联网中的平凡一员，已经和继续写下自己的历史，得到当地读者和社区的正面认同。我们是美国科罗拉多州历史上第一家由大陆学人创办的中文报纸，至今为止也是全科罗拉多记者协会的唯一一家中文报纸协会会员。在科州的华人社区和当地政要中，《中美邮报》具有良好的声誉和信息发布影响力。

25年来，我们做了多方位、多层面、多样式的文化传播的探索和实践，在艰难推进中自我精深，提高综合专业能力。秉承做好一个在多元文化融合与激荡的缝隙中的中华文化传播者、民间外交的担当者、沟通民心的力行者，在理念上和时空历程中拓展海外中文传媒的功能和使命，发现和挖掘个体生命的潜能，始终与时代相维系共进退。关于我们坚持的理念和使命担当的理解，作如下概括：

1， 海外华文传媒的30年大发展是依托于中国改革开放的伟大历史进程，汉字文化的根在中国。任何时候、任何地点、你的名声再大，都不能数典忘祖，都要为中华民族的伟大复兴和统一而发出正能量的声音和回响。同时作为一个媒体人，要有做一个国际公民胸襟和视野，要“各美其美，美人之美，美美与共，

天下大同”。

2， 海外华文传媒永远要作为大多数华人的长远利益而发出声音的“公器”，要坚持真理正义，忠于客观事实，坚守独立文化人格，不将媒体当工具而追求个人和小团体的私利。要有使命担当，不可与自我张扬的“自媒体”同伍。

3， 作为汉字和炎黄文化的代言人，内心要不断提升义无反顾的文化真诚和文化自觉，要有传承信仰的定力。身在海外，处于多元文化和不同文明交汇的最前沿，处境艰难险峻，但又具备独特角色的优势，有双语特质，又有深广人脉；需要我们勉力担当，长期坚守。要虚心真诚地学外族之长处，有宽广的心胸和视野，在传播中创新拓展。

4， 勇于和善于拓展海外华文传媒自身的多重角色和多方位的文化传播，不断自我精深，提高综合专业能力。就《中美邮报》主要成员而言，25年来做到了把媒体成为当地中华文化和信息传播、学习的园地，一个有公信力的当地中心平台；也是中文和书法教学的专业学院，还是艺术创作的文化热土，将书法艺术创作的5件精品“送”进当地主流的艺术博物馆，把《中国文化书法》成为走上大学讲台的正式有3学分的课目。在这块文化艺术的领地上，要探求、打磨、精进，自我塑建达到某一领域的专家和高端站立着，以让外人在你身上看到中华文化光彩和艺术独创意象，具备人文辐射力和展现出一道东方艺术风景线。

5， 民心沟通和文明互鉴是伟大的历史潮流，也是海外华文传媒的重大历史使命，文化和艺术的传播，可以直指内心、可以跨越政治和意识形态的鸿沟、可以有维系世界和平的长久力量，“文明如水，润物无声”。海外华文传媒应勇于并善于作“双向沟通”，做多元文化对话的高手专家，具备他人难以替代的功力。尽管我们人微言轻，但无碍我们心存高远。在记录和书写历史的进程中，要勇于创造性的继承与拓展，在汉字和中华文化在世界文明发展史上写下新的更辉煌、更丰富的新篇章，留下我们的笔墨和步履。

现就《中美邮报》25年来在北美大地的实践，作以下三方面的简要汇报：

一，创业和坚守 争夺华媒话语权打造正能量媒体

上世纪80年代末、90年代初，是中国与欧美国家的最初开放期，但缘于意识形态的冷战思维，在西方主流上层仍占据话语空间。美国自50年代推行反华反共“麦卡锡主义”，中美之间30年的隔阂，此后来自大陆的学人常被歧视，众多华人因渠道缺失而导致集体失声。台湾有政治势力背景的移民的华文报刊（也称“台媒”）对中国大陆的改革发展和大陆学人充满了抹黑轻蔑的色彩与嘲讽。

科州被当地人称为“文化流氓”的台媒，利用官司陷井的“条款”，企图阻挡其他人在丹佛创办新的中文报纸，公开恫吓和咒骂，称“这地盘是我的，你们有什么资格！”并警告商家“谁与他们合作和刊登广告，谁会有法律麻烦！”

“明知山有虎， 偏向虎山行。”当地的反华恶势力，激发了我们的使命与担当：“再难，也不能丢失来自中国大陆的尊严，也要争得我们的正当中国话语权。”

毫无犹豫，当人不让！1994年7月4日，美国独立节，倾所有资金积蓄，到州政府注册登记，《中美邮报》在丹佛正式创刊。这是中国大陆学人在美国科罗拉多州创办的最早一份中文周报，也是日后很多年中唯一的一份。由此，也开启了我们艰难的文化创业之路。打两份工，白天打餐馆工，晚上再做自己报纸。

《中美邮报》从创刊的第一天起，就树立了“不党、不私、不卖、不从”的办刊宗旨，将其作为服务于海外华人整体利益的“公器”，为华人社区团结发声，构建与当地主流社会沟通的阵地，打造中国文化在海外传播的平台；尤其强调：堂堂正正，“清、正、和”。哪怕再受辱骂恫吓，决不和当地低俗自

私的广告小报为伍对骂。

基于不党、不私、不卖、不从，《中美邮报》向美国与世界传递改革开放之后的客观真实的当代中国形象，为美国人的“冷”思维纠偏，向一小股反华势力开炮，这也成了该报的鲜明特色。从创刊伊始，该报大篇幅报道中国大陆的创新发展，从基于国情的制度革新到经济飞跃发展，从道路畅通到城市基建，从教育改革到创业创新，从医疗改革到医患关系，从人口红利到社区养老，甚至用上百个版面报道西藏、吉林、天津、四川、云南、山东及江苏、上海、青岛、揭阳、新疆、甘肃、云南、贵州等省市和城市发展现状新面貌。

同时，我报聚焦中国大陆的重大活动，积极组织实施“中国行”的大型报道活动，走进新闻中心处，参与报道北京奥运会、上海世博会、深圳大运会、新中国成立50周年、60周年盛大阅兵庆典、历年中国人大政协“两会”等，让异域华人看到中国的发展与进步，目睹中国“小步快跑”的跨越式发展，树立民族自信，让“中国报道”成为当地关注的焦点，让华人摆脱“第三世界”移民的心理暗示，尤其着力弘扬“全世界华人同文同种同根连”的人文情怀。

2000年，《中美邮报》发起组织了科州华人社团“洛基山美中交流会”，屠新时为主要创会会长。2001年3月，屠新时作为丹佛市长访华代表团的顾问与正式代表访问了北京、西安与上海，受到时任国务院总理朱镕基的接见，并协助建立了丹佛市第一个驻上海办事处。2011年，《中美邮报》牵头，参与组织、发动华人社团领袖力量，推动美国国会2012年通过了《就1882年美排华法案向华裔道歉》的重要法案。这是美国华人百年来政治上的伟大胜利，也成为当年《中美邮报》为华人发出的最强音。10多年中，我们参与创办和中文学校教学。2014年，冯咪咪被国务院侨办授予“海外华教杰出人士奖”。

2006年9月起，我报创办“孔子学堂”专栏，每周一版，分期连载介绍中国文化哲学的基本要义，“儒、释、道”三家之间的区别、互补与整体相互依存关系等，从多个角度让读者理解几大思想家之间的传承和发展关系，并专版介绍中华文化在世界各地的发展动态，提升中华文化自信力。这个专栏也成为海外华人汲取自己文化营养的新园地，特别得到当地中文教师的好评。

20多年来，报社核心一直把提升自己内在的中华文化自觉当作一门内力修炼的功课，注重研究学习，努力成为文化专家、书法艺术家；并认为，无论是报道中国的政治革新和经济发展，还是为华人争取利益，及传播中国的传统文化，都需要一种文化自觉、自尊与自信，这样才能在多元文化的世界里有底气，才能在纷乱世界里确立自己的位置，并与异域文化一起，取长补短，参与建立平等对话的文明新秩序。

目前，《中美邮报》的读者覆盖了科罗拉多州各个华人社区，已成为美国中西部地区华人社区与主流社会沟通的桥梁，也是海外华人了解祖国发展的平台，是坚持中国统一、海峡两岸是一家的发声场。

1999年4月，时任国务院总理朱镕基率领十位部长访问丹佛，下榻酒店就看到《中美邮报》的欢迎特刊，朱总理在接见华人代表时对《中美邮报》给予热情称赞。2014年7月，美国联邦众议员马克·考夫曼全程参加《中美邮报》创刊20周年的盛大庆祝晚宴，他和屠新时、冯咪咪、副州长一起，为《中美邮报》20岁切生日蛋糕，并在贺词中称道：《中美邮报》和其网站是“中美两国之间不可或缺的桥梁，是华人社区的忠实朋友”。2017年8月，资深联邦议员马克·考夫曼再次亲临报社，为《中美邮报》颁发嘉奖状。

二，播种耕耘 在美国大学创设汉字书法教学课程

在多元文化的国际大格局中，海外华文传

媒工作者正是站立在中西文化交汇的最前沿，认定了自己有对中华文化义无反顾的真诚、责任和激情，就要敢于站立潮头，四顾搜寻，时刻抓住机遇，以我们独特光谱和质感，向文化、教育、艺术的高层面去传送和辐射，从中展现我们的文化与价值。

从美国的大学讲台上，创设新学科，把中国书法和文化作为一门正式有3学分大学选修课，确立中国书法在西方学术教育界的崇高地位和身份，这是我们作为海外华文传媒工作者的目标和登高点。《中美邮报》做到了。自1997年起，先后在科罗拉多州两个大学创设前无记录的中国书法文化课程，且每年春秋两个学期开课至今逾20年，超过800人次美国大学生修学完成课程。把中国文化艺术的种子撒入洋青年人的心灵，这是我们作为文化传播者引以为豪的一份文化担当和教学成果。让中华文化在“对峙”西方的某种文化割据中，依托于多元的文化格局，实现平等对话，让中国独特的书法艺术在美国的大学拥有一席之地。通过中国书法教学，来带动中国文化在西方的推广。实践证明；这不仅是可行的，而且是文化传播的一条独特而有效的管道。

2007年，经中国驻美领事馆推荐，依托于《中美邮报》的丹佛中华文化书法院和中国国家汉办合作建起北美地区最早一所独立法人的丹佛孔子课堂，主要特色就是汉字书法的教学与传播。丹佛孔子课堂在成立之初，屠新时就为课堂定了一个方向，既发挥自身优势，也体现文化特色：突出汉字书法教学，中文教学和书法并举，让中文教学和书法艺术交融在一起，突现实践性和原创性，让孔子课堂走进美国主流社区。以我们自己的艺术和传媒实力、智慧和常年的坚韧推进，实现了美国科州高等教育的学科突破。

20年来，在纳罗帕大学和科罗拉多大学选修中国书法的美国大学生超过了800人。许多学生通过书法学习的窗口，了解感受到中国文化的深厚与独特魅力，由此改变了对东方中国的许多观念，有的学生从此爱上了中国艺术。金晓阳（Johanna）和恰尔希（Chelsea），是两位白人学生，连续选修书法课五个学期，坚持习练多种书法字体。在她们毕业前夕，分别举办了各自的个人书画展；她们的书法作品让人惊讶和耳目一新，引起校园内的轰动，成为一道东方文化的风景线。

以金晓阳和恰尔希为代表的很多“洋学生”上完书法课程之后，对中国文化表达了真心的敬重与喜爱，在他们的期终论文中，写出了他们对中国哲学、审美、文字、诗词的理解与心灵启迪，确认这是一门很有价值的文化课程：“美和生命的能量从每个中国汉字中流淌出来，给书法艺术活的能量。”“我们可以欣赏字与字之间的组合，和毛笔在纸上的动态轨迹之美，这在西方艺术中是找不到的。”“中国书法艺术的简洁蕴含着奥妙，让我在精神上得到满足。”

10多年中，屠新时先后赴20多所美国大学、中小学和孔子学院，开设中国书法的专题讲座、展览和书法示范练习班。其中，在爱荷华州立大学，举办了为期3天的书法讲座、书法练习和课堂创作活动，在校园里刮起一股“毛笔习字”之风，并成为人人喜爱和争相模仿的一种时尚。

屠新时认定，书法教学实践是中西文化艺术在大学讲坛上的平等对话，是让中国书法作为一门学术课程在美国大学中占有学术地位、拥有话语权，书法艺术作品能在大学校园亮相，就有直接具备了一种时空间艺术辐射力，是一种有效的跨文化对话和文明互鉴活动。让中国书法成为一门在美国的正式选修课，又体现了它的学术和艺术双重价值。屠新时多次在孔子学院大会的研讨会上说：“全面地领悟和介绍中国文字的字意美、音韵美和形态美，将能促使中华汉字全面、丰富、完整地走向世界。我们是将最美的艺术瑰宝和世界分享，这是炎黄文化的胸怀。”

2009年，屠新时在纳罗帕大学校园艺术画

廊举办了“中美师生书法作品展交流”，参观人数超过1000人。校长汤姆森博士称赞：“这是一次真正的东西对话，很有意义！”一位美国中学老师在参观展览之后，对记者说：“我很难相信这些书画作品出自美国学生之手，很有墨韵和趣味，他们学有所得。”2012年CCTV央视国际台播放了8集文献纪录片《中国书法5000年》，特别介绍了美国大学的书法课堂，屠新时成为这部文献片第一集《墨润五洲》的出境第一人。

三，艺术登高 让当代书法杰作走进美国博物馆殿堂

让东方的当代书法艺术杰作被堂堂正正地请进美国的高端艺术博物馆，正式被收藏且长期在博物馆内展出，被数以万计的世界各地的观众赏析，这是一个成就，也是一种自信，是文化意象传播的一份成功。20年中，我们《中美邮报》做到了。

自1999年10月起，屠新时创作的五尺大幅对联，在美国十大著名博物馆之一的丹佛艺术博物馆永久收藏并展出了整整12年，另一幅草书横幅——中国唐代诗人韦应物五律诗《送友人》，在齐白石的祝寿图真迹右侧展出了9年时间。2016年9月，丹佛艺术馆经过馆内专业委员会的审核批准，再次有价收藏了屠新时“天问”、“危机”、“通变”三件大字新作，给予“创意、独特、遒美”，“笔墨意象造型和文字内涵的契合与融通”等很高的艺术评价，并在2017年3月将三件书作在博物馆5楼的亚洲馆内同时展出。当年5月10日，屠新时应博物馆和亚洲艺术协会的邀请，用英文作了题为《中国书法—不仅是视觉艺术》，向西方观众解析书法中的文化精神和笔墨行里中的人文内涵与精气神。

汉字造型和“文房四宝”书法，可以说是中华文化和东方文明最具标志性、象征性的“核心”艺术门类。西方文化中六个艺术大类:雕塑、绘画、摄影、建筑、戏剧、文学，书法是排不进其中任何一类的。汉字以笔墨形式及汉字中深邃的内涵，使得书法艺术由技入道、变幻无穷。她是抽象的，又是具象的，也是造象。更重要的是，书法中展现了东方的哲学思想和黑白、虚实、有无之间辨证关系和独特审美体系。介绍传播书法，就是以独特的管道介绍中华文化和世界观、价值观。

拓展中华文化艺术的异域传播的方式与渠道，对传统书法表现形式的突破，以及吸纳新元素实现完美组合，屠新时一直在不断地探索，大胆实践，通过对书法的深层次文化探索，来为中华文化走向世界、立于世界艺术之林，表现新高度和切入世界文明的深度和广度。屠新时认为，传播中华文化，到现在这个节点，特别要防止把自己的文化变得浅薄化、粗俗化、表面符号化，一定要防止书法学习流于墨戏和杂耍，伤害在海外的文化形象，要维护中华艺术的尊严。

1998年至2007年，屠新时先后出版《书法与中国大智慧》、《墨韵易经》、《生命流美—人体与书法探索手记》、《汉字的智慧》等书法和文化专著，从文化与艺术创作的角度深入剖析解读和传扬中华文化。

置身于沟通民心、文明互鉴的大时代大潮流中，顺之者昌，逆之者亡。我们很清醒地认识到：人生何其短暂，一个人再有三头六臂，能为时代做的事也是微乎其微有限的。唯有一个人的自由精神，创造力量和开阔心胸，才是属于自己的、唯一的。唯有奋斗，才有光彩。只有追求，才能精进。

“咬定青山不放松，立根原在破岩中。千磨万击还坚劲，任尔东西南北风。”郑板桥这首《竹石》诗写得何等好啊，我们特别喜欢。多年来这也是《中美邮报》的座右铭，以引为新时代中在中西文化交汇的阵地上，继续坚守的态度和应当具有的生命状态。

关于新西兰中文先驱传媒

李娟娟

在2019年1月，中国新闻社与中国传媒大学新闻学院公布“世界华文传媒影响力”测评结果，在海外地区华媒排行榜上，新西兰中文《先驱报》的社交媒体影响力全球排名第2位，新媒体影响力全球排名第11位。

2018年6月，在Newmarket商业协会一年一度的企业大奖评选中，中文先驱击败Newmarket商圈多达4000家新西兰品牌，荣获“最佳大中型企业年度奖”（Best Medium/Large Business）。

2018年10月5日，具有历史意义的第3000期中文《先驱报》，也在印刷机下源源不断翻动传送，带着温热的气息被分装送往全国不同城市，迎接新西兰又一个清新的早晨。

闪亮的荣誉，沉甸甸的奖座，不断更新的里程碑，也让我们想起许多许多的往事。

中文《先驱报》诞生于1994年，这是一份由拥有百年历史的新西兰第一大日报《New Zealand Herald》（英文《先驱报》）创办的中文周报，原名《中文先驱周报》（Chinese Weekly）。1997年，更名后的《新西兰中文先驱报》（New Zealand Chinese Herald）开始独立运作。

今天的中文《先驱报》每周3期共3万份，于每周二、四、六出版。

2019年，是新西兰中文《先驱报》的第25个年头。25年春华秋实，25年寒来暑往，是各位读者见证我们的成长，支持我们的前行。

在25年的漫长发展历程中，中文《先驱报》一直被广大华文读者公认为是最能代表新西兰华社声音的报媒。

不负重望的中文《先驱报》，在2014、2015和2016年连续3次获得由新西兰—-中国关系促进委员会主办的“新西兰中国媒体奖”。

此外，我们还连续两次获得新西兰印刷行业最具权威的评选Pridein Print Awards年度大奖，并被提交给全球最知名的IFRA Quality Club（国际报业印刷最优品质协会），是新西兰首家成为这一全球最权威印刷行业协会成员的企业。

深耕新西兰数十年来，中文《先驱报》以优秀的编辑与制作团队，成为新西兰规模最大、最为权威和最具影响力的中文平面媒体，在新西兰南北岛拥有约100处取报点，覆盖第一大市奥克兰、首都惠灵顿，以及汉密尔顿、罗托鲁阿、陶朗加、内皮尔、基督城等城市，往来于新西兰—-中国之间的新西兰航空、中国南航、国泰航空、香港航空、中国东航、天津航空等航班均搭载中文《先驱报》。

行行方块字，淡淡油墨香。一路走来，我们坚持以新闻事实为依据，以传承中华文化为己任，守望社会公义，中西并蓄，沟通华洋族群，与广大华侨华人和留学生共同见证新西兰华人社区的发展壮大，也共同经历着新西兰这个美丽国度的日新月异。

中文《先驱报》承载着担当新西兰华人资讯来源、中西信息交流渠道的重任，众多华文读者对这份长伴左右的印刷纸媒一直信赖有加，并且抱有深厚的文化情结。

众所周知，华人社区是新西兰人数最多、影响力最大的移民团体。中文《先驱报》这个品牌赢得新西兰移民中最为广泛的关注，又是

何其幸哉!

为进一步架建华洋沟通的桥梁，更深入帮助华人社区与主流社会交融，中文《先驱报》也一直致力于与新西兰英文媒体展开合作。

2016年8月，中文《先驱报》进军网络，与NZME及英文《先驱报》的合作再次深化。新西兰本地中英两份第一大报强强联手，推出全新互联网媒体平台——新西兰先驱报中文网，每周7天滚动更新，为新西兰华人提供更为及时的高质量的新闻资讯。

当年10月，中文网正式上线，随后在11月凯库拉大地震报道中，中文《先驱报》和先驱报中文网成功实现报网合作互动，为新西兰、中国内地及大中华地区华文读者提供及时准确的第一手资讯，迅速引起海内外各界与广大读者注目。

2016年12月，中文《先驱报》和新西兰先驱报中文网联手中国新闻社，打造全新的全球编辑室暨“华舆”客户端项目，与来自全球各地的华文媒体联手形成矩阵格局，构建规模化新媒体传播平台。

2018年4月，在中国新闻社与中国传媒大学新闻学院公布的“世界华文传媒影响力”海外地区华媒“网站传播力榜”上，成立不到两年的先驱报中文网排在全球第47位。

同时，通过微信、微博、Facebook、Twitter和Instagram等社交媒体电子平台，中文《先驱报》的精彩内容也不断获得进一步的延伸。其中，微信公众号“新西兰中文先驱（Chinese_Herald）”以丰富多彩的内容与形式受到广大读者的关注和喜爱，新西兰中文先驱的Facebook吸纳粉丝以惊人速度增长，在新西兰华文媒体中独占鳌头。

2018年4月，中文《先驱报》在海外华媒社交媒体影响力排行榜上名列第6，新西兰中文《先驱报》在“新媒体影响力榜”总榜单上排行第23位，进入新西兰首屈一指的传媒品牌行列。与此同时，我们也登上“海外华文媒体Twitter账号影响力分榜TOP10”、“海外华文媒体Facebook账号影响力分榜最勤奋TOP10”、“海外华文媒体Twitter账号影响力分榜最勤奋TOP10”三个榜单。

此外，2018年1月，中文《先驱报》与新西兰最大的国际游客英文综合指南杂志“Arrival”联手，正式推出该杂志的中文版《抵达》。这份自2002年创办的杂志，至今已有17年历史，领先业内，深受海内外各国旅客欢迎，年发行量超过30万册，全面覆盖新西兰所有国际机场国际航线旅客，以及各地著名景点与I-site游客中心等。

同时，我们也已经推出“专业视频中文先驱”,借助20余载严肃媒体经验与中西跨界美学角度，发力起航，从创意到脚本，从摄录到后期，通过无人机全视野航拍、以及涵括报纸、杂志、网站、微信等媒介的全平台全过程覆盖发布优势，驾驭正规体裁和时尚风潮，先后为新西兰天空城、奥克兰机场、建行（新西兰）、中远海运集运（新西兰）等著名品牌成功完成相关视频作品。

抚今追昔，饮水思源。我们深知，来时之路每一点每一滴的进步，都离不开读者的支持与帮助。

在未来的新征途上，我们还将继续砥砺前行，力争更大进步。借此机会，新西兰中文先驱传媒全体同仁向各位读者表达诚挚的敬意与感谢！愿我们携手并进，共同进步，创造更加美好辉煌的未来!

新西兰中文先驱传媒创办25周年

新西兰中文先驱传媒大事记

1994年　新西兰媒体排名第一位的英文百年大报《英文先驱报》创办了《中文先驱周报》。

1997年　《中文先驱周报》更名为《新西兰中文先驱报》并独立运作。

1999年　从创刊时每周出版1期，发行量不足5000份的4开版小报，发展成为每周3期，对开彩色印刷，每期1万份的综合大报，主要在奥克兰及周边地区发行。

2001年2月　在时任中国国家主席江泽民访问新西兰期间，开辟图文并茂的版面，特派记者作全程详尽报道，并大篇幅刊登欢迎江泽民主席来访的套红广告。

2002年底和2003年　先后两次对时任中国驻新西兰大使陈明明作专访报道。

2003年11月　时任中国国家主席胡锦涛访问新西兰，特派3名记者全程采访，以4大彩色版面图文并茂地进行了报道，并做了恭贺胡锦涛主席来访的10多个专版广告。本报社长及夫人作为唯一的中文媒体人士，应时任新西兰总理克拉克邀请，参加了新西兰政府为胡锦涛主席举行的国宴。

2008年8月　中国汶川大地震，特派记者前往采访报道，并发动新西兰华侨华人捐款赈灾。

2008年　本报连续3年多来，提出并坚持创新性的“开放办报”和“读者办报”经营方针后，吸纳了华社大批社会名流和热心人士关注和投稿，效果显著地带来了文化人才的“群星效应”，使《新西兰中文先驱报》发展成为公认的当地华文报纸中品牌最好、影响力最强的报纸。

2009年　本报突出抓报道质量，强调每期都要精心采写出独家的头条新闻，对重大新闻事件的报道要注重分析性、评论性。仅2009年，就有100多篇文章被国内外媒体转载。

2011年2月　新西兰南岛基督城发生6.3级地震，在作深入采访报道的同时，呼吁并组织华社奉献爱心、捐款救灾。

2014年11月　中国国家主席习近平对新西兰进行国事访问，特派记者作全方位的详尽报道，接连开辟图文并茂专版。同时，制作了《我们的中国梦——欢迎习近平主席访问新西兰特刊》，并将该特刊送到中国代表团成员手中。

2014、2015和2016年　连续3次获得由新西兰—中国关系促进委员会颁发的“新西兰中国媒体奖”。

2014、2015年　连续两次获得新西兰印刷行业最具权威的评选Pride in Print Awards年度大奖。

2016年7月　新西兰时任总理John Key到访新西兰中文先驱报社，并接受独家采访。

2016年8月　新西兰中文先驱报社和NZME（New Zealand Media Entertainment）合作，实现新西兰本地中英两份第一大报强强联手，推出全新互联网媒体平台——新西兰先驱报中文网。

2016年11月　新西兰南岛凯库拉地区发生7.5–7.8级地震，即特派记者前往追踪报道，接连发出独家文字、图片稿，及时传递灾情和救援信息，使受众对此灾情有一个全方位的了解。

2016年12月　新西兰中文先驱传媒与中国新闻社海外中心签约，打造全球编辑室暨“华舆”客户端项目，联手世界各地华文媒体，形成矩阵格局，构建规模化新媒体传播平台。

2017年3月　中国国务院总理李克强出访新西兰，特派记者做了全程采访报道。

2017年3月　新西兰时任总理Bill English到访新西兰中文先驱报社，并接受独家采访。

2017年9月　新西兰新任总理Jacinda Ardern到访新西兰中文先驱报社，并接受独家专访。

2018年1月　与新西兰最大的国际游客英文综合指南杂志《Arrival》联手，正式推出该杂志的中文版《抵达》。

2018年4月　在中国新闻社与中国传媒大学新闻学院公布的“世界华文传媒影响力”海外地区华媒“网站传播力榜”上，成立不到两年的新西兰先驱报中文网排在全球第47位。

2018年6月　在Newmarket商业协会一年一度的企业大奖评选中，新西兰中文先驱传媒击败Newmarket商圈多达4000家新西兰品牌，荣获“最佳大中型企业年度奖”（Best Medium/Large Business of the Year）。

2018年8月　推出专业视频服务。

2018年10月5日　具有历史意义的第3000期《新西兰中文先驱报》出版。

2019年1月　中国新闻社与中国传媒大学新闻学院公布“世界华文传媒影响力”测评结果，在海外地区华媒排行榜上，新西兰中文先驱传媒的社交媒体影响力全球排名第2位，新媒体影响力全球排名第11位。

2019年3月15日　基督城枪击案发生后，通过旗下报纸、网站和社交媒体推出极有深度和广度的系列文章上百篇，在微信公众平台文章取得10w+阅读量的同时，网站浏览量也破百万。

葡萄牙《葡华报》20周年报庆

砥砺前行　感恩有您

——葡萄牙《葡华报》隆重举办20周年庆典

葡萄牙《葡华报》于2019年3月26日下午18时，在Casino Estoril隆重举行20周年庆典。中国驻葡萄牙大使蔡润、武官万东、参赞徐伟丽、参赞韩晓燕，葡萄牙文化部部长助理Francisco Guerra先生，葡萄牙新闻协会会长Jo?o Palmeiro先生，葡萄牙中华总商会会长蔡文显先生等旅葡华人各界代表和葡国各界友人近400人受邀参与此次庆典活动。

《葡华报》20周年庆典收到了中国中央电视台、人民日报、中国新闻社等海内外媒体机构和合作伙伴的贺电，中央电视台知名主持人鲁健、桑晨特意发来视频祝贺。

当晚庆典伊始，葡萄牙中华总商会会长蔡文显先生首先登台致辞。他表示，《葡华报》20年来记录了旅葡侨社、葡中友谊的每一个重大历史事件，向广大旅葡侨胞及时传达了家乡发展的喜讯。《葡华报》20年风雨历程，凝聚了詹亮社长、各位主编和记者们的辛勤劳动。正是因为他们勇于探索，乐于奉献，热心服务侨社的艰辛努力，广大侨胞才有了丰富的精神文化食粮，及时掌握和学习了葡萄牙文化、历史和法律知识。

他表示，相信在新的历史时代下，在詹亮社长的带领下，在伊比利亚传媒集团、《葡华报》社全体同仁的共同努力下，《葡华报》一定不负众望，再接再厉，为旅葡和谐侨社建设和发展，为中葡两国世代友好，做出更大的贡献！

随后，中国驻葡萄牙大使蔡润上台致辞。他说，随着中国实力的不断增强，中葡双边交往的深度、广度不断推进，两国人民对于对方国家的兴趣愈加浓厚。在这个过程中，包括《葡华报》在内的在葡华文媒体为介绍中国帮助旅葡侨胞融入当地社会发挥了积极作用。

第一，积极宣介中国的发展与成就，增进旅葡侨胞和葡各界人士对中国的了解和理解。在葡华文媒体把宣介中国发展作为自己的重要任务，及时介绍国内的最新情况，在第一时间通过各种渠道推送给大家。这几天习近平主席正在欧洲访问，大家每天都会在微信上看到你们推送的新闻。

第二，凝聚侨心侨力，树立中国侨民在葡萄牙的良好形象。据不完全统计，旅葡侨胞总量已经接近3万人，在葡萄牙总人口中的占比已经超过2.5‰，为葡萄牙的经济，社会发展做出了重要贡献。去年习主席对葡萄牙进行国事访问，包括《葡华报》在内的各在葡华文媒体都为访问取得圆满成功做出了自己的贡献。“欢乐春节”庆祝活动，“水立方杯”海外华人中文歌曲大赛以及华星艺术团，里斯本华助中心等机构挂牌成立仪式等活动，通过在葡华文媒体的宣传，不仅影响力超出了华人社团的范围，还在葡萄牙乃至欧洲和世界范围内获得了良好的赞誉。

第三，配合使馆工作，帮助侨胞了解当地，融入当地。使馆主办的各场活动中，基本都能看到在葡华文媒体记者忙碌的身影，你们的工作让不能到现场的广大侨胞了解使馆的工作，了解“以人民为中心”的外交理念。同时，在葡华文媒体为在葡中国公民提供了各种实用信息，帮助大家办理居留，开设公司，申报个税，了解有关法律和规章制度。我们看到《葡华报》倡议旅葡侨胞在自己经营的店铺试

行“每周休息一天”制度并得到了积极响应，这不仅能够让广大侨胞在辛勤工作，保证收入的同时身体得到休息，也有利于大家更好地融入当地社会。

蔡润大使表示，不久前，中葡两国媒体代表在里斯本签署了“一带一路”新闻交流合作协议，今后，双方将进一步密切友好往来，不断加强双边合作。在如今的大好环境下，希望在葡华文媒体能够再接再厉，明确中国特色媒体的定位，服务大局，服务侨胞，传递祖国声音，不断创新，与时俱进，讲好中国故事。

葡萄牙新闻协会主席Jo?o Palmeiro先生致辞表示，今年正值中葡建交40周年，澳门回归20周年之际，《葡华报》迎来创刊20周年，在“一带一路”的时代背景下，希望各位媒体同仁能再接再厉，为传播中葡信息、建立中葡联络桥梁作出积极贡献。

当天，《葡华报》联合创始人之一路丕思先生因正在美国出差未来来到现场，他在祝贺视频中表示，《葡华报》的这20年恰好是中国经济高速发展的20年。进入二十一世纪、尤其是加入关贸总协定后，中国经济迅速腾飞。其中，国际贸易在国家经济增长中所占的份额有目共睹、国际交流对国内经济发展的推动作用不可估量。中国海外侨胞在中国对外贸易增长和经济文化交流中作出了卓越贡献，相信作为葡萄牙主流华文媒体的《葡华报》在推动中葡、乃至中欧贸易增长和经济文化交流中也一定会作出卓越贡献！

《葡华报》的这20年也是世界经济全球化最重要的20年。计算机技术和互联网技术的飞速进步、使信息交流变得简洁快速，成为全球化的一个主要推动力。广大侨民与远隔千山万水的祖国的距离被迅速拉近、广大侨民与全世界的经济和文化舞台的距离也被迅速拉近！相信《葡华报》无论在新理念的宣传方面、新技术的普及方面、经济文化信息沟通方面、潮流趋势引导方面，都发挥了一个文化媒体应该发挥的作用！

庆典当天，《葡华报》联合创始人之一、首任社长张正春先生特别从澳门赶回葡萄牙，与现场嘉宾分享了他与《葡华报》的故事。他表示，20年前，几个有共同想法的年轻人碰到了一起，想打造一个发布葡国社会基本信息、供大家交流的平台，并坚信，除了基本的物质生活需要之外，大家还会有对知识及精神生活的追求。记得当年很少有人主动给我们投稿，但有一个十五六岁的华侨小女生，在帮父母亲的餐厅工作的同时，给我们写了了很多不错的稿。后来她考上葡萄牙一所著名大学，毕业后去澳门发展，取得很大的成功。在此，也非常佩服和感激詹亮社长让我们当年的梦想得以继续!

随后，主持人邀请伊比利亚传媒总裁詹亮先生登台致辞。詹亮总裁表示，20年前的春天，一份用A 4纸打印的《葡华通讯》在葡萄牙诞生。20年来，《葡华报》作为一份生于华社，长于华社，与葡萄牙华社同呼吸、共命运的本土华文报纸，在中国驻葡萄牙大使馆历任领导、华社各界侨领与朋友们的帮助下，《葡华报》伴随葡萄牙华人社会走过了不平凡的20个年头。20年来，《葡华报》坚持秉承“传播中国声音，服务华侨华人，促进中葡友谊，弘扬中华文化”的办报宗旨，在感知华人社会内部事务、参与华人社会经济发展、架设中葡联络桥梁、建立华人社会对外窗口等方面，做了很多实际而有效的工作，新闻的触角深入到葡萄牙华人社会的每个角落，拥有广泛的影响力和公信力。

詹亮总裁表示，《葡华报》20年，于旅葡华人社会而言是一笔弥足珍贵的精神和历史财富，记录了葡萄牙华人社会辉煌发展的历程。于我个人而言，则书写了人生最美好时期的奋斗史，镌刻着无数令我感恩的历史瞬间。

20年来，感恩中国驻葡萄牙大使馆历任领导对我们的大力支持，从王其良大使创刊之初的题词，到陆伯源大使、马恩汉大使、高克祥大使、张备三大使和黄松甫大使的关心，以及蔡润大使等现任使馆领导的指导，让我们在发

展的道路上一直坚持正确的导向。

20年来，感恩以蔡先生为首的华人社会各界侨领、前辈默默无闻的无私奉献，从赞助印刷费，到精神上的长期鼓励，让我们曾经区区一两千人的华人社会拥有了一份报纸，而且一直坚守到现在。

20年来，感恩我的家人、我的亲朋好友，在《葡华报》发展最困难的时期，出钱出力，无怨无悔支持我的梦想，陪伴我的坚守。

随后，詹亮总裁列举了《葡华报》近年来所取得了成果：

2010年，《葡华报》主办第九届欧洲华文传媒研讨会，会议就当今世界新媒体的发展趋势、新形势下海外华文媒体的经营思路、欧洲华文传媒的责任等议题进行了研讨，对欧洲华文传媒的发展具有重要意义。

2017年7月，《葡华报》成为北京-里斯本直航航班上的中文报刊。

2018年5月，《葡华报》荣登世界华文媒体影响力榜单。

2018年6月，《葡华报》参加世界媒体大会，举办“一带一路”分论坛。

2018年11月，伊比利亚传媒与葡萄牙新闻协会联合发起成立“一带一路”葡语媒体联盟。

目前，伊比利亚传媒旗下的伊比利亚电视频道每天不间断播出中国经济、文化和教育类葡萄牙语或配有葡萄牙字幕的电视节目，集团下辖的彩虹广播电台开辟有专门介绍中国文化的栏目。伊比利亚传媒已从华文媒体成功转型为华人媒体，并跻身于葡萄牙当地媒体第一梯队的行列。

致辞最后，詹亮总裁表示，进入新时期，《葡华报》在社会各界一如既往的支持下，在各个阶段的升级转型过程中，经历了一次次化蝶重生的历程，但我们坚持不忘初心：贴近华社，服务华社。

詹亮总裁向大家展示了一份2001年3月20日年创刊两周年改版后的《葡华报》，上面刊登的是《葡华通讯》改版更名为《葡华报》的“致读者”启事。上面写道：我们舍不得改掉“葡华”二字，因为这是一份在“葡华”诞生的报纸，这是一份为“葡华”服务的报纸……今天，我们可以自豪地说：20年来，我们一直坚守这一理念，无愧于当年的这篇启事，没有辜负曾经的理想！

20个春夏秋冬，栉风沐雨葡华报这20年来的发展离不开社会各界热心人士的无私奉献与支持。

20个春夏秋冬，栉风沐雨，《葡华报》20年发展离不开社会各界热心人士的无私奉献和大力支持。在随后举行的颁奖环节上，分别颁发了“特别贡献奖”和“感恩奖”。

蔡文显先生、刘建云先生、张正春先生、路丕思先生、庄寅彩女士、于建华先生荣获“特别贡献奖”。

詹文春等40余位为《葡华报》发展贡献力量以及出资出力的各界代表荣获“感恩奖”。

在随后举行的赠画仪式上，旅葡画家雁北先生登台向詹亮总裁赠送特为《葡华报》成立20周年所作的画作。

《葡华报》创刊20年来，讲述了太多太多的侨胞故事，也拥有着太多太多忠实读者。在“我与《葡华报》20年的记忆”征集活动中，广大读者踊跃投稿，从众多稿件中评选出一、二、三等奖共6位获奖者。

《葡华报》现任社长詹亮、首任社长张正春为获奖者颁发由Boutique葡国精品表店提供的奖品。

2012年成立的伊比利亚传媒，已搭建集视频媒体、广播媒体、平面媒体、移动新媒体平台的综合型传媒集团，为受众提供电视、广播、新媒体、手机APP、社交媒体、平面媒体等多形态、全方位报道，目标成为葡语国家中传播中国文化的纽带。

庆典活动上，伊比利亚传媒的部分葡语主持人从幕后走到台前，与现场嘉宾一起分享他们的精彩节目花絮。

庆典活动上，伊比利亚传媒总裁助理李琦小姐为现场嘉宾表演了钢琴独奏《克罗地亚狂想曲》（Raps ó dia Croata），并特邀葡萄牙歌王Emanuel登台一展歌喉，在歌王Emanuel激情澎湃的歌声中，《葡华报》20周年庆典完美落幕。

《澳大利亚时报》20周年报庆

继往开来 华社同庆

——《澳大利亚时报》隆重举办20周年盛大庆典晚宴暨颁奖典礼

《澳大利亚时报》20周年盛大庆典晚宴暨颁奖典礼，2018年12月9日晚在Crown大酒店隆重举行。600余位贵宾盛装出席。

晚6时20分，在来宾热烈的掌声中，西澳州长Hon Mark McGowan MLA，反对党领袖Dr Mike Nahan MLA，中国驻珀斯总领馆金千副总领事等贵宾在澳大利亚时报社长张野博士陪同下步入宴会厅。

舞台灯光渐渐亮起，一朵朵粉嫩娇艳的牡丹花在舞台上翩翩起舞，绚丽盛开。澳大利亚木兰文化艺术协会的舞者们用优美的舞姿、灿烂的笑容惊艳迎宾。在珀斯自由舞团青春飞扬的舞者们活力四射的舞蹈开场秀之后，晚宴主持人焦晓玲女士、司腾先生以及周昱女士身着盛装走上舞台，澳大利亚时报20周年盛大庆典晚宴暨颁奖典礼正式拉开帷幕。

澳大利亚时报创始人、社长张野博士在来宾热情的掌声中登台致辞。张博士首先感谢了各位嘉宾的到来。张博士从1998年办报之初娓娓道来，深情回首并分享了澳大利亚时报创办、发展的历程。张博士说到，时报的宗旨是发声知情，为华社发声，让华社知情，全心全意竭诚服务于华社。德不孤，必有邻，时报得以发展至今日，因得人和。20春秋，华人社区、各界朋友、报社同仁、作者读者、用户商家大力支持，风雨同舟，相伴而行。张博士真诚感谢了一路走来对时报大力支持的各社团、商家、作者和广大读者朋友。他说："我们今晚在这里举行庆祝活动，不仅仅是庆祝澳大利亚时报取得的成绩，更重要的是庆祝华人社区对西澳和澳大利亚所做的贡献。

在张野博士的邀请下，西澳州长Hon Mark McGowan MLA上台致辞。州长笑称虽然自己读不懂报纸上的汉字，但他深知《澳大利亚时报》是一份重要的出版物，《澳大利亚时报》是一座桥梁也是一个窗口。一方面，它作为平台，使西澳华人得以继续了解中国，分享交流以适应异乡环境。另一方面，它让来到西澳的新移民们关注了解西澳，乃至整个澳大利亚发生的事件。州长表示："这20年来，澳大利亚时报从初创时的困难重重，到取得今天的成就，都依赖于社长张野博士与他的团队辛勤付出与不懈努力。"澳大利亚时报的发展之路，是一个时代一群人的缩影，代表着来澳洲奋斗的广大华人群体，他们融入当地社区，为澳洲的多元文化社会付出努力，做出贡献。

西澳州长同时传达了对于华人议员杨帅先生未能到场出席的遗憾。州长表示，杨帅议员从最初的一名普通澳洲留学生，到成为一名律师，再到经过严苛训练成为澳大利亚国防军预备役上尉，再到如今的西澳州议会上院议员，他的付出和努力值得肯定。

西澳反对党领袖Dr Mike Nahan MLA在致辞中表示，20年前的西澳，来自中国大陆的华人并不多，那时的华人多来自东南亚地区。之后，大批的中国商人来到西澳这片土地上，但是语言、文化的不同，为他们融入澳洲社会制造了障碍。《澳大利亚时报》的出现，为他们

提供了大量的信息，大到本地、国际新闻，小到琐碎的生活资讯，使得这些移民心中对在西澳的生活有了了解，帮助一批批说中文的华人适应了在西澳的生活，丰富了大家在澳的谈资与生活。

中国驻珀斯总领馆副总领事金千女士代表中国驻珀斯总领馆对《澳大利亚时报》创刊20周年表示热烈祝贺，金千女士表示，《澳大利亚时报》自1998年创办以来，日益发展成为西澳州最有影响力的华文媒体之一，不仅客观报道了大量有关西澳州、澳大利亚、中国和国际的信息，而且积极承担新闻媒体的社会责任，努力弘扬中华优秀传统文化，积极促进西澳州经济繁荣、社会多元和谐发展、增进中国与西澳相互了解，已成为西澳广大华侨华人获取新闻资讯、传递华人心声的重要渠道之一，也成为当地民众接触华人社区的重要纽带。

《澳大利亚时报》的发展离不开各商家的支持与信任。在西澳华人的众多企业中，西澳名产柯蓝在华人圈无人不知无人不哓，《澳大利亚时报》创刊伊始，就与柯蓝有限公司互相扶持，互相支持。今年也是西澳名产柯蓝有限公司成立20周年，代理茱莉蔻十年，作为此次活动的合作赞助商，给予时报很大支持。茱莉蔻代表Margaret Secker女士送上了对澳大利亚时报20周年的生日祝福，并表示将会继续与西澳柯蓝和澳大利亚时报携手，为西澳华人朋友带来长久的美丽。

柯蓝公司总经理、澳大利亚天然生物科技有限公司董事长潘邦炤先生作为活动合作伙伴以及受表彰商家代表上台致辞。潘邦炤先生首先为时报送上了诚挚的生日祝福。与时报20年来的发展历程相似，西澳柯蓝也从一个哇哇坠地的婴儿成长为翩翩少年，其所属公司Australian Natural Biotechnology也成长为一家从生产、研发到销售一体化的综合型企业。潘邦炤先生对西澳柯蓝的全体同仁、客户及其家人表示感谢。潘邦炤先生还分享了他痴迷的甜蜜事业——蜂业。为了振兴西澳蜂业，保护生态系统的完整性，潘邦炤先生呼吁更多的朋友加入养蜂的行列；呼吁大家允许让养蜂人在自家的花园放一个蜂箱；亦或者购买一瓶西澳大利亚的本土蜂蜜来支持西澳蜂业。

20年前，也就是1998年，一首《相约98》火遍中国大江南北。在大洋彼岸，几位志同道合的人相约珀斯，开始了筚路蓝缕的办报之路。回顾20年，往事历历在目，心头暖流涌动。在歌手高菲和李碧蕊《相约98》的歌声中，现场来宾仿佛坐上了时光机，一起穿越回了20年前，回忆20年前的点滴。舞者邓乃绮饱含深情的伴舞更是为表演增色，将观众情绪推到高潮。

在精彩的歌舞表演《相约98》之后，晚宴进入到了荣耀时刻--颁奖盛典。20年来，西澳涌现出了许多杰出的华人企业，在珀斯闯出了属于他们自己的一片天。在庆祝时报20周年之际，特地对西澳华人优秀企业和个人给予表彰，以对各杰出企业和各精英企业家的努力拼搏表示肯定与支持。

获得“杰出企业及企业家奖”的企业是：

1. 西澳名产柯蓝总经理、澳大利亚天然生物科技有限公司董事长潘邦炤先生。
2. SUNLONG集团董事长孙为民先生
3. AEMS澳大利亚教育移民服务公司总裁宋廷光博士
4. Ironfish Group亚太集团 西澳
5. 花旗银行
6. 澳优集团董事马聪先生，总裁董骏骏先生
7. C U Building Group 总裁贾文
8. 莫扎特蛋糕公司董事长申生先生

获得“杰出成就奖”的企业是：

1. 融侨金融投资集团
2. TCI食品进出口公司
3. Austin Computers Osborne park and Cannington
4. 林卡酒业

5. AH2大律师事务所

6. 博文—您的生意顾问

7. 爱多家居

继时报10周年庆典之后，莫扎特蛋糕公司董事长申先生再次为澳大利亚时报精心设计并制作了一个独一无二的时报生日蛋糕。在嘉宾及获奖企业代表的“生日快乐歌”的歌声中，张野博士切下生日蛋糕，与众来宾共同庆祝澳大利亚时报20岁生日。

《澳大利亚时报》20周年盛大庆典晚宴暨颁奖典礼表演环节为来宾带来了一场精彩绝伦的视听盛宴。在歌舞《相约98》后，男高音歌唱家周永军老师和女高音歌唱家Alex Bak女士的一首合唱歌曲《我和你》又让来宾乘着时光机来到了2008年。那一年，奥林匹克运动会在北京举行，这是中国第一次承办奥运会。而那时的澳大利亚时报，迎来了她的10岁生日。两位歌唱家优美的歌声把大家带入到了澄清单纯的回忆中，回忆着那年的我和你。随后，歌唱家Alex为了此次晚宴特意学习中文，一首中文歌曲《茉莉花》引来全场大合唱。这是这位澳洲歌唱家对华人朋友的情谊，是对澳大利亚时报的诚挚祝福。

澳大利亚时报《华人偶像歌手大奖赛》已是西澳华人人尽皆知并深受欢迎的音乐选秀品牌活动了。多年来，《华人偶像歌手大奖赛》评选出了一批批优秀的歌手，为西澳华人朋友们带来了一场场精彩绝伦的视听盛宴。2018年冠军选手陈蔚莉小姐在大家的欢呼声中登场，在高菲老师的钢琴伴奏下，陈蔚莉为大家带来了一首由张野博士作词的歌曲《华人偶像歌手大奖赛主题曲》。在大家持续不断的掌声中，陈蔚莉激动地介绍了她接下来要带来的全新曝光的歌曲，澳大利亚时报主题曲《一纸两地情》。《一纸两地情》由澳大利亚时报社长张野博士亲自作词，著名音乐人隋晓峰先生作曲，歌曲表达了时报人更是华人华侨的心境，无论何时，都力争将最及时的新闻，最全面的资讯带给读者，架起中澳交流的桥梁，服务大众。陈蔚莉深情的歌声，配以大屏幕时报发展的点滴画面，感人至深。

2017年《华人偶像歌手大奖赛》人气选手唐梓博携手魔力舞社带来了一首活力十足又略带趣味的模仿秀表演，国际巨星Beyonce的经典歌曲《Single Lady》。动感的节奏，曼妙的舞姿，个性的造型，多变的队形，不一样的巨星范儿！《Single Lady》让现场来宾都不自觉地跟着音乐舞动了起来。

在劲舞过后，年仅11岁的小歌手贝文李徐一首《You raise me up》叫醒了现场来宾的耳朵。贝文李徐清澈嘹亮又饱含深情的歌声让来宾听得如痴如醉，不禁感叹小歌手傲人的嗓音条件和强大的感情掌控能力。

在歌舞表演后，当然少不了精致的乐器表演。Happy Tone儿童大世界的董事长高菲女士和其学生Henry Yu为现场来宾带来了优美的钢琴与小提琴协奏曲，《梁祝》。《梁山伯与祝英台》是中国四大民间传说之一，是人人熟知的爱情故事。高菲老师娴熟优美的钢琴演奏配以Henry Yu悠扬的小提琴，完美的配合，动人的旋律，赢得阵阵掌声。

由张野博士作词的颇具民歌色彩的歌曲《九曲溪》在歌手张乐的诠释下有了绿水青山的灵动性。张乐悠扬高昂的歌声配以周永军老师等歌手的伴唱，瞬间让来宾置身于祖国蜿蜒缠绵又美不胜收的好山好水之中，心旷神怡。

特意从悉尼赶来为时报祝贺生日的歌手杨兰女士是澳大利亚时报第一届华人偶像歌手大奖赛的冠军获得者，身着白色梦幻礼裙的杨兰倾情演唱《常回家看看》，这首耳熟能详的歌曲让来宾纷纷沉浸在情亲的温暖中。

中国，澳洲，两个位于不同半球远远相望的国家，因为我们的勇于探索，架起了中澳交流的桥梁。在歌唱家周永军老师、歌手陈蔚莉、倪一鸣的领唱下，大合唱《我的中国心》和《I still call Australia my home》将晚宴气氛

推向高潮。中澳两国人民的情谊毋庸置疑，我们华人无论身处何方，我们炽热的中国心都时刻挂念着祖国母亲，她是我们的根，是我们割舍不断的情。但同时，我们感恩着当下生活的国度。我们自觉遵守当地法规，我们努力融入当地社会，我们在享受澳洲碧水蓝天的舒适之时，也用我们的努力为澳洲付出着辛劳。无论中国还是澳大利亚，我们都深深地热爱并感恩着。

晚宴当晚，澳大利亚时报携手赞助商家为现场来宾准备了丰富重磅的礼品大奖。一轮又一轮的抽奖环节为现场观众送上了重磅好礼。

在《难忘今宵》的歌声中，《澳大利亚时报》20周年盛大庆典晚宴暨颁奖典礼圆满落幕。

时报20年，风雨兼程。我们一步一个脚印地成长着，当时的一腔热血结出果实，《澳大利亚时报》现已成为澳大利亚历史最长、影响力最大的中文媒体之一。

展望未来，时报仍得天时地利人和之优势。愿与西澳华社一起，再度起航，打造新媒体，建设新社区，融入澳大利亚多元文化社会，促进澳大利亚与西澳的友好往来，创造华人在澳生活的美好未来。

华文传媒协会

Yearbook of Global Chinese Language Media

华文传媒协会

香港

香港报业公会

1954年5月10日成立，由《星岛日报》、《南华早报》、《工商日报》、《华侨日报》联合创办。宗旨致力促进香港新闻业界合作，并推动一切有关香港报业事宜及会员之利益为目标。为了促进业界发展，该会每年举办全港报纸最佳新闻奖评选。现成员包括14家报社。

香港报业公会会长：李祖泽

主席：甘焕腾（《明报》）

副主席：萧世和（《星岛日报》及英文《虎报》）、郭艳明（《信报》）

名誉秘书：尹树广（《文汇报》）

总干事：刘志权（香港浸会大学新闻系）

名誉司库：黎振辉（香港《经济日报》）

香港记者协会

1968年成立，是国际记者联会的成员，由一线记者组成。其宗旨是以记者的利益为依归，致力于改善行业工作环境，维护新闻自由和新闻操守，消除所有不合理的采访障碍。该会成员分为四类：正式会员、附属会员、公关会员和学生会员，共有会员400余名。

香港记者协会主席：杨健兴（《众新闻》主笔）

副主席：任美贞

执行委员：陈朗昇（《立场新闻》副采访主任）、周家诚（《苹果日报》财经版助理采访主任）、郭灏然（《NOW》新闻台编辑）、林彦邦（《立场新闻》首席记者）、伍立德（香港电台电视部公共事务组）、潘雅仪（传讯高级经理）、邓俊丰（《星岛日报》高级记者）、谢颂昕（《苹果日报》记者）

香港新闻工作者联会

1996年成立，以爱国爱港、恪守新闻专业操守为宗旨，多年来注重加强香港新闻同业间的联系，促进与内地的交流，并致力于提高香港新闻工作者的专业水平和专业精神。会员来自香港20多个新闻机构。

荣誉主席：查良镛、饶宗颐

会长：张国良

主席：姜在忠

常务理事：刘伟忠

副主席：叶启荣、顾尧坤、郭一鸣、文灼非、李大宝、陈寅、田甲申

秘书长：吴建芳

澳门

澳门新闻工作者协会

1968年1月成立，简称“澳门记协”。协会宗旨是团结同业，交流业务，举办康乐福利活动，保障和维护新闻工作者的合法权益。经常利用节日举办旅游或聚餐联欢，协调各报发行和广告定价等事宜。现有会员550多名。

顾问：白文浩、郑沛、林昶、刘耀光、杨道炘、黎胜培、刘向明。

会长：陆波

副会长：龚树根、吕锡柱、林润松、罗崇雯、李自松、谢德华

监事长：郑秀明，副监事长：罗翔天，监事：林白燕、黄生、黄伟鸿。

理事长：余建栋，副理事长：梁智生、温能汉、马健民、方念湘、龚永兴。

秘书长：崔志涛，副秘书长：冯志铨、欧阳月笑。

澳门记者联会

1990年成立，成员由澳门中、葡文传媒记者、编辑组成。宗旨维护记者的专业利益、新闻自由，及促进当地各传媒记者、编辑间的交流，推广专业培训，与其它地区同类组织进行交流合作。

会员大会主席：陆波

澳门传媒工作者协会

1998年10月1日正式成立，1999年初正式立案注册为法人社团，成员包括新闻界编采人员、前线记者、自由传媒人、学者以及关心传媒的社会人士。协会宗旨致力维护新闻采访自由，确保记者采访权不受无理干预；维护会员的工作权益，就业的合理待遇及改善会员的福利；推动新闻专业教育及在职进修、培训等。

澳门传媒工作者协会会员大会执委会主席：吴小毅

理事长：郑月明

副理事长：麦隽华

理事：吴玉光、邝惠敏、徐婉莹；

监事长：方念湘

监事：李江、黄东。

澳门文化传媒联合会

澳门文化传媒联合会，成立于2008年9月。由《澳门商报》牵头与《正报》、《澳门早报》、《时事新闻报》、《澳门报告》杂志、《澳门书法》杂志、中国经济时报澳门联络处、香港文汇报澳门办事处、香港大公报澳门办事处等十几家媒体主要负责人联合发起组建。创会宗旨：作为澳门文化传媒业界与特区政府反映行业诉求及交流的桥梁，立足澳门，辐射全国，影响世界；构筑澳门与泛珠三角、澳门与中国大陆、乃至澳门与世界各地的文化传媒信息平台，为实现澳门文化传媒事业的振兴和发展而贡献力量。

会长：马志达

主席：邓文玉

澳门新媒体联盟

2016年6月6日，在澳门商报创刊十周年系列庆典活动中，澳门新媒体联盟宣布成立。

澳门新媒体联盟是由澳门商报联合珠澳两地自媒体大号共同设立的合作平台，旨在通过整合新媒体资源，形成有效联动、聚合传播、融合发展，实现新闻内容的全面覆盖，提升自媒体平台的价值。同时通过组织培训和交流学习，不断提升自媒体人的专业技能，树立正向的价值观和传播理念，为社会和谐稳定和经济发展做出积极的贡献。

澳门新媒体联盟是当前澳门最大的自媒体联盟，由澳门商报、澳亚卫视、澳门晚报、澳门微传媒、澳门盘凯科技策划、澳壹网络等创会，联盟旗下拥有超过20个优质公众号，总计粉丝超过50万人，每日浏览量超过20万，辐射影响海内外逾100万主流用户。

澳门新媒体联盟首任主席邓文玉。

台湾

中国新闻学会

1941年成立，由台湾重要新闻媒体从业人员组成的超党派、跨媒体的团体。成员均为媒体负责人及新闻院系教授等。学会成立的目的旨在从事新闻学术研究、新闻道德提升、促进新闻事业的发展和新闻品质的改良。

理事长：成嘉玲（世新大学董事长校长）

台北市报业公会

1950年1月25日成立，该会以“维护增进同业之公共利益，矫正弊害，服务社会”为宗旨。会员主要为台北市的报社，目前有会员单位18家。

现任理事长：联合晚报社长罗国俊

常务理事：项国宁、黄树德、雷蔚馨、吴俊彦

常务监事：袁天行、金蜀卿、郑叔华、颜光佑等

台北市新闻记者公会

1950年9月1日成立，该会以台北市各通讯社、报社、广播电台、电视台及新闻电影制片厂为会员单位，其所属新闻工作相关人员为会员。现有会员2884人，涵盖87家单位，其中包括通讯社29家、报社41家、广播及电视公司17家。该会以研究新闻学术、发展新闻事业、砥砺学行、交换经验、促进文化建设、服务社会为宗旨。

第28届台北市新闻记者公会理事长：刘本善

常务理事：颜光佑、马长生、王丰、刘长裕、袁天明、黄清龙等

常务监事：董益庆、袁天行

台湾新闻记者协会

1995年3月29日成立，该协会的宗旨是维护并促进所有印刷、广播和电视新闻媒体记者、编辑及其它新闻从业人员之职业、法律及社会权益，争取新闻自由，提升专业水准，保障新闻工作者之独立自主。1998年5月3日，该协会正式加入国际记者联盟。

会长：李清贵

常委：李志德、黄以敬、郑超文、刘嘉韵

执委：王惠敏、安德毅、林注强、马小兰、涂建丰、梁瓈月、杨馥如、廖宜德、赵晓慧、简竹书

常务监委：陈晓宜

监委：李雪莉、潘俊宏

中华传播学会

1996年6月成立，以促进传播学术交流及提升传播学术研究水平为宗旨。多数会员为台湾各大学传播系专任教师，另有少数法科、教育、社会、语文学者；部分会员为研究生。亦有新闻工作者入会。会员约有数百人。

理事长：倪炎元（铭传大学传播管理研究所教授）

副理事长：陈春富（辅仁大学影传系暨大传所副教授）、黄铃媚（世新大学口语传播学系教授）

常务理事：江静之（政治大学新闻学系教授）、纪慧君（淡江大学淡江大学大众传播学系副教授）

理事：王孝勇（静宜大学大众传播学系副教授）、郭文平（中国文化大学新闻学系副教授）、张玉佩（国立交通大学传播与科技学系教授）、傅文成（国防大学新闻系(所)副教授）、陈清河（世新大学新闻传播学院教授）、陈炳宏（国立台湾师范大学大众传播研究所教授）、刘慧雯（政治大学传播学院教授、郑宇君（国立政治大学新闻学系副教授）、郑嫥嫥（慈济大学传播学系副教授）林淑芳（国立政治大学广告学系教授）

常务监事：郭良文（国立交通大学传播研究所传播与科学学系教授）

监事：王维菁（国立台湾师范大学大众传播研究所副教授）、林丽云（国立台湾大学新闻学研究所教授）

台湾“中华资深记者协会”

2004年成立，其宗旨为：提升新闻媒体从业人员素质，发挥舆论力量，净化新闻空间。该会目前有会员300多人，均为年满30岁、从事新闻工作6年以上、持续有作品发表的资深新闻工作者。《净报》为该会机关报。

中华资深记者协会现任理事长为赖连金。

海外

世界中文报业协会

1968年11月18日，世界中文报业协会在香港宣告成立。该协会由台湾联合报系董事长王惕吾、香港星岛日报社董事长胡仙、华侨日报岑才生及马来西亚、新加坡、美洲等世界各地中文报业代表联合发起的组织。总部设在香港，致力于全球中文报业发展，加强各国、各地区间新闻业务交流、维护中文优美品质，务求中文报业进一步负起社会责任。

协会成立40多年来，会员已发展到包括中国大陆、港澳台地区和亚洲、东南亚、北美、拉美、欧洲、非洲各国的120多家中文报刊。协会已召开47届年会，先后在北京、上海、深

圳、南京、香港、台北、重庆、马尼拉、旧金山、纽约、澳门、汉城、曼谷和吉隆坡等城市举行。

名誉会长：胡仙 余健新

首席会长：李祖泽

会长：张聪 陈庆东 项国宁

2018年至2020年度执行委员会名单：

主席：姜在忠

副主席：黄清龙、朱国顺、萧世和、李慧玲。

总干事：马英

执行委员

香港：明报、香港商报、星岛日报、信报、大公报、文汇报。

台湾：联合报、中国时报、人间福报、台湾时报

美国纽约：世界日报

吉隆坡：南洋商报、星洲日报

曼谷：世界日报

新加坡：联合早报

中国大陆：经济日报、新民晚报、深圳特区报、重庆晚报、今晚报、环球时报、扬子晚报、广州日报

澳门：澳门日报

泰华报人公益基金会

由泰国已故知名侨领陈世贤先生于1978年创立，是泰国华文报刊从业人员的公益团体，其前身为“泰国华文报从业员子女助学金委员会”。

该会以促进泰华报人团结、增进泰华报人相互交流、推动有益社会的公众活动、谋求泰华报人会员福利、以及不涉及政治为宗旨。该会对泰华报业人员子女发放助学金；对会员患病、失业等天灾人祸进行济助；设立奖学基金，资助有志从事新闻事业人士出国深造，培养华文报人的接班人。

基金会成立以来，虽不过问各报内部事务，会务却十分活跃。基金会不仅组织泰华报人代表团访华、邀请中国有关部门访泰，以促进中泰文化、新闻交流，还主办或协办中国有关文艺、体育、贸易团体赴泰国表演、展销，并为泰国慈善福利事业筹募资金。

现任主席：陈郑伊梨女士

泰华通讯记者协会

1990年成立，由全国各府通讯记者组成，宗旨是：弘扬中华文化，促进泰中友好，促进华社团结，加强新闻文化工作者的自觉、自律精神，为同业谋福利。成员有200多人。泰华通讯记者协会现任主席为罗宗正。

泰华通讯记者联谊会

2000年5月成立，简称“泰记联”，以“弘扬中华文化，促进泰中交流，广泛联合泰国各府华文通讯记者，加强彼此团结友爱，维护正义，准确而迅速进行新闻报道，促进社会安宁”为宗旨。

永远名誉主席：王亮（创会主席兼特别顾问）、陈伟彤（兼会务特别顾问）、李逸明。

马来西亚华文报刊编辑人协会

1970年成立。协会下设8个奖项，即拿督黄纪达编辑奖（新闻／副刊）、丹斯里吴德芳新闻报道奖、丹斯里叶永松报道文学奖、拿督斯里庄智雅新闻事业服务精神奖、拿督陈良民新闻摄影奖、拿督高程祖经济新闻报道奖、拿督邝汉光体育新闻报道奖及丹斯里张德麟评论奖。

柬中记者协会简介

2019年5月6日在金边成立，是由在柬埔寨注册的中文媒体和柬文媒体资深媒体人所发起和成立的，是柬埔寨柬文与当地华文（华媒）记者协会。

协会的宗旨是：团结和增进在柬埔寨中文和柬文，以及各语种媒体间的相互了解与沟通合作；进行专业知识的交流；实行新闻互换；配合柬埔寨王国政府的施政方针，为实现社会的公平正义而努力。

协会遵守柬埔寨王国宪法和法律；坚持行业自律，为会员权益保障、反映诉求提供帮助。提倡和敦促会员遵守新闻职业道德，推进新闻行业自律，规范新闻从业行为；开展理论

研讨、业务交流等活动，提高新闻工作者理论素养和新闻舆论工作水平。

柬中记者协会一个重要任务是推动柬埔寨媒体与中国，以及东南亚国家媒体间的交流与互动；每年会不定期组织代表团去中国和东南亚国家进行采访和交流；并适时组织国际媒体论坛，提升和扩大柬埔寨的知名度。

主席：帅速比

联合主席：刘晓光

副主席：米勒提、德萨拉烈、安佳、肯文纳、刘鸿飞、寨马卡拉

秘书长：罗锡坤

副秘书长：帅素皮

澳大利亚中华广播理事会

1987年7月4日在卡拉玛打成立。该理事会由澳大利亚新南威尔士省越棉寮华人联谊会发起组织，宗旨是传播中华文化，促进侨社和谐；作为澳大利亚政府与华人的桥梁，积极为澳大利亚多元文化政策做出贡献。每星期天在悉尼两个频道义务播出华语（普通话）节目和粤语节目。节目内容包括：新闻、中华文化及歌曲。首任理事长为张文光。

澳大利亚昆士兰华语广播协会

澳大利亚昆士兰华语广播协会成立于1980年，30年来积极致力于普通话和粤语广播事业，不断发展壮大并成为当地重要华语媒体，为传播华语资讯、丰富海外华人生活和促进当地多元文化社区建设作出了重要贡献。

协会现有200多名会员。

现任会长：徐月兴

美国北加州华人传媒协会

1992年6月16日，美国北加州华人传播媒体协会成立，由超过20个北加州中文媒体单位所组成，包括电视台、电台、报章杂志和网络媒体等，以关注华人生活及维护华人权益为己任。

协会多年来集合北加州各大华人媒体的力量，一直积极参与公益事务、赈灾筹款和小区活动等，在多个重大事件上同心协力地发挥了媒体功能。例如2009年的台湾八八水灾，以及2008年的中国四川地震，北加州华人传播媒体协会发挥了其媒体影响力，积极报道救灾工作并极力呼吁各界踊跃捐款赈灾，总共筹得数百万美元，体现了华人媒体团结一致真诚合作的精神力量。

会长：何百炼

第一副会长：李适萍

国际华文媒体联盟

2017年3月，由200多家海外华文媒体共同组建的“国际华文媒体联盟”在美国注册成立，这是联合了全球的华文媒体，做兼顾深度策划力、全程跟踪化、全球影响度、传播正能量的媒介服务机构，是把国内地方资源推向世界的平台，也是全球媒介宣传推广的平台。

海外华文媒体心系中华，情系家乡，为了能够更好地参与“一带一路”的建设，讲好中国故事，实现中华民族伟大复兴的民族梦想，最大发挥海外华文媒体的宣传优势，“国际华文媒体联盟”采取与中国地方政府“联合组织、华媒参与、定向宣传”的运营模式，同国内外的华文媒体进行全方位的合作与交流，建立海内外华文媒体命运共同体，使其抱团取暖、优势互补、合作共赢，建立媒介服务机制，为地方营造“引资、引智、媒介”大舞台，全力打造推送有民族特色的地区和边远欠发达地区，全球推送国内的名优企业、优秀团队、非遗和民俗文化、特优产品和优秀个人等，为家乡的富强贡献绵薄之力。

欧洲华文传媒协会

欧洲华文传媒协会原名为“欧洲华文报刊协会”，由欧洲8国16家华文报刊作为发起会员，于1997年10月在巴黎宣告成立。1998年8月，协会更名为“欧洲华文传媒协会”，以弘扬中华民族传统文化、促进中欧交流与合作、提倡融入当地社会和服务华侨华人为宗旨。协会在法国巴黎注册，常务秘书处设在欧洲时报报社，由欧洲时报负责协会的日常事务和联络

工作。

欧洲华文传媒协会成立之初，每年举行一次年会，以加强各兄弟报刊之间的联系和合作，就大家共同关心的问题进行研讨。第五届欧洲华文传媒协会研讨会上决定，协会年会改为每两年举行一次。协会成立15年来，已先后在巴黎、布达佩斯、维也纳、马德里、罗马、布加勒斯特、里斯本召开过九届会议。协会会员单位目前已经超过60家，主要分布在法国、荷兰、德国、比利时、奥地利、瑞典、意大利、西班牙、葡萄牙、英国、匈牙利、罗马尼亚、俄罗斯、塞尔维亚、波兰等国，包括报刊、杂志、广播电台、电视台、网站和出版社等各种媒体形态。

轮值主席：周灵建

海外华文传媒协会

2007年6月1日，在温哥华举行的“华文传媒国际峰会2007”开幕式上，由全球五大洲十多个国家和地区几十家海外华文媒体发起，海外华文传媒协会宣告成立，在加拿大正式注册。协会旨在弘扬中华文化；正面宣传中国两岸四地的政治、经济和社会情况；促进中国人民与世界各国人民之间的了解、交流和合作；团结世界各地华文传媒，加强沟通，交流经验，相互扶持，共同发展；代表会员心声，在所在国争取并维护华文传媒权益；携手开创海外华文主流媒体的新时代。

协会自成立以来，积极组织协会成员媒体共同策划举行了不同类型的大型活动，在海外各地区以及中国两岸三地引起了很大的反响和广泛的赞赏。

主席：项翔(华厦传媒集团董事长)

秘书长：王菁野（美国拉斯维加斯时报社总编辑）

多伦多华裔媒体工作者协会

2008年2月，由大多伦多地区记者、编辑、摄影摄像、播音主持、市场推广、出版印刷等多种专业人士组成的自发性非牟利团体。协会的宗旨是：加强会员之间的沟通合作，促进客观公正的报道，倡导社会的公正公平与和谐。提高华人社区关心参与社会活动的意识，加速华人华侨积极融入社会主流的进程；加强与加拿大主流媒体、其他少数族裔媒体的沟通；促进加拿大与中国媒体的交流与合作。

北美华文传媒协会

2016年2月18日在加拿大联邦政府注册成立。其宗旨除了为北美地区的华文传媒人和组织提供常规的协会服务外，还与中国国务院新闻办公室和中国记协等国内机构开展战略合作，打造“丝路华语”论坛的文化传播平台，为中国的对外传播和文化“走出去”提供海外沟通交流及传播服务，特别是为“一带一路”提供海外政策沟通及海外民心相通机能，为实现中华民族复兴的中国梦作出海外传媒人的应有贡献。

北美华文传媒协会创会会长为加拿大华发网首席执行官夏云龙。

加拿大中文记者和编辑协会

2016年11月22日，加拿大中文记者和编辑协会经加拿大联邦政府正式批准注册成立。

加拿大中文记者和编辑协会为非营利新闻协会，其宗旨是为加拿大华文媒体记者和编辑提供一个业务交流、联谊、合作的平台，代表加拿大华文媒体和其它族裔媒体展开交流合作，推广加拿大多元文化。

加拿大中文记者和编辑协会目前分为团体会员和个人会员。世界华文大众传播媒体协会在加拿大的团体和个人会员将自动成为加拿大中文记者和编辑协会的团体和个人会员。

创会会长：谷剑云（加拿大《红枫林》传媒集团总裁兼总编辑）

副会长：王虹（缅省《枫华之声》杂志总编）

副会长兼秘书长：燕飞（《万事通》新闻网总编辑担任）

监事长：张健(蒙特利尔《华侨新报》社长)。

加拿大中文记者联合会

2016年11月27日，加拿大中文记者联合会在多伦多正式宣布成立。加拿大中文记者联合会为加拿大联邦政府登记注册的非营利新闻社团，其主要宗旨是为加拿大中文记者提供专业

新闻和法律援助，维护记者权益。联合会核心成员由加拿大政府通过技术移民(记者和编辑移民种类)系统引进的新闻专业人才组成。

加拿大中文记者联合会目前分为团体会员和个人会员。世界华文大众传播媒体协会在加拿大的团体和个人会员将自动成为加拿大中文记者联合会的团体和个人会员。

创会主席：彭跃(加拿大《健康时报》社长)

东非华文传媒联盟

2012年10月在肯尼亚的首都内罗毕成立，由《非洲之声》每日电讯、《肯尼亚华声报》、非洲之声网站、肯尼亚《经贸快讯》等华文媒体组成。与常驻肯尼亚的新华社非洲总分社、中国国际广播电台非洲总站、中国中央电视台非洲分台、中国日报非洲站有着密切合作关系。媒体主要服务于非洲国家的华人社团，外交机构，新闻单位，中资机构（企业）华侨华人。

主席：韩军

世界华文媒体合作联盟

2009年9月20日，在上海召开的第五届世界华文传媒论坛上，“世界华文媒体合作联盟”宣告成立。该联盟是由中国新闻社发起，海外各类华文传媒自愿参加的全球性合作组织，以“服务、互动、平等、共赢”为宗旨，为促进海外华文传媒之间的相互联络和资源互动及其与中国大陆传媒界的协作，改善海外华文媒体的生存发展条件，提升海外华文媒体的整体水平和影响力提供合作平台。

目前联盟成员来自全球五大洲的200多家华文媒体。

海外浙江华文媒体联合会

2014年6月25日，由西班牙、法国、意大利、荷兰、美国等国浙江籍华文媒体负责人以及与浙江密切相关的海外华文媒体从业者自发组织的“海外浙江华文媒体联合会”成立。成立仪式在浙江杭州举行，24个国家与地区的70多位海外华文媒体负责人参加。

目前在世界各国的浙江籍华侨华人创办的华文媒体已有近100家，为了让浙江籍的华文媒体更好地宣传中国、宣传浙江，浙江籍华文媒体负责人以及与浙江密切相关的海外华文媒体从业者自发成立了“浙江海外华文媒体联合会”。

联合会的成立，给海外华文媒体与浙江省内外媒体的互相交流、互相学习创造更多机会。同时，发挥联合会的协调作用，把海外媒体更好地组织和联合起来，进一步提高华文媒体的规范化与专业水平，让海外华文媒体更健康、持续的发展，提升海外浙江籍华文媒体在世界各国的影响力。

名誉会长：梁源法（法国《欧洲时报》原总编辑）

监事长：廖宗林（意大利《欧华联合时报》社长）

会长：戴华东（西班牙欧亚传媒集团董事长、《侨声报》社长）

传媒大事记

文传媒年鉴

Yearbook of Global Chinese Language Media

海峡两岸暨香港、澳门传媒交流大事记

（2017.6——2019.6）

2017年

●大陆省市记协负责人访问台湾 6月7日，2017大陆省市记协负责人访问团一行14人完成七天六夜的参访交流后，踏上返程。

大陆省市记协负责人访问团是应台湾中国新闻学会邀请访台的。台湾中国新闻学会理事长成嘉玲表示，不管两岸形势如何发展，新闻界需要更多的交流，责任也更重，希望今后常来常往。大陆省市记协负责人访问团团长张百新表示，希望这样的交流能够持续下去，希望两岸新闻界能够传递光明、传递正能量，让“两岸一家亲，共圆中华梦”。

此次来访的大陆记协负责人访问团团员分别来自大陆11个省市，包括山东、湖北、山西、安徽、福建、江西、广东、重庆市、云南和河北等地区，由中国记协书记处书记张百新率团，副团长为记协台港澳部主任杨青。访问团一行于6月1日由高雄入台，自南往北，在台共停留7天，先后访问了大众广播公司、联合报系、中视以及台北市新闻记者公会等媒体单位。

●港澳媒体参加“香港回归20年寻根万里行”采访活动 7月6日，由中央人民广播电台对港澳节目中心举办的“香港回归20年寻根万里行”联合采访团启动。共30名港澳、内地媒体一连11天深入内蒙古、黑龙江部分区域，了解内蒙古畜牧业的发展和生产生活的变化。

此次港澳媒体联合采访团由香港大公文汇传媒集团、香港商报、澳门电台、澳门濠江日报、新华社澳门分社等多家媒体组成。团队从北京启程，自驾前往1000多公里外的阿尔山、呼伦贝尔草原及海拉尔等地，探访当地发展绿色生态旅游的的循环经济；深入中国最北端漠河边陲小镇北极村了解人民生活；采访最北哨所士兵生活等。

●2017海峡两岸记者四川行联合采访 7月16日，“2017海峡两岸记者四川行联合采访”活动在成都启动，来自两岸31家新闻媒体的45位记者在接下来的8天时间里深入成都、雅安、康定、甘孜等地联合采访。

此次活动由国务院台湾事务办公室新闻局和中华全国新闻工作者协会台港澳工作部联合主办。

国务院台办新闻局局长马晓光表示，本次采访活动有四个报道重点：一是四川省在“一带一路”建设中的重要枢纽作用，加强互联互通，深化经贸、产能、金融、人文社会交流合作，为经济社会可持续创造的新机遇、新空间、新平台。二是四川在“十三五”规划中的发展策略、政策措施，重点项目，以及经济社会取得的发展进步。三是采访台资企业和台商生活、台湾青年创业就业，采访四川不断完善营商环境，保护台湾同胞合法权益、支持台资企业转型升级，融合发展的政策和便利化措施。四是四川厚重的历史文化，独特的少数民族生活、丰富的文化遗产和旅游资源等。

据悉，两岸记者联合采访活动至今已成功举办16届，是两岸新闻交流的重点项目，传播成效显著，在两岸具有广泛影响。

●两岸及香港媒体聚焦盐城 7月18日至19日，为进一步宣传推介盐城市的投资环境，江苏省台办和盐城市台办联合举办“两岸及香港媒体盐阜行”联合采访活动。

台湾中央社、联合报、旺报，香港凤凰卫视、大公报、商报，中央电视台、中新社、经济日报、扬子晚报、现代快报、盐城电视台、盐阜大众报13家共19名来自两岸及香港的媒体记者18日汇聚盐城，对盐城展开采访。

当天下午，采访团在盐都区台湾农民创业园内，听取了园区负责人对台创园打造农业、体旅一体化园区的情况介绍，随后参观拍摄了园区内台企皇达蝴蝶兰栽培基地。晚上，盐城市召开了两岸及香港媒体联合采访见面会，会上，中共盐城市委常委、常务副市长陈红红对盐城市的基本情况进行了简要介绍，随后围绕

"生态优先，绿色发展"作了详细推介。

19日上午，采访团参访了由台湾慈济慈善事业基金会援建的阜宁孔荡大爱村，听取了阜宁县负责人和慈济项目部负责人对大爱村建设背景及情况的介绍，还参观了已经交付使用的"大爱村"民居，并对已经入住民居的受灾群众进行了采访。下午，采访团赴盐城经济开发区，采访园区代表性的台资企业南纬公司和台玻公司，尔后，又马不停蹄赶郝氏故居，采写郝家故事。

此次联合采访团的记者大多是第一次来到盐城，盐城市得天独厚的地理位置、优美的生态环境、优良的投资环境都给他们留下了深刻的印象。

●台湾南部新闻学子体验老北京文化 7月24日，由北京市新闻工作者协会、高雄市记者公会等共同主办的"相约北京——台湾青年媒体人老北京文化体验周"在北京拉开序幕，约20名来自台湾南部的新闻专业学生和指导老师受邀参访。

当天下午，他们来到位于前门大栅栏的同仁堂药店，感受博大精深的传统中医药文化。接下来的5天里，这些来自台湾的年轻人还到首都博物馆参观老北京民俗展，到东城区百工坊见识"燕京八绝"等传统工艺，登长城、游故宫并与首都青年媒体人座谈。据介绍，参加体验周活动的台湾学生主要来自位于高雄市的文藻外语大学，绝大多数是第一次来大陆。

此次体验周活动是落实第二届两岸媒体人北京峰会合作协议的重要成果之一。北京市记协主席梅宁华表示，希望前来参加活动的新闻学子与媒体同仁将所见所闻、所思所想传递给更多台湾青年朋友，帮助他们了解北京、了解大陆。

●2017台湾媒体记者团黑龙江采访 8月24日至31日，应黑龙江省台办之邀，2017台湾媒体记者采访团在黑龙江省的哈尔滨、牡丹江等地采访交流。

采访团一行20人在哈尔滨参观采访了哈尔滨城市规划馆、关东古巷，并参观黑龙江广播电视台、黑龙江日报报业集团。在牡丹江市采访非物质文化遗产靺鞨绣，听传承人孙艳玲讲述被誉为"刺绣中的油画"的渤海靺鞨绣的历史。在绥芬河采访口岸、综合保税区和绥芬河人民医院。在海林市，先后采访了食用菌产业园灵芝基地，横道河子镇俄罗斯老街、东北虎林园、威虎山影视城等景区，并采访了黑龙江对台文化艺术交流基地、横道河子镇油画村、中东铁路机车库等。

黑龙江省台办主任郭龙川会见了采访团一行，郭龙川表示：大陆"一带一路"发展战略的实施，哈尔滨策划"龙江丝路带"概念被纳入国家中蒙俄经济走廊战略之中，为黑龙江迎来了国家和省级战略迭加的一次难得的发展机遇。省台办副主任王汉山进一步说明：哈尔滨市作为中蒙俄经济走廊龙江丝路带的核心城市，准确清晰地设定城市的战略取向和功能定位。欢迎广大台湾同胞一同抓住发展机遇，两岸共利共荣！

●两岸新媒体人走访"义新欧"中欧班列始发地 9月23日，20余位两岸新媒体人走进"义新欧"中欧班列的始发地，在义乌铁路口岸、义台创意设计中心等地观察在当地的300余家台资企业和外贸机构、1000余名常驻台商的发展机遇。

从2014年11月第一列"义新欧"中欧班列发车，到一周一至两班的常态化运行，千年丝路重启于义乌，使浙江义乌成为"一带一路"经贸合作的桥头堡。

义乌铁路口岸办公室主任陈旭峰介绍，"义新欧"中欧班列的速度比海运快一倍以上，价格仅为空运的二分之一。通过这一全球最长的国际班列，服装、箱包、五金用具等近2000种"中国制造"商品和酒类、母婴用品等进口货物在欧亚大陆间互通有无。

"中欧班列对于活跃在义乌的台商而言，也是融入贸易全球化的好机会。"义乌台办经济科科长叶俊斌说，义乌正筹备开通装备四十余个集装箱的"台商专列"，将台湾商品推介到"一带一路"沿线国家。

●台湾中华新闻记者协会访问团参访河北 9月25日至28日，台湾中华记者协会访问团到河北参观访问。本次参访的主题为"中华传统文化的继承与发展"。

25日，访问团一行参观了河北日报报业集团、河北广播电视台以及石家庄广播电视台，了解河北省新闻界的发展现状及趋势，并与河北新闻界举行冀台新闻界书画交流笔会。

26日到28日，访问团到河北美术学院和保定、廊坊等市进行参访活动。

据悉，台湾中华新闻记者协会成立于2012年，协会成员涵盖报纸、杂志、广播、电视、通讯社、网络等各种媒体形态。

●第十四届海峡两岸媒体采访“智造湖南” 11月13日，“科技创新，智造湖南”第十四届海峡两岸媒体来湘联合采访活动在长沙启动。来自台湾的中天电视台、TVBS、东森电视台、中国时报、台湾联合报、旺报、工商时报、台湾导报，以及来自大陆的新华网、人民网、央视四套、中新网、你好台湾网、中国台湾网、华夏经纬网、海峡卫视、海峡之声等，海峡两岸共计26家媒体的31名记者开始了联合采访。

本次参访活动之所以以“科技创新，智造湖南”为题，源自于近年来湖南智造的异军突起。“鱼米之乡”造出了“大国重器”，超高速列车、超级杂交水稻、超级计算机、中低速磁悬浮列车、高端地下装备，一系列科技创新占据了技术的制高点。湖南更形成了以长沙“创新谷”、湘潭“智造谷”、株洲“动力谷”组成的湖南自主创新的“长株潭现象”，湖南智造誉满全球。

13日上午，联合采访团参加了湖南省人民政府第十三届湘台经贸交流合作会暨2017第二届海峡两岸（长沙）电子信息博览会新闻发布会；下午，联合采访团则拜访了湖南广播电视台，参观了湖南新媒体平台“芒果TV”、湖南卫视新闻中心、湖南人民广播电台。

在接下来的6天时间里，联合参访团采访以博世4.0工厂、泰富重装、中联重科、雨花智能机器人产业为代表的湖南智能制造业；以中铁重工、蓝思科技、重金属污染防治工程研究中心、粉末冶金国家重点实验室为代表的湖南自主创新科技引领产业；以金霞保税物流中心、长沙空港、黄花综合保税区为代表的湖南大数据物流产业区。此外，媒体团还采访了第十三届湘台经贸会和第二届海峡两岸（长沙）电子信息博览会。

●第三届两岸媒体人北京峰会举行 11月24日，第三届两岸媒体人北京峰会开幕。两岸160余名媒体负责人、传媒学者、新闻界代表等出席，共同回顾两岸新闻交流30年历史，畅议两岸融合发展与增进媒体合作共赢。本届峰会由北京日报报业集团主办，台湾旺旺中时媒体集团协办。

开幕式上，来自两岸媒体界的8位代表围绕“两岸新闻交流30年”发表主题演讲，回顾了两岸媒体交流的风云历程，展望未来的合作方向。

1987年，祖国大陆率先以官方发声，欢迎台湾新闻界来大陆采访交流。随后台湾《自立晚报》的李永得、徐璐成为两岸隔绝以来首次到大陆采访的台湾记者。1991年，新华社记者范丽青、中新社记者郭伟锋因采访“闽狮渔事件”，成为首次赴台采访的大陆记者，此举推动大陆记者组团于次年入台，开启了两岸真正意义上的新闻交流。

20世纪90年代中期至此后的十余年中，尽管两岸关系一度紧张，但新闻媒体交流却从未中断，历经波折考验稳步前行。在大陆积极开放态度的促进下，双方先后开放并深化了记者的驻点采访。两岸的新闻交流法规基本成形，实质交流更加深入。

2008年之后，随着两岸关系改善，新闻交流呈现出规模扩大、层次提升、合作多样的特点。媒体人之间稳定且深入的对话机制逐渐形成。2015年两岸领导人会面前夕，两岸媒体人北京峰会应运而生。

中共中央台办、国务院台办主任张志军致辞表示，1987年，两岸封闭的大门终被推开。两岸新闻界顺应民意，勇于破冰，率先开展采访和交流，为两岸打破封闭隔绝状态作出了重要贡献。30年来，两岸新闻媒体在及时传播两岸资讯、增进两岸同胞相互理解、推动两岸各领域交流合作中发挥了重要作用。

张志军指出，在当前两岸关系复杂形势下，希望两岸媒体继续发挥社会公器作用，坚持勇于担当为民发声的精神，多从正面善意角度传播两岸资讯，多做聚同化异扩大共识的工作，为推动两岸关系不断向前发展、激励两岸同胞共同致力于中华民族伟大复兴作出新的更大贡献。

中国国民党前副主席、旺旺集团副董事长胡志强表示，两岸未来，应该是融合发展、进步友善；大陆更富更强，两岸问题就更容易解决。媒体应扮演两岸沟通的“桥梁”，让两岸发展越来越好。希望媒体对两岸关系作出令人难忘与不可忽视的贡献。

●第八届海峡媒体峰会在福建漳州举行 12月6日，以“融媒时代，两岸媒体弘扬中华文化共谋发展”为主题的第八届海峡媒体峰会在福建漳州举办。百余名两岸媒体人围绕峰会主题各抒己见、畅所欲言，为融媒时代媒体转型升级献计献策，共谋发展。

本届峰会由福建日报社(报业集团)与台湾旺旺中时媒体集团、联合报系共同主办。为持续、深度促进两岸媒体之间的交流合作与融合发展，两岸数十家媒体的负责人、传媒专家学者及从业人员围绕两岸媒体在新闻报道、事业拓展、产业发展等方面的合作潜力、发展空间，融合创新创业发展举措等方面进行深入探讨。

与会代表一致认为，要进一步推进两岸媒体交流交往、协同创新，讲好两岸故事，携手弘扬中华文化，更好地服务两岸关系和平发展。

自2009年以来，海峡媒体峰会已分别在大陆福州、平潭和台湾台北、台中等地成功举办了七届，峰会影响力不断提升，平台作用不断凸显，有效地促进两岸媒体在联合采访、联办活动、合办媒体以及互派记者驻点采访等方面不断实现新突破，在两岸新闻交流上发挥了重要作用，产生了积极而广泛的影响。

峰会期间，两岸媒体人深入漳州招商局经济开发区、东南花都、林语堂故居等地采访。

2018

●两岸媒体聚焦“台湾教师在福州” 3月22日，福州市台办组织新华社、中新社、台湾东森电视台等15家两岸媒体组成联合采访团，聚焦“台湾教师在福州”，走进福建农林大学、福建工程学院、闽江学院、阳光学院、福州外语外贸学院5所福州地区高校校园，面对面接触台湾教师，了解采访他们在福州工作、生活的情况和感受，以及各高校为台湾教师们提供的良好工作条件和生活环境。

随着两岸经济社会融合发展，越来越多的台湾教师来到大陆，来到福州的高校中任职。据了解，目前有129名台湾教师在福州地区各类高校中任职，约占福建省台湾教师的四成多，福州正成为台湾教师来大陆高校就业的聚集区之一。

福州市台胞投资企业协会会长陈奕廷表示，去年以来，福州市采取措施，积极服务在榕台湾教师，将台湾教师纳为在榕台湾人才的重要组成部分，举办在榕台湾人才中秋座谈会、台湾人才政策咨询服务、台湾人才政策实务辅导讲座等活动，还设立福州市台协会人才委员会、福州市台湾人才服务工作站，聘任2批共136位台湾人才作为专家库成员，其中台湾教师占多数。越来越多的台湾教师来福州就业发展，极大促进了闽台教育学术交流与合作。

●两岸暨香港媒体联合采访郑州 4月15日至20日，由河南省台办主办的“走进国家中心城市——郑州”两岸暨香港媒体联合采访活动举行。

在6天的时间里，由联合报、TVBS、大公报、国际在线、中国台湾网、华夏经纬网、《台声》杂志社、河南日报、河南电视台、大河网等10家媒体组成的联合采访团先后对2018两岸智能装备制造郑州论坛、戊戌年黄帝故里拜祖大典、豫台绿色农业发展合作对接会、第四届“根亲中国”微电影大赛颁奖礼进行报道，对郑州市领导关于国家中心城市的定位与建设、台商大厦入驻台商进行采访，走进航空港经济综合实验区和经济开发区，实地感受郑欧国际铁路货运班列、中大门保税直购体验中心与郑州机场国际西货站等“陆网空”三条丝绸之路，参观了千玺广场、郑东新区规划展览馆、银基王朝社区及少林寺和嵩阳书院。

两岸及香港媒体联合采访团先后参加了以“智能装备制造 链接两岸引领未来”为主题的2018两岸智能装备制造郑州论坛，和以“优化、融合、共享”为主题的豫台绿色农业发展合作对接会的采访报道，并就相关问题对中共中央台办、国务院台办主任刘结一进行采访。

●香港媒体高层访问团访问海南 5月10日至15日，由香港大公文汇传媒集团董事长、香港新闻工作者联会主席姜在忠率领的香港媒体高层访问团一行对海南展开为期五日的考察采访。2018年是海南建省30周年，访问团一行实地感受了海南建省以来的深刻变化和国际旅游岛建设的蓬勃发展。

10日下午，海南省省长沈晓明在海口会见访问团一行。沈晓明表示，海南当前正在大力

推进自贸区（港）建设，这有利于深化琼港合作，也为香港带来了新的发展机遇。

沈晓明代表中共海南省委、省政府和省委书记刘赐贵欢迎大家来琼考察和采访。他指出，习近平总书记“4．13”重要讲话为海南未来发展举旗定向，明确了海南要举改革开放的旗，朝“三区一中心”的方向发展。海南当前正在深入学习贯彻，大力推进自贸区（港）建设，这有利于深化琼港合作，也为香港带来了新的发展机遇。琼港优势互补性强，比如说，香港在会计、法律、仲裁等专业服务业方面发展成熟，双方有很大的合作潜力，真诚欢迎香港参与海南新一轮改革开放，共享改革开放发展红利。希望香港高层媒体记者团在琼期间多走走多看看，从媒体人角度给我们的工作多提意见和建议。

姜在忠说，港人非常关注中央支持海南建设自贸区、自贸港。香港在这方面积累了一定经验，有独特的优势，愿意参与海南的发展，实现互利共赢。我们希望通过这次采访和考察深入了解港人关注的热点问题，全面报道双方可以合作的机遇，也愿意为海南赴港招商引资、人才引进等方面提供服务。

香港报业工会主席、明报集团营运总裁甘焕腾，紫荆杂志社社长总编辑杨勇，香港镜报总编辑盛一平，大公网总裁林学飞，凤凰卫视咨询台助理台长陈一宏，中国评论通讯社常务副总编辑陈耀桂，以及香港经济日报、星岛日报、香港商报、点心卫视、源传媒等港媒负责人和记者共20人参加会见。

●海峡两岸媒体陕西行——采访“丝博会”　5月11日至15日，第三届丝绸之路国际博览会暨中国东西部合作与投资贸易洽谈会（简称第三届丝博会），在陕西西安举办。受陕西省人民政府台湾事务办公室邀请，由两岸新媒体大咖及知名摄影机构成员组成的两岸媒体联合采访团赴陕，采访“丝博会”系列活动。

5月10日，联合采访团一行先后参访了西安高新区，考察了力成半导体（西安）有限公司，详细了解了台商在西安高新区办企的政策支持和运行情况。

在高新区咖啡一条街，采访团一行被一系列由西北工业大学学生研发的机器设备所吸引，“翱翔之星”微小卫星、CCROV水下无人机、基于移动终端遥控的移动机器人……一件件科技含量高，现实应用广的产品让采访团成员们交口称赞。

联合采访活动于15日结束，期间，采访团围绕经济、文化两个主题，参访西安具有产业特色的经济开发区，体验陕西厚重的历史文化，走访在陕台企，了解台企的生产经营环境与发展。

●2018年台湾媒体“清新福建行”　5月14日至17日，由福建省政府新闻办、省台办联合主办、福建省广播影视集团海峡卫视承办的2018年台湾媒体“清新福建行”采访活动走进闽西。

此次活动以“客家缘·两岸情”为主题，来自海峡两岸及香港地区的40多家媒体组成的记者团，首站抵达漳平台湾农民创业园核心区永福镇，并在该镇举行启动仪式。在台创园内，记者团参访了鸿鼎茶厂、台品樱花茶园，了解“31条惠及台胞措施”落地实施情况及其给台湾农民、台资企业带来的获得感，并在鸿鼎茶文化交流中心进行座谈采访。

结束在台创园采访后，记者团一行前往永定区走进海峡两岸交流基地永定土楼，参观土楼建筑，欣赏土楼客家民俗表演，了解客家故事、文化与两岸客家乡亲交流。随后前往上杭县稔田镇官田村李氏大宗祠，寻访李氏客属乡亲迁播台湾的足迹，参访客家族谱博物馆，听文化名家讲述客家先民从龙岩迁播台湾的故事，台湾记者在现场体验查询了姓氏、族谱、堂号、祖训。在结束永定采访行程后，记者团一行走进连城县参访培田古民居和冠豸山，采访了解冠豸山客家文化。

据悉，台湾媒体“清新福建行”今年已经是第六届，是海峡两岸媒体交流的重要平台。

●2018“台湾媒体看贵阳”活动举行　5月下旬，“台湾媒体看贵阳”两岸媒体交流活动在筑举办。活动由中共贵阳市委宣传部、贵阳市台办共同策划，成功嵌入2018中国国际大数据产业博览会。

来自台湾旺报、非凡电视台、中华日报、东森新闻云、新生报、工商时报、数位时代、风传媒、矩亨网等14名媒体人员组成采访团来筑采访拍摄。透过台湾媒体的笔和镜头，以专题采访的形式，多角度、全方位立体宣传报道

贵阳大数据、大生态、交通基础设施、产业发展等公平共享创新型中心城市建设中重点领域情况。

另外，主办方组织采访团到中国铁路成都局集团有限公司贵阳北站、贵阳轨道交通一号线、中环路等地采访，多层次感知贵阳在建设公平共享创新型中心城市中给市民生活带来的便利，

贵阳日报传媒集团、贵阳电视台与台湾采访团进行了座谈，交流两地新闻工作者的采访视角，探讨新形势下媒体产业发展趋势、新媒体业务等。

●大陆体育新闻媒体访问团赴台交流 5月21日，应中华台北奥委会邀请，以中国奥委会副秘书长、中国体育新闻工作者协会主席张海峰为团长的大陆新闻媒体工作者访问团一行10人启程赴台，进行为期一周的参访。这是大陆首度组织体育新闻媒体工作者赴台交流。

访台期间，访问团参加了两岸体育新闻媒体研讨会。研讨会于5月23日在台北市举行。两岸体育新闻媒体工作者以“体育媒体面临时代变迁新挑战”为主题，围绕“新媒体体育运动的新闻采编”、“多媒体与体育频道的赛事转播规划”、“体育新闻从业人员如何适应传播科技进步”、“体育议题报道趋势探讨”等议题进行研讨。

在台期间，访问团还拜会了中华台北奥委会、中华台北体育记者协会、联合报系、纬来体育台、高雄体育总会等有关单位，并考察台湾体育发展情况。

●吴头楚尾看鄂东——第十二届两岸媒体荆楚行 5月25至31日，为期6天的第十二届“吴头楚尾看鄂东”第十二届海峡两岸媒体荆楚行联合采访活动举行。

活动期间，来自两岸11家媒体记者共同聚焦鄂东，实地走访黄冈市、蓟春县、黄石市、鄂州市等地，深入了解鄂东地区的历史文化传承、中医药发展、生态环境保护以及台资企业发展等方面的情况。

恰逢李时珍诞辰500周年，两岸媒体记者参加纪念李时珍诞辰500周年暨第八届海峡两岸李时珍医药文化与产业合作发展论坛。论坛结束后，两岸记者赴蕲春县参加李时珍祭祀大典、李时珍纪念馆新馆开馆仪式等。

“海峡两岸媒体荆楚行”由湖北省人民政府台湾事务办公室主办，迄今已成功举办11届，每年聚焦不同的主题。

●中国记协新闻文化参访团访台 6月4日，中国记协书记处书记张百新率中国记协新闻文化参访团一行10人抵台，受到台湾中华新闻记者协会理事长袁天明的热烈欢迎。

中国记协新闻文化参访团系应中华新闻记者协会理事长袁天明的邀请，赴台作为期一周的新闻文化参访交流。参访团此行拜会了台湾教育广播电台、中天电视、中国电视、正声广播公司、联合报系集团、台中全国广播电台、云嘉广播公司、佛光山人间福报人间福报卫视人间通讯社网络媒体事业群等媒体，并出席了“2018华人新闻界艺术创作联展暨两岸名家邀请展”开幕式。

参访团由中国记协书记处张百新书记担任团长，团员包括：中央人民广播电台《广播生活》主编廖永亮、《中国书画》杂志社社长兼总编辑康守永 、中国日报社美术编辑李旻、中国新闻社陕西分社社长张珂、北京日报报业集团晚报副刊部编辑郭晋丽、新华日报社版面编辑徐伟清、湖南日报出版部副主任兼视觉总监刘谦等。

●海峡两岸媒体采访团访问江西赣州 6月17日，由9家台湾媒体和4家大陆媒体联合组成的海峡两岸媒体采访团在“客家摇篮”江西赣州参观客家博物院了解客家民俗、客家建筑、客家文化、客家精神；探访客家先民迁徙纪念鼎感知客家千年的迁徙历史。

在当天举行的客家文化交流活动上，台湾媒体领队、台湾讲客电台主持人温士凯表示，要将客家文化的传承融入现代生活，加强语言、音乐、舞蹈等客家文化的创新和推广，实现社会效益与经济效益的统一，在传承中求创新、在创新中保护。“比如通过客家流行音乐推动客家语言的保存与使用，在旅游景区设置客家文化体验点复原客家人的生活习惯。”

“传承客家文化要重视人才的作用。”赣南师范大学客家研究中心常务副主任、教授温春香称，第一要发展经济培养一批对客家文化感兴趣的人才；第二，客家人遍布世界各地，客家文化具有多样性，要提高客家社群特别是年轻一代的文化认同感，提倡他们说客家话。

客家文化是赣台客属乡亲联络感情的灵魂。此次“寻根圆梦”行，将让台湾媒体重温客家先民南下聚居、繁衍发展与播迁世界的历程，感悟两岸客家文化同根同源客脉相承。

●两岸网络媒体人访问多彩贵州 8月7日，2018两岸网络媒体人“感受多彩贵州·探秘神奇天眼”活动在贵阳启动，两岸的20余位网络媒体人一起游览黄果树瀑布，走访荔波古镇，探秘中国天眼，听科学家讲天文知识，感受贵州良好的生态环境，深入了解贵州经济社会的发展变化。

2018两岸网络媒体人“感受多彩贵州·探秘神奇天眼”活动由贵州省台办主办，旨在通过两岸网络媒体人亲身感受贵州的生态之美和经济社会发展变化，让更多的台湾民众尤其是台湾青年能够真正了解贵州。本次采访活动共为期6天，除了上述采访外，两岸媒体人还一同参观了贵州省博物馆与大数据展示中心。

●台湾媒体联合参访团来广州采访交流 8月25日至30日，由台湾古都广播股份有限公司总经理苏恩恩率领的台湾媒体联合参访团一行13人，到广州开展“改革开放四十年穗台交流系列活动”专题采访及媒体交流活动。

8月29日正式启动的“2018穗台交流系列活动”，是广州市近年来规模最大、涉及面最广的涉台交流活动，包括“百名台商会长广州峰会”“2018台湾大学生广州实习体验分享会”“第14届穗台校长论坛”“广州市台资企业协会第13届理事会就职仪式暨成立28周年庆典”等主题活动，旨在深化两岸经济文化交流合作，推动国务院台办、广东省、广州市系列惠台措施更好地落实，展示新时代广州国家中心城市和建设国际大都市的最新发展机遇，吸引广大台商、台胞、台青和两岸政商学各界到广州投资、创业、兴业，打造两岸深度交流合作和发展新平台。

参加本次台湾媒体联合参访团的团员分别来自旺报、联合报、中华日报、真晨报、古都电台、台中广播电台，爱迪而国际传媒等七家媒体。在穗期间，除了参加采访“2018穗台交流系列活动”的全部主题活动外，参访团一行还于26日采访了正在举行的2018广州·台湾商品博览会。访问团一行还前往祈福集团、《瞭望中国》杂志华南办事处、越秀集团等今年有接受台湾学生实习的企业和机构交流参访，访问在这里实习的台湾学生，深入了解他们在这里的实习生活情况。此外，访问期间，参访团还与当地部分媒体进行了交流。

●两岸媒体人走进内蒙古感受草原新貌 8月下旬，由中华全国台湾同胞联谊会主办的“2018两岸记者参访团”来到内蒙古自治区呼伦贝尔市，感受改革开放带来的发展成果。

参访团在额尔古纳，走进草原深处，拜访了老牧民家。在恩和俄罗斯民族乡，参访团采访了当地依托民族特色开发“家庭游”的情况。参访团还游览了莫日格勒河、黑山头湿地和白桦林景区。良好的生态环境与合理有序开发给两岸媒体人留下了深刻印象。

“2018两岸记者参访团”活动为期8天，将持续至29日。参加此次活动的记者来自人民日报、新华社、中央电视台、中评社、台湾导报等近20家两岸媒体。

●重庆基层媒体赴台参访交流 9月2日至8日，为加强两岸媒体互动交流，拓展媒体融合发展，重庆市台联与重庆市报业协会共同举办了重庆基层媒体赴台参访交流活动。巴南、开州、荣昌、酉阳、巫山、渝中、长寿、云阳等8个区县报社及重报、都市传媒等相关部门负责人、重庆市报业协会领导一行共10人参加了此次参访交流活动。

在台期间，访问团先后参访了联合报系、台湾中时媒体集团、台湾中视电视台、台湾中天电视台、旺报、高雄市新闻记者工会等相关媒体机构和组织，并与这些媒体机构的高层及相关部门负责人，就台湾媒体的现状、多元经营思路、媒体融合发展等进行了广泛深入座谈交流，并就两岸媒体可能携手合作开展的一些文旅合作交流活动、赛事、经营项目等双方共同感兴趣的问题进行了初步探讨。与此同时，还分别与台湾“中央网络”报、台湾南华报、台湾新生报、台湾艺文与教育发展协会、台湾工商企业经营发展协会等资深媒体人士进行了友好交流。他们都有一个共同认识和愿望：两岸同胞血浓于水，加强互动交流大势所趋，两岸媒体有责任有义务为两岸经贸文化合作交流与发展做一些力所能及的事情。

●香港媒体高层采访团采访安徽 9月11日，香港媒体高层采访团来皖开展集体采访。

当天，中共安徽省委常委、宣传部长虞爱华主持媒体见面会，省改革办、省发改委、省环保厅、省商务厅负责人分别就安徽省“争当击楫中流改革先锋”、“下好创新先手棋”和水清岸绿产业优美丽长江(安徽)经济带建设、“生态文明建设安徽样板”、“打造内陆开放新高地”等情况作了介绍，并接受集体采访。

香港媒体高层采访团由香港大公报、文汇报、明报、信报、香港商报、经济导报等14家香港主流媒体20余人组成，将在合肥、芜湖、池州等地采访，这是近年来香港媒体来皖集体采访规模最大、时间最长的一次。

●两岸新媒体一起“秀四川” 9月25日下午，由四川省台办、中央广播电视总台海峡飞虹中文网、中国台湾网青年公社、台湾东森新闻云和川报新媒体中心共同举办的“掌上蜀show两岸新媒体体验采访活动”在成都启动。

为期8天时间里，两岸媒体组成包括台湾主播、台湾网红青年以及媒体记者、摄像师等20余人的新闻采访团，充分发挥专业媒体与自媒体传播优势，以台湾主播和台湾青年实地走访+真人体验的“直播+短视频”形式、空中无人机+直升机“俯瞰”形式和访谈节目等形式，围绕大陆轨道交通前沿科技、四川经济腾飞、乡村振兴发展、文化传承、生态环境建设与大熊猫保护研究、对外开放合作、城市建设与发展等10大报道主题，采访近20个点位，多角度展现四川的发展活力与机遇，呈现川台各领域交流合作成果。

此外，活动还将特别聚焦海峡两岸产业合作区成都产业园、台湾青年创业园和台资企业、在川创业台湾青年，了解台资企业在川发展和台湾青年来川学习就业创业的良好平台和优势条件，感受川台交流合作成效与前景。

●“海峡两岸网络新媒体大陆行”在京启动 10月18日，随着短视频《两岸E眼》的播出，由国务院台湾事务办公室新闻局主办，海峡之声广播电台、一点资讯共同承办的“海峡两岸网络新媒体大陆行”联合报道活动，在北京正式启动。

据悉，此次历时17天的联合报道是国台办新闻局首次以两岸网络新媒体为主体举办的重要新闻交流活动。两岸50家网络新媒体100多名记者组成联合报道团，将以北京为起点，前往天津、上海、昆山、宁波、广州、东莞、深圳等地采访，从经济、科技、文化、民生等多角度立体报道大陆改革开放40年发展成就，讲述两岸同胞在改革开放大潮中砥砺前行的故事，展示两岸同胞融合发展的硕果和美好前景。

国台办新闻局局长马晓光致辞表示，40年来广大台湾同胞积极投身改革开放大潮，在实现自身发展壮大的同时，也为大陆经济社会发展做出重要贡献。当前，两岸同胞要抓住大陆推动互联网、大数据、人工智能和实体经济深度融合发展的大好契机，为两岸经济合作开辟新境界，为两岸青年搭建就业创业新平台。应充分发挥互联网传播优势，加强两岸信息传播和两岸民众相互了解，助推两岸交流合作，携手弘扬中华文化。

据介绍，近年来新浪微博、梨视频、中国台湾网青年公社、峻腾文化、郑云工作室等两岸互联网公司共同策划的“百个台湾青年短视频”“等你回家”“两岸寻亲”“台湾网红趴趴走”“台湾青年拍拍造”等新媒体交流活动，深受两岸同胞特别是青年人喜爱，网络累计阅读量逾20亿。短视频、微电影、直播、问答、航拍等新媒体形式，深受两岸青年喜爱，两岸网络新媒体合作空间广阔。

●青海·台湾新闻界书画作品展开展 10月18日，由中共青海省委宣传部、省新闻工作者协会、省文联主办的“翰墨寄深情——青海·台湾新闻界书画作品展”在青海美术馆开展。这是青海、台湾两地新闻界首次通过书画的形式进行新闻交流的合作，展现了三江源与阿里山由遥望走向握手的绚美图景。

据了解，举办此次书画展旨在深入学习贯彻习近平总书记关于加强两岸文化交流合作的讲话精神，在中华全国新闻工作者协会、青海省委宣传部、台湾中华新闻记者协会的见证下，以文化为纽带，以媒体为桥梁，以书画为媒介，传承和弘扬中华文化优秀传统，增进两岸同胞理解认同，实现心灵契合，促进交流合作。

书画展汇集了青海、台湾两地新闻界40多位同仁的近70幅国画、书法作品。

●“港澳媒体四川行” 10月29日，“港澳媒体四川行”采访活动启动。来自香港经济日报、澳广视等多家港澳主流媒体的10余名记者将深入四川多地，开展为期一周的“港澳媒

体四川行”采访活动。

采访团将实地探访汶川特大地震灾后重建、四川乡村振兴、四川南向开放、川港川澳合作、古蜀文明保护传承等情况，感受天府之国的底蕴、改革开放的成就，发掘川港、川澳合作的潜力。

采访活动期间，四川日报、四川广播电视台及川报观察、四川在线、四川观察等新媒体平台全程进行了报道。

●香港媒体高层文化名流及旅游达人南岳采风 10月30日至31日，由香港媒体高层文化名流及旅游达人组成的18人湖南高铁旅游考察体验采风团来南岳采风体验。为香港、南岳两地旅游合作带来新机遇。

10月31日上午5时30分，采风团一行就早早地在望日台景区等候日出。随后，采风团浏览了祝融峰、南台寺、福严寺、忠烈祠、南岳大庙等文物古迹，他们对南岳秀美的自然风光、深厚的文化底蕴、悠久的历史渊源、包容的宗教寺观无不给予赞叹和肯定，并一致认为在南岳的旅游市场纯粹而洁净。采风团一行还实地浏览了红星村、水濂村等全域旅游示范村，实地感受了武广高铁连接线的便捷和快速。

在31日下午召开的座谈交谈会上，香港文化名流、旅游达人及南岳有关领导和人员就南岳旅游的发展和双方合作共赢纷纷提问并发表建议和意见。

2018年9月，广深港高铁香港段贯通，香港到南岳实现“3小时旅游圈”。

●海峡两岸媒体分享会在京举行 11月7日下午，“改革开放40周年——两岸媒体分享会”在北京台湾会馆举办。两岸新闻界、文化界人士近百人与会，分享难忘的采访报道经历，共忆两岸新闻交流历程，共话大陆改革开放40年发展成果。

人民日报海外版、新华社、中央电视台、中新社以及台湾旺旺中时媒体集团、联合报、东森电视、香港中评社、今日头条等十余家两岸传统媒体、新媒体的相关负责人、记者参会。

分享会上，15位两岸媒体界人士先后发言，回忆往昔、展望未来，围绕“两岸记者驻点采访交流的经历”“重大两岸新闻在场的经历”“新媒体时代的两岸新闻报道”“台湾媒体人眼中的大陆发展”等议题，展开分享交流，现场气氛热烈。

全国台联副会长郑平在会上致辞说，40年改革开放，春风化雨，改变了大陆，惠及了两岸，影响了世界。我们以敢闯敢干的勇气和自我革新的担当，闯出了一条新路、好路，实现了从“赶上时代”到“引领时代”的伟大跨越。此次邀请两岸记者共同分享在大陆改革开放40年伟大进程中的所见所闻、所思所想，希望两岸媒体能更进一步推动两岸增进了解，构架两岸和平桥梁，促进同胞心灵契合。

此次分享会由中华全国台湾同胞联谊会主办。

●10家香港媒体高层探访南通 11月26日，由中共南通市委宣传部、香港商报共同主办的“非凡四十年迈向世界的南通”——2018香港媒体高层人士看南通庆祝改革开放40周年行在南通启动，香港商报、香港中通社、南华早报、明报、思考香港、香港镜报、紫荆杂志等10家香港主流媒体高层走进南通采访考察。

中共南通市委副书记张兆江代表南通市委、市政府欢迎香港媒体高层一行，感谢他们对南通的关注和报道。

全球商报联盟理事长、香港商报总经理张介岭表示，非常高兴在改革开放40周年之际和香港同行来到南通采访采风。

据悉，此次活动为期约一周，10家香港媒体高层将实地考察12个具有南通40年改革变迁代表性的区县、园区。

2019

●2018海峡两岸新媒体创业大赛颁奖 2月26日,历时3个多月的2018海峡两岸新媒体创业大赛在福建平潭综合实验区举行总决赛暨颁奖仪式。

福建日报社党组副书记、总编辑梁建平，平潭综合实验区党工委委员、管委会副主任蔡福勇，海峡两岸关系协会原副会长、厦门大学新闻传播学院原院长张铭清，福建日报社党组成员、副总编辑潘贤强等单位相关领导出席颁奖仪式。

当天的总决赛上，新内容、新营销、新应用三大主题的12个入围项目进行现场比拼，最终《觅世》获得最具传播力新媒体内容奖；《禅宿》获得最具竞争力新媒体营销奖；《基

于人工智能的图片视频深度压缩与增强》获得最具创新力新媒体应用奖。《叶班长台海频道》获得最具传播力新媒体内容入围奖；《爸道育儿》获得最具竞争力新媒体营销入围奖；《车联网大数据运营》获得最具创新力新媒体应用入围奖。上述6个获奖项目分别获得3万元、1万元的现金奖励。

本次大赛参与面广，凸显海峡特色，自启动报名工作以来，受到海峡两岸新媒体业界的广泛关注和热情参与，征集了100多个优质项目参。参赛项目经过主题赛、网络投票后，最终有12个项目入围总决赛。获奖项目《觅世》，改变以物为主的内容表达方式，为以人为主，讲述真实的故事，引起观众的共鸣，它们的纪录片画面采用电影质感，有故事、有温度、真实，内容精准，活跃度高。获奖项目《基于人工智能的图片视频深度压缩与增强》以更低的成本，打造高清多媒体新时代，让客户享受到更高清的视频服务。

●首届粤港澳大湾区媒体峰会在广州举行 5月19日，首届粤港澳大湾区媒体峰会在广州举行，峰会以“一流湾区、媒体担当——媒连粤港澳，融通大湾区”为主题，设置了开幕式、主题论坛、平行分论坛等三个主要环节，围绕开展创新与协同合作、推进媒体融合、助推粤港澳大湾区建设等议题展开深入沟通交流。

当日发布的《首届粤港澳大湾区媒体峰会倡议书》呼吁大湾区媒体机构积极顺应媒体发展趋势，遵循新闻传播规律和新兴媒体发展规律，坚持创新驱动、技术赋能，加快推动传统与新兴媒体在内容、渠道、平台、经营、管理等方面深度融合，建设成为具有强大影响力、竞争力的新型主流媒体。

倡议书提出，粤港澳三地政府机构、媒体行业协会以及社会各界应加强沟通与交流，支持媒体在参与和促进建设一流湾区发展目标方面发挥更大作用，为媒体融合发展营造良好环境。

南方报业传媒集团党委书记刘红兵称，希望进一步加强与港澳同行的合作，全方位多层次展示大湾区建设的生动实践与创新成果，与粤港澳同行一起在三地之间搭建更多的连心桥。

香港大公文汇传媒集团董事长姜在忠称，大湾区应运而生使得香港媒体有更多的机会与大湾区内的其他媒体同行进行交流、互建，同时大湾区内有着很强的科研实力，一批世界级的科技巨头也为香港媒体探索新媒体应用提供强大的技术支持。

澳门日报社代总编辑崔志涛称，当前已有港澳传媒将部分或者主要作业转移进大湾区，利用内地相对充足的传媒人才、科技人才等资源优化生产，有些开始与大湾区其他9个城市的媒体探讨进一步打造全媒体的合作平台，并在新闻报道、传媒经营、业务培训、人才培养、智库交流等领域加强合作交流互鉴。

三场平行分论坛围绕“湾区建设与媒体融合创新”“湾区建设与人文精神”“湾区建设与‘一带一路’”等议题进行深入讨论，分析粤港澳大湾区媒体转型发展面临的机遇与挑战，探讨新时代实现媒体融合创新的方向与路径，明确媒体推动世界一流湾区建设的使命与行动。

峰会还启动了“粤港澳媒体湾区行”大型采访活动，媒体记者将深入粤港澳大湾区重点城市进行采访报道。

●港澳台媒体共赴广东采访大湾区建设 5月20日，由香港、澳门、台湾40家媒体组成的采访团在广州启动，将到访多个粤港澳大湾区内地城市，开展为期3天的大湾区联合采访活动，全面感知大湾区建设的新进展和新气象。

本次联合采访活动分为两条路线，香港媒体采访团将沿“广州-中山-珠海”路线进行采访，澳门和台湾媒体采访团则沿“广州-东莞-深圳”路线进行采访。采访团将从国际科技创新中心建设、粤港澳合作发展平台、基础设施互联互通、人文湾区建设等方面了解粤港澳大湾区建设的最新进展。

●2019华人新闻界艺术创作联展在台北举办 6月13日，2019华人新闻界艺术创作联展暨两岸名家邀请展在台北举行。

由台湾中华新闻记者协会等机构主办的此次展览是两岸新闻界书画艺术交流平台，迄今已是第九年举办。本次展览参展人数为120位，作品超过200件，内容精选国画、书法、摄影、漫画等多元又各具特色的艺术作品。

据介绍，此次展出的书画，除来自台湾新闻界的作品外，还包括北京、广东、海南、江

西、安徽、湖南、河南、河北、陕西、辽宁、黑龙江、内蒙古等地记者协会、广播电视台、报业集团、新闻书画院推荐的书画艺术作品。主办方期待，透过书画交流弘扬中华文化的优秀传统，提升艺术水平，增进彼此友谊。

台湾中华新闻记者协会理事长袁天明在开幕式上说，新闻从业人员平常来去匆匆，忙碌奔走各地，除了紧张的工作，更要有精神方面的慰籍和寄托，艺术创作联展提供大家一个灌溉的园地，可以相互观摩切磋。

应主办方邀请，由中华全国新闻工作者协会组织的大陆媒体新闻文化专题访问团出席当天开幕式。访问团团长、工人日报社副社长兼中工网总裁王四新表示，展览的举办对于两岸共同弘扬传统文化，加强两岸新闻交流起到促进作用。

港澳台及海外传媒综合大事记

（2017.4——2019.6）

2017年

●香港商报APP上线试运行　3月15日，在香港迎来回归祖国20周年、香港商报迎来创刊65周年之际，香港商报APP上线试运行了。该APP历经3年研发而成，标志着商报至此初步建成了包括PC网页、APP客户端、PDF手机版、微博、微信、脸书等在内的较完整的“一报一网，一端多微”新媒体矩阵。

香港商报创刊于1952年，是一份历史悠久、沟通香港与内地的综合性日报，多年来荣列香港最受欢迎的十大中文报章。

香港商报APP的定位和使命是：主打香港新闻，突出财经报道，讲好中国故事，构建商界平台。商报第一批推出了19个特色频道：热点、港事、财经、香江评论、港股谈、台海、港楼市、国际那些事、南粤直通车、文化时尚、招商会展、香港大佬圈、生活与人文、香港下午茶、新界专刊、中国观察、商报人物、科技生活等。

秉承香港商报“财经大报、商界平台”的办报宗旨，香港商报APP追求的目标，归纳为12个字：最香港，最财经，中国事，天下事。

●凤凰卫视获纽约国际电视电影节金奖　4月25日，2017纽约国际电视电影节在美国拉斯维加斯举行颁奖礼，凤凰卫视《五彩凤凰20周年形象片》获得“艺术指导类 (Art Direction: Promotion/Open & IDs)金奖”及“特殊视觉效果类(Special Visual Effects: Promotion / Open & IDs)入围奖”两奖。

●40家海外华文媒体参加2017杭州行　5月26日，由杭州市侨办、中共杭州市委外宣办共同举办的“2017海外华文媒体杭州行”活动结束，

来自美国、英国、德国、法国、加拿大、意大利、马来西亚、韩国等世界各国近40家华文媒体人参加了此次采访活动。访问团先后参观了阿里巴巴集团、梦想小镇、江干区内的清华长三角研究院杭州分院、两岸文创产业合作实验区、杭州创意设计中心、富阳区场口镇东梓关美丽乡村、浙派民居洞桥镇文村村、临安市家风馆、跨境电商产业园、萧山区G20峰会场馆等。

“杭州行”的所见所闻令华文媒体人十分震撼，盛赞杭州是座充满活力的经济强市，是“大众创业、万众创新”的乐土。

●香港新闻工作者联会换届　6月8日，香港新闻工作者联会举行会员大会暨第十届理事会选举，选出55人组成的新一届理事会。姜在忠当选主席，张国良当选会长，刘伟忠当选执行主席。

香港新闻工作者联会主席姜在忠在报告上一年度工作时表示，三年来，新闻联组织香港媒体高层参访河北、内蒙、黑龙江、辽宁、山西、甘肃、宁夏、广东、湖南、江苏等地，受到当地党政领导的高度重视和高规格接待，通过主要领导介绍情况和实地考察增进了香港媒体记者对内地政治经济情况的了解，为促进两地融合发展发挥了媒体应有的作用。

香港新闻工作者联会成立于1996年，会员来自30多家媒体，包括平面媒体、电子媒体、网站、传媒教育院校，以及大企业传讯部门主管等，人数约1100人，是香港会员涵盖面最广和人数最多的新闻团体之一。

●50余位海外华文媒体人走进天津　6月15日，“海外华文媒体天津行”活动举行，50余位海外华文媒体代表赴天津滨海高新技术产业开发区、天津五大道、拜石博物馆等参观交流，一起感受津门的人文科技魅力。

“海外华文媒体天津行”活动是天津华博会的子活动，天津市侨办副主任房靖彪表示，此次的参观活动是经过精心设计，天津高新区是天津市高新技术发展的典型代表，五大道也

是中国近代百年历史的集中体现，组织这次活动，就是希望借助此次天津华博会的桥梁作用，让海外华文媒体人能深度了解天津，进而宣传天津。

●中新社与《高加索华人报》签署合作协议 6月16日，中国新闻社副社长、副总编辑夏春平率中新社代表团访问了总部位于格鲁吉亚首都第比利斯的《高加索华人报》。

夏春平等与高加索华人报社副社长黄从军和部分采编人员座谈。夏春平介绍了中新社以及中国新闻周刊的情况，详细了解了报社的历史、发展以及现状等，双方签署了《中新社向〈高加索华人报〉以及相关微信公众号提供新闻产品的协议》以及《高加索华人报代理中国新闻周刊(俄语版)在格发行的协议》。

《高加索华人报》的前身为《格鲁吉亚华人报》，创刊于2014年。该报由江西省丝绸之路投资有限公司经营。目前该报下辖有“一带一路”沿线国家的20多个微信公众号，总计拥有关注用户约15万。该报在报道格鲁吉亚新闻的同时，影响力还辐射至阿塞拜疆、亚美尼亚、摩尔多瓦和白俄罗斯等国家。

●华夏时报承办“水立方杯”歌曲大赛唱响休斯敦 6月24日下午，由美国华夏时报承办的休斯敦赛区2017年“文化中国–水立方杯”海外华人中文歌曲大赛决赛在休斯敦福遍音乐中心 (Fort Bend Music Center) 隆重举行。承办方——华夏时报发行人于建一致欢迎辞；美国国会议员艾尔–格林的亚裔代表谭秋晴为组委会在休斯敦华人社区的贡献颁发了嘉奖证书。休斯敦著名主持人陆峻、刘金璐主持了比赛和颁奖典礼。

休斯敦赛区共21位歌手参加决赛，年龄最大的75岁，最小的12岁。经过紧张的评分，15岁的陈涵林演唱的《你给我听好》获得青少年组第一名，夏柏秋演唱的《拯救》获得成年组第一名。他们获得2017年“文化中国—水立方杯”北京总决赛资格。

这次选拔赛推动了当地华人华侨和华裔青少年学习汉语、唱中国歌曲的热潮。华夏时报社获得水立方杯组委会颁发的优秀组织奖。

●亚洲大众传媒承办2017博鳌亚洲论坛曼谷会议 7月11日，泰国亚洲大众传媒承办的2017博鳌亚洲论坛曼谷会议在曼谷香格里拉酒店举行，会议以“亚洲区域合作：新挑战、新思路”为主题，旨在加快推动亚洲经济一体化进程，探讨“一带一路”倡议下深化区域经济合作、推动经济发展的新途径。

博鳌亚洲论坛副理事长曾培炎发表了主旨演讲。来自中国、泰国、新加坡、马来西亚、印尼、柬埔寨、缅甸等13个国家和地区的400多名代表出席会议。

这是博鳌亚洲论坛首次在泰国举办会议。本次会议共设置“亚洲区域合作的未来”、“基础设施与产能合作”、“10+1：贸易、金融与投资合作”三个分论坛和中泰企业家交流会。

●海外华文传媒合作组织2017年会在银川召开 7月24日，海外华文传媒合作组织2017年全体会议在银川召开，会议宣布香港大公文汇传媒集团董事长兼大公报、文汇报社长姜在忠任该组织主席。

海外华文传媒合作组织理事长、香港大公文汇传媒集团副董事长兼总经理欧阳晓晴代表姜在忠主席作了合作组织主旨演讲，并作了工作报告。他阐述了海外华文传媒合作组织未来发展的定位——“瞭望者、传播者、讲述者、推动者”。会议通过了《银川宣言》。宁夏日报被邀请为特约观察员参会。

这次会议由自治区党委宣传部、香港大公文汇传媒集团、海外华文传媒合作组织、宁夏日报报业集团主办，宁夏报业传媒集团承办。

●85家海外华文媒体参加宁夏行 7月23日至29日，香港《文汇报》、《大公报》等85家海外华文媒体负责人和骨干编辑记者受邀来宁，参加“海外华文媒体看宁夏暨港澳台百名企业家经贸投资宁夏行”活动。

此次活动的主办单位之一海外华文传媒合作组织，是由香港文汇报发起，于2009年10月27日在加拿大多伦多成立，邀请五大洲华文传媒机构加入的世界性媒体组织。现在，合作组织主席和理事长分别由香港大公文汇传媒集团董事长姜在忠、副董事长兼总经理欧阳晓晴出任，秘书处常设于大公文汇传媒集团位于香港的总部。

目前，海外华文媒体合作组织成员媒体已由成立之初的不到20家发展到85家，主要来自美国、加拿大、德国、英国、法国、荷兰、意大利、日本、韩国、马来西亚、泰国、菲律

宾、印度尼西亚、阿联酋、澳大利亚、新西兰、南非、阿根廷、委内瑞拉及香港、澳门、台湾等近30个国家和地区，既有报纸、杂志、广播、电视等传统媒体，也有网络新兴媒体，基本覆盖了海外华人华侨的主要聚居地。

迄今，海外华文传媒合作组织已先后与北京、广东、广西、湖南、浙江、江苏、吉林、辽宁、四川、云南、甘肃、宁夏等中国多个省区市合作，围绕经济建设、社会发展、对外招商、旅游开发、环境治理等，开展了几十场海外华媒参访、中国媒体代表团外访、全球华媒评选等活动。

●中经全媒体南非采编中心落地约翰内斯堡　8月5日，中经全媒体南非采编中心正式落地约翰内斯堡，举行隆重的揭牌仪式。中国驻南非大使馆外交官，南非外交部、宣传部及当地政府官员，南非祖鲁王国王室代表，中资企业代表，南非侨界代表，南非当地媒体代表等数十人参加了当天的揭牌仪式。

在揭牌仪式上，中经全媒体总编辑李远发表了致辞。她表示，中经全媒体南非采编中心正式落地约翰内斯堡，只是成功开启海外影视制作传播征程的第一步。随着“一带一路”影视桥的搭建，中经全媒体将积极布局海外影视制作与全媒体传播渠道，增强中外文化交流合作。

此前的6月6日，在中国北京中国大饭店举行的“一带一路”影视传播合作高峰论坛上，举行了中经全媒体南非驻站授牌仪式，这标志着中经全媒体海外影视传播业务的全面开启，也为本次揭牌打下了基础。

李远表示，未来中经全媒体将用自己专业的采编力量和传播手段，做好南非文化经贸的宣传推广工作，为促进中南两国经济文化交流与合作共赢发挥自己所能。

作为中经全媒体的南非战略合作伙伴，南非祖鲁—中国文化促进会执行会长李英也在揭牌仪式上发言。她表示，中经全媒体采编中心正式落地南非约翰内斯堡，将对推动中南两国人民经济文化交流及媒体合作，增进两国人民之间的理解和友谊发挥重要的作用。同时，也将为南非中资企业的国际化传播提供强大的服务平台，有效提升中资企业在海外的品牌形象。李英希望南非祖鲁-中国文化促进会未来能与中经全媒体携手并进，在“一带一路”背景下为共同推动中国与南非的文化交流做出贡献。

据悉，本次活动的主办方——中经全媒体是依托于中国中央电视台、中国中央重点新闻网站的制作、传播、科技三位一体互动融合的全媒体内容整合服务平台。据中经全媒体相关负责人介绍，在传播领域，中经全媒体目前拥有国际化的传播渠道网，形成了从电视媒体、平面媒体、网络媒体、移动互联网到自媒体的全方位立体式传播体系。

据了解，中经全媒体南非采编中心正式落地约翰内斯堡，还开启了由国际在线、大公报、大公网、中经全媒体联合主办的“‘一带一路’世界品牌行”活动。中经全媒体的南非纪录片《彩虹之梦——中资企业在南非》也就此展开拍摄。

●“津云·云上海外”启动暨首批海外华文媒体入驻　8月18日，“津云·云上海外”启动暨首批海外华文媒体入驻签约仪式在天津数字广播大厦举行。国务院侨务办公室宣传司、中共天津市委宣传部、市委网信办、市侨务办公室、市委外宣办的负责人等共同启动“津云·云上海外”。来自法国侨报、德国热线、布拉格时报、阿根廷华人资讯网、欧洲华文电视台欧洲新闻网、欧洲华语广播6家海外华文媒体签署“津云”大数据平台入驻协议。

“津云”大数据平台一期(中央厨房)第二阶段——“云上系列”项目已于7月31日正式投入使用。作为“云上系列”的重要组成部分，“云上海外”首批邀请6家海外华文媒体入驻，不仅是“津云”中央厨房建设的又一重大进展，也是“津云号”媒体矩阵的又一次发展壮大。“津云”平台在大数据、云计算、用户画像等方面的技术优势，将为其提供移动端、网站的个性化内容服务，实现资源共享、合作创新、共同发展。海外华文媒体拥有的丰富媒体资源、社会资源，也将成为世界认识天津、了解天津的重要载体和重要窗口。

本次签署入驻协议的6家海外华文媒体将统一开设“天津频道”，通过丰富的影像和文字全方位展现天津城市特质和发展成就，向世界展示一个立体、生动、精彩的天津。

●中国新闻界代表团访问《布拉格时报　8月19日，以中华全国新闻工作者协会书记处书记季星星为团长的中国新闻界代表团访

问《布拉格时报》，就海外华文媒体的生存和发展进行调研。

布拉格时报社社长周灵建在致辞中首先对季书记一行表示热烈的欢迎。他介绍了时报自2010年创刊来，在坚持纸媒印刷出版发行的同时，还以网站、报纸电子版，微信公众号等网络媒体的形式进行广泛传播，并多次向CCTV和中新社、浙江卫视、山东卫视等媒体提供新闻稿件和素材。2017年8月，作为首批海外华文媒体入驻“津云·云上海外”平台。

中华全国新闻工作者协会书记处书记季星星说，分布在世界各地的华文传媒是一支具有独特特色的舆论力量，长期以来积极传播乡音乡情，弘扬中华文化，促进侨社和谐发展，对增进所在国与中国的交流合作做出了重要贡献。他说，此次组团访问的重要目的，就是看望广大媒体从业人员，并对海外华文媒体的生存和发展现状进行调研。

座谈会上，宾主双方就海外华文媒体的生存现状以及今后的发展方向进行了广泛而深入的探讨，大家纷纷表示，海外华文媒体与国内主流媒体今后应加强交流与合作，共同为讲好中国故事，传播中国声音做出应有的贡献。

●20余家海内外华文媒体甘肃藏区行 8月22日，来自中国、美国、英国、德国、加拿大、澳大利亚、新西兰、捷克、葡萄牙、奥地利、意大利等国家和地区20余家海内外华文媒体代表到达甘肃省甘南藏族自治州夏河县，开启为期四天的“海内外华文媒体藏区行”。

海内外华文媒体代表当天参访了夏河县的生态文明示范村、拉卜楞寺、县医院及雪顿乳业等，从当地村民生活改善、宗教自由政策落实、现代企业建设等方面初步了解当地发展。随后的几天里前往碌曲县、玛曲县等地，参访藏医院、藏药厂及桑科草原等，并去往农牧民家中了解其生产生活现状。

●西雅图中文电台举办五周年台庆 9月2日，西雅图中文电台五周年台庆晚会在Bellevue的希尔顿大酒店隆重举行，350多名宾客参加了晚会，华州参议员长谷川、华州众议员葛素玲、金县首席运营官方威武、Bellevue市议员、前市长李瑞麟、中国驻旧金山总领馆领事李怡等到场致贺。

美国智库布鲁金斯学会中国中心主任李成博士、美国总统特良普的亚太事务顾问王湉等在晚会上分别发表题为《特朗普时代中美关系的挑战和机遇》、《在美华人参政议政从政》的演讲。西雅图市长穆雷将9月2日命名为“西雅图中文电台日”，中国驻旧金山总领馆总领事罗林泉为中文电台五周年台庆晚会发来贺信。

西雅图中文电台在晚会现场颁发了社区服务奖和文化贡献奖，2017年西雅图中文电台“社区服务奖”的获得者分别是华州广州广府会创办人梁国尧；2017年度“文化贡献奖”的获得者分别是知名旅美画家邓作列、西雅图少林功夫学院院长周磊、著名文字艺术家宋旦。

近十个大西雅图地区知名的演出团体和个人在晚会上表演了精彩的文艺节目。

●第二届海外华文新媒体高峰论坛开幕 9月5日，第二届海外华文新媒体高峰论坛在四川成都开幕，来自五大洲40多个国家和地区的200余位海外华文新媒体代表、境内知名媒体人士、专家学者及互联网企业领袖，围绕“一带一路与海外华文新媒体”的主题进行深入交流。

据悉，这是继2015年首届海外华文新媒体高峰论坛在北京举行后，首次从北京“移师”成都，旨在为海外华文媒体提供平台，共同探讨在“一带一路”倡议下如何抓住发展机遇、创新生存形式，与时俱进“讲好中国故事，传播好中国声音”，构建起海内外连通互补、全媒体融合发展的新格局。

国务院新闻办公室副主任郭卫民在开幕式致辞中表示，“一带一路”沿线国家拥有丰富的华文媒体资源，具备沟通中外信息开展文化交流的独特优势，在“一带一路”倡议成为全球共识，中国与世界联系日益紧密的当下，海外华媒特别是新媒体应紧紧抓住历史机遇，增进交流合作，创新发展模式，积极主动讲好中国故事、丝路故事，做好“一带一路”建设的传播者和推动者。

国务院侨务办公室副主任谭天星说，“一带一路”沿线是海外侨胞最集中、移民历史最悠久、侨商实力最雄厚、华媒读者最广泛的重点地区。海外侨胞与海外华文媒体成为华语世界与世界交流对话，展示中华文化，助力“一带一路”建设的一支重要独特的力量。融合共赢是海外华文媒体讲好中国故事，特别是“一

带一路”故事的重要途径。

本届论坛设立主论坛和五个平行分论坛，围绕媒体融合、技术创新、绿色金融、人工智能等一系列“一带一路”建设和媒体发展进程中的热点话题，请相关领域权威专家、互联网企业领袖以及海内外媒体代表共商发展大计，促进海外华文媒体，尤其是“一带一路”沿线国家的华文媒体交流合作。

●香港报业公会举办第63届会员大会 9月6日，香港报业公会举行了第63届周年会员大会及新一届议会会议，推选了李祖泽为会长、甘焕腾为主席、萧世和及郭艳明为副主席、名誉秘书为尹树广、名誉司库为黎振辉。新一届议会亦通过委任刘志权为总干事，卢永雄为新闻发言人。

周年会员大会选出全体14名议会委员：卢觉麟、周立、张介岭、郭艳明、黎振辉、甘焕腾、刘美仪、萧世和、卢永雄、何和民、周松欣、于世俊、尹树广、钟蕴晴。

过去一年，香港报业公会一如既往，继续关注及维护业界权益，并致力提高专业水平，加强业界与政府的沟通。就近年不少有关“传媒寒冬”及“纸媒已死”等的评论，公会多次发表文章，阐述传统传媒具备公信力和公正客观报道的事实，实非新媒体或社交网络可以轻易替代。公会积极团结及凝聚业界，与时并进，保持竞争力。

●第九届世界华文传媒论坛在福州举行 9月10日至11日，由国务院侨务办公室、福建省人民政府、中国新闻社主办的第九届世界华文传媒论坛在中国福州举行。来自五大洲60余个国家和地区的460多位海外华文媒体高层人士、中国中央主要新闻机构及部分地方媒体负责人等近700位嘉宾齐聚一堂，以“‘一带一路’与华文媒体新发展”展开高层对话。

全国人大常委会副委员长兼秘书长王晨在开幕式致辞中说，当前，中国正处在全面建成小康社会决胜阶段，全国各族人民正在为实现“两个一百年”奋斗目标、实现中华民族伟大复兴的中国梦而团结奋斗，希望华文媒体人用手中的如椽巨笔，书写这不平凡的时代，做中华民族伟大历史征程的见证者和参与者。

时任国务院侨办主任裘援平，时任福建省委副书记、省长于伟国，国务院新闻办公室副主任郭卫民，中国记协书记处书记季星星在开幕式上致辞。马来西亚世华传媒集团董事张聪代表海外媒体致辞。时任国务院侨办副主任谭天星主持开幕式。

裘援平表示，海外华文媒体承载着华文资讯传播渠道，架设起中外互联互通桥梁，充当着中华文化传承载体，扮演着华社华人形象代言，提供着华裔族群的精神食粮，是各国华侨华人社会的一面旗帜，是一支独具特色的国际舆论力量。

于伟国说，遍布全球的海外华文媒体，是联系中国与世界的重要桥梁。福建与160多家海外华文媒体一直保持紧密联系。希望通过此次论坛，进一步深化福建与海外华文媒体的交流和合作，更好地联系侨胞，凝聚侨心，发挥侨力，推进“海丝”核心区和“一带一路”建设。

郭卫民说，在“一带一路”倡议渐成全球共识、中国与世界联系日益紧密的当下，海外华文媒体应紧紧抓住历史机遇，积极主动地讲好中国故事、传播好中国声音、为服务华侨华人，促进中外友好贡献自己的智慧和力量。

开幕式后，中国新闻社社长章新新作题为《“一带一路”与华文媒体新发展》的主旨报告。

会议期间举办了媒体高端论坛、平行分论坛、专题演讲、莆田主题论坛等活动，取得五项具体成果：包括世界华文媒体合作联盟官方网站改版上线、“一带一路”华媒协作云平台上线及“一带一路”采访活动启动、侨宝客户端国别版签约及百家华文媒体入驻“华舆”客户端、新书发布、《这五年·我与中国》、《家园》等征文颁奖等。

会议发表第九届世界华文传媒论坛宣言：呼吁海内外华文媒体同仁，继续秉持民族情怀，讲好中国故事，帮助世界更准确、全面、深入地了解今日中国，为实现中华民族的伟大复兴担当历史责任。

本届论坛特别组织了“一带一路”大型采访活动，在会后分7条线路，分赴福建多地，四川、重庆、山东、贵州、吉林等地集体采访，把祖籍国和家乡参与“一带一路”建设的最新动态和合作愿望，传播到世界各地。

●亚洲大众集团董事长郭蕊获2017泰国最佳社会奉献奖 9月29日，由泰国社会福利基金会主办的2017年泰国最佳社会奉献大奖

（BEST PRACTICE AWARDS 2017）颁奖典礼在曼谷空军总部隆重举行，泰国亚洲大众集团董事长郭蕊凭借多年来为泰中两国友谊、泰国华文传媒事业做出的突出贡献以及长期组织一系列造福泰国当地民众的慈善活动等事迹被评为“为泰国社会创造福利”优秀人士，获得“2017泰国最佳社会奉献奖“，这也是本年度该大奖唯一一位外籍人士获得者。

●加国传媒集团参与 渥太华举办“北京周” 10月4日至8日，加国传媒集团旗下的OTTAWAZINE门户网站作为指定合作媒体，参与组织策划了在渥太华举办的“北京文化周”活动。

“北京文化周”活动是 由北京市人民政府和中国驻加拿大使馆在加拿大首都地区举办的大型文化活动。北京是渥太华唯一的姐妹友好城市。“北京文化周”活动作为加拿大150周年国庆Ottawa Welcomes the World系列活动充分展现了中国文化的魅力。历时5天的活动中，OTTAWAZINE招募了近200位本地志愿者参与到活动中，吸引了超过1.6万人次到场参观和体验中国文化。

●加拿大新时代电视再夺韦伯斯特新闻奖 10月12日，加拿大新时代电视新闻及公共事务部制作的《26分钟见证实录》，探讨当地年轻人毕业去向的故事《流·留加港》，获得2017年韦伯斯特（Jack Webster）传媒报导大奖，这次是新时代电视第14次获得此项殊荣。

●中新社访问团走访墨西哥《华文时报》 10月12日，中国新闻社副社长兼副总编辑夏春平率领中新社访问团一行在墨西哥首都墨西哥城走访了墨西哥华文报纸《华文时报》。

夏春平详细了解了《华文时报》目前的采编、发行、经营等情况及其未来发展思路。他表示，作为墨西哥主要的华文媒体，《华文时报》因地制宜，积极传播墨中资讯，服务侨社、凝聚侨心，促进两国交流合作，成绩卓然。作为以对外传播为主要功能的中国国家级通讯社，中新社愿意发挥优势，在既有基础上，在资讯内容提供等服务方面继续深化与《华文时报》的合作，助力报纸更好发展。

《华文时报》社长耶天慧对中新社的专业新闻服务表示赞赏与感谢。他表示，随着中墨关系稳步发展，旅墨华侨华人日增，对两国各领域资讯的需求也不断提高。《华文时报》发行范围覆盖墨西哥多个主要地区，发展空间很大。希望与中新社继续加强新闻信息方面的合作与往来，在做好本地化资讯服务的同时，讲好中国故事、传播中国声音，提升报纸的影响力。

《华文时报》总编辑华夏向访问团一行介绍了报纸日常运作及新媒体平台发展等情况，对双方未来资讯内容合作提出了意见建议。

《华文时报》于2014年4月16日创刊，由墨西哥中华青年联合会和浙江省侨联青年联合会墨西哥分会主办。该报旨在提供全球及本地最新讯息，打造墨西哥华人区最具影响力的信息服务平台，促进中墨两国友好合作不断发展。

●“欧洲华语播客” 开拓全英文网媒 10月，“欧洲华语播客”开拓全英文网媒SINOPRESS（www.sinopress.net），以时事分析、名家视角、影视天地、当代科技和文化畅谈等栏目，面向西方读者，多方位展示今日中国形象。

“欧洲华语播客”的合作伙伴已包括奥地利最大律师事务所LGP，奥地利影视制作团队Lili Film，奥地利知名论坛Urban Forum，联合国记协UNCAV，奥地利维也纳应用技术大学FH Technikum Wien和维也纳商会WKW等。

●中新社访问团走访巴拿马《拉美快报》 10月14日，中国新闻社副社长兼副总编辑夏春平率中新社访问团一行在巴拿马首都巴拿马城走访了巴拿马华文报纸《拉美快报》。

夏春平了解了《拉美快报》目前的采编业务、发行、运营等情况。他表示，中国与巴拿马建交后、两国关系发展潜力很大。媒体面临转型发展的挑战的同时，也有着进一步提升内容、开拓空间的机遇。中新社愿在新闻内容提供等方面向《拉美快报》提供更多元、更有针对性的客户服务，开展更深入的合作。

《拉美快报》负责人李勇祥对中新社访问团的到来表示欢迎。他表示，报纸读者对涉华、涉侨等内容仍有很大需求，报纸希望与中新社加强新闻业务合作，进一步提升报纸的信息量与品质。

总部位于巴拿马城的《拉美快报》创刊于1992年，每周6期，是巴拿马主要的华文媒体之一。

●**中新社访问团走访巴拿马中文电台** 10月14日，中国新闻社副社长兼副总编辑夏春平率中新社访问团一行在巴拿马首都巴拿马城走访了巴拿马中文电台。

夏春平向巴拿马中文电台创办人、总裁古文源及电台总监古嘉敏了解了电台目前内容制作、技术维护及市场运营等情况。他表示，作为创办时间较长的中文电台，巴拿马中文电台坚持服务侨社，传递中国资讯、传播中华文化。中新社愿发挥自身优势，提供电台今后发展所需的新闻产品等服务，为促进中巴建交后的人文交流作出自己的努力。

古文源表示，且为中美洲目前唯一的中文电台，巴拿马中文电台一向致力服务当地华侨华人。在媒体发展的新时期，期待中新社通过其多元化的新闻产品服务，帮助巴拿马中文电台推动资讯业务拓展，更好地实现可持续发展。

创建于1996年的巴拿马中文电台是巴拿马主要的华文媒体之一，目前通过中波频段24小时播送普通话及粤语节目，主要覆盖巴拿马首都巴拿马城。

●**北欧国际新闻中心启动仪式在北京举行** 10月17日下午5时，北欧国际新闻中心启动仪式在北京举行。北欧华人报社、澳门卫视、亚洲文旅卫视、亚太中文电视台、美国捷迅国际传媒、美国亚省时报社等派代表出席了启动仪式。

启动仪式上，北欧华人报社社长宗金波表示，北欧国际新闻中心启动正值中国共产党第十九次全国人民代表大会召开前夕，十九大之后的五年是中国助力世界经济复苏的新时代，是在世界范围内展示中国良好形象、传播中华优秀传统文化的新契机。北欧有近12万多华人华侨，仅瑞典就有6万多人。北欧国际新闻中心的启动，搭建起世界新闻发展平台，有助于北欧乃至世界各地的人民全面了解中华文化。

●**中国新媒体专家团与日本华媒开展交流** 10月27日，由中国海外交流协会宣传部副部长李国红任团长的中国新媒体专家团来到日本东京华侨总会，与日本华文媒体代表、旅日侨胞等100余人就媒体融合等课题开展深度交流。

中国新闻社海外中心副主任肖开霖、央视资深电视人张恒、腾讯微信安全策略副总监张雷分别作了题为“开启‘全球编辑室’时代——海外华文媒体转型应对”、“用视频讲好中国故事、华人故事”、“微信应用与华人社会信息传播”的主题演讲。

肖开霖介绍了“全球社区”的概念，进而引出了中新社在当下全媒体时代倡导的“全球编辑室”理念。基于上述构想，目前中新社为融合海外华文媒体打造了“华舆&全球编辑室系统”。肖开霖说，传统媒体时代，中新社较好地发挥了海外华文媒体领军者的角色。新媒体时代，中新社仍将与海外华文媒体一道，在深耕自身转型的同时，继续支持海外华文媒体的探索与创新。

张恒着重介绍了央视中文国际频道的节目《华人世界》，以日本熊本地震等事件中旅日侨胞自己录制的新闻视频为例，讲述融媒体时代多样的新闻生产方式，希望更多海外华文媒体和侨胞加入到宣传华人、服务华人、凝聚华人、鼓舞华人的队伍中来。

张雷则回顾了微信的发展历程，介绍了微信在生活中各方面的应用场景以及在海外进行信息传播的方式。

最后，李国红团长以“坚定信心，推动华文媒体融合发展”的主旨发言再次为海外华文媒体加油鼓劲，指明方向。全场精彩连连，掌声不断。

演讲结束后，与会人士分别就海外华文媒体的优劣势、如何进行媒体转型、如何做好媒体运营等问题与专家进行了互动。

●**中国新媒体交流团与美国华媒展开交流** 10月31日，中国海外交流协会宣传部副部长李国红携新媒体交流团于美国旧金山湾区举办“名家讲坛：首届美国华文媒体交流会”，介绍中国新媒体最新理念，为当地华文媒体转型支招，为旅美华侨华人利用新媒体实现商务拓展建言。

旧金山湾区华文媒体代表，新媒体、自媒体从业人员，企业家，文化界人士出席了在密尔布瑞市南海艺术中心举办的这场活动。

李国红在《坚定信心，推动华文媒体融合发展》的演讲中指出，因应移动互联网技术迅猛发展给传统媒体带来冲击和挑战，中国国内自2014年提出媒体融合，现已逐渐迈向深度融合。

李国红表示，新媒体的优势在技术，传统媒体的优势在于权威性。媒体融合是发展大

趋势，需强化互联网思维，坚持传统媒体和新媒体优势互补，一体发展，坚持先进技术是支撑，内容建设为根本，推动内容、渠道、平台、经营、管理等方面的深度融合。

她说，传统媒体依然具有生命力，不会因为新媒体的出现而消亡。从本质上不是谁吃掉谁，而是相互促进，共同发展。同时，内容为王仍然不会变，内容永远是大众传媒中的核心要素。

谈及如何积极推进华文媒体融合发展，李国红建议海外华文媒体因地制宜、坚持本土化，将传播与文化有机结合，加强与国内媒体交流合作。

新媒体交流团此前还在洛杉矶举办了交流活动。

●“十月看北京·海外华媒摄影大赛”举行 10月28日，由中国新闻社、北京市人民政府侨务办公室、北京市人民政府新闻办公室联合主办的“十月看北京·海外华文媒体摄影大赛”颁奖典礼在国家游泳中心水立方举行。

本次大赛作品分时政、社会两类，分别设一等奖1名、二等奖3名、三等奖10名。大赛组委会共收到来自30个国家41家华文媒体的687幅摄影作品。

在时政类评选中，瑞典《北欧时报》何儒拍摄的《聚焦中国》获一等奖，南非《非洲时报》梁铨拍摄的《开放的十九大》、美国《中美邮报》魏炯才拍摄的《留影》、缅甸《金凤凰》张翀拍摄的《来张自拍吧》获二等奖，韩国《新华报》曹明权拍摄的《老外看十九大》等10幅作品获三等奖。

在社会类评选中，一等奖空缺。希腊《中希时报》石若宇拍摄的《时空》、香港中通社洪少葵拍摄的《点赞中国》、法国《欧洲时报》杨咏桔拍摄的《北京爱情》获二等奖。俄罗斯《龙报》商永拍摄的《收获的季节》等10幅作品获三等奖。

国务院侨办宣传司司长许玉明，北京市侨办主任刘春锋，中国新闻社副社长、副总编辑夏春平，北京市侨办副主任史立臣，中国新闻社副总编辑张雷，国家游泳中心总经理杨奇勇，华人摄影家、欧洲时报社原社长杨咏桔等出席颁奖典礼。

●香港《镜报》庆祝创刊40周年 11月2日晚，香港《镜报》在香港万豪酒店宴会厅举办创刊40周年联欢晚宴，逾500位政商界人士莅临，大会邀请全国政协副主席梁振英、香港特别行政区行政长官林郑月娥、中央人民政府驻香港特别行政区联络办公室副主任杨健、香港特别行政区政务司司长张建宗、香港特别行政区财政司司长陈茂波、珠海港澳事务局局长张梅生、福建省宣传部副部长徐姗娜担任主礼嘉宾。

林郑月娥表示，40年来，《镜报》与国家和香港同行，支持国家的改革开放，支持“一国两制”，为香港的繁荣稳定和社会进步作出了重要的贡献。《镜报》立足香港，面向世界，把握粤港澳大湾区及“一带一路”建设的发展机遇，发挥华文媒体的作用，加强与地区和“一带一路”沿线新闻传媒的合作与交流，促进了民心相通。

《镜报》社长徐世英致辞称，《镜报》自1977年8月创刊至今，已经走过40个年头。对于一份政论性杂志来说，40年是一个漫长的岁月，能够坚持下来非常不容易。特别是10年前，《镜报》创办人徐四民先生永远离开我们，对于刚进入而立之年的镜报来说是一道非常艰难的坎。但是，在董事会的领导、全体同仁的努力、社会各界人士、《镜报》的作者、读者与合作伙伴的爱护和支持下，我们跨越了这道艰难的坎。这10年来，我们坚持徐四民先生“振兴中华 诚实敢言”的办报宗旨的同时，积极贯彻徐四民先生“做社会公器 对社会负责”的办报原则，向多元化方向发展。从单一的杂志出版业务，逐步发展为拥有出版、大型活动策划及执行、文化交流、社会公益活动等业务板块的综合性媒体文化企业。

《镜报》创办于1977年8月，是以政论为主的综合性月刊，是深受全球华人华侨重视的爱国爱港刊物，为香港的顺利回归和“一国两制”的成功实践作出积极的贡献，多次受到国家领导人和有关部门的勉励和表彰。

●行走中国·2017海外华媒走进新疆兵团 11月4日，新疆生产建设兵团党委副书记、副政委，新疆兵团党委宣传部部长李新明在新疆兵团第六师五家渠市会见了“行走中国·2017海外华文媒体走进新疆兵团”采访团一行。

李新明代表新疆兵团党委、新疆兵团对来自美国、加拿大、澳大利亚、意大利等16个国家18家海外华文媒体高层代表一行的到来表示欢迎，并向采访团简要介绍了新疆兵团历史沿革、特殊地位、职责使命和发展现状。

会见现场，海外华文媒体高层代表结合几天来的采访经历，谈了自身的感受。

据悉，“行走中国·2017海外华文媒体走进新疆兵团”主题采访活动是由国务院新闻办公室、新疆生产建设兵团、中国新闻社共同主办，由新疆兵团新闻办公室和中国新闻社新疆分社承办，活动主要集中在新疆兵团第十二师、第十师、第六师、第八师四个师市。

●《丝路新观察》庆祝创刊两周年 11月11日晚，《丝路新观察》报创刊两周年庆典在吉尔吉斯斯坦首都比什凯克举行。吉国议员，吉交通部、经济部、教育部代表，中国驻吉使馆代表，中资企业负责人，孔子学院及华侨华人代表等200多位嘉宾出席了庆祝活动。

《丝路新观察》报前董事长李德华称，《丝路新观察》报吉、俄文版发行量已达2万份，中文版逾4000份。同时，积极发展网站与移动终端平台，形成了全媒体矩阵。

作为吉尔吉斯斯坦唯一一份由吉尔吉斯文、俄文、中文三种文字出版的周报，《丝路新观察》报于2015年11月11日正式与吉国读者见面。目前，《丝路新观察》以精准的信息传递等优势跻身吉国主流媒体，在吉实现全国发行，并成功发行到吉议会办公厅、移民局、内务部等十多个国家部委。《丝路新观察》中俄文客户端和俄文脸书(Facebook)亦逐渐覆盖到吉国各阶层。此外，2017年《丝路新观察》在现有中俄双语微信公众号基础上，又开通了中亚五国“新观察”系列公众号。

●枫华之声第七次荣获加拿大民族传媒协会大奖 11月17日晚，一年一度的加拿大民族传媒协会颁奖典礼在多伦多市政府大楼多功能会议厅举行。枫华之声荣获了杂志类集体奖。这是枫华之声第七次荣获加拿大民族传媒协会大奖。

枫华之声是这次获取这项大奖唯一的曼尼托巴省媒体。 对枫华之声获奖的介绍和评语是：“最好的编辑理念和主题、版面效果和艺术质量”。

枫华之声多伦多分部负责人王鑫博士代表主编王虹和杂志社全体同仁现场接受了协会主席Thomas S.Saras 先生的颁奖。

加拿大民族传媒协会共有843家110多种非英语语言媒体。本年度共有20位媒体人获得了个人奖，包括5位杰出贡献奖，7位自愿者贡献奖，和8位优秀记者奖；共有27家媒体荣获集体奖，包括15家报纸，6家杂志，和6个传媒集团。

●60余家海内外华文媒体访孔子故里曲阜 11月20日，来自美国、西班牙、新加坡等国家和地区的60余家华文媒体齐聚孔子故里曲阜，开启为期五天的儒学之旅。

“儒学大赏—首届全球华语广播大型联合采访”活动当日在山东曲阜举行。在鲁期间，媒体记者们探访了孔子研究院、儒源文化基地、孟子研究院等地，体验“礼、乐、射、御、书、数”中国传统六艺、欣赏古代礼乐表演等，以不同视角及感触，向世界各地民众讲述儒家文化传承、发扬的故事。

据悉，本次活动由中国广播电影电视社会组织联合会新闻节目工作委员会、中国国际广播电台华语中心、济宁市人民政府、山东广播电视台共同主办。吸引了纽约中国广播网、美国环球东方公司、美国休斯敦时代华语广播电台、巴拿马中文广播电台、新加坡新传媒中文电台等多家海外华文媒体参与。

●世界中文报业协会第50届年会金边举行 11月23日，世界中文报业协会第50届年会当天起一连两天在柬埔寨首都金边举行，来自全球67家媒体的代表共商华文报业发展大计。世界中文报业协会会长李祖泽，柬埔寨旅游部大臣、新闻部代部长翁巴特那等出席了开幕式。此届年会主题为“‘一带一路’新形势与中文报业新发展”。

世华媒体执行董事张聪表示，此届主题正切合了新时代的机遇和主题，带来了全球华文媒体全新的愿景，是华文媒体的大事，是历史的机遇。她说，华文媒体的责任，就是要求报道真实的“一带一路”新景象。她认为“一带一路”是华文媒体的独特旅程，既参与了一个升级版的全球化，打破过去地理与心理的疆界，也与更多的读者心连心。这是激情燃烧的时刻，也是华文媒体可以大显身手的机缘。

柬埔寨新闻部代部长翁巴特那表示，只要

有华人小区，就会有中文报。他说，中文在柬埔寨的地位日益受到重视，除了报道柬埔寨和世界新闻外，当地中文报章也积极推动高棉和中华文化，促进了不同民族之间的交流。

大会共有两场专题演讲，即由中国人民大学重阳金融研究院执行院长王文博士主讲“十九大后的‘一带一路’，走向国际机遇”，以及由世界货币基金组织（IMF）驻柬埔寨专员周勇博士分析柬埔寨经济发展概况。

世界中文报业协会成立于1968年，拥有包括中国内地及港澳台地区、日本、东南亚、北美、拉美、欧洲、非洲的全球一百多家中文报纸会员。年会曾先后在北京、上海、深圳、香港等城市举行。此届年会由《柬埔寨星洲日报》主办。

●枫华之声总编辑王虹获加拿大义工大奖 12月，枫华之声总编辑王虹因其长期义工经历荣获加拿大国会议员颁发的“加拿大150周年社区服务大奖”。

2017年是加拿大联邦成立150周年。加拿大联邦参议院向约一千名各族裔人士颁授150周年纪念勋章，以褒奖他们对加国及社区的贡献，其中亦包括多位华人。

●《香港商报》庆祝创刊65周年 12月7日，《香港商报》创刊65周年暨全球商报联盟商学院成立庆典酒会在香港举行。香港特区行政长官林郑月娥、中央政府驻港联络办副主任杨健等出席活动。

林郑月娥在致辞中表示，《香港商报》秉持“为商界代言，为商家服务”的宗旨，重点刊登各类与香港经济形势紧密相关的新闻，分析香港商人关心的热点问题，以及报道邻近地区的重要政策和经济信息等。多年来，为读者提供了大量经贸信息，促成了大大小小的交易和投资项目，间接推动香港经济发展，可谓贡献良多。

《香港商报》社长陈寅表示，作为传统的爱国爱港媒体，《香港商报》一定会不忘初心，勇于担当，更好地发挥媒体平台功能，凝聚人心，增进共识，服务社会，促进经济，激浊扬清，为全面准确落实“一国两制”，为香港的繁荣稳定做出新的贡献。

《香港商报》创刊于1952年，是香港历史悠久的中文财经报章，以“在商言商、港人报章、爱国爱港、公正持平”为办报宗旨，目标读者是财经商务人士。

据介绍，全球商报联盟于2007年由《香港商报》牵头、全球17家商报共同发起成立，如今成员机构已增至73家。本次活动中成立的全球商报联盟商学院将着力于与国际接轨，从事相关专业培训工作。

●西班牙《欧华报》纪念创刊15周年 12月8日，西班牙《欧华报》迎来创刊15周年。该报总编辑陶辛夷发表“一纸风行 追梦在路上”的文章纪念这个特殊的日子。

2002年12月8日，《欧华报》在西班牙诞生。15年来，《欧华报》扎根于西班牙这片土地，立足于读者需求，全力服务于读者，取得予之以文化反哺的地位。

文章回顾了该报的发展：15年来，《欧华报》与时代共成长，从一份报纸发展成为拥有多媒体平台的传媒集团。旗下拥有中文报刊《欧华报》、西班牙语报刊《EL MANDARIN》(纸媒发行7年，在互联网时代，2012年《EL MANDARIN》改为西语网站)、欧华网(含移动端)(http://www.ouhua.info)、欧华西班牙文网(http://www.elmandarin.es)、欧华微信公众平台(订阅号：ouhuabao-info)、欧华报Facebook专页(https://www.facebook.com/ouhua.info)、欧华报官方微博(https://weibo.com/ouhuabao)、欧华视频部、欧华翻译社、欧华商务文化旅游部等。

2012年开始，欧华传媒逐步由平面媒体向多媒体转型，目前除了纸媒、网媒、移动端，还相继推出了介绍西班牙特色美食的视频栏目《美食美客》；深度解读欧洲、西班牙文化的《人在欧洲》栏目；开发上线了以服务广大中国游客和旅西华侨华人的线上旅游导览平台“欧华旅听”；为推广西班牙本地众多优质农副产品，促进中西两国相关行业的交流合作，推出《欧华品鉴》栏目，用专业的解读，详细介绍包括红酒、火腿、橄榄油等西班牙明星产品。

15年来，该报成功举办了50多场向主流社会开放的文化活动。2013年，在中西建交40周年之际，该报联合法学家和华人企业，出版发行了中文版的《西班牙民法典》和《西班牙商法典》，填补了西班牙历史的空白。通过策划组织一系列活动和欧华多媒体平台的呈现，作

为一家专业文化公司，欧华传媒凸显旺盛的生命力。

文章最后写道：我们正处在一个“智媒时代”，眺望未来，前程依然艰辛。但是，新的梦想，正在欧华年轻团队的心中扬帆起航！我们再次出发，在追梦的路上……

●菲律宾华文记者会新届职员就职 12月9日，菲律宾华文记者会2018年新届职员就职典礼，在马尼拉中国城举行。供职菲律宾《联合日报》的资深编辑黄学鸣连任会长。

菲律宾华商联合总会理事长、菲律宾华文记者会荣誉会长黄年荣为新人职员监誓并训勉。

菲华各界联合会主席蔡志河在嘉宾致辞中表示：在菲华社会，华文记者一直是一个令人尊敬且十分重要的群体。华文记者积极为广大华人华侨代言，积极向广大读者宣传本国政府的施政纲领和各领域的发展和建设，加强了本国文化的凝聚力；积极报道菲中两国政府和两国各界人民之间的友好交往，为广大旅菲华人华侨提供了全面了解中国的窗口，成为连接菲中两国人民和工商界的纽带。菲华记者既是信息传播者也是社会活动家。

连任会长黄学鸣感谢菲华社会对菲律宾华文记者会的一致肯定，表示将一如既往做好本职工作，真正发挥出华文媒体服务民众的功能，传播中华民族优良传统的正能量，为构建和谐美好的菲华社会做出应有贡献。

菲华各社团侨领、菲各华媒负责人等百余人见证了典礼。

●澳门日报读者公益基金会举办“第34届公益金百万行” 12月10日，由澳门日报读者公益基金会主办的“第34届公益金百万行”在观音莲花苑旁的主礼台隆重举行。全国政协副主席何厚铧、澳门特区行政长官崔世安、中央人民政府驻澳门联络办公室副主任郑晓松、外交部驻澳门特派员公署特派员叶大波等主持起步仪式，并与各界民众约5万人共同迈步行走。

来自澳门各政府部门、社团、学校、公司及中央驻澳机构等都打出自己的横幅，沿着约4公里长的马路向终点妈阁庙方向迈进，途中彩旗飘扬、锣鼓喧天，金龙引路、醒狮助兴，警察银乐队、童军总会乐队、浸信中学等10多所中学乐队在各驻点助兴演奏，场面热烈而壮观。

由澳门日报读者公益基金会发起的“公益金百万行”活动始于1984年，至今已连续举办34届。这是一个为筹集用于慈善事业的基金而举行的大型社会活动，每年12月的第二个星期天举行。现已成为澳门的年度品牌活动。

●凤凰卫视协办及制作“爱心奖” 12月13日，由港澳台湾慈善基金会主办、凤凰卫视协办及制作的第12届“爱心奖”颁奖典礼在香港举行。爱心奖终审委员会主席梁爱诗、凤凰卫视董事局主席、行政总裁刘长乐、台塑企业总裁王文渊、新华爱心教育基金会创办人王建煊、深圳国际公益学院院长王振耀及吴修齐文教公益基金会董事长林苍生出席并主礼，与“爱心奖”创办人林添茂及2017爱心大使吴小莉一同主持启动仪式。署理行政长官张建宗于典礼前专程到贺，与众得奖人合照。

六位得奖人来自两岸三地，包括香港的庄陈有，台湾的康淑华、邱庆禧及中国内地的马蔚华、钢子、袁存权。

爱心奖终审委员会主席梁爱诗致辞时表示，爱心奖经初、复、终审三个严谨程序，评审委员来自海峡两岸学、政、商、社各界，他们经过多次讨论评定，投票选出六位实至名归的得奖人。能见证得奖人上台领奖的喜悦及聆听他们描述对未来发展公益蓝图的宏愿，感到非常感动。

凤凰卫视董事局主席、行政总裁刘长乐认为，“爱心奖”已举办12届，是两岸四地华人社会值得发扬光大的一件盛事。凤凰卫视从本届开始与“爱心奖”携手，希望通过凤凰卫视的传播平台，将两岸四地及至全球华人的爱心凝聚在一起，用大爱温暖人世间每个角落。

2018

●加拿大新时代电视迎来25周年台庆 2018年，创办于1993年的加拿大新时代电视迎来25周年台庆。新时代电视以“银禧新时代 共创经典未来”为主题，推出一连串精彩活动，与观众一起回味光辉历史，并继续努力，锐意打造更多未来经典。

新时代电视隶属于加拿大新时代传媒集团，目前是加拿大唯一全日以粤语作全国性广播的本土电视网，除了在温哥华、卡加利及多

伦多等华人聚集之城市通过有线电视系统播出之外，全加拿大各地的观众都可以通过卫星电视系统收看。

新时代电视创立时，节目以本地资讯为主，藉此帮助新移民融入社会。随着移民数量日益增加，新时代电视不断于亚洲搜罗最受欢迎的剧集、时事及资讯娱乐节目，务求令观众紧贴原居地的消息。该台20周年台庆时，新时代2高清台正式启播，不但在欧美海外的中文电视台中成为高清电视广播的先驱，播映的剧集更与香港TVB同步。

●**2017香港商界十大关注揭晓** 1月19日下午，由香港商报联同香港中华总商会、香港总商会等25个商会社团举办“2017香港商界最关注的十件大事”公布结果，得票最高的十大事件中七件与两地合作相关，而国家主席习近平视察香港并出席香港回归廿周年庆典成为得票最高的大事。香港财政司长陈茂波在活动上表示，投票反映香港发展与国家的蓝图关系更加紧密，并指改革开放以来，香港成为国际企业引进来，中国企业走出去的“双向平台”。

投票结果显示，商界事件得票最高的大事前三位为“习近平莅港视察并出席回归周年庆典”、“十九大召开习近平连任中共中央总书记”及“林郑月娥当选特区第五任行政长官”。财政司司长陈茂波、中联办副主任杨健、港交所主席周松岗等人出席了当天的活动。

香港财政司长陈茂波在活动中表示，从刚刚公布的评选结果可见，香港工商界去年最关注的十件大事，当中有七项都是跟两地经济合作发展，以至跟国家大事及宏观的发展策略有关，包括香港成为亚投行新成员、推动大湾区建设框架协议，以及河套区港深创新及科技园等，可见香港未来社会经济发展的方向和命运，将会跟国家的发展蓝图和策略更紧密交织在一起。

●**首届泰国华文媒体培训活动举行** 1月21日，首届泰国华文媒体培训活动暨“一带一路”泰国华文媒体研讨会在曼谷举行，来自泰国华文媒体及教育界约300人参加了培训及研讨活动。

泰华通讯记者协会主席罗宗正在开幕致辞中表示，随着“一带一路”倡议的推进实施，越来越多的中国游客和企业前来泰国，泰中两国的人员和经贸往来日益频繁，这也为泰国华文媒体的发展带来新的机遇。泰华媒体及从业人员亟需提高自身各方面素养，适应媒体发展新形势，书写时代新篇章。

培训活动上，中国华侨大学新闻与传播学院副院长王琰，北京大学外国语学院教授、泰国朱拉隆功大学孔子学院高级顾问傅增有，泰国《泰国风》杂志总编吴小涵分别作了题为“‘一带一路’背景下海外华文媒体的发展路径”、“中泰文化特点及差异”、“新闻写作实操”的演讲，并就相关话题进行了现场互动与探讨。

此次活动由泰华通讯记者协会、中国华侨大学联合主办。据了解，主办方今后还将陆续为泰国华文媒体免费提供更加深入和形式多样的专题培训。

●**加拿大红枫林与今日俄罗斯携手合作** 1月，加拿大红枫林传媒集团董事长、一带一路通讯社社长谷剑云携执行总编王群，应邀前往位于北京东方梅地亚中心的“今日俄罗斯”国际通讯社，洽谈双方未来在加拿大、中国和俄罗斯三国之间有关新闻领域的合作事项。

此次会面，双方在共同依托本国新闻资质，立足中国开展国际间的新闻业务合作达成了较为一致的意见，确立了共同开展中文新闻领域的全球稿件交流采编合作机制。从2018年2月份起，今日俄罗斯国际通讯社正式授权加拿大红枫林传媒集团、一带一路通讯社，可以正常采用今日俄罗斯国际通讯社北京分社记者采编成稿的中文类别各相关领域的署名新闻原创稿件、新闻产品，并在北京授权交换了双方中文新闻发布渠道的合作搜索平台。

此次双方所达成的全球中文新闻共享采编合作新机制，是以中文新闻为语种界别，国外新闻媒体立足中国开展新闻合作，成为国际媒体界联手关注中国发展，推动新闻合作全球化的一个显著标志；也是红枫林传媒集团作为海外华媒率先与世界主流媒体携手合作，为海外华媒被日益关注、被新闻同行的认可和肯定，起到了重要的积极作用。

●**南非侨网与中国侨网展开合作** 1月31日，南非侨网正式入驻“侨宝”手机客户端“华文媒体”板块，开启中国侨网和南非侨网的合作篇章。

南非侨网入驻“侨宝”客户端后，可以自主上传各类文、图、视频稿件，亦可与中国侨网合作举办网络直播、线上线下各类活动等，依托中国侨网的优质平台和广阔的涉侨资源，高效便捷地向当地侨胞传达侨界讯息，搭建起当地华侨华人与祖(籍)国交流互动的桥梁。

南非侨网成立于2012年，是一个以南非当地以及侨界新闻、资讯、实用信息为主的网站；2013年，南非侨网开通了自己的微信公众号。自成立之初，南非侨网即本着服务侨胞、联通中南信息渠道的宗旨，以及时准确的新闻报道，建立了在读者群众卓越的口碑，成为他们准确了解南非当地与侨界新闻的重要渠道。

中国侨网是面向全球华侨华人提供综合性信息服务的专业网站，是中国内地最大的侨务网络信息平台。目前，中国侨网实现了网页版、移动版、社交新媒体、客户端等多个平台的联动运行，受关注度稳步上升，在中央行业新闻网站中位居前列。其中，中国侨网微信公众号粉丝活跃度高，订阅用户绝大多数是遍布全球各地的侨胞。

●欧华传媒集团荣获西班牙职业传媒奖 2月26日，旅西华文媒体“欧华传媒集团”荣获西班牙期刊出版商协会颁发的2017年度大奖——职业传媒奖，理由是15年来坚持立足读者需求、为读者服务的理念，为中西文化交流做出了积极贡献。

马德里自治区政府副主席伊莎贝尔·迪亚斯和期刊出版商协会主席、作家阿塞尼奥·埃斯克拉向欧华传媒董事长裘成谦颁发了奖状和奖牌。

裘成谦在发表获奖感言时说，欧华传媒集团旗下的《欧华报》于2002年12月8日成立，发行面覆盖西班牙全境。《欧华报》坚持每周刊登一篇观察、分析、评论或专题报道，以创办“文化品牌”为新闻理想，得到广大读者的认可。

当晚主持颁奖典礼的期刊出版商协会主任卡洛斯·阿斯蒂斯在介绍《欧华报》时说：“因为专注，所以专业”。

来自西班牙政府、企业、警方和出版界等社会各界人士约200人出席了当天的颁奖活动。

据悉，期刊出版商协会由135家出版集团或公司组成，经营刊物达900多家，是西班牙最大的出版行业协会。中国驻西班牙大使馆发言人吉登华表示，欧华传媒集团获此殊荣实至名归，同时也为华文媒体今后的发展提出了更高的要求。

●中新社访问团走访《斐济日报》 3月5日，中国新闻社副社长兼副总编辑夏春平率中新社访问团一行，在大洋洲的岛国斐济走访了当地唯一的华文报纸《斐济日报》。

访问团详细了解了《斐济日报》目前的采编业务、发行、运营及发展困难，夏春平说，中新社将继续从新闻资讯提供、技术支持等方面，为该报今后的发展提供力所能及的、有针对性的交流与服务。

《斐济日报》创刊于2001年，最初时仅有4个版。经过多年的发展，目前常规出版24版，最多时可达到每期40多版。4年前，又创办了报纸的网站和微信公众号。旨在弘扬中华文化，及时为华侨华人提供全面准确的信息，发展中斐友谊，促进中斐经济发展。

《斐济日报》总编辑杨鸿濂介绍，斐济全国人口88万，其中华人2万多，随着中斐交流越来越多，读者对涉华、涉侨等内容的需求越来越多，报社希望与中新社加强新闻业务合作、人才支持，进一步提升报纸的信息量与品质。

●凤凰卫视更名为“凤凰卫视投资（控股）有限公司” 3月7日，凤凰卫视控股有限公司宣布改名。

启事称：为了更贴切反映集团之积淀及未来发展战略、策略与机制变革，前公司名称“凤凰卫视控股有限公司”于当日改名为“凤凰卫视投资（控股）有限公司”。相信新公司名称将为集团营造更适当之企业形象与身份，有利于集团日后之业务发展与股东之整体利益。

●中新社召开2018客户交流会 3月24日，2018年中国新闻社海外客户交流座谈会在广西北海市举行，来自马来西亚、菲律宾、泰国等9个国家和地区的38家媒体代表，与中新社各采编部门进行工作交流，深化进一步合作。

本次会议是中新社连续第八届举办客户交流会。各国和地区媒体代表就海外华人社会正在发生的变化，媒体如何满足世代交替，与不同背景的华人有效沟通等重要问题展开交流。

中新社社长章新新表示，保持跟海外华媒的血肉联系，加强服务海外华媒，是中新社的长期工作。为应对新时代海外客户的需求，中新社将提供更专业、及时和多元化的服务。

当前，新媒体的迅猛发展对传统媒体转型提出了更迫切要求。与会媒体表示，希望中新社在人员和技术方面加强与海外华文媒体的进一步合作，帮助其成功转型。

在客户交流环节，马来西亚《南洋商报》执行编辑陈华之、菲律宾《商报》执行副总编辑庄铭灯等嘉宾均认为，应加强对东盟国家及“一带一路”建设的图文报道。陈华之说，当下，海外读者对“一带一路”建设的最新进展、中国“新四大发明”等议题特别感兴趣，希望中新社继续进行专题式深入报道，及时展现中国经济对世界的影响力。

“尽管《文汇报》在全国各大城市都有驻点，但中新社所供文字、图片仍是我们获取讯息的重要平台和渠道。”《文汇报》中国新闻部主编郑慧欣表示。她建议中新社加强对社会热点、两岸关系等内容的报道。

印度尼西亚《商报》编委副主席孙继飞称，该报正处在新媒体融合发展的过渡阶段，已研发有自己的APP，并筹划在印度尼西亚组建新媒体联盟，希望与中新社在新媒体方面有更多内容共享。

中新网编辑部、中新社国际部、海外中心、摄影部、视频部、侨务新闻部等部门分别回应了海外华媒体代表的建言献策。

●行走中国·2018海外华文媒体美丽四川行 3月23日至25日，由四川省外事侨务办、中国新闻社共同组织的“2018行走中国·海外华文媒体美丽四川行”活动举行。

来自俄罗斯、美国、意大利等15个国家的25家华文媒体负责人、编辑、记者，先后走进广元市剑阁县、青川县、旺苍县以及利州区等地，探访名胜古迹，走访现代农业园区。每到一地，详细了解了当地的历史文化及发展情况。

●2018行走中国·海外华文媒体聚焦广西 3月24日至29日，由中国新闻社主办的2018行走中国“新时代·新作为——海外华文媒体聚焦广西”活动举行。

来自马来西亚、菲律宾、泰国以及港澳台等地区的38家华文媒体代表先后访问了合浦县、钦州、北部湾经济区、崇左市，深入了解广西作为陆上丝绸之路和海上丝绸之路连接点的历史地位、重要作用，感受广西积极融入“一带一路”建设的新成果。

●15国海外华文媒体走进田汉故里 3月26日，“海外华文媒体走进田汉故里”大型采访活动在湖南长沙县拉开帷幕。来自15个国家的24位海外华文媒体高层利用一周时间聚焦长沙县经济、文化等领域的发展成果。

俄罗斯龙报、加拿大枫华之声、日本关西华文时报、美国神州时报、苏里南中华日报、尼日利亚西非华声报等24家海外华文媒体参加考察。

本次活动系中国新闻社“海外华文媒体行走中国”系列活动之一。自2008年以来，“行走中国”已成为中新社加强与世界各国华文媒体联系，向海外华侨华人和世界展示、推介中国发展成果的品牌活动。

●行走中国·2018海外华文媒体高层重庆行 4月1日至6日，由中国新闻社举办的主题为“聚焦内陆开放高地建设”的“行走中国—2018海外华文媒体高层重庆行”活动成功举行。

来自美国、法国、捷克、澳大利亚等15个国家的20家华文媒体高层来到重庆九龙坡区、沙坪坝区、渝北区和两江新区，围绕“内陆开放高地建设”主题对重庆30多个参访点进行了实地参访，就重庆招商引资环境、内陆开放高地建设举措、成效以及重庆独特的历史人文环境，通过文、图、视频、多媒体等多种形式对重庆在“一带一路”建设中发挥的作用进行集中宣传报道。

据悉，2015年以来，“行走中国—海外华文媒体高层重庆行”已成功举办四届。

●凤凰卫视再夺纽约国际电视电影节四奖项 4月10日，2018纽约国际电视电影节在美国拉斯维加斯举行颁奖典礼，凤凰卫视分别有四个节目获奖。《英闻译码》荣获“最佳灯光(Best Lighting)金奖”，由高级灯光技术员廖家强亲赴现场领奖。同时，《香港回归20周年特别节目》获得“最佳创新(Best Innovation)入围奖”；《香港回归20周年航拍短片》获取“最佳制作设计(Best Production Design/Art Direction)入围奖”以及《叙利亚：不倒玫瑰》获得“最佳新闻纪录片(Best News Documentary/Special)入围奖”。

凤凰卫视节目及宣传片在华语媒体中素有口碑，除了在2018纽约国际电视电影节上获奖外，作品亦多次获得国际国内奖项。在第

53届芝加哥国际电视节，凤凰卫视节目《记者再报告：叙利亚：不倒玫瑰》获得技术类Cinematography的银奖；《生命密码》节目宣传片获得技术类Visual Effects的优异证书。

●南洋商报庆祝创刊95周年 4月18日，马来西亚《南洋商报》在八打灵再也总社举行主题为"华社心，华商情"的95周年报庆及标志推介礼。

世华媒体集团执行董事张聪及行政总裁张裘昌以击鼓三次的方式，为95周年报庆掀开序幕，标志配合报庆的连串活动和晚宴，将分别在新山、芙蓉、巴生、关丹、怡保及槟城等六个城市启动。9月6日创刊正日，该报在吉隆坡举行了隆重与盛大的庆祝晚宴。

1923年9月6日，《南洋商报》由著名侨领陈嘉庚在新加坡创办，时至今日95载，已蜕变为马来西亚唯一的中文财经日报。《南洋商报》定位鲜明，内容以提供和满足专业人士、管理人、执行人员及商人的阅读需求为取向，两大卖点是财经资讯最齐全、国际新闻最快捷。

除了每日编务走向以商为主轴，《南洋商报》也通过主办"金鹰奖"表扬各领域杰出的中小企业，肯定它们对国家经济的贡献。《南洋商报》也常主办财经讲座，邀请专家针对国家经济大方向，分析经济前景，并快速为企业提供股市的最新讯资讯，筑起企业、读者之间的沟通桥梁。

《南洋商报》顺应时代，不断推出多项更方便的阅读平台，其中包括在2013年率先推出电子报，之后也改良原有新闻网站，并在移动配备中推出"e南洋"，成为马来西亚中文市场主要的移动新闻平台之一。

《南洋商报》1980年代创办十大歌手选举，开创了义演为华教筹款的先河。如今由马来西亚Carlsberg集团赞助主办，《南洋商报》及《中国报》联办的"十大义演"， 32年来举办了逾600场巡回义演，造惠超过600所华校和教育团体。 作为唯一拥有两项马来西亚纪录大全（最悠久及最高筹款）的华教筹款活动，"十大"截至2018年初所筹获的累计总额超过5亿令吉。

●"2017年香港最佳新闻奖"颁奖 4月30日，香港报业公会举行"2017年香港最佳新闻奖"颁奖礼，"大公文汇传媒集团"共夺14个奖项，包括三冠五亚两季四优异，《大公报》夺得两项冠军、两项亚军、一项季军及两项优异奖。

"香港最佳新闻奖"创立于2004年，是当地最具影响力和公信力的新闻奖项。

行政长官林郑月娥在颁奖礼致辞时提到，发展经济、改善民生，以至在政治上有更好的发展，都需依靠传媒公正和深入的报道，她自己的施政动力来自传媒的报道，每天会花45分钟阅读九份报纸。她表示，政府一向支持香港新闻界及保障新闻自由，她上任以来已经会见传媒超过80次，接受超过30次专访，她承诺会多与传媒交代及响应政府工作。

●加拿大华侨之声广播电台庆祝成立45周年 5月，一年一度的华侨之声AM1320台庆晚宴吸引了400多名听众参与，加拿大大温哥华地区各大侨团的侨领也欣然出席华侨之声45周年台庆晚宴，与华侨之声同贺生日。

加拿大华侨之声广播电台AM1320自1973年启播,是加拿大政府批准的多元文化广播电台，也是大温哥华地区第一家华语广播电台。华侨之声广播电台拥有加拿大政府特批的一个白天和夜间都为50千瓦的发射站,全天24小时运行，覆盖整个大温哥华地区2,476,145人口，另外还覆盖温哥华岛纳奈莫地区,部分阿尔伯塔省城市如卡尔加利。全天以普通话和广东话为主的共12种语言播音,为大温哥华地区的多元文化社区服务,是加拿大温哥华广受华裔社区信赖的广播电台。

●第17期海外华媒高级研修班在暨大开班 5月17日，经过为期四天的密集学习、交流，第17期海外华文媒体高级研修班在广州暨南大学结业。中央统战部副部长谭天星在结业式上表示，希望海外华文媒体在新时代展现新气象、新作为，当好中华文化传播的桥梁和使者，讲好中国故事，传播好中国声音，更好地融入和回馈当地社会。

谭天星指出，海外华文媒体在中外沟通、民间联通、信息畅通等方面作出了积极贡献。华文媒体是中外民心相通的重要桥梁和纽带。

他说，随着"一带一路"倡议实施、人类命运共同体理念的提出，中国道路向前的每一步发展都吸引世界目光，也牵动着6000余万海外华侨华人的心。海外华文媒体人在"一带一路"建

设中抓住机遇，创新形式，讲好中国故事，构建起海内外连通互补、繁荣发展的新格局。

进入新时代，谭天星勉励广大海外华文媒体锐意创新话语体系，有效拓展传播平台渠道，朝着传播对象精准化、传播主体多元化、传播内容时代化而努力，传播中国好声音；继续汇聚正能量，积极引导住在国华侨华人尊重当地风俗习惯、遵守当地法律法规、提高自我维权意识，构建和谐侨社；凝聚侨心，积极传播和弘扬中华文化。

谭天星表示，我们将在更高层面、更大平台上在关心和支持海外华文媒体的发展，积极在人才培养、技术支持、信息服务、工作交流、回国考察等方面提供帮助。

共有来自美国、加拿大、巴西等41个国家和地区91家华文媒体的94名负责人和骨干编辑、记者参加此次研修，通过校内讲座、座谈交流及校外考察的形式，研习“新时代华文媒体转型与发展”。

期间，暨南大学新闻与传播学院、经济学院等知名专家学者，就中国特色社会主义新时代、新时代中国经济发展战略、“一带一路”建设、媒体转型和发展、改革开放40年与华人媒体发展、新闻采编与媒体经营等内容进行解读。本次研修班集课堂教学和课外采访于一体，研修结束后，组织大家赴四川、云南、江苏、广东四省考察采访，实地感受中国经济社会的发展现状。

●凤凰卫视与故宫联合打造《清明上河图3.0》 5月18日，是第42个国际博物馆日，凤凰卫视与故宫博物院联合打造的高科技互动艺术展演《清明上河图3.0》在故宫箭亭广场正式开幕。

《清明上河图3.0》是基于故宫博物院馆藏国宝级文物张择端《清明上河图》，融合多种高科技互动艺术，构筑出真人与虚拟交织、人在画中的沉浸体验，是对博物馆日主题“超级连接”的一次创新探索。这一展演融合了8K超高清数字互动技术、4D动感影像以及各种艺术形态，实现观众与作品的多层次交互沉浸体验，让人们在新颖的感受中领略传统文化的生命力。展馆共有《清明上河图》巨幅互动长卷、孙羊店沉浸剧场、虹桥球幕影院等三个展厅，以及一个宋人文空间，从各种维度最大化地营造观展的沉浸感和互动性。观众可以在各个音乐章节的串联中，以第一人称视角体验北宋都城汴京的众生百态，成为长卷中的人物，横渡船舶如织的汴河，并在宋代的人文雅韵中唤醒文化的记忆。

时任故宫博物院院长单霁翔，凤凰卫视董事局主席、行政总裁刘长乐等出席了仪式。单霁翔表示，这次艺术展演体现了文化和科技的结合，创造了无限的可能。他又感谢凤凰卫视一直以来对故宫发展的支持。刘长乐则指出，这次展演在全球博物馆和文创领域，都尚无先例。

●2018海外华文媒体感知中国（四川）行 5月19日至22日，由国务院侨办主办，四川省外侨办和甘孜州人民政府联合承办的2018年“海外华文媒体感知中国（四川）行”采访活动举行。

来自美国、加拿大、法国、意大利、俄罗斯等12个国家的14家海外华文媒体社长、总编等，深入甘孜、阿坝藏区和眉山市，了解经济社会发展、文化传承、民生改善以及汶川地震十年来灾后重建情况。

在眉山市，海外华文媒体代表实地考察了眉山三苏祠、千禾味业食品股份有限公司；在甘孜州泸定县、理塘县、九龙县，深度采访了红军飞夺泸定桥纪念馆、长青春科尔寺、佛眼林卡、现代生态农业园区、汤古乡中心小学、踏卡乡正在建设的景区和藏家新寨建设及脱贫情况；在阿坝州汶川县映秀镇、水磨镇等地，采访了映秀漩口中学地震遗址、映秀东村、水磨镇灾后新村建设等。

采访中，海外华文媒体与当地农牧民、干部进行了深入交流，详细了解了藏区牧民的生活、教育等情况，切身体验藏族文化的独特魅力和藏区蓬勃发展的新貌。

●“华文传媒新媒体影响力榜2018”在澳门颁奖 5月20日至23日，中国新闻社和澳门日报主办的“全球传媒产业发展大会2018”在澳门举行。作为大会系列活动之一，“华文传媒新媒体影响力榜2018”榜单于5月20日推出，并于当晚举行颁奖晚宴。今日头条、虎牙直播和长安街知事等九家传播平台榜上有名。

“华文传媒新媒体影响力榜2018”榜单，是全球传媒产业发展大会继2016年首次推出后的最新展示。该排行榜由《品牌澳门 》杂志社

主办，北京中新雅视文化发展有限公司、极米传媒集团协办。

此次榜单继续以“数据分析、传媒观点、创新视角”为立意和特色，聚焦华语世界年度传媒新媒体产业，旨在成为把握华文传媒产业发展趋势，推动华文传媒产业创新发展的华文传媒权威研究平台之一。榜单涵盖了资讯客户端、短视频、直播、在线音频、知识付费和公众号，既反映了新媒体浪潮的全面进击，也体现了传统媒体与时俱进、独辟蹊径的不俗成果。

这次榜单的推出是由清华大学、中国人民大学、中山大学、澳门大学四所学府的传媒学者、多家媒体总编以及业内专家组成的专家评委团在清博大数据和新榜提供的2017年1月至2018年4月的数据基础之上，结合各大智库研究报告以及行业公开信息，以其专业研判标准评选出来的结果。

本次榜单一共设置9项评比，每项5个提名（提名不分先后），包括最具影响力资讯客户端、最具影响力短视频平台、最具影响力在线视频平台、最具影响力直播平台、最具影响力在线音频平台、最具影响力自媒体平台、最具影响力网络知识社群、最具影响力媒体公众号、最具影响力企业公众号。榜单所定义“最具影响力”是根据媒体的规模、创新力、对行业及社会的影响力而定。

●“澳门全球传媒产业发展大会2018”揭幕　5月21日上午，以‘一带一路’与传媒创新合作发展”为主题的“澳门全球传媒产业发展大会2018”在澳门揭幕。来自海内外传媒界、学界、产业界的嘉宾200余人汇集一堂，聚焦热点，深入探讨传媒技术、内容和产业的创新等话题，携手促进传媒产业的合作与发展。

澳门特别行政区行政长官崔世安、中央政府驻澳门联络办公室主任郑晓松、中央统战部副部长谭天星、外交部驻澳门特派员公署副特派员袁恒革、澳门立法会主席贺一诚、澳门特区政府新闻局局长陈致平、澳门归侨总会理事长王斌成、《澳门日报》社长陆波，中国新闻社总编辑兼副社长王晓晖出席开幕仪式并剪彩。

据介绍，澳门全球传媒产业发展大会立足澳门，延伸海外，是在中国大力推进“一带一路”倡议的情况下，中国新闻社与《澳门日报》社联手打造的跨国界、跨区域传媒交流合作平台。

澳门全球传媒产业发展大会于2013年首次举办，已成功举办两届。本次大会由中国新闻社、《澳门日报》社主办，澳门基金会赞助，澳门特区政府新闻局、澳门归侨总会协办，中国新闻社图片网络中心承办。

●第三届海外华文新媒体论坛在杭州举行　5月29日，第三届海外华文新媒体论坛在杭州开幕。来自全球53个国家和地区的165家海外华文媒体负责人、知名侨领和专家学者逾300人参加论坛。中央和国家相关部委、浙江省和杭州市领导将出席论坛开幕式。

本届论坛以“融合新时代：华文媒体的使命与担当”为主题，设立主论坛及“融合发展论坛”、“城市创新发展论坛”、“互联网+论坛”、“人民日报海外版融合发展座谈会”等4个平行分论坛。与会代表围绕相关议题，展开广泛交流和深入讨论，共同探讨海外华文新媒体如何全面提升国际传播能力，努力构建新型话语体系，用海外受众乐于接受的方式、易于理解的语言，讲述好中国故事，传播好中国声音，写好新时代中国家书。

论坛期间，人民日报海外版与来自美国、菲律宾、希腊、新西兰和尼日利亚等5个国家的海外华文媒体签约，展开新的合作;人民日报海外版携手全球华媒与“一带一路”地方合作委员会战略合作启动。

本届论坛由人民日报社、浙江省人民政府指导，人民日报海外版、杭州市人民政府主办。由人民日报海外网、杭州市人民政府外事侨务办公室、中共杭州市委对外宣传办公室承办，欧洲杭州联谊总会（总商会）协办。首届论坛于2015年5月在北京成功举办，第二届论坛于2017年9月在四川成都成功举办。

●人民日报海外版与西非统一商报合作推出西非版　5月29日，由人民日报海外版与中国杭州市政府共同举办的第三届海外华文新媒体高峰论坛在中国杭州举办，西非统一商报总编辑吴会增应邀与会，并与人民日报海外版签订长期合作协议，合作创办《人民日报海外版西非版》。

《西非统一商报》董事长胡介国指出，此举扩大了人民日报努力建设海外版对外传播全媒体矩阵的战略构想，同时也有力地提升了西

非统一商报在西非地区的影响力，堪称“双赢的大好事”。

●海外华文新媒体联播平台成立 5月29日，第三届海外华文新媒体高峰论坛在杭州举行。当天上午，人民日报海外版携手全球华文新媒体，共同发起成立海外华文媒体联播平台，实现线上线下的多元合作。作为联播平台的线上内容合作平台，海客新闻4.0也在今天正式上线。

人民日报海外版副总编辑李建兴，人民日报海外版记者部主任严冰，人民日报海外版华人华侨部主任胡继鸿，人民日报海外网总经理、总编辑姚小敏，新欧洲集团董事长陈翔，非洲环球广域传媒集团总裁南庚戌，加拿大中华新闻社社长常建国，澳大利亚南半球传媒董事长王光德等嘉宾出席了平台成立和海客新闻4.0上线仪式。

海外华文新媒体联播平台以“传播中国新时代，凝聚华媒正能量”为职责使命，以“平台联通、人才融通、资源互通”作为发展规划。

●新西兰中文先驱报荣获“最佳大中企业奖” 6月14日，在Newmarket商业协会一年一度的企业大奖评选中，新西兰中文先驱报击败Newmarket社区多达4000家新西兰品牌，荣获“最佳大中型企业年度奖”（Best Medium/Large Business）。

中文先驱媒体集团董事长王立立上台接过了奖杯。她在致辞时表示：“感谢主办方，感谢在场嘉宾，也感谢中文先驱媒体集团的所有员工！”

中文先驱媒体集团是在2016年8月初搬至Newmarket的。当初决定从奥克兰市中心搬迁到Newmarket，一方面是看好Newmarket出色的商业氛围和文化环境，另一方面也是公司扩张发展的需要。

王立立表示，在这不到两年时间里，中文先驱从15名员工增长到近30名，真正意义上从一个小企业成为一个大、中型企业。事实上，这也是中文先驱这次得到这个奖项的重要原因之一——在新西兰，20人以上的企业被归类为大、中型企业。

两年时间里，中文先驱媒体集团成长的不仅是企业规模，其业务范围也有了很大发展。从一份拥有超过20年历史的新西兰最大中文平面媒体，发展成为了一个集纸媒、网站、社交媒体于一体的综合性媒体平台。不仅中文《先驱报》的社会影响力不断增强，该报和新西兰最大媒体集团NZME联手推出新西兰先驱报中文网也成为了最受新西兰华人关注的数字媒体之一。此外，微信公众号“新西兰中文先驱(Chinese_Herald)”也通过丰富多彩的内容与形式吸引了众多华文读者，粉丝的关注。

●香港商报举办“一带一路”国际旅游新商机论坛 6月14日，第三届“一带一路”国际旅游新商机论坛在香港举行，来自香港和内地的旅游界、商界和学界等与会者，以“探析粤港澳大湾区旅游新机遇”为主题展开讨论。

论坛由《香港商报》、《经济导报》和全球商报联盟主办。《香港商报》社长陈寅在论坛表示，游客量不应是发展大湾区旅游的唯一目标，而是要让游客欣赏到大湾区各地的美景、文化、科技发展的同时，做好旅游产品的配套和服务。

陈寅指出，就如40年前香港站在国家改革开放的大门口，率先大规模投身内地建设一样，现在香港再次站在国家重大发展战略的排头兵位置。港珠澳大桥、高铁香港段、莲塘香园围口岸三大基建工程将在今年内落成，必将促进大湾区内部的交汇融合。

南开大学教授、中国旅游智库秘书长石培华在论坛发表演讲时表示，“一带一路”沿线是全球旅游资源最为富集、旅游市场规模最大、互补性最强的黄金旅游带，香港是海上丝绸之路的重要节点，也是中国具有独特地位和功能、国际化程度最高的城市，必将在“一带一路”旅游发展过程中发挥独特作用。他相信香港的内外发展环境、因素将在“一带一路”新格局中得到重塑。

港区全国人大代表、中国全联旅游业商会执行主席王敏刚发表演讲时表示，香港打造全球交通枢纽，澳门是世界博彩休闲中心，粤港澳大湾区涵盖整个岭南文化圈，自然而然可呈现世界级的旅游景点，当中有很多可挖掘的商机。

●中新社新闻代表团走访迪拜中华网 6月15日下午，应迪拜中华网创始人、总裁应震中先生邀请，中国新闻社新闻代表团一行走访阿联酋迪拜中华网。

中国新闻社新闻代表团由中新社副社长、

副总编辑夏春平带队，在迪拜中华网办公室，夏春平向迪拜中华网总裁应震中详细了解了目前迪拜中华网内容制作、技术维护及市场运营等情况。

夏春平表示，中新社愿发挥自身优势，提供中华网今后发展所需的新闻产品等服务，为促进中阿人文交流作出自己的努力。

创建于2010年的迪拜中华网传媒，是阿联酋规模较大的华文媒体之一，目前会员达到46万，网站每天流量达到90万，每日新增百度、谷歌搜索迪拜信息用户达到5万以上，迪拜中华网是网上网下一体化传媒公司，线下主要出版发行半月刊《华文迪拜》杂志，在迪拜发行达到2万册，同时公司还录制迪拜特色的视频节目在线播放，用视频讲述迪拜华人生活及迪拜旅游、商务、发展及迪拜美食美等。

●中新社新闻代表团参访瑞士《欧亚时报》 6月18日，中国新闻社新闻代表团一行抵达瑞士苏黎世州，参访瑞士欧亚时报。

中新社代表团由副社长、副总编辑夏春平带队。瑞士欧亚文化旅游集团CEO、欧亚时报社长朱爱莲感谢中新社代表的到访，同时就欧亚集团以多元化传媒的方式，立足报道国内新闻，传递国内讯息等方面工作进行了介绍。

朱爱莲介绍说，报社隶属瑞士欧亚集团(EurAsia Info Group)，总部位于欧洲的金融中心——瑞士苏黎世班霍夫大街。集团的业务有：欧亚金融科技、欧亚国际事务所、欧亚旅行社及欧亚时报社。旨为增进中欧关系互信、促进中欧商贸合作、人文交流作努力。《欧亚时报》面向欧洲覆盖整个瑞士，是欧洲第一份采用中英文双语出版的杂志及报纸，每月出版三万多份双语新闻杂志寄送到欧洲多国政商领袖联络处。

朱爱莲说，从2013年起，报社汇聚了一批高度负责，热爱中国，精通英语、德语、法语、意大利语、中文的高文化素养工作团队。多位世界影响力的人物，如前联合国秘书长潘基文、达沃斯世界经济论坛克劳斯·施瓦布创始人兼执行主席、瑞士总统约翰·施耐德-阿曼等知名人物都接受过欧亚时报记者的采访。

●“欧华传媒集团”荣获西班牙杰出移民媒体奖 6月20日下午，由国际新闻记者协会主办的国际媒体颁奖典礼在马德里美洲之家隆重举行。“欧华传媒集团”荣获西班牙杰出移民媒体奖。

评委会的评语是：“表彰欧华传媒15年坚持做好媒体，宣传中国，报道西班牙，及时提供了中西读者所关心的信息，尤其是欧华传媒集团的《欧华报》社长兼总编辑陶辛夷女士，不仅一心一意做媒体，还培养了一批又一批的年轻媒体人，为新闻事业的发展做出了重要贡献。”

欧华传媒董事长裘成谦先生代表欧华传媒上台领奖，他在发表获奖感言时说，“尽管欧华团队的人数并不算多，只有20人左右，但是，我们不畏挑战，15年来风雨同舟。”他对社会各界的朋友、广大中国和西班牙读者多年来的支持和帮助，表示衷心的感谢。他介绍了欧华传媒旗下主要有两大传媒版块，分别是中文报刊《欧华报》、欧华网、欧华报微信公众平台、欧华网西班牙语版《EL MANDARIN》。另外，还拥有内容分发平台与社交网络平台。

据悉，国际新闻记者协会已有56年的历史，国际媒体颁奖典礼上的获奖单位和个人都是在西班牙全国范围内评选出来的。这是本年度欧华传媒集团第二次荣获主流权威机构颁发的大奖。2018年2月，欧华传媒曾荣获西班牙期刊出版商协会颁发的2017年度大奖——职业传媒奖。

●“双北欧”与新民晚报签署合作协议 6月21日，以上海新民晚报社长、总编辑朱国顺为团长的代表团一行到访瑞典首都斯德哥尔摩，受到北欧国际新闻中心总裁、北欧华人报社社长宗金波的热情接待。双方达成合作共识并签署合作协议。

宗金波以大屏幕图文并茂介绍了“双北欧”的发展历史。他介绍说，北欧华人报社成立后，始终不忘初心，坚守宗旨。在报社全体工作人员的共同努力下，经过八年多的努力，报社的运行模式、运营机制、组织架构、发展方向和新闻媒体在社会的影响力已见成效。去年10月17日，“北欧国际新闻中心”在北京正式启动，为世界华文新闻媒体搭建起“国际性”新闻平台，连接中国与世界的发展。

朱国顺提出了上海新民晚报和“双北欧”的有很多的合作机会，在传统的新闻模式的基础结合新媒体的发展，双方以各自的新闻特点

和优势，以创新发展新闻媒体新格局。

双方在友好的气氛中签署“新民侨梁”和“双北欧”新媒体合作协议。

●中新社新闻代表团参访意大利华文媒体 6月21日，由中国新闻社副社长兼副总编辑夏春平率领的中新社新闻代表团在意大利首都罗马，密集参访当地华文媒体，并分别与华媒老总及部分在意大利华商等交流座谈。

在参访中，《意大利新华时报》执行社长朱玉华女士向代表团一行详细介绍报社的历史及未来发展方向时说，《意大利新华时报》创刊于1999年，是意大利最早的华文媒体之一，由时任意大利华商总会会长陈成基创刊。报社总部在意大利罗马，在威尼斯、米兰、普拉托、那不勒斯、卡塔尼亚等意大利华人聚集的地方都设有分社。是意大利最早一家16版全彩色印刷的报刊，为周刊，全意发行。2014年10月15日李克强总理访意，意大利新华时报作为唯一海外华文媒体参与报道。目前报社面临转型，要逐步向新媒体转变。

欧联网、欧洲联合通讯社总经理博源在与代表团座谈时说，意大利的华文媒体需要向新媒体转型，同时也要转变观念，华文媒体不能局限在华人社区，要走出华社，要把中国的新闻通过意大利文传递给意大利人，进入主流社会，影响主流舆论，成为中意文化交流的重要纽带。

夏春平对罗马两家华文媒体目前发展状况做了深入了解，对两位华文媒体老总多年来关注中国发展、传播中国声音、联系当地侨社、促进中意两国交流所做的努力表示肯定。

他说，中新社未来还将在新闻内容、专版业务及新媒体技术服务上给予更多支持。

●美国中文电视·美国中文网夺Ippies三项大奖 6月21日晚，纽约市重要媒体奖项“少数族裔及社区媒体奖”在纽约市立大学举办第16届颁奖典礼，美国中文电视、美国中文网选送的多项作品斩获最佳新媒体、最佳视频大奖。

今年有160余件参赛作品，角逐最佳深度报道、最佳移民社区报道、最佳视频新闻、最佳新媒体奖等十大奖项。美国中文电视和美国中文网联合制作的《法拉盛故事》斩获最佳新媒体二等奖。由美国中文网制作选送的《智能垃圾桶索价七千 纽约华埠居民当邮箱》和《“因为族裔我曾自卑”华裔爸爸的身份认同》分获最佳视频新闻一等奖和三等奖。

此外，在当天的颁奖典礼上，纽约的其他华文媒体也收获颇丰。星岛日报获最佳深度报道一等奖、最佳社区报道二、三等奖。世界日报获最佳摄影和最佳深度报道二等奖。

Ippies Award是美东地区规模最大的少数族裔和社区媒体奖项，于2002年创立，每年嘉奖纽约市少数族裔媒体的杰出新闻报道。自2012年起，该奖项由纽约市立大学新闻学院主办，今年为第16届。

●中新社新闻代表团参访《世界中国杂志》 6月22日上午，中国新闻社新闻代表团一行参访意大利罗马双语杂志《世界中国杂志》，并就新闻信息服务与合作交流等话题同杂志社采编人员进行了交流。

意大利《世界中国》杂志社社长胡兰波女士，向代表团一行介绍说，意大利《世界中国》(CINAINITALIA)杂志诞生于2001年1月，早期的杂志主要是为在意大利生活的华侨华人提供法律指南。2007年变为意大利语和中文双语，成为在意大利第一份双语月刊，直接在意大利报亭销售。栏目分时政、经济、社会、中意交流、意大利人在中国、法律指南、华侨生活等，另有与罗马大学孔子学院合作的专栏。

胡兰波说，目前杂志社除社长是华人，其他编辑、记者都是具有高学历的意大利人，杂志面向整个意大利发行，在意大利总统府、参议院、众议院、各大区政府主席办公室和主要城市市政府等都可以阅读到杂志。

夏春平对《世界中国》杂志在意大利的影响力给予高度肯定。他表示，中新社将加强与杂志社的交流合作，希望通过杂志社的新闻报道促进中意两国之间人民的了解和友谊，向更多在意大利的华侨、华商传递祖国的故事。

●中国民营企业控股并购意大利欧联社 6月22日，中国浙江金廷控股有限公司收购欧洲联合通讯社股份有限公司(以下简称：欧联社)51%股权的签约仪式在意大利米兰举行。浙江金廷控股有限公司董事长张李荣、欧联社董事长朱金亮分别代表收购方和股权出让方签约，顺利完成了法律交割手续。

浙江金廷控股有限公司总经理鲍根水、欧

联社股东代表赵焕青、胡志炼等出席了签约仪式。这是中国民营企业首次牵手意大利华文媒体，进军海外传媒市场。

根据并购协议，浙江金廷控股有限公司将向欧联社注资200万欧元，用于欧联社和欧联网的扩大经营，将全方位推进欧联社的受众市场占有率，实现欧联社、欧联网向新媒体转化，并通过挖掘华文媒体特殊潜能，更好地服务"一带一路"建设，宣传中国和平发展理念，为中国企业进入欧洲市场提供舆论支持和服务，增强中国企业品牌推广效应。

浙江金廷控股有限公司董事长张李荣表示，金廷控股收购欧联社股权，其宗旨在于顺应中国企业进入欧洲市场的需求，为推动中西方文化交流、促进中国资本与国外资产相融合，贡献一份企业力量。

张李荣表示，欧联社并购改组过程中，在升级传播手段的同时，将进一步加大在意大利主流社会的声音，开辟新的传播窗口和平台。欧联社将很快推出全意语《大中华》月刊，使用意大利本土语言进行宣传，让当地民众深入了解一个真实、爱好和平、重视友谊和负责任的中国。

欧联社董事长朱金亮说，随着互联网的发展与成熟，尤其是移动互联网和自媒体的兴起，海外华文媒体正在面临着前所未有的挑战。金廷控股向欧联社注入资金，通过引进人才、扩大经营范围，不断增强欧联社的造血功能，必将有效促进欧联社发展，实现合作共赢。

●CCTV大富电视台庆开播20周年　7月1日，CCTV大富电视台迎来开播20周年。日本各界人士纷纷致以祝贺，认为大富电视台增进了日本民众对中国的了解，并期待该台继续发挥中日交流桥梁的作用。

20年前，为增进中日两国人民相互理解与友好往来，经中日各方努力，中国中央电视台节目落地日本播出合作协议在日本签署。随后，日本富士电视台、京瓷、索尼等日本知名企业和媒体为央视节目落地成立大富公司。1998年7月1日，央视中文国际频道落地日本，冠名"CCTV大富"，信号覆盖全日本。20年来，大富公司24小时同步播出央视节目及自制本土化节目，播出中国最新时事动态和各类人文节目，获得日本各界的肯定和欢迎。

CCTV大富电视台董事长张丽玲当天在开播20周年庆祝会上说，20年来，大富电视台一直致力于向日本介绍中国。随着时代发展，大富电视台还于6年前启动中日双语播出节目。如今在日本，即便不懂中文，也可以随时随地了解中国政治、经济、文化等领域的最新动态。她向20年来对大富电视台予以支持的中日各界人士表示感谢。

日本各界人士当天在日本媒体上致辞祝贺。富士胶片集团首席执行官古森重隆说，大富电视台对日本民众了解中国，并使日本民众对中国产生兴趣作出重大贡献，扮演了连接日中的重要角色。

日本国会众议员、日中协会会长野田毅表示，日中民众相互理解非常重要，大富电视台20年来报道了各种日中交流活动，希望该台今后继续报道两国最新动态，促进双方民众进一步相互理解。

●西雅图中文电台与江苏同行合作正式启动　7月1日，西雅图中文电台与江苏广电总台金陵之声广播电台、无锡广播电视台无锡经济广播互换节目的合作交流正式启动。

西雅图中文电台的"人在旅途"以及"心灵港湾"节目分别登陆江苏新闻广播和无锡经济广播，而江苏新闻台和无锡经济台的节目"这里是江苏"和"发现无锡"分别登陆西雅图中文电台的直播节目。

●70余华文媒体人津门研讨媒体创新发展　7月13日下午，主题为"津门论道——媒体创新的新时代"海外华文媒体论坛在天津召开。来自全球37个国家和地区的70多位华文媒体代表齐聚津门，献出各自的"锦囊妙计"。

当下，互联网正加速重构媒体格局和舆论生态，媒介技术越来越被倚重，媒体面临的竞争更为激烈。如何突破局限、实现创新发展，是每一个站在"风口浪尖"的媒体人关注的焦点。

"对媒体而言，创新的意义更加特殊，它不仅是新闻报道的'内容宠儿'，更是媒体行业发展的'续命良药'。"中国新闻社副社长、副总编辑夏春平从平台创新、内容创新、渠道创新三方面阐述了对媒体创新的思考。他表示，海内外媒体对于创新的探索"永远在路上"。

"媒介技术的重要性在当下越发凸显，而媒体普遍缺乏技术基因，转型的过程并不容

易。”中国网副总编辑杨新华坦言，由于技术尚未真正成为媒体业务发展的驱动力，这在一定程度上制约了创新能力和想象力。此外，新媒体时代应当更加重视用户需求，有针对性地生产内容和传播信息。

天津广播电视台副台长印永清用“融合、重组、精品、连接”四个关键词说起自己对媒体创新的体会。他认为，互联网时代的内容生产要有用户意识、产品意识。与此同时，他认为传统媒体要保持内容自信，要下功夫打磨精品。

缅甸《金凤凰报》社社长、执行总裁张䶮认为，新媒体时代每个人都是传播的主体，媒体和受众的联系更加紧密，媒体要善于通过黏度较高的读者，开发媒体与用户生产内容的融合。

西班牙欧华传媒集团社长兼总编辑陶辛夷表示，即使唱衰纸媒的声音不绝，但世界各地依然有不少华文媒体逆势而上。谈及自身发展经验，她认为要确保原创内容生产与市场运营双管齐下，做好团队协作。

“媒体发展过程是破局的艺术。只有打破界限、创意和效率才能破茧而出。”澳大利亚南海文化传媒集团总编辑周蔓琪以三个“打破”阐述媒体融合发展思路。

●24家海外华文媒体入驻“津云” 7月14日上午,参加2018年中国·天津华侨华人创业发展洽谈会的美国、加拿大、澳大利亚、英国、意大利、阿根廷等全球37个国家和地区的70多家海外华文媒体齐聚津云中央厨房。其中,24家海外华文媒体与津云当场签订合作协议,加入津云大家庭。自2017年8月津云启动“云上海外”项目后,截至目前已入驻了34家海外华文媒体。

“津云”平台是天津市委推进媒体融合的重点工程,依托北方网新媒体集团的技术优势,融合了中央驻津媒体、天津日报、今晚报、天津广播电视台、北方网等主流媒体的优质资源;“津云”中央厨房打造了适合全媒体融合的新闻生产机制和指挥调控体系,建成了集“报纸、电视、广播、杂志、网站、客户端”为一体的全媒体融合,在全国媒体融合发展方面堪称首创之举;平台于2017年3月31日在天津数字广播大厦正式启动运行。

在现场,海外华文媒体的代表们对津云平台的技术之先进、融合之全面、内容之丰富、细节之完善纷纷表示赞叹。在现场看到了平台利用强大的大数据和云计算功能,不仅实现了各个类型媒体的融合,还在民生热点、服务、交通、舆情监测等方面发挥着重大作用,甚至对于平台下各个媒体乃至单个新闻的效果都能做到实时了解。

在深入了解津云中央厨房和“津云·云上海外”项目发展情况后,美国华视、加拿大红枫林传媒等24家海外华文媒体纷纷在现场签订合作协议,与津云达成合作伙伴关系。

●33国海外华文媒体参访津京冀 7月16日，“2018中国·天津华侨华人创业发展洽谈会暨世界侨商项目与商品博览会”落下帷幕。作为本次活动的组成部分之一，7月14日起，参与会议报道的来自33国的70余位海外华文媒体代表，先后走访天津、北京及河北雄安，深入了解京津冀协同发展的最新成果及各地历史文化。

在天津，华媒代表们先后走访了“津云”大数据宣传管理服务平台，百年老字号“桂发祥”，霍元甲文武学校，西青千年古镇杨柳青，天津文化中心及武清“侨梦苑”等；在北京，代表团参加了以“新媒体环境下，北京媒体与海外华文媒体的交流与合作”为主题的座谈会，45家华文媒体与北京市侨办签约，成为继首批50家之后，第二批“助力北京创新发展特约海外媒体”。接着华媒代表们冒雨来到竞园–国际影像产业基地参观，参访了国家速滑馆建设工地、北京城市副中心规划展厅、通州大运河森林公园观景台等地，深入了解北京经济社会发展情况。

行程的最后一站，华媒代表们来到被称为“千年大计”的雄安新区，了解新区规划、建设情况，亲身感受其高屋建瓴的战略思考。此外还参观了历史悠久、景色优美的白洋淀。白洋淀，目前，正作为新区规划建设的关键环节，持续加强生态环境的保护与修复。

●秘鲁《公言报》举办创刊108周年座谈会 7月17日，秘鲁百年侨报《公言报》在利马举办了创刊108周年纪念座谈会，中国驻秘鲁使馆政务参赞李昀、秘鲁各大中资企业负责人参会。

政务参赞李昀对《公言报》做出了高度评价，她代表中国驻秘鲁大使馆，向《公言报》

表示热烈祝贺，并对《公言报》为团结华侨华人、传播中国文化做出的大量工作表示感谢。

她表示，《公言报》是一代代秘鲁华侨华人历史的见证者和记录者，始终秉持着爱国爱乡、服务侨社的精神，连接着侨胞们的爱国心，虽然与祖国相隔万里，但和祖国血脉相连。

李昀参赞表示，随着中国日益强盛，中国特色社会主义也进入了一个崭新的时代，秘鲁媒体对中国的发展高度关注，秘鲁的华文媒体有着广阔的发展前景。

对于重新启程的《公言报》，李昀参赞希望不忘创刊初心，继续秉持爱国爱乡服务侨胞的精神，与时俱进，历久弥新。

《公言报》主编孟可心主持了此次座谈会。他表示，《公言报》创刊于1910年，已成立108周年，是南美历史最悠久的中文报纸。从辛亥革命、抗日战争到新中国成立，中国每一个重大历史时期，《公言报》都发挥着它重要的作用。一百多年来，《公言报》经历各种风雨坚持到了今天，仍保持着旺盛的生命力。

他说，面对新媒体的冲击，《公言报》已做好了准备，既不放弃传统纸媒，也不错过网络媒体的发展。《公言报》将继承光荣传统，弘扬中国精神，讲好中国故事。

社长季晓东指出，此次座谈会的目的，一是让大家了解一段历史，二是表明为什么坚持办报纸，并与大家一起探讨百年老报持续发展的一些设想。

●香港镜报举办首届学校社会责任奖评奖 7月18日，由香港《镜报》主办的第七届杰出企业社会责任奖暨第一届学校社会责任奖颁奖典礼在香港举行。全国政协副主席梁振英，中央政府驻港联络办副主任陈冬、宣传文体部副部长李海堂，香港特区政府教育局局长杨润雄等嘉宾出席活动。

据了解，本届共有52间大中小学获得学校社会责任奖，15家大企业和11家中小企业获得杰出企业社会责任奖。

主办方介绍，随着国家“一带一路”倡议推进，沿线国家和当地华人华侨企业家、企业将发挥重要的纽带作用。因此，《镜报》决定将第八届杰出企业社会责任奖的评选范围拓展至“一带一路”沿线国家和地区，吸引更多企业家和企业携手同行。

梁振英致辞时表示，“一带一路”倡议的本质是国际合作，《镜报》将社会责任奖延伸到海外单位也非常切合这一本质。同时他认为，中国企业在“走出去”的同时，不能只追求“Profit”(利润)，也要照顾“Planet”和“People”，即维护当地环境和人民。

《镜报》执行社长徐新英指出，企业社会责任奖已经举办7年。7年中，共有22位企业家、169家企业获奖。他们在承担社会责任的实践中表现杰出，对社会和谐发展做出了杰出贡献。

她续指，在这7年的评选过程中《镜报》不断加入新元素，尤其是不遗余力在青少年中推广社会责任理念，今年更加入了学校社会责任奖评选，为商学合作，企业、学校、民间三方共同携手推广社会责任搭建了平台。

●欧洲华文传媒协会第十三届年会在布拉格开幕 7月21日上午，2018欧洲华文传媒协会第十三届年会在捷克首都布拉格开幕。来自欧洲18个国家的40多家华文传媒60余位代表汇聚中欧腹地布拉格，济济一堂，探讨欧洲华文传媒如何在“一带一路”倡议下更好地发挥优势，推动中欧友好合作关系深入发展，以及欧洲华文传媒如何在新的发展时期加强合作、形成合力，讲好中国故事。中国海外交流协会、中国新闻社等国内代表也应邀出席了会议，对大会的成功举办表示了祝贺。

在开幕式上，欧洲华文传媒协会第十三届轮值主席、《布拉格时报》社长周灵建首先致辞。周灵建在致辞中表示，捷克是“一带一路”沿线的重要节点国家，中捷两国之间的关系进入新的历史时期，在经济、文化、教育、科技等领域的合作都上了一个新的台阶。《布拉格时报》自2010年成立以来，在海内外影响力逐步提升，今后将与欧洲其他国家的华文媒体同行一起努力，让欧洲华文传媒更加兴旺发达。

欧洲华文传媒协会秘书处代表、欧洲时报文化传媒集团总裁张晓贝在致辞中表示，欧洲华媒大家庭有着很强的生命力，关键词是“华”，是我们的祖(籍)国把我们大家联系团结在一起。张晓贝表示，在面对传播方式和技术巨变的当下，欧洲华文传媒也面临经营生存以及在西强中弱的国际舆论场中处于主流社会边缘地位的困境，因此欧洲华媒更需要发挥独

特思维视角作用，使华媒成为中欧文化思想交流的重要桥梁。张晓贝还表示，希望欧洲华文传媒协会各会员国可以在尊重知识产权的前提下，达成原创新闻资讯、图片、视频等资源发布共享机制，并在承接国内有关文化交流项目方面形成合作机制，实现共赢。

中国驻捷克大使馆政务参赞陈建军代表中国驻捷克使馆，对大会的成功举行表示热烈祝贺。陈建军表示，来自欧洲的华文媒体，作为中欧关系的桥梁，见证并助推了中欧关系近年来的快速发展，在如今的历史形势下，欧洲华文媒体处在极为有利的地位，发展前景广阔，大有可为。

中国海外交流协会文教部处长谢添在致辞中希望，海外华文媒体继续关注新时代的中国发展脉动，做增信释疑、凝心聚力的桥梁纽带，做中国故事的生动讲述者、中华文化的热情传播者、中外交流的积极推动者。中国海外交流协会将一如既往关心支持华文媒体生存发展，努力搭建交流合作平台、提供多方面务实服务，积极帮助欧洲华文传媒协会和欧洲华文媒体发展壮大，凝聚侨心侨力共同书写中华民族伟大复兴的新篇章。

本届年会由欧洲华文传媒协会主办，《布拉格时报》承办，捷克中国和平统一促进会、捷克青田同乡会、欧洲华侨华人青年联合总会、捷克华侨华人青年联合总会、捷克中欧新闻社协办。中国驻捷克大使馆对本次年会的举办提供了大力支持。

●**台湾《经典》举办摄影展　庆祝创刊20周年**　7月27日，为纪念创刊20周年，台湾《经典》杂志在台北松山文创园区启动“《经典20》壮游摄影展”，回顾创刊以来刊发过的经典报道。

据介绍，此次摄影展呈现了《经典》杂志20年来的作品，包括《西域记风尘》、《郑和下西洋》等大型制作，以及《考古台湾》、《台湾脉动》等报道。这些报道是杂志以长达一年甚至数年时间陆续完成的。

除了展示摄影作品，杂志社还举办“经典大讲堂”活动，邀请20年来在《经典》杂志上发表过作品或受访的作者、摄影师、各界学者专家，分别以建筑美学、环境保护、社区营造、摄影技术等领域为主题，举办137场讲座，与读者面对面分享故事。

《经典》杂志总编辑王志宏表示，此次展览是给多年来支持杂志的读者最诚挚的献礼，希望能让读者关注到杂志20年来对中华文化、历史等方面的报道。

《经典》杂志创刊于1998年，获得台湾慈济基金会的支持。为了获取第一手资料，《经典》杂志记者曾跋涉于崇山峻岭间，探索长江、黄河、湄公河等河川的源头，是台湾影像著名的平面媒体之一。

●**中国和统会组织海外华文媒体走进西藏**　8月6日，由中国和平统一促进会组织的走进藏区联合采访活动启动，在为期一周的时间内，来自美国、英国、澳大利亚、南非、智利等国家和地区的10多家华文媒体，深入西藏林芝、拉萨、日喀则、江孜等地进行扶贫攻坚、生态保护、宗教文化等专题采访报道。

连日来，海外华文媒体的记者采访了林芝市鲁朗国际新兴小镇建设、工布江达县的生态环境建设与保护工作，采访了拉萨市曲水县四季吉祥村的精准扶贫工作、拉萨市城关区智昭净土农业科技示范中心，走访了清政府驻藏大臣衙门旧址、哲蚌寺等。

据了解，2011年中国和平统一促进会首次举办海外媒体走进藏区联合采访活动，至今已经进入第八个年头，已然成为知名的交流品牌。

●**《澳门日报》庆祝创刊60周年**　8月15日，《澳门日报》在澳门旅游塔会议中心举行酒会，庆祝创刊60周年。全国政协副主席何厚铧、澳门特区代理行政长官陈海帆、中央政府驻澳门联络办公室副主任张荣顺、外交部驻澳门特派员公署特派员叶大波、解放军驻澳门部队政治委员周吴刚等，以及500余名社会各界人士应邀出席了酒会。

陈海帆在致辞中表示，《澳门日报》一直高举爱国爱澳旗帜，勇于开拓创新，深具传播力、影响力、公信力和引导力。希望《澳门日报》以及澳门新闻界能继续肩负起应有的社会责任，积极发挥舆论监督、沟通民情的重要作用。

张荣顺表示，《澳门日报》创办60年来，始终站在国家和民族的立场，积极宣传中央政府的大政方针，介绍内地改革发展成就，推动澳门与内地交流交融，为在澳门树立国家民族观念、维护国家的根本利益发挥了重要作用。

《澳门日报》社长陆波表示，60年是一个新的起点，《澳门日报》将不忘初心，奋力前行，为澳门的新闻事业，为澳门的建设，作出应有的贡献。

《澳门日报》1958年8月15日创刊，目前为澳门发行量最大的报纸。

●西雅图中文电台主办中美企业家论坛第二届峰会 8月18日至20日，由西雅图中文电台主办、西雅图中美总商会协办的中美企业家论坛第二届西雅图高峰会在贝尔维优希尔顿大酒店隆重举行。

在18日的主会场晚宴上，美国联邦众议员Adam Smith、中国驻旧金山总领馆副总领事任发强、华盛顿州参议员Bob Hasegawa、西雅图市长珍妮.德肯的代表Katya Sienkiewicz、美国卡特中心中国项目高级顾问柯白博士、美国总统特朗普的亚太事务顾问王湉等在晚会上分别致辞。西雅图市长珍妮.德肯、中国驻旧金山总领馆总领事王东华为晚会发来贺信。

此次高峰会还举行了由7个专业论坛组成的分会场，包括：移民、房地产、法律、人工智能、区块链、创业、教育暨留学等。作为本届中美企业家论坛西雅图高峰会的一部分，来自中国以及美国多个城市的企业家们还在西雅图进行了高端企业参访，访问的企业包括波音公司、亚马逊总部、微软公司等。

●香港报业公会举行第64届会员大会 8月27日，香港报业公会举行了第64届周年会员大会及新一届议会会议，推选了李祖泽为会长、甘焕腾为主席、萧世和及郭艳明为副主席、名誉秘书为尹树广、名誉司库为黎振辉。新一届议会亦通过委任刘志权为总干事，卢永雄为新闻发言人。

周年会员大会选出全体14名议会委员：卢觉麟(AM730)、周立〔中国日报香港版〕、张介岭〔香港商报〕、郭艳明女士〔信报〕、黎振辉〔香港经济日报〕、甘焕腾〔明报〕、刘美仪女士〔成报〕、萧世和〔星岛日报及英文虎报〕、卢永雄〔星岛日报〕、周松欣〔南华早报〕、何和民〔南华早报〕、于世俊〔大公报〕、尹树广〔文汇报〕及钟蕴晴女士〔新晚报〕。

●凤凰卫视连续13年蝉联“亚洲品牌500强” 8月29日，由世界品牌实验室和世界企业家集团共同编制和发布的2018年《亚洲品牌500强》排行榜在香港揭晓。凤凰卫视连续13年入榜“亚洲品牌500强”，并再次入选亚洲电视传媒品牌四强。同时，大会还发布了2018年《香港品牌100强》榜单，凤凰卫视荣登第九位，成为唯一入选前十的传媒机构。

这是世界品牌实验室(World Brand Lab)第13次对亚洲品牌的影响力进行的测评，品牌影响力是指品牌开拓市场、占领市场、并获得利润的能力。世界品牌实验室评价品牌影响力的基本指标包括市场占有率、品牌忠诚度和亚洲领导力。于本年度的《亚洲品牌500强》排行榜中，共有53个传媒品牌入选，当中凤凰卫视与中央电视台、湖南广播电视台及日本放送协会（NHK），成为亚洲电视品牌四强。

世界品牌实验室又对香港本土1200个知名品牌进行了长达半年的调查分析，最终甄选出香港最具影响力的100个品牌，独家编制出了2018年《香港品牌100强》榜单，凤凰卫视在入选的七个本土传媒机构中脱颖而出，成为唯一跻身榜单前十的传媒机构。

●新加坡《联合早报》庆祝创刊95周年 9月6日《联合早报》迎来创刊95周年，该报特出版108版特刊随报附送读者。

当天的特刊主题为“长歌不散·变奏曲”与“协奏曲”，以“序”“转”“合”三个篇章呈现早报从传统纸媒到数码化的转型历程，展示早报与社会和读者密不可分、休戚相关的联系。

在“序”篇章中，读者可以从报馆过去常用的物品中，一窥从铅字打印到电脑输入、从胶卷到数码相机的转型，同时追溯从1923年《南洋商报》创刊至今的报业历年大事纪。

在“转”篇章中，三代报人的故事反映出记者这一悠久行业的转变，早报特派员深耕大中华地区30年的接力赛也仍在精彩上演。过去几年，通过数码平台的重新出发，其新闻内容进一步在网页、社交媒体、视频、语音、广播中立体化，提升读者的全方位体验。

“合”篇章，既是合作也是融合，早报有这些年的发展，离不开读者和商家的大力支持。

《联合早报》从1993年欢庆“我们的70年”开始，逢五逢十的9月6日报庆当天都会推出周年特刊，回顾过去，展望未来。该报2018

年还举办了一系列讲座、演出、艺文项目、晚宴、户外家庭日等活动，以庆祝创刊95周年。

《联合早报》的前身是1923年创刊的《南洋商报》和1929年创刊的《星洲日报》，1983年，两报合并为《联合早报》。

●23家海外华文媒体齐聚宁夏 9月6日上午，“世界眼中的宁夏——海外华文媒体宁夏行”活动开幕式在银川市举行，23家海外华文媒体负责人及宁夏相关厅局领导出席。

本次活动由中国新闻社和宁夏回族自治区党委宣传部联合举办，旨在庆祝改革开放40周年及宁夏回族自治区成立60周年。

本次活动邀请到美国《中美邮报》、巴西《南美侨报》、埃及《中国周报》、印尼《国际日报》、德国《欧洲新报》、马达加斯加《中非日报》、罗马尼亚《欧洲侨报》、意大利《新华时报》等23家海外华文媒体负责人来到宁夏，开展为期5天的新闻采访活动。

活动期间，海外华文媒体代表先后采访宁夏银川、中卫、吴忠、石嘴山等市县区，切身感受宁夏自治区成立60年来的发展。

●星岛日报(加东版)庆祝创刊40周年 9月7日，加拿大星岛传媒集团假烈治文山喜来登北多伦多公园大道酒店举行星岛日报(加东版)创刊40周年酒会及晚宴。现场几百位嘉宾聚首一堂，祝贺加拿大星岛传媒集团多年来与加国华人社区一起成长，40年之间“一纸变出多媒体”，发展成拥有多媒体平台的华人传媒集团。晚宴中亦安排星岛A1中文电台一班节目主持人及其他表演者作精彩歌舞演出，把当晚气氛推上高峰。

晚宴中，加拿大星岛传媒集团主席吴友安、集团行政总裁佩嘉露、集团总裁黄敬强、香港星岛日报海外区行政总裁邝景廉、集团广告及市场部高级副总裁袁树燊以及集团财务部副总裁黎文华一同向嘉宾祝酒，感谢各位拨冗光临。

加拿大星岛传媒集团主席吴友安在晚宴上致辞。他说，星岛日报(加东版)得到多伦多星报以及香港和纽约星岛新闻中心为新闻来源的强大后盾，制作全面的报导，公信力得到各界认同。现时集团业务范围亦成功由报纸媒体扩展至广播电台及数码化层面，在此多谢读者和客户多年来的支持，今后加拿大星岛传媒集团及加拿大星岛基金会将会继续努力为华人社区服务。

星岛日报加拿大版由1978年以一张报纸起家，40年来一直与时并进，不时推陈出新，在稳固的纸媒基石上，成功变奏出多个平台的传媒集团。除了营运网上媒介外，亦进军微信、facebook、Instagram等社交媒体、更开发星岛手机应用程式，以及自家制作电台网上直播及当地视频等，以多元化媒介配合华人社会各阶层的生活习惯，提供可靠讯息。

●香港《文汇报》庆祝创刊70周年 9月9日晚，香港文汇报举行创刊70周年暨“文汇之友”成立庆典酒会。香港各界知名人士、中央驻港机构领导以及外国驻港领事等逾900名嘉宾出席活动。

全国政协副主席梁振英致辞时表示，他从1977年起就一直是文汇报的读者，对文汇报走过不平凡的70年表示热烈祝贺。梁振英也相信，未来文汇报将继往开来，弘扬宗旨，服务大局，为国家全面改革开放，为内地和香港的相互了解和共同发展，继续发热、发光。

香港特区行政长官林郑月娥说，过去70年，文汇报见证新中国成立，目睹国家改革开放、高速发展，并记载香港回归祖国，成功落实“一国两制”，与国家同发展、共繁荣。随着香港在中央支持下融入国家发展大局，文汇报对中央政府方针政策的权威解读，以及作为香港与内地之间信息交流、深入了解的重要桥梁，将起到更重要的作用。

中央政府驻港联络办公室副主任杨健指出，面对新时代和新机遇，希望文汇报不忘初心、牢记使命、把握机遇、直面挑战、创新手段以及创新渠道，大力推进媒体深度融合发展。利用个性化制作，可视化呈现，互动化传播，讲好中国故事和香港故事，通过报道不断向社会传递正能量，让香港同胞感受到更多获得感和幸福感，共同珍惜、维护、巩固和提升当前稳中向好的大势，推动香港“一国两制”实践行稳致远。

香港大公文汇传媒集团董事长、香港文汇报社长姜在忠表示，未来，文汇报将不忘初心，谨守责任，践行使命，将国家和香港发展大局的需要以及创新传播能力的提升有机结合，坚持正确的舆论导向和传媒价值，进一步

提升公信力、传播力和影响力，为香港的长期繁荣稳定，为中华民族伟大复兴的伟业，作出新的贡献。

当日，文汇报还成立了“文汇之友”，团结香港、内地及海外关心和支持文汇报的社会各界人士和广大读者，在爱国爱港的旗帜下，共同促进文汇报新闻事业以及香港社会繁荣稳定，和谐发展。

●2018海外华文媒体走进新疆兵团 9月9日，来自德国、美国、加拿大、意大利、阿联酋等19个国家的22家海外华文媒体来到新疆生产建设兵团，开启为期6天的“行走中国·2018海外华文媒体走进新疆兵团”主题采访活动。新疆兵团党委副书记、副政委，兵团党委宣传部部长李新明会见海外华文媒体采访团一行。

李新明代表新疆兵团党委、新疆兵团对海外华文媒体采访团一行的到来表示欢迎，并向采访团简要介绍了新疆兵团的历史、职责使命以及发展现状。希望海外华文媒体发挥独特优势，更多关注新疆兵团，更大力度宣传推介新疆兵团，展示新疆兵团深化改革新成效、投资营商新环境、城镇发展新面貌和文化发展新气象。

据悉，“行走中国·2018海外华文媒体走进新疆兵团”主题采访活动由中国新闻社、新疆生产建设兵团共同主办。9月9日至14日期间，海外华文媒体采访团一行将先后走进第二师铁门关市、第一师阿拉尔市，深度了解新疆兵团。

●多国华文媒体齐聚东瀛联合采访 9月10日，为纪念《中日和平友好条约》缔结40周年，由日本龙之升中文台策划主办的世界华文媒体日本行联合采访活动，在大阪成功举行。

美国华视、澳大利亚澳星国际传媒、西班牙《欧华报》、马来西亚欢喜台等来自世界多个国家和地区的华文媒体参加了此次联合采访。记者们走访了风光秀丽的伊势志摩、千年古都奈良等地，与中日友好人士面对面交流。在古都奈良，媒体代表们还前往唐招提寺，拜谒鉴真大师坐像与墓地，感受这座与中国有着千丝万缕联系的寺庙。

中国驻名古屋副总领事孙志勇在出席此次活动媒体论坛时表示，今年是中日和平友好条约缔结40周年，中日关系也重回正常轨道发展，活跃在世界各地的华文媒体拥有自己的观众群和非凡的影响力，通过华文媒体日本行活动，增强了各国华文媒体间的交流，拓展了发声平台，有利于将中国改革开放的真情实景传播到世界各地。

●29家海外华文媒体“感知新青海” 9月13日，为期一周的“行走中国—2018海外华文媒体青海行”活动落下帷幕。本次活动的主题为“感知新青海 见证新征程”，有来自22个国家和地区的29家海外华文媒体参与其中。

从9月8号开始，媒体访问团在青海海东、黄南、西宁的多个地点，针对青海的文化旅游、生态环保、藏文化产业、精准扶贫、基础设施建设、新能源发展等进行了重点参访，亲身感受改革开放40年来，青海在经济社会发展、民族团结、生态环境保护等方面取得的巨大成就。

访问团成员们表示这些天的走访，给他们留下了很多美好的回忆，也感觉到了青海的独特魅力，回去之后会将所见所闻通过所在平台报道出去，使世界对中国西部、对青海有更多的了解，让更多的朋友关注青海。

●新西兰信报创刊15周年 华都国际并购控股 9月28日，新西兰信报报业集团迎来创刊15周年。当天华都集团宣布：并购并控股新西兰信报报业集团，新西兰信报即日起更名为：华都新西兰信报媒体集团

上午10点，在基督城凯什米尔山上的好客松庄园，近50位政界、商界精英宾客云集，在新西兰政府内政部长梅根·伍兹、中国驻基督城副总领事龚春森和基督城市长代表、市政议员陈金龙的见证下，华都国际集团董事长王建平与新西兰信报创始人、总编辑王浩一同拉下了巨幅红幕，宣布：华都国际并购控股新西兰信报。

梅根·伍兹就华都国际对信报的并购给与了极高的评价。她说，新西兰是多民族多元文化的国家，新西兰信报对保持华人移民对母语文化的传承做出了自己的贡献。而华都集团的控股，将给与新西兰信报巨大的推力。

驻基督城副总领事龚春森代表总领馆发言表示，华都集团和新西兰信报是做了一件强强联合、共创共赢的大事，对此诚挚祝福。

基督城市长的代表、市政议员陈金龙在简

短的演讲中，盛赞新西兰信报创始人王浩和团队多年来对基督城市政府相关政策和信息的及时传播，是基督城市政府与更广泛的华人社区之间的重要桥梁。同时，陈先生对华都国际过去5年里在基督城的广泛投资表示敬意，认为华都国际的这些项目，对基督城灾后重建做出了巨大贡献。

华都国际董事长王建平先生致辞表示，华都国际进入新西兰发展近5年了，已经参与了房地产开发、国际教育、国际旅游、国际投资管理等产业。今天我们又开始涉足媒体产业。华都在新西兰的发展战略是“搭建平台、优势互补、合作共赢、利益共享”。而华都集团并购控股新西兰信报，是展现这个战略开展强强合作的重要一步。

新西兰信报报业集团于2003年9月28日创刊。15年来，信报报业集团一直秉承“我们确信自己与众不同”的价值主张，致力于为读者提供高质量的新闻报道和原创内容。新西兰信报业集团旗下拥有《新西兰信报》周报、《精彩》中文月刊、“新西兰信报”微信公众号以及网站，是多位一体、深受广大读者喜爱的华文传媒。

●**《千岛日报》庆祝创刊18周年**　10月10日，印度尼西亚《千岛日报》迎来创刊18周年纪念日，该报发表《不忘初心奋发前进——祝贺千岛日报创刊18周年》的言论，向热心办报的董事、勤奋工作的同事、爱护《千岛日报》的忠实读者、向热爱中华和文化的东区文友们致崇高敬意和最衷心的谢意!

18年前，《千岛日报》从三日刊到周刊，从周刊到日报；从8版发展到12版，又从12版发展成16版，以后又不断增加版面，已至28版。经过18年的历练，《千岛日报》已是印尼很有影响力的华文报纸。《千岛日报》服务对象是印尼华人读者，以印尼东部地区为主，为目前印尼国内销量较多、行销地区较广泛、影响面较大的华文报刊之一。

《千岛日报》创刊于2000年10月10日。其办报的宗旨是：争取和维护华人正当权益，促进各族和谐共处，共创国家社会的繁荣。

●**“一带一路”沿线国家华文媒体高级研修班开班**　10月15日，“一带一路”沿线国家华文媒体高级研修班暨第十八期海外华文媒体高级研修班在北京国家行政学院开班，来自50个国家和地区的110余名学员共聚一堂，开启研修之旅。

此次研修班由中国新闻社主办、国家行政学院国际和港澳培训中心承办，为期四天。研修班邀请知名专家学者，就中共十九大精神解读、海外华文媒体发展、中华优秀传统文化守望、“一带一路”倡议解读等主题进行授课，期间学员将赴故宫参观考察。

中国新闻社社长章新新指出，多年来，中新社与海外华文媒体紧密合作、共同发展。海外华文媒体在传播中国声音、弘扬中国文化、促进中外友好、支持中国发展、传播“一带一路”倡议等方面发挥了重要作用。希望通过培训，增强海外华文媒体对中国政治经济社会的了解，进一步提高影响力和竞争力，更好地讲好中国故事。

国家行政学院国际和港澳培训中心副主任朱谐汉对学院的总体情况进行了介绍。他期待学员学有所获，感知内地发展变化，写出更加深入的报道。

开班式后，中新社对各平台业务产品进行了展示。研修班结业后，学员们分赴贵州、上海、湖北、山东等地进行采访采风活动。

●**“一带一路”沿线国家华文媒体联盟成立**　10月18日，“一带一路”沿线国家华文媒体高级研修班暨第十八期海外华文媒体高级研修班在北京结业。中央统战部副部长谭天星出席结业式，全体学员获颁结业证书。结业式上，来自50个国家和地区的百余家华文媒体共同见证了“一带一路”沿线国家华文媒体联盟的成立。中国新闻社社长章新新等出席联盟启动仪式，中国新闻社总编辑王晓晖宣读联盟宣言。

宣言提出，我们希望，“一带一路”沿线国家华文媒体联盟广泛联合“一带一路”沿线国家和地区的华文媒体，共同传播“一带一路”倡议的愿景，共同记录“一带一路”沿线国家的同频共振、合作发展，为人类命运共同体建设发挥媒体的桥梁纽带作用；

我们希望，“一带一路”沿线国家华文媒体联盟密切关注中国的和平发展与进步，以媒体的真实性、公正性、客观性原则报道中国，平实、平稳、平衡地讲述中国，让世界更加准确、全面、深入地了解中国、认识中国、理解中国；

我们希望，“一带一路”沿线国家华文媒体联盟深度聚焦华侨华人对“一带一路”建设的重要贡献，展示华侨华人融入主流社会的努力和成就，推动建设和睦相融、合作共赢、团结友爱、充满活力的华人社会；

我们希望，“一带一路”沿线国家华文媒体联盟为华文媒体发展提供帮助和支持，推动华文媒体战略转型与发展，建立华文媒体间信息资源的共享机制，抱团取暖，在“一带一路”建设的大背景下，构建起海内外连通互补、华文媒体繁荣发展的新格局。

2016年，中国新闻社倡议设立了“一带一路”华媒协作网，与海外华文媒体共同记录“一带一路”共商、共建、共享的生动故事。

2017年，在第九届世界华文传媒论坛上，“一带一路”华媒协作云平台正式上线，为世界华文媒体互联互通、参与“一带一路”建设打造了权威平台。

●海外新媒体发展研讨会在福州举行 10月20日上午，“海外新媒体发展研讨会”在福州开幕，来自美国、英国、阿根廷、巴西、新加坡、菲律宾、澳大利亚、新西兰、南非、匈牙利等全球20多个国家和地区，以及广东、浙江、天津、河北等省区的近百位业内人士齐聚一堂，共商推进海外华文媒体国际传播能力建设之道。

海外新媒体发展研讨会期5天，与会人士通过邀请专家、业内人士专业讲座，和海外优质华文媒体现身说法、现场交流等方式，在新媒体发展方向、团队组建、内容建设、推广运营等方面，进行深入探讨交流。

此次研讨由华人头条主办。开幕仪式上，主办方与东南卫视、福建师范大学传播学院、华侨大学新闻与传播学院、广州大学新闻传播学院、河北美术学院传媒学院举行战略合作伙伴签约仪式。

主办方有关负责人表示，讲好中国故事，传播中国声音，聚合华人力量，打造全球华侨华人掌上共同家园，是华人头条的初衷和不懈的追求。举办此次研讨会的目的，就是和大家共同探讨如何提升能力与水平，深化交流与合作，进一步提升海外华文媒体的影响力和发展空间。

●香港商报主办改革开放40周年积极贡献大奖颁奖典礼 10月25日，由香港商报主办、多家香港商会及机构等支持的“改革开放40周年积极贡献大奖颁奖典礼”在香港隆重举行，金利来集团创办人曾宪梓、香港四洲集团主席戴德丰、香港裕华国产百货有限公司董事长余国春等为国家改革开放事业作出重要贡献的15位个人及企业获奖。

当天，香港特区政府政务司司长张建宗、外交部驻港特派员公署副特派员宋如安等嘉宾出席了颁奖礼。张建宗在致辞时表示，改革开放40年来，几代香港人开拓创新、坚守理念，在国家及香港经济发展的道路上探索前进，担当起推动国家现代化建设的历史使命。获奖的各位企业家都是对改革开放作出贡献者，他们在改革开放初期勇敢地承担起了风险，同时敏锐地把握住了机遇，创立了一个又一个商业王国。更难能可贵的是他们都有一颗爱国心，为国家、为香港取得了开创性和全方位的成果，为推进国家现代化建设作出重大贡献。

张建宗指出，香港在贡献国家、推动国家市场发展的同时，也受惠于国家的改革开放。在上世纪80年代，香港企业将生产工序北移至内地，并专注于生产前期和后期的管理和支持。香港企业家都明白，在生产线北移后，香港需要多元化经济。随着全球化的影响以及内地与香港贸易关系的日趋紧密，全球对制造业的相关服务需求相应激增，促使香港的经济结构转向以服务业为主。香港资本市场能有今天的地位，有赖于国企来港集资：“自1993年青岛啤酒成为第一家在港上市的国企，香港就成为内地企业境外集资的最主要国际市场。时至今日，内地企业在香港上市首发和增发的总集资额超过5.8万亿港元，目前内地企业占香港市场总市值超过66%。自改革开放以来，国家一直支持香港，彼此相辅相成，国家与香港同发展共繁荣，才有今天香港的发展。”

●世界中文报业协会第51届年会在北京举行 10月29至30日，为期两天的世界中文报业协会第51届年会在京举行。今年正值世界报业协会成立50周年，来自数十个国家和地区的百余名中文媒体负责人共襄盛会，围绕“新时代的中文报业”这一主题，共议报业发展新趋势。

据了解，本届年会有来自17个国家和地区的130多位中文报业人士参加。年会聚焦“新

时代的中文报业”，共谋媒体融合之道，共商国际传播大计。在全体大会上，与会嘉宾就“‘六稳’与中国经济增长和中长期发展”、“中美贸易关系”、“融媒体下的报业转型”、“世界中文报纸的互联互通”、“中国报业发展情况”、“中国传统文化的世界传播”、“与改革开放同行”等内容展开主题演讲。

世界中文报业协会成立于1968年，其成员来自世界各地的中文报刊，现有近百名会员，主要分布在香港、台湾、东南亚以及美国、加拿大、欧洲、澳洲等地。中国内地成员包括北京地区的《经济日报》《经济参考报》《环球时报》《北京青年报》《北京晚报》以及其它省市的中文报纸。作为全球最具代表性、历史最优秀的国际中文报业组织，世界中文报业协会以维护和促进中文报业发展为已任，在增进世界了解中国、推动媒体融合发展等方面做出重要贡献，在世界范围内产生了广泛影响。

据悉，世界中文报业协会年会每年都轮流在世界各地不同的城市举行年会。本届年会由世界中文报业协会主办，中华全国新闻工作者协会协办，经济参考报社承办。

●世界旅游城市联合会与海外华文传媒合作组织签订战略合作协议 10月30日下午，世界旅游城市联合会（WTCF）与海外华文传媒合作组织在京签署了战略合作协议。

根据协议，海外华文传媒合作组织将利用自身资源，通过报纸、杂志、新媒体等媒体平台，在活动策划、新闻发布、公关宣传、营销推广等方面，为世界旅游城市联合会提供支持。与此同时，世界旅游城市联合会将发挥平台优势，优先向会员单位推荐海外华文传媒合作组织的媒体资源。

世界旅游城市联合会常务副秘书长李宝春介绍，世界旅游城市联合会是由北京倡导发起，以旅游城市为主体的全球性国际组织。世界旅游城市联合会每年都会在世界各地举办一系列的重要会议和活动。他认为，海外华文传媒合作组织在全球范围内拥有广泛的媒介资源，可以为联合会提供全方位报道、宣传支持，助力品牌提升。

海外华文传媒合作组织常务理事、马来西亚《光华日报》董事骆南辉感谢了世界旅游城市联合会给予的信任和支持。他表示，海外华文传媒合作组织成员将根据世界旅游城市联合会的需求，利用自身资源，报道神州大地的美丽风景，宣传推广城市旅游概念，并在活动策划、新闻发布等方面予以支持。

据悉，海外华文传媒合作组织由香港文汇报发起，遍布全球五大洲27个国家和地区的81家华文传媒机构响应加入的世界性媒体组织。在香港文汇报的主导下，合作组织成员通过多元化的合作传播中华文化；并与33家成员合作出版发行33个“香港文汇报海外版”，发行量近200万份。

●韩国《亚洲经济》更名为《亚洲日报》 11月1日，韩国《亚洲经济》发布通告宣布，为了彰显中文报刊的独立性和特殊性，扩展报道的广度和深度，《亚洲经济》报纸和网络以及其他发布平台从当日起更名为《亚洲日报》。除名称外，地址不变、网址不变、接入口不变。

通告称：《亚洲经济》创刊十余年来，读者们的关注、鼓励和鞭策，一直是我们成长的动力。我们一如既往地本着职业精神和新闻媒体人的情怀，为广大读者奉献有关韩中两国的实用信息和深度内容，并希望继续得到广大读者们的厚爱。

●第二届“今日加拿大论坛”在上海举办 11月7日，在上海国际进口博览会举行期间，由今日加拿大传媒、加中经济贸易促进会在上海举行第二届“今日加拿大论坛”，来自全国及上海地区的企业家、商界精英近200人出席了此届论坛。

第二届“今日加拿大论坛”受到加拿大政府的高度重视，加拿大总理特鲁多给“今日加拿大论坛”发来贺信。他在信中表示，这次的论坛具有重要意义，因为它有助于我们在中加关系已获硕果的基础上继往开来。在这快速变化的世界里，我们比以往任何时候都更需要了解对经济持续成功来说不可或缺的合作机会。特鲁多总理感谢加中经贸促进会以及今日加拿大传媒在促成这些活动方面所作的努力。

2005年1月中旬，时任加拿大总理马田率领“加拿大团队”访问中国，在中加两国领导展开正式国务活动前，由《今日加拿大》杂志在上海主办了首届“今日加拿大论坛”。

●凤凰卫视与阿里巴巴签战略合作备

忘 11月19日，凤凰卫视与阿里巴巴（中国）有限公司签署战略合作备忘录。

根据合作备忘录，双方本着“优势互补、互利共赢、共同发展”原则，经过平等友好协商，合作双方将以“凤凰的内容、阿里的产品”为合作宗旨，整合双方的优势资源，深化拓展内容产品商业化的新模式和新空间。阿里巴巴将发挥在云计算、大数据、人工智能等技术领域的优势，与凤凰卫视展开全方位合作，推动凤凰卫视的数字化转型。

●《凤凰大视野》获中国纪录片十佳栏目 11月21至24日，第24届中国纪录片学术盛典暨第5届深圳青年影像节在深圳举行。在中国电视艺术家协会、中国视协电视纪录片学术委员会举办的“第24届中国纪录片十佳十优作品及优秀栏目、年度频道、年度人物推选活动”中，凤凰卫视的《凤凰大视野》获得“第24届中国纪录片十佳栏目”。

《凤凰大视野》是凤凰卫视一档以翔实的史实和宏大的视野，让一些被历史遗忘的人和事重新展示在观众面前的栏目。

●“行进中国·海外华文媒体漳州行”启动 11月22日上午，“行进中国·海外华文媒体漳州行”主题采访活动在世界文学大师林语堂纪念馆举行，来自21个国家和地区的30多家海外华文媒体代表嘉宾在此共同品鉴语堂文化。

漳州是“台胞故里”、著名侨乡，是历史上“海上丝绸之路”重要节点城市。近年来，漳州积极探索“生态+文化”的发展新路子，下大力气挖掘“语堂元素”，建好“语堂故里，”不断打响语堂文化品牌。

此次由中共漳州市委宣传部、中国新闻社福建分社主办“行进中国·海外华文媒体漳州行”，将走进芗城、南靖、长泰、龙海、台商投资区等地开展主题采访，通过海外华文媒体的镜头和笔触展现漳州的新发展、新变化、新风貌，聚焦漳州“生态+”、海丝文化、闽南文化、乡村振兴等方面内容。

多年来，中新社开展“行进中国·精彩故事”主题采访活动，先后开设“行走中国”“逐梦中国”“丝路新语”“侨乡见闻”“外国人在中国”“美丽中国行”等一系列专栏，致力于为华侨华人、港澳台同胞采写“微家书”“新乡音”，讲好中国故事。

●《世界中国》推动成立意中经济文化交流中心 12月4日，意中经济文化交流中心在罗马市设立。该中心是在《世界中国》编辑部的基础上成立的，取名“罗马九号”，位于罗马大学城圣罗兰佐。

据《世界中国》报道，近些年意大利和中国文化和商务交往越来越多，但两国间在文化沟通上还存在很大障碍。为了促进这项交流工作，《世界中国》杂志社决定成立经济文化交流中心。

当天傍晚，来自罗马文化界、商界、政界、教育界、新闻界的嘉宾200余人参加开放日活动。中国驻意大利大使馆商务公参李滨、文化参赞许榕、原意大利驻中国大使白达宁、意中基金会罗马分会主任卡纳帕、拉齐奥大区国际合作部主任扎卡利出席并讲话。他们充分肯定了交流中心诞生的意义，表示对未来的工作给予积极的支持。

意中经济文化交流中心主席胡兰波在讲话中强调，中意两国的文明是东西方最有代表性的，东西文化交流可以促进社会进步、种族融合，并且推动双边经济合作。这个中心也可以使旅意华侨及留学生与主流社会有了对话的场所，为中国文化在意大利的传播提供一个新的平台。

●联合报主办：“翻”字当选台湾2018代表字 12月6日，“台湾2018代表字大选”当天揭晓，“翻”在53个候选字中获得最高票。

这一举行超过10年的评选活动由“中国信托文教基金会”及《联合报》合办。据介绍，今年票选总数为57548票，“翻”字获得10929票，一举夺魁。《联合报》总编辑萧衡倩认为，一个正向的转变可以是翻转、翻新、翻身，但遇到问题不去解决也可能成为翻覆。

在推荐者、台中市地方法院法官张升星看来，“年改”推翻公仆信赖、“促转”推翻历史记忆、“党产”推翻法治原则、霸权推翻多边贸易等皆是推荐“翻”成为年度代表字的理由。

“中国信托文教基金会”董事长冯寄台则表示，激烈的县市长选举翻天覆地，翻转出一个全新局面。也希望台湾从此翻出更蓬勃的竞争力。

●晋江乡讯与菲律宾世界日报合作办刊 12月7日，《晋江乡讯》与菲律宾《世界日报》达成战略合作协议，成立晋江乡讯菲律宾出版中心。

《晋江乡讯》创办于上个世纪50年代，由晋江市政府主管，是目前唯一的综合性正式外宣平面媒体，泉州市重点外宣刊物。主要面向台港澳及海外华人华侨聚居区发行，并对闽籍在外商会（同乡会）及部分特定单位和群体进行赠阅。目前，设有要闻综合、“乡音乡讯”、“侨台港澳”、“晋江商帮”、“世中运.国际化”、“乡土旅游”、“乡风文化”、“人物视觉”等版面内容，每月出刊两期。为更好地向晋江籍在外乡亲传递乡音乡讯，传递思根恋乡情愫，凝聚侨智侨力，助力晋江打造国际化创新型品质城市建设，《晋江乡讯》进行了全面扩版提升。

此次《晋江乡讯》与菲律宾《世界日报》联合办刊，有利于构筑海内外500万晋江人互通乡情、交流乡谊、留住乡愁的桥梁纽带，提升晋江的国际影响力。

●2019菲律宾华文记者会新届就职 12月8日中午，菲律宾华文记者会在马尼拉举行2019年度职员就职典礼，黄学鸣连任会长。菲华商联总会理事长黄年荣为记者会新届职员监誓，菲华工商总会理事长黄拔来担任大会主讲人。

菲律宾中国和平统一促进会会长张昭和、菲华各界联合会执行副主席杨华鸿、菲律宾中国商会会长洪及祥、菲华体育总会理事长施伟廉、菲律宾晋江同乡总会理事长李国材等嘉宾先后致词祝贺。

黄年荣表示，多年来，菲华商联总会一直维护着菲华的融洽与利益，并积极推动华社的和谐，也努力不懈地推广华文教育之延续。感谢华文记者会诸位同仁的辛勤报道，把华社善意传递到菲国普罗大众的家庭。

黄拔来希望华文媒体，能更好地宣传华裔商人对菲国经济，文化，教育，赈灾，社会公益等的贡献，同时希望广大侨民能踏踏实实尽快融入菲律宾社会，合法经商，遵守法律法纪，营造和谐环境。华文媒体今后再接再励，妥善尽起监督社会的作用。

黄学鸣致辞时感谢社会贤达历年来对菲律宾华文记者会的关爱和支持，今后记者会同仁将在各自所服务的各华报，把新闻工作做得更尽善尽美，向大家提供第一手的最新信息，以及更优质的服务。

●近30家华文媒体赴安徽采风 12月9日，由中国侨联主办的“海外华文媒体安徽采风行”活动在合肥拉开序幕。在接下来的6天时间里，来自美国、德国、马来西亚、日本和香港等13个国家与地区的近30家华文媒体，赴安徽多地采风考察。

此次活动旨在以海外华文媒体的眼光和思维，客观报道所见、所闻、所感，传播中国声音，讲述中国故事。

作为活动的媒体召集人，马来西亚《海内外》杂志社社长续炳义介绍说，安徽有黄山、黄梅戏、花鼓灯，还有小岗村、量子科技、科大讯飞等。“如今的安徽，吸引着世界的目光，安徽的发展离不开它深厚的历史文化底蕴。”

●澳大利亚时报庆祝创刊20周年 12月9日晚，澳大利亚时报创刊20周年庆典晚会在Crown大酒店隆重举行。西澳州州长麦高文、反对党领袖麦克·纳罕、州教育部长埃勒里、中国驻珀斯总领馆金千副总领事等政要及各界代表共600余人出席了活动。

澳大利亚时报创始人、社长张野博士回顾了《时报》创刊20年历程。指出《时报》的宗旨是发声知情，为华社发声，让华社知情，全心全意竭诚服务于华社。德不孤，必有邻，《时报》得以发展至今日，感谢总领馆、西澳州政府及各界对《时报》的支持。

金千副总领事在致辞中对澳大利亚时报创刊20年来所取得的成就表示祝贺。她说，《时报》自创刊以来，不仅客观报道了大量有关当地和国际的消息，还积极承担新闻媒体社会责任，努力弘扬中华优秀传统文化，积极促进西澳州经济繁荣、社会多元和谐发展，已成为西澳广大华人华侨获取新闻资讯、传递华人心声的重要渠道之一，也成为当地民众接触华人社区的重要纽带。她指出，中澳互为重要合作伙伴，为使两国关系持续健康发展，我们需要更多交流以减少偏见、建立互信，缩小误解。金副总勉励《时报》在这方面继续发挥积极作用，推动中澳关系沿着正确轨道不断向前发展。

西澳州州长麦高文、反对党领袖麦克纳罕也在致辞中高度评价《时报》在促进西澳多元文化发展方面所起的积极作用，并祝愿《时报》越办越好。

庆典晚会上表演了精彩的歌舞，并对对西澳华人优秀企业和个人给予了表彰。

2019

●台湾联合报系机构与人事调整 黄年升任联合报副董事长 1月1日，台湾联合报系人事调整：原联合报总编辑萧衡倩调任联合报新闻部内容长，原联合晚报总编辑范凌嘉调任联合报总编辑，原联合晚报副总编辑王茂臻升任联合晚报总编辑。

原联合报事业处新闻部企画组、创意整合组裁撤。原联合报事业处融媒体发展部裁撤。

1月22日：联合报事业处联合晚报发行人黄年，升任联合报副董事长。

●缅甸《金凤凰》与云南合作出版《汉缅大词典》 1月19日，由缅甸金凤凰中文报社与云南出版集团下属云南人民出版社联袂出版的《汉缅大词典》修订版在缅正式首发，双方合作成立的“中缅文化互译出版中心”于同日揭牌运行。

全新的《汉缅大词典》由缅甸语资深翻译家王子崇教授倾三十载时光编译而成。词典共收录汉语单字、多字条目65000余条，包括字、词、词组、成语等。所收条目以现代规范汉语为主，兼收古代汉语。条目均用现代缅语释义，用汉缅双语对照方式举例。另外，凡从英语音译的外来语，均附注了英语。新版《汉缅大词典》涵盖百科知识，囊括最新词条，内容极为丰富。新版《汉缅大词典》的出版填补了中缅互译领域工具书30余年的空白。

●李若弘荣获国际马丁·路德·金奖 1月20日，中国世界和平基金会、北京国际和平文化基金会主席，美国海外电视网、美国海外电视台台长李若弘荣获国际马丁·路德·金奖。国际马丁·路德·金致敬与遗产委员会在华盛顿将第28届“马丁·路德·金领导与服务贡献奖”首次颁发给了中国人，以表彰李若弘博士多年来为国际社会在和平、文化等领域所做的贡献。

大会主席H.E MNINWA MAHLANGU先生和秘书长MADELINE Y.LAWSON女士在致辞中说道：马丁路德金是平等、和平事业的典范，他的理念和愿景是永恒的。对传承与发展和平理念是至关重要的。多年来，李若弘博士领导的中国世界和平基金会和北京国际和平文化基金会以公益慈善的实际行动，一直致力于国际和平的外交公益与文化、教育、健康领域的发展事业。在亚洲、非洲等全球多地区热情工作，服务社会。获得多个国家和地区的赞誉，并被多位组委会权威委员提名。该奖项的颁发，也是马丁·路德·金博士的和平、平等、发展的梦想精神的传承与发展。发扬与表彰这种精神，无疑是为人类社会的和平事业，做了一件重要的事，其意义与影响是深远的。

马丁·路德·金奖自1992年开始设立颁发，获奖者均为在全球和平、教育、健康、等领域中有着突出贡献的人。

●《华人》杂志创刊40年 1月24日，《华人》杂志创刊40周年庆典大会在广州总部隆重举行。《华人》杂志向广东华侨博物馆捐赠《华人》杂志和纽约商务出版社出版的书籍，并和广东华侨作家协会签订战略合作伙伴关系。

《华人》杂志为“特殊贡献功勋奖”、“杰出成就贡献奖”、“文化大使”、“杰出青年华人奖”、“金典作品奖”等六个奖项获得者颁发了金质奖章、证书和奖杯。

广东华侨博物馆、广东省侨界作家联合会、《华人》杂志社在广东华侨博物馆联合为“广东侨界作品阅览库”揭牌。广东省委统战部巡视员林琳、暨南大学华侨华人研究院教授张应龙、中国新闻社广东分社原社长、百岁老人张宝锵、广东省侨界作家联合会会长张文峰、《华人》杂志社社长向琳、总编辑冰凌及广东省侨界作家联合会、广东华侨博物馆等有关单位领导嘉宾及社会公众100多人参加仪式。

《华人》杂志社社长向琳在致辞中回顾了《华人》杂志创刊及成立40年来的发展历程，表示将继续秉持传播中华优秀文化、促进人文交流的宗旨，开拓创新，继续发挥好联系、沟通、交流的桥梁作用，将杂志打造成为让全球了解华人世界的窗口。

●2018香港商界十大关注揭晓 1月29日，“2018香港商界最关注的十件大事”评选结果在香港揭晓，国家庆祝改革开放40周年、世纪工程港珠澳大桥开通及广深港高铁香港段通车为去年最受商界瞩目的头三件大事。

评选活动由香港商报联同25家商会、社团共同举办，从2018年12月开始，为期28天。主

办方共收到7万多张投票信函及网络、手机投票，较2017年有所增加。

根据投票结果，其他七件大事分别为：中美贸易战停加征关税、行政长官提“明日大屿”愿景计划、港澳台居民可领内地居住证、超强台风“山竹”袭港破坏严重、李嘉诚正式退休李泽钜接棒、港交所推同股不同权、特区政府公布六招房策新措施。

今年是“香港商界最关注的十件大事”评选活动的第13个年头。香港商报社长陈寅致辞表示，2018年对香港和国家都是非常重要和喜庆的一年，庆祝改革开放40周年最受各界关注。香港是国家改革开放的积极参与者、重要受惠者，广大爱国港商更是改革开放的亲历者、推动者和加速者。

陈寅说，期盼香港能够按照特区行政长官林郑月娥所呼吁的，“在国家的改革开放和现代化建设中，香港从不缺位”，未来更要“与国家同发展，共繁荣，共同迎接更多改革开放的里程碑”。

●2018年第四季度世界华文传媒新媒体影响力榜单发布 1月30日，2018年第四季度世界华文传媒新媒体影响力榜单在北京发布。

中国台湾《联合报》、台湾《ETtoday新闻云》、台湾《中国时报》位列2018年第四季度世界华文传媒新媒体影响力港澳台地区总榜前三。新加坡《联合早报》、马来西亚《中国报》、新西兰天维网位列2018年第四季度世界华文传媒新媒体影响力海外地区总榜前三。

该榜单是由中国新闻社联合中国传媒大学新闻学院共同开展的世界华文传媒新媒体影响力测评项目产生的。项目选取了全球57个国家和地区的近400家华文媒体作为测评样本。测评内容为各媒体在网站，移动客户端(APP)，Facebook、Twitter、微信、微博等社交媒体平台的布局及业务表现。各媒体传统业务的规模、实力和表现未纳入测评。

中国新闻社与中国传媒大学新闻学院组成的项目组，发挥各自专业领域的优势资源，集中科研和业务力量，以科学的统计方法为依据，以云计算为手段，围绕“生产力”和“互动力”两项核心考量指标，选取40余项基本数据，以严密的统计学算法为基础，以量化数据为呈现形态，形成客观全面反映世界华文传媒新媒体业务水平及其变化的指标体系。

根据测评数据生成的榜单由“世界华文传媒新媒体影响力总榜”、“世界华文传媒社交媒体影响力榜”、“世界华文传媒网站影响力榜”构成。考虑到媒体所在地域的母语环境，三个榜单按照港澳台地区和海外地区分别发榜。

位列港澳台地区总榜前十的华文传媒为：中国台湾《联合报》、台湾《ETtoday新闻云》、台湾《中国时报》、中国香港《橙新闻》、中国澳门《澳门日报》、香港无线电视、香港《大公报》、台湾《Nownews今日新闻》、香港《文汇报》、香港《东方日报》。

海外地区总榜前十的华文传媒为：新加坡《联合早报》、马来西亚《中国报》、新西兰天维网、美国《侨报》、美国洛杉矶华人资讯网、菲律宾菲龙网、美国中文电视、澳大利亚《今日悉尼》、菲律宾《世界日报》、阿根廷华人在线。

数据显示，当前，全球海外华文传媒在新媒体领域积极布局，努力拓展社交平台的传播渠道。近400家测评媒体样本中，PC网站布局比例90.5%，移动客户端布局比例25%，Facebook平台布局比例52.6%，Twitter平台布局比例31.4%，微博平台布局比例47.2%，微信平台布局比例56.7%。

榜单亦显示出，在2018年第四季度，各媒体在社交平台的发文数变化情况差异明显，互动力水平差异明显。

●美南报业传媒集团庆祝成立40周年 2月2日，美南报业传媒集团成立40周年暨休斯敦第23届国际农历新年游园会在美南新闻前广场盛大举行。休斯敦市长塞尔维斯特?特纳、中国驻休斯敦总领馆副总领事王昱、美国国会议员艾尔?格林、希拉·杰克森·李、德州议员吴元之等嘉宾到场一起庆祝农历新年。

由美南新闻主办的新年游园会已经举办了23届，是休斯敦华人在新年期间期盼的重要活动之一。每年的游园会都有来自休斯敦各族裔丰富多彩的文艺节目表演，和世界各地的美食小吃。新年游园会是与主流社会链接的桥梁，同时也是展示中华传统文化的一个平台。

●马来西亚星洲日报庆祝创刊90周年 2月16日，马来西亚星洲日报90周年报庆暨融媒体推介典礼在星洲日报总社文化厅隆重举行。

世华媒体集团主席拿督斯里张翼卿率领星洲日报高层同事一同按动水晶球，为星洲90周年报庆掀开序幕。

张翼卿致词指出，回顾星洲日报创刊的历史语境，已走过几许风雨路。在最近10年，媒体行业在互联网时代经历了翻天覆地的变化，星洲日报依然屹立，靠的即是老星洲队伍身经百战傲立潮头的底气，也靠新锐新秀们的创意与拼搏。

张翼卿笑言，90岁并不老，星洲日报将会把创刊90周年视为另一个起步，继续以赤子之心面对时代的瞬息万变。

报庆典礼上，星洲日报融媒体系统正式上线：全新客户端平台APP，采编系统也正式踏入“数码为先”的时代。

采用融媒体系统，记者可以通过手机在新闻现场第一时间发布文稿以及影像。这些内容经过审核后在最快速的时间发布到各个平台，同时让目前的采编团队可以全面转型，生产适合不同平台的内容。

全新的星洲网与手机应用程式，也能加快读者用手机和电脑浏览新闻的速度，清楚明了的新闻分类，简化读者轻易地搜索到新闻。此外，手机应用程式的通知功能，让读者不错过任何重大新闻；定位功能，可锁定读者所在位置，自动切换星洲遍布全国各地的地方新闻。

星洲日报创刊于1929年，如今该报的发行量已达到40万份(包括电子报)，每天有超过150万的马来西亚人阅读，使《星洲日报》不仅成为东南亚发行量最高的华文报章，也是中国以外最大的华文日报。

●亚洲大众集团董事长郭蕊获2019泰国国家贡献奖　2月16日，由泰国社会福利基金会主办的“2019年泰国国家最佳贡献奖”（BEST PRACTICE AWARDS 2019）颁奖典礼在泰国皇家空军俱乐部大礼堂隆重举行，泰国王室枢密院大臣、基金会秘书长查利空军上将作为大会主席出席并颁奖。

泰国亚洲大众集团董事长郭蕊凭借多年来为中泰友好关系牵线搭桥、作为泰国杰出华文媒体积极促进中泰旅游业发展的卓越贡献被评委会评选为《促进旅游贡献奖》的获得者，获得“2019泰国国家贡献奖“之促进旅游贡献奖。

作为本年度获得该大奖的唯一一位外籍人士，郭蕊已经是第二次获此殊荣，她曾在2018年获得“2018年度泰国国家贡献奖“之社会贡献奖。

●15家海外华文媒体走进成都 感受乡村振兴　2月17日至22日，行走中国“一带一路”国家海外华文媒体天府行活动在成都举行。来自美国、英国、澳大利亚等国家和地区的15家华文媒体代表先后走访了“豆瓣之乡”郫都区的战旗村和先锋村，双流区华侨城农创园、云华新村，天府新区，感受成都新农村建设和乡村振兴。

说起郫都区，不得不提到品牌价值达649.84亿元的郫县豆瓣。华文媒体代表在丹丹郫县豆瓣集团股份有限公司参观了郫县豆瓣的制作过程，对郫县豆瓣更多走向海外市场，抱有更大期待。

郫都区地处成都西北近郊，是成都重点打造的电子信息和双创产业基地、国际化都市新区，曾连续多年跻身全国县域经济与县域基本竞争力百强县、全国投资潜力百强县等。同时，该区积极推进新农村建设和乡村振兴，并获得了丰硕的成果，战旗村和先锋村正是其中的典型。于2018年8月开始营业的“乡村十八坊”，是战旗村创新土地经营的最新尝试。这一集产品制作、参观学习、体验销售为一体的旅游商业文化综合体，具有浓郁川西特色的榨油坊、豆腐坊、酱油坊、布鞋坊、竹编坊、郫县豆瓣坊一家接一家排列着，吸引了海外华文媒体代表驻足询问。

投资14亿元的双流区华侨城农创园是依托于黄龙溪镇大河村、川江村丰富的农业资源和生态本底，围绕“认识农业”“探索农业”“享受农业”三大主题，布局建设的现代田园综合体。而2017年12月启动建设的云华新村是双流区“空港花田”特色旅游项目的一部分。通过对华侨城农创园、云华新村的走访，华文媒体代表感受当地旅游产业发展新思路。

在天府新区，华文媒体代表切身感受“开窗见田、推门见绿”的“公园城市”建设新脉动。华文媒体代表在天府新区举行的媒体座谈会上，为“公园城市”建设点赞，并为天府新区今后的发展建言。

●大公文汇传媒集团与深圳广电开展合作　2月22号下午，深圳广播电影电视集团与香港大公文汇传媒集团在深圳广电大厦签署战

略合作框架协议，这也意味着在《粤港澳大湾区规划纲要》发布后，深港两大主流媒体集团合作迈向新时代。在签约仪式上，两家媒体联合中国电信推出5G直播《飞阅大湾区》大型新闻报道活动也正式启动。

在深圳市委宣传部副部长王楚宏、香港大公文汇传媒集团董事长姜在忠、深圳广电集团总裁岳川江的见证下，香港大公文汇传媒集团副董事长兼总编辑李大宏与深圳广电集团总编辑苏会军作为代表，签署了合作协议。双方将着力构建“粤港澳大湾区媒体合作平台”，在全媒体精品内容生产、大数据和全媒体传播链条打造、媒体智库建设和产业经营活动策划等众多方面进行深入合作，推出一批有思想、有温度、有品质的全媒体产品，以内容优势赢得发展优势，扩大主流价值影响力版图;此外通过资源共享、联动生产、优势互补，实现两家媒体集团的互通共赢。

签约现场，5G直播《飞阅大湾区》大型新闻报道活动同步启动。这是深圳广电集团和香港大公文汇传媒集团签约后，携手推出的首个重点项目。在国家推进粤港澳大湾区建设的背景下，展现主流媒体人的担当。两大媒体集团将组成专门的报道队伍，于全国两会之后，从深圳出发，深入走访粤港澳大湾区的各大城市，最后一站回到香港，通过高质量的报道，展现粤港澳大湾区建设欣欣向荣的景象、为粤港澳大湾区各市协同发展带来有益启示。

●2019中新社海外客户交流会在四川都江堰市举行 2月22日，2019中新社海外客户工作交流会在中国四川省都江堰市举行，中国新闻社社长章新新、副社长夏春平以及中新社各采编部门的负责人与来自印尼、泰国、马来西亚、菲律宾、缅甸、柬埔寨及港澳台地区的48家华文媒体代表进行了工作交流，拓展在新时代下的合作空间，在新媒体转型下中新社的新闻报道如何在东盟各国及港澳台更具影响力，更适合海外华文媒体。

在肯定中新社新闻报道工作的同时，与会海外华文媒体也根据各自媒体特点对中新社进一步完善新闻产品的丰富性、及时性提出了建议，并希望彼此在新媒体领域有更广、更深的全方面合作。当前，新媒体的迅猛发展对传统媒体转型提出了更迫切要求。与会媒体表示，希望中新社在新媒体人员和技术方面加强与海外华文媒体的进一步合作，帮助其成功转型。

中新社编辑部、国际部、体育部、海外中心、摄影部、视频部等相关部门负责人分别回应和说明海外华文媒体代表提出的相关问题。

中新社副总编辑夏春平主持交流座谈会并表示，中新社将深入研究海外客户提出的意见、建议，提出切实措施改进新闻产品，更好为海外华文媒体客户服务。

中新社社长章新新表示，中新社将切实加强全媒体新闻报道工作，提升各类新闻产品质量，更加贴近海外客户的需求，更加有针对性地回答海外华文媒体和受众的关切，提供更专业、及时和多元化的服务，讲好中国故事，传播中国声音。

●2019行走中国·海外华文媒体聚焦四川 2月23日至27日，2019“行走中国·海外华文媒体聚焦四川”活动在四川举行。近一周时间内，来自泰国、菲律宾、马来西亚、柬埔寨、印度尼西亚、缅甸等9个国家和地区近50家海外华文媒体代表“拜水”都江堰，参访武侯祠、三苏祠，品尝川酒，零距离领略天府魅力。

建于2000多年前、至今仍在发挥着重要作用的都江堰，是四川成为“天府之国”的重要保障。看着来来往往的游客，印度尼西亚《一带一路报》社长兼总编辑曾惠阳说：“都江堰发展旅游业，不仅增加了经济收入，还向全世界展示了中国古代的水利工程建设已经达到了一定的高度。”

三国时期，成都曾是蜀汉国都所在，而被称为“三国圣地”的成都武侯祠同祭诸葛亮与刘备，是中国唯一的君臣合祀的祠庙。马来西亚《亚洲时报》社长张丹华此前曾到访蓉城两次，每一次都是为了找寻三国文化。

位于成都南向的眉山市古称眉州，是苏东坡的故乡。在眉山市城西，坐落着苏洵、苏轼、苏辙的故居——三苏祠。祠内有木假山堂、古井、洗砚池等苏家遗迹，还珍藏和陈列着五千余件有关三苏的文献和文物，是蜀中最负盛名的人文景观。走在红墙环抱，绿水萦绕的三苏祠内，海外华文媒体代表不时凝神静思，不少人还特意买了三苏文集。

●台湾联合报社长易人：项国宁升任联合报执行董事 3月1日：台湾联合报系宣布：原联合报副社长游美月升任联合报社长。原联合报社长项国宁升任联合报执行董事，兼联合晚

报发行人。

联合报系下辖机构再调整："联合报事业处发行部"更名为"联合报事业处发行展业部"，联合报事业处新闻部辖下增设"服务创新中心"。

●中新社代表团走访非洲《华侨周报》和5FM电台 3月4日,由中国新闻社副社长兼副总编辑夏春平率领的中新社访问团一行，在赞比亚卢萨卡走访了非洲《华侨周报》和5FM电台。

夏春平详细了解了非洲《华侨周报》和5FM电台目前的采编、发行和经营等情况及其未来发展思路，对其关注中国发展、传播中国声音、联系当地侨社、促进中赞两国交流所做的努力表示赞赏。

夏春平表示，非洲《华侨周报》和5FM电台因地制宜，积极传播中赞资讯，服务侨社、凝聚侨心，促进两国交流合作，成绩卓然。作为以对外传播为主要功能的中国国家通讯社，目前中新社已形成文字、图片、特稿、网络、期刊、供版、视频、新媒体等多平台新闻产品体系，其用户覆盖海外大多数华文媒体。中新社愿发挥优势，在资讯内容提供等服务方面深化合作，助力其更好发展。

非洲《华侨周报》创刊十年来，已覆盖了包括博茨瓦纳、纳米比亚、津巴布韦和赞比亚等多个非洲国家和地区。

环球广域传媒集团总裁、非洲《华侨周报》董事长南庚戌表示，中非经贸关系深入发展，为华文媒体的发展提供了适宜条件，对海外新闻事业的时代要求亦不断提高。希望与中新社继续加强新闻信息方面的合作与往来，并利用媒体+模式，主动开发适合自己的发展路线，整合资源，扩大市场，在做好本地化资讯服务的同时，讲好中国故事、传播好中国声音，提升媒体影响力。

●中新社访问团走访环球广域传媒集团 3月8日，由中国新闻社副社长兼副总编辑夏春平率领的中新社访问团一行，在哈博罗内走访了环球广域传媒集团。

在参观了环球广域传媒集团后，夏春平对其在当地媒体界取得的成就表示赞赏，认为其发展历程值得媒体同业借鉴。

夏春平表示，中新社愿发挥自身优势，为环球广域传媒集团提供今后发展所需的新闻产品等服务，为促进中博人文交流作出更多贡献。

环球广域传媒集团成立于2012年，业务范围包括广播及广播覆盖网络平台、电视平台、多媒体网络平台、平面媒体平台等。

环球广域传媒集团总裁南庚戌表示，随着旅非华侨华人日趋增多，受众对涉华、涉侨等内容的需求越来越大，希望与中新社加强新闻业务合作，并利用"媒体+"模式，以媒体为核心展开跨领域合作。

●"逐浪先行海之南——百家媒体看海南" 3月15日，由中共海南省委宣传部、省委网络安全和信息化委员会办公室、省外事办公室、省新闻工作者协会主办的"逐浪先行海之南——百家媒体看海南"大型媒体采访第一批采访活动在海口启动。

是次大型媒体采访邀请了中央主要媒体、有影响力的行业类媒体、其他省(区)市重点新闻单位和境外主流媒体约100家媒体参加，围绕海南全面深化改革开放的重大举措、海南自由贸易试验区建设的亮点和成效等内容，对海南进行全面系统深入的采访。

本次采访活动共分三批进行采访，第一批采访于3月15日至3月19日举行，人民日报、新华社、中国交通报等中央媒体和行业媒体记者，围绕海南省去年以来出台的改革开放新政策、自贸区建设新进展新成效、扩大改革开放新举措及下一步推进改革开放新路径等主题，赴海口、琼海等地采访。

第二批于3月24日至3月29日开展的境外媒体采访活动，有俄罗斯-塔斯社、巴基斯坦《今日巴基斯坦报》、尼泊尔国家通讯社等境外媒体记者，围绕海南打造对外开放新格局、国际旅游消费中心建设取得新进展等内容，赴海口、三亚、陵水、万宁、琼海等地采访。

第三批采访于4月13日前后开展，围绕着中国最大自由贸易试验区实现良好开局的主题，分东西两条线环海南岛进行采访。有人民日报、新华社、求是、光明日报、经济日报、中国日报等中央媒体，以及北京卫视、解放日报、南方日报、浙江日报，深圳特区报、厦门卫视等兄弟省(区)市媒体参加。

●凤凰卫视澳门记者站启动 3月22日，澳门南光集团与凤凰卫视正式签署战略合作协议，并举行凤凰卫视澳门记者站启动仪式。作为唯一一家总部设在澳门的国务院国资委直属中央企业，南光集团将与凤凰卫视加强合作，

助力澳门融入大湾区发展。

今年是新中国成立70周年，也是澳门回归20周年，为配合粤港澳大湾区发展，加强对澳门的报导，澳门南光集团与凤凰卫视星期五签署《战略合作协议》以及《2019年合作协议》，澳门中联办副处长何金盏，南光集团副总经理李志忠、凤凰卫视执行副总裁杨家强等嘉宾出席。双方将会以协议为起点，加强了解，促进澳门融入国家发展大局。

●《葡华报》创刊20周年庆典在葡萄牙举行 3月26日，《葡华报》创刊20周年庆典在葡萄牙举行。中国驻葡萄牙大使馆蔡润大使、万东武官、徐伟丽参赞、韩晓燕参赞，葡萄牙文化部部长助理弗朗西斯科（Francisco Guerra），葡萄牙新闻协会主席宝梅龙（Jo?o Palmeiro），葡萄牙中华总商会会长蔡文显等旅葡华侨代表和葡国各界友人近四百余人出席了庆典活动。

中国驻葡萄牙大使蔡润致辞中表示，中葡双边交往的深度、广度不断推进，两国人民对于对方国家的兴趣愈加浓厚，在这个过程中，包括《葡华报》在内的在葡华文媒体为介绍中国、帮助旅葡侨胞融入当地社会发挥了积极作用。

葡萄牙新闻协会主席宝梅龙致辞表示，今年正值中葡建交40周年、澳门回归20周年，《葡华报》迎来创刊20周年，希望媒体同仁再接再厉，为传播中葡信息、建立中葡联络桥梁作出积极贡献。

伊比利亚传媒总裁詹亮致辞中表示，《葡华报》伴随葡萄牙华人社会走过了不平凡的20个年头。这20年，于旅葡华人社会而言，是一笔弥足珍贵的精神和历史财富，记录了葡萄牙华人社会辉煌发展的历程。詹亮列举了《葡华报》近年来所取得了成果，并表示《葡华报》同仁未来将一如继往，贴近华社，服务华社。

●新加坡华媒集团与华族文化中心扩展合作 3月27日，新加坡报业控股华文媒体集团社长李慧玲与新加坡华族文化中心总裁刘思伟，于华族文化中心签订战略合作框架协议暨“早报文创空间”备忘录。

据联合早报报道，在这项为期两年的战略合作框架下，华族文化中心和华文媒体集团除了延续“早报文创空间”的合作，还会携手推展的新项目包括新加坡文创大赛2019、早报文学节2020，以及其他文艺及创意类型的活动，如讲座、展览及竞赛等。

华文媒体集团去年举办首届新加坡文创大赛，目的是发掘本土特色文化创意产品，推动本地文创产业，华族文化中心将是今年大赛的文创伙伴。此外，文化中心也会为报业控股子公司汉文教集团的成人及商用课程提供场地支持。

华文媒体集团旗下的《联合早报》与华族文化中心在两年前开始合建“早报文创空间”，旨在展示新加坡本土文化创意和新型文创产业，并让公众多了解和参与文化中心的各项活动。

早报负责“早报文创空间”的策划、组织和宣传，文化中心则提供场地，并负责现场活动安排及规划事宜。双方至今主办了20场文创活动，包括提倡生活品质、品味文化人生的“生活美学讲堂”，以及展示本土特色文化设计和各类文化创意的“创客实验室”等。除了邀请文创作家进行工作坊及分享会、“早报文创空间”也举行小型演出等活动。

●2019年第一季度世界华文传媒新媒体影响力榜单发布 4月30日，2019年第一季度世界华文传媒新媒体影响力榜单在北京发布。

中国台湾《联合报》、台湾《ETtoday新闻云》、澳门《澳门日报》位列2019年第一季度世界华文传媒新媒体影响力港澳台地区总榜前三。新加坡《联合早报》、马来西亚《中国报》、新西兰天维网位列2019年第一季度世界华文传媒新媒体影响力海外地区总榜前三。

榜单由中国新闻社与中国传媒大学新闻学院联合开展的世界华文传媒新媒体影响力测评项目产生。项目选取了全球57个国家和地区的近400家华文媒体作为测评样本。测评内容为各媒体在Facebook、Twitter、微博、微信等社交媒体平台、网站、移动客户端(APP)的布局情况及具体的业务表现。各媒体传统业务的规模、实力和表现未纳入测评。

项目以科学的统计方法为依据，以云计算为手段，围绕“生产力”和“互动力”两项核心考量指标，选取40余项基本数据，以严密的统计学算法为基础，以量化数据为呈现形态，形成客观全面反映世界华文传媒新媒体业务水平及其变化的指标体系。

根据测评数据生成的榜单由“世界华文传媒新媒体影响力总榜”“世界华文传媒社交媒体影响力榜”“世界华文传媒网站影响力榜”

构成。考虑到媒体所在地区的母语环境，三个榜单又按照港澳台地区和海外地区分别发榜。

数据显示，从宏观情况看，在社交媒体生产力、社交媒体互动力、网站生产力、网站互动力四个维度中，华文传媒的平均水平变化不大，各项指标均保持在相对稳定的状态。但数值显示，社交媒体维度的平均发展水平远远不如网站维度的平均发展水平。

数据亦显示，从微观情况看，社交媒体的生产力和互动力一定程度受时间节点的影响；网站的生产力和互动力水平则保持着一致的下降趋势。

●“海外华文媒体大运河沿线城市采风行动”江苏启动 5月3日，中国侨联指导，江苏省侨联主办，南京、苏州、扬州三市侨联共同承办的“追梦中华2019年海外华文媒体大运河沿线城市采风行动”当日在扬州拉开帷幕。活动以“汇聚全球侨智侨力，助力大运河文化带建设”为主题，共有来自世界14个国家和地区的21家华文媒体记者参加。

2014年6月，中国大运河被正式列入世界遗产名录。江苏境内共有7个遗产区、28个遗产点段入选，是整个大运河开凿历史最早、文化品位最高、代表性标志最集中和目前尚在使用里程最长的省份。2018年10月12日，大运河博物馆正式落户扬州。2019年1月4日，全国首个大运河产业发展基金——“江苏省大运河文化旅游发展基金”在南京成立。2019年5月4日，首届大运河文化旅游博览会在扬州开幕。江苏正在创造性、高质量地推进大运河文化带建设，努力将其打造成为江苏文化建设高质量的鲜明标志和闪亮名片。

从5月3日至8日，在为期6天的时间里，媒体采风团先后赴扬州、苏州、南京三市，参加“首届大运河文化旅游博览会”，参访一批园区、企业、华侨文化交流基地等，亲身领略运河文化的深厚底蕴，全方位了解江苏经济社会发展成就，深入挖掘来苏投资兴业、创新创业的华侨华人及海外留学人员的精彩故事，用手中的笔和镜头记录新时代的江苏发展图景，描绘千年古运河的今朝新面貌。

●柬中记者协会在金边揭牌 5月6日晚，柬埔寨柬文与当地华文记者协会(简称“柬中记协”)在金边举行揭牌仪式。柬埔寨新闻大臣乔卡纳里、中国驻柬大使馆政务参赞左文星，以及当地柬文、中文媒体记者代表等到场祝贺。

当日现场，柬埔寨首相府发言人宣读了首相府的贺信。

中国驻柬大使馆政务参赞左文星希望柬中记协成为柬中两个语种媒体深度交流与融合的平台，成为当地民众和两国人民加强了解、增进友谊的新窗口。

左文星在致辞中表示，柬中记协的成立结束了华文和柬文媒体各自为阵做新闻的历史，期待柬中记协在传递正面信息、在打击破坏两国关系的假新闻上发挥更大作用。

柬中记协联合主席帅速比表示，柬中记协致力传播柬中正能量，传播柬中两国人民的好声音，说好两国人民的好故事。

据介绍，柬中记者协会今年3月经柬埔寨新闻部批准成立，成员包括当地柬文和华媒单位记者。

柬埔寨新闻大臣乔卡纳里表示，期待协会成为湄公河——澜沧江流域国家资料库中心，把相关资料翻译成本流域各国的语言。

柬中记协中方主席刘晓光表示，中柬友好关系正处在历史最好时期，做为柬埔寨华媒人，有义务为两国关系发展，尤其是民间的相互了解和交流沟通出一份力，并承诺协会在新闻传播的同时，为柬中企业搭建沟通交流的平台。

●第19期海外华文媒体高级研修班举办 5月14日至17日，第19期海外华文媒体高级研修班在北京国家行政学院举行，共有来自40个国家和地区的88名华文媒体代表参加。

在京期间，研修班就70年以来中国产业发展与产业变革、“一带一路”倡议解读、国际局势与国家安全、智媒时代的融合创新等主题进行了交流讨论，进一步增进了华文媒体对中国经济社会发展情况的了解，加强了海外华文媒体在海外讲好新中国70年发展故事，传承中华文化，凝聚侨心侨力同圆共享中国梦的决心。

海外华文媒体纷纷表示，2019年是新中国成立70周年，华文媒体将进一步发挥各自优势，结合自身亲见亲闻，秉持客观公正的立场，通过客观真实的报道，准确反映中国发展现状和立场，正确解读今日中国之变化，让华侨华人和当地民众看到一个更客观、更真实的中国。

中央统战部副部长谭天星在结业式上指出，当前，世界多极化、经济全球化、文化多样化、社会信息化深入发展，国际形势不稳定性不确定性更加突出，需要世界各国共同应对，希望海外华文媒体搭建坚实中外沟通桥

梁，客观讲述中国故事；弘扬中华优秀传统文化，深化文明交流互鉴；创新国际话语体系，促进华媒融合发展。他表示，第十届世界华文传媒论坛将于10月在河北石家庄市举行，期待海外华文媒体积极关注支持。

此次研修班之后，海外华文媒体代表赴湖北、广西、浙江、江苏等地考察参访。

●30家海外华媒聚焦广西 5月18日，由广西壮族自治区党委统战部、中国新闻社广西分社联合主办的“辉煌70年·壮美广西新征程”海外华文媒体采访活动在南宁启动。来自美国、法国、德国、澳大利亚、加拿大、日本、韩国、意大利、匈牙利、缅甸、印尼等20个国家和地区的30家海外华文媒体走进壮乡，零距离感受广西日新月异的新变化。

本次采访活动为期6天，主办单位将组织30家海外华文媒体赴南宁、贵港、梧州、桂林等地参访。这些城市都是广西着力构建“南向、北联、东融、西合”全方位开放发展新格局的典型代表，也是有待海外华文媒体开发的“资讯富矿区”。

广西壮族自治区党委统战部常务副部长、自治区侨办主任林怀勇在活动启动仪式上表示，2018年是广西壮族自治区成立60周年，过去60年来，尤其是中国改革开放40年来，广西紧跟国家发展的步伐，经济社会发生了深刻变革，人民群众的生活不断改善，已成为一个山河秀美、民族和睦、人民幸福的边疆省区。

林怀勇说，今年是中华人民共和国成立70周年，是决胜全面建成小康社会第一个百年奋斗目标的关键之年，也是开启新时代全面深化改革、建设壮美广西新征程的重要之年。站在新的历史起点，与东盟国家山水相连、民风相近、文化相通的广西，正在以每年一届的中国——东盟博览会为平台，积极融入“一带一路”建设，致力构建面向东盟的国际通道，打造西南、中南地区开放发展新的战略支点，形成21世纪海上丝绸之路与丝绸之路经济带有机衔接的重要门户，这将会为海外华文媒体带来充足的信息和素材。希望海外华文媒体从南宁出发，共同记录广西对外开放和经济社会文化建设的丰硕成果，共同见证广西参与“一带一路”建设的美好未来。

中国新闻社广西分社社长周群指出，广西是中国南方沿海、沿边、沿江富有发展潜力、活力和爆发力的一片热土。作为中国五大少数民族自治区之一，广西有着中国与东盟开放合作“大枢纽”“大平台”等独特的优势，也是观察中国发展的一个重要窗口。她期待海外华文媒体积极发挥自身优势，在本次参访行程中写出更多充满温度、高度和深度的报道，助力“建设壮美广西 共圆复兴梦想”，让广西发展的好声音更多地在世界各国落地。

●香港明报庆祝创刊60周年 5月20日，《明报》创刊60周年酒会在金钟万豪酒店举行，近800名各界嘉宾到场分享喜悦。香港特区行政长官林郑月娥、世界华文媒体主席张翼卿、《明报》总编辑梁享南等共同祝酒，祝贺《明报》生日。

林郑月娥在致辞时表示，每天都会阅读《明报》，十分尊重传媒为公众监督政府。她提到《明报》在早前的报业公会颁奖礼上获得14个奖项，显示水平获得同业认同，“《明报》以超过半世纪时间，由4页小报，成长为今日版面丰富、内容多样的主流报章，一点也不容易，是过去60年多代明报人努力的成果”。

林郑月娥寄语《明报》会坚持不以吸引眼球或点击率为最重要目标，而是以扎实报道，秉持中立、客观、尊重事实及公正的编采方针，对社会事务是其是、非其非，推动社会进步。

张翼卿表示，《明报》坚持立场，为国家发展而谋，以同胞福祉为念而继续发声。他又忆述荣誉主席、丹斯里张晓卿爵士曾明确表示《明报》永远站在中华民族立场，反对台独和各种分离主义，维护中国主权统一。

出席酒会的包括中联办副主任卢新宁、外交部副特派员宋如安、行政会议召集人陈智思、立法会主席梁君彦、运输及房屋局长陈帆、政制及内地事务局长聂德权、教育局长杨润雄、创新及科技局长杨伟雄、行会成员罗范椒芬和叶国谦等。香港演艺界众星也纷纷到场祝贺。

●欧洲华文新媒体论坛在意大利举行 5月28日，2019欧洲华文新媒体论坛在意大利佛罗伦萨米罗大酒店举行。论坛以“数据时代的华文媒体发展”为主题，旨在为欧洲华文媒体之间，以及中国主流媒体、西方媒体搭建分享沟通交流的平台，共同面对在新媒体领域华文传播发展的机遇和挑战，探讨欧洲华文媒体借助新媒体平台实现与其他行业的跨界合作、无缝链接与融合发展。

2019年欧洲华文新媒体论坛由中国新闻网、中国驻佛罗伦萨总领馆指导，欧洲华文传媒协会、欧洲时报、欧洲华文新媒体协会主办，欧联通讯社、欧洲青年企业家协会承办。

中国驻佛罗伦萨王文刚总领事，意大利总理府部长会议主席卡罗·卡普里亚(Carlo Capria)、意大利前国家众议院议长艾琳·皮维蒂(Irene Pivetti)等嘉宾，以及来自法国、德国、荷兰、意大利、奥地利、西班牙、葡萄牙、爱尔兰、匈牙利、罗马尼亚、希腊、塞尔维亚、波兰、捷克等国家的40多家华文媒体负责人和代表，应邀出席了论坛活动。

欧洲时报社社长张晓贝代表论坛主办方致辞，他回顾了欧洲华文媒体的成长与发展过程，对华文媒体为中欧交流所做出的成绩给予了充分肯定和赞誉。并对互联网发展、新媒体时代华文媒体发展所面临的机遇和挑战，给出了详尽具体的解读。

中国驻佛罗伦萨王文刚总领事对2019欧洲华文新媒体论坛活动的成功举办，表示祝贺。王文刚表示，在手机、网络、等新媒体飞速发展的时代，欧洲华文媒体要积极面对在新媒体领域的机遇和挑战，充分运用新技术创新媒体传播方式，建立具有新时代特色的传播平台，有效发挥新兴媒体的作用，利用新媒体在时、度、效上的优势，精心构建对外话语体系，增强对外话语的创造力，感召力和公信力，要讲好中国故事，阐释好中国特色，塑造良好国家形象。

意大利总理府部长会议主席卡普里亚表示，意大利和中国是传统友好国家，媒体在推进意中文化交流，增进人民友谊、增强不同民族文化认知等方面，始终发挥着重要而积极的作用。希望意中两国媒体加强交流合作，为意中友好关系发展、推进社会文明发展，加强“一带一路”建设合作做出新贡献。

意大利前国家众议院议长艾琳·皮维蒂对论坛的成功举办表示祝贺。她表示，意中友好合作关系正在朝着更深更广的领域发展，希望意中媒体在强化有益于两国友好关系发展舆论氛围的同时，为进推进两国人民加深了解等方面发挥更大作用，为推进“一带一路”建设发展贡献力量。

在致辞中，中国新闻网总编陶光雄表示，海外华文媒体在传播中华文明、促进中外交流、传达华人声音、密切家乡情谊、服务华人社群上发挥了重要作用。随着互联网信息技术日新月异的发展，新闻资讯的传播格局和方式发生了深刻变化。发展新媒体、实现融合转型，是不可逆转的潮流，具有悠久历史传统的海外华文媒体，应当顺势而为，积极拥抱互联网新媒体，变革图存，从而消解被边缘化的隐忧。中国新闻网愿与海外华文媒体在新媒体领域开展广泛合作，助力海外华文媒体融合转型发展。

欧联通讯社社长黄勤海表示，中国昂首阔步走进新时代，为海外华文媒体，特别是华文新媒体提供了宽广的舞台。海外华文新媒体应通过多种渠道，客观、公正、全面地报道中国的发展变化，让更多住在国民众了解真实的中国，同时引导舆论讲好中国故事，让中国价值、中国理念、中国制度、中国智慧被世界各国人民所了解。

与会华文媒体代表纷纷表示，互联网乃至新媒体是传播人类优秀文化、弘扬正能量的重要载体。新媒体应发挥互联网传播平台优势，推动中欧优秀的历史文化交流互鉴，让人民了解彼此优秀的历史文化，推动中欧人民情感交流、心灵沟通，助力中华文明与欧洲文明在交流互鉴中不断实现新的发展。

在论坛期间，为了表彰为中意交流做出突出贡献的单位和个人，意大利总理府部长会议主席卡普里亚分别向欧洲时报、欧洲青年企业家协会、意大利中国电信公司和中国当代艺术家舒勇颁发了“2019年中意文化交流贡献奖”。

欧联通讯社社长黄勤海分别向意大利总理府部长会议主席卡普里亚、意大利前国家众议院议长皮维蒂颁发了欧联通讯社名誉社长聘书。这是意大利高级政府要员首次接受华文媒体聘任，并致力于推动华文媒体发展。

●**南方报业与新加坡报业控股签署全媒体传播交流合作意向书** 6月6日，在“中国（广东）—新加坡新闻文化交流周”开幕式上，南方报业传媒集团与新加坡报业控股华文媒体集团签署了全媒体传播交流合作意向书，标志粤新首个媒体合作长效机制——“粤新国际传播平台”建立。

6月7日下午，南方报业传媒集团与新加坡报业控股华文媒体集团举行座谈会，南方报业传媒集团管委会主任、南方日报社社长刘红兵与新加坡报业控股华文媒体集团社长李慧玲、新加坡报业控股《联合早报》兼《联合晚报》总编辑吴新迪进行了深入交流。

刘红兵表示，当前，顺应移动互联网发展趋势，南方报业传媒集团正在举全集团之力打造全媒体立体传播体系，发挥媒体连接资源的优势，大力推进以内容智库化、传播智能化为标志的智慧转型。希望未来双方可以在促进和

推广粤港澳大湾区、推动青年创新创业、国际传播能力建设、打造新型主流媒体等方面开展深入、务实的合作，尽快推出实质性项目。

李慧玲表示，新加坡与广东有共同语言，历史渊源很深，广东媒体在全国走在前列，实力很强。希望双方可以在推动“一带一路”和粤港澳大湾区建设过程中联合策划更多新闻专题和深度报道，让新加坡受众更加了解新粤合作的发展趋势，也让广东的受众更加了解新加坡，将合作落到实处。

吴新迪提议双方发挥媒体优势，通过举办论坛、研讨会、创新大赛等方式为两地青年搭建创新创业交流平台。

据悉，南方报业传媒集团与新加坡报业控股华文媒体集团的合作是《广东省与新加坡合作五年规划(2018–2022)》中明确的粤新两地强化文化和旅游合作的具体措施之一。

●2019“津门论道”海外华文媒体论坛举行 6月14日，由天津市委宣传部、天津市委统战部、中国侨网共同主办的主题为“津门论道——全媒体时代的中国故事海外表达”的海外华文媒体论坛在天津举行。

来自五大洲20个国家和地区的30余家海外华文媒体代表以及国内主流互联网平台、媒体代表齐聚津门，为全媒体时代在海外讲好中国故事献计献策。

中国新闻社副社长兼副总编辑夏春平在讲话中对海外华文媒体的作用进行了肯定。他指出，分布在近200个国家和地区的1000多家传统华文媒体和数百家新媒体，植根侨社、面向侨胞、辐射主流，在表达华社诉求、争取侨胞权益、传播中国声音、弘扬中华文化、促进中外友好等诸多方面作出了重要贡献，成为华语世界对话全球，展示中华文化的一支独具特色的舆论力量。

随着互联网信息的发展，舆论生态、媒体格局、传播方式不断发生深刻变化，加快媒体融合，是讲好中国故事的必由之路；优化传播策略，是应对全媒体时代的重要法宝。讲好中国故事，讲好中外友好故事，让华侨华人和更多的住在国民众知晓真实的中国，是海外华文媒体的使命所在。

对此，现场的华文媒体代表们感触颇深。他们认为，华文媒体对于海外华人而言，更有亲切感，因此通过论坛交流提升媒体技术与影响力，对华文媒体来说非常重要。

字节跳动、天津津云新媒体集团分别在论坛上展示了各自的媒体发展。而在交流互动环节，新西兰信报、葡萄牙伊比利亚传媒、匈牙利新导报、斐济日报、中国新闻网等媒体界大咖，就海外华文媒体在讲述中国故事过程中积累的经验、面临的机遇及挑战等议题进行了探讨。

●美西《侨报》转型为周报 6月29日，美西《侨报》刊登启事，宣布美西《侨报》转型为周报。

《侨报》于1992年和1994年先后在旧金山和洛杉矶创刊和发行日报，已服务侨社逾二十余年。美西《侨报》此次对出版周期进行调整，是一次蜕变，将更加注重媒体融合发展。

启事称：7月4日，一份全新的、每周四出版的《侨报》将呈现在读者面前。它将沿袭《侨报》的传统，更接地气，更近侨社。

●中美邮报庆祝创刊25周年 7月13日晚，中美邮报社庆祝创刊25周年晚会在美国奥罗拉市举行，各界嘉宾齐聚一堂，同声祝贺《中美邮报》走过了四分之一世纪的发展历程。

中美邮报(Chinese American Post)1994年7月4日创刊于美国科罗拉多州首府丹佛市，是美国中西部地区唯一由大陆学人创办的中文周报。现每期20–24全版，有海外华人、华人社区、中国新闻报导、台湾社会现实、美国纵横谈、医学与健康、文化与艺术、体育大世界、多元文化交流、中国专题报道、孔子学堂、报刊文摘、名人轶事录等栏目。

多年来，中美邮报努力拓展自己的优势和多向度的功能，在参与主流社会社交与竞选、创立中文教育、大学书法文化课程、书法艺术品进入博物馆等，让中华文化艺术向不同文明辐射与传播方面发挥了重要作用。

庆祝晚会上，中美邮报将华人社区和主流社会再相联结，支持华人踊跃为奥罗拉市长竞选人马克.考夫曼筹款竞选。考夫曼是连任五届的联邦众议员，也是中美邮报25年来的真诚的朋友，参加了报庆10周年， 20周年和中美邮报所举办的多次国际文化艺术交流活动。晚会上，考夫曼再一次深情谈到他曾去中国北京、上海等地访问的情景，提及中国菜和中国朋友对他的影响。

在报庆25周年之际，中美邮报收到中新社、全国侨联、中国驻芝加哥总领馆、世界各地的华文传媒同仁和科州当地侨团、中文学校等80多份贺信贺电。中美邮报社长屠新时表示：放开眼界看未来， 坚定不移前进。中美邮报将自信自尊，砥砺前行。

创办、停办大事记

（2017.5—2019.6）

2017年

●中东首家华人网络电视台诞生 3月，中东网络电视台(www.mentv.ae)在阿联酋迪拜注册成立。这是一家新媒体平台，也是中东地区首家华人网络电视台。

中东网络电视台集图文报道，视频直播、新闻资讯等为一体，立足网络视频直播，拓展PC、手机、传统电视等多终端集成播出方式，建设拥有全媒体，全覆盖传播体系的网络视听公共服务平台。中东网络电视台现有新闻频道、财经频道、旅游频道、会展频道、综艺频道、科技频道、购物频道、生活频道共8个主要频道。

●《今日北美》华文周报在蒙特利尔创刊 6月，《今日北美》华文周报在加拿大蒙特利尔创刊。该报由加拿大荣信集团旗下荣信传媒出品。

荣信传媒主营品牌之一《今日北美》，提供包括华文周报、微信公众平台、综合网站等全媒体解决方案，并与中加主流媒体深度合作，致力打造最具影响力的海外华文传媒品牌。

报纸每周四出刊，现有版面包括：时政、美加、国际、财经、教育、生活、房产、移民等十余个。办报宗旨在立足于华裔社区的同时，以服务中加商业企业、投资风向趋势为导向。

《今日北美》全媒体平台，为中加商务合作提供个性化整合营销和全方位资讯服务，涵盖六大核心板块：中加商务、高端访谈、原创专题、文化赛事、教育服务、地产财经。

●《一带一路报》在印度尼西亚创刊 7月14日，来自中国、澳大利亚和印度尼西亚的100位企业家欢聚巴厘岛，共贺一带一路创业家联合会印尼总会成立、《一带一路报》创刊、一带一路会所开业。巴厘省省长马国华、澳大利亚驻登巴萨总领事海伦娜博士、中国驻登巴萨商务领事许七一等嘉宾到会祝贺，会上还为当地孤儿院举办慈善捐款仪式。

一带一路创业家联合会是澳大利亚政府批准注册成立的非营利性机构，总部设立于澳大利亚南澳洲，并在印度尼西亚巴厘省设立印尼总会，为有效整合资源优势，打造资源和信息共享平台，联合会先后成立了中澳印尼创业家集团公司、国际贸易公司、一带一路报社和建设集餐饮、娱乐、休闲功能为一体的个性化主题会所，满足会员单位在投资、国际贸易、传媒、咨询等领域的多元化需求。其中《一带一路报》以中英印版本形式推介一带一路在各地发展情况，构筑一带一路国家发展桥梁和纽带。

据介绍，印尼《一带一路报》是在2008年创办于澳大利亚的英文、中文双语杂志《中澳企业家》基础上，于2017年7月在印尼设立的印尼文、中文、英文三种文字的专门服务“一带一路”沿线国家，重点是服务印尼及东南亚国家的国际政论为主的综合性报纸，是澳大利亚一带一路（国际）创业家联合总会设立于印尼的国际媒体平台，它是迄今为止全球唯一一份以《一带一路报》发行国家文字、中文、英文三种文字发行的报纸。

该报宗旨：为印尼等“一带一路”沿线国家和地区提供高端政论与商务服务。

办刊目标：成为全球著名的中文、英文、《一带一路报》发行国（地区）文字三种文字的高端政论与商务新闻平台。

●巴基斯坦英文报《新闻报》开设中文版面 9月25日，巴基斯坦国内唯一发行的华文报纸《华商报》与巴发行量最大的英文报纸《新闻报》签署合作协议，双方将合作在《新闻报》上开设中文专版，刊登中国新闻。

根据合作协议，《华商报》今后每周将为《新闻报》提供两个版面的中文新闻信息，内容涵盖中国经济、文化、教育、美食、在巴华人动态等。

《新闻报》是巴基斯坦“战斗”传媒集团旗下英文报纸，目前发行量达20余万份，受众覆盖巴全国各地。

《华商报》创刊于2016年7月，是目前巴国内唯一的华文媒体，报道涉及中巴政治、经济、文化、教育、体育等多个领域。该报目前主要在伊斯兰堡、拉合尔、卡拉奇等大城市发行，受众多为在巴中资企业、华人华侨及巴基斯坦主要企事业单位等。

巴基斯坦首都管理与发展国务部长乔杜里参加活动并致辞。他说，《新闻报》与《华商报》开展合作，是中巴两国媒体友好合作的典范，将为巴人民打开了一扇了解中国的窗口，有利于进一步促进两国的友好关系。

●台湾杂志《华流》与《爱玩客》停刊 10月，台湾三立电视公司旗下两本杂志《华流》与《爱玩客》停刊。

三立电视资深副总张正芬此前证实，《华流》与《爱玩客》9月出刊后就正式停刊，今后将持续发展新媒体及专注内容经营，不再经营平面媒体业务。

《华流》杂志创刊于2012年12月12日，主涉台湾戏剧、音乐、时尚、美容等多种领域，传递台湾的流行娱乐文化。《爱玩客》杂志为双月刊，于2014年1月创刊，针对年轻女性，以“可爱的、好玩的、美食客”为主题。

●加拿大共生国际传媒成立 10月5日，加拿大共生国际传媒（Symbiose internationale media du Canada Inc.），在加拿大魁北克省注册成立。该机构为加中跨国股份有限公司，网址：www.simcinc.com,登记业务包括新闻传播、文化交流、出版印刷等。总部在蒙特利尔，北京有办事机构。

共生传媒以“构建命运共同体，迎接共生新时代”为创办宗旨，以推进加中交流和世界和合为内容导向，以坚持原创性和个性化为发展动力，以“讲好中国故事”为值守责任。

●《菲中新闻台》成立，实现华语开播 10月9日，菲律宾一家全新的电视新闻台《菲中新闻台(CNTV)》开播。全菲的华人可以收看由CNTV制作的半个小时英语、华语、菲语三语新闻节目。

以华语通过电视、广播播报全球时事新闻，这在菲华历史上是首次；而以英、中、菲三语播报新闻，在菲律宾更是前所未有。CNTV开播，不但是菲华社会的一件盛事，更成为观察菲律宾社会融合发展的一个新窗口。

开播首日，《菲华新闻台》播出了31分27秒，新闻涉及中国捐助菲律宾第二批反恐武器装备、美国拉斯维加斯枪击案进展、96岁华商慈善家薛华诚逝世、中国河北玻璃栈道国庆中秋吸引游客等，涵盖国际、国内、菲中关系、华社、娱乐、气象新闻等。

坐在CNTV主播台上的，都是义务服务的菲华青年才俊。主播之一、90后郑友楠是当地菲龙网CEO。“自己第一次坐主播台，纯粹是为帮帮Auntie，未来菲龙网将与CNTV链接。”

郑友楠尊称的Auntie，是在菲华社会蜚声16载的菲华电视人、菲中电视台台长施玉娥女士。她靠信念坚持了16年，在菲律宾多家主流电视台购买时段创办《菲中电视台》，每个周末播出中文电视杂志类节目，营造菲华精神家园。

“创办华语新闻节目是我的梦想”，CNTV开播意味着70岁的施玉娥创办华语新闻台梦圆。其25岁的女儿庄琳琳，亦随着CNTV迈进菲华新闻圈。

●希腊中文平台“希华时讯”上线 10月19日，希腊华语网站“希华时讯”正式上线。这是南欧地区首个由当地主流媒体创建的中文平台。

作为直通国际社会的华语媒体，希华时讯致力推动和促进中国与希腊的关系发展，每天报道大量希腊新闻，同时关注全球资讯和动态，以中文、英语、希腊语、俄语四种语言推送新闻和服务信息，向读者快速并深入地展示真实的、全面的、客观的希腊。同时，为中国读者打开了解希腊、欧美及世界之门。

据“希华时讯”总编辑梁曼瑜介绍，近年来中希关系越来越密切，希腊是中国“一带一路”设想的关键节点，向当地主流社会发出中国声音尤为重要。同时，由于希腊移民遍布全球，通过直达当地民众的渠道发声更有助于让国际社会了解中国，让“一带一路”沿线国家的民众、企业、社会真正理解中国领导人提倡“文明互鉴”的内涵与价值。

梁曼瑜表示，在未来，“希华时讯”将助力中国“一带一路”倡议，积极参与沿线国家与中国的文化交流、经贸合作、人文旅游等资讯的报

道工作，并与中国新闻同行开展多方合作，以多语种的国际化新媒体平台优势讲好中国故事，传递中国声音，展示中国的发展新貌。

●马来西亚南洋商报文艺版停刊 12月19日，马来西亚南洋商报文艺版《南洋文艺》宣布停刊。该版主编张永修以“不说再见《南洋文艺》（1985–2017）”为题，总结该版历史。

南洋商报为1923年陈嘉庚创办。《南洋文艺》1985年脱胎于《读者文艺》，历任编辑包括钟夏田、柯金德，1994年张永修接掌主编至今。

多年来，南洋商报与星洲日报的文艺版面一直是马华文学重要的发表园地。如今少了一个主要的文艺版，让马华文学界的一些受访者感到怅然若失。

2018

●新西兰中文《先驱报》与“Arrival”联手推出《抵达》 1月，中文《先驱报》与新西兰最大的国际游客英文综合指南杂志“Arrival”联手，正式推出该杂志的中文版《抵达》。

Arrival，是新西兰最大的国际旅客综合指南杂志，一年发行4期。Arriva自2002年创办至今，每年拥有超过100万读者，年发行量30余万册，获特许授权进驻南北两岛多地机场，包括新西兰第一大城市奥克兰国际机场、首都惠灵顿国际机场、南岛第一大城市基督城国际机场、世界著名旅游胜地皇后镇国际机场等。

近年来，新西兰旅游行业一直势头蓬勃，发展强劲，根据新西兰统计局的数据，海外旅客数量每年均在增长，截至2017年10月，由世界各地前来新西兰的国际旅客已经达到一年368.8万人次。与此同时，中国游客也已经成为了新西兰的第二大海外游客来源市场，仅次于澳大利亚。

Arrival与新西兰中文先驱传媒集团共同联手制作这本中文刊物，并以《抵达》命名，正是为了满足迅速增长的华文旅行者尤其是自助行游客的迫切需求。

●渥太华首本中文月刊《吃喝玩乐》杂志创刊 1月25日，加国传媒集团OTTAWAZINE创办的吃喝玩乐杂志发刊，这是渥太华史上第一本中文月刊杂志。

该杂志涵盖渥太华周边餐饮及娱乐推荐。每月持续为读者推荐最优质的生活体验，同时也分享丰富的原创观点。

●老挝首家华文报《中华日报》创刊 2月2日，老挝首家华文报纸《中华日报》在老挝首都万象举行的首届“一带一路”老—中合作论坛开幕式上正式宣布创刊。这将结束老挝没有华文报纸的历史。

老挝国家通讯社社长顺通·坎塔翁与老挝中华总商会会长姚宾签署了共建老挝首家华文报纸的战略合作协议，并在现场大屏幕展示了老挝《中华日报》首期样刊。

老挝人民革命党中央书记处书记、中央宣传部部长吉乔·凯坎皮吞，中共中央委员、新华通讯社社长蔡名照，老挝新闻文化和旅游部部长波显坎·冯达拉，中国驻老挝大使王文天，以及700余名老挝社会各界和中资机构与企业代表共同见证了这一时刻。

姚宾接受记者采访时表示，老挝有走过81年历史的华侨学校——寮都公学，有同样历史悠久的侨团组织，却一直没有华文侨报，是一大遗憾。这次乘着两国宣传与新闻机构共同主办的首届“一带一路”老—中合作论坛的东风，在老挝新闻文化和旅游部、老挝国家通讯社的大力支持下，老挝中华总商会终于创办了老挝首家华文报纸。这显示了老挝政府对在老华侨华人的重视与支持，对老中两国友谊的重视。这家报纸将致力于为老挝政府与在老华侨华人搭建沟通桥梁，使在老华侨华人更好地投身于老挝经济社会建设，更好地推动老挝与中国友好合作，促进两国友谊。

据介绍，这家华文报初期将以电子刊为主，纸质版报纸每半月一期，稳步发展，最终将发展成日报，为广大在老华侨华人和越来越多在老投资兴业、工作居住的中国公民提供及时权威的中文信息服务。

在当天的开幕式上，老挝中华总商会还与新华社中国经济信息社签署战略合作协议，中国经济信息社将通过免费提供经济信息的形式给予这家华文报内容支持。

●柬埔寨中文网络媒体《柬中时报》成立 2月8日，柬埔寨中文网络媒体《柬中时报》获柬埔寨新闻部长乔干那烈批准成立。

据该媒体介绍，《柬中时报》是由一群热

诚从事新闻工作和信息技术的柬埔寨青年华人创办的中文新闻网站。其宗旨是秉承服务柬埔寨华人社区的精神，为柬埔寨华社提供快捷、客观和中立的新闻与评论，坚持新闻原创、真实和公正的原则。

目前，《柬中时报》拥有新闻网站（www.cc-times.com），也附有脸书专页、youtube频道，以及刚全新推出的《柬中时报》App应用程序。

●台湾第一本眷村文化刊物《我村》创刊 2月10日，台湾第一本眷村刊物《我村》创刊号举行发表会。

据台湾媒体报道，因眷村改建条例关系，台湾的眷村几乎全部面临拆迁，许多在眷村生活一辈子老眷户被迫搬离，徒留竹篱笆的哀愁，眷村文化也逐渐被遗忘，为了唤醒眷村团结，冈山眷村文化协会募款、申请补助，花了近30万元新台币编纂《我村》眷村刊物，创刊号首刷1000本，内容共有76页，访谈了老眷村人、眷二代和眷三代及新住民说眷村的故事。

当天，以往被迫搬迁的老眷户都来捧场，对眷村文化渐渐消逝感到不胜唏嘘，期许新刊物凝聚眷村人，找回竹篱笆的春天。

●世界一带一路电视台启动 3月4日，世界一带一路电视台在泰国曼谷举行启动仪式。

世界一带一路电视台，隶属于“世界一带一路基金会”、“世界一带一路组织”及“世界一带一路理事会有限公司”。世界一带一路电视台，是一家具有泰国民联厅(广播电视局)颁发的营运等多种准证的24小时全天候的卫星电视台，共15个频道。通过“泰空”5、6、8三颗卫星的传送并透过泰国著名的卫星电视公司IPM的800万个机顶盒及350万个卫星锅，覆盖了泰国、缅甸、老挝、柬埔寨、马来西亚、越南及中国西南地区，受众超过5000万。

世界一带一路电视台董事局由泰、中两国著名政商人士组成，包括阿隆功·蓬拉坡、蓬贴·贴干乍那、素披迪·巴威塔、王鸿宾、祝恩福、李晓华、瞿佳伟；其顾问局由中国传媒大学博士生导师、凤凰卫视创始人之一、凤凰资讯台台长、中国传媒大学发展研究院院长钟大年教授为首组成，名誉台长为中国著名电视媒体人、央视一套《大国品牌》总出品人吴纲先生出任，由中、泰及香港著名电视媒体人史攀先生、孙艺修女士、谭淋丹女士等组成经营管理团队。

●新媒体华文报《印尼新报》创刊 3月12日，印尼华文报《印尼新报》（www.harianbaru.com）正式面市。这是以新媒体形式发行的华文报。

该报在创刊词中指出，进入新时代，印尼和中国一样，都面临重大机遇和挑战，如何克服重重困难，掌握新时代的变化和黄金机遇，为国家人民创建美好幸福的家园，实现民族复兴的中国梦和印尼梦是该报创刊的出发点。

创刊词说，进入高科技不断创新的新时代，各种新传媒取代了过去的纸类传媒和传统媒体，连互联网也可能被更快速更进步的科技所取代，我们必须与时俱进，不断学习和不断创新，才能应对新时代的要求和使命。因此《印尼新报》出版发行是配合新时代的发展，以新传媒方式向国内外广大读者介绍分析印尼和中国，东盟各国的最新发展，让各界朋友更好更快地了解时代的发展趋势和未来变化。

沈德民博士为《印尼新报》社长，李卓辉任总编辑。

●香港、台湾《壹周刊》纸质版停刊 4月4日，台湾《壹周刊》当日发行最后一期纸本杂志，宣布将正式停止发行，只保留网上版本。此前，香港壹传媒集团旗下杂志《壹周刊》因经营连年亏损，在3月14日出版最后一期纸本后停刊转为网媒，结束28年的出版历史。

《壹周刊》于1990年在香港创刊，2001年5月进军台湾，以腥膻色为主旨，成为风光一时的台湾八卦杂志始祖，如今面临难堪的落幕窘境。据报道，自2001年进入台湾的《壹周刊》，去年亏损2亿多新台币。台湾《壹周刊》社长兼总编辑邱铭辉已证实，杂志社近期将精简人力，据悉裁员人数达二三十人，近三分之一。

来自香港的《壹周刊》让“狗仔文化”在台湾生根，对当地媒体带来彻底市场化的冲击。有学者认为，《壹周刊》纸本停刊反映媒体经营环境的变迁，及既有营收模式难支撑运作的困境。同时，反映《壹传媒》的典型商业媒体特质，可以说它是成也商业主义，败也商业主义。

●《海内外》杂志创刊 4月，《海内

外》杂志面世。

《海内外》杂志注册于2017年12月，分别在马来西亚首都吉隆坡和奥地利首都维也纳两国注册落地。是国际华文媒体联盟旗下的一份由海外华文媒体人合力打造的综合性全彩季刊。

《海内外》杂志是由印刷版、数字版，手机版共同构建的全球赠阅的媒体平台。目前以印刷版与数字版双轨道发行，发行范围覆盖全球一百多个国家。

《海内外》杂志的办刊宗旨是弘扬华夏优秀文化传统，传中华正声。集全球华人华侨之群智之合力，互利互助，共创共赢。携手海内外的华夏儿女，构筑信息与舆论的公共广场，放眼未来，洞察内外，铸就理性，独立，负责任，有公信力的媒体品牌形象。

《海内外》社长/发行人：续炳义，总编：王菁野

●**《非洲华侨周报》暨《人民日报海外版》非洲周刊正式落地安哥拉** 5月2日上午10点，《非洲华侨周报》暨《人民日报海外版》非洲周刊安哥拉版首发式在安哥拉首都罗安达成功举行。中国驻安哥拉大使崔爱民、《非洲华侨周报》总社长南庚戌、《非洲华侨周报》安哥拉分社社长黄跃权等侨社和侨界代表数十人出席了活动。

南庚戌总社长在致辞中，回顾了《非洲华侨周报》多年来的发展历程。他表示，《非洲华侨周报》将坚持以服务华侨华人为宗旨，发挥反应侨意、沟通侨情、凝聚侨心的作用，关注并积极参与侨社的各项活动，关注非洲各国政策、法令的调整，为广大华侨华人提供及时、准确的信息，努力将《非洲华侨周报》打造成为旅安侨胞的精神家园。

中国驻安哥拉大使崔爱民代表使馆向《非洲华侨周报》在安发行表示热烈祝贺。崔爱民表示，安哥拉是南部非洲重要国家，也是中国在非洲的战略合作伙伴。中安建交35周年以来，双方各领域合作关系不断加强。现在，安哥拉已成为中国在非洲第二大贸易伙伴和主要投融资合作伙伴，中国成为安哥拉第一大贸易伙伴。在此过程中，一大批中国企业和侨胞来到安哥拉，付出艰辛努力，为安哥拉的发展和中安友好做出了积极贡献。但由于缺乏资讯，大家在当地的工作和生活多有不便，为此，非常期待更多的华文媒体在这里落地生根。

崔爱民对《非洲华侨周报》提出了三点希望：一是要秉持办报宗旨，服务广大侨胞，满足大家的精神文化需求，成为大家的创业发展帮手；二是构筑友谊桥梁，增进两国友好。弘扬“真实亲诚”的中非合作理念和中安友好合作的主旋律，积极传播中国文化，增加两国人民之间的了解和友谊；三是坚持脚踏实地，不断开拓进取，要牢记初心，认准方向，做好信息传播、舆论引导、沟通交流和文化传承。

●**巴塞罗那电视台将正式推出中文频道** 6月12日，西班牙巴塞罗那电视台(Barcelona Televisió，简称：Betevé)与巴塞罗那中文教育基金会(Fundació Educativa Xinesa，简写：FEX)，在Betevé总部联合召开新闻发布会，宣布达成战略合作协议，共同建立中文频道。据介绍，巴塞罗那电视台中文频道是西班牙境内公共电视台首家中文频道。

出席当天发布会的包括，中国驻巴塞罗那总领馆总领事林楠、办公室主任王硕、巴塞罗那电视台中文频道台长及导演塞尔吉、巴塞罗那中文教育基金会主席麻卓民、欧洲时报文化传媒集团总裁、欧洲时报社社长张晓贝等嘉宾，及当地华侨华人代表等。

巴塞罗那电视台(Beteve)是巴塞罗那市政府所属的地方电视台。作为当地最具影响的主流媒体，自1994年开播以来一直深受当地居民的喜爱。据介绍巴塞罗那电视台中文频道将会是西班牙境内公共电视台首家中文频道，将主要以节目内容母语化的形式为当地华人群体提供视听服务；同时，巴塞罗那电视台与巴塞罗那中文教育基金会也将展开合作，共同制作聚焦巴塞罗那本地生活的全新中文电视节目。

巴塞罗那电视台导演、中文频道台长及导演塞尔吉是一位“中国通”，他曾在TV3担任了十几年的驻中国记者。新闻发布会上，塞尔吉在讲话中回顾了自己多年的中国情怀，他说，中文频道的建立可能是基于自己的中国情结，但把视野放得更广阔来看，则是有助于加深中西跨文化交流，并且让更多的中国人了解加泰罗尼亚的文化、历史，带动加泰罗尼亚旅游业的发展，并且通过中文频道的节目来使加泰罗尼亚更具多元文化属性，展示加泰罗尼亚包容且独特的一面。

欧洲时报社长张晓贝表示，西班牙人与中国人合作建立中文频道，不仅仅面向加泰罗尼亚华人，更是面向那些对加泰罗尼亚与中国感兴趣的所有观众。

林楠对记者表示，居住在加泰罗尼亚的中国公民，非常渴望积极融入当地社会，但部分人士基于语言能力的问题，往往无法从主流媒体获得高质量的信息，中文频道的建立将极大的帮助他们获取当地的政治、社会及文化新闻，这对旅居当地的中国公民的生活、工作和学习都是非常有益处的。同时，西班牙人对中国文化及现在快速的发展也十分感兴趣，中文频道的建立正是巴塞罗那电视台与巴塞罗那中文教育基金会的合作，强化了这种纽带的作用。

●加拿大一带一路通讯社成立　6月22日，一带一路通讯社（The Belt and Road News Agency Inc.）在加拿大联邦注册成立。

据介绍，一带一路通讯社是为适应全球化社会发展需要，结合中国倡导的“一带一路”新发展思路，致力于嫁接加中两国在经济文化等诸多领域的合作与交流事业发展，以媒体为交流的媒介，以各国城市为链接桥梁，全方位服于“一带一路”沿线国家与地区的“共商、共享、共建”之融合发展全球化战略，配合融媒体传播模式，努力做好线上与线下互动交流新事业。

●希腊《希华时讯》月刊创刊　7月1日，希腊中文刊物《希华时讯》月刊与读者见面，每期为24版。

《希腊时讯》月刊编辑部刊出启事指出，“作为职业媒体人的我们，依然深信纸媒可以承担起媒体融合探路者的使命，成为新媒体内容的刊播者”。

启事称，“希华时讯”电子平台，一直致力推动和促进中国与希腊的关系发展，向读者快速并深入地展示真实的、全面的、客观的希腊。同时，助力中国“一带一路”倡议，积极参与沿线国家与中国的文化交流、经贸合作、人文旅游等领域的宣传工作，在中希两国间架起一道沟通的桥梁。

《希华时讯》月刊的顺利创刊，得益于希华时讯多语种新媒体平台的长期积累和沉淀，得益于广大读者和新闻同业的大力支持。

●马来西亚马新社新闻台华语新闻复播　7月30日起，马来西亚马新社新闻台华语新闻恢复播出。

马新社总执行长兼马新社新闻台(BNC)董事经理祖基菲里说，华语新闻在晚上8时30分播放，并会在凌晨2点重播。该台华语新闻组将由黄秀慧领导，技术与人手等的筹备工作在1个月前已展开。

据马新社报道，马新社新闻台华语新闻于2015年停播。马来西亚通讯及多媒体部长哥宾星在5月28日首次造访马新社总部，要求该社复播淡米尔语及华语电视新闻。

●台湾《公共政策学报》创刊　8月7日，台湾《公共政策学报》当日在台北举行记者会，宣告创刊。

主办方负责人、台湾公共政策学会理事长林水吉表示，学报将为关心台湾公共政策的学者提供论文发表的园地，让攸关社会发展与公共利益的议题，能得到更理性、更持平的思辨与讨论空间。民进党上台后，在各个政策领域都出现以意识形态凌驾民众福祉的现象，损害台湾社会整体利益，希望学报能凝聚更多理性的声音，针砭乱政，为台湾找回正确的道路。

《公共政策学报》发行人、中国国民党籍民意代表江启臣表示，台湾目前面临“民主崩坏”的滥权危机。民进党在政党竞争、年金改革等多个领域，大搞“多数暴力”，还破坏两岸关系，恶行不胜枚举。他希望学报能成为汇集社会良知的重大平台，挽救台湾遭到的危机。

台湾公教军警消暨退休人员联合总会荣誉总会长胡志强表示，民进党当局利用年金改革、“转型正义”等手段进行政治清算，在社会阶层中挑拨对立，打击国民党和军公教警消人员等蓝营支持群体，这违背法治精神，破坏社会稳定。在能源政策上一意“废核”，走的也是错误道路，台湾未来堪忧。

据悉，《公共政策学报》由台湾公共政策学会出版，为学术性刊物，以探讨公共行政、公共政策、公共事务管理等议题为主旨，每季发行一期。

●柬埔寨星洲日报停刊　10月6日，埔寨星洲日报在头版头条宣布“业务重组　暂时停刊”呼吁订户到办事处处理退款，已签长期合约的广告客户则可以选择退款，或是继续在该报微信公众号刊登未刊广告。

柬埔寨星洲日报创办于2000年11月8日，至今已有18年。其新闻报道较为客观、公正，还曾经组织爱心助学等多项公益活动，是柬埔寨非常有影响力的华文媒体。

●**《今日广东》栏目落地德国开播仪式举行** 10月10日，中国广东广播电视台《今日广东》栏目正式落地德国本土电视台开播仪式在法兰克福书展期间举行。

在开播仪式上，广东省委宣传部常务副部长白洁说，《今日广东》栏目已在30多个国家和地区、50多个频道播出，让世界了解到中国经济社会日新月异的发展，也让中华优秀传统文化走近西方观众。“此次《今日广东》被译成德语，通过自然地理、美食、人文风俗等题材的纪录片与德国观众见面，将进一步推动中德文化交流，加深两国人民之间的友谊。”

德国萨尔伯特斯媒体集团首席执行官安德尔·萨尔伯特斯表示，《今日广东》将在法兰克福市、埃尔富特市、门兴格拉德巴赫市的几家电视台黄金时段播出。“我希望在接下来的几年中有更多关于丝绸之路和‘一带一路’这个世纪性倡议的纪录片涌现。”

中国驻法兰克福总领馆以及几家落地电视台的代表和嘉宾出席了开播仪式。

●**纽约《明报》宣布暂时停刊** 11月30日，纽约《明报》宣布暂时停刊。

当天，纽约《明报》在头版刊出“业务重组暂时停刊”的启事，称“基于业务重组，纽约《明报》于2018年12月1日开始暂停出版日报；电子报及网站亦将由同日起停止运作”；并附有致广告客户通告，说明了广告费退款和催收的相关事宜。

纽约《明报》是香港明报集团创办的海外华文媒体之一。至于何时复刊，尚不得而知。纽约明报的暂时停刊，无疑是传统报业集团收缩海外战线的表现。

《明报》是香港的中文报纸，由查良镛（笔名金庸）和沈宝新在1959年5月20日创立。2008年4月23日，该企业更名为世界华文媒体。《明报》在加拿大温哥华（加西版）、多伦多（加东版）、美国纽约（美东版）和旧金山（美西版）皆有发行报纸，在台湾亦有明报周刊。

2019

●**香港《武侠世界》退出江湖** 1月7日，有60年历史的香港老牌武侠杂志《武侠世界》传出消息，将于1月15日停刊。

《武侠世界》总编辑王学文在接受记者采访时证实，杂志将于本月15日停刊，公司在本月底结束营业。他表示，结业的原因是读者愈来愈少，纸媒经营敌不过市场冲击。

据报道，对于结束营业，王学文说不觉得可惜，因为《武侠世界》已经坚持经营多年，历史任务已经完成。他指出，尽管《武侠世界》因敌不过市场冲击而结业，但他对武侠小说前景不感到悲观，表示内地市场近年发展不错，只是写作形式有些不同，比如多一些科幻内容。

《武侠世界》于1959年4月1日创刊，为香港历史最悠久的武侠小说周刊。包括卧龙生、诸葛青云、司马翎、西门丁、黄鹰、龙乘风等武侠小说名家均曾在该杂志发表过连载作品。

●**台湾网络媒体《民报》宣布停刊** 12月13日，台湾媒体《民报》创办人陈永兴发表致该报读者的一封公开信，宣布由于财务困难，《民报》将在年底停办。

陈永兴在公开信中说，民报文化事业股份有限公司，已辛苦经营将近六年，“不得不在财务困难的情况下，决定于2018年12月31日宣告解散。”

陈永兴称，《民报》由近300位来自医界、文化界、学术界、中小企业的小股东集资创办，六年来《民报》总共花费7200万新台币的资金，已经超过了我们众多小股东所能支撑的负荷。所以股东会决定结束公司的运作。

●**《欧洲新报》停刊** 1月28日，《欧洲新报》宣布正式休刊。

休刊的通知称，为了顺应当前新媒体的趋势，鉴于《欧洲新报》的整体运营情况，经研究决定，《欧洲新报》于2019年1月28日正式休刊。

《欧洲新报》创办于2003年8月，原名《欧洲经济时尚导报》，2008年8月更名为《欧洲新报》，主要在德国出版，发行于欧洲

多个国家和地区。

●台湾花莲《东方报》停刊 1月31日，台湾花莲地方报纸《东方报》惊传停刊，该报1月30日后就未出刊。

据台湾媒体报道，该报因有多位记者及编辑连续好几个月都未领到薪水“集体请辞”，疑似财务出了状况，只好忍痛停刊，至于是否能够复刊，东方报社长林裕勋表示，等过年后看资金是否到位在说。

创刊12年的《东方报》与有更久历史的《更生日报》是花莲当地两大地方报社，每日有数万份的发行量，在花莲影响力十足，这次《东方报》无预警停刊，也震撼花莲媒体业。

《东方报》创立于2007年8月1日，去年就传出财务出状况，曾在东方报的一名前记者表示，从去年9月份开始就没领到薪水。

●《闽商》东南亚版创刊 6月15日，《闽商》东南亚版创刊号在福州出版。

该创刊号以焦点、看点与读点三大版块，聚焦闽商东南亚发展阵容，跟踪东南亚闽商发展热点，内容多角度，形式多样化。

在《闽商》东南亚版创刊号上，《闽商》杂志发布了《2019年东南亚闽商发展报告》，分六个部分对东南亚闽商总体状况、在东南亚各国的分布、各国领军人物、产业机遇以及投资环境等进行全景扫描。

《闽商》东南亚版创刊号还就东南亚华商在移动互联领域的布局、柬埔寨房地产、缅甸稀土、马来西亚20世纪重点华商、华商传承之道、东南亚资本市场、港股中的东南亚华商家族等东南亚财经热点话题进行评述。

作为人物财经杂志，《闽商》东南亚版特设“闽商纵横”栏目，访谈东南亚闽籍华商，呈现其创业历程、人生哲学与商业智慧。首期呈现的5个人物，既有马来西亚林木生集团董事经理林福山、海鸥集团执行董事主席陈凯希等著名企业家，也有印尼华裔总会执行主席黄印华等当地华人社团代表，还有陈玉兰、蒋晓玮等巾帼闽商代表。

《闽商》东南亚版由中国新闻社福建分社主管、主办的《闽商》杂志出版，以国际视角讲好“一带一路”的福建故事，促进海外闽籍华商群体对福建的了解，推动他们共同参与新福建建设，服务“一带一路”倡议背景下福建民营经济“走出去”大局，推动福建民营经济投身“21世纪海上丝绸之路”核心区建设。

编者说明：为了缅怀港澳台及海外华文传媒著名报人，《世界华文传媒年鉴》自2007年版起，连续六卷刊载了“知名华文传媒工作者逝世记事”，以纪念近年在港澳台及海外逝世的华文传媒工作者。本卷《年鉴》刊载的逝世知名人士资料系根据中国大陆及港澳台和海外华文媒体的报道搜集整理。

知名华文传媒工作者逝世记事

2017

●莫光

2017年2月18日下午，资深报人、原香港晶报总编辑、文汇报前副总经理莫光在香港律敦治医院辞世，享年86岁。

莫光于上世纪50年代投身新闻事业，历任香港晶报总编辑、香港文汇报副总经理兼新丰广告公司董事长。晚年退而未休，历任香港资深传媒人员联谊会理事、顾问。

●吴戈卿

2017年12月30日凌晨，台湾“中视”前总经理、资深媒体人吴戈卿传出在睡梦中心肌梗塞过世，享寿62岁。

吴戈卿曾任职中时报系、自立早报总编辑、劲报总编辑，TVBS新闻总监、中天新闻总编辑、三立电视执行副总，2010年12月请辞中视总经理。

吴戈卿后任职于土地不动产经济“台开集团”经营团队的数字娱乐事业处总经理，同时为世新大学广播电视电影学系兼任教授级专业技术人员。

2018

●陈香梅

2018年3月30日，飞虎队将军陈纳德遗孀陈香梅在华盛顿家中逝世，享寿94岁。

陈香梅1925年生于北京，1944年至1948年，在中央通讯社担任记者，是中央社的第一任女记者。因采访组建飞虎队，协助中国对日抗战的陈纳德，两人相识结褵。

1947年12月21日，陈香梅与陈纳德在中国结婚，1949年赴美生活。受肯尼迪总统委任，陈香梅于上世纪60年代到白宫工作，成为第一位进入白宫的华裔。此后受到美国八位总统信任并委以重任，担任过白宫出口委员会副主席、美国国际合作委员会主席、美国内政部环保委员会委员等职。

陈香梅大半生生活在美国，一直积极推动中美友好合作，享有“中美民间大使”美誉。她广泛参与国内各类社会活动，担任中国海外交流协会顾问、中华全国妇联名誉顾问、中国国家旅游局特别顾问、北京师范大学等院校客座教授，2014年出任海南大学名誉校长。

●**刘昌平**

2018年6月5日，台湾联合报系副董事长刘昌平在家中因心肺衰竭辞世，享寿96岁。

据报道，刘昌平1948年于复旦大学新闻系毕业，从事新闻事业70年，业界尊称为昌公。29岁出任联合报总编辑，任期11年，是历任总编辑任期最久者；后出任联合报社长、联合报系总管理处总经理等职，又出任联合报系副董事长，直至辞世。

刘昌平与王惕吾并肩始创联合报，并携手发展为联合报系。

刘昌平的风格，联合报报史誉为："应对平和，操持坚定；温润如玉，均衡如秤。"2012年，刘昌平荣获星云真善美新闻传播奖终身成就奖。

●**傅达仁**

2018年6月7日傍晚，台湾著名的前体育主播傅达仁在家人陪伴下，于瑞士实施安乐死，享年85岁。

傅达仁，祖籍山东，出生于1933年4月。傅达仁一生充满传奇，早年是篮球高手，退休后任职篮球队教练，后进入台视播报体育赛事，尤以NBA转播令人印象深刻。除了是专业主播，他也是知名主持人，和沈春华一起主持过综艺节目《大家乐》，荣获金钟奖优良综艺节目奖。

傅达仁2017年10月证实罹患胰脏癌晚期，在这期间，他一直致力催生安乐死立法，解决民间疾苦，可惜始终未果。傅达仁于瑞士"安乐死"过程，被其家属录制下来，并在网络上公之于世，引发生死大讨论。

●**查良镛**

2018年10月30日下午，著名报人、作家查良镛（金庸）在香港逝世，享年94岁。

查良镛，1924年3月10日生于浙江省海宁市，1948年移居香港 。系当代武侠小说作家、新闻学家、企业家、政治评论家、社会活动家，"香港四大才子"之一 。

他1944年考入重庆中央政治大学外交系。1946年秋，金庸进入上海《大公报》任国际电讯翻译。1948年，毕业于上海东吴大学法学院。1952年调入《新晚报》编辑副刊，并写出《绝代佳人》、《兰花花》等电影剧本。1959年，金庸等人于香港创办《明报》 。

1955年，查良镛以笔名"金庸"在《新晚报》发表首部武侠小说《书剑恩仇录》后，大受欢迎，随后其作品陆续面世，直至1972年完成《鹿鼎记》后封笔，其间共创作了十余部脍炙人口的武侠小说，读者遍及全球。他也因此被誉为20世纪最具影响力的武侠小说作家。

1985年起，历任香港特别行政区基本法起草委员会委员、政治体制小组负责人之一，基本法咨询委员会执行委员会委员，以及香港特别行政区筹备委员会委员 。2000年，获得大紫荆勋章。2009年9月，被聘为中国作协第七届全国委员会名誉副主席 。同年荣获2008影响世界华人终身成就奖。2010年，获得剑桥大学哲学博士学位。

查良镛逝世后，中共中央总书记、国家主席习近平表示哀悼，对其亲属表示慰问。由查良镛一手创办并担任第一任主编的香港《明报月刊》出版"金庸纪念专号"，特邀海内外逾40位文化名人集体撰文，追思缅怀这位广具影响力的武侠小说泰斗。

●**谢一宁**

2018年11月16日上午，美国《侨报》办公楼发生枪击案，《侨报》董事长谢一宁不幸罹难，享年58岁。

谢一宁，1960年出生于广东潮州，毕业于中国人民大学新闻系。

20世纪90年代初期，谢一宁参与创办美国《侨报》的业务。1991年担任美国《侨报》首席记者。1992年起任《侨报》美西版总裁，《侨报》董事长暨美国格律媒体集团总裁。在其经营之下，美国《侨报》已经是拥有日报、周报、中文网站、英文网站，并在全美15个华人聚居的城市设有发行点的全国性媒体集团。

2019

●林清玄

2019年1月23日，台湾媒体人、知名作家林清玄因病逝世，享年65岁。

林清玄1953年出生于台湾高雄，毕业于台湾世界新闻专科学校，曾在《中国时报》《工商时报》《时报杂志》等媒体任职。他20岁时出版第一本著作《莲花开落》，之后创作不断，出版著作超过200部，其中《菩提系列》《玫瑰海岸》《白雪少年》等散文集广受欢迎，荣获台湾众多文学奖项。

林清玄的《桃花心木》等多篇作品入选两岸、香港和新加坡的语文教材。《和时间赛跑》《桃花心木》等作品广为学生熟知，《阳光的味道》还曾作为大陆高考考题。

●周密

2019年2月12日，泰华报人基金会副主席周密在泰国本京叻察披帕医院逝世，享年77岁。

据报道，周密系资深报人，曾任中华日报执行总编辑、亚洲日报执行总编辑，一生热心弘扬中华文化，在泰国华文报界享有极高声誉。